Fehlzeiten-Report 2017

Bernhard Badura
Antje Ducki
Helmut Schröder
Joachim Klose
Markus Meyer (Hrsg.)

Fehlzeiten-Report 2017

Krise und Gesundheit – Ursachen, Prävention, Bewältigung

Zahlen, Daten, Analysen aus allen Branchen der Wirtschaft

Mit 121 Abbildungen und 240 Tabellen

 Springer

Herausgeber
Prof. Dr. Bernhard Badura
Universität Bielefeld
Fakultät Gesundheitswissenschaften
Universitätsstr. 25, 33615 Bielefeld

Prof. Dr. Antje Ducki
Beuth Hochschule für Technik Berlin
Luxemburger Straße 10, 13353 Berlin

Helmut Schröder

Joachim Klose

Markus Meyer
Wissenschaftliches Institut der AOK (WIdO) Berlin
Rosenthaler Straße 31, 10178 Berlin

ISBN 978-3-662-54631-4   ISBN 978-3-662-54632-1 (eBook)
DOI 10.1007/978-3-662-54632-1

Die Deutsche Nationalbibliothek verzeichnet diese Publikation in der Deutschen Nationalbibliografie;
detaillierte bibliografische Daten sind im Internet über http://dnb.d-nb.de abrufbar.

Springer
© Springer-Verlag GmbH Deutschland 2017

Umschlaggestaltung: deblik Berlin
Fotonachweis Umschlag: © shironosov/Getty Images/iStock

Gedruckt auf säurefreiem und chlorfrei gebleichtem Papier

Springer ist Teil von Springer Nature
Die eingetragene Gesellschaft ist Springer-Verlag GmbH Deutschland
Die Anschrift der Gesellschaft ist: Heidelberger Platz 3, 14197 Berlin, Germany

Vorwort

Moderne Industriegesellschaften bieten ein hohes Maß an Flexibilität und zahlreiche Optionen für jeden Einzelnen. Diese können jedoch auch Risiken beinhalten, die unter Umständen als entscheidende Wendepunkte für das eigene Leben, die Familie oder das Unternehmen wahrgenommen werden. Auch wenn unmittelbare individuelle gesundheitliche Konsequenzen von gesellschaftlichen Krisen wie Kriegen oder Naturkatastrophen in westlichen Gesellschaften eher selten sind, entstehen dennoch durch Krisen – wie die Flüchtlings- oder Finanzkrise zeigten – Stimmungen in der Bevölkerung, die unterschiedliche Sorgen und Ängste auslösen. Dies kann beispielsweise die Angst vor Arbeitslosigkeit oder vor einer spürbaren Verschlechterung der eigenen Arbeits- und Lebensbedingungen sein.

Während gesellschaftlich verursachte Ängste für das Individuum in der Regel zunächst abstrakt bleiben und nur mittelbar erlebt werden, gibt es aber auch Krisen, die unmittelbare Auswirkungen auf das Individuum haben. So kann aufgrund einer Wirtschaftskrise oder des zunehmenden Wettbewerbsdrucks das eigene Unternehmen in wirtschaftliche Schwierigkeiten geraten. Aufwendige Restrukturierungen mit Arbeitsplatzverlusten, der überfordernde Anstieg des Arbeitsaufkommens oder auch Mobbing können Begleiterscheinungen sein, die sich möglicherweise über kurz oder lang auch gesundheitsgefährdend auf die Beschäftigten auswirken. Mancher Beschäftigte geht dann beispielsweise trotz Krankheit zur Arbeit, um der krisenbedingten Forderung nach erhöhter Leistungsbereitschaft nachzukommen. Die potenziellen Risiken und Nebenwirkungen reduzieren jedoch nicht nur die eigene Leistungsfähigkeit, sondern erhöhen unter Umständen auch die Krankheitsdauer eines Mitarbeiters und damit die Kosten für das Unternehmen.

Zudem gibt es Bereiche, in denen Beschäftigte einem hohen Risiko ausgesetzt sind, berufsbedingte Krisen zu erleben. Hier ist beispielsweise an Lokführer zu denken, die mit einem Personenschaden konfrontiert werden oder an Einsatzkräfte, die vermehrt durch Arbeitsunfälle gefährdet sind, bis hin zu Bankangestellten, die einen Raubüberfall miterleben mussten. Berufsbedingte Krisen steigern unter anderem die Gefahr, einen Arbeitsunfall zu erleiden; es kann auch zu posttraumatischen Belastungsstörungen infolge von belastenden Ereignissen mit entsprechenden somatischen Problemen bis hin zu einer eingeschränkten Erwerbstätigkeit kommen.

Neben von außen verursachten Krisen gibt es eine weitere Art der Krise, die das Individuum gegebenenfalls folgenschwer beeinträchtigt: die eigene Krankheit. Diese kann ursächlich dem Arbeitsstress, familiären oder kollegialen Spannungen oder den Folgen eines Arbeitsunfalls geschuldet sein, aber auch unvermittelt eintreten. Die psychischen und sozialen Folgen für den Beschäftigten wie auch für das betroffene Unternehmen sind – insbesondere bei Langzeiterkrankungen – oft erheblich. Unter Umständen führen sie für den Beschäftigten zu Ausgrenzung aus der Arbeitswelt und der damit einhergehenden sozialen Isolation: Für das Unternehmen droht der Verlust einer wertvollen Fachkraft, verbunden mit hohen Folgekosten.

Auch gelingt nicht jedem Beschäftigten der reibungslose Übergang in eine neue Lebensphase. So entwickelt sich der Berufseinstieg womöglich zu einer persönlichen Krise, wenn der Übergang ins Berufsleben mit Arbeitsplatzunsicherheit oder gar Arbeitslosigkeit verbunden ist. Zudem kann es Beschäftigte vor große Herausforderungen stellen, familiäre Verpflichtungen wie Kinderbetreuung oder die Pflege von nahen Familienangehörigen auf der einen Seite und die beruflichen Anforderungen auf der anderen Seite unter einen Hut zu bekommen.

Wenn die eigenen persönlichen Ressourcen nicht mehr ausreichen, um eine erlebte Krisensituation zu meistern, braucht es die unterstützende Hilfe von außen. Dem betrieblichen Kontext kommt hierbei eine zentrale Rolle zu. Die Unterstützung des Beschäftigten in Krisensituationen ist zwar kurzfristig möglicherweise mit hohen Anforderungen an den Betrieb verbunden, wird jedoch mittelfristig auch die Bindung des Mitarbeiters an das Unternehmen erhöhen. Angesichts des aktuellen und sich zukünftig verstärkenden Fachkräftemangels stellt dies für die Unternehmen eine nachhaltige Investition dar.

Der aktuelle Fehlzeiten-Report beschäftigt sich u. a.mit folgenden Fragen:
- Von welchen Krisen können Beschäftigte im Laufe ihres Berufslebens betroffen sein?
- Wie kann ein Unternehmen seine Beschäftigten bei kritischen Lebensereignissen und Krisen unterstützen und Hilfestellung leisten?
- Welche Empfehlungen lassen sich aus theoretischen Präventionsmodellen und praktischen Erfahrungen ableiten?
- Welche Konzepte und Angebote bietet ein Betriebliches Gesundheitsmanagement, um individuelle und betriebliche Krisen zu meistern?

Experten aus unterschiedlichen Fachrichtungen beleuchten diese Fragen und geben dem Praktiker wertvolle Hinweise für das Betriebliche Gesundheitsmanagement im Hinblick auf die Prävention und Bewältigung von Krisen.

Zusätzlich zum Schwerpunktthema gibt der Fehlzeiten-Report auch in diesem Jahr einen Überblick über die krankheitsbedingten Fehlzeiten in der deutschen Wirtschaft mit aktuellen Daten und Analysen. Er berichtet zum einen über die Krankenstandsentwicklung aller gesetzlich krankenversicherten Arbeitnehmer wie auch der Bundesverwaltung. Zum anderen informiert er auf der Basis des bundesweit größten Datenpools von 12,5 Millionen AOK-versicherten Beschäftigten, die im Jahr 2016 in mehr als 1,5 Millionen Betrieben tätig waren, ausführlich über krankheitsbedingte Fehlzeiten. Die Entwicklungen in den einzelnen Wirtschaftszweigen werden differenziert dargestellt, sodass der Leser einen schnellen und umfassenden Überblick über das branchenspezifische Krankheitsgeschehen erhält.

Aus Gründen der besseren Lesbarkeit wird innerhalb der Beiträge bei der Benennung von Personen – wo immer möglich – eine »geschlechtsneutrale« Formulierung verwendet (z. B. Beschäftigte, Mitarbeitende). Ist dies nicht möglich, wird die männliche Schreibweise verwendet. Wir möchten darauf hinweisen, dass auch diese Verwendung explizit als geschlechtsunabhängig verstanden werden soll und selbstverständlich jeweils beide Geschlechter gemeint sind.

Wir möchten uns herzlich bei allen bedanken, die zum Gelingen des Fehlzeiten-Reports 2017 beigetragen haben. Zunächst gilt unser Dank natürlich den Autorinnen und Autoren, die trotz ihrer vielfältigen Verpflichtungen das Engagement und die Zeit gefunden haben, uns aktuelle und interessante Beiträge zur Verfügung zu stellen.

Danken möchten wir auch allen Kolleginnen und Kollegen im WIdO, die an der Buchproduktion beteiligt waren. Zu nennen sind hier vor allem Frau Kristin Wehner und Frau Miriam Höltgen, die uns bei der Organisation, der Betreuung der Autorinnen und Autoren und bei der redaktionellen Arbeit exzellent unterstützt haben. Danken möchten wir auch Frau Susanne Sollmann für das wie immer ausgezeichnete Lektorat und last but not least Miriam Meschede für ihre professionelle Unterstützung bei der Autorenrecherche und -akquise.

Unser Dank geht weiterhin an den Springer-Verlag für die gewohnt hervorragende verlegerische Betreuung insbesondere durch Frau Hiltrud Wilbertz wie auch Frau Elke Fortkamp.

Berlin und Bielefeld, im Juni 2017

Inhaltsverzeichnis

Teamkrisen

Praxisbeispiele

Daten und Analysen

Anhang

»Nervöse Systeme« – Leben in Zeiten der Krise: Ein Überblick

Editorial

A. Ducki

B. Badura et al. (Hrsg.) *Fehlzeiten-Report 2017*,
DOI 10.1007/978-3-662-54632-1_1, © Springer-Verlag GmbH Deutschland 2017

Der diesjährige Fehlzeiten-Report befasst sich mit unterschiedlichen Krisen und ihren Bezügen zur Gesundheit. Handeln im Krisenmodus scheint in den letzten Jahren vor allem auf gesellschaftlicher und politischer Ebene fast ein Dauerzustand geworden zu sein. In der aktuellen Situation überlagern sich krisenhafte Entwicklungen. Akutbedrohungen westeuropäischer Gesellschaften z. B. durch Anschläge oder durch tiefgreifende politische und wirtschaftliche Umstrukturierungen (Stichwort Brexit) dominieren das alltägliche Geschehen so, dass andere Veränderungen mit hohem Krisenpotenzial wie der Klimawandel oder die Digitalisierung in den Hintergrund treten.

Ob es um die Bewältigung nationaler oder internationaler Konflikte geht, um die zunehmenden terroristischen Angriffe oder um Sinn- und Identitätskrisen westlicher demokratischer Gesellschaften – alle Krisen stellen bisherige Selbstverständlichkeiten, Werte und Regeln des Zusammenlebens in Frage und verunsichern fundamental. »Nervöse Systeme« soll zum Ausdruck bringen, dass die aktuelle gesamtgesellschaftliche Stimmungslage von Unruhe und Sorge geprägt ist und sich von stabilen Ruhezuständen weit entfernt zu haben scheint. Die Sorge vor den unterschiedlichsten Gefahren prägt unsere kollektive Stimmung. »Nervöse Systeme« soll aber auch ausdrücken, dass es auch »Überreaktionen« geben kann, die nicht rational erklärt werden können. Die Angst vor Überfremdung ist dort am größten, wo es kaum Fremde gibt. Der Angst vor sozialem Abstieg stehen die geringsten Arbeitslosigkeitszahlen seit Jahrzehnten und ein kontinuierliches Wirtschaftswachstum gegenüber. Alles ein Ausdruck von »German Angst«?

Es scheint angebracht, genauer hinzusehen und das Krisenthema gründlicher zu beleuchten. Krystek und Hünecke mahnen zu Beginn ihres Beitrags in diesem Band zu Recht an, dass der Zusammenhang von Krise und Gesundheit nur vor dem Hintergrund eines genau definierten Krisenbegriffs und der Betrachtung des komplexen Beziehungsgeflechts von unterschiedlichen Krisenebenen (Individual-, Unternehmens-, regionale, globale Krisen) richtig verstanden werden kann.

1.1 »Crisis – what crisis?« Definition und Bestimmungsmerkmale von Krisen

Das griechische Wort »Krisis« bezeichnet allgemein den Bruch einer bis dahin kontinuierlichen Entwicklung. Es beschreibt eine Entscheidungssituation, die den Wendepunkt bzw. Höhepunkt einer gefährlichen Situation darstellt. Krisen sind existenzgefährdend, stellen bisherige Ziele und Handlungsroutinen in Frage und sind aufgrund ihres existenziellen Bedrohungscharakters angstauslösend. In späteren Entwicklungsphasen sind Stress und Zeitdruck krisenbestimmend. Bei gelungener Bewältigung bieten Krisen aber immer die Chance zur positiven Neuausrichtung bzw. Weiterentwicklung (Krystek und Hünecke in diesem Band). Aufschlussreich ist im Beitrag von Krystek und Hünecke die Abgrenzung der Krise von *Katastrophen* als einem Extremfall von Krisen, von *Störungen* und von *Konflikten*.

Bei Krisen geht es also immer um potenziell bedrohliche Situationen, die dadurch gekennzeichnet sind, dass sich Handlungsmöglichkeiten verengen, gleichzeitig aber gehandelt werden muss, um Bedrohungen abzuwenden.

1.2 Kriseneskalation: Wenn Zeitdruck und Komplexität aufeinandertreffen

Jede Krise hat einen Anfangs-, einen Wendepunkt und ein Ende und kann eskalieren. Je nach dem Bedrohungsgrad und der für ihre Bewältigung zur Verfügung stehenden Zeit lassen sich die Phasen der potenziellen Krise, der latenten, der akut beherrschbaren und der akut nicht beherrschbaren Krise unterscheiden (Krystek und Hünecke in diesem Band). Andere Autoren unterscheiden Ad-hoc-Krisen und schleichende Krisen. Bei Ad-hoc-Krisen geht man davon aus, dass »[…] das Risiko der Systemvernichtung größer ist, als bei »normalen« Krisen, da wegen des plötzlichen unerwarteten Eintritts der Ad-hoc-Krise Hinweise und Zeit für eine Vorbereitung i. S. d. aktiven Krisenmanagements [...] fehlen.« (Hülsmann 2005 zitiert nach Krystek und Lentz 2013, S. 38; Töpfer 2009 zitiert nach Krystek und Lentz 2013).

Die Unterscheidung der Phasen bzw. Krisenarten ist für die Krisenbewältigung wichtig, denn durch sie werden unterschiedliche Handlungsnotwendigkeiten und -möglichkeiten sichtbar. Während in akuten Phasen schnelles Entscheiden und Handeln mit starker Fokussierung auf die akute Eindämmung und Begrenzung unmittelbar negativer Folgen erforderlich ist, besteht in den Vorphasen die Chance, durch frühzeitige Prävention und Intervention die Kriseneskalation zu stoppen. Handeln in akuten Phasen ist somit meist durch hohen Zeitdruck geprägt, während das Handeln in den Vorphasen weniger zeitkritisch ist.

Kriseneskalationen können sich auch durch Vernetzung verschiedener Krisen(-herde) ergeben. Internationale Krisen führen zu nationalen und regionalen Krisen, gesellschaftspolitische Krisen können Wirtschafts- oder Arbeitsmarktkrisen verursachen, diese können zu Unternehmenskrisen führen und Unternehmenskrisen zu Arbeitslosigkeit und damit zu individuellen Krisen. Vor allem in globalisierten Strukturen ist die Vernetzung von Krisen ein relevantes Thema. Besonders schwierig sind vernetzte Akutkrisen, da hier Komplexität auf Zeitdruck trifft und das Risiko für Fehlentscheidungen damit besonders groß ist.

Daher ist es gerade unter Vernetzungsbedingungen für die Krisenbewältigung und ein gelingendes Krisenmanagement besonders wichtig, möglichst frühzeitig Krisensymptome wahrzunehmen, Krisenursachen unterscheiden und zuordnen zu können, Krisenverläufe und ihre Dynamik zu verstehen und die Folgen für Menschen und soziale Systeme realistisch einschätzen zu können.

1.3 Krisenursachen: Multipel, verkettet und begrenzt beeinflussbar

Manche Krisen sind überschaubar, ihre Ursachen sind leicht zu identifizieren, ihre Folgen eindeutig ableitbar. Das kann für einzelne persönliche Krisen gelten, die krankheits- oder unfallbedingt sind und bei denen gute Heilungs- oder vollständige Regenerationschancen bestehen. Internationale Krisen, gesellschaftliche und soziale Krisen, auch Unternehmenskrisen haben jedoch meist multiple Ursachen. Komplexe Interessengeflechte können Krisenprävention und Lösungen extrem schwer machen. Manche Krisenursachen sind nicht oder nur sehr begrenzt beeinflussbar, z. B. weil sie zeitlich weit zurück liegen.

Teilweise werden Krisenursachen erst dadurch erkennbar, dass die Intervention zur Krisenbewältigung wirkungslos geblieben ist. Dieses Phänomen kennt man sowohl aus der Behandlung von Krankheiten, deren Ursachen nicht eindeutig ermittelbar sind, als auch aus nationalstaatlichen kriegerischen Auseinandersetzungen, die erst in der nachträglichen geschichtlichen Aufarbeitung richtig eingeordnet und verstanden werden können. Das bedeutet, dass häufig gerade bei vernetzen Krisen gehandelt werden muss, obwohl unklar ist, ob die gewählte Handlung zu den gewünschten Konsequenzen führt. Entscheidungen in Krisensituationen sind somit fast immer fehleranfällig und risikoreich.

Trotz dieser Probleme ist für eine gelingende Krisenbewältigung eine Ursachenanalyse und -strukturierung von großer Bedeutung. So kann eine Analyse der Krisenursachen nach dem Grad der eigenen Beeinflussbarkeit die Lösungswege aufzeigen, die überhaupt möglich und erfolgversprechend sind.

Fazit: Der existenzbedrohende Charakter von Krisen, ihre zeitliche (Eskalations-)Dynamik, Verkettungskomplexität und die Schwierigkeit, nicht immer zum Ursachenkern vorzudringen, machen Krisenmanagement und -bewältigung zur großen Herausforderung.

1.4 Prävention und Krisenbewältigung – vorbereitetes Handeln im Notfallmodus

Die Beiträge des diesjährigen Fehlzeiten-Reports zeigen zusammengenommen ein großes Spektrum von Handlungsmöglichkeiten auf, wie Krisen frühzeitig erkannt und vermieden werden können und welche Maßnahmen hilfreich sind, um individuelle gesundheitliche Folgen von eingetretenen Krisen abzumildern. Was die verschiedenen Ansätze, Vorschläge, Konzepte eint, ist u. a. der Handlungsbezug.

Der drohende Verlust von Handlungsfähigkeit ist ein prägendes Wesensmerkmal der Krise. Somit heißt Krisenbewältigung Wiederherstellung von Handlungsfähigkeit. Wiederhergestellte Handlungsfähigkeit zeigt sich darin, dass Ziele wieder erreicht werden können und stabilflexible Handlungsmuster und -routinen wieder funktionieren oder neu aufgebaut werden. Dabei müssen nicht zwangsläufig alte (vor der Krise geltende) Ziele erreicht werden. Das Ergebnis gelungener Krisenbewältigung kann gerade darin bestehen, dass Ziele bzw. Zielhierarchien abgewandelt und an neue Umfeldbedingungen angepasst werden. Die Herausforderung oder Kunst der richtigen Entscheidung im Krisenmodus liegt darin, zu erkennen, welche Ziele aufgegeben werden müssen und welche noch durch »Umwege« erreicht werden können. Werden solche Fragen z. B. im Kontext von Unternehmenskrisen frühzeitig behandelt, kann nicht selten eine Insolvenz abgewendet oder ein Insolvenzverfahren als grundlegende Sanierungschance wahrgenommen werden (Krystek und Lentz 2013).

1.4.1 Erfahrung – der wichtigste Helfer in der Krise

Um Zielmodifikationen oder Strategieänderungen vornehmen zu können, ist es unverzichtbar, Umfeld und Ursachen genau zu analysieren und die Beeinflussbarkeit der Umfeldbedingungen zu beurteilen. Tiefgreifende Handlungsfeldkenntnisse und -erfahrungen sind bei dieser Einschätzung hilfreich.

Da im Krisenmodus oft unter Zeitdruck mit eingeschränkten Ressourcen und -möglichkeiten maximale Wirkung erzielt werden muss, muss priorisiert werden. Dazu müssen Handlungswege und mögliche Konsequenzen durchdacht und in ihrer Wirkung abgeschätzt werden. Gutes Krisenmanagement erfordert damit komplexes Denken und Entscheiden. Breite Erfahrungen im betroffenen Handlungsfeld können hier qualitätsentscheidend werden. Denn je komplexer und vernetzter die Krisenursachen, desto schwieriger wird es sein, die richtigen Wege auszuwählen. Zeitdruck macht ein sorgfältiges Abwägen möglicher Konsequenzen zusätzlich schwer. Krisenhandeln erfordert neben der Fähigkeit zum komplexen Denken ein hohes Maß an Stressresistenz und emotionaler Stabilität und den Mut, auch Fehlentscheidungen zu treffen. Insbesondere die verantwortlichen Akteure/»Krisenmanager« sind bei akuter bedrohlicher Krisenlage einem hohen Risiko des Scheiterns ausgesetzt, oft mit weitreichenden persönlichen Konsequenzen.

Fazit: In der Krise muss angesichts der Möglichkeit des Scheiterns unter erschwerten Bedingungen gehandelt werden. Gelingt es, die Krise zu überwinden, kann die Handlungsfähigkeit wiederhergestellt werden. Gelingt es nicht, müssen das Scheitern und der Verlust verarbeitet werden.

1.4.2 Wenn nichts mehr geht: Die Fähigkeit zur Akzeptanz

Wo die Möglichkeiten der Kontrollierbarkeit und Einflussnahme enden, beginnt die Akzeptanz. Im Kontext der Krisenbewältigung und der Resilienzstärkung heben verschiedene Autoren die Fähigkeit hervor, Dinge, die nicht zu ändern sind, als gegeben zu akzeptieren und das Beste in der Situation für sich selbst zu fokussieren (Rampe 2005; Götze 2013). Unter Akzeptanz ist hier nicht zu verstehen, sich einer Situation passiv auszuliefern, sondern die Fähigkeit, sich mit Ereignissen, die durch das eigene Handeln nicht beeinflussbar sind, so zu arrangieren, dass die eigene Regulationsfähigkeit trotzdem erhalten bleibt. Aus der Psychotherapie und aus der Behandlung posttraumatischer Belastungsstörungen ist bekannt, dass resiliente Personen über die Fähigkeit verfügen, die Grenzen der Kontrollierbarkeit zu erkennen und zu respektieren. Die Bewältigung traumatisierender Gewaltereignisse oder Naturkatastrophen zeigen, dass Menschen, die zur Akzeptanz des Ereignisses fähig sind, dieses besser bewältigen als Menschen, die mit ihrem Schicksal hadern (Williams et al. 2010).

1.4.3 Psychologie des Krisenmanagements = Kohärenzerhalt

Große Unternehmen, aber auch Städte, Gemeinden und Länder, haben für verschiedene Krisen und Katastrophen Notfallpläne, die ein schnelles Reagieren unmittelbar nach Eintritt der Krise möglich machen. Vorbereitete und eingeübte Handlungsroutinen sind oft überlebenswichtig und liefern die Leitplanken im Krisenmodus. Krystek und Hünecke beschreiben Determinanten eines gelingenden organisationalen Krisenmanagements.

Psychologisch betrachtet sind die Handlungsleitlinien auf das Kohärenzgefühl der Betroffenen gerichtet, das nach Antonovsky (1997) die zentrale psychische Widerstandsquelle ist, die Menschen befähigt, auch unter starker Belastung gesund zu bleiben. Krisenmanagement sorgt dafür, dass Krisensituationen größtmöglich handhabbar und beeinflussbar sowie verstehbar und sinnhaft bleiben.

- *Krisenfrüherkennung (Issue Management)* als prospektives Element der Krisenprävention ist der Versuch, äußere Ereignisse der System-/Organisationsumwelt frühzeitig und fortlaufend auf ihre Relevanz für die jeweilige Organisation zu überprüfen und mögliche Bedrohungspotenziale abzuschätzen, um möglichst frühzeitig Gegenmaßnahmen zu entwickeln. Issue Management ist langfristig ausgerichtet und versucht, unternehmensrelevante Entwicklungen vorhersehbar zu halten.
- *Krisenpläne und Notfallübungen* sichern ein geordnetes strukturiertes Vorgehen im Ernstfall und sorgen dafür, dass im Notfall gehandelt werden kann und die Situation gestaltbar/handhabbar bleibt. Auch Frühwarnsysteme garantieren Vorhersehbarkeit und Machbarkeit im Krisenfall.
- *Nach erfolgter Schädigung* gehört es zu den zentralen Interventionselementen, die Krisenereignisse in ihrer Entstehung und Wirkung zu verstehen, sie emotional zu verarbeiten und ihnen einen Sinn im eigenen Leben zu geben, sich der eigenen Handlungsmöglichkeiten zu vergewissern und diese zu reaktivieren, also die »Machbarkeit« neu zu definieren.

1.4.4 Gutes Krisenmanagement ist vor allem gute Krisenkommunikation

Krisenmanagement bedarf klar strukturierter, eindeutiger und präziser Kommunikation. Menschen müssen informiert und geleitet, Maßnahmen koordiniert und erklärt werden. Falsche Kommunikation kann Krisen vergrößern, richtige Kommunikation kann sie begrenzen. Besonders nach Katastrophen zeigt sich, wie wichtig es ist, *wie* kommuniziert wird. Damit werden kommunikative Fähigkeiten und das sensible Reagieren auf die unmittelbaren Informationsbedarfe der unterschiedlichen Anspruchsgruppen wichtige Elemente guter Krisenbewältigung. Insbesondere in den frühen Phasen unmittelbar nach Kriseneintritt reagiert vor allem das emotionale System. Erst zu einem späteren Zeitpunkt können wieder komplexe Sachverhalte kognitiv verarbeitet werden. Krisenkommunikation berücksichtigt diese Reaktionsweisen in der Art und Weise, wie und was kommuniziert wird (z. B. Töpfer 2008). In der Krisenkommunikation wird darauf geachtet, dass die Ereignisse, vor allem aber die Maßnahmen zur Krisenbewältigung verstanden und als machbar und sinnhaft wahrgenommen werden können.

Fazit: Gutes Krisenmanagement sorgt dafür, dass die von der Krise mittelbar und unmittelbar Betroffenen größtmögliche Handlungsfähigkeit und Kontrolle bewahren. Übergeordnetes Ziel ist die Gesundung des Systems und der Menschen durch Wiederherstellung von (Handlungs-)Sicherheit, Zielanpassungen sowie die körperliche, psychische und soziale Stabilisierung der Betroffenen. Hilfreich hierbei ist eine kohärenzstiftende Kommunikation.

1.5 Gesundheit: Krisenverursacher, Opfer oder Nutznießer?

Der Fehlzeiten-Report befasst sich mit verschiedenen Zusammenhängen und Wirkungsrichtungen zwischen Krisen und Gesundheit.

1. *Krisen beeinträchtigen die Gesundheit*: Die Mehrzahl der Beiträge macht deutlich, dass Krisen die körperliche, psychische und soziale Gesundheit bedrohen. Krise bedeutet immer Einschränkung von Kontrolle oder gar Kontrollverlust. Kontrollverlust führt zu Unsicherheit, Unsicherheit zu Angst. Wird die Angst zu groß, droht vollständige Handlungsunfähigkeit.
2. *Eingeschränkte Gesundheit als Auslöser für Krisen*: Krankheit selbst kann aber auch Ursache und Auslöser für Krisen sein. Nicht wenige weltpolitische Krisen haben eine – sicher aber nie die einzige – Ursache in Persönlichkeitsstörungen von Herrschern und Machthabern. Aber auch »im Kleinen« kann Krankheit Krisen auslösen. Zwingt eine Krankheit zur Berufsaufgabe, kann das zu einer Sinn- und Identitätskrise führen, Beziehungskrisen können folgen.
3. *Gesundheit als Bedingung für gelingende Krisenbewältigung*: Gleichzeitig erfordern Krisen eine stabile Gesundheit, damit sie überstanden werden können. Krisensituationen sind in jedem Fall hochgradige Stresssituationen mit offenem Ausgang.
4. *Krise als Chance für Gesundheit*: Der Volksmund weiß es: Wer Krisen durchlebt, kann gestärkt aus ihnen hervorgehen.

Krisen beeinträchtigen die Gesundheit: Die Beiträge von Schouler-Ocak und von Witzgall in diesem Band widmen sich dem Thema Flucht. Flucht vor Krieg ist sicherlich eines der schwerwiegendsten und umfassendsten Krisenerlebnisse, denen Menschen ausgesetzt sein können. Flucht geht mit massiver körperlicher und seelischer Verletzung einher und ist die Konsequenz von akuter Lebensbedrohung. Aber selbst, wenn sichere Länder erreicht werden und akute Gefahren für Leib und Leben gebannt sind, gehen Krisenerlebnisse durch die ungeklärten Lebensbedingungen in der Fremde, die Sprachschwierigkeiten, die kulturellen Anpassungsleistungen, die erlebte Isolation und Einsamkeit weiter (s. Witzgall in diesem Band). Geflüchtete erleben Krise im Dauermodus mit unterschiedlichen Intensitätsgraden und Wirkungen auf die Gesundheit.

Eingeschränkte Gesundheit als Auslöser für Krisen: Der Beitrag von Lampert zum Thema soziale Ungleichheit und Gesundheit macht deutlich, dass auch Krankheit eine Ursache für das Abrutschen in Armut und Benachteiligung sein kann, was wiederum andere persönliche Krisen nach sich ziehen und den Gesundheitsstatus weiter verschlechtern kann. Ähnlich auch beim Thema Mobbing: Zwar werden als häufigste Ursachen von Mobbing externe Faktoren wie unzureichende Arbeitsbedingungen oder kränkende und verletzende Verhaltensweisen anderer genannt, aber es gibt auch Belege, dass eine eingeschränkte Gesundheit Auslöser für Mobbingprozesse sein kann (Köllner in diesem Band). Die Beiträge von Held, Arling oder auch von Wegewitz und Backé zur beruflichen Wiedereingliederung von Erkrankten machen darüber hinaus deutlich, dass bei vulnerablen Personen eine falsche Wiedereingliederung zu erneuten Krisen führen kann.

Gesundheit als Bedingung für gelingende Krisenbewältigung: Verschiedene Autorinnen und Autoren dieses Fehlzeiten-Reports verweisen darauf, dass gerade bei hochkomplexen Krisen eine stabile Gesundheit eine wichtige Voraussetzung für gelingende Bewältigung ist. Dies gilt insbesondere für das Krisenmanagement von komplexen, schwer durchschaubaren Großkrisen. Die Beiträge von Lasogga oder Gravert, die sich mit den Berufsgruppen befassen, die als Helfer zur Krisenbewältigung tätig werden, zeigen, dass auch hier eine stabile Gesundheit eine wichtige Voraussetzung darstellt, um helfen zu können.

Krise als Chance für Gesundheit: Die Krisenverarbeitung Geflüchteter zeigt, welche Stärken und Potenziale Menschen in Extremsituationen aktivieren und entfalten können und dass auch schwierigste Lebenslagen nicht ausweglos sind und überwunden werden können. Gerade existenzielle Krisen können zum Kern der Persönlichkeit führen. Tatsächliche Stärken und Schwächen werden sichtbar, grundlegende Werte wie Freundschaft oder Hilfsbereitschaft, die auch unter lebensbedrohenden Situationen nicht aufgegeben werden, sind für viele die Leitplanken, die durch die Krise hindurchführen, weil sie zeigen, was wirklich wichtig ist im Leben. Das ist der stärkende Kern der Krise.

1.6   Krisen machen stark: Resilienz

> » Es bildet ein Talent sich in der Stille, sich ein Charakter in dem Strom der Welt.«

Das Zitat von Goethe zeigt die positiven Wirkungen, die der Umgang mit Krisen haben kann. Charakter und Festigkeit entwickeln sich in der Auseinandersetzung mit widrigen und schwierigen Lebensumständen. Die meisten Beiträge, die sich mit den Voraussetzungen gelingender Krisenbewältigung auseinandersetzen, heben das Thema *Resilienz und Resilienzstärkung* hervor (Blickhan et al.; Schulte und Kauffeld, Müller et al.; Winter und Seitz; Schouler-Ocak). Resilienz beschreibt all die Fähigkeiten und Faktoren, durch die die Widerstandsfähigkeit gegenüber psychosozialen, psychologischen und biologischen Entwicklungsrisiken erhöht wird, um Leistungsanforderungen standhalten zu können. Neben Persönlichkeitseigenschaften wie Zuversicht, Optimismus, Fähigkeit zum Sinnerleben und eine Haltung der Akzeptanz gehören erlernbare Bewältigungsstrategien wie Zielorientierung und Zielbindung, Kompetenzen im Bereich aktiver Problemlösetechniken, Gesundheit und Selbstwirksamkeit dazu (Götze 2013).

Resilienz braucht Krisenerfahrungen, um sich zu entwickeln. Selbst wenn Krisen nicht gut enden, wenn Fehlentscheidungen dazu geführt haben, dass sich Situationen weiter verschlechtert haben, wenn am Ende der Totalverlust (zum Beispiel die Unternehmensinsolvenz) steht, können gerade solche Erlebnisse die Persönlichkeit stärken. Wer derartige Krisen überlebt hat, weiß, dass sich auch dort, wo »das Ende« zu sein schien, neue Wege aufgetan haben.

Fazit: Krisen können Gesundheit beeinträchtigen, aber auch stärken. Fehlende Gesundheit kann Krisen auslösen oder verschlimmern. Aber auch wenn Krisen nicht gut ausgehen, kann man gestärkt aus ihnen herausgehen. Wie das gelingen kann, dazu liefern die folgenden Beiträge zahlreiche Hinweise.

1.7   Die Beiträge im Einzelnen

- **Abschnitt 1: Einführung**

Krystek und Hünecke geben einen fundierten Überblick über Krisen und Krisenformen sowie über deren Ursachen und Bewältigungsformen. Ausgehend von dieser Ambivalenz des Krisenbegriffs versucht der Beitrag einen interdisziplinären Überblick über verschiedene Krisenebenen zu geben und prozessuale Phasen von Krisenverläufen zu beleuchten. Welchen Ausgang eine Krise nimmt, hängt im besonderen Maße vom

Krisenmanagement ab; hierbei sind speziell die Krisenvorsorge sowie die Frühwarnung/Früherkennung wichtige Aufgaben, um Krisen im Idealfall frühzeitig identifizieren und ihren weiteren Verlauf positiv beeinflussen zu können.

Lampert, Kroll, Müters und Schumann zeigen den Zusammenhang zwischen sozialer Lebenslage, Krisenerfahrungen und Gesundheit auf. Sie machen deutlich, dass sozial Benachteiligte wie Beschäftigte niedriger Berufsgruppen und Arbeitslose verstärkt von Krankheiten und Gesundheitsproblemen betroffen sind, und zwar sowohl in Bezug auf die körperliche als auch die psychische Gesundheit. Vor diesem Hintergrund bedarf es zielgruppenspezifischer Maßnahmen der Prävention und Gesundheitsförderung, um die gesundheitlichen Ungleichheiten zu verringern und die Chancengleichheit zu fördern.

▪ Abschnitt 2: Krisen auf Ebene der Unternehmen

Hasselmann, Schauerte und Schröder behandeln Chancen und Risiken der digitalen Transformation. Sie zeigen in ihrem Rahmenmodell Prävention 4.0, wie durch Digitalisierung bedingte Restrukturierungen gesundheitsförderlich und motivierend gestaltet werden können.

Brandt, Ducki und Kunze beschreiben die Anforderungen und Belastungen, die mit Wachstumskrisen in jungen Unternehmen einhergehen. Das Verbundprojekt Digi-Exist will mit einem digitalen Präventionsprogramm junge Unternehmen über Entstehungsbedingungen von Krisen informieren, potenzielle Krisensymptome identifizieren und sie dabei unterstützen, Arbeitsprozesse gesundheitsgerecht und möglichst störungsfrei zu gestalten.

Hänsel stellt die Verbindung zwischen Krisenbewältigung und einer gesunden und werteorientierten Unternehmensführung her. Dabei bewegen sich Führungskräfte in einem Spannungsfeld: Sie müssen die wirtschaftlichen Sach- und Leistungsziele ebenso im Blick haben wie die basalen Beziehungswerte wie Vertrauen, Fairness und Respekt. Auf dieser Basis stellt der Beitrag einen mehrdimensionalen Entwicklungsprozess hin zu »gesunder Führung« vor.

Lasogga beschreibt, welchen Belastungen Einsatzkräfte wie Polizisten, Feuerwehrleute oder Rettungsdienstmitarbeiter ausgesetzt sind, welche Folgen diese haben können und welche Präventionsmöglichkeiten gegeben sind. Dabei benennt er Risikofaktoren, die die Belastungswirkungen noch verstärken und protektive Faktoren, die sie abschwächen. Zu den primären personalen Präventionsstrategien zählen beispielsweise Entspannungstechniken, zu nachsorgenden Bewälti-

gungsstrategien Gespräche, Rituale, Ablenkung. Zu den organisationalen Maßnahmen zählt neben richtiger Personalauswahl ein umfassendes Betriebliches Gesundheitsmanagement.

Müller-Leonhardt beschreibt die Möglichkeiten der Stressverarbeitung nach kritischen Ereignissen mithilfe eines speziellen Verfahrens, dem Critical Incident Stress Management (CISM). Im Mittelpunkt steht die kollegiale psychologische Erste Hilfe. Forschungsergebnisse zu CISM in Flugsicherungen und Krankenhäusern unterstützen den peer-basierten kollektiven Umgang mit Stressreaktionen nach kritischen Ereignissen in diesen Kontexten.

Gehrke befasst sich mit Gewalt am Arbeitsplatz. Gewalt kann zwar jeden Beschäftigten treffen, der im Rahmen seiner Tätigkeit direkten Kontakt zu anderen Menschen hat, jedoch gibt es besonders gefährdete Branchen wie das Gesundheitswesen oder den Einzelhandel. Neben aktuellen Zahlen für Deutschland und Europa zur Verbreitung von Gewalt am Arbeitsplatz zeigt sie, wie Gewalt entsteht und wie sie durch technisch-bauliche, organisatorische oder personale Maßnahmen vermieden bzw. reduziert werden kann.

▪ Abschnitt 3: Teamkrisen

Hofinger und Beck beleuchten Erfolgsfaktoren der interorganisationalen Zusammenarbeit, durch die sich Krisen in Teams vermeiden lassen. Zentral scheinen auf struktureller Ebene gemeinsame Ziele sowie Klarheit der Rollen und Verantwortlichkeiten, Flexibilität und Führung zu sein. Auf Ebene der konkreten Zusammenarbeit sind gemeinsame Kooperationsbereitschaft und mentale Modelle erfolgskritische Faktoren. Probleme in der interorganisationalen Zusammenarbeit können ein Aspekt von Teamkrisen sein. Umgekehrt führen Organisationskrisen auch zu Belastungen in der interorganisationalen Kooperation.

Schulte und Kauffeld geben einen Überblick über mögliche Ursachen von Teamkrisen sowie deren Auswirkung insbesondere auf die Gesundheit der Mitarbeiter. Bisherige Forschung belegt, dass die Teamresilienz ein wesentlicher Erfolgsfaktor bei der Bewältigung von Teamkrisen ist. Vorgestellt werden relevante Verhaltensweisen resilienter Teams sowie mögliche Maßnahmen zur Förderung der Teamresilienz auf individueller, Team- und organisationaler Ebene.

Köllner befasst sich mit dem Thema Mobbing. Mobbing stellt sowohl im Leben der Betroffenen als auch in der Entwicklung des Teams oft eine schwere Krise dar und kann zur Entwicklung von Depressionen, Angsterkrankungen, chronischen Schmerzen und Herz-Kreislauf-Erkrankungen beitragen. Umgekehrt erhöhen psychische Erkrankungen das Risiko, von Mobbing betroffen zu werden. Der Beitrag liefert eine Übersicht über Häufigkeit, Erscheinungsformen und Erklärungsmodelle für Mobbing, stellt Wechselwirkungen mit der seelischen Gesundheit dar und gibt Hinweise zu Prävention, Beratung und Therapie.

- **Abschnitt 4: Individuelle Krisen**

Waltersbacher, Zok und Klose berichten über die Ergebnisse einer repräsentativen Erwerbstätigenbefragung zum Thema betriebliche Unterstützung von Mitarbeitern bei kritischen Lebensereignissen. Sie liefern interessante Zahlen zur Verbreitung unterschiedlicher kritischer Lebensereignisse in den verschiedenen Altersgruppen, welche Bedeutung sie für die Betroffenen haben, welche betrieblichen Unterstützungsmöglichkeiten sie sich wünschen und welche tatsächlich angeboten werden.

Klug thematisiert in ihrem Beitrag die Arbeitsplatzunsicherheit junger Beschäftigter. Sie zeigt, dass der Bildungsgrad, Betriebswechsel, befristete Beschäftigung, frühere Arbeitslosigkeit sowie Beschäftigungsfähigkeit mit Arbeitsplatzunsicherheit zusammenhängen und diese negativ mit Gesundheit und Wohlbefinden verbunden ist.

Ehresmann richtet in ihrem Beitrag das Augenmerk auf mögliche Ursachen von Burnout auf Ebene von Organisationen. Am Beispiel von 21 Rehabilitationskliniken, auf Basis der Daten von 1.980 Mitarbeitern werden Zusammenhänge zwischen Unternehmenskultur, Führung und Burnout dargestellt. Ein Ergebnis ist die Erkenntnis, dass es neben dem Abbau von Arbeitsstressoren wesentlich auf die Bindung von Menschen und die Werte einer Organisation ankommt.

Held beschreibt die betrieblichen Eingliederungsmöglichkeiten von Mitarbeitern mit psychischen Erkrankungen. Psychische Erkrankungen werden oft als individuelle Krisen erlebt, die Rückkehr in den Betrieb nach einer längeren Abwesenheit ist mit großen Unsicherheiten und Ängsten verbunden. Hier sind insbesondere auch die Unternehmen gefordert, den Betroffenen frühzeitig Wege der Rückkehr in den Betrieb aufzuzeigen.

Wegewitz und Backé befassen sich ebenfalls mit dem Thema Wiedereingliederung, bezogen auf Patienten mit koronarer Herzkrankheit. Eine große Anzahl an Herzinfarkten ereignet sich im arbeitsfähigen Alter, sodass kardiologische Patienten zum großen Teil nach erfolgreicher Therapie in das Arbeitsleben zurückkehren. Bei der Wiedereingliederung können die Betroffenen von Unterstützungsangeboten wie Rehabilitationsprogrammen und betrieblichen Angeboten profitieren. Genauso wichtig ist es, einen Fokus auf die Präventionsmöglichkeiten im betrieblichen Umfeld zu legen.

Arling zeigt für langzeiterkrankte behinderte Menschen Möglichkeiten und Voraussetzungen der beruflichen Rehabilitation auf. Insbesondere Persönlichkeit und Motivation des Betroffenen sind maßgeblich von Bedeutung.

Blickhan, John und Scheder zeigen Krisenbewältigungsmöglichkeiten auf der Grundlage der Positiven Psychologie auf. Der Beitrag skizziert theoretische Grundlagen und ausgewählte Befunde der Positiven Psychologie, um Anwendungsmöglichkeiten im betrieblichen Stressmanagement aufzuzeigen. Es werden Evaluationsergebnisse eines Stressmanagementkurses der AOK Bayern vorgestellt, die die gesundheitsförderliche Wirksamkeit der im Kurs eingesetzten Methoden belegen.

Müller, Lyssenko, Kleindienst, Junk, Pfinder und Bohus setzen sich mit psychischen Krisen und ihrer Prävention auseinander. Basierend auf der Resilienz- und Schutzfaktorenforschung hat die AOK Baden-Württemberg ein gruppenbasiertes Programm entwickelt, das von Präventionsfachkräften durchgeführt wird und in einer kontrollierten Studie evaluiert wurde.

Winter und Seitz befassen sich in ihrem Beitrag mit den Möglichkeiten, mit Gesundheitskompetenz Krisen erfolgreich vorzubeugen. Sie zeigen anhand einer Untersuchung der AOK Bayern bei gewerblich Beschäftigten, dass die Gesundheitskompetenz gewerblich Beschäftigter ausbaufähig ist. Maßnahmen zur Förderung informellen Lernens und passende Rahmenbedingungen bei der Arbeit können die Kompetenz für Gesundheit und Sicherheit bei der Arbeit stärken.

Rump und Eilers setzen sich mit den betrieblichen Möglichkeiten der Entschleunigung auseinander. In Anbetracht eines immer längeren Erwerbslebens mit einer zunehmenden Arbeitsverdichtung, Veränderungsgeschwindigkeit und Komplexität ist es nahezu unerlässlich, Phasen der »Entschleunigung« zu realisieren, um über eine Lebensarbeitszeit von vierzig oder gar fünfundvierzig Jahren »durchzuhalten«. In ihrem Beitrag werden betriebliche und individuelle Möglichkeiten gesunder Entschleunigung und eines gesunden Boundary Managements behandelt.

Schouler-Ocak gibt einen Einblick in die schwierige Lebenssituation von Geflüchteten. Geflüchtete sind oftmals vor, während und nach der Migration vielfältigen traumatisierenden Ereignissen ausgesetzt, die zu Traumafolgestörungen führen können. Resilienzorientierte Interventionen kombinieren traumafokussierte bzw. traumazentrierte interkulturelle Psychotherapien und multimodale Interventionen. Das resilienzorientierte Vorgehen kann auch protektiv der Ausbildung einer psychischen Folgestörung vorbeugen und die Orientierung sowie die Integration in die neue Sozial- und Arbeitswelt erleichtern.

▪ Abschnitt 5: Praxisbeispiele

Witzgall beschreibt ein Integrationsprogramm der Bayer AG, mit dem junge Geflüchtete für den deutschen Ausbildungs- und Arbeitsmarkt fit gemacht werden. Der Beitrag gewährt tiefe Einblicke in die Lebenslage der jungen Menschen. Traumatische Kriegs- und Fluchterlebnisse, Heimweh, Sorge um die daheimgebliebenen Angehörigen und Sorge um den eigenen Aufenthaltsstatus treffen auf ein hoch reguliertes deutsches Ausbildungssystem mit hohen Anforderungen an die Jugendlichen. Die Rolle der Ausbildenden wird in diesem Kontext neu bestimmt. Eine differenzierte Fehlzeitenanalyse unterscheidet krankheitsbedingte, behördenbedingte und kulturbedingte Fehlzeiten.

Gravert beschreibt die Betreuungsangebote der deutschen Bahn für Lokführer nach traumatisierenden Ereignissen. Das Programm besteht aus mehreren Modulen bzw. Phasen: Prävention durch vorbeugende Maßnahmen, Umgang mit der Akutsituation, Betreuung in der Nachsorge und Unterstützung bei einer ggf. notwendigen Behandlung sowie bei der Wiedereingliederung am Arbeitsplatz.

▪ Abschnitt 6: Daten und Analysen

Meyer, Wehner und Cichon liefern umfassende und differenzierte Daten zu den krankheitsbedingten Fehlzeiten in der deutschen Wirtschaft im Jahr 2016. Datenbasis sind die Arbeitsunfähigkeitsmeldungen der knapp 12,5 Millionen erwerbstätigen AOK-Mitglieder in Deutschland.

Busch gibt anhand der Statistiken des Bundesministeriums für Gesundheit (BMG) einen Überblick über die Arbeitsunfähigkeitsdaten der Gesetzlichen Krankenversicherung (GKV). Die Arbeitsunfähigkeitsstatistiken der Krankenkassen und die Erfassung der Arbeitsunfähigkeit werden erläutert und die Entwicklung der Fehlzeiten auf GKV-Ebene geschildert.

Schlipphak stellt ausgehend von einer systematischen Analyse der aktuellen krankheitsbedingten Abwesenheitszeiten in der Bundesverwaltung typische Handlungsschwerpunkte und beispielhafte Maßnahmen vor.

Literatur

Antonovsky A (1997) Salutogenese – Zur Entmystifizierung der Gesundheit. dgvt, Tübingen

Götze U (2013) Resilienzentwicklung im Personalmanagement. Angebote zur Steigerung psychischer Widerstandsfähigkeit von MitarbeiterInnen. Springer VS College, Wiesbaden

Hülsmann M (2005) Ad-hoc-Krise – eine begriffliche Annäherung. In: Burmann C, Freiling J, Hülsmann M (Hrsg) Management von Ad-hoc-Krisen. Gabler, Wiesbaden, S 33–59

Krystek U, Lentz M (2013) Unternehmenskrisen: Beschreibung, Ursachen, Verlauf und Wirkungen überlebenskritischer Prozesse in Unternehmen. In: Thießen A (Hrsg) Handbuch Krisenmanagement. Springer VS, Wiesbaden, S 29–51

Rampe M (2005) Der R-Faktor. Das Geheimnis der inneren Stärke. Knaur-Taschenbuch, Frankfurt am Main

Töpfer A (2008) Krisenkommunikation. In: Meckel M, Schmid BF (Hrsg) Unternehmenskommunikation. Kommunikationsmanagement aus Sicht der Unternehmensführung. 2. Aufl. Gabler, Wiesbaden, S 355–402

Töpfer A (2009) Krisenmanagement. Verlauf, Bewältigung und Prävention von Krisen. Wirtschaftswissenschaftliches Studium: WiSt: Zeitschrift für Studium und Forschung 4:180–187

Williams V, Ciarrochi J, Deane FP (2010) On being mindful, emotionally aware, and more resilient: Longitudinal pilot study of police recruits. Australian Psychologist 45 (4):274–282

Einführung

Krisen: Ein universelles Phänomen von überlebenskritischer Ambivalenz

U. Krystek, A. Hünecke

B. Badura et al. (Hrsg.) *Fehlzeiten-Report 2017*,
DOI 10.1007/978-3-662-54632-1_2, © Springer-Verlag GmbH Deutschland 2017

Zusammenfassung *Was bedeutet der uns umgangssprachlich bestens vertraute Begriff »Krise« und welche Krisenformen gibt es? Um diesen Fragen nachzugehen, bedarf es einer umfassenden Betrachtung des Krisenbegriffs. Oftmals ist der Begriff der Krise negativ konnotiert, doch nicht immer muss eine Krise in einer aussichtslosen Situation oder gar in einer Katastrophe enden, vielmehr können Krisen – wenn auch nicht zwangsläufig – einen Neubeginn im Sinne einer Chance bedeuten. Ausgehend von dieser Ambivalenz des Krisenbegriffs versucht der Beitrag einen interdisziplinären Überblick über verschiedene Krisenebenen zu geben und prozessuale Phasen von Krisenverläufen zu beleuchten. Welchen Ausgang eine Krise nimmt, hängt im besonderen Maße vom Krisenmanagement ab, hierbei sind speziell die Krisenvorsorge sowie die Frühwarnung/Früherkennung wichtige Aufgaben, um Krisen im Idealfall frühzeitig identifizieren und ihren weiteren Verlauf positiv beeinflussen zu können.*

2.1 Einführung

Als eines der besonders populären Reizwörter wird der Krisenbegriff in unserer Umgangssprache und in allen erdenklichen Medien nicht nur sehr häufig verwendet, sondern dabei auch in problematischer Weise entweder dramatisiert oder verharmlost: So setzen wir Krisen häufig und einseitig entweder mit Katastrophen oder mit Chancen gleich. In solchen Fehlinterpretationen verliert sich leicht die spezifische Bedeutung dieses Begriffs und damit seine wichtige Signalfunktion. Dies gilt in besonderer Weise auch für das Schwerpunktthema des vorliegenden Sammelbandes. Die Problematik von Krise und Gesundheit ist eingebunden in ein komplexes Beziehungsgeflecht von unterschiedlichen Krisenebenen, das von Individualkrisen über Unternehmenskrisen bis hin zu weltweiten Krisenerscheinungen reicht und bei dessen Abhandlung von Ursachen, Prävention und Bewältigung eine hinreichend präzise Begriffsbestimmung den Ausgangspunkt für geeignete Empfehlungen bilden soll.

Zugleich bereitet gerade die Universalität und Konnektivität des Krisenbegriffs erhebliche Probleme bei dem Versuch einer Generalisierung, da sich in seinen unterschiedlichen Anwendungsbereichen – fast zwangsläufig – auch unterschiedliche Interpretationen herausgebildet haben.

2.2 Krisenbegriff

2.2.1 Begriffsursprung und Entwicklung

Der Ursprung unseres heutigen Krisenbegriffs liegt in der griechischen Antike. Das Wort selbst leitet sich von dem griechischen Begriff *krisis* (krinein = prüfen, sich entscheiden; Starn 1973) ab und wurde etwa von Hippokrates und Thukydides zur Charakterisierung von medizinischen und militärischen Entscheidungssituationen verwendet, bei denen es um Tod oder Leben, Sieg oder Niederlage ging (Rothschild 1989; Koselleck 1982).

In die lateinische Sprache übernommen wurde der Krisenbegriff als ein Verlaufsbegriff, der einen auf eine Entscheidung zuführenden *Prozess* kennzeichnet, dessen Ausgang noch unklar ist (Koselleck 1982).

Diese Ambivalenz der Entwicklungsmöglichkeiten von überlebenskritischen Prozessen kennzeichnet bis heute den Krisenbegriff, der sich nach der griechischen Antike im europäischen Sprachraum erst im 18. Jahrhundert verstärkt wiederfand. Ab dann erfuhr er allerdings eine rasante Verbreitung und wird heute in allen Human- und Sozialwissenschaften als prominenter Schlüsselbegriff verwendet.

Auch und gerade die Politik nutzt verstärkt den Krisenbegriff. Dies nicht zuletzt mit der Absicht, Dramatik und Entscheidungszwang zu suggerieren, ohne dabei zu stark differenzieren oder ungebührlich erschrecken zu müssen (Starn 1973).

In jüngster Zeit hat sich der Krisenbegriff speziell auf der Unternehmensebene verstärkt einer chinesischen Begriffsdeutung bemächtigt und einseitig den *optimistischen* Krisenbegriff (Jänicke 1973) in den Vordergrund gerückt. Er beruft sich auf das chinesische Zeichenpaar für »Krise« (wei ji), bei dem das zweite Zeichen *ji* scheinbar als Ausdruck für »Möglichkeit« steht, was gern als »beraterische Chinoiserie von Krise = Chance« (Kuss 2014) interpretiert wird. Einer solch einseitigen Deutung ist mit Recht widersprochen worden, denn der zweite Teil des chinesischen Zeichenpaars bedeutet eben nicht »Möglichkeit«, sondern »kritischer Zustand« und das Zeichenpaar *wei ji* weist »[…] somit in seiner eigentlichen Bedeutung lediglich auf einen gefährlichen Zustand hin, ohne das vermeintlich weise Pendant der Möglichkeit zu beinhalten« (Sachsenmaier 2012).

Auch wenn die Ambivalenz der Entwicklungsmöglichkeiten prägend für den Krisenbegriff ist (denn nur dadurch unterscheidet er sich von dem in ▶ Abschn. 2.2.3 behandelten Begriff »Katastrophe«) – eine Art Zwangsläufigkeit oder gar Garantie für einen positiven Ausgang (Chance) besteht angesichts der nur begrenzten Beeinflussbarkeit von Krisen nicht. Dies gilt nicht nur für die Unternehmensebene, sondern für alle Ebenen des Krisenbegriffs und damit auch für die Ebene der Individualkrise, auf der gleichfalls häufig eine nicht unbedenkliche Assoziation von Krise mit Chance propagiert wird (Tepperwein 2005).

2.2.2 Versuch einer interdisziplinären Begriffsbestimmung

Ungeachtet der Schwierigkeiten, die sich aus der universellen Verwendung des Krisenbegriffs in seinen unterschiedlichen Ebenen, Wissenschaftsbereichen, in Politik und Umgangssprache ergeben, lassen sich nachfolgend – als Ergebnis einer Literaturrecherche – einige Merkmale hervorheben, die diesem Begriff ein erstes Profil verleihen (Krystek und Moldenhauer 2007; Krystek und Lentz 2014):
- Existenzgefährdung durch Gefährdung dominanter Ziele
- Ambivalenz des Ausgangs (Metamorphose oder Vernichtung)
- Prozesscharakter als zeitliche Begrenzung des Krisenprozesses
- Steuerungsproblematik im Sinne einer nur begrenzten Beeinflussbarkeit überlebenskritischer Prozesse

- Stress
- Überraschung
- Zeitdruck

Die Festlegung *dominanter Ziele* kann dabei naturgemäß nur einzelfallspezifisch erfolgen. Im Falle von Individualkrisen scheint dies beispielsweise aus medizinischer Sicht mit dem Ziel der Vermeidung des tödlichen Ausgangs einer Krankheit plausibel. Für Krisen auf der Unternehmensebene gelten als solche dominanten Ziele die Vermeidung von Zahlungsunfähigkeit und/oder Überschuldung (§ 17, § 19 Insolvenzordnung). Für nationale/regionale und weltweite Krisenerscheinungen können schließlich die Verhinderung von kriegerischen Auseinandersetzungen und Terrorakten sowie die Erhaltung der staatlichen Souveränität als solche dominanten Ziele genannt werden.

Ein häufiges Problem besteht aber – anders als bei der Objektivität physischer Gegebenheiten wie etwa im Falle von Katastrophen, Terrorakten, Kriegen und physiologischen Krankheiten – in der Beantwortung der Frage, *was* als Krise empfunden wird und *wer* die Krise als solche deklariert. Im Bereich der Sozialwissenschaften geht es in diesem Zusammenhang um Bedeutungszuweisung und soziale Konstruktion, ja um einen machtpolitischen Aushandlungsprozess zwischen den Betroffenen. Denn es gibt keine »objektive« soziale Bedeutung von Ereignissen/Entwicklungen, vielmehr gelten Bedeutungen immer nur kontextspezifisch und dieselben Ereignisse können in anderen Zusammenhängen eine – subjektiv empfunden – völlig andere Interpretation haben (Sandner 1994).

Schließlich ist noch auf die Tatsache hinzuweisen, dass »Stress« und »Zeitdruck« als begriffsprägende Merkmale nur in späten (akuten) Krisenphasen relevant sind und »Überraschung« als Merkmal des Krisenbegriffs nur dann von Bedeutung ist, wenn Krisen nicht – etwa durch Methoden der Frühwarnung/Früherkennung – rechtzeitig erkannt wurden (Krystek und Lentz 2014).

Krisen können unter Berücksichtigung der vorgenannten Merkmale als (ungewollte und ungeplante) Prozesse von begrenzter Dauer und Beeinflussbarkeit mit ambivalentem Ausgang gekennzeichnet werden. Sie sind in der Lage, das Überleben des betroffenen Systems (z. B. Individuen, Unternehmen, Staaten, Regionen) nachhaltig zu gefährden oder sogar unmöglich zu machen (Krystek 1987). Dies geschieht, indem dominante (überlebenskritische) Ziele, die oft erst in einem sozialen Aushandlungsprozess der Bedeutungszuweisung ermittelt werden, nicht erreicht werden. Zugleich können Krisen – entsprechend ihrem ambivalenten Charakter – auch konstruktiv bewältigt werden und das betroffene System sogar gestärkt aus solchen überlebenskritischen Prozessen hervorgehen lassen (Krystek und Lentz 2014).

2.2.3 Abgrenzung gegenüber artverwandten Begriffen

Eine weitere Profilierung kann der Krisenbegriff durch seine Abgrenzung gegenüber artverwandten Begriffen erfahren (Krystek und Moldenhauer 2007; Krystek und Lentz 2014). Dabei wird deutlich, dass es jeweils auch erhebliche Überschneidungen zwischen krisenähnlichen Phänomenen und Krisen gibt (◻ Abb. 2.1).

Katastrophen stellen einen Extremfall von Krisen dar. Als ihre negative Ausprägung sind sie unvermeidbare Singularitäten, die den Fortbestand des betroffenen Systems unmöglich machen. Sie sind zudem meist plötzlich auftretende Ereignisse und haben häufig eine wesentlich kürzere Prozessdauer als Krisen.

Störungen beziehen sich auf den technischen Ablauf von Systemen (z. B. im Betriebsablauf von Unternehmen) oder auf die Funktionsfähigkeit technischer Infrastrukturen in Ländern/Regionen (z. B. Gas, Wasser, Elektrizitätsversorgung, IT-Systeme), aber auch auf Erkrankungen des Menschen, die (zunächst) als heilbar betrachtet werden. Solche »[…] minor localized disruptions« (Coombs 2012) können gleichwohl zu überlebenskritischen Prozessen und sogar zu Katastrophen anwachsen bzw. sie auslösen, wie dies etwa am Beispiel von Fukushima auf dramatische Weise deutlich wurde.

Konflikte betreffen – anders als Störungen – Gegensätzlichkeiten in den Beziehungen zwischen Personen/-gruppen (Dahrendorf 1961) und können zwar durchaus konstruktiv sein, da sie eine höherwertige Problemlösung ermöglichen, allerdings auch destruktive, sogar zerstörerische Wirkungen entfalten (z. B. Mobbing, Machtkämpfe zwischen Führungskräften von Unternehmen, Auseinandersetzungen innerhalb von Regierungen oder zwischen Regierungen unterschiedlicher Länder/Regionen). Sehr viele Krisen haben ihren Ursprung in solchen interpersonellen Auseinandersetzungen.

Risiken kennzeichnen allgemein die Gefahr, Ziele – und damit auch dominante Ziele – nicht zu erreichen. Ihnen steht als Äquivalent zumeist auch eine Chance gegenüber (symmetrischer Risikobegriff) und es wird auf allen hier zu betrachtenden Ebenen auf sie eingegangen. Sie sind zu einem Teil versicherbar und uns im Alltagsleben bestens vertraut, z. B. unter dem

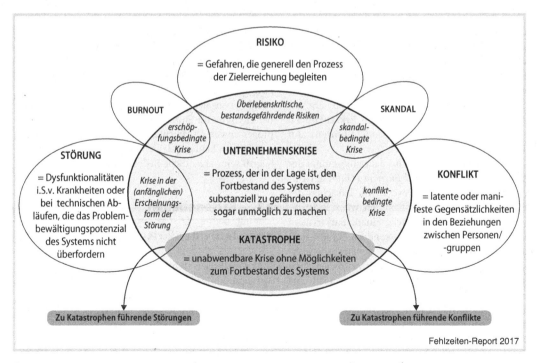

Fehlzeiten-Report 2017

◻ **Abb. 2.1** Abgrenzung des Krisenbegriffs (Quelle: Krystek und Lentz 2014)

populären Motto »No Risk, no Fun«. Allerdings weisen auch sie nur eine begrenzte Beherrschbarkeit auf und können durchaus in überlebenskritische Prozesse münden (z. B. riskante Lebensführung/Sportarten und Kaufentscheidungen bei Individuen, bestandsgefährdende Risiken bei Unternehmen, riskante Politikmanöver von Regierungen).

Skandale sind Ärgernisse von öffentlichem Interesse, die Empörung auslösen, weil sie tatsächlich oder vermeintlich gesetzliche und/oder ethische Normen verletzen (Krystek und Moldenhauer 2007). Für die Betroffenen (Skandalierten) können sie zwar einerseits gelegentlich sogar positiv zur persönlichen Publicity beitragen, aber ganz überwiegend durchaus auch existenzgefährdende Prozesse auslösen. Skandale werden durch Medien und soziale Netzwerke häufig erst aufgedeckt und wesentlich verstärkt, nicht selten auch verzerrt. Sie haben damit ein immer größer werdendes Potenzial zur Krisenverursachung, allerdings häufig auch nur mit kurzer Wirkungsdauer (z. B. der sog. Shitstorm).

Burnout steht als Begriff für Symptome eines Krankheitsbildes, das ein zunehmend häufiger auftretendes und gesellschaftlich anerkanntes Phänomen darstellt. Oftmals liegen die Ursachen eines Burnouts sowohl in den Arbeitsbedingungen als auch in der Persönlichkeit des/der Betroffenen. Die Beschwerden, die dieses Krankheitsbild mit sich bringt, können individuell sehr unterschiedlich in ihrer Art und Ausprägung sein und stellen ein anhaltendes Problem für den/die Betroffenen dar. In seiner letzten Stufe kann er zu einer völligen geistigen, körperlichen und emotionalen Erschöpfung, innerer Leere und Sinnverlust des/der Betroffenen mit erhöhter Infektanfälligkeit führen, die unter anderem die Gefahr von Herz-, Kreislauf- sowie Magen-Darm-Erkrankungen birgt und sogar zu suizidalem Handeln führen kann (Burisch 2014).

Das Burnout-Syndrom wird neuerdings unter der Bezeichnung *Organizational Burnout (OBO)* auf Unternehmen übertragen (Greve 2010). Ursachen des OBO sind nicht nur externe Faktoren, wie z. B. Strukturwandel, Wettbewerbsdruck, Finanzmarktrisiken oder feindliche Übernahmen, sondern gerade auch interne Stressoren: Etwa ein zu häufiger Strategiewechsel, ständige Reorganisationsprogramme sowie Ergebnisdruck und Erfolgsarroganz, allerdings auch eine übertolerante Fehlerkultur. In seiner schärfsten Ausprägung kann OBO zu Kontrollverlust der Führung, einer diffusen Sehnsucht nach dem »Big Bang«, zu Hoffnungslosigkeit sowie unbewusster Duldung des Organisationssuizids (Greve 2016) und damit zu Krisenerscheinungen im eigentlichen Sinne führen.

2.2.4 Problematik der Begriffsverwendung

Bereits 1970 stellte Luneburg fest: »Crisis has become one of the most overworked words in the language [...]« und im Jahre 2008 wurde der Begriff »Finanzkrise« von der Gesellschaft für deutsche Sprache (GfdS) zum Wort des Jahres gewählt. Insgesamt stellte die Soziologin Jenny Preunkert (2011) anhand des »Social Science Citation Index« fest, dass der *Warnwert* des Krisenbegriffs zwischen 1960 und 2010 durch eine Versechsfachung seiner Nennung deutlich verringert wurde (Jansen 2013). Dies sind nur drei von vielen Beispielen für den (zu) häufigen und dabei oft (zu) wenig hinterfragten Gebrauch des Krisenbegriffs. Eine solche inflationäre Verwendung des Krisenbegriffs erscheint allerdings kritisch, da sie zu einem höchst problematischen Gewöhnungseffekt führt, der tatsächlichen Krisen nicht mehr die ihnen gebührende Aufmerksamkeit zukommen lässt (Krystek und Lentz 2014).

Nicht weniger bedenklich ist die in der Literatur erkennbare Tendenz, Krisen als ein mittlerweile alltägliches Problem zu klassifizieren (Kraus und Haghani 2004) und – mehr noch – von »normalen Krisen« (Gmür 1996) zu sprechen.

Für alle Ebenen der Verwendung des Krisenbegriffs sollte gelten, dass es sich bei Krisen eben nicht um eine Art »Normalzustand« handelt, sondern um einen Ausnahmezustand. Dies gilt auch vor dem Hintergrund der Tatsache, dass sich Krisenerscheinungen offenbar häufen, der Normalzustand zwischen solchen Ausnahmesituationen damit seltener und – nach Überwindung der Krise – ein anderer sein wird als er zuvor war. Selbst wenn die Definition von »Normalzustand« ebensolche Schwierigkeiten bereitet, wie dies bei »Krisen« im Sinne eines sozialen Aushandlungsprozesses von Wirklichkeit skizziert wurde, so muss eine Unterscheidung bleiben, sonst verliert der Krisenbegriff seine eigentliche Bedeutung.

2.3 Krisenebenen

2.3.1 Individualkrisen

Individualkrisen stehen am Beginn und zugleich im Mittelpunkt der hier interessierenden Thematik. Sie kennzeichnen das Verhalten von Personen im Umgang mit schweren Schicksalsschlägen (z. B. Unfall, Krankheit, Verlust nahestehender Personen oder berufliche Fehlschläge, etwa durch Entlassung). Grundlegend für die Erklärung menschlichen Verhaltens in Individualkrisen sind Arbeiten von Fink (1971), der von zwei Grundannahmen ausgeht (Krystek und Moldenhauer 2007):

Erstens sind in jedem Individuum zwei einander entgegengesetzt wirkende Kräfte angelegt, die sein Verhalten in individuellen Krisenprozessen bestimmen:

- Kräfte, die auf eine Bewahrung oder Rückgewinnung der vor Kriseneintritt bestehenden Systemziele und -strukturen ausgerichtet sind und
- Kräfte, die auf einen progressiven Wandel und damit auf eine Fortentwicklung bestehender Systemziele und -strukturen abzielen.

Zweitens folgt das Verhalten von Personen in Individualkrisen einem strukturierten Prozess (orderly pattern), der vier charakteristische Phasen aufweist (◨ Tab. 2.1).

In den ersten beiden Phasen überwiegen dabei die auf Wahrung/Rückgewinnung der bisherigen Systemziele/-strukturen ausgerichteten Kräfte, während in den nachfolgenden Phasen – bei konstruktivem Verlauf des Prozesses – die auf progressiven Wandel orientierten Kräfte Oberhand gewinnen. Oft ergibt sich nach gelungener Bewältigung des Krisenprozesses ein neues Selbstwertgefühl für die Betroffenen, sodass sie gestärkt und gewandelt daraus hervorgehen. Allerdings besteht auch die Gefahr des Scheiterns, nämlich dann, wenn die Betroffenen den Prozess nicht bis zu seinem (positiven) Ende durchstehen und/oder von der dritten Phase in die vorherigen Phasen zurückfallen und dort verharren.

2.3.2 Unternehmens-/ (Organisations-)krisen

Organisationen als auf Dauer eingerichtete Personengruppen unter gemeinsamer Zielsetzung sollen nachfolgend am Beispiel von Unternehmen im Hinblick auf deren Krisenerscheinungen gekennzeichnet werden. Üblicherweise erfolgt eine solche Kennzeichnung anhand von Ursachen, Verlauf und Wirkungen solcher Krisenprozesse (Krystek und Moldenhauer 2007).

1. **Krisenursachen**
   Die lange schon existierende Erforschung von Ursachen für Unternehmenskrisen hat in Form der qualitativen Krisenursachenforschung – trotz aller Unterschiedlichkeit in der Methodik – eindeutige Ergebnisse erbracht: Bei einer Unterteilung zwischen internen und externen Krisenursachen dominieren eindeutig die internen (endogenen) Krisenursachen, also diejenigen, die der Einflusssphäre des Unternehmens zuzuordnen sind (Krystek und Moldenhauer 2007). Es werden damit generalisierend Managementfehler als dominante Krisenursachen ermittelt, unter denen nach einer vielbeachteten Untersuchung von

◨ **Tab. 2.1** Vier-Phasen-Modell menschlichen Verhaltens in Individualkrisen nach S. L. Fink

Phase	Selbsterfahrung	Wahrnehmung der Wirklichkeit	Emotionale Erfahrung	Kognitive Struktur
1. Schock	Bedrohung bestehender (dominanter) Systemziele, der Systemstruktur oder gar der Überlebensfähigkeit des Systems	Die Wirklichkeit stellt sich als erdrückend und überwältigend dar	Hilflosigkeit; Angst; Versinken in ein Dunkel; Panik	Zusammenbruch: Unfähigkeit, die Situation zu begreifen, klar zu denken, zu planen und zu handeln
2. Defensiver Rückzug	Versuch, die bisherigen Systemziele beizubehalten	Verdrängung; Leugnung, Verharmlosung der Wirklichkeit; Wunschdenken	Ausgeglichenheit oder Euphorie (im Falle einer Störung: Wut, Zorn)	Defensive Reorganisation; Widerstand gegen jegliche Veränderung
3. Eingeständnis	Aufgabe der bisherigen Systemziele	Erkennung der Wirklichkeit; die Tatsachen »sprechen für sich«	Depression; Minderwertigkeits-, Bitterkeits-, Trauer-, Angstgefühl (Apathie; Psychose)	Zusammenbruch: Neuorganisation auf Grundlage der veränderten Wahrnehmung von Wirklichkeit
4. Anpassung und Wandel	Aufstellung neuer Systemziele	Aktive Auseinandersetzung mit der neuen Wirklichkeit	Erfahrung neuer Befriedigung; Abbau der Depression	Neuorganisation auf Grundlage der gegebenen individuellen Ressourcen und Fähigkeiten

Quellen: Krystek und Moldenhauer 2007; Fink 1971

Hauschildt et al. (2006) Führungsmängel bzw. Unerfahrenheit/Unfähigkeit der Führung noch vor strategischen und operativen Problemen rangieren.

2. **Krisenverlauf**

Der Verlauf (Prozess) von Unternehmenskrisen kann als eine spezifische Ausprägungsform des generellen Krisenprozesses (▶ Abschn. 2.5) verstanden werden. Er beginnt nach Müller (1986) mit der *strategischen Krise*, in der Aufbau und/oder Verfügbarkeit der strategisch bedeutsamen Erfolgspotenziale durch ungeeignete oder fehlende Strategien gefährdet sind. Die anschließende *Erfolgskrise* verdeutlicht die Wirkungen des fortschreitenden Krisenprozesses bereits durch die Gefährdung der operativen Erfolgsziele (Ergebnis/Rentabilität/Umsatz). Als dritte Phase ist die *Liquiditätskrise* erreicht, wenn eine akute Bedrohung der Zahlungsfähigkeit erkennbar wird. Mit der *Insolvenz* findet der Krisenprozess in Unternehmen sein gedankliches Ende. Nach der neuen Insolvenz-Gesetzgebung (InsO/ESUG) ist allerdings auch noch eine konstruktive Krisenbewältigung (Insolvenzsanierung) in dieser Phase möglich (Lentz 2013).

3. **Krisenwirkungen**

In den Wirkungen von Unternehmenskrisen spiegelt sich ihr ambivalenter Charakter wider. Darüber hinaus können die Wirkungen von Unternehmenskrisen als endogen und exogen verortet werden, wobei sich endogene Wirkungen auf die internen und exogene Wirkungen auf die externen Stakeholder konzentrieren.

◪ Tab. 2.2 gibt einen Überblick über hauptsächliche Krisenwirkungen.

2.3.3 Nationale/regionale und weltweite Krisen

Obwohl in ihrer Bedeutung ungleich größer als die zuvor betrachteten Krisenebenen, haben nationale/regionale und selbst weltweite Krisen vor dem Hintergrund der hier interessierenden Thematik einen eher rahmengebenden Charakter. Zudem lösen sich angesichts der fortschreitenden Globalisierung die typischen Grenzen zwischen »national«, »regional« und »weltweit« immer mehr auf. Dafür kann die Infektionswirkung, die von der ursprünglich nationalen US-Immobilienkrise zu einer weltweiten Finanzkrise führte, als Beispiel herhalten. Ähnlich verhält es sich mit der sog. Eurokrise, bei der ebenfalls die Grenzen zwischen nationalen und regionalen Krisenerscheinungen verschwimmen und das Infektionspotenzial weltweite Bedrohungsszenarien auslöste. Nicht anders stellt sich die Situation bei politischen Krisen auf (zunächst) nationaler Ebene (z. B. Krim-Krise) und bei Katastrophen (z. B. Fukushima oder Tschernobyl) dar.

◪ **Tab. 2.2** Wirkungen von Unternehmenskrisen im Überblick

Qualität Lokalität	Destruktiv	Konstruktiv
Endogen »im Unternehmen« (intern)	Existenzgefährdung der Mitarbeiter	Sicherung von Arbeitsplätzen/Karrierechancen der Mitarbeiter
	Motivationsprobleme/innere Kündigung	Selbstbestätigung/Herausforderung
	Vertrauensverlust (der Führung)	Trennung von unprofitablen Geschäftseinheiten/Produkten
	Abwanderung von Leistungsträgern	Konsolidierung, »Gesundschrumpfen«
	Verlust des eingesetzten Kapitals	Freisetzen von Investitionskraft und Innovationen
Exogen »im Umsystem« (extern)	Arbeitsplatzverluste durch Insolvenzen (ca. 5,3 Mio. in den Jahren 2003 bis 2015)*	Steuermehreinnahmen
	Inanspruchnahme aus Bürgschaften	Sicherung von Arbeitsplätzen
	Vertrauensverlust (des Unternehmens/der Branche)	Sicherung von Bezugsquellen
	Insolvenzschäden (ca. 508 Mrd. Euro in den Jahren 2000 bis 2015)**	Verbesserung des Branchenimages

Quellen: *Statista 2016a; **Statista 2016b

Zudem sind ihrem Ursprung nach unterschiedliche Krisenerscheinungen/Katastrophen (sowohl natürlicher Art als auch sog. »Man-made-Katastrophen«, Hartung und Nowak 2013) aufgrund ihrer Infektionswirkungen fast immer miteinander verbunden, indem beispielsweise Katastrophen und/oder politische Krisen jeweils das Potenzial haben, supranationale Wirtschaftskrisen zu verursachen.

2.3.4 Konnektivität von Krisenebenen

Die Konnektivität von Krisenebenen mit ihren Infektionswirkungen spielt eine wesentliche Rolle auch bei der Darstellung des Zusammenhangs zwischen Individualkrisen, Gesundheit und Arbeitsumfeld. In soziologischer Betrachtungsweise entspricht sie einer festen Kopplung zwischen Krisen und Folgeeffekten (Hasse 2012). Sie kann als sog. **Downstream-Kopplung** von weltweiten Krisenerscheinungen auf die nachgeordneten Krisenebenen bis auf die Ebene der Individualkrise durchschlagen. So sind – ausgehend von weltweiten Wirtschaftskrisen – fast zwangsläufig Auswirkungen auf nationale/regionale Wirtschaften und von diesen auf dort agierende Unternehmen zu identifizieren, die ihrerseits durchaus Individualkrisen verursachen können (z. B. wegen Arbeitsplatzverlust oder krisenbedingter Belastungen am Arbeitsplatz). Auch eine *Upstream-Kopplung*, durch die vorgelagerte Krisenebenen infiziert werden, sind bekannt. So kann z. B. die Krise einer einzelnen (systemrelevanten) Bank auf das gesamte Bankensystem übergreifen und letztlich »[…] das gesellschaftliche Arrangement des modernen Kapitalismus insgesamt […]« treffen (Hasse 2012). In ähnlicher Weise können auch Individualkrisen von Top-Führungskräften durchaus Unternehmenskrisen provozieren, die ihrerseits in der Lage sind, auf höher gelagerte Krisenebenen durchzuschlagen. Insgesamt verstärken die vorgenannten Konnektivitäten mit ihren Down- und Upstream-Kopplungen die Krisendynamik und -wirkungen erheblich und können sogar zu Katastrophen führen.

2.4 Krisenverläufe

2.4.1 Krisen als zeitlich begrenzte Prozesse

In einer von der ursprünglichen (griechischen) Begriffsdefinition abweichenden, heute jedoch allgemein gebräuchlichen Prozessperspektive können Krisen als auf Veränderungen mit ambivalentem Ausgang ausgerichtete, zeitlich begrenzte Ereignisfolgen betrachtet werden.

Sie sind formal durch die drei Knotenpunkte Anfang, Wendepunkt und Ende gekennzeichnet. Eine inhaltliche Bestimmung (wann beginnt die Krise, wann endet sie?) stößt dabei auf die bereits beschriebene Problematik der Konstruktion von sozialer Wirklichkeit. Der Zeitraum zwischen Beginn und Ende des Krisenprozesses kann darüber hinaus von sehr unterschiedlicher Länge sein. Als Extremformen sind langandauernde, sich nur allmählich beschleunigende Krisenprozesse ebenso anzutreffen, wie schlagartig auftretende Krisenprozesse mit rasanter Beschleunigung und extrem kurzer Prozessdauer. Langandauernde Krisen werden häufig auch als »schleichende Krisen« (Töpfer 2009) bezeichnet, während für schlagartig auftretende Krisen die Bezeichnung »Ad-hoc-Krise« (Hülsmann 2005) eingeführt wurde.

2.4.2 Phasen von Krisenprozessen

Für den Umgang mit Krisen auf allen Ebenen ist die zuvor dargelegte Prozessbeschreibung keinesfalls hinreichend. Vielmehr bedarf es einer differenzierten Phaseneinteilung, aus der das jeweilige Krisenstadium und die dafür erforderlichen Maßnahmen der Krisenvermeidung oder -bewältigung abzuleiten sind. Aus der Literatur ist eine Vielzahl solcher Phaseneinteilungen bekannt.

Bei einer weiten Interpretation des Krisenprozesses (Krystek 1987) ist dessen (gedanklicher) Ausgangspunkt die *potenzielle Krise*, in der zwar typische Krisensymptome noch nicht wahrnehmbar sind, in der sich jedoch nachhaltiges Fehlverhalten und wesentliche Fehlentscheidungen manifestieren, die einen späteren (akuten) Krisenausbruch herbeiführen können (z. B. ungesunde Lebensweisen, riskante Strategie-/Politikentscheidungen). Sie ist zudem die Phase, in der Vorsorge und das Nachdenken über Alternativpläne (Notfallpläne) ihren besonderen Platz haben (Krystek und Moldenhauer 2007). In der Phase der *latenten Krise* kann der verdeckt bereits vorhandene Krisenprozess mit Hilfe von Frühwarn-/Früherkennungssystemen der unterschiedlichsten Form (von diagnostischen Methoden der medizinischen Früherkennung bis hin zur Frühwarnung im militärischen Bereich) rechtzeitig entdeckt werden. Damit verbleibt noch hinreichend Zeit für vorbeugende Maßnahmen. Gelingt eine solche Frühwarnung/Früherkennung nicht, geht der Prozess in die Phase der *akut/beherrschbaren Krise* über. Hier wird die ausgebrochene Krise konkret und unmittelbar wahrnehmbar, was die Einleitung von erforderlichen Gegenmaßnahmen zwar noch möglich macht, dies häufig allerdings nur noch in begrenztem Umfang, da Zeitablauf Handlungsmöglichkeiten vernichtet. Stehen solche Maßnahmen nicht mehr zur Verfügung oder sind sie wirkungslos, tritt der Krisenprozess in seine letzte Phase, die als *akut/nicht beherrschbare* **Krise** bezeichnet wird und mit dem Untergang/der Auflösung des betroffenen Systems endet. Die Ambivalenz des Krisenprozesses kommt dabei in den unterschiedlichen Ausprägungsformen der akuten Krise zum Ausdruck.

2.5   Krisenmanagement

2.5.1   Begriff und Aufgaben des Krisenmanagements

Während der Krisenbegriff – trotz seines impliziten Chancenpotenzials – im allgemeinen Verständnis mehrheitlich noch immer mit negativen Assoziationen, nicht selten sogar mit Angstgefühlen beladen ist, scheint dies bei dem Begriff »Krisenmanagement« nicht der Fall zu sein. Ihn umgibt eher die Aura von Rettung, Spannung und ungewöhnlicher Leistung. Seine erstmalige Verwendung wird George Washington zugeschrieben, mehrheitlich jedoch J. F. Kennedy im Zusammenhang mit der Kuba-Krise des Jahres 1962 (von Raven 1968). In der Tat gilt noch heute die Bewältigung der Kuba-Krise als ein Beispiel für das, was Krisenmanagement auszeichnet: Einen systematischen und professionellen Umgang mit Krisen im Sinne einer Bewältigung überlebenskritischer Prozesse als Führungsaufgabe von höchster Priorität (Krystek 1987).

In einem solchen Verständnis reduziert sich Krisenmanagement auf die akute Krise und wird zum Krisenbewältigungsmanagement. Bei einer weiten Begriffsauslegung umfasst das Krisenmanagement allerdings auch die Krisenvorsorge sowie die Frühwarnung/Früherkennung und bezieht sich damit auf alle Phasen des Krisenprozesses. Darüber hinaus betrachtet ein umfassendes Krisenmanagement auch die sog. »emotionale Seite von Krisensituationen« (Schreyögg und Ostermann 2014), die als *Behavioral Crisis Management* zentrale Erfolgsfaktoren wie »Vertrauen« und »Kommunikation« (Hinzmann und Krystek 2016) ebenso einbezieht wie den Aspekt des *Sensemaking* und *Sensegiving* (Weick et al. 2005; Appelt 2016).

2.5.2   Schwerpunkte des Krisenmanagements

- **1. Krisenvorsorge**

In der ersten Phase des Krisenprozesses (potenzielle Krise) widmet sich ein umfassendes Krisenmanagement im Sinne einer gedanklichen Vorwegnahme von Krisen der Vorsorge im Hinblick auf überlebenskritische Prozesse. Auf der Ebene von Individualkrisen zählen dazu etwa Vorsorgeuntersuchungen, die der Verhütung von Krankheiten dienen (Pschyrembel 2014). Die Unternehmensebene kennt gleichfalls solche Vorsorgemaßnahmen (Krystek 2014); z. B. Risikomanagement (Fiege 2006; Vanini 2012) und Formen des betrieblichen Kontinuitätsmanagements (von Rössing 2005; Watters 2014) mit den darin integrierten Alternativplanungen (»Plan B«; Contingency Planning). Auf der nationalen Ebene werden z. B. in den USA Vorsorgemaßnahmen in der FEMA (Federal Emergency Management Agency) und dem Department of Homeland Security gebündelt (von Rössing 2005). Eine flexiblere Variante der Krisenvorsorge bietet das Konzept der individuellen und organisatorischen *Resilienz* (Schreyögg und Ostermann 2014). Dabei geht es generell um die Fähigkeit, Krisen unbeschadet zu überstehen und sogar gestärkt aus ihnen hervorzugehen (Heller et al. 2012). Grundlage sind die sog. sieben Säulen der menschlichen Resilienz (Ungericht und Wiesner 2011).

Die Grundprinzipien der aus der Psychologie stammenden Resilienzforschung wurden – ähnlich dem Burnout-Syndrom – auf Unternehmen übertragen (Allenby und Fink 2005) und werden seither auch unter dem Begriff »Corporate Resilience Management« diskutiert (Seibt 2016). Unternehmen mit einem großen Ausmaß an Resilienz gelingt es demnach rascher, nach einer Krise wieder in eine stabile Situation zurückzufinden (Scharnhorst 2008). Zudem besteht offenbar ein wechselseitiger Zusammenhang zwischen individueller Resilienz und der Resilienz von Unternehmen (Heller et al. 2012). Dies allerdings nicht in der Weise, dass individuelle Resilienz einseitig im Unternehmensinteresse verordnet oder antrainiert werden kann, sondern nur in einer Wechselwirkung zwischen Veränderungen unternehmensspezifischer Rahmenbedingungen und Stärkung individueller Resilienz (Ungericht und Wiesner 2011).

Auf den Ebenen regionaler und weltweiter Krisenerscheinungen sind Vorsorgemaßnahmen ebenfalls in vielfältiger Ausprägung bekannt. Beispielhaft sei an dieser Stelle auf die unterschiedlichen Formen von zivilen und militärischen Notfallplanungen bzw. Contingency-Plans hingewiesen.

2. Krisenfrüherkennung

Die zweite Phase des generellen Krisenprozesses widmet sich der *Frühwarnung/Früherkennung* im Sinne einer rechtzeitigen Signalisierung von Bedrohungen (Frühwarnung), zugleich aber auch von Chancen (Früherkennung). Formen der Frühwarnung/Früherkennung sind gleichfalls auf allen Krisenebenen bekannt und reichen von Untersuchungen zur möglichst frühzeitigen Erkennung (latent) vorhandener Krankheiten (Pschyrembel 2014) über Früherkennungssysteme im Unternehmensbereich (Krystek und Müller-Stewens 1993; Krystek 2010) bis hin zu Früherkennungssystemen im militärischen Bereich (z. B. AWACS = Airborne Warning and Control System).

Generell handelt es sich bei Früherkennungssystemen um eine spezielle Art von Informationssystemen, die in der Lage sind, latent bereits vorhandene Krisenprozesse rechtzeitig wahrzunehmen und an Entscheidungsträger weiterzuleiten, sodass noch hinreichend Zeit zur Ergreifung präventiver Maßnahmen verbleibt (Krystek 1987).

3. Krisenbewältigung

Die beiden letzten Phasen des generellen Krisenprozesses (akut/beherrschbare und akut/nicht beherrschbare Krise) stehen in der Praxis noch immer im Zentrum des Krisenmanagements. Als eher reaktive

Formen beziehen sie sich auf die Bewältigung bereits eingetretener Krisen und folgen dabei einem systematischen Prozess der Problemlösung. Dieser steht im Gegensatz zu einem *muddling through*, das auf Intuition (Gigerenzer 2007) vertrauend einen eher situativen und improvisierenden – deshalb aber keinesfalls zwangsläufig untauglichen – Versuch der Auseinandersetzung mit akuten Krisen kennzeichnet. ◘ Abb. 2.2 stellt den Prozess der Krisenbewältigung schematisch dar.

Krisenbewältigung hat zwar (zunächst) das Ziel, das krisenbefallene System zu retten und zukunftsorientiert neu auszurichten, kann aber auch (im Falle akut/nicht beherrschbarer Krisen) darin bestehen, seine Existenzbeendigung zu begleiten. Beispiele dafür sind im individuellen Bereich etwa die Formen der Palliativmedizin und Sterbebegleitung sowie im Unternehmensbereich die freiwillige oder zwangsweise Liquidation. Im nationalen/internationalen Bereich finden Formen der Bewältigung akut/nicht beherrschbarer Krisen seltener autonom, sondern eher heteronom, z. B. in Form eines *Umsturzes*, statt (Jänicke 1973).

2.6 Fazit

Krisen sind überlebenskritische Prozesse mit ambivalentem Ausgang. Der inflationär und häufig

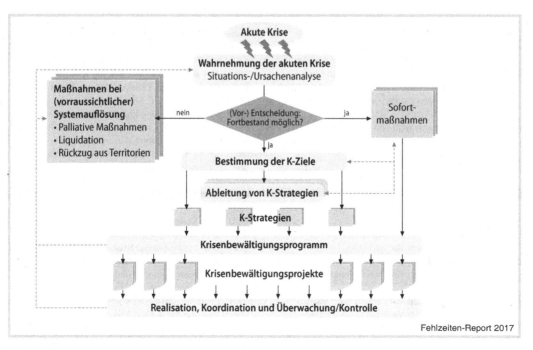

◘ Abb. 2.2 Prozess der Krisenbewältigung (K)

unreflektierte Gebrauch des Krisenbegriffs hat zu einer deutlichen Verringerung seiner wichtigen Signalfunktion geführt; ebenso wie auch zu einer bedenklichen Fehlinterpretation, die ihn einseitig entweder mit »Untergang« bzw. »Auflösung« gleichsetzt oder seinen Chancen-Charakter hervorhebt.

Krisen und Gesundheit im Arbeitsumfeld (Unternehmen) stehen in einer sehr engen Austauschbeziehung und sind zudem eingebunden in nationale und sogar weltweite Krisenerscheinungen.

Krisen auf allen Ebenen sind (begrenzt) beeinflussbar und Krisenbewältigung kann ebenso eine Neuausrichtung des betroffenen Systems bewirken, wie sie dessen Auflösung begleiten kann. Entscheidend für die günstige Beeinflussung von Krisen sind dagegen Formen der Krisenvorsorge und Frühwarnung/Früherkennung, die gleichfalls auf allen Krisenebenen möglich sind, jedoch speziell in der Unternehmenspraxis längst noch nicht immer die wünschenswerte Anwendung finden.

Literatur

Allenby B, Fink J (2005) Toward Inherently Secure and Resilient Societies. Science 12 (309):1034–1036

Appelt D (2016) Sensemaking und Sensegiving in der Sanierung. Zur Einflussnahme auf die Bedeutungskonstruktion durch das Management. Springer Gabler, Wiesbaden

Burisch M (2014) Das Burnout-Syndrom. Theorie der inneren Erschöpfung – zahlreiche Fallbeispiele – Hilfen zur Selbsthilfe. 5. Aufl. Springer, Berlin Heidelberg

Coombs WT (2012) Ongoing crisis communication. Planning, managing and responding, 3rd edn. Sage, Los Angeles

Dahrendorf R (1961) Elemente einer Theorie des sozialen Konflikts. In: Dahrendorf R (Hrsg) Gesellschaft und Freiheit. Zur soziologischen Analyse der Gegenwart. Piper, München, S 197–232

Fiege S (2006) Risikomanagement- und Überwachungssystem nach KonTraG. Prozess, Instrumente, Träger. Deutscher Universitäts-Verlag, Wiesbaden

Fink SL (1971) Organizational Crisis and Change. The Journal of Applied Behavioral Science 7 (1):15–37

Gigerenzer G (2007) Bauchentscheidungen: Die Intelligenz des Unbewussten und die Macht der Intuition. 3. Aufl. Bertelsmann, München

Gmür M (1996) Normale Krise. Unsicherheit als Managementproblem. Paul Haupt, Bern Stuttgart Wien

Greve G (2010) Organizational Burnout. Das versteckte Phänomen ausgebrannter Organisationen. Springer Gabler, Wiesbaden

Greve G (2016) Vom Organizational Burnout zum Organizational Flow – Eine Frage des Vertrauens! Ein authentischer Bericht. In: Keuper F, Sommerlatte T (Hrsg) Vertrauensbasierte Führung. Devise und Forschung. Springer Gabler, Berlin Heidelberg, S 251–263

Hartung T, Nowak T (2013) Die Relevanz des Katastrophenrisikomanagements: Implikationen für einen möglichen Katastrophenmanagementprozess. BFuP 65 (6):571–588

Hasse R (2012) Bausteine eines soziologischen Krisenverständnisses: Rückblick und Neubetrachtung. In: Mergel T (Hrsg) Krisen verstehen. Historische und kulturwissenschaftliche Annäherungen. Campus, Frankfurt New York, S 29–45

Hauschildt J, Grape C, Schindler M (2006) Typologien von Unternehmenskrisen im Wandel. Der Betriebswirt 1:7–25

Heller J, Elbe M, Linsenmann M (2012) Unternehmensresilienz. Faktoren betrieblicher Widerstandsfähigkeit. In: Böhle F, Busch S (Hrsg) Management von Ungewissheit. Neue Ansätze jenseits von Kontrolle und Ohnmacht. Transcript, Bielefeld, S 213–232

Hinzmann M, Krystek U (2016) Kommunikation und Vertrauen als wechselseitige Einflussbeziehung in Unternehmenskrisen – Eine Betrachtung der Perspektive interner Stakeholder. In: Keuper F, Sommerlatte T (Hrsg) Vertrauensbasierte Führung. Devise und Forschung. Springer Gabler, Berlin Heidelberg, S 143–164

Hülsmann M (2005) Ad-hoc-Krise – eine begriffliche Annäherung. In: Burmann C, Freiling J, Hülsmann M (Hrsg) Management von Ad-hoc-Krisen, 1. Aufl. Gabler, Wiesbaden, S 33–59

Jansen SA (2013) Resistenz durch Resilienz – Über die existentielle Eleganz von Risiko-Organisationen. In: Jansen SA, Schröter E, Stehr N (Hrsg) Fragile Stabilität – stabile Fragilität. Springer, Wiesbaden, S 117–128

Jänicke M (1973) Krisenbegriff und Krisenforschung. In: Jänicke M (Hrsg) Herrschaft und Krise. Beiträge zur politikwissenschaftlichen Krisenforschung. Westdeutscher Verlag, Opladen, S 10–25

Koselleck R (1982) Krise. In: Brunner O (Hrsg) Geschichtliche Grundbegriffe. Historisches Lexikon zur politisch-sozialen Sprache in Deutschland 3. Klett-Cotta, Stuttgart, S 617–650

Kraus KJ, Haghani S (2004) Krisenverlauf und Krisenbewältigung – der aktuelle Stand. In: Bickhoff N et al (Hrsg) Die Unternehmenskrise als Chance. Springer, Berlin Heidelberg, S 13–38

Krystek U (1987) Unternehmungskrisen. Beschreibung, Vermeidung und Bewältigung überlebenskritischer Prozesse in Unternehmungen. Gabler, Wiesbaden

Krystek U (2010) Krisenvorsorge und -früherkennung. In: Evertz D, Krystek U (Hrsg) Restrukturierung und Sanierung von Unternehmen. Grundlagen, Fallstudien und Instrumente für die Praxis. Schäffer-Poeschel, Stuttgart, S 345–370

Krystek U (2014) Risiko- und Kontinuitätsmanagement versus Resilienz- und Antifragilitäts-»Management«: Krisenvorsorge zwischen Kontinuität und Neubeginn. In: Evertz D, Krystek U (Hrsg) Unternehmen erfolgreich restrukturieren und sanieren. Herausforderungen und Lösungsansätze für den Turnaround. Schäffer-Poeschel, Stuttgart, S 369–403

Krystek U, Lentz M (2014) Unternehmenskrisen: Beschreibung, Ursachen, Verlauf und Wirkungen überlebenskritischer Prozesse in Unternehmen. In: Thießen A (Hrsg) Handbuch Krisenmanagement, 2. Aufl. Springer, Wiesbaden, S 31–53

Krystek U, Moldenhauer R (2007) Handbuch Krisen- und Restrukturierungsmanagement. Generelle Konzepte, Spezialprobleme, Praxisberichte. Kohlhammer, Stuttgart

Krystek U, Müller-Stewens G (1993) Frühaufklärung für Unternehmen. Identifikation und Handhabung zukünftiger Chancen und Bedrohungen. Schäffer-Poeschel, Stuttgart

Kuss J (2014) Strategie als Krise – Explikation und Enthemmung der Organisationsentwicklung. In: Thießen A (Hrsg) Handbuch Krisenmanagement. 2. Aufl. Springer, Wiesbaden, S 21–30

Lentz M (2013) Unternehmenssanierung in der Insolvenz: Theoriegestützte Herleitung eines heuristischen Bezugsrahmens unter Anwendung der Grounded Theory. Verlag Dr. Kovač, Hamburg

Luneburg WV (1970) The role of management in an atmosphere of crisis. MSU Business Topics 18 (4):7–17

Müller R (1986) Krisenmanagement in der Unternehmung. Vorgehen, Maßnahmen und Organisation, 2. Aufl. Peter Lang, Frankfurt

Preunkert J (2011) Die Krise in der Soziologie. Soziologie 40 (4):432–442

Pschyrembel (2014) Klinisches Wörterbuch, 266. Aufl. Walter de Gruyter, Berlin Boston

Raven W von (1968) Die Kunst, Konflikte zu meistern. Die politische Meinung 124:33 ff

Rössing R von (2005) Betriebliches Kontinuitätsmanagement, 1. Aufl. mitp, Bonn

Rothschild K (1989) Krisenbegriff und Krisenbewältigung aus der Sicht der Wirtschaftswissenschaften. In: Neuhold H, Heinemann HJ (Hrsg) Krise und Krisenmanagement in den internationalen Beziehungen. Franz Steiner, Stuttgart, S 77–88

Sachsenmaier D (2012) Die Krise als Topos im modernen China. In: Mergel T (Hrsg) Krisen verstehen. Historische und kulturwissenschaftliche Annäherungen. Campus, Frankfurt New York, S 117–130

Sandner K (1994) Die Definition von Krisen – Ein machtpolitischer Aushandlungsprozeß. In: Gareis R (Hrsg) Erfolgsfaktor Krise. Konstruktionen, Methoden, Fallstudien zum Krisenmanagement. Signum, Wien, S 34–48

Scharnhorst J (2008) Resilienz – Neue Arbeitsbedingungen erfordern neue Fähigkeiten. In: Berufsverband Deutscher Psychologinnen und Psychologen (Hrsg) Psychische Gesundheit am Arbeitsplatz in Deutschland. S 51–54

Schreyögg G, Ostermann SM (2014) Krisenwahrnehmung und Krisenbewältigung. In: Thießen A (Hrsg) Handbuch Krisenmanagement., 2. Aufl. Springer, Wiesbaden, S 119–139

Seibt CH (2016) Corporate Resilience Management: Rechtsrahmen für Geschäftsleiterhandeln. Der Betrieb 34:1978–1984

Starn R (1973) Historische Aspekte des Krisenbegriffs. In: Jänicke M (Hrsg) Politische Systemkrisen. Kiepenheuer & Witsch, Köln, S 52–69

Statista (2016a) Anzahl der Arbeitsplatzverluste durch insolvente Unternehmen in Deutschland von 2003 bis 2015. https://de.statista.com/statistik/daten/studie/251921/umfrage/arbeitsplatzverluste-durch-insolvente-unternehmen-in-deutschland/. Gesehen 20 Sep 2016

Statista (2016b) Höhe der finanziellen Schäden durch Unternehmensinsolvenzen in Deutschland von 2000 bis 2015 (in Milliarden Euro). https://de.statista.com/statistik/daten/studie/166636/umfrage/insolvenzschaeden-in-deutschland-nach-glaeubigern/. Gesehen 20 Sep 2016

Tepperwein K (2005) Krise als Chance. Wie man Krisen löst und zukünftig vermeidet. MVG, München

Töpfer A (2009) Krisenmanagement. Verlauf, Bewältigung und Prävention von Krisen. Wissenschaftliches Studium 4:180–187

Ungericht B, Wiesner M (2011) Resilienz. Zur Widerstandskraft von Individuen und Organisationen. ZfO 80 (3):188–194

Vanini U (2012) Risikomanagement. Grundlagen – Instrumente – Unternehmenspraxis. Schäffer-Poeschel, Stuttgart

Watters J (2014) Disaster Recovery, Crisis Response, and Business Continuity. A Management Desk Reference. Apress, New York

Weick KE, Sutcliffe KM, Obstfeld D (2005) Organizing and the Process of Sensemaking. Organization Science 16 (4): 409–421

Soziale Ungleichheit, Arbeit und Gesundheit

T. Lampert, L. E. Kroll, S. Müters, M. Schumann

B. Badura et al. (Hrsg.) *Fehlzeiten-Report 2017*,
DOI 10.1007/978-3-662-54632-1_3, © Springer-Verlag GmbH Deutschland 2017

Zusammenfassung *Eine nach wie vor stark ausgeprägte soziale Ungleichheit spiegelt sich in einer Ungleichverteilung von Gesundheit und Krankheit wider. Die Arbeitswelt trägt über die ungleiche Verteilung physischer, psychischer und sozialer Anforderungen zur Entstehung gesundheitlicher Ungleichheit bei, wodurch persönliche Krisen entstehen können, die wiederum Einfluss nehmen auf das Umfeld der Betroffenen. Gesundheitsgefährdende Arbeitsbelastungen finden sich häufiger bei niedriger beruflicher Position, was mit einer höheren Anzahl an Arbeitsunfällen sowie häufigeren Fehlzeiten einhergeht. Zudem zeigt sich, dass Männer und Frauen niedriger Berufsstatusgruppen ihren Gesundheitszustand deutlich schlechter einschätzen als diejenigen der höheren Berufsstatusgruppen. Daneben sind Arbeitslose verstärkt von Krankheiten und Gesundheitsproblemen betroffen, und zwar sowohl in Bezug auf die körperliche als auch psychische Gesundheit. Vor diesem Hintergrund bedarf es zielgruppenspezifischer Maßnahmen der (Krisen-)Prävention und Gesundheitsförderung, um die vorhandenen gesundheitlichen Ungleichheiten zu verringern und die Chancengleichheit zu fördern.*

3.1 Einleitung

Die aktuelle gesellschaftliche Entwicklung in Deutschland verlangt nach einer differenzierten Betrachtung und Bewertung. Einerseits sind ein stabiles Wirtschaftswachstum, eine zunehmende Erwerbsbeteiligung und eine niedrige Arbeitslosigkeit zu verzeichnen. Andererseits ist in vielen Bereichen eine stark ausgeprägte soziale Ungleichheit festzustellen, die sich in den vergangenen Jahren weiter verfestigt oder sogar ausgeweitet hat. Beispiele hierfür sind die hohe Armutsrisikoquote, die fortschreitende Vermögenskonzentration und der nach wie vor enge Zusammenhang zwischen der sozialen Herkunft und den Bildungschancen. Hinzu kommen zahlreiche Entwicklungen, die im Zusammenhang mit dem demografischen Wandel, der Zuwanderung von Geflüchteten und Asylsuchenden sowie Veränderungen auf dem Arbeitsmarkt zu sehen sind und zu einer größeren Vielfalt der Erscheinungsformen sozialer Ungleichheit führen (BMAS 2017; Destatis und WZB 2016).

Die soziale Ungleichheit der Lebensbedingungen und Teilhabemöglichkeiten spiegelt sich in einer Ungleichverteilung von Gesundheit und Krankheit wider (Richter und Hurrelmann 2009; Lampert et al. 2017). Viele Krankheiten, Beschwerden, Funktionseinschränkungen und Behinderungen kommen bei Personen mit niedrigem Sozialstatus vermehrt vor, wobei der Sozialstatus in den meisten Studien auf der Basis von Informationen zu Einkommen, Bildung und Beruf gemessen wird (Lampert und Kroll 2009; Lampert et al. 2013). Sozial benachteiligte Männer und Frauen stehen aufgrund ihrer ökonomischen Situation im Fall von Gesundheitsproblemen vor einer doppelten Herausforderung: So sind nicht nur manifeste materielle Probleme, sondern auch neu auftretende Gesundheitsprobleme und vor allem schwere Erkrankungen immer auch individuelle Krisen, in denen bestehende Lebensweisen und auch die gesellschaftlichen Sicherungs- und Versorgungssysteme auf den Prüfstand gestellt werden. Dabei ist zu berücksichtigen, dass sozial benachteiligte Personen zwar das höchste Risiko für Erkrankungen und Gesundheitsprobleme aufweisen, zwischen den mittleren und hohen Statusgruppen aber ebenfalls bedeutsame Unterschiede bestehen und gerade in der Mitte der Gesellschaft eine zunehmende Verunsicherung und Zukunftssorgen zu beobachten sind. Angesichts dessen sollte die Verteilung von Lebensbedingungen und Teilhabemöglichkeiten sowie von Gesundheitschancen und Erkrankungsrisiken über die gesamte soziale Stufenleiter betrachtet und von einem »sozialen Gradienten der Gesundheitschancen« gesprochen werden (Marmot 2004).

Lange Zeit wurde davon ausgegangen, dass die Arbeitswelt der zentrale Entstehungsort der zu beobachtenden sozialen Unterschiede bei Gesundheit und Krankheit ist (Mielck 2000; Lahelma et al. 2004; Dragano et al. 2016). Diskutiert wurden zunächst vor allem körperliche Anforderungen und Belastungen (z. B. körperliche Schwerarbeit, Nacht- und Schichtarbeit oder Akkordarbeit), Umgebungseinflüsse (z. B. Lärm, Nässe, Dämpfe oder Umgang mit giftigen Stoffen) sowie Unfallgefahren. Mittlerweile hat sich im Zuge der Veränderungen der Arbeit und der damit verbundenen Anforderungen die Diskussion auf psychische und psychosoziale Faktoren erweitert. Dies gilt nicht nur für Stressbelastungen, die unmittelbar mit der Arbeit im Zusammenhang stehen, z. B. aufgrund von Zeitdruck, Überforderung oder Konflikten mit Kollegen sowie Vorgesetzten. Es trifft auch auf die Zunahme von atypischen Beschäftigungsverhältnissen und der daraus resultierenden Unsicherheiten und Zukunftsängsten zu (Lenhardt et al. 2010). Auch wenn eine allein an der Arbeitswelt ansetzende Erklärung der Ungleichverteilung von Gesundheit und Krankheit zu kurz greift, so kann doch davon ausgegangen werden, dass die festzustellenden Korrelationen zwischen den genannten arbeitsbezogenen Belastungen und Risiken einerseits und der beruflichen Qualifikation und beruflichen Stellung andererseits erheblich zu deren Verständnis beiträgt (Lahelma et al. 2004; Dragano et al. 2016).

Im Folgenden wird zunächst die Entwicklung von Armut und sozialer Ungleichheit in Deutschland beschrieben. Danach werden zentrale Befunde der sozialepidemiologischen Forschung berichtet, die verdeutlichen, wie groß die sozialen Unterschiede in der Gesundheit und auch in der Lebenserwartung sind. Im Anschluss richtet sich der Fokus auf die Arbeitswelt und die ungleiche Verteilung von arbeitsbezogenen Belastungen und Gesundheitsrisiken. Zum Abschluss wird auf die Situation von Arbeitslosen eingegangen, die zu den Gruppen mit besonders hohen und zum Teil auch spezifischen Gesundheitsrisiken gehören.

3.2   Entwicklung von Armut und sozialer Ungleichheit in Deutschland

Um die Armutsentwicklung in Deutschland zu beschreiben, wird oftmals auf die sogenannte Armutsrisikoquote zurückgegriffen. Diese beschreibt den Anteil an Personen, deren Netto-Äquivalenzeinkommen weniger als 60 Prozent des Medians der Einkommen aller Personen beträgt (BMAS 2017). Nach Daten des Sozio-oekonomischen Panels (SOEP) betraf dies im Jahr 2014 etwa 15 Prozent der Bevölkerung. Bezüglich der zeitlichen Entwicklung in den letzten 20 Jahren ist festzustellen, dass das Armutsrisiko im Zeitraum von 1998 bis etwa 2005 deutlich, und zwar von rund 11 auf 14 Prozent, angestiegen ist (◪ Abb. 3.1). In den folgenden

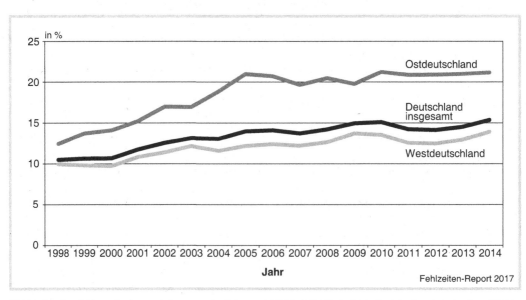

◪ **Abb. 3.1** Entwicklung der Armutsrisikoquoten im Zeitraum 1998 bis 2014 (Datenbasis: Sozio-oekonomisches Panel 1998–2014, eigene Berechnungen)

Jahren hingegen ist es relativ konstant geblieben und erst ab 2013 zeichnet sich ein neuerlicher Anstieg ab.

Das Armutsrisiko liegt in Ostdeutschland mit aktuell 21 gegenüber 14 Prozent deutlich höher als in Westdeutschland. Auf der Ebene der Bundesländer lässt sich dieser Ost-West-Unterschied an hohen Armutsrisikoquoten z. B. in Mecklenburg-Vorpommern und Sachsen-Anhalt und vergleichsweise geringen Armutsrisikoquoten in Bayern, Baden-Württemberg und Hessen festmachen. Darüber hinaus fallen die hohen Armutsrisikoquoten in einzelnen Großstädten auf. In Dortmund, Duisburg, Bremen, Leipzig und Berlin liegen sie gegenwärtig deutlich über 20 Prozent.

Eine altersdifferenzierte Betrachtung zeigt, dass Kinder und Jugendliche sowie junge Erwachsene überproportional stark durch Armut bedroht sind. Bei Kindern und Jugendlichen bis 15 Jahre liegt die Armutsrisikoquote zurzeit bei 17 Prozent, bei jungen Erwachsenen im Alter von 16 bis 24 Jahren sogar bei 21 Prozent. Die niedrigsten Armutsrisikoquoten finden sich mit etwa 13 Prozent im Altersbereich von 25 bis 64 Jahren. Im höheren Lebensalter sind sie aber nur unwesentlich höher. Darüber hinaus sind kinderreiche Familien, Alleinerziehende und Menschen mit Migrationshintergrund überproportional von Armut bedroht (BMAS 2017).

Die Hauptursache für eine Armutsgefährdung ist Arbeitslosigkeit. Der Anteil der Arbeitslosen, die einem Armutsrisiko ausgesetzt sind, ist mit über 50 Prozent entsprechend hoch, wobei das Armutsrisiko mit der Dauer der Arbeitslosigkeit zunimmt. Als deutliche Hinweise auf die Ausweitung von prekär bzw. atypischen Beschäftigungsverhältnissen können der Anstieg der »Working-poor«-Quote und die Zunahme von Beschäftigten in Zeitarbeitsfirmen verstanden werden. Die »Working poor«-Quote, die den Anteil der Erwerbstätigen beschreibt, die trotz des Beschäftigungsverhältnisses einem Armutsrisiko unterliegen, ist seit 1998 von etwa 6 auf 10 Prozent gestiegen (BMAS 2017). Die Zahl der Beschäftigten in Zeitarbeitsfirmen hat laut der Bundesagentur für Arbeit im gleichen Zeitraum von rund 180.000 auf 1.006.000 zugenommen. Insgesamt sind »aktuell 21 Prozent der Erwerbstätigen als atypisch beschäftigt anzusehen (BA 2017).

Dass Armut und soziale Ungleichheit oftmals über Generationen fortbestehen und die soziale Mobilität in Deutschland gering ist, hängt zuvorderst mit dem engen Zusammenhang zwischen der sozialen Herkunft und den Bildungschancen zusammen. Dieser lässt sich an fast allen Schwellen des Bildungssystems festmachen. So besuchen Kinder aus sozial benachteiligten Familien seltener eine Kindertagesstätte und erhalten weitaus seltener eine Gymnasialempfehlung – und zwar auch bei gleichen schulischen Leistungen (Krüger

et al. 2011). Auch im weiteren Bildungsverlauf spielt die soziale Herkunft eine wesentliche Rolle. Nach Daten des Deutschen Studentenwerkes nehmen mehr als drei Viertel der Kinder von Eltern mit akademischer Ausbildung ein Studium an einer allgemeinen Hochschule oder Fachhochschule auf, während es von den Kindern von Eltern ohne akademischen Abschluss weniger als ein Viertel sind (Middendorff et al. 2013).

3.3 Soziale Unterschiede in der Gesundheit und Lebenserwartung

Die soziale Ungleichheit der Lebensbedingungen und Teilhabechancen schlägt sich in der Gesundheit der Bevölkerung nieder. Den markantesten Ausdruck erfährt diese gesundheitliche Ungleichheit in Bezug auf die Sterblichkeit und Lebenserwartung. Mit Daten des SOEP konnte hierzu gezeigt werden, dass Männer und Frauen, die einem Armutsrisiko ausgesetzt sind, deutlich häufiger vorzeitig, d. h. vor dem 65. Lebensjahr, sterben (◘ Abb. 3.2). Bezogen auf die mittlere Lebenserwartung bei Geburt bedeutet dies einen Unterschied von 10,8 Jahren bei Männern und 8,4 Jahren bei Frauen im Vergleich zu den hohen Einkommensbeziehern (150 Prozent und mehr des mittleren Netto-Äquivalenzeinkommens). Werden nur die bei guter oder sehr guter Gesundheit verbrachten Lebensjahre berücksichtigt, fallen die Unterschiede zwischen den Einkommensgruppen mit 14,3 bzw. 10,2 Jahren noch größer aus (Lampert et al. 2007; Kroll und Lampert 2008). Daten der Deutschen Rentenversicherung Bund sprechen zudem dafür, dass sich die zwischen den Einkommensgruppen beobachteten Unterschiede in der Lebenserwartung in den letzten Jahren weiter ausgeweitet haben könnten (Kibele et al. 2013).

Die sozialen Unterschiede in der Sterblichkeit und Lebenserwartung sind darauf zurückzuführen, dass viele Krankheiten und Beschwerden in den sozial benachteiligten Bevölkerungsgruppen häufiger vorkommen (Richter und Hurrelmann 2009; Lampert et al. 2017). Dies gilt gerade für schwerwiegende chronische Erkrankungen, wie z. B. koronare Herzkrankheit, Diabetes mellitus oder chronische Bronchitis. Nach Daten der Studie »Gesundheit in Deutschland aktuell« (GEDA) ist das Risiko für diese Erkrankungen bei Personen mit niedrigem sozialen Status zwei- bis dreimal erhöht; im Fall von Diabetes mellitus ist bei Frauen aus der niedrigen Statusgruppe sogar von einem viermal höherem Erkrankungsrisiko auszugehen (◘ Abb. 3.3).

Auch viele psychische Erkrankungen und Störungen treten in den niedrigen Statusgruppen vermehrt auf. Dies gilt beispielsweise für affektive Störungen wie

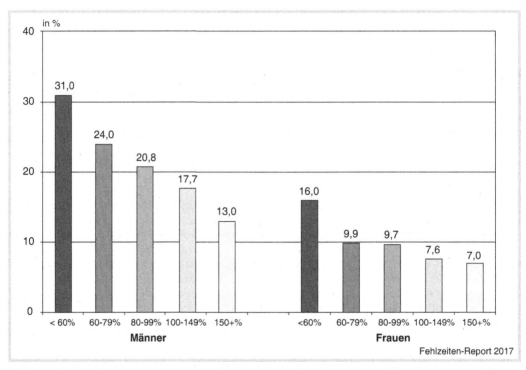

■ **Abb. 3.2** Anteil der Männer und Frauen in Deutschland, die vor dem 65. Lebensjahr sterben, nach Netto-Äquivalenzeinkommen (Datenbasis: Sozio-oekonomisches Panel 1995–2005, Lampert et al. 2007)

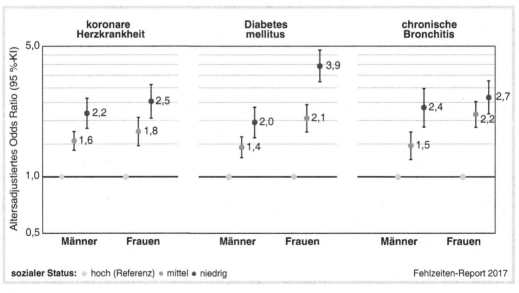

■ **Abb. 3.3** Chronische Erkrankungen nach Sozialstatus von Männern und Frauen in Deutschland (Datenbasis: GEDA 2009, 2010, 2012 [gepoolter Datensatz])

Depressionen, Angststörungen sowie Alkoholabhängigkeit und andere Substanzstörungen. Bei Unfallverletzungen, Behinderungen und funktionellen Einschränkungen in der Alltagsbewältigung zeichnen sich ebenfalls deutliche Unterschiede zuungunsten von Personen mit niedrigem Sozialstatus ab (Dragano 2007).

Viele Erkrankungen und Beschwerden, in deren Verbreitung soziale Unterschiede zutage treten, können auf Risikofaktoren zurückgeführt werden, die im Zusammenhang mit dem Gesundheitsverhalten stehen (Finger et al. 2013; Lampert et al. 2010). Große Bedeutung kommt dabei dem Rauchen zu, das in den niedrigen Statusgruppen stärker verbreitet ist. Zwar lässt sich in den letzten Jahren in allen Statusgruppen ein Rückgang des Rauchens beobachten, die sozialen Unterschiede sind aber weitgehend erhalten geblieben. Deutliche soziale Unterschiede zeigen sich zudem im Auftreten von Adipositas, wobei diese Unterschiede bei Frauen noch stärker hervortreten als bei Männern. Neben sozialen Unterschieden in der sportlichen Betätigung dürfte hierfür verantwortlich sein, dass sich die Angehörigen der niedrigen Statusgruppen ungesünder ernähren. Festmachen lässt sich dies unter anderem an einer insgesamt höheren Kalorienzufuhr, einer oftmals unausgewogenen Ernährungsweise und einem häufigeren Verzehr von fett- und zuckerhaltigen Lebensmitteln (MRI 2008). Auch in der Inanspruchnahme des Gesundheitswesens lassen sich deutliche soziale Unterschiede beobachten. Dies gilt insbesondere für präventive und gesundheitsfördernde Angebote wie die Krebsfrüherkennungsuntersuchungen, den Gesundheits-Check-Up und die Teilnahme an kassenfinanzierten Angeboten zur Gesundheitsförderung und Prävention (Jordan et al. 2013, Hoebel et al. 2014).

3.4 Arbeitsweltbezogene Einflüsse und Arbeitsbelastungen

Unterschiede in den Arbeitsbedingungen sind wichtige Erklärungsfaktoren für die beobachtete gesundheitliche Ungleichheit (Rahkonen et al. 2006, Bambra et al. 2009; Kaikkonen et al. 2009; Kroll und Lampert 2013). So stehen physische und psychosoziale Beanspruchungen bei der Arbeit in einem engen Zusammenhang mit dem Auftreten von Krankheiten und Beschwerden, Arbeitsunfällen und Arbeitsunfähigkeit, krankheitsbedingten Frühberentungen sowie auch einem erhöhten Mortalitätsrisiko (Dragano 2007; Kivimäki et al. 2012; Kroh et al. 2012; Lohmann-Haislah 2012; Brussig 2014; Rommel et al. 2016).

Die für Deutschland vorliegenden Daten aus dem European Working Conditions Survey (EWCS) zeigen für zahlreiche Arbeitsbelastungen beträchtliche Unterschiede in Abhängigkeit von der beruflichen Position (Dragano et al. 2016). Sowohl physische Belastungen wie das Tragen schwerer Lasten als auch psychosoziale Arbeitsbelastungen wie geringe berufliche Entwicklungsmöglichkeiten kommen den Daten zufolge bei Männern und Frauen in manuellen und einfachen Angestelltenberufen häufiger vor als in hoch qualifizierten Berufsgruppen. Werden die 16 Einzelbelastungen, die in der Studie betrachtet wurden, zu einem Gesamtbelastungswert aufsummiert, zeigt sich, dass Erwerbstätige in manuellen Berufsgruppen und einfache Angestellte auch insgesamt im Durchschnitt einer erhöhten Arbeitsbelastung ausgesetzt sind (◌ Abb. 3.4). Besonders gering ist der Anteil bei Beschäftigten der sogenannten Dienstklasse, in der alle Manager und freien Berufe, aber auch hochqualifizierte Angestellte, zusammengefasst werden.

Ein weiteres Beispiel für arbeitsbezogene Gesundheitsrisiken, die sich zwischen verschiedenen Berufsgruppen deutlich unterscheiden, sind Unfälle am Arbeitsplatz. Im mittleren Lebensalter stellt der Arbeitsplatz einen der häufigsten Unfallorte dar (Varnaccia et al. 2013). Die Daten der GEDA-Studie 2010 zeigen hierzu, dass Männer und Frauen mit niedrigem Berufsstatus im Verhältnis zu denen mit hohem Berufsstatus ein 5,9- bzw. 2,6-fach erhöhtes Unfallsrisiko haben. Dabei wurde für das Alter der Beschäftigten sowie den Umfang und die Dauer der Beschäftigung kontrolliert. Eine weiterführende Auswertung der GEDA-Daten verdeutlicht, dass insbesondere Personen aus manuellen Berufsgruppen und in der Landwirtschaft tätige Personen diesen erhöhten Unfallrisiken ausgesetzt sind (Rommel et al. 2016). Außerdem deuten die Ergebnisse darauf hin, dass ungleich verteilte Arbeitsbelastungen wie schweres Tragen oder Arbeiten unter Leistungs- und Zeitdruck die Unterschiede in den Unfallrisiken zwischen den Berufsgruppen zum Teil erklären.

Im Einklang mit den Unterschieden hinsichtlich der Verbreitung von Arbeitsbelastungen und Arbeitsunfällen und mit Ergebnissen der Fehlzeitenstatistik, die auf höhere Fehlzeiten in manuellen Berufen und einfachen Dienstleistungstätigkeiten hindeuten (Meyer et al. in diesem Band), zeigen sich auch in Gesundheitssurveys ausgeprägte sozioökonomische Unterschiede im Gesundheitszustand von Erwerbstätigen (Kroll und Lampert 2014). In ◌ Abb. 3.5 ist der Anteil von erwerbstätigen Männern und Frauen differenziert nach Berufsstatus dargestellt, die ihren allgemeinen Gesundheitszustand als »mittelmäßig«, »schlecht« oder »sehr schlecht«

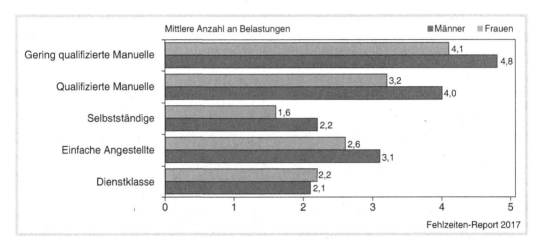

◖ **Abb. 3.4** Mittlere Anzahl an Arbeitsbelastungen (summativer Gesamtbelastungswert aus 16 Einzelbelastungen) nach Berufsklasse bei Männern und Frauen in Deutschland (Datenbasis: European Working Conditions Survey 2010, eigene Darstellung nach Dragano et al. 2016)

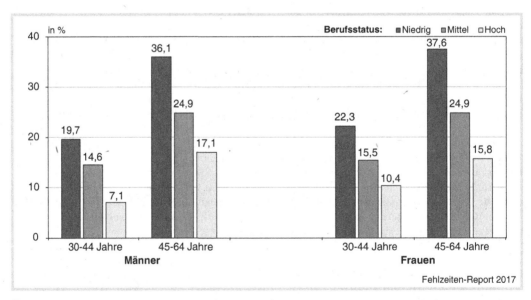

◖ **Abb. 3.5** Anteil allgemeiner Gesundheitszustand (»mittelmäßig«, »schlecht«, »sehr schlecht«) nach Altersgruppe und Berufsstatus bei Männern und Frauen in Deutschland (Datenbasis: GEDA 2009, 2010, 2012)

einschätzen. Im Verhältnis zu Männern und Frauen mit hohem Berufsstatus ist das Risiko für einen als mittelmäßig oder schlecht beurteilten eigenen Gesundheitszustand in der Vergleichsgruppe mit niedrigem Berufsstatus auch nach statistischer Kontrolle von Alter, Beschäftigungsumfang und -dauer 2,8-fach bzw. 2,9-fach erhöht. Mit Blick auf den Renteneintritt bedeuten diese ausgeprägten Unterschiede, dass sich erwerbstätige Männer und Frauen mit hohem Berufsstatus im Durch-

schnitt deutlich gesünder als die Vergleichsgruppe mit niedrigem Status fühlen, wenn sie das Renteneintrittsalter erreichen. So beträgt der vorhergesagte Anteil für einen als mittelmäßig oder schlecht beurteilten eigenen Gesundheitszustand bei Erreichen des Renteneintrittsalters von 67 Jahren – nach statistischer Kontrolle der genannten Faktoren – in der unteren Statusgruppe 40,6 bzw. 48,3 Prozent, während er in der oberen Statusgruppe bei lediglich 19,7 bzw. 24,5 Prozent liegt.

3.5 Gesundheitliche Auswirkungen von Arbeitslosigkeit

Erwerbstätigkeit ist in unserer Gesellschaft eine wesentliche Voraussetzung für die Existenzsicherung, die gesellschaftliche Selbstbeschreibung und die soziale Teilhabe. Der Verlust des Arbeitsplatzes ist mit erheblichen Auswirkungen auf die Lebensführung der Betroffenen verbunden. Sie verlieren einen erheblichen Teil ihres Einkommens und die damit verbundenen Partizipationsmöglichkeiten. Hinzu kommen oftmals der Verlust von Status und Identität, von Zeitstruktur, von sozialen Kontakten oder von Kontrolle über die eigenen Lebensumstände (Jahoda 1983; Creed und Macintyre 2001; Elkeles 2008). Internationale Studien zeigen, dass Arbeitslosigkeit mit einem geringeren Selbstwertgefühl und einer geringeren Lebenszufriedenheit assoziiert ist (Lucas et al. 2004; Paul und Moser 2009).

In einer Vielzahl von Studien wurde nachgewiesen, dass Arbeitslose im Vergleich zu Erwerbstätigen einen schlechteren Gesundheitszustand aufweisen (Hollederer und Brand 2006; Berth et al. 2008; Elkeles 2008; Kroll und Lampert 2012; Herbig et al. 2013). Hinsichtlich der körperlichen Gesundheit zeigen die für Deutschland vorliegenden Daten, dass körperliche Beschwerden und Einschränkungen bei Arbeitslosen häufiger vorkommen (Kroll und Lampert 2012; Eggs et al. 2014). Der subjektive Gesundheitszustand wird von Männern und Frauen mit Arbeitslosigkeitserfahrungen innerhalb der letzten fünf Jahre deutlich schlechter bewertet als von Männern und Frauen ohne Arbeitslosigkeitserfahrung (Kroll et al. 2016). Auch für den Bereich der gesundheitsbezogenen Lebensqualität lassen sich anhand der Indikatoren des »4-item healthy days core module« (HRQOL-4) des Centers for Disease Control and Prevention (CDC) (Mielenz et al. 2006) Unterschiede zwischen Arbeitslosen und Erwerbstätigen feststellen. So ist die Dauer der Beeinträchtigungen der körperlichen Gesundheit, des seelischen Wohlbefindens und der Ausübung der Alltagsaktivitäten bei Arbeitslosen, insbesondere Langzeitarbeitslosen, im Vergleich zu Erwerbstätigen signifikant erhöht (◗ Abb. 3.6).

Insbesondere im Bereich der psychischen Gesundheit lassen sich deutliche Zusammenhänge mit der Arbeitslosigkeit feststellen. Einige Übersichtsarbeiten und Metaanalysen kommen zu dem Ergebnis, dass Langzeitarbeitslose ein mindestens doppelt so hohes Risiko für psychische Erkrankungen, vor allem für Depressionen und Angststörungen, haben als erwerbstätige Personen (Paul und Moser 2009; Herbig et al. 2013). Bereits mit den Daten des Bundes-Gesundheitssurveys 1998 (BGS98) konnte für Deutschland mittels klinischer Interviews für psychische Störungen ein erhöhtes Risiko bei arbeitslosen im Vergleich zu erwerbstätigen Männern festgestellt werden. Bei Frauen waren die entsprechenden Zusammenhänge

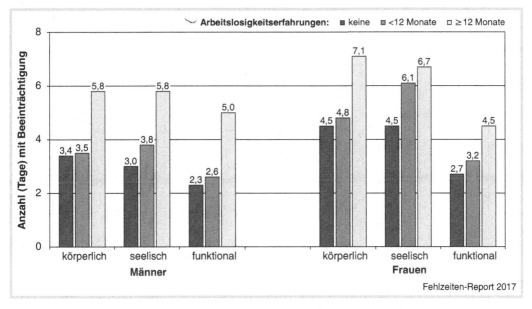

◗ **Abb. 3.6** Tage mit Beeinträchtigung des körperlichen und seelischen Befindens und daraus folgende Beeinträchtigungen bei Alltagsaktivitäten in den letzten vier Wochen bei Frauen und Männern in Deutschland nach Arbeitslosigkeitserfahrungen und Geschlecht (Datenbasis: GEDA 2009, 2010, 2012, Alter 30 bis 64 Jahre)

dagegen schwächer ausgeprägt und zumeist nicht statistisch signifikant (Rose und Jacobi 2006). Daten der gesetzlichen Krankenkassen (Knieps und Pfaff 2014) und des Panels »Arbeitsmarkt und soziale Sicherung« (PASS), das vom Institut für Arbeitsmarkt- und Berufsforschung (IAB) durchgeführt wird (Eggs et al. 2014), unterstützen die Befunde häufigerer psychischer Erkrankungen, schlechterer mentaler Gesundheit und häufigerer psychischer Beeinträchtigungen bei Arbeitslosen bzw. ALG-II-Beziehern im Vergleich zu Erwerbstätigen.

Berechnungen mit Querschnittdaten der GEDA-Studien aus den Jahren 2010 und 2012 zeigen für Männer und Frauen einen deutlichen Zusammenhang zwischen Arbeitslosigkeitserfahrungen innerhalb der letzten fünf Jahre vor dem Befragungszeitpunkt und der 12-Monats-Prävalenz einer diagnostizierten Depression. Sowohl Personen mit Arbeitslosigkeitserfahrungen von weniger als zwölf Monaten als auch solche, die insgesamt länger als zwölf Monate arbeitslos waren, berichten signifikant häufiger von diagnostizierten Depressionen als Personen ohne Arbeitslosigkeitserfahrung (◘ Abb. 3.7).

Neben gesundheitlichen Problemen sind auch gesundheitlich riskante Verhaltensweisen bei Arbeitslosen häufiger festzustellen (Robert Koch-Institut 2003; Schunck und Rogge 2010; Hollederer 2011b; Lampert et al. 2011). Dies machen Daten der GEDA-Studien 2010 und 2012 deutlich (Kroll et al. 2016). Nach statistischer Kontrolle von Altersunterschieden ist das Risiko zu rauchen oder sportlich inaktiv zu sein bei Männern und Frauen mit längerer Arbeitslosigkeitserfahrung im Vergleich zu Personen ohne Arbeitslosigkeitserfahrungen um ungefähr das Doppelte erhöht. Darüber hinaus sind Unterschiede in der Inanspruchnahme des Gesundheitswesens festzustellen. Arbeitslose nehmen häufiger ärztliche Leistungen in Anspruch, was angesichts der höheren Krankheitsbelastung nicht überrascht (Weber et al. 2007). Präventive und die Gesundheit fördernde Angebote hingegen werden von Arbeitslosen seltener nachgefragt. Dies lässt sich z. B. im Hinblick auf den Gesundheits-Check-Up, Krebsfrüherkennungsuntersuchungen und Zahnvorsorgeuntersuchungen feststellen (Kroll et al. 2016).

Wird das komplexe Zusammenwirken von Arbeitslosigkeit und Gesundheit genauer betrachtet, stellen sich Gesundheit, Risikoverhalten und Krankheiten nicht nur als Folge, sondern auch als Ursache von Arbeitslosigkeit dar (Voss et al. 2004; Paul et al. 2006; Herbig et al. 2013; Varekamp et al. 2013; Gebel und

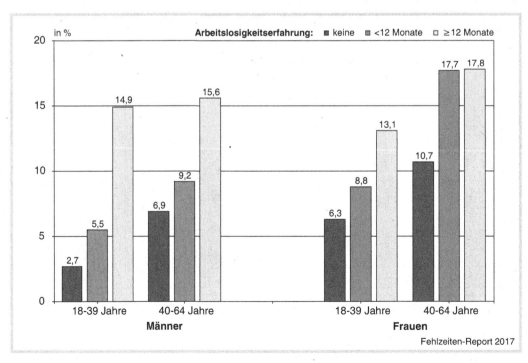

◘ **Abb. 3.7** 12-Monats-Prävalenz einer diagnostizierten Depression bei Männern und Frauen in Deutschland nach Arbeitslosigkeitserfahrung und Altersgruppe (Datenbasis: GEDA 2010, 2012, Kroll et al. 2016)

Vossemer 2014). So nehmen einerseits die Gesundheitsprobleme von Arbeitslosen mit der Dauer der Arbeitslosigkeit tendenziell zu. Andererseits haben Erwerbstätige mit gesundheitlichen Problemen auch ein höheres Risiko, arbeitslos zu werden sowie schlechtere Chancen auf eine Wiederbeschäftigung (◙ Abb. 3.8). Als Resultat kumulieren bei Arbeitslosen und insbesondere Langzeitarbeitslosen gesundheitliche Probleme.

3.6 Diskussion

Die gesellschaftliche Entwicklung in Deutschland ging in den letzten Jahrzehnten mit einer Verfestigung oder sogar Ausweitung sozialer Ungleichheit einher. Hinzu kamen eine weitere Ausdifferenzierung der sozialen Ungleichheit und eine Kumulation von sozialen Benachteiligungen und Problemen in bestimmten Bevölkerungsgruppen und auch Regionen, die sowohl unter dem Gesichtspunkt einer sozialen Krise als auch individueller Krisen diskutiert werden können. Diese Entwicklungen schlagen sich in der Gesundheit und Lebenserwartung der Bevölkerung nieder. Dass Personen mit niedrigem sozialem Status von vielen Krankheiten und Beschwerden verstärkt betroffen sind und zu einem weitaus höheren Anteil vorzeitig sterben, wird inzwischen durch eine jährlich zunehmende Zahl an Studien bestätigt (Richter und Hurrelmann 2009; Lampert et al. 2017). Zum Teil finden sich auch Studien, die zeigen, dass die Angehörigen der niedrigen Statusgruppe über geringere personale, soziale und auch materielle Ressourcen verfügen, um mit Krankheiten und Gesundheitsproblemen umzugehen und diese zu bewältigen (Mielck 2000). Für Aussagen zu zeitlichen Entwicklungen und Trends in Bezug auf die sozialen Unterschiede in der Gesundheit und Lebenserwartung ist die Datenlage in Deutschland nach wie vor schlechter als z. B. in Großbritannien und den skandinavischen Ländern. Mit Blick auf die letzten 20 Jahre lässt sich aber feststellen, dass sich keine Anhaltspunkte für eine Verringerung der gesundheitlichen Ungleichheit finden. Vielmehr sprechen die vorliegenden Studienergebnisse dafür, dass sich in einigen Bereichen die sozialen Unterschiede ausgeweitet haben. Mit den Daten der Gesundheitsstudien des Robert Koch-Instituts und des Sozio-oekonomischen Panels lässt sich dies z. B. in Bezug auf den allgemeinen Gesundheitszustand, den Tabakkonsum und die sportliche Aktivität belegen (Lampert et al. 2017). Daten der Deutschen Rentenversicherung Bund sprechen für eine Ausweitung der Einkommensdifferenzen in der Lebenserwartung (Kibele et al. 2013).

Vor diesem Hintergrund kann die Verringerung der gesundheitlichen Ungleichheit als eine zentrale Herausforderung für Public Health verstanden werden. Wirksame Maßnahmen zur Verringerung gesundheitlicher Chancenungleichheiten setzen dabei eine gesamtgesellschaftliche Anstrengung voraus, die nicht nur den Bereich der Gesundheitspolitik umfassen, sondern im

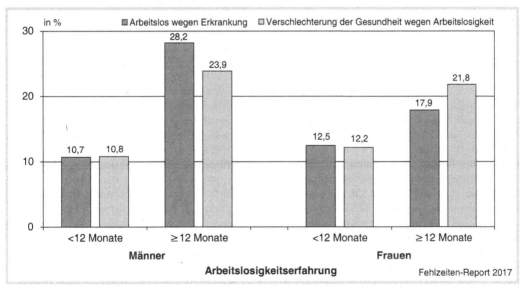

◙ **Abb. 3.8** Anteil von Männern und Frauen in Deutschland, die berichten, dass eine Erkrankung der Grund für ihre Arbeitslosigkeit ist bzw. dass sich ihre Gesundheit durch die Arbeitslosigkeit verschlechtert hat, nach Dauer der Arbeitslosigkeitserfahrung (Datenbasis: GEDA 2009, 2010, 2012, Alter 18 bis 64 Jahre)

Sinne von »health in all policies« auch in anderen Politikbereichen umgesetzt werden (Marmot et al. 2012). Um sich dieser Herausforderung stellen zu können, ist ein besseres Verständnis der Mechanismen und Prozesse erforderlich, die dazu beitragen, dass sich gesundheitliche Ungleichheit auch unter veränderten gesellschaftlichen Rahmenbedingungen immer wieder reproduziert. Unterschiede in Bezug auf arbeitswelt- und berufsbezogene Faktoren, wie z. B. Zugang zum Arbeitsmarkt, Beschäftigungsverhältnis, Einkommenschancen und sonstige Gratifikationsmöglichkeiten oder körperliche und psychische Belastungen, stellen hier einen wichtigen Anknüpfungspunkt dar und werden in Erklärungsmodellen wie dem »Modell beruflicher Gratifikationskrisen« (Siegrist und Theorell 2006) adressiert. Gleichzeitig sind aber eine Vielzahl anderer Erklärungsfaktoren zu berücksichtigen, die z. B. den Lebensstandard und Fragen der sozialen Sicherung, die Wohnbedingungen und das Wohnumfeld, die soziale Integration und gesellschaftliche Teilhabe, den Lebensstil und das Gesundheitsverhalten sowie auch die Inanspruchnahme des Gesundheitssystems, und zwar sowohl der medizinischen und pflegerischen als auch der präventiven und gesundheitsfördernden Angebote und Leistungen, betreffen (Mielck 2000; Commission on Social Determinants of Health 2008).

Mit Blick auf die in diesem Beitrag gesetzten Schwerpunkte ist auf die Bedeutung der Arbeitswelt für die Gesundheit und die gesundheitliche Ungleichheit zu verweisen. So sind die mit der Arbeit einhergehenden Anforderungen in den letzten Jahren gestiegen. Neben den umgebungsbedingten und körperlichen Belastungen spielen vor allem die psychischen und sozialen Belastungen auf Seiten der Erwerbsbevölkerung zunehmend eine Rolle. Dabei lassen sich Unterschiede zwischen verschiedenen Berufsgruppen und -positionen feststellen, die über Arbeitsbedingungen einen direkten oder auch vermittelnden Einfluss auf die Gesundheit der Beschäftigten nehmen (Dragano und Wahrendorf 2014).

Im Hinblick auf den Abbau gesundheitlicher Ungleichheit bei Beschäftigten kommt betrieblichen Maßnahmen eine wichtige Rolle zu. Zu nennen sind hier vor allem das Betriebliche Gesundheitsmanagement (BGM) und das Betriebliche Eingliederungsmanagement. Das Ziel des BGM ist es, gesundheitsförderliche Rahmenbedingungen, Strukturen und Prozesse in einem Betrieb systematisch zu entwickeln, um langfristig die Gesundheit am Arbeitsplatz zu fördern und Arbeitslosigkeit aufgrund von Krankheit entgegenzuwirken (Neuner 2012). Neben der Identifikation von Arbeitsrisiken und -belastungen über die Gefährdungsbeurteilung im Rahmen des Arbeits- und Gesundheitsschutzes (§ 5 ArbSchG) ist es sinnvoll, auch die individuellen Ressourcen der Mitarbeitenden über die Betriebliche Gesundheitsförderung zu stärken. Dabei ist es von besonderer Bedeutung, die Beschäftigten über den gesamten Prozess von der Bedarfsanalyse über die Konzeption und Durchführung bis hin zur Evaluation einzubeziehen. Mitarbeiterbefragungen, Gesundheitszirkel oder auch Steuerkreise sind in diesem Zusammenhang etablierte Instrumente, die eine Partizipation der Beschäftigten ermöglichen (Dragano und Wahl 2015). Neben klassischen Maßnahmen der Betrieblichen Gesundheitsförderung (z. B. Angebote zu einem gesunden Ernährungs- und Bewegungsverhalten sowie zur individuellen Stressreduktion) kommt dem strukturellen Ausbau gesundheitsfördernder Arbeitsbedingungen große Bedeutung zu. Entsprechend sollte das Thema Gesundheit in verschiedenste betriebliche Prozesse wie etwa die Personalplanung, die Kommunikation im Team, das Führungsverhalten und die Gestaltung von Arbeitsplätzen integriert werden (Neuner 2012). Durch die Veränderung der Arbeitsverhältnisse können auch Mitarbeitende angesprochen werden, die mithilfe freiwilliger Angebote im Rahmen des Betrieblichen Gesundheitsmanagements häufig nur schwer erreicht werden (Meyer et al. 2015).

Das Betriebliche Eingliederungsmanagement nach § 84,2 SGB IX zielt demgegenüber auf Beschäftigte mit längeren Erkrankungen (vgl. auch Held in diesem Band). Bei krankheitsbedingten Fehlzeiten von mehr als sechs Wochen innerhalb eines Jahres soll mit entsprechenden Maßnahmen der Sicherung und Erhaltung der Gesundheit der Betroffenen, bspw. der Anpassung der Arbeitszeit oder Veränderung der Arbeitsaufgabe, einem erhöhten Arbeitslosigkeitsrisiko entgegengewirkt werden. Die Umsetzung solcher betrieblichen Maßnahmen ist aber letztendlich immer auch mit betriebswirtschaftlichen Erwägungen verbunden (Niehaus et al. 2009).

Personen, die bereits in Arbeitslosigkeit leben, werden mithilfe dieser betrieblichen Maßnahmen jedoch nicht erreicht. Arbeitslose stellen deshalb eine besondere Zielgruppe dar, die aufgrund ihrer erhöhten Krankheitslast und ihres in einigen Bereichen riskanteren Gesundheitsverhaltens eigener Maßnahmen der primären und sekundären Krankheitsprävention bedürfen. Dabei sind vielfältige Maßnahmen im Sinne einer arbeitsmarktintegrativen Gesundheitsförderung notwendig, um den Zusammenhang zwischen Arbeitslosigkeit und Gesundheit zu verringern. Hierzu gehören neben den erwähnten betrieblichen Strategien bspw. psychosoziale Beratungs- und Unterstützungsangebote oder ein Fallmanagement mit Gesundheitsbezug, welche die kausalen Auswirkungen von Arbeitslosigkeit auf die

Gesundheit verringern können (Hollederer 2011a; Mohr und Hollederer 2016).

Literatur

Bundesagentur für Arbeit (BA) (2017) Statistik/Arbeitsmarktberichterstattung, Berichte: Blickpunkt Arbeitsmarkt – Aktuelle Entwicklungen der Zeitarbeit, Nürnberg, Januar 2017

Bambra C, Gibson M, Amanda S et al (2009) Tackling the wider social determinants of health and health inequalities: evidence from systematic reviews. Journal of epidemiology and community health

Berth H, Förster P, Balck F et al (2008) Arbeitslosigkeitserfahrungen, Arbeitsplatzunsicherheit und der Bedarf an psychosozialer Versorgung. Gesundheitswesen 70 (5):289–294

BMAS – Bundesministerium für Arbeit und Soziales (2017) 5. Armuts- und Reichtumsbericht der Bundesregierung. Berlin, BMAS

Brussig M (2014) Arbeitsbelastungen und Flexibilisierung des Renteneintritts. In: Badura B, Ducki A, Schröder H et al (Hrsg) Fehlzeiten-Report 2014. Springer, Berlin Heidelberg, S 201–210

Commission on Social Determinants of Health (2008) Closing the gap in a generation. Health equity through action on the social determinants of health. Final report of the Commission on Social Determinants of Health. WHO, Geneva

Creed PA, Macintyre SR (2001) The relative effects of deprivation of the latent and manifest benefits of employment on the well-being of unemployed people. Journal of Occupational Health Psychology 6 (4):324–331

Destatis, WZB – Statistisches Bundesamt, Wissenschaftszentrum Berlin für Sozialwissenschaften (2016) Datenreport 2016. Ein Sozialbericht für die Bundesrepublik Deutschland. Bonn, Bundeszentrale für politische Bildung.

Dragano N (2007) Arbeit, Stress und krankheitsbedingte Frührenten: Zusammenhänge aus theoretischer und empirischer Sicht. VS Verlag für Sozialwissenschaften, Wiesbaden

Dragano N, Wahl S (2015) Zielgruppenspezifisches Gesundheitsmanagement: Hintergründe, Strategien und Qualitätsstandards. In: Badura B, Ducki A, Schröder H et al (Hrsg) Fehlzeiten-Report 2015: Neue Wege für mehr Gesundheit – Qualitätsstandards für ein zielgruppenspezifisches Gesundheitsmanagement. Springer Berlin Heidelberg, Berlin, Heidelberg, S 21–29

Dragano N, Wahrendorf M (2014) Consistent health inequalities in Europe: the importance of labour market disadvantages. J Epidemiol Community Health 68:293–294

Dragano N, Wahrendorf M, Muller K et al (2016) Arbeit und gesundheitliche Ungleichheit: Die ungleiche Verteilung von Arbeitsbelastungen in Deutschland und Europa. Bundesgesundheitsblatt, Gesundheitsforschung, Gesundheitsschutz 59 (2):217–227

Eggs J, Trappmann M, Unger S (2014) Grundsicherungsempfänger und Erwerbstätige im Vergleich. ALG II Bezieher schätzen ihre Gesundheit schlechter ein. IAB Kurzbericht 23/2014

Elkeles T (2008) Gesundheitliche Ungleichheit am Beispiel von Arbeitslosigkeit und Gesundheit – Befunde, Erklärungen und Interventionsansätze. In: Bauer U, Bittlingmayer UH, Richter M (Hrsg) Health Inequalities Determinanten und Mechanismen gesundheitlicher Ungleichheit. VS Verlag für Sozialwissenschaften, Wiesbaden, S 87–107

Finger JD, Tylleskär T, Lampert T et al (2013) Dietary behaviour and socioeconomic position: the role of physical activity patterns. PLoS One 8(11):e78390

Gebel M, Vossemer J (2014) The impact of employment transitions on health in Germany. A difference-in-differences propensity score matching approach. Social science & medicine (1982) 108:128–136

Herbig B, Dragano N, Angerer P (2013) Health in the long-term unemployed. Deutsches Ärzteblatt international 110 (23–24):413–419

Hoebel J, Starker A, Jordan S et al (2014) Determinants of health check attendance in adults: findings from the cross-sectional German Health Update (GEDA) study. BMC Public Health 14:913

Hollederer A (2011a) Erwerbslosigkeit, Gesundheit und Präventionspotenziale. Ergebnisse des Mikrozensus 2005. VS Verlag für Sozialwissenschaften, Wiesbaden

Hollederer A (2011b) Unemployment and health in the German population: results from a 2005 microcensus. Journal of Public Health 19 (3)257–268

Hollederer A, Brand H (Hrsg) (2006) Arbeitslosigkeit, Gesundheit und Krankheit. Verlag Hans Huber, Bern

Jahoda M (1983) Wieviel Arbeit braucht der Mensch. Beltz Verlag, Weinheim

Jordan S, Lippe E vd (2013) Teilnahme an verhaltenspräventiven Maßnahmen. Ergebnisse der Studie zur Gesundheit Erwachsener in Deutschland (DEGS1). Bundesgesundheitsblatt – Gesundheitsforschung – Gesundheitsschutz 56:878–884

Kaikkonen R, Rahkonen O, Lallukka T et al (2009) Physical and psychosocial working conditions as explanations for occupational class inequalities in self-rated health.

Kibele EU, Jasilionis D, Shkolnikov VM (2013) Widening socioeconomic differences in mortality among men aged 65 years and older in Germany. J Epidemiol Community Health 67(5):453–457

Kivimäki M, Nyberg ST, Batty GD et al (2012) Job strain as a risk factor for coronary heart disease: a collaborative meta-analysis of individual participant data. The Lancet 380 (9852):1491–1497

Knieps F, Pfaff H (Hrsg) (2014) Gesundheit in Regionen. BKK Gesundheitsreport 2014. MWV Medizinisch Wissenschaftliche Verlagsgesellschaft und BKK Dachverband e.V.

Kroh M, Neiss H, Kroll L et al (2012) Menschen mit hohen Einkommen leben länger. DIW Wochenbericht 38

Kroll LE, Lampert T (2008) Soziale Unterschiede in der Lebenserwartung – Möglichkeiten auf der Basis des Sozio-oekonomischen Panels. SOEP Papers on multidisciplinary Panel Data Research No. 112. Deutsches Institut für Wirtschaftsforschung, Berlin

Kroll LE, Lampert T (2012) Arbeitslosigkeit, prekäre Beschäftigung und Gesundheit. GBE kompakt 3 (1):1–8

Kroll LE, Lampert T (2013) Gesundheitliche Ungleichheit bei erwerbstätigen Männern und Frauen – Ergebnisse der GEDA-Studie 2010. Gesundheitswesen 75 (4):210–215

Kroll LE, Lampert T (2014) Aktuelle Entwicklungen: Gesundheitliche Ungleichheiten und ungleiche Arbeitsbelastungen bei erwerbstätigen Männern und Frauen in Deutschland. Gesundheitswesen 76 (08/09)

Kroll LE, Müters S, Lampert T (2016) Arbeitslosigkeit und ihre Auswirkungen auf die Gesundheit : Ein Überblick zum Forschungsstand und zu aktuellen Daten der Studien GEDA 2010 und GEDA 2012. Bundesgesundheitsblatt Gesundheitsforschung Gesundheitsschutz 59 (2):228–237

Krüger H-H, Rabe-Kleberg U, Kramer R-T et al (Hrsg) (2011) Bildungsungleichheit revisited. Bildung und soziale Ungleichheit vom Kindergarten bis zur Hochschule. 2., durchgesehene Aufl. VS Verlag für Sozialwissenschaften, Wiesbaden

Lahelma E, Martikainen P, Laaksonen M et al (2004) Pathways between socioeconomic determinants of health. Journal of epidemiology and community health 58 (4):327

Lampert T et al (2010) Smoking, physical inactivity, and obesity: associations with social status. Dtsch Arztebl Int 107 (1–2):1–7

Lampert T, Kroll LE (2009) Messung des sozioökonomischen Status in sozialepidemiologischen Studien Gesundheitliche Ungleichheit – Theorien, Konzepte und Methoden. 2., aktualisierte Aufl. VS Verlag für Sozialwissenschaften, Wiesbaden, S 309–334

Lampert T, Kroll LE, Dunkelberg A (2007) Soziale Ungleichheit der Lebenserwartung in Deutschland. In: Politik und Zeitgeschichte 42:11–18

Lampert T, Kroll LE, Kuntz B et al (2011) Gesundheitliche Ungleichheit. In: Destatis, WZB (Hrsg) Datenreport 2011: Der Sozialbericht für Deutschland. Bundeszentrale für politische Bildung, Wiesbaden, S 247–258

Lampert T, Kroll LE, Müters S et al (2013) Messung des sozioökonomischen Status in der Studie »Gesundheit in Deutschland aktuell« (GEDA). Bundesgesundheitsblatt – Gesundheitsforschung – Gesundheitsschutz 56(1):131–143

Lampert T, Hoebel J, Kuntz B et al (2017) Gesundheitliche Ungleichheit in verschiedenen Lebensphasen. Robert Koch-Institut, Berlin

Lenhardt U, Ertel M, Morschhäuser M (2010) Psychische Arbeitsbelastungen in Deutschland: Schwerpunkte – Trends – betriebliche Umgangsweisen. WSI Mitteilungen 7:335–342

Lohmann-Haislah (2012) Stressreport Deutschland 2012. BAuA, Dortmund

Lucas RE, Clark AE, Georgellis Y et al (2004) Unemployment alters the set point for life satisfaction. Psychol Sci 15 (1):8–13

Marmot M (2004) The status syndrome. How social standing affects our health and longevity. Times Books, New York

Marmot M, Allen J, Bell R et al (2012) WHO European review of social determinants of health and the health divide. The Lancet 380 (9846):1011–1029

Max Rubner-Institut (MRI) (2008) Nationale Verzehrsstudie II. Die bundesweite Befragung zur Ernährung von Jugendlichen und Erwachsenen. Ergebnisbericht, Teil II. (Hrsg) Karlsruhe

Meyer M, Klose J, Schröder H (2015): Zielgruppenspezifisches Gesundheitsmanagement: Ein Überblick. In: Badura B,

Ducki A, Schröder H et al (Hrsg) Fehlzeiten-Report 2015: Neue Wege für mehr Gesundheit – Qualitätsstandards für ein zielgruppenspezifisches Gesundheitsmanagement. Springer, Berlin Heidelberg, S 21–29

Mielck A (2000) Soziale Ungleichheit und Gesundheit. Empirische Ergebnisse, Erklärungsansätze, Interventionsmöglichkeiten. Verlag Hans Huber, Bern

Mielenz T, Jackson E, Currey S et al (2006) Psychometric properties of the Centers for Disease Control and Prevention Health-Related Quality of Life (CDC HRQOL) items in adults with arthritis. Health Qual Life Outcomes 4:66

Middendorff E, Apolinarski B, Poskowsky J et al (2013) Die wirtschaftliche und soziale Lage der Studierenden in Deutschland 2012. 20. Sozialerhebung des Deutschen Studentenwerks durchgeführt durch das HIS-Institut für Hochschulforschung. Bundesministerium für Bildung und Forschung, Berlin

Mohr G, Hollederer A (2016) Arbeitsmarktintegrative Gesundheitsförderung bei Erwerbslosen. In: Badura B, Ducki A, Schröder H et al (Hrsg) Fehlzeiten-Report 2015. Springer, Berlin, Heidelberg, S 235–247

Neuner R (2012) Psychische Gesundheit bei der Arbeit: Betriebliches Gesundheitsmanagement und Gefährdungsbeurteilung psychischer Belastung. Springer Fachmedien Wiesbaden

Niehaus M, Marfels B, Jakobs A (2009) Arbeitslosigkeit verhindern durch Betriebliches Eingliederungsmanagement: Individuelle, betriebliche und ökonomische Nutzenaspekte. In: Hollederer A (Hrsg.) Gesundheit von Arbeitslosen fördern! Fachhochschulverlag, Frankfurt am Main, S 371–389

Paul KI, Hassel A, Moser K (2006) Die Auswirkungen von Arbeitslosigkeit auf die psychische Gesundheit. In: Hollederer A, Brand H (Hrsg) Arbeitslosigkeit, Gesundheit und Krankheit. Huber, Bern, S 35–51

Paul KI, Moser K (2009) Unemployment impairs mental health: Meta-analyses. Journal of Vocational Behavior 74:264–282

Rahkonen O, Laaksonen M, Martikainen P et al (2006) Job control, job demands, or social class? The impact of working conditions on the relation between social class and health. Journal of epidemiology and community health 60 (1):50–54

Richter M, Hurrelmann K (Hrsg.) (2009) Gesundheitliche Ungleichheit. Grundlagen, Probleme, Perspektiven. 2., aktualisierte Aufl. VS Verlag für Sozialwissenschaften, Wiesbaden

Robert Koch-Institut (2003) Arbeitslosigkeit und Gesundheit. Gesundheitsberichterstattung des Bundes. Heft 13. RKI, Berlin

Rommel A, Varnaccia G, Lahmann N et al (2016) Occupational Injuries in Germany: Population-Wide National Survey Data Emphasize the Importance of Work-Related Factors. PLoS One 11 (2) e0148798

Rose U, Jacobi F (2006) Gesundheitsstörungen bei Arbeitslosen. Arbeitsmedizin, Sozialmedizin, Umweltmedizin 41 (12):556–564

Schunck R, Rogge B (2010) Unemployment and its association with health-relevant actions: investigating the role of time perspective with German census data. Int J Public Health 55 (4):271–278

Siegrist J, Theorell T (2006) Socio-economic position and health: the role of work and employment. In: Social inequalities in health. Oxford University Press, Oxford, S 73–100

Varekamp I, van Dijk FJ, Kroll LE (2013) Workers with a chronic disease and work disability: Problems and solutions. Bundesgesundheitsblatt Gesundheitsforschung Gesundheitsschutz 56 (3):406–414

Varnaccia G, Rommel A, Saß A-C (2013) Das Unfallgeschehen bei Erwachsenen in Deutschland. Ergebnisse des Unfallmoduls der Befragung »Gesundheit in Deutschland aktuell 2010«. Beiträge zur Gesundheitsberichterstattung des Bundes Robert Koch-Institut, Berlin

Voss M, Nylén L, Floderus B et al (2004) Unemployment and early cause-specific mortality: A study based on the Swedish twin registry. American journal of public health 94 (12):2155–2161

Weber A, Hörmann G, Heipertz W (2007) Arbeitslosigkeit und Gesundheit aus sozialmedizinischer Sicht. Deutsches Ärzteblatt 104 (43):2957–2962

Krisen auf Ebene der Unternehmen

Digitalisierung: Herausforderungen meistern und Krisen vermeiden

Handlungsfelder der Betrieblichen Gesundheitsförderung

O. Hasselmann, B. Schauerte, J. Schröder

B. Badura et al. (Hrsg.) *Fehlzeiten-Report 2017*,
DOI 10.1007/978-3-662-54632-1_4, © Springer-Verlag GmbH Deutschland 2017

Zusammenfassung *Die Digitalisierung wird Wirtschaftsprozesse und Arbeitsbedingungen der Zukunft prägen. Dies bietet vielfältige Chancen für die Gesundheit der Beschäftigten im Sinne einer humanzentrierten Gestaltung der Arbeit. Andererseits sind 4.0-Prozesse und die digitale Transformation unausweichlich mit Restrukturierungen sowie Veränderungen der Arbeitsprozesse und Arbeitsbedingungen verbunden. Ängste, Sorgen und Befürchtungen der Beschäftigten werden durch Arbeitsplatz substituierende Roboter, Crowdsourcing von Aufträgen, Anstieg der Anforderungen durch Arbeitsverdichtung, Komplexitätszuwachs oder steigende Multitasking-Anforderungen hervorgerufen. Neue Arbeitsbelastungen und Beanspruchungen mit gesundheitlichen und sozialen Folgen drohen sich zu Krisen für die Beschäftigten zu entwickeln. D. h. für Beschäftigte kommt es zu einem Bruch der Kontinuität, der existenzielle Auswirkungen haben kann. Um die Risiken für Beschäftigte zu minimieren, ist es für Betriebe von großer Bedeutung, sich frühzeitig Gedanken über die Digitalisierungsprozesse zu machen. Es ist wichtig zu erkennen, welche Handlungsfelder eine Prävention 4.0 beinhaltet und welche Handlungs- und Gestaltungsoptionen das Unternehmen hat, um die digitale Transformation nicht nur zu einem ökonomischen Erfolg zu machen, sondern gleichzeitig gesundheitsförderliche und motivierende Arbeitsbedingungen zu gestalten und zufriedene, innovative und produktive Beschäftigte an sich zu binden. Gelingt dies, lassen sich Krisenrisiken vermeiden und der Wandel der Arbeit als Chance nutzen.*

4.1 Digitalisierung in der Ära 4.0

Industrie 4.0, Arbeiten 4.0, 4.0-Prozesse, digitale Transformation, Digitalisierung, BGM und Prävention 4.0 oder New Work sind Schlagwörter in der Debatte um die Zukunft der Arbeit. Computerbasierte Automatisierungsprozesse, EDV, Internet und E-Mails haben sich bereits Ende des 20. Jahrhunderts im Arbeitsalltag etabliert. Seit den 2000er Jahren eroberten mobile Endgeräte, allen voran das Smartphone Lebens- und Arbeitswelten. Doch worum geht es, wenn wir von 4.0 oder digitaler Transformation sprechen? Die Ex-HP-Managerin Carly Fiorina sagte Anfang 2015 »Alles was digitalisierbar ist, wird digitalisiert!«, Telekom-Chef Höttges traf den 4.0-Gedanken im Mai 2015 mit seiner Aussage »Alles was vernetzt werden kann, wird vernetzt« noch besser. Bei 4.0-Prozessen geht es zentral um die Verknüpfung von Dingen, Maschinen, Prozessen, Dienstleistungen und Menschen. Damit wird gegenüber früheren Digitalisie-

rungsphasen eine neue Reichweite, Qualität und Tiefe erreicht. Dies hat Auswirkungen auf die Arbeitsbedingungen. 4.0-Prozesse setzen Ressourcen frei und schaffen Effizienz und Produktivität. Sie entlasten die Beschäftigten von körperlich schweren Arbeiten und Aufgaben unter Zwangshaltungen. Sie optimieren und vereinfachen die Arbeitsorganisation und fördern die Work-Life-Balance. Dies ist die eine Seite der Medaille – auf der anderen Seite nehmen Unwägbarkeiten und Anforderungen zu. Der permanente Wandel führt zu Ängsten und Arbeitsplatzunsicherheit. Er generiert Qualifizierungsbedarfe, um neue Tätigkeiten und Aufgaben bewältigen zu können. Flexibilisierung und Mobilisierung bergen die Gefahr der ständigen Erreichbarkeit und der Zunahme an Eigenverantwortung, die in eine interessierte Selbstgefährdung münden können (Afflerbach und Gläsener 2016). Multitasking, Arbeitsdichte und Arbeitstempo werden im Zuge der Digitalisierung zu zusätzlichen Belastungsfaktoren (Institut DGB-Index 2016). Werden Ängste und Belastungen zum Dauerzustand, können sie gesundheitsgefährdende Folgen haben und als existenzbedrohend empfunden werden. Verstehen es die Führungskräfte nicht, Transparenz und Vertrauen zu schaffen, laufen die Beschäftigten Gefahr, in eine persönliche Krise zu geraten, die in Arbeitsunfähigkeit, Burnout, Demotivation oder innerer Kündigung münden kann (Spieß und Fabisch 2017).

4.1.1 Von der Insellösung zum vernetzten System

Seit 2011 erlangte die Vision »Industrie 4.0« (Kagermann et al. 2013) großes Interesse in Wirtschaft, Wissenschaft und Politik. Kernelemente sind intelligente Softwaresteuerungen, die als cyber-physische Systeme (CPS) ein virtuelles Abbild der realen Welt in Echtzeit erzeugen. Dazu generieren vielfältige mit Sensoren ausgestattete »Dinge« wie z. B. Maschinen, Bauteile, Betriebsmittel, Produkte, Fahrzeuge oder Personen und Prozesse Daten und senden sie an das Internet bzw. eine Cloud. Big Data alleine wäre sinnlos. Erst intelligente Softwaresysteme und Algorithmen kombinieren, bewerten und vernetzen die Daten und überführen sie in Anwendungen, die z. B. Maschinen oder Fahrzeuge steuern, Arbeitsplätze regulieren oder ganze Wertschöpfungsketten koordinieren (Baumann et al. 2017). Das System und die Teilnehmer tauschen selbstständig Informationen, lösen Aktionen aus, sind autonom, selbstlernend und agieren in Echtzeit. In der Vision optimieren sie die Produktionsprozesse, sind effizienzsteigernd, ressourcenschonend und ermöglichen die kostengünstige Erfüllung individualisierter Kundenwünsche (Kagermann et al. 2013).

Als Insellösungen beziehen sich 4.0-Prozesse entweder auf einzelne Arbeitsmittel wie z. B. ein Fahrzeug oder ein Werkzeug oder auf einen kompletten Arbeitsplatz. In der nächsten Ebene können CPS für gesamtbetriebliche Prozesse genutzt werden und Planung, Organisation, Personen oder Controlling steuern. In der Vision »Industrie 4.0« sind überbetriebliche Wertschöpfungsketten in einem CPS vernetzt. Obwohl die Technologien hierzu bereits vorhanden sind, wurde bis Ende 2016 keine 100-prozentige Lösung eines kompletten 4.0-Betriebs geschweige denn einer 4.0-Wertschöpfungskette realisiert. Wenngleich es in verschiedenen Bereichen vielversprechende Projekte und Best-Practice-Beispiele gibt (z. B. Bosch-Rexroth[1]

oder digitales Bauen [Building Information Modeling; BIM] mit Radiofrequenz-Identifikation [RFID][2]), beschränken sich diese meist auf einzelne Elemente oder befinden sich in einer laborhaften Pilotphase. Dies darf nicht darüber hinwegtäuschen, welche gravierenden Veränderungen in den nächsten Jahren für unsere Lebens- und Arbeitswelt zu erwarten sind. Neben aller Euphorie ist es aus unserer Sicht von großer Bedeutung, bereits bei der Neuentwicklung von technischen Lösungen und der Modellierung von Prozessen Prävention »mitzudenken« und zu berücksichtigen. Ohne einen präventiven Blickwinkel laufen wir Gefahr, individuelle und organisatorische Krisen zu erzeugen. Die Reichweite der bevorstehenden Veränderungen kann man sich bewusst machen, indem man sich vergegenwärtigt, dass das Smartphone als Element der 4.0-Prozesse seinen »Tipping Point« bereits überschritten hat. D. h. es ermöglicht qualitativ neue Anwendungen, die sich in Gesellschaft und Arbeitswelt bereits verbreitet haben und mittlerweile allgegenwärtig sind. Die nächsten Tipping Points werden bei autonomen Fahrzeugen, komplexen Produkten aus dem 3D-Drucker, Virtual Reality, künstlicher Intelligenz (KI) und Dienstleistungsrobotern erwartet (BMAS 2016). In der direkten Kollaboration und der Mensch-Maschine-Interaktion (MRI) sind die Möglichkeiten noch weitreichender und es entstehen Fragestellungen zur Rollenverteilung zwischen Mensch und Roboter (Onnasch et al. 2016) oder der Substitution des Menschen durch den Roboter (Dengler und Matthes 2016).

4.1.2 Der Mensch in der digitalen Arbeitswelt

Es liegt auf der Hand, dass die digitale Transformation sich nicht auf technische Innovationen und Geschäftsmodelle beschränken lässt. Die Entwicklungen haben weitreichenden Einfluss auf die gesamte Lebens- und Arbeitswelt sowie auf Führungskräfte und Beschäftigte. Das Bundesministerium für Arbeit und Soziales (BMAS) begann im Frühjahr 2015 mit dem Grünbuch »Arbeiten 4.0« einen Dialogprozess, der vor allem die Arbeitsbedingungen für die Beschäftigten, die Arbeitsorganisation und die sozialen Innovationen in der digitalen Transformation ins Zentrum der Diskussion stellte. Als Ergebnis stellte Andrea Nahles im November 2016 das Weißbuch »Arbeiten 4.0« als Diskussionsentwurf vor. Für viele Unternehmen steht die digitale Transformation in engem Kontext mit dem

---

1 Beispiele unter: https://www.boschrexroth.com/de/de/trends-und-themen/industrie-4-0/best-practice/your-benefits-40# – Gesehen am 05.01.2017.

2 Forschungsprojekt digitales Bauen: https://rfidimbau.de/foschungsprogramm – Gesehen am 05.01.2017.

demografischen Wandel, der Globalisierung und einem kulturellen Wertewandel der Gesellschaft. D. h. sie müssen in Zukunft mit älteren Belegschaften produktiv bleiben und es wird immer schwieriger, geeignete Fach- und Nachwuchskräfte für sich zu gewinnen und an sich zu binden. Gleichzeitig befinden sie sich in einem Wettbewerb mit internationalen Konkurrenten um globale Produktionsvorteile und Absatzmärkte. Dabei gilt es, steigende Kundenansprüche an Qualität, Individualität und Verfügbarkeit zu erfüllen. Es stellt sich die Frage, ob die Digitalisierung Lösungsstrategie für die Bewältigung der Herausforderungen ist oder als »Druckbeschleuniger« für Arbeitsprozesse fungiert, Tempo, Anforderungen und Belastungen weiter erhöht und somit als Katalysator für eine Krisenentwicklung wirkt.

Technische Entwicklungen generieren zwangsläufig soziale Innovationen und Veränderungen, die vielfältige Auswirkungen auf Arbeitsorganisation, Kommunikation, Arbeitsgestaltung, Arbeitsbedingungen, Führung und Unternehmenskultur haben. Die fortschreitende Digitalisierung stellt die Mehrzahl der Unternehmen vor die Entscheidung, wie sie die digitale Transformation im Betrieb gestalten. Ob dies als Chance für gesundheitsförderliche und motivierende Arbeitsverhältnisse ergriffen wird oder ob sich daraus Belastungs- und Risikofaktoren entwickeln, die zu einer Krise für Beschäftigte und Unternehmen führen, liegt an der betriebsindividuellen Gestaltung der Prozesse. BGM und BGF haben sich als Instrument bewährt. Ziel ist es, die Jobfitness zu fördern und mit gesunden, zufriedenen und motivierten Beschäftigten die Produktivität, die Zukunfts- und Wettbewerbsfähigkeit des Unternehmens zu verbessern. Es geht

darum, Arbeitsbelastungen und Risiken zu minimieren und gleichzeitig gesundheitsförderliche Ressourcen zu aktivieren. Erfolgsentscheidend ist dabei die Kombination verhaltens- und verhältnispräventiver Maßnahmen, die sowohl die Arbeitgeber als auch die Beschäftigten zu einem gesunden Arbeits- und Lebensstil befähigen und motivieren (Pieper und Schröer 2015). Ein erfolgreiches BGM verfügt über einen positiven Return on Invest (Kramer und Bödecker 2008) und hat betriebswirtschaftliche Effekte. Damit versteht sich BGM nicht nur als Programm, um individuelle Gesundheitsrisiken und persönliche Krisen der Beschäftigten zu reduzieren, sondern auch als Baustein, um die wirtschaftliche Basis, die Innovationsfähigkeit und die Wettbewerbsfähigkeit des Unternehmens zu sichern und nachhaltig vor existenzbedrohenden Krisen zu schützen.

Für die BGF stellen veränderte Arbeitsbedingungen durch die Digitalisierung eine Herausforderung dar, auf die mit modernen und digitalen Konzepten reagiert werden muss. Die Ziele des BGM haben sich in der Ära 4.0 nicht geändert, jedoch verändern sich die betrieblichen Rahmenbedingungen. Gleichzeitig kommen im BGM zunehmend digitale Tools zum Einsatz, die dem BGM neue Möglichkeiten verleihen. Wie muss ein Betriebliches Gesundheitsmanagement gestaltet werden, um in Zeiten der digitalen Transformation praxistaugliche und nachhaltige Lösungen für gute und gesunde Arbeitsbedingungen in Betrieben zu implementieren und zu fördern? Wie werden sich die präventiven Handlungsfelder in der Betrieblichen Gesundheitsförderung verändern und mit welchen Instrumenten können diese in Zukunft bearbeitet werden?

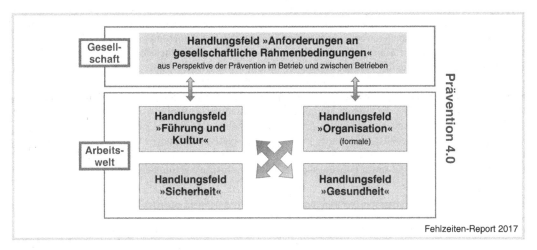

Abb. 4.1 Prävention 4.0, schematische Projektstruktur

Das Projekt »Prävention 4.0³« hat es sich zum Ziel gemacht, präventive Handlungsfelder in Unternehmen zu identifizieren und Handlungshilfen sowie Empfehlungen für KMU zur gesundheitsförderlichen Umsetzung der digitalen Transformation zu entwickeln. Basierend auf Rechercheergebnissen, Experteninterviews und Workshops stehen die Handlungsfelder »Führung und Kultur«, »Organisation«, »Sicherheit« und »Gesundheit« im Mittelpunkt der Betrachtungen (◘ Abb. 4.1). Sowohl für die KMU selbst als auch für unternehmensberatende Experten unterschiedlichster Organisationen werden praxisrelevante Instrumente entwickelt, die den KMU einen systematischen Zugang zu einer Prävention 4.0 eröffnen. Die folgenden Ausführungen basieren auf den Zwischenergebnissen des Projekts.

4.2   Krisenrisiken für Beschäftigte in der digitalen Transformation

Die Digitalisierung bietet große Chancen für eine gesundheitsförderliche Arbeitsgestaltung, doch sie birgt mindestens ebenso viele Risiken für die Beschäftigten. Eine der strukturprägendsten Auswirkungen ist die hohe permanente Wandlungsbereitschaft, die sie Organisationen und Beschäftigten abverlangt. Immer kürzere Innovationszyklen führen zu kürzeren Produktzyklen, höherem Entwicklungsdruck sowie schneller wechselnden Kunden- und Lieferantenbeziehungen. Zusätzliche Bedrohungen der Organisation sind hinzugekommen, wie bspw. die permanente Gefahr von IT-Sicherheitslücken oder reale wie gefühlte Arbeitsplatzunsicherheit. Die Weiter- und Fortbildungsansprüche an die Beschäftigten sind gestiegen, da die digitale Transformation neues Bedien- und Anwendungswissen in immer kürzeren Zyklen fordert. Mitarbeiterinnen und Mitarbeiter arbeiten in weniger stabilen Konstellationen und Teams oder virtuell zusammen. In der neueren Literatur wird dieser Wandel der Arbeitswelt häufig unter dem Akronym VUCA zusammengefasst. D. h. die Arbeitsverhältnisse werden volatiler (schwankender), ungewisser, komplexer und Entscheidungen sind mit zunehmender Ambiguität (Mehrdeutigkeit) behaftet (Gebhardt et al. 2015). Diese Faktoren sind potenzielle und belastende Krisenrisiken, da Beschäftigte sowie Führungskräfte

zunächst lernen müssen, den VUCA-Anforderungen gewachsen zu sein. Zunehmend unberechenbare und komplexe Arbeitsbedingungen können für alle Beteiligten der Arbeitswelt zu Anspannungen führen und zielbewusstes Entscheiden hemmen. Besonders für Führungskräfte heißt es, den Anforderungen von zwei Seiten gerecht zu werden: Zum einen sind dies die externen Marktveränderungen, die aufgrund der Digitalisierung neue Herausforderungen mit sich bringen, und zum anderen werden Führungskräfte mit den internen Erwartungen der Beschäftigten konfrontiert.

Um internen und externen Krisen vorzubeugen, können Maßnahmen getroffen werden, die den einzelnen Anforderungen der VUCA-Arbeitswelt entgegenwirken. Beispielsweise können langfristige Ziele im Unternehmen kommuniziert werden, um Beschäftigte dabei zu unterstützen, mit volatilen Arbeitsverhältnissen umzugehen. Führungskräfte können mit einer offenen und agilen Haltung und verständnisvollem Handeln der Ungewissheit vieler Beschäftigter vorbeugen. Des Weiteren können komplexe Entscheidungen besser getroffen werden, wenn unterschiedliche Auffassungen und Meinungen eingeholt werden und das Unternehmensziel ganzheitlich verfolgt wird. Ambivalenzen oder undeutliche Situationen lassen sich durch proaktives Handeln der Führungskräfte lösen (Jung und Casper 2016).

4.2.1   Digitalisierung bedeutet permanente Restrukturierung

Digitalisierung wird als Restrukturierung für viele Beschäftigte im Arbeitsalltag spürbar und erlebbar. Vor diesem Hintergrund lohnt bei der Beschäftigung mit dem Thema »Betriebliche Gesundheitsförderung in Zeiten der Digitalisierung« ein Blick in die Studienlage und in Handlungsempfehlungen zum Themenfeld »Betriebliche Gesundheitsförderung bei Restrukturierung«. So berichten Köper und Richter (2016), dass sich die Wahrscheinlichkeit von steigendem Stress und Arbeitsanforderungen erhöht, je mehr technische und organisatorische Veränderungen umgesetzt werden. Es bestehen signifikante Zusammenhänge zwischen Arbeitsplatzveränderungen und Restrukturierungen⁴.

Betriebliche Restrukturierungsmaßnahmen gehen mit psychische Belastungen einher. Beschäftigte, die

---

3 www.praevention40.de – gefördert vom BMBF im Förderschwerpunkt »Präventive Maßnahmen für die sichere und gesunde Arbeit von Morgen«; Laufzeit bis 04/2019. Zwischenergebnisse aus Experteninterviews, Workshops und Befragungen.

4 Der Phi-Koeffizient misst den Zusammenhang und die Effektstärke zweier Variablen auf Basis von Wahrscheinlichkeiten. Die Variablen haben jeweils zwei Ausprägungen (binär bzw. dichotom). Ab Werten von 0,24 spricht man von einem mittleren Zusammenhang.

◘ Tab. 4.1 Vergleich der Veränderungen am Arbeitsplatz in Organisationen mit/ohne Restrukturierungen

Veränderungen in der Arbeitsumgebung	Restrukturierung × Veränderungen	Restrukturiert	Nicht restrukturiert
	Phi-Koeffizient	(%)	(%)
Neue Dienstleistungen	0,28**	41,7	16,7
Neuer direkter Vorgesetzter	0,25**	38,5	16,6
Neue Technik	0,23**	49,1	26,9
Neue Programme	0,23**	57,7	34,5
Stellenabbau	0,22**	42	21,2
Zunahme von Stress/Arbeitsdruck	0,19**	52,4	34,4
Zunahme fachlicher Anforderungen	0,16**	58,2	40,3

Ausgewertet wurde die Antwortskala »Veränderung kommt vor (ja)« bzw. Stress und Anforderungen »haben zugenommen«. 20.000 < n <20.036; Zusammenhangsmaß: Phi-Koeffizient $p < 0,5*$; $p < .01**$
Quelle: BIBB/ BAuA-Erwerbstätigenbefragung 2006, 2012 (gekürzte Darstellung aus Köper und Richter 2016, S. 164)

Fehlzeiten-Report 2017

◘ Tab. 4.2 Vergleich häufiger psychischer Belastung in Organisationen mit/ohne Restrukturierungen

Psychische Belastung	Restrukturiert × Belastung	Restrukturiert	Nicht restrukturiert
	r	(%)	(%)
Termin-/Leistungsdruck	0,18**	61,8	45,3
Störungen/Unterbrechungen	0,18**	52,8	36,2
Anforderungen an Multitasking	0,16**	68,1	52,5
An der Grenze der Leistungsfähigkeit arbeiten	0,16**	21,1	13,5
Neue Aufgaben	0,14**	47	35,5
Nicht Gelerntes verlangt	0,14**	10	5,9
Sehr schnell arbeiten	0,12**	43,7	34,9

Ausgewertet wurde die Antwort »Kommt häufig vor«. 20.000 <n < 20.036; r: Korrelation nach Pearson, $p < 0,5*$; $p < .01**$
Quelle: BIBB/ BAuA-Erwerbstätigenbefragung 2006, 2012 (gekürzte Darstellung aus Köper und Richter 2016, S. 164)

Fehlzeiten-Report 2017

mit Transformationsprozessen umgehen müssen, empfinden häufig, »an der Grenze der Leistungsfähigkeit zu arbeiten« oder fühlen sich durch neue und nicht gelernte Aufgaben sowie die Notwendigkeit, sehr schnell arbeiten zu müssen, belastet.

Vergegenwärtigt man sich diese Datenlage, wird leicht verständlich, weshalb der permanente Wandel, der mit der Digitalisierung Einzug gehalten hat, leicht vom Einzelnen als Krise wahrgenommen werden kann. Auch der DGB-Index Gute Arbeit 2016 stellt die Verbindung zwischen Arbeitsbelastung und Digitalisierung her. Demnach fühlen sich 60 Prozent der Befragten in hohem und sehr hohem Maße von der Digitalisierung betroffen. 46 Prozent empfinden eine höhere Arbeitsbelastung. Lediglich für 9 Prozent ist die Arbeitsbelastung im Zuge der Digitalisierung zurückgegangen. Besonders die Arbeitsmenge und

Multitasking-Anforderungen sind gestiegen, hinzu kommt bei vielen das Gefühl, der Technik ausgeliefert zu sein, keinen Einfluss auf die Veränderungen ausüben zu können und einer erhöhten Leistungskontrolle zu unterliegen. Umgekehrt führt die Digitalisierung bei 27 Prozent zu größeren Entscheidungsspielräumen und bei 21 Prozent zu einer besseren Vereinbarkeit von Arbeit und Privatleben (Institut DGB-Index Gute Arbeit 2016). Der BMAS-Digitalisierungsmonitor ermittelte ähnliche Zusammenhänge und Gewichtungen. Größere Entscheidungsspielräume empfinden 32 Prozent und 56 Prozent nehmen eine Steigerung der eigenen Produktivität wahr (Arnold et al. 2015). Betriebliche Restrukturierungen aufgrund der Digitalisierung rufen häufig verschiedene Ängste bei Beschäftigten hervor; mit inbegriffen ist hier die permanente Angst, den Arbeitsplatz zu verlieren. Die Automatisierung von Berufsfeldern ist eine verbreitete Befürchtung, deren Wahrscheinlichkeit die Autoren Osborne und Frey (2013) in den USA untersucht haben. Demzufolge üben derzeit 47 Prozent aller Beschäftigten eine Tätigkeit aus, die in Zukunft durch einen Automatisierungsprozess ersetzt werden kann. Zwar wird die Studie sehr kritisch gesehen und Bonin et al. (2015) schließen eine Übertragbarkeit auf Deutschland weitgehend aus, dennoch erzeugen die digitalen Transformationsprozesse existenzielle Ängste bei vielen Beschäftigten. Die Möglichkeiten der Automatisierungstechnologien werden überschätzt und zunächst müssen grundlegende Barrieren, wie z. B. ethische und rechtliche Hürden, überwunden werden. Neue Automatisierungstechnologien bedeuten nicht direkt, dass menschliche Arbeit ersetzt wird; vielmehr bedeutet es, dass es zu einem betrieblichen Tätigkeitswandel kommt. Beschäftige können zu diesem Wandel durch eine hohe Lern- und Veränderungsbereitschaft beitragen, wodurch langfristig neue Arbeitsplätze entstehen können. Denn der zusätzliche Freiraum dank der Automatisierung kann gezielt für schwer oder nicht automatisierbare Tätigkeiten (z. B. kreative oder analytische Aufgaben) eingesetzt werden und somit können Qualifikationsanforderungen für Beschäftigte zunehmen (Bonin et al. 2015). Es wird deutlich, dass Belastungen und gesundheitsförderliche Ressourcen in der digitalen Transformation sehr eng beieinander liegen (Schauerte et al. 2012).

4.2.2 Mit Spannungsfeldern umgehen

Die Digitalisierung bewegt sich in vielfältigen Spannungsfeldern. Während die einen Angst vor Arbeitsplatzsubstitution durch Roboter und künstliche Intelligenz haben, sehen andere die Entstehung zahlreicher neuer Berufs- und Tätigkeitsfelder durch die Digitalisierung. Während die einen Angst vor einer neuen Ausbeutung der Beschäftigten schüren, loben die anderen die digitalen Möglichkeiten für menschengerechte und gute Arbeitsbedingungen. Werden die Arbeitsbedingungen mittels Big Data zur Optimierung der Arbeitsbedingungen genutzt oder werden Leistungsprofile generiert, die sämtliche Aktivitäten protokollieren? Während die einen Roboter als neue Kollegen und Teamplayer betrachten, sorgen sich andere wegen der Vorherrschaft und der Führung durch Roboter (Felser 2015). Unterstützen und entlasten die Assistenzsysteme Beschäftigte körperlich, kognitiv und psychisch oder entwerten sie die Arbeit der Fachkräfte? Führt die Flexibilisierung durch orts- und zeitunabhängige Aufgabenbewältigung zu einer Ent-

grenzung der Arbeit, sodass Beschäftigte permanent erreichbar sein müssen, oder werden die Bedürfnisse für eine ausgewogene Work-Life-Balance berücksichtigt und respektiert?

Der Digitalisierungsprozess ist von Ambivalenzen geprägt. Während Unternehmen Konkurrenzdruck verspüren und wettbewerbsfähig bleiben müssen, gehen die Veränderungen für Beschäftigte häufig mit Ängsten um den Arbeitsplatz, Arbeitsverdichtung, Anstieg der Komplexität, der Abstraktion und des Zeit- und Termindrucks einher (▶ Abschn. 4.2.1). Entscheidend ist, dass sich Unternehmen dieser krisenrelevanten Risiken bewusst sind und die Auswirkungen auf die Mitarbeitergesundheit im Vorfeld betrachten. Als grundlegender Handlungsrahmen lässt sich auch in Zeiten der Digitalisierung das Konzept der Salutogenese heranziehen. Die Autonomie von Beschäftigten im Sinne von Kontroll- und Handlungsspielräumen (Karasek 1979) sowie das Kohärenzgefühl (Verstehbarkeit, Handhabbarkeit, Sinnhaftigkeit) nach Antonovsky werden als grundlegende gesundheitsförderliche Einflussfaktoren bei der Arbeit definiert. Für die präventive Arbeitsgestaltung auch in der Arbeitswelt 4.0 hat das Maß an Gestaltungs- und Entscheidungsspielräumen für Beschäftigte eine ähnlich große Bedeutung wie die Möglichkeit, ihre Arbeitsinhalte in verständliche, zu bewältigende und für sie sinnvolle Prozesse einordnen zu können (❏ Abb. 4.2) (Antonovsky und Franke 1997).

Grundlage hierfür ist ein beteiligungsorientierter Planungsprozess, der die vorhandenen Gestaltungsspielräume so nutzt, dass der Mensch dabei im Mittelpunkt steht. Werden die beschriebenen Kriterien und beteiligungsorientierten Aspekte für eine präventive Arbeitsgestaltung nicht von Beginn an einbezogen, sind sie später nur mit hohem Aufwand »nachrüstbar« (Baumann et al. 2017). In Form einer »Work-Health-Integration« geht es darum, gesundheitsrelevante Aspekte und Auswirkungen bereits zu Beginn der Planung neuer Arbeits- und Organisationsprozesse vorausschauend zu betrachten. Damit ist gemeint, dass ergonomische Aspekte der Arbeitsbedingungen bereits in der Planung berücksichtigt und optimiert werden, etwa durch kraftunterstützende Werkzeuge, variable Positionen bei einseitig belastenden Tätigkeiten, automatische und individuelle Optimierung der Arbeitsplatzkonfiguration und der Umweltbedingungen. Gleichzeitig sollten psychische Belastungen bereits in der Planung der Arbeitsorganisation berücksichtigt werden. Wer es hier mit selbststeuernden CPS-Systemen zu tun hat, muss sich Gedanken über die Handlungsführerschaft der Prozesse machen, d. h. steuert die Software die Prozesse und der Mensch ist

Verstehbarkeit	Handhabbarkeit	Sinnhaftigkeit
• Transparenz (bzgl. Arbeitsaufgaben, Prozessen, Entscheidungen) • Verlässlichkeit • Information und Einbindung der Mitarbeiter • Austausch	• Vermeidung von Überforderung (z.B. Arbeitsmenge, -inhalt) • Unterstützung durch Vorgesetzte und Kollegen (z.B. Rückendeckung, Zusammenarbeit) • Qualifikation • Entwicklungschancen	• Sinnstiftende Tätigkeit • Eigenverantwortung • Entscheidungsspielraum • Anerkennung und Wertschätzung • Beteiligung an Entscheidungsprozessen

Fehlzeiten-Report 2017

◘ **Abb. 4.2** Kohärenzgefühl in der Restrukturierung (Quelle: Beerheide et al. 2012, mit freundlicher Genehmigung)

ausführendes Organ? Es geht u. a. darum, Fragen von Arbeitszeit, Rollenverteilung und Kohärenz sowie neuen Führungsaufgaben und -verständnis so früh wie möglich zu klären und Experten für präventive Arbeitsgestaltung hinzuzuziehen.

4.3 Handlungsfelder einer Betrieblichen Gesundheitsförderung in der digitalen Transformation

Um BGF unter den veränderten Bedingungen zielführend entwickeln und gestalten zu können, ist es notwendig, die unternehmensspezifischen Auswirkungen der digitalen Transformation auf die Arbeitsbedingungen im Detail zu betrachten und zukünftige Handlungsfelder zu identifizieren. Dabei sind einerseits die technischen Entwicklungen, andererseits die kulturellen, organisatorischen, führungsrelevanten und sozialen Veränderungen zu betrachten und präventiv zu gestalten. Über eine transparente Kommunikation zu Beginn des 4.0-Prozesses muss es gelingen, ein gemeinsames Verständnis für die Notwendigkeit des Veränderungsprozesses zu erreichen. Das »Mitnehmen und Mitbewegen der Menschen« auf allen Ebenen gilt als Schlüsselressource zur Vermeidung veränderungsbedingter Krisen, Probleme und Belastungen. Wenn geplante Veränderungen von Beschäftigten als nachvollziehbar, bewältigbar und sinnhaft (Kohärenzgefühl), also notwendig wahrgenommen werden, können belastungsinduzierte Krisen reduziert werden. Belastungsreduzierend wirken hier auch eine subjektiv empfundene Gerechtigkeit in Bezug auf faire und nachvollziehbare Entscheidungsprozesse, mit der die Akzeptanz für Veränderungen und die aktive Unter-

stützungsbereitschaft der Belegschaft erhöht werden kann. Hierfür müssen die Gründe und die Notwendigkeit des 4.0-Prozesses umfassend, für die Beschäftigten nachvollziehbar und unter deren Beteiligung gestaltet werden.

Gleichzeitig ändern sich die Instrumente und Möglichkeiten, die dem BGM nun digital zur Verfügung stehen. Analysemethoden, Instrumente der BGF und des BGM können digital und mobil genutzt werden. Damit eröffnen sich neue Möglichkeiten, erweiterte Zielgruppen präventiv wirksam zu erreichen und Daten für analysebasierte Interventionen zu erheben. Arbeitsbedingungen und -verhältnisse können unter breiter Beteiligung optimiert und das Gesundheitsbewusstsein der Beschäftigten mit Hilfe neuer digitaler Methoden gefördert werden. Um diese digitalen Potenziale nutzen zu können, ist ein verantwortungsvoller Umgang mit Datenschutzaspekten notwendig. Durch Gamification-Module und Wettbewerbsformate lässt sich die Motivation der Teilnehmer aktivieren und gewünschte Verhaltensweisen aufbauen. Beispielsweise können mit einem Schrittzählerwettbewerb ein Gemeinschaftsgefühl und eine gesundheitsorientierte Atmosphäre entstehen, die eine ideale Basis für flankierende und weiterführende Maßnahmen und Gesundheitsaktivitäten bietet.

Aus Sicht des Projekts »Prävention 4.0« wurden die folgenden Bereiche als übergeordnete Handlungsfelder definiert, anhand derer die betrieblichen Prozesse abgebildet werden.

4.3.1 Unternehmenskultur und Gesundheit

Eine präventiv ausgerichtete Unternehmenskultur ist Voraussetzung für gesundheitsförderliche Arbeitsbedingungen, die einen gesundheitsförderlichen Arbeits- und Lebensstil der Beschäftigten nachhaltig unterstützen. In Zeiten der Digitalisierung bedarf es einer Unternehmenskultur, die permanente Veränderungen mitarbeiterorientiert gestalten hilft. Der Erfolg eines Betrieblichen Gesundheitsmanagements hängt auch in der Arbeitswelt 4.0 wesentlich von der Unternehmenskultur und dem präventiven Commitment auf allen Führungsebenen ab. Nur wenn Prävention Bestandteil der Unternehmenskultur ist, wird sie bei strategischen Unternehmensentscheidungen, bei Alltagsentscheidungen und Handlungen der Personen eine Bedeutung haben. Um die 4.0-Prozesse nachhaltig zu entwickeln und die Potenziale der betrieblichen Prävention gezielt zu nutzen, sind die Arbeitsprozesse beteiligungsorientiert, vorausschauend und vorsorgend so zu gestalten, dass die Beschäftigten gesund bleiben und ihre Potenziale einbringen können. Prävention ist u. a. dann Bestandteil der Unternehmenskultur, wenn bei strategischen Entscheidungen zur Gestaltung der 4.0-Prozesse die gesundheitlichen Auswirkungen über beteiligungsorientierte Risikoanalysen im Vorfeld betrachtet und bei Neuanschaffungen gesundheitsrelevante Aspekte berücksichtigt werden. In einer softwaregesteuerten, autonomen betrieblichen Arbeitsumwelt scheint ein präventives Nachrüsten schwierig und kostspielig (Cernavin und Lemme 2017). Insofern gilt es auch bei der Entwicklung und Programmierung autonomer Arbeitsprozesse, bei denen Mitarbeiter im Diktat des Prozesses stehen, die Auswirkungen der geplanten Prozesse hinsichtlich körperlicher und psychischer Beanspruchungen insbesondere in Bezug auf reduzierte Handlungsspielräume differenziert zu analysieren und unter Beteiligung von Präventionsexperten zu gestalten.

4.3.2 Arbeitsgestaltung und Gesundheit

Eine gesundheitsgerechte Arbeitsgestaltung in der Arbeitswelt 4.0 berücksichtigt die gezielte Nutzung neuer Technologien und Innovationen und gestaltet gesundheitsorientiert die sich wandelnden Organisationsprozesse und sozialen Rahmenbedingungen.

Digitale Assistenzsysteme und technische Innovationen führen branchenübergreifend zu ergonomischen Verbesserungen in nahezu allen Arbeitsbereichen und leisten einen großen Beitrag für den Erhalt der Beschäftigungsfähigkeit. Damit lassen sich z. B. monotone, schwere körperliche oder einseitig belastende Arbeiten unterstützen oder substituieren. Das Heben und Tragen von schweren Lasten übernehmen Roboter, die Arbeitsplätze optimieren sich selbstständig entsprechend der individuellen Bedürfnisse an Ergonomie und Raumklima, Werkzeuge wie Bohrmaschinen erkennen den Krafteinsatz und unterstützen elektronisch. Dementsprechend ist mit einem Rückgang der Muskel-Skelett-Erkrankungen zu rechnen. Entscheidend wird die unternehmensspezifische Nutzung der erweiterten technischen Möglichkeiten sein, um die gesundheitsrelevanten Gestaltungspotenziale zur gezielten Belastungsreduktion auszuschöpfen. Die präventiven Aspekte einer gesundheitsorientierten Arbeitsgestaltung sind bereits bei der Auswahl und Beschaffung technischer Entwicklungen und Innovationen oder bei der Entwicklung von Softwaresystemen durch Hersteller und Anwenderbetriebe zu betrachten. Neben einer breiten Einbindung der Beschäftigten müssen bestehende Standards, Arbeitsschutzgesetze und arbeitswissenschaftliche Erkenntnisse berücksichtigt werden.

4.3.3 Arbeitsorganisation und Gesundheit

Die Arbeitsorganisation hat großen Einfluss auf Wohlbefinden, Motivation Leistungsfähigkeit und Leistungsbereitschaft der Beschäftigten. Die digitale Transformation verändert u. a. Arbeitsinhalte, Arbeitsvolumen, Komplexität, Handlungs- und Entscheidungsspielräume sowie Teamstrukturen in Unternehmen. Dabei müssen die individuellen Voraussetzungen und Kompetenzen berücksichtigt werden, um Beschäftigte ressourcenkonform einsetzen zu können und Qualifizierung gezielt vorantreiben zu können.

Die Echtzeitverarbeitung und -visualisierung von Informationen, die wachsende Komplexität und Beschleunigung der Prozesse sowie die Autonomie der CPS erhöhen die psychischen Belastungen. Fremdsteuerung, Komplexität, Überwachung, Beziehung zu Robotern oder Kommunikationssystemen erfordern neue Wege der Arbeitsorganisation und der Partizipation der Beschäftigten. CPS steuern teilweise oder vollständig Arbeitsprozesse und greifen damit in die Deutungs-, Entscheidungs- und Handlungsmuster der Beschäftigten ein (Geisberger und Broy 2012; Hirsch-Kreinsen 2014). Studien belegen, dass psychische Belastungen wie hohe Arbeitsintensität, geringer Handlungs- und Entscheidungsspielraum oder eine geringe soziale Unterstützung mit einem erhöhten Erkrankungsrisiko einhergehen können (Rau 2015). Multitasking, Arbeitsunterbrechungen, Zeitdruck, Entgrenzung, Flexibilität und Komplexität werden für viele Beschäftigte zum Risikofaktor, psychisch zu erkranken (Lohmann-Haislah 2012).

Durch Informations- und Kommunikationstechnologien (IKT) können viele Aufgaben orts- und zeitunabhängig erledigt werden. Dementsprechend wandeln sich auch die konventionellen Arbeitszeiten für immer mehr Tätigkeitsbereiche. In zahlreichen Arbeitsverhältnissen kommt es zu einem arbeitgebergesteuertem Flexibilisierungszwang, der ständige Erreichbarkeit einfordert und die Grenzen zwischen Arbeit und Privatleben verschwimmen lässt. Oftmals erfolgt dies auch intrinsisch motiviert und äußert sich in Form einer interessierten Selbstgefährdung. Erste wissenschaftliche Forschungsergebnisse zeigen, dass sich eine erweiterte Erreichbarkeit negativ auf die Leistungsfähigkeit und auf die Gesundheit auswirken kann (Hassler et al. 2016). Darüber hinaus fordert die digitale Arbeitswelt neue Kompetenzprofile und IT-Kenntnisse, die die Bereitschaft für lebenslanges Lernen voraussetzt. Die beschriebenen Belastungsfaktoren und Herausforderungen für die Beschäftigten werden die psychischen Belastungen weiter erhöhen.

Durch eine gesundheitsförderliche Gestaltung der mobilen und flexiblen Arbeit können die Chancen für eine höhere Produktivität und bessere Life-Balance genutzt sowie mögliche Risiken vermieden werden. Diese Gestaltungsoptionen müssen dabei sowohl den Bedürfnissen der Beschäftigten als auch den betrieblichen Anforderungen gerecht werden können. Dabei ist das Thema ständige Erreichbarkeit im Kontext der Arbeitsbedingungen und der Arbeitstätigkeiten zu betrachten und zu gestalten. Verhaltenspräventiv können Betriebe Schulungen und Seminare zu Zeitmanagement, Stressbewältigung, Resilienz und Achtsamkeit anbieten, um den Aufbau von Bewältigungs- und Selbstmanagementkompetenzen zu unterstützen. Die Frage ist, wie gewisse Inhalte kombiniert und spezifisch um die digitalen Dimensionen erweitert werden können. Im Vordergrund steht die Stärkung der individuellen Ressourcen für eine »verantwortungsvolle Selbstorganisation«, ein selbstbestimmter und nicht gesundheitsgefährdender Umgang mit der erweiterten Autonomie. Es sollte die Fähigkeit gefördert werden, Belastungen durch digitale Arbeit mittels eigenständiger Grenzziehungen entgegenzuwirken (Schwemmle 2015). Es gilt, die Chancen der erweiterten Autonomie durch Befähigung der Beschäftigten gesundheitsförderlich nutzbar zu machen und diese durch betrieblich-organisationale Ressourcen flankie-

rend zu unterstützen. Dies betrifft das Kommunikationsverhalten (z. B. Smartphone-Nutzung), die Informationsfilterung, den Umgang mit Unterbrechungen und Multitasking, Schulung für ein effizienteres Zeitmanagement und die Nutzung der Flexibilität für eine bessere Vereinbarkeit von Privat- und Berufsleben. Auch Führungskräfte sollten als Vorbilder bzgl. ihres eigenen Verhaltens über Seminare und Workshops sensibilisiert werden (z. B. E-Mails schreiben am Wochenende). Für eine ganzheitliche Perspektive muss dabei auch der persönliche Umgang mit den digitalen Medien bei der Arbeit reflektiert und bewusst gestaltet werden (Hassler et al. 2016).

4.3.4 Führung und Gesundheit

Traditionelle Führungsformen stoßen in der digitalen Arbeitswelt mit dezentralen, virtuellen und teamorientierten Strukturen an ihre Grenzen. Essentiell für die Sicherstellung des Arbeitsengagements bei eingeschränkten Kontrollmöglichkeiten ist das Vertrauen zwischen Führungskräften und Beschäftigten sowie zwischen den Kollegen untereinander. Offene und vertrauensvolle Zusammenarbeit entwickelt sich durch gegenseitiges Wohlwollen, fachliche Kompetenz, Teamfähigkeit. Darüber hinaus sind Selbstmanagement und Integrität wichtige Aspekte. Ein Gefühl der Zusammengehörigkeit, der Wertschätzung und des Vertrauens kann entstehen, wenn Arbeitsstile miteinander synchronisiert und die vereinbarten Prinzipien eingehalten werden (Afflerbach und Gläsener 2016).

Führungskräfte nehmen durch ihr Verhalten und ihren Führungsstil großen Einfluss auf Motivation und Gesundheit der Beschäftigten. Anerkennung und Wertschätzung, verbunden mit einer guten Kommunikation und sozialer Unterstützung, können sich gesundheitsförderlich auswirken (Kramer et al. 2015). Die Führungskräfte stehen in Zeiten der Digitalisierung vor der Herausforderung, einerseits den Veränderungsprozess und anderseits die »Führung auf Distanz« in dezentralen und virtuellen Teams mitarbeiterorientiert zu gestalten. Projektarbeit, flachere Hierarchien und flexiblere Arbeitsformen, Interdisziplinarität, Crowdworking und digitale Kommunikation sind Charakteristika der digitalen Arbeitswelt. Dies erfordert von Führungskräften in besonderem Maße die Fähigkeit zur Vertrauensbildung. Doch genau das ist in virtuellen Teams mit häufigen Wechseln und zahlreichen externen Partnern schwieriger als in konventionellen Strukturen. Zusätzlich sind soziale Kompetenz und Gesundheitskompetenz von wachsender Bedeutung, um Belastungsfaktoren und Belastungs-

grenzen ihrer Mitarbeiter zu erkennen. Führungskräfte müssen dafür Sorge tragen, dass Aufgabenum-
fang und Zeitbudget aus der Distanz gemangt in
einem ausgewogenen Verhältnis stehen, um dauerhafte Belastungen bei zunehmenden Mobilitäts- und
Flexibilitätsleistungen zu vermeiden. Dabei nehmen
Führungskräfte selbst eine Vorbildfunktion ein und
sollten gesunde Selbstführung und Achtsamkeit vorleben (Ricker und Hauser 2016).

4.3.5 Gesunder Lebens- und Arbeitsstil

Die digitale Transformation eröffnet vielfältige Möglichkeiten, auch verhaltenspräventive Maßnahmen
zur Sensibilisierung für einen gesunden Arbeits- und
Lebensstil zu unterstützen.

Das betriebliche Intranet kann als Gesundheitsplattform zur Sensibilisierung und Wissensvermittlung zu einem gesunden Arbeits- und Lebensstil genutzt werden (Brodersen und Lück 2016). Bewegung,
Ernährung, Entspannung, Suchtprävention und
Stressmanagement sind wichtige verhaltenspräventive Gesundheitsangebote für die Beschäftigte und
Führungskräfte, die zunehmend digital unterstützt
umgesetzt werden. Studien liefern zahlreiche Hinweise
darauf, dass die Nutzung von Apps einen gesunden
Lebensstil fördern kann. Dies betrifft vor allem die Zunahme an körperlicher Aktivität und die Umstellung
der Ernährung (Carter et al. 2013; Nollen et al. 2014).
Eine solche Gesundheitsplattform kann ihre Wirkung
nur entfalten, wenn sie im Rahmen eines ganzheitlichen Gesundheitsmanagements unterstützend genutzt wird. Sie ist kein Selbstläufer, sondern vielmehr
müssen die digital angestoßenen Prozesse durch
»reale« Aktionen, Maßnahmen und Interventionen
des klassischen BGM flankiert werden.

Neben den eigentlichen Gesundheitskompetenzen
fordern die 4.0-Prozesse jedoch eine Reihe weiterer
Kompetenzen und Fähigkeiten, die für einen gesundheitsorientierten Lebens- und Arbeitsstil unabdingbar
sind. Es geht auch darum, in belasteten Zeiten körper-
liches Wohlbefinden und die psychische Gesundheit
(Hofmann und Kurz 2016) sowie eine lebenslange Jobfitness (Rump et al. 2016) zu erhalten.

Die digitale Arbeitswelt verändert die Zusammenarbeit dahingehend, dass Beschäftigte sich in oft wechselnden projektorientierten Teams behaupten und mit
Teammitgliedern, Führungskräften und anderen
Partnern auf Augenhöhe kommunizieren müssen. Die
Schlüsselkompetenzen für Beschäftigte, die Zufriedenheit, Wohlbefinden und psychische Gesundheit
fördern und ermöglichen, sind demnach:

- Gesundheitskompetenzen
- Selbst- und Zeitmanagement
- Sozialkompetenz, Vertrauensbildung, emotionale
  Intelligenz, Empathie, interkulturelle Kompetenz
- Anpassungsfähigkeit, Veränderungsbereitschaft
- Resilienz, Achtsamkeit, Gelassenheit, Umgang
  mit Stress, Regenerationsfähigkeit
- Medien- und Digitalkompetenz, virtuelle Zusam-
  menarbeit (Hasselmann et al. 2017)

Betriebe können durch Wissensvermittlung und Qualifizierung die Kompetenzentwicklung der Beschäftigten fördern. Auf der anderen Seite steht jeder Beschäftigte in der Eigenverantwortung, an seiner individuellen Gesunderhaltung, Kompetenz und Motivation zu
arbeiten (Rump et al. 2016). Die Förderung eines
gesunden Lebens- und Arbeitsstils basiert auf einem
vertrauensvollen Zusammenwirken betrieblicher und
individueller Anstrengungen für mehr Gesundheit.

Neben den mit den Angeboten verbundenen Kosten und Aufwänden für die Pflege und Betreuung
sollten im Vorfeld unter Einbezug der Datenschutzbe-
auftragten und betrieblichen Interessenvertretungen
insbesondere Fragen zum Datenschutz geklärt und die
Beschäftigten hinreichend aufgeklärt und sensibilisiert
werden. Die digitalen Möglichkeiten, ein ganzheitliches BGM-Programm zu nutzen sind sehr reizvoll,
jedoch verbirgt sich hinter den Technologien die
Gefahr des »gläsernen« Mitarbeiters. Jede Bewegung
der Beschäftigten ist über Sensoren trackbar und kann
analysiert und ausgewertet werden. Immer mehr
Selftracker in Deutschland beobachten und teilen ihre
Fitness- und Ernährungsdaten über Wearables und
soziale Netzwerke. Solange dies privat geschieht, liegt
es im Ermessen jedes Einzelnen. Wird aus freiwilligem
Lifelogging jedoch fremdbestimmtes Worklogging,
wird ein kritischer Punkt erreicht. In der digitalen
Arbeitswelt werden in vielen Branchen die Daten der
Beschäftigten quasi automatisch erfasst. Individualisierte Arbeitsplätze in der Produktion können ebenso
Profildaten der Beschäftigten erfassen, wie dies auch
an Computerarbeitsplätzen oder z. B. bei Paket- oder
Kurierfahrern möglich ist. Die dort gewonnenen
Daten dienen dann der externen Zugriffsmöglichkeit
und der externen Verfügbarkeit durch den Arbeitgeber
oder sogar die Kunden. »Worklogging« bezeichnet
Schröter als »die neue Vermessung der Arbeit«. Per-
sönlichkeitsprofile, Leistungsvergleiche und Verhal-
tensauflagen könnten die Folge sein (Schröter 2016).
In Deutschland schützt das Bundesdatenschutzgesetz
(BDSG) vor dem Missbrauch und mit der betrieb-
lichen Interessenvertretung gibt es grundsätzlich eine
Instanz, die die Rechte der Beschäftigten verteidigt.

Die Einbindung der Belegschaft von Beginn an ist ein entscheidender Faktor für deren Unterstützung und Motivation für ein digitales BGM. Sein Einsatz setzt eine ausgeprägte Vertrauenskultur und starke betriebliche Interessenvertretungen in dem entsprechenden Unternehmen voraus. Unternehmen müssen die digitalen Tools kennen und wissen, wie sie mit welcher Wirkung für ein BGM einsetzbar sind. Entscheidend ist dabei auch, sich mit dem Datenschutz auszukennen, um rechtskonform agieren zu können und die Persönlichkeitsrechte der Beschäftigten zu wahren.

4.4 Fazit

Für viele Unternehmen stehen die ökonomischen Kennzahlen im Mittelpunkt der digitalen Transformation. Automatisierte Verfahren, intelligente Assistenzsysteme oder flexibilisierte Organisationsformen versprechen Effizienz- und Produktivitätsgewinne. Die kostenneutrale Erfüllung individueller Kundenwünsche an das Produktdesign bis hin zur Losgröße 1[5], Verfügbarkeit und Qualität sind verlockende Versprechen. Wird versucht, dies auf Kosten der Beschäftigten zu erreichen, indem die Arbeitsdichte, die Komplexität der Aufgaben, der Zeit- und Arbeitsdruck erhöht werden oder ein Flexibilisierungszwang herrscht, der die Bedürfnisse der Beschäftigten ignoriert, führt dies schnell zu psychischen und physischen Belastungen mit kritischen gesundheitlichen Folgen. Betriebliche und individuelle Krisen sind vorprogrammiert. Doch auch in Zeiten der Digitalisierung bleiben gesunde, zufriedene und motivierte Menschen der Erfolgsgarant für Innovation, Produktivität und Wettbewerbsfähigkeit. Vorausschauende Arbeitgeber müssen sich also bemühen, das Potenzial der Digitalisierung für die Gestaltung gesundheitsförderlicher und motivierender Arbeitsbedingungen zu nutzen, um gleichzeitig Wettbewerbsvorteile gegenüber Konkurrenten zu erlangen. Dies ist eine anspruchsvolle Aufgabe für jeden Unternehmer, doch nur die Balance zwischen Wettbewerbsfähigkeit und Guter Arbeit verspricht, dauerhaft erfolgreich am Markt bestehen zu können und sowohl Unternehmenskrisen als auch Krisensituationen für die Belegschaft zu vermeiden.

Erschöpfungssyndrome, interessierte Selbstgefährdung, anhaltender Stress bis hin zum Burnout und ein kontinuierlicher Anstieg der psychischen Erkrankungen spiegeln die negativen Seiten der digitalisierten Arbeitswelt wider. Die Handlungsfelder, um diesen Aspekten entgegenzuwirken, sind vielfältig und betref-

fen alle Unternehmensbereiche von der strategischen Planung bis zur operativen Umsetzung. BGM und BGF bieten Analysen, Konzepte und Programme, die die dargestellten Handlungsfelder systematisch untersuchen und unterschiedliche Unternehmensbereiche in Form ganzheitlicher Strategien für eine präventive Gestaltung miteinander verknüpfen. Dank der Digitalisierung stehen dem BGM moderne Instrumente zur Verfügung, wie Onlineplattformen, mobile Dienste oder Gamificationmodule, mit denen das BGM echte Mehrwerte generieren kann. Dazu gehören unter anderem Aspekte wie »Effizienz und Kostenersparnis«, »Reichweite«, »Nachhaltigkeit« oder »Messbarkeit« (Hasselmann et al. 2017). Die digitale Welt bietet eine Fülle an Chancen, einen gesunden Lebens- und Arbeitsstil zu unterstützen und Arbeitsbedingungen gesundheitsförderlich und motivierend zu gestalten. Nutzen wir sie!

Literatur

Afflerbach T, Gläsener, KM (2016) New Ways of Working – Vertrauen und Selbstmanagement in einer digitalisierten Arbeitswelt. In: Badura, B, Ducki A, Schröder H, Klose J, Meyer M. (Hrsg) (2016) Fehlzeiten-Report 2016. Unternehmenskultur und Gesundheit – Herausforderungen und Chancen. Springer, Berlin Heidelberg, S 171–180

Antonovsky A, Franke A (1997) Salutogenese. Zur Entmystifizierung der Gesundheit. DGVT-Verl. Forum für Verhaltenstherapie und psychosoziale Praxis, Tübingen, S 36

Arnold D, Butschek S, Steffes S (2015) Digitalisierung am Arbeitsplatz. Hrsg v BMAS. IAB, ZEW. Nürnberg, Köln, Berlin

Badura B, Ducki A, Schröder H, Klose J, Meyer M (Hrsg) (2016) Fehlzeiten-Report 2016. Unternehmenskultur und Gesundheit – Herausforderungen und Chancen. Zahlen, Daten, Analysen aus allen Branchen der Wirtschaft. Berlin und Heidelberg

Baumann A, Cernavin O, Frost M, Georg A, Hasselmann O, Icks A, Schröter W, Zittlau K (2017) Betriebliche Prävention 4.0. In: Stowasser S, Schröter W, Cernavin O (Hrsg) Prävention 4.0. Neue Perspektiven für Führung, Organisation, Arbeitsschutz und Gesundheit im Betrieb. Springer (Psychologie), Heidelberg (im Druck)

Beerheide E, Figgen M, Seiler K, Schauerte B et al (2012) Den Wandel gesund gestalten – langfristig erfolgreich restrukturieren. Ein Leitfaden für Personalverantwortliche und Führungskräfte. transfer 2

Bonin H, Gregory T, Zierahn U (2015) Übertragung der Studie von Frey/Osborne (2013) auf Deutschland. Hrsg v BMAS. Mannheim

Brodersen S, Lück P (2016) iga.Wegweiser. Apps, Blogs und Co. – Neue Wege in der betrieblichen Gesundheitsförderung? iga, Dresden. https://www.iga-info.de/fileadmin/redakteur/Veroeffentlichungen/iga_Wegweiser/Dokumente/iga-Wegweiser_Apps_Blogs_Co.pdf. Gesehen 24 Okt 2016

---

5 Individuell konfigurierte Einzelproduktion.

Bundesministerium für Arbeit und Soziales BMAS (Hrsg) (2016) Weissbuch Arbeiten 4.0. Arbeit weiter denken. Diskussionsentwurf. Berlin

Carter MC, Burley VJ, Nykjaer C, Cade JE (2013) Adherence to a smartphone application for weight loss compared to website and paper diary: Pilot randomized controlled trial. J Med In-ternet Res 15 (4):e32. https://www.ncbi.nlm.nih.gov/pmc/articles/PMC3636323/. Gesehen 22 Sep 2016

Cernavin O, Lemme G (2017) Technologische Dimensionen der 4.0-Prozesse. In: Stowasser S, Schröter W, Cernavin O (Hrsg) Prävention 4.0. Neue Perspektiven für Führung, Organisation, Arbeitsschutz und Gesundheit im Betrieb. Springer (Psychologe), Heidelberg (im Druck)

Cernavin O, Stowasser S, Schröter W (Hrsg) (2017 in press): Prävention 4.0. Neue Perspektiven für Führung, Organisation, Arbeitsschutz und Gesundheit im Betrieb. Springer (Psychologie), Heidelberg

Dengler K, Matthes B (2016) Auswirkungen der Digitalisierung auf die Arbeitswelt: Substituierbarkeitspotenziale nach Geschlecht. Institut für Arbeitsmarkt- und Berufsforschung IAB, Nürnberg (Aktuelle Berichte 24/2016)

Felser W (2015) Der Mensch und die Arbeit im Industrie 4.0-Umfeld. Zeitschrift für integrierte Produktionsprozesse:36–41

Gebhardt B, Hofmann J, Roehl H (2015) Zukunftsfähige Führung. Die Gestaltung von Führungskompetenzen und -systemen. Hrsg v Bertelsmann Stiftung, Gütersloh

Geisberger E, Broy M (Hrsg) (2012) agendaCPS – Integrierte Forschungsagenda Cyber-Physical Systems. acatech STUDIE, München

Hasselmann O, Meyn C, Schröder J, Sareika C (2017) Gesundheit in der Arbeitswelt 4.0. In: Stowasser S, Schröter W, Cernavin O (Hrsg) Prävention 4.0. Neue Perspektiven für Führung, Organisation, Arbeitsschutz und Gesundheit im Betrieb. Springer (Psychologe), Heidelberg (im Druck)

Hassler M, Rau R, Hupfeld J, Paridon H (2016) iga.Report 23. Auswirkungen von ständiger Erreichbarkeit und Präventionsmöglichkeiten. Teil 2: Eine wissenschaftliche Untersuchung zu potenziellen Folgen für Erholung und Gesundheit und Gestaltungsvorschläge für Unternehmen. iga, Dresden. https://www.iga-info.de/fileadmin/redakteur/Veroeffentlichungen/iga_Reporte/Dokumente/iga-Report_23_Teil2_Auswirkungen_staendiger_Erreichbarkeit.pdf. Gesehen 24 Okt 2016

Hirsch-Kreinsen H (2014) Wandel von Produktionsarbeit – »Industrie 4.0«. In: Hirsch-Kreinsen H, Weyer J (Hrsg) Soziologisches Arbeitspapier Nr. 38/2014. TU Dortmund

Hofmann J, Kurz C (2016) Industrie 4.0 – Industriearbeit der Zukunft im digitalen Wandel. In: Lothar Schröder L, Urban HJ (Hrsg) Gute Arbeit. Ausgabe 2016. Bund, Frankfurt am Main, S 73–85

Institut DGB-Index Gute Arbeit (Hrsg) (2016) DGB-Index Gute Arbeit. Der Report 2016. Wie die Beschäftigten die Arbeitsbedingungen in Deutschland beurteilen. Die Digitalisierung der Arbeitswelt – eine Zwischenbilanz aus Sicht der Beschäftigten. Unter Mitarbeit von M Holler. Berlin

Jung S, Casper V (2016) Iterativ den Anforderungen der VUCA-Welt begegnen. Fraport auf dem Weg zu Leadership 4.0. Schwerpunkt Führung in der Arbeitswelt von Morgen. Personalführung 6:24–31

Kagermann H, Wahlster W, Helbig J (2013) Umsetzungsempfehlungen für das Zukunftsprojekt Industrie 4.0. Abschlussbericht des Arbeitskreises Industrie 4.0. Deutsche Akademie der Technikwissenschaft – acatech

Karasek R (1979) Job Demands, Job Decision Latitude, and Mental Strain: Implications for Job Redesign. In: Administrative Science Quarterly, Vol. 24, No. 2 (Jun 1979), Cornell University, pp 285–308

Köper B, Richter G (2016) Restrukturierung und Gesundheit. In: Badura B, Ducki A, Schröder H, Klose J, Meyer M (Hrsg) Fehlzeiten-Report 2016. Unternehmenskultur und Gesundheit – Herausforderungen und Chancen. Springer, Berlin Heidelberg, S 159–170

Kramer I, Bödecker W (2008) iga.Report 16. Return on Investment im Kontext der betrieblichen Gesundheitsförderung und Prävention. iga, Dresden. https://www.iga-info.de/fileadmin/redakteur/Veroeffentlichungen/iga_Reporte/Dokumente/iga-Report_16_Analyse_ROI-Kalkulatoren.pdf. Gesehen 16 Jan 2017

Kramer I, Oster S, Blum, M (2015) iga.Report 29. Führungskräfte sensibilisieren und Gesundheit fördern – Ergebnisse aus dem Projekt »iga.Radar«. iga, Dresden. https://www.iga-info.de/fileadmin/redakteur/Veroeffentlichungen/iga_Reporte/Dokumente/iga-Report_29_Fuehrungskraefte_sensibilisieren_Gesundheit_foerdern.pdf. Gesehen 17 Okt 2016

Lohman-Haislah A (2012) Stressreport Deutschland 2012: Psychische Anforderungen, Ressourcen und Befinden. Bundesanstalt für Arbeitsschutz und Arbeitsmedizin (BauA), Berlin Dortmund Dresden

Nollen NL, Mayo MS, Carlson SE, Rapoff MA, Goggin KJ, Ellerbeck EF (2014) Mobile technology for obesity prevention: a randomized pilot study in racial- and ethnic-minority girls. Am J Prev Med 46 (4):404–408. https://www.ncbi.nlm.nih.gov/pmc/articles/PMC3962588/. Gesehen 22. Sep 2016

Onnasch L, Maier X, Jürgensohn T (2016) Mensch-Roboter-Interaktion – Eine Taxonomie für alle Anwendungsfälle. Bundesanstalt für Arbeitsschutz und Arbeitsmedizin (BAuA) (Hrsg) BAuA: fokus, Berlin

Osborne M, Frey C (2013) The future of employment: How susceptible are jobs to computerisation? Technological Forecasting and Social Change 114:254–280

Pieper C, Schröer S (2015) iga.Report 28. Wirksamkeit und Nutzen betrieblicher Gesundheitsförderung. Wirksamkeit und Nutzen betrieblicher Prävention. Berlin, S 11–110

Rau R (2015) iga.Report 31. Risikobereiche für psychische Belastungen. iga, Dresden. https://www.iga-info.de/fileadmin/redakteur/Veroeffentlichungen/iga_Reporte/Dokumente/iga-Report_31_Risikobereiche_fuer_psychische_Belastungen.pdf. Gesehen 21 Okt 2016

Ricker S, Hauser F (2016) Arbeitsplatzkultur und Gesundheit – ganzheitliche Gestaltung der organisationalen Beziehungen zur Stärkung der psychischen Gesundheit von Mitarbeitern. In: Badura B, Ducki A, Schröder H, Klose J, Meyer

M. (Hrsg) (2016) Fehlzeiten-Report 2016. Unternehmenskultur und Gesundheit – Herausforderungen und
Chancen. Springer, Berlin Heidelberg, S 107–119

Rump J, Schiedhelm M, Eilers S (2016) Gesundheit anordnen?
Die Rolle der Führungskultur im Rahmen des Betrieb-
lichen Gesundheitsmanagements. In: Badura B, Ducki A,
Schröder H, Klose J, Meyer M. (Hrsg) (2016) Fehlzeiten-
Report 2016. Unternehmenskultur und Gesundheit –
Herausforderungen und Chancen. Springer, Berlin Heidel-
berg, S 95–103

Schauerte B, Hasselmann O, Kohl K, Lück P, Herdegen R (2012)
Restrukturierung: Gesunde und motivierte Mitarbeiter im
betrieblichen Wandel. Iga.Fakten Nr. 4 (Hrsg) Initiative
Gesundheit und Arbeit (iga), Dresden

Schröter W (2016) Virtuelle Identitäten im »Worklogging«.
Impulse zur sozialen Gestaltung der Arbeitswelt in der
»Industrie 4.0«. In: Selke S (Hrsg) Lifelogging – Digitale
Selbstvermessung und Lebensprotokollierung zwischen
disruptiver Technologie und kulturellem Wandel. Springer,
S 193–214

Schwemmle M (2015) Digitale Arbeit: dominant, mobil, gestal-
tungsbedürftig. Gegenblende, S 68–72

Spieß B, Fabisch N (2017) CSR und neue Arbeitswelten. Per-
spektivwechsel in Zeiten von Nachhaltigkeit, Digitalisierung und Industrie 4.0. Springer, Berlin Heidelberg

Wachstumskrisen in jungen Unternehmen und Gesundheit

M. Brandt, A. Ducki, D. Kunze

B. Badura et al. (Hrsg.) *Fehlzeiten-Report 2017*,
DOI 10.1007/978-3-662-54632-1_5, © Springer-Verlag GmbH Deutschland 2017

Zusammenfassung *Wachstumsprozesse in der Unternehmensentwicklung können zu Krisen führen, die mit erheblichen gesundheitlichen Belastungen einhergehen. Junge Unternehmer haben dem aufgrund fehlender Erfahrung zumeist wenig entgegenzusetzen. Das Verbundprojekt Digi-Exist will mit einem digitalen Präventionsprogramm junge Unternehmen über Entstehungsbedingungen von Krisen informieren, potenzielle Krisensymptome identifizieren und sie dabei unterstützen, Arbeitsprozesse gesundheitsgerecht und möglichst störungsfrei zu gestalten. Dabei wird deutlich gemacht, dass eine effiziente Handlungsorganisation Voraussetzung für die Gesundheit der Mitarbeitenden und für eine gesunde Geschäftsentwicklung ist. Ausgehend vom Forschungsstand zu gesundheitsrelevanten Herausforderungen von Wachstumskrisen und den Ergebnissen der Anforderungsanalyse bei 33 Betrieben wird der krisenbezogene Handlungsansatz des zu entwickelnden Präventionsprogramms erläutert und die inhaltliche Ausgestaltung seiner verhältnispräventiven Komponente vorgestellt. Ausführungen zum weiteren Vorgehen bei der Programmentwicklung runden den Beitrag ab.*

5.1 Gesundheitsrelevante Herausforderungen von Wachstumskrisen

5.1.1 Krisenmodelle und ihre Kernaussagen

»Unternehmungskrisen werden übereinstimmend als ungeplante und ungewollte, zeitlich begrenzte Prozesse verstanden, die in der Lage sind, den Fortbestand der Unternehmung substanziell zu gefährden oder sogar unmöglich zu machen. Dies geschieht durch Beeinträchtigung bestimmter Ziele, deren Gefährdung oder gar Nichterreichung gleichbedeutend ist mit einer Existenzgefährdung oder -vernichtung der Unternehmung. Die in dem Begriff der Unternehmungskrise enthaltene *Chance zur positiven Wende … ist* wesensbestimmend für den Begriff und macht die Ambivalenz der Entwicklungsmöglichkeiten (Untergang oder Sanierung) deutlich.« (Wirtschaftslexikon online) Trotz ihrer impliziten Chance zur positiven Wende sind Krisen mehrheitlich negativ konnotiert, nicht zuletzt aufgrund ihres existenziellen Bedrohungscharakters. Häufig übersehen wird die Tatsache, dass schwerwiegende Unternehmenskrisen aus eigentlich erwünschten positiven Entwicklungen, wie ein zu schnelles Wachstum, resultieren können.

Ein Unternehmen durchläuft im Zeitverlauf zahlreiche Veränderungsprozesse qualitativer und quantitativer Natur. In der Betriebswirtschaft – und hier vor allem in der Managementlehre – gibt es verschiedene Modelle, die diesen Entwicklungsverlauf beschreiben und dabei mehrere Phasen (z. B. Gründung, Wachstum, Reife, Revitalisierung) definieren (z. B. Gruber 2005; Bodenmann 2006). Das Modell von Stern (2003) unterscheidet auf Basis einer Fallstudienuntersuchung für Neugründungen vereinfacht drei Phasen. Der anfangs vorhandenen Teamorganisation folgt ab einer Beschäftigtenzahl von 15 die sog. Gründerorganisation, die mit der Kapazitätsüberlastung der Gründer ihre Grenzen erreicht (30 bis 45 Mitarbeitende) und mit der Herausbildung einer zweiten Führungsebene in die Managerorganisation übergeht.

Im vorliegenden Beitrag wird vor allem die der Gründungsphase (endend mit dem Markteintritt) nachfolgende Wachstumsphase mit ihren gesundheitsrelevanten Implikationen näher betrachtet. Modelle und Erklärungsansätze, die die Veränderungsprozesse in dieser Phase beschreiben, sind entweder auf unternehmensexterne Faktoren wie z. B. Absatzmärkte fokussiert (Marktentwicklungsmodelle) oder stellen unternehmensinterne Determinanten der Entwicklung wie die Größe (Anzahl Beschäftigte, Umsatz) und das Alter des Unternehmens in den Mittelpunkt (Metamorphosen-, Krisen-, Struktur- und Verhaltensänderungsmodelle) (Nathusius 1979, zitiert in Stern 2003).

Unter den populären Wachstumskrisen-Theorien kommt dem Modell von Greiner (1972) eine besondere Stellung zu (Schreyögg und Ostermann 2013). Dieses ermöglicht eine tiefergehende Betrachtung von (mindestens) fünf spezifischen Managementkrisen, wobei nicht jedes Unternehmen im Laufe seiner Entwicklung alle diese Krisen durchlaufen wird. Greiner geht davon aus, dass ein Unternehmen in zeitlicher Abfolge durch Kreativität, direkte Führung, Delegation, Koordination und Zusammenarbeit wächst, wobei die Phasen des kontinuierlichen Wachstums als Evolutions- und die jeweiligen Krisenzustände als Revolutionsphasen bezeichnet werden. Kann die anfangs gut funktionierende informelle Kommunikation nicht mehr aufrechterhalten werden, gerät das Unternehmen in eine Führungsstilkrise (oder Pionierkrise), die es durch die Einführung zentralistischer Strukturen überwinden kann. Mit weiterem Wachstum werden jedoch zunehmend dezentrale Entscheidungen erforderlich. Fällt es dem Gründer/Gründungsteam z. B. aufgrund der damit verbundenen Aufgabe von Autorität schwer zu dezentralisieren, gerät das Unternehmen in die Autonomiekrise. Mit der letztendlichen Delegation kompletter Aufgabenbereiche entsteht nunmehr die Gefahr, dass diese ihre jeweils eigene unabhängige Dynamik entwickeln – das Unternehmen gerät in die Kontrollkrise. Diese kann durch eine ausdifferenzierte Koordinierung und die Einführung weiterer formaler Planung und Zentralisierung von Aufgaben gelöst werden, was aber die Gefahr birgt, sich in der eigenen Bürokratie zu verfangen (Bürokratiekrise). Indem sich das Unternehmen nunmehr wieder mehr für spontane Entscheidungen öffnet und problemlösungsorientierte Teamentwicklungen fördert sowie vermehrt Kunden und externe Partner in die Entwicklung einbezieht, kann auch diese Krise überwunden werden.

Die Phasenmodelle unterscheiden sich u. a. durch die gewählten Abgrenzungskriterien. Während im Modell von Greiner die Krisensymptome selbst die Phasen differenzieren, unterscheidet Stern nach der Beschäftigtenzahl, Gruber nach der Lebensdauer des Unternehmens. Obwohl allen Modellen der Unternehmensentwicklung das Fehlen empirischer Absicherung zugeschrieben wird, leisten sie dennoch eine wirksame Hilfe bei der Strukturierung des Problemfeldes (Wittenberg 2005).

Krisen sind in allen Modellen wachstumsimmanente Prozesse, die nicht verhindert, sondern nur mehr oder weniger gut gestaltet werden können. Alle Modelle fokussieren die in der Krise liegende Chance für Entwicklung. Konsens besteht in den verschiedenen Modellen, dass jedes wachsende Unternehmen vor der Herausforderung steht, seine interne Organisation fortlaufend so anzupassen, dass die Geschäfts- und Arbeitsprozesse störungsfrei ablaufen und eine möglichst effiziente Handlungsorganisation fortlaufend garantiert wird. Es kann angenommen werden, dass Kriseneskalationen Belastungen für Gründer und Beschäftigte zur Folge haben und grundsätzlich durch arbeitsgestalterisches Handeln minimiert werden können (vgl. Lang-von Wins 2004). Frühzeitige Krisenerkennung und -prävention wird damit eine zentrale Managementaufgabe (Lintemeier 2013).

Für die Gründer selbst bedeutet Wachstum in jedem Fall, dass sich ihr eigenes Aufgaben- und Verantwortungsspektrum stark verändert. Während es in der frühen Gründungsphase eine starke fachliche Fokussierung gibt, nehmen mit dem Unternehmenswachstum Koordinations- und Managementaufgaben immer mehr zu. Damit rücken andere Kompetenzen, Fähigkeiten und Fertigkeiten, aber auch die Frage nach den persönlich erlebten Belastungen und Ressourcen in den Mittelpunkt.

5.1.2 Belastungen in der Wachstumsphase

Es ist davon auszugehen, dass die beschriebenen Wachstumskrisen in der Unternehmensentwicklung mit besonderen gesundheitlichen Belastungen für das Gründerteam und – mit zunehmender Größe – auch für die Beschäftigten einhergehen. Eine der wenigen arbeitspsychologischen Studien, die sich mit Belastungen und Ressourcen in den verschiedenen Gründungsphasen befasst, ist die Untersuchung von Lang-von Wins (2004). Als wichtigste Ressource nennt er die erlebte Autonomie. Darüber hinaus sind Familie, Freunde und Netzwerke zentrale Ressourcen von Gründern. Belastungen werden unterschieden in vor, während und nach der Gründung. Vor der Gründung werden bspw. schwierige Verhandlungen mit Banken sowie unzureichende Informationen für essentielle Entscheidungen genannt (Lang-von Wins 2004). Während der Gründung nehmen hohe Arbeitszeiten und Probleme der Vereinbarung von Beruf und Privatleben als Belastungsfaktoren an Bedeutung zu. Nach der Gründung werden beispielhaft ausbleibende Zahlungen und hohe Abgaben, die mit der Inbetriebnahme des Unternehmens einhergehen, genannt. Phasenübergreifend belastend ist die Vielzahl unterschiedlicher Aufgaben, die zu bewältigen sind, sowie die hohe Arbeitszeit und die fehlende Trennung zwischen Arbeit und Freizeit, die durch die zunehmende Digitalisierung verstärkt wird.

Belastungen können über die Phasen durch Kumulation zunehmen, es kann aber auch zu Gewichtungsverschiebungen einzelner Belastungsfaktoren kommen. Während zu Beginn der Finanzierungsdruck besonders stark ist, nimmt er für viele Gründer über die Zeit ab, dafür kommen neue Belastungsfaktoren hinzu wie z. B. Schwierigkeiten, in kurzer Zeit das passende Personal zu finden (Nguyen 2016). Die umfangreichen Anforderungen und hohe Belastungen führen häufig zu einem Verhalten, das als interessierte Selbstgefährdung beschrieben wird (z. B. Krause et al. 2012) und durch persönliches Arbeitshandeln ohne Rücksicht auf die eigene Gesundheit gekennzeichnet ist.

Während die Studie von Lang-von Wins die persönliche Perspektive im Belastungsgeschehen fokussiert, werden in der Managementliteratur wachstumsbedingte Belastungen thematisiert, die sich durch die Strukturänderungen des Unternehmens ergeben (Schreyögg im Druck). Hier stehen häufig Personalengpässe im Mittelpunkt. Sie erfordern eine schnelle Personalsuche und -besetzung, was nicht immer gelingt. Personalengpässe gehen einher mit Mehrarbeit beim vorhandenen Personal. Ein zu schnelles Wachstum ist zudem häufig mit unklaren Zuständigkeiten verbunden, die wiederum Störungen und Unterbrechungen von Arbeitsabläufen generieren, was die Handlungsregulation erschwert. Unklare Zuständigkeiten steigern das innerbetriebliche Konfliktpotenzial. Teamkonflikte wiederum binden Energie und steigern das Stresserleben (Schulte und Kauffeld in diesem Band).

Neben der frühzeitigen Erkennung von Krisensymptomen wie z. B. Überforderungsmechanismen liegen Ansatzpunkte für Interventionen damit vor allem in der Befähigung des Managements, die Arbeitsbedingungen für die Beschäftigten so zu gestalten, dass diese vor Überlastung geschützt werden und ihre Potenziale voll entfalten können (Ducki et al. 2017).

Beispiele für Frühindikatoren verschiedener Wachstumskrisen (vgl. auch Schreyögg im Druck)

Krisenart	Frühindikatoren
Pionierkrise	– Zunehmende Doppelarbeit
	– Fehlende Dokumentationen von Arbeitsabläufen
	– Fehlende Kontrollmechanismen
	– Zunehmende Fehler
Autonomiekrise	– Überforderung durch Konzentration von immer mehr und immer vielfältigeren Managementaufgaben auf eine Person
Kontrollkrise	– Abstimmungsprobleme
	– Prozessverzögerungen
Bürokratiekrise	– Überregulierungen
	– Ablaufverzögerungen

Die Beispiele zeigen, dass Frühindikatoren für Wachstumskrisen eng mit psychischen Belastungen verbunden sind. Eine vermehrte Zunahme bestimmter arbeitsorganisatorischer Belastungen kann damit Hinweise auf eine beginnende Krisenentwicklung darstellen. Eine frühzeitige Diagnose potenzieller Krisensymptome und psychischer Belastungen kann helfen, Kriseneskalationen zu vermeiden.

5.2 Anforderungen, Belastungen und Ressourcen – ausgewählte Ergebnisse einer Befragung von Geschäftsführungen junger Unternehmen im Verbundprojekt Digi-Exist

5.2.1 Ziele des Verbundprojekts

Im BMBF-geförderten Verbundprojekt »Digi-Exist: Digitale Prävention und Gesundheitsförderung für Existenzgründungen« (Förderkennzeichen: 01FA15113) entwickeln Projektpartner verschiedener Institutionen (Beuth Hochschule für Technik Berlin, Leuphana Universität Lüneburg, Fachhochschule Lübeck, bbw Bildungswerk der Wirtschaft in Berlin und Brandenburg e. V., CCVOSSEL GmbH Berlin) ein mit dem Unternehmen wachsendes Präventionsprogramm, das aus erprobten Einzelkomponenten und Neuentwicklungen besteht, die zu einer Gesamtlösung für die Betriebliche Gesundheitsförderung integriert werden. Es besteht aus kombinierten verhaltens- und verhältnispräventiven Angeboten. Während die Beuth Hochschule für die konzeptionelle Ausgestaltung der verhältnispräventiven Module zuständig ist, verantwortet die Leuphana Universität die Ausgestaltung aller Maßnahmen, die sich auf die unmittelbare Förderung der individuellen psychischen Gesundheit richten (Verhaltensprävention). Die FH Lübeck übernimmt die technische Konzeption und Umsetzung des integrativen Online-Portals. Alle Komponenten werden sukzessive von der CCVOSSEL GmbH erprobt, die sich zugleich um die Gewährleistung der IT-Sicherheit kümmert. Das bbw

Bildungswerk der Wirtschaft in Berlin und Brandenburg e. V. trägt durch vielfältige Maßnahmen der Öffentlichkeitsarbeit zur Verbreitung der Projektergebnisse bei und schafft die konzeptionellen Grundlagen, um das Thema Prävention in der Businessplanung von Existenzgründungen zu verankern.

Durch die Anwendung des Präventionsprogramms sollen Unternehmensgründer befähigt werden, vom Beginn der Unternehmensentwicklung an Unternehmenspotenziale zu stärken, Unternehmenskrisen und unerwünschte gesundheitsbeeinträchtigende Entwicklungen frühzeitig zu erkennen und mit geeigneten Gegenmaßnahmen positiv zu beeinflussen. Online-Informationen und Trainings sowie Face-to-Face-Angebote wechseln sich ab. Der modulare Aufbau erlaubt situations- und bedarfsangepasste Kombinationen von Gesundheitsinterventionen, die unter Berücksichtigung von Zeit- und Kapazitätsaspekten flexibel umgesetzt werden können. ◘ Abb. 5.1 zeigt das Präventionsprogramm in seiner schematischen Übersicht.

Der konzeptionellen Entwicklung des Online-Präventionsprogramms wurde eine erste Situations- und Anforderungsanalyse in der Zielgruppe der Gründer und deren Beschäftigten mittels halbstrukturierter Interviews vorangestellt. Die Interviews erheben keinen Anspruch auf Repräsentativität, sondern dienten einer ersten Feldexploration.

5.2.2 Situations- und Anforderungsanalyse

Neben gesundheitspsychologischen Fragestellungen sowie Fragen zur technischen Umsetzung umfasste die Erhebung arbeitspsychologische Schwerpunkte mit Fragen zu betrieblichen Belastungsfaktoren und Ressourcen, zu Spezifika der Gründung sowie zu externen Belastungsfaktoren wie Finanzierung, Marktsituation und Konkurrenzdruck.

Befragt wurden insgesamt 31 Gründer und zwei Beschäftigte (sechs Frauen, 27 Männer) aus 33 Betrieben. Das Durchschnittsalter aller Befragten betrug 36,5 Jahre, die Mehrzahl der Gründer war zwischen 31 und 40 Jahren alt. Sie kamen aus den Branchen IT-Dienstleistung (6), Mediendienstleistung (5), Online-/Einzelhandel (5), Gesundheitsdienstleistung (5), E-Health (5) sowie Forschung und Entwicklung (3) und weiteren Bereichen (4). Bei der Auswahl der Gründer wurden auch die verschiedenen Entwicklungsphasen und Unternehmensjahre berücksichtigt, elf Firmengründer wurden maximal zwei Jahre nach der Gründung befragt, dreizehn Firmen waren zwischen drei bis fünf Jahre alt, acht Firmen waren älter als sechs Jahre. Unterteilt nach der Mitarbeitendenzahl lassen sich die befragten Unternehmen wie folgt einteilen: 23 Unternehmen haben bis zu 15 Mitarbeitende,

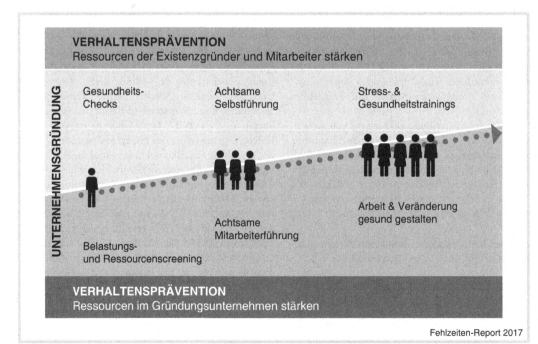

Fehlzeiten-Report 2017

◘ **Abb. 5.1** Das Digi-Exist-Präventionsprogramm

sechs Unternehmen haben 16–45 und 3 Unternehmen mehr als 45 Mitarbeitende.

Aus den Aussagen der befragten Gründer lassen sich erste Erkenntnisse zu wachstumskrisenbedingten Anforderungen, Belastungsfaktoren, Ressourcen und bislang realisierten gesundheitsförderlichen Maßnahmen ableiten, die in weiteren empirischen Untersuchungen überprüft werden müssen.

5.2.3 Anforderungen und Belastungsfaktoren

Als externe Belastungsfaktoren gab die Mehrheit der Befragten einen hohen Konkurrenzdruck (18 Nennungen) sowie hohe Belastungen durch sich schnell ändernde Märkte an (16). Nur etwa ein Drittel verfügt laut eigener Aussagen über geeignete Gegenstrategien (9). Viele Gründer erleben besonders in der Anfangszeit einen deutlichen finanziellen Druck (13) und haben Zukunftsängste (6). Besonders bei fremdfinanzierten Unternehmen zieht sich der finanzielle Druck durch die frühe Unternehmensentwicklung hindurch und taucht später immer dann auf, wenn neues Kapital benötigt wird.

Die ermittelten innerbetrieblichen Anforderungen und Belastungsfaktoren lassen sich in arbeitszeitliche, arbeitsorganisatorische, arbeitsortbezogene und arbeitsklimatische Faktoren unterteilen: Bei der Betrachtung der Arbeitszeiten zeigt sich, dass Gründer deutlich längere Arbeitszeiten als die Regelarbeitszeit (19 Nennungen) und auch Wochenendarbeit (7) besonders in Zeiten des Zeitdrucks (11) angeben. Die Arbeitszeiten der Beschäftigten sind nach den Aussagen der Gründer überwiegend flexibel und auf Vertrauensbasis geregelt (15) oder als Kernzeiten definiert (8). Überstunden fallen eher weniger an (7) und werden zeitnah ausgeglichen (10). Besonders bei den Gründern, aber auch bei den Beschäftigten ist die Entgrenzung von Arbeit und Freizeit erkennbar, hier sehen die Befragten den größten Unterstützungsbedarf (mit neun Nennungen der am häufigsten genannte Bedarf). Thematisiert werden hier z. B. die Vorbildfunktion (»Der Geschäftsführer sollte Vorbild sein und nicht bis spät in die Nacht arbeiten«) und die Notwendigkeit eines gewissen Pragmatismus im Sinne von »Trennung von Arbeit und Freizeit, wobei vor allem nach einem guten Fit geschaut werden und es nicht zu dogmatisch sein soll«.

Der Arbeitsort wird häufig als klassischer Büroarbeitsplatz beschrieben (15), nur selten werden die Arbeitsaufgaben in der befragten Stichprobe vorwiegend im Homeoffice erledigt (1).

Viele Gründer räumen große Unsicherheiten und Unterstützungswünsche bei der Personalführung ein, besonders bei kritischen Mitarbeitergesprächen und Kündigungen. Des Weiteren nennen die befragten Gründer Mitarbeiterbindung und -akquise sowie soziale Konflikte im Team als besondere Herausforderungen bzw. Belastungsfaktoren.

Unterschiede zwischen den einzelnen Unternehmensphasen zeigen sich besonders bezüglich der Führungsanforderungen und des Führungsverhaltens. So beschreiben einige der befragten Gründer (14) ihre Führung in der frühen Entwicklungsphase als freundschaftlichen konfliktarmen Umgang mit nahezu gleichgestellten Mitarbeitern. Die Gründer geben an, in dieser Phase noch stark ins operative Geschäft eingebunden zu sein. Mit zunehmendem Wachstum des Unternehmens werden die operativen Aufgaben durch vermehrt administrative und strategische Aufgaben abgelöst. Mit dem Unternehmenswachstum wachsen die Fürsorge und die Verantwortung für die Beschäftigten, aber auch Unsicherheiten und Rollenkonflikte: Ein Gründer beschreibt seine Sorge, das Vertrauen der Belegschaft zu verlieren, und stellt die eigene Führungsqualität in Frage. Emotionale Belastungen nehmen zu: Ängste über die weitere Finanzierung und Geschäftsentwicklung können nicht offen angesprochen werden. Ein Gründer berichtet, dass er es als belastend erlebt, nach außen vorzugeben, dass alles »toll ist« und den »Cheerleader« auch dann zu spielen, wenn es schwierig ist.

Einzelne berichten Belastungen durch hohen Zeitdruck und Fremdsteuerung (Termine werden nicht mehr selbst vereinbart), ein Gründer berichtet von Sorgen um den möglichen Verlust der »Key Employees«. Aber auch Neueinstellungen und die richtige Personalauswahl werden von einzelnen als belastend wahrgenommen.

Dennoch nimmt nicht jeder Gründer die Unternehmenskrisen bzw. den Wechsel der Unternehmensphasen als Belastung wahr; einzelne Aussagen von Gründern zeigen, dass der Wechsel auch als Entwicklungschance interpretiert werden kann. So berichtet ein Gründer in der Wachstumsphase, im Umgang mit dem Stress gegenüber der Gründungsphase dazugelernt zu haben. Er würde sich jetzt Stress nicht mehr selbst machen und könne eine größere Distanz zu den Themen wahren.

5.2.4 Ressourcen

Ressourcen sehen die befragten Gründer vor allem in der Familie oder Freunden (13), in der Selbstbestimmtheit und Autonomie (10), dem Ausgleich durch Sport oder Ruhe, Natur/Garten (15), Begeisterung und Spaß an der Arbeit (8) und einem guten, harmonischen Arbeitsteam (5).

Ein harmonisches Arbeitsteam als Ressource wird durch das Führungsverständnis und -verhalten der Gründer mitbeeinflusst. Das eigene Führungsverständnis beschreibt etwa die Hälfte der Befragten als sehr mitarbeiterorientiert, was für die Beschäftigten eine wichtige Ressource darstellen kann und einen bedeutsamen Beitrag zur Harmonie im Arbeitsteam leisten kann. Außerdem werden häufig flache Hierarchien als Ressource angegeben. Flache Hierarchien können ebenfalls einen positiven Einfluss auf das Klima nehmen, vor allem sorgen sie aber für einen schnellen und direkten Informationsfluss und kurze Kommunikationswege.

Gesundheitsförderliche oder präventive Maßnahmen werden den Beschäftigten nicht durchgehend angeboten, die Spannweite reicht von »gar kein Angebot« (8), »ein bis drei Angebote« (14) bis hin zu »vier oder mehr Angebote«(6). Zumeist finden sich die Angebote im Bereich Teamevents (11) und Betriebsfeiern (5). Hingegen finden sich kaum/keine Angebote in den Bereichen Ergonomie (3), Arbeitsschutz (2) und effiziente Arbeitsorganisation (0).

5.3 Schlussfolgerungen für die Entwicklung des Präventionsprogramms

Krisen stellen einen zentralen Ausgangspunkt für Interventionen auf beiden Seiten (Verhaltens- und Verhältnisprävention) dar. Individuelle Krisen, ausgelöst durch plötzliche, unvorhersehbare Ereignisse oder durch eine übermäßige Verausgabung der Leistungsreserven (Stichwort interessierte Selbstgefährdung«; Krause et al. 2012), können Anlässe bieten, sich mit den verhaltensbezogenen Angeboten auseinanderzusetzen. Sich abzeichnende Unternehmenskrisen, die durch ein schnelles Wachstum, aber auch durch unvorhergesehene Marktveränderungen verursacht sein können, können Grund und Anlass sein, sich mit den verhältnispräventiven Angeboten des Präventionsprogramms zu beschäftigen. Im Folgenden wird der Schwerpunkt auf diese verhältnispräventiven Analysen und Interventionen gelegt, die auch die prospektive Krisenanalyse berücksichtigen.

Die Ausgestaltung der verhältnispräventiven Angebote muss sich an den situativen Anforderungen, Belastungen und Ressourcen orientieren. Die befragten Gründer haben, wie auch in der Literatur dargestellt, ein breites Anforderungsspektrum, das sich in der Unternehmensentwicklung verändert. Die organisatorischen Managementaufgaben nehmen im Zeitverlauf zu, die fachliche und operative Arbeit nimmt immer mehr ab. Mit dem Unternehmenswachstum nehmen die Verantwortung für Mitarbeitende sowie Führungsaufgaben zu. Vor allem die wachsenden Managementaufgaben wie Personaleinstellung, -bindung und -kündigung beanspruchen die Gründer in unterschiedlicher Weise. Kompetenzdefizite gehen mit Rollenkonflikten einher. Damit rückt das Thema Führung als wichtiges Thema der Krisenprävention in den Mittelpunkt. Gründer benötigen Unterstützung darin, wie sie den wachsenden Führungserfordernissen gerecht werden können und welche Bedeutung Führung für die eigene Gesundheit und die Gesundheit der Mitarbeitenden haben kann.

Da sich bestimmte Belastungen in den Frühphasen der Unternehmensentwicklung nicht verhindern lassen, sind Ressourcen als Gegengewicht von besonderer Bedeutung. Insgesamt zeigt sich für Gründer, wie wichtig eine gelingende Lebensbalance ist, da bei einer zu starken Fokussierung auf die Arbeit auch die persönliche Ressourcenbasis auf längere Sicht beeinträchtigt werden kann (Hobfoll 1988; Hoff 2007; Langvon Wins 2004). Die genannten Belastungen durch lange Arbeitszeiten stehen hierzu im Widerspruch. Interessierte Selbstgefährdung ist für viele Gründer eine ernstzunehmende Problematik. Folglich sehen viele der Befragten Unterstützungsbedarf beim Thema Umgang mit Entgrenzung.

Der hohe Anteil der Teamevents und Betriebsfeiern bei den bereits bestehenden Angeboten zur Gesundheitsförderung macht deutlich, dass soziale und motivationale Aspekte der Gesundheit von Gründern als bedeutsam eingeschätzt werden. Der geringe Anteil an Maßnahmen im Themenfeld der Ergonomie und Arbeitsorganisation zeigt aber auch, dass hinsichtlich eines umfassenden Arbeits- und Gesundheitsschutzes und der Gesundheitsförderung Informations- und Handlungsbedarf besteht.

Schlussfolgernd sollte das verhältnispräventive Programm die Themen Führung, Entgrenzung, Arbeitsschutz und Gesundheitsförderung fokussieren und allgemeine und spezifische Informationen über die Möglichkeiten und Ansatzpunkte einer gesundheitsgerechten Arbeits- und Organisationsgestaltung zur Verfügung stellen. Dies schließt spezifische Informationen für die klassischen Gestaltungsfelder Arbeitszeit, Arbeitsorganisation, Arbeitsschutz, Arbeitsort und Arbeitsklima ein (vgl. auch Hasselmann et al. in diesem Band).

Aufgrund der hohen Arbeitsintensität und der oft bereitwillig in Kauf genommenen Gesundheitsrisiken (interessierte Selbstgefährdung) sind junge Unternehmer nur schwer für klassische gesundheitsförderliche Angebote erreichbar. Ein webbasiertes Präventionsprogramm scheint hier besonders geeignet, da es zeit- und ortsflexibel genutzt werden kann und damit den Herausforderungen entgrenzter Arbeits- und Lebensformen Rechnung trägt (ausführlich vgl. Ducki et al. 2017).

Zuletzt sollte das verhältnispräventive Präventionsprogramm auch für Mitarbeitende Informations- und Trainingsangebote zur gesunden Arbeitsgestaltung, zur Entgrenzung und zum Arbeits- und Gesundheitsschutz/zur Gesundheitsförderung enthalten, um sie zur eigenverantwortlichen Gesundheitsförderung und Arbeitsplatzgestaltung zu befähigen und damit auch die Gründer zu entlasten.

5.4 Grundstruktur des verhältnispräventiven Angebots

5.4.1 Gesamtübersicht

Das Präventionsprogramm setzt sich aus gestuften Analysen (Einstiegs- und Vertiefungs-Assessments)

der betrieblichen Gegebenheiten und der individuellen Befindlichkeit sowie daraus abgeleiteten verhaltens- und verhältnisorientierten Interventionen zusammen. Das verhältnispräventive Angebot umfasst Interventionen mit unterschiedlicher Interventionstiefe. Neben reinen Online-Informationen zur Vermittlung von Basiswissen werden Online-Trainings für Führungskräfte und Beschäftigte sowie Face-to-Face-Workshops zur Maßnahmenplanung und Umsetzung im Team entwickelt. Die Online-Trainings umfassen ein Basismodul und verschiedene Vertiefungsmodule, jeweils spezifisch für Gründer und Beschäftigte. Die Basis- und Vertiefungsmodule schließen jeweils ein Assessment (Check-in, Themencheck) zur Ermittlung der konkreten betrieblichen Handlungsbedarfe ein.

Die Assessments und die Interventionen sind auf spezielle Herausforderungen für Gründer und Beschäftigte in den fünf Themenräumen Arbeitszeit, Arbeitsort, Arbeitsorganisation, Arbeitskultur und Strategie (letzterer nur für Führungskräfte) orientiert. Alle Informationen, Trainings und Workshops sind thematisch aufeinander bezogen. Einen Gesamtüberblick zur Struktur vermittelt ◘ Abb. 5.2.

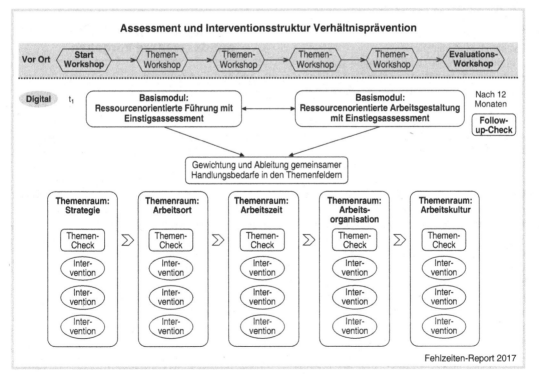

◘ **Abb. 5.2** Struktur der Verhältnisprävention im Präventionsprogramm

5.4.2 Basis- und Vertiefungsmodule

In den Basismodulen für Gründer und Beschäftigte werden Grundlagenwissen und Basiskompetenzen gesunder Arbeitsgestaltung vermittelt.

Das *Basismodul ressourcenorientierte Führung* vermittelt dem *Gründer* Basiskenntnisse zum Thema Stress und Leistung, Wachstumskrisen und ihre Bewältigung, Werte und Mitarbeiterzufriedenheit. Schrittweise werden die o. g. Themenräume Arbeitsort, Arbeitszeit, Arbeitsorganisation, Arbeitskultur und Strategie vorgestellt. Für jeden Themenschwerpunkt erfolgt eine Kurzinformation über die Gestaltungsansätze und Notwendigkeiten, danach wird mit einem Einstiegs-Check-in ermittelt, ob sich im jeweiligen Themenfeld aus Sicht des Gründers im Unternehmen Handlungsbedarf ergibt. Am Ende erhält der Gründer eine Übersicht über seine Beurteilung seines Unternehmens hinsichtlich der relevanten Gestaltungsthemen.

Das *Basismodul ressourcenorientierte Arbeitsgestaltung* ist für die Beschäftigten des jeweiligen Unternehmens gedacht. Im Fokus steht hier die Beantwortung der Frage, wie diese selbstverantwortlich ihre Arbeit gesundheitsgerecht und ressourcenstärkend gestalten können. Sie erhalten vergleichbare Informationen wie der Gründer und beurteilen ebenfalls die Themenschwerpunkte (Ausnahme Strategie). Am Ende erhält jeder Beschäftigte ebenfalls eine Übersicht über seine Beurteilung des Unternehmens im Hinblick auf die relevanten Gestaltungsthemen.

In den *Vertiefungsmodulen* (Online-Trainings für Gründer und Beschäftigte) werden für konkrete betriebliche Handlungsbedarfe in den Themenräumen Handlungsanleitungen zur Problemlösung erarbeitet. Dies betrifft z. B. den Umgang mit Entgrenzung (Themenraum Arbeitszeit), Arbeitsschutz und psychische Gefährdungsbeurteilung (Themenraum Arbeitsort), gesundheitsgerechte Projektarbeit/agiles Projektmanagement (Themenraum Arbeitsorganisation), Mitarbeiterbeteiligung, Krisenkommunikation (Themenraum Arbeitskultur) sowie Gesundheits- und Ressourcenorientierung, Personalmanagement und Umgang mit Unternehmenskrisen (Themenraum Strategie). Die Grundlage bildet jeweils ein vertiefendes Assessment (Themen-Check), das neben Fragebögen und Checklisten auch Tagebuchaufzeichnungen zu einzelnen Problemlagen enthalten kann. Die Online-Trainings in den Themenräumen dienen der Vorbereitung der Workshops, in denen Gründer und Beschäftigte gemeinsam für die jeweiligen Schwerpunktthemen Maßnahmen festlegen.

Die Online-Trainings weisen die in ◘ Tab. 5.1 dargestellte modulare Struktur auf.

◘ **Tab. 5.1** Struktur der Online-Trainings

Zielformulierung	Anleitung zur konkreten Zielformulierung
Information	Interaktive Lernbausteine aus unterschiedlichen Bereichen (AO, BWL, ...) Podcasts, Quiz
Handlungsstrategien	Präsentation von Handlungsvorschlägen Best Practice anderer Firmen
Zielkontrolle	Dauerhaftes digitales Zielmonitoring bis zur Erreichung

Fehlzeiten-Report 2017

Die Themenräume können nacheinander oder nach Dringlichkeit abgearbeitet werden. Ergeben weder das Check-in-Assessment noch der Themen-Check einen Handlungsbedarf, muss nicht zwingend in den Themenräumen gearbeitet werden. Das gesamte Programm ist jedoch so angelegt, dass ein Unternehmen innerhalb eines Jahres alle Themenräume durchlaufen und bearbeiten kann. Die Analysen und die durchgeführten Interventionen werden dokumentiert und sollen so als Teilnachweis für eine Gefährdungsanalyse hinsichtlich psychischer Belastungen verwendet werden können.

5.5 Resümee und Ausblick auf das weitere Vorgehen

Sowohl der Stand der Forschung als auch die Erhebungen im Rahmen des Verbundprojekts Digi-Exist weisen auf besondere gesundheitsrelevante Belastungen und Ressourcen hin, die mit Prozessen des Unternehmenswachstums verbunden sind. Lange Arbeitszeiten und auftretende Anzeichen für Entgrenzung, Rollen- und Teamkonflikte sowie Schwächen in der Arbeitsorganisation sind Beispiele für Herausforderungen, denen sich Gründer und ihre Teams stellen müssen. Das Verbundprojekt Digi-Exist greift diese spezifischen Belastungen in der Wachstumsphase von Unternehmen auf und entwickelt ein Instrument, das es Unternehmen ermöglicht, frühzeitig mit geeigneten Maßnahmen auf unerwünschte Entwicklungen zu reagieren bzw. aufgetretene Belastungen abzubauen. Neben verhaltensbezogenen Angeboten für Führungskräfte und Beschäftigte bietet das Präventionsprogramm Handlungsanleitungen für eine prospektive gesundheitsgerechte Arbeitsgestaltung im Unternehmen mit unterschiedlicher Eingriffstiefe in die betrieblichen Prozesse.

Das Spannungsfeld zwischen der hohen Komplexität der Problemstellung und der Notwendigkeit, das

Angebot niedrigschwellig und zeiteffizient für die Zielgruppe zu gestalten, stellt für die Entwicklung des Präventionsprogramms die größte Herausforderung dar. Um die angestrebte hohe Praktikabilität zu erreichen, werden im Weiteren sukzessive die im Beitrag skizzierten Interventionen in einem reflexiven Prozess durch den im Verbund beteiligten Praxispartner getestet und nach dessen Hinweisen überarbeitet. Begleitet wird die Umsetzung durch eine fortlaufende Prozessevaluation (Konzept, Design, Prototyp, Pilot) sowie eine Ergebnisevaluation einzelner Maßnahmen und des Gesamtverfahrens. Im Mittelpunkt der Prozessevaluation wird die Frage stehen, wie relevant der Inhalt aus der Perspektive verschiedener Anwender und Experten (z. B. Vertreter von Krankenkassen und Berufsgenossenschaften) ist, zudem wird die Nutzerfreundlichkeit des Online-Tools kontinuierlich überprüft. Nach einem Jahr werden die Messungen in der Erprobungsfirma wiederholt und die Ergebnisse evaluiert. Die Evaluierung bezieht sich auf eine Veränderung der Belastungen und Ressourcen sowie auf mögliche Veränderungen des eigenen Gesundheitserlebens.

Literatur

Albach H, Bock K, Warnke T (1985) Kritische Wachstumsschwellen in der Unternehmensentwicklung. Stuttgart

Antonovsky A (1987) Unraveling the mystery of health. How people manage stress and stay well. Jossey Bass, San Francisco

Bodenmann B (2006) Lebenszyklusmodelle für Unternehmen in der Raumplanung. Arbeitsbericht Verkehrs- und Raumplanung 393. Institut für Verkehrsplanung und Transportsysteme, ETH Zürich

Ducki A, Boss L, Behrendt D, Janneck M (2017) Anforderungen an ein digitales Gesundheitsmanagement für Existenzgründer. In: Matusiewicz D, Kaiser L (Hrsg) Digitales Betriebliches Gesundheitsmanagement. Springer Gabler, Wiesbaden

Greiner E (1972) Evolution and revolution as organizations grow. Harvard Business Review 50 (4):37–46

Gruber M (2005) Marketingplanung von Unternehmensgründungen. Eine theoretische und empirische Analyse. Deutscher Universitätsverlag, Wiesbaden

Hasselmann O, Schauerte B, Schröder J (2017) Digitalisierung: Herausforderungen meistern und Krisen vermeiden. Handlungsfelder der Betrieblichen Gesundheitsförderung. In: Badura B, Ducki A, Schröder H, Klose J, Meyer M (Hrsg) Fehlzeiten- Report 2017. Krise und Gesundheit: Ursachen, Prävention und Bewältigung. Springer, Berlin Heidelberg

Hobfoll SE (1988) The ecology of stress. Hemisphere, New York

Hoff E (2007) Kurzfristige Verausgabung oder langfristiger Erhalt von Innovationsfähigkeit? Forschungsfragen zu individuellen und organisationalen Zielkonflikten. In: Ludwig J, Moldaschl M, Schmauder M, Schmierl K (Hrsg) Arbeitsforschung und Innovationsfähigkeit in Deutschland. Rainer Hampp Verlag, München Mering, S 173–178

Joos T (1987) Unternehmensgründungen aus wirtschaftspolitischer Sicht. Lang, Frankfurt a. M. Bern. Europäische Hochschulschriften 5:773

Krause A, Dorsemagen C, Stadlinger J, Baeriswyl S (2012) Indirekte Steuerung und interessierte Selbstgefährdung: Ergebnisse aus Befragungen und Fallstudien. Konsequenzen für das Betriebliche Gesundheitsmanagement. In: Badura B, Ducki A, Schröder H, Klose J, Meyer M (Hrsg) Fehlzeiten-Report 2012. Gesundheit in der flexiblen Arbeitswelt: Chancen nutzen – Risiken minimieren. Springer, Berlin Heidelberg, S 191–202

Kurch M (2010) Leitungsstrukturen von Gründungs- und Wachstumsunternehmen. Analyse der Veränderungen im Zeitverlauf. Dissertation an der WHU – Otto Beisheim School of Management, Vallendar. Josef Eul Verlag, Lohmar Köln

Kuss J (2013) Strategie als Krise – Explikation und Enthemmung der Organisationsentwicklung. In: Thießen A (Hrsg) Handbuch Krisenmanagement. Springer Fachmedien, Wiesbaden, S 19–28

Lang-von Wins T (2004) Der Unternehmer – Arbeits- und organisationspsychologische Grundlagen. Springer, Heidelberg

Lintemeier K (2013) Unternehmenskrisen und Stakeholder-Beziehungen. In: Thießen A (Hrsg) Handbuch Krisenmanagement. Springer Fachmedien, Wiesbaden, S 53–68

Lüdemann P (2015) Gesundheit und Gesundheitsmanagement bei selbstständigen Außendienstmitarbeitern. In: Badura B, Ducki A, Schröder H, Klose J, Meyer M (Hrsg) Fehlzeiten-Report 2015, Neue Wege für mehr Gesundheit – Qualitätsstandard für ein zielgruppenspezifisches Gesundheitsmanagement. Springer, Berlin Heidelberg, S 117–138

Miller L (1990) Die sieben Leben des Managers. Vom jungen Wilden zur grauen Eminenz. Mit welchen Typen Sie fertig werden müssen. Econ-Verlag, Düsseldorf

Nathusius K (1979) Venture Management – Ein Instrument zur innovativen Unternehmensentwicklung. Berlin

Nguyen HT (2016) Gesundheitsbezogene Belastungen und Ressourcen von Unternehmensgründern. Masterarbeit an der Beuth Hochschule für Technik. Berlin

Schreyögg G (im Druck). Wachstumsschwellen in Gründerunternehmen: Die Pionierkrise. In: Faltin G (Hrsg) Handbuch Entrepreneurship 1. Aufl. Gabler, Wiesbaden, S 1–11

Schreyögg G, Ostermann SM (2013) Krisenwahrnehmung und Krisenbewältigung. In: Thießen A (Hrsg) Handbuch Krisenmanagement. Springer Fachmedien, Wiesbaden, S 117–138

Stern S (2003) Organisationsentstehung in innovativen Neugründungen. Dissertation Wissenschaftliche Hochschule für Unternehmensführung (WHU), Vallendar. Deutscher Universitätsverlag, Wiesbaden

Schulte EM, Kauffeld S (2017) Krisen in Teams und ihre Relevanz für die Gesundheit. In: Badura B, Ducki A , Schröder H, Klose J, Meyer M (Hrsg) Fehlzeiten-Report 2017, Krise und Gesundheit: Ursachen, Prävention und Bewältigung. Springer, Berlin Heidelberg

Töpfer A (2013) Die Managementperspektive im Krisenmanagement – Welche Rolle spielt das Management bei der Bewältigung von Krisensituationen? In: Thießen A (Hrsg) Handbuch Krisenmanagement. Springer Fachmedien, Wiesbaden, S 237–268

Wirtschaftslexikon. http://wirtschaftslexikon.gabler.de/Archiv/55429/unternehmungskrise-v7.html. Gesehen 24 Jan 2017

Wittenberg V (2005) Controlling in jungen Unternehmen. Phasenspezifische Controllingkonzeptionen für Unternehmen in der Gründungs- und Wachstumsphase. Dissertation an der Universität Erlangen-Nürnberg. Deutscher Universitätsverlag, Wiesbaden

Wege aus der Krise: Gesund führen auf der Basis werteorientierter Unternehmensführung

M. Hänsel

B. Badura et al. (Hrsg.) *Fehlzeiten-Report 2017*,
DOI 10.1007/978-3-662-54632-1_6, © Springer-Verlag GmbH Deutschland 2017

Zusammenfassung *Immer mehr Unternehmen erkennen, dass ein nachhaltig wirtschaftlicher Erfolg in einer hochdynamischen und komplexen Arbeitswelt nicht nur von sachlich-technischen Faktoren, sondern vor allem vom Faktor Mensch abhängt. Demgegenüber stellt die deutliche Zunahme gesundheitlich-psychischer Belastungen wie Burnout und Depression ein existenzielles Risiko dar. Es liegt also klar in der Verantwortung von Unternehmen, aktiv gegen diese Entwicklungen zu steuern: Zahlreiche Untersuchungen zeigen, dass einer gesundheitsorientierten Führungskultur dabei eine entscheidende Bedeutung zukommt, weil Führungskräfte selbst zunehmend von gesundheitlichen Belastungen betroffen sind und sie die wesentlichen Schlüsselfaktoren wie Arbeitsprozesse, Betriebsklima und die Unternehmenskultur maßgeblich mitgestalten, die wiederum Auswirkungen auf alle Mitarbeitenden haben. Gesunde Führung erschöpft sich nicht in Einzelmaßnahmen, sondern basiert maßgeblich auf der kongruenten Werteorientierung im Unternehmen. Dabei bewegen sich Führungskräfte in einem Spannungsfeld: Sie müssen die wirtschaftlichen Sach- und Leistungsziele ebenso im Blick haben wie die basalen Beziehungswerte wie Vertrauen, Fairness und Respekt. Auf dieser Basis stellt der Beitrag einen mehrdimensionalen Entwicklungsprozess hin zu »gesunder Führung« vor. Dieser umfasst zum einen das aktive Selbstmanagement der Führungskräfte und eine mitarbeiterorientierte Personalführung. Zum anderen sind Organisationen angehalten, die Auswirkungen von strukturellen Faktoren wie Arbeitsplatzgestaltung und unternehmenskulturelle Bedingungen auf die Gesundheit aller Mitarbeitenden zu erfassen und im Rahmen einer gesundheitsorientierten Organisationsentwicklung aktiv zu gestalten.*

6.1 Der Zusammenhang von Führung und Gesundheit in Organisationen

Gesundheit stellt für den Menschen einen basalen Wert dar, der Wohlbefinden, Leistungskraft und Lebensqualität umfasst. Auch für Unternehmen ist die Gesundheit der Beschäftigten ein hoher Wert, wenn auch eher funktionaler Natur. Sie ist etwa ein wichtiger ökonomischer Faktor, schließlich kann hohe Leistung dauerhaft nur von gesunden Leistungsträgern erbracht werden; bei Krankheitsausfällen droht ein beträchtlicher wirtschaftlicher und kultureller Schaden. In einer gesunden Führungskultur sollte daher schon aus rationalen Gründen pfleglich mit den Ressourcen der Führungskräfte und Mitarbeiter umgegangen werden. Arbeitsausfälle aufgrund von Depression und Burnout wachsen in den letzten Jahren stetig an, ebenso Phänomene wie »innere Kündigung« und Präsentismus. Dabei ist nicht die physische Belastung das zentrale Problem, sondern sowohl für Mitarbeiter als auch für Führungskräfte der psychische Druck und Stress, der durch eine immer weiter steigende Komplexität und Veränderungsdynamik in Unternehmen, Arbeitsprozessen und Märkten erzeugt wird. Von Führungskräften wird verlangt, sich dieser Entwicklung anzupassen – gleichzeitig sollen Effizienz und Leistungsfähigkeit steigen, ohne dass schließlich die eigene Work-Life-Balance wie auch die der Mitarbeitenden darunter leidet. Das klingt widersprüchlich und deutet darauf hin, dass »gesunde Führung« unter den aktuellen Rahmenbedingungen ein herausfordernder Balanceakt mit begrenzten Ressourcen ist und zur kreativen Entwicklung neuer, innovativer Lösungen in Organisationen auffordert.

Zunächst soll auf der Basis empirischer Untersuchungen beleuchtet werden, auf welche Weise die Gesundheit von Führungskräften und Mitarbeitern mit dem Führungsverhalten, dem Führungsstil und der Führungskultur in einer Organisation zusammenhängt. Im Folgenden sind die Ergebnisse von drei repräsentativen Studien verdichtet zusammengefasst (vgl. Hänsel 2016b):

- »**Rewarding and sustainable healthpromoting leadership**« (vgl. Rigotti et al. 2014) – Längsschnittstudie im Auftrag der Bundesanstalt für Arbeitsschutz und Arbeitsmedizin, in der 2.316 Beschäftigte mit ihren 245 Führungskräften untersucht wurden, mit dem Ziel, die Auswirkung von Führungsverhalten auf die Gesundheit sowie Interventionen zur Gesundheitsförderung auf ihre Wirksamkeit zu überprüfen. Die Untersuchung zeigt, dass eine positive Ausprägung von Gesundheitsfaktoren prinzipiell mit einem positiv eingeschätzten Führungsverhalten einhergeht. Positive Einflüsse wurden durch Inspiration, intellektuelle Anregung, Wertschätzung und Zuwendung, die die intrinsische Motivation der Geführten steigern, erreicht – deutlich negative Auswirkungen auf die Gesundheit wurden festgestellt durch aggressives verbales oder non-verbales Verhalten der Führungskraft gegenüber den Geführten, das Ignorieren von Bedürfnissen der Mitarbeitenden sowie hohe Intransparenz und Willkür bei Entscheidungen. Der Einfluss der Führung wurde in der Studie nicht auf das direkte Führungshandeln bezogen, sondern auch auf Gestaltungsfelder wie Arbeitsfeldvergrößerung.
- »**BiG – Nachhaltiges Gesundheitsmanagement**« (vgl. Sonntag et al. 2012) – die repräsentative Studie an der Universität Heidelberg ließ einen signifikanten Zusammenhang von gesundheitsbezogener Führung und der Arbeitsleistung der Mitarbeiter erkennen: Der Einfluss wird daran festgemacht, inwiefern Gesundheit am Arbeitsplatz thematisiert und in der Zusammenarbeit berücksichtigt wird und wie die Führungskraft diesbezüglich als Vorbild wahrgenommen wird. Dieser Faktor hat einen direkten Einfluss auf das Wohlbefinden der Mitarbeiter. Mitarbeiter wiederum, die sich wohlfühlen und die Möglichkeit besitzen bei Entscheidungen mitzuwirken, generieren signifikant mehr Lösungsmöglichkeiten bei arbeitsbezogenen Problemen, bringen mehr Ideen ein und implementieren sie in den Arbeitsalltag. Die Studie betont die Bedeutung von aufeinander abgestimmten Lern- und Entwicklungsprozessen hin zu gesunder Führung durch messbar positive Effekte auf den Gesundheitszustand von Führung und Belegschaft.
- »**Organizational Change and Employee Stress**« (vgl. Dahl 2011) – diese Studie der Aalborg University ergab anhand von 92.860 befragten

Personen in 1.517 dänischen Organisationen, dass ein signifikant erhöhtes Risiko für stressbedingte Symptome und Krankheiten vorliegt, wenn Organisationen tiefgreifende Veränderungsprozesse vornehmen, die sich in verschiedenen Bereichen gleichzeitig auswirken, z. B. auf die Arbeitsroutinen, das Aufgabenprofil, den Arbeitsplatz, die Teamzusammensetzung und die Zuordnung zum Vorgesetzten. Führung kann diese negativen Auswirkungen durch bewusste Gestaltung der Rahmenbedingungen abmindern: Nicht zu viele »Veränderungsbaustellen« auf einmal aufzumachen, die Geschwindigkeit der Veränderungsprozesse an die Gegebenheiten vor Ort anzupassen, frühzeitige Transparenz der Maßnahmen, Mitgestaltung der Betroffenen sowie ein konstruktiver Umgang mit negativen Emotionen und Widerständen der Mitarbeiter sind von entscheidender Bedeutung.

- In einer Metastudie untersuchte Göpfert (2013) die Wirkung »**aufgaben- und mitarbeiterorientierter Führung auf die Mitarbeitergesundheit**«. Die Untersuchung lieferte Belege dafür, dass Führung einen direkten Einfluss auf langfristige Folgen arbeitsbedingter Beanspruchung hat. Dabei kommt der Führungskraft zum einen eine *Schutzfunktion* zu, indem sie gesundheitsschädigende Einflüsse in der Arbeit erkennt und durch die Gestaltung der Arbeitsbedingungen reduziert. Zum anderen hat sie eine *Förderungsfunktion*, die über die Schaffung arbeitsplatzbezogener Ressourcen positiv auf Motivation, Wohlbefinden und Vitalität der Mitarbeitenden einwirkt. Dies sind z. B. die Erweiterung von Handlungsspielräumen, die Förderung sozialer Unterstützung innerhalb des Teams sowie die Entwicklung eines positiven Gesundheitsklimas. Die Führungskraft wirkt also als Ressourcenmanager, der durch die Bereitstellung gesundheitsrelevanter Ressourcen die Belastungs- und Beanspruchungssituation entschärfen kann.
- Das Modell »**Health-oriented Leadership**« (vgl. Franke und Felfe 2011) zeigt in seinen Studienergebnissen einen klaren Zusammenhang zwischen gesundheitsbewusster Selbstführung und Mitarbeiterführung der Führungskraft und positiver Entwicklung der Mitarbeitergesundheit auf. Sowohl in der Selbstführung als auch in der Mitarbeiterführung können demnach vier spezifische Gesundheitsaspekte beobachtet werden (Franke und Felfe 2011, S. 4): Gesundheitsorientiertes Führungsverhalten, gesundheitsbezogene Achtsamkeit, gesundheitsbezogene Selbstwirksamkeit

◘ Tab. 6.1 Handlungsfelder für die Entwicklung von gesunder Führung

Direktes Führungshandeln	Eigener Umgang der Führungskraft mit Stress und Belastung, Vorbildwirkung der Führungskraft bzgl. gesundheitsbewusstem Verhalten, Thematisierung von Risiken am Arbeitsplatz, Unterstützung der Anliegen der Mitarbeiter, direkte Wertschätzung und Anerkennung durch die Führungskraft
Gesundheitsklima der Organisation	Stimmige Work-Life-Balance, Überstunden werden begrenzt und vergütet, proaktive gesundheitliche Vorsorge, gesundheitsbezogene Angebote
Unternehmenskultur	Erleben von Vertrauen, Wertschätzung, Unterstützung zwischen Kollegen und Team/Führungskräften, Förderung von Eigeninitiative, Transparenz und Partizipation bei Entscheidungsprozessen, gute Kooperation zwischen den Arbeitsbereichen, offene Feedbackkultur
Charakteristika von Arbeitsplatz und Arbeitsprozessen	Passende Aufgabenschwierigkeit, ausreichende Ressourcen für die Erfüllung der Aufgaben, Feedback bzgl. der eigenen Arbeit, Rollenklarheit, Kooperationsmöglichkeit mit Kollegen
Gestaltung von Veränderungsprozessen	Frühzeitige Information und Transparenz zu Zielen und Ablauf der Veränderungen, Mitgestaltungsmöglichkeiten der Mitarbeitenden im Veränderungsprozess, aktives Monitoring der Auswirkungen

Fehlzeiten-Report 2017

und Gesundheitsvalenz (gesundheitsbezogene Einstellungen und Wertorientierung). Dabei wirkt die Führungskraft über die Einnahme verschiedener Rollen in ihrer Führungsfunktion: Als Sicherheitsmanager, Ressourcenmanager und Vorbild. Besonders die Vorbildwirkung der Führungskraft hat laut den Autoren einen direkten Einfluss auf das gesundheitsbezogene Verhalten der Mitarbeitenden.

Zusammenfassend lassen sich die in ◘ Tab. 6.1 aufgeführten Handlungsfelder für die Entwicklung von gesunder Führung in Organisationen ableiten.

Die verschiedenen Studien lassen sich dahingehend differenzieren, dass sie den Fokus entweder eher auf die Verantwortung der individuellen Führungskraft legen (z. B. Franke und Felfe 2011; Göpfert 2013) oder ob sie auch organisationale und strukturelle Aspekte berücksichtigen (z. B. Rigotti et al. 2014; Dahl 2011). Daher stellt sich die Frage, ob für die Entwicklung gesunder Führung der alleinige Fokus auf der einzelnen Führungskraft ausreichen wird. Maßnahmen, die auf das Individuum abzielen, wie klassische Weiterbildungsangebote oder Coaching werden das direkte Führungsverhalten und ggf. mittelbar das Gesundheitsklima und die Unternehmenskultur beeinflussen. Bei der gesundheitsorientierten Gestaltung des Arbeitsplatzes sowie von Arbeits- und Veränderungsprozessen scheint jedoch ergänzend die Herangehensweise bei der Organisationsentwicklung gefragt, durch die auch die strukturellen Zusammenhänge gesundheitlicher Belastung und die nötigen Veränderungen angestoßen werden können.

6.2 »Gute Führung« in einer sich wandelnden Arbeitswelt

Was ist gute Führung in einer sich rasant verändernden Arbeitswelt? Eingehend und methodisch tiefgreifend hat sich mit dieser Frage die Wertestudie »Zukunft der Führung« auseinandergesetzt, initiiert durch das »Forum Gute Führung«[1] und begleitet von Prof. Dr. Kruse (**Forum Gute Führung** 2014). Mithilfe einer speziellen Interviewtechnik wurden die kollektiven, unbewussten Wertemuster zum Thema Führung von über 400 Führungskräften erhoben: Der rasante Wandel der Arbeitswelt beeinflusst maßgeblich den Werteraum der Führung in Unternehmen. Werden Führungskräfte gefragt, welches die zentralen Herausforderungen bei der Veränderung der Arbeitswelt sind, ähnelt die Antwort in weiten Zügen dem, was als Ursache für Belastung und Stress gesehen wird: Zunehmende Komplexität und Beschleunigung der Umwelt, meist verbunden mit den Effekten der Globalisierung und Digitalisierung, gleichzeitig steigende Erwartungen hinsichtlich Effektivität und Effizienz bei oft bürokratisch verkrusteten Hierarchiestrukturen (Kruse 2015).

Die Auswirkungen dieser Veränderungen sind im sogenannten VUCA-Modell verdichtet: Es steht als Akronym für die englischen Begriffe volatility, uncertainty, complexity und ambiguity. In einer hochdynamischen VUCA-Welt helfen simple Fortschreibungen

---

1 »Forum Gute Führung« ist ein Projekt im Rahmen der Initiative Neue Qualität der Arbeit (INQA) und wird gefördert durch das Bundesministerium für Arbeit und Soziales (BMAS).

alter Erfolgsrezepte und Best Practices nicht mehr weiter. Diese Transformation der Arbeitswelt lässt sich nicht mehr durch Macht-, Bürokratie- und Kontrollstrukturen beherrschen. Gesunde und leistungsfähige Führung setzt vielmehr eine hohe Bewusstheit für humane Grundwerte, Agilität in der Anpassung an verändernde Umwelt- und Marktbedingungen, aber auch Achtsamkeit im Umgang mit den eigenen Ressourcen und Grenzen voraus. Eine zentrale Aufgabe von Führung besteht in der Vermittlung von Sinnzusammenhängen, um bei zunehmender Komplexität und Dynamik dennoch die Synchronisierung der Aktivitäten einer Organisation sicherzustellen und die daraus resultierenden Veränderungen in Arbeitsprozesse zu integrieren. Um ihre Rolle und Identität neu zu definieren, brauchen Führungskräfte selbst eine begleitende Reflexion, was sich in einem steigenden Bedarf an Unterstützungsformen wie Coaching oder kollegialer Beratung zeigt.

Insgesamt zeigt die Studie »Zukunft der Führung« die in ◘ Tab. 6.2 aufgelisteten kontrastierenden Entwicklungstrends, die zukünftig gute Führung ausmachen werden (vgl. Forum Gute Führung 2014).

Laut der Studie besteht die stärkste Vision insbesondere der jungen Führungskräfte letztlich in der »Einbettung der Unternehmensaktivitäten in einen stabilisierenden Wertekanon. Aus der ›Wert‹-Orientierung der Shareholder-Value-Perspektive werde die ›Werte‹-Orientierung eines solidarischen Stakeholder-Handelns« (Forum Gute Führung 2014).

Zu einem ähnlichen Bild gelangt eine empirische Studie des Instituts für Beschäftigung und Employability IBE (vgl. Hays HR-Report 2014/2015): Die 665 befragten Führungskräfte sehen die wichtigsten Aufgaben darin, eine »offene Feedbackkultur zu etablieren« (71 Prozent), »Mitarbeiter zu motivieren« (69 Prozent), »Entwicklungsmöglichkeiten für Mitarbeiter aufzuzeigen« (66 Prozent) und »Pragmatische Lösungen für eine Work-Life-Balance im Gesamtteam zu finden« (53 Prozent).

Zusammenfassend lässt sich sagen, dass die Veränderungen dessen, was in Zukunft gute Führung ausmacht, nicht mehr nur in Führungsmethoden oder Management-Instrumenten zu finden sind, sondern sich auch aus einem tieferen Wertewandel heraus bedingen. Eine zentrale Wertespannung im gesamten kulturellen Raum findet sich aktuell in der Polarität der Wertecluster »*Sicherheit vs. Wandel*« und »*Kontrolle vs. Autonomie*« (Forum Gute Führung 2014). Dies betrifft einzelne Führungskräfte in der Veränderung ihrer Rollen und Funktionen ebenso wie die Unternehmen in der Veränderung ihrer Organisationsform und Führungskultur. Gerade in einer Krisensituation spitzt sich diese Wertespannung noch zu: Begegnet ein Mensch einer Krise, macht es einen entscheidenden Unterschied, ob er sich proaktiv in einen selbstbestimmten Veränderungsprozess bewegt und die Krise als Entwicklungschance nutzt oder ob er sicherheitsbewusst an alten Mustern und überholten (Miss-)Erfolgsmodellen festhält. In einer hochdynamisch-komplexen Umwelt stehen Unternehmen vor einer ähnlichen Entscheidung: Zurück zur vermeintlichen Sicherheit von Kontrolle durch Planung und hierarchischen Ordnungsmustern oder den kreativen Sprung in Richtung autonomerer Gestaltungsprozesse, stärkerer Selbstorganisation und demokratisch-partizipativen Entscheidungsstrukturen zu wagen.

◘ **Tab. 6.2** Was zukünftig gute Führung ausmacht (vgl. Kruse 2013)

Was zukünftig gute Führung ausmacht	Kritische Aspekte herkömmlicher Führung
Aufwertung von Kreativität, Innovation, Sinn- und Werteorientierung	Einseitige Dominanz von Effizienz und Kennzahlen
Kooperative Führungsmodelle wie Coaching und Empowerment	Instrumentell gestützte Kontroll- und Anreizmechanismen
Partizipative Führungskultur und Stärkung der Selbstbestimmung	Steile Linienhierarchie und Top-down-Strukturen
Arbeit in selbst organisierenden Netzwerken und dezentralen Teams	Arbeit in Abteilungssilos und rigiden Teamstrukturen
Professionalisierung von Mitarbeiterführung und Aufbau von Kooperationsstrukturen	Technokratische oder machtbasierte Managementsysteme
Offene Feedback- und Dialogkultur	Starre Regelkommunikation, Anweisungskultur
Bereichsübergreifendes Handeln	Isoliertes, bereichsfokussiertes Silo-Denken
Moderation offener Transformationsprozesse in der Organisation	Vermeintliche Planbarkeit in technokratischer Change-management-Logik

6.3 Werteorientierung als Basis für eine gesunde Führungskultur

Die o. g. Untersuchungen zeigen, dass sich gesunde Führung nicht nur an den klassischen betriebswirtschaftlichen Dimensionen wie Effizienz, Leistung oder Qualität orientieren kann, auch wenn diese nach wie vor ihre Gültigkeit haben. Eine gesundheitsorientierte Führungskultur gründet sich zunächst prinzipiell auf einem humanistischen Wertekanon: Wertschätzung und Würde gegenüber der Person, dem Schutz geistiger und körperlicher Unversehrtheit, dem Streben nach individueller Selbstverwirklichung sowie dem vertrauens- und respektvollen Umgang miteinander. Daraus erwächst für Organisationen die Aufgabe, eine Unternehmenskultur mit Arbeitsbedingungen zu schaffen, in der diese Grundwerte zum Tragen kommen. Dies ist besonders in einem stark wettbewerbsgeprägten Umfeld eine große Herausforderung, in dem hoher Zeit-, Leistungs-, und Ergebnisdruck normal sind und das den Menschen als »Humanressource« im Dienste der Ergebniserreichung funktionalisiert. Dabei sind es gerade die beziehungsorientierten Werte der Unternehmenskultur, die im hohen Maß mit einem positiven Gesundheitsklima korrespondieren. *»Ein starkes Wertesystem wird als soziale Norm von den Teilnehmern akzeptiert und agiert als Regulativ oder »Kontrollsystem«, da die einzelnen Mitglieder gewisse Erwartungen teilen und sich gegenseitig durch das Vorleben eben jener Normen bzw. Erwartungen daran erinnern«* (Hehn et al. 2016, S. 6).

Untersuchungsergebnisse der Studie »Great Place to Work« aus dem Jahr 2015 (vgl. Ricker und Hauser 2016) betonen hierbei vor allem die Bedeutung von Vertrauen in der Beziehung von Führung und Mitarbeitern: *»In einer mitarbeiterorientierten Arbeitsplatzkultur stellt Vertrauen – basierend auf Glaubwürdigkeit, Respekt und Fairness…die entscheidende Beziehungsqualität dar. Eine in hohem Maße von Vertrauen geprägte Arbeitsplatzkultur, die jenen Teilbereich der Unternehmenskultur darstellt, der die unmittelbare Gestaltung arbeitsrelevanter Bedingungen betrifft, fördert die Zufriedenheit und das Wohlergehen der Mitarbeiter und stellt auch speziell bei der Forderung der psychischen Gesundheit eine elementare Basis dar«* (Ricker und Hauser 2016, S. 108). Vertrauen als Grundwert entsteht in der Praxis durch mitarbeiterorientiertes Führungshandeln: Mitarbeiter erhalten zeitnah alle Informationen über ihren Aufgabenbereich, Verabredungen werden verbindlich eingehalten, Führungskräfte sind offen für Fragen und Feedback, sie fördern Mitarbeiter in deren Entwicklung und würdigen deren Leistungen, sie wahren mit Augenmaß die Balance zwischen Berufs- und Privatleben auch in Stoßzeiten. Unfaire Situationen und Diskriminierung soll vermieden oder geklärt werden, alle Mitarbeiter erhalten die gleichen Chancen und Möglichkeiten (Ricker und Hauser 2016, S. 112).

Die Umsetzung dieser Werthaltungen bedingen im Alltag meistens eine doppelte Blickrichtung in die Wertelandschaft: Auf der einen Seite müssen Führungskräfte die Sach- und Leistungsdimension des Unternehmens im Blick haben, auf der anderen Seite ebenso die Beziehungsdimension und die individuellen Bedürfnisse der Mitarbeitenden (◘ Abb. 6.1).

Die zwei grundsätzlichen Wertdimensionen müssen sich dort treffen, wo alltäglich gute Zusammenarbeit, Beziehung und gemeinsame Wertschöpfung

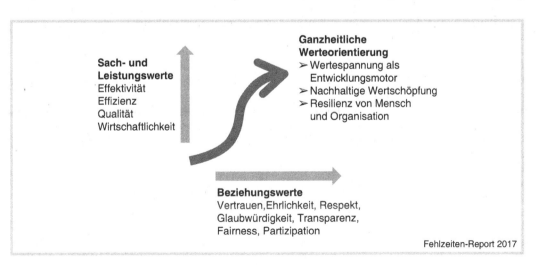

Ganzheitliche Werteorientierung
➢ Wertespannung als Entwicklungsmotor
➢ Nachhaltige Wertschöpfung
➢ Resilienz von Mensch und Organisation

Sach- und Leistungswerte
Effektivität
Effizienz
Qualität
Wirtschaftlichkeit

Beziehungswerte
Vertrauen, Ehrlichkeit, Respekt, Glaubwürdigkeit, Transparenz, Fairness, Partizipation

Fehlzeiten-Report 2017

◘ **Abb. 6.1** Ganzheitliche Werteorientierung für gesunde Führung

entstehen soll, ohne dass sich die Ressourcen der Menschen und der Organisation erschöpfen. Dies ist eine Voraussetzung dafür, dass sowohl die Menschen als auch die Organisation als Ganzes eine gesunde *Resilienz* entwickelt: Damit ist die Fähigkeit eines Systems gemeint, mit Umweltveränderungen, Störungen und Stressfaktoren von außen so umzugehen, dass diese nicht zu negativen Belastungen und Symptomen führen, die das System in seiner Funktion beeinträchtigen.

6.3.1 Werte als Ressourcen für Krisenbewältigung und Resilienz

Gerade über die Ausbildung von Resilienz erschließt sich die Bedeutung von Werten in Krisensituationen und deren Bewältigung. Zunächst stiften Werte die Basis für das Identitätsgefühl von Individuen wie auch ganzen Organisationen. Darüber hinaus bieten Werte eine grundlegende Orientierung für Handeln und Entscheidungen in einer dynamischen Umwelt. Damit geben sie gerade in Krisensituationen Halt und Stabilität – wenn man weiß, was einen im Kern ausmacht, kann man Störungen und Konflikte besser ertragen. Ein kongruentes Wertegefüge ist im gut evaluierten Ansatz der Salutogenese von A. Antonovsky (1997, S. 37) zentral für den Erhalt der Gesundheit. Laut Antonovsky ist der Sinnbezug und die Werteorientierung für Menschen in ihrer Arbeitssituation – gerade wenn diese hohe Anforderungen stellt – von entscheidender Bedeutung für das sogenannte Kohärenzgefühl und für die Verarbeitung von Belastungen.

Stabilisierung ist aber nur ein Teil der Wirkung von Werten bei der Ausbildung von Resilienz. In Krisen werden Menschen ebenso wie Organisationen auch damit konfrontiert, dass das bisherige Verhalten und Handeln nicht mehr zum Erfolg führt oder sogar die bisherigen Erfolgsstrategien eine destruktive Wirkung erfahren. Das Resilienzkonzept ist dabei nicht zu verkürzen auf die Formel »Widerstandsfähigkeit gegen Störung«. Es beinhaltet vielmehr ein dynamisches und situationsabhängiges Wechselspiel von »Robustheit« des Systems auf der einen Seite und »Veränderungsfähigkeit« auf der anderen (Hänsel 2016a, S. 28). Damit werden in der Krisensituation im Zweifelsfall auch bestimmte Werte in Frage gestellt, die dem Verhalten zugrunde liegen. Das bedeutet nicht, dass die tradierten Werte dabei über Bord zu werfen sind, sondern ihre Auswirkung auf das eigene Handeln klar zu reflektieren. Meist werden die negativen Konsequenzen einer einseitigen Überbetonung in der Werteorientierung bewusst.

Eine Führungskraft beispielsweise, die sich in ihrem bisherigen Arbeitsleben ausschließlich durch den Wert »Leistung« definiert hat, wird es eher als normal erachten, immer wieder über eigene Belastungsgrenzen zu gehen, negative Körpersignale und psychische Erschöpfungsanzeichen auszublenden sowie Leistungsansprüche an Mitarbeiter mit hohem Druck einzufordern. Wenn die Person nun in eine gesundheitliche Krise gerät, ist es wenig hilfreich, ihr nur gesundheitsbewusstes Verhalten nahezulegen (öfters Pause machen, sich gut zu ernähren, nicht so perfektionistisch zu sein etc.). Die eigentliche Veränderung muss auf der Ebene der Werte geschehen: Das bedeutet die Auseinandersetzung damit, welche Auswirkungen eine einseitige Wertepräferenz (z. B. »Leistung um jeden Preis«) hat, welche Werte zukünftig stärker beachtet werden sollen (»Gesundheit, Wohlbefinden«) und wie eine gute Integration in den Berufs- und Lebensalltag gelingt. Eine wirksame Krisenbewältigung besteht also nicht nur in unmittelbarer Behandlung der Symptome. Sie bedeutet, sich aktiv mit seinen Werten auseinanderzusetzen: Das kann heißen, das Alte zu beleben, sich mit neuen Werteaspekten zu beschäftigen und diese in einen kohärenten Wertekanon zu integrieren (z. B. »nachhaltige Leistungsfähigkeit braucht eine starke Gesundheitsorientierung«).

Welche Werte besser sind als andere, lässt sich nicht objektiv beantworten, auch sollte eine Wertepolarität nicht in eine ideologische Entweder-oder-Logik münden – Werteorientierung muss sich vielmehr immer in einer sich verändernden Umwelt bewähren. Eine Zukunftsprognose wagt die Studie Forum Gute Führung (2014; Kruse 2015): Wir werden den zukünftigen Anforderungen der Arbeitswelt nur begegnen können, wenn wir neben technologischem Fortschritt eine tragfähige und kohärente Wertebasis ausbilden, damit unsere Steuerungsfähigkeit bei aller Komplexität nicht willkürlich wird und verloren geht. Gerade in Zeiten disruptiver Veränderungen und Krisen ist daher die aktive Auseinandersetzung mit identitätsstiftenden Werten essenziell, damit ein System sowohl resilient *als auch* wandlungsfähig bleibt, statt im Wertevakuum zu desintegrieren oder im Festhalten an althergebrachten Traditionen zu erstarren – eine fast paradoxe Herausforderung, die in lebendigen und gesunden Organisationen immer wieder aufs Neue gelingen muss.

6.3.2 Wertekonflikte als organisationale Herausforderung

Wertekonflikte stellen häufig kein Individualproblem dar, auch wenn einzelne Menschen als Symptomträger auffallen. Im Hintergrund ist oftmals eine Systemdynamik der Organisation erkennbar, die in den Arbeitsprozessen, den Strukturen und der Organisationskultur verortet ist. Das Einzelverhalten wird durch die Kultur der Organisation beeinflusst, indem bestimmte Verhaltensmuster gemäß kollektiv geteilter Werte belohnt werden. Gesunde Führung ist aus dieser Sicht nicht nur eine Aufgabe von Individuen, auch wenn sich jeder Einzelne persönlich damit auseinandersetzen muss, sondern der Organisation als Ganzes. Für die Ausbildung gesunder Führung ist es daher entscheidend, in der Organisation die Spannung etwa zwischen den steigenden Leistungs- und Geschwindigkeitsanforderungen und menschlichen Bedürfnissen und Grenzen nicht auszublenden oder durch einseitig idealistische Forderungen weiter zu polarisieren (»ab jetzt wird bei uns nur noch gesund geführt«), sondern in einem professionell geführten Dialog aufzugreifen und weiter zu bearbeiten. Wertekonflikte müssen keineswegs zwangsläufig destruktive Auswirkungen haben – sie zeigen vielmehr notwendige Entwicklungsprozesse der Organisation.

Gerade im Spannungsfeld von Leistungs- und Beziehungswerten neigen Führungskräfte zu widersprüchlichen, inkonsistenten Verhaltensmustern. So werden Gesundheitsziele und die ihnen zugrunde liegenden Beziehungswerte schnell den Sach- und Leistungszielen untergeordnet, wenn der Zeit- und Ergebnisdruck hoch ist. Kein Unternehmen wird aber in seinem Leitbild schreiben: »Uns ist das Wohlbefinden unserer Mitarbeiter wichtig...außer in heißen Projektphasen, vor Quartalsende und bei kritischen Changeprojekten«. Gerade diese »Ausnahmen« werden aber von den Mitarbeitenden sehr wohl registriert, kritisch hinterfragt und es hängt von ihnen ab, wie kongruent der Umgang mit Unternehmenswerten erlebt wird. Der aktive Umgang mit Wertespannungen und der Kongruenz in der Außendarstellung von Werten und ihrer Innenwahrnehmung im Unternehmen ist bei der praktischen Wirkung von Werten von entscheidender Bedeutung.

Die Führungskräfte erleben in der Praxis oftmals das Dilemma, dass sie vom Management primär für die Leistungswerte verantwortlich gemacht werden (»der Laden soll laufen« und der Krankenstand soll niedrig sein), von den Mitarbeitenden jedoch für die Berücksichtigung der Beziehungswerte. Natürlich ist das Dilemma von außen ein Scheingegensatz: Nachhaltige Leistung wird nur unter Berücksichtigung der Beziehungswerte gelingen und umgekehrt können Beziehungswerte in Unternehmen nur gelebt werden, wenn auch den wirtschaftlichen Werten und Anforderungen Genüge geleistet wird. Beide Wertefelder sind im Unternehmen interdependent miteinander verbunden und keines kann auf Kosten des anderen außen vor gelassen werden. Gesunde Führung bedeutet für die Führungskraft also, dass sie sich konstruktiv mit der beschriebenen Wertespannung auseinandersetzen muss.

Die Kultur-Definition von Edgar Schein (2010) umfasst hier insbesondere die Unterscheidung von proklamierten Werten und den tatsächlich zugrunde liegenden Grundannahmen, die im Unternehmensalltag wirken. Gerade Kongruenz bzw. Diskrepanz zwischen nach außen präsentierten Werten und Leitbildern und dem tatsächlich erlebten Verhalten korreliert sowohl mit der Arbeitszufriedenheit als auch mit dem Gesundheitserleben.

Wie wichtig eine als kongruent erlebte Unternehmenskultur im Zusammenhang mit der Gesundheit am Arbeitsplatz ist, zeigt die Studie von Beckmann et al. (2016). Gerade in den sozialen Dimensionen wie Mitarbeiterorientierung, Arbeitsklima und Entscheidungsprozesse sahen die Befragten eine hohe Diskrepanz zwischen dem, was vom Unternehmen nach außen proklamiert wird und dem, was sie tatsächlich erlebten: »Negativ erlebte Unternehmenskultur korreliert aber auch stark mit psychischen Beschwerden: Im Durchschnitt berichtet 65,1 Prozent dieser Beschäftigten über mindestens ein psychisches Symptom, bei der Vergleichsgruppe mit einer positiv erlebten Unternehmenskultur sind es nur circa 36 Prozent. Insbesondere das Arbeitsklima scheint eine bedeutende Rolle zu spielen: 69,3 Prozent der Befragten, die das erlebte Arbeitsklima schlecht bewertet, berichtet auch über psychische Beschwerden, die sie auf ihre berufliche Tätigkeit zurückführen« (Beckmann et al. 2016, S. 58).

Damit wird natürlich auch deutlich, dass eine aktive Gestaltung einer gesundheitsorientierten Unternehmenskultur ein wesentlicher Faktor zur konkreten Umsetzung gesunder Führung ist, wie die Studie feststellt: »So wiesen Befragte, die eine positive Unternehmenskultur erleben, meist einen besseren Gesundheitszustand hinsichtlich psychischer und physischer Beschwerden auf, auch ist ihr Umgang mit Krankheit am Arbeitsplatz achtsamer. Dabei stellten die Betroffenen die Angaben zu ihren körperlichen wie auch psychischen Beschwerden häufig in einen direkten Zusammenhang mit ihrer beruflichen Tätigkeit. Insbesondere die Gestaltung unterstützender Beziehungen am Arbeitsplatz, eines angenehmen Arbeitsklimas und förderlicher Arbeitsbedingungen sind für Unternehmen wichtige Ansatzpunkte, um eine gesundheitsförderliche Unternehmenskultur zu etablieren« (Beckmann et al. 2016, S. 48).

6.3.3 Das Topmanagement ist Modell für »Gesunde Führung« – im Guten wie im Schlechten

Sollen neue Kompetenzen für gesunde Führung auf der individuellen Ebene umgesetzt werden, muss die Organisation die dafür nötigen und förderlichen Strukturen und Prozesse entwickeln. Dies bedingt einen organisationalen Entwicklungsprozess, der in der Regel von der Geschäftsführung angestoßen und dann von den funktionalen Einheiten der Organisations- und Personalentwicklung weitergeführt und begleitet wird. Auch die Bedeutung von Modelllernen und Vorbildwirkung bei der Einführung gesunder Führung wird in Praxis und Forschung immer wieder betont (vgl. Rigotti et al. 2014). Nur wenn die Führungskräfte der mittleren Ebene erleben, dass auch das Topmanagement die vereinbarten Werte und Leitlinien zu gesunder Führung berücksichtigt und sich ernsthaft damit auseinandersetzt, werden sie das auch in ihrem eigenen Führungshandeln tun. »Regulierend wirken die Werte nur, wenn sie von den meisten Mitgliedern einer Organisation getragen und vom Topmanagement sichtbar als Rollenvorbild vorgelebt werden. Erst das kann als »starke Kultur« einer Organisation bezeichnet werden« (Hehn 2016 et al., S. 6).

Nichts wirkt dagegen erodierender für die Motivation bei der Einführung neuer Führungsleitlinien als fehlende Konsequenz und doppelbödige Kommunikation, bei der die jeweils höhere Führungsebene ein Verhalten propagiert, das sie selbst offenkundig nicht vorlebt – eine Situation, die leider in Unternehmen vielfach zu beobachten und zu bemängeln ist und die Sinnhaftigkeit noch so ambitionierter Visionen und Leitlinien untergräbt. Mit Blick auf die Anforderungen, die sich damit für und von Führung ergeben, gibt der Organisationscoach Wolfgang Looss zu bedenken, »dass in immer komplexeren Organisationen, in einem hochdynamischen Umfeld, mit sehr gut ausgebildeten und anspruchsvollen Führungskräften, die auch auf der Werteebene eine Antwort haben wollen, sich Steuerbarkeit nur erreichen lässt, wenn man in der Organisation Orte und Räume schafft, für das Verhandeln von Sinnfragen« (Looss 2012, S. 76). Wenn eine Organisation solche Sinn- und Wertefragen hintanstellt und der Wertekanon oder das Leitbild nur noch als Hochglanzfassade wahrgenommen wird, werden existenzielle Fehlentwicklungen wie Burnout, innere Kündigung bis hin zu kriminellem Verhalten deutlich wahrscheinlicher.

6.3.4 Umgang mit wertebezogenen Spannungsfeldern

Führung in Organisationen wird prinzipiell immer mit widersprüchlichen Werten konfrontiert werden. Will ein Unternehmen daher einen Entwicklungsprozess in Richtung »gesunder Führung« einläuten, bedarf es der klaren Unterstützung der Geschäftsführung, der Bereitschaft, neue Führungsleitlinien vorzuleben und auch der proaktiven Reflexion der mit hoher Wahrscheinlichkeit auftretenden Konflikte zwischen widerstreitenden Anforderungen an die Führungsrolle. Denn oftmals steht hinter mangelnder Konsequenz nicht Vorsatz oder Nachlässigkeit, sondern es werden schlicht systemimmanente Widersprüche unterschätzt, die im Arbeitsalltag auftreten und der angestrebten Entwicklung entgegenstehen.

Eine Untersuchung von Zwack, Bossmann und Schweitzer (Zwack et al. 2016) ergab, dass vor allem die Führungskräfte der mittleren Ebene in ihren betrieblichen Rollen vielfach mit widersprüchlichen Anforderungen und Aufträgen konfrontiert sind – etwa hohen Produktivitätsvorgaben, Druck in Richtung Effizienz und Kostenreduktion vonseiten der Geschäftsführung und den Erwartungen der Mitarbeiter, dass ihre Führungskraft ihre Bedürfnisse berücksichtigt und sie gegen allzu fordernde Erwartungen »von oben« schützt. Je stärker die Führungskraft selbst unter Druck steht, desto weniger ist sie in der Lage, Druck von oben abzupuffern, zu filtern und so zu verarbeiten, dass sich ihre Mitarbeiter mit den Anforderungen optimal auseinandersetzen können. Unreflektiert können die Spannungen dieser Dilemmata sowohl negative psychologisch-gesundheitliche Auswirkungen auf die Betroffenen haben als auch eine ambivalente Haltung und halbherziges Verhalten bezüglich des eigentlich positiv bewerteten Ziels gesunder Führung mit sich bringen.

In der Praxis werden hohe Belastungen vor allem dann in Kauf genommen, wenn es gilt, feste Termin- oder Effizienzziele zu erreichen – das Entwicklungsziel gesunder Führung steht hierbei im Konflikt mit betriebswirtschaftlich vorgegebenen Zielen. Entscheidend ist, wie die Führungskräfte mit solchen Spannungsfeldern umgehen – dabei geht es um mehr als nur die Vorbildwirkung. Wichtig ist eine offene Diskussion darüber, welche Erwartungen an Führung gestellt werden sollen, wo die berechtigte Forderung nach Konsequenz und Vorbildwirkung besteht – gleichzeitig aber eine Reflexion darüber, wo eine perfektionistische Erwartungshaltung auch Enttäuschung hervorrufen und sich entwicklungshemmend auswirken kann. Im Umgang mit Werte-Spannungsfeldern gilt es also, Dialogräume im Unternehmen zu schaffen, in denen Sinnfragen und Wertekonflikte offen und vertrauensvoll erkannt und behandelt werden können: »*The concept of a values-based organization rests on the simple premise that successful companies are built on a foundation of quality relationships and quality corporate dialogue and conversation. Values are at the heart of what human conversation is about in any social situation. It is essential to understand that the quality of the group is reflected by the quality of the conversation*« (Hall 2004).

Nur die transparente Kommunikation darüber, wo Werte erfüllt und wo sie verletzt werden und somit Handlungsbedarf besteht, schafft hier Vertrauen und setzt einen kontinuierlichen Lernprozess in Gang, der krisenhaften Entwicklungen vorbeugen kann: »*Nach innen und außen bedarf es pro-aktiver, ehrlicher und transparenter Kommunikation mit den Stakeholdern über Werte, Aktivitäten, Erfolge und Herausforderungen eines Unternehmens. Werte und Ziele müssen nicht nur kommuniziert, sondern tatsächlich gelebt werden. Dazu müssen Mitarbeiter die Möglichkeit erhalten, ihr Verständnis und ihre Bedenken zu Zielen sowie ihre Ideen zu deren Umsetzung zu diskutieren*« (Peters 2009, S. 11). In einem solchen Verständnis fungieren Personal- und Organisationsentwicklung in einer klassischen Querschnittsfunktion, die verschiedene Funktionsbereiche und Hierarchieebenen der Organisation miteinander vernetzen. Spezifische Reflexions- und Unterstützungsangebote können Führungskräften dabei helfen, besser mit solchen Zielkonflikten umzugehen.

6.4 »Gesunde Führung« als Lernprozess im Unternehmen

Damit die Entscheidung für gesunde Führung nicht nur als Proklamation wahrgenommen wird, sondern einen relevanten Unterschied im Führungshandeln macht, muss ein Unternehmen einen Entwicklungsprozess durchlaufen, der vom Management initiiert und getragen wird. Evaluationsstudien zu gesundheitsbezogenen Maßnahmen in Unternehmen (vgl. Sonntag et al. 2012; Rigotti et al. 2014) haben ergeben, dass Entwicklungsmaßnahmen zur Gesundheitsförderung mit Führungskräften und Teams drei Aspekte berücksichtigen sollten:

a. **Partizipatives Vorgehen:** Die Angebote sollten *mit* den Beteiligten erarbeitet und vorbereitet werden. Viele gängige Ansätze zur Betrieblichen Gesundheitsförderung (BGM) gehen immer noch so vor, dass Experten nach einer standardisierten Befragung ein fixes Maßnahmenbündel erstellen und dann in der Organisation implementieren

(Zeuch und Poersch 2016). Diese Maßnahmen werden daher von Führungskräften und Mitarbeitenden nur schleppend angenommen, da sie als wenig passend zu den konkreten Bedürfnissen erlebt werden (»Ich bräuchte eigentlich ein gutes Coaching, angeboten wir aber nur Rückenschule«). Stattdessen sollten die Entwicklungsmaßnahmen partizipativ mit den Führungskräften und Mitarbeitenden erarbeitet werden, um deren Bedarfe wirklich gezielt zu erfassen.

b. **Ausreichender Zeitrahmen:** Die Effektivität von gesundheitsbezogenen Maßnahmen ist auch erst dann gegeben, wenn sie sich über einen *längeren Zeitraum* erstrecken, der den Beteiligten erlaubt, einen eigenen Lernprozess zu durchlaufen und gesundheitsorientierte Veränderungen im Unternehmen anzugehen (hier sind in einem mittelständischen Unternehmen mit 100–500 Personen ca. ein bis zwei Jahre ein realistischer Zeitrahmen). Singuläre Aktionen wie Vorträge oder Einzelschulungen können zwar sensibilisieren, haben aber wenig nachhaltige Auswirkungen im praktischen Handeln.

c. **Praktisch-situativer Alltagsbezug:** Für die Umsetzung von gesundheitsförderlichem Führungsverhalten wurden wiederum interaktionsorientierte Formate wie Gesundheitszirkel, kollegiale Beratung oder Coaching als wesentlich effektiver bewertet als klassische Schulungen, da sie zum einen deutlich besser auf die individuellen Führungskräfte und deren Führungs- und Teamkonstellation eingehen und zum anderen sehr praxisnah auf reale Alltagssituationen angewendet werden können (Rigotti et al. 2014; Sonntag et al. 2012).

Ergänzend zum Lernprozess der Führungskräfte hat die Verhältnisprävention einen großen Einfluss auf die Gesundheitsförderung im Unternehmen (Rigotti 2014). Hierbei geht es darum zu erkennen, welchen Einfluss einzelne Arbeitsmerkmale wie Arbeitsplatzgestaltung, Zeitrahmen, Feedbackstrukturen, Selbstgestaltungsfreiräume auf den Mitarbeitenden haben und diese gestaltend zu verändern, z. B. im Rahmen eines sogenannten Jobenrichment (höhere Selbstverantwortung und -gestaltung) und Jobenlargement (Tätigkeitsfeld erweitern). Voraussetzung für eine nachhaltige Veränderung dieser Faktoren ist, dass die Führungskräfte sowohl die Kompetenzen als auch die Spielräume zur Gestaltung der Arbeitsbedingungen haben und nutzen (Hays HR-REPORT 2014/2015).

Um gesunde Führung zu entwickeln, ist es daher nötig, neben Kompetenzen zur Selbst- und Personalführung auch systembezogene Kompetenzen zur akti-

Tab. 6.3 Lern- und Handlungsfelder in der Entwicklung gesunder Führung

Selbstführung	Mitarbeiterführung	Systembezogene Führung
Persönliche Sensibilisierung für Gesundheit und Wohlbefinden	Gesundheitsthemen offen ansprechen	Organisationsentwicklung: Führungsaufgabe verankern
Bewusste Selbstführung als Kernkompetenz	Sensibilität für Gesundheitsrisiken schärfen	Aufbau präventiver Strukturen, z. B. Gesundheitszirkel
Aktive Stressbewältigung bei hoher Belastung	Wertschätzung in die Führungs- und Teamarbeit einbringen	Initiierung gesundheitsfördernder Angebote
Individuelle Prophylaxe und Aufbau persönlicher Resilienz	Feedback als Führungsinstrument nutzen	Gestaltung der Arbeitsbedingungen: Jobenrichment, Jobenlargement
Unterstützung einholen, wo nötig	Ressourcenwahrnehmung und Selbstwirksamkeitserleben bei Mitarbeitenden stärken	Transparenz, Beteiligung bei Veränderungsprozessen

Fehlzeiten-Report 2017

ven Gestaltung der organisationalen Rahmenbedingungen zu schaffen. Diese sogenannte »Systemkompetenz« umfasst die Fähigkeit, das soziale Umfeld der eigenen Organisation mit seinen Spielregeln, Strukturen und Kommunikationsprozessen differenziert wahrzunehmen und im Rahmen der eigenen Verantwortung aktiv zu gestalten (vgl. Hänsel 2016b, S. 20–25). ◘ Tab. 6.3 soll die drei unterschiedlichen Kompetenzfelder und ihr Zusammenspiel veranschaulichen.

6.4.1 Schritte zu gesunder Führung in Organisationen

Ein maßgeschneidertes Entwicklungskonzept soll dann aus einer Vielzahl unterschiedlicher Maßnahmen und Formate bestehen, um die o. g. Kompetenzfelder abzudecken und sich an den zentralen Zielen gesunder Führung orientieren (◘ Abb. 6.2).

Zu Beginn eines Entwicklungsprozess hin zu »gesunder Führung« braucht es eine **klare Entscheidung und Beauftragung der Geschäftsführung** – sie setzt die zentralen Ziele der Maßnahme, fungiert als Unterstützer und Vorbild für gesunde Führung, damit das Thema einen entsprechenden Stellenwert bei den weiteren Führungsebenen und den Mitarbeitenden bekommt.

Typische Aufgaben im Rahmen eines Entwicklungsprozesses hin zu gesunder Führung sind beispielsweise (vgl. Hänsel 2016c):

- Gesundheit als Grundwert in Leitbild und Unternehmenskultur verankern
- Reflexionsräume für gesundheitsrelevante Themen in der Organisation schaffen

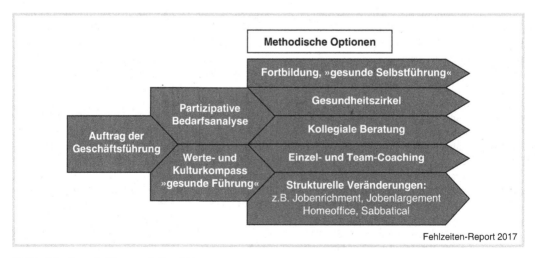

Abb. 6.2 »Gesunde Führung« als Entwicklungsprozess

- Feedback und Dialog zwischen Führung und Mitarbeitern fördern
- Entscheidungsfreiräume für Führungskräfte erweitern, um Arbeitsplatz und Abläufe gesundheitsorientiert weiterzuentwickeln (Verhältnisprävention)
- Grundlagen für ein gesundheitsbezogenes Führungsverständnis etablieren
- Bewusste Selbstführung als Kernkompetenz gesunder Selbstführung ausbilden
- Feedback und Reflexion in der Personalführung der Mitarbeiter ausbauen

In einer **partizipativen Bedarfsanalyse** wird mithilfe von Einzel- und Gruppeninterviews ein Bild der Belastungssituationen erstellt und gemeinsam mit den Führungskräften der spezifische Bedarf an gesundheitsorientierten Maßnahmen ausdifferenziert. In diesem Rahmen können je nach Unternehmensgröße und Anzahl der Mitarbeitenden auch datengestützte Erhebungsverfahren zum Einsatz kommen, die im Arbeitsschutz und im Betrieblichen Gesundheitsmanagement relevante Kriterien zur Gefährdungsbeurteilung psychischer Belastungen berücksichtigen. Wichtig ist dabei eine ressourcenorientierte Ausrichtung des Verfahrens, sowie eine Weiterbearbeitung, die es ermöglicht die Befragten in die Interpretation der Ergebnisse und der Ableitung von Maßnahmen miteinzubeziehen. Das Screeningverfahren »EWOPLASS® – European Workplace Assessment« (Amon-Glassl und Glassl 2016) stellt beispielsweise hierzu ein innovatives Verfahren zur Gefährdungsbeurteilung dar: Mittels Papier- oder Online-Befragung erlaubt es konzernweit und mehrsprachig eine gezielte Ermittlung der Bereiche mit Handlungsbedarf und die rasche Maßnahmenableitung auf Basis eines interaktiven Handlungsportfolios.

Der **Werte- und Kulturkompass** umfasst ein Workshop-Format, in dem die Führungskräfte die vorhandenen Unternehmenswerte reflektieren und eine kongruente Verknüpfung zu gesunder Führung erarbeiten. In diesem Rahmen werden typische Wertespannungsfelder, z. B. zwischen Sach- und Beziehungswerten, organisations- und individualbezogenen Werten analysiert und gemeinsam mit dem Management bearbeitet:

- Welche Werte sind für unsere Organisation wesentlich und zentral?
- Inwieweit sind Gesundheits- und Beziehungswerte darin berücksichtigt?
- Wie leiten unsere Werte unser Führungshandeln und die täglichen Entscheidungen?
- Wo spiegeln sich unsere Werte in der Strategie und Mission der Organisation?

- Wo stehen Werte in der Organisation in einem Spannungsverhältnis oder in Konkurrenz zueinander und wie gehen wir damit um?
- Wo leben wir Werte sehr kongruent, wo weichen wir aktuell davon ab?
- Wie bleiben wir unter Druck und in turbulenten Zeiten unseren Werten treu?
- Wie können wir unsere Werte als Resilienz-Anker in Krisenzeiten nutzen?

Auf Basis dieses Vorlaufs vereinbaren Führungskräfte gemeinsam mit der Organisations- und Personalentwicklung die methodischen Optionen hin zu gesunder Führung auszuloten:

- **Coaching:** Professionelle Unterstützung auf individueller Ebene ist insbesondere dort angeraten, wo Führungskräfte aktuell besondere Belastungssituationen erleben und schnell einen konstruktiven Umgang mit stressbezogenen Symptomen suchen. Im geschützten Kontext des Coaching können auch sensible Themen wie Fragen zur persönlichen Work-Life-Balance behandelt werden.
- **Gesundheitszirkel:** In Gesundheitszirkeln werden die Hintergründe und Ursachen für Belastungen, die im Arbeitsalltag und in der Zusammenarbeit eines Teams auftreten, beleuchtet und gemeinsame Lösungsvorschläge erarbeitet. Schwerpunkte sind dabei Kommunikation in Stresssituationen, die gelebte Fehlerkultur, die Bedeutung von Wertschätzung und Anerkennung gerade in dichten Arbeitsphasen sowie der konstruktive Umgang mit teaminternen Konflikten.
- **Kollegiale Beratung:** In der kollegialen Beratung lernen Führungskräfte einen methodischen Ablauf, um sich wechselseitig im Peerkontext zu unterstützen und konkrete Lösungsideen für herausfordernde Führungssituationen zu entwickeln. Gerade diese Form der Beratung wirkt sich äußerst förderlich auf das Arbeitsklima zwischen den Führungskräften aus.
- **Fortbildungsangebote zu »Gesunder Führung«:** In gezielten Trainingsangeboten können den Führungskräften grundlegende Techniken zum Selbstmanagement und zur Stressbewältigung vermittelt werden. Darüber hinaus werden die Einflüsse von Mitarbeiterführung und Gesundheit am Arbeitsplatz thematisiert und prinzipielle Gestaltungsmaßnahmen zu gesunder Führung aufgezeigt. Hierzu zählen auch als klassische Instrumente Rückkehrgespräche und Berufliches Eingliederungsmanagement (BEM).
- **Strukturelle Veränderungen in der Organisation:** Um den Gesundheitsfokus nachhaltig in einer

Organisation zu etablieren, müssen die bestehenden Arbeitsprozesse und organisatorischen Rahmenbedingungen daraufhin überprüft und ggf. verändert werden. Zu den organisationsbezogenen Veränderungsimpulsen zählen z. B. Jobenrichment, Jobenlargment, Arbeitszeitregelungen, Homeoffice, Co-Working etc.

Der oben beschriebene Entwicklungsprozess zur Ausbildung gesundheitsbezogener Kompetenzen bei Führungskräften und organisationaler Veränderungen ist zunächst in einer präventiven Gesamtsituation verortet. Sind einzelne Personen oder Teile der Organisation aktuell in einer krisenhaften Situation, ist es sicher angemessen, den Fokus zunächst auf unmittelbare Hilfe und Entlastung zu legen. Als geeignete Methoden können Coaching oder speziell auf die Problemsituation zugeschnittene Workshops eine lösungsorientierte Unterstützung bieten. Wichtig ist hierbei, dass die entsprechenden Maßnahmen nicht nur im Sinne eines Reparaturdienstmodus benutzt werden, sondern die Krise als Ausgangspunkt für zukünftige Entwicklung und Neuorientierung verstanden wird. Eine Führungskraft, die akut Burnout-gefährdet ist, wird also zunächst direkt psychologische und ggf. medizinische Unterstützung benötigen. Im Weiteren können unterstützende Angebote wie kollegiale Beratung oder arbeitsplatzbezogene Veränderungen erwogen werden. Wenn sich gesundheitliche Beeinträchtigungen und Belastungszeichen in einem Team oder Arbeitsbereich häufen, ist sicherlich eine umfassende Analyse der Situation angezeigt. Ist gesunde Führung als Kultur in der Organisation einmal etabliert, werden sowohl Führungskräfte als auch Mitarbeitende eine höhere Sensibilität für frühe Anzeichen von Fehlentwicklungen bei Einzelnen oder Teams ausbilden. Das können hohe Belastung und Krankheit sein, ebenso wie Konflikte oder Situationen, in denen die Grundwerte der Organisation verletzt werden. Dadurch wird es schneller möglich, die Problemlage mit den Betroffenen in Gesprächen zu eruieren, um schließlich effektiver reagieren zu können. Gesunde Führung wird damit zu einem wichtigen Teil eines präventiven Sensoriums in der Organisation, wodurch krisenhafte Entwicklungen frühzeitig erkannt und verhindert werden können.

6.5   Fazit

Um dem weiterhin kritischen Trend zunehmender Gesundheitsbeeinträchtigungen psychosozialer Art wie Burnout und Depression zu begegnen, müssen Organisationen konsequente Schritte gehen, um die Gesundheit ihrer Mitarbeiter am Arbeitsplatz zu erhalten und zu fördern: Anhand empirischer Untersuchungen konnte gezeigt werden, dass der Entwicklung einer gesundheitsorientierten Führungskultur dabei eine entscheidende Bedeutung zukommt. Dies erfordert eine klare Werteorientierung des Managements hinsichtlich der Gesundheit. In einer zeitgemäßen Führungskultur müssen Beziehungswerte (Vertrauen, Fairness, Respekt, Partizipation, Selbstbestimmung) den gleichen Stellenwert erhalten wie die klassischen Leistungswerte (Wirtschaftlichkeit, Effektivität, Effizienz). Die Verankerung dieser Werteorientierung im Unternehmen bedeutet, dass sich Führungskräfte mit dem Spannungsfeld der unterschiedlichen Wertedimensionen auseinandersetzen müssen, wenn sie wirklich kongruent handeln wollen. Denn nur wenn gesundheitsbezogene Werte kongruent im Unternehmen gelebt werden, kann sich eine resiliente und gesundheitsförderliche Unternehmenskultur entwickeln.

Dazu müssen die Führungskräfte darin unterstützt werden, sowohl ein stärkeres Bewusstsein für die gesundheitsbezogenen Auswirkungen von Führung als auch Handlungskompetenzen und methodische Ansätze für gesunde Führung zu entwickeln. Denn mit Proklamationen für Werte und Gesundheit ist es keineswegs getan. Die Entwicklung gesunder Führung stellt vielmehr einen umfassenden Lernprozess für die Führungskräfte und die Organisation als Ganzes dar. Der Beitrag zeigt, welche Kompetenzen Führungskräfte dafür weiterentwickeln müssen und mit welchen Formaten ein mehrdimensionaler Lern- und Entwicklungsprozess im Unternehmen erfolgreich durchgeführt werden kann.

Literatur

Amon-Glassl U, Glassl M (2016) Erhebung psychischer Belastungen mit EWOPLASS® (European Workplace Assessment). In: Wieland R, Seiler K, Hammes M (Hrsg) Psychologie der Arbeitssicherheit und Gesundheit. Asanger, Kröning, S 261-264

Antonovsky A (1997) Salutogenese. Zur Entmystifizierung der Gesundheit. dgvt-Verlag, Tübingen

Argyris C (2008) Die lernende Organisation.Schäffer und Pöschel, Stuttgart

Beckmann O, Meschede M, Zok K (2016) Unternehmenskultur und Gesundheit: Ergebnisse einer repräsentativen Umfrage unter Erwerbstätigen. In: Badura B et al (Hrsg) Fehlzeiten-Report 2016. Springer, Berlin Heidelberg

Berger P (2011) Fürstenberg-Performance-Studie 2010. http://www.fuerstenberg-institut.de/pdf/Fuerstenberg-Performance-Studie_Febr2010_Kurzfassung.pdf. Gesehen 01 Jun 2015

Dahl M (2011) Organizational Change and Employee Stress. Management Science 53 (2):240–256

Forum Gute Führung (2014) Führungskultur im Wandel. Kulturstudie mit 400 Tiefeninterviews. http://www.forum-gute-fuehrung.de/sites/default/files/INQA_MONITOR_GUTE_FUEHRUNG_web_es.pdf. Gesehen 07 Dez 2016

Franke F, Felfe J (2011) Diagnose gesundheitsförderlicher Führung – Das Instrument »Health-oriented Leadership«. In: Badura B et al (Hrsg) Fehlzeiten-Report 2011. Springer, Berlin Heidelberg, S 3–13

Göpfert A (2013) Wie beeinflusst die Führungskraft die Mitarbeitergesundheit. Dissertation an der Universität Bochum

Hall B (2004) The omega factor: a values-based approach for developing organizations and leadership. http://www.valuestech.com/gui/OmegaFactor4.pdf. Gesehen 01 Nov 2016

Hänsel M (Hrsg) (2012a) Die spirituelle Dimension in Coaching und Beratung. Vandenhoeck & Ruprecht, Göttingen

Hänsel M (2016b) Gesunde Führung als Entwicklungsprozess für Führungskräfte und Organisationen. In: Hänsel M, Kaz K (Hrsg) CSR und Gesunde Führung. Springer, Berlin Heidelberg

Hänsel M (2016c) Gesunde Führung – »Arbeit im und Arbeit am System«. KONTEXT Band 47 (3), S 257–271 Vandenhoeck & Ruprecht, Göttingen

Hänsel M, Kaz K (Hrsg) (2016a) CSR und gesunde Führung. Springer, Berlin Heidelberg

Hays (2014) HR-REPORT 2014/2015 – Schwerpunkt Führung. https://www.hays.de/documents/10192/118775/hays-studie-hr-report-schwerpunk-fuehrung-2014-2015.pdf/08af03ef-ac16-48e7-a0ee-53c9b0437ff2. Gesehen 01 Mar 2017

Hehn S, Conelissen N, Braun C (2016) Kulturwandel in Organisationen. Springer, Berlin Heidelberg

Kruse P (2013) Zukunft der Führung. www.nextpractice.de/files/PDF/Zukunft-Personal-Kruse-2013.pdf. Gesehen 20 Jul 2015

Kruse P (2015) Raus aus dem Tief – Ein Paradigmenwechsel in der Führungskultur bahnt sich an. http://www.changex.de/Article/interview_kruse_raus_aus_dem_tief/. Gesehen 20 Jul 2016

Looss W (2012) Sinnfragen erfordern Ortsbegehung im Grenzbereich. In: Hänsel M (Hrsg) Die spirituelle Dimension in Coaching und Beratung. Vandenhoeck & Ruprecht, Göttingen

Peters A (2009) Wege aus der Krise – CSR als strategisches Rüstzeug für die Zukunft. Bertelsmann Stiftung, Gütersloh

Ricker S, Hauser F (2016) Arbeisplatzkultur und Gesundheit. In: Badura B, Ducki A, Schröder H, Kose J, Meyer M (Hrsg) Fehlzeiten-Report 2016. Springer, Berlin Heidelberg, S 107–119

Rigotti T, Holstad T, Mohr G, Stempel C, Hansen E, Loeb C, Isaksson K, Otto K, Kinnunen U, Perko K (2014) Rewarding and sustainable healthpromoting leadership. Bundesanstalt für Arbeitsschutz und Arbeitsmedizin, Dortmund/Berlin/Dresden

Schein E (2010) Organisationskultur. EHP Edition Humanistische Psychologie, Köln

Schramm B, Schmidpeter R (2016) CSR und Organisationsentwicklung. Springer, Berlin Heidelberg

Sonntag K, Stegmaier R, Spellenberg U (Hrsg) (2010) Arbeit, Gesundheit, Erfolg. Asanger Verlag, Kröning

Wieland R, Seiler K, Hammes M (Hrsg) (2016) Psychologie der Arbeitssicherheit und Gesundheit. Asanger Verlag, Kröning

Zeuch A, Poersch M (2016) Partizipatives betriebliches Gesundheitsmanagement. In: Hänsel M, Kaz K (Hrsg)(2016) CSR und gesunde Führung. Springer, Berlin Heidelberg, S 265–277

Zwack J, Bossmann U, Schweitzer J (2016) Navigieren im Dilemma. In: Hänsel M, Kaz K (Hrsg) CSR und gesunde Führung. Springer Gabler, Berlin Heidelberg, S 137–152

Krisenbewältigung und Möglichkeiten der Prävention bei Einsatzkräften

F. Lasogga

B. Badura et al. (Hrsg.) *Fehlzeiten-Report 2017*,
DOI 10.1007/978-3-662-54632-1_7, © Springer-Verlag GmbH Deutschland 2017

Zusammenfassung *Einsatzkräfte wie Polizisten, Feuerwehrleute, Rettungsdienstmitarbeiter etc. sind in ihrem Beruf zahlreichen starken Belastungen ausgesetzt. Diese Belastungen können sich negativ auf das gesamte Leben der Einsatzkräfte auswirken und zu persönlichen Krisen führen, in deren Folge gesundheitliche Beeinträchtigungen entstehen können. Die sogenannten Moderatorvariablen können die Belastungen verstärken (Risikofaktoren), allerdings können sie diese auch abmildern und die Betroffenen in gewissem Ausmaß vor persönlichen Krisen schützen (protektive Faktoren). Da Belastungen und Moderatorvariablen in den unterschiedlichsten Kombinationen auftreten können, fallen auch die Folgen sehr unterschiedlich aus: Um negative Folgen für Einsatzkräfte zu vermeiden und deren Gesundheit dauerhaft und über ein langes Berufsleben hinweg zu erhalten, können zahlreiche präventive Methoden ergriffen werden – sowohl durch die Einsatzkräfte selbst als auch durch die Organisation.*

7.1 Die Arbeit von Einsatzkräften: Belastungen und (mögliche) Folgen

Zu den Berufsgruppen, die bei der Ausübung ihres Berufs besonderen Belastungen ausgesetzt sind, gehören Einsatzkräfte, also Polizeibeamte, Rettungsdienstmitarbeiter, Feuerwehrleute, Notärzte etc. Sie werden beispielsweise mit Schwerverletzten konfrontiert, mit Sterbenden oder Toten, mit Personen, die gerade Opfer eines Raubüberfalls oder vergewaltigt wurden, deren Haus abgebrannt oder deren Ehepartner verstorben ist. Dabei müssen sie nicht nur mit den direkt Betroffenen umgehen, sondern auch mit deren Angehörigen, zusätzlich auch zeitweise mit Augenzeugen, Zuschauern oder auch den Verursachern etwa eines Unfalls. Neben der »eigentlichen« Arbeit, für die sie ausgebildet wurden, sollten Einsatzkräfte darüber hinaus mit den genannten Personengruppen auch psychologisch angemessen umgehen, was nicht immer leicht fällt. Schließlich haben die Betroffenen gerade etwas für sie Außergewöhnliches erlebt und befinden sich daher in einem »Ausnahmezustand«. Insgesamt sind die Belastungen bei Einsatzkräften nicht nur außergewöhnlich vielfältig und stark, sondern sie treten auch außergewöhnlich häufig auf. Schließlich werden Einsatzkräfte tagtäglich mit diesen Belastungen konfrontiert; sie gehören quasi zu ihrem Beruf dazu.

Damit ergibt sich die Frage, welche Folgen diese Belastungen haben. Treten bei sämtlichen Personen dieser Berufsgruppen starke negative Folgeerscheinungen auf? Falls dies nicht der Fall ist, wäre zu klären, aus welchen Gründen unterschiedliche Folgen auftreten und welche Faktoren dies beeinflussen. Des Weiteren wäre zu fragen, ob es Möglichkeiten der Prävention gibt, sodass möglichst keine oder nur geringe negative Folgen auftreten, und wie diese Möglichkeiten aussehen. Zu unterscheiden wären hierbei die alltäglichen Belastungen und Extrembelastungen durch besonders herausfordernde Einsätze. Der Umgang hiermit fällt unter den Begriff »Nachsorge«, die aber wiederum eine Vorsorge für weitere Einsätze darstellt. Schließlich würden die Einsatzkräfte belastet in den nächsten Einsatz gehen, wenn die Folgen vergangener Einsätze nicht verarbeitet werden, und die Belastungen würden sich kumulieren.

7.2 Was ist eine Krise und ein Trauma?

Um die oben angeführten Fragen zu klären, sollen zunächst bestimmte Begriffe definiert werden, die in diesem Zusammenhang immer wieder auftauchen, wie die Worte »Krise« und »Trauma«. Beide Begriffe werden geradezu inflationär und zudem uneinheitlich verwandt.

Krise

Mit dem Begriff der »Krise« wird einerseits eine bestimmte Situation verbunden mit bestimmten Reizen bezeichnet, der eine Person ausgesetzt ist. Andererseits – und dies ist häufiger der Fall – wird auch ein bestimmtes Ergebnis, also die Folgeerscheinung, als Krise bezeichnet: Eine Person hat »eine Krise«. Erstere Definition soll hier nicht weiter behandelt werden; sie ist eher selten. Wenn mit Krise die Folgeerscheinung gemeint ist, wird dies beispielsweise folgendermaßen definiert:»Unter einer Krise versteht man den Verlust des seelischen Gleichgewichts infolge akuter Überforderung eines gewohnten Verhaltens-/Bewältigungssystems durch belastende äußere oder innere Ereignisse« (Riecher-Rössler et al. 2004). Wie sich dies konkret äußert, kann jedoch sehr unterschiedlich sein.

Teilweise wird noch unterschieden zwischen einer »traumatischen« Krise, die durch ein bestimmtes Ereignis ausgelöst wird, und einer »Veränderungskrise«, die sich langsam entwickelt, ohne dass ein bestimmtes Ereignis identifiziert werden kann. Wenn der Begriff »Krise« verwandt wird, ist häufig die Veränderungskrise gemeint. In diesem Beitrag geht es primär um die »Veränderungskrise«, nicht zuletzt deshalb, weil meist nicht nur ein bestimmtes einzelnes Ereignis zu einer »Krise« bzw. zu bestimmten negativen Folgen führt.

Trauma

Ebenso inflationär und unpräzise wird der Begriff »Trauma« verwandt. Teilweise wird ein bestimmtes Ereignis als »Trauma« (»traumatisches Ereignis«) bezeichnet. Dies ist falsch, denn es gibt kein traumatisches Ereignis per se, sondern nur ein potenziell traumatisches Ereignis. Ein bestimmtes Ereignis kann schließlich von einer Person als sehr belastend und negativ bewertet werden, von einer anderen Person aber sogar als positiv.

Teilweise werden auch die Folgen eines Ereignisses als Trauma bezeichnet: Jemand »hat ein Trauma«, ist »traumatisiert«. Was dies genauer ist, wird nicht weiter spezifiziert, sondern bleibt offen. Auch als Mischform für beide Arten, etwa »ich habe ein Trauma erlebt und habe jetzt ein Trauma«, wird das Wort verwandt (Lasogga und Gasch 2011). Angesichts dieser sehr unterschiedlichen und unpräzisen Verwendungsweise sollte dieser Begriff nicht gebraucht werden und er wird in diesem Beitrag auch nicht verwandt. Der Begriff »Trauma« ist auch in den beiden großen Manualen psychischer Störungen (DSM-5 und ICD-10) nicht enthalten. Darüber hinaus besteht die Verwechslungsgefahr mit dem medizinischen Begriff des Traumas, der eine Schädigung lebenden Gewebes durch Gewalteinwirkung von außen bezeichnet.

7.3   Belastungen, denen Einsatzkräfte ausgesetzt sind

Nach Klärung der Begriffe Krise und Trauma soll näher betrachtet werden, welchen Belastungen Einsatzkräfte ausgesetzt sind. Bereits die Anfahrt kann belastend sein, besonders wenn unter Zeitdruck und mit Sondersignalen (Blaulicht, Martinshorn) ein bestimmter Ort erreicht werden muss. Das Unfallrisiko ist dabei erhöht; jeden Tag ereignet sich mindestens ein Unfall, bei dem ein Fahrzeug mit Sondersignalen beteiligt ist (May und Mann 2003). Sodann ist auch das Eintreffen am Einsatzort häufig mit starkem Stress verbunden (Dörmann 1997), der durch äußere Bedingungen oder Informationsmangel verstärkt werden kann. Ferner besteht das Klientel häufig aus Personen, die gerade etwas Besonderes erlebt haben und sich in einem Ausnahmezustand befinden können. Auch das Verhalten von Zuschauern kann belastend sein. Zudem häufen sich Berichte, dass Rettungsdienstmitarbeiter oder Polizeibeamte angegriffen werden.

Darüber können bestimmte Aspekte der Arbeit von Einsatzkräften nicht immer kontrolliert werden. So kann ein Notfallpatient trotz aller Bemühungen versterben oder ein Haus kann abbrennen. Das damit verbundene Gefühl der Hilflosigkeit wird von Helfern als besonders unangenehm erlebt (Hallenberger 2006; Wirtenberger und Juen 2005). Auch bestimmte Einsatztypen werden als besonders belastend erlebt, etwa Einsätze mit schwer verletzten Kindern und Jugendlichen, versuchte Suizide, Großschadensereignisse oder Einsätze mit Selbstgefährdung (Lasogga und Karutz 2012). Diese Belastungen, von denen hier nur beispielhaft einige genannt wurden, sind in den einzelnen Einsätzen nicht quantitativ gleich stark ausgeprägt. Auch können sie in den unterschiedlichsten Kombinationen auftreten.

7.4   Einflussnahme auf mögliche Auswirkungen durch Moderatorvariablen

Die Auswirkungen dieser Belastungen hängen aber nicht nur von der qualitativ und quantitativ sehr unterschiedlichen Ausprägung ab – bedeutsam sind dabei auch die sogenannten Moderatorvariablen (Lasogga und Gasch 2013). Diese Moderatorvariablen sind per se neutral. Sie können bei einer positiven Ausprägung dafür sorgen, dass die Belastungen als weniger stark empfunden werden und damit in gewissem Ausmaß vor negativen Folgeerscheinungen schützen, also protektiv wirken. Bei einer negativen Ausprägung können die Belastungen aber auch verstärkt werden, man spricht dann von Risikofaktoren. Die Moderatorvariablen können bei einer negativen Ausprägung sogar selbst eine Belastung darstellen. Sie können aber auch neutral sein und keine Auswirkungen haben.

Zu unterscheiden sind biologische, soziografische, psychologische und organisatorische Moderatorvariablen:

Biologische Moderatorvariablen

Dazu zählen das Alter, das Geschlecht und die Konstitution. So fühlen sich ältere Einsatzkräfte durch Schicht- und Wochenenddienst und auch durch ein hohes Arbeitspensum stärker belastet (Hallenberger und Müller 2000; Dix und Klever 2009). Hinsichtlich der Konstitution ist die generelle und aktuelle körperliche Verfassung von Bedeutung. Fehlende sportliche Kondition sowie starkes Über- oder Untergewicht wirken sich negativ aus. Auch eine einfache Erkältung wirkt sich negativ auf das Befinden aus, insbesondere aber chronische Erkrankungen.

Soziografische Moderatorvariablen

Hier sind das Dienstalter, die familiäre Situation und die sozialen Ressourcen zu nennen. Die sozialen Ressourcen haben einen starken Einfluss auf die Folgen von Belastungen. Hat jemand eine gute Beziehung zu mindestens einer Person bzw. einen guten verlässlichen Freundeskreis, stellt dies einen protektiven Faktor dar, also einen Faktor, der in gewissem Ausmaß vor den Folgeerscheinungen durch Belastungen schützt (Hallenberger 2006). Stress wird weniger stark empfunden. Beispielsweise nehmen Polizeibeamte, die nicht an einer Posttraumatischen Belastungsstörung (PTBS) erkranken, eine stärkere soziale Unterstützung wahr (Schneider und Latascha 2010). Auch eine intakte familiäre Situation stellt einen protektiven Faktor dar, während anhaltende Konflikte mit dem Partner oder den Kindern die aus dem Beruf resultierenden Belastungen verstärken können. Ein höheres Dienstalter mit einer höheren Anzahl von Einsätzen kann sowohl dazu führen, dass sich Einsatzkräfte weniger belastet fühlen, als auch umgekehrt, dass sie immer dünnhäutiger werden.

Psychologische Moderatorvariablen

Eine ganze Reihe dieser Moderatorvariablen beeinflussen die Folgen von Belastungen, so u. a. die emotionale Stabilität, die Kontrollüberzeugung, die Coping-Strategien und die Resilienz (ausführlich in Lasogga und Karutz 2012). Emotional stabile Menschen, die ein positives Selbstbild haben und selbstsicher sind, verkraften Belastungen besser, während dauernde Angst, Ärger, ein depressives Reaktionsmuster oder persönliche Probleme zu einer schlechteren Verarbeitung führen (Neugebauer und Latascha 2009). Auch Menschen, die überzeugt sind, Situationen durch eigenes Handeln beeinflussen, also kontrollieren zu können, verarbeiten Belastungen besser, ebenso Personen mit guten Coping (Bewältigungs-)-Strategien. Negative Coping-Strategien wie die Beeinflussung von Emotionen durch Alkohol oder Ablenkung führen zu einer schlechteren Verarbeitung; Personen, die ein solches Verhalten zeigen, sind eher belasteter (Neugebauer und Latascha 2009). Der Begriff der Resilienz bezeichnet die Widerstandskraft gegenüber Belastungen. Einsatzkräfte besitzen generell eine höhere Resilienz als der Bevölkerungsdurchschnitt, dies zeigen beispielsweise Untersuchungen an Feuerwehrleuten (Krüsmann et al. 2006).

Organisatorische Moderatorvariablen

Diese Moderatorvariablen haben einen starken Einfluss auf die Gesundheit und Befindlichkeit von Einsatzkräften (Reinecke et al. 2006; Pajonk und Cransac 2010). Zu den organisatorischen Moderatorvariablen gehören Merkmale der Organisation, also u. a. die technische Ausstattung, Aus- und Fortbildung, Organisationskultur, Vorgesetzte und Kollegen (ausführlich in Lasogga und Karutz 2012). Beispielsweise gibt eine gute Ausstattung Sicherheit, eine schlechte verunsichert. Eine gute Organisationskultur, eine Organisation, in der ein gutes Betriebsklima herrscht und auf eine gute Kommunikation geachtet wird, wirkt protektiv, eine schlechte Organisationskultur hingegen kann die Belastungen verstärken. Eine fundierte fachliche und auch fachübergreifende Ausbildung – beispielsweise hinsichtlich sozialer Kompetenz – fördert das Gefühl der Sicherheit und Kompetenz. Selbstverständlich haben auch Vorgesetzte einen starken Einfluss auf die Motivation, die Fehlzeiten und insbesondere auf die Arbeitszufriedenheit der Mitarbeitenden in einer Organisation (Balanck 2011). Wenn Vorgesetzte für ein positives Arbeitsklima sorgen, wirken sich berufliche Belastungen weniger stark aus; agieren Vorgesetzen hingegen intransparent oder unberechenbar, kann dies Mitarbeitende stark belasten. Ebenso können auch die Beziehungen zu den Kollegen berufliche Belastungen verringern oder verstärken. Eine gute Kollegialität stellt einen protektiven Faktor dar, Konflikte in einer Gruppe sind belastend (Pajonk und Cransac 2010).

7.5 Folgen der Belastungen in Abhängigkeit der Moderatorvariablen

Schaut man sich die große Anzahl von möglichen Belastungen an, die zudem sehr unterschiedlich ausgeprägt sein können, und die große Anzahl von Moderatorvariablen, die ebenfalls in sehr unterschiedlichem Ausmaß auftreten können, und bedenkt man die unzähligen Kombinationsmöglichkeiten dieser Variablen mit ihren unterschiedlichen Ausprägungen, leuchtet unmittelbar ein, dass Einsatzkräfte keine einheitlichen, sondern sehr unterschiedliche Belastungsfolgen aufweisen. Eine Rolle spielt dabei zusätzlich, dass die Maßnahmen, die von Organisationen und auch von den einzelnen Einsatzkräften präventiv und interventiv ergriffen werden, sehr unterschiedlich sind. Die Folgen von Belastungen sind also ein äußerst komplexes Zusammenspiel von sehr vielen Faktoren. Darüber hinaus sind nicht nur interindividuelle Unterschiede, also Unterschiede zwischen den einzelnen Einsatzkräften, zu verzeichnen, sondern auch intraindividuelle Unterschiede. Belastungsphänomene zeigen sich nicht an allen Tagen gleich stark, sondern sie schwanken.

Außerdem können sie auch kurzfristig auftreten und sich dann wieder legen oder umgekehrt immer stärker werden. Zu unterscheiden ist also auch zwischen kurzfristigen sowie mittel- und langfristigen Folgeerscheinungen. Kurzfristige Phänomene können direkt nach einem belastenden Einsatz auftreten und können sich in Aufregung, Ruhelosigkeit, Schlaflosigkeit oder Erschöpfung niederschlagen. Diese Folgen legen sich häufig nach kurzer Zeit von selbst.

Mittel- und langfristige Folgen können, müssen aber trotz aller Belastungen nicht auftreten. Viele Einsatzkräfte zeigen auch nach starken Belastungen keinerlei negative Folgeerscheinungen (Krämer 2010). Wenn Folgeerscheinungen auftreten, können sie negativ, aber auch positiv sein. Es können aber auch gar keine Folgeerscheinungen auftreten.

Negative Folgeerscheinungen können sich in allen Bereichen zeigen (Lasogga und Gasch 2014): emotional (beispielsweise Reizbarkeit, Angst, Nervosität), kognitiv (beispielsweise Konzentrationsstörungen, Demotivation), körperlich (beispielsweise Kopf- und Rückenschmerzen, Erschöpfung) und verhaltensbezogen (beispielsweise Konflikte mit Kollegen und Familie, vermehrter Alkoholkonsum). An positiven Folgen werden genannt: Persönlichkeitsentwicklung, ein guter Umgang mit Belastungen generell, Sinnfindung, Spiritualität und dass sich die Beziehung zu anderen Menschen positiv verändert habe (Lasogga und Karutz 2012).

7.6 Präventionsmöglichkeiten

Es gibt zahlreiche Möglichkeiten der Prävention. Wie aus den Ausführungen oben ersichtlich ist, können Maßnahmen durch die Organisation, aber auch von den einzelnen Einsatzkräften unabhängig von der Organisation vorgenommen werden. Präventive Maßnahmen können negative gesundheitliche Folgen wie Krisen verhindern oder zumindest geringer halten. Damit tragen die Maßnahmen auch dazu bei, dass der Organisation weniger Kosten aufgrund von Krankheiten oder Frühpensionierungen entstehen und die Betroffenen weniger Leid erfahren.

Zu unterscheiden sind drei Arten von Prävention: die primäre, sekundäre und tertiäre Prävention. Maßnahmen der primären Prävention setzen ein, bevor ein Ereignis eintritt. Sie sollen die Gesundheit erhalten und verhindern, dass Einsatzkräfte negative gesundheitliche Folgen entwickeln. Die Einsatzkräfte sollen mithilfe dieser Methoden psychisch und physisch gesund bleiben und gar nicht erst erkranken. Auf diese Präventionsmöglichkeiten wird der Begriff der Prävention am häufigsten angewandt.

Sekundäre Prävention bedeutet zunächst die frühzeitige Diagnose von negativen Entwicklungen. Dies kann bedeuten, dass ein Mitarbeiter selbst oder ein Vorgesetzter bei einem Mitarbeiter möglichst frühzeitig erkennt, wenn sich negative Folgeerscheinungen zeigen. Je früher eine Intervention einsetzt, umso eher kann etwas gegen negative Folgeerscheinungen unternommen werden. Deshalb sollte beispielsweise eine die physische und psychische Gesundheit von Einsatzkräften belastende Entwicklung früh erkannt werden und möglichst schnell eine Intervention erfolgen. Ansonsten können sich negative Folgeerscheinungen verfestigen und sind schwerer zu behandeln.

Tertiäre Prävention soll verhindern, dass sich eine negative Folgeerscheinung weiter verfestigt und chronisch wird. Sie richtet sich also an Einsatzkräfte, die bereits an negativen gesundheitlichen Folgen leiden. Ferner soll die tertiäre Prävention der Rückfallprophylaxe dienen: Wenn jemand eine Krise durchlebt hat, sollen tertiäre präventive Maßnahmen verhindern, dass sie erneut auftritt.

Bei der oben dargestellten Sichtweise der primären, sekundären und tertiären Prävention steht die Person bzw. die potenzielle Störung im Vordergrund. So soll sich beispielsweise durch die tertiären Prävention die Störung nicht verstärken bzw. kein Rückfall erfolgen. Eine andere Sichtweise stellt den Einsatz und den Berufsalltag stärker in den Fokus. Hiernach wären primär präventive Maßnahmen solche, die vor einem Einsatz und im täglichen beruflichen Alltag angewandt werden. Sekundär präventiv wären Maßnahmen, die während eines Einsatzes angewandt werden (Intervention), und tertiär präventive Maßnahmen wären solche, die etwa nach besonders belastenden Einsätzen angewandt werden (Nachsorge). Dieser Sichtweise soll hier der Vorzug gegeben werden.

Zu unterscheiden sind ferner Maßnahmen, die die einzelne Einsatzkraft selbst vornehmen kann (persönliche Prävention). Diese können im beruflichen Kontext erfolgen, beispielsweise kann mit Kollegen über Einsätze gesprochen werden, oder im privaten Kontext, beispielsweise können Einsatzkräfte mit ihrem Ehepartner über Einsätze sprechen. Ferner gibt es Maßnahmen, die durch die Organisation angeboten oder obligatorisch eingesetzt werden können (organisatorische Prävention). Dies können Maßnahmen sein, die sich an sämtliche Einsatzkräfte richten, beispielsweise eine Nachbesprechung nach einem besonders belastenden Einsatz oder die Etablierung von Maßnahmen des Betrieblichen Gesundheitsmanagements. Es können aber auch Maßnahmen sein, die sich an einzelne Einsatzkräfte richten, beispielsweise eine Nachbesprechung mit einem Rettungsdienstmitarbeiter, der nach einem oder mehreren Einsätzen eine Krise im oben genannten Sinn zu entwickeln scheint. Die Maßnahmen durch die Organisation können fakultativ sein, etwa ein Sportangebot, oder verpflichtend, etwa eine Nachbesprechung. Die einzelnen Maßnahmen sind unten beschrieben.

Insgesamt ist festzuhalten, dass es nicht die eine präventive Maßnahme gibt, die für alle Einsatzkräfte gleich geeignet ist. Es gibt auch nicht den einen festen Zeitpunkt, an dem eine bestimmte Maßnahme eingesetzt werden muss. Dies alles richtet sich nach den einzelnen Einsatzkräften und deren Bedarf bzw. der Erkenntnis, welche Maßnahme bei ihnen angemessen ist, und es richtet sich auch nach den Einsätzen und den damit verbundenen Belastungen, die – wie dargelegt – sehr unterschiedlich ausfallen können und auch erlebt werden. Ferner hängt es auch von den sehr unterschiedlichen Moderatorvariablen ab. Generell gilt, dass es am besten ist, viele Maßnahmen zu kennen. Diese sollten dann abhängig von der Einsatzkraft und den anderen angeführten Variablen angewandt werden. Einige präventive Maßnahmen sind immer anzuwenden, wie beispielsweise eine gesunde Ernährung, andere präventive Maßnahmen sind spezifisch für Einsatzkräfte, beispielsweise ein Debriefing nach besonders belastenden Einsätzen.

7.6.1 Primäre persönliche Prävention

Diese Maßnahmen können die einzelnen Einsatzkräften im privaten Kontext anwenden, teilweise aber auch im beruflichen Kontext. Die Organisation kann hierbei unterstützend wirken, beispielsweise durch Informationen über gesunde Ernährung oder ein Sportangebot.

Ernährung
Gesunde Ernährung stellt eine gute präventive Maßnahme dar. Es ist in zahlreichen Untersuchungen nachgewiesen, dass Personen, die sich gut und gesund ernähren, seltener krank werden und sich insgesamt wohler fühlen. Starkes Über- oder Untergewicht führt zu häufigeren Erkrankungen. (Diese Dinge dürften allgemein bekannt sein, sodass sie hier nicht länger ausgeführt werden sollen, siehe beispielsweise Mense 2016.)

Sportliche Aktivität
Dass ein gewisses Ausmaß an sportlicher Aktivität sich positiv auf die Gesundheit auswirkt, dürfte inzwischen ebenso bekannt sein. Dies kann einerseits rein physiologisch erklärt werden: Sport kann zur vermehrten Ausschüttung von Serotonin führen. Eine positive Auswirkung hat auch Licht, wenn eine sportliche Tätigkeit an der frischen Luft ausgeübt wird. Sport wirkt sich aber auch auf die Psyche positiv aus. Das Selbstwirksamkeitserleben gestärkt. Man merkt, dass man etwas bewirken kann, dass man nicht hilflos dem Leben ausgeliefert ist. Personen mit einem guten Selbstwirksamkeitserleben, mit einer guten Kontrollüberzeugung, erleben Belastungen nicht so stark und überwinden sie besser. Außerdem kann Sport von belastenden Gedanken ablenken.

Freizeitgestaltung
Ebenso wie eine sportliche Tätigkeit ist auch eine angemessene Freizeitgestaltung günstig. Empfehlenswert ist, sich bewusst mit seiner Freizeit auseinanderzusetzen, sich zunächst zu überlegen, was einem gefällt. Hobbys sollten regelmäßig ausgeübt werden, beispielsweise ein- bis zweimal wöchentlich oder sogar häufiger. Der Zusammenschluss in kleinen Gruppen kann dazu beitragen, dass man dies auch einhält.

7.6.2 Sekundäre persönliche Prävention (Intervention)

Die Methoden zur sekundären Prävention sollen dazu beitragen, während eines Einsatzes negativen Folgeerscheinungen vorzubeugen bzw. diese frühzeitig zu erkennen, damit frühzeitig gegengesteuert werden kann und sie sich nicht verfestigen.

Mentale Vorbereitung
Eine mentale Vorbereitung auf einen Einsatz kann helfen, den Einsatz besser zu bewältigen. Ebenso wie

beispielsweise Skiabfahrtsläufer die Rennstrecke in Gedanken Schritt für Schritt durchgehen, kann auch die zu erledigende Aufgabe bereits vorab Schritt für Schritt durchgegangen werden. Empfehlenswert ist dabei die Konzentration auf eine kleine Anzahl von bestimmten Aufgaben bzw. Verhaltensweisen. Dabei kann es auch günstig sein, sich die Ressourcen, die man hat, vor Augen zu führen. Dies kann z. B. die eigene gute Ausbildung sein oder ein Kollege, auf den man zurückgreifen kann.

Positive Einstellung

Für das Gelingen einer Arbeit ist es besser, davon auszugehen, dass die Arbeit gelingt, als zu befürchten, dass sie misslingen könnte. In zahlreichen Untersuchungen konnte gezeigt werden, dass die Hoffnung auf Erfolg zu besseren Ergebnissen führt als die Furcht vor Misserfolg. Dementsprechend ist es ungünstig daran zu denken, keinen Fehler zu machen. Eine Aufgabe gelingt eher, wenn man glaubt, dass man sie bewältigen wird. Auch kann es hilfreich sein, sich daran zu erinnern, was man bereits in anderen Situationen geleistet hat. Eine negative Einstellung kann sogar zu einer Selffulfilling Prophecy führen.

Eigene Befindlichkeit prüfen

Einige Aufgaben bzw. Situationen führen zu stärkerem Stress, beispielsweise Zeitdruck oder wenn eine Aufgabe neu und dafür noch nicht so viel Routine vorhanden ist. Es ist günstig, in derartigen Situationen besonders auf das persönliche Befinden zu achten. So kann früher erkannt werden, ob die Belastungsgrenze erreicht ist. Hinweise für das Erreichen der Belastungsgrenze können beispielsweise sein: hastiges Sprechen, schnelles Atmen, Herzrasen, Dominanz von Nebensächlichkeiten etc. (Lippay 1999). In diesem Fall ist es günstig, sich auf die Durchführung einer einzelnen Tätigkeit zu konzentrieren. Auch die Konzentration auf die Atmung kann hilfreich sein.

Selbstinstruktion

Eine Methode, die von vielen Einsatzkräften in Situationen zunehmender Anspannung angewandt wird, ist eine kurze Selbstinstruktion (Hermanutz und Buchmann 1994; Böckelmann et al. 2007). Dies bedeutet, sich kurze, knappe Anweisungen wie: »Reiß dich zusammen« oder »Da muss ich jetzt durch« zu geben. Diese Anweisung sollte stets positiv formuliert sein und nicht negativ wie zum Beispiel: »Ich werde nicht noch nervöser.«

Stressbewältigung

Stress wird von vielen Menschen als unangenehm erlebt. Dabei ist Stress nicht generell als negativ zu werten – das jeweilige Ausmaß ist entscheidend. Ein mittleres Ausmaß an Stress ist für viele Leistungen optimal (Yerkes-Dodson-Gesetz). Erst bei sehr starkem Stress wird die Leistungsfähigkeit schlechter, ebenso aber auch bei sehr geringem Stressempfinden. Falls Stress generell als schädlich erlebt wird, kann eine Umbewertung (Reframing) vorgenommen werden, indem man sich die Tatsache verdeutlicht, dass ein mittleres Ausmaß an Stress für eine gute Leistung sogar notwendig ist.

Das Empfinden von Stress ist nicht objektiv, sondern hängt letztlich von der persönlichen Bewertung der Stress auslösenden Faktoren ab (Lazarus und Folkman 1984). Eine Situation, die von einer Person bereits als sehr stressend erlebt wird, kann von einer anderen Person als wenig oder sogar als gar nicht stressend erlebt werden. Insofern kann es hilfreich sein zu überlegen, weshalb einen persönlich etwas stresst und wie man dies ändern kann.

Bei dauerndem starkem Stress können Trainings zum Umgang mit Stress und zur Stressreduktion besucht werden. Hierzu liegen eine ganze Reihe von Verfahren vor (beispielsweise Kaluza 2015, Meichenbaum 2003).

7.6.3   Tertiäre persönliche Prävention (Nachsorge)

Mithilfe dieser Methoden kann nach belastenden Einsätzen dafür gesorgt werden, dass die Einsätze angemessen aufgearbeitet werden. Ob und wann diese Methoden eingesetzt werden, hängt von der Art des Einsatzes und der erlebten Belastung ab. Es handelt sich dabei um ein Instrumentarium, das häufig unter dem Begriff der »Nachsorge« aufgeführt wird. Jede Nachsorge ist zugleich auch eine Vorsorge für den nächsten Einsatz (nach dem Einsatz ist vor dem Einsatz).

Rituale

Einfache Rituale können nach einem Einsatz dafür sorgen, dass das Ende eines Einsatzes bewusst realisiert wird. Dies kann das Ablegen einer Weste sein, eine Dusche oder eine andere Gewohnheit, die das Ende eines Einsatzes signalisiert. Damit wird auch psychologisch realisiert, dass ein Einsatz abgeschlossen ist.

Gespräche

Befragungen über die Durchführung von Nachsorgemethoden haben gezeigt, dass Einsatzkräfte an erster Stelle Gespräche nennen (beispielsweise Hallenberger et al. 2003; Gorißen 2009; Lasogga und Gasch 2011). Diese Gespräche finden meist mit Kollegen statt, aber auch Familienangehörige oder Freunde können hilfreiche Gesprächspartner sein. Gespräche sollten nach belastenden Einsätzen nicht nur über technische Aspekte erfolgen, sondern auch über das persönliche Befinden.

Derartige Gespräche sind sehr zu empfehlen; sie haben mehrere Funktionen: Das Erlebte wird neu strukturiert und belastende Emotionen werden abgebaut. Im Dialog kommen zudem neue Aspekte zur Sprache. Das Erlebte kann in das eigene Weltbild eingeordnet werden. Wenn Einsatzkräfte immer wieder ein bestimmtes Erlebnis thematisieren, ist vonseiten der Gesprächspartner darauf zu achten, dass nicht endlos »im Kreisverkehr gefahren wird« (Lasogga und Münker-Kramer 2009), sondern ein gewisser Fortschritt erzielt wird. Dies kann durch Fragen wie: »Was hat sich seit deiner letzten Erzählung geändert« angestoßen werden.

Ablenkung, Aktivitäten

Auch Aktivitäten können dazu führen, dass Erregung abgebaut wird und das Stresslevel sinkt. Diese Aktivitäten sollten eine gewisse Aufmerksamkeit binden und die Konzentrationsfähigkeit in Anspruch nehmen. Dafür eignen sich ganz unterschiedliche Tätigkeiten wie z. B. Sport treiben, ins Kino oder Essen gehen oder mit den Kindern spielen. Hier spielen die eigenen Vorlieben eine Rolle.

Entspannungs- und Distanzierungstechniken

Mit Hilfe von Entspannungsverfahren kann Anspannung innerhalb kurzer Zeit auf ein adäquates Maß reduziert werden. Entspannungsverfahren können beispielsweise nach der Arbeit angewandt werden, um Stress abzubauen, aber auch vor einem stark belastenden Einsatz. Es gibt viele Entspannungsverfahren wie die Progressive Muskelrelaxation, das Autogene Training, Yoga, Meditation etc. Diese Verfahren können innerhalb relativ kurzer Zeit erlernt werden, beispielsweise bei Volkshochschulen oder durch ein entsprechendes Angebot innerhalb einer Organisation. Ein »bestes« Verfahren, dass für alle gleich gut geeignet ist, gibt es nicht. Deshalb ist es günstig herauszufinden, welches Verfahren einem am besten zusagt. Sollte man sich bei Musik, Malen oder Sport gut entspannen können, kann dies die Methode der Wahl sein. Wichtig ist es, die Methode regelmäßig, also mindestens zwei- bis dreimal pro Woche auszuüben. Bei Entspannungsverfahren handelt es sich allerdings um »zudeckende« Verfahren. Sie dienen dazu, Spannung zu reduzieren. Wenn es jedoch anhaltende Probleme z. B. mit dem

Vorgesetzten gibt, wird dieses Problem dadurch nicht beseitigt, sondern hier sind weitere Maßnahmen notwendig.

Darüber hinaus können auch Distanzierungstechniken angewandt werden. Sie helfen, sich von einem Einsatz zu distanzieren, indem man sich beispielsweise auf die Atmung oder die Umgebung konzentriert (eine Auswahl von Verfahren findet sich bei Lasogga und Münker-Kramer 2009).

Analyse der belastenden Gedanken

Wenn das Stressempfinden mit Gedanken an eine bestimmte Situation verbunden ist, kann es hilfreich sein, diese Gedanken bzw. die Situation genauer zu analysieren. Diese Analyse kann sich an folgendem Schema orientieren (Lasogga und Karutz 2012):

- Was exakt verursacht negative Gefühle?
- Was kann ich tun? Welche Änderungsmöglichkeiten habe ich? (zunächst sammeln, nicht bewerten)
- Bewertung der Änderungsmöglichkeiten
- Auswahl einer geeigneten Möglichkeit
- Die gewählte Möglichkeit in kleine systematische Schritte unterteilen
- Ausführen
- Überprüfen, ob es geholfen hat
- Falls nein: andere Methode probieren oder professionelle Helfer fragen

Auch hierbei ist eine positive Grundeinstellung nützlich: Ich lasse mich auf eine ausgewählte Möglichkeit ein.

7.6.4 Primäre organisatorische Prävention

Auch seitens einer Organisation kann eine Reihe von präventiven Maßnahmen ergriffen werden. Hierbei gilt ebenfalls: Es gibt nicht eine einzelne Maßnahme, die allein richtig ist, sondern ein ganze Reihe von möglichen Maßnahmen. Diese können den Mitarbeitenden teilweise fakultativ angeboten werden, teilweise sollten sie verpflichtend sein.

Personalauswahl

Die Prävention in einer Organisation beginnt bereits bei der Personalauswahl. So ist darauf zu achten, dass ein Bewerber für eine Stelle geeignet ist und die damit verbundenen Belastungen bis zu einem gewissen Ausmaß aushält. Die Eignung kann durch ein ausführliches, gut vorbereitetes Einstellungsgespräch und teilweise durch psychologische Tests überprüft werden. Dabei sollte mit großer Sorgfalt vorgegangen und entsprechend Zeit investiert werden. Dies ist für alle Beteiligten besser als eine Person einzustellen, die letztendlich nicht für diesen Beruf geeignet ist.

Teamzusammensetzung
Die Bedeutung der Zusammensetzung der Teams, die täglich oft viele Stunden zusammenarbeiten müssen, sollte nicht unterschätzt werden. Der »gute Zusammenhalt unter Kollegen« zeigte sich in Untersuchungen als sehr relevant, wenn es darum geht, belastende Einsätze durchzustehen (Hering und Beerlage 2004). Teams, die jahrelang gut eingespielt agieren, sollten nicht getrennt werden.

Aktive Pflege der Gemeinschaft
Das Gefühl, zu einer Organisation und zu einer Gemeinschaft zu gehören, sollte bewusst entwickelt und gepflegt werden. Dies kann beispielsweise durch Betriebsfeste oder kleine Aufmerksamkeiten bei Geburtstagen erfolgen. Dadurch wird ein stärkeres Zusammengehörigkeitsgefühl gefördert, sodass man eher mit Kollegen spricht und dann auch Belastungen thematisiert.

Aus- und Fortbildung
Bei der Aus- und Fortbildung ist zwischen fachlicher und fachübergreifender Ausbildung zu unterscheiden. Bei der fachlichen Ausbildung geht es um spezifische fachliche Fähigkeiten, die für den Beruf erforderlich sind. Da die Entwicklung rasch voranschreitet, ist eine geregelte, kontinuierliche fachliche Fortbildung erforderlich, beispielsweise alle zwei Jahre. Dies hat nicht nur zur Folge, dass Mitarbeiter auf dem aktuellen Stand bleiben, sondern verleiht ihnen auch Sicherheit.

Darüber hinaus ist auch eine fachübergreifende Aus- und Fortbildung notwendig, beispielsweise im Umgang mit der Klientel oder in der Führung von Mitarbeitern. In dieser fachübergreifenden Ausbildung soll auch erlernt werden, angemessen mit Belastungen und mit sich selbst umzugehen. Dazu gehören auch Kenntnisse über Präventions- und Interventionsmaßnahmen. Ebenso wie bei der fachlichen ist auch bei der fachübergreifenden Ausbildung eine regelmäßige Fortbildung notwendig.

Führungsverhalten
Das Verhalten von Vorgesetzten ist sehr bedeutsam für das Klima in einer Organisation und damit auch dafür, wie mit Belastungen umgegangen wird, beispielsweise ob diese überhaupt thematisiert werden oder ob »man sich zusammenreißen muss«. Untersuchungen zeigen, dass beispielsweise ein kooperatives Führungsverhalten zu einem besseren Belastungserleben führt (Bartsch 2012). Demgemäß ist auf die Besetzung der Stellen von Vorgesetzten zu achten. Vorgesetzte sollten Führungskompetenz zeigen. Diese kann in der Ausbildung und in Fortbildungen erworben bzw. vertieft werden.

Betriebliches Gesundheitsmanagement
Betriebliches Gesundheitsmanagement hat zum Ziel, Strukturen und Prozesse in der Organisation so zu gestalten, dass die Gesundheit der Mitarbeitenden erhalten bleibt, ihre Motivation durch die gesunde Gestaltung des Arbeitsplatzes gefördert und damit auch die Qualität der Arbeit verbessert wird. Zum Betrieblichen Gesundheitsmanagement gehören sehr viele Maßnahmen, beispielsweise Rückenschulen, ein gesundes Kantinenessen, Personalentwicklungsmaßnahmen, Herstellung eines guten Betriebsklimas, Führungstrainings etc. Es können Gesundheitszirkel und Workshops eingerichtet werden. Eine Win-win-Beziehung, von der die Organisation wie auch die Mitarbeitenden profitieren, soll das Ergebnis sein. Ob diese Maßnahmen Wirkung zeigen, lässt sich beispielsweise anhand des Krankenstands und der Motivation der Mitarbeiter erfassen. (Zum Betrieblichen Gesundheitsmanagement siehe auch Fehlzeiten-Report 2008 Betriebliches Gesundheitsmanagement: Kosten und Nutzen.)

7.6.5 Sekundäre und tertiäre organisatorische Prävention

Zur sekundären Prävention durch die Organisation gehört die Nachsorge. Vor allem nach besonders belastenden Einsätzen wie beispielsweise Großschadensereignissen sollte eine derartige Möglichkeit nicht nur angeboten werden, sondern auch verpflichtend sein. Aber auch die Belastungen durch die alltäglichen Routineeinsätze können sich summieren, sodass auch diese in gewissen Zeiträumen zu thematisieren sind.

- **Kurze Informationsnachbesprechung**
Von den inoffiziellen Gesprächen unter Kollegen ist die offizielle Besprechung bzw. Einsatznachbesprechung zu unterscheiden. So empfiehlt sich, nach besonders belastenden Einsätzen wie Großschadensereignissen eine kurze Informationsnachbesprechung abzuhalten. Sie sollte für alle Personen, die am Einsatz teilnahmen, verpflichtend sein und innerhalb von 24 Stunden nach dem Einsatz erfolgen. Bei der Besprechung sollten Informationen über den Einsatz insgesamt gegeben und auch der Ablauf thematisiert werden (Was lief gut? Was können wir verbessern?). Ferner sollte auch auf die Möglichkeit einer längeren fakultativen Nachbesprechung hingewiesen werden.

- **Längere Nachbesprechung (Debriefing)**

Bei besonders belastenden Einsätzen kann eine längere Nachbesprechung (Debriefing) angeboten werden. Sie sollte zwischen ein und drei Stunden dauern; daran können etwa 3 bis 12 Personen teilnehmen. Dabei soll insbesondere auch die psychologische Wirkung des Einsatzes thematisiert werden (Wie habe ich den Einsatz erlebt? Was war besonders belastend? Wie kann ich damit umgehen?). Dieses Debriefing ist jedoch nicht für alle Beteiligten notwendig, da nicht alle unter den Belastungen leiden. Das Debriefing könnte sogar als erneute Belastung empfunden werden, wenn man den Einsatz inzwischen überwunden und verarbeitet hat. Eine erneute Konfrontation mit dem Geschehen wäre unter diesen Voraussetzungen kontraproduktiv. Daher sollte dieses Debriefing nur fakultativ angeboten werden.

Eine spezielle Art des Debriefings, das Critical Incident Stress Management (CISM) von Everly und Mitchell (2005), ist in den letzten Jahren recht bekannt geworden, in Deutschland auch unter dem Namen Stressbearbeitung nach belastenden Ereignissen (SbE). Das Grundprinzip lautet: vom Kognitiven zum Emotionalen und wieder zurück. Die Effektivität des CISM ist letztendlich nicht belegt. Nach der Teilnahme treten jedoch nicht automatisch positive Folgen auf – eine ganze Reihe von Untersuchungen hat gezeigt, dass die Teilnahme an diesem speziellen Debriefing auch gar nichts bewirken oder sogar schaden kann. Das CISM sollte daher nur fakultativ angeboten werden. Außerdem werden die hohen Kosten für die Ausbildung in den CISM Methoden kritisiert. (Zum Thema CISM vgl. auch Müller-Leonhardt in diesem Band.)

Supervision

Eine sehr gute Möglichkeit der Prävention stellt die Supervision dar. Sie kann einzeln oder in Gruppen erfolgen, nach besonders belastenden Einsätzen oder regelmäßig, beispielsweise dreimal pro Jahr. Themen in Supervisionssitzungen können Emotionen sein, aber auch Fehler oder der Umgang mit besonders schwierigen Situationen oder der Umgang mit sich selbst. Supervision wird insgesamt als sehr positiv eingeschätzt: »Supervision dient der Gesunderhaltung« und wird beispielsweise als »ein hochwirksames Instrument zur Optimierung polizeilichen Handelns« gesehen (Driller 2006). Das Angebot und auch die Inanspruchnahme fallen allerdings noch gering aus.

Organisationsentwicklungsmaßnahmen

Falls in einer Organisation ein schlechtes Klima oder beispielsweise ein hoher Krankenstand herrscht, sind Organisationsentwicklungsmaßnahmen in Betracht

zu ziehen. Hierbei kann analysiert werden, was in einer Organisation nicht optimal funktioniert und welche Verbesserungsmöglichkeiten es gibt. Dabei sollten insbesondere auch die Vorschläge von Mitarbeitern einbezogen werden. Mitarbeitende sind zufriedener und motivierter, wenn sie an Entscheidungen partizipieren können. Auch wächst damit die Identifikation mit der Organisation und die Mitarbeiter stehen stärker hinter Entscheidungen.

7.7 Fazit

Einsatzkräfte sind einer großen Zahl von Belastungen ausgesetzt, sicherlich mehr als in vielen anderen Berufen. Diese Belastungen können qualitativ und quantitativ sehr unterschiedlich ausfallen und in den unterschiedlichsten Kombinationen auftreten. Sie müssen jedoch nicht automatisch zu Krisen oder anderen negativen Folgeerscheinungen führen. Ob negative, keine oder auch positive Folgeerscheinungen auftreten, hängt von einer ganzen Reihe von Faktoren ab. Zunächst einmal sind hier die Moderatorvariablen zu nennen, also die Faktoren, die eine Einsatzkraft aufgrund ihrer individuellen Konstitution und Lebenssituation in die Arbeit einbringt. Diese Faktoren können bis zu einem gewissen Grade vor negativen Folgeerscheinungen schützen, sie können aber auch die Belastungen verstärken.

Um das Auftreten von Krisen und anderen negativen Folgeerscheinungen zu verhindern, kann präventiv viel unternommen werden. So gibt es seitens der Organisation eine ganze Reihe von Präventionsmöglichkeiten. Dies beginnt bereits mit der Personalauswahl und der Teamzusammenstellung. Eine gute Aus- und Fortbildung wie auch ein gelungenes Betriebliches Gesundheitsmanagement tragen ebenso dazu bei, dass Mitarbeiter keine Krise entwickeln.

Wie Prävention in einzelnen Organisationen erfolgt, ist nicht einheitlich, sondern sehr unterschiedlich. Es sei daran erinnert, dass es nicht ein Rettungsdienstgesetz gibt, sondern 16 Rettungsdienstgesetze der 16 Bundesländer; ebenso gibt es 16 Polizeigesetze sowie ein Gesetz für die Bundespolizei und das Bundeskriminalamt. Es ist gesetzlich nicht vorgeschrieben, wie und in welchem Ausmaß präventive Maßnahmen erfolgen sollen, sondern nur allgemein festgehalten, dass der Arbeitgeber die Pflicht hat, auf die Gesundheit seiner Beschäftigten zu achten. Darüber hinaus haben auch die einzelnen Einsatzkräfte viele Möglichkeiten der Prävention. Diese reichen von gesunder Ernährung und einer sinnvollen Freizeitgestaltung bis zu dem Gespräch mit Kollegen. Manchmal hilft es auch, wenn man sich bei Belastungen einfach sagt: It's a part of the job.

Die Möglichkeiten der organisatorischen und persönlichen Prävention können sich gut und sinnvoll ergänzen. Es wäre ebenso falsch, die Verantwortung hierfür allein bei der Organisation zu sehen wie ausschließlich auf die Eigeninitiative der Einsatzkräfte zu setzen. Bei einer gelungenen Prävention können sich sowohl die Einsatzkräfte als auch die Organisation über gesunde und motivierte Kollegen bzw. Beschäftigte freuen. Gesundheitliche Probleme und Krisen werden dann deutlich seltener auftreten.

Literatur

Balanck JC (2011) Die Bedeutung des Vorgesetztenverhaltens im RD (Teil 2): Die Studienergebnisse. Rettungsdienst 5:14–18

Bartsch N (2012) Zusammenhänge zwischen Belastungserleben und Führungsverhalten im Polizeidienst. Polizei & Wissenschaft 1:52–67

Böckelmann I, Pfister E, Dietze E, Schneemilch N (2007) Individuelle Stressverarbeitung von Polizeibeamten als Grundlage für Präventionsmaßnahmen. Zentralblatt für Arbeitsmedizin, Arbeitsschutz und Ergonomie 57 (1):12–29

Dix K, Klewer J (2009) Gesundheitsförderung im RD: Welche Belastungen wirken auf die Mitarbeiter ein? Rettungsdienst 32:20–24

Dörmann MR (1997) Physiologie des Stresses. Wirkung von Reizen auf den Organismus. SEG-Magazin 4:9–11

Driller U (2006) Gruppensupervision als Instrument zur Bearbeitung arbeits- und organisationsspezifischer Belastungen in der Polizei. Polizei & Wissenschaft 2:80–92

Gorißen B (2009) Psychische Belastungen im Wachalltag von Berufsfeuerwehrleuten. Ein arbeitspsychologischer Vergleich von Einsatz und Wachalltag. Trauma und Gewalt 4:278–293

Hallenberger F (2006) Primäre Prävention für kritische Ereignisse – Vorbereitung auf Hochstress. Polizei und Wissenschaft 2:29–51

Hallenberger F, Mueller S (2000) Was bedeutet für Polizistinnen und Polizisten »Stress«? Polizei und Wissenschaft 1:58–65

Hallenberger F, Heidereich M, Rieger S (2003) Stress und Stressbewältigung im Polizeiberuf. Polizei & Wissenschaft 3:36-49

Hering T, Beerlage I (2004) Retten als Arbeit zwischen Routine und Katastrophe. Profil, München

Hermanutz M, Buchmann K (1994) Körperliche und psychische Belastungsreaktionen bei Einsatzkräften während und nach einer Unfallkatastrophe. Die Polizei 11:294–302

Kaluza G (2015) Stressbewältigung. Trainingsmanual zur psychologischen Gesundheitsförderung. Springer, Berlin

Krämer B (2010) Psychische Traumafolgen. Von Erholung bis posttraumatische Belastungsstörung. Kriminalistik 11: 678–680

Krüsmann M, Karl R, Butollo W (2006) Abschlussbericht für das Forschungsprojekt: Untersuchungen bestehender Maßnahmen zur sekundären Prävention und Entwicklung einer Methodik und eines zielgruppenorientierten Programms zur sekundären Prävention einsatzbedingter Belastungsreaktionen und -störungen. Ludwig-Maximilians-Universität, München

Lasogga F, Gasch B (Hrsg) (20112) Notfallpsychologie – Ein Lehrbuch für die Praxis. Springer, Heidelberg

Lasogga, F, Gasch B (2013) Psychische Erste Hilfe. Stumpf & Kossendey, Edewecht

Lasogga, F, Gasch B (2014) Notfallpsychologie. Ein Kompendium für Einsatzkräfte. Stumpf & Kossendey, Edewecht

Lasogga F, Karutz H (2012) Hilfen für Helfer. Stumpf & Kossendey, Edewecht

Lasogga F, Münker-Kramer E (2009) Psychosoziale Notfallhilfe. »Psychische Zweite Hilfe« durch Notfallseelsorger und Kriseninterventionsteams. Stumpf & Kossendey, Edewecht

Lazarus R, Folkman S (1984) Stress, appraisal and coping. Springer, Berlin Heidelberg New York Tokyo

Lippay C (1999) Stressmanagement in der Zivilluftfahrt als Vorbild für den Rettungsdienst? Rettungsdienst 22:586–589

Meichenbaum D (2003) Intervention bei Streß. Huber, Bern

May A, Mann R (2003) Soziale Kompetenz im Notfall. Praxisanleitung nicht nur für den Rettungsdienst – ein Unterrichtskonzept. Münster

Mense L (2016) Bedeutung von gesunder Ernährung im Rahmen Betrieblicher Gesundheitsförderung. In: Badura B, Ducki A, Schröder H, Klose J, Meyer M (Hrsg) Fehlzeiten-Report 2016. Springer, Berlin Heidelberg

Mitchell J, Everly G (Hrsg) (2005) Critical Incident Stress Management. Handbuch Einsatznachsorge. Stumpf & Kossendey, Edewecht

Neugebauer U, Latascha K (2009) Bewältigung belastender Erlebnisse bei Polizeibeamten. Polizei und Wissenschaft 3: 55–62

Pajonk F, Cransac P (2010) Arbeitszufriedenheit und psychische Belastung bei Berufsfeuerwehrleuten. Brandschutz – Deutsche Feuerwehr Zeitung 3:173–177

Reinecke S, Runde B, Bastians F, Bär O, Weiss U, Heuft G (2006) Qualität, Intensität und Quantität von psychischen Belastungen innerhalb der Polizeiarbeit – Bericht über ein Forschungsprojekt. Polizei & Wissenschaft 2:4–16

Riecher-Rösler A, Berger P, Yilmaz A, Stieglitz RD (Hrsg) (2004) Psychiatrisch-Psychotherapeutische Krisenintervention Hogrefe, Göttingen

Schneider D, Latascha K (2010) Polizeikultur als Schutzfaktor bei traumatischen Belastungen. Polizei und Wissenschaft 4:30–43

Wirtenberger M, Juen B (2005) Stress und Stressbewältigung bei der Kriminalpolizei. Eine Untersuchung bei der Bundespolizeidirektion Innsbruck. In: Schönherr C, Juen B, Brauchle G, Beck T, Kratzer D (Hrsg) Belastungen und Stressverarbeitung bei Einsatzkräften: Aktuelle Forschungsergebnisse der Arbeitsgruppe Notfallpsychologie der Universität Innsbruck. Studia Universitätsverlag, Innsbruck, S 163–171

Stressbearbeitung nach beruflichen kritischen Ereignissen mittels Critical Incident Stress Management (CISM)

A. Müller-Leonhardt

B. Badura et al. (Hrsg.) *Fehlzeiten-Report 2017*,
DOI 10.1007/978-3-662-54632-1_8, © Springer-Verlag GmbH Deutschland 2017

Zusammenfassung *In westlichen Industriegesellschaften mit ihren immer komplexer werdenden sozio-technischen Arbeitskontexten sind Kenntnisse im Umgang mit Stressreaktionen nach kritischen Ereignissen zunehmend notwendig geworden. In diesen Arbeitszusammenhängen können sowohl als traumatisierend eingestufte schwerwiegende Ereignisse als auch berufsspezifische Ereignisse akute Stressreaktionen, sogenannte psychologische Krisen, bei Fachkräften auslösen. Einige Unternehmen wie z. B. Flugsicherungen, Luftfahrtgesellschaften und Krankenhäuser implementierten das Critical Incident Stress Management (CISM) zur kollegialen psychologischen Ersten Hilfe im Umgang mit Stressreaktionen nach kritischen Ereignissen. Forschungsergebnisse zu CISM in Flugsicherungen und Krankenhäusern stützen diesen kollektiven Umgang mit psychologischen Krisen in diesen Kontexten.*

8.1 Psychologische Erste Hilfe nach kritischen Ereignissen in Betrieben

Ereignisse wie z. B. Kriegserfahrungen, Naturkatastrophen, Unfälle, Überfälle, Amokläufe und Terroranschläge sind als traumatisierend anerkannt. Menschen, die Opfer solcher Ereignisse werden oder diese als Augenzeugen erleben, leiden in der Folge häufig unter Stressreaktionen. Diese können sich in ernsthaften körperlichen, emotionalen und kognitiven Symptomen ausdrücken und Verhaltensänderungen mit sich bringen. Der Bedarf an psychologischer Unterstützung in solchen Krisensituationen ist heute unumstritten.

Akute Stressreaktionen können jedoch auch berufsbedingt sein: Die zunehmende Komplexität und Dynamik sozio-technischer Arbeitsumgebungen, in denen Menschen in hochtechnisierten Kontexten arbeiten, drückt sich durch unkontrollierbare Abhängigkeiten, Unüberschaubarkeit, zunehmenden Arbeitsdruck, Unvorhersehbarkeit von Ereignissen und deren möglicher Reichweite aus. Dies steigert für Fachkräfte in diesen Kontexten das Risiko akuter Stressreaktionen. Ereignisse, die von Fachkräften in diesen Arbeitszusammenhängen als kritisch erlebt werden, müssen jedoch nicht zwangsläufig zu einem nach außen beobachtbaren Vorfall oder Unfall führen und sind daher für Außenstehende schwer als kritisches Ereignis einschätzbar (Müller-Leonhardt 2016).

Unabhängig davon, wie das Ereignis innerhalb der Organisation oder der Außenwelt eingeordnet wird, besteht für diese Berufsgruppen daher ein Bedarf an Unterstützung bei der Bewältigung der Stressreaktionen sowohl nach als kritisch eingestuften als auch nach berufsspezifischen Ereignissen, die zum Berufsalltag gehören. Akute Stresssymptome können in diesen Arbeitskontexten zu hohen Krankenständen (Absentismus) oder aber auch zu Präsentismus führen (Menschen gehen zur Arbeit, obwohl sie nicht gesund sind) – beide Phänomene treten in durch soziale und technische Komplexität geprägten westlichen Industriegesellschaften auf und sind ein Hinweis auf zwingenden Handlungsbedarf.

Psychologische Unterstützung nach kritischen Ereignissen wird traditionell als Aufgabe von Psychologen, Psychotherapeuten oder Seelsorgern angesehen. Sie erfolgt oft mit zeitlicher und räumlicher Distanz zum Ereignis. Erfahrungen nach Unfällen, Naturkatastrophen, Amokläufen und terroristischen Attacken haben jedoch gezeigt, dass unmittelbare psychologische Unterstützung für Betroffene notwendig ist und diese in räumlicher und zeitlicher Nähe angeboten werden sollte. Eine spezielle Art der Krisenintervention ist laut Everly (2015) das Peer-Modell, bei der kollegiale psychologische Erste Hilfe von Personen mit gleichen Schlüsselcharakteristika wie die der Betroffenen angeboten wird.

Während medizinische Erste-Hilfe-Angebote durch hierin ausgebildete Laien im Arbeitsalltag inzwischen verpflichtend sind, ist die Verankerung von psychologischen Erste-Hilfe-Angeboten nach kritischen Ereignissen in Betrieben noch nicht so weit fortgeschritten, obwohl die Schulungsangebote hierzu sowohl für Fachkräfte als auch für Laien seit 1999 zugenommen haben (Lasogga und Gasch 2000).

Die Schulungsangebote basieren vorwiegend auf einem in den USA entwickelten psychologischen Erste-Hilfe-Programm (Mitchell und Everly 1997), dem Critical Incident Stress Management (CISM). CISM wird durch die International Critical Incident Stress Foundation (ICISF) mit Sitz in Baltimore angeboten, kontrolliert und weiterentwickelt. In Deutschland werden hauptsächlich Einsatzkräfte wie z. B. Soldaten, Polizisten, Sanitäter, Feuerwehrkräfte und Notfallseelsorger als psychologische Ersthelfer ausgebildet. Es gibt nur wenige deutsche Unternehmen, die CISM bisher eingeführt haben, um die Arbeitsfähigkeit von hochqualifizierten Fachkräften zu erhalten. Obwohl eine Cost-Benefit-Studie von Vogt und Pennig, die 2006 an der Deutschen Flugsicherung (DFS) nach der Implementierung von CISM durchgeführt wurde, auf ein Return on Investment hinweist, findet das Programm in anderen komplexen Berufsfeldern wie z. B. Krankenhäusern bislang keine Anwendung in Deutschland.

Im Folgenden werden Grundlagen zum Verständnis von CISM vorgestellt, das Peer-basierte Programm umrissen und anhand von Erfahrungen mit Implementierungen in komplexen sozio-technischen Berufsfeldern wie z. B. Krankenhäusern und Flugsicherungen beschrieben.

8.2 Stressreaktionen nach kritischen Ereignissen – psychologische Krisen

Die Entwickler von CISM, Mitchell und Everly, beschrieben 1993 kritische Ereignisse als in der Regel plötzliche, machtvolle Ereignisse, die außerhalb gewöhnlicher menschlicher Erfahrung liegen und bei denen vorhandene Bewältigungsmuster nicht mehr greifen (Mitchell und Everly 1993). Inzwischen gibt es Studien, die darauf hinweisen, dass auch berufsspezifische Ereignisse von Fachkräften als kritisch erlebt werden und ebenso deutliche Stressreaktion auslösen

können (Vogt et al. 2004; Müller-Leonhardt et al. 2014; Müller-Leonhardt et al. 2015). Auch Mitchell propagiert, dass »kritische Ereignisse im Auge des Betrachters« lägen (Mitchell, zitiert in Leonhardt und Vogt 2006, S. 44). Nach Leonhardt und Vogt (2006) ist jede Situation, die Reaktionen hervorruft, die von betroffenen Personen als ungewöhnlich wahrgenommen werden, ein für diese Person kritisches Ereignis. Demnach hat kontextbedingt jede Situation das Potenzial, als ein kritisches Ereignis erlebt zu werden; die Reaktion hängt von der individuellen psycho-physischen Tageskondition der Betroffenen ab (Leonhardt und Vogt 2006). Da akute Stressreaktionen demnach nicht nur von der Schwere des Ereignisses abhängen, sondern auch vom Kontext und von der physischen und mentalen Kondition der betroffenen Person, wirken im Umkehrschluss schwere Ereignisse nicht auf alle davon Betroffenen gleichermaßen traumatisierend (vgl. Lasogga in diesem Band). Laut Mitchell und Everly (2001) gibt es Kriterien, die die Wahrscheinlichkeit einer akuten Stressreaktion erhöhen; hierzu gehören: das Gefühl von Hilflosigkeit/Machtlosigkeit, Schuldgefühle, ein hoher Grad an Identifikation, Bedrohung für Leib und Leben und die Betroffenheit von Kindern. Gerade in Berufsgruppen mit hoher Kontrollfunktion und Verantwortung können daher auch berufsspezifische Ereignisse potenziell akute Stressreaktionen auslösen.

Reale, als extrem stressreich empfundene äußere Ereignisse gelten als Auslöser des sogenannten Fight-or-Flight-Mechanismus, dessen Beschreibung auf Cannon (1914) zurückgeht. Dieser Mechanismus stellt die Dynamik dar, die im Gehirn zu spezifischen Reaktionen führt, um ein als bedrohlich wahrgenommenes Ereignis bewältigen zu können (Huber 2003). Mit diesem ersten Bewältigungsmechanismus und dem späteren Rückerinnern an kritische Ereignisse ist vor allem das limbische System beschäftigt. Das limbische System ist ein phylogenetisch sehr alter Teil des Gehirns, der sich aus mehreren Systemen zusammensetzt. Im Zusammenhang mit akuten Stressreaktionen übernehmen hierbei die Amygdala und das Hippocampus-System eine besondere Rolle. Laut Yehuda (2001) ist es die Amygdala, die bestimmt, ob es zu einer Stressreaktion und einer Aktivierung von neurochemischen und neurophysischen Prozessen kommt. Sogar bevor das Hormonsystem aktiviert wird, erhöhe die Amygdala sowohl Angstreaktionen als auch sofortige Verteidigungsmechanismen.

McEwen und Wingfield (2003) stellten darüber hinaus erhöhte Wachsamkeit fest, die insbesondere dann durch Angstgefühle und Sorgen beeinflusst wird, wenn die Bedrohung als sozial unerwünschtes Verhalten gesehen wird oder imaginär ist. Die Reaktionen seien in der Lage, physiologische Beeinträchtigungen zu potenzieren. Dies träfe insbesondere auf Lebens- und Arbeitszusammenhänge in modernen westlichen Gesellschaften zu, die nicht mehr durch die Sorge um die Grundversorgung charakterisiert seien, sondern durch komplexe soziale Strukturen.

Akute Stressreaktionen unterscheiden sich aus neurobiologischer Sicht von chronischem Stress durch einen in der Regel vorübergehenden Status der Funktionsbeeinträchtigung (Yehuda 2001). Die WHO (1997) bezeichnet diesen als transient disorder – also vorübergehende Funktionsstörung. Die Symptome können sich auf der physischen, emotionalen, kognitiven und Verhaltensebene ausdrücken, die, wenn sie für Betroffene nicht zuzuordnen sind, wiederum Angst auslösen können. Klein (2013) stellt fest, dass intensive physische Symptome dazu führen können, dass man sich selbst beobachtet und der Umgang mit der Angstreaktion zur weiteren Aufgabe wird, was die Arbeitsleistung zusätzlich beeinträchtigt. Jedoch wären Betroffene, die in der Lage seien, physiologische Reaktionen zu benennen oder zu identifizieren, laut Worchel und Yohai (1979) weniger durch diese Reaktionen erregt oder gestresst. Nach Yehuda (2002) meiden betroffene Fachkräfte eine professionale externe Unterstützung, da sie eine Stigmatisierung fürchteten. Sie plädiert daher für die Implementierung kollegialer Unterstützungsprogramme, die dazu beitragen, die Stressreaktion zu normalisieren. Auch Ergebnisse aus Kulturwissenschaften, Komplexitätswissenschaften, Systemtheorie, Kybernetik und Psychologie weisen auf ein Peer-Konstrukt als Organisationsform hin (Müller-Leonhardt 2016). Ergebnisse einer 2010 vom Australischen Zentrum für Posttraumatische Psychische Gesundheit der Universität von Melbourne durchgeführten Delphi-Studie zur Peer-basierten psychologischen Unterstützung nach kritischen Ereignissen, in der Experten und Praktiker befragt werden, bestätigen dieses Konstrukt ebenso (Varker und Creamer 2011).

Eine Reihe von Studien belegen z. B. durch den Nachweis von geringerem Absentismus die Effektivität von CISM und seiner Komponenten (Wollman 1993; Wee et al. 1999; Deahl et al. 2000; NIMH 2002; Vogt et al. 2004). Einige Publikationen verweisen zwar auch auf Studien, die die Effektivität von CISM (meist war nur Debriefing gemeint) in Zweifel ziehen und sogar schädigende Effekte vermuten (z. B. Rose et al. 2009), jedoch wurde CISM in diesen Studien nicht wie vorgesehen eingesetzt (Vogt und Leonhardt 2009).

8.3 Critical Incident Stress Management – ein Programm zur psychologischen Ersten Hilfe durch Kollegen

Das ursprünglich für Einsatzkräfte wie z. B. Feuerwehrkräfte, Polizisten und Sanitäter zur Bewältigung von kritischen Ereignissen entwickelte CISM verfolgte das Ziel, die Funktionsfähigkeit von Einsatzkräften zu erhalten und der Entwicklung einer posttraumatischen Belastungsstörung (PTSD) vorzubeugen (Mitchell 2006). Dies begründet sich darin, dass es sich bei psychologischen Krisen nach kritischen Ereignissen in der Regel um vorübergehende Funktionsstörungen handelt, die durch Reaktionen des autonomen Nervensystems ausgelöst werden, und eine frühzeitige, ortsnahe Krisenintervention zur Wiederherstellung der Funktionsfähigkeit beitragen kann. CISM stellt ausdrücklich keine Therapie, sondern eine Krisenintervention in diesem Sinne dar. Bei Verdacht auf tieferliegende chronische Funktionsstörungen unterstützen Ersthelfende die Betroffenen beim Transfer zu einer therapeutischen Behandlung.

Psychologische Ersthelfer, sogenannte CISM-Peers, sind ausgebildete Kolleginnen und Kollegen, die bei Bedarf angefragt bzw. eingesetzt werden können.

Die kollegiale Unterstützung bestand zunächst aus einzelnen, zeitlich begrenzten Interventionen, dann aus der Zusammensetzung mehrerer Komponenten und wurde schließlich zum aktuellen Multikomponentenprogramm für erste psychologische Hilfe nach kritischen Ereignissen entwickelt (Mitchell und Everly 1995, 1997; Everly und Mitchell 1999).

Das Critical Incident Stress Debriefing (CISD), das als Gruppenintervention zu Beginn im Mittelpunkt der Entwicklung stand, ist der bekannteste Begriff aus diesem Programm. Er wurde zwischenzeitlich synonym für jegliche psychologische Erste-Hilfe-Intervention verwendet, was zur Verwässerung des Begriffs und der Interventionsanwendung führte (Vogt und Leonhardt 2009). Mittlerweile ist CISM zu einem Programm von ineinander greifenden und aufeinander aufbauenden Instrumenten der Krisenintervention nach kritischen Ereignissen entwickelt worden.

Die ICISF[1] bietet standardisierte Trainingskurse für CISM-Peers und professionell Helfende (Mental Health Professionals, MHPs) sowie Trainerkurse für die unterschiedlichen CISM-Interventionen an. Die Grundkurse können inzwischen auch in Deutschland von ICISF-lizensierten Trainerinnen und Trainern durchgeführt werden. Voraussetzungen zur Erlangung

---

1 www.icisf.org

einer Trainerlizenz ist eine Berufsausbildung in Psychologie, Medizin, Pädagogik oder Sozialarbeit/ -pädagogik mit entsprechender Zusatzqualifikation. Weitere Voraussetzungen sind Zertifikate über die Teilnahme an grundlegenden CISM-Kursen, Erfahrung mit CISM-Interventionen bzw. Zugehörigkeit zu einem CISM-Einsatzteam und das Absolvieren von spezifizierten CISM-Trainer-Kursen, die allerdings bisher nur auf Englisch von der ICISF angeboten werden.

Studien zu CISM in verschiedenen Organisationen ergaben, dass es unterschiedliche Verfahren zur Rekrutierung von CISM-Peers gibt. Diese werden entweder von der CISM-Programmleitung in einem Unternehmen zum CISM-Training ausgewählt oder von der Belegschaft gewählt. Es gibt hierzu jedoch auch Mischformen (Müller-Leonhardt et al. 2015). Die Teilnahme am Training bietet u. a. auch die Möglichkeit, die eigene Eignung als CISM-Peer noch einmal zu überprüfen. Letztendlich zeigt die Praxis, allerdings immer eingebunden in ein eingespieltes CISM-Team, inwieweit man den Anforderungen an diese spezielle Aufgabe gewachsen ist.

In der Regel werden die Peers durch eine Programmleitung unterstützt und koordiniert. Die CISM-Programmleitung ist im besten Fall ein MHP, der selbst eine Zusatzqualifikation in CISM absolviert hat und ein Netzwerk zu Kooperationspartnern wie ambulanten und stationären Therapieeinrichtungen, aber auch zu CISM-Programmleitungen anderer Organisationen etc. aufbaut. Zur Pflege der CISM-Kultur in einem Unternehmen gehören auch regelmäßige Auffrischungskurse, Informationsveranstaltungen, Treffen mit CISM-Peers anderer Unternehmen, Broschüren und Plattformen kollegialen Austauschs (Müller-Leonhardt et al. 2015).

CISM umfasst präventive Lehrprogramme zur Information, Programme zur individuellen Intervention, zu Klein- und Großgruppeninterventionen, zu Familien- und Organisationsinterventionen, zur strategischen Einsatzplanung sowie – falls erforderlich – zur Vermittlung in die weiterführende Behandlung. Im Mittelpunkt des Programms steht das Managen der Krise anhand der Kombination aus verschiedenen Interventionstypen, bestehend aus:

1. Education and Training (präventive Informationsvermittlung und Schulungen)
2. Pre-Incident Preparation (Vorbereitung auf Einsätze)
3. Individual Crisis Intervention (individuelle Krisenintervention)
4. Defusing (Krisenintervention für Kleingruppen)
5. Debriefing (Krisenintervention für Kleingruppen)
6. Demobilization (Einsatznachbesprechung)

7. Crisis Management Briefing, CMB (Krisenintervention für Großgruppen)
8. Strategic Planning (Einsatzplanung)
9. Family and Organizational Support (Unterstützung von Familien und Organisationen)

CISM-Trainings sind in der Regel dreitägige Kurse, die von ICISF-lizenzierten Trainern durchgeführt werden. Die Teilnehmenden erhalten nach Abschluss ein ICISF-Zertifikat. In der Luftfahrt haben sich laut Leonhardt (2006b) folgende Kurse zur Grundausbildung bewährt:

1. Assisting Individuals in Crisis (genereller Grundkurs: Individuelle Krisenintervention)
2. Group Crisis Intervention (Grundkurs Gruppen: CMB, Demobilization, Defusing)
3. Advanced Group Crisis Intervention (Aufbaukurs Gruppen: Debriefing)
4. Strategic Planning (Einsatzplanung: CISM – Teams)

Die Interventionen unterscheiden sich in Bezug auf Einzel- oder Gruppeninterventionen in Abhängigkeit vom Ereignis, von der Betroffenheit, der Gruppengröße und von Zeitfaktoren und Ressourcen (Leonhardt 2006a).

Eine deutliche Zeitspanne zwischen der Teilnahme an einem Training, der Verarbeitung des Gelernten, der Anwendung in der Praxis und dem nächsten Training ist ratsam. Durch Theorie und Praxis erwerben die Peers über mehrere Jahre profundes Wissen über die Psychophysiologie der Stressverarbeitung und die Anwendung von CISM-Komponenten in ihrem Arbeitsbereich.

Da CISM ein Programm zur kollegialen psychologischen Ersten Hilfe darstellt, ist das Vorhandensein von erprobten Standards, die kontinuierlich ausgewertet und kontrolliert werden, ein wichtiger Faktor für die Reliabilität des Programms (Leonhardt 2006a, b). Dies dient insbesondere dem Schutz von Ersthelfenden, die einen Orientierungsrahmen für ihren Einsatz und eine qualifizierte Betreuung benötigen. Diese Aufgaben werden u. a. von der ICISF wahrgenommen. Darüber hinaus erleichtert die Standardisierung die Kooperationsmöglichkeit im Falle von länderübergreifenden Großschadensereignissen.

8.4 CISM-Interventionen

In einer CISM-Intervention unterstützen CISM-Peers betroffene Kolleginnen und Kollegen darin, das Ereignis zu schildern, Gefühlsreaktionen zu beschreiben,

Symptome zu benennen und Handlungsmöglichkeiten zu entwickeln. Sie bedienen sich dabei standardisierter Gesprächsleitfäden, die im CISM-Training je nach Interventionsart vermittelt und eingeübt werden. Bei Großschadensereignissen kommen Großgruppeninterventionen wie z. B. das CMB sowie individuelle Interventionen zum Einsatz. Das als Gruppenintervention bekannte *Debriefing* für eine homogene Zielgruppe wird in der Praxis ausschließlich von MHPs geleitet, die durch CISM-Peers unterstützt werden; dabei wird auch darauf geachtet, welche Gruppenmitglieder eine weiterführende psychotherapeutische oder klinische Behandlung benötigen könnten. Ein wesentlicher Faktor für die Wirksamkeit einer CISM-Intervention besteht darin, dass die *Reaktion* auf das Ereignis normalisiert wird.

Das Ziel von CISM-Interventionen ist es, akute Stressreaktionen so schnell wie möglich zu reduzieren, die Erfahrung von Symptomen nach einem Ereignis zu normalisieren und die kognitiven Funktionen und Prozesse, die durch das Ereignis beeinträchtigt wurden, zu reaktivieren. Betroffene sollen so schnell wie möglich wieder arbeitsfähig sein. Dies ist im Sinne der Betroffenen zu verstehen und dient gleichzeitig dem Gesamtunternehmen. Erfahrungen aus der Deutschen Flugsicherung (DFS) haben gezeigt, dass Fluglotsen, die unmittelbar nach einem kritischen Ereignis wie z. B. einer Staffelungsunterschreitung (d. h. Flugzeuge halten den vorgegebenen Abstand nicht ein) mit einem CISM-Peer sprachen und den Rest des Tages nicht mehr operativ tätig waren, sich von dem Ereignis am schnellsten und am effizientesten erholten. Darüber hinaus fanden Fluglotsen, die eine Intervention erhielten, schnell und nachhaltig zu ihrer normalen Arbeitsleistung zurück (Vogt und Pennig 2006; Vogt et al. 2007).

Trotz der zur Implementierung entstehenden Kosten z. B. für Schulungen, Veranstaltungen, Interventionen etc. rechnet sich eine CISM-Implementierung in Unternehmen. Vogt et al. (2006, 2007) belegten in ihrer Cost-Benefit-Studie zur Implementierung von CISM an der DFS ein *Return of Investment* von 364 Prozent. Die Unterstützung durch Führungskräfte und Vorgesetzte sowie eine positive Wechselwirkung mit der jeweiligen Unternehmenskultur sind wichtige Faktoren für eine erfolgreiche Implementierung des Programms (Müller-Leonhardt et al. 2015).

8.5   Fazit

In westlichen Industriegesellschaften werden Kenntnisse über den Umgang mit psychologischen Krisen nach kritischen Ereignissen sowohl für die Bevölkerung als auch für Unternehmen zunehmend zum notwendigen Know-how werden. In komplexen Arbeitskontexten haben sowohl als kritisch eingestufte Ereignisse als auch berufsspezifische Ereignisse das Potenzial, akute Stressreaktionen bei Fachkräften auszulösen. Dies trifft insbesondere auf Berufe mit hoher Kontrollfunktion und Verantwortung zu. Forschungsergebnisse bestätigen, dass das in den USA entwickelte Multikomponenten-Programm mithilfe seiner standardisierten und qualitätsgesicherten Interventionen eine Organisation darin vorbereiten und unterstützen kann, mit Stressreaktionen nach kritischen Ereignissen effektiv und professionell umzugehen.

Die Erfahrung zeigt, dass das einmal in ein Unternehmen implementierte Programm professionelle Begleitung (MHP) und Pflege braucht, etwa durch regelmäßige Schulungen. Sie zeigt auch, dass ein kollektiver Umgang mit akuten Stressreaktionen nach kritischen Ereignissen in Unternehmen präventiv wirkt und zur Entlastung Betroffener, ihrer Kollegen und Familien sowie der Gesamtorganisation beiträgt.

In Deutschland haben bisher nur wenige Unternehmen wie Luftfahrtunternehmen, etwa die Deutsche Flugsicherung, das ursprünglich für Einsatzkräfte entwickelte Peer-basierte CISM zur Unterstützung ihrer Fachkräfte im Umgang mit Stressreaktionen nach kritischen Ereignissen im Arbeitsalltag implementiert. Insbesondere in Großunternehmen mit erhöhtem Sicherheitsrisiko für die Fachkräfte und die Bevölkerung wie z. B. Energie- und Chemieunternehmen, Verkehrsbetriebe, Krankenhäuser, aber auch in Behörden mit Publikumsverkehr wie z. B. Jobcentern ist die Implementierung eines Peer-basierten Kriseninterventionsprogramms wie CISM zum Umgang mit Stressreaktionen nach kritischen Ereignissen sinnvoll. Für mittlere und kleine Unternehmen ist eine Zusammenarbeit über entsprechende Netzwerke denkbar. Die Entwicklung von praktikablen, effektiven Modellen hierzu bleibt ebenso wie die Implementierung von CISM in Großunternehmen eine empfohlene Zukunftsaufgabe.

Literatur

Cannon WB (1914) The emergency function of the adrenal medulla in pain and major emotions. American Journal of Physiology 33:356–372

Deahl M, Srinivasan M, Jones N, Thomas J, Neblett C, Jolly A (2000) Preventing psychological trauma in soldiers: The role of operational stress training and psychological debriefing. British Journal of Medical Psychology 73 (1): 77–85

Everly Jr GS (2015) Assisting Individuals in Crisis (5. Aufl.) International Critical Incident Stress Foundation, Ellicott City, MD

Everly Jr GS, Mitchell JT (1999) Critical Incident Stress Management (CISM): A new era and standard of care in crisis intervention (2. Aufl). Chevron, Ellicott City, MD

Everly Jr GS, Mitchell JT (2008) Integrative crisis intervention and disaster mental health. Innovations in Disaster and Trauma Psychology 4

Foerster H von, Ollrogge B (1993) KybernEthik. Merve, Berlin

Huber M (2003) Trauma und die Folgen: Trauma und Traumabehandlung, Teil 1. Junfermann, Paderborn

Klein G (2013) The Effect of Acute Stressors on Decision Making. In: Driskell JE, Salas E (eds) Stress and human performance. Psychology Press, S 4–8

Lasogga F, Gasch B (2000) Psychische Erste Hilfe bei Unfällen. Kompensation eines Defizits (2., überarb. Aufl.) Stumpf und Kossendey, Edewecht

Leonhardt J (2006a) CISM Intervention Methods. In: Leonhardt J, Vogt J (eds) Critical Incident Stress Management in Aviation. Ashgate, Aldershot

Leonhardt J (2006b) Critical Incident Stress Management in Air Traffic Control. In: Leonhardt J, Vogt J (eds) Critical Incident Stress Management in Aviation. Ashgate, Aldershot, S 81–93

Leonhardt J, Vogt J (2006) Critical incident, critical incident stress, posttraumatic stress disorder – definitions and underlying neurobiological processes. In: Leonhardt J, Vogt J (eds) Critical Incident Stress Management in Aviation. Ashgate, Aldershot, S 43–52

Mark MM, Donaldson SI, Campbell B (eds) (2011) Social psychology and evaluation. Social psychology for program and policy evaluation. The Guilford Press, New York, S 416

McEwen BS, Wingfield JC (2003) The concept of allostasis in biology and biomedicine. Hormones and behavior 43 (1): 2–15

Mitchell JT (2006) Critical Incident Stress Management in Aviation: A Strategic Approach. In: Leonhardt J, Vogt J (eds) Critical Incident Stress Management CISM in Aviation. Ashgate, Aldershot, pp 13–42

Mitchell JT, Everly GS (1993) Critical incident stress debriefing: An operations manual for the prevention of trauma among emergency service and disaster workers. Chevron, Baltimore

Mitchell JT, Everly GS (1995) Critical Incident stress debriefing (CISD) and prevention of work related stress among high-risk occupational groups. In: Mitchell JT, Everly GS (eds) Psychotraumatology. Plenum, New York, S 267–280

Mitchell JT, Everly GS (1997) Critical Incident Stress Management: A new era and standard of care in crisis intervention. Chevron, Ellicott City, MD

Mitchell JT, Everly GS (2001) Critical incident stress debriefing: An operations manual (3. Aufl.) Chevron, Ellicott City, MD

Müller-Leonhardt A (2016) Critical Incident Stress Management in komplexen sozio-technischen Organisationen. Dissertationsschrift. Technische Universität Darmstadt

Müller-Leonhardt A, Mitchell SG, Vogt J, Schürmann T (2014) Critical Incident Stress Management (CISM) in complex systems: Cultural adaptation and safety impacts in healthcare. Accident Analysis & Prevention 68:172–180

Müller-Leonhardt A, Strøbæk PS, Vogt J (2015) Dealing Collectively with Critical Incident Stress Reactions in High Risk Work Environments: A case study on a European Air Navigation Services Provider [Special Issue: Risk Culture and Crisis Communication]. International Journal of Risk Assessment and Management 18 (2):156–172

NIMH National Institutes of Mental Health (2002) Mental Health and Mass Violence: Evidence-Based Early Psychological Intervention for Victims/Survivors of Mass Violence. US Government Printing Office, Washington, DC

Reick C, Hagemann T (2007) Gestaltung von Unternehmenskultur. In: Kastner M, Neumann-Held EM, Reick C (Hrsg) Kultursynergien oder Kulturkonflikte. Pabst Science Publishers, Lengerich, S 211–230

Rose S, Bisson J, Churchill R, Wessely S (2009) Psychological debriefing for preventing post traumatic stress disorder (PTSD) (Review). The Cochrane Collaboration

Varker T, Creamer M (2011) Development of guidelines on peer support using the Delphi methodology. Australian Centre for Posttraumatic Mental Health, University of Melbourne

Vogt J, Leonhardt J (2009) Critical Incident Stress Management (CISM) bei richtiger Anwendung ohne Nebenwirkungen. Trauma und Gewalt 3:261–266

Vogt J, Pennig S (2006) Cost-Benefit-Analyses of Critical Incident Stress Management CISM. In: Leonhardt J, Vogt J (eds) Critical Incident Stress Management CISM in aviation. Ashgate, Aldershot, S 153–170

Vogt J, Leonhardt J, Köper B, Pennig S (2004) Economic evaluation of the Critical Incident Stress Management Program. The International Journal of Emergency Mental Health, 6 (4):185–196

Vogt J, Pennig S, Leonhardt J (2007) Critical Incident Stress Management in air traffic control and its benefits. Air Traffic Control Quarterly 15 (2):127–156

Wee DF, Mills DM, Koehler G (1999) The effects of Critical Incident Stress Debriefing (CISD) on emergency medical services personnel following the Los Angeles Civil Disturbance. International Journal of Emergency Mental Health

World Health Organization (1992) The ICD-10 classification of mental and behavioural disorders: clinical descriptions and diagnostic guidelines. WHO, Genf

Wollman D (1993) Critical incident stress debriefing and crisis groups: A review of the literature. Group 17 (2):70–83

Worchel S, Yohai SML (1979) The role of attribution in the experience of crowding. Journal of Experimental Social Psychology 15:91–104

Yehuda R (2001) Biology of posttraumatic stress disorder. Journal of Clinical Psychiatry 62 (Suppl 17):41–46

Yehuda R (2002) Post-traumatic stress disorder. New England Journal of Medicine 346 (2):108–111

Gewalt am Arbeitsplatz und Möglichkeiten der Prävention

A. Gehrke

B. Badura et al. (Hrsg.) *Fehlzeiten-Report 2017*,
DOI 10.1007/978-3-662-54632-1_9, © Springer-Verlag GmbH Deutschland 2017

Zusammenfassung *Konflikte sind menschlich und gehören zum Leben. Selbstverständlich ist der konstruktive Umgang damit jedoch nicht. Wenn Konflikte eskalieren, können Aggressionen und Gewalt die Folgen sein. Für die gesetzliche Unfallversicherung ist eine Konflikteskalation dann relevant, wenn sie während der Arbeit passiert. Beschimpfungen, Bedrohungen, Übergriffe – vor Gewalt am Arbeitsplatz gibt es keine absolute Sicherheit. Einige Beschäftigtengruppen sind jedoch aufgrund ihrer Tätigkeit oder der Umstände einem höheren Risiko ausgesetzt. Für diese, aber auch für alle anderen Arbeitsplätze gilt: Es gibt viele Möglichkeiten, das Risiko von Gewalt am Arbeitsplatz zu reduzieren. Die Unfallversicherungsträger stehen den Betrieben und Organisationen dabei mit ihrer Beratung und Informationsangeboten unterstützend zur Seite.*

9.1 Was sind Aggressionen und Gewalt? Grundlegendes und Begriffsklärung

Konflikte und Gewalt am Arbeitsplatz sind ein komplexes Wirkungsgeschehen. Infolgedessen findet sich eine große Bandbreite von Definitionen in den Wissenschaften, die sich mit Konflikten, Aggression und Gewalt beschäftigen (Wahl 2013).

Die Konfliktforschung untersucht die Entstehung und den Verlauf von Konflikten. Sie entwickelt Lösungsstrategien, um das Handeln in Konflikten positiv zu gestalten und die negativen Auswirkungen eines Konfliktes zu vermindern. Der Begriff Konflikt lässt sich ableiten aus dem Lateinischen »confligere« und bedeutet so viel wie zusammenstoßen, zusammentreffen oder in Kampf geraten. Nach Berkel (2002) spricht man von einem Konflikt, »wenn zwei Elemente gleichzeitig gegensätzlich oder unvereinbar sind«. Berkel gibt an, dass der »neutrale und gleichzeitig umfassende Ausdruck Elemente« verdeutlichen soll, dass ein Konflikt die verschiedensten Inhalte haben kann: Gedanken, Wünsche, Verhaltensweisen, Absichten, Beurteilungen, Bewertungen, Personen oder Gruppen. Aggression und Gewalt resultieren oft aus einer Eskalation eines Konfliktgeschehens. Gewalt kann demnach eine negative Folge von Konflikten am Arbeitsplatz sein. In Betreuungsverhältnissen oder in der Pflege

zum Beispiel können Beschäftigte pflichtbewusst ihrer Aufgabe nachgehen, während die Pflegebedürftigen sich durch die Pflegetätigkeit aber in ihrer Intimsphäre verletzt fühlen. Sie erleben diese Situation als Krisensituation – vielleicht auch, weil ihre Pflegebedürftigkeit in ihnen selbst Ängste und Unbehagen auslöst. Ihre innere Not kann sich in aggressivem Verhalten äußern. Aggressive und übergriffige Handlungen können demnach auch von Menschen ausgehen, die dieses Verhalten aufgrund ihrer Einschränkungen nicht oder nur bedingt steuern können oder die sich in einer Krisensituation befinden.

Je nach theoretischem Hintergrund und praktischer Ausrichtung gibt es ein breites Spektrum an Begriffsbestimmungen von Aggression, Gewalt oder antisozialem Verhalten (Fröhlich-Gildhoff 2006). So kann Gewalt als Begriff für massive Formen aggressiven Verhaltens oder auch als gesellschaftlich normierte Aggression gesehen werden. Im Vordergrund steht hier die Schädigungsabsicht, die sich in einer zielgerichteten und beabsichtigten körperlichen oder verbalen Tätigkeit ausdrückt und zu einer psychischen oder physischen Verletzung führen kann. Ein Räuber setzt zum Beispiel bei einem Überfall gezielt die Bedrohung des Bank- oder Verkaufspersonals ein, um sein Ziel – nämlich Geld und Werte – zu erlangen.

Die International Labour Organization (ILO) definiert Gewalt am Arbeitsplatz als »Jede Handlung, Begebenheit oder von angemessenem Benehmen abweichendes Verhalten, wodurch eine Person im Verlaufe oder in direkter Folge ihrer Arbeit schwer beleidigt, bedroht, verletzt, verwundet wird.« Die verwendete Terminologie im Themenbereich der Gewalt am Arbeitsplatz und die Definition inakzeptablen oder unsozialen Verhaltens am Arbeitsplatz gestalten sich jedoch schwierig. Das Fehlen gemeinsamer Definitionen von Gewalt am Arbeitsplatz erschwert es darüber hinaus, die Erkenntnisse aus unterschiedlichen Studien zu vergleichen. Die Definition der Europäischen Agentur für Sicherheit und Gesundheitsschutz am Arbeitsplatz (2002, Factsheet 24) ist ähnlich der Definition der ILO. Nach dieser beinhaltet Gewalt am Arbeitsplatz in der Regel physische Gewalt sowie verbale Beleidigungen, Bedrohungen, die von Außenstehenden (zum Beispiel Kunden) gegenüber Personen bei der Arbeit ausgesprochen beziehungsweise ausgeübt werden, wobei Gesundheit, Sicherheit und Wohlbefinden der Beschäftigten gefährdet werden.

Aggressive und gewalttätige Handlungen können laut der Europäischen Agentur für Sicherheit und Gesundheitsschutz am Arbeitsplatz folgende Formen annehmen:

- Unhöfliches Verhalten – mangelnder Respekt gegenüber anderen
- Körperliche oder verbale Gewalt – Absicht, jemanden zu verletzten
- Überfälle, Übergriffe Dritter – Absicht, jemanden zu schädigen

Gewalt am Arbeitsplatz kann jeden Beschäftigten betreffen, der im Rahmen seiner Tätigkeit direkten Kontakt zu anderen Menschen hat. Die Europäische Agentur für Sicherheit und Gesundheitsschutz am Arbeitsplatz benennt das Gesundheitswesen und den Einzelhandel als besonders gefährdete Branchen. Dies leitet sich unter anderem aus den Risikofaktoren für Beschäftigte ab, die von der Agentur zusammengetragen wurden:

- Umgang mit Waren, Bargeld oder Wertsachen (zum Beispiel in Geschäften, Tankstellen oder Banken)
- Kontakt mit bestimmten Kunden (zum Beispiel Patienten mit Krankheiten, die mit Gewalt einhergehen)
- Einzelarbeitsplätze (zum Beispiel im Bus oder Taxi)
- Allgemeine Autoritätsfunktionen, Kontrolle oder Überwachung (zum Beispiel bei der Fahrausweisprüfung oder im Wachdienst)
- Schlecht organisierte Unternehmen und Behörden, bei denen es zum Beispiel zu Rechnungsfehlern kommt oder bei denen die Personalressourcen nicht angemessen sind

Aussagen über eine Zunahme aggressiven Verhaltens beziehungsweise von Gewalt sind widersprüchlich. Der öffentlichen Meinung und den Medien nach gäbe es eine klare Zunahme in der Häufigkeit von Gewalt. Durch die Vielfalt an Definitionen von Aggressionen und Gewalt (z. B. strafrechtlich, sozialwissenschaftlich etc.) finden sich aber sehr unterschiedliche Ergebnisse. Alle Statistiken sind durch ihre jeweiligen Besonderheiten zudem nur bedingt aussagekräftig. Die polizeiliche Kriminalstatistik erfasst die übermittelten Daten aller 16 Bundesländer zum Kriminalitätsgeschehen. Sie kann aber nur das sogenannte »Hellfeld« aufzeigen, das heißt, die der Polizei bekannt gewordenen Fälle von Straftaten. Die polizeiliche Kriminalstatistik stützt sich auf einen engen, physischen Gewaltbegriff – psychische oder verbale Gewalt wird nicht direkt beschrieben. Unter Gewaltkriminalität fallen in der polizeilichen Kriminalstatistik Mord, Totschlag, Vergewaltigung, Raubdelikte, gefährliche und schwere Körperverletzung, Körperverletzung mit Todesfolge, erpresserischer Menschenraub sowie die Geiselnahme. Mit dieser Definition werden also nicht alle Straftaten als Gewaltkriminalität erfasst, bei denen Gewalt angewandt wird. So fehlen zum Beispiel Gewaltdelikte wie die Nötigung, Bedrohung oder auch die einfache Körperverletzung. Aus den Daten zum Arbeitsunfallgeschehen lassen sich ebenfalls nur beschränkt direkt Schlussfolgerungen ableiten, nachdem hier zwei Schwierigkeiten bei der Datengewinnung bestehen. Zum einen werden nur Vorfälle berücksichtigt, denen eine Abwesenheit vom Arbeitsplatz von mindestens drei Tagen folgte (meldepflichtige Arbeitsunfälle). Zum zweiten beruhen die Daten auf einer hochgerechneten Stichprobenstatistik auf Grundlage der Unfallmeldungen an die Deutsche Gesetzliche Unfallversicherung (DGUV). Die Anzahl an meldepflichtigen Arbeitsunfällen, die durch »Gewalt, Angriff oder Bedrohung durch Menschen« verursacht waren, lag im Zeitraum 2013 bis 2015 zwischen 14.485 und 19.498. Das entspricht einem Anteil von 1,7–2,3 Prozent der meldepflichtigen Arbeitsunfälle gesamt. Die Zahl der nicht erfassten Fälle ist wesentlich höher einzuschätzen. Festhalten lässt sich zudem auch, dass bestimmte Gruppen von Beschäftigten einem höheren Risiko für das Erleben von Gewalt ausgesetzt sind.

Auf europäischer Ebene erhebt EUROFOUND alle fünf Jahre im Rahmen des repräsentativen European Working Conditions Survey (EWCS) umfangreiche Daten zu den Lebens- und Arbeitsbedingungen der europäischen Erwerbsbevölkerung. Dabei werden auch Daten zu verschiedenen Formen von Gewalt am Arbeitsplatz erfasst. Die Daten aus der EWCS zeigen unterschiedliche Entwicklungen im Zeitverlauf: Die

9.2 · Wie entstehen Aggressionen und Gewalt? Theorien und Erklärungsansätze

95   9

Zahlen zur physischen Gewalt sind rückläufig, während andere Formen von negativem Sozialverhalten weiterhin bestehen. Weniger als 2 Prozent der europäischen Beschäftigten erlebten im Jahr 2010 physische Gewalt, wobei dieser Anteil in den Jahren 1995 bei 4 Prozent und 2000 und 2005 bei 5 Prozent lag. Die Daten der letzten Erhebung im Jahr 2015 sind zum Zeitpunkt dieser Veröffentlichung noch nicht publiziert. Entgegen dem medialen Eindruck, steht bei den Gewaltformen die verbale Gewalt an erster Stelle – und das sowohl in Bezug auf die Europäische Union als auch bezogen auf das Bundesgebiet. In Deutschland waren demzufolge umgerechnet und auf das Jahr 2010 bezogen gut 5 Mio. Beschäftigte (12,4 Prozent) von verbaler Gewalt betroffen. Deutlich weniger häufig (bei ca. 4 Prozent der Beschäftigten) kam es zu Drohungen oder Mobbing (vgl. Köllner in diesem Band).

Es ist allerdings schwierig, endgültige Schlussfolgerungen zu ziehen, denn verschiedene Gewaltformen können miteinander verwoben sein und sich überschneiden, wodurch sie nur schwer voneinander abzugrenzen sind. Unabhängig von allen Zahlen bleiben Gewalterfahrungen bei den Betroffenen mit einem hohen Risiko für eine Gesundheitsschädigung verbunden.

9.2 Wie entstehen Aggressionen und Gewalt? Theorien und Erklärungsansätze

Möchte man die Entstehung von gewalttätigen Auseinandersetzungen erklären, so muss man beachten, dass mindestens zwei Arten von Gewalt unterschieden werden können. Unterschiedliche Formen von Gewalt lassen sich wiederum auf unterschiedliche Ursachen zurückführen. Zum einen gibt es die aggressive, im Sinne der bewussten Form der Gewaltausübung. Versucht ein »Schwarzfahrer« zum Beispiel, sich der Fahrkartenkontrolle zu entziehen, indem er den Fahrausweisprüfer tätlich angreift und wegschubst, so handelt er bewusst. Zum anderen kann Gewalt auch als Symptom einer Erkrankung verstanden werden oder infolge von Substanzmissbrauch auftreten. Gerade im Pflege- und Betreuungsbereich gibt es eine Vielzahl von Patienten, deren aggressives Verhalten eine Folge ihrer Erkrankung (z. B. Demenz) ist. Aber auch medizinisches Personal im ambulanten Bereich kann von Gewalt betroffen sein – zum Beispiel, wenn betrunkene Personen durch den Rettungsdienst oder in der Notaufnahme versorgt werden müssen.

Das Hauptmerkmal für die aggressive Form der Gewaltausübung ist das Handeln einer Person mit dem Ziel, eine andere Person zu schädigen. Für diese Art der Gewalt gibt es eine Reihe an Erklärungsansätzen. Folgt man dem »Freeze, flight, fight or fright«-Ansatz (Gray 1988) so stellt eine Gewaltreaktion einen Mechanismus dar, um auf Gefahr zu reagieren und einer Krisensituation zu entkommen. Es ist demnach eine rasche physische und psychische Antwort, die in Bedrohungssituationen verschiedene Optionen des Handelns bietet: sich totstellen, fliehen oder angreifen. Für steinzeitliche Situationen mag dies ein hinreichender Erklärungsansatz sein. Der Komplexität unserer heutigen Gesellschaft trägt er allerdings nur unzureichend Rechnung. Fröhlich-Gildhoff (2006) führt an, dass bei der Entstehung von Gewalt innerpsychische handlungsleitende Schemata und aktuelle situationsabhängige Auslöser aggressiven oder gewalttätigen Handelns zusammenwirken. Das heißt, individuelle Verhaltensstrategien als allgemeine Grundlage für die Bewältigung von Alltags- und Krisenaufgaben treffen mit einem Muster von Situationen oder Auslösebedingungen zusammen. Solche Auslösebedingungen können sein:

- Unklare soziale Situation (unklare Regeln)
- Überforderung bzw. Konfrontation ohne Ausweich- oder Rückzugsmöglichkeiten
- Eindeutige gewaltinduzierende Hinweisreize (z. B. vorhandene Waffen, geballte Faust)
- Frustrationen
- Soziales Klima (das Gewalt befördert)
- Alkohol und Drogen
- Rolle der Medien

Vertreter der Frustrations-Aggressions-Hypothese gehen davon aus, dass Aggression eine Folge von Frustrationserlebnissen ist. Diese These (Dollard et al. 1939) betont, dass Aggressionen grundsätzlich als Frustrationsfolgen auftreten. Je stärker die Frustration sei, desto intensiver die aggressive Reaktion. Das Gefühl der Frustration entsteht, wenn eine Person sich etwas wünscht oder ein Ziel setzt, dieses dann aber nicht erreicht. Dieser Erklärungsansatz ist jedoch nicht zureichend, da nicht jede Frustration zu Aggression führt und nicht jeder Aggression eine Frustration vorausgeht. So können auf eine Frustration auch andere Reaktionen wie Weinen oder Teilnahmslosigkeit folgen. Es wird nun angenommen, dass Frustration eine Bereitschaft für Aggression schafft beziehungsweise die Wahrscheinlichkeit für eine aggressive Handlung erhöht. Ob eine Person aber tatsächlich auch aggressives Verhalten zeigt, hängt von zusätzlichen Bedingungen ab. So geht man unter anderem davon aus, dass Frustration dann zu Aggression führt, wenn diese es der Person ermöglicht, ein bestimmtes

Ziel zu erreichen. Auf Frustration kann auch dann Aggression folgen, wenn die Umwelt uns Hinweisreize gibt, die eine aggressive Bedeutung haben (zum Beispiel Waffen oder eine aggressive Körperhaltung). Diese Erklärung ist sehr nützlich, wenn es um Deeskalation geht: Das Verhalten des Gegners und auch das eigene Verhalten dienen als Hinweisreize. Somit kann sich eine Gewaltspirale entwickeln, diese aber auch durch deeskalierende Strategien unterbrochen werden.

Einige Wissenschaftler regen aufgrund der vielschichtigen Theorielage an, die Frage nach der Entstehung von Aggression und Gewalt umzukehren. Ihre Ausgangsfrage lautet: Wenn sich Aggression in der Evolution bewährt hat, weshalb gibt es nicht viel mehr davon (Wahl 2013)? Sie begründen ihren Standpunkt damit, dass sich in der Evolution und Menschheitsgeschichte auch alternative Mechanismen der Aggressionshemmung durchgesetzt haben (z. B. Empathie, Altruismus, Gerechtigkeitsgefühle, Moral etc.), um Potenziale an Aggression und Gewalt nicht in gegenseitige Vernichtung ausarten zu lassen. Es sei daher sinnvoll, die Voraussetzungen, Bedingungen, Auslöser, Verlaufsformen und Hemmfaktoren für Aggression und Gewalt zu erforschen, um die Anzahl an Betroffenen und Opfern zu verringern. An diesen Ansatz knüpfen auch die Präventionsbemühungen hinsichtlich der Gewalt am Arbeitsplatz an.

9.3 Wie geht man mit Aggressionen und Gewalt um? Präventionsansätze und Maßnahmen der Sekundärprävention

Gewalt am Arbeitsplatz zu erleben ist bei den Betroffenen mit gesundheitlichen Folgen verbunden, die abhängig sind von der Art und der Schwere der Gewalt. Neben möglichen körperlichen Verletzungen ist grundsätzlich auch mit psychischen Folgen zu rechnen, die sehr unterschiedlich ausfallen können. Traumatische Ereignisse, wie sie durch eine Gewalterfahrung entstehen können, lösen bei den Betroffenen eine massive Stressreaktion aus. Solche psychischen Krisen, also ein Zusammenbrechen der individuellen Bewältigungsstrategien der Person, sind meistens eine kurzfristige Erscheinung. Sie können jedoch auch zu weiter reichenden Störungen (z. B. Motivations- und Identifikationsverluste, Sucht, Ängste, somatische Beschwerden) führen. Selten, aber regelmäßig treten schwerwiegende Folgeerscheinungen wie eine Depression oder posttraumatische Belastungsstörung auf, die im schlimmsten Fall in einer Berufsunfähigkeit münden.

Warum können uns Gewalterlebnisse so aus der Bahn werfen – uns in eine persönliche Krise führen? Unser gesellschaftliches Leben ist durch sogenannte soziale Skripte geregelt. Das sind gewissermaßen Drehbücher für unser soziales Miteinander, für unseren Alltag. Sie strukturieren unser Zusammenleben und geben Orientierung. Sie sollen uns im Grunde auch vor Krisensituationen bewahren. Wie in echten Drehbüchern gibt es Situationen sowie Rollen, die mit bestimmten Normen, Werten und Handlungsmustern besetzt sind. Soziale Rollen sind demnach mit bestimmten Erwartungen verbunden, z. B. dass eine Pflegekraft auf Patienten eingeht, geduldig ist und eigene Bedürfnisse aufschieben kann. Nun nehmen wir jedoch immer mehrere Rollen ein – die der Pflegekraft, die der Kollegin, die der Mutter etc. Verschiedene Rollen können in einer Situation harmonisieren, sich aber auch widersprechen. Nehmen sie zum Beispiel die Erwartung an die Pflegekraft, sich Zeit für die Belange des Patienten nehmen und gleichzeitig die Erwartung an dieselbe Person als Mitarbeiterin oder Kollegin, alle Aufgaben zeitgerecht erfüllen. Beide Erwartungshaltungen widersprechen sich – es kommt zu einem Rollenkonflikt. Ähnlich ist es in Situationen, in denen die Pflegekraft verbale Aggressionen, sexuelle Belästigung oder physische Gewalt durch Patienten erfährt. Sie ist einerseits darauf eingestellt, sich um die Patienten zu kümmern und dabei ihre eigenen Bedürfnisse aufzuschieben. Andererseits ist sie auch in der Pflegesituation eine eigenständige Person mit eigenen Vorstellungen, Wünschen und Grenzen. Ihre Grenzen werden jedoch überschritten. Wie soll sie nun reagieren? Die beschriebene zwiespältige Situation führt zu einem Gefühl der Machtlosigkeit, der Hilflosigkeit und schlimmstenfalls zu einer tiefen Verzweiflung. Sie ist nicht vorhersehbar und die Handlungsmöglichkeiten fehlen – wir verfügen nicht über das passende Drehbuch und fühlen uns orientierungs- und haltlos. Wir geraten in eine Krisensituation. Viele Führungskräfte wiederum neigen dazu, Vorfälle zu bagatellisieren und die Problematik zu tabuisieren – häufig, weil auch ihnen einfach das passende Drehbuch fehlt. Die persönliche Krise von Betroffenen kann dies jedoch sogar verstärken. Dem muss entgegengewirkt werden.

Im Bereich der Gewaltprävention existieren eine Vielzahl unterschiedlicher Ansätze und Theorien. Konzepte und Begriffe sind häufig durch Stereotype, kulturelle Werte und Rollenbilder geprägt. Dies kann in manchen Fällen dazu führen, dass die Thematik unterschätzt oder inakzeptables Verhalten toleriert wird. Gerade in helfenden Berufen wie zum Beispiel dem Rettungsdienst oder dem Polizeidienst, aber auch dem Pflegedienst herrscht das Rollenbild des sich selbst aufopfernden Beschäftigten vor, der seine eigenen Bedürfnisse zugunsten anderer hintanstellt und Krisensituationen meistern kann. Ebenso vielschichtig wie die Begriffe, Theorien und Konzepte ist die Diskussion, mit welchen Maßnahmen die Entstehung von Gewalt am Arbeitsplatz verhindert werden kann (Gehrke 2013). Die Ansätze, die häufig auf den ersten Blick plausibel erscheinen, widmen sich vor allem den Deeskalationsstrategien. Laut Eurofound (2003) wurden in den vergangenen Jahren verschiedene Maßnahmen genutzt, mit denen versucht wurde, aus einer verhaltensorientierten Perspektive mögliche Folgen der Gewalt am Arbeitsplatz zu vermeiden. Nicht immer aber reichen solche Strategien aus und so gibt es auch Ansätze, die Umgebungsbedingungen zu gestalten und zum Beispiel in Banken die Kunden von den Beschäftigten durch Tresen und Glasscheiben zu trennen. So steht in der Praxis dann die Kundenfreundlichkeit dem Schutz der Beschäftigten gegenüber und die Debatte beginnt von Neuem: Verhaltens- versus Verhältnisprävention.

Die Prävention hat die klare Aufgabe, zu verhindern, dass Personen im Rahmen ihrer Tätigkeit Gewalterfahrungen ausgesetzt sind sowie den beschriebenen Folgen durch sekundärpräventive Maßnahmen entgegenzuwirken. Die gesetzliche Verpflichtung zur Prävention von Gewalt am Arbeitsplatz ergibt sich vor allem aus dem Siebten Buch Sozialgesetzbuch (SGB VII) und aus dem Arbeitsschutzgesetz (1996). Das SGB VII verpflichtet die Unfallversicherungsträger, arbeitsbedingte Gesundheitsgefahren mit allen zur Verfügung stehenden Mitteln zu verhüten. Gewalt am Arbeitsplatz stellt eine arbeitsbedingte Gesundheitsgefahr dar und liegt somit im Zuständigkeitsbereich der gesetzlichen Unfallversicherungsträger. Das Arbeitsschutzgesetz verpflichtet Arbeitgeber, die Arbeit so zu gestalten, dass ermittelte Gefährdungen für das Leben sowie die physische und psychische Gesundheit möglichst vermieden und die verbleibende Gefährdung möglichst gering gehalten wird. Hierzu gehört im Falle einer ermittelten Gefährdung durch Gewalt deren Prävention. Auf Arbeitsplatzebene können sowohl das Arbeitsumfeld als auch die spezifische Arbeitssituation das Gewaltrisiko beeinflussen. Aufgrund der Komplexität der Problematik kann es jedoch keine »pauschale« Lösung geben. Die komplette Bandbreite der Ursachen, die zu Gewalt führen, sollte in einem mehrstufigen Ansatz, der primäre, sekundäre und tertiäre Präventionsstrategien umfasst, betrachtet und reflektiert werden.

Grundlage aller Überlegungen der Prävention sollte die Frage sein: Wie können die Bedingungen für alternative Reaktionen anstelle von Aggressionen und Gewalt verbessert werden (Wahl 2013)? Wesentlicher Bestandteil einer wirksamen Prävention ist es, die rechtlichen Bestimmungen zu Sicherheit und Gesundheit am Arbeitsplatz einzuhalten und sich eindeutig gegen Gewalt zu positionieren. Maßgabe bei der Entwicklung eines Vorsorgekonzepts sollte es zudem sein, der Bedrohungssituation angemessene Maßnahmen zu formulieren, die sich an der Maßnahmenhierarchie ausrichten. Eine grundlegende Orientierung für die Ableitung der Präventionsmaßnahmen bietet das sogenannte TOP-Schema (vgl. Arbeitsschutzgesetz § 4). Es ist handlungsleitend im Arbeitsschutz und benennt die Reihenfolge der zu entwickelnden Maßnahmen wie folgt:

1. Technische Maßnahmen
2. Organisatorische Maßnahmen
3. Personenbezogene Maßnahmen

Im ersten Schritt werden Gefährdungsbeurteilungen durchgeführt, um Risiken zu ermitteln, zu bewerten und gegebenenfalls vorbeugende Maßnahmen einleiten zu können. Im Rahmen der Gewaltprävention kommt dem Faktor »Gefährdung durch Personen« hierbei besondere Bedeutung zu. Zu den Maßnahmen der Gewaltprävention gehört zum einen alles, was im Rahmen der Verhältnisprävention das Auftreten gewalttätiger Handlungen verhütet oder zumindest deren Auftreten verringert. Diese Maßnahmen reichen von der ausreichenden Beleuchtung und Fluchtmöglichkeiten über Zugangskontrollsysteme bis hin zu einem internen Notfallschema und der regelmäßigen Unterweisung der Mitarbeiter. Im Folgenden sind Ansätze für Präventionsmaßnahmen nach dem TOP-Prinzip beispielhaft aufgeführt:

Technisch/baulich:
- Ausreichende Beleuchtung auf Parkplätzen, an Zugangstüren, auf Fluren
- Nach Möglichkeit Schaffung eines zweiten Fluchtwegs
- Ggf. freundliche Gestaltung von Wartebereichen (Farbgebung, Sauberkeit, Spielecken für Kinder)
- Zugangskontrollsysteme
- Verschluss-, Verwahr-, und Transportsysteme
- Überwachungseinrichtungen
- Alarmierungsmöglichkeiten

Organisatorisch:
- Vermeidung von Alleinarbeitsplätzen bzw. schwer einsehbaren Arbeitsplätzen
- Sicherung von Gegenständen, die als Waffe dienen können (Tacker, Brieföffner, Kugelschreiber etc.)
- Ggf. geringer Bargeldbestand

- Kundenfreundliche Abläufe (realistische Terminvergabe, Informationstheke)
- Hausordnung
- Notfallschema inkl. (psychologische) Erste Hilfe

Personenbezogen:
- Unterweisung der Mitarbeiter (Bedienung technischer Sicherheitseinrichtungen, Notfallschema, Erwartung an die Beschäftigten)
- Fortbildung (Deeskalation, Konfliktmanagement, Verhaltensempfehlungen)
- Angebot von Supervision nach einem Ereignis

Die beschriebenen Maßnahmen der Verhältnisprävention zielen darauf ab, Konfliktsituationen, die zu Gewalt führen können, gar nicht erst entstehen zu lassen, beziehungsweise im Falle der Konfliktentstehung deeskalierend einwirken zu können. Qualifizierungen zu den Themen Konfliktbewältigung und Gewaltprävention finden sich bei vielen Anbietern. Ein entscheidender Anhaltspunkt bei der Auswahl sollte sein, dass die Qualifizierungsmaßnahmen branchenspezifisch angeboten und auf das Unternehmen oder die Institution zugeschnitten werden. Auch wenn nach dem Arbeitsschutzgesetz und der damit verbundenen Maßnahmenhierarchie die individuellen, also personenbezogenen Schutzmaßnahmen generell nachrangig zu betrachten sind, so nehmen sie dennoch im Bereich der Gewaltprävention eine gewichtige Rolle ein. Wer gewalttätige Auseinandersetzungen am Arbeitsplatz vermeiden will, muss Konflikte angemessen bewältigen können. Die wichtigste Voraussetzung der Konfliktfähigkeit ist, dass die Konfliktsituation als solche erst einmal wahrgenommen wird. Des Weiteren sind die Bereitschaft für gewaltfreie Lösungsansätze und die Fähigkeit, den Konflikt so zu lösen, dass sich keiner als Verlierer fühlt und schon gar nicht das Gesicht verliert, wichtige Ansatzpunkte. Kenntnisse über kommunikative Strategien sind für eine konstruktive Konfliktbewältigung demnach notwendig. Eine kommunikative Strategie der Deeskalation ist zum Beispiel, Person und Sache argumentativ zu trennen. Das bedeutet, die persönliche Ebene und den Konfliktgegenstand nicht zu vermischen. Diese und andere Lösungsansätze können im Rahmen entsprechender Qualifizierungsmaßnahmen erworben und eingeübt werden. Ein weiteres wichtiges Präventionsangebot stellt die psychologische Betreuung nach Krisenereignissen dar. Das Ziel der psychologischen Erstbetreuung ist es, die akuten Stressreaktionen in und nach Krisensituationen möglichst zu vermindern und wenn nötig die Weitervermittlung in professionelle psychologische Versorgung sicherzustellen. Bereits heute kommen zahlreiche be-

triebliche oder externe psychologische Erstbetreuerinnen und -betreuer bei Krisenereignissen zum Einsatz. Diese Entwicklung ist sehr positiv, doch noch immer nicht selbstverständlich und deshalb ausbaufähig.

9.4   Fazit

Vorfälle von Gewalt am Arbeitsplatz wird es immer geben, ganz vermeiden können wird man sie leider nie. Bestimmte Gruppen von Beschäftigten sind aufgrund verschiedener Faktoren einer höheren Gefährdung für das Erleben von Gewalt ausgesetzt. Die gesetzliche Verpflichtung zur Prävention von Gewalt am Arbeitsplatz ergibt sich besonders aus dem SGB VII und aus dem Arbeitsschutzgesetz. Das SGB VII verpflichtet die Träger der gesetzlichen Unfallversicherung, unter anderem arbeitsbedingte Gesundheitsgefahren mit allen zur Verfügung stehenden Mitteln zu verhüten. Gewalt am Arbeitsplatz ist eine arbeitsbedingte Gesundheitsgefahr – deren Prävention fällt somit in den Verantwortlichkeitsbereich der gesetzlichen Unfallversicherung. Das Arbeitsschutzgesetz verpflichtet zudem Arbeitgeber, die Arbeit so zu gestalten, dass ermittelte Gefährdungen für Leben und Gesundheit der Beschäftigten möglichst vermieden werden. Hierzu gehört im Falle einer ermittelten Gefährdung durch Gewalt deren Prävention, denn Gewalterfahrungen stellen immer ein Risiko für eine Gesundheitsschädigung bei den Betroffenen dar – bleiben immer auch Krisenereignisse für die Betroffenen. Es gibt jedoch zahlreiche Möglichkeiten, das Auftreten von Aggressionen und Gewalt am Arbeitsplatz zu senken und die Organisation angemessen vorzubereiten. Diese Präventionsoptionen sollten auf Grundlage einer Gefährdungsbeurteilung abgeleitet werden und nach der Maßnahmenhierarchie ausgerichtet sein. Durch die Komplexität der Gefährdungssituationen und die branchenspezifischen Arbeitssituationen kann es keine pauschale Strategie zur Prävention von Gewalt am Arbeitsplatz geben. Verhältnisbezogene Maßnahmen, die sich der Gestaltung des Arbeitsumfeldes widmen, sollten ebenso einbezogen werden wie verhaltensbezogene Ansätze. Gut geschulte Beschäftigte an optimal gestalteten Arbeitsplätzen sind das anzustrebende Ziel aller Bemühungen. Um den Weg bis dahin aber auch beschreiten zu können, stehen die Unfallversicherungsträger und die DGUV den betrieblichen Verantwortlichen unterstützend zur Seite.

Literatur

Berkel K (2002) Konflikttraining. Konflikte verstehen, analysieren, bewältigen. Sauer, Heidelberg

Das Siebte Buch Sozialgesetzbuch – Gesetzliche Unfallversicherung – (Artikel 1 des Gesetzes vom 7 August 1996, BGBI I S 1254), das durch Artikel 5 des Gesetzes vom 11 November 2016 (BGBI I S 2500) geändert worden ist

Dollard J, Doob LW, Miller N, Mowrer OH, Sears RR (1939) Frustration and aggression. Yale University Press, New Haven

Eurofound (2003) Prävention von Gewalt und Belästigung am Arbeitsplatz, Dublin. http://www.eurofound.europa.eu/pubdocs/2003/30/de/1/ef0330de.pdf. Gesehen 21 Apr 2017

Europäische Agentur für Sicherheit und Gesundheitsschutz am Arbeitsplatz (2002) Gewalt bei der Arbeit. Factsheet 24

European Foundation for the Improvement of Living and Working Conditions (2010) 5th European Working Conditions Survey, Dublin

Fröhlich-Gildhoff K (2006) Gewalt begegnen. Konzepte und Projekte zur Prävention und Intervention. Kohlhammer, Stuttgart

Gehrke A (2013) Konflikte und Gewalt. In: Windemuth D, Jung D, Petermann O (Hrsg) Praxishandbuch psychische Belastungen im Beruf. Universum, Wiesbaden

Gesetz über die Durchführung von Maßnahmen des Arbeitsschutzes zur Verbesserung der Sicherheit und des Gesundheitsschutzes der Beschäftigten bei der Arbeit (Arbeitsschutzgesetz – ArbSchG 1996)

Gray JA (1988) The Psychology of Fear and Stress. 2nd ed. Cambridge University Press, New York, NY

International Labour Organization (2003) Code of practice on workplace violence in services sectors and measurement to combat this phenomenon. http://www.ilo.org/wcmsp5/groups/public/---ed_protect/---protrav/---safework/documents/nomativeinstrument/wcms_107705.pdf. Gesehen 21 Apr 2017

Wahl K (2013) Aggression und Gewalt. Ein biologischer, psychologischer und sozialwissenschaftlicher Überblick. Spektrum Akademischer Verlag, Heidelberg

Teamkrisen

Interorganisationale Zusammenarbeit: Erfolgsfaktor statt Krise

G. Hofinger, C. Beck

B. Badura et al. (Hrsg.) *Fehlzeiten-Report 2017*,
DOI 10.1007/978-3-662-54632-1_10, © Springer-Verlag GmbH Deutschland 2017

Zusammenfassung *Interorganisationale Zusammenarbeit stellt besondere Anforderungen, die über diejenigen von Teamarbeit hinausgehen. Im Beitrag werden kritische Erfolgsfaktoren der interorganisationalen Zusammenarbeit beleuchtet, wodurch sich Krisen in Teams vermeiden lassen. Interorganisationale Zusammenarbeit ist eine alte Erfahrung, aber ein recht neues Forschungsfeld. Aus der Organisations- und Teamforschung sowie aus Erfahrungsberichten lassen sich wichtige Ansatzpunkte für die Gestaltung gelingender Zusammenarbeit finden. Zentral scheinen auf struktureller Ebene gemeinsame Ziele sowie Klarheit der Rollen und Verantwortlichkeiten, Flexibilität und Führung zu sein. Auf Ebene der konkreten Zusammenarbeit sind gemeinsame Kooperationsbereitschaft und mentale Modelle erfolgskritische Faktoren. Außerdem beeinflussen Ziele und Kulturen der Organisationen sowie das Wissen übereinander den Erfolg interorganisationaler Zusammenarbeit. Störungen in diesen Bereichen können als Stressoren für die Beteiligten wirken und so auch gesundheitliche Auswirkungen haben. Probleme in der interorganisationalen Zusammenarbeit können ein Aspekt von Teamkrisen sein. Umgekehrt führen Organisationskrisen auch zu Belastungen in der interorganisationalen Kooperation.*

10.1 Formen der Zusammenarbeit

»Interorganisationale Zusammenarbeit« ist ein junger Begriff, aber eine sehr alte Erfahrung: Seit es Arbeitsteilung gibt, haben Menschen in verschiedenen Berufen und Organisationen kooperiert. Die Bäuerin und der Müller sind ein uraltes Beispiel berufsübergreifender Kooperation. Ein Beispiel für die Zusammenarbeit verschiedener Berufe und zugleich das Aufeinandertreffen ihrer Berufskulturen ist die in den vergangenen Jahrzehnten erfolgte Zusammenlegung der Feuerwehr- und Rettungsdienst-Leitstellen als Integrierte Leitstellen. Ein Beispiel für die Kooperation verschiedener Organisationen ist die Fertigung hochspezialisierter, für das jeweilige Unternehmen maßgeschneiderter Maschinen in der Papierherstellung, bei der Angestellte eines Maschinenbau-Unternehmens die Maschinen über ein Jahr hinaus im produzierenden Unternehmen einrichten und dessen Mitarbeitende schulen.

Zusammenarbeit kann also berufsübergreifend oder organisationsübergreifend oder beides sein (◻ Tab. 10.1). **Interprofessionell** bedeutet, dass Menschen mit verschiedenem beruflichem Hintergrund innerhalb einer Organisation oder über Organisationsgrenzen hinweg zusammenarbeiten. **Interorganisationale** Zusammenarbeit kann mit verschiedenem oder ähnlichem beruflichem Hintergrund stattfinden.

◻ **Tab. 10.1** Interprofessionelle und interorganisationale Zusammenarbeit

	Gleicher Beruf	Interprofessionell
Innerhalb einer Organisation	z. B. Fertigungsteam in einem Automobilkonzern	z. B. Ärztliches Personal und Pflegepersonal im Krankenhaus
Interorganisational	Austausch von Lehrkräften verschiedener Schulen	Softwarespezialisten eines externen Dienstleisters und Projektmanager einer Bank

Quelle: Hofinger (2009)

Die Zusammenarbeit zwischen Organisationen verläuft ebenso wenig von allein reibungslos wie individuelle Kooperation. Gemeinsames Interesse oder gegenseitige Beauftragung schließen divergierende Einzelinteressen und Konflikte nicht aus, die sich im schlimmsten Fall zu ernsthaften Krisen entwickeln können, insbesondere wenn verschiedene Berufs- und Organisationskulturen aufeinandertreffen. Probleme in der interorganisationalen Zusammenarbeit können für die Beteiligten ebenso belastend sein wie solche in der eigenen Organisation.

10.2 Interorganisationale Zusammenarbeit als besondere Form der Teamarbeit

Auch in der »interorganisationalen Zusammenarbeit«, also der zwischen Organisationen, sind immer konkrete Personen Träger der Zusammenarbeit. Wenn Menschen aus verschiedenen Organisationen zusammenarbeiten, können wir sie als Team ansehen. Häufig ist dies ein *Ad-hoc*-Team mit begrenzter Lebensdauer. Das bedeutet, die Beteiligten kennen sich kaum oder gar nicht, wenn sie die Zusammenarbeit beginnen, sollen aber gleich leisten. Sie haben also wenig Zeit für Phasen der Teamentwicklung, in denen man sich kennenlernt, Regeln festgelegt und Hierarchien geklärt werden (»norming« und »storming«; Tuckman 1965). Wenn diese Art des Zusammenarbeitens nicht geübt ist, kann die Anforderung, »ohne Aufwärmen« erfolgsorientiert zu arbeiten (»performing«), zu motivationalen Störungen in der Zusammenarbeit führen und für die Beteiligten als Stressor wirken.

Wie Zusammenarbeit unter verschiedenen Bedingungen gelingen kann, wird in der Teamforschung und in der Forschung zu Hochleistung seit Langem untersucht (z. B. Badke-Schaub 2008; Paris et al. 2000; Pawlowsky und Mistele 2008; Weick und Sutcliffe 2007). Hier finden sich immer wieder Erfolgsfaktoren, die auch in Erfahrungsberichten aus interorganisationaler Zusammenarbeit eine große Rolle spielen. Diese Erfolgsfaktoren könnten auch als Krisenpräventionsmaßnahmen für Teams bezeichnet werden:

- Gemeinsamer **Zielbezug**
- **Kooperation** – dies betrifft die individuelle **Motivation zur Zusammenarbeit**, also die Bereitschaft, eigene Leistung in die Teamleistung einfließen zu lassen, und das **Teilen von Ressourcen**
- **Kommunikation**, insbesondere **Informationsaustausch** und **gemeinsame mentale Modelle**
- Klare **Rollen** und **Aufgaben** im Team

Allerdings lässt sich Zusammenarbeit über Organisationsgrenzen hinweg nicht einfach mit »normaler« Teamarbeit gleichsetzen – sie findet unter besonderen Bedingungen statt. Interorganisationale Zusammenarbeit kann man verstehen als »Handeln im Ad-hoc-Team unter dem Einfluss unterschiedlicher Organisationskulturen«. Wodurch zeichnet sich diese Form aus?

- Der **Gegenstand der Zusammenarbeit** und die **Rollen** und Zuständigkeiten müssen zwischen den Organisationen ausgehandelt werden (Lauche 2012).
- Es gibt differierende **übergeordnete Ziele** der Organisationen. In der Zusammenarbeit einer staatlichen Organisation, wie z. B. einem Jugendamt, und privatwirtschaftlichen Organisationen liegt auf den einzelnen Beteiligten unterschiedlicher wirtschaftlicher Druck – während Beamte ihren Arbeitsplatz nicht refinanzieren müssen, ist diese Notwendigkeit Mitarbeitenden von Privatfirmen jederzeit als ein Ziel ihres Handelns bewusst.
- **Unterschiedliche Organisationskulturen** beeinflussen das Handeln. In der Zusammenarbeit können stark unterschiedliche Kulturen die Tendenz, die eigene Gruppe zu bevorzugen, erhöhen und Konkurrenzdenken verstärken (*in-group-bias*; z. B. Ryan et al. 1997). **Kommunikationsstile** sind ein Beispiel für meist nicht bewusste, »selbstverständliche« Effekte von Kulturen: Pflegekräfte lernen meist, das Problem des Patienten in Form einer »Geschichte« mitzuteilen – eine *thick description* (Geertz 1973), die der bzw. dem Hörenden erlaubt, die Entwicklung des Problems mit zu verfolgen. Ärzte hingegen erwarten häufig nur Fakten über den Zustand des Patienten, um sofort handeln zu können (Lingard et al. 2002).
- Unterschiedliche **Rahmenbedingungen** des Arbeitens, wie z. B. Entlohnungssysteme, Schichtsysteme, wirtschaftlicher Druck, beeinflussen die Motivation und die konkrete Form des Arbeitens. In Leitstellen arbeiten häufig Beamte der Feuerwehr mit Angestellten des Rettungsdienstes zusammen, bei unterschiedlichen Arbeitszeiten, Entlohnung, Altergrenzen etc.
- Das kooperative Handeln wird beeinflusst von **Wissen** übereinander und durch erfahrungsgeleitete **Erwartungen** aneinander (Buerschaper 2008). Da in der interorganisationalen Zusammenarbeit das Wissen übereinander (v. a. über Kulturaspekte) meist gering ist, können Vorurteile und Stereotype die Rolle von Erfahrungswissen übernehmen. Dies ist eine Ursache von Teamkonflikten.

— Es gibt mehr **Schnittstellen** als bei »normaler« Teamarbeit, da in die Heimat-Organisation hinein kommuniziert werden muss. Die Produktivitätsverluste durch Koordinationsaufwand (Steiner 1972) können dadurch höher sein als in normalen Teams.

— Bei Kooperationen gibt es – anders als bei Beauftragungen – keine übergeordnete »weisungsbefugte Einheit, die die Einhaltung organisatorischer Regeln und Verhaltensrichtlinien überwacht und sicherstellt.« (Hirschmann 1996 nach Gurtner 2003)

10.3 Kritische Erfolgsfaktoren für interorganisationale Zusammenarbeit

Es lassen sich aus Erfahrungsberichten und der Literatur die im Folgenden beschriebenen Themenfelder für interorganisationale Zusammenarbeit ausmachen. Die nachfolgend aufgeführten Punkte lassen sich in Organisationen als Krisenprävention umsetzen.

■ **Ziele und Prioritäten**

Die beteiligten Organisationen müssen gemeinsame Ziele bilden. Diese Ziele müssen kompatibel zu den Oberzielen der einzelnen Organisationen sein. Die gemeinsamen Ziele müssen zudem für alle Mitarbeitenden klar sein, damit sie das Handeln leiten können. McMaster und Baber (2008) verlangen eine »Diffusion« der Ziele durch die Organisationen bis hin zu den Kräften »vor Ort«.

Mitglieder interorganisationaler Teams berichten von häufigen Zielkonflikten auf Organisationsebene. Dies können inhaltliche Konflikte sein, unterschiedliche Prioritäten und Ressourcenkonflikte oder persönliche Zielkonflikte wie Kampf um öffentliches Prestige und Macht.

Auch innerhalb eines Teams kann es zu Zielkonflikten kommen. Während Person A sich profilieren möchte und ein Projekt als Sprungbrett in die nächste Hierarchiestufe nutzen möchte, ist es Person B wichtig, pünktlich Feierabend zu machen und die Wochenenden nicht für die Arbeit zu nutzen. Person C dagegen will sich vor allem im Team wohlfühlen und vermeidet deshalb jeglichen Widerspruch.

■ **Rollenklarheit, Klarheit der Verantwortlichkeiten**

Neben den Zielen muss allen Beteiligten klar sein, wer welche Rolle bzw. Funktion in der gemeinsamen Arbeit hat – wer trägt die wirtschaftliche Verantwortung, wer welche juristische? Klare Rollen tragen dazu bei, dass alle wissen, was von ihnen erwartet wird und was sie von anderen erwarten können (Sloper 2004). Rollenambiguität, also die Unklarheit darüber, was zu den eigenen Arbeitsaufgaben gehört, kann zu Konflikten, Zeitverzögerungen und emotionaler Belastung führen. Dies gilt insbesondere, wenn es keine eingeübten Formen der Kommunikation über Rollen und Erwartungen gibt.

Beispiel

In einem Büro für das Design von Wegeleitsystemen ist es üblich, Aufgaben in Projekten zu erledigen und der Projektleitung nur Rückmeldung zu geben, wenn etwas nicht klappt. Bei der Zusammenarbeit mit einem Kaufhaus kommt es zu Konflikten, weil sich die Projektleitung für den Umbau einer Filiale schlecht informiert fühlt. Sie ist gewöhnt, von den Projektmitgliedern regelmäßige Statusberichte zu erhalten. Bei einer Projektbesprechung kommt es zu Vorwürfen über mangelhafte Kommunikation, die die Designer als ungerecht empfinden.

■ **Unterstützung der Zusammenarbeit durch die Führungspersonen**

Die **Bereitschaft der Führungsebenen**, die interorganisationale Zusammenarbeit zu unterstützen, wird als entscheidend für das Gelingen »vor Ort« angesehen (z. B. McMallin 2001; Sloper 2004). Andersherum beeinträchtigt fehlendes Commitment der Führungsebene die Teams vor Ort.

Beispiel

Als kanadische Regionen hinsichtlich der Kooperation zwischen Krankenhäusern und niedergelassenen Ärzten untersucht wurden, zeigte sich, dass in den Regionen mit der schlechtesten Zusammenarbeit in diesem Bereich die Führung lokal und zentral wenig involviert war (D'Amour et al. 2003).

■ **Informationsflüsse und Kommunikationsmöglichkeiten**

Kommunikationsprobleme in der Zusammenarbeit von Organisationen können Störungen der **Informationsflüsse** sein oder auf gestörte **Beziehungen** zurückgehen (Hofinger 2012). Informationsflüsse können durch technische Probleme ins Stocken geraten sein oder auf Verständnisproblemen z. B. durch unterschiedliche Fachsprachen beruhen. Für die Kooperation in den konkreten Teams scheint die Möglichkeit direkter Kommunikation untereinander (ohne formalisierte Wege durch die Hierarchien einhalten zu müssen) zentral.

Beispiel

Beim Absturz der Challenger 1986 war ein beitragender Faktor, dass die Ingenieure von Morton Thiokol, die Zweifel an der Sicherheit bestimmter Dichtungen hatten, nicht mit den Entscheidern bei der NASA kommunizieren konnten – die Information wurde vom Morton-Thiokol-Management über mehrere Hierarchieebenen bei der NASA an die Entscheider weitergeben, die so ein »entschärftes« Bild der Situation bekamen.

▪ **Organisationsstrukturen**

Die Strukturen der beteiligten Organisationen spielen eine wichtige Rolle für das Gelingen oder Misslingen von Kooperationen. Kooperation ist einfacher, wenn alle beteiligten Organisationen bzw. die in ihnen tätigen Berufsgruppen gut durchorganisiert sind und die Strukturen sich ähneln, also z. B. ein ähnliches Verständnis von Hierarchien gegeben ist.

Die Strukturen müssen aber angepasst werden können, wenn es der Fall erfordert. Um flexibel auf die jeweiligen Anforderungen der Arbeit reagieren zu können, müssen die Teams Entscheidungskompetenzen haben. Das ist eine Erkenntnis aus der Forschung zu sicheren Organisationen (z. B. Weick und Sutcliffe 2007); sie gilt aber auch für die Koordination zwischen Unternehmen aller Art.

▪ **Gemeinsames Training**

Damit interorganisationale Zusammenarbeit gelingt, müssen die Mitarbeitenden darauf vorbereitet sein. Das kann teilweise schon in der Berufsausbildung oder im Studium geschehen; dies ist aber nach Einschätzung der Autorinnen eher unüblich. Gemeinsames **berufsgruppenübergreifendes Training** erwies sich in einer Überblicksstudie als einer der Erfolgsfaktoren für institutionelle Zusammenarbeit (Lyne et al. 2001; s. auch Marks et al. 2002). Wenn formales Training nicht möglich ist, sollten die Teams Zeit haben, sich und ihre Organisationen kennenzulernen und Regeln des Zusammenarbeitens zu klären.

Die bisher genannten Themenfelder müssen in den Organisationen geklärt werden. Aber auch auf der Ebene der konkret handelnden Personen gibt es erfolgskritische Faktoren:

▪ **Gemeinsame mentale Modelle**

Alle Beteiligten an interorganisationaler Zusammenarbeit handeln auf der Grundlage ihrer subjektiven »mentalen Modelle« der Situation und der anderen Personen. Da jede Person sich ihre eigene Realität konstruiert, kann kooperatives Handeln nur gelingen, wenn die verschiedenen mentalen Modelle der Einzelnen miteinander in möglichst große Übereinstimmung

gebracht werden. Geschieht dies nicht, handelt unter Umständen jedes Teammitglied auf der Basis unterschiedlicher Annahmen über die Situation. Ein **gemeinsames Verständnis** der Situation und der Probleme ist deshalb seit einigen Jahren als einer der zentralen Erfolgsfaktoren für Teams anerkannt (z. B. Cannon-Bowers und Salas 2001; Dietrich und Jochum 2004; Entin und Serfaty 1999). Solche gemeinsamen mentalen Modelle sind wichtig bezüglich der **Aufgabe** (was haben wir zu tun?), des **Teams** (Wer sind wir? Was können wir?), der zur Verfügung stehenden Ausrüstung/**Ressourcen** und der **Rahmenbedingungen** des Handelns/der Teamumwelt (ähnlich Cannon-Bowers et al. 1993; Tschan und Semmer 2001). In Teams, die häufig zusammenarbeiten, werden etliche dieser Aspekte irgendwann selbstverständlich. In den Ad-hoc-Teams der interorganisationalen Zusammenarbeit, die keinen gemeinsamen Alltagshintergrund haben, ist es umso wichtiger, diese Aspekte explizit zu klären.

Eine Voraussetzung für die Entstehung eines gemeinsamen Situationsverständnisses ist eine gemeinsame Sprache oder mindestens ein Verständnis der Sprache der jeweils anderen Organisation. Um dies zu erreichen, braucht man Zeit und Gelegenheiten, um die andere Organisation kennenzulernen.

▪ **Wissen über Ziele, Kultur und Arbeitsweise der anderen Organisation**

Erwartungen aneinander leiten das kommunikative Handeln. Die Kultur und die Arbeitsweise der anderen Organisation in groben Zügen zu kennen ist eine Voraussetzung der interorganisationalen Zusammenarbeit. Fehlt fundiertes Wissen übereinander, werden die Erwartungen aneinander eher von Vorurteilen und anekdotischen Erfahrungen geleitet.

Beispiel

Um ein innovatives neues Produkt zu entwickeln, engagiert ein etabliertes Unternehmen ein Startup. Die Startup-Mitarbeitenden duzen sich alle untereinander und haben flexible Arbeitszeiten. Teilweise ist vormittags niemand telefonisch zu erreichen. Diese Arbeitskultur wirkt auf die Auftraggeber befremdlich und sie zweifeln an der Kompetenz des Startups. Beide Seiten müssen zunächst ein Verständnis und eine Akzeptanz für die Arbeitsweise des jeweils anderen entwickeln.

▪ **Individuelle Ebene: Motivation und Vertrauen**

Die individuelle Motivation, die eigene Leistung in ein Team einzubringen, Ressourcen zu teilen und nicht durchgängig mit der eigenen Leistung sichtbar zu sein, ist bei jeder Teamarbeit wichtig. In der interorganisationalen Zusammenarbeit kommt als wichtige individuelle Motivation hinzu, sich mit der anderen Organisation auseinandersetzen zu wollen und sich auf ungewohnte Umgangsformen und Arbeitsweisen einlassen zu können.

Die Motivation zur Kooperation wird wesentlich gestärkt durch **Vertrauen** in die jeweils andere Organisation und die konkreten Personen, die sie vertreten. Vertrauen kann entstehen, wenn man sich kennenlernen kann (z. B. D'Amour et al. 2003; Juriado und Gustafsson 2007). Zu Vertrauen zählt einerseits, dass man bereit ist, den anderen eigene Ressourcen zur Verfügung zu stellen, andererseits aber auch, Fähigkeiten anzuerkennen und Ergebnisse ohne eigene Überprüfung anzunehmen.

Beispiel

In einem Forschungsprojekt arbeiten mehrere Forschungsgruppen zusammen. Ziel soll am Ende eine gemeinsame Veröffentlichung sein. Da sich die Projektpartner jedoch nicht vertrauen, werden die wichtigsten Informationen kaum geteilt, aus Angst einer der anderen könnte doch früher publizieren. Daraus resultiert, dass das Projekt stockt; die Forschungspartner können nicht an das Wissen der anderen anknüpfen, alle beschäftigen sich mit denselben Fragen, statt das Arbeitspensum aufzuteilen.

10.4 Beispiel einer Teamkrise bis hin zum Zerfall eines Projektteams

Lomnitz (2014) beschreibt in seinem Bericht den Zerfall eines interorganisationalen Projektteams. Dieses Beispiel soll einige der oben genannten Faktoren verdeutlichen, zum Beispiel die Rolle von unterstützender Führung und Kommunikationsverhalten sowie Gruppeneffekten, und aufzeigen, wie eine Interaktion dieser Faktoren zum Scheitern eines Projekts führen kann.

Beispiel

Ziel des vorgestellten Projektteams war die Entwicklung einer neuen Software für ein Unternehmen der Finanzbranche. Das Projekt hatte hohe Priorität, auch vonseiten des Managements, und stand unter hohem Zeitdruck. Da mit der Implementierung der neuen Software auch die Veränderung der Geschäftsprozesse einherging, gab es hohen Abstimmungsbedarf des Projektteams mit den jeweiligen Abteilungen.

Das Team setzte sich aus acht Mitarbeitenden unterschiedlichen Alters und Geschlechts zusammen. Vier Mitglieder stammten aus derselben Abteilung, drei aus anderen Abteilungen und eine Person kam von extern.

Den Verlauf der Projektarbeit beschreibt Lomnitz in vier Phasen:

1. Zu Beginn starteten alle Mitarbeitenden hochmotiviert. Sie fühlten sich geehrt, Mitglied des Teams zu sein, und wurden dementsprechend vom Management gefördert. Die Rollenverteilung war klar geregelt und auch die Abstimmungsprozesse machten keine Probleme. Aufgrund dieser »Beflügelung« wurden einige grundlegende Prinzipien des Projektmanagement vernachlässigt, beispielsweise die Analyse der harten Fakten zu Beginn. Somit nahm sich das Team nicht die Zeit, ein gemeinsames mentales Modell über die Ausgangslage des Projekts zu schaffen, zum Beispiel, welche Ressourcen zur Verfügung stehen und welche Risiken es gibt. Stattdessen stürzte sich das Team übermotiviert in die Arbeit.

2. Nach ein paar Wochen stellten zwei Teammitglieder fest, dass der Zeitplan nicht eingehalten werden könne. Die Teamleiterin zerstreute die Bedenken als »normal« für einen Projektverlauf, ebenso wie die sich häufenden Überstunden. Die anderen Mitglieder widersprachen nicht, um die Teamharmonie nicht zu zerstören. Mangelndes fachliches Wissen wurde ignoriert.

3. Aufgrund der schlechten Arbeitsergebnisse wurde beschlossen, zwei Projektarbeiter an die Fachabteilungen zu entsenden, um diese zu unterstützen. Diese Unterstützung wurde jedoch im Vorhinein nicht definiert, sodass die Arbeit der Fachabteilungen nicht nur unterstützt, sondern letztlich übernommen wurde. Dies führte bei den Betroffenen zu extrem erhöhter Arbeitsbelastung, noch mehr Überstunden und ersten privaten Konflikten. Die erhöhte Belastung führte zu einer erhöhten Fehlerrate und gegenseitigen Schuldzuweisungen. Die Projektleiterin war dem Druck nicht mehr gewachsen und erkrankte. Als einige Mitarbeitende sich der hohen Arbeitsbelastung verweigerten, kam es zu einer Spaltung des Teams in zwei Gruppen, die »Verweigerer« und die »Loyalen«. Anstelle der Motivation trat Resignation. Nachdem die Situation an den Vorstand herangetragen wurde, reagierte dieser mit Unverständnis und wurde vom Projektteam als brüskierend wahrgenommen. Kurz darauf wurde die Projektleiterin ernsthaft krank, dies wurde von den restlichen Teammitgliedern als Warnsignal interpretiert.

4. Ein paar Tage darauf kündigten die ersten Projektmitarbeitenden. Dem Vorstand blieb letztendlich nichts anderes übrig, als das Projekt »outzusourcen«, die im Vorhinein gesetzte Deadline wurde natürlich deutlich überschritten. Das Ergebnis blieb deutlich hinter den Anforderungen zurück.

10.5 Mögliche gesundheitliche Auswirkungen der interorganisationalen Zusammenarbeit

Interorganisationale Zusammenarbeit findet in Unternehmen meist über einen zeitlich begrenzten Zeitraum statt. Oft werden unternehmensübergreifende Projektteams gegründet, die dank der digitalen Kommunikation an unterschiedlichen Orten sitzen und sich lediglich zu einigen Projekttreffen persönlich gegenübersitzen. Die Teilnahme an einem Projektteam bietet den Mitarbeitenden ein neues Arbeitsumfeld und möglicherweise mehr Einfluss auf den Projektverlauf als am ständigen Arbeitsplatz. Im Allgemeinen herrscht auch eine klare Vorgabe, was das Projektziel ist (Chiocchio et al. 2015). Diese Faktoren gelten in der Arbeits- und Organisationspsychologie grundsätzlich als Ressourcen, die arbeitsbezogene Belastungen ausgleichen können. Durch die zeitliche Begrenzung von Projekten kommt es jedoch meist auch zu strengen Deadlines und damit verbundenem Zeitdruck. Zeitdruck wird in den meisten Fällen von den betroffenen Personen als Stressor wahrgenommen. In Teams mit funktionierenden Strukturen und gelungener Kooperation kann Zeitdruck sich aber auch motivierend auf das Team auswirken (Chiocchio et al. 2012), jedenfalls kurzfristig. Im typischen Projektverlauf nimmt Zeitdruck jedoch immer weiter zu, je näher das Projektende rückt, sodass vor allem in der Endphase von allen Beteiligten eine hohe zeitliche Flexibilität erwartet wird. Diese hat, wenn sie nicht freiwillig geleistet wird, einen tendenziell negativen gesundheitlichen Effekt (Joyce et al. 2010). In Phasen, in denen die Mitarbeitenden viele Überstunden leisten müssen, kommt es zu mangelndem *Unwinding*. Darunter versteht man das mangelnde Abschalten von der Arbeit und das Übertragen von Arbeitsstress auf das Privatleben. Oft führt dies zu *work-family-conflicts* (Sonnentag und Fritz 2007).

Speziell für interorganisationale Teams kommt hinzu, dass Rollen, die sich im »Heimunternehmen« bereits etabliert haben, aufgebrochen, hinterfragt und neu verteilt werden können. Rollenunklarheit und Rollenüberforderung gelten dabei als bekannte Stressoren. Kommunikative Schwierigkeiten zwischen den unterschiedlichen Parteien können zu Missverständnissen führen, die das Arbeitsvolumen im Endeffekt erhöhen. Nimmt der Druck auf ein Projektteam zu, führen kleine Missverständnisse zu sozialen Konflikten, das Vertrauen der Projektpartner nimmt ab, der Gruppendruck erhöht sich. Häufen sich Stressoren am Arbeitsplatz, kann es zu gesundheitlichen, individuell krisenhaften, Auswirkungen kommen. Die psychologische Literatur weist Nachweise für psychische Erschöpfung, Burnout, psychosomatische Beschwerden (Machin und Hoare 2008), erhöhten Blutdruck (Kivimäki et al. 2006) und Suchtverhalten (Elman et al. 2010) auf.

10.6 Zugespitzt: Interorganisationale Zusammenarbeit in Krisensituationen

Bisher wurden Krisen in Teams angesprochen. Aber auch die Teamarbeit in Krisen ist einer Betrachtung wert. Knigge und Hofinger (2015) beleuchten interorganisationale Zusammenarbeit in Krisen in Bezug auf Stress am Beispiel von Polizeieinsatzkräften. Krisen können entweder plötzlich aufgrund einer externen Ursache oder schleichend aufgrund innerorganisationaler Prozesse auftreten. Damit einher geht meistens eine mindestens kurzzeitige Überforderung der eigenen Ressourcen und eine komplexe Situation, die schwierig zu überschauen ist. Je nach Lage können minütlich neue Informationen an die Entscheidungspersonen herangetragen werden, was dazu führt, dass diese kaum zwischen wesentlichen und unwesentlichen Informationen unterscheiden können (*over-newsed*, aber *under-informed*). Diese Überlastung kann das menschliche Arbeitsgedächtnis nicht verarbeiten und es kann zu einer Hemmung der Problemlösekompetenz führen. Außerdem sind komplexe Situation oft sehr dynamisch und verändern sich ständig, auch ohne Intervention der einzelnen Akteure. Damit kann erlebter oder befürchteter Kontrollverlust einhergehen (Dörner 1989). Kontrollverlust kann als starker Stressor wirken. Auch dass die Entscheidungsträger oft unter den Augen der Öffentlichkeit agieren müssen, kann in Krisensituationen zu erhöhtem Stresserleben führen. Hinzu kommen möglicherweise die Neuartigkeit und Unerwartetheit der Situation, »der konstante Zeit- und Handlungsdruck, fehlendes Wissen und unklare Handlungsmöglichkeiten sowie widersprüchliche Ziele bei unbekanntem Zeit- und Zukunftshorizont und gleichzeitig hohem Risiko und Gefahr« (Knigge und Hofinger 2015). Es stellt sich plötzlich die Frage nach der Verantwortlichkeit, juristischen und politischen Konsequenzen und der eigenen Kompetenz.

Bei interorganisationaler Zusammenarbeit in Krisensituationen erhofft man sich eine Verteilung der Komplexität und somit eine Erleichterung der Situationserfassung. Allerdings kann diese Zusammenarbeit auch ein Faktor sein, der die Komplexität noch erhöht, da zusätzlich Faktoren beachtet werden müssen, beispielsweise die Aufgabenverteilung, die Kommunikation nach außen und unterschiedliche

Ursachenzuschreibung. Führt die interorganisationale Zusammenarbeit statt zu einer Entlastung der Akteure zu einer wechselseitigen Behinderung, kann dies den Stress bei allen Beteiligten verstärken.

Unter solchen Bedingungen »funktionieren« Menschen oft nicht gut, sondern zeigen typische stressbedingte Fehler und Veränderungen des Denkens und Handelns (Dörner 1989; Hofinger 2013), wie Einengung der Wahrnehmung (»Tunnelblick«), eine Tendenz zu schnellen und einfachen Lösungen, Abwehr von Kritik und Zweifeln und ähnliches mehr.

Soll die Kooperation von Organisationen unter den Bedingungen von Notfällen und Katastrophen gut funktionieren, müssen auch Bedürfnisse von Menschen in Stress-Situationen berücksichtigt werden. Wesentlich sind dann – noch mehr als im Alltag – klare Führung und Verantwortlichkeit, Komplexitätsreduktion durch Standardisierung, Kenntnis der Ziele und der Handlungsmöglichkeiten. Flexibilität und Handlungskompetenz vor Ort sind im zeitkritischen Einsatz besonders wichtig. Die Akteure vor Ort müssen gegenseitig Aufgaben und Funktionen sowie ihre Arbeitsweise kennen und sich schnell und einfach koordinieren können (Lauche 2012).

McMaster und Baber (2008) berichten vom Einsatz bei einer großen Überschwemmung in England im Jahr 2007. Sie stellen heraus, dass das Gesamtergebnis gut war. Aber wie immer bei Großeinsätzen unter Beteiligung vieler kam es zu Pannen und Problemen. Als spezielle Führungsprobleme benennen sie getrennte Kommandostrukturen, unterschiedliche und konfligierende Entscheidungen trotz gemeinsamer Oberziele und eine eingeengte Sicht auf das gemeinsame Problem durch Führungskräfte die nur aus ihrem eigenen Kompetenzfeld heraus denken.

10.7 Fazit

Die Erfolgsfaktoren, die oben für die Bewältigung von Krisen aufgeführt werden, entsprechen den oben genannten kritischen Themen. Ihre Auflistung dient deshalb hier als Zusammenfassung der Erfolgsfaktoren interorganisationaler Zusammenarbeit:

- Gemeinsame Zielbildung
- Gemeinsame mentale Modelle über die Lage (gemeinsames Lagebild)
- Verständnis der Ziele und Vorgehensweise der jeweils anderen
- Informationsweitergabe, klare Kommunikation
- Ressourcen-»Wanderung« (Interoperabilität)
- Delegation
- Koordination »im Fluge«, Flexibilität

Um inter- und intrapersonelle Krisen in der interorganisationalen Zusammenarbeit zu vermeiden, lohnt sich ein Blick in die Organisations- und Teamforschung, die sich in den letzten Jahren mit der Erforschung gelungener Kooperation beschäftigt hat. Dabei wird zwischen der individuellen Ebene und der organisationalen Ebene unterschieden. Auf beiden Ebenen muss es die Bereitschaft zum Verständnis des Partners und zum Teilen von Ressourcen geben. Außerdem sind eindeutige Definitionen von Rollen und Aufgaben wesentlich, um Missverständnisse zu vermeiden. Störungen in der interorganisationalen Zusammenarbeit können als Arbeitsstressoren Auswirkungen auf die Gesundheit der Mitarbeiter haben.

Literatur

Badke-Schaub P (2008) Teamarbeit und Teamführung: Erfolgsfaktoren für sicheres Handeln. In: Buerschaper C, Starke S (Hrsg) Führung und Teamarbeit in kritischen Situationen Verlag für Polizeiwissenschaft, Frankfurt, S 3–19

Buerschaper C (2008) Organisationen – Kommunikationssystem und Sicherheit. In: Badke-Schaub P, Hofinger G, Lauche K (Hrsg) Human Factors, Psychologie sicheren Handelns in Risikobranchen. Springer, Heidelberg, S 156–175

Cannon-Bowers JA, Salas E (2001) Reflections on shared cognition. Journal of Organizational Behavior 22:195–202

Cannon-Bowers JA, Salas E, Converse S (1993) Shared mental models in expert team decision making. In: Castellan N (Hrsg) Individual and group decision making. Lawrence Erlbaum, Hillsdale, S 221–246

Chiocchio F, Grenier S, O'Neill TA et al (2012) The effects of collaboration on performance: a multilevel validation in project teams. International Journal of Project Organisation and Management 4 (1):1–37

Chiocchio F, Kelloway EK, Hobbs B (2015) The psychology and management of project teams. An interdisciplinary perspective. Oxford University Press, Oxford New York

D'Amour D, Goulet L, Pineault R et al (2003) Comparative study of interorganizational collaboration in four health regions and its effects: the case of perinatal services: Canadian Health Service Research Foundation

Dietrich R, Jochum K (2004) Teaming Up: Components of Safety under High Risk. Ashgate, Aldershot

Dörner D (1989) Die Logik des Mißlingens. Rowohlt, Reinbek

Elman I, Tschibelu E, Borsook D (2010) Psychological stress and its relationship to gambling urges in individuals with pathological gambling. The American Journal on Addictions 19 (4):332–339

Entin E, Serfaty D (1999) Adaptive Team Coordination. Human Factors 41 (2):312–325

Flin R, Burns C, Mearns K, Yule S et al (2006). Measuring safety climate in health care. Qual Saf Health Care 15:109–115

Geertz C (1973) Thick description. Toward an Interpretive theory of culture. In: Geertz C (Hrsg) The Interpretation of Cultures: Selected Essays. Basic Books, New York, pp 3–30

Gurtner A (2003) Zweimal musst du es schon sagen: Strategieentwicklung und Kommunikationsmuster in hierarchisch organisierten Teams. Universität Bern, Bern

Hofinger G (2009) Kritische Faktoren der inter-organisationalen Zusammenarbeit. In: Strohschneider S & Heimann R (Hrsg) Kultur und sicheres Handeln. Verlag für Polizeiwissenschaften, Frankfurt am Main, S 189–204

Hofinger G (2012) Kommunikation. In: Badke-Schaub P, Hofinger G, Lauche K (Hrsg) Human Factors, Psychologie sicheren Handelns in Risikobranchen. 2., komplett überarbeitete und aktualisierte Aufl. Springer, Heidelberg, S 131–151

Hofinger G (2013) Fehler und Fallen im Umgang mit komplexen Problemen. In: Heimann R, Strohschneider S, Schaub H (Hrsg) Entscheiden in kritischen Situation: Neue Perspektiven und Erkenntnisse. Verlag für Polizeiwissenschaft, Frankfurt am Main, S 3–22

Huang DT, Clermont G, Sexton JB et al (2007) Perceptions of safety culture vary across the intensive care units of a single institution. Crit Care Med 35 (1):165–176

Joyce K, Pabayo R, Critchley JA et al (2010) Flexible working conditions and their effects on employee health and wellbeing. The Cochrane database of systematic reviews 2, CD008009, DOI: 10.1002/14651858.CD008009.pub2

Juriado R, Gustafsson N (2007) Emergent communities of practice in temporary inter-organisational partnerships. The Learning Organization 14 (1):50–61

Kivimäki M, Virtanen M, Elovainio M et al (2006) Work stress in the etiology of coronary heart disease – a meta analysis. Scandinavian journal of work, environment & health: 431–442

Knigge I, Hofinger G (2015) Interorganisationale Zusammenarbeit bei Großschadenslagen als Stressfaktor für Polizeieinsatzkräfte. In: Fischbach A, Boltz J, Lichtenthaler PW (Hrsg) Stark trotz Stress – Gesundheit und Leistungsfähigkeit in der Polizei. Nachhaltige Beiträge der Arbeits- und Organisationspsychologie, Bd. 1. Verlag für Polizeiwissenschaft, Frankfurt am Main, S 69–82

Lauche K (2012) Neue Formen der Zusammenarbeit. In: Badke-Schaub P, Hofinger G, Lauche K (Hrsg) Human Factors, Psychologie sicheren Handelns in Risikobranchen. 2., komplett überarbeitete und aktualisierte Aufl. Springer, Heidelberg, S 205–218

Lingard L, Reznick R, Espin S et al (2002) Team Communication in the operating Room: Talk Patterns, Sites of Tension, and Implication for Novices. Academic Medicine 77 (3):232–236

Lomnitz G (2014) Ein Projektteam zerfällt. ProjektMagazin 21

Lyne P, Allen D, Satherley P (2001) Systematic Review of Evidence of Effective Methods For Removing Barriers To Change To Improve Collaborative Working. The National Assembly for Wales, Cardiff

Machin MA, Hoare PN (2008) The role of workload and driver coping styles in predicting bus drivers' need for recovery, positive and negative affect, and physical symptoms. Anxiety, Stress & Coping 21 (4):359–375

Marks MA, Sabella MJ, Burke CS, Zaccaro SJ (2002) The impact of cross-training on team effectiveness. Journal of Applied Psychology 87 (1):313

McMallin A (2001) Interdisciplinary practice – a matter of teamwork: an integrated literature review. Journal of Clinical Nursing 10:419–428

McMaster R, Barber C (2008) Coordinating Multi-Agency Emergency Responses. Vortrag auf der Tagung des European Chapters der Human Factors and Ergonomics Society, Soesterberg

Merriam E (2007) MultMMulti-Agency Cooperation Fuels Bridge Recovery. Story Number: NNS070813-03, Release Date: 8/13/2007 11:35:00 AM.online-Dokument. URL: http://www.navy.mil/search/display.asp?story_id=31143. Gesehen 16 Jan 2009

Mistele P (2008) Teamarbeit und Teamführung in Hochleistungssystemen. In: Buerschaper C, Starke S (Hrsg) Führung und Teamarbeit in kritischen Situationen. Verlag für Polizeiwissenschaft, Frankfurt, S 20–40

Paris CR, Salas E, Cannon-Bowers JA (2000) Teamwork in multiperson systems: a review and analysis. Ergonomics 43 (8):1052–1075

Pawlowsky P, Mistele P (2008) Hochleistungsmanagement. Leistungspotenziale in Organisationen gezielt fördern. Gabler, Wiesbaden

Ryan DP, Cott C, Robertson D (1997) Conceptual Tools for Thinking about Inter-Teamwork in Clinical Gerontology. Educational Gerontology 23 (7):651–669

Sloper P (2004) Facilitators and barriers for co-ordinated multiagency services. Child: Care, Health & Development 30 (6):571–580

Sonnentag S, Fritz C (2007) The Recovery Experience Questionnaire: Development and Validation of a Measure for Assessing Recuperation and Unwinding From Work. Journal of Occupational Health Psychology 12 (3):204–221

Steiner ID (1972) Group processes and productivity. Academic Press, New York

Strohschneider S (2003) Entscheiden in kritischen Situationen. Verlag für Polizeiwissenschaften C. Lorei, Frankfurt

Tschan F, Semmer N (2001) Wenn alle dasselbe denken: Geteilte Mentale Modelle und Leistung in der Teamarbeit. In: Fisch R, Beck D, Englich B (Hrsg) Projektgruppen in Organisationen. Praktische Erfahrungen und Erträge der Forschung. Verlag für Angewandte Psychologie, Göttingen, S 217–235

Tuckman BW (1965) Developmental sequence in small groups. Psychological Bulletin 63:384–399

Weick K, Sutcliffe KM (2007) Managing the unexpected. Resilient Performance in an Age of Uncertainty. 2nd edn. Wiley, San Francisco

Zölch M (2006) Kooperation: Verschränkung von Handlungen und Perspektiven am Beispiel zeitlicher Koordination. In: Vollmer A (Hrsg) Kooperatives Handeln zwischen Kontinuität und Brüchen in neuen Tätigkeitssystemen. Pabst, Lengerich

Krisen in Teams: Teamresilienz als Präventions- und Bewältigungsstrategie

E.-M. Schulte, S. Kauffeld

B. Badura et al. (Hrsg.) *Fehlzeiten-Report 2017*,
DOI 10.1007/978-3-662-54632-1_11, © Springer-Verlag GmbH Deutschland 2017

Zusammenfassung *Obwohl Teamarbeit für den Erfolg der meisten Organisationen zentral ist, gibt es bisher nur wenig Forschung zu Teamkrisen und Faktoren, welche die erfolgreiche Bewältigung dieser Krisen fördern. Dieser Beitrag gibt einen Überblick über mögliche Ursachen von Teamkrisen sowie deren Auswirkung insbesondere auf die Gesundheit der Mitarbeiter. Bisherige Forschung belegt, dass neben Konzepten des Krisenmanagements vor allem die Teamresilienz ein wesentlicher Erfolgsfaktor bei der Bewältigung von Teamkrisen ist. Daher stellt dieser Beitrag relevante Verhaltensweisen resilienter Teams vor und fasst mögliche Maßnahmen zur Förderung der Teamresilienz auf individueller, Team- und organisationaler Ebene zusammen. Mögliche Ansatzpunkte für die Bewältigung von Teamkrisen in der Praxis werden vorgestellt sowie weiterer Forschungsbedarf aufgezeigt.*

11.1 Einleitung

Um Veränderungen und unvorhergesehene Herausforderungen im organisationalen Alltag zu meistern, setzen Organisationen auf Teamarbeit. Daher ist die erfolgreiche Zusammenarbeit im Team auch wichtig für den Erfolg des Unternehmens. Gleichzeitig verbringen Mitarbeiter viel Zeit in ihren Teams, sodass die Zusammenarbeit auch für das eigene Wohlergehen relevant ist. Da Teams zunehmend in einem unsicheren Arbeitsumfeld agieren, zeigt sich der Erfolg eines Teams unter anderem darin, wie es mit Krisen umgehen kann: Scheitert es in diesen Situationen oder kann es diese erfolgreich meistern? Geht das Team aus den Krisen vielleicht sogar gestärkt hervor? Bevor wir diesen Fragen nachgehen, wird im Folgenden zunächst ein Überblick über mögliche Krisen in Teams und deren Auswirkungen gegeben.

11.2 Krisen in Teams

Ein zunehmend komplexes und unsicheres organisationales Umfeld mit ständigem technologischen Wandel und globalen Herausforderungen führt dazu, dass Organisationen und ihre Teams zunehmend Krisen erleben (z. B. Kaplan et al. 2013). Teamkrisen werden dabei definiert als eine für das Team unerwartete Situation, die wichtige Ziele des Teams gefährdet und auf die unter hohem Zeitdruck reagiert werden muss (z. B. Choi et al. 2010; Kaplan et al. 2013). Zur Kategorisierung von Teamkrisen werden je nach Studie unterschiedliche Dimensionen herangezogen. Hierzu gehören unter anderem die Unterscheidungen zwischen der Ursache der Krise (internal vs. external), der Art der Krise (technisch/ökonomisch vs. menschlich/organisational), der Intentionalität (absichtlich vs. unabsichtlich), der Entwicklungsgeschwindigkeit (plötzlich vs. kumulativ), der Abstreitbarkeit des Ereignisses (hoch vs. gering) sowie der Identifizierbarkeit der Opfer (konkret vs. diffus; für eine Übersicht s. Coombs 1995). Während sich einige Kategorien teilweise nur schwer trennen lassen – bspw. hängt technisches und menschliches Versagen oft eng zusammen –, wird insbesondere die Bedeutung der Unterscheidung zwischen teaminternen und teamexternen Ursachen der Krise wiederholt betont: Um ihre Aufgaben erfolgreich bewältigen zu können, benötigen Teams nicht nur teaminterne Ressourcen, sondern sie sind auch von externen Faktoren abhängig. Hierzu gehören bspw. Unternehmensstrategien und -ziele und somit Entscheidungen des Managements, aber auch die Zusammenarbeit mit anderen Teams im Unternehmen sowie mit Kunden und Lieferanten. Beispiele für teaminterne und teamexterne Ursachen von Teamkrisen (vgl. z. B. Alliger et al. 2015; Choi et al. 2010; Kaplan et al. 2013; Morgeson 2005; Morgeson und DeRue 2006) sind in ◼ Tab. 11.1 zusammengefasst. Zur Bewältigung der

◘ Tab. 11.1 Beispiele für Teamkrisen mit teaminternen und teamexternen Ursachen

Teaminterne Ursachen	Teamexterne Ursachen
Konflikte innerhalb des Teams; auch Konkurrenzdenken, Intrigen	Konflikte zwischen verschiedenen Abteilungen/Ebenen in der Organisation oder mit Zulieferern/Kunden
Mangelnde Kommunikation/Informationsweitergabe innerhalb des Teams	Mangelnde Kommunikation oder auch bewusstes Zurückhalten von Informationen zwischen Abteilungen
Mangelnde Verantwortungsübernahme im Team	Führungsprobleme auf höheren Ebenen (u. a. Fehlverhalten des Managements)
Führungsprobleme (teaminterne Führung)	Rückschläge/Niederlagen auf organisationaler Ebene (z. B. Fehlinvestitionen)
Rückschläge/Niederlagen des Teams (z. B. selbst verursachter Verlust eines Kunden)	Extremer Zeitdruck von außen, u. a. aufgrund erhöhten Wettbewerbsdrucks
Extremer Zeitdruck (selbstverursacht, bspw. durch schlechte Planung im Team)	Krisen bei Zulieferern oder Kunden, die sich auch auf das Team auswirken
Fehlverhalten (z. B. Mobbing) im Team	Unglücke/Unfälle (bspw. Feuer, Explosion), Naturkatastrophen, Terroranschläge, Sabotage, Skandale
Entwicklungskrise eines Teammitglieds, die sich auch auf andere Teammitglieder auswirkt	Personelle Änderungen in der Organisation (z. B. Vorstand geht in den Ruhestand/wechselt unerwartet)
Pathologische Teammitglieder	Unklare/wechselnde Zielvorgaben
Hoher Krankenstand	Neue, nicht zu bewältigende (Rollen-)Anforderungen
Widerstand gegenüber Veränderungen (z. B. neuer Software)	Neue, ggf. sich oft ändernde gesetzliche Regelungen
Personelle Änderungen im Team (neue Kollegen, Fluktuation)	Dem Team werden nicht ausreichend Ressourcen zur Verfügung gestellt
	Standortwechsel
	Technische Probleme (z. B. Crash einer Software)

Fehlzeiten-Report 2017

Krise kann es Teams helfen, die genannten Dimensionen zu berücksichtigen, um so zu analysieren, was Ursachen und mögliche Konsequenzen sind, wer bei der Entstehung beteiligt war und wer in die Lösung mit eingebunden werden sollte.

Während Ursachen und Folgen von Krisen auf der individuellen und organisationalen Ebene gut untersucht sind, steckt die Forschung zu Teamkrisen hingegen noch in den Anfängen (Choi et al. 2010). Mögliche Ursachen hierfür gibt es viele: Teamkrisen werden oft nicht kommuniziert und von außen auch nicht unmittelbar bemerkt und ggf. durch teaminterne Fluktuation gelöst. Feuerwehreinsätze von Teamentwicklern, bei denen der Fokus darauf liegt, das Team wieder arbeitsfähig zu machen, werden eher für Führungsteams finanziert, bei denen schnell die ganze Organisation betroffen ist. Gemäß dem Prinzip der Äquifinalität (Bertalanffy 1972) können darüber hinaus ganz unterschiedliche Inputfaktoren für einen Ausgangszustand (z. B. eine Krise) verantwortlich gemacht werden. Die gleichen Inputfaktoren können zudem zu unterschiedlichen Ausgangszuständen führen. Dies lässt sich durch die Dynamik in Teams erklären: Neben

Teamprozessen spielen insbesondere emergente Phänomene (d. h. sich fortwährende Veränderungen in Einstellungen, Kognitionen und Emotionen im Team) eine zentrale Rolle. Somit ist jedes Team letztlich einzigartig, sodass kausale Zusammenhänge (Ursache x führt zur Krise y) nicht allgemeingültig ableitbar sind, sondern vielmehr teamübergreifende Bedingungen identifiziert werden müssen, die eine erfolgreiche Zusammenarbeit wahrscheinlicher machen (vgl. Busch und Oelsnitz 2016). Um Krisen im Team vorzubeugen bzw. um sie zu bewältigen, stellt die Teamresilienz in diesem Sinne einen vielversprechenden Ansatz dar, der unabhängig von der konkreten Ursache und den emergenten Phänomenen im Team ist. Bevor wir diesen Ansatz genauer vorstellen, werden wir zunächst zentrale Befunde zu Auswirkungen von Teamkrisen darstellen und insbesondere die Relevanz für die Gesundheit der Mitarbeiter diskutieren.

11.3 Wirkung von Teamkrisen und ihre Relevanz für die Gesundheit der Mitarbeiter

Da Teams für die Bewältigung der komplexen Anforderungen im Arbeitsalltag unerlässlich sind, der Erfolg von Teams sowohl von individuellen wie auch von Teamprozessen abhängig ist und diese Teamprozesse wiederum durch externe Faktoren beeinflusst werden, ist es zentral, sich sowohl die Prozesse als auch die Auswirkungen von schwierigen Situationen auf die Gesundheit im Team anzuschauen. Wir werden auf wichtige Einflussgrößen für die erfolgreiche Bewältigung von Teamkrisen eingehen und daraus geeignete Maßnahmen zum besseren Umgang mit Teamkrisen ableiten.

Erlebt ein Team eine Krise, wird es sich primär auf die Bewältigung dieser Krise fokussieren, sodass andere Tätigkeiten nicht mehr effektiv ausgeführt werden können. Informationen werden dann oft nur noch unzureichend oder gar nicht mehr weitergegeben bzw. verarbeitet, sodass ein planvolles Handeln häufig ausbleibt (Akgün et al. 2007). Zudem führen Teamkrisen dazu, dass die Teammitglieder mehr auf sich selbst fokussieren und das Team mit seinen Dynamiken und Prozessen aus dem Blick verlieren. Auch Entscheidungen werden so oft nicht mehr gemeinsam im Team getroffen (Alliger et al. 2015). Teamkrisen bedrohen somit die erfolgreiche Zusammenarbeit im Team (Morgeson und DeRue 2006). Um die Teameffektivität in Krisensituationen zu verstehen, ist es wichtig, Teamprozesse zu berücksichtigen. Insbesondere *Ansteckungsprozesse* spielen eine zentrale Rolle: Mitarbeiter in einem Team sind nicht unabhängig voneinander, sondern beeinflussen sich in ihrer Wahrnehmung, Interaktion und Stimmung (z. B. Bartel und Saavedra 2000; Kauffeld 2007): Neben einer spontanen wechselseitigen emotionalen Ansteckung in der Interaktion kommt es im Team auch zu kognitiven Vergleichsprozessen. Teammitglieder übernehmen dabei die Interpretation von Situationen von Kollegen; dadurch reduziert sich ihre Unsicherheit, was insbesondere in Krisensituationen relevant ist. Zudem signalisiert die Reaktion des Teams auf das eigene Verhalten, ob dieses angemessen ist oder nicht und beeinflusst somit zukünftiges Verhalten – sowohl das eigene als auch das der anderen Teammitglieder. Ein Beispiel für solche Ansteckungsprozesse ist mit sogenannten Jammer- oder Lösungszirkeln in Meetings zu beobachten. Teammitglieder stecken sich gegenseitig an – d. h. wenn ein Teammitglied jammert, wird dem zugestimmt, woraufhin weiteres Jammern folgt (z. B. Kauffeld 2007; Kauffeld und Meyer 2009). In Krisensituationen sollten Führungskräfte für diese Prozesse sensibilisiert sein und bspw. in Meetings darauf achten, positive Interaktionen wie Lösungsspiralen zu fördern und schädliches Verhalten wie Jammern zu stoppen. Ebenso ist die Bedeutung der positiven (z. B. euphorisch, begeistert) sowie negativen (z. B. ängstlich, verärgert, besorgt) Gruppenstimmung in Krisensituationen belegt: Je höher die positive Stimmung in Krisensituationen und je stärker die Teammitglieder untereinander in der positiven Stimmung übereinstimmen (d. h. geringe Varianz im Team), desto weniger negative Stimmung wird berichtet. Dies wiederum führt zu einer höheren Effektivität des Teams (Kaplan et al. 2013).

Aber inwiefern ist nun die Gesundheit der Mitarbeiter durch Teamkrisen gefährdet? Auch hier zeigt die Forschung die Relevanz von *Ansteckungsprozessen* in Teams: Neben persönlichen Aspekten, wie der eigenen bisherigen Gesundheit, haben auch die im Team insgesamt auftretenden Beschwerden einen Effekt auf unser Wohlbefinden. So zeigte eine Längsschnittstudie von Diestel et al. (2009), dass Beschwerden auf Teamebene (d. h. die im Mittel im Team auftretenden Beschwerden) die Beschwerden der einzelnen Teammitglieder beeinflussten. Dieser Effekt war beschwerdenspezifisch, d. h. dass in Teams mit im Mittel starken physischen Beschwerden nur zukünftige physische Beschwerden der einzelnen Teammitglieder beeinflusst wurden, während in Teams mit im Mittel starken psychischen Beschwerden nur die psychischen Beschwerden der einzelnen Teammitglieder zunahmen. Auch neuere Studien stützen diesen Effekt des sozialen Kontextes auf das Erkrankungsrisiko. So führt eine geringe soziale Unterstützung zu einem erhöhten Depressionsrisiko. Rollenstress und Aggressionen von Kollegen gegenüber dem Mitarbeiter erhöhen das Depressionsrisiko und die Angst der Mitarbeiter (Rau und Buyken 2015). Das Teamklima hingegen beeinflusst die Gesundheit und auch die langfristigen Fehlzeiten der Teammitglieder positiv (Clausen et al. 2012; Dackert 2010).

Während diese Beispiele die Relevanz von Teamprozessen für die Gesundheit der Mitarbeiter verdeutlichen, gibt es bisher kaum Forschung zur direkten Auswirkung von Teamkrisen auf die Gesundheit der Mitarbeiter. Studien zu Konflikten in Teams zeigen jedoch das Risikopotenzial: Sowohl Konflikte auf der Beziehungsebene (De Dreu et al. 2004) als auch aufgabenbezogene Konflikte (Schraub et al. 2014) können die Gesundheit der Mitarbeiter negativ beeinflussen und zudem das Burnoutrisiko erhöhen. Dies ist insbesondere der Fall, wenn die Konflikte schlecht gemanagt werden (De Dreu et al. 2004). Daher wird im folgenden Abschnitt diskutiert, wie Teams bei der Bewältigung von Krisen besser unterstützt werden können.

11.4 Wie Krisen in Teams erfolgreich gemeistert werden können: Teamresilienz

> **Studie von Choi et al. (2010)**
>
> **Stichprobe**
> 30 Teams aus unterschiedlichen Bereichen wie Verkauf, Marketing oder HRM
>
> **Vorgehen**
> Die Teilnehmer wurden gebeten, im Team erlebte Krisen sowie hierauf bezogene Teamaktivitäten und Lösungsansätze zu beschreiben.
>
> **Ergebnisse**
> Interne (z. B. interne Kommunikation, Antizipieren und Planen von Krisen) und externe (z. B. Interaktion mit anderen Bereichen und Vorgesetzten) Strategien wurden gleich häufig zur Lösung der Krise genutzt. Allerdings erlebten die Befragten die externen Strategien eher als förderlich für den Weg aus der Krise. Für die selbst eingeschätzte Effektivität der Krisenbewältigung war insbesondere die Interaktion mit Senior-Managern entscheidend.

Die Studie von Choi et al. (2010; s. Infobox) verdeutlicht, dass effektives Krisenmanagement oft vor allem durch Aktivitäten außerhalb des Teams ermöglicht wird. Da die Ressourcen des Managements begrenzt sind und Teams auch in Krisensituationen selbst handlungsfähig bleiben sollten, stellt sich die Frage, welche teaminternen Aspekte erfolgsrelevant sind. Für den effektiven Einsatz von Teams im Unternehmen ist es daher wichtig, Vorgehensweisen zu identifizieren, die direkt an den Teams ansetzen und diese von innen heraus stärken, sodass sie Krisen selbst erfolgreich bewältigen können. Ein hierfür sehr wichtiges Konzept, das unabhängig von der Art des Teams positive Effekte zeigt, ist die Teamresilienz.

Teamresilienz wird als die Kapazität eines Teams definiert, Rückschläge, Konflikte oder jegliche andere Bedrohung des Teams bewältigen zu können (West et al. 2009). Dabei nutzt das Team gemeinsame Ressourcen, um sich der Situation anzupassen und aus dieser im besten Fall sogar gestärkt hervorzugehen. Während die Bedeutung der Teamresilienz erst in den letzten Jahren an Aufmerksamkeit gewonnen hat, hat die Forschung zur individuellen Resilienz (d. h. zur individuellen Kapazität, bedrohliche Situationen bewältigen und aus ihnen gestärkt hervorgehen zu kön-

nen) bereits eine lange Tradition. Diverse Studien belegen den positiven Effekt der individuellen Resilienz am Arbeitsplatz für diverse Outcomes wie bspw. Leistung, Zufriedenheit und auch Gesundheit (d. h. vermindertes Stresserleben und weniger Depressionen; z. B. Luthans et al. 2008; McLarnon und Rothstein 2013; Youssef und Luthans 2007). Da eine Gruppe aus resilienten Individuen jedoch noch kein resilientes Team ausmacht (z. B. Schulte et al. 2016), können die Befunde nicht einfach von der individuellen auf die Teamebene übertragen werden. Denn auch ein Team mit sehr resilienten Individuen kann bspw. unter einer schlechten Kommunikation, mangelndem Wissensaustausch untereinander oder Führungsproblemen leiden (Alliger et al. 2015). Daher ist die Forschung zu Einflussfaktoren und Konsequenzen der Teamresilienz entscheidend.

Erste Studien zur Teamresilienz bestätigen die positiven Auswirkungen: Resiliente Teams zeigen eine höhere Leistung, Team-Selbstwirksamkeit, Arbeitsengagement und mehr Kooperation (Meneghel et al. 2016b; Salanova et al. 2012; West et al. 2009). In ihrem Rahmenmodell zur Teamresilienz in kritischen Ausnahmesituationen stellen Semling und Ellwart (2016) weitere theoretisch abgeleitete kurz- sowie mittel- bis langfristige Auswirkungen der Teamresilienz vor: Kurzfristig können resiliente Teamprozesse eine bessere Stressbewältigung bewirken, die mit einer geringeren kognitiven und emotionalen Belastung der Teammitglieder einhergeht. Mittel- und langfristig können sie die Teamentwickelung erheblich beeinflussen: Eine erfolgreiche Krisenbewältigung kann die geteilten Wissensstrukturen im Team verbessern und somit auch die Reflexion und Antizipation von Krisen erleichtern. Dadurch wird wiederum die Kritikalität von neuen Anforderungen reduziert. Empirische Befunde zu diesen Annahmen stehen jedoch noch aus (Semling und Ellwart 2016).

Damit Teamresilienz einen wichtigen Beitrag dazu leisten kann, dass Teams Krisen erfolgreich und selbstständig meistern, ist es zudem wichtig zu verstehen, was resiliente Teams ausmacht und wie dies dann gefördert werden kann. Im Folgenden werden daher resiliente Verhaltensweisen in Teams *vor*, *während* und *nach* einer Krise erläutert und mögliche Ansatzpunkte zur Förderung der Teamresilienz diskutiert.

11.4.1 Wie zeigt sich resilientes Verhalten in Teams?

Resiliente Teams zeichnen sich dadurch aus, dass sie Diskrepanzen zwischen aktuellen Anforderungen und vorhandenen Ressourcen frühzeitig wahrnehmen und somit schnell auf die veränderten Umstände reagieren können (Soucek et al. 2016). Aber wie verhalten sich Teams nun konkret in den unterschiedlichen Phasen einer Krise?

Resilientes Verhalten *vor* der Krise

Alliger et al. (2015) fassen ihre Erkenntnisse aus 25 Jahren Forschung mit allen Arten von Teams wie folgt zusammen: Um Krisen erfolgreich im Team bewältigen zu können, ist es zunächst wichtig, bereits vor dem Eintreffen der Krise Maßnahmen zu ergreifen, welche die Auswirkungen von Krisen präventiv reduzieren können. Dazu zählt zunächst, mögliche *Herausforderungen und Krisen zu antizipieren* und verschiedene Eventualitäten zu reflektieren. Hierzu gehören bspw. »Was-wäre-wenn«-Szenarien sowie die Reflexion von vergangenen Erlebnissen, in denen das Team großen Herausforderungen ausgesetzt war. Hierauf aufbauend können dann *mögliche Prozeduren* abgeleitet und festgehalten werden, wie mit diesen möglichen Krisen erfolgreich umgegangen werden kann. Selbst wenn Krisen dann nicht exakt vorhergesehen wurden, können diese Prozeduren als erweitertes Handlungsspektrum des Teams helfen, geeignete Maßnahmen für diese spezifische Krise abzuleiten. Weiterhin sollte das Team wissen, wie es um die gemeinsame *aktuelle Kapazität* bestellt ist (d. h. vorhandene Ressourcen im Team kennen). Dafür ist der Austausch zwischen den Teammitgliedern über ihre aktuelle Handlungsfähigkeit bei antizipierten Krisen sowie ihre vorhandenen Ressourcen und Erfahrungen zentral. Schließlich sollten Maßnahmen ergriffen werden, die helfen, Krisen *frühzeitig* zu erkennen und zu kommunizieren. Einerseits können hierfür Kommunikationsstrukturen im Team etabliert werden, die es auch erleichtern, mögliche Probleme und Krisen anzusprechen (z. B. »Hier könnte es ein Problem geben…« als akzeptierte Kommunikationsstrategie; Alliger et al. 2015). Andererseits können auch Tools helfen, Veränderungen im Team frühzeitig zu entdecken. Zur kontinuierlichen Analyse der Teamstimmung kann bspw. das Teambarometer® eingesetzt werden (4A-Side GmbH 2015). Dieses erfasst sowohl die Aktivierung einer Person (d. h. ihre Handlungsbereitschaft) als auch die Valenz (positiv vs. negativ) der Emotion. Die Erfassung erfolgt mittels eines Online-Tools (bspw. mittags und abends), das in Echtzeit Auswertungen auf der Teamebene zur Verfügung stellt. So können Führungskräfte frühzeitig erkennen, wenn die Stimmung im Team kippt, die Situation gemeinsam mit dem Team analysieren und geeignete Maßnahmen einleiten (Kauffeld et al. 2016).

Resilientes Verhalten *während* der Krise

Ein erfolgreiches Management der Teamkrise zeichnet sich nach Alliger et al. (2015) dadurch aus, dass Herausforderungen schnell und akkurat erfasst werden (z. B. frühe Kommunikation, gemeinsame Analyse des Problems und Ableiten von Maßnahmen im Team), wichtige Teamprozesse auch während der Krise aufrechterhalten werden (z. B. Austausch in Meetings; vorher festgelegte Prozeduren umsetzen), bei Bedarf sowohl teaminterne (hierfür ist das Wissen über die Expertise der anderen Teammitglieder entscheidend) als auch teamexterne Unterstützung gesucht wird und chronische Stressoren als solche erkannt werden und ihnen mit geeigneten Maßnahmen entgegengewirkt wird.

Semling und Ellwart (2016) betonen ebenfalls die Bedeutung der Situationsbewertung, Planung und Kommunikation. Vor allem in Ausnahmesituationen stellt die gemeinsame Bewertung von Situationen die Basis für das weitere Vorgehen dar. Teammitglieder haben die Möglichkeit, ihr Wissen und ihre Ideen auszutauschen und zu synchronisieren. Zur Festlegung weiterer Handlungsschritte bedarf es gemeinsamer Planungsprozesse. Diese setzen einerseits Offenheit für neue, alternative Lösungsansätze voraus, aber gleichzeitig auch die Beachtung der Möglichkeiten des Teams. Vor allem in Ausnahmesituationen, in denen die Teammitglieder unter Stress und Unsicherheit leiden, hat die Fähigkeit, den eigenen psychophysischen Zustand zu kommunizieren, eine hohe Relevanz. Belastungsgrenzen und verfügbare Ressourcen werden mitgeteilt und gegebenenfalls umgestaltet. Wird ein Belastungsfaktor gemeinsam identifiziert und interpretiert, wird seine Einflussnahme vermindert.

Resilientes Verhalten *nach* der Krise

Nach der Bewältigung einer Krise zeichnen sich resiliente Teams dadurch aus, dass sie sowohl die aktuelle Situation analysieren (Hat sich die Teamsituation nachhaltig geändert? Wer im Team braucht eine Erholungsphase, um wieder voll einsatzfähig zu sein?) als auch auf den Verlauf der Krise zurückblicken und reflektieren, was sie daraus für zukünftige Herausforderungen lernen können. Auch Beziehungen zu Außenstehenden (bspw. andere Abteilungen, Kunden), die während der Krise vernachlässigt wurden, sollten bewusst wieder in den Fokus gestellt werden. Zudem sollten diejenigen im und außerhalb des Team wertgeschätzt werden, die maßgeblich zur erfolgreichen Bewältigung der Teamkrise beigetragen haben (Alliger et al. 2015).

Resilientes Verhalten?!? Dafür haben wir keine Zeit!

Zeitdruck – egal ob durch äußere Bedingungen verursacht (z. B. kürzere Zeitvorgaben vom Management: alles muss schneller abgeliefert werden, u. a. aufgrund eines erhöhten Wettbewerbs) oder selbst verschuldet (z. B. aufgrund schlechter Planung und/oder Absprachen im Team) – kann nicht nur Ursache von Teamkrisen sein, sondern ist auch Teil der Definition. Denn egal, wodurch die Krise letztlich verursacht wurde (◘ Tab. 11.1) – gerade das Handeln unter Zeitdruck und Unsicherheit zeichnet eine Krise aus. Da erscheint es zunächst natürlich paradox, dass Teams sich ausgerechnet in einer solchen Krisensituation für die oben beschriebenen resilienten Verhaltensweisen *Zeit nehmen* sollen. Aber genau diese Zeitinvestition *trotz* des Zeitdrucks zahlt sich aus: Durch eine gezielte Kommunikation, dadurch, dass geeignete Maßnahmen abgeleitet werden und die Teammitglieder offen über ihre eigenen Grenzen, aber auch Ressourcen sprechen, wird erst ein zieldienliches Verhalten aller Teammitglieder ermöglicht. Es geht also eigentlich nicht um ein Zeitinvest *trotz* der stressigen Situation, sondern vielmehr um ein Zeitinvest *gerade wegen* dieser Situation. Zudem kann in Krisensituationen deutlich schneller reagiert werden, wenn die beschriebenen Maßnahmen vor und nach einer Krise konsequent umgesetzt werden. Dazu gehört auch, spezielle Spielregeln für Krisenzeiten zu vereinbaren, die dem Team eine schnellere Reaktion ermöglichen. Ein Beispiel könnte hier sein, dass in solchen Fällen Entscheidungen nicht vom ganzen Team gemeinsam getroffen werden, sondern von den Personen, die thematisch am meisten involviert sind. Genauso sollte dann aber festgehalten werden, wie die Information über diese Entscheidung (und warum diese in kleiner Runde getroffen wurde) an alle kommuniziert wird und welche Möglichkeiten nach Bewältigung der Krise für das Team bestehen, Prozesse auch wieder zu ändern.

11.4.2 Teamresilienz fördern

Die beschriebenen resilienten Verhaltensweisen *vor*, *während* und *nach* einer Krise kann ein Team aus sich selbst heraus steuern. Dabei kommt aber insbesondere der Führungskraft eine zentrale Rolle zu: Sie kann eine Teamresilienz-Kultur fördern, indem sie die oben genannten Punkte steuert bzw. Teammitglieder hierbei unterstützt und insgesamt eine offene Gesprächsatmosphäre etabliert, in der die Teammitglieder sich trauen, Bedenken und Befürchtungen frühzeitig zu äußern (Alliger et al. 2015). Aber welche weiteren Einflussfak-

toren gibt es, d. h. wie kann Teamresilienz noch gefördert werden?

Es liegen zahlreiche Ansätze und Programme zur Förderung der individuellen Resilienz im organisationalen Kontext vor. Eine aktuelle Metaanalyse (Vanhove et al. 2015) zeigt insgesamt zwar eher moderate Zusammenhänge über alle Programme hinweg, liefert gleichzeitig aber Ansatzpunkte für Maßnahmen, die besonders effektiv sind (bspw. individuelle Settings wie Coaching). Für die Förderung der Teamresilienz liegen hingegen nur wenige empirische Befunde vor, sodass weitere Forschung erforderlich ist. Im Folgenden werden wir basierend auf bisherigen empirischen Studien sowie theoretischen Annahmen einen Überblick über erste mögliche Anhaltspunkte für die Förderung der Teamresilienz in der Praxis geben. Allerdings ist zu beachten, dass die Wirksamkeit der Ansätze noch weiter untersucht werden muss. Die Ansätze werden dabei in die drei Ebenen *Individuum, Team und Organisation* unterteilt. Auch wenn einige Ansätze ebenenübergreifend relevant sind (bspw. Förderung der Teamresilienz-Kultur: Entscheidend ist hier die direkte Führungskraft im Team, aber auch die Organisation als Ganzes kann eine entsprechende Kultur fördern), erleichtert die Zuordnung zu den drei Ebenen die gezielte Gestaltung von Interventionen sowie deren Evaluation.

Einflussfaktoren auf der individuellen Ebene

Bisher gibt es kaum Forschung zu individuellen Einflussfaktoren auf die Teamresilienz. Für die individuelle Resilienz zeigen metaanalytische Befunde jedoch bereits den positiven Effekt von demografischen Faktoren (Alter, Geschlecht) und Schutzfaktoren (Lebenszufriedenheit, Optimismus, positive Stimmung, Selbstwirksamkeit, soziale Unterstützung) sowie den negativen Effekt von Risikofaktoren (Ängstlichkeit, negative Stimmung, Depression, wahrgenommener Stress). Zukünftige Studien sollten überprüfen, inwiefern sich diese Befunde für die individuelle Resilienz auch für die Teamresilienz bestätigen lassen. In jedem Fall spielen diese Aspekte eine indirekte Rolle: Steigt durch die Förderung dieser individuellen Einflussfaktoren die individuelle Resilienz, kann hierdurch indirekt auch die Teamresilienz profitieren. Zwar garantiert eine Gruppe von resilienten Individuen noch kein resilientes Team (► Abschn. 11.4), aber zwischen den Ebenen der Resilienz (Individuum-Team-Organisation) wird eine positive Wechselwirkung erwartet (Schulte et al. 2016). Zudem betonen Semling und Ellwart (2016) die Relevanz von individuellen Fertigkeiten wie Risikowahrnehmung, Problemlösefähigkeit, emotionale Stabilität und affektive Kommunikation für die Förderung der Teamresilienz.

Einflussfaktoren auf der Teamebene

Neben der bereits genannten Stärkung einer Teamresilienz-Kultur (Alliger et al. 2015) belegen erste empirische Befunde den förderlichen Einfluss von im Team geteilten positiven Emotionen wie Enthusiasmus, Optimismus und Zufriedenheit (Meneghel et al. 2016b). Weiterhin kann die Teamresilienz gefördert werden, indem das Klima für soziale Unterstützung owie die Koordination im Team gestärkt wird (Meneghel et al. 2016a). Die quantitative Arbeitsbelastung, Rollenambiguität und Rollenkonflikte sollten hingegen reduziert werden, da diese den positiven Effekt von Teamressourcen abschwächen (Meneghel et al. 2016a). Ritz et al. (2016) entwickelten zudem ein resilienzförderndes Teamtraining: Teams bearbeiten Simulationsszenarien mit dem Ziel, den Umgang mit unbekannten Situationen zu optimieren. Die Szenarien wurden auf Video aufgenommen und anschließend mit den Teams reflektiert. Während die Nützlichkeit dieses Trainings bereits belegt wurde, steht eine vertiefende Evaluation der mittel- und langfristigen Konsequenzen noch aus.

Weitere theoretische Modelle leiten zudem Teamkognitionen (z. B. im Team geteilte Wissensstrukturen zum Risikomanagement und zur Risikokommunikation sowie ein geteiltes Verständnis der Teamrollen), teambezogene Einstellungen (z. B. Offenheit und Überzeugung, Krisen gemeinsam bewältigen zu können; Semling und Ellwart 2016), Teamklima sowie die psychologische Sicherheit (Soucek et al. 2016) als mögliche Einflussfaktoren für die Teamresilienz her. Um diese Aspekte zu fördern und die Kommunikation im Team zu optimieren, können Teamworkshops (Schulte et al. 2016) oder Teamcoachings (vgl. Befunde zu Coaching und individueller Resilienz von Vanhove et al. 2015) genutzt werden. Basierend auf Befunden zur förderlichen Wirkung der Achtsamkeit auf die individuelle Resilienz (Pauls et al. 2016) sowie der zunehmenden Bedeutung der kollektiven Achtsamkeit im Unternehmen (z. B. Khan et al. 2013) kann zudem ein positiver Effekt der kollektiven Achtsamkeit auf die Teamresilienz erwartet werden.

Einflussfaktoren auf der organisationalen Ebene

Basierend auf Befunden zum positiven Einfluss einer offenen, unterstützenden und lernorientierten Unternehmenskultur auf die individuelle Resilienz (Näswall et al. 2013) werden ähnliche Zusammenhänge für die Teamresilienz erwartet. Zudem sollten sich Team-

resilienz und organisationale Resilienz gegenseitig stärken (Schulte et al. 2016). Auch Rahmenbedingungen für die Teamarbeit im Unternehmen können eine Rolle spielen: Je autonomer Teams agieren können und je beständiger Teams zusammenarbeiten (also auch auf gemeinsamen Erfahrungen aufbauen können), desto einfacher wird es gelingen, viele der oben genannten resilienten Verhaltensweisen zu etablieren und zu fördern.

Weiterhin können Organisationen Best-Practice-Teams identifizieren. Basierend auf einer regelmäßigen Analyse der Teamresilienz (für eine Übersicht geeigneter Instrumente s. Schulte et al. 2016) können folgende Fragen beantwortet werden: Welchen Teams gelingt es besonders gut, Krisen zu bewältigen? Was zeichnet diese Teams aus? Wie verhalten sie sich? Hierauf aufbauend kann ein unternehmensweiter Austausch initiiert und bei Bedarf können weitere relevante Schritte zur Förderung der Teamresilienz veranlasst werden. Aufgrund mangelnder empirischer Studien zum Zusammenhang von organisationalen Einflussfaktoren und der Teamresilienz müssen diese erwarteten Zusammenhänge jedoch noch geprüft werden.

11.5 Fazit

Teams sind zunehmend Krisen ausgesetzt. Diese unterscheiden sich hinsichtlich verschiedener Aspekte, wie der Frage, ob die Krise teamintern oder teamextern verursacht wurde. Unabhängig von der genauen Art der Krise zeigt sich, dass die erfolgreiche Bewältigung für die Teamleistung und das Wohlergehen der Mitarbeiter wichtig ist. Daher stellt sich die Frage, wie Teams dabei unterstützt werden können, eine Krise erfolgreich zu bewältigen. Neben teamexternen Aspekten (bspw. Unterstützung durch andere Abteilungen oder das Management) zeigt sich insbesondere die Teamresilienz als vielversprechender Ansatz. Gelingt es, die Teamresilienz zu fördern, können Teams Krisen nicht nur effektiv bewältigen, sondern gehen im Idealfall sogar gestärkt aus ihnen hervor. Durch das bessere Krisenmanagement bleiben dann auch negative gesundheitliche Folgen für die Mitarbeiter aus. Um diese positiven Effekte der Teamresilienz zu erreichen, ist jedoch nicht nur das resiliente Verhalten der Teams während der Krise relevant, sondern auch, wie sich Teams präventiv mit möglichen Krisen auseinandersetzen und wie sie diese nach Abschluss der Krise reflektieren. Basierend auf ersten Forschungsbefunden zur Teamresilienz gibt dieser Beitrag einen Überblick über mögliche Ansätze zur Förderung der Teamresilienz in der Praxis. Allerdings ist weitere

Forschung erforderlich, insbesondere, um die Wirksamkeit von Interventionen zu überprüfen.

Literatur

4A-Side GmbH (2015) Teambarometer [Computer-Software]

Akgün AE, Byrne JC, Lynn GS et al (2007) Team stressors, management support, and project and process outcomes in new product development projects. Technovation 27 (10):628–639

Alliger G, Cerasoli C, Tannenbaum S et al (2015) Team resilience: How teams flourish under pressure. Organizational Dynamics 3 (44):176–184

Bartel CA, Saavedra R (2000) The collective construction of work group moods. Administrative Science Quarterly 45 (2):197–231

Bertalanffy L (1972) Zu einer allgemeinen Systemlehre. In: Bleicher K (Hrsg) Organisation als System. Gabler Verlag, Wiesbaden, S 31–45

Busch MW, Oelsnitz D von der (2016) Emergente Teamphänomene – Warum sich Erfolge eines Teams nicht einfach kopieren lassen. Gruppe. Interaktion. Organisation: Zeitschrift für Angewandte Organisationspsychologie (GIO) 47 (4):345–355

Choi J, Sung S, Kim M (2010) How do groups react to unexpected threats? Crisis Management in organizational teams. Social Behavior and Personality 38 (6):805–828

Clausen T, Nielsen K, Carneiro IG et al (2012) Job demands, job resources and long-term sickness absence in the Danish eldercare services: a prospective analysis of register-based outcomes. Journal of advanced nursing 68 (1):127–136

Coombs WT (1995) Choosing the right words: The development of guidelines for the selection of the »appropriate« crisis-response strategies. Management Communication Quaterly 8 (4):447–476

Dackert I (2010) The impact of team climate for innovation on well-being and stress in elderly care. Journal of Nursing Management 18 (3):302–310

De Dreu CKW, Dierendonck D, Dijkstra MTM (2004) Conflict at work and individual well-being. International Journal of Conflict Management 15 (1):6–26

Diestel S, Neubach B, Schmidt K-H (2009) Einflüsse des soziales Kontextes auf individuelle gesundheitliche Beschwerden. Zeitschrift für Arbeits- und Organisationspsychologie 53 (2):45–56

Khan SA, Lederer AL, Mirchandani DA (2013) Top management support, collective mindfulness, and information systems performance. Journal of International Technology and Information Management 22 (1):6

Kaplan S, Laport K, Waller M (2013) The role of positive affectivity in team effectiveness during crises. Journal of Organizational Behavior 34 (4):473–491

Kauffeld S (2007) Jammern oder Lösungsexploration? Eine sequenzanalytische Betrachtung des Interaktionsprozesses in betrieblichen Gruppen bei der Bewältigung von Optimierungsaufgaben. Zeitschrift für Arbeits-und Organisationspsychologie 51 (2):55–67

Kauffeld S, Meyers R (2009) Complaint and solution-oriented circles: Interaction patterns in work group discussions. European Journal of Work and Organizational Psychology 18 (3):267–294

Kauffeld S, Handke L, Straube J (2016) Verteilt und doch verbunden: Virtuelle Teamarbeit. Gruppe. Interaktion. Organisation. Zeitschrift für Angewandte Organisationspsychologie (GIO) 47 (1): 43–51

Lee JH, Nam SK, Kim AR et al (2013) Resilience: A Meta-Analytic Approach. Journal of Counseling & Development, 91 (3): 269–279

Luthans F, Avey JB, Clapp-Smith R et al (2008) More evidence on the value of Chinese workers' psychological capital: A potentially unlimited competitive resource? The International Journal of Human Resource Management 19 (5):818–827

McLarnon MJW, Rothstein MG (2013) Development and initial validation of the Workplace Resilience Inventory. Journal of Personnel Psychology 12 (2):63–73

Meneghel I, Martínez IM, Salanova M (2016a) Job-related antecedents of team resilience and improved team performance. Personal Review 45 (3):505–522

Meneghel I, Salanova M, Martínez IM (2016b) Feeling good makes us stronger: How team resilience mediates the effect of positive emotions on team performance. Journal of Happiness Studies 17 (1):239–255

Morgeson F (2005) The external leadership of self-managing teams: Intervening in the context of novel and disruptive events. Journal of Applied Psychology 90 (3):479–508

Morgeson FP, DeRue DS (2006) Event criticality, urgency, and duration: Understanding how events disrupt teams and influence team leader intervention. The Leadership Quarterly 17 (3):271–287

Näswall K, Kuntz J, Hodliffe M et al (2013) Employee Resilience Scale (EmpRes): Technical Report. Resilient Organisations Research Programme. http://resorgs.org.nz/empres-measurement-properties. Gesehen 6 Jan 2017

Pauls N, Schlett C, Soucek R et al (2016) Resilienz durch Training personaler Ressourcen stärken: Evaluation einer webbasierten Achtsamkeitsintervention. Gruppe. Interaktion. Organisation. Zeitschrift für Angewandte Organisationspsychologie (GIO) 47 (2):105–117

Rau R, Buyken D (2015) Der aktuelle Kenntnisstand über Erkrankungsrisiken durch psychische Arbeitsbelastungen. Zeitschrift für Arbeits-und Organisationspsychologie 59:113–129

Ritz F, Kleindienst C, Koch J et al (2016) Entwicklung einer auf Resilienz ausgerichteten Organisationskultur. Gruppe. Interaktion. Organisation. Zeitschrift für Angewandte Organisationspsychologie (GIO) 47 (2):151–158

Salanova M, Llorens S, Cifre E et al (2012) We Need a Hero! Toward a validation of the healthy and resilient organization (HERO) Model. Group & Organization Management 37 (6):785–822

Schraub EM, Michel A, Shemla M et al (2014) The roles of leader emotion management and team conflict for team members' personal initiative: A multilevel perspective. European Journal of Work and Organizational Psychology 23 (2):263–276

Schulte EM, Gessnitzer S, Kauffeld S (2016) Ich – wir – meine Organisation werden das überstehen! Der Fragebogen zur individuellen, Team- und organisationalen Resilienz (FITOR). Gruppe. Interaktion. Organisation. Zeitschrift für Angewandte Organisationspsychologie (GIO) 47 (2):139–149

Semling C, Ellwart T (2016) Entwicklung eines Modells zur Teamresilienz in kritischen Ausnahmesituationen. Gruppe. Interaktion. Organisation. Zeitschrift für Angewandte Organisationspsychologie (GIO) 47 (2):119–129

Soucek R, Ziegler M, Schlett C et al (2016) Resilienz im Arbeitsleben – Eine inhaltliche Differenzierung von Resilienz auf den Ebenen von Individuen, Teams und Organisationen. Gruppe. Interaktion. Organisation. Zeitschrift für Angewandte Organisationspsychologie (GIO) 47 (2):131–137

Vanhove AJ, Herian M, Perez AL et al (2015) Can resilience be developed at work? A meta-analytic review of resilience-building programme effectiveness. Journal of Occupational and Organizational Psychology 89 (2):278–307

West BJ, Patera JL, Carsten MK (2009) Team Level Positivity: Investigating Positive Psychological Capacities and Team Level Outcomes. Journal of Organizational Behavior 30 (2):249–267

Youssef CM, Luthans F (2007) Positive organizational behavior in the workplace: The impact of hope, optimism, and resilience. Journal of Management 33 (5):774–800

Mobbing am Arbeitsplatz

V. Köllner

B. Badura et al. (Hrsg.) *Fehlzeiten-Report 2017*,
DOI 10.1007/978-3-662-54632-1_12, © Springer-Verlag GmbH Deutschland 2017

Zusammenfassung *Als Mobbing werden geplante Schikanen oder Anfeindungen gegen eine Person mindestens einmal pro Woche über einen längeren Zeitraum (mindestens sechs Monate) mit dem Ziel des Ausstoßes aus dem Arbeitsverhältnis bezeichnet. Die Punktprävalenz liegt in Deutschland bei etwa 3 Prozent, wobei Frauen etwa 75 Prozent häufiger betroffen sind als Männer. Die höchsten Prävalenzraten finden sich im Dienstleistungssektor sowie im Gesundheits-, Sozial- und Bildungswesen. Mobbing wird als multifaktorieller Prozess mit individuellen und beruflich-gesellschaftlichen Faktoren aufgefasst, wobei nicht gelöste Konflikte und betriebliche Veränderungen im Vordergrund stehen. Mobbing ist primär zwar keine medizinische Diagnose, wird aber aufgrund der daraus resultierenden Gesundheitsfolgen für das Gesundheitswesen immer bedeutsamer. Mobbing stellt sowohl im Leben der Betroffenen als auch in der Entwicklung des Teams oft eine schwere Krise dar und kann zur Entwicklung von Depressionen, Angsterkrankungen, chronischen Schmerzen und Herz-Kreislauf-Erkrankungen beitragen. Umgekehrt erhöhen psychische Erkrankungen das Risiko, von Mobbing betroffen zu werden. Ziel dieses Beitrags ist es, eine Übersicht über Häufigkeit, Erscheinungsformen und Erklärungsmodelle für Mobbing zu geben, Wechselwirkungen mit der seelischen Gesundheit darzustellen sowie Hinweise zu Prävention, Beratung und Therapie zu geben.*

12.1 Ausgangslage

Seit Menschen zusammenarbeiten, gibt es berufliche Konflikte und Machtkämpfe. Steigende Anforderungen an die soziale Kompetenz sowie die Team- und Konfliktfähigkeit überfordern nicht selten Beschäftigte und Führungskräfte gleichermaßen. Parallel dazu werden Anschuldigungen, im Beruf »gemobbt« worden zu sein, zunehmend häufiger geäußert. Für Personen, die unter interpersonellen Konflikten oder stressbezogenen Symptomen leiden, stellt die Selbstdefinition als »Mobbing-Opfer« zunächst eine Möglichkeit dar, die Ursache der Problematik zu externalisieren, was sicherlich zur Popularität des Begriffs beiträgt (Weber et al. 2007). Dies ändert jedoch nichts daran, dass Mobbing als arbeitsbezogener Risikofaktor für die seelische und körperliche Gesundheit inzwischen gut belegt ist und erhebliche Folgekosten in den betroffenen Unternehmen und bei den Trägern der Sozialversicherung verursacht. Mobbing stellt die sozialen Bezüge in einem wichtigen Teil des Lebens grundlegend in Frage und führt daher meist zu einer schweren Krise bei den Betroffenen. Gleichzeitig ist es auch als Krisensymptom für das Team zu sehen, in dem Mobbing auftritt. Ärztinnen und Ärzte stehen somit ebenso wie die Unternehmen und die Politik vor der Aufgabe, sich mit dem Phänomen »Mobbing« auseinanderzusetzen, um Konzepte für Prävention, Früherkennung, Diagnostik und Therapie zu entwickeln (BAuA 2002; Köllner und Söllner 2016).

12.2 Definition und Erscheinungsformen

»Mobbing« stellt ein Kunstwort dar und ist von dem Verb *to mob* (über jemanden herfallen, anpöbeln) bzw. dem Substantiv *the mob* ableitbar. Der wissenschaftliche Ursprung des Begriffs liegt in der biologischen Verhaltensforschung. Konrad Lorenz verstand darunter Gruppenangriffe unterlegener Tiere mit dem Ziel, einen überlegenen Gegner zu verscheuchen. Heinz Leymann (2000) importierte den Mobbing-Begriff in die Arbeitswelt und gründete in Schweden die erste Fachklinik für Mobbing-Opfer. Er formulierte auch die erste wissenschaftliche Definition für Mobbing »als negative kommunikative Handlungen, die gegen eine Person gerichtet sind (von einer oder mehreren anderen) und die sehr oft über einen längeren Zeitraum hinaus vorkommen und damit die Beziehung zwischen Täter und Opfer kennzeichnen«. Weiter präzisiert er, »dass Mobbing dann gegeben ist, wenn eine oder mehrere von 45 genau beschriebenen Handlungen über ein halbes Jahr oder länger mindestens einmal pro Woche vorkommen.« Diese Liste ist in der folgenden Übersicht dargestellt und gibt einen Eindruck von der Vielgestaltigkeit und Komplexität, die Mobbing-Handlungen aufweisen können. Sie erhebt allerdings keinen Anspruch auf Vollständigkeit, zumal in den 25 Jahren seit ihrer Erstellung neue Mobbing-Möglichkeiten – vor allem in Form von Cyber-Mobbing – hinzugekommen sind und stark an Bedeutung gewonnen haben (Kowalski et al. 2017).

Die »45 Mobbing-Handlungen« nach Leymann

1. **Angriffe auf die Möglichkeiten, sich mitzuteilen**
- Einschränkungen der Meinungsäußerung durch Vorgesetzte
- Man wird ständig unterbrochen
- Einschränkungen der Meinungsäußerung durch Kollegen
- Anschreien oder lautes Schimpfen
- Ständige Kritik an der Arbeit/am Privatleben
- Telefonterror
- Schriftliche/mündliche Drohungen
- Kontaktverweigerung durch abwertende Blicke/Gesten
- Kontaktverweigerung durch Andeutungen

2. **Angriffe auf die sozialen Beziehungen**
- Man spricht nicht mehr mit dem/der Betroffenen
- Man lässt sich nicht ansprechen
- Versetzung in Raum weitab von Kollegen
- Es wird verboten, die/den Betroffene(n) anzusprechen
- Man wird »wie Luft« behandelt

3. **Auswirkungen auf das soziale Ansehen**
- Hinter dem Rücken wird schlecht geredet
- Man verbreitet Gerüchte
- Man macht jemanden lächerlich
- Man verdächtigt jemanden, psychisch krank zu sein
- Man will jemanden zu einer psychiatrischen Untersuchung zwingen
- Man macht sich über eine Behinderung lustig
- Man imitiert Gang, Stimme, Gesten
- Man greift politische oder religiöse Einstellung an
- Man macht sich über Nationalität/Privatleben lustig
- Man zwingt jemanden zu Arbeiten, die Selbstbewusstsein verletzen
- Man beurteilt den Arbeitseinsatz in falscher/kränkender Weise

- Man stellt Entscheidungen des/der Betroffenen infrage
- Man ruft obszöne Schimpfworte nach
- Sexuelle Annäherungen oder verbale sexuelle Angebote

4. **Angriffe auf die Qualität von Berufs-/Lebenssituation**
- Man weist keine neuen Arbeitsaufgaben zu
- Man verteilt sinnlose Arbeitsaufgaben
- Man erteilt Aufgaben weit unterhalb des Könnens
- Man vergibt ständig neue Aufgaben
- Man nimmt jede Beschäftigung am Arbeitsplatz
- Man erteilt Aufgaben, die die Qualifikation übersteigen
- Man erteilt kränkende Arbeitsaufgaben

5. **Angriffe auf die Gesundheit**
- Zwang zu gesundheitsschädlichen Arbeiten
- Androhung körperlicher Gewalt
- Anwendung leichter Gewalt
- Körperliche Misshandlung
- Sexuelle Handgreiflichkeiten
- Man verursacht Kosten für die/den Betroffene(n)
- Man richtet physischen Schaden im Heim oder am Arbeitsplatz der/des Betroffenen an

Quelle: Leymann 2000

Der Hauptverband der gewerblichen Berufsgenossenschaften (HVBG) definiert Mobbing als eine konflikthafte Kommunikation am Arbeitsplatz unter Kollegen oder zwischen Vorgesetzten und Mitarbeitern, bei der eine Person von einer oder einigen Personen systematisch, häufig (mindestens einmal pro Woche), während längerer Zeit (mindestens sechs Monate) mit dem Ziel des Ausstoßes aus dem Arbeitsverhältnis direkt oder indirekt angegriffen wird« (Wolmerath 2004).

Darüber hinaus lassen sich **verschiedene Formen** von Mobbing unterscheiden (Weber et al. 2007):
- »Bossing«: Mobbing-Handlungen von Vorgesetzten gegen Untergebene
- »Staffing«: beschreibt den umgekehrten Sachverhalt (Mobbing von Untergebenen gegen den Vorgesetzten).
- Unter »strategischem Mobbing« werden in der Populärliteratur Mobbing-Handlungen als Mittel des Personalabbaus (z. B. bei ansonsten unkündbaren Beschäftigten im öffentlichen Dienst) verstanden.
- »High-Tech-Mobbing oder Cyber-Mobbing« beinhaltet Manipulationen am PC des Opfers (z. B. das Löschen von Dateien, Eingriffe in den E-Mail-Verkehr).

In der ICD-10 werden Mobbing-assoziierte Beeinträchtigungen unter Z 56.4 (Unstimmigkeiten mit Vorgesetzten oder Arbeitskollegen) subsumiert, während es in der ICD-11 eine eigene Kategorie geben wird (XE1822150408 bullying, intimidation). In beiden Systematiken stellt Mobbing selbst keine medizinische Diagnose dar, sondern wird unter der Kategorie von Anlässen, das Gesundheitssystem in Anspruch zu nehmen, oder als Kausalität beschreibender Zusatzcode aufgeführt. Mobbing ist also keine Krankheitskategorie im Sinne der ICD-10 bzw. -11, kann aber eine (Mit)Ursache einer psychischen oder körperlichen Erkrankung sein (siehe auch Abschnitt 12.6).

12.3 Epidemiologie

Die Europäische Agentur für Sicherheit und Gesundheitsschutz am Arbeitsplatz (2002) ging für das Jahr 2000 in der damaligen EU von einer Mobbing-Prävalenz von ca. 9 Prozent aus. Für Deutschland lieferte 2002 der Mobbing-Report der Bundesanstalt für Arbeitsschutz und Arbeitsmedizin (BAuA) erstmals repräsentative Daten (BAuA 2002). Zum Zeitpunkt der Untersuchung wurde eine Mobbing-Quote von 2,7 Prozent objektiviert. Somit waren im Jahr 2000 ca. 1 Mio. Beschäftigte in Deutschland betroffen; die 12-Monats-Prävalenz betrug 5,5 Prozent.

Es gibt weder *die* Mobbing-Branche noch ist ein Beruf oder Betrieb von vornherein ausgenommen. In allen Berufsgruppen und Betriebsgrößen, in der gewerblichen Wirtschaft, im öffentlichen Dienst und in Schulen kommt Mobbing vor. »Mobbing-anfälliger« sollen jedoch größere, von Männern dominierte Unternehmen der »Old Economy« sowie Dienstleistungs- und Verwaltungseinrichtungen des Gesundheits-, Sozial- und Bildungswesens sein, in denen noch tief gestufte Hierarchien bestehen (z. B. Kliniken, Schulen, öffentliche Verwaltungen), zahlreiche Vorschriften zu beachten sind und enge Budgets bzw. wiederholter Personalabbau mit hohen Anforderungen und geringen Handlungsspielräumen der Mitarbeiter verbunden ist. Im produzierenden Gewerbe und unter Arbeitern soll die Mobbing-Prävalenz dagegen am niedrigsten sein. Bei derzeitigem Wissensstand scheint das Mobbing-Risiko in sozialen und Gesundheitsberufen, bei Beschäftigten von Banken/Versicherungen, im öffentlichen Dienst (u. a. Polizei, Verwaltungen, Behörden) und bei Verkaufspersonal am höchsten zu sein. So wurden u. a. im Gesundheits-/Sozialwesen Mobbing-Raten von bis zu 30 Prozent, in Schulen von bis zu 20 Prozent und in öffentlichen Verwaltungen von bis zu 15 Prozent beschrieben. Bei Bezugnahme auf die Daten des Mobbing-Reports der BAuA haben Beschäftigte in sozialen Berufen (u. a. Erzieher, Sozialarbeiter, Altenpfleger) das höchste Mobbing-Risiko (Weber et al. 2007).

Neue Mitarbeiter sind gefährdeter als langjährig Beschäftigte. Frauen haben ein um 75 Prozent höheres Mobbing-Risiko als Männer (Einarsen und Skogstad 1996; BAuA 2002). Dies scheint auch mit einem Machtgefälle am Arbeitsplatz zusammenzuhängen. In den USA sind Hispanoamerikaner und Schwarze doppelt so häufig von Mobbing betroffen wie asiatisch-stämmige und weiße Amerikaner (Workplace Bullying Institute 2011). Die am stärksten betroffenen Altersgruppen sind unter 25-Jährige und Auszubildende (3,7 Prozent) sowie über 55-Jährige (2,9 Prozent). Häufigste Mobbing-Täter sind männliche Vorgesetzte im Alter zwischen 35 und 55 Jahren. In einer jüngst veröffentlichten longitudinalen Studie bei 621 Assistenzärzten in süddeutschen Krankenhäusern gaben 12,9 Prozent an, am Arbeitsplatz gemobbt zu werden. Diese Rate stieg nach einem Jahr auf 14,9 Prozent und nach drei Jahren auf 15,9 Prozent (Loerbroks et al. 2015).

Nach bislang vorliegenden empirischen Befunden kommt »Kollegen-Mobbing« mit ca. 50 Prozent am häufigsten vor, gefolgt von »Bossing« mit Prävalenzraten von etwa 40 Prozent. Nahezu jeder vierte Betroffene wird täglich und etwa jeder dritte mehrmals pro Woche »gemobbt«, die Dauer des Mobbings beträgt einige Monate bis mehrere Jahre.

12.4 Entstehung und Verlauf

Mobbing ist ein *multifaktoriell* verursachter Prozess, dessen Entstehungsbedingungen sich sowohl aus Verhalten (»Opfer und Täter«) als auch aus Verhältnissen (»Organisation/Gruppe«) rekrutieren. Die Europäische Agentur für Sicherheit und Gesundheitsschutz am Arbeitsplatz (2002) unterscheidet zwischen Mobbing als »Folge eines eskalierenden Konfliktes« und »Mobbing-Fällen, in denen Täter ihre Aggressionen ausleben (Suche nach einem Sündenbock) und die Opfer primär nicht in einen Konflikt verwickelt waren«. Eine Übersicht zu Hypothesen und Konzepten zur Entstehung von Mobbing findet sich z. B. bei Schwickerath und Holz (2012), Teuschel (2009) oder Weber et al. (2007). Eine spezifische »Opfer-Typologie« ist bis heute nicht gesichert. Es gibt jedoch Hinweise, dass Mobbing-Opfer eher ängstlich, konfliktvermeidend oder depressiv sind (Coyne et al. 2000; Rammsayer und Schmiga, 2003). In der Studie bei deutschen Assistenzärzten waren die Betroffenen häufiger übergewichtig, chronisch krank, alleinlebend, tranken mehr Alkohol und arbeiteten länger als nicht von Mobbing

Betroffene. Depressivität erwies sich hier sowohl als Risikofaktor als auch als Folge des Mobbings (Loerbroks et al. 2015). Für Mobbing-Täter stehen die fehlende Bereitschaft zur Konfliktlösung und die Aggression, der Wunsch, andere zu verletzen, im Vordergrund. Daneben können auch Intoleranz, Neid, Angst, Rivalität und persönliche Probleme wie gescheiterte Karriereträume oder Alkohol-/Drogenmissbrauch eine Rolle spielen (Köllner und Söllner 2016).

Eine wesentliche Rolle bei der Entstehung von Mobbing spielen aber auch die in folgender Übersicht zusammengefassten arbeitsplatzbezogenen Faktoren. Eine besondere Rolle kommt hierbei dem Führungsstil und -verhalten zu. Ein autoritärer, intransparenter oder von Willkür geprägter Führungsstil begünstigt das Auftreten von Mobbing. Als besonders fatal wirkt es sich aus, wenn von der Führungsebene Mobbing toleriert wird, sei es durch »Wegschauen« oder aktive Unterstützung. Teuschel (2009) spricht daher auch von »Mobbing als Versagen der Hirarchie«.

> **Mobbing: Begünstigende Faktoren in der Arbeitswelt**
> - Arbeitsverdichtung – Überforderung – chronischer Stress
> - Verschärfter Wettbewerb (Zeit-/Erfolgsdruck)
> - Unterforderung (»Langeweile«)
> - Perspektivlosigkeit – Inhaltsarmut
> - Unklare Arbeitsorganisation
> - Arbeitsplatzunsicherheit – Angst vor Arbeitsplatzverlust
> - Pathologisches Konkurrenzdenken
> - Schlechtes Betriebsklima
> - Innerbetriebliche Veränderungen (neue Vorgesetzte, neue Abläufe)
> - Unternehmenskultur, die Mobbing verharmlost
> - Defizitäre Führungskompetenz – mangelhafte Personalpolitik
> - Defizitäre Kommunikation - Intransparenz von Entscheidungen
> - Fehlende Anerkennung (»Feedback«)
> - Fehlende gemeinsame Werte – soziales Desinteresse
> - Rollenkonflikte
>
> Quelle: Köllner und Söllner 2016

Auf *Leymann* (2002) geht ein heute breit akzeptiertes vierstufiges Verlaufsmodell zurück, das in ◻ Abb. 12.1 zusammengefasst ist. Dabei ist es nicht zwingend, dass Betroffene jede Stufe konsekutiv durchlaufen müssen. Am Anfang der »Mobbing-Kaskade« steht in der Regel ein ungelöster oder unzureichend bearbeiteter Konflikt,

aus dem Schuldzuweisungen und persönliche Angriffe gegen eine bestimmte Person erwachsen. Im weiteren Verlauf gerät der Konflikt in den Hintergrund, während die Person immer häufiger zur Zielscheibe systematischer Schikanen wird (Opferrolle). Das Mobbing-Opfer wird zunehmend ausgegrenzt und isoliert, sein Selbstwertgefühl ist beschädigt. Die Entwicklung eskaliert, die Arbeitsleistung des Opfers sinkt, es treten gehäuft Fehler auf und die Vorgesetzten drohen arbeitsrechtliche Maßnahmen an. Fortgeschrittene Mobbing-Fälle enden fast immer mit dem Verlust des Arbeitsplatzes. Entweder kündigen die Betroffenen selbst, weil sie es nicht mehr aushalten, oder ihnen wird gekündigt bzw. sie willigen auf Druck in Auflösungsverträge ein. Nicht selten zieht der Verlust des Arbeitsplatzes auch das generelle Ausscheiden aus dem Erwerbsleben nach sich. Nach längerer Arbeitsunfähigkeit wegen psychosomatischer Erkrankungen schaffen viele Betroffene den Wiedereinstieg in die Arbeitswelt nicht mehr. Es drohen Frühinvalidität oder Langzeitarbeitslosigkeit mit erheblich limitierter Lebensperspektive und im schlimmsten Fall Suizid.

12.5   Folgen von Mobbing

12.5.1 Gesundheitliche Folgen

Eine aktuelle Meta-Analyse (Verkuil et al. 2015), in die 65 Studien mit Daten von 115.783 Personen eingingen, zeigte einen positiven Zusammenhang zwischen Mobbing und Symptomen von Depression ($r = .28$, 95 Prozent; CI = .23–.34), Angststörungen ($r = .34$, 95 Prozent; CI = .29–.40) und stressbezogenen Beschwerden ($r = .37$, 95 Prozent; CI = .30–.44), der auch im Langzeitverlauf nachweisbar war. Allerdings handelte es sich hierbei zumindest teilweise um eine bidirektionale Beziehung; mit einer geringeren Effektstärke waren vorbestehende psychische Störungen mit späterem Mobbing assoziiert ($r = 0.18$, 95 Prozent; CI = 0.10–0.27; N = 27.028).

In der im Rahmen des Mobbing-Reports in Deutschland durchgeführten repräsentativen Befragung berichteten 44 Prozent der gemobbten Personen über stärkere gesundheitliche Einschränkungen bzw. manifeste Erkrankungen (Weber er al 2007; BAuA 2002). Ein Drittel musste therapeutische Hilfe in Anspruch nehmen, bei jedem sechsten war eine stationäre Behandlung notwendig. Die Fähigkeit zur Berufsausübung kann ebenso schwerer beeinträchtigt sein: Regelmäßige feindselige Attacken führen zu Verunsicherung und negativen Gefühlen mit Folgen für Arbeitsverhalten und Leistungsfähigkeit (z. B.

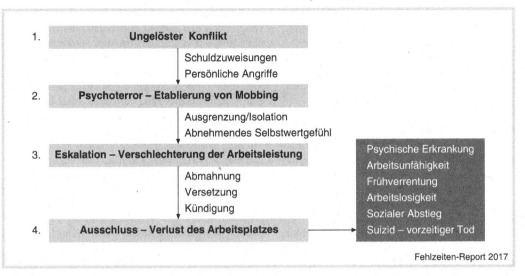

Abb. 12.1 Mobbing-Verlaufsmodell nach Leymann 2002

Isolation, innere Kündigung). Rückwirkungen auf das Privatleben sind u. a. familiäre Krisen, Partnerschafts-/Sexualprobleme und/oder Trennungen. Eine prospektive Kohortenstudie (Kivimäki et al. 2003) aus Finnland, die über 5.000 Beschäftigte des Gesundheitswesens einschloss, erbrachte positive Assoziationen zwischen Mobbing und dem Auftreten depressiver Störungen und kardiovaskulärer Erkrankungen. Bei Mobbing-Betroffenen war das Risiko für das Auftreten einer Depression um mehr als das Vierfache erhöht, wobei das Risiko stieg, je intensiver bzw. länger die Mobbing-Exposition war. Das kardiovaskuläre Risiko stieg um das 2,3-Fache, wobei ein Teil dieses Anstiegs mit einer Mobbing-assoziierten Zunahme von Übergewicht zu erklären war. Aktuell konnte für Arbeitsplatzkonflikte insgesamt eine Assoziation mit kardiovaskulären Erkrankungen nachgewiesen werden (Jacob und Kostev 2017).

Individuell weist das Beschwerdebild von Mobbing Betroffenen in der Regel eine Multidimensionalität mit psychischen, somatischen sowie sozialen Beeinträchtigungen auf. Beklagt werden meist diverse unspezifische Symptome, wie z. B. Selbstzweifel, Schuld- und Ohnmachtsgefühle, Gereiztheit, Konzentrationsdefizite, Leistungs- und Denkblockaden, Niedergeschlagenheit, Kopfschmerzen, Schlaf- und Sexualstörungen, Magen-Darm- oder Herz-/Kreislaufbeschwerden und Rückenschmerzen bis hin zu schweren Beeinträchtigungen der seelischen Gesundheit, wie z. B. depressiven Störungen bis zur Suizidalität oder der Entwicklung von Suchterkrankungen oder posttraumatischen Belastungsstörungen.

Bei folgenden Diagnosen kommt Mobbing als (Mit)Ursache in Betracht (nach Köllner und Söllner 2016):

- Anpassungsstörungen, Verbitterungsstörungen und depressive Störungen
- Angststörungen (v. a. Panikanfälle und arbeitsplatzbezogene Ängste)
- Somatoforme und funktionelle Störungen
- Chronische Schmerzerkrankungen
- Schlafstörungen
- Arterielle Hypertonie
- Herz-Kreislauf-Erkrankungen bis hin zum Myokardinfarkt

Hinsichtlich des Zusammenhangs zwischen psychischer Störung und Mobbing-Problematik lassen sich drei Möglichkeiten unterscheiden (Köllner et al. 2008):
1. Komorbides Auftreten ohne Zusammenhang
2. Die psychische Störung ist prädisponierender Faktor oder auslösende Bedingung des Mobbings. Dies ist leicht nachvollziehbar bei einer emotional instabilen, paranoiden oder schizoiden Persönlichkeitsstörung oder bei einer blande verlaufenden Psychose. Aber auch Patienten mit sozialer Phobie oder ängstlich-vermeidender Persönlichkeitsstörung können »in die Schusslinie geraten«, wenn ihr ängstlich-vermeidendes Verhalten von der Umgebung als unnahbar, arrogant oder arbeitsscheu interpretiert wird. Auch Überengagement, z. B. bei einer zwanghaften Persönlichkeitsstruktur, oder schlechte Abgrenzungs- und Durchsetzungsfähigkeit bei Depression können Risikofaktoren sein.

3. Die psychische Störung entsteht oder verschlechtert sich als Reaktion auf das Mobbing. Hier sind v. a. Anpassungsstörungen, Depression, soziale Phobie, arbeitsplatzbezogene Ängste, somatoforme Störungen und chronische Schmerzsyndrome sowie vegetative Stressreaktionen (art. Hypertonie) relevant.

Meist gibt es statt einer linearen Kausalität (Belastung durch Mobbing → psychische und/oder seelische Erkrankung) eine Wechselwirkung zwischen der Belastung durch das Mobbing und persönlichen Vulnerabilitäts- oder Resilienzfaktoren. Von besonderer Bedeutung als Vulnerabilitätsfaktor kann hier ein rigide ausgeprägtes Gerechtigkeitsempfinden sein. Wenn hier durch das Mobbing zentrale Grundannahmen verletzt werden, kann es zu einer Verbitterungsreaktion oder -störung kommen (Linden 2003, 2017).

Mobbing stellt in einem wesentlichen Lebensbereich die zentralen sozialen Beziehungen in Frage. Insofern verwundert es nicht, dass depressive Störungen eine häufige Folge von Mobbing sind. Ein aktuelles systematisches Review belegt den Zusammenhang zwischen Mobbing und erhöhter Suizidalität (Leach et al. 2017).

Mobbing ist häufig auch der Ausgangspunkt spezifischer arbeitsplatzbezogener Ängste bis hin zur Arbeitsplatzphobie. Diese speziell auf die Arbeitswelt bezogene Angststörung ist mit hohen Fehlzeiten assoziiert und wird bisher zu selten erkannt und einer spezifischen Behandlung zugeführt (Muschalla und Linden 2009, 2014; Köllner und Gillmann 2015).

12.5.2 Folgen für Betrieb und Gesellschaft

In *Betrieben* werden durch Mobbing nicht nur Unternehmenskultur und Wettbewerbsfähigkeit negativ beeinflusst, sondern manchmal ist sogar die Lebensfähigkeit einer Organisation gefährdet. Betriebswirtschaftlich wurden die Kosten aufgrund erhöhter Fehlzeiten, Fluktuation, Qualitätseinbußen oder verminderter Produktivität pro Mobbing-Fall auf bis zu 30.000,- € geschätzt. Auch die **gesellschaftlichen** Auswirkungen sind erheblich. Nach **volkswirtschaftlichen** Berechnungen macht der gesamtwirtschaftliche Schaden allein in Deutschland jährlich ca. 15 Mrd. Euro aus. Dabei schlagen insbesondere Krankschreibungen (Nielsen et al. 2016), Arztbehandlungen, Psychotherapie, Klinikaufenthalte, vorzeitige Berentungen und Arbeitslosigkeit sowie verminderte Produktivität bei Opfern und Tätern zu Buche (Weber et al. 2007; BAuA 2002).

Mobbing muss in diesem Kontext auch als Krisensymptom für den Zustand eines Teams oder eines ganzen Unternehmens gesehen werden. Starker Konkurrenzdruck in Unternehmen, Neid in sozialen Beziehungen und ein schlechtes Betriebsklima begünstigen das Entstehen von Mobbing (Junne et al. 2017). Insofern tut eine Unternehmensleitung gut daran, Mobbing-Fälle nicht nur konsequent zu sanktionieren, sondern auch in die Analyse nach den Ursachen für das Auftreten von Mobbing einzusteigen und entsprechende Präventionsmaßnahmen zu ergreifen. Wenn das Mobbing vom Vorgesetzten oder einem im Team dominanten Einzeltäter ausgeht, herrscht in der Regel auch bei den übrigen Teammitgliedern ein Klima der Angst, das den Krankenstand sowie die Personalfluktuation ansteigen und die Arbeitsproduktivität absinken lässt. Wenn das Mobbing vom Team selber ausgeht, kann es zunächst den Zusammenhalt der Täter-Gemeinschaft steigern und bei ihnen ein Gefühl der Sicherheit und Zugehörigkeit schaffen. Trotzdem wird die Arbeitsproduktivität meist sinken, weil ein erheblicher Teil der Produktivität und Kreativität in die Mobbing-Handlungen umgeleitet wird. Außerdem stellt sich die Frage, wie der Zusammenhalt im Team weiter gewährleistet wird, wenn der Ausstoßungsprozess erfolgreich war und das »Mobbing-Opfer« das Team verlassen hat. Nicht selten gerät dann das nächstschwächere Teammitglied in die Schusslinie, was wiederum zu einem Klima der Angst führt. Daher sollte Mobbing immer auch als Teamkrise verstanden und behandelt werden.

12.6 Früherkennung und Diagnostik

Mobbing selbst stellt keine medizinische Diagnose dar. Wenn im medizinischen Kontext über Mobbing-assoziierte Beschwerden berichtet wird, ist es daher zunächst ärztliche Aufgabe, eine sorgfältige Diagnostik durchzuführen und festzustellen, ob ein behandlungsbedürftiges Krankheitsbild vorliegt. Wenn dies nicht der Fall ist, besteht auch keine Therapieindikation und der Mobbing-Betroffene sollte an eine spezielle Beratungsstelle vermittelt werden. Im Kontext einer somatischen Praxis oder Klinik werden Betroffene eher nicht spontan über ihre Mobbing-Problematik berichten. In der Anamnese sollte aber bei allen funktionellen Störungsbildern, bei Herz-Kreislauf-Erkrankungen oder bei chronischen Schmerzen explizit nach Belastungen auch im beruflichen Bereich gefragt werden, was es vielen Betroffenen dann ermöglicht, ihr Problem zur Sprache zu bringen. Zu beachten ist, dass die Selbstbeschreibung als »Mobbing-Opfer« ebenso wenig kritiklos übernommen wie von vornherein abgelehnt werden sollte. Nach Aufbau einer tragfähigen therapeutischen Beziehung müssen die vom Patienten getroffenen Zuschreibungen vorsichtig hinterfragt werden.

Für die Objektivierung und Quantifizierung gesundheitlicher Beeinträchtigungen und Funktionsstörungen ist in der Regel eine körperliche Untersuchung ergänzt durch wichtige Routine-Laborparameter durchzuführen, sofern derartige Informationen nicht anderweitig verfügbar sind.

Auch wenn noch keine behandlungsbedürftige Erkrankung eingetreten ist, sollten Berichte über Mobbing ernst genommen werden, um einer gesundheitlichen Beeinträchtigung vorzubeugen. Bei hinreichend begründeten Verdachtsmomenten sollten Betroffene ermutigt werden, frühzeitig innerbetriebliche (z. B. Betriebsrat, Betriebsarzt, Gleichstellungsbeauftragte, Mobbing-Beauftragte) oder außerbetriebliche Informations- und Hilfsangebote (z. B. von Gewerkschaften, Selbsthilfegruppen) in Anspruch zu nehmen.

12.7 Therapie

Mobbing-Betroffene sind in besonderer Weise auf eine stabile Arzt-Patient-Beziehung angewiesen, da sie sich ja bereits in ihrem beruflichen Umfeld als ausgegrenzt und hilflos erleben und das familiäre Umfeld bei länger bestehender Problematik häufig auch »genervt« und wenig empathisch reagiert. Im ungünstigen Fall kann hieraus auch eine Krise der Partnerschaft oder Familie resultieren, bis hin zur Trennung. Das Risiko hierfür ist besonders groß, wenn der Betroffene psychisch völlig auf die Folgen des Mobbings eingeengt ist und sich auch zu Hause alles nur noch um dieses Thema dreht. Auf jeden Fall ist eine Therapie der jeweils bestehenden psychischen Störung auch unabhängig von der Mobbing-Problematik indiziert und den Betroffenen meist gut zu vermitteln (»Stärke gewinnen, um die schwierige Situation am Arbeitsplatz bewältigen zu können«). Insbesondere das Herausarbeiten von Eigenanteilen sollte unbedingt erst nach dem Aufbau einer tragfähigen Beziehung erfolgen. Hier ist ein ambulantes oder stationäres Gruppensetting sehr hilfreich, in dem der Betroffene gleichzeitig Solidarität erfährt und eigene problematische Erlebens- und Verhaltensmuster zurückgemeldet bekommen kann. Mehrere psychosomatische Abteilungen und Rehabilitationskliniken haben inzwischen spezielle therapeutische Settings zur Behandlung arbeitsplatzbezogener Probleme und Störungen auf psychodynamischer oder verhaltenstherapeutischer Grundlage entwickelt (Kopka et al. 2009; Zaindl und Söllner 2012; Schwickerath 2016). Nicht selten leiden Mobbing-Betroffene unter

ausgeprägten Symptomen einer Verbitterungsstörung. Hier konnte als spezieller, aus der Verhaltenstherapie abgeleiteter Behandlungsansatz die Weisheitstherapie etabliert und empirisch abgesichert werden (Linden 2017). Gegebenenfalls können auch mit Unterstützung des Klinik-Sozialdienstes berufliche Alternativen gesucht werden, wenn eine Rückkehr an den alten Arbeitsplatz gesundheitlich nicht mehr zugemutet werden kann oder wenn besondere Unterstützung zur Reintegration notwendig ist (z. B. Integrations-Fachdienst).

Bei einer akuten psychischen Dekompensation kann eine kurzfristige Krankschreibung zur Entlastung und zur Deeskalation des Konflikts hilfreich sein. Auf jeden Fall sollte der Patient davon abgehalten werden, von sich aus den Arbeitsplatz zu kündigen, ohne vorher juristischen Beistand eingeholt zu haben. Gerade bei Bossing und strategischem Mobbing wird in dieser Richtung erheblicher Druck auf die Beschäftigten ausgeübt und eine kurzfristige AU-Bescheinigung kann die Betroffenen hier vor einem Schritt bewahren, der langfristig negative Folgen haben kann.

Mit zunehmender Dauer der Arbeitsunfähigkeit findet jedoch eine Entwöhnung vom Arbeitsumfeld statt und die Ängste vor einer Wiederaufnahme der Berufstätigkeit steigen. Letztlich wird Vermeidungsverhalten verstärkt und die Prognose verschlechtert. Wenn sich eine schnelle Rückkehr an den Arbeitsplatz nicht realisieren lässt, sollte mit dem Patienten geklärt werden, welche Maßnahmen notwendig sind, um eine berufliche Reintegration zu ermöglichen. Wenn durch zunehmende Dauer der Arbeitsunfähigkeit und sich steigernde Ängste vor dem Arbeitsplatz die Erwerbsfähigkeit gefährdet ist, kann eine psychosomatische Rehabilitation indiziert sein (Köllner 2014). Die hiermit verbundene Distanzierung nicht nur vom beruflichen, sondern auch vom privaten Umfeld kann entlastend wirken, weil oft auch die privaten Beziehungen bereits von der Mobbing-Problematik belastet sind (s. o.). In der Rehabilitation kann auch eine sozialmedizinische Klärung der beruflichen Zukunft erfolgen. Vielen Patienten ist nicht klar, dass auch die medizinisch gut begründete Unmöglichkeit, an einen bestimmten Arbeitsplatz zurückzukehren, nicht mit einer generellen Berufs- oder Erwerbsunfähigkeit gleichzusetzen ist und somit keinen Rentenanspruch begründet.

Bezüglich professioneller Unterstützung lassen sich inner- und außerbetriebliche Angebote abgrenzen. Von Experten werden **innerbetriebliche** Helfer (z. B. Betriebsräte und -ärzte, Gleichstellungsbeauftragte, Mobbing-Beauftragte, Personalleiter) aufgrund ihrer speziellen Kenntnisse der Organisation, der Sensibilisierung für die Thematik und des oftmals größeren Engagements präferiert. Hauptansprechpartner im

Betrieb sind laut Mobbing-Report Betriebs-/Personalräte (69 Prozent) sowie befreundete Kollegen (62 Prozent). 23 Prozent der Betroffenen wünschten keinerlei innerbetriebliche Unterstützung, weil sie Angst um ihren Arbeitsplatz hatten oder aus dem Betrieb keine wirksame Hilfe erwarteten. Der Anschluss an eine Selbsthilfegruppe wirkt meistens entlastend, da er Selbstzweifel verringert und die eigene Wahrnehmung bestätigt.

12.8   Prävention

Die Prävention und Behandlung von Mobbing kann nicht nur auf individueller Ebene im Gesundheitswesen geleistet werden. Gefordert sind angesichts der wirtschaftlichen und gesamtgesellschaftlichen Dimension des Problems auch die Betriebe, Sozialversicherungsträger und Berufs- und Interessenverbände.

Entscheidend ist hier die Rolle der Betriebe, denen im Rahmen der Sorgfaltspflicht des Arbeitgebers auch eine besondere Verantwortung zukommt. Hierbei können drei Bereiche für Maßnahmen unterschieden werden (BAuA 2002; Weber et al. 2007):

- Sensibilisierung für das Problem Mobbing, z. B. durch innerbetriebliche Fortbildungen und Aufklärungskampagnen
- Reduzierung Mobbing-fördernder betrieblicher Faktoren, z. B. durch Schulung von Führungskräften
- Institutionalisierter (professioneller) Umgang mit Mobbing, z. B. durch Einführung eines Mobbing-Beauftragten sowie der Möglichkeit, Vertrauenspersonen inner- und außerhalb des Betriebs ggf. auch anonym ansprechen zu können

Von besonderer Bedeutung ist die Schulung von Führungskräften, da einerseits ein problematischer Führungsstil Mobbing begünstigen kann, andererseits Führungskräfte aber durch frühes Erkennen und Ansprechen von Warnhinweisen auf Mobbing dieses unterbinden können. Bewährt hat es sich auch, dass Betriebe neutrale Ansprechpartner (Personalräte, Betriebsärzte, Gesundheitsbeauftragte, Mobbing-Beauftragte) vorhalten, an die Betroffene sich vertraulich wenden können. Entscheidend ist, dass es zum Selbstverständnis oder Leitbild des Betriebs gehört, Mobbing auf keinen Fall zu tolerieren und Betroffene zu unterstützen. Mobbing-Fälle im Gesundheitswesen und gerade in Kliniken sind häufig. Sie verschlechtern die Leistungsfähigkeit eines Teams und verschärfen schlimmstenfalls durch vorzeitiges Ausscheiden von Mitarbeitern den Fachkräftemangel. Ärztinnen und

Ärzten als Vorgesetzten kommt daher eine besondere Verantwortung zu, in Kliniken Mobbing-Früherkennung und Prävention zu etablieren. In den vergangenen Jahren werden Fortbildungsangebote für die Zusatzqualifikation »Psychosomatische Grundversorgung für Betriebsärzte« zunehmend in Anspruch genommen (Junne et al. 2017). Solche Schulungen können dabei helfen, dass Mobbing als Ursache von Gesundheitsstörungen früher erkannt und angesprochen werden kann. Als Möglichkeit für eine konsiliarische Beratung bzw. Diagnostik und Frühintervention bei fraglich behandlungsbedürftigen psychischen oder psychosomatischen Beschwerden haben sich die Modelle eines »Betriebsnahen Versorgungsnetzwerks« (BNV) und die »Psychosomatische Sprechstunde im Betrieb« (PSIB) herausgebildet (Hölzer 2012; Junne et al. 2017).

In einem aktuellen systematischen Review (Gillen et al. 2017) fanden sich erste Hinweise darauf, dass es mit Hilfe von Präventionsprogrammen mit den o. g. Inhalten möglich ist, Mobbing am Arbeitsplatz und hierdurch bedingte Fehlzeiten zu reduzieren. Vor allem wurde aber deutlich, dass hier noch erheblicher Bedarf an kontrollierten Studien mit ausreichend langem Nachbeobachtungszeitraum besteht.

12.9   Fazit

Es ist gut belegt, dass Mobbing zu den bedeutendsten arbeitsbezogenen Stressoren gehört und erhebliche negative Konsequenzen für die einzelnen Beschäftigten, den betroffenen Betrieb und das Gesundheitswesen hat. Es kann nicht nur eine Lebenskrise bei den Betroffenen auslösen, sondern muss auch als Krisensymptom für den Zustand des Teams oder der Institution verstanden werden, in der Mobbing auftritt. Ein Zusammenhang mit erhöhter psychischer und somatischer Morbidität (hier v. a. Herz-Kreislauf-Erkrankungen und chronischer Schmerz) und erhöhten Gesundheitskosten ist klar belegt. Bis zu 3 Prozent aller Fehltage können im Zusammenhang mit Mobbing stehen. Ärztinnen und Ärzte sollten daher mit dem Phänomen vertraut sein, um Betroffene entsprechend betreuen und ihnen den Weg zu einer spezifischen Beratung oder bei bereits aufgetretenen Folgeerkrankungen zu einer Therapie ebnen zu können. Bei der Prävention ist es vor allem Aufgabe der Betriebe, für eine Unternehmenskultur zu sorgen, die Mobbing nicht akzeptiert und Betroffenen schnelle Unterstützung zukommen lässt.

Literatur

Bundesanstalt für Arbeitsschutz und Arbeitsmedizin (BAuA) (Hrsg) (2002) Der Mobbing-Report. Repräsentativstudie für die Bundesrepublik Deutschland. Wirtschaftsverlag NW, Bremerhaven

Coyne I, Seigne E, Randall P (2000) Predicting Workplace Victim Status from Personality. European Journal of Work and Organizational Psychology 9:335–349

Einarsen S, Skogstad A (1996) Bullying at Work. Epidemiological Findings in Public and Private Organizations. European Journal of Work and Organizational Psychology 5 (2):185–201

Europäische Agentur für Sicherheit und Gesundheitsschutz am Arbeitsplatz (Hrsg) (2002) Mobbing – Factsheet 23. Brussels, Belgium

Gillen PA, Sinclair M, Kernohan WG et al (2017) Interventions for prevention of bullying in the workplace. Cochrane Database Syst Rev. 2017 Jan 30; 1:CD009778. DOI: 10.1002/14651858.CD009778.pub2.

Hölzer M (2012) Psychische Gesundheit im Betrieb. Psychotherapie im Dialog 13:52–55

Jacob L, Kostev K (2017) Conflicts at work are associated with a higher risk of cardiovascular disease. GMS Ger Med Sci. 15: Doc08. DOI: 10.3205/000249, URN: urn:nbn:de: 0183-0002496

Junne F, Rieger M, Michaelis M, Nikendei C, Gündel H, Zipfel S, Rothermund E (2017) Psychische Belastungsfaktoren in der Arbeitswelt: Modelle und Prävention. Psychother Psych Med 67:161–173

Kivimäki M, Virtanen M, Vartia M, Elovainio M, Vahtera J, Kelti-kangas-Järvinen L (2003) Workplace bullying and the risk of cardiovascular disease and depression. Occup Environ Med 60:779–783

Köllner V (2014) Psychosomatische Rehabilitation. Psychotherapeut 59:485–502

Köllner V, Gillmann R (2015) Sozialmedizinische Bedeutung und Rehabilitation bei Angststörungen. Psychotherapie im Dialog 15 (2):66–71

Köllner V, Söllner W (2016) Mobbing – Erklärungsmodelle, Differenzialdiagnostik und resultierende Gesundheitsfolgen. Klinikarzt 45:18–23

Köllner V, Kochlik A, Weber A (2008) Mobbing. Ärztliche Psychotherapie 3:251–257

Kopka E, Ast C, Hügel H, Köllner V (2009) Arbeitsplatzbezogene interaktionelle Therapie (AIT). Psychotherapie im Dialog 10:230–235

Kowalski RM, Toth A, Morgan M (2017) Bullying and cyberbullying in adulthood and the workplace. J Soc Psychol Mar 6: 1–18. DOI: 10.1080/00224545.2017.1302402. [Epub ahead of print]

Leach LS, Poyser C, Butterworth P (2017) Workplace bullying and the association with suicidal ideation/thoughts and behaviour: a systematic review. Occup Environ Med 74:72–79

Leymann H (2002) Mobbing – Psychoterror am Arbeitsplatz und wie man sich dagegen wehrt. 11. Auflage. Rowohlt, Reinbek

Linden M (2003) Posttraumatic embitterment disorder. Psychother Psychosom 72:195–202

Linden M (2017) Verbitterung und Posttraumatische Verbitterungsstörung. Reihe Fortschritte der Psychotherapie, Band 65. Hogrefe, Göttingen

Loerbroks A, Weigl M, Li J, Glaser J, Degen C, Angerer P (2015) Workplace bullying and depressive symptoms: A prospective study among junior physicians in Germany. J Psychosom Res 78 (2):168–172

Muschalla B, Linden M (2009) Workplace phobia – A first explorative study on its relation to established anxiety disorders, sick leave, and work-directed treatment. Psychology, Health & Medicine 14:591–605

Muschalla B, Linden M (2014) Workplace phobia, workplace problems, and work ability among primary care patients with chronic mental disorders. J Am Board Fam Med 27:486–494

Nielsen MB, Indregard AM, Øverland S (2016) Workplace bullying and sickness absence: a systematic review and meta-analysis of the research literature. Scand J Work Environ Health 42:359–370

Rammsayer T, Schmiga K (2003) Mobbing und Persönlichkeit – Unterschiede in grundlegenden Persönlichkeitsdimensionen zwischen Mobbing-Betroffenen und Nicht-Betroffenen. Wirtschaftspsychologie. 2:3–11

Schwickerath J (2016) Mobbing am Arbeitsplatz – ein verhaltenstherapeutischer Ansatz. Psychotherapie im Dialog 17 (2):31–35

Schwickerath J, Holz M (2012) Mobbing am Arbeitsplatz – Trainingsmanual für Psychotherapie und Beratung. Beltz-Verlag, Weinheim

Teuschel P (2009) Mobbing: Dynamik – Verlauf – gesundheitliche und soziale Folgen. Schattauer, Stuttgart

Verkuil B, Atasayi S, Molendijk ML (2015) Workplace Bullying and Mental Health: A Meta-Analysis on Cross-Sectional and Longitudinal Data. PLoS ONE 10 (8): e0135225. https://doi.org/10.1371/journal.pone.0135225

Weber A, Hörmann G, Köllner V (2007) Mobbing – eine arbeitsbedingte Gesundheitsgefahr der Dienst-Leistungs-Gesellschaft? Das Gesundheitswesen 69:267–276

Wolmerath M (2004) Mobbing im Betrieb – Rechtsansprüche und deren Durchsetzbarkeit. 2. Auflage. Nomos Verlagsgesellschaft, Baden-Baden

Workplace Bullying Institute (2011) Tue 2007 WBI-Zogby Survey. http://www.workplacebullying.org/research.html. Gesehen 05 Mai 2017

Zaindl M, Söllner W (2012) Psychosomatische Behandlungsstrategien bei Burnout. Psychologische Medizin 23:11–17

Individuelle Krisen

Die betriebliche Unterstützung von Mitarbeitern bei kritischen Lebensereignissen

Ergebnisse einer repräsentativen Befragung unter Erwerbstätigen

A. Waltersbacher, K. Zok, J. Klose

B. Badura et al. (Hrsg.) *Fehlzeiten-Report 2017*,
DOI 10.1007/978-3-662-54632-1_13, © Springer-Verlag GmbH Deutschland 2017

Zusammenfassung *Auf Grundlage einer aktuellen Umfrage unter Erwerbstätigen wird untersucht, in welchem Ausmaß Beschäftigte von kritischen Lebensereignissen betroffen sind, welche Auswirkungen diese im betrieblichen Kontext haben und welche betrieblichen Hilfsangebote zur Unterstützung gemacht werden. Über die Hälfte der Befragten hat mindestens ein kritisches Lebensereignis in den letzten fünf Jahren erlebt. Dabei sind die Beschäftigten in Abhängigkeit von ihrem Alter unterschiedlich betroffen – sowohl bei der Art als auch dem Ausmaß der kritischen Lebensereignisse. So berichten jüngere Erwerbstätige eher über private Konflikte oder finanzielle Probleme, während Ältere häufiger von schwerer Krankheit oder dem Tod des Partners betroffen sind. Deutlich zeigt sich, dass diese kritischen Lebensereignisse starken Einfluss auf die körperliche und vor allem die seelische Gesundheit haben, mit Auswirkungen auf das Leben insgesamt und insbesondere auf die Berufstätigkeit. Bei den Betroffenen kommt es häufig zu Einschränkungen der Leistungsfähigkeit und vermehrt zu Arbeitsunfähigkeitszeiten, gleichzeitig sind sie aber auch trotz Krankheit am Arbeitsplatz zu finden. Durch den Einfluss auf die Arbeitsfähigkeit sind diese kritischen Lebensereignisse auch aus Unternehmenssicht hoch relevant.*

Die Befragung zeigt: Die überwiegende Mehrheit der Betroffenen kommuniziert im Unternehmen über die kritischen Lebensereignisse. Dabei kommt neben den Arbeitskollegen der unmittelbaren Führungskraft eine herausragende Bedeutung zu. So hat die Führungskraft als »Gatekeeper« eine zentrale Rolle bei betrieblichen Unterstützungsleistungen inne. Doch auch bei der Bewältigung von kritischen Lebensereignissen spielt das Führungsverhalten eine wichtige Rolle: So geht eine positive Bewertung der Führungskraft durch die Beschäftigten mit einem besseren Zugang zu Unterstützungsmaßnahmen im Betrieb einher. Die angebotenen Maßnahmen sind außerdem abhängig von der vorhandenen Infrastruktur – große Betriebe, die über institutionalisierte Ansprechpartner und unterstützende Strategien verfügen, sind deutlich im Vorteil. Angesichts der Ergebnisse erscheint es sinnvoll, dass auch kleinere Unternehmen ihren Beschäftigten die notwendige adäquate Unterstützung bei der Bewältigung von kritischen Lebensereignissen anbieten. Die Unterstützung des Beschäftigten in persönlichen Lebenskrisen kann zwar kurzfristig mit hohen Anforderungen an den Betrieb verbunden sein, wird jedoch mittelfristig die Bindung des Mitarbeiters an das Unternehmen erhöhen.

13.1 Einführung

Die Auswirkungen der Unternehmenskultur auf die Arbeitszufriedenheit und Gesundheit der Mitarbeiter sind Gegenstand umfangreicher Forschungsliteratur und bereits auch in dieser Publikationsreihe behandelt worden (Fehlzeiten-Report 2016). Die Befragung unter Erwerbstätigen, deren Ergebnisse hier vorgestellt werden, nimmt mit den sogenannten »kritischen Lebensereignissen« eine besondere Gruppe individueller Stressoren in den Fokus. Bei diesen individuellen Stressoren handelt es sich nicht um Belastungsursachen, die strukturell in der Arbeitswelt begründet sind oder die durch die Erfordernisse der Vereinbarkeit von Erwerbs- und Familienleben systematisch auftreten. Kritische Lebensereignisse können auftreten, müssen es aber nicht. Zudem werden sie individuell unterschiedlich stark als belastend empfunden. Kritische Lebensereignisse führen zu zusätzlichen Belastungen, die über die jeweils unterschiedlichen – und immer im Erwerbsleben erforderlichen – adaptiven Kapazitäten der Betroffenen hinausgehen.

Vor dem Hintergrund des allgemeinen demografischen Wandels und einer hohen Anbindung von einigen kritischen Lebensereignissen an das kalendarische Alter, wie beispielsweise der Tod des Partners, ist anzunehmen, dass die Prävalenz von kritischen Lebensereignissen in den zukünftig älteren Belegschaften von Unternehmen zunehmen wird. Einerseits stehen traditionelle und eher private Ressourcen zur Unterstützung bei Krisen – wie beispielsweise die Ressource Familie – aufgrund der zunehmenden Mobilität oder der Veränderung von traditionellen Bindungen zukünftig seltener zur Verfügung. Andererseits sind die Beschäftigten aufgrund der zunehmenden Erosion von Normalarbeitsverhältnissen häufig nicht mehr stabil in das Setting Arbeit eingebettet. Die Herausforderungen auf Seiten der Unternehmen bestehen also zum einen in der demografischen Entwicklung, einer damit einhergehenden älter werdenden Belegschaft und den damit verbundenen häufigeren Krisen der Mitarbeiter, zum anderen aber auch in dem sich abzeichnenden Fachkräftemangel, der es für Unternehmen sinnvoll macht, Fachkräfte an sich zu binden. So kann vermutet werden, dass kritische Lebensereignisse bei Beschäftigten einen sogenannten »Stresstest« für die Stabilität der beiderseitigen Beziehung zwischen Unternehmen und Mitarbeiter darstellen. Wenn dieser sowohl aus Sicht des Betriebes als auch des betroffenen Beschäftigten gut gemeistert wird, können beide Seiten mit einer gestärkten Beziehung aus dieser Krise hervorgehen.

Diese Untersuchung soll einen Beitrag dazu leisten, dass die besonderen Belastungssituationen nach kritischen Lebensereignissen in ihrer Relevanz für die Unternehmen erkannt werden und Eingang in personalpolitische Strategien zur Mitarbeitermotivation und -bindung finden.

■ **Kritische Lebensereignisse**

Als kritische Lebensereignisse werden im Allgemeinen Ereignisse oder Phasen im Leben bezeichnet, die außerhalb der alltäglichen Sorgen und Probleme liegen, außerordentlich belastend sind und mit starken Emotionen einhergehen sowie das Leben der Betroffenen stark verändern. Manche Autoren sprechen auch von Ereignissen, die außerhalb dessen liegen, was zu erwarten gewesen wäre. Beispiele für diese einschneidenden Erlebnisse sind der Tod des Partners, der Verlust der Heimat aufgrund von Krieg und Vertreibung oder der Verlust des Ansehens oder der eigenen Gesundheit. Der Begriff »Ereignis« legt nahe, dass es sich dabei immer um ein vergleichsweise kurzzeitiges Geschehen handelt, beispielsweise den Tod einer Person. Tatsächlich wird aber die Lebensphase *nach* einem Ereignis betrachtet und das kritische Ereignis selbst

bezeichnet zumeist einen Verlust. So bedeutet beispielsweise das kritische Lebensereignis einer Inhaftierung u. a. den völligen Verlust der persönlichen Selbstbestimmung, der dann für eine längere Zeit andauert. Einen Überblick zur Forschung geben Fillip und Aymanns (2010). Der Begriff der kritischen Lebensereignisse geht auf Dohrenwendt und Dohrenwendt (1974) zurück.

Die Lebensereignisforschung – zunächst eng an die Stressforschung angebunden – untersucht sogenannte *stressful life events* (kritische Lebensereignisse) sowie die psychischen und physischen Beeinträchtigungen bei den Betroffenen. Im Jahr 1967 entwickelten Holmes und Rahe eine Skala, in der einzelnen Lebensereignissen »Stresspunkte« zugeteilt wurden: die Social Readjustment Rating Scale (SRRS). In der Folge untersuchten die Autoren selbst sowie weitere Wissenschaftler den Zusammenhang von kritischen Lebensereignissen mit Stressreaktionen und dem dabei entstehenden negativen Einfluss auf die Gesundheit in Form von Erkrankungen, Suchtverhalten und Unzufriedenheit. Dabei fand eine Ausdifferenzierung sowohl der Stressoren als auch der in den Blick genommenen Folgen der Ereignisse statt. Beispielsweise werden auch positive Erlebnisse, wie die Geburt eines Kindes, zu den kritischen Lebensereignissen gezählt, andererseits wurde auch nach negativen Ereignissen eine positive Anpassungsleistung beobachtet (Holmes und Rahe 1967; Fillip und Aymanns 2010).

In den 1990er Jahren rückten die Auswirkungen dieser kritischen Lebensereignisse auf die Anwesenheit und Produktivität von Erwerbstätigen in den Fokus. Hobson et al. führten beispielsweise einen *National Survey* mit 51 kritischen Lebensereignissen unter mehr als 3.000 Befragten in den USA durch (Hobson et al. 1998). Nachdem andere Autoren bereits gezeigt hatten, dass Lebensereignisse – die zunächst nicht unbedingt mit der Erwerbstätigkeit zusammenhingen – zu einer mangelnden Balance zwischen Arbeits- und Privatleben führen können, legen Hobson et al. nahe, dass Unternehmen ihren Mitarbeitern erfolgreich Unterstützung in der Krise bieten können. Die Not der Mitarbeiter zu erkennen, zu akzeptieren und mit effektiven Programmen und Maßnahmen bei der Bewältigung der Probleme zu helfen, führe zu nachhaltigen Ergebnissen in Bezug auf die Motivation, Loyalität und Produktivität der Betroffenen. Hobson et al. folgerten nach ihrer Analyse zahlreicher amerikanischer Autoren, dass ein Unternehmen, welches die Ressource »Mensch« nicht pflegt und nicht anerkennt, dass Mitarbeiter in ihrem Privatleben großen oder sogar übermächtigen Herausforderungen gegenüberstehen, sehr negative Konsequenzen zu tragen hätte: Fehlzeiten, Fluktuation, mangelnde Produktivität und fehlende Loyalität mit dem Arbeitgeber (Hobson et al. 2001).

Auch im deutschsprachigen Raum gibt es seit einigen Jahren Veröffentlichungen über Untersuchungen, bei denen es um Lösungsansätze zu Fragen der Mitarbeiterbindung und -motivation in den verschiedenen Lebensphasen geht. Die empirischen Befunde zeigen, dass Unternehmen, die individuelle und flexible sowie lebensphasenorientierte Lösungen für ihre Mitarbeiter bereitstellen, in Bezug auf Krankenstand und Arbeitsleistung profitieren (beispielsweise das IW-Personalpanel Hammermann und Stettes 2013; s. auch Steffes et al. 2014). Die hier in den Blick genommenen kritischen Lebensereignisse sind bei diesen Untersuchungen und Befragungen jedoch nur zu einem sehr kleinen Teil abgedeckt. Bisher wurde nur eine einzige Online-Befragung mit 100 teilnehmenden Unternehmensvertretern zur Prävalenz kritischer Lebensereignisse und den unternehmensinternen Unterstützungsangeboten durchgeführt (IFGP 2013, »Unternehmensstudie«). Die vorliegende repräsentative Befragung soll hier einen weiteren Beitrag leisten, indem sie die Perspektive sowohl der Mitarbeiter als auch des Unternehmens einnimmt.

Zahlreiche Untersuchungen zur Unternehmenskultur und zur Rolle der Führungskraft haben gezeigt, dass der Führungskraft eine wesentliche Bedeutung in Bezug auf das Humankapital eines Unternehmens zukommt. So hat sich beispielsweise der Fehlzeiten-Report 2011 in seinem Schwerpunktthema ausführlich dem Zusammenhang von Führung und Gesundheit gewidmet (Badura et al. 2011). Gregersen et al. (2011), die den Stand der Forschung zu Führungsverhalten und Gesundheit darstellten, fanden in den vorliegenden Studien besonders häufig Nachweise, dass die soziale Unterstützung durch Vorgesetzte als Ressource dient und sowohl direkte als auch indirekte Effekte auf die Gesundheit der Mitarbeiter haben kann. Ein gesundheitsförderlicher Führungsstil zeichnet sich durch Mitarbeiterorientierung im Sinne von Unterstützung, Mitbestimmungs- und Beteiligungsmöglichkeiten sowie Anerkennung und Wertschätzung aus (Rump et al. 2016). Führungsstil bzw. Führungsverhalten sind gleichzeitig wichtige Teile der Unternehmenskultur, denn sie gehören zu den Merkmalen des sozialen Systems Unternehmen. Insgesamt sehen Rump et al. (2016) die Führungskultur als ein wichtiges Bindeglied zwischen Führungskräften und den Mitarbeitern sowie zwischen Mitarbeitern und dem gesamten Unternehmen. Hammermann und Steffes et al. (2014) entnehmen einer Mitarbeiterbefragung, dass für die Erwerbstätigen in Deutschland ein vertrauensvolles Verhältnis zur Führungskraft, die unterstützend und kompetent bei Problemen wahrgenommen wird, ganz wesentlich ist. Zentrale Aspekte der Unternehmenskultur werden den Mitarbeitern durch die Führungskraft/den Vorgesetzten vermittelt. Mit der Führungskraft steht und fällt jede Unternehmensstrategie zur Personalpflege (vgl. Flüter-Hoffmann 2016). In dieser Befragung wurden deshalb zunächst die Prävalenz von kritischen Lebensereignissen und die Suche von Mitarbeitern nach Unterstützung in ihrem Unternehmen erfragt. Ergänzend wurden Führungskräfte nach ihrer Wahrnehmung dieser Lebensereignisse bei ihren Mitarbeitern und nach der von ihnen selbst angebotenen Unterstützung befragt.

■ **Forschungsfragen und Ziel der repräsentativen Befragung**

Zunächst zielen die Fragen dieser Untersuchung auf die Häufigkeit von ausgewählten kritischen Lebensereignissen und auf die Bedeutung dieser Ereignisse für die Betroffenen. Die Relevanz für die Unternehmen ergibt sich durch den Einfluss der Lebensereignisse auf die Arbeitsfähigkeit der betroffenen Mitarbeiter. Weitere Fragen beschäftigen sich damit, ob die Krisen der Mitarbeiter das Unternehmen überhaupt erreichen und welche Rolle die Führungskraft dabei spielt: Suchen die Mitarbeiter bei persönlichen Krisen das Gespräch mit der Führungskraft und wünschen sie sich Unterstützung durch das Unternehmen? Welche Rolle weisen die Mitarbeiter der Führungskraft dabei zu?

Um die Krisen der Mitarbeiter aus der Sicht des Unternehmens zu betrachten, werden Führungskräfte dazu gefragt, ob sie Unterstützung seitens des Unternehmens als Aufgabe des Arbeitgebers sehen. Wenn die Unterstützung der Mitarbeiter als Aufgabe des Unternehmens bejaht wird, sehen Führungskräfte dann sich selbst in irgendeiner Weise als ausführendes Organ einer betrieblichen Unterstützung?

Diese beiden Perspektiven – die des Mitarbeiters und die der Führungskraft als Träger der Unternehmenskultur – werden auch bei der Betrachtung von unterstützenden Maßnahmen beibehalten: Welche Maßnahmen der Unterstützung bei kritischen Lebensereignissen wünschen sich die Mitarbeiter und welche Maßnahmen bieten Unternehmen bzw. Führungskräfte an? Die Befragten, die als Betroffene bzw. als Führungskraft von Betroffenen Erfahrungen mit der Unterstützung durch ihr Unternehmen gesammelt haben, quantifizieren und bewerten hier die tatsächlich geleistete Hilfe durch das Unternehmen. Abschließend werden die Wünsche sowohl von Führungskräften als auch von Beschäftigten ohne Führungsverantwortung hinsichtlich unterstützender Maßnahmen im Unternehmen sowie die Wünsche der Mitarbeiter, die sich direkt an die Führungskräfte wenden, zusammengetragen.

Ziel dieser Untersuchung ist es, kritische Lebensereignisse in den Kanon der Belastungsursachen bei Mitarbeitern aufzunehmen, um die sich Unternehmen im Zuge ihres Gesundheitsmanagements und aus Gründen der Personalentwicklung kümmern sollten. Dabei soll insbesondere die Rolle der Führungskraft als »Gatekeeper« betrieblicher Unterstützungsleistungen herausgearbeitet werden und die angesprochenen Maßnahmen sollen dazu beitragen, Empfehlungen zur Verbesserung der Unterstützungsangebote im Unternehmen bei kritischen Lebensereignissen der Mitarbeiter abzugeben.

■ Methodisches Vorgehen

Die empirische Basis bildet eine telefonische Befragung unter 2.000 Erwerbstätigen zwischen 16 und 65 Jahren, die im Januar/Februar 2017 durchgeführt wurde. Die Stichprobe ist repräsentativ im Hinblick auf die bundesweite Verteilung nach Altersgruppen, Geschlecht und Wohnort in den östlichen und westlichen Bundesländern.

Als Bestandteil der Stichprobe sind auch Führungskräfte zur Wahrnehmung und Bewertung kritischer Lebensereignisse in ihren Unternehmen befragt worden. In Anlehnung an die »Allgemeine Bevölkerungsumfrage der Sozialwissenschaften« (ALLBUS) wurden zwei Fragen zur Identifizierung von Führungskräften vorgetragen: »Gehört es zu Ihren beruflichen Aufgaben, die Arbeit anderer Arbeitnehmer zu beaufsichtigen oder ihnen zu sagen, was sie tun sollen?« (ja/nein) und: »Wie viele Personen beaufsichtigen Sie direkt oder sind Ihnen direkt unterstellt?«. Der Führungskräfteanteil in der vorliegenden Umfrage liegt bei 29,2 Prozent.

Darüber hinaus wurde im Rahmen der Datenanalyse ein Index gebildet, der – basierend auf den Rückmeldungen der befragten Beschäftigten – den jeweiligen Vorgesetzten bewertet. Dazu wurden sieben ordinalskalierte Items (Skalenendpunkte »trifft überhaupt nicht zu« und »trifft voll und ganz zu«) zur Einschätzung des Verhaltens des Vorgesetzten genutzt (»Die Beziehung zu meinem Vorgesetzten ist gut.«/ »Der Umgang zwischen Vorgesetzten und Mitarbeitern in unserer Abteilung ist kollegial.«/ »Bei Schwierigkeiten bzw. Problemen bei der Arbeit kann ich meinen Vorgesetzten ansprechen.«/ »Mein Vorgesetzter kümmert sich darum, dass Schwierigkeiten behoben werden.«/ »Mein Vorgesetzter nimmt sich ausreichend Zeit für meine Anliegen.«/ »Mein Vorgesetzter erkennt gute Leistungen lobend an.«/ »Mein Vorgesetzter nimmt auf private Angelegenheiten und Befindlichkeiten Rücksicht«). Eine Faktorenanalyse zeigt, dass die sieben Items durch einen Faktor (eine »Dimension«), der im Folgenden »Vorgesetztenbewertung« genannt werden soll, abgebildet werden und die

interne Konsistenz dieser Skala exzellent ist (Cronbachs Alpha = 0,936). Dabei wurden bei der Nutzung dieser Bewertungsskala zwei Extremgruppen gebildet: 25 Prozent der Befragten, die bei dieser Skala im unteren Wertebereich liegen (unteres Quartil mit n = 527 Befragten), haben eine eher schlechte Bewertung ihres Vorgesetzten abgegeben und die Befragten im oberen Viertel der Verteilung (oberes Quartil mit n = 520 Befragten) eine eher gute Bewertung ihres Vorgesetzten. Damit sollen die Bewertung der eigenen Führungskraft, wie in den zahlreichen Mitarbeiterbefragungen des AOK-Service »Gesunde Unternehmen« erprobt, hinsichtlich ihres Zusammenhangs mit dem Umgang mit kritischen Lebensereignissen im Unternehmen untersucht werden.

Für diese Befragung wurden – in Anlehnung an die Arbeiten von Fillip und Aymanns (2010) sowie des Instituts für gesundheitliche Prävention – Kategorien von kritischen Lebensereignissen ausgesucht, die unter Erwerbstätigen in Deutschland mutmaßlich vorkommen können und mit negativem Stress assoziiert werden (s. Übersicht). Damit sind zahlreiche – unter Umständen weitaus negativere – Vorkommnisse, die mit Krieg oder Vertreibung zu tun haben, ebenso ausgeschlossen wie ggf. positivere Ereignisse, die in anderen Untersuchungen als kritische Lebensereignisse mit aufgeführt werden (Geburt des ersten Kindes, Hausbau etc…). Es wird in der vorliegenden Untersuchung keine Bewertung des Schweregrades von kritischen Lebensereignissen vorgenommen, sondern ausschließlich die Realität aus dem Blickwinkel der Betroffenen beschrieben. Ereignisse, die mit extremen politischen Situationen und ihren Folgen zusammenhängen (Diktatur, Folter, Bürgerkrieg, Hungersnöte usw.), kommen aktuell in Deutschland nicht zum Tragen und bleiben somit auch unberücksichtigt.

Liste der abgefragten kritischen Lebensereignisse (Ja-/Nein-Antworten)

▬ Erfahrung von Naturgewalt mit Personen- bzw. Sachschaden (Sturm, Feuer, Explosion, Flutkatastrophe)

▬ Opfer eines schweren Unfalls mit Toten bzw. Schwerverletzten

▬ Erfahrung von verbrecherischer oder häuslicher Gewalt

▬ Eigene schwere Krankheit oder Verletzung oder ein Suchtproblem

▬ Schwere Erkrankung eines Familienangehörigen oder einer nahestehenden Person

▬ Tod des Partners/Ehepartners/Tod eines nahen Familienangehörigen (Eltern, Kinder, Geschwister etc.)

- Eigenes Altern, älter werden
- Trennung vom Partner/Ehescheidung
- Belastende Konflikte im privaten Umfeld
- Finanzielle Probleme
- Beruflicher Abstieg oder schwerer beruflicher Misserfolg
- Arbeitslosigkeit/Kündigung – eigene oder Familie/Partner
- Streit oder Mobbing am Arbeitsplatz
- Umstrukturierung des Arbeitsplatzes/ Unternehmens

Bei den ausgesuchten Krisen-Kategorien handelt es sich teils um punktuelle Ereignisse, wie z. B. der Tod eines nahestehenden Menschen, aber teils auch um Phasen mit extremen Belastungen, wie sie durch andauernde Konflikte oder durch starke Beeinträchtigungen durch das Altern auftreten. Einige Ereignisse beziehen sich auf Einflüsse wie Naturkatastrophen, die sich völlig der persönlichen Kontrolle entziehen, viele sind als persönlich-private und familiäre Krisen zu sehen. Einige Fragen nehmen direkten Bezug auf die Arbeitsplatzsituation, beispielsweise Mobbing oder beruflicher Misserfolg. Einigen dieser abgefragten kritischen Lebensereignisse werden im folgenden Abschnitt des vorliegenden Bandes gesonderte Beiträge gewidmet.

Um einerseits einen gut erinnerbaren Zeitraum zu erfragen und andererseits eine ausreichende Prävalenz von Krisen unter den Befragten zu erreichen, wurde hier ein Fünf-Jahres-Zeitraum gewählt.

13.2 Darstellung der Befragungsergebnisse

13.2.1 Die Relevanz von kritischen Lebensereignissen für Beschäftigte und Unternehmen

- **Die Häufigkeit von kritischen Lebensereignissen**

Zunächst ermöglichte die Befragung festzustellen, wie häufig kritische Lebensereignisse vorkommen. Von den 2.000 Befragten nennen mehr als die Hälfte (52 Prozent) mindestens ein kritisches Lebensereignis aus der vorgelegten Liste (s. Übersicht), das in den letzten fünf Jahren stattgefunden hat bzw. noch andauert. Mit zunehmendem Alter wird der Anteil der Betroffenen unter den Befragten größer, besonders bei den altersgebundenen kritischen Lebensereignissen. So

geben von den unter 30-Jährigen 62,3 Prozent an, bisher kein kritisches Erlebnis gehabt zu haben. Von den 50- bis 65-Jährigen geben nur noch 35,3 Prozent an, keines der aufgezählten kritischen Lebensereignisse erlebt zu haben.

Am häufigsten (16,4 Prozent) werden »Belastende Konflikte im privaten Umfeld« genannt (◻ Abb. 13.1), gefolgt von weiteren Ereignissen aus dem privaten Umfeld. Bereits auf Rang fünf steht ein betriebsgebundenes kritisches Lebensereignis (»Umstrukturierung des Arbeitsplatzes…«).

Die Häufigkeiten von kritischen Lebensereignissen allein spiegeln noch nicht die subjektive Bedeutung für die Betroffenen oder die Belastung durch die Ereignisse wider. Um die Bedeutung, die diese Ereignisse für die Betroffenen haben, gewichten zu können, wurden die Befragten gebeten, das jeweils »schlimmste« Lebensereignis zu nennen. Alle weiteren Fragen wurden dann auf dieses »schlimmste« Ereignis bezogen. Auf den ersten vier Rängen stehen als schlimmste Ereignisse eher private Belastungen, angeführt von der »schweren Erkrankung eines Familienangehörigen« bei 13,8 Prozent der Befragten, gefolgt von den »Belastende(n) Konflikte(n) im privaten Umfeld« bei 13,4 Prozent der Befragten (◻ Tab. 13.1 oder ◻ Tab. 13.2, die sechs häufigsten »schlimmsten« kritischen Lebensereignisse).

Die Unterschiede zwischen den Geschlechtern bei der Beurteilung von kritischen Lebensereignissen sind marginal. Aufgrund der lebenszeitlich unterschiedlichen Rahmenbedingungen unterscheiden sich demgegenüber die jeweils schlimmsten Erlebnisse in den Altersgruppen:

- Für die unter 30-Jährigen sind die Konflikte im privaten Umfeld (22,4 Prozent) als schlimmstes Ereignis eingestuft worden, gefolgt von Streit oder Mobbing am Arbeitsplatz (17,2 Prozent) und finanziellen Problemen (15,4 Prozent).
- Bei den 30- bis 40-Jährigen steht die Antwortkategorie »Belastende Konflikte« bei 18,1 Prozent der Betroffenen an erster Stelle, die Kategorie »Trennung« steht an zweiter Stelle (14,3 Prozent) und wird dicht gefolgt von der Antwort »Schwere Erkrankung« mit 13,5 Prozent. Jeder zehnte dieser Altersgruppe gibt Streit bzw. Mobbing am Arbeitsplatz als schlimmstes Erlebnis an.
- In der Gruppe der 40- bis 50-Jährigen rangieren dagegen »Belastende Konflikte« mit 16,5 Prozent erst an zweiter Stelle der schlimmsten Erlebnisse. An erster Stelle steht die von 17,6 Prozent genannte »schwere Erkrankung«. Die Trennung vom Partner stellt für 12,3 Prozent das schlimmste Erlebnis dar. In dieser Altersgruppe nennt aber bereits fast jeder Zehnte (9,5 Prozent) Probleme mit der

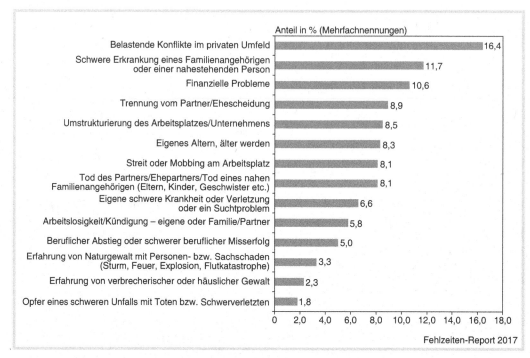

Anteil in % (Mehrfachnennungen)

Ereignis	Anteil in %
Belastende Konflikte im privaten Umfeld	16,4
Schwere Erkrankung eines Familienangehörigen oder einer nahestehenden Person	11,7
Finanzielle Probleme	10,6
Trennung vom Partner/Ehescheidung	8,9
Umstrukturierung des Arbeitsplatzes/Unternehmens	8,5
Eigenes Altern, älter werden	8,3
Streit oder Mobbing am Arbeitsplatz	8,1
Tod des Partners/Ehepartners/Tod eines nahen Familienangehörigen (Eltern, Kinder, Geschwister etc.)	8,1
Eigene schwere Krankheit oder Verletzung oder ein Suchtproblem	6,6
Arbeitslosigkeit/Kündigung – eigene oder Familie/Partner	5,8
Beruflicher Abstieg oder schwerer beruflicher Misserfolg	5,0
Erfahrung von Naturgewalt mit Personen- bzw. Sachschaden (Sturm, Feuer, Explosion, Flutkatastrophe)	3,3
Erfahrung von verbrecherischer oder häuslicher Gewalt	2,3
Opfer eines schweren Unfalls mit Toten bzw. Schwerverletzten	1,8

Fehlzeiten-Report 2017

◻ Abb. 13.1 »Ich lese Ihnen im Folgenden eine Reihe von belastenden Ereignissen vor, die Menschen in ihrem Leben erlebt haben können und die man als Krise bezeichnen könnte. Bitte sagen Sie mir jeweils, ob Sie dieses Ereignis bzw. diese Situation in den letzten fünf Jahren erlebt haben.« (Anteil der »ja«-Nennungen; n = 2.000)

eigenen Gesundheit (Krankheit, Verletzung, Sucht) als schlimmstes Erlebnis.

– In der Gruppe der 50- bis 65-Jährigen wird erstmals der Tod eines Partners am häufigsten als schlimmstes Erlebnis genannt (15,6 Prozent der Betroffenen), gefolgt von der schweren Erkrankung eines Familienangehörigen, genannt von 14,6 Prozent der Betroffenen. Fast jeder Zehnte dieser Altersgruppe erlebte eine Trennung als schlimmstes Ereignis (9,4 Prozent), ein weiteres Zehntel litt oder leidet am schlimmsten unter Beeinträchtigungen durch eigene gesundheitliche Einbußen (9,2 Prozent).

Wenig überraschend sind die jungen Erwerbstätigen neben privaten Konflikten eher von finanziellen oder sozialen Problemen belastet. Bei den älteren Erwerbstätigen spielen Krankheit, Altern oder der Tod des Partners als kritisches Lebensereignis eine stärkere Rolle.

■ **Die Bedeutung der kritischen Lebensereignisse für die betroffenen Beschäftigten und das Unternehmen**

Bei kritischen Lebensereignissen, die unmittelbar mit dem Beschäftigungsverhältnis zu tun haben, ist die Relevanz für das Unternehmen offenkundig. Aber auch bei den anderen Kategorien von Ereignissen ist eine genauere Betrachtung für die Unternehmen lohnend, denn die kritischen Ereignisse – auch die mit einer Genese im Privatleben – haben überwiegend großen Einfluss auf die Leistungsfähigkeit der Befragten: Insgesamt bewerten 80,8 Prozent der Betroffenen den Einfluss des »schlimmsten« Ereignisses auf ihr Leben insgesamt mit »stark« oder »sehr stark« (◻ Tab. 13.1, unterste Zeile). Dabei wird häufiger der Einfluss auf die seelische Gesundheit (79,0 Prozent) vor dem auf die körperliche Gesundheit (58,7 Prozent) genannt. Einen »starken« oder sogar »sehr starken« Einfluss auf ihre Berufstätigkeit geben zwei Drittel der Befragten an (66,6 Prozent). Die Befragung bestätigt damit die Ergebnisse aus vorangegangenen Untersuchungen: Auch Konflikte der Mitarbeiter sind für die Unternehmen von hoher Relevanz, da sie vergleichsweise häufig mit Einbußen der körperlichen und mentalen Leistungsfähigkeit einhergehen.

Die Gesundheit des Mitarbeiters muss – auch aus betrieblicher Sicht – im Zusammenhang mit kritischen Lebensereignissen besonders fokussiert werden. Betrachtet man die sechs häufigsten als »schlimmstes« Ereignis genannten Antwortkategorien (erneut ◻ Tab. 13.1), dann beschreiben 90,9 Prozent

◨ Tab. 13.1 »Wie stark hat dieses Ereignis ... beeinflusst?«

	Anteil »schlimmstes« Ereignis/ Erlebnis in %	Wie stark hat dieses Ereignis, von dem Sie eben gesprochen haben, ...			
		... Ihre körperliche Gesundheit ...	... Ihre seelische Gesundheit ...	... Ihre Berufstätig-keit ...	... Ihr Leben insgesamt ...
		... beeinflusst?			
Schwere Erkrankung eines Familienangehörigen oder einer nahestehenden Person	13,8	54,6	83,3	55,3	79,8
Belastende Konflikte im privaten Umfeld	13,4	58,2	78,4	56,8	76,3
Trennung vom Partner/ Ehescheidung	12,9	54,4	88,8	54,5	88,8
Tod des Partners/Ehepartners/ Tod eines nahen Familienan-gehörigen (Eltern, Kinder, Geschwister etc.)	10,2	48,2	84,9	60,4	83,0
Streit oder Mobbing am Arbeitsplatz	8,9	66,7	77,5	86,0	72,1
Eigene schwere Krankheit oder Verletzung oder ein Suchtproblem	8,5	94,3	82,9	93,1	90,9
Alle Befragten mit Ereignisangabe		58,7	79,0	66,6	80,8

Antwortkategorien »sehr stark« und »stark« zusammengefasst; Anteil in Prozent; n = 1.040 Befragte mit Angabe eines kritischen Lebensereignisses

Fehlzeiten-Report 2017

der Betroffenen, deren schlimmstes Ereignis die Ver-sehrtheit der eigenen Gesundheit ist, den Einfluss auf das *Leben insgesamt* als »stark« oder sogar »sehr stark«. Ein »(sehr) starker« Einfluss auf die körperliche und seelische Gesundheit wird von den Betroffenen mit diesem Ereignis ebenfalls genannt und rund 93 Pro-zent sehen einen »(sehr) starken« Einfluss auf ihre Be-rufstätigkeit. Alle in der Tabelle dargestellten sechs häufigsten »schlimmsten« Ereignisse zeichnen sich durch einen starken Einfluss auf die seelische Gesund-heit aus. Mobbing wirkt sich erwartungsgemäß auch »(sehr) stark« auf die Berufstätigkeit aus (86 Prozent).

Fast die Hälfte der von einem kritischen Lebens-ereignis Betroffenen gibt an, trotz Krankheit zur Arbeit gegangen zu sein (◨ Tab. 13.2, unterste Zeile). Anderer-seits haben sich 34,1 Prozent aufgrund des Ereignisses häufiger krank gemeldet. Mit ihrer Arbeit unzufrieden gewesen zu sein, als sie trotz des belastenden Ereignis-ses zur Arbeit gingen, geben 37,3 Prozent der Betroffe-nen an. Bei mehr als der Hälfte der Betroffenen kam es nach eigenen Angaben vor, dass sie in ihrer Leistungs-fähigkeit eingeschränkt waren.

Je nach Art des kritischen Lebensereignisses und des daraus resultierenden Einflusses auf die körperliche

und seelische Verfassung der Betroffenen unterschei-den sich die Antworten von diesem Durchschnitts-wert. Eigene gesundheitliche Beschwerden wurden zwar nur als sechsthäufigstes kritisches Lebensereignis von Beschäftigten genannt, sie haben aber die stärks-ten negativen Auswirkungen im betrieblichen Kontext.

13.2.2 Kritische Lebensereignisse im Unternehmen ansprechen

Werden kritische Lebensereignisse kommunikativ in das Unternehmen hineingetragen? Mit wem haben die Betroffenen dort über das kritische Lebensereignis ge-sprochen? Hier werden insgesamt an erster Stelle die Arbeitskollegen genannt (63,5 Prozent) (◨ Tab. 13.3). Bei fast jedem zweiten Befragten (45,8 Prozent) ist der unmittelbare Vorgesetzte Ansprechpartner bei kriti-schen Lebensereignissen; bei einer schweren Erkran-kung eines Angehörigen oder einer nahestehenden Person seltener (44,1 Prozent), bei Streit oder Mobbing (62,4 Prozent), Umstrukturierung (71,2 Prozent) oder einem Unfall häufiger (66,7 Prozent). Jeder Fünfte der Befragten (18,9 Prozent), die ein kritisches Ereignis

Tab. 13.2 »Ist es deshalb vorgekommen, dass Sie ...«

	Anteil »schlimmstes« Ereignis/ Erlebnis in %	Ist es deshalb vorgekommen, dass Sie ...			
		... zur Arbeit gegangen (sind), obwohl Sie krank waren?	... sich häufiger krank gemeldet haben?	... deshalb mit Ihrer Arbeit unzufrieden waren?	... in Ihrer Leistungsfähigkeit eingeschränkt waren?
Schwere Erkrankung eines Familienangehörigen oder einer nahestehenden Person	13,8	49,0	25,2	26,6	44,1
Belastende Konflikte im privaten Umfeld	13,4	51,8	35,3	36,7	52,5
Trennung vom Partner/ Ehescheidung	12,9	48,5	23,9	29,9	53,7
Tod des Partners/Ehepartners/Tod eines nahen Familienangehörigen (Eltern, Kinder, Geschwister etc.)	10,2	50,0	29,2	17,9	47,2
Streit oder Mobbing am Arbeitsplatz	8,9	47,3	39,8	71,0	66,7
Eigene schwere Krankheit oder Verletzung oder ein Suchtproblem	8,5	68,2	73,9	46,6	83,0
Alle Befragten mit Ereignisangabe		48,8	34,1	37,3	53,4

Anteile »ja«-Nennungen in Prozent
n = 1.040 Befragte mit Angabe eines kritischen Lebensereignisses

Fehlzeiten-Report 2017

durchlebt haben, nutzte die betriebliche Personalvertretung (Betriebs- bzw. Personalrat) als Ansprechpartner. Bei betriebsnahen Ereignissen wie Umstrukturierung des Arbeitsplatzes, Streit oder Mobbing am Arbeitsplatz, beruflicher Abstieg bzw. Misserfolg oder Kündigung wird die betriebliche Personalvertretung häufiger als Ansprechpartner genannt. Jeder Zehnte gibt die Personalabteilung als beratende Stelle an. Einen leicht höheren Wert (11,6 Prozent) erhalten die betrieblichen Vertrauensleute. Der Betriebsarzt wird insbesondere bei Ereignissen genannt, die etwas mit Unfallfolgen, Krankheit oder Gewalt zu tun haben. Bei der Interpretation der Häufigkeit, mit der diese Positionen in einem Betrieb angesprochen werden, muss allerdings berücksichtigt werden, dass es nicht in jedem Unternehmen eine Personalvertretung, einen Betriebsarzt oder betriebliche Vertrauensleute gibt.

■ **Die Führungskraft als Ansprechpartner**
Neben den Arbeitskollegen wurde insbesondere die unmittelbare Führungskraft im Betrieb als Ansprechpartner bei Krisen genannt und es stellt sich die Frage, wie die Führungskräfte die Häufigkeit von kritischen Lebensereignissen einschätzen. Ein Fünftel der befragten Führungskräfte gibt an, »häufig« (18,2 Prozent) bzw. sogar »sehr häufig« (2,7 Prozent) zu belastenden Lebensereignissen angesprochen zu werden. Fast jeder Zweite erfährt davon »ab und zu« (46 Prozent). »Selten« werden 27,8 Prozent der Führungskräfte dazu angesprochen, »gar nicht« nur 5,3 Prozent. Führungskräfte aus sehr kleinen Unternehmen (bis unter zehn Beschäftigte) weichen stark in ihrem Antwortverhalten von den Durchschnittswerten ab: »Gar nicht« (32,1 Prozent) bzw. »selten« (35,7 Prozent) werden die Befragten von ihren Mitarbeitern zu sehr belastenden Lebensereignissen angesprochen. Je größer das Unternehmen ist, aus dem die befragten Führungskräfte stammen, desto mehr werden Führungskräfte zu diesen Themen auch »häufig« oder »sehr häufig« angesprochen (18,9 Prozent in den Unternehmen mit 10 bis unter 100 Beschäftigten, 23 Prozent in Unternehmen mit 100 bis unter 500 Beschäftigten und 31,2 Prozent in den Unternehmen mit mehr als 500 Beschäftigten). Dabei ist die Zahl der geführten Mitarbeiter bei den Führungskräften aus den mittleren und großen Unternehmen vergleichbar hoch.

Es ist anzunehmen, dass die Beschäftigten, die sich an ihre Führungskraft gewandt haben, dies nicht nur

⬛ **Tab. 13.3** »Haben Sie am Arbeitsplatz, in Ihrem Betrieb/Unternehmen mit jemandem aus der folgenden Liste von Personen über dieses Ereignis gesprochen?«

	… mit Arbeitskollegen?	… mit Ihrem unmittelbaren Vorgesetzten?	… mit dem Betriebs- oder Personalrat?	… mit betrieblichen Vertrauensleuten?	… mit der Personalabteilung?	… mit dem Betriebsarzt?	… mit dem betrieblichen Gesundheitsmanagement?
Schwere Erkrankung eines Familienangehörigen oder einer nahestehenden Person	69,2	44,1	11,9	7,7	7,0	2,1	4,2
Belastende Konflikte im privaten Umfeld	56,8	24,5	12,2	10,8	5,0	0,7	0,7
Trennung vom Partner/ Ehescheidung	74,6	40,3	3,7	6,7	6,7	1,5	1,5
Tod des Partners/ Ehepartners/Tod eines nahen Familienangehörigen (Eltern, Kinder, Geschwister etc.)	74,5	61,3	13,2	7,5	8,5	9,4	3,8
Streit oder Mobbing am Arbeitsplatz	68,8	62,4	32,3	15,1	18,3	9,7	3,2
Eigene schwere Krankheit oder Verletzung oder ein Suchtproblem	62,5	63,6	28,4	15,9	15,9	26,1	14,8
im Durchschnitt	63,5	45,8	18,9	11,6	10,5	7,9	4,9

Sortierreihenfolge: schlimmstes Ereignis
Anteile »ja«-Nennungen in Prozent
n = 1.040 Befragte mit Angabe von kritischem Lebensereignis

Fehlzeiten-Report 2017

bei dem schlimmsten Ereignis getan haben. Dementsprechend geben die Führungskräfte sehr viel häufiger an, dass sie auf kritische Ereignisse angesprochen wurden, als die Beschäftigten angeben, diese angesprochen zu haben, denn deren Fragen bezogen sich auf das »schlimmste« Ereignis. So waren in den letzten fünf Jahren 27,5 Prozent der befragten Führungskräfte im Gespräch mit ihren Mitarbeitern »(sehr) häufig« mit dem Thema »Streit oder Mobbing am Arbeitsplatz« konfrontiert – einem Thema, das der betrieblichen Sphäre entspringt (⬛ Abb. 13.2). Das zweithäufigste Lebensereignis, das Führungskräften »(sehr) häufig« begegnet (23,6 Prozent der Führungskräfte), ist die Kategorie der belastenden Konflikte im privaten Umfeld. Hierbei handelt es sich um die Kategorie, die von allen Befragten am häufigsten als »schlimmstes Erlebnis« gewertet wurde. Auf Rang drei und vier der den Führungskräften berichteten kritischen Lebensereignisse

stehen Ereignisse, die in unmittelbarem Zusammenhang mit der Arbeitssituation zu sehen sind: Es kommen Umstrukturierungen von Arbeitsplatz oder Unternehmen (22,7 Prozent) und der berufliche Abstieg oder schwere Misserfolg des Beschäftigten (21,5 Prozent) zur Sprache.

Das kritische Lebensereignis der »schweren Erkrankung eines Familienangehörigen oder einer nahestehenden Person« ist von den Beschäftigten am häufigsten als »schlimmstes« Ereignis genannt worden. Nach der Häufigkeit, mit der Führungskräfte von dem Ereignis hören, steht es allerdings auf Rang 9. Bei der Führungskraft angesprochen werden häufiger betriebsrelevante Themen wie Umstrukturierung des Arbeitsplatzes, Mobbing und die Berufsfähigkeit einschränkende Vorkommnisse wie Unfälle und eigene Erkrankung (⬛ Tab. 13.3, zweite Spalte). Trotzdem hat die Kategorie der privaten Belastungen den zweiten

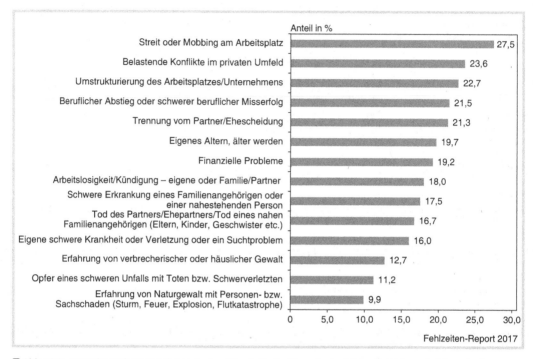

Anteil in %

Streit oder Mobbing am Arbeitsplatz	27,5
Belastende Konflikte im privaten Umfeld	23,6
Umstrukturierung des Arbeitsplatzes/Unternehmens	22,7
Beruflicher Abstieg oder schwerer beruflicher Misserfolg	21,5
Trennung vom Partner/Ehescheidung	21,3
Eigenes Altern, älter werden	19,7
Finanzielle Probleme	19,2
Arbeitslosigkeit/Kündigung – eigene oder Familie/Partner	18,0
Schwere Erkrankung eines Familienangehörigen oder einer nahestehenden Person	17,5
Tod des Partners/Ehepartners/Tod eines nahen Familienangehörigen (Eltern, Kinder, Geschwister etc.)	16,7
Eigene schwere Krankheit oder Verletzung oder ein Suchtproblem	16,0
Erfahrung von verbrecherischer oder häuslicher Gewalt	12,7
Opfer eines schweren Unfalls mit Toten bzw. Schwerverletzten	11,2
Erfahrung von Naturgewalt mit Personen- bzw. Sachschaden (Sturm, Feuer, Explosion, Flutkatastrophe)	9,9

0   5,0   10,0   15,0   20,0   25,0   30,0

Fehlzeiten-Report 2017

◘ **Abb. 13.2** »Wenn Sie an Ihr Unternehmen denken: Wie häufig sind Ihnen in den letzten fünf Jahren die folgenden Themen und Ereignisse in Gesprächen mit Ihren Mitarbeitern begegnet?« (Antwortkategorien »sehr häufig« und »häufig« zusammengefasst; n = 583 befragte Führungskräfte)

Rangplatz bei den Ereignissen, von denen Führungskräfte häufig hören – zwischen den Kategorien, die unmittelbar mit dem Beschäftigungsverhältnis zu tun haben (◘ Abb. 13.2).

Allerdings werden die Problemthemen nicht von allen Befragten im Unternehmen angesprochen: 18,8 Prozent derjenigen, die ein kritisches Ereignis durchlebt haben, geben an, mit niemandem im Unternehmen gesprochen zu haben. Welche Gründe haben die Betroffenen, kritische und also extrem belastende Ereignisse nicht anzusprechen? Die meisten Betroffenen, die das Lebensereignis nicht im Unternehmen angesprochen haben – auch nicht im Kollegenkreis – sind der Meinung, dass das Thema im beruflichen Umfeld niemanden etwas angehe (87,2 Prozent) und dass das Unternehmen dazu nicht weiterhelfen könne (81,1 Prozent). Jeder zweite spricht von einem »Tabuthema« (48,5 Prozent) oder hat Angst vor beruflichen Nachteilen (44,5 Prozent). Doch eine wichtige Rolle spielt hier das Verhältnis zur eigenen Führungskraft bzw. wie diese Führungskraft vom Betroffenen bewertet wird. Drei Viertel derjenigen, die nach dem kritischen Lebensereignis mit niemandem gesprochen haben, halten die eigene

Führungskraft für nicht zuständig (76,5 Prozent), 63 Prozent mangelt es an Vertrauen in die Führungskraft und 54,1 Prozent halten die Führungskraft bei diesem Thema für nicht qualifiziert. Insgesamt geben drei Viertel der Mitarbeiter, die mit niemandem gesprochen haben, an, kein gutes Verhältnis zur Führungskraft zu haben.

■ **Sehen Führungskräfte die Notwendigkeit betrieblicher Unterstützung?**

Beschäftigte können in ihrem sozialen Umfeld – zu dem auch der betriebliche Kontext zählt – über kritische Lebensereignisse sprechen. Doch fühlt sich das Unternehmen auch verantwortlich, in dieser Situation für den Mitarbeiter etwas zu tun? In der Vergangenheit war dies in vielen Unternehmen nicht der Fall (s. beispielsweise zur fehlenden Unterstützung bei Krankheit oder Älterwerden Hammerman und Stettes 2013). Die Mehrheit der hier befragten Führungskräfte sieht jedoch das Unternehmen bei der Unterstützung des Mitarbeiters mit kritischem Lebensereignis in der Pflicht: Von den befragten Führungskräften schätzt der große Anteil von 79,6 Prozent es als »überaus notwendig« ein, dass das Unternehmen den Beschäftigten bei der Bewältigung

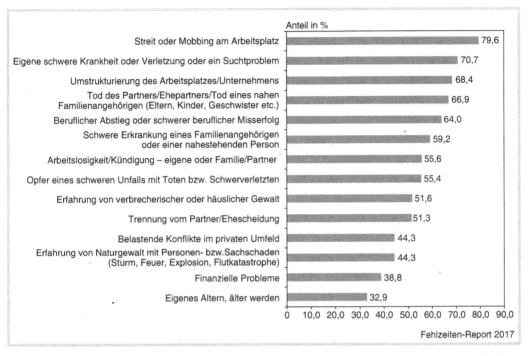

Anteil in %

Streit oder Mobbing am Arbeitsplatz	79,6
Eigene schwere Krankheit oder Verletzung oder ein Suchtproblem	70,7
Umstrukturierung des Arbeitsplatzes/Unternehmens	68,4
Tod des Partners/Ehepartners/Tod eines nahen Familienangehörigen (Eltern, Kinder, Geschwister etc.)	66,9
Beruflicher Abstieg oder schwerer beruflicher Misserfolg	64,0
Schwere Erkrankung eines Familienangehörigen oder einer nahestehenden Person	59,2
Arbeitslosigkeit/Kündigung – eigene oder Familie/Partner	55,6
Opfer eines schweren Unfalls mit Toten bzw. Schwerverletzten	55,4
Erfahrung von verbrecherischer oder häuslicher Gewalt	51,6
Trennung vom Partner/Ehescheidung	51,3
Belastende Konflikte im privaten Umfeld	44,3
Erfahrung von Naturgewalt mit Personen- bzw.Sachschaden (Sturm, Feuer, Explosion, Flutkatastrophe)	44,3
Finanzielle Probleme	38,8
Eigenes Altern, älter werden	32,9

0 10,0 20,0 30,0 40,0 50,0 60,0 70,0 80,0 90,0

Fehlzeiten-Report 2017

▣ Abb. 13.3 »Wie schätzen Sie die Notwendigkeit ein, dass Unternehmen Beschäftigten bei der Bewältigung von kritischen Lebensereignissen zur Seite stehen und Unterstützung anbieten?« (Antwortkategorien »überaus notwendig« und »notwendig« zusammengefasst; n = 583 befragte Führungskräfte)

von Streit oder Mobbing am Arbeitsplatz Unterstützung anbietet (▣ Abb. 13.3). Eine Unterstützung des Unternehmens bei einer eigenen Erkrankung, Verletzung oder Suchtproblematik des Beschäftigten sehen 70,7 Prozent der Führungskräfte als »überaus notwendig« an. Die Umstrukturierung des Arbeitsplatzes bzw. des Unternehmens, beruflicher Abstieg oder Misserfolg und darüber hinaus auch der Tod des Partners werden von den Führungskräften als Ereignisse eingeschätzt, bei denen das Unternehmen Unterstützung anbieten sollte. Damit sind aber zwei betriebsrelevante Kategorien von kritischen Lebensereignissen (Umstrukturierung, Misserfolg oder Abstieg) für jeweils ein Drittel der befragten Führungskräfte kein Thema für eine betriebliche Unterstützung. Erstaunlicherweise geben die befragten Führungskräfte auch nur zu einem knappen Drittel an, dass das Unternehmen Unterstützung bei der Krisen-Kategorie »Eigenes Älterwerden« anbieten sollte. Die Kategorie liegt damit auf dem letzten Rang, obwohl gerade das Älterwerden der Mitarbeiter und damit ggf. verbundene Krisen – anders als Naturereignisse oder der Tod des Lebenspartners – vergleichsweise häufig und vorhersehbar sind und ggf. große Einbußen in der Leistungsfähigkeit bedeuten.

13.2.3 Unterstützung durch das Unternehmen – Wer hilft dem Beschäftigten?

■ **Ansprechpartner im Unternehmen**

Welche Ansprechpartner sind in den Unternehmen institutionalisiert? Von den befragten Führungskräften sehen 60,4 Prozent die Unterstützungsleistung als ihre Aufgabe an (▣ Abb. 13.4), 30 Prozent der Führungskräfte sehen bei diesen Themen den Betriebs- oder Personalrat oder die Vertrauensleute (19,0 Prozent) als Ansprechpartner. 16,8 Prozent der Befragten gehen davon aus, dass sich die Personalabteilung bzw. das Gesundheitsmanagement (10,0 Prozent der befragten Führungskräfte) um diese Themenstellungen kümmert. Je größer das Unternehmen, aus dem die befragten Führungskräfte stammen, desto mehr »Anlaufstellen« für Mitarbeiter mit kritischen Lebensereignissen sind vorhanden und werden genannt. Je größer das Unternehmen, desto häufiger wird dem Betriebs- oder Personalrat von den befragten Führungskräften die Unterstützungsaufgabe zugewiesen; der Anteil der Führungskräfte, die sich selbst in der Rolle sehen, steigt dagegen nicht so deutlich mit der Betriebsgröße.

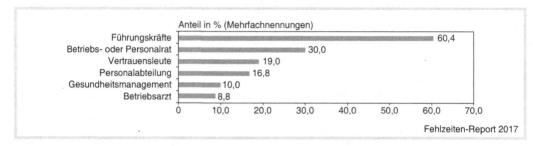

■ **Abb. 13.4** »Wer kümmert sich in Ihrem Unternehmen derzeit um diese Fragestellungen (nach Ansprechpartnern)?« (n = 583 befragte Führungskräfte)

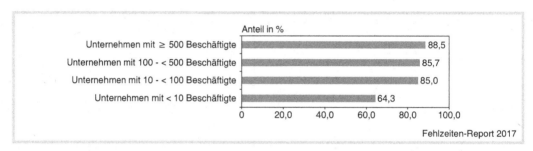

■ **Abb. 13.5** »Wer kümmert sich in Ihrem Unternehmen derzeit um diese Fragestellungen (nach Unternehmensgröße)?« (mindestens ein Ansprechpartner; n = 583 befragte Führungskräfte)

Insgesamt geben 84,6 Prozent der befragten Führungskräfte an, dass es in ihrem Unternehmen einen Ansprechpartner für diese Themen gibt (■ Abb. 13.5). Abweichend davon nennen weitaus weniger Führungskräfte aus kleinen Unternehmen mit weniger als zehn Beschäftigten mindestens einen Ansprechpartner im Unternehmen (64,3 Prozent). Über die Hälfte der Führungskräfte (53,6 Prozent) aus Kleinstbetrieben sehen sich selbst in der Rolle, gleichzeitig fehlen hier aber die weiteren Anlaufstellen, die in größeren Unternehmen als ergänzende oder alternative Ansprechpartner zur Verfügung stehen.

■ **Wer hat den Beschäftigten bei einem kritischen Lebensereignis geholfen?**

Befragte Beschäftigte, die angeben, in ihrem Unternehmen tatsächlich Hilfe erhalten zu haben, nennen dazu in erster Linie die Arbeitskollegen (45,6 Prozent der Befragten). Es kann bei dieser Angabe allerdings nicht trennscharf beurteilt werden, ob die Befragten mit den angesprochenen Kollegen eine private und informelle Kommunikation geführt haben und die geleistete Hilfe ebenso informeller Natur war, wie beispielsweise der Tausch von Arbeitsschichten als »Freundschaftsdienst«. An zweiter Stelle stehen die Vorgesetzten (27,8 Prozent), gefolgt von Personalvertretung/ Betriebsrat (13,9 Prozent). Deutlich seltener werden

betriebliche Vertrauensleute, die Personalabteilung, der Betriebsarzt oder das Betriebliche Gesundheitsmanagement genannt. Allerdings muss bedacht werden, dass nicht in jedem Unternehmen alle der genannten Anlaufstellen existieren.

Die hier als »Unterstützer« genannten Personen oder Instanzen im Unternehmen unterscheiden sich je nach Art des kritischen Lebensereignisses:

- Die Betroffenen, die eine »eigene schwere Krankheit, Verletzung oder ein Suchtproblem« als Krisenereignis genannt haben, fanden überwiegend bei Vorgesetzten und/oder Arbeitskollegen Hilfe (jeweils 37,5 Prozent); gefolgt von Hilfe durch den Betriebsarzt bei 20,5 Prozent, durch die Personalvertretung (15,9 Prozent) und betriebliche Vertrauensleute (10,2 Prozent).
- Geht es bei dem kritischen Lebensereignis der Betroffenen um eine »schwere Erkrankung einer nahestehenden Person«, werden am häufigsten Arbeitskollegen (52,5 Prozent) und Vorgesetzte (30,8 Prozent) genannt, die tatsächlich geholfen haben, gefolgt von der Personalvertretung (8,4 Prozent).
- Das Antwortverhalten bei dem Ereignis »Tod des Partners oder eines nahen Angehörigen« ist ähnlich: Die Hälfte der Befragten gibt an, Hilfe durch die Arbeitskollegen erhalten zu haben

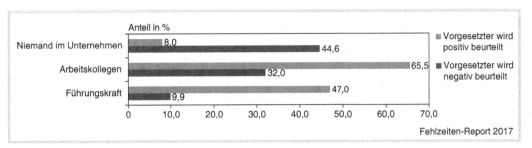

▣ Abb. 13.6 »Wer hat Ihnen tatsächlich geholfen?« (Mehrfachnennungen; n = 1.040 Befragte mit Angabe eines kritischen Lebensereignisses)

(50,9 Prozent), ein Drittel durch den Vorgesetzten (33,0 Prozent).

- Bei der »Trennung vom Partner…« als Krisenereignis geben sogar zwei von drei Befragten die Arbeitskollegen als Hilfe an (62,7 Prozent), während der Vorgesetzte hier nur von jedem Fünften genannt wird (20,2 Prozent).
- Bei »belastenden Konflikten im privaten Umfeld« werden neben den Arbeitskollegen (48,2 Prozent) und Vorgesetzten (19,4 Prozent) auch noch die Personalvertretung und betriebliche Vertrauensleute (jeweils 7,9 Prozent) als Ansprechpartner genannt, die tatsächlich geholfen haben.
- »Streit oder Mobbing am Arbeitsplatz« stellt unter den sechs am häufigsten genannten kritischen Lebensereignissen das einzige dar, das originär aus der Arbeitswelt stammt. Entsprechend wird neben den Arbeitskollegen (46,2 Prozent) und den Vorgesetzten (41,9 Prozent) auch die Personalvertretung von 29,0 Prozent der Befragten als helfende Instanz genannt.

Beschäftigte, die das soziale Verhalten ihres Vorgesetzten positiv beurteilen, geben fast fünfmal häufiger den Vorgesetzten, aber auch doppelt so häufig die Arbeitskollegen als Hilfeleistende an und nennen insgesamt mehr Anlaufstellen im Unternehmen (▣ Abb. 13.6). Die Aussage, von niemandem im Betrieb Hilfe bekommen zu haben, ist dagegen deutlich seltener. Dieses Antwortverhalten bestätigt die unter anderem bei Flüter-Hoffmann (2016) getroffene Aussage, dass die Führungskraft der Dreh- und Angelpunkt für das Humankapital des Unternehmens ist. Die Führungskraft hat nach Auskunft der Befragten eher bei betriebsnahen Themen geholfen (und wurde dann häufiger angesprochen), Arbeitskollegen waren eher bei privaten Themen eine Hilfe.

Auch das Mitarbeitergespräch als Instrument der Mitarbeiterführung wird desto häufiger eingesetzt, je größer ein Unternehmen ist[1]. Von den Unternehmen mit 10 bis unter 100 Beschäftigten führt ein Drittel der Führungskräfte diese Gespräche »(sehr) häufig«, aus Betrieben mit 500 und mehr Beschäftigten sind es 44,3 Prozent der Führungskräfte. Von den befragten Führungskräften aus sehr kleinen Unternehmen sagen knapp zwei Drittel, dass sie diese Gespräche gar nicht oder selten führen. In den sehr kleinen Unternehmen sind somit Führungsthemen weniger formalisiert, da ohnehin viel weniger Akteure darin eingebunden sind und häufiger »Sichtkontakt« besteht. Wenn wenige potenzielle Ansprechpartner im Betrieb anzutreffen sind, steigt die Anforderung an die Führungskraft, den Mitarbeiter zu unterstützen.

13.2.4 Unterstützende Maßnahmen im Unternehmen – Was wird angeboten und was wird gewünscht?

Welche Angebote zur Unterstützung bei kritischen Lebensereignissen kennen die Beschäftigten? Im Fragebogen wurden sämtliche Personen der Stichprobe – unabhängig vom eigenen Erleben eines kritischen Lebensereignisses – zu Maßnahmen oder Hilfestellungen befragt, die in ihrem Unternehmen angeboten werden (▣ Tab. 13.4). Hier nennt jeweils mehr als jeder zweite Befragte die »klärenden Gespräche mit dem Vorgesetzten« (52,4 Prozent) sowie »Verständnis und Rücksichtnahme« (50,9 Prozent). Jeder Dritte führt »flexible Arbeitszeiten« und nahezu jeder Vierte Sonderfreistellungen von der Arbeit (unbezahlter Urlaub, Sonderurlaub, Sabbatical) als angebotene Maßnahmen auf. Weitere Maßnahmen werden deutlich seltener genannt.

Die von den Befragten genannten betrieblichen Hilfsmaßnahmen und Angebote unterscheiden sich deutlich nach Betriebsgröße. Die meisten Angebote

---

1 Dieses Ergebnis findet sich auch in anderen Befragungen (vgl. Flüter-Hoffmann 2012).

◘ Tab. 13.4 »Welche der folgenden Maßnahmen oder Hilfestellungen werden im Hinblick auf die oben geschilderten kritischen Ereignisse von Ihrem Betrieb oder von Ihrem Arbeitgeber angeboten?«

	n	Unbezahlter Urlaub, Sonderurlaub, Sabbatical	Flexible Arbeitszeiten, Teilzeit	Home-Office	Vermittlung professioneller Hilfe	Verständnis, Rücksichtnahme	Gespräche mit Vorgesetztem	Andere Tätigkeiten im Betrieb	Betriebliche Gesundheitsangebote
Befragte aus Betrieben < 10 Beschäftigte	181	6,1	14,9	3,3	7,2	24,9	26,0	6,6	3,3
Befragte aus Betrieben 10–< 100 Beschäftigte	1.254	21,0	34,2	9,7	11,2	52,1	54,5	18,3	12,8
Befragte aus Betrieben 100–< 500 Beschäftigte	413	27,1	40,7	13,8	18,9	57,6	57,9	18,4	18,2
Befragte aus Betrieben ≥ 500 Beschäftigte	149	38,3	36,2	17,4	31,5	55,0	51,7	28,9	30,9
	2.000	22,2	33,9	10,6	14,0	50,9	52,4	18,1	14,4

Anteile »ja«-Nennungen in Prozent

Fehlzeiten-Report 2017

werden mit steigender Betriebsgröße häufiger genannt. Insbesondere Befragte, die in Kleinstbetrieben beschäftigt sind, nennen sämtliche Kategorien von betrieblichen Maßnahmen deutlich seltener. Hier wird deutlich, dass größere Unternehmen aufgrund ihrer Struktur und personellen Besetzung eher in der Lage sind, Angebote wie Home-Office oder eine Veränderung des Arbeitsplatzes oder der Arbeitszeit zu unterbreiten. Ebenso verfügen große Unternehmen über formalisierte Angebote wie die der Betrieblichen Gesundheitsförderung. Überraschenderweise nennt aber nur jeder Vierte Befragte aus einem Kleinstbetrieb die »klärenden Gespräche mit dem Vorgesetzten« und die etwas weichere Kategorie »Verständnis und Rücksichtnahme«, während beides von mehr als jedem Zweiten aus anderen Betriebsgrößen angegeben wird. In fast allen Kategorien von angebotenen Maßnahmen fallen die Nennungen der Befragten aus Betrieben mit 500 oder mehr Beschäftigten am höchsten aus. Sämtliche Maßnahmen oder Hilfestellungen werden von den Befragten deutlich häufiger genannt, wenn die Vorgesetzten positiver bewertet werden.

- **Konkret erlebte Unterstützungsmaßnahmen im Unternehmen**

Die von kritischen Lebensereignissen Betroffenen wurden vertiefend gefragt, welche konkreten Angebote zur Unterstützung ihnen in ihrem Unternehmen gemacht wurden.

▬ Am häufigsten ist die Antwort »Verständnis und Rücksichtnahme bezogen auf meine Situation« (42,4 Prozent). Eventuell umfassen »Verständnis und Rücksichtnahme« dabei sowohl den kollegialen Umgang als auch arbeitsorganisatorische Maßnahmen.

▬ Ein Drittel (32,7 Prozent) der Betroffenen nennt »klärende Gespräche mit dem unmittelbaren Vorgesetzten« als Hilfestellung.

▬ Flexible Arbeitszeiten bzw. Teilzeitarbeit werden von jedem Fünften (19,6 Prozent) genannt. Sonderformen der Freistellung von der Arbeit (unbezahlter Urlaub, Sonderurlaub, Sabbatical) und die Vermittlung professioneller Hilfe geben jeweils zwölf Prozent der Betroffenen als Unterstützungsangebot des Unternehmens an.

▬ Als weitere konkrete Maßnahmen werden die Übernahme einer anderen Tätigkeit im Betrieb (8,9 Prozent), betriebliche Gesundheitsangebote (8,5 Prozent) und Tätigkeit im Home-Office (4,5 Prozent) genannt. Die Möglichkeit von Heimarbeit existiert allerdings nur begrenzt und hängt unter anderem von der jeweiligen konkreten beruflichen Tätigkeit des Betroffenen ab.

▬ Fast ein Fünftel der Betroffenen (18,5 Prozent) gibt an, **kein** Hilfsangebot des Unternehmens erhalten zu haben.

Die Nennung der angebotenen Maßnahmen zeigt einen Zusammenhang mit der Bewertung der Führungskraft,

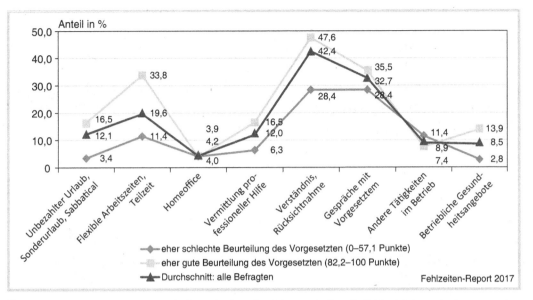

⊡ Abb. 13.7 Nennung angebotener Maßnahmen bei kritischen Lebensereignissen in Abhängigkeit von der Bewertung des Sozialverhaltens der Führungskraft (n = 811 Personen, die sowohl eine krisenhafte Situation als auch betriebliche Angebote genannt haben)

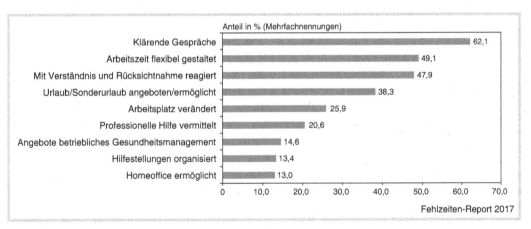

⊡ Abb. 13.8 »Welche Maßnahmen/Hilfestellungen haben Sie selbst Ihren Mitarbeitern angeboten, um derartige kritische Lebensereignisse besser bewältigen zu können?« (n = 583 befragte Führungskräfte)

wie eine Auswertung nach den beiden Extremgruppen zeigt: Die meisten Angebote werden von denjenigen Befragten häufiger genannt, die ihren Vorgesetzten eher positiv bewerten (⊡ Abb. 13.7). Dies betrifft nicht nur die Antwortkategorien »Verständnis/Rücksichtnahme« und »klärende Gespräche mit dem unmittelbaren Vorgesetzten«, sondern auch »flexible Arbeitszeiten/Teilzeitarbeit«, Sonderformen der Freistellung von der Arbeit, »Vermittlung professioneller externer Hilfe« und »betriebliche Gesundheitsangebote«.

■ **Von Führungskräften angebotene Maßnahmen**

Welche Maßnahmen haben die befragten Führungskräfte ihren Mitarbeitern bei kritischen Lebensereignissen persönlich angeboten? Die am häufigsten angebotene Unterstützung waren »klärende Gespräche« – 62,1 Prozent der Führungskräfte boten diese an (⊡ Abb. 13.8). Die Hälfte der Führungskräfte (49,1 Prozent) bot eine »Flexibilisierung der Arbeitszeit« an. 47,9 Prozent der Führungskräfte gibt an, mit »Verständnis und Rück-

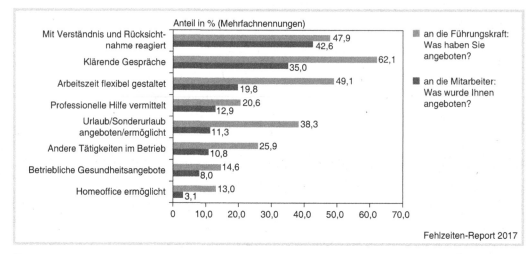

◘ Abb. 13.9 »Welche Maßnahmen wurden angeboten?« (Gegenüberstellung von Antworten von betroffenen Mitarbeitern [n = 575] und Führungskräften [n = 583])

sichtnahme« reagiert zu haben. In den sehr kleinen Unternehmen werden diese Hilfestellungen unterdurchschnittlich häufig angeboten: Weniger als die Hälfte der Führungskräfte bot klärende Gespräche an (46,4 Prozent), 35,7 Prozent boten die »Flexibilisierung der Arbeitszeit« an und mit »Verständnis und Rücksichtnahme« reagierte nach eigenem Bekunden ein Fünftel der befragten Führungskräfte (21,4 Prozent). Insgesamt gaben 89,7 Prozent der Führungskräfte an, mindestens eine dieser Maßnahmen angeboten zu haben. Von den Führungskräften aus Kleinstbetrieben haben allerdings nur 67,9 Prozent der Führungskräfte mindestens eine dieser Maßnahmen angeboten.

Zahlreiche Maßnahmen oder Unterstützungsangebote sind abhängig von der Betriebsgröße: Je größer das Unternehmen, aus dem die befragte Führungskraft stammt, desto mehr Unterstützungsangebote werden genannt. In den sehr kleinen Unternehmen werden durchschnittlich zwei Angebote zur Verfügung gestellt, in den Unternehmen zwischen 100 und unter 500 Mitarbeitern sind es durchschnittlich drei und in den sehr großen Unternehmen sind es 4,3 Angebote. Die Maßnahmen, die eher in großen Unternehmen institutionalisiert sind und deshalb auch angeboten werden können, wie beispielsweise Betriebliches Gesundheitsmanagement, die Vermittlung von Hilfestellungen oder professioneller Hilfe, werden auch von Führungskräften aus großen Unternehmen häufiger genannt. Mit zunehmender Unternehmensgröße nehmen erstaunlicherweise aber auch die Nennungen von weniger oder gar nicht formalisierten Unterstützungsangeboten wie »klärende Gespräche mit dem

Vorgesetzten«, »Verständnis und Rücksichtnahme« und »Arbeitszeit flexibel gestaltet« zu. Hier spielt möglicherweise eine Rolle, dass mit zunehmender Betriebsgröße auch ein verstärktes Schulungsangebot für Führungskräfte verbunden ist.

Bei einer Gegenüberstellung von Angebots- und Nachfrageseite der unterstützenden Maßnahmen (◘ Abb. 13.9) fällt auf, dass die Einschätzungen von Führungskräften und Mitarbeitern besonders bei den klärenden Gesprächen sowie bei der Veränderung der Arbeitszeit inklusive Freistellung weit auseinanderliegen. Bei der geleisteten Vermittlung von professioneller Hilfe, Betrieblicher Gesundheitsförderung und Verständnis bzw. Rücksichtnahme liegen die Bewertungen dichter zusammen. Im Rahmen dieser Befragung wurden nicht gezielt Führungskräfte und Mitarbeiter ausgesucht und befragt, die in einem gemeinsamen Beschäftigungsverhältnis stehen. Deshalb kann nicht beurteilt werden, ob diese Unterschiede in einer Fehleinschätzung der Führungskräfte oder der Mitarbeiter begründet liegen oder ob ggf. in den beiden befragten Gruppen unterschiedliche Erfahrungen gemacht wurden.

■ **Welche Maßnahmen werden zur Unterstützung gewünscht?**

Die befragten Erwerbstätigen – mit oder ohne bisherige Erfahrung von kritischen Lebensereignissen – sehen zahlreiche Ansatzpunkte zur Unterstützung bei der Bewältigung kritischer Lebensereignisse im betrieblichen Umfeld (◘ Abb. 13.10). Auch hier fällt auf, dass den Vorgesetzten bzw. Führungskräften im Unterneh-

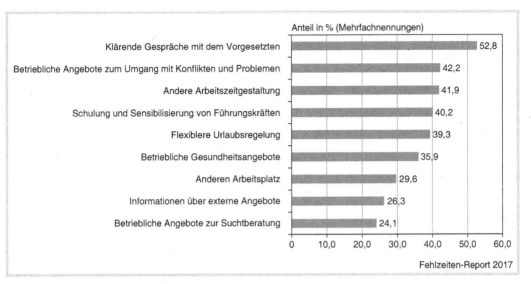

Anteil in % (Mehrfachnennungen)

Klärende Gespräche mit dem Vorgesetzten	52,8
Betriebliche Angebote zum Umgang mit Konflikten und Problemen	42,2
Andere Arbeitszeitgestaltung	41,9
Schulung und Sensibilisierung von Führungskräften	40,2
Flexiblere Urlaubsregelung	39,3
Betriebliche Gesundheitsangebote	35,9
Anderen Arbeitsplatz	29,6
Informationen über externe Angebote	26,3
Betriebliche Angebote zur Suchtberatung	24,1

Fehlzeiten-Report 2017

Abb. 13.10 »Was könnte man Ihrer Meinung nach im beruflichen Umfeld tun, damit Beschäftigte kritische Lebensereignisse besser bewältigen können?« (n = 2.000 Befragte)

men eine besondere Bedeutung zukommt. »Klärende Gespräche mit dem Vorgesetzten« stehen an erster Stelle (52,8 Prozent der Befragten). Die Maßnahme »Schulung und Sensibilisierung von Führungskräften« halten 40,2 Prozent der Befragten für sinnvoll. Die Ergebnisse zeigen auch, dass den Beschäftigten durchaus bewusst ist, dass nicht nur unmittelbar im Betrieb Unterstützung geleistet, sondern auch professionelle Hilfe durch den Betrieb vermittelt werden kann. Die Bereitstellung von entsprechenden Informationen im bzw. durch den Betrieb wird als sinnvoll angesehen.

Die Häufigkeit der Nennungen nimmt mit steigender beruflicher Stellung zu. Von den Befragten mit Führungsaufgaben (n = 583) werden sämtliche Maßnahmen häufiger genannt, was darauf hinweist, dass diese bereits durch Schulungen bzw. Erfahrung im Umgang mit Mitarbeitern sensibilisiert sind, die von kritischen Lebensereignissen betroffen waren.

13.3 Zusammenfassung der Ergebnisse

13.3.1 Kritische Lebensereignisse und die betriebliche Unterstützung der Beschäftigten

Die Ergebnisse der Befragung zeigen, dass kritische Lebensereignisse von Mitarbeitern eine wirkliche Relevanz für Unternehmen haben: Kritische Lebens-

ereignisse widerfahren den Mitarbeitern vergleichsweise häufig und der Einfluss auf ihre Gesundheit und Leistungsfähigkeit ist groß. Damit leidet ein erheblicher Anteil der Beschäftigten unter dem Stress, unter schwierigen Rahmenbedingungen produktiv sein zu müssen.

- Die Erfahrung von kritischen Lebensereignissen – bezogen auf die letzten fünf Jahre – betrifft im Durchschnitt über die Hälfte der Befragten. Mit zunehmendem Alter häufen sich die Ereignisse, da manche der hier abgefragten Erlebnisse stark mit der Lebenszeit zusammenhängen: Tod des Partners, eigenes Älterwerden. Während die unter 30-Jährigen zu zwei Dritteln angaben, nicht von den aufgezählten Ereignissen betroffen zu sein, ist von den 50- bis 65-Jährigen nur noch ein Drittel **ohne** kritische Lebensereignisse in den letzten fünf Jahren.

- Insgesamt bewerten über vier Fünftel der Betroffenen den Einfluss des erlebten schlimmsten Ereignisses auf ihr Leben als »(sehr) stark«. Vor allem die seelische Gesundheit wird als beeinträchtigt erlebt und knapp zwei Drittel sehen die Berufstätigkeit von ihrer Krise belastet. Den von den Befragten am häufigsten genannten Kategorien »schwere Erkrankung eines Familienangehörigen« bzw. »belastende Konflikte im privaten Umfeld« wird von den Befragten selbst ein vergleichsweise geringer limitierender Einfluss auf die Berufstätigkeit zugeschrieben.

- Den stärksten negativen Einfluss auf die Berufstätigkeit schreiben die Befragten der »eigenen
  schweren Erkrankung, Verletzung oder Suchterkrankung«, aber auch dem »Streit und Mobbing
  am Arbeitsplatz« zu.

Gut 80 Prozent der Befragten mit kritischen Lebensereignissen haben im Unternehmen auch darüber gesprochen, am häufigsten mit den Arbeitskollegen. Die
Bedeutung der Führungskraft bei der Frage, ob Mitarbeiter Unterstützung im Unternehmen erstens suchen
und zweitens auch erhalten, zeigt sich bei den Antworten auf Fragen nach Ansprechpartnern, unterstützenden Maßnahmen und tatsächlich geleisteter Hilfe:

- Bei fast jedem zweiten Befragten war die
  Führungskraft Ansprechpartner bei einem
  kritischen Ereignis, bei sehr betriebsnahen
  Themen auch häufiger.
- Die Führungskraft wird bei allen Kategorien von
  kritischen Lebensereignissen am zweithäufigsten
  (nach den Arbeitskollegen) als Unterstützer im
  Unternehmen genannt.
- Eine positive Bewertung der Führungskraft geht
  mit einem besseren Zugang zu Unterstützung im
  Unternehmen einher: Beschäftigte, die ihren
  Vorgesetzten positiv beurteilen, geben fast fünfmal häufiger an, Hilfe von ihrem Vorgesetzten
  erhalten zu haben, aber auch doppelt so häufig,
  von den Arbeitskollegen unterstützt worden zu
  sein. Mitarbeiter mit positiver Vorgesetztenbewertung nennen auch tendenziell häufiger
  Maßnahmen zur Unterstützung durch das
  Unternehmen. Die Aussage, von niemandem
  im Betrieb Hilfe erhalten zu haben, ist dagegen
  deutlich seltener.
- Fast jeder fünfte Betroffene gibt an, mit niemandem im Unternehmen gesprochen zu haben.
  Unter den zahlreichen Gründen gibt es auch
  solche, die mit der Führungskraft zusammenhängen: Drei Viertel dieser Gruppe hält die
  eigene Führungskraft für nicht zuständig, zwei
  Dritteln mangelt es an Vertrauen in die
  Führungskraft und die Hälfte halten die
  Führungskraft bei ihrem Problem für nicht
  qualifiziert.

Kritische Lebensereignisse haben insgesamt gesehen
Eingang in Angebote der Unternehmen gefunden. Die
zur Unterstützung der Beschäftigten angebotenen Maßnahmen sind abhängig von der vorhandenen Infrastruktur – große Betriebe, die über institutionalisierte
Ansprechpartner und unterstützende Strategien verfügen, sind deutlich im Vorteil. In großen Unternehmen

verfügt die Führungskraft über mehr Angebote, mit
denen sie die Beschäftigten unterstützen kann, beispielsweise einen anderen Arbeitsplatz, die Vermittlung
externer Hilfe oder Betriebliche Gesundheitsförderung. Andererseits haben die Mitarbeiter parallel zur
Führungskraft weitere Ansprechpartner, wie beispielsweise den Personalrat oder den Betriebsarzt. Kleinstbetriebe verfügen nicht über all diese Möglichkeiten.
Darüber hinaus zeigen die Befragungsergebnisse bei
Kleinstbetrieben ein Defizit bei den ohnehin zurück-
haltend angebotenen informellen Unterstützungsleistungen wie »klärende Gespräche mit dem Vorgesetzten« oder »Verständnis und Rücksichtnahme«.

- Rund 62 Prozent der Führungskräfte boten dem
  jeweils betroffenen Mitarbeiter laut eigenem
  Bekunden klärende Gespräche an. Je größer der
  Betrieb, desto größer ist der Anteil der Führungs-
  kräfte, die dieses Angebot gemacht haben; in
  Kleinstbetrieben liegt der Anteil bei weniger als
  der Hälfte. Demgegenüber berichtet weniger als
  ein Drittel der Beschäftigten von klärenden
  Gesprächen mit dem Vorgesetzten. Über die
  Hälfte der Befragten sieht in den klärenden
  Gesprächen jedoch eine Maßnahme zur Unter-
  stützung bei kritischen Lebensereignissen.
- Etwa die Hälfte der Führungskräfte gibt an, den
  Betroffenen mit Verständnis und Rücksichtnahme
  begegnet zu sein. Auch bei dieser Form der
  Unterstützung nimmt der Anteil der Führungs-
  kräfte mit diesem Angebot mit der Größe des
  Unternehmens zu. Von den Führungskräften aus
  Kleinstbetrieben machte ein Fünftel das Angebot,
  von den Führungskräften aus der größten
  Unternehmenskategorie über 60 Prozent.
- Ein knappes Drittel der Führungskräfte aus
  Kleinstbetrieben gibt an, **keine** der bei der
  Befragung aufgelisteten Maßnahmen angeboten
  zu haben.

13.3.2 Fazit – Wie können Unternehmen ihre Mitarbeiter unterstützen?

Die zukünftige demografische Entwicklung verlangt,
dass Unternehmen Strategien entwickeln, damit Beschäftigte mit den lebensphasenspezifischen Anforderungen zurechtkommen. Wichtige Rahmenbedingungen können dabei aus der Vereinbarkeit von
pflegerischen, ehrenamtlichen oder sozialen Aufgaben
sowie von gesundheitlichen und altersbedingten
Dispositionen kommen, die mit großen Auswirkungen
auf den Betrieb verbunden sein können. Aus zahlreichen Studien ist bekannt, dass Unternehmen mit

diesen Strategien erfolgreich sind und Mitarbeiter diese Bemühungen seitens des Arbeitgebers wertschätzen. In dieser Befragung haben die Teilnehmer unabhängig vom eigenen Erleben eines kritischen Lebensereignisses Vorschläge für unterstützende Maßnahmen für diese besondere Lebenssituation gemacht.

Zahlreiche Autoren haben in der Vergangenheit die Rolle der Führungskraft im Unternehmen speziell bei der Mitarbeiterpflege betont (Flüter-Hoffmann 2013, 2016; Hammermann und Stettes 2013; Rump et al. 2016). Auch bei dieser Befragung fällt erneut auf, welche Schlüsselposition die Führungskraft innehat: »Klärende Gespräche mit dem Vorgesetzten« stehen an erster Stelle der vorgeschlagenen Maßnahmen und werden von mehr als der Hälfte der Befragten genannt. Aber auch »Verständnis und Rücksichtnahme« im Betrieb sind den Betroffenen sehr wichtig. Eine Möglichkeit für Führungskräfte, Offenheit und Transparenz herzustellen, sind die sogenannten Mitarbeitergespräche. In diesen Mitarbeitergesprächen können Themen, die über rein dienstliche Belange hinausgehen, zur Sprache kommen: Der Mitarbeiter kann über spezielle Stressfaktoren in seiner Lebenssituation hinweisen und die Führungskraft mögliche Unterstützungsangebote des Unternehmens unterbreiten. Dieses Instrument könnte unter Umständen die Krisenkommunikation auch in den kleinen Unternehmen verbessern.

Die Maßnahme »Schulung und Sensibilisierung von Führungskräften« wünschen zwei Fünftel der Befragten. Die Vorschläge zeigen auch, welchen inhaltlichen Schulungsbedarf – neben den Angeboten, die die Arbeitszeit oder den Arbeitsplatz betreffen – die Unternehmen anbieten bzw. vermitteln sollten: Zwei Fünftel der Befragten wünschen Schulungsangebote zum Umgang mit Konflikten. Informationen über externe Angebote oder betriebliche Gesundheitsberatung werden von jeweils einem Viertel der Befragten gewünscht.

Im Krisenfall ist die konkrete Ansprechperson im Betrieb die Führungskraft (neben den Kollegen, die aber unter Umständen ggf. eher privat und informell adressiert werden) und das Vertrauen in den Umgang der Führungskraft mit Krisen von großer Bedeutung für den Mitarbeiter. Zahlreiche mögliche Ansatzpunkte für Unternehmen betreffen deshalb die Führungskraft:

- Als hilfreich erweisen sich eventuell Schulungen, die die Führungskräfte für die Probleme der Mitarbeiter sensibilisieren und für den Umgang mit kritischen Lebensereignissen schulen.
- Eine grundsätzliche Sensibilisierung der gesamten Mitarbeiterschaft für kritische Lebensereignisse erreicht eine (möglicherweise) zukünftige Führungskraft bzw. aktiviert Mitarbeiter, sich bei Betroffenheit an die Führungskraft zu wenden.

- Wenn die Unterstützung von Kollegen als Auswahlkriterium bei der Besetzung von Führungspositionen eine Rolle spielt, kann dies die Führungskultur im Unternehmen positiv beeinflussen.
- Zudem sollten die Curricula von berufsbildenden Schulen und Hochschulen Minimalqualifikationen für (zukünftige) Führungskräfte in die Ausbildung integrieren. Bisher findet eine spätere Führungsverantwortung bei den Lernzielen keine Beachtung (vgl. Badura 2017).

Weit über 80 Prozent der deutschen Unternehmen sind Betriebe mit weniger als zehn Beschäftigten, bei denen 19,5 Prozent aller Beschäftigten arbeiten (Destatis 2017). Besonders in diesen Kleinstbetrieben könnten möglicherweise die Führungskräfte stärker durch das Unternehmen für ihre Rolle als Unterstützer und Vermittler bei der Bewältigung von kritischen Lebensereignissen der geführten Mitarbeiter befähigt werden:

- Kleine und Kleinstbetriebe könnten den strukturellen Nachteil ihrer Unternehmensgröße möglicherweise kompensieren, in dem sie Netzwerke mit anderen Unternehmen in der Region und/oder Branche bilden, um gemeinsam Schulungsmaßnahmen oder Coachings für Führungskräfte zu organisieren. Die Pro-Kopf-Kosten und der organisatorische Aufwand dieser Maßnahmen würden dadurch für die Unternehmen gesenkt werden.
- Eventuell profitieren kleine Betriebe davon, externe Dienstleister für verschiedene Maßnahmen der betrieblichen Sozialarbeit in Anspruch zu nehmen, die Führungskräfte dann anbieten können.

Die Nachfrage der Befragten nach Unterstützung durch das Unternehmen zeigt je nach Art des kritischen Lebensereignisses große Unterschiede. Unterstützungsangebote müssen deshalb passgenau auf die jeweilige Krise zugeschnitten werden. So benötigen junge Erwerbstätige bei finanziellen Problemen eine andere Ansprache und ein anderes Unterstützungsangebot als ältere Erwerbstätige, die vom Tod des Partners betroffen sind. Im Rahmen von Konzepten zur Betrieblichen Gesundheitsförderung bei ausgewählten kritischen Lebensereignissen wie Erkrankungen, Sucht und Altern könnten die Krankenkassen unterstützend eingebunden werden.

Die Ergebnisse zeigen, dass in Bezug auf kritische Lebensereignisse bei den personalpolitischen Strategien der Unternehmen Optimierungsbedarf besteht. In großen Unternehmen finden (neue) personalpolitische

Konzepte bisher über die entsprechenden Instanzen in den Personalabteilungen Eingang in die Unternehmen. Für die sehr kleinen Betriebe, die in Deutschland der Regelfall sind, müssen dafür noch neue Wege gefunden werden.

Literatur

Badura B, Ducki A, Schröder H, Klose J, Meyer M (Hrsg) (2011) Fehlzeiten-Report 2011. Führung und Gesundheit. Springer, Berlin Heidelberg

Badura B (2017) Sozialkapital und Gesundheit. In: Badura B (Hrsg) Arbeit und Gesundheit im 21. Jahrhundert. Mitarbeiterbindung durch Kulturentwicklung. Springer, Berlin Heidelberg, S 37–70

Destatis 2017; Unternehmensstrukturstatistik 2014. https://www-genesis.destatis.de/genesis/online/data;jsessionid=8CBD911DF0EEB82187A7E3EDB9A7B848.tomcat_GO_1_2?operation=abruftabelleBearbeiten&levelindex=1&levelid=1497006013098&auswahloperation=abruftabelleAuspraegungAuswaehlen&auswahlverzeichnis=ordnungsstruktur&auswahlziel=werteabruf&selectionname=48121-0001&auswahltext=&werteabruf=Werteabruf. Gesehen 09 Jun 2017

Dohrenwendt BS, Dohrenwendt BP (1974) Stressful Life Events. Their Nature and Effects. New York

Fillip S, Aymanns P (2010) Kritische Lebensereignisse und Lebenskrisen: Vom Umgang mit den Schattenseiten des Lebens. Kohlhammer, Stuttgart

Flüter-Hoffmann C (2012) Vertrauenskultur und Ergebnisorientierung – zwei Seiten der neuen Erfolgsmedaille in Unternehmen. In: Gesellschaft für Arbeitswissenschaft (Hrsg) Gestaltung nachhaltiger Arbeitssysteme. Bericht zum 58. Arbeitswissenschaftlichen Kongress, Dortmund, S 799–803

Flüter-Hoffmann C (2013) Vertrauen, Vernetzung, Vielfalt. Herausforderungen generationenübergreifender Personalarbeit und Führung. In: Kießler B, Dahms R, Rogge-Strang C (Hrsg) Wechsel auf die Zukunft. Demografischer, technologischer und gesellschaftlicher Wandel – Worauf sich die Personalarbeit in Banken einstellen muss. Bank-Verlag, Köln, S 65–76

Flüter-Hoffmann C (2016) Vertrauen – Ergebnisorientierung – Eigenverantwortung: Unternehmenskultur aus Sicht der Arbeitgeber. In: Badura B, Ducki A, Schröder H, Klose J, Meyer M (Hrsg) Fehlzeiten-Report 2016. Unternehmenskultur und Gesundheit – Herausforderungen und Chancen. Springer, Berlin Heidelberg

Gregersen S, Kuhnert S, Zimber A, Nienhaus A (2011) Führungsverhalten und Gesundheit – Zum Stand der Forschung. Gesundheitswesen 73:3–12

Hammermann A, Stettes O (2013) Qualität der Arbeit – Zum Einfluss der Arbeitsplatzmerkmale auf die Arbeitszufriedenheit im europäischen Vergleich. IW-Trends – Vierteljahresschrift zur empirischen Wirtschaftsforschung aus dem Institut der deutschen Wirtschaft. Köln, 40. Jahrgang, Heft 2

Hammermann A, Stettes O (2014) Lebensphasenorientierte Personalpolitik – Theoretisches Konzept und empirische Evidenz. IW-Analysen 97 – Forschungsberichte aus dem Institut der deutschen Wirtschaft. Köln

Hammermann A, Stettes O (2015) Bewältigung von Stress in einer vernetzten Arbeitswelt. Befunde aus der BIBB/BAuA-Erwerbstätigenbefragung.

Hammermann A, Schmidt J, Stettes O (2015) Beschäftigte zwischen Karriereambitionen und Familienorientierung – Eine empirische Analyse auf Basis der BIBB/BAuA-Erwerbstätigenbefragung 2012

Hobson C, Kamen J et al (1998) Stressful life events: A revision and update of the Social Readjustment Ratings Scale. International Journal of Stress Management 5:1–23

Hobson CH, Delunas L, Kesic D (2001) Compelling evidence of the need for corporate work/life balance initiatives: results from a national survey of stressful life events. Journal of employment counseling, Vol. 38

Holmes TH, Rahe RH (1967) Socal Readjustment Rating Scale. Journal of Psychomatic Research, Vol II

Institut für gesundheitliche Prävention (IFGP) (2013) Beschäftigte in kritischen Lebensphasen unterstützen. Eine strategische Handlungshilfe für Unternehmen. Münster

Institut für gesundheitliche Prävention (IFGP) (2013) Unternehmens-Report. Soziale Unterstützung von Beschäftigten in kritischen Lebensphasen – Stand der Auseinandersetzung in deutschen Unternehmen. Münster

Meier B, Schröder C (2007) Altern in der modernen Gesellschaft. Schriften für die Wirtschaftspolitik aus dem Institut der deutschen Wirtschaft. Köln

Rump J, Schiedhelm M, Eilers S (2016) Gesundheit anordnen? Die Rolle der Führungskultur im Rahmen des Betrieblichen Gesundheitsmanagements. In: Badura B, Ducki A, Schröder H, Klose J, Meyer M (Hrsg) Fehlzeiten-Report 2016. Unternehmenskultur und Gesundheit – Herausforderungen und Chancen. Springer, Berlin Heidelberg, S 95–103

Smith J, Gardner D (2007) Factors Affecting Employee Use of Work-Life Balance Initiatives, New Zealand Journal of Psychology, Vol. 36, No. 1

Steffes S, Mohrenweiser J, Nolte A (2014) Arbeitsqualität und wirtschaftlicher Erfolg: Längsschnittstudie in deutschen Betrieben. Erster Zwischenbericht. Bundesministerium für Arbeit und Soziales und Institut für Arbeitsmarkt- und Berufsforschung. Mannheim

Der Berufseinstieg als Krise? Arbeitsplatzunsicherheit bei jungen Beschäftigten

K. Klug

B. Badura et al. (Hrsg.) *Fehlzeiten-Report 2017*,
DOI 10.1007/978-3-662-54632-1_14, © Springer-Verlag GmbH Deutschland 2017

Zusammenfassung *Jugendliche sind häufig die Leidtragenden wirtschaftlicher Krisen, andererseits ist man beim Übergang ins Erwachsenenalter anfällig für persönliche Krisen. Der Übergang ins Berufsleben ist zunehmend unsicher geworden, Arbeitsplatzunsicherheit als Stressfaktor ist in dieser Lebensphase jedoch wenig erforscht. Ziel dieses Beitrags ist es, Einflussfaktoren der Arbeitsplatzunsicherheit junger Beschäftigter sowie deren Zusammenhang mit Gesundheit und Wohlbefinden zu untersuchen. Analysen mit Daten des Sozio-oekonomischen Panels zeigen, dass soziodemografische, arbeitsbezogene und psychosoziale Faktoren sowie der zeitliche und regionale Kontext mit Arbeitsplatzunsicherheit zusammenhängen. Der negative Zusammenhang von Arbeitsplatzunsicherheit mit Gesundheit und Wohlbefinden wird bereits zu Beginn des Berufslebens sichtbar. Präventionsmaßnahmen sollten auf Beschäftigungsfähigkeit, aber auch auf strukturelle Rahmenbedingungen abzielen, um Arbeitsplatzunsicherheit zu verringern.*

14.1 Einleitung

Für die meisten Jugendlichen hat ein sicherer Arbeitsplatz höchste Priorität (Shell Deutschland 2015), was im Kontrast zur realen Benachteiligung auf dem Arbeitsmarkt steht (Mills et al. 2005; Buchholz 2008). Entsprechend zählen Sorgen um die berufliche Zukunft zu den größten Belastungsfaktoren junger Beschäftigter (DGB 2015).

Junge Erwachsene sind häufig die Leidtragenden wirtschaftlicher Krisen (Eurofound 2013). Deutschland verzeichnete 2015 mit 7,3 Prozent zwar die niedrigste Jugendarbeitslosigkeitsquote Europas (der Durchschnitt lag bei 20,3 Prozent, der Höchstwert in Griechenland bei 49,8 Prozent; OECD 2017), allerdings ist dies eher auf die sinkende Zahl Jugendlicher durch den demografischen Wandel zurückzuführen als auf eine günstige Arbeitsmarktentwicklung. Zudem besteht eine erhebliche regionale Konzentration der Jugendarbeitslosigkeit in Ostdeutschland und altindustriellen westdeutschen Städten (Brenke 2013). Des Weiteren ist auch die Beschäftigungsunsicherheit ungleich verteilt: Die Arbeitsmarktflexibilisierung wirkt sich vorrangig an den Rändern des Erwerbsverlaufs

aus, d. h. neben dem Renteneintritt auch beim Einstieg der Jüngeren über die Ausweitung befristeter Beschäftigung (Buchholz 2008). Die Beschäftigungsstabilität junger Beschäftigter ist gesunken und der Anteil in Festanstellung ist zugunsten befristeter Beschäftigung zurückgegangen (Schmeißer et al. 2012; Rhein und Stüber 2014). Im Jahr 2015 waren gegenüber 8 Prozent der 30- bis 50-Jährigen 17 Prozent der unter 30-Jährigen befristet beschäftigt – bezieht man Ausbildungsverträge mit ein, erhöht sich dieser Anteil auf 38 Prozent (Statistisches Bundesamt 2016).

Der Einstieg ins Berufsleben dauert heute länger und verläuft weniger geradlinig als noch für frühere Generationen (Mills et al. 2005). Dies führt zu erhöhter Unsicherheit in der ohnehin kritischen Lebensphase des Übergangs ins Erwachsenenalter, während derer der Berufseinstieg als Entwicklungsaufgabe zur positiven Herausforderung oder auch zur persönlichen Krise werden kann (Schoon und Silbereisen 2009).

Arbeitsplatzunsicherheit kann bei jungen Beschäftigten zu beruflichen Gratifikationskrisen führen, wenn der persönliche Einsatz nicht im Verhältnis zum erwarteten Ertrag in Form von Sicherheit steht (Siegrist 1996). Andererseits wirkt sich die Ungewissheit auch auf andere Lebensbereiche aus, indem finanzielle Unabhängigkeit, der Auszug aus dem Elternhaus oder die Familienplanung erschwert werden (Mills et al. 2005). So kann es durch einen schwierigen Berufseinstieg zu Frustrationen und Orientierungslosigkeit kommen, was unter dem populärwissenschaftlichen Begriff der »Quarterlife Crisis« Eingang in den medialen Diskurs gefunden hat (Robbins und Wilner 2004).

Im Kontext des Berufseinstiegs ist Arbeitsplatzunsicherheit wenig erforscht, obwohl sich diese während der prägenden Phase der beruflichen Sozialisation langfristig auf Arbeitsengagement und -fähigkeit junger Beschäftigter auswirken könnte (Peiró et al. 2012). In diesem Beitrag wird untersucht, welche Faktoren sich auf die Arbeitsplatzunsicherheit junger Beschäftigter auswirken und wie diese mit Gesundheit und Befinden zusammenhängt.

14.2   Arbeitsplatzunsicherheit: Definition und gesundheitliche Auswirkungen

Arbeitsplatzunsicherheit bezeichnet das wahrgenommene Risiko des Arbeitsplatzverlusts und die damit verbundene Ungewissheit (Sverke et al. 2002). Schon die Antizipation des unerwünschten Ereignisses kann Stress auslösen (Lazarus und Folkman 1984) – mitunter mehr als ein tatsächlicher Arbeitsplatzverlust (Dekker und Schaufeli 1995).

Die mit Arbeitsplatzunsicherheit verbundenen gesundheitlichen Risiken sind umfangreich dokumentiert: Beschäftigte, die ihren Arbeitsplatz gefährdet sehen, berichten häufiger körperliche und psychische Beschwerden sowie geringere Arbeitszufriedenheit (Sverke et al. 2002). Längsschnittstudien belegen zudem einen ursächlichen Zusammenhang zwischen Arbeitsplatzunsicherheit als Stressor und Beanspruchung als deren Folge (De Witte et al. 2016).

Man könnte annehmen, dass junge Erwachsene, weniger gefestigt und mehrheitlich noch ohne familiäre Verpflichtungen, durch Arbeitsplatzunsicherheit weniger belastet sind als Beschäftigte mittleren Alters. Eine Meta-Analyse konnte dies unlängst jedoch nicht bestätigen und berichtet einen negativen Zusammenhang zwischen Arbeitsplatzunsicherheit und dem Alter der Beschäftigten (Keim et al. 2014). Die Unkontrollierbarkeit der Situation erschwert deren aktive Bewältigung und kann zu Rückzugsreaktionen führen (Dekker und Schaufeli 1995). So beobachteten Peiró et al. (2012) bei jungen spanischen Beschäftigten mit hoher Arbeitsplatzunsicherheit verringertes Arbeitsengagement. Genauso können junge Erwachsene in dem Bestreben,

sich zu etablieren, auf die Unsicherheit mit übersteigerter Arbeitsanstrengung auf Kosten der eigenen Gesundheit reagieren (Clarke et al. 2007). Häufig werden auch langfristige Bindungen und die Familiengründung aufgeschoben (Mills et al. 2005), wodurch sich die Unzufriedenheit auf andere Lebensbereiche ausweiten und das Krisenpotenzial verstärkt werden kann.

Da es sich bei Arbeitsplatzunsicherheit, wie sie hier definiert ist, um ein subjektives Phänomen handelt, wird diese durch individuelle Bewertungsprozesse beeinflusst, die nach einschlägiger Theorie ausschlaggebend für das Stresserleben sind (Lazarus und Folkman 1984). Wie bedrohlich ein Arbeitsplatzverlust wirkt, hängt z. B. davon ab, wie Beschäftigte ihre Chancen auf dem Arbeitsmarkt einschätzen (De Cuyper et al. 2008; Peiró et al. 2012). Das Erleben von Arbeitsplatzunsicherheit ist aber keinesfalls losgelöst von äußeren Bedingungen: Beschäftigte, deren Risiko, den Arbeitsplatz zu verlieren, objektiv erhöht ist, bewerten ihren Arbeitsplatz auch als weniger sicher (Keim et al. 2014).

14.3   Einflussfaktoren der Arbeitsplatzunsicherheit

In diesem Beitrag liegt der Fokus auf objektiven Einflussfaktoren sowie der Beschäftigungsfähigkeit als psychosozialer Ressource. Diese Faktoren können nicht nur zur Erklärung individueller Unterschiede beitragen, sondern ermöglichen auch die Identifikation von Risikogruppen und Ansatzpunkten für die Prävention.

14.3.1   Kontextfaktoren

Individuelle Arbeitsplatzunsicherheit wird durch strukturelle Rahmenbedingungen beeinflusst: In Zeiten hoher Arbeitslosigkeit schätzen Beschäftigte ihre Stellen als weniger sicher ein (Erlinghagen 2007). Auch Unterschiede zwischen Regionen können eine Rolle spielen: Beispielsweise sind junge Erwachsene in Ostdeutschland mit schlechteren Einstiegschancen und höherer Jugendarbeitslosigkeit konfrontiert (Brenke 2013). Es ist also davon auszugehen, dass sich junge Beschäftigte in Zeiten hoher Arbeitslosigkeit sowie in Ostdeutschland weniger sicher fühlen.

14.3.2   Soziodemografische Faktoren

Bezüglich soziodemografischer Faktoren ist die Befundlage heterogen, z. B. ist die Frage nach Geschlechtsunterschieden nicht geklärt: Ältere Studien dokumentieren höhere Arbeitsplatzunsicherheit bei Männern (Kinnunen und Nätti 1994), die durch geschlechtsspezifische Rollenerwartungen erklärt wird. Andere berichten von höherer Arbeitsplatzunsicherheit bei Frauen, bedingt durch deren nachteilige Lage auf dem Arbeitsmarkt (Muñoz de Bustillo und de Pedraza 2010). Die Meta-Analyse von Keim et al. (2014) konnte keine Geschlechtsunterschiede belegen. Es lässt sich also nicht eindeutig vorhersagen, ob junge Frauen oder junge Männer beim Berufseinstieg jeweils stärker gefährdet sind.

Ebenso lassen sich bzgl. des Alters keine klaren Vorhersagen ableiten. Ein später Berufseinstieg geht oft mit höherer Qualifikation und damit besseren Beschäftigungschancen einher (Rhein und Stüber 2014). Anderseits fällt der Einstieg dann wahrscheinlicher mit der Familiengründungsphase zusammen. Dies würde nahelegen, dass Arbeitsplatzunsicherheit mit höherem Einstiegsalter insoweit zunimmt, als finanzielle Sicherheit bei jungen Beschäftigten an Stellenwert gewinnt (vgl. Keim et al. 2014).

Eindeutiger ist die Befundlage beim Bildungsgrad. Hochqualifizierte Beschäftigte haben in der Regel besseren Zugang zu sicherer Beschäftigung und erleben weniger Arbeitsplatzunsicherheit (Näswall und De Witte 2003; Erlinghagen 2007). Zwar erfolgt der Einstieg sowohl bei Gering- als auch bei Hochqualifizierten häufig über Befristungen, bei Letzteren fungieren diese aber oft als verlängerte Probezeit. Geringqualifizierte arbeiten indes häufiger in Beschäftigungsverhältnissen mit geringen Aufstiegschancen (Gebel 2010). Daher ist zu erwarten, dass junge Beschäftigte mit höherem Bildungsgrad weniger Arbeitsplatzunsicherheit erleben.

14.3.3 Arbeitsbezogene Faktoren

Auch das Beschäftigungsverhältnis und die Arbeitsmarkterfahrung der Beschäftigten spielen eine Rolle: Ein naheliegender Faktor ist der befristete Arbeitsvertrag, da dieser per definitionem keine Garantie auf langfristige Beschäftigung bietet. Diverse Studien dokumentieren dementsprechend höhere Arbeitsplatzunsicherheit bei befristet Beschäftigten (Erlinghagen 2007; Keim et al. 2014; Näswall und De Witte 2003), sodass der Einstieg über befristete Verträge einen Risikofaktor darstellt.

Wie eingangs erwähnt ist die Beschäftigungsstabilität junger Beschäftigter gesunken (Rhein und Stüber 2014). Wie sich Betriebswechsel auf Arbeitsplatzunsicherheit auswirken, dazu ist jedoch wenig bekannt. Arbeitsplatzunsicherheit kann hierfür ein Auslöser

sein (Fields et al. 2005), sodass sich ein Wechsel in ein sicheres Beschäftigungsverhältnis positiv auswirken dürfte. Anderseits sinkt gerade zu Beginn eines Arbeitsverhältnisses die Unsicherheit mit längerer Betriebszugehörigkeit durch wachsende Einbindung in den Betrieb (Erlinghagen 2007). Häufige Wechsel könnten sich also auf Dauer negativ auswirken.

Arbeitsplatzunsicherheit wird auch durch frühere Arbeitsmarkterfahrungen geprägt. So belegen mehrere Studien höhere Unsicherheit bei Beschäftigten, die schon einmal arbeitslos waren (Kinnunen und Nätti 1994; Muñoz de Bustillo und de Pedraza 2010). Arbeitslosigkeit wird von Arbeitgebern als schlechtes Signal gewertet, was den Zugang zu sicheren Stellen erschwert (Verhaest und Baert 2014). Auch liegt die Vermutung nahe, dass junge Erwachsene, die früh Arbeitslosigkeit erleben, ihre Beschäftigungsfähigkeit schlechter einschätzen und gegenüber denjenigen, die reibungslos in den Beruf einsteigen, größere Unsicherheit erleben (vgl. Peiró et al. 2012).

14.3.4 Psychosoziale Faktoren

Unter den psychosozialen Einflussfaktoren spielt die Beschäftigungsfähigkeit (employability) eine große Rolle. Der Begriff bezeichnet hier die von Erwerbstätigen wahrgenommenen Chancen, einen neuen Arbeitsplatz zu finden. Auch hierbei handelt es sich um eine subjektive Wahrnehmung, die nicht unabhängig von objektivem Humankapital ist, sodass z. B. Beschäftigte mit höherer Bildung eine höhere Beschäftigungsfähigkeit berichten (Berntson et al. 2006). Da diese Beschäftigten auch attraktiver für Arbeitgeber sind, haben sie besseren Zugang zu sicheren Arbeitsplätzen, sodass ein möglicher Arbeitsplatzverlust weniger beunruhigend wirkt (De Cuyper et al. 2008). So hängt Beschäftigungsfähigkeit auch positiv mit Gesundheit, Zufriedenheit und Arbeitsengagement zusammen (Berntson und Marklund 2007; De Cuyper et al. 2008). Es ist daher zu erwarten, dass Beschäftigungsfähigkeit für junge Beschäftigte eine Ressource darstellt, die mit verringerter Arbeitsplatzunsicherheit einhergeht und dazu beiträgt, dass der Berufseinstieg nicht zur Krise wird (Peiró et al. 2012).

14.4 Arbeitsplatzunsicherheit bei jungen Beschäftigten: Eine Untersuchung mit dem SOEP

Wie sich die oben beschriebenen Einflussfaktoren auf Arbeitsplatzunsicherheit auswirken und wie diese wiederum mit Gesundheit, Arbeits- und Lebenszufriedenheit junger Beschäftigter zusammenhängt, soll anhand von Daten der Jahre 2001–2014 des Soziooekonomischen Panels (SOEP) untersucht werden. Das SOEP ist eine jährlich durchgeführte repräsentative Befragung deutscher Haushalte, bei der alle Haushaltsmitglieder ab 17 Jahren unter anderem zu ihrer Ausbildungs- und Arbeitssituation, Gesundheit und Lebenszufriedenheit befragt werden (Wagner et al. 2008). Die wiederholte Befragung derselben Personen bietet den Vorteil, dass sich Unterschiede zwischen Personen (z. B. allgemein höhere Beschäftigungsfähigkeit bei manchen Personen) von Veränderungen über die Zeit trennen lassen (z. B. Verbesserung der Beschäftigungsfähigkeit bei derselben Person). Letzteres stärkt die kausale Interpretation von Zusammenhängen, da Personen über die Zeit sozusagen mit sich selbst verglichen werden. So ist der Einfluss stabiler Merkmale wie z. B. Persönlichkeitseigenschaften kontrolliert (Giesselmann und Windzio 2012).

14.4.1 Vorgehensweise und Stichprobe

Für die Studie wurden junge Erwachsene in abhängiger Beschäftigung ausgewählt, die zwischen 2001 und 2014 im Alter von 18 bis 30 Jahren in den Arbeitsmarkt eingestiegen sind. Um Ferien- und Übergangsjobs auszuschließen, wurde der Einstieg definiert als das erste Befragungsjahr, in dem die Befragten erwerbstätig waren, sich nicht mehr in der Ausbildung befanden und mindestens für ein weiteres Jahr nicht ins Ausbildungssystem zurückgekehrt sind (vgl. Gebel 2010). Bis zu sechs Jahre ab dem Arbeitsmarkteinstieg wurden in die Analysen einbezogen, wobei für jede Person in mindestens zwei Befragungsjahren vollständige Daten vorliegen mussten, um zeitliche Veränderungen untersuchen zu können (Giesselmann und Windzio 2012).

Insgesamt wurden 1.428 junge Beschäftigte mit durchschnittlich 3,7 Befragungsjahren pro Person in die Analysen einbezogen, davon 51 Prozent Frauen. Zum Zeitpunkt des Einstiegs waren die Befragten im Durchschnitt 24 Jahre alt (SD = 3 Jahre), und arbeiteten 40 Stunden pro Woche (SD = 9 Stunden). Knapp über ein Viertel der Befragten lebte in Ostdeutschland (27 Prozent), 60 Prozent hatten eine Berufsausbildung abgeschlossen, 25 Prozent ein Studium, und 15 Prozent verfügten über keinen berufsqualifizierenden Abschluss. Für 39 Prozent erfolgte der Einstieg über einen befristeten Vertrag, ebenfalls 39 Prozent waren zuvor schon einmal arbeitslos. Über den Untersuchungszeitraum hinweg wechselten 35 Prozent mindestens einmal den Betrieb.

14.4.2 Variablen

Arbeitsplatzunsicherheit. Zur Erfassung der Arbeitsplatzunsicherheit diente die Frage, wie viele Sorgen sich die Befragten um die Sicherheit ihres Arbeitsplatzes machen. Sie wurde so umcodiert, dass hohe Werte hohe Arbeitsplatzunsicherheit widerspiegeln (1 = überhaupt keine Sorgen, 2 = einige Sorgen, 3 = große Sorgen).

Kontextfaktoren. Die Zeit des Arbeitsmarkteinstiegs wurde in Perioden mit steigender bzw. fallender Arbeitslosigkeit eingeteilt (2001–2005 steigend; 2006–2007 fallend; 2008–2009 steigend; 2010–2014 fallend, s. Bundesagentur für Arbeit 2016). Den regionalen Kontext bildete eine Variable ab, die den Wohnort der Befragten erfasst (0 = West, 1 = Ost).

Soziodemografische Faktoren. Neben Einstiegsalter und Geschlecht (0 = männlich, 1 = weiblich) wurde der Bildungsgrad über den höchsten berufsqualifizierenden Abschluss erfasst (0 = kein berufsqualifizierender Abschluss, 1 = abgeschlossene Berufsausbildung, 2 = abgeschlossenes Studium).

Arbeitsbezogene Faktoren. Befristete Beschäftigung wurde mit einer Frage nach dem Arbeitsvertrag erfasst (0 = unbefristet, 1 = befristet). Eine weitere Variable erfasste Betriebswechsel im jeweiligen Befragungsjahr (0 = kein Wechsel, 1 = Wechsel). Eine Variable erfasste Arbeitslosigkeit vor dem Arbeitsmarkteinstieg (0 = keine Arbeitslosigkeitserfahrung, 1 = Arbeitslosigkeitserfahrung). Zusätzlich wurde die Anzahl der geleisteten Wochenarbeitsstunden kontrolliert.

Psychosoziale Faktoren. Die Beschäftigungsfähigkeit wurde mit der Frage erfasst, wie schwierig es wäre, im Falle eines Arbeitsplatzverlustes eine neue Stelle zu finden und wurde so umcodiert, dass hohe Werte hohe Beschäftigungsfähigkeit widerspiegeln (1 = praktisch unmöglich, 2 = schwierig, 3 = leicht).

Gesundheit und Wohlbefinden. Seit 2002 wird im SOEP alle zwei Jahre der SF-12-Kurzfragebogen zur gesundheitsbezogenen Lebensqualität abgefragt (Ware et al. 1996), bestehend aus je einer Subskala zu körperlicher Gesundheit (α = .75, Beispielitem: »Wie oft kam es [in den letzten vier Wochen] vor, dass Sie wegen gesundheitlicher Probleme körperlicher Art weniger geschafft haben, als Sie eigentlich wollten?« 1 = immer – 5 = nie) und psychischer Gesundheit (α = .76, Beispielitem: »Wie oft kam es [in den letzten vier Wochen] vor, dass Sie sich ruhig und ausgeglichen fühlten?« 1 = immer – 5 = nie). Für beide Skalen liegen im SOEP Normwerte von 0 bis 100 vor (M = 50, SD = 10), bei denen höhere Werte einen besseren Gesundheitszustand widerspiegeln (Andersen et al. 2007). Arbeits- und Lebenszufriedenheit wurden jeweils mit Einzel-Items mit

11-stufigem Antwortformat abgefragt (»Wie zufrieden sind Sie mit Ihrer Arbeit?« bzw. »Wie zufrieden sind Sie gegenwärtig, alles in allem, mit Ihrem Leben?« 0 = ganz und gar unzufrieden – 10 = ganz und gar zufrieden).

14.4.3 Ergebnisse

■ Abb. 14.1 veranschaulicht die Zusammenhänge der Einflussfaktoren mit Arbeitsplatzunsicherheit. Für stabile Faktoren wurden Zusammenhänge basierend auf Personen-Mittelwerten der Arbeitsplatzunsicherheit über die Jahre berechnet. Da sich Wohnort und Bildungsgrad mit Korrelationen von r ≥ .90 über die Zeit als fast unveränderlich erwiesen, wurden diese als stabile Faktoren behandelt. Bei veränderlichen Einflussfaktoren wie der Beschäftigungsfähigkeit wurden zusätzlich Veränderungen über die Zeit basierend auf Abweichungen vom Personen-Mittelwert im jeweiligen Befragungsjahr berechnet (Giesselmann und Windzio 2012). Punkte links von der vertikalen Linie

durch den Nullpunkt in ■ Abb. 14.1 zeigen negative Werte an, Punkte rechts davon positive. Die um die Punkte eingezeichneten waagrechten Linien zeigen 95 Prozent-Konfidenzintervalle an, d. h. wenn diese Linie die Nulllinie nicht schneidet, ist der entsprechende Effekt statistisch signifikant.

Die Werte für die Einstiegsperioden sind jeweils im Vergleich zur Periode 2001–2005 zu interpretieren. Hier zeigte sich für die Kohorte 2008–2009 und noch etwas deutlicher für 2011–2014 jeweils geringere Arbeitsplatzunsicherheit. Junge Beschäftigte in Ostdeutschland berichteten höhere Unsicherheit als in Westdeutschland.

Es zeigten sich weder Alters- noch Geschlechtseffekte. Beim Bildungsabschluss sind die Werte für Berufsausbildung und Studium jeweils im Vergleich zu keinem berufsqualifizierenden Abschluss zu interpretieren und deuten auf weniger Arbeitsplatzunsicherheit bei Beschäftigten mit Studienabschluss hin.

Beschäftigte, die über den Beobachtungszeitraum überwiegend befristet beschäftigt waren, berichteten

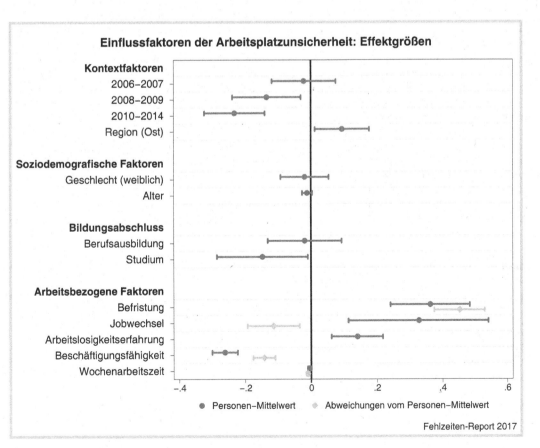

■ **Abb. 14.1** Einflussfaktoren der Arbeitsplatzunsicherheit: Effektgrößen (Quelle: SOEP 2001–2014)

mehr Arbeitsplatzunsicherheit als Festangestellte. Darüber hinaus verdeutlicht der Wert für zeitliche Veränderungen, dass dieselben Beschäftigten in Befragungsjahren, in denen sie befristet angestellt waren, auch mehr Arbeitsplatzunsicherheit berichten als in Jahren mit unbefristeter Anstellung. Hingegen zeigen die Werte für Betriebswechsel, dass junge Beschäftigte, die häufiger den Betrieb wechseln, insgesamt mehr Arbeitsplatzunsicherheit berichten, während die Arbeitsplatzunsicherheit in den jeweiligen Jahren, in denen die neue Stelle angetreten wurde, geringer ausfiel als sonst. Junge Beschäftigte, die schon einmal arbeitslos waren, berichteten von einer höheren Arbeitsplatzunsicherheit. Beschäftigte mit höherer Beschäftigungsfähigkeit berichteten weniger Arbeitsplatzunsicherheit und Verbesserungen der Beschäftigungsfähigkeit gingen mit reduzierter Unsicherheit einher. Die Werte für die Wochenarbeitszeit waren nahe Null und sind daher zu vernachlässigen.

◘ Tab. 14.1 zeigt die Korrelationen von Arbeitsplatzunsicherheit mit körperlicher und psychischer Gesundheit, Arbeits- und Lebenszufriedenheit sowie der Zeit auf dem Arbeitsmarkt. Auch hier wurde unterschieden zwischen Korrelationen basierend auf Personen-Mittelwerten der jeweiligen Variablen (unterhalb der Diagonalen) und Korrelationen basierend auf Abweichungen vom Personenmittelwert in den einzelnen Befragungsjahren (oberhalb der Diagonalen). ▪

Die negative Korrelation zwischen Zeit auf dem Arbeitsmarkt und Arbeitsplatzunsicherheit deutet auf eine leichte Abnahme hin. Allerdings kann es sich hierbei auch um Selektionseffekte handeln, da junge Beschäftigte mit hoher Arbeitsplatzunsicherheit auch häufiger aus der Erwerbstätigkeit ausscheiden: Beispielsweise sind diejenigen, die sich zu Beginn große Sorgen um ihren Arbeitsplatz machen, im zweiten Jahr mit einem Anteil von 23 Prozent signifikant häufiger

erwerbslos als diejenigen, die sich keine Sorgen machen mit 11 Prozent.

Beschäftigte mit höherer Arbeitsplatzunsicherheit berichteten schlechtere körperliche und psychische Gesundheit sowie verringerte Arbeits- und Lebenszufriedenheit. Darüber hinaus gingen Veränderungen der Arbeitsplatzunsicherheit mit entsprechenden zeitgleichen Veränderungen hinsichtlich psychischer Gesundheit, Arbeits- und Lebenszufriedenheit, nicht aber körperlicher Gesundheit einher. Es zeigte sich zudem eine leichte Verschlechterung der Arbeitszufriedenheit über die Zeit, während Lebenszufriedenheit und psychische Gesundheit sich nicht systematisch veränderten.

14.5   Diskussion

Die Ergebnisse entsprechen weitestgehend den Erwartungen: Der zeitliche und regionale Kontext sowie soziodemografische, arbeitsbezogene und psychosoziale Faktoren tragen zur Arbeitsplatzunsicherheit junger Beschäftigter bei. Diese schätzten bis Mitte der 2000er ihre Arbeitsplätze als weniger sicher ein als spätere Kohorten, während die Krisenjahre 2008–2009 keine große Unsicherheit ausgelöst zu haben scheinen. Dies könnte daran liegen, dass die Krisenjahre den allgemeinen Abwärtstrend der Jugendarbeitslosigkeit, bedingt u. a. durch den demografischen Wandel, nur kurzzeitig unterbrochen haben und der Anstieg damit vergleichsweise geringfügig ausfiel (Brenke 2013). Andererseits gingen auch die Hartz-Reformen mit einem Anstieg der Arbeitsplatzunsicherheit in der allgemeinen Erwerbsbevölkerung einher (Erlinghagen 2010), sodass die Ergebnisse auch auf die sozialpolitischen Umwälzungen der frühen 2000er zurückzuführen sein können. Unabhängig vom zeitlichen Kontext machten

◘ Tab. 14.1 Mittelwerte, Standardabweichungen und Korrelationen von Arbeitsplatzunsicherheit, den Gesundheits- und Befindensvariablen und Zeit auf dem Arbeitsmarkt in Jahren

	M	SD	1	2	3	4	5	6
1 Arbeitsplatzunsicherheit	1,71	0,56 (0,46)	–	.02	–.08***	–.08***	–.10***	–.11***
2 Körperliche Gesundheit	55,74	5,66 (3,40)	–.14***	–	–.27***	.06**	.02	–.08***
3 Psychische Gesundheit	49,47	8,20 (4,46)	–.14***	.02	–	.13***	.24***	–.03
4 Arbeitszufriedenheit	7,18	1,49 (1,34)	–.25***	.19***	.38***	–	.26***	–.09***
5 Lebenszufriedenheit	7,29	1,22 (0,91)	–.30***	.25***	.47***	.52***	–	–.02
6 Jahre auf dem Arbeitsmarkt	3,7	1,71 (1,71)						–

N = 1428 (paarweiser Fallausschluss fehlender Werte). Werte in Klammern beziffern die durchschnittliche Standardabweichung innerhalb von Personen. * p < .05, ** p < .01, *** p < .001.
Quelle: SOEP, 2001–2014

sich junge Beschäftigte in Ostdeutschland größere Sorgen um ihren Arbeitsplatz.

Bezüglich des Bildungsgrades sind vor allem junge Beschäftigte mit Studienabschluss im Vorteil. Diejenigen mit Berufsausbildung unterschieden sich nicht von den Geringqualifizierten, obwohl gerade die duale Berufsausbildung auf einen reibungslosen Übergang in die Erwerbstätigkeit ausgerichtet ist (Gebel 2010). Möglicherweise ist hier ausschlaggebend, ob die Beschäftigten von ihrem Ausbildungsbetrieb übernommen wurden oder sich eine neue Stelle suchen mussten. Dies sollte in weiterführenden Studien differenziert werden.

Die deutlichsten Effekte wurden bei den arbeitsbezogenen Faktoren sichtbar. Befristete Beschäftigung und vorherige Arbeitslosigkeit erwiesen sich als Risikofaktoren für Arbeitsplatzunsicherheit und die Beschäftigungsfähigkeit als protektive Ressource. Besonders hervorzuheben ist hier, dass auch Veränderungen im Beschäftigungsverhältnis mit Veränderungen in der Arbeitsplatzunsicherheit zusammenhingen: Der Wechsel von einem befristeten in ein unbefristetes Beschäftigungsverhältnis reduziert also die Arbeitsplatzunsicherheit. Auch Veränderungen in der Beschäftigungsfähigkeit gingen mit Veränderungen in der Arbeitsplatzunsicherheit einher. Deren positive Wirkung ist also nicht allein dadurch zu erklären, dass bestimmte Personen grundsätzlich dazu neigen, ihre Arbeitsplatzunsicherheit niedrig und ihre Beschäftigungsfähigkeit hoch einzuschätzen, da der Einfluss stabiler Personenmerkmale kontrolliert wurde. Interessant sind die Befunde zu Betriebswechseln: Der Wechsel in einen neuen Betrieb scheint zunächst mehr Sicherheit mit sich zu bringen. Junge Beschäftigte, die häufig den Arbeitgeber wechseln, berichten jedoch insgesamt größere Unsicherheit, was auch dadurch bedingt sein dürfte, dass Arbeitsplatzunsicherheit häufig Wechsel nach sich zieht (Fields et al. 2005). Allerdings ist hier zu bedenken, dass nicht weiter differenziert wurde, ob es sich um freiwillige Betriebswechsel, um Wechsel von befristeter in unbefristete oder erneut befristete Beschäftigung o. ä. handelte. Weiterführende Studien sollten genauer untersuchen, unter welchen Bedingungen Betriebswechsel zu mehr oder weniger Sicherheit führen.

Die Zusammenhänge von Arbeitsplatzunsicherheit mit Gesundheit und Zufriedenheit entsprachen ebenfalls den Erwartungen. Auch hier ging eine Erhöhung der Arbeitsplatzunsicherheit bei denselben Personen mit einer Verschlechterung der psychischen Gesundheit, Arbeits- und Lebenszufriedenheit einher. Dadurch ist eine wichtige Bedingung für die kausale Interpretation der Zusammenhänge erfüllt. Allerdings wurden hier zeitgleiche Veränderungen untersucht, sodass nicht ausgeschlossen ist, dass verringerte Zufriedenheit oder psychisches Befinden zu größeren Sorgen um den Arbeitsplatz geführt haben könnten. Jedoch legt bestehende Längsschnittforschung nahe, dass eine solche umgekehrte Kausalität geringer ausgeprägt ist als die Beeinträchtigung des Befindens durch Arbeitsplatzunsicherheit (De Witte et al. 2016).

Dass der körperliche Gesundheitszustand nicht mit Veränderungen der Arbeitsplatzunsicherheit zusammenhing, ist im Hinblick auf die Zielgruppe wenig verwunderlich: Körperliche Beeinträchtigungen zeigen Langzeitfolgen von Stress an (Sverke et al. 2002) und junge Erwachsene sind diesbezüglich vermutlich noch vergleichsweise resilient. Die Ergebnisse sprechen eher dafür, dass gesundheitlich beeinträchtigte junge Erwachsene generell höherer Arbeitsplatzunsicherheit ausgesetzt sind, ggf. weil ein schlechterer Gesundheitszustand den Zugang zu sicherer Beschäftigung erschwert.

Bemerkenswert ist auch, dass die Arbeitsplatzunsicherheit zwar mit wachsender Erfahrung im Berufsleben zu sinken scheint, sich körperliche Gesundheit und Arbeitszufriedenheit jedoch leicht verschlechterten, während psychische Gesundheit und Lebenszufriedenheit keine eindeutige Veränderung zeigten. Während Schwankungen in der Arbeitsplatzunsicherheit auf individueller Ebene also mit systematischen Veränderungen von psychischer Gesundheit und Zufriedenheit einhergehen, ist kein allgemeiner Trend sinkender Arbeitsplatzunsicherheit bei sich gleichzeitig verbesserndem Befinden erkennbar. Diese bivariaten Analysen können diesbezüglich allerdings nur erste Hinweise geben, da die Vielzahl anderer Einflussfaktoren auf Arbeitsplatzunsicherheit, Gesundheit und Zufriedenheit hier nicht berücksichtigt wurden.

Basierend auf einer großen heterogenen Stichprobe liefern die Analysen erste Erkenntnisse darüber, welche Gruppen unter jungen Beschäftigten im Hinblick auf Arbeitsplatzunsicherheit gefährdet sein könnten und welche Faktoren sich protektiv auswirken. Allerdings spielen noch viele andere Faktoren, die hier aus Daten- oder Platzmangel nicht besprochen wurden, eine Rolle, z. B. psychosoziale Arbeitsbedingungen, Branchenmerkmale oder andere Formen der atypischen Beschäftigung wie Leih- oder Teilzeitarbeit. Allerdings wurde mit befristeter Beschäftigung die für die Altersgruppe relevanteste Beschäftigungsform abgedeckt (Schmeißer et al. 2012). Weiterführende Studien sollten zusätzliche Einflussfaktoren einbeziehen und einige Faktoren wie z. B. Region oder Betriebswechsel differenzierter erfassen.

14.6   Fazit

Auch in der Übergangsphase zwischen Ausbildung und Beruf bedeutet Arbeitsplatzunsicherheit Stress und geht mit gesundheitlichen Beeinträchtigungen einher. Da junge Beschäftigte den Großteil ihres Berufslebens noch vor sich haben, liegt in der Gestaltung sicherer Beschäftigungsperspektiven eine wichtige Präventionsaufgabe, um die Arbeitsfähigkeit des Nachwuchses zu erhalten.

Nicht alle jungen Beschäftigten sind gleichermaßen von Arbeitsplatzunsicherheit betroffen. Insbesondere junge Beschäftigte ohne Studienabschluss, befristet Beschäftigte und solche, die häufig den Betrieb wechseln (müssen), könnten von Präventionsmaßnahmen profitieren. Dies ist vor allem in Zeiten hoher Arbeitslosigkeit und in strukturschwachen Regionen geboten. Idealerweise sollte die Unterstützung bereits vor Ende der Ausbildung ansetzen, um frühe Arbeitslosigkeit zu vermeiden. Arbeitgeber können z. B. durch Praktika während der Schul- und Studienzeit Gelegenheiten bieten Erfahrungen zu sammeln, in Schulen und Universitäten über Einstiegsmöglichkeiten informieren und Auszubildenden durch Übernahmeregelungen sichere Perspektiven bieten. Befristete Beschäftigung sollte nach Möglichkeit als Brücke in die Festanstellung gestaltet werden, um zu verhindern, dass diese zur »Sackgasse« wird und eine Aneinanderreihung befristeter Verträge nach sich zieht (vgl. Gebel 2010).

Darüber hinaus erweist sich die Beschäftigungsfähigkeit als Ansatzpunkt zur Prävention, vor allem weil diese veränderbar ist. So hat sich etwa der Zugang zu Kompetenzentwicklungsmaßnahmen am Arbeitsplatz als förderlich für die Beschäftigungsfähigkeit erwiesen (Berntson et al. 2006). Eine Arbeitsgestaltung, die jungen Beschäftigten die Entwicklung ihrer Kompetenzen ermöglicht, beispielsweise durch die Übertragung anspruchsvoller und verantwortungsvoller Aufgaben, sowie Weiterbildungsangebote könnten daher ebenfalls dazu beitragen, Arbeitsplatzunsicherheit zu reduzieren.

Da Arbeitgeber skeptisch sein dürften, die Attraktivität ihrer Beschäftigten auf dem externen Arbeitsmarkt zu steigern oder in die Beschäftigungsfähigkeit befristet Angestellter zu investieren, kommt hier externen Trägern von Bildung und Gesundheitsförderung eine wichtige Rolle zu. Beispielsweise bieten die Career Center der Universitäten und Fachhochschulen Beratung zur Karriereentwicklung und Workshops zur Kompetenzentwicklung an und Träger der Jugendarbeit unterstützen Jugendliche durch Berufsorientierung und Ausbildungsbegleitung. Neben Beratung und Ausbildungsvermittlung bietet die Bundesagentur für Arbeit auch Berufseinstiegsbegleitung für leistungsschwächere Schülerinnen und Schüler allgemeinbildender Schulen bis in die Anfangszeit der Berufsausbildung an. Solche Maßnahmen, die auf Beschäftigungsfähigkeit und Vermeidung früher Arbeitslosigkeit abzielen, könnten über die Reduzierung von Arbeitsplatzunsicherheit also auch zur Gesundheitsförderung junger Beschäftigter beitragen.

Neben der Förderung individueller Beschäftigungsfähigkeit sollte allerdings die strukturelle Benachteiligung auf dem Arbeitsmarkt nicht außer Acht gelassen werden: Junge Erwachsene sollen sich nicht nur sicher und beschäftigungsfähig fühlen, es sollte auch der tatsächliche Zugang zu sicherer Beschäftigung gewährleistet werden. Ist beides gegeben, dürfte der Berufseinstieg nicht zur Gesundheitsbelastung werden.

Literatur

Andersen HH, Mühlbacher A, Nübling M et al (2007) Computation of standard values for physical and mental health scale scores using the SOEP version of SF-12v2. Schmollers Jahrb 127:171–182

Berntson E, Marklund S (2007) The relationship between perceived employability and subsequent health. Work Stress 21:279–292

Berntson E, Sverke M, Marklund S (2006) Predicting perceived employability: Human capital or labour market opportunities? Econ Ind Democr 27:223–244

Brenke K (2013) Jugendarbeitslosigkeit sinkt deutlich – regionale Unterschiede verstärken sich. DIW Wochenbericht 3–13

Buchholz S (2008) Die Flexibilisierung des Erwerbsverlaufs. Eine Analyse von Einstiegs- und Ausstiegsprozessen in Ost- und Westdeutschland. VS Verlag für Sozialwissenschaften, Wiesbaden

Bundesagentur für Arbeit (2016) Arbeitslosigkeit im Zeitverlauf. Nürnberg

Clarke M, Lewchuk W, de Wolff A, King A (2007) »This just isn't sustainable«: Precarious employment, stress and workers' health. Int J Law Psychiatry 30:311–326

De Cuyper N, Bernhard-Oettel C, Berntson E, et al (2008) Employability and employees' well-being: Mediation by job insecurity. Appl Psychol An Int Rev 57:488–509

De Witte H (2005) Job insecurity: Review of the international literature on definitions, prevalence, antecedents and consequences. SA J Ind Psychol 31:1–6

De Witte H, Pienaar J, De Cuyper N (2016) Review of 30 years of longitudinal studies on the association between job insecurity and health and well-being: Is there causal evidence? Aust Psychol 51:18–31

Dekker SWA, Schaufeli WB (1995) The effects of job insecurity on psychological health and withdrawal: A longitudinal study. Aust Psychol 30:57–63

DGB (2015) Arbeitsqualität aus der Sicht von jungen Beschäftigten. 6. Sonderauswertung zum DGB-Index Gute Arbeit. Berlin

Erlinghagen M (2007) Self-perceived job insecurity and social context: A multi-level analysis of 17 European countries. Eur Sociol Rev 24:183–197

Erlinghagen M (2010) Mehr Angst vor Arbeitsplatzverlust seit Hartz? Langfristige Entwicklung der Beschäftigungsunsicherheit in Deutschland. Berlin

Eurofound (2013) Working conditions of young entrants to the labour market. Dublin

Fields D, Dingman ME, Roman PM, Blum TC (2005) Exploring predictors of alternative job changes. J Occup Organ Psychol 78:63–82

Gebel M (2010) Early career consequences of temporary employment in Germany and the UK. Work Employ Soc 24:641–660

Giesselmann M, Windzio M (2012) Regressionsmodelle zur Analyse von Paneldaten. Springer, Heidelberg

Keim AC, Landis RS, Pierce CA, Earnest DR (2014) Why do employees worry about their jobs? A meta-analytic review of predictors of job insecurity. J Occup Health Psychol 19:269–290

Kinnunen U, Nätti J (1994) Job insecurity in Finland: Antecedents and consequences. Eur Work Organ Psychol 4:297–321

Lazarus RS, Folkman S (1984) Stress, appraisal and coping. Springer, New York

Mills M, Blossfeld HP, Klijzing E (2005) Becoming an adult in uncertain times. A 14-country comparison of the losers of globalization. In: Blossfeld HP, Klijzing E, Mills M, Kurz K (Hrsg) Globalization, uncertainty and youth in society. Routledge, London, S 423–441

Muñoz de Bustillo R, de Pedraza P (2010) Determinants of job insecurity in five European countries. Eur J Ind Relations 16:5–20

Näswall K, De Witte H (2003) Who Feels Insecure in Europe? Predicting Job Insecurity from Background Variables. Econ Ind Democr 24:189–215

OECD (2017) Youth unemployment rate (indicator). https://data.oecd.org/. Gesehen 16 Feb 2017

Peiró JM, Sora B, Caballer A (2012) Job insecurity in the younger Spanish workforce: Causes and consequences. J Vocat Behav 80:444–453

Rhein T, Stüber H (2014) Beschäftigungsdauer im Zeitvergleich: Bei Jüngeren ist die Stabilität der Beschäftigung gesunken. Nürnberg

Robbins A, Wilner A (2004) Quarterlife crisis. Die Sinnkrise der Mittzwanziger. Ullstein, Berlin

Schmeißer C, Stuth S, Behrend C et al (2012) Atypische Beschäftigung in Europa 1996–2009. Berlin

Schoon I, Silbereisen RK (2009) Conceptualising School-to-Work Transitions in Context. In: Schoon I, Silbereisen RK (Hrsg) Transitions from School to Work. Cambridge University Press, Cambridge, S 3–29

Shell Deutschland (2015) 17. Shell Jugendstudie. Jugend 2015. Fischer, Frankfurt am Main

Siegrist J (1996) Adverse health effects of high-effort/low-reward conditions. J Occup Health Psychol 1:27–41

Statistisches Bundesamt (2016) Mikrozensus. Stand und Entwicklung der Erwerbstätigkeit in Deutschland. Fachserie 1 Reihe 4.1.1. Wiesbaden

Sverke M, Hellgren J, Näswall K (2002) No security: a meta-analysis and review of job insecurity and its consequences. J Occup Health Psychol 7:242–264

Verhaest D, Baert S (2014) Unemployment or overeducation: Which is a worse signal to employers? Bonn

Wagner GG, Göbel J, Krause P et al (2008) Das Sozio-oekonomische Panel (SOEP): Multidisziplinäres Haushaltspanel und Kohortenstudie für Deutschland – Eine Einführung (für neue Datennutzer) mit einem Ausblick (für erfahrene Anwender). AstA Wirtschafts- und Sozialstatistisches Arch 2: 301–328

Ware JE, Kosinski M, Keller SD (1996) A 12-Item Short-Form Health Survey: Construction of Scales and Preliminary Tests of Reliability and Validity. Med Care 34:220–233

Burnout als Zeichen einer Organisationskrise[1]

C. Ehresmann

B. Badura et al. (Hrsg.) *Fehlzeiten-Report 2017*,
DOI 10.1007/978-3-662-54632-1_15, © Springer-Verlag GmbH Deutschland 2017

Zusammenfassung *Burnout ist ein auf die Arbeitswelt bezogenes Gesundheitsproblem, das sich vor allem durch das Symptom der emotionalen Erschöpfung auszeichnet. Durch Burnout können nicht nur einzelne Mitarbeiter in eine Krisensituation geraten; das Thema berührt aufgrund von erhöhten Fehlzeiten und Fluktuationsquoten sowie Präsentismus auch die Organisationen, in denen Burnout verstärkt auftritt. Der vorliegende Beitrag richtet das Augenmerk auf mögliche Ursachen von Burnout. Er erweitert die bislang in der Burnout-Forschung vorherrschende Auffassung, dass Burnout die Folge von chronischen Arbeitsstressoren sei. Das Augenmerk liegt im Folgenden stattdessen auf dem Sozialkapital (dem Beziehungsklima, der Menschenführung und der Kultur) von Organisationen. Am Beispiel einer Analyse der Daten von 1.980 Mitarbeitern aus 21 Rehabilitationskliniken wird aufgezeigt: Je höher das Sozialkapital, desto geringer ist das Ausmaß an Erschöpfung bei den Mitarbeitern. Burnout kann damit als Ausdruck für eine Krise im Bereich des Sozialkapitals von Organisationen gedeutet werden. Nicht nur auf Arbeitsbelastungen und ihre Vermeidung, sondern auch auf die Bindung an Menschen und Werte einer Organisation kommt es bei der Prävention von Burnout an.*

15.1 Hintergrund

15.1.1 Burnout: konzeptionelle Grundlagen, Relevanz und Ursachenforschung

Das Thema Burnout erfährt gegenwärtig in der Öffentlichkeit eine starke Aufmerksamkeit. Ganze Rubriken finden sich zu dem Begriff in den Online-Ausgaben von »Süddeutsche Zeitung« oder »DIE ZEIT«. In der Suchmaschine »google.de« sind aktuell 68.300.000 Einträge unter dem Stichwort gelistet. Das Spektrum der Beiträge reicht von Presseartikeln und wissenschaftlichen Publikationen über Expertenmeinungen bis hin zu Selbsttests, Therapieangeboten, Ratgebern, Reportagen und Kommentaren von Laien. Der Begriff fungiert hier im Allgemeinen als ein Stellvertreter für kritisch bewertete Bedingungen in der heutigen Arbeitswelt und die möglichen Folgen für die psychische Gesundheit – er bringt diesbezüglich ein öffentliches Problembewusstsein zum Ausdruck.

Der vorliegende Beitrag beschäftigt sich mit dem Konzept im engeren Sinne, wie es aus wissenschaftlicher Perspektive konstruiert und einzuordnen ist. Das Konzept Burnout ist nicht einheitlich definiert. In der Burnout-Forschung hat sich jedoch eine arbeitsbezogene Beeinträchtigung mit den Symptomen emotionale Erschöpfung, Depersonalisierung und reduzierte Leistungsfähigkeit als Konsens herausgebildet (Schaufeli und Salanova 2014). Emotionale Erschöpfung gilt dabei als das Kernmerkmal von Burnout (Helkavaara 2013; Maslach et al. 2001). Dieses Verständnis von Burnout geht auf Christina Maslach und Susan E. Jackson zurück. Die beiden amerikanischen Pioniere der Burnout-Forschung stellten schon Anfang der 80er Jahre ihre Definition von Burnout vor: »We have defined burnout as a syndrome of emotional exhaustion, depersonalisation, and reduced accomplishment that

---

1 Dieser Beitrag enthält direkte oder sinngemäße Auszüge aus der Dissertation der Verfasserin: Ehresmann C (2017) Burnout und das Sozialkapital von Organisationen – auf die Bindung kommt es an. Eine quantitative Analyse zu Sozialkapital, emotionaler Mitarbeiterbindung und psychischer Erschöpfung am Beispiel von Mitarbeitern in medizinischen Rehabilitationskliniken. Dissertation an der Universität Bielefeld. Es handelt sich außerdem um einen überarbeiteten, erweiterten und an einigen Stellen gekürzten Zweitabdruck des zuerst veröffentlichten Artikels: »Burn-out und Sozialkapital – Konzepte und Ergebnisse vergleichender Organisationsforschung«. In: Badura B (2017) Arbeit und Gesundheit im 21. Jahrhundert. Mitarbeiterbindung durch Kulturentwicklung, S. 153–174. © Springer-Verlag GmbH Deutschland 2017; mit freundlicher Genehmigung von Springer.

can occur among individuals who work with people in some capacity.« (Maslach und Jackson 1984, S. 134) Die damalige Definition spiegelt noch den ursprünglichen Bezug zu personenbezogenen Dienstleistungsberufen wider. Nach und nach wurde das Konzept auf die gesamte Arbeitswelt angewendet (Schaufeli und Salanova 2014). Der New Yorker Psychologe Herbert Freudenberger hatte Burnout bereits im Jahre 1974 in seinem Artikel »Staff Burnout« (Freudenberger 1974) näher erläutert. Seine Publikation markiert den Beginn der Burnout-Forschung (Bakker et al. 2014).

Aktuelle Diskurse rund um das Thema Burnout werden durch die Fehlzeitenstatistiken der gesetzlichen Krankenkassen angeregt. Sie verzeichnen im letzten Jahrzehnt einen starken Anstieg der Arbeitsunfähigkeitstage und -fälle aufgrund von psychischen Diagnosen. Besonders die mit der Zusatzdiagnose Z73 assoziierten Fehlzeiten sind in den vergangenen Jahren um ein Vielfaches angestiegen; hierunter subsumiert sich auch Burnout (vgl. Meyer et al. in diesem Band). Fehlzeitenstatistiken bilden den Gesundheitszustand abwesender Mitarbeiter jedoch nicht zuverlässig ab; sie geben weder Auskunft über zugrunde liegende Ursachen noch über den Gesundheitsstatus der in den Unternehmen anwesenden Mitarbeiter (Badura 2013).

Allerdings geht aus repräsentativen Befragungen hervor, dass sich Erwerbstätige hierzulande zunehmend psychisch beeinträchtigt fühlen (Eichhorst et al. 2016). Bei Burnout handelt es sich um ein Gesundheitsproblem, von dem sich offenkundig eine Vielzahl Erwerbstätiger subjektiv betroffen fühlt. Gemäß dem Marktforschungsinstitut Gallup fühlen sich 24,0 Prozent der deutschen Erwerbstätigen müde oder ausgebrannt (Nink 2016). Im Report »Sicherheit und Gesundheit bei der Arbeit« ist dokumentiert, dass sich mehr als 26,1 Prozent der Erwerbstätigen hierzulande emotional und mehr als 50 Prozent körperlich erschöpft fühlen (BMAS und BAuA 2016); eine Befragung der Techniker Krankenkasse zeigt auf, dass das Gefühl, in Bezug auf die Arbeit »[…] oft abgearbeitet und verbraucht« zu sein, mit 43 Prozent weit verbreitet ist (Wohlers und Hombrecher 2016, S. 26).

Dennoch nimmt das Konzept nicht den Status einer psychischen Störung ein. In der Internationalen Klassifikation der Krankheiten und verwandten Gesundheitsprobleme (ICD-10) wird es lediglich als eine Zusatzdiagnose unter dem Schlüssel Z73 der Kategorie »Probleme mit Bezug auf Schwierigkeiten bei der Lebensbewältigung« aufgeführt (DIMDI 2015, S. 790). Burnout wird vielmehr als ein Risikofaktor für psychische und körperliche Erkrankungen angesehen (DGPPN 2012).

Mit seinen Komponenten emotionale Erschöpfung, Depersonalisation und reduzierte Leistungsfähigkeit ist Burnout im herkömmlichen Verständnis als eine individuelle Krise am Arbeitsplatz zu verstehen. Die drei Komponenten beinhalten eine auf die Arbeit bezogene emotionale, soziale und motivationale Beeinträchtigung des Mitarbeiters. So stellten Maslach und Jackson in ihren ersten Untersuchungen bei helfenden Berufsgruppen in den 70er und 80er Jahren fest, dass die psychische Erschöpfung eine Antwort auf eine dauerhaft hohe emotionale Anforderung bei der Arbeit mit Patienten bzw. Klienten sei. Die Depersonalisierung, also der emotionale und kognitive Rückzug von den Patienten, deuteten sie als Bewältigungsstrategie des Mitarbeiters. Was Burnout ebenfalls auszeichne, sei eine Herabwürdigung der eigenen Arbeitsleistung (Maslach und Jackson 1984; Maslach et al. 2001). Nach Leiter et al. (2013) stellt die mangelnde Fähigkeit, sich mit Energie in die Arbeit einbringen zu können, ein erhebliches Hindernis bei der Selbstverwirklichung eines Menschen dar. Burnout reduziert entsprechend die Lebenszufriedenheit (Hakanen und Schaufeli 2012). Die Beeinträchtigung tritt, wie Maslach und Jackson im Weiteren herausfanden, nicht nur bei helfenden Berufen auf: Burnout ist mittlerweile auf die gesamte Arbeitswelt bezogen (Maslach et al. 2001; Schaufeli und Salanova 2014).

Dass ein anhaltendes »Ausgebranntsein« Konsequenzen haben kann, belegen Studien zu den mit Burnout verbundenen gesundheitsbezogenen Risiken. So wird Burnout mit Depressivität, Herz-Kreislauf-Erkrankungen, Diabetes oder Infektionskrankheiten in Verbindung gebracht und kann eine erhöhte Mortalität zur Folge haben (zusammenfassend Ahola und Hakanen 2014). Es ist mit Kopfschmerzen, Schwindel, Herzrasen, Schlafstörungen, Rückenschmerzen oder innerer Unruhe assoziiert. Zudem steht es mit einer verstärkten Einnahme von Antidepressiva, Schlaf- oder Schmerzmitteln sowie mit Angststörungen im Zusammenhang (Maske et al. 2016; Stöbel-Richter et al. 2013). Studien zeigen auf, dass Burnout über einen längeren Zeitraum von Jahren fortbesteht (zusammenfassend Bakker und Costa 2014) – ein Prozess, der schließlich in eine vorzeitige Berentung münden kann (Ahola et al. 2009). Hier wird deutlich, wie stark Burnout in die Lebenssituation eines Menschen eingreifen kann.

Ein ausschließlich individuelles Problem bleibt Burnout allerdings oft nicht. Dies legen nicht zuletzt die eingangs skizzierten Prävalenzen von Erschöpfung in der Erwerbsbevölkerung nahe. Wenn nicht nur einzelne Mitarbeiter, sondern Mitarbeitergruppen und größere Anteile von *Organisationen* von

Burnout betroffen sind, dann wird die Burnout-Krise Einzelner zur Burnout-Krise ganzer Organisationen. Von Burnout betroffene Mitarbeiter befinden sich gemäß den Burnout-Komponenten nach Maslach und Jackson (1984) sowie Maslach et al. (2001) in einer emotionalen Erschöpfungskrise am Arbeitsplatz, sie erfahren dabei eine Entfremdung von den ihnen anvertrauten Patienten und können die erforderliche Arbeitsleistung nicht abrufen. Dieser Zustand besteht nach Kant et al. (2004) bei am Arbeitsplatz anwesenden Mitarbeitern oftmals jahrelang fort und ist mit einer auch tatsächlich verringerten Arbeitsleistung verbunden (Swider und Zimmerman 2010). Mit dem Konzept ist somit die Präsentismusproblematik angesprochen, die Unternehmen noch vor weitere Herausforderungen stellt: Burnout korreliert mit Arbeitsunzufriedenheit (Alarcon 2011) und einer erhöhten Fluktuation (Swider und Zimmerman 2010), es ist aber auch ein Risikofaktor für Langzeitfehlzeiten (Peterson et al. 2011). Burnout kann darüber hinaus auf Kollegen und Teams »übergreifen« (z. B. Gonzalez-Morales et al. 2012; Bakker und Schaufeli 2000; Bakker et al. 2003; Bakker et al. 2005). Dieses als *crossover*, *shared event* oder *emotionale Ansteckung* bezeichnete Phänomen wird vermutlich a) durch soziale Informationsprozesse, b) emotionale Reaktionen durch die Konfrontation mit den Emotionen anderer oder c) die Kompensation der verringerten Arbeitsleistung des von Burnout-Betroffenen durch die übrigen Kollegen ausgelöst. Das gehäufte Auftreten von Burnout lässt sich auch damit begründen, dass die Mitglieder eines Teams oder einer Abteilung gleichen Bedingungen am Arbeitsplatz ausgesetzt sind (Halbesleben und Leon 2014; Rösing 2011).

Es stellt sich vor diesem Hintergrund die Frage nach den Ursachen von Burnout in Organisationen. Bedingungen sind zu schaffen, die es ermöglichen, Burnout in der Arbeitswelt zu vermeiden oder zu vermindern. Welchen Ansatz bietet die Burnout-Forschung zur Erklärung des Problems in der Arbeitswelt an? Bereits in den 80er Jahren und Anfang 2001 vertraten Maslach und Kollegen die Auffassung, dass Burnout die Antwort auf chronische *arbeitsbezogene Stressoren* sei (z. B. Maslach und Jackson 1984; Maslach et al. 2001). Diese bereits in der Definition von Burnout integrierte Sichtweise hat bis heute Bestand. So wird sie bspw. in diversen aktuellen Publikationen namhafter Burnout-Forscher sowie von der DGPPN vertreten (s. z. B. Bakker et al. 2014; Day und Leiter 2014; DGPPN 2012; Schaufeli und Salanova 2014). Als theoretische Grundlage für die empirische Burnout-Forschung genießt zudem das »Job-Demands-Resources-Modell« starke Aufmerksamkeit. Das Modell stellt eine Erweiterung arbeitswissenschaftlicher Stressmodelle

wie dem Anforderungs-Kontroll-Modell (Karasek 1979) dar. Es werden auch hier in erster Linie arbeitsbezogene Stressoren als Ursache von Burnout erachtet (Bakker und Demerouti 2014; Bakker et al. 2014; Schaufeli 2015; Schaufeli und Taris 2014). Durch die breite Anwendung des Modells in der Burnout-Forschung findet das Stresskonzept auch hierdurch Unterstützung. Aus empirischen Übersichtsarbeiten lässt sich darüber hinaus anhand der untersuchten Merkmale ableiten, dass eine zu hohe quantitative Arbeitslast (Workload) ein in der Burnout-Forschung besonders häufig untersuchter Arbeitsstressor ist. Daneben werden häufig Merkmale einer qualitativen Arbeitsbelastung oder Stresspuffer (Ressourcen) berücksichtigt: Rollenambiguität, Rollenkonflikte, Kontrolle bzw. Autonomie und soziale Unterstützung (s. z. B. Alarcon 2011; Bria 2012; Lee et al. 2013; Swedish Agency for Health Technology Assessment and Assessment of Social Services 2014). All dies lässt insgesamt darauf schließen, dass sich die Burnout-Forschung auf Stressoren der Arbeitsaufgabe – hier vor allem eine zu hohe Arbeitslast – sowie mangelnde Kontrollmöglichkeiten gemäß Anforderungs-Kontroll-Unterstützungs-Modell (Johnson und Hall 1988; Karasek 1979) konzentriert.

15.1.2 Forschungsziel und Untersuchungshypothesen

Der vorliegenden Beitrag wählt einen anderen Zugang zur Erklärung von Burnout: von der Stressthese bzw. belastenden Arbeitstätigkeit eines individuellen Mitarbeiters hin zum *sozialen System* einer Organisation und einem *bindungstheoretischen* Ansatz. Es wird angenommen, dass Burnout eng mit der Qualität eines sozialen Systems einer Organisation (dem Sozialkapital) und der davon ausgehenden Bindewirkung verwoben ist. Burnout wird somit als Folge von Defiziten im Bereich des Sozialkapitals von Organisationen begriffen. Der Untersuchung liegt der Bielefelder Sozialkapital-Ansatz zugrunde. Demgemäß ist die Gesundheit und Motivation eines Mitarbeiters und mit ihnen der Erfolg einer Organisation maßgeblich vom Sozialkapital einer Organisation abhängig (Badura et al. 2013; Badura 2017). Sozialkapital wird definiert als die Qualität des sozialen Systems einer Organisation. Es konstituiert sich aus drei Faktoren: dem Netzwerkkapital (Beziehungsklima), das den Umfang und die Qualität von horizontalen sozialen Beziehungen auf gleicher Abteilungs- bzw. Hierarchieebene beschreibt, dem Führungskapital, womit die Qualität der Beziehung zwischen direkten Vorgesetzten und geführten Mitarbeitern gemeint ist, sowie dem Vorrat an gemeinsamen

Überzeugungen, Werten und Regeln, mit anderen Worten der Organisationskultur (Badura 2013; Rixgens 2010). Sozialkapital zeichnet sich bspw. durch einen starken Zusammenhalt der Mitglieder eines Teams aus, durch wertschätzendes Verhalten der Vorgesetzten gegenüber ihren Mitarbeitern, durch gemeinsame Ziele, Werte sowie Vertrauen (s. Badura 2017; Behr et al. 2013; Rixgens 2010). Dadurch, dass Organisationen in ihrem Sozialkapital divergieren können, besitzen sie ein mehr oder weniger stark ausgeprägtes Potenzial, ihre Mitarbeiter zu motivieren oder ihre Gesundheit fördern zu können (Badura 2017). Die Bindungsthese besagt, dass Organisationen je nach Qualität ihres sozialen Systems ihre Mitglieder emotional binden (anziehen) oder eher abstoßen. Bindungskräfte gehen von positiven Beziehungen zu Kollegen und Vorgesetzten aus, von einer Organisationskultur, mit deren Werten sich die Mitglieder identifizieren können, sowie von der Sinnhaftigkeit einer Tätigkeit. Arbeitsanforderungen werden von eingebundenen Mitarbeitern als weniger belastend erlebt, die emotionale Befindlichkeit ist verbessert, psychische Energien können mobilisiert werden – so die These. Fühlen sich Mitarbeiter vom sozialen System eher abgestoßen, dann fühlen sie sich aufgrund mangelnder Bindung durch Belastungen stärker beeinträchtigt und sie neigen eher dazu, erschöpft und resigniert zu sein (Badura und Walter 2014; Badura 2017; Badura und Ehresmann 2016; s. auch Ehresmann 2017).

Wenn Burnout-Forscher arbeitsbezogene Stressoren und Kontrollmöglichkeiten betonen, dann wird die zentrale Bedeutung des sozialen Systems einer Organisation unterschätzt. Der vorliegende Artikel untersucht daher explizit die Rolle des organisationalen Sozialkapitals mit Blick auf Burnout. Auf Basis des Sozialkapital-Ansatzes lassen sich folgende Hypothesen formulieren:

1. Das Burnout-Ausmaß ist zwischen Organisationen ungleich verteilt.
2. Das Sozialkapital von Organisationen leistet einen Beitrag zur Erklärung von Unterschieden im Burnout-Ausmaß zwischen Organisationen.

Es wird im Rahmen einer empirischen Analyse das Kernmerkmal von Burnout – das Ausmaß an psychischer sowie an physischer Erschöpfung – gemessen. Als Kontrollvariable wird der arbeitsbezogene Stressor Zeitdruck als ein Repräsentant einer zu hohen quantitativen Arbeitslast in die Untersuchung einbezogen. Eine zu hohe Arbeitslast (Workoverload) ist einer der am häufigsten untersuchten und stärksten Prädiktoren von emotionaler Erschöpfung (Alarcon 2011; Lee et al. 2013). Die Hypothesen werden am Beispiel von Kliniken der medizinischen Rehabilitation überprüft.

15.2 Methodisches Vorgehen im Rahmen der Analyse der Befragungsdaten

Die Untersuchung basiert auf einer Sekundärdatenanalyse. Die Daten wurden im Rahmen einer an der Universität Bielefeld durchgeführten Studie namens »LORE« (Kockert 2014; Schott und Kockert 2014) erhoben. LORE steht für »Leistungssteigerung durch zielgerichtete Organisationsentwicklung von Reha-Einrichtungen«. Das Projekt hatte eine Laufzeit von Mai 2012 bis April 2014. Insgesamt beteiligten sich 21 medizinische Rehabilitationskliniken aus Niedersachsen, Nordrhein-Westfalen, Hessen und Rheinland-Pfalz an der Studie. Die Grundgesamtheit umfasst 3.621 Beschäftigte (nähere Angaben zum Projekt finden sich bei Kockert 2014 sowie Ehresmann 2017).

Das Merkmal *Burnout* wurde mit der Skala »Personal Burnout« aus dem »Copenhagen Burnout Inventory« (Borritz und Kristensen 1999; Kristensen et al. 2005) in der deutschen Fassung nach Nübling et al. (2005) erhoben. Die Items lauten: »Wie häufig fühlen Sie sich müde?«, »Wie häufig sind Sie körperlich erschöpft?«, »Wie häufig sind Sie emotional erschöpft?«, »Wie häufig denken Sie, ‚ich kann nicht mehr‘?«, »Wie häufig fühlen Sie sich ausgelaugt«, »Wie häufig fühlen Sie sich schwach und krankheitsanfällig?« (Nübling et al. 2005, S. 139). Die Reliabilität ist gemäß Cronbachs Alpha mit 0,923 an der vorliegenden Stichprobe als hoch einzuschätzen. Neben dem Burnout-Ausmaß kann auf Basis eines Cut-off-Wertes die Prävalenz von Burnout ermittelt werden. Die Entwickler der Skala legten einen Wert von ≥ 50 fest. Werte ≥ 50 kennzeichnen demnach ein hohes, Werte < 50 ein geringes Burnout-Ausmaß (Borritz und Kristensen 2004; Borritz et al. 2006).

Das *Sozialkapital* wurde mit dem Bielefelder Sozialkapital-Index (BISI) (Rixgens 2010) gemessen. Beispielitems sind: »Mein direkter Vorgesetzter ist ein Mensch, dem man in jeder Situation absolut vertrauen kann« (Führung), »In unserer Abteilung sind Kollegen in hohem Maße bereit, sich füreinander einzusetzen« (Beziehungsklima) und »Führungskräfte und Mitarbeiter orientieren sich sehr stark an gemeinsamen Regeln und Werten« (Organisationskultur) (Rixgens 2010, S. 92 f.). An der vorliegenden Stichprobe zeigt sich eine hohe Skalenreliabilität mit Alpha = 0,963.

Die Abfrage von *Zeitdruck* erfolgte durch ein im Rahmen der LORE-Studie entwickeltes Globalitem: »Um meine Arbeit ordentlich ausführen zu können, habe ich ausreichend Zeit« (Schott und Kockert 2014, S. 182). Das Item wurde rekodiert, um das Merkmal Zeitdruck zu operationalisieren. Als weitere

Kontrollvariablen fungieren das Alter, Geschlecht und das Bildungsniveau (akademisiert/nicht akademisiert) sowie die Position (Führungsverantwortung obere Ebene/Führungsverantwortung mittlere Ebene/keine Führungsverantwortung).

Die statistischen Datenauswertungen wurden mit den Softwareprogrammen SPSS Version 19 sowie Mplus Version 7.2 ausgeführt. Deskriptive Statistiken wurden in SPSS erstellt. Als Analyseverfahren zur Testung der Hypothesen fungierte die Mehrebenenanalyse, die mit der Software Mplus durchgeführt wurde. Bei der Mehrebenenanalyse handelt es sich um ein statistisches Verfahren, bei dem der simultane Einfluss von individuellen Merkmalen wie dem Alter und Kontextmerkmalen wie dem Sozialkapital mit Bezug auf einen Outcome wie Burnout untersucht werden kann (vgl. Christ und Schlüter 2012; Geiser 2011; Leyland und Groenewegen 2003). Das Verfahren wurde für den vorliegenden Beitrag bei einem Intraklassenkorrelationskoeffizienten (ICC) von 0,017 bei Burnout nicht aus statistischen, sondern aus inhaltlichen Gesichtspunkten ausgewählt. Ziel war es, einen Zusammenhang zwischen Merkmalen auf Ebene der Kliniken unter Adjustierung von individuellen Merkmalen untersuchen zu können.

15.3 Ergebnisse der Analyse der Befragungsdaten

Von 3.621 Mitarbeitern, die die Grundgesamtheit konstituieren, beteiligten sich insgesamt 1.980 an der Studie; dies entspricht einem Rücklauf auf der Mitarbeiterebene von 54,7 Prozent. Der Rücklauf ist auf Ebene der einzelnen Kliniken unterschiedlich. Er variiert zwischen 30,9 Prozent und 69,7 Prozent. Im Mittel beträgt der Rücklauf auf Ebene der Kliniken 55,0 Prozent. Die Zahl der in den einzelnen Kliniken beschäftigten Mitarbeiter bewegt sich zwischen 74 und 400. Die Kliniken werden in den meisten Fällen privat ge-

führt. Die Bettenanzahl reicht von 140 bis 547. Zu den Fachabteilungen der Kliniken zählen die Bereiche Orthopädie, Kardiologie, Dermatologie, Neurologie, Gastroenterologie, Atemwegserkrankungen, Stoffwechselerkrankungen sowie Rheumatologie. Der überwiegende Anteil der befragten Mitarbeiter ist mit 77,1 Prozent weiblich. Die meisten Mitarbeiter der Stichprobe sind zwischen 30 und 50 Jahre alt (49,1 Prozent). Ein ebenfalls hoher Anteil der Mitarbeiter mit 37,5 Prozent ist bereits über 50 Jahre alt. Die wenigsten Mitarbeiter sind jünger als 30 Jahre (13,3 Prozent). Mit 81,3 Prozent zählt der Großteil der befragten Mitarbeiter zur Gruppe der Mitarbeiter ohne Führungsverantwortung. Demgegenüber sind 18,8 Prozent in einer Führungsposition tätig. 14,8 Prozent sind im mittleren Management und 4 Prozent auf der obersten Führungsebene positioniert. Bei 13,2 Prozent der Mitarbeiter handelt es sich um Akademiker, 86,8 Prozent der Mitarbeiter wurden als nicht akademisiert eingestuft. Die Verteilung der Berufsgruppen stellt sich wie folgt dar: Ärzte 8,6 Prozent, Therapeuten 25,5 Prozent, Pflegekräfte 19,9 Prozent, Verwaltung 17,8 Prozent, Psychologen/Sozialarbeiter 2,90 Prozent, medizinische Hilfskräfte 6,9 Prozent, Mitarbeiter aus dem Bereich Service/Technik 16,7 Prozent.

In folgenden Abschnitt wird zunächst ein beschreibender Überblick über die interessierenden Merkmale gegeben. ◨ Tab. 15.1 dokumentiert, dass die Mitarbeiter ein Burnout-Ausmaß von 39,13 Punkten aufweisen. Die Werte streuen im Mittel recht stark um den Durchschnittswert, bei einer Standardabweichung von 21,06. In Häufigkeiten ausgedrückt haben 32,6 Prozent der Mitarbeiter ein hohes und 67,4 Prozent ein niedriges Burnout-Ausmaß (Cut-Off-Wert ≥ 50 Punkte). Der Zeitdruck der Mitarbeiter ist, wie aus der Tabelle hervorgeht, als moderat einzuschätzen. Der Wert liegt im Mittel bei 1,15 Punkten auf einer Skala, die von 0 bis 3 Punkten reicht. Es findet sich hier jedoch ebenfalls eine starke Streuung zwischen den Mitarbeitern bei einer Standardabweichung von 0,80 Punkten.

◨ **Tab. 15.1** Deskriptive Statistiken

	M	S.D.	Min	Max	Skalenbereich	n
Mitarbeitermerkmale						
Burnout	39,13	21,06	0	100	0–100	1939
Zeitdruck	1,15	0,80	0	3	0-3	1952
Organisationsmerkmale						
Burnout	39,46	3,51	33,11	46,47	0-100	21 (1937)
Sozialkapital	53,65	4,71	46,28	67,44	0-90	21 (1872)
M = Mittelwert, S.D. = Standardabweichung, Min = Minimum, Max = Maximum, n =Fallzahl						

Die Tabelle gibt zudem Auskunft über die deskriptiven Statistiken auf Ebene der Organisationen. Im Mittel beläuft sich das Burnout-Ausmaß auf 39,46 von 100 Skalenpunkten. Das Sozialkapital liegt im Mittel bei 53,65 von 90 Skalenpunkten.

In ◘ Abb. 15.1 ist das Burnout-Ausmaß differenziert nach Rehabilitationskliniken dargestellt. Es reicht von 33,11 in Klinik 10 bis 46,47 in Klinik 19. Dies entspricht einer Spannweite von 13,36 Skalenpunkten. Es wird hier bereits deutlich, dass es teilweise starke Unterschiede im Burnout-Ausmaß auf Ebene der Organisationen gibt.

Noch anschaulicher lassen sich die Abweichungen zwischen den Organisationen anhand von Prävalenzen verdeutlichen, die separat für jede Klinik auf Basis des Cut-off-Wertes von ≥ 50 Skalenpunkten berechnet

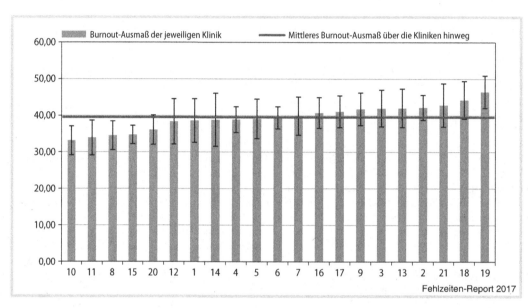

◘ **Abb. 15.1** Burnout-Ausmaß im Organisationsvergleich

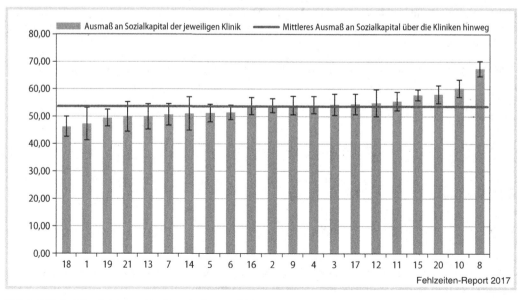

◘ **Abb. 15.2** Sozialkapital-Ausmaß im Organisationsvergleich

wurden. Demnach variiert die Anzahl der Burnout-Fälle zwischen 18,6 Prozent (Klinik 11) bzw. 20,7 Prozent (Klinik 10) sowie 45,0 Prozent in Klinik 18 und 51,1 Prozent in Klinik 19 (nicht dargestellt).

In Bezug auf das Sozialkapital lassen sich zwischen den Kliniken ebenfalls merkliche Unterschiede feststellen. Ein in Relation besonders niedriges Ausmaß findet sich bei Klinik 18 mit einem Mittelwert von 46,28, das höchste Ausmaß weist Klinik 8 mit 67,44 Skalenpunkten auf (◘ Abb. 15.2). Dies entspricht einer Spannweite von 21,16 Skalenpunkten. In keiner der untersuchten Kliniken wird demzufolge das mit 90 Skalenpunkten theoretisch höchste Sozialkapital-Ausmaß erreicht.

Auffällig ist beim Vergleich der beiden Abbildungen, dass in den Rehabilitationskliniken, in denen das Burnout-Ausmaß am niedrigsten ist, der Vorrat an Sozialkapital am stärksten ausgeprägt ist. Dies betrifft die Kliniken 8, 10, 11, 12, 15 sowie 20.

Beschreibende Statistiken lassen noch nicht den Schluss zu, dass die Ergebnisse auf die Grundgesamtheit, die rund 3.621 Mitarbeiter, übertragbar sind. Denn sie basieren auf den Daten einer Stichprobe von 1.980 Fällen. Daher sind die Hypothesen noch weiterführend mittels Signifikanztests zu überprüfen. Hierfür wird in der vorliegenden Arbeit das Verfahren der Mehrebenenanalyse verwendet.

Zunächst wurde unter Berücksichtigung der hierarchischen Datenstruktur die Hypothese geprüft, ob das Burnout- bzw. Sozialkapital-Ausmaß zwischen den Kliniken signifikant variiert. Hierfür wurden sogenannte Nullmodelle berechnet. Dies sind Mehrebenenmodelle, in denen die Varianz eines Merkmals auf Ebene der Organisationen und Mitarbeiter berechnet wird (Geiser 2011, S. 208 ff.).

Die Streuung im Burnout-Ausmaß auf Ebene der Kliniken beläuft sich demnach auf 7,699 und ist signifikant (p = 0,013). Innerhalb der Kliniken, also zwischen Mitarbeitern, variiert das Burnout-Ausmaß ebenfalls systematisch (Varianz 434,611, p < 0,001). Signifikante Unterschiede zwischen Kliniken ließen sich auch für das Sozialkapital feststellen: Die Streuung beträgt 17,580 Skalenpunkte und ist signifikant (p = 0,048). Das Sozialkapital-Ausmaß ist also nicht in allen Kliniken gleich.

In einem nächsten Schritt wurde ein Mehrebenenmodell mit möglichen Einflussfaktoren von Burnout auf der Ebene der Organisationen (Sozialkapital) und der Ebene der Mitarbeiter (Zeitdruck, Alter, Geschlecht, Position und Bildungsgrad) berechnet. Mit dem Modell sollen Zusammenhänge zwischen den Untersuchungsmerkmalen quantifiziert werden.

Wie ◘ Tab. 15.2 zu entnehmen ist, besteht ein negativer Zusammenhang zwischen dem Sozialkapital der Kliniken und dem Burnout-Ausmaß der Mitarbeiter (p < 0,001). Je höher das Sozialkapital der Organisationen, desto geringer ist demzufolge das Burnout-Ausmaß. Steigt der Vorrat an Sozialkapital um eine Einheit, dann sinkt das Burnout-Ausmaß einer Klinik im Mittel um -0,409 Einheiten. Der Anteil der erklärten Varianz beläuft sich auf rund 85 Prozent.

◘ **Tab. 15.2** Mehrebenenmodell für Burnout

Feste Effekte	B	S.E.	p-Wert	β	p-Wert
Klinikebene (Level 2) (n = 21)					
Sozialkapital	–0,409	0,099	< 0,001	–0,921	< 0,001
Mitarbeiterebene (Level 1) (n = 1852)					
Zeitdruck	8,588	0,756	< 0,001	0,327	< 0,001
Geschlecht (Referenz weiblich)	–4,116	1,056	–3,896	–0,083	< 0,001
Alter (Referenz < 30 Jahre)					
30–50 Jahre	1,36	1,694	0,422	–0,036	0,067
> 50 Jahre	1,153	2,076	0,579	0,027	0,577
Bildungsgrad (Referenz nicht-akademisiert)	–2	0,965	0,038	–0,033	0,038
Position (Referenz keine Führung)					
Mittlere Führungsebene	–2,117	1,175	0,071	–0,036	0,067
Obere Führungsebene	–5,499	2,775	0,048	–0,052	0,045
Zufallseffekte	**Varianz**	**SD**	**p-Wert**	**R²**	**p-Wert**
Level 2	0,664	0,81	0,421	84,80%	< 0,001
Level 1	379,964	19,49	< 0,001	12,60%	< 0,001

B = nichtstandardisierter Regressionskoeffizient, S.E. = Standardfehler, p-Wert = Signifikanz, β = standardisierter Regressionskoeffizient Beta, S.D. = Standard Deviation, R² = Anteil der erklärten Varianz

Das Burnout-Ausmaß eines Mitarbeiters steht damit nicht nur mit individuellen Merkmalen, sondern auch mit dem sozialen Kontext seiner Klinik in einem signifikanten Zusammenhang.

Auf Ebene der Mitarbeiter zeigen sich Zusammenhänge zwischen Burnout und Zeitdruck: Je höher der Zeitdruck, desto höher ist das Burnout-Ausmaß. Bei den personenbezogenen Merkmalen sind das Geschlecht, das Bildungsniveau und die Position in diesem Modell signifikant. Männer und akademisierte Mitarbeiter weisen ein geringeres Burnout-Ausmaß auf. Bei der Position ergibt sich ein geringeres Burnout-Ausmaß auf der oberen Führungsebene im Vergleich zu Mitarbeitern ohne Führungsverantwortung. Das Alter steht nicht mit Burnout in einem signifikanten Zusammenhang.

15.4 Diskussion: Zum Zusammenhang von Sozialkapital und Burnout

Ziel der Analyse war es, die Verbreitung von psychischer und physischer Erschöpfung in den medizinischen Rehabilitationskliniken und den Zusammenhang mit dem Sozialkapital der Kliniken zu untersuchen. Zugrunde liegt die Hypothese, dass es Unterschiede im Burnout-Ausmaß zwischen den Kliniken gibt und dass das Sozialkapital der Kliniken dabei von Bedeutung ist.

Die Ergebnisse der Untersuchung zeigen, dass etwa ein Drittel der beschäftigten Mitarbeiter in den Rehabilitationskliniken von Burnout betroffen ist. Das Ergebnis steht in Übereinstimmung mit Ergebnissen der Studien von Körner (2011) sowie Zimmermann und Körner (2014), in denen etwa ein Viertel der Mitarbeiter in medizinischen Rehabilitationskliniken angibt, emotional erschöpft zu sein. Die Ergebnisse deuten darauf hin, dass Mitarbeiter in diesem Setting unter verstärktem Burnout-Risiko stehen bzw. sich in einer Burnout-Krise mit allen eingangs skizzierten möglichen Folgen befinden und demnach Handlungsbedarf besteht.

Ein zweites Ergebnis der Untersuchung ist, dass das Ausmaß an Burnout nicht in allen untersuchten medizinischen Rehabilitationskliniken gleich ist. Vielmehr sind teils erhebliche Unterschiede zu konstatieren. Die Spannweite von mehr als 13 Skalenpunkten im Burnout-Ausmaß sowie ein Unterschied von bis zu 30 Prozent bei der Prävalenz zwischen den Rehabilitationskliniken sind Hinweise darauf, dass die Organisation eine Rolle bei der Verbreitung von Burnout spielt. Sie sind zugleich ein Hinweis darauf, dass ein hohes Burnout-Ausmaß kein unvermeidlicher Tatbestand sein muss. Es gibt Kliniken, in denen das Ausmaß vergleichsweise niedrig ist. Unterschiede im Ausmaß an emotionaler Erschöpfung zwischen Rehabilitationskliniken finden sich auch in einer vergleichbaren Studie (s. Zimmermann und Körner 2014). Der Befund des vorliegenden Beitrags liefert die zusätzliche Erkenntnis, dass es das Sozialkapital ist, mit dem sich Unterschiede im Burnout-Ausmaß zwischen Kliniken erklären lassen: Je höher das Sozialkapital der Klinken ist, desto geringer ist das Burnout-Ausmaß der Mitarbeiter. Das Sozialkapital erklärt dabei mehr als 80 Prozent der Varianz von Burnout auf Ebene der Kliniken. Das Ergebnis unterstreicht die Rolle des sozialen Systems einer Organisation bei der Erklärung von Burnout und unterstützt die These, dass Burnout Ausdruck einer *Krise im Bereich des Sozialkapitals von Organisationen* ist bzw. dass Defizite im Bereich von Kultur, Beziehungsklima und Führung bestehen.

Als Erklärungsansatz dafür eignet sich die eingangs skizzierte Bindungsthese, wonach das menschliche Wohlbefinden von der Bindewirkung des sozialen Systems einer Organisation abhängt. Offenbar fühlen sich Mitarbeiter weniger erschöpft, wenn sie in einer Organisation tätig sind, an dessen Werte, Regeln und Überzeugungen sie sich binden können und in denen ein respektvoller Umgang zwischen Kollegen sowie zwischen Mitarbeitern und Vorgesetzten besteht. Studien demonstrieren, dass mit einer Verbesserung des Sozialkapitals die emotionale Organisationsbindung von Mitarbeitern steigt (z. B. Badura und Ehresmann 2016; Lükermann 2013). Dass das Konzept der emotionalen Bindung ein Bindeglied zwischen Sozialkapital und Burnout ist, wird in einer Dissertation (s. Ehresmann 2017) näher dargelegt. Die Krise im Bereich des Sozialkapitals ist demnach zugleich als *Bindungskrise einer Organisation* zu begreifen.

Die Ergebnisse der vorliegenden Arbeit gründen auf einer Querschnittstudie. Die als unabhängig bzw. abhängig definierten und interpretierten Variablen wurden zeitgleich erfasst. Eine kausale Beziehung kann damit empirisch nicht belegt werden. Hierfür wären Längsschnittstudien erforderlich. Das Konzept Burnout wurde in der vorliegenden Analyse zudem mit der Skala »Personal Burnout« erfasst. Das Augenmerk wurde daher auf das Kernmerkmal von Burnout gelegt: Erschöpfung. Die übrigen Burnout-Dimensionen, Depersonalisation und reduzierte Leistungsfähigkeit, sollten in weiterführenden Studien Berücksichtigung finden. Des Weiteren sollte die Übertragbarkeit der Ergebnisse der Untersuchung auf andere Kontexte wie Industriebetriebe oder die öffentliche Verwaltung empirisch auf den Prüfstand gestellt werden – idealerweise auf Basis von standardisierten Mitarbeiterbefragungen mit Längsschnittcharakter.

- **Schlussfolgerungen:**
  Burnout als und Wege aus der Krise

Wenn sich im Mittel 30 Prozent der Mitarbeiter in medizinischen Rehabilitationskliniken »ausgebrannt« fühlen, dann sollten sich nicht nur praktische Gesundheitsexperten, sondern es sollte sich auch das Management der Kliniken mit dem Thema Burnout verstärkt auseinandersetzen. Kliniken mit hohem Burnout-Ausmaß können in eine wirtschaftliche Krise geraten. Es ist absehbar, dass Mitarbeiter, die psychisch und physisch erschöpft sind, auf Dauer nicht mehr voll leistungsfähig sein werden. Mit Blick auf das Symptom der Depersonalisation droht zudem eine Distanzierung von Kollegen und Rehabilitanden. Dies kann sich letztlich auf das Betriebsklima und die Behandlungsqualität auswirken. Studien aus dem stationären Akutbereich zeigen auf, dass Burnout mit einer verminderten Patientenorientierung und -sicherheit oder einer mangelnden Versorgungsqualität zusammenhängt (Bowers et al. 2011; Van Bogaert et al. 2014). Demgegenüber ist die Führung der Kliniken daran gebunden, die Qualitätsvorgaben der Kostenträger und des Gesetzgebers zu erfüllen (Augurzky et al. 2011). Sie ist außerdem auf die Zufriedenheit der Rehabilitanden angewiesen, wenn es um die Weiterempfehlung einer Klinik geht (Kockert 2014). Absentismus und eine erhöhte Fluktuation als mögliche Folgen von Burnout sind weitere Anlässe, sich mit der Thematik zu befassen. Wirtschaftlicher Druck, Arbeitsverdichtung und Probleme bei der Rekrutierung von Personal stellen aktuelle und zukünftige Herausforderungen in medizinischen Rehabilitationskliniken dar (Augurzky et al. 2011; Borges und Zimolong 2015; Sachverständigenrat zur Begutachtung der Entwicklung im Gesundheitswesen 2014). Vermeidbare Fehlzeiten und eine erhöhte Fluktuation aufgrund von Burnout sind daher abzuwenden.

Der Erfolg einer Organisation kann durch die *Symptome* und möglichen *Folgen* von Burnout demnach potenziell gefährdet werden. Dieser Umstand kann selbst als Krise begriffen werden. Mit Blick auf die möglichen *Ursachen* von Burnout besteht die Krise jedoch – dies legen die Ergebnisse der vorliegenden Analyse nahe – im Bereich des Sozialkapitals von Organisationen, das sich im erhöhten Burnout-Ausmaß widerspiegelt. Als ein Ansatz zur Problemlösung sollte dementsprechend in die zwischenmenschlichen Beziehungen investiert werden: in die Kulturentwicklung der Organisationen, in das Verhältnis der Mitarbeiter untereinander sowie in die Beziehung zwischen direkten Vorgesetzten und Mitarbeitern, um Burnout und die damit verbundenen Folgen abzuwenden. Eine konkrete Maßnahme zur Förderung des Sozialkapitals könnte sein, eine Kultur der Achtsamkeit für Gesundheit zu entwickeln. Das heißt

z. B., dass gemeinsame Werte, Überzeugungen und Regeln in Bezug auf das Thema Gesundheit geschaffen werden. Die Kultur sollte dann auch entsprechend gelebt werden und die Mitarbeiter sollten sich mit ihr wirklich identifizieren können. Kulturentwicklung sollte sich aber auch auf einzelne Facetten wie Wertschätzung, Gerechtigkeit, Vertrauen oder Sinnstiftung in einer Organisation beziehen und durch eine Veränderung im Denken, Fühlen, in der Kommunikation und im Handeln verwirklicht werden (Badura 2017; Badura und Ehresmann 2016). Darüber hinaus sollte durch Projekte auf der Ebene von Teams, z. B. zu Gesundheitsthemen, oder gemeinsame außerberufliche Aktivitäten das Wir-Gefühl gefördert werden. Die Entwicklung einer gesundheitsbezogenen Führungskompetenz stellt eine weitere exemplarische Intervention zur Prävention von Burnout in Organisationen dar.

Es geht bei der Burnout-Prävention folglich nicht nur darum, pathogene, stressassoziierte Einflüsse von Arbeitsbedingungen wie etwa Zeitdruck zu reduzieren, sondern auch salutogene Einflüsse von Organisationen zu mobilisieren.

Literatur

Ahola K, Hakanen J (2014) Burnout and health. In: Leiter MP, Bakker AB, Maslach C (eds) Burnout at work. A psychological perspective. Psychological Press, London, New York, pp 10–31

Ahola K, Gould R, Virtanen M et al (2009) Occupational burnout as a predictor of disability pension: a population-based cohort study. Occupational and Environmental Medicine 66:284–290

Alarcon GM (2011) A meta-analysis of burnout with job demands, resources, and attitudes. Journal of Vocational Behavior 79:549–562

Augurzky B, Reichert R, Scheuer M (2011) Faktenbuch Medizinische Rehabilitation 2011. Heft 66. Rheinisch-Westfälisches Institut für Wirtschaftsforschung, Essen

Badura B (2013) Auf der Suche nach den Wurzeln von Gemeinsinn und Solidarität. In: Badura B, Greiner W, Rixgens P, Ueberle M, Behr M (Hrsg) Sozialkapital. Grundlagen von Gesundheit und Unternehmenserfolg. 2. Aufl. Springer, Berlin, Heidelberg, S 1–18

Badura B (Hrsg) (2017) Arbeit und Gesundheit im 21. Jahrhundert: Mitarbeiterbindung durch Kulturentwicklung. Springer Gabler, Berlin

Badura B, Ehresmann C (2016) Unternehmenskultur, Mitarbeiterbindung und Gesundheit. In: Badura B, Ducki A, Schröder H, Klose J, Meyer M (Hrsg) Fehlzeiten-Report 2016. Unternehmenskultur und Gesundheit – Rahmenbedingungen, Einflüsse, Potenziale. Springer, Heidelberg, S 81–106

Badura B, Walter U (2014) Führungskultur auf dem Prüfstand. In: Badura, B, Ducki, A, Schröder, H, Klose J, Meyer M

(Hrsg), Fehlzeiten-Report 2014: Erfolgreiche Unternehmen von morgen – gesunde Zukunft heute gestalten. Springer, Berlin, S 159–162

Badura B, Greiner W, Rixgens P, Ueberle M, Behr M (Hrsg) (2013) Sozialkapital. Grundlagen von Gesundheit und Unternehmenserfolg. 2. Aufl. Springer, Berlin Heidelberg

Bakker AB, Costa PL (2014) Chronic Job Burnout and daily functioning: a theoretical analysis. Burnout Research 1:112–119

Bakker AB, Demerouti E (2014) Job Demands-Resources Theory. In: Chen PY, Cooper CL (eds) Work and wellbeing: A complete reference guide, Volume III. Wiley Blackwell, Chichester, pp 37–64

Bakker AB, Schaufeli WB (2000) Burnout contagion process among teachers. Journal of Applied Psychology 30:2289–2308

Bakker AB, Demerouti E, Schaufeli WB (2003) The socially induced burnout model. In: SP Shohov (ed) Adcances in Psychology Reseach, Vol 25. Nova Science Publishers, New York, pp 13–30

Bakker AB, Le Blanc OM, Schaufeli WB (2005). Burnout contagion among nurses who work at intensive units. Journal of Advanced Nursing 51:276–287

Bakker AB, Demerouti E, Sanz-Vergel AI (2014) Burnout and work engagement: The JD-R approach. Annual Review of Organizational Psychology 1:389–411

Behr M, Rixgens P, Badura B (2013) Das Unternehmensmodell – Elemente und Zusammenhänge. In: Badura B, Greiner W, Rixgens P, Ueberle M, Behr M (Hrsg) Sozialkapital: Grundlagen von Gesundheit und Unternehmenserfolg. 2. Aufl. Springer Gabler, Berlin, S 49–59

Borges P, Zimolong A (2015) Gutachten zur aktuellen und perspektivischen Situation der Einrichtungen im Bereich der medizinischen Rehabilitation. Neuaufl. 2015. Aktiva – Beratung im Gesundheitswesen GmbH, Köln

Borritz M, Kristensen TS (1999) Copenhagen burnout inventory. National Institute of Occupational Health, Copenhagen Denmark

Borritz M, Kristensen TS (2004) Copenhagen burnout inventory. Normative data from a representative Danish population on personal burnout. http://www.arbejdsmiljoforskning.dk/upload/omi/copenhagen%20burnout%20inventory%20-%20normative%20data%20from%20a%20representative%20danish%20population.pdf. Gesehen 12 Mai 2014

Borritz M, Rugulies R, Christensen KB, Villadsen E, Kristensen TS (2006) Burnout as a predictor of self-reported sickness absence among human service workers: prospective findings from three year follow up of the PUMA study. Occupational and Environmental Medicine 63:98–106

Bowers L, Nijman H, Simpson A, Jones J (2011) The relationship between leadership, teamworking, structure, burnout and attitude to patients on acute psychiatric wards. Social Psychiatry and Psychiatric Epidemiology 46:143–148

Bria M (2012) A systematic review of burnout risk factors among European healthcare professionals. Cognition, Brain, Behavior. An Interdisciplinary Journal, XXI (3):423–452

Bundesministerium für Arbeit und Soziales (BMAS), Bundesanstalt für Arbeitsschutz und Arbeitsmedizin (BAuA) (Hrsg)

(2016) Sicherheit und Gesundheit bei der Arbeit 2015. Unfallverhütungsbericht Arbeit, Berlin und Dortmund

Christ O, Schlüter E (2012) Strukturgleichungsmodelle mit Mplus. Eine praktische Einführung. Oldenbourg, München

Day A, Leiter MP (2014) The good and the bad of working relationships. In: Leiter MP, Bakker AB, Maslach C (eds) Burnout at Work. A psychological perspective. Psychological Press, London, New York, pp 56–79

Deutsche Gesellschaft für Psychiatrie, Psychotherapie und Nervenheilkunde (DGPPN) (Hrsg) (2012) Positionspapier der Deutschen Gesellschaft für Psychiatrie, Psychotherapie und Nervenheilkunde zum Thema Burnout. Berlin

Deutsches Institut für Medizinische Dokumentation und Information (DIMDI) (2015). Internationale statistische Klassifikation der Krankheiten und verwandten Gesundheitsprobleme. 10. Revision. German Modification Version 2016. Systematisches Verzeichnis. https://www.micado-online.de/Portals/0/Dateien/Downloads/Dokumente/PUBLIK/ICD_2016.pdf. Gesehen 06 Aug 2016

Ehresmann C (2017) Burn-out und das Sozialkapital von Organisationen – auf die Bindung kommt es an. Eine quantitative Analyse zu Sozialkapital, emotionaler Bindung und psychischer Erschöpfung am Beispiel von Mitarbeitern in medizinischen Rehabilitationskliniken. Dissertation an der Fakultät für Gesundheitswissenschaften, Universität Bielefeld, Bielefeld

Eichhorst W, Tobsch V, Wehne, C (2016) Neue Qualität der Arbeit? Zur Entwicklung von Arbeitskulturen und Fehlzeiten. In Badura B, Ducki A, Schröder H, Klose J, Meyer M (Hrsg) Fehlzeiten-Report 2016: Unternehmenskultur und Gesundheit – Rahmenbedingungen, Einflüsse, Potenziale. Springer, Heidelberg, S 9–20

Freudenberger HJ (1974) Staff Burn-Out. Journal of Social Issues 30 (1):59–165

Geiser C (2011) Datenanalyse mit Mplus. Eine anwendungsorientierte Einführung. 2., durchgelesene Aufl. VS Verlag für Sozialwissenschaften, Springer Fachmedien, Wiesbaden

Gonzalez-Morales MG, Peiró JM, Rodriguez I, Bliese PD (2012). Perceived collective burnout. A multilevel explanation of burnout. Anxiety, Stress & Coping 25:43–61

Halbesleben JRB, Leon MR (2014) Multilevel models of burnout: Separating group level and individual level effects in burnout research. In: Leiter MP, Bakker AB, Maslach C (eds) Burnout at Work. A psychological perspective. Psychological Press, London, New York, pp 122–144

Hakanen JJ, Schaufeli WB (2012) Do burnout and work engagement predict depressive symptoms and life satisfaction? A three wave-seven-year-prospective study. Journal of Affective Disorders 141:415–424

Helkavaara M (2013) Emotional Exhaustion and Psychosocial Work Factors. In Bährer-Kohler S (Ed) Burnout for Experts. Prevention in the Context of Living and Working. Springer Science and Business Media, Heidelberg, pp 159–168

Johnson JV, Hall EM (1988) Job strain, work place social support, and cardiovascular disease: a cross-sectional study of a random sample of the Swedish working population. American Journal of Public Health 78:1336–1342

Kant IJ, Jansen NWH, Van Amelsvoort LGPM, Mohren DCL, Swaen GMH (2004) Burnout in de werkende bevolking. Resultaten van de Maatrichtse Cohort Study (Burnout in the working population. Results of the Maastricht Cohort Study). Gedrag & Organisatie 17:5–17

Karasek RA (1979) Job demands, job decision latitude and mental strain: Implications for job redesign. Administrative Science Quarterly 24 (2):285–308

Kockert S (2014) Sozialkapital und die Ko-Produktion von Gesundheit: Die Bedeutung des organisationalen Handelns für die Qualität in der gesundheitlichen Versorgung am Beispiel der medizinischen Rehabilitation. Dissertation, Universität Bielefeld. https://pub.uni-bielefeld.de/publication/2709737. Gesehen 27 Feb 2016

Körner M (2011) Mental strain among staff at medical rehabilitation clinics in Germany. GMS Psychosocial Medicine 8: Doc01. DOI: 10.3205/psm000070, URN:urn:nbn:de:01 83-psm0000701. http://www.egms.de/static/de/journals/psm/2011-8/psm000070.shtml. Gesehen 25 Feb 2016

Kristensen TS, Borritz M, Villadsen E, Christensen KB (2005) The Copenhagen Burnout Inventory: A new tool for the assessment of burnout. Work & Stress: An International Journal of Work, Health & Organisations 19 (3):192–207

Lee RT, Seo B, Hladkyl S, Lovell BL, Schwartzmann L (2013) Correlates of physician burnout across regions and specialties: a meta-analysis. Human Resources for Health 11:48. doi: 10.1186/1478-4491-11-48

Leiter MP, Hakanen JJ, Ahola K, Toppinen-Tanner S, Koskinen A, Väänänen A (2013) Organizational predictors and health consequences of changes in burnout: a 12-year cohort study. Journal of Organizational Behavior 34:959–973

Leyland AH, Groenewegen PP (2003) Multilevel modelling and public health policy. Scandinavian Journal of Public Health 31:267–274

Lükermann S (2013) Sozialkapital und Qualität von Produkten und Dienstleistungen. In: Badura B, Greiner W, Rixgens P, Ueberle M, Behr M (Hrsg) Sozialkapital. Grundlagen von Gesundheit und Unternehmenserfolg. 2. Aufl. Springer, Berlin Heidelberg, S 211–230

Maske UE, Riedel-Heller SG, Seiffert I, Jacobi F, Hapke U (2016). Häufigkeit und psychiatrische Komorbiditäten von selbstberichtetem diagnostiziertem Burnout-Syndrom. Psychiatrische Praxis 43 (01):18–24

Maslach C, Jackson SE (1984) Burnout in organizational settings. In: Oskamp S (ed) Applied Social Psychology Annual, Vol. 5. Sage, Beverly Hills, CA, pp 133–153

Maslach C, Schaufeli WB, Leiter MP (2001) Job Burnout. Annual Review of Psychology 52:397–422

Nink M (2016) The high cost of worker burnout in Germany. Business Journal 3 (17). http://www.gallup.com/business-journal/190049/high-cost-worker-burnout-germany.aspx Gesehen 19 Jun 2017

Nübling M, Stößel U, Hasselhorn HM, Michaelis M, Hofman S (2005) Methoden zur Erfassung psychischer Belastungen. Erprobung eines Messinstrumentes COPSOQ. Bundesanstalt für Arbeitsschutz und Arbeitsmedizin (Hrsg) Dortmund Berlin Dresden

Peterson U, Bergström G, Demerouti E et al (2011) Burnout levels and self-rated health prospectively predict future long-term sickness absence: a study among female health professionals. Journal of Occupational and Environmental Medicine 53:788–793

Rixgens P (2010) Messung von Sozialkapital im Betrieb durch den »Bielefelder Sozialkapital-Index« (BISI). In: Badura B, Macco K, Klose J, Schröder H (Hrsg) Fehlzeiten-Report 2009. Arbeit und Psyche: Belastungen reduzieren – Wohlbefinden fördern. Springer, Berlin Heidelberg, S 263–274

Rösing I (2011) Ist die Burnout-Forschung ausgebrannt? Analyse und Kritik der internationalen Burnout-Forschung. 3. Aufl. Asanger, Heidelberg

Sachverständigenrat zur Begutachtung der Entwicklung im Gesundheitswesen (Hrsg) (2014) Bedarfsgerechte Versorgung – Perspektiven für ländliche Regionen und ausgewählte Leistungsbereiche. Gutachten 2014. Bonn, Berlin

Schaufeli WB (2015) Van burn-out tot beblogenheid. Werk en welbevinden in Nederland. M&O 2:15–31

Schaufeli WB, Salanova M (2014) Burnout, boredom and engagement in the workplace. In: Peeters MCW, de Jonge J, Taris TW (eds) An introduction to contemporary work psychology, John Wiley and Sons, Chichester, West Sussex, pp 293–320

Schaufeli WB, Taris TW (2014) A critical review of the job demands-resources model: implications for improving work and health. In: Bauer GF, Hämmig O (eds) Bridging occupational, organizational and public health: A transdisciplinary approach. Springer Science and Business Media, New York, pp 43–68

Schott T Kockert S (2014) Abschlussbericht zum Forschungsprojekt »Was Reha-Einrichtungen von Wirtschaftsunternehmen lernen können.« Leistungssteigerung durch zielgerichtete Organisationsentwicklung von Reha-Einrichtungen. Universität Bielefeld. Zentrum für Versorgungsforschung und Rehabilitationswissenschaften. http://forschung.deutsche-rentenversiche-rung.de/ForschPortalWeb/ressource?key=Abschlussbericht%20LORE.pdf. Gesehen 06 Jun 2016

Stöbel-Richter Y, Daig, I, Brähler E, Zenger M (2013) Prävalenz von psychischer und physischer Erschöpfung in der deutschen Bevölkerung und deren Zusammenhang mit weiteren psychischen und somatischen Beschwerden. Psychotherapie Psychosomatik Medizinische Psychologie 63 (03/04):109–114

Swedish Agency for Health Technology Assessment and Assessment of Social Services (2014) Occupational exposures and symptoms of depression and burnout. http://www.sbu.se/globalassets/publikationer/content1/1/eng_bilagor_arbete_depression/table_11_2.pdf. Gesehen 18 Mär 2016

Swider BW, Zimmerman RD (2010) Born to burnout: A meta-analytic path model of personality, job burnout, and work outcomes. Journal of Vocational Behavior 76:487–506

Van Bogaert P, Timmermans O, Weeks SM (2014) Nursing unit teams matter: Impact of unit-level nurse practice environment, nurse work characteristics, and burnout on nurse reported job outcomes, and quality of care, and patient

adverse events – A cross sectional survey. International
Journal of Nursing Studies 51:1123–1134
Wohlers K, Hombrecher M (2016) Entspann dich, Deutschland
– TK-Stressstudie 2016. Techniker Krankenkasse, Hamburg
Zimmermann L, Körner M (2014) Emotionale Erschöpfung und
Wohlbefinden bei Gesundheitsfachberufen. Public Health
Forum 22 (82):31–32

Krisen bewältigen – Eingliederung von Mitarbeitern mit psychischen Erkrankungen

G. Held

B. Badura et al. (Hrsg.) *Fehlzeiten-Report 2017*,
DOI 10.1007/978-3-662-54632-1_16, © Springer-Verlag GmbH Deutschland 2017

Zusammenfassung *Psychische Erkrankungen sind seit Jahren in der Gesellschaft in aller Munde: Eine steigende Zahl von Betroffenen, lange Arbeitsunfähigkeitszeiten und ein hoher Anteil an Erwerbsminderungsrenten haben das Tabuthema in ein anderes Licht gerückt. Für Betroffene stellen die Erkrankungen mit allen Unsicherheiten jedoch weiterhin eine große Belastung dar, die Rückkehr in den Betrieb nach einer längeren Abwesenheit ist mit großen Unsicherheiten und Ängsten verbunden. Hier sind insbesondere auch die Unternehmen gefordert, den Betroffenen frühzeitig Wege der Rückkehr in den Betrieb aufzuzeigen. Eingliederungsmaßnahmen wie die stufenweise Eingliederung müssen von einer guten Kooperation mit internen und externen Akteuren, einem gesundheitsgerechten und -förderlichen Arbeitsplatz sowie einer positiven und wertschätzenden Atmosphäre im Team begleitet werden.*

16.1 Einführung

Psychische Erkrankungen – zu denen unter anderem affektive Störungen wie Manien und Depressionen, Suchterkrankungen oder Angststörungen gehören – können insbesondere für die Betroffenen, aber auch für die Angehörigen, die Kollegen und Führungskräfte eine schwerwiegende Krise darstellen. So facettenreich wie die Erkrankungen und das Erleben sind, ist auch die Entstehung psychischer Störungen nicht eindimensional, sondern multifaktoriell zu erklären: Neben individuellen Faktoren wie der Genetik spielen Sozialisation und Lebensbedingungen eine wichtige Rolle. Kommen persönliche Krisen hinzu, wie eine Scheidung, eine Krankheit oder ein Trauma durch einen Unfall, können psychische Erkrankungen ausgelöst werden oder es kann zu einem Rückfall kommen. Aber auch die Arbeitsbedingungen haben einen großen Einfluss: Arbeitsbedingter Stress wird allgemein mit psychischen Störungen wie Depressionen, Angststörungen und Drogenmissbrauch verknüpft. Das Risiko erhöht sich, wenn Beschäftigte mit einer hohen Arbeitsbelastung einem Ungleichgewicht von Anforderungen und Belohnung ausgesetzt sind (Gratifikationskrisen).

Für die Betroffenen selbst ist die Entstehung einer psychischen Erkrankung oft mit einer langen Leidenszeit verbunden: Selbstwertverlust, Angst vor Stigmatisierung, Scham, Schuldgefühle und die Angst vor dem Arbeitsplatzverlust sind häufige Begleiter und behindern den Heilungsprozess – es drohen Rückzug aus dem sozialen Leben und längere Ausfallzeiten.

Lange tabuisiert, sind psychische Erkrankungen jedoch keine Seltenheit in den Betrieben und haben auch im Arbeitsunfähigkeitsgeschehen eine große Bedeutung erlangt: 2013 waren laut Auswertungen der Bundespsychotherapeutenkammer 13,4 Prozent aller betrieblichen Fehltage darauf zurückzuführen. Ein psychisch kranker Arbeitnehmer fehlte 2013 rund fünf Wochen pro Krankschreibungsfall (34,5 Tage). Im Vergleich dazu fehlten Herz-Kreislauf-Kranke »nur« 21,3 Tage, Muskel-Skelett-Kranke 18,5 und Atemwegskranke 6,6 Tage. Laut Hochrechnungen der Bundespsychotherapeutenkammer (2015) sind somit in Deutschland im Jahr 2013 82 Millionen Krankheitstage auf psychische Erkrankungen zurückzuführen, was für die deutsche Wirtschaft einen wesentlichen Kostenfaktor bedeutet.

Die langen Arbeitsunfähigkeitszeiten werden jedoch nicht nur durch die Schwere der Erkrankungen, sondern auch durch Schwierigkeiten in der therapeutischen und rehabilitativen Versorgung verschuldet. Die Ursachen für die langen Fehlzeiten sind unter anderem (Freigang-Bauer und Gusia 2015):

- unzureichende Weiterverweisung an Therapieeinrichtungen,
- lange Wartezeiten in der ambulanten psychotherapeutischen Versorgung,
- schlechte Vernetzung ambulanter und stationärer Einrichtungen sowie

━ eine ungenügende Kommunikation zwischen Betrieben und Therapie-/Reha-Einrichtungen.

Finden Betroffene nicht schnell genug angemessene Unterstützung, ist das Risiko einer Chronifizierung und des dauerhaften Verlustes der Arbeitsfähigkeit sehr hoch. Wie Daten zeigen, sind daher psychisch Erkrankte besonders häufig von einer Erwerbsminderung betroffen. So sind seit 2001 psychische Erkrankungen mit deutlichem Abstand der Hauptgrund einer Erwerbsminderungsrente (Deutsche Rentenversicherung Bund 2014). Insgesamt sind Arbeitslose besonders häufig von psychischen Erkrankungen betroffen, Arbeit gilt (trotz aller möglichen negativen Faktoren) gerade bei psychischen Erkrankungen als eine wichtige Ressource und ein stabilisierender Faktor psychischer Gesundheit durch soziale Teilhabe (Ausschuss für Arbeitsmedizin 2016).

Bemühungen zur bestmöglichen Integration – beispielsweise über das Betriebliche Eingliederungsmanagement (BEM) – sollten daher auch bei psychischen Krankheitsbildern eine wichtige Aufgabe sein. Bei der Frage, wie Betroffene nach einer längeren Abwesenheit und therapeutischen Unterstützung wieder in den Betrieb integriert werden können (»Return to Work«), muss jedoch berücksichtigt werden, dass psychische Störungen und Erkrankungen immer individuell sind. Daher sind auch Therapie- und Eingliederungsmaßnahmen individuell auf den Einzelfall zuzuschneiden, beispielsweise Medikation, weitere ambulante Begleitung oder die Festlegung von Arbeitszeit bei der stufenweisen Wiedereingliederung (vgl. Stegmann und Schröder 2016).

16.2 Grundlagen des Betrieblichen Eingliederungsmanagements

Ziel des Betrieblichen Eingliederungsmanagements ist es, die Arbeitsfähigkeit länger erkrankter Beschäftigter wieder (vollständig) herzustellen und zu erhalten sowie für alle Beschäftigten Verbesserungen in der Arbeitsorganisation und -gestaltung zu erreichen. Sowohl der Arbeitgeber als auch die Beschäftigten können von einer strukturierten Umsetzung des Betrieblichen Eingliederungsmanagements profitieren: Das Unternehmen spart Kosten durch weniger Fehlzeiten und der betroffene Mitarbeiter wird bei der Wiederherstellung und beim Erhalt seiner Arbeitsfähigkeit unterstützt. Im Idealfall behält der Erkrankte seine Arbeit, die immer wesentlicher Teil der sozialen Teilhabe ist (Held et al. 2016).

Die gesetzliche Verpflichtung zum BEM besteht seit 2004 und zielt darauf ab, durch geeignete Prävention das Arbeitsverhältnis im Einzelfall möglichst dauerhaft zu sichern. § 84 Abs. 2 SGB IX sagt im Wortlaut: »Sind Beschäftigte innerhalb eines Jahres länger als sechs Wochen ununterbrochen oder wiederholt arbeitsunfähig, klärt der Arbeitgeber mit der zuständigen Interessenvertretung im Sinne des § 93, bei schwerbehinderten Menschen außerdem mit der Schwerbehindertenvertretung, mit Zustimmung und Beteiligung der betroffenen Person die Möglichkeiten, wie die Arbeitsunfähigkeit möglichst überwunden werden und mit welchen Leistungen oder Hilfen erneuter Arbeitsunfähigkeit vorgebeugt und der Arbeitsplatz erhalten werden kann (Betriebliches Eingliederungsmanagement).«

Der Gesetzgeber nennt keine konkreten Umsetzungsmaßnahmen, sondern gibt Ziele und Verfahrenswege vor. In vielen größeren Betrieben ist das BEM durch eine zwischen Unternehmensleitung und Arbeitnehmervertretung ausgehandelte betriebliche Vereinbarung in Form einer Integrations-, Dienst- oder Betriebsvereinbarung geregelt. Während größere Unternehmen somit nach einheitlichem, systematischem Vorgehen und eingebettet in ein Betriebliches Gesundheitsmanagement agieren, handeln Verantwortliche in kleinen Unternehmen eher einzelfall- und anlassbezogen.

Um BEM erfolgreich umsetzen zu können, sollte klar festgelegt sein, wer verantwortlich für den Prozess ist und wer welche Rolle für die Begleitung und Steuerung übernimmt. Dabei können sowohl interne als auch externe Ansprechpartner den Betrieb und den Betroffenen bei der Eingliederung unterstützen. Bei der Eingliederung sind – neben dem Betroffenen selbst – im Wesentlichen vier betriebliche Akteure gefragt und an dem Prozess beteiligt: Der Arbeitgeber, der Betriebsrat, die Schwerbehindertenvertretung und der Betriebsarzt (◘ Abb. 16.1).

━ Der Arbeitgeber ist verantwortlich für die Durchführung des BEM-Prozesses. Er kann im Eingliederungsprozess einen Vertreter benennen, dieser ist jedoch mit ausreichend Entscheidungsbefugnis für den Verlauf des Prozesses sowie die Initiierung von Maßnahmen auszustatten. Häufig ist der Vertreter ein Mitarbeiter der Personalabteilung.

━ Der Betriebsrat ist bei der Einführung und Ausgestaltung von Regelungen zum Betrieblichen Eingliederungsmanagement mit an Bord. In der Regel werden die BEM-Prozesse von einem Betriebsratsmitglied zur Unterstützung des Betroffenen begleitet.

━ Zur Interessenvertretung werden häufig die Vertrauenspersonen der Schwerbehinderten (sofern von dem Betroffenen gewünscht) frühzeitig in den Prozess eingebunden. Häufig sind diese auch die Treiber bei der Einführung des BEM.

Der Betriebsarzt ist in Unternehmen, in denen er fest etabliert ist, ein wichtiger Experte des »Return-to-Work«-Prozesses. Die Genehmigung des Betroffenen vorausgesetzt, kann er – im Idealfall nach Rücksprache mit dessen Therapeuten – die Arbeitsfähigkeit einschätzen und mit den Anforderungen des Arbeitsplatzes abgleichen. Auch das frühzeitige Erkennen eines Reha-Bedarfs liegt in der Hand der Betriebsärzte. In kleineren Unternehmen ohne angestellten Betriebsarzt gestaltet sich die Beteiligung häufig schwieriger als in Großunternehmen (Vater und Niehaus 2013).

Neben diesen Hauptakteuren spielen im betrieblichen Geschehen auch die Führungskraft und die Kollegen vor Ort eine wesentliche Rolle für eine erfolgreiche Wiedereingliederung. BEM bleibt jedoch eine schwierige Aufgabe für Führungskräfte: Sie sind häufig Erstansprechpartner im Erkrankungsfall (Stegmann und Schröder 2016) und müssen auf sensible Weise zwischen zumutbarer Leistungsabfrage und »leidensgerechter Anteilnahme« agieren – auch für ein gutes Teamklima. Dabei wird häufig ihr Engagement (oder auch das anderer Kollegen) vom Unternehmen nicht ausreichend honoriert. Eher im Einzelfall wird die Unternehmensleitung direkt oder bei größeren Betrieben der betriebliche Sozialdienst hinzugezogen (Freigang-Bauer und Gröben 2011).

Neben den innerbetrieblichen Akteuren sowie den betreuenden Haus- und Fachärzten können weitere Institutionen als Experten und Unterstützer an dem Eingliederungsverfahren beteiligt werden (◘ Abb. 16.2). Hier werden insbesondere die Krankenkassen – beispielsweise im Rahmen einer stufenweisen Wiedereingliederung – oder das Integrationsamt/der Integrationsfachdienst bei schwerbehinderten Menschen hinzugezogen.

16.3 Hemmende Faktoren und ihre Ursachen

Betriebliche Eingliederung ist auch über zehn Jahre nach Einführung des Gesetzes noch nicht in allen Unternehmen voll etabliert. Bereits 2009/2010 führte das Kompetenzzentrum des Rationalisierungs- und Innovationszentrums der Deutschen Wirtschaft e. V. (RKW) eine Online-Befragung durch. Dabei wurden 25 betriebsexterne Fachleute und 130 Akteure in Unternehmen, darunter Mitarbeitervertretungen und Personalverantwortliche, nach dem Umsetzungsstand des BEM befragt. Die Interviewten sollten zudem angeben, ob und in welchen Bereichen Schwierigkeiten bei der Realisierung auftraten. Die Ergebnisse hält das Arbeitspapier 224 der Hans-Böckler-Stiftung fest (Freigang-Bauer und Gröben 2011).

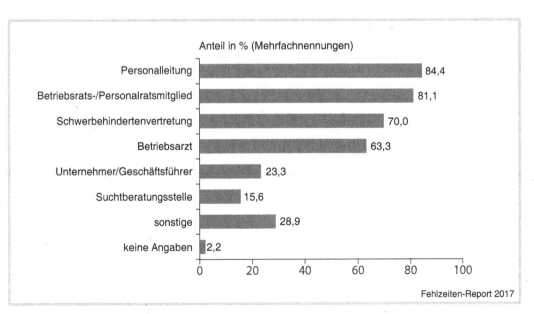

◘ **Abb. 16.1** Beteiligte am Betrieblichen Eingliederungsmanagement (Quelle: Freigang-Bauer und Gröben 2011, mit freundlicher Genehmigung der Hans-Böckler-Stiftung; N=90)

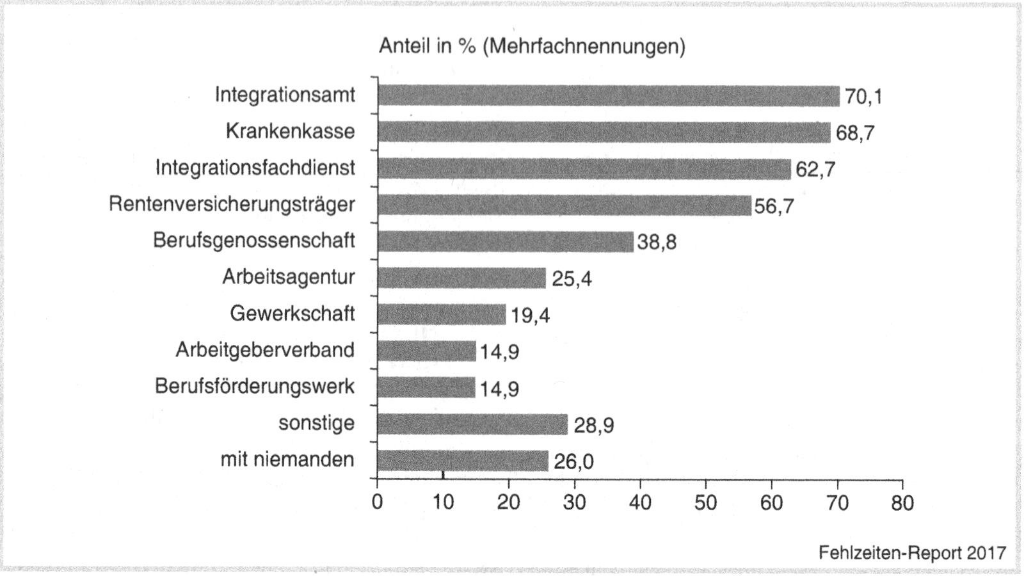

Anteil in % (Mehrfachnennungen)

Integrationsamt	70,1
Krankenkasse	68,7
Integrationsfachdienst	62,7
Rentenversicherungsträger	56,7
Berufsgenossenschaft	38,8
Arbeitsagentur	25,4
Gewerkschaft	19,4
Arbeitgeberverband	14,9
Berufsförderungswerk	14,9
sonstige	28,9
mit niemanden	26,0

Fehlzeiten-Report 2017

◘ **Abb. 16.2** Zusammenarbeit und Unterstützung beim Betrieblichen Eingliederungsmanagement (Quelle: Freigang-Bauer und Gröben 2011, mit freundlicher Genehmigung der Hans-Böckler-Stiftung; N=90)

Gerade kleineren Unternehmen fehlt es häufig an Informationen und Unterstützungshilfen. In größeren Unternehmen ist ein Eingliederungsmanagement mittlerweile fester Bestandteil und auch bei Erkrankungen beispielsweise des Muskel-Skelett-Apparats häufig sehr erfolgreich. Bei psychischen Erkrankungen jedoch kommen auch versierte Unternehmen ins Taumeln: So schätzen in der RKW-Befragung 88 Prozent der Befragten entsprechende Eingliederungsfälle als besonders schwierig ein – im Vergleich dazu »nur« 38 Prozent bei Muskel-Skelett-Erkrankungen (Freigang-Bauer und Gröben 2011).

Die Hemmnisse bei der Eingliederung liegen auch bei psychisch erkrankten Mitarbeitern laut den Angaben der Befragten in verschiedenen Bereichen (◘ Abb. 16.3). Zum einen sind die betrieblichen Probleme auf arbeitsorganisatorische und strukturelle Ursachen zurückzuführen. Dies betrifft Schwierigkeiten bei der Kooperation der Akteure, die Unterstützung durch externe Experten sowie damit verbundene Schnittstellenprobleme. Elementar ist jedoch das Fehlen eines alternativen Arbeitsplatzes. So ist es gerade für kleinere Unternehmen schwierig, Beschäftigte auf weniger belastende Arbeitsplätze zu versetzen. Entweder stehen diese kaum noch zur Verfügung oder sie entsprechen nicht der Qualifikation der Beschäftigten. Generell wird von betrieblichen und überbetrieblichen Experten angemerkt, dass oft zu wenig Zeit für eine Situationsanalyse (wie beispielsweise Arbeitsplatzbegehungen oder Gespräche

mit Therapeuten) verwendet wird, um überhaupt passende Maßnahmen planen zu können. Zudem wird BEM im Betrieb häufig mit zu großer Zeitverzögerung durchgeführt, Gespräche werden teilweise viel zu spät (manchmal erst nach mehreren Monaten) geführt.

Zum anderen stellen aber auch Störungen der sozialen Beziehungen zwischen dem Betroffenen, dem Team und der Führungskraft ein Eingliederungshemmnis dar. Diskriminierung und Stigmatisierung sind häufig die schwierigsten Stolpersteine: Betroffene wissen nicht, was sie sagen sollen und sind misstrauisch gegenüber Vorgesetzten und Arbeitgeberbeauftragen. Führungskräfte sind sich im Umgang mit den Betroffenen unsicher (vgl. Stegmann und Schröder 2016), Kollegen wiederum sind möglicherweise durch der Arbeitsunfähigkeit vorangegangene Konflikte und Kommunikationsstörungen befangen. Denn psychische Erkrankungen zeichnen sich durch einen schleichenden Verlauf aus und es dauert häufig Jahre, bis eine definitive Diagnose gestellt oder eine Therapie eingeleitet wird.

Die Unsicherheiten werden verstärkt durch Unwissenheit zum Thema. In der RKW-Befragung schätzen betriebliche Akteure ihren Informationsstand noch deutlich schlechter ein als institutionelle Experten (◘ Abb. 16.4). Am wenigsten fühlen sich die Interessenvertreter und Arbeitnehmer selbst informiert. Zunehmend können die Betriebs- und Personalräte auf ein Schulungsangebot zur Wiedereingliederung

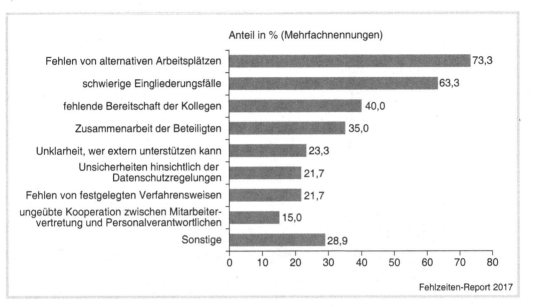

Anteil in % (Mehrfachnennungen)

Fehlen von alternativen Arbeitsplätzen — 73,3
schwierige Eingliederungsfälle — 63,3
fehlende Bereitschaft der Kollegen — 40,0
Zusammenarbeit der Beteiligten — 35,0
Unklarheit, wer extern unterstützen kann — 23,3
Unsicherheiten hinsichtlich der Datenschutzregelungen — 21,7
Fehlen von festgelegten Verfahrensweisen — 21,7
ungeübte Kooperation zwischen Mitarbeitervertretung und Personalverantwortlichen — 15,0
Sonstige — 28,9

0   10   20   30   40   50   60   70   80

Fehlzeiten-Report 2017

Abb. 16.3 Schwierigkeiten bei der Durchführung des Betrieblichen Eingliederungsmanagements (Quelle: Freigang-Bauer und Gröben 2011, mit freundlicher Genehmigung der Hans-Böckler-Stiftung; N=60)

(auch für Mitarbeiter mit psychischen Erkrankungen) zurückgreifen, sodass hier seit der Durchführung der Studie von einer Verbesserung ausgegangen werden kann. Informationen an die Arbeitnehmer fließen jedoch in der Regel nur über informierte Betriebsräte. In Betrieben ohne Betriebsrat sind die Einladungen zum Erstgespräch häufig der erste Kontakt mit dem Thema. Aber auch Personalverantwortliche und Führungskräfte fühlen sich häufig nicht ausreichend informiert und haben Befürchtungen, in dem Verfahren Fehler zu begehen. Im schlechtesten Fall wird BEM wegen der unterstellten hohen Komplexität (und des vermuteten hohen Zeitaufwandes) gescheut und gar nicht durchgeführt (Freigang-Bauer und Gröben 2011).

16.4 Faktoren einer erfolgreichen Eingliederung

In der Praxis haben sich folgende Bausteine als elementar herausgestellt, die auch bei schwierigen Fällen die Grundlage für eine erfolgreiche Eingliederung bilden: Vertrauen, Information und Kommunikation, strukturiertes Vorgehen und Kooperation sowie Prävention.

▪ Vertrauen
Experten sehen für ein erfolgreiches Eingliederungsverfahren einstimmig die Notwendigkeit, dass ein

gutes Betriebsklima und Vertrauen des Betroffenen in das BEM-Verfahren, zu den Beteiligten und in die eigene Arbeitsfähigkeit gegeben sein müssen (Freigang-Bauer und Gröben 2011; Stegmann und Schröder 2016; Vater und Niehaus 2013). In der qualitativen Studie von Stegmann und Schröder (2016) wurden drei Vertrauensbereiche identifiziert: in die Beteiligten, Selbstvertrauen und in den Return-to-Work-Prozess. Die Beteiligten sollen sich auf Augenhöhe begegnen, die Kompetenz der Experten und Ansprechpartner muss anerkannt sein und es muss eine kontinuierliche Zusammenarbeit geben. Nur durch einen vertrauensvollen und respektvollen Umgang kann Offenheit in der Kommunikation erreicht werden, die für die Bewertung der Arbeitsfähigkeit, die Thematisierung von Problemen und Konflikten, beispielsweise im Team und mit der Führungskraft, und die gemeinsame Lösungsfindung notwendig ist. Auch die Hinzuziehung von »Return-to-Work«-Experten, etwa des außerbetrieblichen Therapeuten, ist nur möglich, wenn der Betroffene Vertrauen in die Einhaltung des Datenschutzes und in die betrieblichen Ansprechpartner (meist der Betriebsarzt) hat und damit eine Entbindung von der Schweigepflicht ermöglicht wird (Weiler 2016).

Insgesamt ist es jedoch förderlich, wenn BEM in einer wertschätzenden und präventiven Unternehmenskultur fest verankert und dadurch von allen Beteiligten akzeptiert wird. Hierfür ist es sinnvoll, das

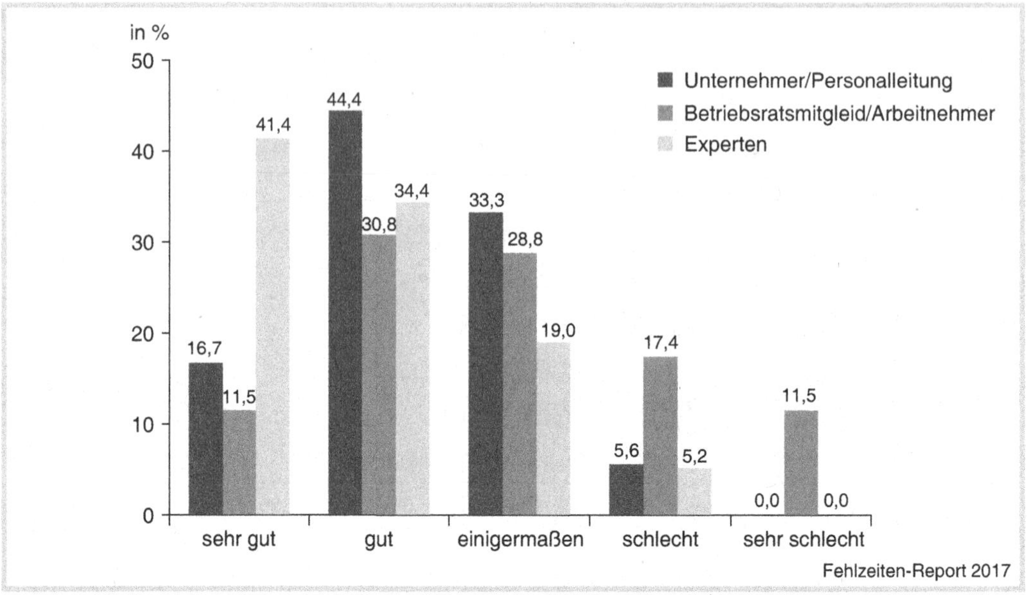

◘ Abb. 16.4 Einschätzung des eigenen Wissens zum Betrieblichen Eingliederungsmanagement (Quelle: Freigang-Bauer und Gröben 2011, mit freundlicher Genehmigung der Hans-Böckler-Stiftung; N=129)

Betriebliche Eingliederungsmanagement als Teil des Betrieblichen Gesundheitsmanagements zu verstehen und positiv zu prägen. Dies erleichtert es auch den Betroffenen, sich auf das Verfahren einzulassen und nicht als Einzelfall diskreditiert zu werden. Hilfreich ist es, regelmäßig über das allgemeine Vorgehen sowie über erfolgreich durchgeführte Eingliederungsfälle als positive Beispiele zu berichten. Dies nimmt möglichen anderen Betroffenen die Angst und zeigt auf, dass man den Betroffenen über die Eingliederung unterstützen möchte.

- **Information und Kommunikation**

Für eine vertrauensvolle Zusammenarbeit braucht es informierte Beteiligte sowie eine transparente Kommunikation. Wie oben dargestellt, fühlen sich die Akteure bislang jedoch nicht ausreichend kompetent und haben Befürchtungen, in dem Verfahren Fehler zu begehen. So werde gerade von Führungskräften der Wunsch nach Checklisten vorgebracht, die das BEM-Verfahren möglichst kleinteilig – bis hin zum Aufbau eines BEM-Gesprächs – vorgeben (Seel 2013). Je mehr Wissen zum Thema vorhanden ist, desto höher ist die Akzeptanz des BEM bei den Beschäftigten. Schulungen von Verantwortlichen, Interessenvertretungen und der Führungskräfte sollten im Rahmen des Betrieblichen Gesundheitsmanagements angeboten werden.

Bei der Eingliederung von psychisch erkrankten Mitarbeitern ist häufig ein besonderes Fingerspitzengefühl gefragt. Dabei müssen die Akteure nicht nur Kompetenzen im Umgang mit dem »allgemeinen« Eingliederungsverfahren aufweisen, sondern in besonderer Weise Führungskompetenz, Kommunikationsbereitschaft und Kommunikationsstärke zeigen. Vor allem bei der betrieblichen Eingliederung von psychisch erkrankten Beschäftigten ist Diskretion, Feingefühl und die Einhaltung der Datenschutzregelungen von großer Bedeutung (Freigang-Bauer und Gusia 2016). Um den nachhaltigen Erfolg betrieblicher Eingliederungsmaßnahmen zu sichern, sollten die zwischenmenschlichen Beziehungen zwischen den Betroffenen und ihren Teams reflektiert werden. Wichtig ist daher auch, dass Führungskräfte mit ihren Teams über die Rückkehr der erkrankten Beschäftigten sprechen. Dies gilt insbesondere dann, wenn die sozialen Beziehungen zu den Erkrankten in der Vergangenheit belastet waren. Die Kolleginnen oder Kollegen können unsicher sein, wie sie sich verhalten sollen und ob sie die Rückkehrenden auf ihre Erkrankung ansprechen dürfen. Solche Fragen treten beispielsweise dann auf, wenn die Rückkehrenden wegen einer vorher bekannten Suchterkrankung oder eines Suizidversuchs behandelt wurden. Das Team sollte seine Bedenken, Ängste und Vorbehalte zur geplanten Rückkehr äußern können, auch um zu verhindern, dass unausgesprochene Konflikte zu einer Teamkrise führen, die die Situation für alle erschwert und den Betroffenen in eine weitere Zwangslage versetzen. Vorgesetzte sollten ihre Unterstützung und Gesprächsbereitschaft signalisieren. Insbesondere bei ausgeprägten vorausgegangenen Teamkonflikten kann es für alle Beteiligten am günstigsten sein, wenn die Rückkehrenden in einen anderen Arbeitsbereich integriert werden.

Es gilt jedoch zu beachten: Führungskräfte sind kein medizinisches oder psychotherapeutisches Fachpersonal. Sie sollten also weder Diagnosen stellen noch die Beschäftigten dazu drängen, ihre gesundheitlichen Probleme ihnen oder dem Arbeitsteam gegenüber zu schildern. Für Führungskräfte ist dies häufig ein schwieriger Balanceakt, der selbst zu einer Überlastung führen kann. Wo möglich sollten daher »Return-to-Work«-Experten eingebunden werden, die die Fähigkeit zur Perspektivenübernahme bzw. -integration haben (Stegmann und Schröder 2016) und die Kommunikatorenrolle übernehmen können. In größeren Unternehmen übernimmt diese Funktion häufig der Betriebsarzt (Weiler 2016).

- **Strukturiertes Vorgehen und Kooperation**

Häufig wird die betriebliche Eingliederung über eine Betriebs-, Dienst- oder Integrationsvereinbarung geregelt. Ausgehend von einer Verständigung von Arbeitgeberseite, Betriebsrat und Schwerbehindertenvertretung werden ein standardisiertes Verfahren, Regelungen zum Persönlichkeits- und Datenschutz sowie die zu verwendenden Unterlagen festgelegt. Erfahrungsgemäß werden solche Regelungen in größeren Unternehmen eingeführt und dienen einer reibungsarmen Kooperation und Klärung von Rollen und Aufgaben. Dabei muss in jedem Einzelfall die Balance zwischen Standard- und individuellem Vorgehen gefunden werden. Jede Eingliederung ist ein Einzelfall und muss individuell bearbeitet werden. Starre Lösungen und Maßnahmen sind bei der Komplexität nicht möglich und müssen gemeinsam und unter Berücksichtigung der jeweiligen Rahmenbedingungen erarbeitet werden. Darunter fällt auch, dass die Erkrankungsart und Diagnose letztendlich unerheblich für die Durchführung einer betrieblichen Eingliederung ist. So sollte auch vermieden werden, bei psychischen Erkrankungen aufgrund der oben skizzierten Hemmnisse durch Tabuisierung und Unsicherheit ein spezielles Programm und Vorgehen zu konstruieren. Dies würde die Betroffenen als »Einzelfall« deklarieren, was für das Vertrauen in den BEM-Prozess hinderlich wäre.

Dass es nicht immer das formalisierte Verfahren sein muss, zeigen die positiven Erfahrungen in kleineren Unternehmen. Die statistisch gesehen geringere Häufigkeit von psychischen und langfristigen Erkrankungen rechtfertigt häufig den Aufwand eines reglementierten und beschriebenen Vorgehens nicht. Zwar ist BEM ein vom Gesetzgeber entwickeltes und definiertes Instrument, es muss jedoch keinen festgelegten formalen Strukturen entsprechen. In kleinen Unternehmen findet man daher oft ein informelles Vorgehen, das aber durch die persönliche Nähe und kurzen Entscheidungswege häufig erfolgreich für eine langfristige Wiedereingliederung ist.

Wie oben skizziert gibt es gerade in größeren Unternehmen eine Fülle von möglichen betrieblichen und externen Akteuren und Unterstützern. Hier gilt es, eine gute Vorarbeit zu leisten und das betriebliche Netzwerk zum Unterstützer der Sache zu machen und so eine gute Kooperation und Kommunikation zu gewährleisten (Stegmann und Schröder 2016). So bietet es sich – auch für kleinere Unternehmen – an, mit externen Unterstützern ein multiprofessionelles Netzwerk aufzubauen, um im Bedarfsfall zeitnah auf dieses zurückgreifen zu können. Bereits vor der Frage nach der Rückkehr ist der – zuweilen mehrere Monate dauernde – Therapiezugang häufig das größte Hemmnis für eine zügige Diagnosestellung und Hilfe für den Betroffenen: Je schneller der Betroffene jedoch fachärztlich begleitet wird, umso höher sind seine Heilungschancen. Einzelne größere Unternehmen sind deshalb dazu übergegangen, ihren Beschäftigten einen Schnellzugang zu psychotherapeutischer Erstversorgung zu ermöglichen.

Das konkrete Eingliederungsverfahren sollte möglichst frühzeitig beginnen, am besten schon in der Therapie. Dies trägt dazu bei, dass – mit Erlaubnis des Betroffenen – der behandelnde Arzt in Abstimmung mit dem Betriebsarzt sowie der Interessen- und Arbeitgebervertretung die potenziellen Belastungen und Unterstützungsmöglichkeiten sowie mögliche Entlastungen erörtern und die Therapie darauf abstimmen kann (Stegmann und Schröder 2016).

Insbesondere bei psychischen Erkrankungen, die mit einem längerfristigen Ausfall verbunden sind, hat sich eine stufenweise Eingliederung bewährt. Für den Betroffenen bedeutet dies eine gesteuerte Integration, um sich langsam in den Arbeitsalltag und das Team zu integrieren und so über Erfolgsmomente das Selbstwertgefühl weiter zu steigern. Grundlage für die – auch stufenweise – Wiedereingliederung ist neben der Einschätzung der individuellen Leistungsfähigkeit die Gefährdungsbeurteilung des Arbeitsplatzes, um, falls notwendig, gesundheitsförderliche Anpassungen vornehmen zu können.

- **Prävention**

Arbeitsbelastungen wie Zeitdruck, Arbeitsunterbrechungen, geringer Handlungsspielraum oder

Monotonie können bei fehlenden Ressourcen psychische Erkrankungen beeinflussen und sollten daher reduziert werden. Betriebliche Prävention sorgt für alle Beschäftigten dafür, diese Stressfaktoren zu reduzieren und somit Auslöser für Krisen zu vermeiden. Dadurch lassen sich langfristige Ausfälle verhindern – was für den Arbeitgeber auch wirtschaftliche Vorteile mit sich bringt. Das Unternehmen kann dies beispielsweise durch ein gesundheitsförderliches Arbeitsumfeld unterstützen. Ein wesentliches Hilfsmittel hierfür ist eine sorgfältige Gefährdungsbeurteilung physischer und psychischer Belastungen, die nicht nur im Einzelfall zur Wiedereingliederung, sondern zur gesundheitsförderlichen Arbeitsgestaltung insgesamt beitragen kann. Aber auch gesundheitsförderliche Maßnahmen wie Stressseminare, Maßnahmen zur Teambildung oder bewegte Pausen können die Gesundheitskompetenz, Resilienz und Achtsamkeit der Beschäftigten und Führungskräfte stärken.

Insbesondere größere Unternehmen sollten Arbeitsschutz, Gesundheitsförderung und Eingliederung zusammenführen. Dies dient dazu, Gesundheit in der Unternehmenskultur zu verankern und dadurch die Kooperation und Akzeptanz von Maßnahmen zu erhöhen, die auch für den Erfolg von betrieblichen Eingliederungsmaßnahmen notwendig sind.

16.5   Fazit

Betriebliche Eingliederung ist heutzutage in einem Großteil der Unternehmen als sinnvolle und lohnende Maßnahme anerkannt und wird auch bei psychischen Erkrankungen durchgeführt. So haben viele erfolgreiche Eingliederungsverfahren den Beschäftigten geholfen, ihre Krankheit langfristig zu überwinden. Dennoch sind insbesondere bei psychischen Erkrankungen die Hürden für die Betroffenen sehr hoch, der Eingliederung offen und ohne Ängste zu begegnen. Die Rückkehr an den Arbeitsplatz ist zwar therapeutisch ein wichtiger Schritt zurück aus der Krise in einen »normalen« Alltag. Sie ist häufig aber auch mit einer großen Überwindung verbunden, den Führungskräften und Kollegen wieder zu begegnen: Scham- und Schuldgefühle oder eine erwartete negative Reaktion der Kollegen erschweren gerade nach längerer Krankheit die erfolgreiche Integration. Sind sich auch Führungskräfte und Kollegen im Umgang mit dem Betroffenen unsicher, kann der Eingliederungsprozess zu einer Belastungsprobe für das gesamte Team werden. Fragen wie »Wie verhalte ich mich ihm gegenüber?« oder »Wie viel Arbeit kann ich ihm zumuten?« sollten daher auch im Team besprochen werden.

Um das Potenzial einer strukturierten Eingliederung – sowohl für den Betroffenen als auch das Unternehmen – auszuschöpfen, sind folgende Maßnahmen hilfreich:

- eine bereits im Vorfeld stattfindende offensive Kommunikation über das BEM-Verfahren,
- intensive Schulungen aller Beteiligten,
- eine gesundheitsförderliche und präventive Arbeitsgestaltung sowie
- eine wertschätzende Unternehmenskultur.

Literatur

Ausschuss für Arbeitsmedizin (2016) Psychische Gesundheit im Betrieb – Arbeitsmedizinische Empfehlung. Bundesministerium für Arbeit und Soziales, Bonn

Bundespsychotherapeutenkammer (2015) BPtK-Studie zur Arbeitsunfähigkeit – Psychische Erkrankungen und Krankengeldmanagement. Berlin

Deutsche Rentenversicherung Bund (2014) Positionspapier der Deutschen Rentenversicherung zur Bedeutung psychischer Erkrankungen in der Rehabilitation und bei Erwerbsminderung. Berlin

Freigang-Bauer I, Gröben F (2011) Eingliederung von Mitarbeitern mit psychischen Erkrankungen – Handlungsbedarf aus Sicht betrieblicher Akteure. Hans-Böckler-Stiftung, Düsseldorf

Freigang-Bauer I, Gusia G (2015) Betriebliche Eingliederung psychisch Erkrankter – Eine anspruchsvolle Aufgabe. DGUV faktor arbeitsschutz 1/2015:20–22

Held G, Hinz A, Schlink B (2016) Gesund arbeiten – Wie Sie alle Mitarbeiter leistungsfähig erhalten. Wegweiser Demografiefeste Arbeit. RKW Kompetenzzentrum, Eschborn

Seel H (2013) Praxis und Perspektiven des Betrieblichen Eingliederungsmanagements aus Sicht der Integrationsämter. In: Knoche K, Sochert R (Hrsg) Betriebliches Eingliederungsmanagement in Deutschland – eine Bestandsaufnahme. iga.Report 24. Initiative Gesundheit und Arbeit, Dresden, S 30–35

Stegmann R, Schröder UB (2016) Psychische Erkrankungen in der Arbeitswelt: Wiedereingliederung nach einer psychischen Krise. Arbeitsmedizin Sozialmedizin Umweltmedizin 51:660–668

Vater G, Niehaus M (2013) Das Betriebliche Eingliederungsmanagement: Umsetzung und Wirksamkeit aus wissenschaftlicher Perspektive. In: Knoche K, Sochert R (Hrsg) Betriebliches Eingliederungsmanagement in Deutschland – eine Bestandsaufnahme. iga.Report 24. Initiative Gesundheit und Arbeit, Dresden, S 13–19

Weiler S (2016) Wiedereingliederung psychisch kranker Menschen. Arbeitsmedizin Sozialmedizin Umweltmedizin 51:445–447

Unterstützung des Rückkehrprozesses bei Patienten mit koronarer Herzkrankheit

U. Wegewitz, E.-M. Backé

B. Badura et al. (Hrsg.) *Fehlzeiten-Report 2017*,
DOI 10.1007/978-3-662-54632-1_17, © Springer-Verlag GmbH Deutschland 2017

Zusammenfassung *Die koronare Herzkrankheit ist eine der häufigsten Todesursachen in den westlichen Industrieländern. Aufgrund verbesserter therapeutischer Möglichkeiten hat die Sterblichkeit aufgrund der koronaren Herzkrankheit abgenommen. Eine große Anzahl an Herzinfarkten ereignet sich im arbeitsfähigen Alter, sodass kardiologische Patienten zum großen Teil nach erfolgreicher Therapie in das Arbeitsleben zurückkehren. Bei der Wiedereingliederung können die Betroffenen von Unterstützungsangeboten wie Rehabilitationsprogrammen und betrieblichen Angeboten profitieren. Genauso wichtig ist es, einen Fokus auf die Präventionsmöglichkeiten im betrieblichen Umfeld zu legen.*

17.1 Einleitung

Herz-Kreislauf-Erkrankungen (HKE) sind häufig und treten mit zunehmendem Alter verstärkt auf (Gößwald et al. 2013). Trotz der Erfolge in Prävention und Versorgung sind HKE, hier vor allem die koronare Herzkrankheit (KHK), noch immer die führende Todesursache (RKI 2015). Unter dem Begriff koronare Herzkrankheit werden Herzinfarkt, Angina pectoris und andere Manifestationen der KHK zusammengefasst.

Eine koronare Herzkrankheit, insbesondere ein Herzinfarkt, ist für die Betroffenen ein einschneidendes Ereignis, das häufig mit Angst und nicht selten sogar mit einer posttraumatischen Belastungsstörung verbunden ist (Schöner et al. 2016).

In den vergangenen Jahren ist in Deutschland die Mortalität aufgrund der koronaren Herzkrankheit zurückgegangen. Dies wird auf die Reduktion klassischer Risikofaktoren wie Bluthochdruck oder Rauchen, eine Verbesserung der Therapie in der Akutversorgung sowie auf sekundärpräventive Maßnahmen (z. B. eine gesunde Ernährung) zurückgeführt (Gößwald et al. 2013). Akute Infarkte werden heute schneller und besser behandelt und somit eher überlebt. Die Lebenszeitprävalenz, das heißt die Häufigkeit der Personen, die einmal in ihrem Leben an einer KHK leiden, beträgt in der Gruppe der 40- bis 79-Jährigen in Deutschland insgesamt 9,3 Prozent (ebd.).

Vor dem Hintergrund des demografischen Wandels und der verlängerten Lebensarbeitszeit gewinnen HKE für die Arbeitsmedizin sowohl in Bezug auf Primärprävention und Früherkennung als auch in Bezug auf eine erfolgreiche Wiedereingliederung nach längerer Erkrankung immer mehr an Bedeutung. Die Rückkehr nach der Erkrankung ist für die Betroffenen sehr wichtig, da sie durch ihre Arbeit ihre finanzielle Existenz absichern und am sozialen Leben teilhaben können. Darüber hinaus profitiert auch die Gesellschaft durch geringere Kranken- und Sozialkosten und durch einen leistungsfähigen Arbeitsmarkt mit erfahrenen Fachkräften.

In diesem Beitrag widmen wir uns zunächst der betrieblichen Wiedereingliederung von Menschen mit koronarer Herzkrankheit. Dazu stellen wir förderliche und hemmende Faktoren der Wiedereingliederung dar und beschreiben exemplarisch nationale und internationale Interventionsprogramme zur Unterstützung des Rückkehrprozesses der Betroffenen. Danach werden wir Erkenntnisse zu arbeitsbedingten Risikofaktoren für Herz-Kreislauf-Erkrankungen sowie Berufsgruppen mit einem erhöhten Erkrankungsrisiko vorstellen und Möglichkeiten der Prävention und Gesundheitsförderung im Betrieb diskutieren.

17.2 Betriebliche Wiedereingliederung nach koronarer Herzkrankheit

Menschen mit koronarer Herzkrankheit befinden sich in einer individuellen Krisensituation. Sie haben häufig Angst, dass sie erneut einen Infarkt erleiden oder sogar versterben. Sie leiden unter körperlichen Einschränkungen aufgrund der Erkrankung und fühlen sich überfordert, den Empfehlungen zur Änderungen des Lebensstils nachzukommen, wie beispielsweise die Ernährung umzustellen, das Rauchen aufzugeben oder auch regelmäßig Medikamente einzunehmen (So und La Guardia 2011). Neben den genannten Herausforderungen ist es für die Betroffenen von großer Bedeutung, ihre Arbeitsfähigkeit wiederzuerlangen und im Erwerbsleben zu verbleiben. Insbesondere ältere Beschäftigte durchleben längere Phasen der Arbeitsunfähigkeit (AU) nach ihrer Erkrankung: Bei Personen ab einem Alter von 56 Jahren beträgt die Dauer der Arbeitsunfähigkeit im Durchschnitt 186 Tage (Català Tella et al. 2017). Lange Ausfallzeiten, körperliche Einschränkungen sowie individuelle Ängste können die Rückkehr zur Arbeit wesentlich erschweren. Trotz der verbesserten medizinischen Versorgung von kardiologischen Patienten haben sich in den letzten Jahrzehnten die Integration und die berufliche Perspektive der Betroffenen nicht wesentlich verbessert (Kittel und Karoff 2008). Menschen mit einer koronaren Herzkrankheit haben ein höheres Risiko für einen frühzeitigen Ausstieg aus dem Erwerbsleben als jene ohne diese Erkrankung (Kruse et al. 2009). Das Ausscheiden aus dem Erwerbsleben kann negative Folgen für das Selbstwertgefühl und die Lebensqualität der Betroffenen haben und somit die individuelle Krisensituation verschärfen (Rørth et al. 2016). Ziel muss es daher sein, den Betroffenen eine nachhaltige Rückkehr zur Arbeit zu ermöglichen.

■ **Kardiologische Rehabilitation**

Eine umfassende Versorgung von herzkranken Patienten beinhaltet eine kardiologische Rehabilitation (AWMF 2016) und schafft so die Voraussetzung für eine weitere Erwerbstätigkeit. Nach den Daten der Deutschen Rentenversicherung haben die Leistungen zur medizinischen Rehabilitation mit der Indikation koronare Herzkrankheit bzw. Herzinfarkt in den letzten zehn Jahren um knapp 30 Prozent zugenommen. Die Neuberentungen wegen Erwerbsminderung gingen hingegen im gleichen Zeitraum um 25 Prozent zurück. Im Jahr 2014 lag das Durchschnittsalter der Rehabilitanden bei 54,5 Jahren, wobei zwischen Männern und Frauen nur geringfügige Unterschiede bestehen. Dagegen sind Frauen im erwerbsfähigen Alter deutlich seltener von der koronaren Herzkrankheit betroffen als Männer; nur 17 Prozent der Reha-Leistungen wurden von Frauen in Anspruch genommen (DRV 2015b).

Nach Beendigung der Rehabilitation ist bei ca. 90 Prozent der kardiologischen Patienten die Leistungsfähigkeit bezogen auf die letzte ausgeübte Tätigkeit wieder gegeben. Entsprechend verblieben von den pflichtversicherten Rehabilitanden des Jahres 2011 86 Prozent der Männer und 82 Prozent der Frauen innerhalb von zwei Jahren nach der Rehabilitation im Erwerbsleben, davon 13 Prozent der Frauen und 12 Prozent der Männer mit lückenhaften Rentenversicherungsbeiträgen (ebd.). Pflichtversichert sind allerdings nicht nur die Arbeitnehmer, sondern beispielsweise auch Personen, die so genannte Unterhaltsersatzleistungen wie Krankengeld oder Arbeitslosengeld beziehen. In wissenschaftlichen Studien mit unterschiedlichen Patientenkollektiven und Beobachtungszeiträumen nach Abschluss der Rehabilitation variieren die Wiedereingliederungsraten zwischen 50 Prozent und 80 Prozent (Haaf 2005; Karoff et al. 2000; Kittel und Karoff 2008).

■ **Betriebliches Eingliederungsmanagement**

Betriebliche Maßnahmen – insbesondere im Rahmen des Betrieblichen Eingliederungsmanagements (BEM) – können Beschäftigte mit einer koronaren Herzkrankheit unterstützen, möglichst bald wieder zur Arbeit zurückzukehren. Die Rückkehr zur Arbeit hilft den Betroffenen, die Krankheit abschließend zu verarbeiten und zu bewältigen. So lernen sie beispielsweise ihre berufliche Belastbarkeit wieder einzuschätzen, Ängste abzubauen und ihr Selbstvertrauen zurückzuerlangen. Dies sind wichtige Bausteine, um eine Krise infolge der Erkrankung erfolgreich zu bewältigen.

Seit 2004 ist das Betriebliche Eingliederungsmanagement gesetzlich in § 84 Abs. 2 Sozialgesetzbuch (SGB) IX verankert: Der Arbeitgeber ist demnach verpflichtet, Arbeitnehmern nach längerer Arbeitsunfähigkeit ein BEM anzubieten. Diese Pflicht des Arbeitgebers bleibt nicht auf Beschäftigte mit einer anerkannten (Schwer-)Behinderung beschränkt, sondern betrifft alle Beschäftigten mit einer krankheitsbedingten Fehlzeit von mehr als sechs Wochen innerhalb eines Jahres. Die Arbeitgeberpflicht zum BEM ist ebenfalls unabhängig von der Ursache der Arbeitsunfähigkeit, der Betriebsgröße oder der Geltung des Kündigungsschutzgesetzes (Weber et al. 2014). Für die Beschäftigten selbst ist das BEM ein Angebot auf freiwilliger Basis. Sie können frei entscheiden, ob sie der Einleitung des Verfahrens zustimmen, und sie können diese Zustimmung – sofern erteilt – auch jederzeit widerrufen (Kohte 2010). Die gesetzlichen Regelungen geben zwar keine konkreten BEM-Maßnahmen vor, beschreiben das BEM aber als ein strukturiertes Verfahren, das verschiedene inner- und außerbetriebliche Akteure, die Beschäftigten selbst und deren Arbeitgeber einbezieht. So müssen Betriebs- oder Personalrat im BEM-Prozess beteiligt werden (Giesert und Wendt-Danigel 2011) sowie bei einer vorliegenden Schwerbehinderung die Schwerbehindertenvertretung. Weiterhin können als optionale Akteure Werks- oder Betriebsärzte, Rehabilitationsträger und Integrationsfachdienste hinzugezogen werden (DRV 2010).

Untersuchungen zum Stand der Umsetzung des BEM zeigen, dass das Thema zwar in den Betrieben angekommen ist (Ahlers 2015), das BEM jedoch noch nicht flächendeckend installiert ist (Freigang-Bauer und Gröben 2011; Niehaus et al. 2008). Insbesondere bei kleinen Unternehmen besteht ein Informations- und Handlungsdefizit (Vater und Niehaus 2013).

17.2.1 Förderliche und hemmende Faktoren der Wiedereingliederung

Eine Vielzahl von persönlichen, krankheitsbedingten und auch betrieblichen Faktoren kann den Erfolg einer Wiedereingliederung begünstigen oder auch hemmen. Allgemeine förderliche Faktoren sind z. B. ein höherer Bildungsgrad bzw. sozioökonomischer Status, eine hohe Selbstwirksamkeit, eigenes Zutrauen der Betroffenen, wieder an den Arbeitsplatz zurückzukehren, ein leichterer Krankheitsverlauf, eine gute Koordination des Rückkehrprozesses sowie multidisziplinäre Interventionen, die auch den Arbeitsplatz einbeziehen (Cancelliere et al. 2014). Als hemmende Faktoren wurden dagegen ein höheres Alter, weibliches Geschlecht, ein schwerer Krankheitsverlauf, Schmerzen, Depressionen sowie Bewegungseinschränkungen identifiziert (ebd.). Nicht alle Faktoren wurden in Studien mit ausschließlich kardiologischen Patienten untersucht, bisher konnte jedoch der Einfluss des Alters, des Geschlechts und der Selbstwirksamkeit bestätigt werden (Dreyer et al. 2016; Karoff et al. 2000; O'Neil et al. 2010; Salzwedel et al. 2016).

Die Arbeitswelt spielt bei der Wiedereingliederung eine wesentliche Rolle. So werden bei Herz-Kreislauf-Erkrankungen (HKE) als hemmende berufliche Faktoren sowohl eine hohe körperliche Belastung als auch Stress und psychosoziale Belastungen diskutiert (Biering et al. 2015; Cancelliere et al. 2014; Li et al. 2016; Salzwedel et al. 2016). Da Arbeitsbedingungen häufig modifizierbar sind, bietet sich hier die Möglichkeit, Veränderungen im Sinne der Betroffenen vorzunehmen und die Wiedereingliederung zu fördern.

17.2.2 Programme zur Unterstützung der Wiedereingliederung

Um kardiologische Patienten bei der Wiedereingliederung in das Arbeitsleben zu unterstützen, werden sowohl im betrieblichen Kontext als auch in der Rehabilitation unterschiedliche Maßnahmen durchgeführt. Im Folgenden soll auf die stufenweise Wiedereingliederung zur Unterstützung im Wiedereingliederungsprozess eingegangen werden sowie exemplarisch nationale und internationale Rehabilitationsprogramme, zu denen kontrollierte Studien vorliegen, beschrieben werden.

- **Stufenweise Wiedereingliederung**

Die stufenweise Wiedereingliederung (StWE) ist eine Maßnahme, um Menschen nach einer längeren Erkrankung unter ärztlicher Aufsicht schrittweise wieder an die volle Arbeitsbelastung an ihrem bisherigen Arbeitsplatz heranzuführen. Während der stufenweisen Wiedereingliederung sind die Patienten weiter arbeitsunfähig geschrieben. Die StWE gilt als wichtiger Baustein des Betrieblichen Eingliederungsmanagements. Sie kann von den gesetzlichen Krankenkassen und seit 2004 auch in Trägerschaft der Deutschen Rentenversicherung durchgeführt werden.

Besonders wichtig ist die therapeutische Ausrichtung der StWE. Ziel ist es zum einen, die Arbeitsanforderungen flexibel an die aktuelle Belastungs- und Leistungsfähigkeit der Rückkehrenden anzupassen. Zum anderen sollen die Betroffenen in die Lage versetzt werden, ihre Unsicherheiten und Ängste in der direkten Auseinandersetzung mit der Arbeitsumwelt zu überwinden, um so schrittweise ihre Selbstsicherheit zurückzugewinnen. Eine Verständigung mit den direkten Vorgesetzten und Kollegen sowie gegenseitiges Vertrauen sind wesentliche Faktoren für eine gelungene Wiedereingliederung. Dazu gehört, dass sich die Beteiligten ein Bild von der Situation des erkrankten Mitarbeiters machen und die Geschichte des Einzelfalls bzw. das Krisenerlebnis aufgrund der Krankheit aus der Perspektive des Mitarbeiters verstehen lernen (Stegmann et al. 2014).

Der wissenschaftliche Kenntnisstand zur StWE ist nach wie vor defizitär (Weber et al. 2014). Vollständige Angaben zur Inanspruchnahme einer StWE von kardiologischen Patienten sind derzeit nicht verfügbar. Ebenso existieren kaum klare Indikationskriterien für eine StWE. Es konnte vielmehr gezeigt werden, dass die Zuweisung zu einer StWE von unterschiedlichen Faktoren abhängt, u. a. vom Arzt bzw. der Rehabilitationseinrichtung, vom Arbeitgeber oder von persönlichen Merkmalen der Betroffenen (Bürger und Streibelt 2011).

Eine aktuelle Analyse zeigt, dass die StWE im Allgemeinen das Risiko für den Bezug einer Erwerbsminderungsrente geringfügig verringert, speziell bei Patienten mit kardiovaskulären Erkrankungen aber kein Effekt zu verzeichnen ist (Bethge 2016). Insgesamt scheint eine StWE bei Patienten mit stärkeren gesundheitlichen Einschränkungen aufgrund von Langzeit-Arbeitsunfähigkeit und chronischen Erkrankungen einen größeren positiven Effekt auf die Rückkehr zu haben als bei Menschen mit geringeren gesundheitlichen Einschränkungen (ebd.). Über die Qualität der Durchführung der StWE wurde allerdings keine Aussage getroffen.

▪ **Rehabilitationsprogramme in Deutschland**

In Deutschland werden eine Reihe von Rehabilitations- und Nachsorgeprogrammen angeboten, um die berufliche Wiedereingliederung von Menschen mit einer koronaren Herzkrankheit zu unterstützen. Ein besonderer Schwerpunkt liegt dabei auf berufsbezogenen Behandlungsmodulen (Haaf 2005), die insbesondere im Rahmen der medizinisch-beruflich-orientierten Rehabilitation (MBOR) bereitgestellt werden. Die Zielgruppe besteht vor allem aus Rehabilitanden mit besonderen beruflichen Problemlagen (DRV 2015a). In Abhängigkeit vom individuellen Bedarf umfassen die therapeutischen Leistungen z. B. die arbeits- und berufsbezogene Beratung, Arbeitsplatztherapie sowie Leistungen zur Teilhabe am Arbeitsleben (ebd.).

Die Wirksamkeit einiger berufsbezogener Maßnahmen zur Wiedereingliederung von Menschen mit koronarer Herzkrankheit wurde in kontrollierten wissenschaftlichen Studien untersucht. So wurde z. B. ein Programm in Ergänzung zur konventionellen Rehabilitation konzipiert und getestet, das berufsbezogene Interventionen in Form von sozialmedizinischer und psychologischer Beratung und die standardisierte Durchführung der Evaluation der funktionalen Leistungsfähigkeit umfasste (Kittel und Karoff 2008). Ziel war es insbesondere, die Motivation der Patienten zur Rückkehr zur Arbeit zu erhöhen, das Selbstvertrauen zu stärken und die eigene Leistungsfähigkeit realistisch einschätzen zu lernen. Im Ergebnis hatten die Rehabilitanden mit dem Zusatzprogramm nach zwölf Monaten häufiger ihre Erwerbstätigkeit wiederaufgenommen als die Vergleichsgruppe (79,1 vs. 62,9 Prozent) (ebd.).

Für kardiologische Rehabilitanden mit besonderen beruflichen Problemlagen wurde das Behandlungsprogramm BERUNA – »Berufsbezogene Rehabilitation und Nachsorge« entwickelt (Huber et al. 2014). Das Programm richtet insbesondere einen starken Fokus auf das Selbstmanagement und die Selbstverantwortung der Rehabilitanden sowie auf individualisierte tätigkeitsbezogene Angebote. Es konnten jedoch keine Unterschiede bezüglich der Wiedereingliederungsquoten zwischen Teilnehmenden und Nicht-Teilnehmenden beobachtet werden (ebd.).

Im Anschluss an die Rehabilitation stehen kardiologischen Patienten Nachsorgeprogramme zur Verfügung. So bietet die Deutsche Rentenversicherung Programme wie »INA« oder »IRENA« als Regelleistung an (Kittel und Karoff 2007). In einer kontrollierten Studie wurde untersucht, ob die Intensivierte Nachsorge (INA) die berufliche Reintegration verbessern kann (Karoff et al. 2000). Die interdisziplinäre Intervention bestand aus unterschiedlichen Komponenten wie einer Sport- und Bewegungstherapie, Muskelaufbautraining, Krankengymnastik, Ernährungsberatung, Sozialberatung und medizinischer Betreuung mit einer Dauer von maximal drei Monaten. Im Ergebnis war die Wiedereingliederungsquote nach zwei Jahren in der Interventionsgruppe mit 70,2 Prozent höher als in der Kontrollgruppe (52,6 Prozent). Positiver Begleiteffekt im Sinne einer verbesserten Sekundärprävention war zudem die höhere Teilnahme der Patienten an ambulanten Herzgruppen (ebd.).

▪ **Internationale Programme**

Ein Blick in die internationale Literatur zeigt, dass kontrollierte Studien zur Wirksamkeit von Programmen zur Unterstützung der Rückkehr von kardiologischen Patienten zur Arbeit uneinheitliche Ergebnisse ergeben. Als wirksam zeigten sich beispielsweise eine Bewegungstherapie im Vergleich zu keiner Therapie (Dugmore et al. 1999) oder ein Trainingsprogramm, das Teile der Arbeitsaufgaben in der Bewegungstherapie simulierte (Mital et al. 2000). Zudem hatte ein Programm zur Veränderung der Krankheitswahrnehmung einschließlich Erstellung eines individuellen Plans zu Bewegungs-, Ernährungs- und Wiedereingliederungsmaßnahmen positive Effekte auf die Rückkehr zur Arbeit (Petrie et al. 2002). Dagegen hatten ein multifaktorielles Lebensstil- und Verhaltensprogramm (Hofman-Bang et al. 1999) oder eine Bewegungstherapie kombiniert mit psychologischer Beratung (Oldridge et al. 1991) keinen signifikanten Effekt auf die Rückkehr zur Arbeit.

Generell ist ein Vergleich von Studien zur Wiedereingliederung schwierig, wenn diese in verschiedenen Ländern mit unterschiedlichen Sozialversicherungssystemen durchgeführt werden. Für Muskel-Skelett-Erkrankungen konnte beispielsweise gezeigt werden, dass bei Langzeiterkrankungen große Unterschiede in der Art der betrieblichen Maßnahmen und in der Lohnpolitik bestehen, die die Wiedereingliederungsrate in den einzelnen Ländern beeinflussen (Anema et al. 2009). Während in den Niederlanden 62 Prozent der erkrankten Personen die nachhaltige Wiedereingliederung nach zwei Jahren gelang, waren es in Deutschland nur 22 Prozent. Zurückgeführt wurden die Unterschiede vor allem auf die umfangreiche Durchführung von arbeitsplatzbezogenen bzw. arbeitsorganisatorischen Maßnahmen (z. B. Anpassung der Arbeitszeit) in den Niederlanden im Vergleich zu Deutschland sowie auf den erschwerten Zugang zu Rentenleistungen aufgrund einer Erwerbsunfähigkeit.

▪ **Lücken in der Evidenz**

Während die Wirksamkeit von kardiologischen Rehabilitationsprogrammen in Bezug auf medizinische Parameter, die Mortalität oder auch die Lebensqualität in zahlreichen Studien belegt worden ist (Anderson und Taylor 2014), steht eine systematische Analyse von Studien zur Wirksamkeit von Maßnahmen, die die Wiedereingliederung in das Arbeitsleben unterstützen, derzeit noch aus (Euler et al. 2013).

Neben Rehabilitationsprogrammen gibt es in der Praxis auch eine Reihe von betrieblichen Programmen, mit denen die Beschäftigten mit einem ganzheitlichen Gesundheitsmanagement unterstützt werden. Dies reicht von einer gesundheitsförderlichen Arbeitsgestaltung über sekundärpräventive Maßnahmen bis hin zur Unterstützung bei der Wiedereingliederung im Rahmen eines Betrieblichen Eingliederungsmanagements. Zu betrieblichen Programmen für eine Unterstützung der Wiedereingliederung von Menschen mit KHK liegen jedoch kaum publizierte Daten vor.

17.3 Prävention von Herz-Kreislauf-Erkrankungen im betrieblichen Setting

Um Herz-Kreislauf-Erkrankungen allgemein bzw. speziell der koronaren Herzerkrankung und ihren Risikofaktoren vorzubeugen oder deren Fortschreiten zu verhindern, ist es wichtig, sowohl arbeitsbedingte Risikofaktoren als auch Berufe und Tätigkeitsfelder mit erhöhtem Risiko für diese Erkrankungen bzw. ihre Vorstufen zu kennen. So können in betrieblichen Angeboten der Prävention und Gesundheitsförderung der KHK bedarfsgerechte und zielgruppenspezifische Angebote zur Verfügung gestellt werden.

17.3.1 Arbeitsbedingte Risikofaktoren für eine koronare Herzkrankheit

Neben physikalischen Risikofaktoren wie Lärm (Basner et al. 2014; Skogstad et al. 2016) sind auch physische Faktoren wie körperliche Schwerarbeit (d. h. hohe physische Anforderungen) (Holtermann 2015; Li et al. 2013) oder physische Unterforderung durch langes berufliches Sitzen (van Uffelen et al. 2013) in der Diskussion. Wie bereits aus Studien zum Einfluss von Umweltschadstoffen (z. B. Feinstaub, Schwefeldioxid) auf die Herzgesundheit bekannt (Lee et al. 2014), spielen auch am Arbeitsplatz kardiotoxische Stoffe wie z. B. Kohlenmonoxid, Schwermetalle und Vinylchlorid (Crippa und Balbiani 2004) sowie Staub (Fang et al. 2010) eine Rolle.

Die meisten Erkenntnisse für den Zusammenhang zwischen arbeitsbedingten Risikofaktoren und Erkrankung liegen jedoch für psychosoziale Belastungen am Arbeitsplatz vor: *job strain*, d. h. hohe Arbeitsanforderung bei gleichzeitig geringem Handlungsspielraum (Kivimaki et al. 2012), Gratifikationskrisen, d. h. ein Ungleichgewicht zwischen den wahrgenommenen beruflichen Anforderungen gegenüber den erfahrenen oder zugesicherten Gratifikationen (Siegrist 2010), Schichtarbeit (Vyas et al. 2012) und überlange Arbeitszeiten (Kivimaki und Kawachi 2015; Virtanen et al. 2012) beeinflussen das Risiko für eine HKE. In einer aktuellen Metaanalyse wird auf der Basis verschiedener Kohortenstudien aus unterschiedlichen Ländern ein 1,3-fach erhöhtes Risiko für eine koronare Herzerkrankung und ein 1,2-fach erhöhtes Risiko für den ischämischen Schlaganfall ermittelt, wenn *job strain* vorliegt (Kivimaki und Kawachi 2015). Wichtig ist in diesem Zusammenhang auch, dass *job strain* das Gesundheitsverhalten beeinflusst. Es erhöht sich z. B. das Risiko zu rauchen und weniger physisch aktiv zu sein (Nyberg et al. 2013). Ein Projekt der Bundesanstalt für Arbeitsschutz und Arbeitsmedizin (BAuA), in dem Daten einer dänischen Kohortenstudie (Danish Work Environment Cohort Study, DWECS) mit bevölkerungsbasierten Registerdaten verknüpft wurden, belegt ein erhöhtes Risiko für den Erwerb blutdrucksenkender Medikamente, wenn Arbeitnehmer Angst vor Arbeitsplatzverlust und Sorge um Wiederbeschäftigungschancen nach Arbeitsplatzverlust haben (Latza et al. 2015). In einer großen populationsbasierten Kohortenstudie (Gutenberg Gesundheitsstudie der Universität Mainz), die darauf zielt, die Risikovorhersage für HKE zu verbessern, werden im Rahmen eines Projekts der BAuA auch Risikofaktoren am Arbeitsplatz betrachtet. Dabei wurde u. a. der Frage nachgegangen, ob Nachtarbeit einen Einfluss auf frühe funktionelle

Veränderungen des Herz-Kreislauf-Systems (arterielle Steifigkeit) hat. Es zeigte sich, dass die Steifigkeit der Gefäße, gemessen über die Pulswellengeschwindigkeit, bei Menschen in Nachtarbeit gegenüber Beschäftigten ohne Nachtarbeit stärker ausgeprägt ist. Diese Wirkung ist bei einer sehr hohen Zahl an geleisteten Nachtschichten, d. h. hoher kumulativer Belastung, am stärksten (Jankowiak et al. 2014).

17.3.2 Berufsgruppen mit erhöhtem Risiko für Herz-Kreislauf-Erkrankungen

In einem weiteren Forschungsprojekt der BAuA (Liebers et al. 2016) wurden aggregierte Angaben von ca. 26 Millionen gesetzlich pflichtversicherten Berufstätigen fast aller gesetzlichen Krankenkassen ausgewertet, um die Frage zu beantworten, ob es in Deutschland Berufsgruppen gibt, in denen Erwerbstätige aufgrund folgender HKE häufiger eine Arbeitsunfähigkeit bescheinigt wurde: essentielle Hypertonie, akuter Myokardinfarkt, chronisch ischämische Herzerkrankung, Herzinsuffizienz und Hirninfarkt. Zur Beschreibung der Berufsgruppen wurden die Angaben zum Beruf

auf Grundlage der Berufsklasse (3-stellig) entsprechend der Klassifikation der Berufe (Bundesanstalt für Arbeit 1988) den Berufskategorien von Blossfeld (Blossfeld 1985) zugeordnet: Blossfeld unterscheidet nach Wirtschaftsbereich und Qualifizierungsgrad und bildet fünf Berufsgruppen im Bereich Produktion, vier in der Dienstleistung und drei in der Verwaltung, so ergeben sich zwölf Kategorien.

Beispielhaft für die Auswertungen wird hier das Risiko für die essentielle Hypertonie bei Männern und Frauen dargestellt (◘ Abb. 17.1 und ◘ Abb. 17.2). Im Vergleich zur Referenzgruppe der qualifizierten kaufmännischen und Verwaltungsberufe wird bei Männern in der Gruppe der gering qualifizierten manuellen Berufe, in den qualifizierten Dienstleistungsberufen, den gering qualifizierten Dienstleistungsberufen und den qualifizierten manuellen Berufen häufiger wegen Hypertonie eine Arbeitsunfähigkeit bescheinigt. Auch bei Frauen stehen gering qualifizierte manuelle Berufe an erster Stelle, gefolgt von den qualifizierten manuellen Berufen, den gering qualifizierten Dienstleistungsberufen und den Semiprofessionen (z. B. Sozialarbeiterinnen, Krankenschwestern) (Brendler et al. 2013). Exemplarisch werden hier einige Berufe mit erhöhtem Risiko aus den oben aufgeführten Gruppen genannt.

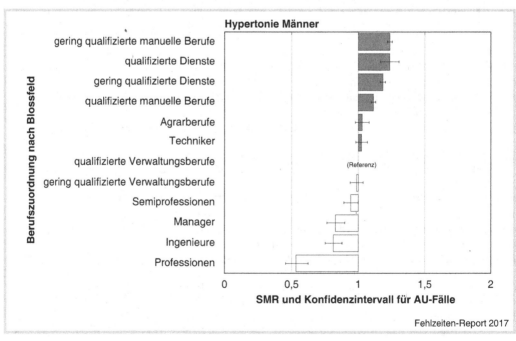

◘ **Abb. 17.1** Verteilung der Arbeitsunfähigkeitsfälle (AU-Fälle) mit standardisiertem Morbiditätsratio (SMR) und 99,9 % Konfidenzintervall für die Diagnose essentielle Hypertonie in den Berufskategorien nach Blossfeld (1985), Deutschland 2008, Männer (modifiziert nach Liebers et al. 2016, mit freundlicher Genehmigung der Bundesanstalt für Arbeitsschutz und Arbeitsmedizin)

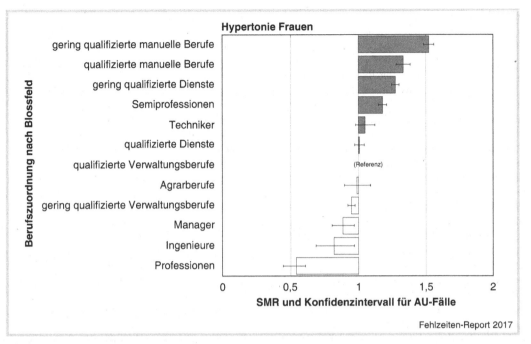

Hypertonie Frauen

□ **Abb. 17.2** Verteilung der Arbeitsunfähigkeitsfälle (AU-Fälle) mit standardisiertem Morbiditätsratio (SMR) und 99,9 % Konfidenzintervall für die Diagnose essentielle Hypertonie in den Berufskategorien nach Blossfeld (1985), Deutschland 2008, Frauen (modifiziert nach Liebers et al. 2016, mit freundlicher Genehmigung der Bundesanstalt für Arbeitsschutz und Arbeitsmedizin)

Bei Männern sind es die Gruppe der Soldaten, Grenzschutz- und Polizeibediensteten, die Schienenfahrzeugführer, die Gleisbauer, die Straßenreiniger und die Formgießer; bei den Frauen sind es die Nieterinnen, die Fernmeldemonteurinnen, die Transportgeräteführerinnen und die Sozialarbeiterinnen.

Ähnliche Ergebnisse zeigen sich in Bezug auf eine Krankschreibung aufgrund der koronaren Herzkrankheit. Bei den Männern sind Gruppen mit erhöhtem Risiko: die gering qualifizierten Dienstleistungsberufe, die gering qualifizierten manuellen Berufe und die qualifizierten manuellen Berufe. Bei den Frauen zeigen die Gruppen der gering qualifizierten manuellen Berufe, der gering qualifizierten Dienstleistungsberufe, der qualifizierten manuellen Berufe, der gering qualifizierten Verwaltungsberufe, der qualifizierten Dienstleistungsberufe und der Semiprofessionen mehr Arbeitsunfähigkeitsfälle als die Vergleichsgruppe der qualifizierten kaufmännischen und Verwaltungsberufe. Das Risiko für eine Krankschreibung aufgrund einer koronaren Herzerkrankung ist z. B. in der Gruppe der Sozialarbeiter und Sozialpfleger um das 1,4-fache erhöht, für eine Krankschreibung aufgrund eines Infarkts um das 1,5-fache. Ein erhöhtes Risiko für eine Krankschreibung aufgrund eines Hirninfarkts wird bei

Männern und Frauen am häufigsten in der Gruppe der gering qualifizierten Dienste gesehen.

17.3.3 Betriebliche Gesundheitsförderung und Prävention bei koronarer Herzkrankheit

Betriebliche Maßnahmen der Prävention und Gesundheitsförderung sind idealerweise in einem umfassenden Betrieblichen Gesundheitsmanagement (BGM) gebündelt. Die Sozialversicherungsträger bieten in Abstimmung mit dem Betriebsarzt Präventions- und Rehabilitationsleistungen an und unterstützen die Betriebe dabei, die Arbeitsfähigkeit der Beschäftigten zu fördern, zu erhalten bzw. wiederherzustellen.

Mit Maßnahmen der Betrieblichen Gesundheitsförderung (Angebote zum Thema Bewegung, gesunde Ernährung oder zum Stressmanagement) unterstützen beispielsweise Krankenkassen die Betriebe, um der Entwicklung oder einer Verschlechterung von Krankheiten vorzubeugen. Zudem haben bereits erkrankte Beschäftigte gemäß SGB V § 44 Abs. 4 einen Anspruch auf individuelle Beratung und Hilfestellung durch die

Krankenkassen, um zu klären, welche Unterstützungsangebote zur Wiederherstellung der Arbeitsfähigkeit erforderlich sind.

Für die betriebliche Prävention der koronaren Herzkrankheit gibt es unterschiedliche Ansatzpunkte. In Untersuchungen zur Einschätzung des kardiovaskulären Risikos in Betrieben können bei Arbeitnehmern häufig kardiovaskuläre Risikofaktoren wie z. B. eine bisher noch nicht erkannte Hypertonie (Gray et al. 2014; Kempf et al. 2016) nachgewiesen werden. Verbunden mit einer (Lebensstil-)Beratung kann auf diese Risikofaktoren Einfluss genommen werden (Gray et al. 2014; Groeneveld et al. 2010), die Evidenz für einen präventiven Effekt auf die Entwicklung einer kardiovaskulären Erkrankung und kardiovaskuläre Mortalität ist noch in der Diskussion (Dyakova et al. 2016). Für die Prävention kardiovaskulärer Erkrankungen im betrieblichen Setting ist es wichtig, alle Akteure im Betrieb (vor allem Arbeitgeber, Arbeitnehmer, Betriebsärzte, Sicherheitsfachkräfte) adäquat zum Thema Arbeit und (Herz-Kreislauf-)Gesundheit zu informieren und zu sensibilisieren. Das populationsattributable Risiko (PAR) ist dafür ein geeignetes Maß. Es fasst Daten zur Häufigkeit eines beruflichen Risikofaktors mit den aus Studien ermittelten Risikoschätzern zum Zusammenhang des Risikofaktors mit der Erkrankung zusammen. Das PAR sagt aus, um welchen Prozentsatz man eine Krankheitshäufigkeit in der Bevölkerung senken kann, würde man diesen Risikofaktor ausschalten. Risikofaktoren des Lebensstils (z. B. Nikotinkonsum, Bewegungsmangel) wurden als bedeutend für die Entwicklung einer kardiovaskulären Erkrankung erkannt (Yusuf et al. 2004). Im Vergleich zu einem PAR von > 30 Prozent für Nikotinkonsum ist das PAR für Bewegungsmangel (definiert als < 150 min moderate Bewegung in der Woche) von 8 Prozent relativ niedrig. Die für berufliche Risikofaktoren ermittelten PARs liegen in einer ähnlichen Größenordnung (Schichtarbeit 4–5 Prozent oder überlange Arbeitszeiten 5–8 Prozent) (Backé et al. 2013). Das spricht für ein Potenzial sowohl der Verhaltens- bzw. Lebensstiländerung als auch der Verhältnisprävention. In Experteninterviews mit Betriebsärzten mit Erfahrung in der Früherkennung von HKE werden die in arbeitsepidemiologischen Studien benannten Risikofaktoren (▶ Abschn. 17.3.1) bestätigt (Backé 2014). Die Möglichkeit der Verhältnisprävention, vor allem in Bezug auf psychosoziale Arbeitsbelastungen, wird jedoch als schwierig eingeschätzt.

■ **Leitlinien**

Eine weitere Möglichkeit der Prävention ist die Umsetzung der oben beschriebenen Erkenntnisse in Leitlinien der medizinischen Fachgesellschaften. So wird z. B. im Rahmen der laufenden Aktualisierung und des Upgrades (S2k) der Leitlinie »Gesundheitliche Aspekte und Gestaltung von Nacht- und Schichtarbeit« der wissenschaftliche Kenntnisstand zu den Wirkungen von Nacht- und Schichtarbeit auf die Gesundheit von Beschäftigten zusammengefasst. Davon ausgehend sollen Empfehlungen zu der Gestaltung von Nacht- und Schichtarbeit und präventive Maßnahmen auch in Bezug auf kardiovaskuläre Erkrankungen abgeleitet und konsentiert werden. Es gibt Belege für den Zusammenhang von Schichtarbeit mit koronaren nicht-fatalen Ereignissen, aber nicht zu kardiovaskulärer Mortalität (Vyas et al. 2012; Yong et al. 2014). Viele Querschnittstudien, jedoch nicht alle Längsschnittstudien, sprechen für einen ungünstigen Einfluss von Schichtarbeit auf die Entwicklung einer Hypertonie. Weitere Anhaltspunkte für den Zusammenhang von Schichtarbeit und der Entwicklung einer Arteriosklerose liefern Studien zu frühen Veränderungen der Gefäße. Auch ein Dialog mit anderen für die Prävention von HKE relevanten medizinischen Fachgesellschaften (Hausärzte, Kardiologen) ist in Bezug auf die Beachtung beruflicher Risikofaktoren in weiteren Leitlinien wünschenswert.

17.4   Fazit

Menschen mit einer koronaren Herzkrankheit können bei der Bewältigung ihrer Erkrankung von Unterstützungsangeboten zur Wiedereingliederung in das Arbeitsleben profitieren. Die Rückkehr in den Beruf hilft den Betroffenen, nach diesem schwerwiegenden Ereignis in die Normalität zurückzukehren und am sozialen Leben teilzuhaben. Eine gute Voraussetzung hierfür schafft eine medizinische Versorgung und Rehabilitation, die sich an den beruflichen Erfordernissen ausrichtet. Geeignet sind vor allem Programme, die unterschiedliche physische, psychische und soziale Aspekte berücksichtigen und einen möglichst engen Bezug zur Arbeitswelt haben. Eine große Herausforderung besteht in der Vernetzung der unterschiedlichen Akteure wie behandelnde Ärzte und Psychotherapeuten, Arbeitgeber und Betriebsärzte. Unter der Voraussetzung der Zustimmung durch die Betroffenen kann eine enge Kooperation den Informationsaustausch zwischen dem Betrieb und den medizinisch-therapeutisch tätigen Akteuren verbessern. Dies erleichtert eine frühzeitige und zielgerichtete Unterstützung der Betroffenen im gesamten Wiedereingliederungsprozess – vom ersten Tag der Arbeitsunfähigkeit bis hin zur Rückkehr an den Arbeitsplatz.

Zudem ist es wünschenswert, neben Lebensstilfaktoren auch berufliche Belastungen als mögliche Risikofaktoren für die koronare Herzerkrankung zu erkennen und frühzeitig Unterstützungsangebote und präventive Maßnahmen bereitzustellen.

Insgesamt gibt es vielfältige Anstrengungen sowohl auf betrieblicher Ebene als auch auf medizinisch-therapeutischer Ebene, Menschen mit einer koronaren Herzkrankheit zu unterstützen. Eine bessere Zugänglichkeit von Erkenntnissen zur Umsetzung aktueller Präventions- und Unterstützungsangebote könnte helfen, dass diese eine weitere Verbreitung finden. Aufgrund der bisher geringen Anzahl an Studien zu einer begrenzten Auswahl an Programmen sollten zudem sowohl der Nutzen von derzeit angebotenen Präventionsprogrammen als auch die Wirksamkeit von Maßnahmen zur Unterstützung einer gelungenen und nachhaltigen Wiedereingliederung von Patienten mit koronarer Herzkrankheit Gegenstand weiterer wissenschaftlicher Untersuchungen sein.

Literatur

Ahlers E (2015) Betriebliche Gesundheitsförderung und Gefährdungsbeurteilungen. Ergebnisse der WSI-Betriebsrätebefragung 2015. A+A, Tag der Betriebs- und Personalräte. https://www.boeckler.de/pdf/wsi_v_ahlers_2015_10_29.pdf. Gesehen 28 Nov 2016

Anderson L, Taylor RS (2014) Cardiac rehabilitation for people with heart disease: an overview of Cochrane systematic reviews. Cochrane Database Syst Rev CD011273

Anema JR, Schellart AJ, Cassidy JD et al (2009) Can cross country differences in return-to-work after chronic occupational back pain be explained? An exploratory analysis on disability policies in a six country cohort study. J Occup Rehabil 19 (4):419–426

AWMF (2016) Nationale VersorgungsLeitlinie Chronische KHK. Arbeitsgemeinschaft der Wissenschaftlichen Medizinischen Fachgesellschaften (AWMF) et al (Hrsg) 4. Aufl, Berlin

Backé E (2014) Prävention von Herz-Kreislauf Erkrankungen im Setting Betrieb – Explorative Experteninterviews mit Betriebsärzten. Masterarbeit, Berlin School of Public Health, Berlin

Backé E, Walzer C, Latza U (2013) Abschätzung der populationsattributablen Risikofraktion für ausgewählte arbeitsbedingte Risikofaktoren in Bezug auf ischämische Herzerkrankungen in Deutschland – eine Pilotstudie zur Beurteilung der vorhandenen Daten. Tagungsband der 53. Wissenschaftlichen Jahrestagung der DGAUM e. V., der Jahrestagung der ÖGA, Frühjahrstagung der SGARM: V179:472, Bregenz http://www.dgaum.de/fileadmin/PDF/Jahrestagungen/2013/JahrestagungProzent20Bregenz Prozent202013.pdf. Gesehen 28 Nov 2016

Basner M, Babisch W, Davis A et al (2014) Auditory and non-auditory effects of noise on health. Lancet 383 (9925):1325–1332

Bethge M (2016) Effects of graded return-to-work: a propensity-score-matched analysis. Scand J Work Environ Health 42 (4):273–279

Biering K, Lund T, Andersen JH et al (2015) Effect of Psychosocial Work Environment on Sickness Absence Among Patients Treated for Ischemic Heart Disease. J Occup Rehabil 25 (4):776–782

Blossfeld HP (1985) Bildungsexpansion und Berufschancen: empirische Analysen zur Lage der Berufsanfänger in der Bundesrepublik. Campus, Frankfurt

Brendler C, Liebers F, Latza U (2013) Berufsgruppen- und altersabhängige Unterschiede in der Arbeitsunfähigkeit durch häufige Herz-Kreislauf-Erkrankungen am Beispiel der essenziellen Hypertonie und des akuten Myokardinfarktes. Bundesgesundheitsbl 56 (3):381–390

Bundesanstalt für Arbeit (BA) (1988) Klassifizierung der Berufe – Systematisches und alphabetisches Verzeichnis der Berufsbenennungen. Nürnberg

Bürger W, Streibelt M (2011) Who Benefits from Stepwise Occupational Reintegration Provided under the Statutory Pension Insurance Scheme? Rehabilitation (Stuttg) 50 (3):178–185

Cancelliere C, Cassidy JD, Li A et al (2014) Systematic search and review procedures: results of the International Collaboration on Mild Traumatic Brain Injury Prognosis. Arch Phys Med Rehabil 95 (3 Suppl):S101–131

Català Tella N, Serna Arnaiz C, Real Gatius J et al (2017) Assessment of the length of sick leave in patients with ischemic heart disease. BMC Cardiovasc Disord 17 (1):32

Crippa M, Balbiani L (2004) Cardiopathy caused by physical or chemical agents. Med Lav 95 (2):110–118

Dreyer RP, Xu X, Zhang W et al (2016) Return to Work After Acute Myocardial Infarction: Comparison Between Young Women and Men. Circ Cardiovasc Qual Outcomes 9 (2 Suppl 1):S45–52

DRV (2010) Betriebliches Eingliederungsmanagement. Ein Wegweiser für Unternehmen und andere Akteure im Betrieblichen Eingliederungsmanagement. Deutsche Rentenversicherung Bund, Berlin

DRV (2015a) Medizinisch-beruflich orientierte Rehabilitation. Anforderungsprofil zur Durchführung der Medizinisch-beruflich orientierten Rehabilitation (MBOR) im Auftrag der Deutschen Rentenversicherung. Deutsche Rentenversicherung Bund (Hrsg), 4. Aufl, Berlin

DRV (2015b) Medizinische Rehabilitation bei koronarer Herzkrankheit und Herzinfarkt. In: Deutsche Rentenversicherung Bund (Hrsg) Reha-Bericht 2015, Berlin, S 87–95

Dugmore LD, Tipson RJ, Phillips MH et al (1999) Changes in cardiorespiratory fitness, psychological wellbeing, quality of life, and vocational status following a 12 month cardiac exercise rehabilitation programme. Heart 81 (4):359–366

Dyakova M, Shantikumar S, Colquitt JL et al (2016) Systematic versus opportunistic risk assessment for the primary prevention of cardiovascular disease. Cochrane Database Syst Rev CD010411

Euler U, Wegewitz UE, Schmitt J et al (2013) Interventions to support return-to-work for patients with coronary heart disease. Cochrane Database Syst Rev CD010748

Fang SC, Cassidy A, Christiani DC (2010) A systematic review of occupational exposure to particulate matter and cardiovascular disease. Int J Environ Res Public Health 7(4): 1773–1806

Freigang-Bauer I, Gröben F (2011) Eingliederung von Mitarbeitern mit psychischen Erkrankungen – Handlungsbedarf aus Sicht betrieblicher Akteure. Hans-Böckler-Stiftung (Hrsg), Düsseldorf

Giesert M, Wendt-Danigel C (2011) Handlungsleitfaden für ein Betriebliches Eingliederungsmanagement. Hans-Böckler-Stiftung (Hrsg), Düsseldorf

Gößwald A, Schienkiewitz A, Nowossadeck E et al (2013) Prävalenz von Herzinfarkt und koronarer Herzkrankheit bei Erwachsenen im Alter von 40 bis 79 Jahren in Deutschland. Bundesgesundheitsbl 56:650–655

Gray BJ, Bracken RM, Thomas M et al (2014) ›Prosiect Sir Gar‹: workplace-based cardiovascular disease and diabetes risk assessments. Occup Med (Lond) 64 (7):549–556

Groeneveld IF, Proper KI, Van Der Beek AJ et al (2010) Lifestyle-focused interventions at the workplace to reduce the risk of cardiovascular disease – a systematic review. Scand J Work Environ Health 36 (3):202–215

Haaf H-G (2005) Ergebnisse zur Wirksamkeit der Rehabilitation. Rehabilitation (Stuttg) 44 (5): e1-e20

Hofman-Bang C, Lisspers J, Nordlander R et al (1999) Two-year results of a controlled study of residential rehabilitation for patients treated with percutaneous transluminal coronary angioplasty. A randomized study of a multifactorial programme. Eur Heart J 20 (20):1465–1474

Holtermann A (2015) Occupational and leisure-time physical activity and coronary heart disease. Occup Environ Med 72 (9):615–616

Huber D, Hoerschelmann N, Hoberg E et al (2014) Vocational inpatient and post-treatment proposals in cardiac rehabilitation patients (BERUNA): results of a randomized controlled trial. Rehabilitation (Stuttg) 53 (6):362–368

Jankowiak S, Liebers F, Hegewald J (2014) Zusammenhang zwischen Nachtschichtarbeit und Bluthochdruck sowie frühen Markern kardiovaskulärer Erkrankungen. Umweltmed Hygiene Arbeitsmed 19 (2):187

Karoff M, Röseler S, Lorenz C et al (2000) Intensified after-care – a method for improving occupational reintegration after myocardial infarct and/or bypass operation. Z Kardiol 89 (5):423–433

Kempf K, Martin S, Döhring C et al (2016) The Boehringer Ingelheim employee study (Part 2): 10-year cardiovascular diseases risk estimation. Occup Med (Lond) 66 (7): 543–550

Kittel J, Karoff M (2007) Modelle zur beruflichen Wiedereingliederung. In: Rauch B et al (Hrsg) Kardiologische Rehabilitation. Georg Thieme Verlag, Stuttgart, S 233–236

Kittel J, Karoff M (2008) Improvement of worklife participation through vocationally oriented cardiac rehabilitation? Findings of a randomized control group study. Rehabilitation (Stuttg) 47(1):14-22

Kivimaki M, Kawachi I (2015) Work Stress as a Risk Factor for Cardiovascular Disease. Curr Cardiol Rep 17 (9):630

Kivimaki M, Nyberg ST, Batty GD et al (2012) Job strain as a risk factor for coronary heart disease: a collaborative meta-analysis of individual participant data. Lancet 380 (9852): 1491–1497

Kohte W (2010) Das betriebliche Eingliederungsmanagement – Ein doppelter Suchprozess. WSI-Mitteilungen 7: 374–377

Kruse M, Sorensen J, Davidsen M et al (2009) Short and long-term labour market consequences of coronary heart disease: a register-based follow-up study. Eur J Cardiovasc Prev Rehabil 16 (3):387–391

Latza U, Rossnagel K, Hannerz H et al (2015) Association of perceived job insecurity with ischemic heart disease and antihypertensive medication in the Danish Work Environment Cohort Study 1990-2010. Int Arch Occup Environ Health 88 (8):1087–1097

Lee BJ, Kim B, Lee K (2014) Air pollution exposure and cardiovascular disease. Toxicol Res 30 (2):71–75

Li J, Loerbroks A, Angerer P (2013) Physical activity and risk of cardiovascular disease: what does the new epidemiological evidence show? Curr Opin Cardiol 28 (5):575–583

Li J, Loerbroks A, Bosma H et al (2016) Work stress and cardiovascular disease: a life course perspective. J Occup Health 58 (2):216–219

Liebers F, Brendler C, Latza U (2016) Berufsspezifisches Risiko für das Auftreten von Arbeitsunfähigkeit durch Muskel-Skelett-Erkrankungen und Krankheiten des Herz-Kreislaufsystems – Bestimmung von Berufen mit hoher Relevanz für die Prävention. Bundesanstalt für Arbeitsschutz und Arbeitsmedizin (Hrsg), 1. Aufl, Dortmund

Mital A, Shrey DE, Govindaraju M et al (2000) Accelerating the return to work (RTW) chances of coronary heart disease (CHD) patients: part 1--development and validation of a training programme. Disabil Rehabil 22 (13–14): 604–620

Niehaus M, Marfels B, Vater G et al (2008) Betriebliches Eingliederungsmanagement: Studie zur Umsetzung des Betrieblichen Eingliederungsmanagements nach § 84 Abs. 2 SGB IX. Köln

Nyberg ST, Fransson EI, Heikkila K et al (2013) Job strain and cardiovascular disease risk factors: meta-analysis of individual-participant data from 47,000 men and women. PloS One 8 (6):e67323

O'Neil A, Sanderson K, Oldenburg B (2010) Depression as a predictor of work resumption following myocardial infarction (MI): a review of recent research evidence. Health Qual Life Outcomes 8:95

Oldridge N, Guyatt G, Jones N et al (1991) Effects on quality of life with comprehensive rehabilitation after acute myocardial infarction. Am J Cardiol 67 (13):1084–1089

Petrie KJ, Cameron LD, Ellis CJ et al (2002) Changing illness perceptions after myocardial infarction: an early intervention randomized controlled trial. Psychosom Med 64 (4):580–586

Rørth R, Wong C, Kragholm K et al (2016) Return to the workforce after first hospitalization for heart failure: a Danish nationwide cohort study. Circulation 134 (14):999–1009

RKI (2015) Herz-Kreislauf-Erkrankungen. In: Robert Koch-Institut (Hrsg) Gesundheit in Deutschland. Gesundheitsberichterstattung des Bundes. Gemeinsam getragen von RKI und Destatis. Berlin, S 37–49

Salzwedel A, Reibis R, Wegscheider K et al (2016) Cardiopulmonary exercise testing is predictive of return to work in cardiac patients after multicomponent rehabilitation. Clinical Clin Res Cardiol 105 (3):257–267

Schöner J, Kronenberg G, Heinz A et al (2016) Posttraumatische Belastungsstörung - Auslöser und Folgeerscheinung vaskulärer Erkrankungen. Der Nervenarzt doi: 10.1007/s00115-016-0231-9

Siegrist J (2010) Effort-reward imbalance at work and cardiovascular diseases. Int J Occup Med Environ Health 23 (3):279–285

Skogstad M, Johannessen HA, Tynes T et al (2016) Systematic review of the cardiovascular effects of occupational noise. Occup Med (Lond) 66 (6):500

So SS, La Guardia JG (2011) Matters of the heart: patients' adjustment to life following a cardiac crisis. Psychol Health 26 Suppl 1:83–100

Stegmann R, Loos P, Schröder UB (2014) Kommunikatives Handeln im Prozess der betrieblichen Wiedereingliederung psychisch erkrankter Mitarbeiterinnen (Teil 2 von 2). Erste Ergebnisse aus Interviews mit RTW-KoordinatorInnen. sicher ist sicher Arbeitsschutz aktuell 9:451–456

Uffelen JG van, Gellecum YR van, Burton NW et al (2013) Sitting-time, physical activity, and depressive symptoms in mid-aged women. Am J Prev Med 45 (3):276–281

Vater G, Niehaus M (2013) Das Betriebliche Eingliederungsmanagement: Umsetzung und Wirksamkeit aus wissenschaftlicher Perspektive. In: AOK Bundesverband et al (Hrsg) iga.Report24 Betriebliches Eingliederungsmanagement in Deutschland – eine Bestandsaufnahme. Berlin, S 13–19

Virtanen M, Heikkila K, Jokela M et al (2012) Long working hours and coronary heart disease: a systematic review and meta-analysis. Am J Epidemiol 176 (7):586–596

Vyas MV, Garg AX, Iansavichus AV et al (2012) Shift work and vascular events: systematic review and meta-analysis. BMJ 345:e4800

Weber A, Peschkes L, De Boer WEL (2014) Return to Work – Arbeit für alle. Grundlagen der beruflichen Reintegration. Gentner Verlag, Stuttgart

Yong M, Nasterlack M, Germann C et al (2014) Shift work and risk of non-cancer mortality in a cohort of German male chemical workers. Int Arch Occup Environ Health 87 (7):763–773

Yusuf S, Hawken S, Ounpuu S et al (2004) Effect of potentially modifiable risk factors associated with myocardial infarction in 52 countries (the INTERHEART study): case-control study. Lancet 364 (9438):937–952

Ein Weg aus der gesundheitlichen wie beruflichen Krise – Berufliche Rehabilitation von langzeiterkrankten bzw. behinderten Menschen

V. Arling

B. Badura et al. (Hrsg.) *Fehlzeiten-Report 2017*,
DOI 10.1007/978-3-662-54632-1_18, © Springer-Verlag GmbH Deutschland 2017

Zusammenfassung *Krankheit bzw. eine aufgrund von Krankheit drohende Behinderung lösen bei den betroffenen Menschen häufig Lebenskrisen aus. Droht infolge der Erkrankung darüber hinaus die Berufsunfähigkeit, kommt der Verlust der beruflichen Identität hinzu. Hier kommt das im Sozialgesetzbuch Neun (SGB IX) geregelte Recht des Einzelnen auf berufliche rehabilitative Unterstützung zum Tragen. Für das Gelingen von beruflicher Rehabilitation und Reintegration bzw. den Verbleib auf dem allgemeinen Arbeitsmarkt sind darüber hinaus Persönlichkeit und Motivation des Betroffenen maßgeblich von Bedeutung. Rehabilitationsspezifische Studienergebnisse belegen den Einfluss entsprechender psychologischer Variablen. Versteht man den Rehabilitationsprozess als aktiven Bewältigungsprozess, so unterstützt dieses Ergebnis das Verständnis der World Health Organization (WHO), die mit dem bio-psycho-sozialen Modell – analog zum Krankheitsfolgemodell (Gerdes und Weis 2000) – den sog. persönlichen Faktoren (Selbstwirksamkeit, Copingstrategien etc.) in diesem Zusammenhang einen ganz wesentlichen Einfluss zuspricht.*

18.1 Einleitung

Der Mensch ist nach Aristoteles ein *soziales Wesen*, das darauf angelegt ist, »in einer Gemeinschaft mit anderen zu leben« (Adams 2007, S. 357). Er strebt als gesellschaftliches Wesen nach sozialen Kontakten und möchte Teil der Gemeinschaft bzw. Gesellschaft sein (Mead 1968).

Ein bedeutsamer Weg zur Teilhabe des Einzelnen an sozialer Gemeinschaft bzw. Gesellschaft führt über die aktive Teilnahme am Arbeitsleben. So hat nach Willy Brandt »menschliche Arbeit [...] nicht nur einen Ertrag, sie hat einen Sinn. Für die Mehrzahl der Bürger ist sie Gewähr eines gelingenden Lebensprozesses: Sie ermöglicht soziale Identität, Kontakte zu anderen Menschen über den Kreis der Familie hinaus und zwingt zu einem strukturierten Tagesablauf« (zit. n. Jahoda 1995, S. 9).

Gelingt dieser Prozess nicht bzw. wird er gestört, weil es zu einem konjunktur- oder krankheitsbedingten Verlust von Arbeit bzw. Arbeitslosigkeit kommt, so führen die negativen psychosozialen Auswirkungen den Betroffenen oft unmittelbar in eine handfeste Lebenskrise. Letztere betrifft dann häufig nicht nur den Einzelnen, sondern die gesamte (zu versorgende) Familie (vgl. Frey, zit. n. Jahoda 1995). Jahoda, Lazarsfeld und Zeisel konnten schon zu Beginn der 1930er Jahre mit ihrer bahnbrechenden Studie »Die Arbeitslosen von Marienthal« die psychosozialen wie gesundheitlichen Auswirkungen von langandauernder Arbeitslosigkeit auf die betroffenen Bewohner des österreichischen Dorfes nachweisen (vgl. Jahoda et al. 1975; Jahoda 1995). Paul und Moser (2009) fanden in ihrer Metaanalyse den negativen Einfluss von Arbeitslosigkeit auf die psychische Gesundheit der Betroffenen bestätigt.

Insgesamt leben in Deutschland etwa 9,6 Millionen Menschen mit einer festgestellten Behinderung, d. h. es sind mehr als 11,7 Prozent aller Bürgerinnen und Bürger betroffen. Davon gelten über sieben Millionen Menschen in Deutschland als schwerbehindert (davon 52 Prozent Männer). Von einer gesundheitlichen Beeinträchtigung oder einer chronischen Krankheit sind ca. 17 Millionen Menschen über 18 Jahre betroffen. »Das sind jede vierte Frau und jeder vierte Mann.« (Bundesministerium für Arbeit und Soziales 2013, S. 7).

Darüber hinaus bringt der aktuell anhaltende demografische Wandel mit sich, dass der Einzelne älter wird, in der Regel länger im Arbeitsleben verbleiben muss und in der Folge mehr oder weniger belastet wird. Darüber hinaus sind Arbeitnehmer kontinuierlich angehalten, sich flexibel den schnelllebigen Veränderungen der Arbeitswelt anzupassen. Aktuell liegt das Renteneintrittsalter bei 67 Jahren. Andererseits kann manch einer auch weitgehend unbeeinflusst von seinem Alter den ursprünglich erlernten Beruf aufgrund einer Krankheit oder einer Behinderung bzw. einer krankheitsbedingt drohenden Behinderung nicht bis zum regulären Renteneintrittsalter ausüben. Erkrankungen des Bewegungsapparats und des Bindegewebes, gefolgt von psychischen Erkrankungen, stehen hier laut Statistik der Deutschen Rentenversicherung Bund im Vordergrund (DRV 2014).

Macht nun eine Erkrankung oder eine fortschreitende Behinderung ein Weiterarbeiten im erlernten Beruf unmöglich, erlebt der Betroffene eine Unterbrechung seiner beruflichen Laufbahn. Unter Umständen muss er sich umorientieren, falls er nicht den Abbruch seiner Erwerbstätigkeit und die damit verbundenen Nachteile (finanzielle wie gesellschaftliche) in Kauf nehmen will. Krankheit oder drohende Behinderung allein können ausreichen, um beim Betroffenen eine Lebenskrise auszulösen. Kommt nun hinzu, dass infolge von Erkrankung die Berufsunfähigkeit in dem bis dahin ausgeübten Tätigkeitsfeld droht, kommt der Verlust der beruflichen Identität hinzu. Dieser Verlust kann über die aktuelle Erkrankung hinaus aus psychosozialer wie ökonomischer Perspektive die gesellschaftliche Teilhabe und ggf. die seiner Familie massiv gefährden. Denn nicht selten muss sich der Betroffene an ein anderes, wenn nicht sogar gemindertes Leistungsvermögen anpassen. In diesem Sinne muss eine deutliche berufliche Neuorientierung angestrebt werden, die meistens mit familiärer Belastung und persönlichen Veränderungen einhergeht.

Zwei Aspekte sind in diesem Zusammenhang maßgeblich von Bedeutung: Zunächst muss der Betroffene akzeptieren, dass er einen erlernten bzw. lang ausgeübten Beruf nicht mehr ausüben kann und sich von diesem »verabschieden« muss. Darüber hinaus muss er akzeptieren, in einem fortgeschrittenen Alter wieder neu anfangen bzw. lernen zu müssen, um wieder an Arbeit und Gesellschaft teilnehmen zu können. Ausdrücklich verwiesen sei an dieser Stelle auf die gesetzliche Verankerung des Rechts des Einzelnen auf Förderung von Selbstbestimmung und gleichberechtigter Teilhabe am Leben in der Gesellschaft (§ 1) bzw. auf Leistungen zur Teilhabe am Arbeitsleben (LTA) (§ 33) nach SGB IX (2006). In diesem Sinne ist die Bedeutsamkeit und zu-

nehmende Notwendigkeit von Rehabilitation im Sinne der Wiedereinsetzung eines Menschen »in die volle Rechtsstellung in der Gemeinschaft« (Jochheim 1995; zit. n. Grönemeyer 2001, S. 185) zu verstehen. An dieser Stelle kommen dann im deutschen Sozial- und Gesundheitssystem Versorgungs- und Unterstützungsmaßnahmen zum Tragen, wie sie allgemein unter dem Begriff Rehabilitation bzw. Berufliche Rehabilitation subsumiert werden.

Vor diesem Hintergrund wird in den nachfolgenden Ausführungen die berufliche Rehabilitation bzw. Reintegration in das Erwerbsleben von Betroffenen thematisiert, die aufgrund einer Erkrankung bzw. drohenden Behinderung ihren ursprünglichen Beruf nicht mehr ausüben können und gemäß SGB IX an Maßnahmen der beruflichen Rehabilitation teilgenommen haben. Fokussiert wird hier auf die Bedeutsamkeit von Persönlichkeitsfaktoren (psychologische Variablen) für eine erfolgreiche Rückkehr auf den allgemeinen Arbeitsmarkt.

Eine Einordnung dieser Schwerpunktsetzung auf die Persönlichkeitsfaktoren wird in ► Abschn. 18.3 unter Bezug auf die Theorie zur Person-Umwelt-Passung (vgl. z. B. French et al. 1974; Harrison 1978) und auf das Theoriemodell der Rehabilitation von Gerdes und Weis (2000) gegeben. Eine Darstellung ausgewählter Befunden zum Zusammenhang von Persönlichkeitseigenschaften im Arbeits- und Rehabilitationskontext schließt sich an. Zum besseren Verständnis der Thematik folgt zunächst ein kurzer Überblick über die berufliche Rehabilitation in Deutschland. Die Ausführungen werden um die Darstellung eines Fallbeispiels für den Prozess eines erfolgreichen (beruflichen) Rehabilitationsverlaufs ergänzt (DRV Baden-Württemberg 2015).

18.2   Berufliche Rehabilitation

Im deutschen Rehabilitationssystem gilt es zunächst medizinische und berufliche Rehabilitation zu unterscheiden. Der beruflichen Rehabilitation geht in der Regel eine Phase der medizinischen Rehabilitation voran. Eine berufliche Rehabilitation schließt sich an eine medizinische nur bei besonders indiziertem Bedarf an. Der Ablauf beider Rehabilitationsformen gliedert sich mit der medizinischen (Phase I), der medizinisch-beruflichen (Phase II) und der beruflichen Rehabilitation (Phase III) in drei Phasen.

Für die Finanzierung der Leistungen der sog. Leistungserbringer gegenüber dem Teilnehmer der (beruflichen) Rehabilitation sind mit der gesetzlichen Krankenversicherung bzw. Unfallversicherung, der Deutschen Rentenversicherung und der Bundesagentur für

Arbeit (BA) unterschiedliche Leistungsträger zuständig. Die Zuständigkeit der Leistungsträger im Einzelnen und vor allem die finanzielle Förderung sind von der jeweiligen Ausgangssituation der betroffenen Person abhängig und muss in jedem Fall individuell geklärt werden.

Berufliche Rehabilitation (Phase III) findet im betrieblichen wie im überbetrieblichen Kontext statt; hierbei können die überbetrieblichen Einrichtungen kommerziell oder gemeinnützig sein. Werkstätten für behinderte Menschen (WfbM), Berufstrainingszentren (BTZ), Einrichtungen zur Rehabilitation psychisch Kranker (RPK), Berufsbildungswerke (BBW) und Berufsförderungswerke (BFW) bzw. Berufsförderungszentren (BFZ) sind den gemeinnützigen Institutionen zuzuordnen, während es sich bei der DEKRA-Akademie und der TERTIA-Gruppe um kommerzielle Unternehmen handelt. Als gemeinnützige Einrichtung existiert darüber hinaus die Fortbildungsakademie der Wirtschaft (FAW).[1]

Gemäß SGB IX setzt sich Berufliche Rehabilitation zum Ziel, Erwerbsunfähigkeit zu vermeiden, zu überwinden oder zu mildern sowie die dauerhafte Sicherung einer den Neigungen und Fähigkeiten [des Teilnehmers] entsprechenden Teilhabe am Arbeitsleben zu gewährleisten (SGB IX: Allgemeine Regelungen § 4; 2006). In diesem Sinne müssen sich die sog. LTAs daran orientieren, »was individuell getan werden muss, um den Leistungsberechtigten dazu zu befähigen, seine eigene Entwicklung soweit wie möglich selbst zu steuern sowie eigenständig und verantwortungsbewusst in die Hand zu nehmen« (Ellger-Rüttgardt et al. 2009, S. 77). Analog dazu weist die BA über die Entwicklungen der Arbeitswelt und des Arbeitsmarktes hinaus explizit auf die Bedeutsamkeit der individuellen Voraussetzungen des Einzelnen hin. Sie definiert berufliche Rehabilitation im Gesamtprozess von Rehabilitation (Phase III) wie folgt: Berufliche Rehabilitation »verfolgt das Ziel, die Erwerbsfähigkeit der Menschen mit Behinderung entsprechend ihrer Leistungsfähigkeit zu erhalten, zu verbessern, herzustellen oder wiederherzustellen. Die Beschäftigung in Arbeit und Beruf soll dauerhaft sein« (Bundesanstalt für Arbeit 2002, S. 416).

Entsprechend notwendig ist es, teilnehmerspezifische Faktoren für eine erfolgreiche Rehabilitation zu kennen. Letzteres betrifft jedoch nicht nur die Auswahl der in Frage kommenden Klientel für eine rehabilitative Maßnahme, sondern in erster Linie die Identifikation ggf. notwendiger individueller Förderbedarfe des Einzelnen im Verlauf einer Rehabilitati-

onsmaßnahme. Für eine sinnvolle Gestaltung eines Rehabilitationsprozesses ist zu Beginn eine gezielte Diagnostik der Bedarfe eines Teilnehmers hinsichtlich erfolgsrelevanter Rehabilitations- bzw. Reintegrationsfaktoren notwendig (Rehavision 2009). Die Relevanz der Thematik wird ebenfalls in den Empfehlungen der durch das Bundesministerium für Arbeit und Soziales 2007 ins Leben gerufenen Initiative RehaFutur (Riedel et al. 2009) unterstrichen, wo analog zum SGB IX ausdrücklich auf die Notwendigkeit der Förderung von persönlichkeitsrelevanten Aspekten wie Selbstbestimmung und Eigenverantwortlichkeit des Teilnehmers für seinen Rehabilitationsprozess hingewiesen wird.

Eine solche Teilhabesicherung kann zum Beispiel bedeuten, dass die betroffene Person im Rahmen einer überbetrieblichen Umschulung in einem BFW über 24 Monate einen neuen Beruf erlernt und so eine Partizipation an Gesellschaft und Arbeitsleben bis zum regulären Rentenalter gewährleistet bzw. unterstützt wird. Zur Überprüfung der Eignung eines potenziellen Teilnehmers für einen Umschulungsberuf bzw. zur Erfassung seiner besonderen Neigungen und individuellen Interessen geht der eigentlichen Umschulung eine (in der Regel) zehntägige Arbeitserprobung und Berufsfindung bzw. das sog. RehaAssessment® voraus (vgl. Bundesverband Deutsche Berufsförderungswerke 2014). Darüber hinaus wird dem Teilnehmer in diesem Rahmen die Möglichkeit gegeben, sich selbst in bis zu drei verschiedenen Berufsbereichen zu erproben. Teilnehmer mit einer psychischen Vorerkrankung absolvieren in der Regel im Rahmen einer sechswöchigen Abklärung eine erweiterte Abklärung der beruflichen Eignung und Arbeitserprobung.

Hinsichtlich der *Rolle und Verantwortung der Arbeitgeber* soll hier abschließend noch auf das *Betriebliche Wiedereingliederungsmanagement* verwiesen werden, wie es im SGB IX Teil 2 mit § 84 geregelt ist. Nach § 84 Abs. 2 SGB IX ist der Arbeitgeber seit 2004 verpflichtet, »mit allen Beschäftigten, die innerhalb von zwölf Monaten ununterbrochen oder wiederholt insgesamt länger als sechs Wochen arbeitsunfähig sind, nach Möglichkeiten zu suchen, die Arbeitsunfähigkeit zu überwinden respektive künftig zu vermeiden und den Arbeitsplatz zu erhalten. […] In das Verfahren des *Betrieblichen Wiedereingliederungsmanagements (BEM)* können Dritte, insbesondere (medizinische) Sachverständige, Sozialleistungsträger und z. B. Integrationsfachdienste einbezogen werden. Es sollen alle tatsächlichen und arbeitsrechtlichen Möglichkeiten sowie Sozialleistungen ausgeschöpft werden, um den Arbeitsplatz gesundheitsfreundlich zu gestalten und ihn langfristig zu sichern. […] Das BEM verhindert im Idealfall, dass berufliche ›krank machende‹

---

1 Diese Aufzählung hat nicht den Anspruch auf Vollständigkeit, da es eine Reihe weiterer privater Unternehmen am Markt gibt.

Belastungssituationen sich verfestigen, und kann damit auch die Chronifizierung von Erkrankungen verhindern, die möglicherweise eine Schwerbehinderung zur Folge hätten. [...]« (Brockmann 2012, S. 217–218). Für den vorliegenden Kontext gilt, dass sich auf diese Weise eine berufliche Umschulungsmaßnahme erübrigt und der Verbleib des Betroffenen auf dem allgemeinen Arbeitsmarkt bzw. im angestammten Arbeitsumfeld gesichert ist. Im Einzelfall können beispielsweise in Absprache mit dem Arbeitnehmer und mit dem entsprechend verantwortlichen Leistungsträger Umsetzungen im Betrieb bzw. ggf. notwendige Zusatzqualifizierungen vereinbart werden.

Abschließend sei auf das folgende Fallbeispiel als ein mögliches Beispiel für einen gelungenen beruflichen Reintegrationsprozess nach Erkrankung und beruflicher Rehabilitation verwiesen.

Fallbeispiel (in Anlehnung an DRV Baden-Württemberg 2015)

Frau T. S. (31 Jahre) erlernt nach der Schule drei Jahre lang den Bäckerberuf. Sie arbeitet nach Beendigung ihrer Lehre acht Jahre in diesem Beruf. Die Tätigkeit macht ihr Freude und entspricht ihren Interessen. Ein Kreuzbandriss macht sie arbeitsunfähig.

Zunächst absolviert Frau T. S. eine medizinische Rehabilitation. Diese zeigt jedoch nicht den gewünschten Erfolg. Ihr ist es nicht möglich, schwer zu tragen bzw. über längere Zeit hinweg zu stehen. Eine weitere Beschäftigung in ihrem Beruf ist so nicht mehr möglich.

Nach einer entsprechenden Prüfung von Neigung und Eignung von Frau T. S. schult sie überbetrieblich für zwei Jahre in einem entsprechenden Betrieb auf einen kaufmännischen Beruf um. Nach erfolgreichem Umschulungsabschluss kann Frau T. S. im Betrieb verbleiben.

Gemäß ihrem Versichertenstatus übernimmt die DRV die Beratung von Frau T. S., steuert entsprechende Maßnahmen (z. B. Organisation der Eignungs- und Neigungsüberprüfung in einem BFW im Rahmen einer RehaAssessment-Maßnahme, Vermittlung eines Ausbildungsplatzes in einem Betrieb bzw. einem BFW) und übernimmt die anfallenden Kosten.

18.3   Passung von Person und (Arbeits-)Umwelt

Die Notwendigkeit einer beruflichen Umorientierung ergibt sich für den Einzelnen oft daraus, dass er ein entstandenes Ungleichgewicht zwischen persönlicher Befähigung und Anforderungen, die der (gewandelte) Arbeitsmarkt an ihn stellt, in der Regel nicht (mehr) einfach aus sich heraus kompensieren kann. Das heißt

im Sinne der Theorien zur Person-Umwelt-Passung, dass keine Passung mehr zwischen Person und (Arbeits-) Umwelt gegeben ist (vgl. z. B. French et al. 1974; Harrison 1978).

Die Theorie der Person-Umwelt-Passung lehnt sich an die von Lazarus (1966) im transaktionalen Stressmodell formulierten Vorstellungen zur Entstehung von Belastung an und überträgt sie auf den Arbeitskontext und die entsprechenden gesundheitlichen Auswirkungen. Lazarus griff in den 1960er Jahren den ursprünglich von Selye (1956) eingeführten Stressbegriff auf und erweiterte ihn um psychologische Fragestellungen (vgl. als Überblick hier Lühring und Seibel 1981). In den Fokus rückten dabei »als intervenierende Einflussfaktoren zwischen Reiz und Reaktion« (Lühring und Seibel 1981, S. 396) die psychische Struktur eines Individuums und die subjektiv-kognitive Bewertung einer Situation. »Eine Stressreaktion ist nur zu erwarten, wenn objektiv gegebene Umweltanforderungen in einem Prozess kognitiver Bewertung (primary appraisal) subjektiv als Bedrohung (threat) bewertet werden. Weiter wird davon ausgegangen, dass das Individuum unterschiedliche Bewältigungsmöglichkeiten der als Bedrohung erfahrenen Situation kognitiv abschätzt (secondary appraisal) und daraus Handlungsprozesse ableitet. Diese Bewältigung (coping) wirkt sich ihrerseits wiederum auf mögliche Stressreaktionen aus« (Lühring und Seibel 1981, S. 396).

18.3.1 Das »Integrative Job-Design-Modell« von Grant, Fried und Juillierat (2011)

In diesem Zusammenhang sei auf das »Integrative Job-Design-Modell« von Grant, Fried und Juillierat (2011) verwiesen. Die Autoren verdeutlichen in ihrem Modell sehr anschaulich die komplexen Wechselwirkungen zwischen spezifischen Jobcharakteristika, dem Verhalten der Person und Auswirkungen auf die Person. Sie rücken mit der Mediatorvariable »Proactive Behavior« ausdrücklich das zielgerichtete und vorausschauende Handeln (Verhalten) einer Person in ihrer Arbeitsumwelt in den Fokus. Dieses aktive Verhalten kann im Gegensatz zum reaktiven Verhalten zwei Wirkrichtungen haben. Zunächst ist beiden Arbeitsverhaltensweisen jedoch gemeinsam, dass sie die Arbeitsleistung, die Arbeitszufriedenheit, den Gesundheitszustand etc. einer Person beeinflussen. Es ist allerdings davon auszugehen, dass die proaktiv handelnde Person eine höhere Arbeitszufriedenheit aufweist und wahrscheinlich auch gesünder ist. Inwiefern die Arbeitsleistung höher ausfällt, sei hier dahingestellt. Gleichzeitig gilt jedoch, dass proaktives Verhalten sich dadurch auszeichnet, dass eine Person Einfluss auf die Arbeitsplatzgestaltung nimmt bzw. nehmen kann und die Jobcharakteristika sich in Abhängigkeit von einer Person verändern (können). Im Sinne eines dynamischen Interaktionismus bzw. einer reziproken Beziehung von Person und Umwelt passt sich so eine Arbeitsumgebung an eine Person an.

Diese Sichtweise lässt sich unmittelbar auf den Kontext der beruflichen Rehabilitation anwenden. Eine erfolgreiche bzw. nachhaltige Reintegration setzt Veränderungen und Entwicklung (z. B. Umschulung) bei der betroffenen Person voraus. Gleichzeitig braucht es flexible Arbeitsumgebungen, die persönlichkeitsspezifische Veränderungsnotwendigkeiten aushalten und ggf. sogar »Veränderung« als aktive Beteiligung von Personen an der Gestaltung einer gesunden Arbeitsumgebung fördern.

18.3.2 Das Theoriemodell der Rehabilitation von Gerdes und Weis (2000)

Im Kontext von Gesundheitsstörungen bzw. Rehabilitation unterscheidet die **Internationale Klassifikation der Funktionsfähigkeit, Behinderung und Gesundheit** (International Classification of Functioning [ICF]) der WHO mit ihrem bio-psycho-sozialen Modell (DIMIDI 2005) vergleichbar mit den Theorieansätzen zur Person-Umwelt-Interaktion zwischen **Umweltfaktoren** (materiell, sozial und verhaltensbezogen) und **personenbezogenen Faktoren** (Alter, Geschlecht, Motivation und Lebensstil).

Das Theoriemodell der Rehabilitation von Gerdes und Weis (2000) differenziert zusätzlich die persönlichen Ressourcen in psychische Ressourcen (Motivation, psychische Stabilität und Copingstrategien) und soziale Ressourcen (soziales Netz, ökonomische Situation und soziale Sicherung), beschreibt dieselben näher und rückt sie in die unmittelbare Nähe des sog. »Bewältigungsprozesses« eines Gesundheitsschadens bzw. einer entsprechenden Störung, der wiederum Voraussetzung für Aktivität bzw. erfolgreiche Teilhabe ist (Abb. 18.1).

Ausschlaggebend für den hier vorliegenden Zusammenhang ist, dass der Bewältigungsprozess – analog zur o. g. Mediatorvariable »Proactive Behavior« – als eine **aktive Auseinandersetzung** der Person mit sich selbst unter Berücksichtigung der zugehörigen Umgebung verstanden wird. Den persönlichen Ressourcen oder auch Persönlichkeitsfaktoren als die eine Person hinsichtlich ihres Denkens und Handelns individuell auszeichnenden Aspekte kommt an dieser Stelle eine primäre Bedeutung zu. Ein in diesem Sinne verstandener aktiver Bewältigungsprozess, der in Aktivität und Teilhabe, sprich in einer erfolgreichen Reintegration endet, wird maßgeblich durch die persönlichen Ressourcen bzw. durch die subjektiv-kognitive Bewertung des Einzelnen im Sinne Lazarus' beeinflusst bzw. gesteuert. Hier spiegelt sich ausdrücklich die Relevanz einer expliziten Beachtung dieser Faktoren in Form einer angemessenen Identifizierung bzw. Diagnostik und der Anwendung ggf. notwendiger therapeutischer Maßnahmen im Kontext von beruflicher Rehabilitation bzw. Reintegration wider.

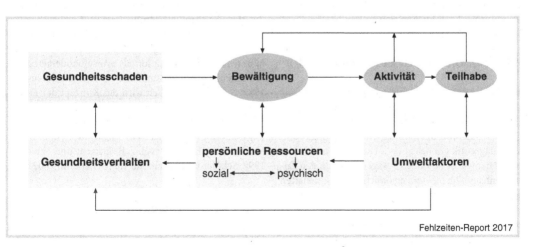

 Abb. 18.1 Theoriemodell der Rehabilitation (mod. nach Gerdes und Weis 2000)

18.4 Ausgewählte empirische Befunde zum Einfluss von Persönlichkeitseigenschaften im Arbeits- und Rehabilitationskontext

Dieser Passungsproblematik unter besonderer Beachtung der Person und ihren individuellen Prädispositionen kommt aus psychologischer Perspektive (aus der Differenziellen und Persönlichkeitspsychologie bzw. der Eignungsdiagnostik und Personalpsychologie) schon seit den 1960er Jahre ausgeprägte wissenschaftliche Aufmerksamkeit zu. Obwohl nun mit dem bio-psycho-sozialen Modell der WHO dem (internationalen) Rehabilitationsbegriff ebenfalls ein weitgehend kybernetisches Verständnis der Prozesse zwischen Person, Umwelt, Krankheit, Teilhabe und Krankheitsbewältigungsprozessen zugrunde liegt, finden die Persönlichkeitsfaktoren (psychologischen Variablen) in Theorie und Praxis der beruflichen Rehabilitation bisher keine standardisierte Berücksichtigung. Tatsächlich sind hier jedoch Gründe und Ursachen zu vermuten, die die unterschiedliche Bewältigung der Lebenskrise Krankheit bzw. (drohende) Behinderung und Arbeitsverlust bzw. -veränderung erklären. Darüber hinaus handelt es sich bei den psychologischen Variablen um Aspekte, die im Setting der beruflichen Rehabilitation aktiv unterstützt werden können. So liefert die aktuell vorliegende Literatur – bei zugestandener heterogener Befundlage – deutliche Hinweise für die Bedeutsamkeit psychologischer Variablen im Kontext beruflicher Rehabilitation und Reintegration. Im Folgenden werden zunächst ausgewählte Befunde aus der Arbeitspsychologie aufgegriffen. Die Darstellung von Befunden zur beruflichen Reintegration – insbesondere unter Berücksichtigung von zweijährigen Umschulungsmaßnahmen in einem Berufsförderungswerk – schließen sich an.

18.4.1 Eignungs- und Berufsdiagnostik

Der Einfluss von Persönlichkeitseigenschaften auf die Arbeitsleistung ist mit entsprechenden Forschungsergebnissen bzw. Metaanalysen insbesondere für den Bereich der differenzialpsychologischen Eignungs- und Berufsdiagnostik gut belegt (vgl. Hülsheger und Maier 2008). Hier wurde besonderes Augenmerk auf den Zusammenhang allgemeiner Persönlichkeitseigenschaften wie Gewissenhaftigkeit, Neurotizismus, Offenheit für Erfahrungen, Extraversion/Geselligkeit und Verträglichkeit, auch bekannt als die Big Five (Costa und McCrae 1992), mit berufsrelevanten Konstrukten wie Berufszufriedenheit, Führungsfähigkeit oder Motivation

gelegt (Judge et al. 2002; Bono und Judge 2003). Le et al. (2011) stellten in ihrer Studie zu emotionaler Stabilität (Ausgeglichenheit oder Neurotizismus) und Gewissenhaftigkeit fest, dass im Zusammenhang mit sehr anspruchsvollen Tätigkeiten das Leistungsniveau mit zunehmenden Werten für Gewissenhaftigkeit und Stabilität steigt. Für eher durchschnittlich beanspruchte Tätigkeiten gilt, dass es eine jeweilige Optimalausprägung für die einzelnen Dimensionen gibt. Eine sehr große oder geringe Ausprägung der beiden Merkmale war für beruflichen Erfolg eher abträglich.

Ebenso finden sich empirische Belege für den Einfluss von allgemeiner Selbstwirksamkeit im Arbeitskontext. Bandura (1977) formulierte, eingebettet in den Kontext seiner sozial-kognitiven Lerntheorie, das Konzept der verhaltens- und situationsspezifischen *self-efficacy* [Selbstwirksamkeit] (Fuchs und Schwarzer 1994, S. 141). »*Perceived self-efficacy is defined as people's judgement of their capabilities to organize and execute courses of actions required to attain designated types of performances. It is concerned not with the skills one has but with judgements of what one can do with whatever skills one possesses*" (Bandura 1986, S. 391). Schon seit den 80er Jahren belegt eine Vielzahl empirischer Untersuchungen den Zusammenhang von (allgemeiner) Selbstwirksamkeit und beruflicher Laufbahn (Abele et al. 2000). Abele und Spurk (2009) konnten in verschiedenen, zum Teil längsschnittlichen Untersuchungen im akademischen Kontext den Einfluss von beruflicher Selbstwirksamkeit auf den Berufserfolg (Gehalt, Status, Karrierezufriedenheit etc.) nachweisen.

Darüber hinaus schlägt sich die Bedeutsamkeit von Leistungsmotivation als eine »globale Verhaltensorientierung« (Schuler und Prochaska 2001) im Arbeits- und Berufskontext in einer langen Forschungstradition nieder. Heckhausen (1989) verweist auf Murray, der »Leistung als Motiv« (*need for achievement*) schon 1938 auf seiner »Liste von Bedürfnissen« hatte. McClelland und Kollegen definierten in den 1950er Jahren Leistungsmotivation als »Auseinandersetzung mit einem Tüchtigkeitsmaßstab« (zit. n. Heckhausen 1989, S. 231). Tatsächlich wird das Konzept der Leistungsmotivation in der Literatur neben kognitiven Fähigkeiten und Fachwissen als wichtigstes berufserfolgsrelevantes Merkmal bzw. wichtigste Gruppe von Merkmalen diskutiert (vgl. z. B. Eckardt und Schuler 1992; Schuler und Prochaska 2000; Niemann 2002).

18.4.2 Arbeitslosigkeit

Studien zum Einfluss von Persönlichkeitsaspekten im Zusammenhang mit Arbeitslosigkeit weisen auf vergleichbare Befunde hin. Exemplarisch sei hier das Konzept der Zentralen Selbstbewertungen genannt. Dabei handelt es sich um ein Persönlichkeitskonstrukt höherer Ordnung (vgl. Judge et al. 1997), das für die konzeptuelle wie empirische Überlappung der folgenden vier Dispositionen steht: Neurotizismus, Selbstwertgefühl, Selbstwirksamkeit und Kontrollüberzeugung (Stumpp et al. 2010). Wanberg und Kollegen (2005) wiesen in ihrer längsschnittlichen Studie die Bedeutsamkeit der eigenen Selbstbewertung bei der Intensität der Jobsuche von Arbeitslosen nach. »*Second, our study also found that core self-evaluation is related to persistence in job search. Positive self-concept, consisting of higher self-esteem, generalized self-efficacy, perceived control, and emotional stability, seems to help individuals continue to look for a job despite possible rejections along the way*« (S. 425). Uhlendorff (2004) konnte in einer Untersuchung des Einflusses von Persönlichkeitseigenschaften und sozialen Ressourcen auf die Dauer von Arbeitslosigkeit anhand des Sozioökonomischen Panels (SOEP) nachweisen, dass Personen in den alten Bundesländern, »die eine interne Kontrollüberzeugung aufweisen, mit einer um 17 Prozent erhöhten Wahrscheinlichkeit eine Erwerbstätigkeit auf[nehmen] als Personen, die nicht davon überzeugt sind, die Folgen ihres Handelns weitgehend selbst bestimmen zu können« (S. 299).

Darüber hinaus haben Stress und empfundene Belastung bzw. Stressverarbeitungs- und Copingstrategien eine besondere Bedeutung für die hier behandelte Thematik. Diese leitet sich unmittelbar aus den erläuterten Zusammenhängen zur Passung von individuellen Voraussetzungen einer Person und den an diese gestellten Anforderungen aus der Umwelt bzw. Arbeitsumgebung ab. Nicht-Passung von Personenvoraussetzungen und Umweltanforderungen in Kombination mit maladaptiven Bewältigungsstrategien bzw. fehlenden positiven Copingstrategien führen zu Belastung bzw. zur Entwicklung von Krankheiten und deren Aufrechterhaltung. So finden Solove, Fisher und Kraiger (2014) in ihrer längsschnittlichen Studie zu Copingstrategien von Arbeitslosen bzgl. deren Umgang mit Jobverlust und Reintegration Belege dafür, dass Betroffene, die über eine höhere Selbstachtung und eine ausgeprägter empfundene soziale Unterstützung – im Sinne einer positiven Stressverarbeitungsstrategie – verfügen, innerhalb von drei Monaten eher wieder über ein Arbeitsverhältnis verfügen.

18.4.3 Berufliche Reintegration

Studien zum beruflichen Reintegrationserfolg thematisieren darüber hinaus den Einfluss von Variablen, die eher auf die Motivation bzw. Persönlichkeit der Umschulungsteilnehmer ausgerichtet sind. Köster, Fehr und Slesina (2007) weisen in ihrer Studie mit 177 Rehabilitanden aus drei Berufsförderungswerken die Bedeutsamkeit von Kontrollüberzeugung und sozialer Unterstützung für eine erfolgreiche Wiedereingliederung nach. Kontrollüberzeugung und das Empfinden sozialer Unterstützung haben als adaptive (positive) Stressverarbeitungsweisen eine maßgebliche Bedeutung für die berufliche Rehabilitation. Zu vergleichbaren Ergebnissen kam Reithmayr (2008) bzgl. der Bedeutsamkeit von sozialer Unterstützung.

Analog dazu konnte Flach (2012) in seiner Untersuchung mit 326 Teilnehmern aus drei Berufsförderungswerken nachweisen, dass eine positive Erwartungshaltung des Teilnehmers dahingehend, nach der Umschulung tatsächlich einen Arbeitsplatz zu bekommen, den eigentlichen Reintegrationserfolg beeinflusst. In diesem Sinne gibt es auch erste Belege dafür, dass die Einschätzung der eigenen beruflichen Selbstwirksamkeit der Teilnehmer – analog zum Umschulungserfolg – Einfluss auf die berufliche Wiedereingliederung nimmt. In diesem Sinne konnte Pfeiffer (2000) ebenfalls in ihrer Studie die Bedeutsamkeit von allgemeiner Selbstwirksamkeit für den erfolgreichen Abschluss einer Umschulung in einem Beförderungswerk nachweisen.

Arling, Griesbach, Zimmermann und Spijkers (2008) belegten in einer qualitativ ausgerichteten Studie mit 37 Absolventen einer beruflichen Umschulungsmaßnahme ebenfalls, dass berufliche Selbstwirksamkeit und interne Kontrollüberzeugung maßgeblich Unterschiede zwischen den Rehabilitationsteilnehmern bzgl. ihres Reintegrationserfolges erklärten.

Schmidt (2007) kam in seiner Studie mit 308 Teilnehmern aus sieben Berufsförderungswerken zu dem Ergebnis, dass Teilnehmer mit einer hohen Selbstwirksamkeit und einer proaktiven Einstellung bei der Stellensuche tendenziell erfolgreicher sind.

Belege für die Bedeutsamkeit von Leistungsmotivation (Schuler und Prochaska 2001) im Kontext von beruflicher Rehabilitation fanden Arling, Dücomy und Spijkers (2007) in einer Studie zum Vergleich von Umschulungsmaßnahmen, die einerseits in Form von Tele-Tutoring-Lehrgängen und andererseits im Standardformat in der Umschulungseinrichtung vor Ort abgehalten wurden. Teilnehmerinnen, die ihre Umschulungsmaßnahme im Rahmen eines Tele-Tutoring-Lehrgangs absolvierten, zeichneten sich gegenüber Teilnehmer und Teilnehmerinnen des Präsenzlehrgangs in einem Berufsförderungswerk durch eine ausgeprägtere Leistungsmotivation aus. Darüber hinaus wiesen die Tele-Tutoring-Lehrgänge höhere Wiedereingliederungsquoten als die Präsenzlehrgänge auf (vgl. auch Arling et al. 2006; Arling et al. 2004).

In einer weiteren Studie von Arling, Slavchova, Knispel und Spijkers (2016) wurde der Einfluss von ausgewählten Persönlichkeitsaspekten auf die berufliche Wiedereingliederung über drei Messzeitpunkte erhoben (t_1: Umschulungsbeginn; t_2: Umschulungsende, t_3: Verbleib sechs Monate nach Umschulungsende). An dieser Längsschnittuntersuchung mit drei Erhebungszeitpunkten über 2,5 Jahre beteiligten sich 15 Berufsförderungswerke mit 605 Teilnehmern. Es erwiesen sich unterschiedliche Aspekte für eine unmittelbare Reintegration nach Maßnahmeabschluss (t_2) und eine Integration sechs Monate später (t_3) als relevant. Analog dazu wurden zu t_1 andere Variablen für eine Reintegration bedeutsam als zu t_2. Bei Maßnahmenende (t_2) waren ca. 24 Prozent der Teilnehmer erwerbstätig. Anhand regressionsanalytischer Berechnungen konnten Aspekte der beruflichen Selbstwirksamkeit bzw. der Selbstbewertung als relevant für eine unmittelbare Reintegration identifiziert werden. Tatsächlich beeinflusste eine höher ausgeprägte berufliche Selbstwirksamkeit der Teilnehmer zu Beginn der Umschulung (t_1) die unmittelbare Integration auf den allgemeinen Arbeitsmarkt nach zwei Jahren Umschulung positiv. Hingegen beeinflussten die Einschätzung des eigenen Selbstwerts bzw. die Chancen auf eine Wiedereingliederung die unmittelbare Reintegration erst mit Erfassung zum Umschulungsende (t_2) positiv. Sechs Monate nach Maßnahmeabschluss (t_3) waren ca. 70 Prozent der Teilnehmer in Arbeit. Hier erwiesen sich verschiedene Stressverarbeitungsstrategien und ebenfalls die positive Einschätzung der eigenen Wiedereingliederungschancen, erhoben zum Umschulungsende (t_2), als bedeutsam für einen nachhaltigen Verbleib (über sechs Monate) auf dem allgemeinen Arbeitsmarkt. Bezüglich der Einschätzung der eigenen Wiedereingliederungschancen konnte über den Maßnahmenverlauf hinweg zusätzlich festgestellt werden, dass – im Sinne einer Anpassung an Arbeitsrealität – die Einschätzung der letztendlich vermittelten Teilnehmer über die Zeit der Umschulung stieg, während dieselbe für die zu Umschulungsende nicht vermittelten Teilnehmer über die zweijährige Maßnahme hinweg gesunken war.

18.5 Fazit

Die Bedeutsamkeit von Persönlichkeit und Motivation konnte für die berufliche Rehabilitation analog zu den Ergebnissen der differenzialpsychologischen Eignungsdiagnostik und einzelnen rehabilitationsspezifischen

Studienergebnissen belegt werden. Versteht man den Rehabilitationsprozess als aktiven Bewältigungsprozess, so unterstützt dieses Ergebnis das Verständnis der WHO, die mit dem bio-psycho-sozialen Modell – analog zum Krankheitsfolgemodell (Gerdes und Weis 2000) – den sog. persönlichen Faktoren (Selbstwirksamkeit, Copingstrategien etc.) in diesem Zusammenhang einen ganz wesentlichen Einfluss zuspricht. In diesem Sinne spiegelt sich in diesen Ergebnissen auch die ursprüngliche These Lazarus' (1966) bzgl. des maßgeblichen Einflusses der »subjektiven Bewertung« einer belastenden Situation durch eine Person bzw. die Bedeutsamkeit der »subjektiven Person-Umwelt-Passung« wider (vgl. Edwards et al. 1988).

In diesem Sinne gilt es, die entsprechenden Strategien bei den Betroffenen zu identifizieren, da zunächst davon ausgegangen werden muss, dass der gegebene Rehabilitationsbedarf aus einer mangelnden Passung resultiert, die höchstwahrscheinlich mit einer zusätzlichen Belastung aufgrund fehlender bzw. nicht angemessener Stressverarbeitungs- bzw. Copingstrategien einhergeht. Darüber hinaus sollte im Sinne Lazarus' (1966), der die kognitive Komponente bzw. die subjektive Bewertung im Rahmen von Stressempfinden und -erleben betont, der Rehabilitationsverlauf des Teilnehmers positiv beeinflusst werden, indem entsprechende Strategien bewusst gemacht bzw. kognitiv umstrukturiert werden. Individuen mit proaktiver Stressbewältigung haben eine klare Vorstellung von ihrer Zukunft, die nicht aus Bedrohungen, Verletzungen oder Verlusten besteht, sondern aus Risiken, Anforderungen und Möglichkeiten (Greenglass 2002). Proaktive Stressbewältigung bedeutet, dass eine Person potenzielle Stressoren antizipiert oder entdeckt und sich so verhält, dass diese vermieden werden können (Greenglass et al. 1999).

Hinsichtlich der einleitend dargelegten gesetzlichen Forderungen, wie sie im SGB IX verankert sind, und unter Berücksichtigung der durch die Fachgruppe RehaFutur formulierten Empfehlungen lassen sich darüber hinaus folgende Schlussfolgerungen für die Praxisrelevanz von Persönlichkeitsfaktoren für die berufliche Rehabilitation ziehen: Erstens ist die Erfassung von persönlichen und motivationalen Aspekten einer Person Voraussetzung für eine individuelle Maßnahmengestaltung durch den Leistungserbringer, wie es das SGB IX fordert[2], zweitens ist die bewusste Reflexion entsprechender Einstellungen Voraussetzung für eine **selbstbestimmte und eigenverantwortliche**

---

2 Es gilt den Betroffenen bzgl. Teilhabe am Arbeitsleben und am Leben in der Gesellschaft gemäß seinen Neigungen und Fähigkeiten angemessen zu fördern (SGB IX, § 4 Abs. 3 und 4).

Teilhabe des Leistungsnehmers, wie sie von der Fachgruppe RehaFutur[3] empfohlen wurde.

Das heißt, wo der Teilnehmer angehalten ist, sich verstärkt gegenüber persönlichkeits- und motivationsrelevanten Aspekten zu öffnen, sollten die anleitenden und betreuenden Psychologen, Arbeitspädagogen etc. die standardisierte Selbstreflexion des Teilnehmers anregen und unterstützen.

Literatur

Abele AE, Spurk D (2009) The longitudinal impact of self-efficacy and career goals on objective and subjective career success. Journal of Vocational Behavior 74:53–62

Abele AE, Stief M, Andrä MS (2000) Zur ökonomischen Erfassung beruflicher Selbstwirksamkeitserwartungen – Neukonstruktion einer BSW-Skala. Zeitschrift für Arbeits- und Organisationspsychologie 44 (3):145–151

Adams H (2007) Bausteine der Politik. VS Verlag für Sozialwissenschaften, Wiesbaden

Arling V, Blume S, Spijkers W (2004) Evaluation eines Tele-Tutoring-Lehrgangs für Rehabilitanden. In: Stach M, Stein R (Hrsg) Berufliche Rehabilitation in Netzwerken und mit Hilfe neuer Medien. Bertelsmann, Bielefeld, S 81–91

Arling V, Dücomy J, Heßeler C et al (2006) Teilnehmervoraussetzungen für Tele-Tutoring – Ansätze zur Identifikation kognitiver Kriterien. In: Schulz M, Breyer H, Neusius AA (Hrsg) Fernausbildung geht weiter – Neue Beiträge zur Weiterentwicklung technologiegestützter Bildung aus pädagogisch-didaktischer Perspektive. ZIEL, Augsburg, S 289–304

Arling V, Dücomy J, Spijkers W (2007) Tele-Tutoring in der beruflichen Rehabilitation–Identifikation motivationaler Kriterien als Teilnehmervoraussetzungen. In: Stach M, Stein R (Hrsg) Berufliche Rehabilitation, Innovation und soziale Integration. Bertelsmann, Bielefeld, S 19–35

Arling V, Griesbach A, Zimmermann M, Spijkers W (2008) Wiedereingliederung von Bürokaufleuten nach der beruflichen Rehabilitation – Eine Analyse personenbezogener Faktoren. In: Deutsche Rentenversicherung Bund (Hrsg) 17. Rehabilitationswissenschaftliches Kolloquium, Bd. 77. H. Heenemann, Berlin, S 261–263

Arling V, Slavchova V, Knispel, J Spijkers W (2016) Die Bedeutsamkeit von Persönlichkeitsfaktoren für den beruflichen Rehabilitationserfolg. Die Rehabilitation 55:6–11

Bandura A (1977) Self-efficacy: Towards a unifying theory of behavioral change. Psychological Review 84 (2):191–215

Bandura A (1986) Social foundations of thought and action. A social cognitive theory. Prentice-Hall, Inc., Englewood Cliffs, New Jersey

Bono JE, Judge TA (2003) Core self-evaluations: A review of the trait and its role in job satisfaction and job performance. European Journal of Personality 17:5–18

Brockmann J (2012) Schwerbehindertenrecht, Arbeitsmarkt und Rehabilitation. In: Thomann KD, Losch E, Nieder P (Hrsg) Begutachtung im Schwerbehindertenrecht. Grundlagen, Begutachtungsrichtlinien, Versorgungsmedizin-Verordnung. Grundlagen der medizinischen Begutachtung. 1. Aufl. Referenz-Verlag, Frankfurt am Main, S 199–230

Bundesanstalt für Arbeit (2002) Teilhabe durch berufliche Rehabilitation. Handbuch für Beratung, Förderung, Aus- und Weiterbildung. BW Bildung und Wissen Verlag und Software GmbH, Nürnberg

Bundesministerium für Arbeit und Soziales (2013) Teilhabebericht der Bundesregierung über die Lebenslagen von Menschen mit Beeinträchtigungen. Teilhabe – Beeinträchtigung – Behinderung. Bundesministerium für Arbeit und Soziales, Bonn

Bundesverband Deutsche Berufsförderungswerke (2014) RehaAssessment. http://www.bv-bfw.de/alltags-sprache/wir-fuer-menschen/unsere-leistungen/reha-assessment.html. Gesehen 14 Jul 2015

Costa PT, McCrae RR (1992) NEO PI-R Professional Manual. Psychological Assessment Resources, Odessa (FL)

Deutsche Berufsförderungswerke (2015) RehaAssessment in den Berufsförderungswerken. http://www.rehaassessment.de/e2_definition.html. Gesehen 15 Jul 2015

Deutsche Rentenversicherung Bund (2014) Reha Bericht. H. Heenemann, Berlin

DIMIDI (2005) ICF – Internationale Klassifikation der Funktionsfähigkeit, Behinderung und Gesundheit. Deutsches Institut für Medizinische Dokumentation und Information, Köln

DRV Baden-Württemberg (2015) Rehabroschüre. Erfolgsbeispiele aus Baden-Württemberg. http://www.deutsche-rentenversicherung.de/BadenWuerttemberg/de/Inhalt/Allgemeines/Downloads/Nachrichten/Rehabroschuere_Erfolgsbeispiele-aus-BW.pdf?__blob=publicationFile&v=6. Gesehen 05 Mai 2017

Eckardt HH, Schuler H (1992) Berufseignungsdiagnostik. In: Jäger RS, Petermann F (Hrsg) Psychologische Diagnostik. Psychologie Verlags Union, Weinheim, S 533–551

Edwards JR, Caplan RD, Harrison RV (1998) Person-environment fit theory: Conceptual foundations, empirical evidence, and directions for future research. In: Cooper CL (Hrsg) Theories of organizational stress. Oxford University Press, Oxford, pp 28–67

Ellger-Rüttgardt S, Karbe H, Niehaus M et al (2009) Stellungsnahme der wissenschaftlichen Fachgrupp RehaFutur zur Zukunft der beruflichen Rehabilitation in Deutschland. Deutsche Akademie für Rehabilitation im Auftrag des BMAS, Bonn

Flach T (2012) Der Einfluss von Erwartungshaltungen auf den Übergang in den Arbeitsmarkt nach beruflicher Rehabilitation. Dissertation. Otto-Friedrich-Universität, Bamberg. http://d-nb.info/105843618X/34. Gesehen 15 Jul 2015

French JR, Rodgers WL, Cobb S (1974) Adjustment as person-environment fit . In: Coelho G, Hamburg D, Adams J (ed) Coping and adaption, Basic Books, New York, pp 316–33

---

3 »Leistungen zur Teilhabe am Arbeitsleben orientieren sich daran, was individuell getan werden muss, um den Leistungsberechtigten dazu zu befähigen, seine eigene Entwicklung soweit wie möglich selbst zu steuern sowie eigenständig und verantwortungsbewusst in die Hand zu nehmen.« (Fachgruppe RehaFutur; Ellger-Rüttgardt et al. 2009, S. 77)

Fuchs R, Schwarzer R (1994) Selbstwirksamkeit zur sportlichen Aktivität: Reliabilität und Validität eines neuen Meßinstruments. Zeitschrift für Differentielle und Diagnostische Psychologie 15(3):141–154

Gerdes N, Weis J (2000) Zur Theorie der Rehabilitation. In: Bengel J, Koch U (Hrsg) Grundlagen der Rehabilitationswissenschaften. Springer, Berlin, S 41–68

Grant AM, Fried Y, Juillerat T (2011) Work matters: Job design in classic and contemporary perspectives. In: Zedeck S (ed) APA Handbook of industrial and organizational psychology, American Psychological Association, Washington, pp 417–453

Greenglass E (2002) Chapter 3: Proactive Coping. In: Frydenberg E (ed) Beyond coping: Meeting goals, vision and challenge. Oxford University Press, London, pp 37–62

Greenglass E, Schwarzer R, Jakubiec D et al (1999) The Proactive Coping Inventory (PCI). A multidimensioneal research instrument. http://www.psych.yorku.ca/greenglass/pdf/1999-PCI-Paper-Cracow-Poland.pdf. Gesehen 15 Jul 2015

Grönemeyer DH (2001) Medizin in Deutschland. Standort mit Zukunft. ABW Wiss.-Verlag, Berlin

Harrison RV (1978) Person-environment fit and job stress. In: Cooper CL, Payne R (ed) Stress at work. Wiley, New York

Heckhausen H (1989) Motivation und Handeln. Springer, Berlin

Hülsheger UR, Maier GW (2008) Persönlichkeitseigenschaften, Intelligenz und Erfolg im Beruf. Psychologische Rundschau 59 (2):108–122

Jahoda M (1995) Wieviel Arbeit braucht der Mensch? Arbeit und Arbeitslosigkeit im 20. Jahrhundert. Beltz, Weinheim

Jahoda M, Lazarsfeld PF, Zeisel H (1975) Die Arbeitslosen von Marienthal – Ein soziographischer Versuch. Suhrkamp, Frankfurt am Main

Jochheim KA (1995) Historische Entwicklung der Rehabilitation. In: Schmidt KL (Hrsg) Lehrbuch der physikalischen Medizin und Rehabilitation. Urban und Fischer, München

Judge TA, Locke EA, Durham CC (1997) The dispositional causes of job satisfaction: A core evaluations approach. Research in Organizational Behavior 19:151–188

Judge T, Heller D, Mount MK (2002) Five-factor model of personality and job satisfaction: A meta-analysis. J Appl Psychol 87 (3):530–541

Judge TA, Erez A, Bono J E et al (2003) The core self-evaluations scale: Development of a measure. Personnel Psychology 56:303–331

Köster T, Fehr M, Slesina W (2007) Zur Eingliederung von Rehabilitanden in das Erwerbsleben nach Umschulung in Berufsförderungswerken – ein Prognosemodell. Die Rehabilitation 46 (5):258–265

Lazarus RS (1966) Psychological stress and the coping process. McGraw-Hill, New York

Le H, Oh IS, Robbins SB et al (2011) Too much of a good thing: Curvilinear Relationships between personality traits and job performance. J Appl Psychol 96 (1):113–133

Lühring H, Seibel HD (1981) Beanspruchung durch die Arbeit und psychische Gesundheit: Auswirkungen von Diskrepanzen zwischen Arbeitserfahrungen und Arbeitserwartungen bei Industriearbeitern. Zeitschrift für Soziologie 10 (4):395–412

McClelland DC, Atkinson JW, Clark RA, Lowell EL (1953) The achievement motive. Appelton-Century Crofts, New York

Mead GH (1968) Geist, Identität und Gesellschaft. Suhrkamp, Frankfurt am Main

Niemann F (2002) Leistungsmotivationsinventar (LMI). In Kanning UP, Holling H (Hrsg) Handbuch personaldiagnostischer Instrumente. Hogrefe, Göttingen, S 373–379

Paul KI, Moser K (2009) Unemployment impairs mental health: Meta-analyses. Journal of Vocational Behavior 74:264–282

Pfeiffer I (2000) Berufliche Umorientierung. Ressourcen und Risikofaktoren zum Umschulungserfolg im Kontext der beruflichen Rehabilitation [Dissertation]. Freie Universität Berlin, Berlin

PflegeWiki (2014) Sozialhilfeträger. www.pflegewiki.de/wiki/sozialhilfeträger. Gesehen 16 Jul 2015

Rehavision (2009) Arbeitsgemeinschaft Deutscher Berufsförderungswerke. http://www.arge-bfw.de. Gesehen 08 Jul 2011

Reithmayr K (2008) Soziale Unterstützung. ein Erfolgsfaktor für den beruflichen Wiedereinstieg nach einer beruflichen Rehabilitation? Dissertation. Universität zu Köln. http://kups.ub.uni-koeln.de/2484/. Gesehen 15 Jul 2015

Riedel HP, Ellger-Rüttgardt S, Karbe H et al (2009) Die Zukunft der beruflichen Rehabilitation Erwachsener gestalten: Acht Handlungsfelder als Ausgangspunkt für einen akteursübergreifenden Innovationsprozess. Rehabilitation 48:375–382

Schmidt C (2007) Einfluss personaler Faktoren auf Bewerbungsaktivitäten und Integrationserfolg von Umschulungsteilnehmerinnen und -teilnehmern. In: Deutsche Rentenversicherung Bund (Hrsg) 16. Rehawissenschaftliches Kolloquium, Bd. 72. DRV Bund, Berlin, S 294–297

Schuler H, Prochaska M (2000) Entwicklung und Konstruktvalidierung eines berufsbezogenen Leistungsmotivationstests. Diagnostica 46 (2):61–72

Schuler H, Prochaska M (2001) Leistungsmotivationsinventar (LMI) – Dimensionen berufsbezogener Leistungsorientierung. Hogrefe, Göttingen

Selye H (1956) The Stress of Life. McGraw-Hill Book Company, New York

Solove E, Fisher GG, Kraiger K (2014) Coping with job loss and reemployment: A two-wave study. Journal of Business Psychology, DOI 10.1007/s10869-014-9380-7./s10869-014-9380-7

Sozialgesetzbuch (2006) Sozialgesetzbuch Bücher I–XII. dtv, München

Stumpp T, Muck PM, Hülsheger U et al (2010) Core self-evaluations in Germany: Validation of a German measure and its relationships with career success. J Appl Psychol 59 (4):674–700

Uhlendorff A (2004) Der Einfluss von Persönlichkeitseigenschaften und sozialen Ressourcen auf die Arbeitslosigkeitsdauer. Kölner Zeitschrift für Soziologie und Sozialpsychologie 6 (2):279–303

Wanberg CR, Glomb TM, Song Z, Sorensen S, (2005) Job-search persistence during unemployment: A 10-wave longitudinal study. J Appl Psychol 90 (3):411–430

18

Persönliche und berufliche Krisen meistern: Interventionen der Positiven Psychologie als Bereicherung für Stressmanagement-Kurse

D. Blickhan, D. John, A. Scheder

B. Badura et al. (Hrsg.) *Fehlzeiten-Report 2017*,
DOI 10.1007/978-3-662-54632-1_19, © Springer-Verlag GmbH Deutschland 2017

Zusammenfassung *Stressmanagement-Kurse in der Betrieblichen Gesundheitsförderung lassen sich wirkungsvoll durch Methoden der Positiven Psychologie anreichern. Die Positive Psychologie ist ein neues, sich schnell entwickelndes Forschungsgebiet der wissenschaftlichen Psychologie und befasst sich mit Faktoren gelingenden Lebens und Arbeitens. Dieser Beitrag skizziert theoretische Grundlagen und ausgewählte Befunde der Positiven Psychologie, um Anwendungsmöglichkeiten im betrieblichen Stressmanagement aufzuzeigen. Im empirischen Teil werden Evaluationsergebnisse eines Stressmanagementkurses berichtet, der auf Grundlage der Positiven Psychologie durch das Inntal Institut entwickelt wurde. Der Kurs **Gut mit sich umgehen: Stressbewältigung mit Methoden der Positiven Psychologie** wird durch die AOK Bayern in der Betrieblichen Gesundheitsförderung eingesetzt. Ziel des Kurses ist die Förderung individuellen Wohlbefindens als Grundlage erfolgreicher Stressbewältigung und gleichzeitig die Prävention von Depression und Burnout. Die Ergebnisse einer quantitativen Evaluation mit 77 Personen belegen die gesundheitsförderliche Wirksamkeit der im Kurs eingesetzten Methoden der Positiven Psychologie auf eine Reihe psychischer Variablen. In der abschließenden Diskussion wird erörtert, wie alltagstaugliche Übungen der Positiven Psychologie die individuelle Stressresistenz erhöhen können und so dabei unterstützen, persönliche und berufliche Krisen gut zu meistern.*

19.1 Einleitung: Positive Psychologie

Die Positive Psychologie ist ein neues, sich schnell entwickelndes Forschungsgebiet der wissenschaftlichen Psychologie. Ziel der Forschung ist es, Faktoren gelingenden Lebens und Arbeitens zu untersuchen, zu beschreiben und zu fördern, zum Beispiel Wohlbefinden, Stärken, Lebens- und Arbeitszufriedenheit. Ein zentrales Konzept der Positiven Psychologie ist *Flourishing*, also Aufblühen (Seligman 2011). Ein wichtiges Ziel der Positiven Psychologie ist es, wirksame und alltagstaugliche Interventionsmethoden zu entwickeln, um sowohl klinische als auch nicht-klinische Zielgruppen im »gelingenden Leben« unterstützen. In diesem Beitrag werden Forschungsergebnisse der Positiven Psychologie und der psychologischen Stressforschung dargestellt und daraus Implikationen für die innovative Konzeption von Stressmanagement-Kursen abgeleitet. Der Kurs »Gut mit sich umgehen: Stressbewältigung mit Methoden der Positiven Psychologie« (Blickhan 2014) ist ein Beispiel für die sinnvolle Anreicherung von Konzepten zur Stressbewältigung mit Interventionsmethoden der Positiven Psychologie. Der Kurs wird durch die AOK Bayern in Betrieben durchgeführt. Wesentliche Inhalte dieses Kurses und Ergebnisse seiner Evaluation werden anschließend beschrieben.

19.1.1 Positive Psychologie: Einsatzmöglichkeiten im betrieblichen Stressmanagement

Im Handlungsfeld Stressmanagement nach dem individuellen Ansatz und dem Handlungsfeld gesundheitsförderlicher Arbeits- und Lebensstil (Präventionsprinzip Stressbewältigung und Ressourcenstärkung) des GKV-Leitfadens Prävention haben sich multimodale Stressmanagementkurse aufgrund guter Wirksamkeitsbelege etabliert. Beispielsweise konnte Kaluza (1997) zeigen, dass Teilnehmende von einem mehrwöchigen Stressmanagementkurs profitieren und dieser stressreduzierende Effekt auch noch nach

Kursabschluss anhält (Kaluza 1997; John et al. 2016). In ihrer Metaanalyse kommen van der Klink, Blonk, Schene und Dijk (2001) zum Ergebnis, dass die Wirkungen multimodaler Stressmanagementkurse eine mittlere Effektstärke erreichen. Inhaltlich zielen multimodale Stressmanagementkurse gemäß Leitfaden Prävention darauf ab, das Erleben von Stress auf verschiedenen Ebenen (instrumentell, kognitiv und palliativ-regenerativ) präventiv zu verhindern bzw. palliativ zu reduzieren: **Instrumentelles Stressmanagement** bezieht sich auf Strategien, die verhindern sollen, dass Stressoren überhaupt auftreten. Die Stressbelastung soll somit proaktiv verhindert werden. Beispiele hierfür sind Maßnahmen zur Optimierung der zeitlichen Alltagsgestaltung sowie Interventionen zur Verbesserung der kommunikativen Fähigkeiten und Problemlösungskompetenzen. Ziel des **kognitiven Stressmanagements** ist die Reflexion von Bewertungsmustern und das funktionale Anpassen bzw. Umstrukturieren von subjektiven Interpretationen von Belastungssituationen. Maßnahmen des **palliativ-regenerativen Stressmanagements** vermitteln schließlich unterschiedliche Methoden der Entspannung wie etwa progressive Muskelentspannung, Autogenes Training oder Achtsamkeit, um die subjektive Belastung in akuten Stresssituationen zu vermindern.

Die theoretische Grundlage multimodaler Stressmanagement-Kurse bildet das **Transaktionale Stressmodell** (Lazarus und Folkman 1984). Es beschreibt Stresserleben als Ergebnis einer negativen Bilanz zwischen Anforderungen und Ressourcen. Stresserleben entsteht als negative Reaktion auf einen Umweltreiz, wenn der Stressor in der primären Bewertung als gefährlich eingeschätzt wird und zusätzlich keine ausreichenden Mittel zu seiner Beseitigung bestehen (sekundäre Bewertung). Ein Kritikpunkt am Transaktionalen Stressmodell ist seine pathogenetische Perspektive: Es beschreibt zwar Risikofaktoren, die Stress verursachen, berücksichtigt aber weniger persönliche Ressourcen, die dem subjektiven Schutz vor Stress dienen (Hobfoll 1989). Dieser Kritikpunkt am Transaktionalen Stressmodell wurde auch in theoretischen Arbeiten zur Resilienz (Bengel und Lyssenko 2012) betont. Resilienz wird dabei verstanden als ein Entwicklungsergebnis, das sich aus dem Vorhandensein oder dem »Einsatz« von Schutzfaktoren in der Auseinandersetzung bzw. der erfolgreichen Bewältigung von Belastungssituationen ergibt. Deshalb setzen Resilienztrainings insbesondere an der Verbesserung von Schutzfaktoren wie beispielsweise der sozialen Unterstützung oder der Selbstwirksamkeit an (Gunkel et al. 2014). Ähnlich wie die Forschung zur Salutogenese und Resilienz wendet sich die Positive

Psychologie gegen eine pathologisierende Perspektive auf die Psyche und damit gegen einen einseitigen Blick auf die Risikofaktoren für psychische Erkrankungen und psychosoziale Belastungen (Seligman 2005).

Die Positive Psychologie untersucht, welche psychologischen Faktoren zu einem guten und lebenswerten Leben beitragen und die psychische Funktionsfähigkeit steigern. Sie wurde als eigenständiger Zweig der wissenschaftlichen Psychologie in den 1990er Jahren begründet. Ihre historischen Wurzeln reichen jedoch weiter zurück, denn zentrale Ideen der Positiven Psychologie wurden bereits von zentralen Vertretern der humanistischen Psychologie wie Carl Rogers und der Motivations- und Handlungspsychologie wie Abraham Maslow formuliert. Die Positive Psychologie umfasst psychologische Theorien und empirische Befunde aus verschiedenen psychologischen Denkschulen und Traditionen, die sich allesamt mit der Frage auseinandersetzen, wie »lebenswertes Leben« gelingen kann (für eine Übersicht s. Blickhan 2015). Zahlreiche empirische Studien im Feld der Positiven Psychologie konnten eine Reihe von psychologischen Ressourcen identifizieren, die Wohlbefinden und Resilienz steigern und somit dazu beitragen, persönliche und berufliche Krisen gut zu meistern. Relevante Beispiele solcher Ressourcen für den beruflichen Alltag sind persönliche Stärken (Peterson und Seligman 2004), Dankbarkeit für die schönen Dinge im Leben (Emmons und Shelton 2002), das Erleben von Flow (Csikszentmihályi 2002) und ein optimistischer Blick in die Zukunft (Carver und Scheier 2005).

Die Positive Psychologie (Seligman und Csikszentmihályi 2000) hat sich als neuer Forschungszweig der Psychologie das Ziel gesetzt, einfache, alltagstaugliche Interventionsmethoden zu entwickeln, die Menschen darin unterstützen, ihre Stärken einzusetzen, Ressourcen und Potenziale voll auszuschöpfen und so – auch in der Auseinandersetzung mit Krisen – ein erfülltes Leben zu führen. Diese Interventionsmethoden lassen sich gut integrieren in multimodale Stressmanagement-Kurse. Im Folgenden werden für das kognitive Stressmanagement zwei Beispiele vorgestellt, in denen »klassische« Übungen aus Stressmanagement-Kursen (Expressives Schreiben und ABC-Analyse) mit Ideen der Positiven Psychologie angereichert werden können.

Beispiel 1: Expressives Schreiben über positive Zukunftserwartungen

Für die Bewältigung von kritischen Lebensereignissen, schwierigen Lebenslagen oder Traumata hat sich im klinisch-therapeutischen Kontext die Methode des expressiven Schreibens bewährt (Pennebaker 2010). Die Methode eignet sich auch für Stressmanagementkurse im nicht-klinischen Bereich, da die schriftliche Auseinandersetzung mit stressauslösenden Situationen die subjektive Stressbelastung reduzieren kann. Die heilsame Wirkung des expressiven Schreibens über belastende Ereignisse liegt in der intensiven gedanklichen Auseinandersetzung mit dem Ereignis und den damit einhergehenden neuen Einsichten begründet. Laura King (2001) ergänzte das expressive Schreiben durch Elemente der Positiven Psychologie und übertrug die Methode auf das Schreiben über positive Ereignisse. In ihrer Studie schrieben die Teilnehmenden über vier Tage hinweg für jeweils 20 Minuten über ihre persönliche positive Zukunftsvorstellung. Dabei sollten die Teilnehmenden davon ausgehen, dass sie bis zum gewählten Zeitpunkt in der Zukunft ihre eigenen Stärken bestmöglich eingesetzt hatten, um ihre persönlichen Ziele zu erreichen. Dieses Schreiben über die eigene bestmögliche Zukunft (*best possible self*) steigerte nicht nur das subjektive Wohlbefinden der Teilnehmenden, sondern hatte positive Effekte auf die Gesundheit, die sogar langfristig signifikant blieben.

Beispiel 2: Gedankenprüfen bei positiven Ereignissen
Im kognitiven Stressmanagement wird häufig die ABC-Methode aus der rational-emotiven Therapie von Albert Ellis (1977) eingesetzt, um dysfunktionale Gedanken zu hinterfragen und an ihrer Stelle funktionale Bewertungsmuster aufzubauen. Diese Methode kann ebenfalls mit Ideen der Positiven Psychologie ergänzt und auf positive Ereignisse übertragen werden (John et al. 2016). Die Übung **Positiv-ABC** wird eingesetzt, um emotional positiv konnotierte Ereignisse bewusster wahrzunehmen: Die Teilnehmenden erinnern sich an ein freudiges Ereignis (Auslösendes Ereignis A: »Wann hatten Sie das letzte Mal ein tolles Erlebnis im Beruf?«) und machen sich im nächsten Schritt bewusst, welche positiven Effekte die Situation auf der Gefühls- und Verhaltensebene ausgelöst hat (Konsequenz C: »Luftsprung, inneres Strahlen«). Danach werden die eigenen Gedanken exploriert, die diese Situation begleitet haben (Bewertung B: »Das habe ich super gemacht«). Dieses Vorgehen führt einerseits dazu, das schöne Ereignis noch einmal in Gedanken zu erleben – was einen positiven Stimmungseffekt produzieren kann –, es macht andererseits aber auch deutlich, wie wichtig Bewertungen und Kognitionen (B) in der Vermittlung von objektiven Ereignissen (A) und den positiven Emotionen als Konsequenzen (C) sind.

19.1.2 Positive Psychologie: Der Praxiskurs »Gut mit sich umgehen«

Der Kurs »Gut mit sich umgehen: Stressbewältigung mit Methoden der Positiven Psychologie« (Blickhan 2014) verknüpft Konzepte und empirisch validierte Interventionsmethoden der Positiven Psychologie mit klassischen Themen und Übungen aus dem betrieblichen Stressmanagement. Die Kursleiter verfügen über eine Grundqualifikation gemäß dem Leitfaden Prävention im Bereich Psychologie, (Sozial-)Pädagogik oder Medizin; der für diesen Beitrag evaluierte Kurs wurde von einer Diplom-Psychologin durchgeführt. Der Kurs richtet sich an gesunde Erwachsene mit dem Ziel, Wohlbefinden zu steigern und das Risiko für Depression und Burnout zu senken. Der Kurs wurde als Präsenztraining in fünf Einheiten zu je drei Stunden konzipiert. Die Einheiten liegen im Abstand von vier Wochen, um den Teilnehmenden ausreichend Gelegenheit zu geben, die vermittelten Übungen im Alltag anwenden zu können. Jede Einheit stellt ein spezifisches Thema der positiven Psychologie und entsprechende Interventionen in den Mittelpunkt. In der ersten Einheit wählen alle Teilnehmenden einen Lernpartner, mit dem sie sich zwischen den Kursterminen regelmäßig treffen oder austauschen. Soziale Unterstützung gilt als entscheidender Faktor für persönliche Entwicklung und Wohlbefinden (Sarason und Sarason 2009) und wird so in den Kurs integriert.

Einheit 1: Positive Emotionen
Inhaltlicher Schwerpunkt der Einheit sind die Konzepte des hedonischen und eudaimonischen Glücks sowie der Nutzen positiver Emotionen (Diener und Biswas-Diener 2011; Fredrickson und Joiner 2002). Als alltagstaugliche Übungen werden die drei klassischen Interventionen der Positiven Psychologie vorgestellt: der positive Tagesrückblick, Dankbarkeit und Freundlichkeit (Lyubomirsky 2008).

Einheit 2: Stärken
Als Vorbereitung auf die Einheit haben die Teilnehmer den auf Deutsch online verfügbaren VIA-Test gemacht (Ruch et al. 2010, www.charakterstaerken.org). Die 24 Charakterstärken (Peterson und Seligman 2004) werden vorgestellt und durch verschiedene Übungen erfahrbar gemacht. Eine davon ist die Intervention **Eigene Signaturstärken neu einsetzen**, die als eine der am besten untersuchten positiv psychologischen Interventionen gilt. Die Übung **Meine Stärken für ein Problem einsetzen** wird in Form des expressiven Schreibens angeboten, um die Teilnehmenden mit dieser Selbstcoaching-Technik vertraut zu machen (Pennebaker 2010).

Einheit 3: Selbstwert, Selbstmitgefühl und psychische Grundbedürfnisse

Zentral an dieser Einheit ist das Konzept des Selbstmitgefühls (Neff 2011). Die Selbstbestimmungstheorie (Deci und Ryan 2000) mit den drei Grundbedürfnissen Autonomie, Kompetenz und Beziehung bildet den zweiten inhaltlichen Schwerpunkt. Die Teilnehmenden reflektieren die Erfüllung ihrer psychischen Grundbedürfnisse im beruflichen oder privaten Leben und setzen sich persönliche Ziele.

Einheit 4: Flow und Optimismus

Inhaltlicher Schwerpunkt dieser Einheit bildet das Konzept von *Flow* (Csikszentmihalyi 2002) und sein Zusammenhang mit persönlichen Stärken und Selbstwert. Die Teilnehmenden identifizieren Aktivitäten für Flow im Alltag (John und Lang 2015) und formulieren Ziele für die nächsten Wochen. Optimismus im Sinne positiver Zukunftserwartungen ist das zweite Thema der Einheit. Die Teilnehmenden schreiben über ihr *Best Possible Self* (King 2001).

Einheit 5: Bewusstes Genießen und Achtsamkeit

In dieser Einheit geht es um Achtsamkeit und Bewusstes Genießen (*Savouring*) (Bryant und Veroff 2007). Beide Prozesse sind eng miteinander verwandt. Verschiedene praktische Übungen schließen sich an: eine Achtsamkeitsmeditation, der Miniurlaub, das Genusstagebuch und der perfekte Tag (Bryant und Veroff 2007).

Ziel des Kurses ist die Entwicklung eines persönlichen Programms positiv psychologischer Interventionen, die nach individuellen Vorlieben, Bedürfnissen und Gewohnheiten zusammengestellt werden können. Statt nur ein vorgefertigtes Set an Interventionen anzuwenden, lernen die Teilnehmenden ein breites Spektrum möglicher Aktivitäten kennen und sammeln mit den meisten bereits im Kurs praktische Erfahrungen. Die selbstgesteuerte Auswahl positiver Aktivitäten unterstützt die erfolgreiche Umsetzung ins tägliche Leben (Biswas-Diener 2010). In Anlehnung an Barbara Fredricksons (2001) **Broaden-and-build-Theorie** positiver Emotionen trägt sie zu höherem Wohlbefinden und stärkerer Leistungsmotivation bei. Indem sie die Übungen im Alltag anwenden, lernen die Teilnehmenden, ihre persönlichen Ressourcen zu erweitern (Fredrickson 2001). Die erlebte höhere Selbstwirksamkeit erhöht das Ausmaß an Flourishing (Diener und Biswas-Diener 2011). Die Teilnehmenden lernen im Kurs neben individualzentrierten Übungen auch immer wieder solche für die Gestaltung positiver sozialer Beziehungen, beispielsweise durch die Übung »aktive und konstruktive Kommunikation« (Gable 2004) oder

den Ausdruck von Dankbarkeit (Emmons und Shelton 2002).

Die Positive Psychologie erforscht, was Menschen glücklich macht. Dafür ist es ebenso notwendig zu verstehen, wie es Menschen gelingen kann, auch unter widrigen Lebensumständen glücklich zu sein, welche Eigenschaften bei der Bewältigung von Rückschlägen, kritischen Lebensereignissen oder Traumata helfen können und was persönliche Wachstumsprozesse nach leidvollen Erfahrungen unterstützen kann. Achtsamkeit ist dafür ein wesentlicher Baustein, um eine konstruktive innere Haltung zu entwickeln und Abstand zu Gefühlen und Bewertungen zu trainieren. Auch die Frage nach dem Sinn im eigenen Leben gehört dazu, deren Bedeutung für psychisches Wohlbefinden und Wachstum schon von Viktor Frankl klar formuliert wurde. Frankl forderte bereits in den 50er Jahren eine »Höhenpsychologie« als notwendige Ergänzung der »Tiefenpsychologie« und nahm damit inhaltlich die Positive Psychologie vorweg – ebenso wie Maslow, der den Ausdruck »Positive Psychologie« prägte. Der bewusste Umgang mit den schönen Aspekten des täglichen Lebens ist ebenfalls eine zentrale Ressource bei der Bewältigung von Herausforderungen und Krisen. Die Teilnehmenden lernen deshalb im Kurs **Aufblühen statt Ausbrennen** auch wirksame Strategien des *Savouring* (Bryant und Veroff 2007), d. h. des bewussten Erlebens, Wertschätzens und Genießens positiver Erfahrungen. Dazu gehören neben dem »Mini-Urlaub« der »Genuss-Spaziergang« oder der »Positive Tagesrückblick«.

19.2 Evaluation: Methode und Ergebnisse

Um die erwarteten Wirkungen des Kurses »Gut mit sich umgehen« zu prüfen, wurde eine quantitative Evaluation durchgeführt. Untersucht wurden zwei Kurse mit insgesamt 33 berufstätigen Teilnehmenden im Vergleich mit einer Kontrollgruppe aus 44 Besuchern eines zweistündigen Impulsvortrags zur Positiven Psychologie. ◘ Tab. 19.1 gibt einen Überblick über die soziodemografischen Daten der untersuchten Personen. Bei der Prüfung auf Unterschiede zeigte sich nur im Geschlechterverhältnis ein statistisch bedeutsamer Effekt. In der Interventionsgruppe fanden sich signifikant mehr Frauen als in der Kontrollgruppe.

Der berufliche Hintergrund der untersuchten Personen war unterschiedlich; neben dem sozialen Bereich (Erziehung, Pflege, Therapie) gab es Teilnehmende aus kaufmännischen und technischen Feldern. Erfasst wurde das Wohlbefinden und Flourishing der

◘ Tab. 19.1 Ausgangswerte für soziodemografische Variablen in Interventions- und Kontrollgruppe

	Interventionsgruppe		Kontrollgruppe		
	N	%	*N*	%	Signifikanz
Geschlecht (weiblich %)	30	90,9	30	68,2	$\chi^2 = 5,660, p = 0,017*$
Beziehung (verheiratet %)	24	72	34	77,3	$\chi^2 = 0,210, p = 0,647$
Kinder (ja %)	19	57,6	28	63,6	$\chi^2 = 0,291, p = 0,589$
Bildung (Universität %)	16	48,5	22	50	$\chi^2 = 5,248, p = 0,155$
	M	*SD*	*M*	*SD*	
Alter	43,73	8,68	46,86	10,52	

IG: Interventionsgruppe, KG: Kontrollgruppe. *M*: Mittelwert, *SD*: Standardabweichung. $N_{gesamt} = 77$

Fehlzeiten-Report 2017

77 Personen vor dem Kurs (t_1), in der Mitte des Kurses (t_2), unmittelbar nach Kursende (t_3) sowie zwei Monate (t_4) nach dem Kurs. Um die Kurs- und Vortragsteilnehmenden nicht zu stark durch lange Fragebögen zu belasten, wurden die Werte für Depression und Burnout-Risiko nur zu Kursbeginn und zum Follow-up zwei Monate nach Kurs- und Vortragsende erhoben. Es wurde erwartet, dass das Wohlbefinden und Flourishing der Kursteilnehmenden im Kursverlauf steigt und sich depressive Tendenzen sowie das Burnout-Risiko verringern würden. Bei der Kontrollgruppe wurde keine Veränderung erwartet.

Flourishing als Maß für Wohlbefinden sowie Depression und Burnout-Risiko als Maß für Belastung wurden deshalb über validierte Fragebögen erfasst: Die Flourishing-Skala (Diener et al. 2010), die Burnout-Screening-Skalen BOSS (Hagemann und Geuenich 2009) und das Beck-Depressions-Inventar BDI (Beck et al. 1988, dt: Hautzinger et al. 2006). Es wurden multivariate Varianzanalysen mit Messwiederholung durchgeführt. In Untersuchungen muss immer ein gewisser Anteil an fehlenden Werten in Kauf genommen werden, speziell bei Feldstudien wie der vorliegenden. Fehlende Messwerte wurden hier zunächst mit fallweisem Ausschluss behandelt. Dabei werden alle Werte einer Versuchsperson mit einzelnen fehlenden Messwerten von der Analyse ausgeschlossen. Dies verringert allerdings die Teststärke und führt zu konservativeren Schätzungen; Effekte werden damit schwerer nachweisbar. Daher wurde in einem zweiten Schritt das Verfahren der Multiplen Imputation angewendet, einer modernen statistischen Methode, die Verzerrungen ausgleicht, die durch fehlende Messwerte entstehen, ohne gleichzeitig die Teststärke zu reduzieren. Die Multiple Imputation ermöglicht tragfähige und verlässlichere Schätzungen der statistischen Effekte. Kurz gesagt werden dabei verschiedene Szenarien durchgespielt (»Imputation«), in denen fehlende Werte durch Schätzungen ersetzt werden. Fehlt zum Beispiel der Wert einer Person zu t_3, kann er aus ihren Werten von t_2 und t_4 (oder aus anderen Kombinationen vorhandener Werte dieser Person) geschätzt werden. Die so gewonnenen Ergebnisse können vorhandene Effekte verlässlicher zeigen, als es der Datensatz mit den fehlenden Werten ohne Imputation oder nach fallweisem Ausschluss könnte. In der vorliegenden Studie wurden jeweils fünf Imputationen durchgeführt.

Die Werte der Kurs- und Kontrollgruppen unterschieden sich zu Beginn der Messungen nicht, erlaubten also den Vergleich zu den folgenden Messzeitpunkten. Im Kursverlauf zeigten sich dagegen signifikante Unterschiede zwischen den Gruppen. Diese Ergebnisse werden nun im Einzelnen für die verschiedenen Konstruktbereiche dargestellt. ◘ Tab. 19.2 zeigt die Mittelwerte und Standardabweichungen der abhängigen Variablen Flourishing, Depression und Burnout vor und nach der Multiplen Imputation.

◘ Abb. 19.1 zeigt die Veränderungen im Flourishing. Bereits in der ersten Kurshälfte (im Vergleich von Einheit 1 und Einheit 3) steigen die Werte deutlich an. Sie bleiben bis zum Kursende und auch zwei Monate danach noch auf diesem hohen Niveau. In der Kontrollgruppe zeigte sich keine Verbesserung der Flourishing-Werte.

Eine Varianzanalyse bestätigte die hohe Signifikanz dieser Unterschiede zwischen den Gruppen sowohl vor der Multiplen Imputation ($F_{6, 30} = 3,790$, $p = 0,006$) als auch danach ($F_{6, 70} = 3,378$, $p = 0,006$). Auffallend ist neben der hohen Signifikanz auch die große Effektstärke. Der beobachtete Unterschied ist also zum einen nicht auf einen Zufall zurückzuführen (Signifikanz) und zum anderen sehr deutlich (Effektstärke). Einzelheiten zeigt ◘ Tab. 19.3.

Für die klinischen Variablen Depression und Burnout-Risiko ergibt sich ein komplementäres Bild. ◘ Abb. 19.2 zeigt diese Veränderung.

◻ **Tab. 19.2** Mittelwerte und Standardabweichungen für Flourishing, Depression und Burnout

Konstruktbereich	Gruppe	t_1 M (SD) N	t_2 M (SD) N	t_3 M (SD) N	t_4 M (SD) N
Flourishing	TG	4,67 (0,60) 33	5,00 (0,44) 27	5,10 (0,57) 23	5,07 (0,66) 22
(Skalenbereich 1–7)	TG_MI	4,68 (0,63) 33	5,00 (0,44) 33	5,10 (0,57) 33	5,07 (0,66)33
	KG	4,83 (0,52) 44	4,84 (0,60) 25	4,61 (0,73) 24	4,44 (0,81)22
	KG_MI	4,83 (0,51) 44	4,84 (0,60) 44	4,61 (0,73) 44	4,64 (0,81) 44
Klinische Variablen					
Depression	TG	0,53 (0,37) 30	n.e.	n.e.	0,27 (0,31) 22
(Skalenbereich 0–3)	TG_MI	0,59 (0,41) 33	n.e.	n.e.	0,30 (0,28) 33
	KG	0,57 (0,45) 44	n.e.	n.e.	0,61 (0,47) 21
	KG_MI	0,57 (0,45) 44	n.e.	n.e.	0,62 (0,37) 44
Burnout	TG	1,45 (0,85) 33	n.e.	n.e.	0,94 (0,83) 22
(Skalenbereich 0–5)	TG_MI	1,45 (0,85) 33	n.e.	n.e.	0,94 (0,72) 33
	KG	1,28 (0,69) 43	n.e.	n.e.	1,57 (1,05) 21
	KG_MI	1,33 (0,76) 44	n.e.	n.e.	1,37 (0,77) 44

TG: Treatmentgruppe (Kurs), KG: Kontrollgruppe. M: Mittelwert, SD: Standardabweichung. Dargestellt sind die Werte des Originaldatensatzes nach *listwise deletion* fehlender Werte, sowie nach Multipler Imputation MI (5 Iterationen) der fehlenden Werte. Angegeben sind jeweils Mittelwert (M), Standardabweichung (SD) und Stichprobengröße (N). n.e. = nicht erfasst.

Fehlzeiten-Report 2017

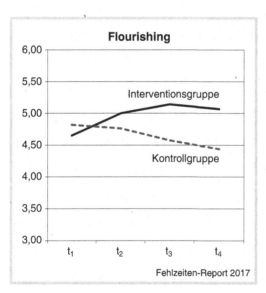

Fehlzeiten-Report 2017

◻ **Abb. 19.1** Veränderungen im Flourishing.
Messzeitpunkte vor Kursbeginn (t_1), in der Kursmitte (t_2), zum Kursende (t_3) sowie 2 Monate später (t_4). Wertebereich der Flourishing-Skala: 1–7. Der Effekt Zeit*Gruppe ist hoch signifikant (p = 0,006). Dargestellt sind die Werte nach Multipler Imputation (p = 0,006). Auch vor der Multiplen Imputation lag die Signifikanz bereits bei p = 0,006.

Sowohl Depression als auch Burnout-Risiko sinken in der Kursgruppe signifikant. Eine Varianzanalyse bestätigte auch hier die hohe Signifikanz der Unterschiede zwischen den Gruppen sowohl vor der Multiplen Imputation ($F_{2,38} = 4{,}979$, $p = 0{,}012$) als auch danach ($F_{4,72} = 4{,}100$, $p = 0{,}005$). Auch hier zeigt sich eine hohe Effektstärke der Veränderung. Einzelheiten zeigt ◻ Tab. 19.4.

Es lässt sich also festhalten, dass trotz vergleichbarem Ausgangsniveau ein signifikanter Unterschied zwischen Kursgruppe und Kontrollgruppe bezogen auf Depressivität und Burnout-Risiko zwei Monate nach Kursende besteht. Die Ergebnisse der Evaluation weisen also darauf hin, dass der Kursbesuch gesteigertes Wohlbefinden vermittelt und gleichzeitig depressiven Entwicklungen und Burnout vorbeugen kann. Dies ist umso bedeutsamer im Hinblick auf den vertretbaren Zeitaufwand von 5 × 3 Stunden, der offensichtlich wirksame und nachhaltige Impulse für Wohlbefinden geben kann.

19.3   Diskussion

Ziel des Beitrags war es aufzuzeigen, wie Stressmanagementkurse durch Methoden der Positiven Psychologie angereichert werden können. Im empirischen Teil wurde ein Stressmanagement-Kurs mit Elementen

◻ Tab. 19.3 Wirkungen des Kurses auf die abhängige Variable Flourishing

Multivariate Tests

Haupteffekt	Studie		Pillai	F	df_1	df_2	p	η^2_p	Schärfe
Gruppe * Zeit	1	Original	0,431	3,79	6	30	**0,006**	0,431	0,919
		nach MI	0,225	3,378	6	70	**0,006**	0,228	0,92
Zeit	1	Original	0,441	3,951	6	30	**0,005**	0,441	0,931
		nach MI	0,308	5,181	6	70	0	0,308	0,991

Univariate Tests

Haupteffekt	Studie		QS	F	df_1	p	η^2_p
Gruppe * Zeit	1	Original	2,401	4,638	2,481	**0,008**	0,117
		nach MI	3,551	5,392	2,351	**0,003**	0,067

Prüfung der Effekte für die Variable Flourishing. MI: Multiple Imputation, jeweils fünf Werte pro fehlendem Messwert. Bei den univariaten Tests wurden in Studie 2 wegen fehlender Sphärizität (Mauchly-Test signifikant) Greenhouse-Geisser-korrigierte Werte berichtet.

Fehlzeiten-Report 2017

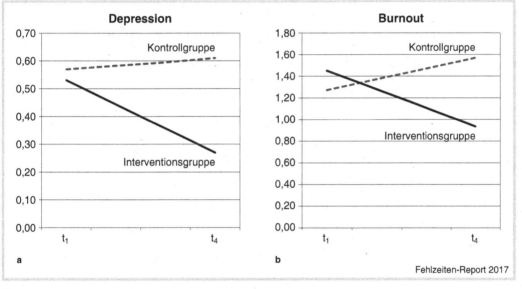

◻ Abb. 19.2 Veränderungen für Depression (**a**) und Burnout (**b**) vor Kursbeginn (t_1) und 2 Monate nach Kursende (t_4). Werte zu den anderen Messzeitpunkten wurden nicht erfasst. Wertebereich der Skala für Depression 0–3, für Burnout 0–5. Der Effekt Zeit*Gruppe ist für beide Variablen signifikant. Dargestellt sind die Werte nach Multipler Imputation (p = 0,005). Auch vor der Multiplen Imputation lag die Signifikanz bereits bei p = 0,012.

der Positiven Psychologie evaluiert. Im Rahmen dieses Kurses lernten die Teilnehmer in fünf Sitzungen über einen Zeitraum von vier Monaten Konzepte und Übungen der angewandten Positiven Psychologie kennen. Die Ergebnisse zeigen, dass die Kursteilnahme das Wohlbefinden signifikant erhöht. Verglichen mit einer Kontrollgruppe stiegen sowohl kognitive als auch emotionale Aspekte des subjektiven Wohlbefindens in der Interventionsgruppe nachhaltig an. Konkret verbesserten sich signifikant folgende Indikatoren für Wohlbefinden durch die Teilnahme am Praxiskurs »Gut mit sich umgehen«: *Flourishing* (Aufblühen) steigt an, während das Risiko sowohl für Burnout als auch für depressive Symptome signifikant absinkt.

Diese statistisch signifikanten positiven Wirkungen blieben auch zwei Monate nach dem Kursende bei der Follow-up-Messung nachweisbar. Die Ergebnisse belegen die Wirksamkeit des Kursangebots »Gut mit

◘ Tab. 19.4 Wirkungen des Kurses auf die abhängigen klinischen Variablen Depression und Burnout

Multivariate Tests

Haupteffekt	Studie		Pillai	F	df_1	df_2	p	η^2_p	Schärfe
Gruppe * Zeit	1	Original	0,208	4,979	2	38	0,012	0,208	0,78
Zeit	1	Original	0,138	3,037	2	38	0,06	0,138	0,554

Univariate Tests

Haupteffekt	Studie		QS	F	df_1	p	η^2_p		
Depression Gruppe * Zeit	1	Original	0,227	5,74	1	0,021	0,128		
Burnout Gruppe * Zeit	1	Original	0,526	10,197	1	0,003	0,207		

Prüfung der Effekte vor MI für die klinischen Variablen Depression und Burnout. Die Multivariaten Tests erreichen sowohl im Originaldatensatz als auch nach der MI statistische Signifikanz. Bei den univariaten Tests wurden wegen fehlender Sphärizität Greenhouse-Geisser-korrigierte Werte berichtet.

Fehlzeiten-Report 2017

sich umgehen« und verdeutlichen, dass positiv psychologische Methoden Kursangebote zum Multimodalen Stressmanagement im Rahmen des § 20 SGB V sinnvoll ergänzen können. Die Ergebnisse dieser Studie sind besonders aussagekräftig, da sie unter realen Bedingungen im Feld stattfanden. Dies erhöht ihre externe Validität.

Ziel dieser Studie war es, zu untersuchen wie positiv psychologische Interventionen eine nicht-klinische Stichprobe unterstützen können, ihre psychische Leistungsfähigkeit im Sinne von *Flourishing* zu erhöhen. Die Ausgangswerte zeigten allerdings, dass sowohl die Teilnehmenden der Interventions- als auch der Kontrollgruppe bereits im Durchschnitt Maße leichter Depression und ein mittleres Burnout-Risiko aufwiesen. Aus diesen Durchschnittswerten lässt sich auf höhere Symptombelastung bei einzelnen Personen schließen. Nach dem Kurs waren die Depressionswerte der Teilnehmenden im Schnitt auf den niedrigsten möglichen Wert gesunken und das Burnout-Risiko war deutlich zurückgegangen. Da diese Veränderung auch zwei Monate nach Kursende noch nachweisbar war, liegt hier eine nachhaltige Wirkung vor, die im Sinne einer Zunahme der persönlichen Stressbewältigungskompetenz und Resilienz verstanden werden kann. Forschung im Feld der positiven Psychologie zielte schon immer darauf ab, sowohl für klinische als auch für nichtklinische Populationen hilfreiche Interventionen zu entwickeln. Seligman (2005) betont, dass nicht-klinische Populationen direkten Nutzen aus den positiven Aktivitäten ziehen und so ihre Bewältigungsstrategien für künftige Stressbelastungen ausbauen können. Die vorliegende Studie stützt diese Aussage.

19.4   Fazit und Ausblick

Die Methoden der Positiven Psychologie können nachweislich Wohlbefinden und individuelle Stressresistenz erhöhen. Der in dieser Studie untersuchte Kurs »Gut mit sich umgehen: Stressbewältigung mit Methoden der Positiven Psychologie« bietet dafür einen praktikablen Weg. Für den Kurs liegt sowohl ein Trainerleitfaden als auch Trainingsmaterial vor; er kann daher leicht durch qualifizierte Kursleiter vermittelt werden.

Der vom Inntal Institut entwickelte Kurs »Gut mit sich umgehen: Stressbewältigung mit Methoden der Positiven Psychologie« wurde 2016 durch die Zentrale Prüfstelle Prävention (ZPP) als Stressbewältigungsmaßnahme zertifiziert. Um den erforderlichen Kriterien der ZPP Rechnung zu tragen, wurde die Organisationsform des Kurses leicht verändert: Er besteht nun aus acht Einheiten von jeweils 90 Minuten, die im zweiwöchentlichen Abstand besucht werden. Für die Anwendung im Betrieblichen Gesundheitsmanagement stehen die Inhalte in Blockform zu je drei Stunden zur Verfügung. Der Kurs wird seit 2017 im Rahmen der Betrieblichen Gesundheitsförderung und der Individualprävention durch die AOK Bayern durchgeführt. Verbesserte psychische Leistungsfähigkeit trägt direkt dazu bei, persönliche und berufliche Krisen gut zu meistern. Ein bekanntes Konzept der Positiven Psychologie zum Verständnis von Wohlbefinden und Wachstum ist das PERMA-Konzept (Seligman 2005). Die Abkürzung PERMA steht für fünf Faktoren, die das persönliche Wohlbefinden bzw. *Flourishing* fördern: Positive Emotionen (P), Engagement (E), Soziale Beziehungen (R = Relationship), Sinn (M = Meaning) und Gelingen (A = Accomplishment). Diese fünf Aspekte fördern Wohlbefinden und Flourishing. Positiv Psychologische Interventionen zahlen auf diese fünf Aspekte des Wohlbefindens ein. So können Menschen in relativ kurzer Zeit lernen, wie sie ihre Lösungskompetenzen erweitern, kreativer werden, motivierter Neues lernen und mit Stresssituationen gelassener umgehen können (Seligman 2005). Menschen können mit Hilfe der Interventionen der Positiven Psychologie berufliche Herausforderungen, Rückschläge oder Krisen besser bewältigen, weil sie (PERMA-)Strategien entwickeln, um in ihrem Beruf mehr positive Emotionen (P) zu erleben, sich stärker zu engagieren und ihre berufliche Tätigkeit als intrinsisch motivierend zu erleben (E), insgesamt positivere und wertschätzende soziale Beziehungen (R) zu pflegen, den Sinn in ihrer beruflichen Tätigkeit klarer zu erkennen (M) und berufliche Anforderungen besser meistern zu können (A). Die im Kurs »Gut mit sich umgehen: Stressbewältigung mit Methoden der Positiven Psychologie« vermittelten Strategien stärken die fünf PERMA-Faktoren. Insbesondere in der Auseinandersetzung mit persönlichen oder privaten Krisen können die fünf PERMA-Faktoren als Schutzfaktoren wirken, die dabei helfen Krisen zu meistern und persönlich zu wachsen.

Zusammenfassend lässt sich sagen, dass Kursangebote der Positiven Psychologie im Handlungsfeld Stressmanagement gemäß GKV-Leitfaden Prävention wirksam sind. Die Methoden der Positiven Psychologie eignen sich gut für den Einsatz in Stressmanagement-Kursen der Betrieblichen Gesundheitsförderung. Das Innovationspotenzial der Positiven Psychologie liegt in den verschiedenen Interventionsmethoden, deren Wirksamkeit empirisch untersucht wurde. Ein Beispiel hierfür ist die Anwendung der Methode des Expressiven Schreibens auf das Schreiben über positive Erfahrungen (King 2001).

Betriebliches Gesundheitsmanagement ist insbesondere dann langfristig wirksam, wenn ein umfassendes Gesundheitsmanagementsystem mit verhaltens- und verhältnispräventiven Komponenten implementiert wird (Gunkel et al. 2014). Die Positive Psychologie hat zwar wirksame Methoden zur Verhaltensprävention entwickelt, bislang fehlen aber verhältnisbasierte und integrative Ansätze. Eine interessante Frage für zukünftige Forschung ist beispielsweise, wie verhaltensbasierte Maßnahmen der Positiven Psychologie auch zu einer Veränderung der gesundheitsbezogenen Verhältnisse im Betrieb beitragen können. Wir gehen davon aus, dass Maßnahmen der Positiven Psychologie die gesundheitsbezogenen Verhältnisse in der Lebenswelt Betrieb verbessern können, wenn derartige Maßnahmen in möglichst vielen Abteilungen eines Betriebs durchgeführt werden. Wenn auch Führungskräfte mit der Positiven Psychologie in Berührung kommen (*Positive Leadership*) (Cameron 2012) und die Maßnahmen eingebettet sind in einen umfassenden Prozess des Betrieblichen Gesundheitsmanagements (John et al. 2015), kann *Flourishing* nicht nur auf individueller Ebene, sondern auch in Teams, Abteilungen und Betrieben entstehen.

Literatur

Beck AT, Steer RA, Garbin MG (1988) Psychometric properties of the Beck Depression Inventory: Twenty-five years of evaluation. Clinical Psychology Review 8 (1):77–100

Bengel J, Lyssenko L (2012) Resilienz und psychologische Schutzfaktoren im Erwachsenenalter – Stand der Forschung zu psychologischen Schutzfaktoren von Gesundheit im Erwachsenenalter. Bundeszentrale für gesundheitliche Aufklärung (BZgA), Forschung und Praxis der Gesundheitsförderung

Biswas-Diener R (2010) Practicing Positive Psychology Coaching. Assessment, Activities, and Strategies for Success. John Wiley & Sons, Inc, Hoboken, NJ

Blickhan D (2014) A Course in Flourishing. Evaluation of a Training in Applied Positive Psychology. University of East London, London

Blickhan D (2015) Positive Psychologie – Ein Handbuch für die Praxis. Junfermann, Paderborn

Bryant F, Veroff J (2007) Savoring. A new model of positive experience. Lawrence Erlbaum Associates Publishers, Mahwah

Cameron KS (2012) Positive Leodership. Strategies for Extroordinory Performance. Berrett-Koehler Publishers, San Francisco, Calif

Carver C, Scheier M (2005) Optimism. In: LopezSJ, Snyder CR (Hrsg) Handbook of positive psychology. Oxford University Press, Oxford New York

Csikszentmihályi M (2002) Flow. The classic work on how to achieve happiness (Rev ed). Rider, London

Deci E, Ryan R (2000) The »What« and »Why« of Goal Pursuits: Human Needs and the Self-Determination of Behavior. Psychological Inquiry 11 (4):227–268

Diener E, Biswas-Diener R (2011) Happiness. Unlocking the mysteries of psychological wealth. Blackwell Publishing, Malden

Diener E, Wirtz D, Tov W, Kim-Prieto C, Choi D-W, Oishi S, Biswas-Diener R (2010) New Well-being Measures: Short Scales to Assess Flourishing and Positive and Negative Feelings. Social Indicators Research 97 (2):143–156

Ellis A (1977) Die Rational-Emotive Therapie. Urban-Schwarzenberg, München

Emmons R, Shelton C (2002) Gratitude and the science of positive psychology. Handbook of positive psychology 18, pp 459–471

Fredrickson B (2001) The role of positive emotions in positive psychology: The broaden-and-build theory of positive emotions. American Psychologist, 56 (3):218–226. Verfügbar unter 10.1037/0003-066X.56.3.218

Fredrickson B, Joiner T (2002) Positive Emotions Trigger Upward Spirals Toward Emotional Well-Being. Psychological Science 13 (2):172–175

Gable SL, Reis HT, Impett EA,. Asher ER (2004) What Do You Do When Things Go Right? The Intrapersonal and Interpersonal Benefits of Sharing Positive Events. Journal of Personality and Social Psychology 87 (2): 228–245

Gunkel L, Böhm S, Tannheimer N (2014) Resiliente Beschäftigte – eine Aufgabe für Unternehmen, Führungskräfte und Beschäftigte. In: Badura B, Ducki A, Schröder H et al (Hrsg) Fehlzeiten-Report 2014. Erfolgreiche Unternehmen von morgen – gesunde Zukunft heute gestalten. Springer, Berlin Heidelberg, S 257–268

Hagemann W, Geuenich K (2009) Burnout-Screening-Skalen (BOSS). Manual. Hogrefe, Göttingen

Hautzinger M, Keller F, Kühner C (2006) BDI-II: Beck Depressions-Inventar. Revision. Germany: Pearson Assessment & Information GmbH, Frankfurt/Main

Hobfoll S (1989) Conservation of resources: A new attempt at conceptualizing stress. American Psychologist 44 (3): 513–524

John D, Lang F (2015) Subjective acceleration of time experience in everyday life across adulthood. Developmental Psychology 51 (12):1824–1839

John D, Böhm S, Lehrl S, Scheder A (2015) »Rundum fit – auch im Kopf: Evaluation eines kognitiven Trainings für ältere Beschäftige in der Betrieblichen Gesundheitsförderung«. In: Badura B, Ducki A, Schröder H et al (Hrsg) Fehlzeiten-Report 2015. Neue Wege für mehr Gesundheit – Qualitätsstandards für ein zielgruppenspezifisches Gesundheitsmanagement. Springer, Berlin Heidelberg, S 283–292

John D, Geißer N, Scheder A (2016) Denkmuster im Unternehmen reflektieren: Qualitative Evaluation des Stressmanagement-Seminars »Think Positive«. In: Badura B, Ducki A, Schröder H et al (Hrsg) Fehlzeiten-Report 2016. Unternehmenskultur und Gesundheit – Herausforderungen und Chancen. Springer, Berlin Heidelberg, S 215–223

Kaluza G (1997) Evaluation von Stressbewältigungstrainings in der primären Prävention – eine Meta-Analyse (quasi-)experimenteller Feldstudien. Zeitschrift für Gesundheitspsychologie 5, S 149–169

King L (2001) The health benefits of writing about life goals. Personality and Social Psychology Bulletin 27 (7):798–807

Lazarus R, Folkman S (1984) Stress, appraisal, and coping. Springer, New York

Lyubomirsky S (2008) The how of happiness. A new approach to getting the life you want. Penguin Books, New York

Neff KD (2011) Self-Compassion, Self-Esteem, and Well-Being. Social & Personality Psychology Compass 5 (1):1–12

Pennebaker J (2010) Heilung durch Schreiben. Ein Arbeitsbuch zur Selbsthilfe (1. Aufl). Huber, Bern

Peterson C, Seligman M (2004) Character strengths and virtues. A handbook and classification. Oxford University Press, Oxford New York

Ruch W, Proyer R, Harzer C, Park N, Peterson C, Seligman M (2010) Values in action inventory of strengths (VIA-IS):

adaptation and validation of the German version and the development of a peer-rating form. Journal of Individual Differences 31 (3):138

Sarason IG, Sarason BR (2009) Social support: Mapping the construct. Journal of Social and Personal Relationships 26 (1):113–120

Seligman M (2005) Positive Psychology, Positive Prevention, and Positive Therapy. In: Lopez SJ, Snyder CR (eds) Handbook of positive psychology. Oxford University Press, Oxford New York, pp 3–9

Seligman M (2011) Flourish. A visionary new understanding of happiness and well-being (1. Aufl). Free Press, New York

Seligman M, Csikszentmihályi M (2000) Positive psychology: An introduction (Bd 55). American Psychological Association

Van der Klink J, Blonk R, Schene A, Van Dijk F (2001) The benefit of interventions for work related stress. American Journal of Public Health 91:270–276

Psychischen Krisen vorbeugen – »Lebe Balance«

G. Müller, L. Lyssenko, N. Kleindienst, S. Junk, M. Pfinder, M. Bohus

B. Badura et al. (Hrsg.) *Fehlzeiten-Report 2017*,
DOI 10.1007/978-3-662-54632-1_20, © Springer-Verlag GmbH Deutschland 2017

Zusammenfassung *In der Verhaltensprävention spielen persönliche Krisen und chronische Belastungen eine bedeutsame Rolle, da es sich um Risikovariablen für die Entwicklung einer psychischen Störung handelt. Basierend auf der Resilienz- und Schutzfaktorenforschung hat die AOK Baden-Württemberg deshalb »Lebe Balance« entwickelt – ein gruppenbasiertes Programm, das von Präventionsfachkräften durchgeführt wird und in einer kontrollierten Studie evaluiert wurde. Das Programm ist primär- und sekundärpräventiv wirksam in der Reduktion der psychischen Belastung: Die Wahrscheinlichkeit von Neuerkrankungen wird signifikant reduziert und für bereits belastete Arbeitnehmer zeigen sich mittlere bis starke Effekte in der Verringerung der psychischen Belastung. »Lebe Balance« stellt damit einen wichtigen Meilenstein in der Implementierung von wirkungsvollen Präventionsmaßnahmen in der Versorgung dar.*

20.1 Einleitung

Persönliche Krisen entstehen unter zwei Bedingungen: Wenn eine Überforderung vorliegt – sei sie akut oder chronisch – und die Lösungsmöglichkeiten nicht greifen, sondern die Überforderung noch verschlimmern. Sowohl persönliche Krisen wie auch chronische Belastungen sind Risikovariablen für die Entwicklung einer psychischen Störung – hochrelevant also, sowohl aus individueller als auch aus ökonomischer Sicht. In Europa leiden jährlich 38,2 Prozent der Bevölkerung – das entspricht 164,8 Millionen Menschen – an mindestens einer psychischen Störung (Wittchen et al. 2011). Dementsprechend hoch sind die durch psychische Störungen in Europa verursachten Krankheitskosten in Höhe von 418 Milliarden €. 35 Prozent davon sind indirekte Krankheitskosten, also vor allem durch Arbeitsunfähigkeitstage und Erwerbsunfähigkeit verursacht (Gustavsson et al. 2011). Und dabei unterschätzen diese Studien die persönliche, gesellschaftliche und unternehmerische Belastung noch, weil sie subsyndromale psychische Störungen nicht einschließen. Gerade dieser »Präsentismus« erzeugt jedoch hohe Produktivitätseinbußen am Arbeitsplatz (Kirsten 2010).

Doch was können präventive Ansätze zur Krisenbewältigung beitragen?

Vorbeugung ist auf verschiedenen Ebenen möglich: Die Verhältnisprävention versucht, die Belastungen von außen möglichst gering zu halten. Die

Verhaltensprävention befähigt Menschen dazu, auch schwierige Situationen gesund zu bewältigen. Die Psychologie hat für diese Fähigkeit den Begriff »Resilienz« geprägt – eigentlich ein Wort aus der Materialkunde, der vom lateinischen »resilire« (= abprallen, zurückspringen) abstammt. Die Resilienzforschung untersucht Schutzfaktoren für die psychische Gesundheit auf vielfältigen Ebenen: Umweltvariablen, Neurobiologie, Epigenetik, Verhalten sowie kognitive und emotionale Regulationsstrategien (z. B. Karatsoreos und McEwen 2013). Für die Verhaltensprävention sind vor allem diejenigen Faktoren von Bedeutung, die in einer Person zwar angelegt, aber veränderbar sind – durch Verhaltensänderung, durch Schulung oder durch Training.

Empirische Studien zeigen, dass folgende Schutzfaktoren besonders stark wirken (s. zum Überblick Bengel und Lyssenko 2012) *Selbstwirksamkeitserwartung*, also die Überzeugung, auch unbekannte Anforderungen aus eigener Kraft bewältigen zu können (Bandura 1977; Schwarzer und Warner 2013) *Kohärenzgefühl*, also die Tendenz, die Umwelt als nachvollziehbar, handhabbar und sinnhaft wahrzunehmen (Antonovsky 1997); *Sinnerfülltheit*, also das eigene Leben und Handeln als bedeutsam und sinnvoll zu erleben (Grevenstein et al. 2016); *Optimismus* als positive Grundeinstellung dem Leben gegenüber (Scheier und Carver 1985; Segovia et al. 2015); ein wohlwollender Umgang mit sich selbst (MacBeth und Gumley 2012; Trompetter et al. 2016) sowie ein stabiles soziales Netz und soziale Unterstützung, die zu den eigenen Bedürfnissen passt (Sippel et al. 2015; Uchino et al. 2012). Diese sogenannten personalen Schutzfaktoren beeinflussen, wie Menschen mit schwierigen Situationen umgehen und welche Bewältigungsstrategien sie wählen. Allerdings haben die Forschungen der letzten Jahre gezeigt, dass es nicht situationsübergreifend die **eine** richtige Bewältigungsstrategie gibt: Entscheidend ist vielmehr die Fähigkeit, sich flexibel an neue Situationen anzupassen und aus einem möglichst breiten Repertoire an Bewältigungsstrategien zu schöpfen (Bonanno und Burton 2013).

Um psychischen Krisen vorzubeugen, ist es also im ersten Schritt sinnvoll, die personalen Schutzfaktoren zu stärken – dies ermöglicht eine stabile und gelassene Ausgangssituation für den Fall, dass die Anforderungen von außen stärker werden. Im nächsten Schritt zählt die Kontextsensitivität – also eine realistische und aufmerksame Wahrnehmung und Einschätzung der jeweiligen Situation sowie der eigenen Bedürfnisse, Fähigkeiten und Möglichkeiten. Und schließlich, wie bereits erwähnt, ist ein möglichst breites Repertoire an Bewältigungsstrategien hilfreich, um nicht mit immer gleichen, dann oftmals dysfunktionalen Lösungsversuchen die Situation noch zu verschlimmern (ebd).

Bereits 2004 wies die Weltgesundheitsorganisation darauf hin, dass »*Given the current limitations in effectiveness of treatment modalities for decreasing disability due to mental and behavioural disorders, the only sustainable method for reducing the burden caused by these disorders is prevention*« (World Health Organization 2004). Obwohl bereits eine Vielzahl an Studien vorliegt, die zeigen, dass selektive und indizierte Prävention von psychischen Erkrankungen sowohl effektiv wie auch kosteneffizient sein kann (z. B. van Zoonen et al. 2014), gibt es bislang äußerst wenige Programme zur sogenannten universellen Prävention: Also Programme, die sich an die Allgemeinbevölkerung richten und nachweislich Resilienz gegenüber psychischer Belastung stärken.

20.2 »Lebe Balance« der AOK Baden-Württemberg

Die AOK Baden-Württemberg hat im Rahmen einer breit angelegten Gesundheitskampagne zur Stärkung der psychischen Gesundheit das Programm »Lebe Balance« in Kooperation mit dem Institut für Wissenschaftliche Psychologische Prävention Freiburg (IWPP) entwickelt. Es handelt sich um ein gruppenbasiertes Seminar in sieben Einheiten. Jeweils 1,5 Stunden erarbeiten sich 12 bis 14 Personen unter Anleitung eines Gesundheitstrainers die hoch strukturierten Lern- und Erlebniseinheiten. Ziel des Programms ist es, die Teilnehmer zu befähigen, Alltagsstress gesünder zu bewältigen und mit kritischen Lebensereignissen besser umzugehen. Das Programm wurde von geschulten Präventionsfachkräften der AOK Baden-Württemberg durchgeführt und in insgesamt 80 dezentralen Gesundheitszentren angeboten.

»Lebe Balance« orientiert sich am derzeitigen Stand der Wissenschaft zu Resilienz- und Schutzfaktoren psychischer Gesundheit, aber auch an Forschung zur Wirkung von Interventionen. Wir wissen heute, dass erfolgreiche Präventionsprogramme einige Dinge gemeinsam haben: Sie basieren auf einer wissenschaftlichen Theorie, verbessern die Ressourcen und Fertigkeiten der Teilnehmer, sind gut strukturiert, in einem detaillierten Manual niedergeschrieben und werden von ausgebildeten Trainern über einen längeren Zeitraum angeleitet und durchgeführt (Röhrle 2008).

Didaktisch setzt »Lebe Balance« neben der Wissensvermittlung daher primär auf einen partizipativen, erfahrungsbasierten Ansatz. Die jeweiligen Schutzfaktoren und Bewältigungsstrategien werden anhand von Übungen eingeführt und in der Gruppe diskutiert. Zwischen den wöchentlichen Terminen setzen die Teilnehmer in sogenannten Balance-Übungen die Kursinhalte in ihrem persönlichen Alltag um. Mit etwa vier bis sechs Wochen Abstand dient der siebte und letzte Termin dazu, Nachhaltigkeit zu erreichen, das Erreichte zu festigen und sich gegenseitig darin zu unterstützen, das Erlernte weiter auszubauen. Die Durchführung der Seminare liegt in der Hand von Präventionsfachkräften der AOK Baden-Württemberg – nach einer fünftägigen Schulung und unterstützt durch regelmäßige Supervision. Ein ausführliches Manual erläutert Punkt für Punkt die Präsentationsvorlage, die jeweiligen Übungen und die wichtigsten Diskussionspunkte.

»Lebe Balance« umfasst sechs Module, um die oben genannten Schutzfaktoren gezielt zu trainieren, sowie ein Modul zur Stärkung der Nachhaltigkeit:

1) Achtsam dem Leben und sich selbst begegnen. Achtsamkeit ist eine mentale Fertigkeit, die Menschen befähigt, ihre Aufmerksamkeit gezielt zu regulieren und innere Befindlichkeiten mit etwas mehr Abstand wahrzunehmen und zu akzeptieren (Bishop et al. 2004). In den letzten Jahrzehnten untersuchten zahlreiche, auch qualitativ hochwertige Studien die Auswirkung von Achtsamkeitstraining auf die Erhaltung und Verbesserung der körperlichen und psychischen Gesundheit (Keng et al. 2011; Cavanagh et al. 2014). Die Übungen fördern zum einen sogenannte »metakognitive Fertigkeiten« – also die Fähigkeit, eigene

Gedanken und Gefühle zu reflektieren, ohne in automatische Handlungsmuster zu verfallen; zum anderen bilden sie die Grundlage dafür, objektive Anforderungsmerkmale und eigene Belastungsgrenzen differenzierter wahrzunehmen und ein situationsangepasstes Gesundheitsverhalten aufzubauen. Zur Verstetigung werden die Achtsamkeitsübungen in allen weiteren Modulen aufgegriffen.

2) Selbstfürsorge aktiv leben. Negative Annahmen über die eigene Person, selbstkritische Gedanken sowie ein überhöhter Anspruch auf Perfektion tragen wesentlich zum Stressempfinden von Personen bei, während ein mitfühlender, wohlwollender Umgang mit sich selbst auch in schwierigen Situationen einen schützenden Effekt entfaltet (MacBeth und Gumley 2012). In dieser Kurseinheit werden Achtsamkeitsfertigkeiten genutzt, um dem eigenen Selbstbild gegenüber eine sogenannte metakognitive Sichtweise anzunehmen und ein flexibles, realitätsnahes Selbstbild aufzubauen.

3) Werte bewusst machen. Menschen, die ihr Leben nach persönlichen Werten ausrichten, zeigen ein starkes Gefühl von Erfüllung und Sinnhaftigkeit (Judge et al. 2005; Schwarz 2009). »Lebe Balance« ermöglicht den Teilnehmern, ihre individuellen Werte kennenzulernen und zu reflektieren und diskutiert vor allem die aktuelle Umsetzung der Werte im eigenen Alltag.

4) Soziale Netze und wertschätzende Kommunikation. Soziale Unterstützung ist der wichtigste psychosoziale Schutzfaktor sowohl für die psychische als auch die körperliche Gesundheit (Holt-Lunstad et al. 2010). Dabei spielen Größe, Qualität, Stabilität und Diversität sozialer Netze sowie individuelle Kommunikationsfertigkeiten eine Rolle (Fingerman et al. 2009; Christakis und Fowler 2013; Cohen 2004). Kompetenzen in wertschätzender Kommunikation (»validieren«) unterstützen die Stabilität sozialer Beziehungen sowie die Emotionsregulation in stressreichen Situationen (Shenk und Fruzzetti 2011). »Lebe Balance« vermittelt Fertigkeiten zur wertschätzenden Kommunikation und vertieft diese anhand von Rollenspielen. Eine individuelle soziale Netzwerkanalyse gibt einen Überblick über Handlungsbedarf in den sozialen Domänen: Familie, Freundschaften, Bekanntschaften und Kollegen.

5) Umsetzen. Motivation und Absichtsbildung reichen häufig nicht aus, um konkrete Verhaltensänderungen zu initiieren – diese sind jedoch ein essenzieller Bestandteil wirksamer Präventionsbemühungen (Röhrle 2008). In Anlehnung an den »Health Action Process Approach« (HAPA; z. B. Sniehotta et al. 2005) legt »Lebe Balance« daher einen besonderen Schwerpunkt auf die Umsetzung der Inhalte im eigenen Alltag. Die beiden letzten Module zielen darauf, zum einen die Verhaltensänderungen zu verstärken und

zum anderen das Repertoire an Bewältigungsmöglichkeiten zu erweitern:

Dieses Modul vermittelt Strategien zur Steigerung der Problemlösekompetenz – es handelt sich um ein gut evaluiertes Tool sowohl in der Psychotherapie als auch im Coachingbereich (Bell und D´Zurilla 2009). Anhand von acht klar definierten Schritten erlernen die Teilnehmer folgende Heuristik: Situationsanalyse, Problemeingrenzung, offene Suche nach Lösungsmöglichkeiten, Lösungsauswahl anhand einer Abschätzung von Vor- und Nachteilen, Umsetzung und Evaluation. Dieses Vorgehen schärft die individuelle Kontextsensitivität und erhöht die situative Passung der gewählten Bewältigungsstrategien.

6) Umgang mit Stolpersteinen. Die Bewältigung von schwierigen Situationen oder die Umsetzung von Veränderungsabsichten klappt selten im ersten Anlauf, was im Zweifel zur Zuspitzung einer Krise beitragen kann. Entscheidend für eine gesunde Bewältigung ist die Fähigkeit, solche Hindernisse zu antizipieren und flexibel darauf zu reagieren (vgl. Sniehotta et al. 2005; Bonanno und Burton 2013). Dieses Modul vermittelt daher emotionale und kognitive Regulationsstrategien, um die Selbstwirksamkeit zu stärken.

Es war erklärtes Ziel, möglichst weite Teile der Allgemeinbevölkerung zu erreichen: In der groß angelegten Kampagne wurden öffentlichkeitswirksame Vorträge in allen Regionen Baden-Württembergs lanciert. Das Programm wird seitdem an etwa 80 Standorten in Baden-Württemberg angeboten und wurde bis Ende 2016 von etwa 8.600 Teilnehmern durchlaufen. Seit Ende 2016 wird das Angebot von den AOKs Rheinland-Pfalz/Saarland, NORDWEST und Rheinland/Hamburg übernommen.

20.3 Evaluation von »Lebe Balance«

Bisherige Studien zur Evaluation von Programmen zur Prävention psychischer Erkrankungen wurden vorwiegend unter kontrollierten »Labor-Bedingungen« mit sehr homogenen Teilnehmergruppen durchgeführt (Cuijpers et al. 2010; Jacka et al. 2013; Mihalopoulos und Chatterton 2015; Muñoz et al. 2012). In den allermeisten Fällen führten die Programmentwickler die Kurse selbst durch oder ließen sie von gut ausgebildeten Psychologen leiten (Hone et al. 2015). Es war uns daher besonders wichtig zu untersuchen, ob ein Programm wie »Lebe Balance« sich auch »im Feld« – also unter realen Bedingungen – bewährt und wirksam ist. Durchführung und Leitung der Studie oblag der Arbeitsgruppe von Prof. M. Bohus am Zentralinstitut für Seelische Gesundheit (ZI) in

Mannheim[1]. Von den insgesamt 4.898 Lebe-Balance-Teilnehmern erklärten sich 1.907 bereit an der Studie teilzunehmen. 95 Teilnehmer mussten aus der Untersuchung ausgeschlossen werden (fehlende Werte, Zustimmung zur Teilnahme zurückgezogen …), sodass 1.812 Lebe-Balance-Teilnehmer (LB) mit 1.812 Kontrollgruppenteilnehmern (RV) im Jahresverlauf verglichen wurden (Lyssenko et al. 2015; Bohus et al. 2015).

Im Folgenden werden die Studienergebnisse für die Teilstichprobe der Arbeitnehmer (N = 893) dargestellt. Zentrale Untersuchungsfrage war, ob sich die psychische Gesundheit von Programmteilnehmern durch »Lebe Balance« (Interventionsgruppe = LB) im Vergleich zur Regelversorgung (Kontrollgruppenteilnehmer = RV) verbessert. Die Interventionsteilnehmer haben also zusätzlich zu den gesetzlichen Krankenversicherungsleistungen, der sogenannten Regelversorgung, auch das Präventionsangebot »Lebe Balance« in Anspruch genommen. Die Kontrollgruppenteilnehmer haben nur die Regelversorgung in Anspruch genommen.

Die Datenerhebung erfolgte fragebogenbasiert: Die Studienteilnehmer erhielten kurz vor Beginn der Kurse (t_0), nach drei Monaten (t_1 = unmittelbar nach Beendigung der Kurse), nach sechs Monaten (t_2) und ein Jahr nach Beginn der Kurse (t_3) auf postalischem Wege Fragebogen zugesandt. Erhoben wurden
1. psychische Belastung (»Hospital Anxiety and Depression Scale«, HADS; Herrmann-Lingen et al. 2011),
2. Lebenszufriedenheit (»Satisfaction with Life Scale«, SWLS; Glaesmer et al. 2011) und
3. Resilienz (»Resilienzskala«, RS-11; Schumacher et al. 2005).

Die Gruppe der Kursteilnehmer (LB-Gruppe) wurde darüber hinaus zum Messzeitpunkt t_1 zu ihrer Zufriedenheit mit dem Seminar befragt.

Für die Bildung der Kontrollgruppe (RV) wurde ein Datenpool kreiert, aus dem mit der Methode des »Propensity Score Matchings« (Rosenbaum und Rubin 1983) die Kontrollgruppe für die Interventionsgruppe gezogen wurde. Ziel des Propensity Score Matching ist es, eine zur Interventionsgruppe hinsichtlich wichtiger soziodemografischer (Alter, Geschlecht, Schulbildung …) und psychometrischer Daten (psychische Gesundheit: HADS, RS, SWLS) möglichst ähnliche Kontrollgruppe (RV) zu generieren. Dazu wurden rund 30.000 Versicherte der AOK Baden-Württemberg angeschrieben und gebeten, an der Studie teilzunehmen. 3.600

Versicherte erklärten sich bereit an der Studie teilzunehmen und beantworteten den Fragebogen. Aufgrund fehlender Werte mussten 256 Versicherte ausgeschlossen werden. Auf Basis von soziodemografischen (Alter, Geschlecht, Schulausbildung …) und psychometrischen Daten (psychische Gesundheit) wurde aus diesem Pool von N = 3.344 Versicherten über Propensity Score Matching die Kontrollgruppe (RV) generiert. Die Gruppengröße lag für LB und RV bei 1.812 (Lyssenko et al. 2015). Für diese Untersuchung wurde die Teilgruppierung der Arbeitnehmer (LB: N = 893, RV: N = 893) untersucht.

Als primäre Auswertungsstrategie wurden hierarchische lineare Modelle gewählt, sogenannte random slope and intercept models (vgl. Verbeke und Molenberghs 2009). Es wurde getestet, ob für die drei Veränderungsmaße HADS, RS-11 und SWLS der Verlauf in der LB-Gruppe günstiger ist als in der RV-Gruppe.[2] Zur Darstellung der klinischen Effektivität des Programms wurden die »Number Needed To Treat« (NNT) sowie die Cohen's d-Zwischengruppeneffektstärken (Hedges 1985) berechnet.

20.3.1 Beschreibung der Studienteilnehmer

Jeweils 893 berufstätige LB-Teilnehmer und 893 RV-Teilnehmer wurden in die Untersuchung eingeschlossen. Der Rücklauf zu den Messzeitpunkten lag zwischen 43 und 67 Prozent (❑ Abb. 20.1). Nach dem Matching lagen die standardisierten Mittelwertdifferenzen für alle Variablen unter 5 Prozent. Der mit 88 Prozent sehr hohe Anteil an Frauen spiegelt ein generelles Phänomen wider: Männer sind in Gesundheitskursen in aller Regel unterrepräsentiert (Dryden et al. 2012; Jordan und Lippe 2012; Kelly et al. 1991). Das durchschnittliche Alter von 46,7 Jahren lag nur leicht über dem Durchschnittsalter in Deutschland von 44,3 Jahren (Statistisches Bundesamt 2015a). Auch die Bildung entsprach annähernd dem deutschen Durchschnitt für diese Altersverteilung (Statistisches Bundesamt 2015b). Der Anteil kinderloser Teilnehmerinnen und Teilnehmer lag hingegen mit rund 50 Prozent weit über dem Anteil von 22 Prozent in der deutschen Allgemeinbevölkerung (Pötzsch et al. 2013).

Obwohl »Lebe Balance« als primärpräventives Programm angeboten wurde, waren die Teilnehmer

---

1 Studienregister ID: DRKS00006216, Ethikvotum Universität Heidelberg 2013s620NMA.

2 Die entsprechenden Zeit*Gruppe-Interaktionen wurden anhand von Wald-Tests auf statistische Signifikanz geprüft. Die Zeit wurde logtransformiert aufgrund der Linearitätsabweichungen der Veränderungen im Zeitverlauf.

zu Beginn des Programms deutlich stärker psychisch belastet als die deutsche Allgemeinbevölkerung (HADS; Herrmann-Lingen et al. 2011). Ebenso berichteten sie eine geringere Lebenszufriedenheit (SWLS; Glaesmer et al. 2011) und Resilienz (RS-11; Schumacher et al. 2005). In den Untersuchungsgruppen lag der Anteil sogenannter screeningauffälliger Personen mit rund 67 Prozent (HADS, mild bis severe case, vgl. ◘ Tab. 20.1) in etwa doppelt so hoch wie in der deutschen Bevölkerung (Hinz und Brähler 2011); was bedeutet, dass 67 Prozent der Teilnehmer mit hoher Wahrscheinlichkeit mindestens von einer

◘ Tab. 20.1 Soziodemografische Daten der Untersuchungsteilnehmer

Kriterien	LB	RV
Alter [$\bar{X}$ (s)]	46,7 (9,5)	46,7 (10,8)
Frauen (%)	88,0	86,9
Familienstand (%)		
Verheiratet	56,2	58,0
Ledig	23,4	24,0
Geschieden	16,1	13,1
Verwitwet	2,5	2,8
Eingetragene Lebenspartnerschaft	1,5	1,5
Fehlende Angaben	0,3	0,7
Anzahl Kinder (%)		
Keine Kinder	49,9	49,7
1 Kind	22,1	20,7
2 Kinder	20,5	20,5
3+ Kinder	4,6	6,3
Fehlende Angaben	2,9	2,8
Schulbildung (%)		
Keinen Schulabschluss	0,3	1,9
Volksschul-/Hauptschulabschluss	19,9	19,4
Mittel-/Realschulabschluss/Polytechnischer Oberschule	48,9	45,0
Abitur/Fachabitur	30,8	33,7
Ausbildungsstand (%)		
Ohne Ausbildungsabschluss	3,9	8,1
Anerkannte Berufsausbildung	64,4	63,4
Meister/Techniker	4,5	2,7
Bachelor	1,6	0,9
Diplom/Magister/Master/Staatsexamen	8,4	5,6
Promotion	0,3	0,3
Fehlende Angaben	16,9	19,0
Psychische Gesundheit [$\bar{X}$(s)]		
*HADS	15,8 (6,9)	15,9 (8,0)
**SWLS	21,5 (6,2)	21,3 (7,1)
***RS-11	54,2 (11,0)	53,9 (13,7)
Psychische Belastung (HADS) (%)		
no case	32,5	33,7
mild case	28,9	26,5
moderate case	33,9	31,2
severe case	4,7	8,5

(LB: N = 893 und RV: N = 893)

*0 = geringster Wert psychische Belastung bis 42 = höchster Wert psychische Belastung

**5 = geringster Wert Lebenszufriedenheit bis 35 = höchster Wert Lebenszufriedenheit

***11 = geringster Wert psychische Widerstandskraft bis 77 = höchster Wert psychische Widerstandskraft

subsyndromalen psychischen Erkrankung betroffen waren – also Symptome einer psychischen Störung aufweisen, die jedoch nicht zur Diagnosestellung ausreichen. Die psychische Belastung von Teilnehmern mit und ohne Kinder war ähnlich – dieser Faktor erklärt den erhöhten Anteil belasteter Personen also nicht.

20.3.2 Zufriedenheit mit dem Programm

Die Kurszufriedenheit wurde zur Vereinheitlichung des Antwortformats anhand einer visuellen Analogskala von 5 = ☺ bis 1 = ☹ erfragt – ein höherer Wert bedeutet daher eine höhere Zustimmung zur jeweiligen Frage. 76 Prozent der Teilnehmer waren zufrieden bis sehr zufrieden mit dem Seminar, 81 Prozent würden das Seminar weiterempfehlen und 75 Prozent gehen davon aus, dass ihnen die Seminarinhalte in ihrem Alltag nützlich sein werden. Etwas weniger Teilnehmer haben den Eindruck, dass das Seminar zu ihrer psychischen Stabilität beiträgt (62 Prozent) oder die Seminarinhalte ihr Leben bereichern (70 Prozent).

Die Zufriedenheit mit dem Programm hatte auch Einfluss auf seine Wirksamkeit: Insgesamt profitieren diejenigen Teilnehmer mehr, die angeben, mit der Durchführung und den Inhalten des Kurses zufrieden gewesen zu sein. Dies steht im Einklang mit den Erkenntnissen anderer Präventionsstudien, dass es einen Einfluss auf dessen individuelle Wirksamkeit hat, wenn ein Angebot als qualitativ hochwertig und hilfreich wahrgenommen wird (Nielsen et al. 2007; Sin und Lyubomirsky 2009).

20.3.3 Wirksamkeit bei den berufstätigen Teilnehmern

Die Ergebnisse zeigen, dass das Programm hinsichtlich der psychischen Belastung sowohl primär- als auch sekundärpräventiv wirksam ist: LB-Teilnehmer, die initial nicht belastet sind, bleiben häufiger psychisch gesund als die Kontrollpersonen in der Regelversorgung. Bei initial belasteten Personen nimmt die psychische Belastung stärker ab als in der Regelversorgung (◙ Abb. 20.1). Die Wirksamkeit des Programms steigt dabei mit der Stärke der initialen psychischen Belastung (◙ Abb. 20.2). Diese Wirkung war unabhängig von Alter, Geschlecht und Bildung.

Die primärpräventive Wirkung des Programms lag bei NNT von 11,4 – es müssen also 11 bis 12 Personen das Programm besuchen, damit bei einer Person nach einem Jahr im Vergleich zur Kontrollgruppe keine klinisch relevante Belastung auftritt. Dieser Wert ist niedriger als in vergleichbaren Studien: Eine Metaanalyse zur primärpräventiven Wirksamkeit von Interventionen zur Verhinderung von Major Depressionen

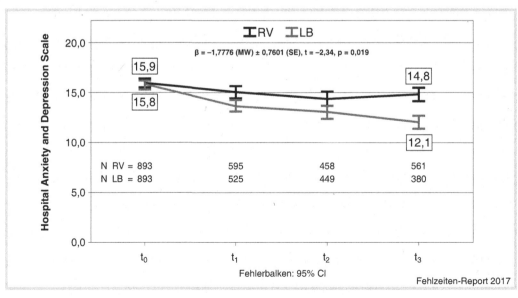

◙ **Abb. 20.1** Höhe der psychischen Belastung (HADS) der Untersuchungsgruppen im Zeitverlauf (MW = Mittelwert, SE = Standardfehler)

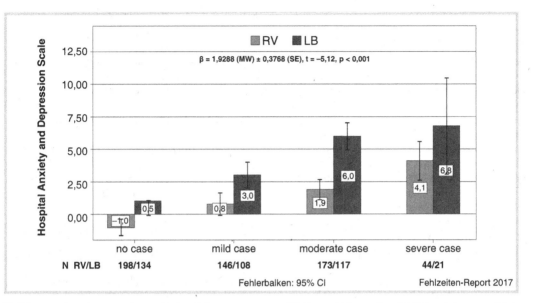

◻ Abb. 20.2 Veränderungen der psychischen Belastung von t_0 zu t_3 (12 Monate Follow-up) nach initialem Schweregrad der psychischen Belastung (HADS) (MW = Mittelwert, SE = Standardfehler)

zeigt im Mittel ein NNT von 20 (z. B. van Zoonen et al. 2014). Zwei wesentliche Unterschiede zwischen »Lebe Balance« und der Mehrzahl der Programme, die in der Metaanalyse von van Zoonen et al. (2014) untersucht wurden, liegen im inhaltlichen Schwerpunkt (achtsamkeitsbasiert vs. kognitiv-behavioral) und der Erhebungsmethode (Fragebogen vs. klinische Interviews). Ob »Lebe Balance« tatsächlich wirkungsvoller ist oder andere Faktoren für das geringe NNT verantwortlich sind, lässt sich auf Basis unserer Daten jedoch nicht eindeutig klären.

Die sekundärpräventive Wirkung des Programms liegt auf einem ähnlichen Niveau wie in vergleichbaren Studien: Für initial belastete Teilnehmer liegt die NNT bei 6,1, d. h. bei einem von sechs Teilnehmern sinkt die psychische Belastung unter den Schwellenwert, der für eine klinisch relevante Belastung angenommen wird (HADS < 7). Die Zwischengruppeneffektstärke mit d = 0,54 (95 Prozent-Konfidenzintervall: 0,38–0,71) weist auf einen mittleren Effekt hin. In einer Metaanalyse werden kleine bis mittlere Effekte für psychologische Interventionen bei nicht klinisch relevanten Depressionen berichtet (Cuijpers et al. 2014). Diese signifikante Reduktion der psychischen Belastung ist hochrelevant, da davon ausgegangen werden kann, dass dies mit einer Verbesserung des allgemeinen Wohlbefindens, der psychosozialen Funktionsfähigkeit, der Leistungsfähigkeit am Arbeitsplatz und auch mit einer Verringerung der Arbeitsunfähigkeitstage verbunden ist.

Auch die Tatsache, dass initial stärker belastete Teilnehmer mehr von den Kursen profitieren, steht im Einklang mit früheren Forschungsbefunden. In einer Metaanalyse zu Interventionen aus dem Bereich der positiven Psychologie stellen initiale depressive Symptome einen signifikanten Moderator für das Ausmaß der erreichten Verbesserungen dar (Sin und Lyubomirsky 2009). Dieses Muster ist insofern interessant, als die in der Praxis häufig geäußerte Befürchtung, dass schwerer belastete Teilnehmer Präventionskursen aufgrund ihrer affektiven Beschwerden nicht folgen können, zumindest teilweise widerlegt wird.

Erste Auswertungen zeigen, dass die direkten Krankheitskosten und die Anzahl der Arbeitsunfähigkeitstage mit dem Schweregrad der psychischen Belastung signifikant ansteigen. Bei »severe case« liegen ca. fünfmal höhere Arbeitsunfähigkeitstage vor als bei »no case« und bei den direkten Krankheitskosten liegen die Kosten ca. beim Dreifachen. Insofern könnten sich die Rückgänge der psychischen Belastung bei LB auch monetär auswirken.

Entgegen den Hypothesen stiegen Lebenszufriedenheit (SWLS) und Resilienz (RS-11) bei den berufstätigen Teilnehmern nicht signifikant an – in der Gesamtstichprobe war dieser Effekt zwar statistisch signifikant, jedoch ebenfalls nur gering ausgeprägt. Eine mögliche Erklärung für den nicht signifikanten Anstieg von Lebenszufriedenheit und Resilienz ist, dass die eingesetzten Messinstrumente die jeweiligen

Konstrukte zu global erfassen, als dass die möglicherweise angestoßenen Verbesserungen sich darauf abbilden lassen. Vorhergehende Studienbefunde zur Steigerung der Lebenszufriedenheit und Resilienz sind divergent (Grant et al. 2009; Steinhardt und Dolbier 2008; Lyubomirsky et al. 2011). Eventuell sind die abgefragten Inhalte zu weit von den Programminhalten von »Lebe Balance« entfernt. Bei der Lebenszufriedenheit handelt es sich um ein psychologisches Konstrukt, das vom individuellen Aufmerksamkeitsfokus beeinflusst wird (Diener et al. 2013). Viele der Studien, bei denen eine deutliche Verbesserung der Lebenszufriedenheit gezeigt werden konnte, basieren auf der Tradition der positiven Psychologie und beinhalten Trainingskomponenten, die gezielt den Optimismus und die Wahrnehmung positiver Aspekte des Lebens fördern (Sin und Lyubomirsky 2009). Im Gegensatz dazu handelt es sich bei »Lebe Balance« um ein achtsamkeits- und akzeptanzbasiertes Programm, bei dem die Förderung eines werteorientierten Lebens sowie die Akzeptanz unangenehmer Gefühle und schwieriger Situationen als natürlicher Teil des Lebens im Mittelpunkt stehen (Lyssenko et al. 2015). Dieser inhaltliche Fokus weist wenig konzeptuelle Nähe zu den Fragen des SWLS auf, wie zum Beispiel »In den meisten Bereichen entspricht mein Leben meinen Idealvorstellungen«.

20.4   Fazit

»Lebe Balance« ist ein erfolgreiches primär- und sekundärpräventives Kursprogramm zur Stärkung der psychischen Gesundheit. Das Programm hat für psychisch Belastete einen mittleren bis starken Effekt in der Verringerung der psychischen Belastung und es ist in der Lage, die Wahrscheinlichkeit von Neuerkrankungen zu reduzieren. Die Verbesserung der Lebenszufriedenheit und Resilienz waren geringer und nicht signifikant. Aufgrund der deutlichen Wirkung auf die psychische Belastung eignet sich das Programm dennoch sowohl zum Umgang mit Krisen wie auch zu deren Prävention, da bei geringerer psychischer Belastung ein effektiverer Umgang mit potenziellen Überforderungssituationen möglich ist und eine Abwärtsspirale verhindert werden kann.

»Lebe Balance« ist eines der ersten Programme, das seine Wirksamkeit auch außerhalb der Laborsituation in der Versorgung gezeigt hat. Obgleich es sich bei »Lebe Balance« um ein zeitlich sehr knappes Gruppenprogramm von ca. zehn Stunden handelt, das nicht unbedingt von ausgebildeten Psychotherapeuten, sondern von geschulten Präventionskräften angeboten wird, sind die Ergebnisse nicht schlechter als

pharmakologische oder psychotherapeutische Interventionen. Diese auf den ersten Blick erstaunlichen Ergebnisse können eventuell erklärt werden durch die gute Wirksamkeit von standardisierten, erlebnisbasierten Programmen, wie sie beispielsweise auch in internetbasierten Selbsthilfeprogrammen zum Einsatz kommen. Auch hier zeigen sich vergleichbare Erfolge.

Vor diesem Hintergrund können sicherlich auch die auf »Lebe Balance« basierenden Neuentwicklungen und Anpassungen optimistisch betrachtet werden: »Lebe Balance im Betrieb« wird spezifisch für das Betriebliche Gesundheitsmanagement angeboten – hier wird besonderer Wert darauf gelegt, dass die Teilnehmer keine zu persönlichen Informationen miteinander teilen müssen, um vom Programm zu profitieren; »Studieren in Balance« richtet sich an Studierende und wurde um altersspezifische und studienrelevante Themen ergänzt; »Führung in Balance« bietet ein intensives Programm für die mittlere Führungsebene, das in insgesamt drei Tagesseminaren neben der eigenen Gesundheit auch die Module »Gesunde Führung« und »Umgang mit belasteten Mitarbeitern« umfasst.

Literatur

Antonovsky A (1997) Salutogenese: Zur Entmystifizierung der Gesundheit. dgtv, Tübingen

Bandura A (1977) Self-efficacy: toward a unifying theory of behavioral change. Psychological review 84 (2):191

Bell A, D'Zurilla TJ (2009) Problem-solving therapy for depression: a meta-analysis. Clinical psychology review 29 (4):348–353

Bengel J, Lyssenko L (2012) Resilienz und psychologische Schutzfaktoren im Erwachsenenalter: Stand der Forschung zu psychologischen Schutzfaktoren von Gesundheit im Erwachsenenalter: BZgA Bundeszentrale für Gesundheitliche Aufklärung

Bishop SR, Lau M, Shapiro S, Carlson L, Anderson ND, Carmody J et al (2004) Mindfulness: A proposed operational definition. Clinical psychology: Science and practice 11 (3):230–241

Bohus M, Lyssenko L, Wenner M (2015) Lebe Balance – Das Programm für innere Stärke. Psych. Pflege Heute 21 (05):261

Bonanno GA, Burton C (2013) Regulatory flexibility an individual differences perspective on coping and emotion regulation. Perspectives on Psychological Science 8 (6):591–612

Cavanagh K, Strauss C, Forder L, Jones F (2014) Can mindfulness and acceptance be learnt by self-help? A systematic review and meta-analysis of mindfulness and acceptance-based self-help interventions. Clinical psychology review 34 (2):118–129

Christakis NA, Fowler JH (2013) Social contagion theory: examining dynamic social networks and human behavior. Statistics in medicine 32 (4):556–577

Cohen S (2004) Social relationships and health. American Psychologist 59 (8):676

Cuijpers P, van Straten A, Warmerdam L, van Rooy MJ (2010) Recruiting participants for interventions to prevent the onset of depressive disorders: Possibile ways to increase participation rates. BMC health services research 10 (1):1

Cuijpers P, Koole SL, van Dijke A, Roca M, Li J, Reynolds CF (2014) Psychotherapy for subclinical depression: meta-analysis. The British Journal of Psychiatry 205 (4):268–274

Diener E, Inglehart R, Tay L (2013) Theory and validity of life satisfaction scales. Social Indicators Research 112:497–527

Dryden R, Williams B, McCowan C, Themessl-Huber M (2012) What do we know about who does and does not attend general health checks? Findings from a narrative scoping review. BMC public health 12 (1):1

Fingerman K, Miller L, Birditt K, Zarit S (2009) Giving to the good and the needy: Parental support of grown children. Journal of Marriage and Family 71 (5):1220–1233

Glaesmer H, Grande G, Braehler E, Roth M (2011) The German version of the satisfaction with life scale (SWLS). European Journal of Psychological Assessment.

Grant AM, Curtayne L, Burton G (2009) Executive coaching enhances goal attainment, resilience and workplace well-being: A randomised controlled study. The journal of positive psychology 4 (5):396–407

Grevenstein D, Aguilar-Raab C, Schweitzer J, Bluemke M (2016) Through the tunnel, to the light: Why sense of coherence covers and exceeds resilience, optimism, and self-compassion. Personality and Individual Differences 98:208–217

Gustavsson A, Svensson M, Jacobi F, Allgulander C, Alonso J, Beghi E et al (2011) Cost of disorders of the brain in Europe 2010. European Neuropsychopharmacology 21 (10):718–779

Hedges L (1985) Olkin 1. Statistical Methods forMetaanalysis. Academic Press Inc, New York, NY

Herrmann-Lingen C, Buss U, Snaith P (2011) Hospital Anxiety and Depression Scale-Deutsche Version (HADS-D). Huber, Bern

Hinz A, Brähler E, (2011) Normative values for the Hospital Anxiety and Depression Scale (HADS) in the general German population. Journal of psychosomatic research 71 (2):74–78

Holt-Lunstad J, Smith TB, Layton JB, Bradley J (2010) Social relationships and mortality risk: a meta-analytic review. PLoS Med 7 (7):e1000316

Hone LC, Jarden A, Schofield GM (2015) An evaluation of positive psychology intervention effectiveness trials using the re-aim framework: A practice-friendly review. The journal of positive psychology 10 (4):303–322

Jacka FN, Reavley NJ, Jorm AF, Toumbourou JW, Lewis AJ, Berk M (2013) Prevention of common mental disorders: What can we learn from those who have gone before and where do we go next? Australian and New Zealand Journal of Psychiatry, 0004867413493523

Jordan S, Lippe E von der (2012) Angebote der Prävention – Wer nimmt teil? Robert Koch-Institut. www.rki.de/gbe-kompakt (Stand: 13.09.2012). Gesehen 19 Apr 2017

Judge TA, Bono JE, JoyceErez A, Locke EA (2005) Core self-evaluations and job and life satisfaction: the role of self-concordance and goal attainment. Journal of applied psychology 90 (2):257

Karatsoreos IN, McEwen BS (2013) Resilience and vulnerability: a neurobiological perspective. F1000Prime Rep 5 (13.10) 12703

Kelly RB, Zyzanski SJ, Alemagno SA (1991) Prediction of motivation and behavior change following health promotion: Role of health beliefs, social support, and self-efficacy. Social science & medicine 32 (3):311–320

Keng S-L, Smoski MJ, Robins CJ (2011) Effects of mindfulness on psychological health: A review of empirical studies. Clinical psychology review 31 (6):1041–1056.

Kirsten W (2010) Making the link between health and productivity at the workplace-a global perspective. Industrial health 48 (3):251–255

Lyssenko L, Müller G, Kleindienst N, Schmahl C, Berger M, Eifert G et al (2015) Life Balance – a mindfulness-based mental health promotion program: conceptualization, implementation, compliance and user satisfaction in a field setting. BMC public health 15 (1):740

Lyubomirsky S, Dickerhoof R, Boehm JK, Sheldon KM (2011) Becoming happier takes both a will and a proper way: an experimental longitudinal intervention to boost well-being. Emotion 11 (2):391

MacBeth A, Gumley A (2012) Exploring compassion: A meta-analysis of the association between self-compassion and psychopathology. Clinical psychology review 32 (6):545–552

Mihalopoulos C, Chatterton ML (2015) Economic evaluations of interventions designed to prevent mental disorders: a systematic review. Early intervention in psychiatry 9 (2):85–92

Muñoz RF, Beardslee WR, Leykin Y (2012) Major depression can be prevented. American Psychologist 67 (4):285

Nielsen K, Randall R, RayAlbertsen K (2007) Participants' appraisals of process issues and the effects of stress management interventions. Journal of Organizational Behavior 28 (6):793–810

Pötzsch O, Weinmann J, Haustein T (2013) Geburtentrends und Familiensituation in Deutschland. 2012. Statistisches Bundesamt: www. destatis. de. Gesehen 19 Apr 2017

Röhrle B (2008) Die Forschungslage zur Prävention psychischer Störungen und zur Förderung psychischer Gesundheit. Verhaltenstherapie und Psychosoziale Praxis 40 (2):343–347

Rosenbaum PR, Rubin DB (1983) The central role of the propensity score in observational studies for causal effects. Biometrika 70 (1):41–55

Scheier MF, Carver CS (1985) Optimism, coping, and health: assessment and implications of generalized outcome expectancies. Health psychology 4 (3):219

Schumacher J, Leppert K, Gunzelmann T, Strauß B, Brähler E (2005) Die Resilienzskala – Ein Fragebogen zur Erfassung der psychischen Widerstandsfähigkeit als Personmerkmal. Z Klin Psychol Psychiatr Psychother 53 (1):16–39

Schwarz M (2009) Is psychology based on a methodological error? Integrative psychological and behavioral science 43 (3):185–213

Schwarzer R, Warner LM (2013) Perceived self-efficacy and its relationship to resilience. Resilience in children, adolescents, and adults. Springer, S 139–150

Segovia F, Moore JL, Linnville SE, Hoyt RE (2015) Optimism predicts positive health in repatriated prisoners of war. Psychological Trauma: Theory, Research, Practice, and Policy 7 (3):222

Shenk CE, Fruzzetti AE (2011) The impact of validating and invalidating responses on emotional reactivity. Journal of Social and Clinical Psychology 30 (2):163

Sin NL, Lyubomirsky S (2009) Enhancing well-being and alleviating depressive symptoms with positive psychology interventions: A practice-friendly meta-analysis. Journal of clinical psychology 65 (5):467–487

Sippel LM, Pietrzak RH, Charney DS, Mayes LC, Southwick SM (2015) How does social support enhance resilience in the trauma-exposed individual? Ecology & Society 20 (4)

Sniehotta FF, Schwarzer R, Scholz U, Schüz B (2005) Action planning and coping planning for long-term lifestyle change: theory and assessment. European Journal of Social Psychology 35 (4):565–576

Statistisches Bundesamt (2015a) Bevölkerung und Erwerbstätigkeit. Wiesbaden. https://www.destatis.de/DE/Publikationen/Thematisch/Bevoelkerung/MigrationIntegration/Migrationshintergrund2010220147004.pdf?__blob=publicationFile. Gesehen 19 Apr 2016

Statistisches Bundesamt (2015b) Bildungsstand der Bevölkerung. Wiesbaden. https://www.destatis.de/DE/Publikationen/Thematisch/BildungForschungKultur/Bildungsstand/BildungsstandBevoelkerung5210002157004.pdf?__blob=publicationFile. Gesehen 19 Apr 2016

Steinhardt M, Dolbier C (2008) Evaluation of a resilience intervention to enhance coping strategies and protective factors and decrease symptomatology. Journal of American College Health 56 (4):445–453

Trompetter HR, Kleine E de; Bohlmeijer ET (2016) Why does positive mental health buffer against psychopathology? An exploratory study on self-compassion as a resilience mechanism and adaptive emotion regulation strategy. Cognitive therapy and research:1–10

Uchino BN, Bowen K, Carlisle M, Birmingham W (2012) Psychological pathways linking social support to health outcomes: A visit with the »ghosts« of research past, present, and future. Social science & medicine 74 (7):949–957

van Zoonen K, Buntrock C, Ebert DD, Smit F, Reynolds CF, Beekman ATF, Cuijpers P (2014) Preventing the onset of major depressive disorder: a meta-analytic review of psychological interventions. International journal of epidemiology 43 (2):318–332

Verbeke G, Molenberghs G (2009) Linear mixed models for longitudinal data. Springer Science & Business Media

Wittchen HU, Jacobi F, Rehm J, Gustavsson A, Svensson M, Jönsson B et al (2011) The size and burden of mental disorders and other disorders of the brain in Europe 2010. European Neuropsychopharmacology 21 (9):655–679

World Health Organization (2004) Promoting mental health: Concepts, emerging evidence, practice. Summary report

Mit Gesundheitskompetenz Krisen erfolgreich vorbeugen und managen

W. Winter, J. Seitz

B. Badura et al. (Hrsg.) *Fehlzeiten-Report 2017*,
DOI 10.1007/978-3-662-54632-1_21, © Springer-Verlag GmbH Deutschland 2017

Zusammenfassung *Trotz aller Bemühungen in den letzten Jahren und der Entwicklung eines nationalen Aktionsplans ist dem Thema Gesundheitskompetenz im Rahmen der Gesundheitsförderung mehr Beachtung zu schenken. Hinweise, dass Gesundheitskompetenz und Gesundheit eng zusammenhängen, liegen in ausreichender Form vor. Studien, die sich mit der Gesundheitskompetenz von spezifischen Zielgruppen befassen, sind jedoch noch eher selten. Die AOK Bayern hat deshalb eine erste Querschnittuntersuchung bei gewerblich Beschäftigten durchgeführt. Die Ergebnisse sind eindeutig: Die Gesundheitskompetenz gewerblich Beschäftigter ist auch im internationalen Vergleich noch stärker ausbaufähig und im Rahmen der Betrieblichen Gesundheitsförderung wird sie noch zu wenig berücksichtigt. Schon allein aus betriebswirtschaftlicher und personalwirtschaftlicher Sicht sollte dem Thema in den Betrieben mehr Aufmerksamkeit geschenkt werden. Beispiele guter Praxis weisen darauf hin, dass Gesundheitskompetenz arbeitsbedingte Belastungen senkt und damit physische und psychische Beanspruchungen reduzieren kann. Die Förderung psychologischer Grundbedürfnisse und des informellen Lernens sowie passende Rahmenbedingungen bei der Arbeit können die Kompetenz für Gesundheit und Sicherheit bei der Arbeit stärken. Gesundheitskompetenz kann helfen, auch in Krisensituationen Entscheidungen treffen zu können, die die eigene Gesundheit positiv beeinflussen.*

» Es ist nicht genug zu wissen, man muss es auch anwenden; es ist nicht genug zu wollen, man muss es auch tun.« (J. W. Goethe in Wilhelm Meisters Wanderjahre)

21.1 Hintergrund

Der Begriff der **Gesundheitskompetenz** oder **Health Literacy** wurde bis zur Jahrtausendwende fast ausschließlich im klinisch-medizinischen Bereich verwendet (Nutbeam 2008). Im Fokus stand das Verstehen von medizinischen Gesundheitsinformationen und das entsprechende Handeln. Die WHO hat den Begriff zwischenzeitlich weiter gefasst und in die Gesundheitsförderung integriert. »Gesundheitskompetenz ist verknüpft mit Bildung und umfasst Wissen, die Motivation und die Kompetenz von Menschen, relevante Gesundheitsinformationen in unterschiedlicher Form zu finden, zu verstehen, zu beurteilen und anzuwenden, um im Alltag in den Bereichen der Krankheitsbewältigung, der Krankheitsprävention, der Gesundheitsförderung Urteile fällen und Entscheidungen treffen

zu können, die ihre Lebensqualität während des gesamten Lebensverlaufs erhalten oder verbessern« (Kickbusch et al. 2013 in Anlehnung an Sørensen et al. 2012).

Gesundheitskompetenz ist ein spezifisches Konzept von Kompetenz und ein Kernkonzept der Gesundheitsförderung (Pelikan und Dietscher 2015). So zielt eine der fünf formulierten Strategien der WHO-Charta ausdrücklich auf »Persönliche Kompetenzen entwickeln« ab. Im Glossar der Charta wird Gesundheitskompetenz als Begriff genannt und festgestellt, dass die Gesundheitskompetenz bedeutsam für Empowerment-Prozesse ist (WHO 1998). Empowerment will erreichen, dass Menschen die Fähigkeit entwickeln, ihr Leben und ihre Lebenswelt selbst zu gestalten. Die Kompetenz, (Gesundheits-)Informationen kritisch und konstruktiv zu nutzen, führt zu mehr Autonomie in Gesundheitsfragen. Eine hohe Gesundheitskompetenz unterstützt Menschen, die eigene Gesundheit zu gestalten und freie Entscheidungen zu treffen.

Aufschwung hat das Konzept in der Gesundheitsförderung allerdings erst erhalten, als Gesundheitskompetenz mit spezifischen Instrumenten gemessen wurde. Mit Hilfe des validierten European Health Literacy Survey (HLS-EU Q47) wurde die Gesundheitskompetenz der Allgemeinbevölkerung erstmals 2011 erhoben. Seitdem wurde das Messinstrument wiederholt bei unterschiedlichen Zielgruppen eingesetzt. Inzwischen liegt auch eine Kurzform des Fragebogens vor (HLS-EU Q16; HLS-EU Consortium 2012).

21.2   Zusammenhänge von Gesundheitskompetenz und Gesundheit

Neben Einkommen, Bildungsniveau und Rasse bzw. Ethnie ist Gesundheitskompetenz nachweislich einer der aussagekräftigsten Prädiktoren für den Gesundheitszustand. Je ausgeprägter die Gesundheitskompetenz ist, so die Annahme, desto besser ist man in der Lage, sich gesundheitsgerecht zu verhalten und gesundheitsrelevante Entscheidungen zu treffen (Kickbusch et al. 2013).

Aktuelle Untersuchungen von Zok (2014) und Schaeffer et al. (2016) zeigen, dass ein erheblicher Teil der in Deutschland lebenden Erwachsenen nach eigener Einschätzung Schwierigkeiten beim Zugang zu sowie beim Verstehen, Bewerten und Anwenden von Gesundheitsinformationen hat. Ein niedriges Gesundheitskompetenzniveau geht häufig mit einer schlechteren physischen und psychischen Gesundheit einher. Menschen mit geringer Gesundheitskompetenz

- haben häufiger einen schlechten subjektiven Gesundheitszustand und leiden häufiger unter chronischen Erkrankungen,
- wissen oft nicht, wohin sie sich mit einem gesundheitlichen Problem wenden sollen,
- nehmen häufiger Medikamente ein,
- gehen häufiger ins Krankenhaus und nutzen häufiger den ärztlichen Notdienst (Schaeffer und Pelikan 2016).

Bei Menschen mit niedrigerem Bildungsstatus, Menschen im höheren Lebensalter und Menschen mit Migrationshintergrund ist der Anteil mit geringer Gesundheitskompetenz besonders hoch. Auffallend ist auch das schlechte Abschneiden Deutschlands im Vergleich zu anderen europäischen Staaten. In den Niederlanden, Dänemark, Irland oder Polen hat die gleiche Befragung deutlich höhere Kompetenzwerte ergeben. Damit wird Gesundheitskompetenz zu einer bedeutsamen und vor allem auch beeinflussbaren sozialen Determinante von Gesundheit (Pelikan und Dietscher 2015).

Gesundheitskompetenz ist eine individuelle Kompetenz. Diese entsteht in den sozialen Kontexten, in denen Menschen sich bewegen. Damit wird das Thema auch für betriebliche Settings relevant.

Zur Verbesserung der Datenlage zur Gesundheitskompetenz hat die AOK Bayern eine Studie in Auftrag gegeben, die die Gesundheitskompetenz von gewerblich Beschäftigten in einer strukturschwächeren Region Bayerns untersuchen und einen Überblick über aktuelle Maßnahmen zur Förderung der Gesundheitskompetenz im Betrieb liefern soll. Dem Beitrag von Gesundheitskompetenz zur Bewältigung von kritischen Lebens- und Arbeitssituationen wird dabei besondere Aufmerksamkeit geschenkt.

21.3   AOK-Studie zur Gesundheitskompetenz im produzierenden Gewerbe

Aktuell liegen kaum Studien vor, die die Gesundheitskompetenz von gewerblich Beschäftigten untersuchen. Im Rahmen einer Bachelorarbeit hat die AOK Bayern deshalb bei 232 Arbeitnehmern aus vier Unternehmen des produzierenden Gewerbes in Ostbayern den Gesundheits-Score erhoben (Seitz 2016). Für die Querschnittstudie kam der verkürzte Fragebogen HLS-EU Q16 zum Einsatz. Dieses Instrument wurde im Rahmen des European Health Literacy Survey (HLS-EU) entwickelt. Gesundheitskompetenz wird darin als die Fähigkeit operationalisiert, relevante Informationen aus den Bereichen der Krankheitsbewältigung, Prävention und Gesundheitsförderung finden, verstehen, bewerten und anwenden zu können. Das Instrument umfasst 16 Fragen. Die Befragten schätzen ein, wie einfach die entsprechenden Aufgaben oder Tätigkeiten ihrer Ansicht nach sind (»sehr einfach«, »ziemlich einfach«, »ziemlich schwierig«, »sehr schwierig«). Zur Berechnung des Gesundheits-Scores wurde gemäß den Verfassern des HLS-EU-Consortiums folgende Formel verwendet:

$$\text{Index} = (\text{»Arithmetisches Mittel«} - 1) \times (50/3)$$

Variablen:

Index: Der spezifisch berechnete Gesundheitsindex
Arithmetisches Mittel: Der Mittelwert aller einbezogenen Items für jeden Teilnehmer
1: Der kleinstmögliche valide Wert, den ein Item annehmen kann
3: Die Spannweite der Item-Werte (1–4)
50: Der gewählte maximale Wert der metrischen Skala
Höhere Werte drücken eine bessere Gesundheitskompetenz aus.

Der Bogen wurde ergänzt um Fragen zur Einschätzung des eigenen Interesses am Thema Gesundheit, zum Wissensstand über das Thema Gesundheit und zur Teilnahme an Angeboten zur Betrieblichen Gesundheitsförderung im Unternehmen. Um den Response zu erhöhen, wurden die Daten auf Basis eines simultanen Mixed-Mode-Designs erhoben (Paper-Pencil-Fragebogen und Online-Questionnaire).

Zur Messung der Gesundheitskompetenz wurde auf eine Skala zurückgegriffen, die im Rahmen eines EU-weiten Projekts vom HLS-EU-Consortium (2012) entwickelt und in acht Ländern getestet wurde. An der vergleichenden Studie nahmen Bulgarien, Griechenland, Irland, die Niederlande, Österreich, Polen und Spanien teil. Deutschland war nur mit dem Bundesland Nordrhein-Westfalen (NRW) vertreten. Die in der vorliegenden Befragung erzielten Ergebnisse wurden deshalb mit denen aus NRW in Beziehung gesetzt. Ergänzend wurden die erst im Dezember 2016 veröffentlichten Studienergebnisse der Universität Bielefeld zur Gesundheitskompetenz in Deutschland (HLS-GER) als Vergleichswerte herangezogen. (Schaeffer et al. 2016) Da diese Daten erst kurz vor Studienende zur Verfügung standen, konnten keine näheren Vergleiche hergestellt werden. Als Vergleichsgröße wurde der standardisierte Gesundheitskompetenz-Score verwendet, der sich in zahlreichen Studien bewährt hat. Ein Wert bis 25 bezeichnet dabei eine unzureichende, zwischen 26 und 33 eine problematische, zwischen 34 und 42 eine ausreichende und über 42 eine ausgezeichnete Gesundheitskompetenz. Zur Ermittlung der Signifikanz wurden T-Tests für unabhängige Stichproben angewendet.

Wesentliche Ergebnisse der Befragung der AOK Bayern:

- Der Gesundheitskompetenz-Score Beschäftigter im produzierenden Gewerbe Ostbayerns ist mit 30,2 Punkten deutlich niedriger als der der Bevölkerung in NRW (34,5 Punkte), als der deutschlandweite HLS (HLS-GER) (32,8) und der bundesweite Gesundheitskompetenzindex der GKV-Versicherten (31,9 Punkte) (Zok 2014) (◘ Tab. 21.1).
- Frauen weisen einen etwas höheren Gesundheitskompetenz-Score (30,8) als Männer (30,0) auf.
- Frauen unter 30 Jahren (32,1) und über 60-jährige Männer haben den durchschnittlich höchsten Gesundheitskompetenz-Score (31,6).
- Fast ein Viertel der Befragten hat eine unzureichende Gesundheitskompetenz (< 25).
- Als besonders schwierig stufen es die Befragten ein, zu beurteilen, ob die Informationen über Gesundheitsrisiken in den Medien vertrauenswürdig sind.
- Ziemlich schwer fällt es ihnen zudem zu beurteilen, wann eine ärztliche Zweitmeinung notwendig wird.

Ein signifikanter Zusammenhang zwischen dem allgemeinen Interesse am Thema Gesundheit und der allgemeinen Gesundheitskompetenz konnte nicht festgestellt werden. Weiter konnte beobachtet werden, dass die Teilnahme an Maßnahmen zur Betrieblichen Gesundheitsförderung nicht signifikant mit der Gesundheitskompetenz korreliert. Tendenziell zeigt sich aber, dass die Befragten ein sehr großes Bedürfnis nach Informationen zu gesundheitlichen Themen haben.

Zusammenfassend kann festgehalten werden, dass mit dieser Studie erstmals ein branchenspezifischer Gesundheitskompetenz-Score ermittelt wurde. Offenbar gibt es weiterhin nicht unerhebliche regionale Unterschiede in der Gesundheitskompetenz. Ferner ist ein hoher Bedarf an einer Vermittlung von Gesundheitskompetenz und Gesundheitswissen in der ostbayerischen Wirtschaftsregion gegeben. Da es sich um

◘ **Tab. 21.1** Übersicht wesentlicher Studien zur Gesundheitskompetenz im Vergleich

Gesundheitskompetenz (Angaben in Prozent)	GKV 2014*	HLS-GER**	NRW	EU-Total	Gewerbl. Beschäftigte Ostbayern
Anzahl Befragte	1.959	2.000	1.045	7.794	232
Inadäquat (0 bis 25)	14,5	9,7	11,0	12,4	23,9
Problematisch (> 25 bis 33)	45,0	44,6	35,3	35,2	40,2
Ausreichend (> 33 bis 42)	33,4	38,4	34,1	36,0	32,9
Ausgezeichnet (> 42 bis 50)	7,0	7,3	19,6	16,5	2,1
Mittelwerte	31,9	32,8	34,5	33,8	30,2

Quelle: Eigene Darstellung in Anlehnung an Zok (2014)
* GKV-Versicherte in Deutschland, WIdO
** Gesundheitskompetenz in Deutschland, HLS-GER

eine erste Querschnittanalyse handelt, bedarf es allerdings weiterer zusätzlicher Erhebungen, um die Repräsentativität der Ergebnisse zu verbessern. Insbesondere der Ursprung der regionalen Unterschiede in der Gesundheitskompetenz sollte zielgerichteter untersucht werden.

21.4 Gesundheitskompetenz im betrieblichen Kontext

Der rasante Wandel der Arbeit durch Globalisierung, Digitalisierung, steigende Komplexität und zunehmende Veränderungsgeschwindigkeit stellt Unternehmen und Beschäftigte vor neue Herausforderungen. Arbeitszeit, Arbeitsort und Arbeitsform sind zunehmend nicht mehr definiert. Dadurch verschwimmen die Grenzen zwischen Arbeit und anderen Lebensbereichen wie Familie und Freizeit. Gesundheitliche Ressourcen Beschäftigter können nicht mehr allein durch staatliche (z. B. Arbeitsschutz) und betriebliche Maßnahmen geschützt werden. Der Rückgriff auf individuelle Ressourcen zur Bewältigung der Herausforderungen und damit auf die Gesundheitskompetenz gewinnt deshalb zunehmend an Bedeutung. Eine gesteigerte Gesundheitskompetenz von Beschäftigten bedeutet auch, dass deren Arbeits- und Beschäftigungsfähigkeit erhalten und gefördert wird und erhöht damit den Erfolg eines Unternehmens.

21.4.1 Gesundheitskompetenz als Puffer betrieblicher Belastungen und Krisen

Der eigene innere Zustand, ob jemand angespannt ist, locker oder zielstrebig, sich wohlfühlt oder unglücklich ist, hat erheblichen Einfluss auf das Arbeitsverhalten. Psychisches Wohlbefinden wirkt intensiv auf Motivation, Leistungsbereitschaft und Leistung und damit auf den Unternehmenserfolg. Dies trifft besonders auf Führungskräfte zu, da sie hohe Verantwortung für betriebliche Ziele tragen, weitreichende Entscheidungs- und Handlungsspielräume besitzen, Veränderungsprozesse und Unternehmenskultur mitgestalten und mitverantwortlich sind für die Leistungsfähigkeit, Arbeitszufriedenheit und Gesundheit ihrer Mitarbeiter. Zur Bewältigung der Anforderungen sind persönliche Ressourcen von zentraler Bedeutung (Orthmann et al. 2011). Belastungen werden dann zum Problem, wenn deren Bewältigung die Fähigkeit des Einzelnen übersteigt. Gesundheitskompetenz ist eine Schlüsselqualifikation im Umgang mit Belastungen. Eine aktuelle Studie an 59

Unternehmern und Führungskräften zeigte auf, dass Führungskräfte mit hoher Gesundheitskompetenz deutlich weniger Symptome von Erschöpfung und Burnout zeigen (Lenartz 2014). Die Studie zeigt einen deutlichen Zusammenhang zwischen der Höhe der psychischen Belastungen und dem Ausmaß an Erschöpfung und Burnout. Burnout soll hier verstanden sein als arbeitsbezogenes Stresssyndrom, das durch eine dauerhafte intensive emotionale Beanspruchung verursacht wird. Die Entwicklung von Burnout verläuft schleichend in einer Abwärtsspirale. Dies erschwert es sowohl für Betroffene als auch für Vorgesetzte und Arbeitgeber, die Gefahr rechtzeitig zu erkennen. Erste Symptome werden von Betroffenen und Umgebung meist ignoriert. Eine fortschreitende Erschöpfung manifestiert sich. Sie hinterlässt zunehmend körperliche und psychische Spuren. Der Verlauf ist höchst individuell.

Die Studie kommt zu dem Schluss, dass Gesundheitskompetenz eine Pufferfunktion im Umgang mit beruflichen Belastungen einnimmt. Insbesondere eine gesundheitsgerechte **Selbstregulation** und **Selbstkontrolle** zeigten neben der Fähigkeit zur Wahrnehmung der eigenen Gefühle und der aktiven Verantwortungsübernahme für die eigene Gesundheit die stärksten Effekte bezogen auf Burnout und Erschöpfung. Selbstregulation ist ein Schlüsselaspekt von Resilienz und Gesundheit und bezeichnet die Tatsache, dass Menschen auch in Krisen in der Lage sind, eigenes Verhalten im Hinblick auf selbst gesetzte Ziele zu steuern, z. B. Stress abzubauen, wieder die eigene Mitte zu finden. Selbstkontrolle bezieht sich dabei auf die Situation, sich zwischen mehreren Verhaltensweisen entscheiden zu müssen, d. h. sich gesund zu verhalten, auch dann, wenn es schwerfällt.

Lenartz (2012) weist in einer weiteren Untersuchung darauf hin, dass die Befriedigung psychologischer Grundbedürfnisse die Gesundheitskompetenz unterstützt. Dazu bedient er sich des Konzepts der basic needs von Deci und Ryan (1991). Diese postulieren drei psychische Grundbedürfnisse:

- das Bedürfnis nach **Kompetenz** (Effectancy): sich als kompetent und wirksam zu erleben,
- das Bedürfnis nach **Autonomie/Selbstbestimmung** (Autonomy): selbstbestimmt zu handeln und
- das Bedürfnis nach **sozialer Eingebundenheit** (Affiliation): nach echten, tragenden und vertrauensvollen Beziehungen.

Die Bedürfnisse nach Kompetenz und Autonomie sind die Grundlage für das Entstehen intrinsischer Motivation, die wiederum eine Quelle für selbstgesteuertes Lernen ist. Williams et al. (1998) zeigten auf, dass die

Befriedigung der Grundbedürfnisse die Internalisierung gesundheitsförderlicher Verhaltensweisen verbessert und so die Basis für eine gesunde Lebensführung geschaffen wird. Nicht Angst und Zwang führen zu einer Übernahme der Verantwortung für das eigene Gesundheitshandeln, sondern die innere und äußere Wertschätzung der Handlung.

Gesundheitskompetenz als persönliche Ressource spielt damit bei der Bewältigung arbeitsbedingter Beanspruchungen eine wichtige Rolle und kann dazu beitragen, Krisen leichter zu bewältigen bzw. zu vermeiden. Die Fähigkeiten zur Selbstregulation und zur Selbstkontrolle stehen besonders im Fokus. Die Förderung psychologischer Grundbedürfnisse auch am Arbeitsplatz fördert zudem intrinsische Motivation.

Die geschilderten positiven Effekte von Gesundheitskompetenz beinhalten für Unternehmen eine betriebswirtschaftliche und für die Beschäftigten eine persönliche Dimension. Eine hohe arbeitsplatzbezogene Gesundheitskompetenz ist damit auch aus wirtschaftlichen und sozialen Aspekten ein strategisches Ziel moderner betrieblicher Personalpolitik (Kraemer und Lenze 2011).

Betriebliche Maßnahmen zur Steigerung der Gesundheitskompetenz müssen, wenn sie erfolgreich sein wollen, zugleich auf personaler und organisationaler Ebene ansetzen. Im Rahmen der AOK-Studie war es deshalb Ziel, mittels einer Literaturrecherche einen Überblick zur aktuellen Studienlage zu erhalten, wie Unternehmen die Gesundheitskompetenz ihrer Mitarbeiterinnen und Mitarbeiter fördern.

21.4.2 Beispiele guter Praxis zur Förderung der Gesundheitskompetenz

Im Folgenden werden zwei aus Sicht der Autoren besonders gelungene Konzepte guter Praxis zur Förderung der Gesundheitskompetenz am Arbeitsplatz vorgestellt. Die Grundlage für die Auswahl bildete die Beurteilung, ob es sich um tragfähige Modelle handelt, die eine nachhaltige Umsetzung fokussieren und die gesamte Belegschaft in den Blick nehmen.

■ **»Gesundheitskompetenz im Markt« (GesiMa)**
Im Kontext dieses umfassenden Konzepts stehen Führungskräfte der REWE Group (REWE Group 2011) im Fokus. Führungskräfte haben zahlreiche Rollen in Bezug auf die Gesundheit: Sie sind Vorbild, Werbeträger, Lotse, Mitarbeiter und Privatmensch, Gestalter von zwischenmenschlichen Beziehungen und Rahmenbedingungen, Unterstützer bzw. Förderer und Multiplikator. Insbesondere für im Hinblick auf ihre

Multiplikatorenfunktion ist es von großer Bedeutung, die Gesundheitskompetenz der Führungskräfte auszubauen. Hierfür wurde eine sogenannte »Führungskräfte-Toolbox« entwickelt. Wesentliche Inhalte dieser Toolbox sind die Vermittlung eines grundlegenden Hintergrundwissens zu den Themen

- Muskel-Skelett-Erkrankungen,
- Ernährung und Bewegung und
- arbeitsbedingte psychische Belastungen

sowie verschiedene Medien zur Informationsweitergabe an Beschäftigte. Bei einer Befragung im Rahmen dieses Projekts gaben 65,4 Prozent von 1.810 teilnehmenden Beschäftigten an, dass ein Gespräch mit dem Vorgesetzten ein gutes bis sehr gutes Mittel zur Wissensvermittlung darstellt. Wesentliche Methoden des Konzepts waren vor allem die Verteilung von Flyern und Informationsbroschüren, Gesundheitskarten mit Hinweisen auf das richtige Bewegungsverhalten und zahlreiche weitere Maßnahmen zur Wissensbildung. Das Projekt zeigte, dass der Aufbau von Gesundheitskompetenz nicht durch eine einmalige Aktion abgeschlossen ist, sondern einen längeren Prozess bedeutet.

■ **Sicherheit- und Gesundheitskompetenz durch informelles Lernen bei der Arbeit**
Hamacher et al. (2012) entwickelten im Auftrag der Bundesanstalt für Arbeitsschutz und Arbeitsmedizin (BAuA) ein Konzept zum informellen Lernen in Bezug auf Sicherheits- und Gesundheitskompetenz im Betriebsalltag. In ihrer expertengestützten zweistufigen Delphi-Studie kommen sie zu dem Schluss, dass es systematischer Lernprozesse bedarf, um Gesundheitskompetenz in Unternehmen zu entwickeln.

Sie unterteilen die in Betrieben vor allem zum Einsatz kommenden Lernformen in

a. formales Lernen (z. B. im Unterricht innerhalb der Schule bzw. der Ausbildung),
b. nicht-formales Lernen (z. B. Weiterbildung im und außerhalb des Unternehmens) und
c. informelles Lernen (z. B. situatives Lernen durch Handeln, Beobachtung anderer).

Bereits zu Beginn der 70er Jahre bestätigten Forschungsarbeiten zur Lernpsychologie, dass die meisten menschlichen Lernprozesse informell stattfinden (Faure et al. 1972). Informelles Lernen findet im Alltag statt, etwa am Arbeitsplatz oder in der Freizeit. Ein solches Lernen kann sich quasi nebenbei ergeben und ist dann weder Absicht noch Ziel. Informelle Lernprozesse sind für das praktische Handlungswissen von hoher Relevanz. Ebenso alt ist deshalb die Forderung, dass diese Lernform in der Arbeitswelt stärker ermöglicht werden muss. Vorteilhaft ist, dass informelle Lernprozesse handlungsnah, oft sogar in Probleme und Herausforderungen eingebunden sind und die Kompetenzentwicklung fördern.

Hamacher et al. (2012) systematisieren vier Gestaltungsfelder für informelles Lernen zu Sicherheit und Gesundheit bei der Arbeit.

1. **Externe Antreiber informeller Lernprozesse**
   Dies sind insbesondere technische und organisatorische Neuerungen, die eine hohe Veränderungs- und Lernbereitschaft erzeugen. Der Lernprozess beginnt, wenn das Neue in das Leben hineinbricht.

2. **Rahmenbedingungen der Arbeit (interne Antreiber informeller Lernprozesse)**
   Leitfragen dazu sind z. B.
   a. Sind Sicherheit und Gesundheit zentraler Bestandteil der Unternehmenspolitik und der Führungs- und Unternehmensprozesse?
   b. Ist die Unternehmenskultur lernförderlich gestaltet und gibt es eine transparente Informationsstruktur? Zentraler Bestandteil ist eine Vertrauens- und Fehlerkultur, die ein vertrauliches Miteinander sowie einen an Verbesserungen orientierten Umgang mit Fehlern prägt.
   c. Werden Sicherheit und Gesundheit in allen Phasen von Veränderungsprozessen mitgedacht?
   d. Gibt es eine sicherheits- und gesundheitsförderliche Arbeitsgestaltung, um soweit wie möglich das Erleben von Autonomie und Selbstbestimmung zu ermöglichen?
   e. Wird die Bildung von Netzwerken zu Lernzwecken im Unternehmen und außerhalb davon gefördert?
   f. Existiert im Unternehmen eine Methodenvielfalt zur Förderung des Lernens (Coaching, Lerninseln, Mentoring etc.)?

3. **Prinzipien und Kernelemente zum informellen Lernen zu Gesundheit und Sicherheit**
   D. h. die Lernenden können ihre Erfahrungen in den Lernprozess einbringen bzw. die Beschäftigten können Regeln und Normen aktiv mitgestalten, damit psychologische Grundbedürfnisse wie Selbstbestimmung, Autonomie und Kompetenzerleben erfüllt werden.

4. **Angrenzende Lernfelder**
   Informelles Lernen zu Sicherheit und Gesundheit findet auch außerhalb des Arbeitsprozesses statt. Die dort erworbenen Kenntnisse kommen auch den Unternehmen zugute. Die Kenntnisse können im Rahmen von Maßnahmen der formalen Weiterbildung, aber auch von Gesundheitsangeboten z. B. der Krankenkassen im Bereich von Bewegung, Ernährung und Entspannung oder von Angeboten zum Thema Life-Balance erworben werden. So können Angebote zur Kurzentspannung auch im Arbeitsleben zum Einsatz kommen.

Inwieweit Beschäftigte ihre individuellen Kompetenzen im beruflichen Umfeld entwickeln und zeigen können, hängt im Wesentlichen von den im Betrieb herrschenden Arbeitsverhältnissen ab. Hamacher et al. (2012) zeigen einen hohen Informationsbedarf der Beschäftigten zu Sicherheit und Gesundheit auf. Die befragten Experten bescheinigen den Beschäftigten nicht die notwendige Gesundheitskompetenz. Als besonders geeignete Gestaltungsansätze zur Verbesserung der Kompetenz zu Gesundheit und Sicherheit wurden identifiziert:

- Lernen muss in wesentlich größerem Maß während der Arbeit stattfinden.
- Formales Lernen sollte nicht als die favorisierte und anerkannte Lernform gelten, informelles Lernen ist stärker zu berücksichtigen.
- Das Lernen selbst muss gelernt werden: Es muss sich von einem schulisch geprägten Lernverständnis hin zu einer Bereitschaft wandeln, die eigenen Kompetenzen lebenslang zu erweitern.
- Dies impliziert, dass Lernende ihre Lernprozesse zunehmend selbst steuern und die Fähigkeit und Bereitschaft aufbringen, sich selbst in non-formalen und informellen Kontexten weiterzuqualifizieren.
- Dazu bedarf es keiner neuen Lernmethoden. Bestehende Methoden müssen neu kombiniert werden.
- Es ist eine Unternehmenskultur aufzubauen, die im Sinne einer Partizipations- und Vertrauenskultur Lernen fördert und selbstorganisiertes Lernen ermöglicht.

Die Autoren kommen zu dem Schluss, dass gut gestaltete – vor allem informelle – Lernprozesse positiv auf die Gesundheitskompetenz Erwerbstätiger wirken. Sie fördern die Selbstwahrnehmung und die Übernahme von Verantwortung. Diese Fähigkeiten unterstützen den bewussten und kritischen Umgang mit Gesundheitsinformationen und helfen, Selbstregulation und Selbstkontrolle auszubauen (▶ Abschn. 21.4.1). So kann sich Gesundheitskompetenz verbessern und sich gesundheitsförderliches Verhalten auch in (gesundheits-)kritischen Situationen zeigen.

21.5   Fazit

Der Erwerb von Gesundheitskompetenz ist eng verknüpft mit Bildung und Lernen; er ist ein lebenslanger Prozess. Gesundheitskompetenz entwickelt sich in einem sozialen und gesellschaftlichen Kontext. Dabei stellen sowohl der persönliche Zugang zu Gesundheit und der Umgang mit ihr, das soziale Umfeld, der Arbeitsplatz, das Gesundheitssystem und auch die Politik Bereiche dar, die den Aufbau von Gesundheitskompetenz beeinflussen. Erste Untersuchungen zeigen, dass Health Literacy eine wichtige Ressource darstellt, um Anforderungen im Arbeitsleben zu bewältigen, die Beschäftigungsfähigkeit Erwerbstätiger zu erhalten und damit hilft, drohende wirtschaftliche und psychische Risiken zu vermeiden. Eine hohe Gesundheitskompetenz fördert einen aktiven Umgang mit arbeitsbedingten Gesundheitsbelastungen. Allerdings liegen derzeit noch wenige Interventionsstudien zum Thema vor. Zweifelsfrei ist jedoch, dass Unternehmen einen wichtigen Beitrag zum Aufbau von Gesundheitskompetenz leisten können. Hier kommt gerade den Führungskräften eine besondere Rolle zu, in dem sie Lernchancen eröffnen und mehr informelles Lernen ermöglichen. Um das Lernen zu fördern, sollten den Beschäftigen Möglichkeiten eröffnet werden, ihre Selbstwirksamkeit zu erleben und selbstbestimmt zu handeln.

Literatur

Deci EL, Ryan RM (1991) A motivational approach to self: Integration in personality. In: Dienstbier R (Ed.) Nebraska symposium on motivation: Perspectives on motivation. Bd. 38. University of Nebraska Press, Lincoln

Faure E, Herrera F, Abdul-Razzak K, Lopes H, Petrovsky A, Rahnema M, Ward F (1972) Learning to be. The world of education today and tomorrow. 7. Aufl. UNESCO, Paris

Hamacher W, Eickholdt C, Lenartz N, Blanco S (2012) Sicherheits- und Gesundheitskompetenz durch informelles Lernen im Prozess der Arbeit. Bundesanstalt für Arbeitsschutz und Arbeitsmedizin, Dortmund

HLS-EU Consortium (2012) Comparative Report of Health Literacy in Eight EU Member States. The European Health Literacy Survey HLS-EU. First Revised and extended Version, July 5th, 2013. www.health-literacy.eu. Gesehen 19 Sep 2016

Kickbusch I, Pelikan J, Haslbeck J, Apfel F, Tsouros A (2013) Gesundheitskompetenz – Die Fakten. Zürich

Kraemer R, Lenze M (2011) Entwicklung einer Führungskräfte-Toolbox »Gesundheitskompetenz bei REWE«. In: Badura B, Ducki A, Schröder H, Klose J, Macco K (Hrsg) Fehlzeiten-Report 2011. Springer, Heidelberg

Lenartz N (2012) Gesundheitskompetenz und Selbstregulation. V&R unipress GmbH, Göttingen

Lenartz N (2014) Gesundheitskompetenz von Unternehmern und Führungskräften. http://workingwell.de/wp-content/uploads/2014/10/Lenartz_2014_Studie-Gesundheitskompetenz_Burnout.pdf. Gesehen 03 Jan 2017

Nutbeam D (2008) The evolving concept of health literacy. Social Science and Medicine 67:2072–2078

Orthmann A, Gunkel L, Otte R (2011) Ressourcen als Schlüssel für Führung und Gesundheit im Betrieb. In: Badura B, Ducki A, Schröder H, Klose J, Macco K (Hrsg) Fehlzeiten-Report 2011. Springer, Heidelberg

Pelikan J, Dietscher C (2015) Warum sollten und wie können Krankenhäuser ihre organisationale Gesundheitskompetenz verbessern. Bundesgesundheitsblatt – Gesundheitsforschung – Gesundheitsschutz 9: 989–995

REWE Group (Hrsg) (2011) Gesundheitskompetenz in Unternehmen gestalten und umsetzen. Ein Handlungsleitfaden für die Praxis. http://www.inqa.de/SharedDocs/PDFs/DE/Publikationen/gesundheitskompetenz-im-unternehmen-gesima.pdf;jsessionid=8EFDD31F33B086135805467AB347E9B2?__blob=publicationFile. Gesehen 02 Jan 2017

Schaeffer D, Pelikan J (Hrsg) (2016) Health Literacy: Forschungsstand und Perspektiven. Hogrefe, Göttingen

Schaeffer D, Vogt D, Berens E, Hurrelmann K (2016) Gesundheitskompetenz der Bevölkerung in Deutschland. Bielefeld. www.uni-bielefeld.de/gesundhw/ag6/downloads/Ergebnisbericht_HLS-GER.pdf. Gesehen 15 Jan 2017

Seitz J (2016) Bedarfsanalyse bezüglich der Vermittlung von Gesundheitskompetenz und Gesundheitswissen in der ostbayerischen Wirtschaftsregion anhand einer Querschnittsanalyse durch eine schriftliche Befragung von Arbeitnehmern im produzierenden Gewerbe. Unveröffentlichte Bachelor-Thesis

Sørensen K, Czabanowska K (2015) Developing Health Literate Business. A qualitive study. Occupational Medicine & Health Affairs 03:216

Sørensen K, van der Brouke S, Fullam J Doyle G, Pelikan J, Slonska Z (2012) Health literacy and public health: a systematic review on integration of definitions and models. BMC public health 12:80

WHO (1998) Health Promotion Glossary, Genf. www.who.int/healthpromotion/about/HPR Glossary 1998.pdf. Gesehen 03 Jan 2017

Williams G, Deci E, Ryan R (1998) Building Health-Care Partnerships by Supporting Autonomy: Promoting Maintained Behavior Change and Positive Health Outcomes. In: Suchman A, Hinton-Walker P, Botelho R (eds) Partnerships in Healthcare: Transforming relational process. University of Rochester Press, Rochester

Zok K (2014) Unterschiede bei der Gesundheitskompetenz. WIdOmonitor 11 (2):1–12

Die Vereinbarkeit von Beruf und privater Lebenssituation – Krisenfestigkeit und Resilienz stärken durch Entschleunigung

J. Rump, S. Eilers

B. Badura et al. (Hrsg.) *Fehlzeiten-Report 2017*,
DOI 10.1007/978-3-662-54632-1_22, © Springer-Verlag GmbH Deutschland 2017

Zusammenfassung *Auf den ersten Blick scheint es, als sei es ein »Wohlstandsphänomen«, sich mit der Vereinbarkeit von Beruf und privater Lebenssituation auseinanderzusetzen. Dem ist nicht so. In Anbetracht eines immer längeren Erwerbslebens mit einer zunehmenden Arbeitsverdichtung, Veränderungsgeschwindigkeit und Komplexität sind Phasen der »Entschleunigung« nahezu unerlässlich, um über eine Lebensarbeitszeit von vierzig oder gar fünfundvierzig Jahren »durchzuhalten«. Denn nicht selten äußern sich dauerhafter Stress und Überlastung durch eine unzureichende Vereinbarkeit früher oder später in psychischen ebenso wie in physischen Krankheitssymptomen. Immer mehr Arbeitgeber erkennen die Notwendigkeit, diesen Entwicklungen Rechnung zu tragen und gerade in einer immer komplexer werdenden digitalisierten Arbeitswelt Orientierung zu bieten und präventiv zu agieren. Nicht zuletzt stellt es gerade für die jüngere Generation einen nicht zu unterschätzenden Attraktivitätsfaktor dar, eine ausgewogene Balance zwischen Beruf und Privatleben realisieren zu können, wie gerade die jüngste Shell-Jugendstudie wieder zeigte.*

22.1 Beruf und private Lebenssituation miteinander vereinbaren – gestern und heute

Blickt man auf die Thematik der Vereinbarkeit von Beruf und privater Lebenssituation im Zeitverlauf, so wird deutlich, dass diese einem Bewusstseinswandel unterworfen ist. Noch bis vor wenigen Jahrzehnten waren beide Sphären klar voneinander abgegrenzt. Wie Beschäftigte ihre Zeit außerhalb der Arbeit verbrachten, war in der Regel nicht bekannt beziehungsweise wurde nicht zum Gegenstand der Diskussion im Arbeitsumfeld gemacht. Vielmehr arrangierten sie ihr Privatleben so, dass es den beruflichen Belangen gerecht wurde (Maitland und Thomson 2011). Heute liegt der Fokus der Diskussion auf der zunehmenden Vereinbarkeit und auf dem Verschwimmen der Grenzen zwischen Beruf und privater Lebenssituation. Zudem wird immer mehr erkannt, dass es unerlässlich ist, über das gesamte Erwerbsleben hinweg Be- und Entlastungen im Einklang zu halten, um gesund und motiviert zu bleiben und auch in krisenhaften Situationen, die sich unweigerlich im Lebensverlauf ergeben können, die Beschäftigungsfähigkeit zu sichern – ein

Bestreben, das Arbeitnehmer und Arbeitgeber eint. Die Hintergründe für diese tief greifende Veränderung sind sowohl im Wandel der Arbeitswelt als auch in der technologischen Entwicklung und nicht zuletzt in einem neuen gesellschaftlichen Rollen- und Werteverständnis zu sehen.

Zur Gestaltung des Arbeitsalltags ergeben sich heute insbesondere durch die digitale Transformation, die zumindest in der Theorie Arbeiten zu jeder Zeit und von jedem Ort für jedermann möglich macht, unzählige individuelle Optionen, während in der Vergangenheit eine vergleichsweise klare und für die meisten Menschen ähnliche Struktur vorherrschte. Hierdurch eröffnen sich auch Freiräume für ein selbstbestimmtes Arbeiten. Dieser hohe Flexibilisierungsgrad der Arbeit bringt jedoch gleichzeitig eine sehr viel höhere Komplexität sowie Beschleunigung des Lebens und Arbeitens mit sich. Mit dieser umzugehen stellt eine nie dagewesene Herausforderung sowohl für Arbeitgeber als auch für Arbeitnehmer dar. Im gesellschaftlichen Kontext ist seit Jahren festzustellen, dass Werte- und Verhaltensmuster sich im Wandel befinden. Der Wunsch nach Individualisierung führt zu immer vielfältigeren Lebensentwürfen und Gestaltungsformen der beruflichen und privaten Sphäre, und mit großer Selbstverständlichkeit möchten Nachwuchskräfte beider Geschlechter Beruf und private Lebenssituation vereinbaren und streben nach Selbstverwirklichung nicht nur in beruflicher Hinsicht. Auch dies trägt dazu bei, dass sich die Grenzen zwischen diesen beiden Sphären verschieben, denn es ist nicht von der Hand zu weisen, dass das »klassische Modell« der starren Grenzziehung zwischen Beruf und Privatleben nicht zuletzt darauf basierte, dass die Haus- und Familienarbeit parallel zur beruflichen Tätigkeit des Mannes von dessen nicht oder maximal in Teilzeit erwerbstätiger Frau erledigt wurde. Heute fällt durch die zunehmende Erwerbstätigkeit von Frauen ein traditioneller »Zeitpuffer« in Familien immer stärker weg. Das heißt, die disponible Zeit, die Frauen für die Organisation des Familienlebens, die Hausarbeit, die Betreuung von Kindern oder pflegebedürftigen Angehörigen aufwenden können, reduziert sich zusehends und muss somit neu zwischen den Partnern aufgeteilt und »ausgehandelt« werden. Erschwerend kommt hinzu, dass gesellschaftliche Strukturen auf diese Veränderung noch nicht in ausreichendem Maße reagiert haben und vielfach die Verfügbarkeit eines Elternteils – beispielsweise für Unterstützung im schulischen Bereich oder die Organisation von außerschulischen sportlichen oder musikalischen Aktivitäten – vorausgesetzt wird (BMFSFJ 2012). Heute würde laut einer Umfrage des Instituts für Demoskopie Allensbach nahezu die Hälfte der Eltern – »wenn sie auf nichts Rücksicht nehmen müssten« – eine Erwerbskonstellation wählen, in der beide Partner gleich oder annähernd gleich lange im Beruf arbeiten (Institut für Demoskopie Allensbach 2015). Somit wird Vereinbarkeit immer mehr zur »Verhandlungssache« zwischen den Geschlechtern und zu einem Thema auch für Männer (Maitland und Thomson 2011; Rump und Eilers 2017). Dennoch ist festzuhalten, dass sich Rollenmuster nur langsam verändern und in der Praxis noch immer in überwiegendem Maße Frauen sich der Herausforderung gegenüber sehen, ihr berufliches Engagement mit den privaten Verpflichtungen in Einklang zu bringen. Während bei kinderlosen Paaren die Vollzeit-Berufstätigkeit beider Partner und die weitgehend gleichberechtigte Aufteilung der Hausarbeit die Regel ist, verändern sich diese Muster mit der Geburt eines Kindes in Richtung des traditionellen Modells. In Bezug auf die Familienarbeit kommt den Vätern noch immer vielfach eine unterstützende Funktion zu, während die Hauptverantwortlichkeit nach wie vor bei den Müttern liegt und diese deutlich stärker ihren Alltag nach den Kindern ausrichten. Dieses Muster findet sich nicht nur in Paarbeziehungen, in denen Mütter nicht bzw. nur in Teilzeit tätig sind, sondern durchaus

auch bei einer ähnlichen Erwerbskonstellation beider Elternteile (Sachverständigenkommission zur Erstellung des Ersten Gleichstellungsberichtes der Bundesregierung/Fraunhofer-Gesellschaft zur Förderung der angewandten Forschung e. V. 2011). Somit ist das Risiko, bezüglich der täglichen Balance zwischen Beruf und Privatleben in eine Krise zu geraten, in zunehmendem Maße für beide Geschlechter gegeben, jedoch nach wie vor für Frauen um ein Vielfaches höher ausgeprägt.

Wenngleich die Herausforderung, berufliche und familiäre Verpflichtungen in Einklang zu bringen, ein Kernelement darstellt, greift es zu kurz, die Thematik der Vereinbarkeit des Berufs mit der privaten Lebenssituation rein auf den familiären Kontext zu reduzieren. Im Verlauf eines immer länger werdenden Erwerbslebens ergeben sich durchaus weitere Lebenssituationen, die phasenweise oder dauerhaft zu Vereinbarkeitsproblemen führen können und damit auch die Gefahr einer Krise bergen. Zu denken ist an außerberufliche Weiterbildungsaktivitäten, Ehrenämter, die Lebens- und Arbeitssituation des Partners oder auch eine schwere Erkrankung. In der Folge beziehen sich immer mehr Ansätze im Sinne einer lebensphasenorientierten Personalpolitik auf die gesamte Bandbreite solcher Lebenssituationen (Rump et al. 2014, vgl. hierzu auch ► Abschn. 22.3.1). Auch im Kontext der Begrifflichkeit der Work-Life-Balance, die in vielen Studien zur Vereinbarkeit instrumentalisiert ist, wird immer häufiger betont, dass ein »Life«-Begriff zu bevorzugen ist, der ganz bewusst Singles, kinderlose Paare, Eltern sowie pflegende Angehörige gleichermaßen in den Fokus rückt und neben familiären Verpflichtungen im privaten Bereich auch ehrenamtliches Engagement, die Pflege sozialer Kontakte, Weiterbildung oder sportliche bzw. gesundheitsfördernde Aktivitäten berücksichtigt. »Work« ist ebenfalls weiter zu fassen als bezogen auf die traditionelle Vollzeit-Erwerbstätigkeit. Vielmehr schließt ein erweitertes Verständnis von »Work« beispielsweise auch den Nebenerwerb ein, der für viele Menschen inzwischen zur Existenzgrundlage geworden ist, ebenso wie ehrenamtliche Tätigkeiten. Die »Balance« zwischen beiden Sphären impliziert im Sinne einer subjektiv empfundenen »Lebensqualität« neben einem entsprechend ausgewogenen Zeitmanagement auch die Übereinstimmung der persönlichen Situation (Einkommen, Wohnverhältnisse, Arbeitsbedingungen, Familienbeziehungen, soziale Kontakte etc.) mit den individuellen Bedürfnissen und Zielen (Haufe-Akademie/Hochschule Deggendorf 2009; Kastner 2004; Rump und Eilers 2017).

Hieraus entsteht eine paradoxe Situation: Einerseits ist eine gelungene Balance zwischen Beruf und

22.2 · Neue Grenzziehungen – Fluch oder Segen für die Gesundheit?

235

22

privater Lebenssituation immer schwieriger zu realisieren, denn um die Wettbewerbsfähigkeit im Unternehmenskontext aufrechtzuerhalten, ist immer mehr Flexibilität und Anpassungsbereitschaft seitens der Arbeitnehmer gefordert, die nicht selten mit privaten Verpflichtungen kollidiert. So weisen beispielsweise sowohl die Verfügbarkeit der Kinderbetreuung als auch die natürlichen Lebensrhythmen von Kindern nicht die Flexibilität auf, wie sie rein theoretisch in der Arbeitswelt beziehungsweise in vielen Tätigkeitsfeldern möglich wären. Andererseits jedoch steigt die Notwendigkeit für Arbeitgeber und Arbeitnehmer gleichermaßen, »Work« und »Life« in Balance zu halten, um zu gewährleisten, dass es in einer immer komplexeren und schnelllebigeren Welt und bei einer länger werdenden Lebensarbeitszeit nicht zu massiven Krisen kommt, die Einfluss auf die Beschäftigungsfähigkeit nehmen (Rump und Eilers 2017).

22.2 Neue Grenzziehungen – Fluch oder Segen für die Gesundheit?

22.2.1 Entgrenzung, Erreichbarkeit und Verfügbarkeit

Aus den vorab beschriebenen Veränderungen ergibt sich, dass die strikte Grenzziehung zwischen Beruf und Privatleben immer stärker verschwimmt. Vielfach ist in diesem Zusammenhang von »Entgrenzung« die Rede, einem Begriff, der ursprünglich aus den Sozialwissenschaften stammt. Dabei ist der Diskurs um die Entgrenzung von beruflicher und privater Sphäre nicht selten geprägt von der Vorstellung, dass dieses Phänomen sich insbesondere auf nicht-planbare zeitliche Überschneidungen außerhalb der geregelten Arbeitszeit mit einem gewissen Element der Freiwilligkeit bezieht. Allerdings arbeiten viele Menschen auch regelmäßig in der Form entgrenzt, dass sie an vermeintlich »freien« Tagen wie Samstagen, Sonn- und Feiertagen ihrer Tätigkeit nachgehen oder durch Wechselschichten eine ständige Verschiebung zwischen Freizeit und Arbeitszeit erleben. In der Folge ist es auch zunehmend schwierig, die Grenzen zwischen Be- und Entlastung zu definieren. Alle Beschäftigten – ganz gleich, welchen persönlichen Hintergrund sie mitbringen – sind auf ein ausgewogenes Verhältnis zwischen be- und entlastenden Aspekten angewiesen, um physisch und psychisch gesund und damit auch arbeitsfähig zu bleiben. In der Vergangenheit war durch die strikte Grenzziehung zwischen Beruf und privater Lebenssituation auch die Verteilung von

Be- und Entlastung vergleichsweise eindeutig definiert. Nach getaner »harter« Arbeit in Büro oder Fabrik wartete zu Hause die verdiente Entspannung. Für viele Arbeitnehmer lässt sich jedoch keineswegs mehr pauschal beantworten, wo die Grenze verläuft und inwieweit »Work« oder »Life« Be- oder Entlastung bedeuten (Rump und Eilers 2017). Es besteht die Gefahr, dass hieraus eine Lebens- oder Sinnkrise entsteht, wenn in Zeiten hoher Belastung in einem oder beiden Bereichen nicht mehr klar erkennbar ist, wie eine Entlastung herbeigeführt werden kann.

In sehr engem Zusammenhang zur Thematik der Entgrenzung ist die Frage nach der Erreichbarkeit beziehungsweise Verfügbarkeit von Beschäftigten zu sehen. Nicht selten werden die Begrifflichkeiten der Erreichbarkeit und Verfügbarkeit synonym oder nicht trennscharf verwendet. Bei genauerer Betrachtung ist allerdings erkennbar, dass es entscheidende Unterschiede gibt. Erreichbarkeit bedeutet, grundsätzlich per Telefon, E-Mail etc. erreichbar zu sein – das ist man eigentlich immer. Allerdings besteht auch eine Wechselwirkung: Ist die Erreichbarkeit gegeben, erhöht dies die Erwartung – sowohl seitens des Unternehmens als auch des Individuums an sich selbst – auch verfügbar zu sein (Stock-Homburg und Bauer 2007). Verfügbarkeit bedeutet, tatsächlich ansprechbar beziehungsweise vor Ort zu sein. Dabei ist zu bedenken, dass nicht nur die Beschäftigten für arbeitsbezogene Belange verfügbar sind, sondern auch umgekehrt diese Belange für die Beschäftigten, sodass sich beispielsweise die Möglichkeit bietet, die Tätigkeit zu unterbrechen, um private Angelegenheiten zu erledigen und nach Feierabend wiederaufzunehmen (Pangert und Schüpbach 2013). Die Hälfte der Beschäftigten erledigt zumindest ab und zu im Privatleben Tätigkeiten mit Bezug zu ihrem Erwerbsleben. Dabei stehen Männer häufiger für arbeitsbezogene Belange zur Verfügung als Frauen, die über 30-Jährigen häufiger als die bis 29-Jährigen, von denen dies etwa auf jeden Zweiten zutrifft (BITKOM 2015). In diesem Kontext ist allerdings zu beobachten, dass viele Beschäftigte nicht alternativ, sondern zusätzlich zur regulären Arbeitszeit im Büro noch verfügbar sind beziehungsweise Arbeitsaufträge erledigen (Maitland und Thomson 2011; Rump und Eilers 2017).

22.2.2 Mögliche Konsequenzen für die Gesundheit

Entgrenzung, Erreichbarkeit und Verfügbarkeit gehen mit Chancen und Gestaltungsoptionen einerseits sowie Risiken und Belastungen andererseits einher. Eine Chance ist darin zu sehen, dass der Mensch sich als

Persönlichkeit stärker in den Arbeitsprozess einbringen kann, eine andere, dass eine höhere Flexibilität in der Vereinbarkeit von Beruf und Privatleben gegeben ist. Ein Risiko stellt es hingegen dar, dass Arbeit immer stärker in die private Sphäre eindringt – und dies sowohl zeitlich durch flexible Arbeitszeiten und mobile Arbeitsarrangements als auch räumlich durch Verlagerung von Tätigkeiten an den heimischen Schreibtisch, geschäftliche Telefonate während des Urlaubs etc. (Belwe 2007). Diese im Englischen auch als »spill-over« bezeichnete Erscheinung kann negative Auswirkungen auf soziale Beziehungen jeglicher Art haben, aber auch auf die Gelegenheit, »abzuschalten«, die eine große Rolle bei der Erhaltung von Gesundheit und Wohlbefinden spielt (Fraunhofer IAO 2013). Gerade unter der Begrifflichkeit der »ständigen Erreichbarkeit« gibt es in diesem Zusammenhang einige aktuelle Studien. So kommt die Initiative Gesundheit und Arbeit (iga) in ihrem Report zu den Auswirkungen von ständiger Erreichbarkeit ebenfalls zu dem Schluss, dass die Erreichbarkeit für Arbeitsanforderungen eine zusätzliche Belastung zur eigentlichen Arbeitsbelastung bedeutet, da diese auf Zeiten ausgedehnt wird, die eigentlich der Erholung dienen sollten. Es ließen sich bei den Probanden Fehlbeanspruchungsfolgen in Bezug auf die Erholungsfähigkeit und den Schlaf nachweisen. Diese traten unabhängig von der Motivation zur ständigen Erreichbarkeit und auch unabhängig von der außerberuflichen Mehrbelastung durch im Haushalt lebende Kinder auf. Die Forscher führen zwei mögliche Ursachen hierfür an: einerseits die Unterbrechung von Erholungsprozessen durch arbeitsbezogene Kontaktierungen, andererseits aber auch eine ungenügende mentale Distanzierung von der Arbeit durch das Bewusstsein, jederzeit kontaktiert werden zu können (Hassler et al. 2016). Auch eine neue Untersuchung der amerikanischen Lehigh-Universität spricht von einem Zusammenhang zwischen ständiger Erreichbarkeit und emotionaler Erschöpfung sowie einer Störung der »Work-Family-Balance«. Dabei ist nicht die mit der tatsächlichen Beantwortung von E-Mails verbrachte Zeit entscheidend, sondern vielmehr die Erwartung im Sinne von »Vorab-Stress« (Lehigh University 2016). Eine Literaturstudie zeigt, dass die Beeinträchtigungen des Privatlebens durch die Arbeit umso größer sind, je mehr Arbeitsangelegenheiten ins Privatleben Einzug halten und dass arbeitsbedingte Befindensbeeinträchtigungen wie Burnout, Stress, Nicht-Abschalten-Können und Schuldgefühle und damit die Gefahr, in eine Krise zu geraten, ansteigen, und dies insbesondere bei Frauen. Das Ausmaß dieser Effekte lässt sich anhand der derzeitigen Studienlage allerdings noch nicht abschließend beantworten, da weitere Faktoren untersucht werden müssten (Pangert und Schüpbach 2013; Rump und Eilers 2017).

Nicht selten wird in der zunehmenden Entgrenzung eine der Ursachen für den sprunghaften Anstieg psychischer Erkrankungen in den vergangenen Jahren gesehen. Tatsächlich sind psychische Erkrankungen auf dem Vormarsch und haben sich als Ursache für Arbeitsunfähigkeit nach Angaben des BKK-Dachverbandes im Zeitraum zwischen 1976 und 2013 mehr als verfünffacht. Diese starke Zunahme ist zum einen darauf zurückzuführen, dass die Fallzahlen ansteigen. Hierzu besteht ein wissenschaftlicher Diskurs dahingehend, inwieweit der Anstieg auf eine tatsächliche drastische Zunahme dieser Erkrankungsform oder auch auf eine Verbesserung der Diagnostik und Reduzierung der Stigmatisierung psychischer Leiden zurückzuführen ist (Meier und Hauth 2015; Jacobi et al. 2015). Festzuhalten gilt auch, dass nur für bestimmte psychische Fehlbelastungen im Arbeitskontext hinreichend wissenschaftliche Evidenz vorliegt, um diese als potenziell gesundheitsgefährdend einstufen zu können. Vielfach lässt sich keine konkrete Relation herstellen, d. h. dieselbe psychische Fehlbelastung kann unterschiedliche Folgen mit sich bringen bzw. umgekehrt können aus unterschiedlichen Fehlbelastungen dieselben Konsequenzen erwachsen (Paridon 2016). Zum anderen spielt die Dauer der Krankheitsfälle eine entscheidende Rolle. Die durchschnittlichen Ausfallzeiten bei dieser Art von Erkrankung sind vergleichsweise lang. Als »Spitzenreiter« bei der Falldauer liegen sie bei ca. 40 Tagen pro Fall (verglichen mit 12,3 Tagen über alle Erkrankungsarten hinweg) (Kliner et al. 2015; Rump und Eilers 2017).

Grundsätzlich gilt es bei den Fragestellungen der Entgrenzung, Erreichbarkeit und Verfügbarkeit das Bedürfnis nach Individualität zu beachten. Denn jeder Mensch empfindet die Grenzziehung unterschiedlich. Während es für manche Beschäftigte eine Belastung darstellt, jederzeit in der Freizeit oder im Urlaub mit arbeitsbezogenen Fragestellungen konfrontiert werden zu können, weil ein »Abschalten« dadurch nicht mehr möglich ist, bevorzugen es andere, auch im Urlaub auf dem neuesten Stand zu bleiben, um nach der Rückkehr nicht von den Ereignissen »überrollt« zu werden oder auch im Notfall sofort intervenieren zu können (Stock-Homburg und Bauer 2007). Hinzu kommt, dass sich das persönliche Empfinden einer gelungenen Grenzziehung im Lebensverlauf verändern kann, sowohl in unterschiedlichen Lebensphasen wie Elternschaft oder Pflegeverantwortung als auch infolge bestimmter Erfahrungen. So kann beispielsweise für Menschen mit Schwierigkeiten in Bezug auf soziale Beziehungen oder in einer Trennungssituation die Arbeit auch außerhalb üblicher Zeiten einen wichtigen »Anker« darstellen, der sie vor einer Krise schützt (Bordt 2012). Es lässt sich also festhalten, dass allgemein gültige Regelungen für diese Fragestellung zu kurz greifen und vielmehr nach Lösungswegen gesucht werden muss, die eben solchen individuell sehr unterschiedlichen Lebensphasen und/oder Erfahrungen gerecht werden (Rump und Eilers 2017).

22.3 Herausforderungen und Handlungsoptionen – was schon getan wird und was noch zu tun ist

Vorausgeschickt sei, dass die Vereinbarkeit von Beruf und privater Lebenssituation nicht nur vom Individuum und seinem Arbeitgeber gestaltet werden kann, sondern auch in hohem Maße von externen »Taktgebern« abhängig ist. Zu denken ist hier an die qualitative und quantitative Verfügbarkeit von Betreuungseinrichtungen für Kinder und/oder Pflegebedürftige, an Sprechzeiten von Ärzten und Behörden oder aber die Taktzeiten des öffentlichen Personennahverkehrs. Diese externen »Taktgeber« sollen allerdings nicht Gegenstand der folgenden Betrachtung sein, in der es vielmehr darum geht, die Optionen darzustellen, die Arbeitgeber und jeder Einzelne selbst haben, um einer gelungenen Balance ein Stück näher zu kommen.

Zunächst einmal gilt es, sich einen zentralen Konflikt im Rahmen der Vereinbarkeitsthematik vor Augen zu führen: Auf Unternehmensseite kommt es vermehrt darauf an, Personal- und Zeitreserven zu mobilisieren, um sich den Anforderungen der Märkte nach Flexibilität und Veränderungsgeschwindigkeit zu stellen und insbesondere Fachkräfteengpässen angemessen zu begegnen. Dafür gibt es eine volkswirtschaftliche und betriebliche Notwendigkeit. Gleichzeitig zeigt sich allerdings ein ebenso starker Gegentrend auf gesellschaftlicher und individueller Ebene nach einer Balance zwischen privaten und beruflichen Belangen angesichts der zunehmenden Komplexität und Beschleunigung des Lebens und Arbeitens. Es kommt zu einem Spannungsfeld zwischen Stabilität und Flexibilität, das es auf beiden Seiten auszutarieren gilt. Dieses geht einher mit einem nicht zu unterschätzenden Zielkonflikt in der Zeitpolitik zwischen betrieblichen und individuellen Zielen. Denn Zeit ist als Faktor nur in begrenztem Umfang verfügbar und muss infolgedessen adäquat zwischen Beruf und Privatleben aufgeteilt werden (Rump et al. 2017).

Festzuhalten gilt, dass die Anzahl betrieblicher Angebote zur Verbesserung der Vereinbarkeit des Berufs mit der privaten Lebenssituation in den vergangenen Jahren deutlich zugenommen hat. Dabei zeigt sich, dass kleinere Unternehmen eher rein familienorientierte Maßnahmen fördern, wie z. B. Eltern-Kind-Arbeitszimmer, Kontakthalteprogramme während der Elternzeit oder bestimmte Schichtmodelle, die ausschließlich für Rückkehrer aus der Elternzeit angeboten werden, während sich mit wachsender Unternehmensgröße eher standardisierte und auf eine breitere Mitarbeiterschaft ausgerichtete Maßnahmen finden (z. B. Workshops zum Thema Stressbewältigung oder Betriebssportgruppen; Haufe-Akademie/Hochschule Deggendorf 2009). Wie bereits dargestellt, ist der Fokus für Maßnahmen, die eine Verbesserung der Vereinbarkeit fördern, vielfach vorrangig der Kontext »Beruf und Familie«. Allerdings sind solche Maßnahmen – wenn sie für alle Beschäftigten geöffnet werden – ebenso auch für den Single mit zeitintensivem Hobby attraktiv wie für den Endfünfziger, der sich eine Reduzierung seiner Arbeitsbelastung wünscht. Konkrete Maßnahmen zur Realisierung der Vereinbarkeit finden sich insbesondere im organisatorischen Bereich in Form flexibler Arbeitszeit- und Arbeitsortmodelle, aber auch durch offene und mobile Strukturen in Bezug auf Tätigkeitsfelder und Einsatzgebiete. Gerade flexible Arbeits(zeit)modelle finden seit Jahren eine zunehmende Verbreitung in deutschen Unternehmen und gehören mittlerweile nahezu zum Standard. So gibt der Unternehmensmonitor Familienfreundlichkeit 2013 Arbeitszeitflexibilisierung und flexible Formen der Arbeitsorganisation von Betrieben als die am häufigsten praktizierten Maßnahmen zur Förderung der Vereinbarkeit von Beruf und Familie an (BMFSFJ 2013) und auch 87 Prozent der Befragten mit einem höheren Bildungsabschluss konstatieren im Rahmen einer repräsentativen forsa-Umfrage, dass sie flexible Arbeitszeiten für ein sehr wichtiges bzw. wichtiges Angebot ihres Arbeitgebers halten (XING AG 2015). Nicht vergessen werden sollte in diesem Kontext jedoch auch eine entsprechende flankierende Unternehmens- und Führungskultur (vgl. Hänsel in diesem Band).

22.3.1 Zeit als Kernelement einer gelungenen Vereinbarkeit

Tatsächlich stellt der Faktor Zeit eine entscheidende Stellschraube dar, um Vereinbarkeit zu fördern, nicht zuletzt, um präventiv drohenden Überlastungsmomenten entgegenzuwirken. Innovative Arbeitszeitmodelle können dazu beitragen, den oben beschriebenen Zielkonflikt in der Zeitpolitik zu entschärfen. Hier sind insbesondere die Vertrauensarbeitszeit und

Langzeitkonten zu nennen, aber auch vollzeitähnliche Teilzeitmodelle sowie die Kombination flexibler Zeitmodelle mit mobilem Arbeiten. Einen ganzheitlichen Ansatz, der sich auf das gesamte Erwerbsleben bezieht und unterschiedliche Handlungsfelder umfasst, stellt das Konzept der sogenannten Lebensphasenorientierten Personalpolitik dar. Es wird dem Wandel der Lebens- und Berufsphasen und den damit einhergehenden sehr stark schwankenden Zeitbedarfen/-potenzialen der Beschäftigten über den gesamten Erwerbszyklus hinweg gerecht, indem es nach Lösungsansätzen sucht, die für die aktuelle berufliche und private Lebensphase gleichermaßen passend sind und somit auch krisenhafte Situationen im Lebensverlauf präventiv abfangen oder – sollten sie bereits eingetreten sein – auffangen können. Dies wird deutlich, wenn man sich die im Konzept der lebensphasenorientierten Personalpolitik definierten Lebensphasen vor Augen führt. Dabei lassen sich zunächst solche differenzieren, die dem familiären Bereich zuzuordnen sind – Elternschaft, Pflege, Lebens- und Arbeitssituation des Partners sowie soziales Netzwerk (damit sind Freunde und Bekannte gemeint) – sowie solche, die außerfamiliär sind (Hobby, Ehrenamt, Krankheit, Nebentätigkeit, privat initiierte Weiterbildung, kritisches bzw. traumatisches Ereignis sowie Verschuldung). Sie sind weitgehend altersunabhängig und können durchaus auch parallel auftreten, beispielsweise wenn ein berufstätiger Vater sich nebenberuflich weiterbildet oder ein Beschäftigter, der sein Gehalt mit einer Nebentätigkeit aufbessert, mit einem Pflegefall in der Familie konfrontiert wird (Rump et al. 2014). Zahlreiche Beispiele zur erfolgreichen Implementierung einer lebensphasenorientierten Personalpolitik finden sich in der Broschüre »Strategie für die Zukunft – Lebensphasenorientierte Personalpolitik«, die die Erfahrungen von zwölf Betrieben und Verwaltungen im Rahmen des gleichnamigen Modellprojektes des Instituts für Beschäftigung und Employability veranschaulicht (Rump et al. 2011).[1] Auch die Bundesagentur für Arbeit setzt seit mehreren Jahren eine lebensphasenorientierte Personalpolitik für ihre Beschäftigten ein und verbindet so die unterschiedlichen Erwartungen und Bedürfnisse der Mitarbeiter mit den Anforderungen ihres Arbeitsplatzes (BA 2012).

Bedacht werden sollte in diesem Kontext allerdings, dass Arbeitszeitflexibilität ein »ambivalentes Instrument« (Bellmann et al. 2012) darstellt. So können flexible Arbeitszeiten die Zeitsouveränität,

Zeitsynchronisation und Zeit(um)verteilung in idealer Weise verbessern, allerdings nur, wenn sich die tatsächliche Lage, Länge und Verteilung der Arbeitszeiten überwiegend nach den Zeitpräferenzen bzw. der individuellen, im Lebensverlauf veränderlichen Situation der Beschäftigten richtet (Bellmann et al. 2012; BMFSFJ 2011; BMFSFJ 2012). Unter Zeitsouveränität wird dabei der eigenverantwortliche und selbstbestimmte Umgang mit der Arbeitszeit verstanden, während sich Zeitsynchronisation auf die Abstimmung inner- und außerbetrieblicher Zeitstrukturen bezieht. Zeit(um)verteilung schließlich zielt auf eine bedarfsgerechte Umverteilung von Arbeitszeiten im Lebensverlauf zwischen Generationen und Geschlechtern ab.

In der Praxis jedoch befinden sich die betrieblichen Maßnahmen zur Arbeitszeitflexibilität und die Bedürfnisse der Beschäftigten nicht immer im Einklang (Bellmann et al. 2012) und in zwei Dritteln der deutschen Unternehmen, die Arbeitszeitflexibilität anbieten, wird die Flexibilität an den betrieblichen Erfordernissen ausgerichtet (BMFSFJ 2010; Eichhorst und Thode 2014) bzw. die Arbeitszeit an den jeweiligen Arbeitsanfall angepasst (BMFSFJ 2009). Dies macht deutlich, dass Unternehmen enormen Zwängen unterliegen, den im globalen Wettbewerb an sie gestellten Flexibilitätsanforderungen gerecht zu werden und es vielfach noch an adäquaten Mitteln fehlt, diese Zwänge mit den Bedürfnissen an mitarbeiterorientierte Flexibilität in Einklang zu bringen. Zudem klaffen Wunsch und Relität in Bezug auf das Arbeitsvolumen vielfach auseinander. Dies liegt zum einen an betrieblichen Erfordernissen, Abläufen und zum Teil auch an gewachsenen Traditionen. So verharren beispielsweise auch Personen auf Teilzeitstellen, deren Lebenssituation sich zwischenzeitlich so verändert hat, dass sie ihr Arbeitsvolumen ausdehnen könnten und dies auch gerne tun würden. Zum anderen lässt bei vielen Eltern und Menschen mit Pflegeverantwortung das vorhandene Betreuungsangebot die Flexibilität, die sie sich wünschen, nicht uneingeschränkt zu. Die Wünsche bezüglich der Arbeitszeiten differieren zwischen Müttern und Vätern, aber auch bei Menschen in unterschiedlichen Lebenssituationen, Lebenslagen und Lebensformen. Durchführung und Teilnahme an Weiterbildungsaktivitäten zum Beispiel scheitern nicht selten – sowohl seitens der Betriebe als auch der Beschäftigten – an mangelnder Zeit (Seifert 2006; Demary et al. 2013). Vor allem vollzeitarbeitende Väter wünschen sich eine Reduzierung ihrer Wochenarbeitszeit, während teilzeitarbeitende Mütter vielfach ihr Arbeitsvolumen aufstocken möchten, darunter auch viele Alleinerziehende. Zu den Vollzeitbeschäftigten ist anzumerken, dass deren vertraglich vereinbarte Ar-

---

1 Die Broschüre ist als PDF-Version kostenlos unter www.lebensphasenorientierte-personalpolitik.de zum Download verfügbar.

beitszeiten in der Regel auch ihren Wunscharbeitszeiten entsprechen, die tatsächlichen Arbeitszeiten jedoch – wie oben beschrieben – meist darüber liegen. Insgesamt bewegen sich die Arbeitszeitwünsche aufeinander zu und pendeln sich beim Modell einer »vollzeitnahen Teilzeit« bzw. »kurzen Vollzeitarbeit« ein, d. h. etwa zwischen 25 und 35 Stunden, um außerberuflichen Belangen und Erwerbsarbeit gleichermaßen gerecht werden zu können (BMFSFJ 2012; Seifert 2014; Rump et al. 2017). Vollzeitnahe Teilzeit wird inzwischen in vielen Unternehmen erfolgreich umgesetzt. Zahlreiche Praxisbeispiele und Umsetzungstipps finden sich beispielsweise in der kostenfrei verfügbaren Broschüre »Familienbewusste Arbeitszeiten« des Bundesministeriums für Familie, Senioren, Frauen und Jugend (BMFSFJ 2016).

Grundsätzlich zeigt sich, dass Menschen, denen Eigenverantwortung in Bezug auf das »Wann«, »Wie« und »Wo« ihrer Aufgabenerledigung zugestanden und zugetraut wird, produktiver und motivierter arbeiten und gesünder bleiben (Joyce et al. 2010). Dies erfordert jedoch ein hohes Maß an Vertrauen. Nicht in allen Berufsbildern ist zudem eine gleichermaßen flexible Gestaltung von Arbeitsort und Arbeitszeit möglich. Dennoch ist festzuhalten, dass zahlreiche Berufsbilder sehr viel mehr Flexibilisierungsmöglichkeiten bieten als derzeit ausgeschöpft werden. Experten merken auch an, dass in Arbeitsbereichen, in denen flexible Arbeitszeiten und Arbeitsorte nicht oder nur begrenzt möglich sind, die Autonomie über die Art und Weise der Arbeitserledigung bereits zu mehr Produktivität führen kann (Maitland und Thomson 2011).

Eine entscheidende Rolle nimmt auch die Zeitkompetenz ein, gerade vor dem Hintergrund der vorab beschriebenen »Entgrenzung«. Für das Individuum besteht die Herausforderung im Vergleich zu den klaren Strukturen der Vergangenheit darin, selbst für Abgrenzung – räumlich wie zeitlich – Sorge zu tragen (Belwe 2007; Jürgens und Voß 2007). Die Beschäftigten treten damit in einen Aushandlungsprozess – mit sich selbst, mit ihrem sozialen Umfeld und mit ihrem Arbeitgeber. Dieser Aushandlungsprozess ist für Menschen mit unterschiedlicher Disposition unterschiedlich gut zu bewältigen. Es bedarf entsprechender Kompetenzen wie der Fähigkeit zum Selbstmanagement, des »Boundary Management« (Lebensführungskompetenz der Grenzziehung) (Sachverständigenkommission zur Erstellung des Ersten Gleichstellungsberichts der Bundesregierung/Fraunhofer-Gesellschaft zur Förderung der angewandten Forschung e. V. 2011) und des Selbstbewusstseins, auch einmal »nein« zu sagen. Hinzu kommt Organisationstalent, um beispielsweise mit wechselnden Arbeitsorten umgehen zu können. Sind diese Eigenschaften nicht entsprechend vorhanden, ist die Gefahr sehr groß, in eine Krise zu geraten, die sich in Schuldgefühlen, Versagensängsten und dem Gefühl, keinem Bereich in angemessener Weise gerecht zu werden, manifestiert (Rump und Eilers 2017).

22.3.2 Kulturelle Faktoren als entscheidende Rahmenbedingungen

Auch die Unternehmens- und Führungskultur spielt eine entscheidende Rolle bei der Frage, inwieweit sich neue Strukturen und Zeitmodelle zur besseren Vereinbarkeit durch- und umsetzen lassen. Gerade die Unternehmenskultur ist dabei als essenziell für den Erfolg einzustufen, stellt sie doch den »Schlüssel zu einer nachhaltigen familienbewussten Personalpolitik« dar, wie Ahrens schon im Fehlzeiten-Report 2016 eindrucksvoll aufzeigte (Ahrens 2016). Denn wenn die Nutzung von flexiblen Arbeitsmodellen letztlich zu einer geringen Wertschätzung seitens der Vorgesetzten und verringerten Karriereperspektiven führt, löst dies mehr Belastung und Unzufriedenheit aus als es Entlastung bringt und Motivation fördert. Zudem werden gut gemeinte Angebote dann letztlich nicht genutzt. Daher müssen neben der Wertschätzung aller Beschäftigtengruppen auch die Akzeptanz außerberuflicher Belange, Respekt und Fairness sowie die Förderung von Eigenverantwortung deutlich zutage treten. Fachleute gehen davon aus, dass arbeitsfreie Zeiträume im Zuge steigender Flexibilitätsanforderungen und eines erhöhten Leistungs- und Veränderungsdrucks an Bedeutung gewinnen, um die Gesundheit auch über ein verlängertes Erwerbsleben hinweg aufrechtzuerhalten. Eine Kultur im Unternehmen, die Werte wie verlässliche freie Zeiten anerkennt, kann hier einen Beitrag zur Bewusstseinsbildung leisten (IfB 2012). Seit einigen Jahren ist es allerdings eher »en vogue«, gerade unter Beschäftigten in leitenden Positionen, die eigene hohe zeitliche Verfügbarkeit zu betonen und bewusst darauf hinzuweisen, dass sowohl die Wochenenden als auch die Urlaubszeit wie selbstverständlich als Arbeitszeit angesehen werden. Dies setzt Mitarbeiter unter einen immensen Druck, ebenfalls nahezu uneingeschränkte Verfügbarkeit zu demonstrieren, der nicht selten einen inneren Konflikt birgt, wenn beispielsweise private Belange damit kollidieren und in der Konsequenz die Gefahr einer Lebens- oder Sinnkrise entsteht. Stress ist zu einer Art modernem Statussymbol geworden, gestützt durch eine entsprechende Kultur in vielen Unternehmen, sodass es nahezu einem »Wettbewerb« gleicht, wer die höhere Belastung aufzuweisen hat (Hein 2012; Kutter 2010; Murray 2013; Rump und Eilers 2017).

Führungskräfte müssen sich in doppelter Hinsicht mit der Thematik der Vereinbarkeit auseinandersetzen: Einerseits im Rahmen ihrer Fürsorgepflicht ihren Mitarbeitern gegenüber und auch in dem Bestreben, deren Arbeitsfähigkeit und -zufriedenheit aufrechtzuerhalten. Andererseits aber auch im eigenen Erleben, denn Befragungen unter Führungskräften zeigen, dass diese mit ihrer eigenen Balance vielfach hoch unzufrieden sind, jedoch keine Ansätze finden, diese zu verbessern. Sie sind es auch, die in der Regel am wenigsten Gebrauch von bestehenden Angeboten ihres Arbeitgebers zur Verbesserung dieser Balance machen, weil sie fürchten, dadurch einen Statusverlust zu erleiden (Haufe Akademie und Hochschule Deggendorf 2009). Zudem zeigt sich, dass das Streben nach Vereinbarkeit gerade für Manager auch einen zusätzlichen Druckfaktor darstellen beziehungsweise Versagensgefühle hervorrufen kann (Ford und Collinson 2011). Wichtig in der Praxis ist daher neben einer entsprechenden Gestaltung der Arbeitsbedingungen auch die Wahrnehmung der Vorbildfunktion. Denn sonst entsteht beim Mitarbeiter leicht das Gefühl, seine gelingende Vereinbarkeit sei für die Führungskraft ein Zeichen mangelnden Engagements. Daher sollten sich Vorgesetzte insbesondere folgende Fragen stellen (Rump et al. 2014; Frey et al. 2004):

- Wie kann ich selbst als Vorbild agieren?
- Wie möchte ich mein Team mit einer verbesserten Vereinbarkeit des Berufs mit der privaten Lebenssituation voranbringen?
- Welche begleitenden Maßnahmen sind zum Gelingen erforderlich?
- Welche Ziele verfolge ich konkret (z. B. Stressverminderung, Verbesserung von Motivation, Loyalität, Produktivität, moderne Beschäftigungsbedingungen, Verbesserung von Recruiting und Retention)?
- Wie kann es mir gelingen, private Belange besser bei der Aufgabenverteilung zu berücksichtigen?
- Wie möchte ich mich in meiner Führungsarbeit darauf einstellen, dass meine Mitarbeiter zu flexiblen Zeiten und an flexiblen Orten arbeiten?
- Kenne ich alle Möglichkeiten, die mein Arbeitgeber meinen Mitarbeitern zur Verbesserung der Vereinbarkeit anbieten kann?
- Welche Mitarbeiter sind als gefährdet im Sinne einer unzureichenden Vereinbarkeit einzustufen?

In diesem Zusammenhang kann es sich als hilfreich erweisen, die Thematik der Vereinbarkeit als Teil des Mitarbeiterjahresgesprächs in den Gesprächsverlauf mit einzubinden und sie so zu einem festen Bestandteil der Unternehmens- und Führungskultur werden zu

lassen. Erfolgreiche Beispiele für die Umsetzung einer solchen Einbindung finden sich in der bereits angesprochenen Broschüre »Strategie für die Zukunft – Lebensphasenorientierte Personalpolitik« (Rump et al. 2011).

22.4 Mehrwert einer gelungenen Vereinbarkeit für Arbeitgeber, Arbeitnehmer und die Gesellschaft

Gelingt es, die Vereinbarkeit von Beruf und privater Lebenssituation für alle Beteiligten adäquat zu gestalten, so ergibt sich eine dreifache Win-Win-Situation für Arbeitgeber, Arbeitnehmer und Gesellschaft. Dabei sind Arbeitgeber gleichermaßen Auslöser, Betroffene und Gestalter der Vereinbarkeitsproblematik. So verursachen sie einerseits naturgemäß das Spannungsfeld zwischen beruflicher und privater Sphäre. Andererseits jedoch leiden Arbeitgeber vielfach ebenso unter einer unzureichenden Vereinbarkeit, die letztlich Auswirkungen auf die Arbeitsleistung und Wertschöpfung mit sich bringt. Schließlich sind sie es, die über die entscheidenden Stellschrauben verfügen, um die Vereinbarkeit zu verbessern. Konkrete Berechnungen zur Effektivität von Maßnahmen zur Verbesserung der Vereinbarkeit aus Unternehmenssicht liegen überwiegend für den Bereich »Beruf und Familie« vor. So entwickelte das Forschungsinstitut Familienbewusste Personalpolitik einen Kriterienkatalog, anhand dessen das Familienbewusstsein eines Unternehmens im sogenannten »berufundfamilie-Index« ermittelt wird.[2] Auf dieser Basis lassen sich für insgesamt 19 verschiedene betriebswirtschaftliche Kennzahlen bei sehr familienbewussten Unternehmen gemäß dem Index signifikant bessere Werte erkennen als bei wenig familienbewussten Unternehmen. So liegt beispielsweise die Krankheitsquote bei den als sehr familienbewusst eingestuften Firmen um 22 Prozent niedriger als im Durchschnitt, bei wenig familienbewussten Unternehmen hingegen 27 Prozent über dem Durchschnitt. In ❏ Tab. 22.1 werden einige weitere Vergleichswerte dargestellt.

Auch eine aktuelle Untersuchung der Roland Berger Strategy Consultants im Auftrag des Bundesministeriums für Familie, Senioren, Frauen und Jugend zeigt eine Rendite auf Investitionen zur Familienfreundlichkeit von bis zu 25 Prozent (Roland Berger Strategy Consultants 2014). Allerdings bleiben

---

2 Die genauen Kriterien sind der im Literaturverzeichnis angegebenen Quelle FFP (2013) zu entnehmen.

◘ Tab. 22.1 Ausgewählte betriebswirtschaftliche Kennzahlen zur familienbewussten Personalpolitik (FFP 2013)

	Sehr familienbewusste Unternehmen	Wenig familienbewusste Unternehmen
Fehlzeitenquote	12 % unter dem Durchschnitt	48 % über dem Durchschnitt
Mitarbeitendenmotivation	14 % über dem Durchschnitt	17 % unter dem Durchschnitt
Mitarbeitendenproduktivität	13 % über dem Durchschnitt	10 % unter dem Durchschnitt
Fluktuationsrate	4 % unter dem Durchschnitt	15 % über dem Durchschnitt
Familienbewusstes Unternehmensimage	14 % über dem Durchschnitt	18 % unter dem Durchschnitt

Quelle: FFP (Forschungszentrum Familienbewusste Personalpolitik) 2013

Fehlzeiten-Report 2017

betriebswirtschaftliche Effekte noch immer umstritten, auch wenn 74 Prozent der Unternehmen in einer Studie angeben, familienbewusste Personalpolitik als betriebswirtschaftlich vorteilhaft wahrzunehmen. Zu stark ist die Orientierung an »harten Fakten«, während sich Vereinbarkeit in der Regel eher in weichen Faktoren wie Unternehmenskultur, Leistungsfähigkeit, Motivation, Innovationskraft etc. manifestiert (BMFSFJ 2010).

22.5   Fazit

Wo, wann und in welchem Maße Personen Belastung empfinden und im Gegenzug »auftanken« und wie positiv oder negativ sie »Grenzüberschreitungen« zwischen den beiden Sphären Beruf und Privatleben empfinden, hängt also in hohem Maße von der persönlichen Situation, von Lebens- und Berufsphasen, von Neigungen und individuellen Einschätzungen ab. Folglich sieht auch für jeden Menschen in jeder Lebenssituation eine gelungene Balance, die ihn physisch und psychisch gesund hält und Krisen vorbeugt, anders aus. Die Bestandsaufnahme zur Zeitverwendung des Achten Familienberichts der Bundesregierung zeigt deutlich, wie sich Präferenzen, Bedürfnisse und Zwänge von Beschäftigten in Bezug auf ihre Zeitgestaltung im beruflichen und privaten Bereich mit den Lebensphasen und Lebenslagen verändern. Als entscheidende Übergänge werden dabei die soziale und ökonomische Verselbstständigung in und nach der Jugendphase, die Familiengründung, die Aufnahme einer Erwerbstätigkeit und schließlich der Übergang in die Altersphase identifiziert (BMFSFJ 2012). All diese Phasen können als besonders gefährdet für die Entstehung einer Krise bezeichnet werden. Nicht immer halten die Rahmenbedingungen bezüglich der Arbeitszeitgestaltung »Schritt« mit diesen Veränderungen und es stellt eine enorme Herausforderung für Arbeitgeber dar, ihre betrieblichen Zeitbedarfe mit

diesen individuellen und veränderbaren arbeitnehmerseitigen Präferenzen, Bedürfnissen und Zwängen zu »matchen«. In der Folge kann es zu erheblichen Reibungsverlusten im Sinne physischer und psychischer Überlastungssituationen nicht nur bei dem beziehungsweise der Einzelnen, sondern auch aus der Sicht des Unternehmens kommen, wenn es nicht gelingt, beiden Seiten gerecht zu werden. Innovative Zeitmodelle, flankiert von einer entsprechenden Unternehmens- und Führungskultur, können dazu beitragen, solche Reibungsverluste und damit auch Krisen präventiv zu vermeiden und letztlich eine Win-Win-Situation für alle Beteiligten herzustellen (Rump et al. 2017).

Literatur

Ahrens R (2016) Unternehmenskultur als Schlüssel zu einer nachhaltigen familienbewussten Personalpolitik. In: Badura B, Ducki A, Schröder H, Klose J, Meyer M (Hrsg) (2016) Fehlzeiten-Report 2016. Unternehmenskultur und Gesundheit – Herausforderungen und Chancen. Springer, Heidelberg, S 121–128

BA (Bundesagentur für Arbeit) (2012): Die lebensphasenorientierte Personalpolitik der Bundesagentur für Arbeit. https://www3.arbeitsagentur.de/web/content/DE/Karriere BA/ArbeitsweltBA/VereinbarkeitBerufPrivatleben/Detail/index.htm?dfContentId=L6019022DSTBAI528244. Gesehen 17 Feb 2017

Bellmann L, Ellguth P, Gerner HD (2012) Betriebliche Arbeitszeiten – Auswertungen des IAB-Betriebspanels. In: Becker-Stoll F, Klös HP, Thüsing G. Expertisen zum Achten Familienbericht. München

Belwe K (2007) Entgrenzung von Arbeit und Leben: Editorial. Aus Politik und Zeitgeschichte 34:2

BITKOM (2015) Große Mehrheit der Berufstätigen ist im Urlaub erreichbar. Pressemeldung vom 22 Jul 2015. https://www.bitkom.org/Presse/Presseinformation/Grosse-Mehrheit-der-Berufstaetigen-ist-im-Urlaub-erreichbar.html. Gesehen 22 Sep 2015

BMFSFJ (2009) Evaluationsbericht Bundeselterngeld- und -elternzeitgesetz 2009. Berlin

BMFSFJ (2010) Initiative Familienbewusste Arbeitszeiten-Broschüre. Berlin

BMFSFJ (2011) Familienbewusste Arbeitszeiten. Leitfaden für die praktische Umsetzung von flexiblen, familienfreundlichen Arbeitszeitmodellen. http://www.bmfsfj.de/RedaktionBMFSFJ/Broschuerenstelle/Pdf-Anlagen/Familienbewusste-Arbeitszeiten-Leitfaden,property=pdf,bereich=bmfsfj,sprache=de,rwb=true.pdf. Gesehen 12 Mar 2016

BMFSFJ (2012) Zeit für Familie. Familienzeitpolitik als Chance einer nachhaltigen Familienpolitik. http://www.bmfsfj.de/RedaktionBMFSFJ/Abteilung2/Pdf-Anlagen/Achter-familienbericht,property=pdf,bereich=bmfsfj,sprache=de,rwb=true.pdf. Gesehen 11 Jan 2017

BMFSFJ (2013) Unternehmensmonitor Familienfreundlichkeit. http://www.bmfsfj.de/RedaktionBMFSFJ/Broschuerenstelle/Pdf-Anlagen/Unternehmensmonitor-Familienfreundlichkeit-2013,property=pdf,bereich=bmfsfj,sprache=de,rwb=true.pdf. Gesehen 12 Mar 2016

BMFSFJ (2016) Familienbewusste Arbeitszeiten. Leitfaden für die praktische Umsetzung von flexiblen, familienfreundlichen Arbeitszeitmodellen. Berlin. https://www.bmfsfj.de/blob/93754/a8a5b1857507181ec5409751ac589c75/familienbewusste-arbeitszeiten-leitfaden-data.pdf. Gesehen 17 Feb 2017

Bordt M (2012) Manche flüchten mit dem Blackberry aus der Realität. Interview mit Sibylle Haas. In: Beise M, Jakobs HJ (Hrsg) Die Zukunft der Arbeit. SZ, München, S 93–95

Demary V, Malin L, Seyda S, Werner D (2013) Berufliche Weiterbildung in Deutschland – Ein Vergleich von betrieblicher und individueller Perspektive. IW Medien, Köln

Eichhorst W, Thode E (2014) Flexible Arbeitswelten. Bericht an die Expertenkommission »Arbeits- und Lebensperspektiven in Deutschland«. IZA Research Report, S 59. http://www.iza.org/en/webcontent/publications/reports/report_pdfs/iza_report_59.pdf. Gesehen 19 Apr 2015

FFP (Forschungszentrum Familienbewusste Personalpolitik) (2013) Status quo der Vereinbarkeit von Beruf und Familie in deutschen Unternehmen sowie betriebswirtschaftliche Effekte einer familienbewussten Personalpolitik. Ergebnisse einer repräsentativen Studie. Münster und Berlin. http://www.ffp.de/tl_files/dokumente/2013/ub2012_bericht.pdf. Gesehen 17 Feb 2017

Ford J, Collinson D (2011) In search of the perfect manager? Work-life balance and managerial work. Work Employment Society 25:257–273

Fraunhofer-Institut für Arbeitswirtschaft und Organisation (IAO) (2013) Arbeit der Zukunft. Wie sie uns verändert. Wie wir sie verändern. Fraunhofer Verlag, Stuttgart

Frey D, Kerschreiter R, Raabe B (2004) Work Life Balance: Eine doppelte Herausforderung für Führungskräfte. In: Kastner M (Hrsg) Die Zukunft der Work Life Balance. Wie lassen sich Beruf und Familie, Arbeit und Freizeit miteinander vereinbaren? Kröning, S 305–322

Hassler M, Rau R, Hupfeld J, Paridon H (2016) Auswirkungen ständiger Erreichbarkeit und Präventionsmöglichkeiten. iga-Report 23

Haufe-Akademie, Hochschule Deggendorf (2009) Führungskräftestudie 2009. Work-Life-Balance und Führungsverhalten. https://www.haufe-akademie.de/downloadserver/Presse/StudieProzent20WLB.pdf. Gesehen 15 Dez 2015

Hein M (2012) Stress – das moderne Status-Symbol. http://medizin.pr-gateway.de/stress-das-moderne-status-symbol/ Gesehen 21 Jul 2015

IfB! (Initiative für Beschäftigung!) (2012) Arbeit der Zukunft gestalten: Ergebnisse des Fachdialogs. http://www.der-paritaetische.de/nc/fachinfos/artikel/news/die-arbeit-der-zukunft-gestalten-gemeinsamer-dialogprozess-der-initiative-fuer-beschaeftigung-und/?type=123&cHash=1add7e57300ce8eb0d2a9c5784d8ef0d&filename=dpwv.pdf. Gesehen 12 Dez 2015

Institut für Demoskopie Allensbach (2015) Weichenstellungen für die Aufgabenteilung in Familie und Beruf. http://www.ifd-allensbach.de/uploads/tx_studies/Weichenstellungen.pdf. Gesehen 12 Dez 2015

Jacobi F, Bretschneider J, Müllender S (2015) Veränderungen und Variationen der Häufigkeit psychischer Störungen in Deutschland – Krankenkassenstatistiken und epidemiologische Befunde. In: Kliner K, Rennert D, Richter M (Hrsg) Gesundheit in Regionen – Blickpunkt Psyche. BKK Gesundheitsatlas 2015. Medizinisch Wissenschaftliche Verlagsgesellschaft, Berlin, S 63–71

Joyce K, Pabavo R, Critchley JA, Bambra C (2010) Flexible working conditions and their effects on employee health and wellbeing. Cochrane Database of Systematic Reviews 2:CD008009

Jürgens K, Voß GG (2007) Gesellschaftliche Arbeitsteilung als Leistung der Person. Aus Politik und Zeitgeschichte 34:3–9

Kastner M (2004) Die Zukunft der Work Life Balance. Wie lassen sich Beruf und Familie, Arbeit und Freizeit miteinander vereinbaren? Asanger, Kröning

Kliner K, Rennert D, Richter M (2015) Gesundheit in Regionen – Blickpunkt Psyche. BKK Gesundheitsatlas 2015. Medizinisch Wissenschaftliche Verlagsgesellschaft, Berlin

Kutter I (2010) Ich kann nicht mehr. http://www.zeit.de/campus/2010/03/burnout-studenten/komplettansicht. Gesehen 21 Jul 2015

Lehigh University (2016) »After-hours email expectations negatively impact employee well-being.« www.sciencedaily.com/releases/2016/07/160727110906.htm. Gesehen 05 Jan 2017

Maitland A, Thomson P (2011) Future Work. How Businesses Can Adapt and Thrive in the New World of Work. Palgrave Macmillan, London

Meier W, Hauth I (2015) Psychische Erkrankungen auf dem Vormarsch? Die Bedeutung diagnostischer Definitionen für die Versorgung. In: Kliner K, Rennert D, Richter M (Hrsg) Gesundheit in Regionen – Blickpunkt Psyche. BKK Gesundheitsatlas 2015. Medizinisch Wissenschaftliche Verlagsgesellschaft, Berlin, S 72–77

Murray K (2013) Is Being Stressed Out the New Status Symbol? http://www.levo.com/articles/lifestyle/stressed-out-is-the-new-status-symbol. Gesehen 21 Jul 2015

Pangert B, Schüpbach H (2013) Die Auswirkungen arbeitsbezogener erweiterter Erreichbarkeit auf Life-Domain-Balance und Gesundheit. Bundesanstalt für Arbeitsschutz und Arbeitsmedizin, Dortmund

Paridon H (2016) Psychische Belastung in der Arbeitswelt. Eine Literaturanalyse zu Zusammenhängen mit Gesundheit und Leistung. iga-Report 32

Roland Berger Strategy Consultants (2014) Die neue Vereinbarkeit. Warum Deutschland einen Qualitätssprung bei der Vereinbarkeit von Beruf und Familie braucht. München

Rump J, Eilers S (2017) Arbeit 4.0. Leben und Arbeiten unter neuen Vorzeichen. In: Rump J, Eilers S (Hrsg) (2017) Auf dem Weg zur Arbeit 4.0. Innovationen in HR. Springer, Heidelberg, S 3–77

Rump J, Eilers S, Wilms G (2011) Strategie für die Zukunft: Lebensphasenorientierte Personalpolitik. Mainz

Rump J, Wilms G, Eilers S (2014) Die Lebensphasenorientierte Personalpolitik. Grundlagen und Gestaltungstipps aus der Praxis für die Praxis. In: Rump J, Eilers S (Hrsg) Lebensphasenorientierte Personalpolitik. Strategien, Konzepte und Praxisbeispiele zur Fachkräftesicherung. Springer, Heidelberg, S 3–69

Rump J, Eilers S, Scherer K (2017) Zielkonflikte in der Zeitpolitik. Wie betriebliche Arbeitszeitpolitik helfen kann, Zeitreserven zu mobilisieren und Konflikte zu entschärfen. In: Rump J, Eilers S (Hrsg) (2017) Auf dem Weg zur Arbeit 4.0. Innovationen in HR. Springer, Heidelberg, S 277–318

Sachverständigenkommission zur Erstellung des Ersten Gleichstellungsberichtes der Bundesregierung, Fraunhofer-Gesellschaft zur Förderung der angewandten Forschung e. V. (2011) Neue Wege – Gleiche Chancen. Gleichstellung von Frauen und Männern im Lebensverlauf. Gutachten der Sachverständigenkommission an das Bundesministerium für Familie, Senioren, Frauen und Jugend für den ersten Gleichstellungsbericht der Bundesregierung. Zentrale Ergebnisse und Handlungsempfehlungen. http://www.bmfsfj.de/RedaktionBMFSFJ/Broschuerenstelle/Pdf-Anlagen/Erster-Gleichstellungsbericht-Neue-Wege-Gleiche-Chancen,property=pdf,bereich=bmfsfj,sprache=de,rwb=true.pdf. Gesehen 11 Jan 2017

Seifert H (2006) Lernzeitkonten für Lebenslanges Lernen. Friedrich-Ebert-Stiftung, Bonn

Seifert H (2014) Renaissance der Arbeitszeitpolitik: selbstbestimmt, variabel und differenziert. Expertise im Auftrag der Abteilung Wirtschafts- und Sozialpolitik der Friedrich-Ebert-Stiftung. WISO Diskurs November 2014. http://library.fes.de/pdf-files/wiso/11049.pdf. Gesehen 12 Mar 2016

Stock-Homburg R, Bauer EM (2007) Work-Life-Balance im Topmanagement. Aus Politik und Zeitgeschichte 34:25–32

Wittig P, Nöllenheidt C, Brenscheidt F (2013) Grundauswertung der BIBB/BAuA-Erwerbstätigenbefragung 2012 mit dem Schwerpunkt Arbeitsbedingungen, Arbeitsbelastungen und gesundheitliche Beschwerden. Bundesanstalt für Arbeitsschutz und Arbeitsmedizin. http://www.baua.de/de/Publikationen/Fachbeitraege/Gd73.html;jsessionid=73081D9CDE1D057BF965E21107D3B503.1_cid323. Gesehen 15 Apr 2015

Xing AG (2015) Umfrage: Als Vater in Elternzeit? Ja klar, aber … https://spielraum.xmg.com/2015/02/elternzeit-vaeter-forsa-umfrage/. Gesehen 24 Apr 2017

Krisen bewältigen am Beispiel von Flucht und Trauma

M. Schouler-Ocak

B. Badura et al. (Hrsg.) *Fehlzeiten-Report 2017*,
DOI 10.1007/978-3-662-54632-1_23, © Springer-Verlag GmbH Deutschland 2017

Zusammenfassung *Im Rahmen der wachsenden Globalisierung und der weltweit zunehmenden Krisenherde sind Millionen von Menschen auf der Flucht. Dabei zählt gerade die Gruppe der geflüchteten Menschen zu den vulnerablen Gruppen, die multiplen und komplexen Stressoren ausgesetzt waren und sind, die ihre psychische Gesundheit nachhaltig beeinträchtigen können. Denn sie sind oftmals vor, während und nach der Migration vielfältigen traumatisierenden Ereignissen ausgesetzt, die zu Traumafolgestörungen führen können. Im Aufnahmeland werden sie im Gesundheitssystem (wie auch im Arbeitssystem) mit zahlreichen Zugangsbarrieren wie den sprach- und kulturgebundenen konfrontiert, die sich in einer eingeschränkten Inanspruchnahme des psychiatrisch-psychotherapeutischen Gesundheitssystems widerspiegeln. In Modellen wie den resilienzorientierten Interventionen werden traumafokussierte bzw. traumazentrierte interkulturelle Psychotherapien und multimodale Interventionen kombiniert, da nicht bei jedem geflüchteten Menschen spezifische Behandlungsinterventionen indiziert sind. Das resilienzorientierte Vorgehen kann sogar der Ausbildung einer psychischen Folgestörung vorbeugen und die Orientierung sowie die Integration in die neue Sozial- und Arbeitswelt erleichtern.*

23.1 Einleitung

Nach Angaben der UN (2016) lag 2015 die Zahl von Menschen, die nicht in ihrem Geburtsland lebten, weltweit bei mehr als 244 Millionen. Dies bedeutet einen Anstieg von über 41 Prozent im Vergleich zum Jahr 2000. In diesen Zahlen sind die Flüchtlinge enthalten, deren Zahl nach Angaben des Flüchtlingswerks der Vereinten Nationen (UNHCR 2016) aktuell mit mehr als 65,5 Millionen angegeben wird – Menschen auf der Flucht, von denen 21,3 Millionen Menschen ihre Heimatländer verlassen mussten. Jedoch erreichen von diesen lediglich 6 Prozent überhaupt Europa. 54 Prozent aller Geflüchteten stammen aus drei Ländern, nämlich aus Syrien (4,9 Mio), aus Afghanistan (2,7 Mio.) und aus Somalia (1,1 Mio.). Die Hauptaufnahmeländer sind dabei die Türkei, Pakistan, der Libanon, Jordanien, Äthiopien und der Iran. Nach wie vor bestehen signifikante geografische Unterschiede bezüglich der Aufnahme von Flüchtlingen. 86 Prozent der Flüchtlinge werden von sogenannten sich entwickelnden Ländern aufgenommen. Von denen, die es in die sogenannten entwickelten Länder schaffen und dort Asyl beantragen, erhalten lediglich 25 Prozent Asyl (UNHCR 2015).

Innerhalb der Europäischen Union verzeichnen Deutschland, Frankreich, Schweden, Großbritannien und Italien die meisten Asylanträge (UNHCR 2014). Im Jahr 2015 beantragten 1.294.000 Flüchtlinge und Migranten Asyl in Europa, davon 441.899 allein in Deutschland (BAMF 2016a). Mit der vom Bundesamt für Migration und Flüchtlinge (BAMF 2016a) für die Verteilung von Asylsuchenden verwendeten Software EASY (Erstverteilung der Asylbegehrenden) wurden 2015 1.091.894 Geflüchtete in Deutschland registriert (Münchner Merkur-Online 2016; BBC 2016; BAMF 2016b). Bereits im Berichtszeitraum Januar bis November 2016 wurden 702.492 Erstanträge beim BAMF gestellt (BAMF 2016c). Die meisten Erstanträge im Jahr 2016 (bis einschließlich November) wurden aus den folgenden drei Ländern erfasst: Syrien mit 262.268 Erstanträgen (37,3 Prozent aller Erstanträge), Afghanistan mit 124.909 Erstanträgen (17,8 Prozent aller Erstanträge) und Irak mit 94.251 Erstanträgen (13,4 Prozent aller Erstanträge) (BAMF 2016c).

23.2 Psychische Gesundheit von geflüchteten Menschen

Es ist bekannt, dass Migration einen der Risikofaktoren darstellen kann, die bei der Entwicklung von psychischen Störungen eine Rolle spielen können, auch wenn Migration per se keinen Krankheitswert hat. Gerade bei Flüchtlingen, die vor, während und nach der Migration mit vielfältigen traumatisierenden Ereignissen konfrontiert waren bzw. sind, können sich schwerwiegende psychische Störungen ausbilden (Butler et al. 2015; Schouler-Ocak und Kastrup 2015; Bhugra et al. 2014, 2011; Bhugra 2004). Bereits vor der Migration können geflüchtete Menschen Unterdrückung, Ausgrenzung, Gewalt, Gefängnisstrafen, Verletzung der Menschenrechte einschließlich sexueller Gewalt bis hin zu Folter erfahren (Bhugra et al. 2014; Bhugra 2004). Auch während der Übergangsphase von einem Land in ein anderes, also auf der Flucht, können sie sehr stressvollen Situationen ausgesetzt sein. Zahlreiche Studien berichten, dass der Verlust von geliebten Menschen wie Kindern, Partnern, Familien, Verwandten und Freunden sowie der Verlust von Eigentum, Ausraubung, Verfolgung, unsichere Lebensbedingungen, Krieg, Folter, Gefangenschaft, terroristische Attacken, Gewalt, insbesondere sexualisierte und psychische Gewalt, unter den traumatisierenden Ereignissen sind, die Flüchtlinge und Asylbewerber durchlaufen mussten (Rasmussen et al. 2010; Neuner et al. 2009; Roberts und Browne 2011; Mazur et al. 2015). Nach Heeren et al. (2012) sind Erfahrungen von Hilflosigkeit, Orientierungslosigkeit, Hunger, Kälte, Bedrohung, fehlender medizinische Versorgung, Raub, Diskriminierung etc. während der Flucht sehr häufig.

Wie in zahlreichen Publikationen wiederholt berichtet, sind geflüchtete Menschen multiplen, oft komplexen Stressfaktoren ausgesetzt, die ihre psychische Gesundheit nachhaltig beeinflussen können. Neben einschneidenden und traumatisierenden Ereignissen vor und während der Flucht schließen sich oftmals nach der Ankunft in Deutschland weitere, die Gesundung oder Integration im Aufnahmeland erschwerende Probleme an (Porter und Haslam 2005; Silove et al. 1997; Momartin et al. 2006; Butler et al. 2015; Bhugra et al. 2011, 2014; Bhugra 2004). Nach der meist sehr beschwerlichen, oft unter Lebensgefahr stattfindenden Flucht werden Geflüchtete zunächst in einer Gemeinschaftsunterkunft auf engstem Raum untergebracht. Zumeist leben sie hier ohne klare Zukunftsperspektive Tür an Tür mit fremden Menschen anderer Kulturen, Sprachen, Küche und Religion zusammen. Auch hier sind sie vielen Barrieren ausgesetzt, die ihre ohnehin schon reduzierte gesundheitliche Situation zusätzlich strapaziert. Das Asylbewerberleistungsgesetz erlaubt eine medizinische Versorgung nur bei akuten Beschwerden oder lebensbedrohlichen Erkrankungen (Wirtgen 2009). In manchen Bundesländern wird der für die Inanspruchnahme einer medizinischen Hilfe notwendige Behandlungsschein (Krankenschein) nicht zu Beginn des Quartals ausgegeben, sondern nur auf Antrag ausgehändigt. Demnach existieren gerade bei der Zielgruppe der geflüchteten Menschen besondere Zugangsbarrieren, die insbesondere auf das Asylbewerberleistungsgesetz zurückzuführen sind. Denn § 1 Abs. 1 bestimmt, dass der Personenkreis der Asylbewerber, Geduldeten, Ausreisepflichtigen und Menschen ohne legalen Aufenthaltsstatus lediglich in akuten Krankheitssituationen wie Krisen, Suizidalität und Schmerzzuständen mit einem grünen Krankenschein, ausgestellt vom Sozialamt (§ 4 AsylbLG), eine Behandlung in Anspruch nehmen darf (Frisch 2015). Somit wird zugelassen, dass im Krankheitsfall ein Sachbearbeiter der Sozialbehörde entscheiden darf, ob ein Behandlungsschein ausgestellt wird. Zudem sind Leistungen wie stationäre Behandlung, Physiotherapie, häusliche Krankenpflege, Hilfsmittel für Behinderte nicht abgedeckt. Diese unterliegen der Genehmigungspflicht durch das Sozialamt (Frisch 2015). Inzwischen beantragen einige Bundesländer (Hamburg, Bremen, Nordrhein-Westfalen, Berlin) bereits bei der Registrierung die Gesundheitskarte, während diese in anderen Bundesländern noch immer erst nach 15 Monaten ausgestellt werden darf. Denn mit dieser Versichertenkarte der GKV (§ 2 AsylbLG in Verbindung mit § 264 SGB V) erhalten die geflüchteten Menschen den gleichen Leistungsumfang der ambulanten und stationären Krankenbehandlung wie gesetzliche Versicherte. In wenigen Ausnahmefällen, wie z. B. Langzeitpsychotherapie, bezieht die GKV die Sozialbehörde in die Genehmigung ein (Frisch 2015).

Untersuchungen aus z. B. den Niederlanden weisen darauf hin, dass der erschwerte Zugang zum Gesundheitssystem eine zusätzliche Verschlechterung des allgemeinen Gesundheitszustandes und insbesondere vorliegender psychischer Störungen von geflüchteten Menschen mit bedingt (Laban et al. 2004, 2005, 2007, 2008; Bhui et al. 2005; Gerritsen et al. 2006). Auch wenn eine staatliche Zusicherung für eine psychiatrische Akutversorgung vorliegt, ist diese in den meisten europäischen Ländern aufgrund kultureller Faktoren, die die Diagnosestellung, aber auch die Behandlung deutlich erschweren können, nur unzureichend umgesetzt (Priebe et al. 2013). Häufig erfolgt zunächst entweder keine oder eher eine allgemeinmedizinische Erstvorstellung und nicht eine direkte Vorstellung bei psychiatrisch/psychologisch geschultem achpersonal (Fenta et al. 2007). Dadurch erreichen sychisch belastete geflüchtete Menschen erst verspä-et und oft auf Umwegen die entsprechende fachge-echte Unterstützung (Laban et al. 2004, 2005, 2007, 008). Insbesondere sind oftmals Kenntnisse über die mitunter) kulturspezifische Darbietung der Be-chwerden, aber auch Kenntnisse über einfache Basis-ymptome häufiger psychischer Beschwerden (*health teracy*) wie z. B. depressive Anpassungsstörung oder ymptome von posttraumatischen Belastungsstörun-en (PTBS/PTSD) in den versorgenden Einrichtungen ur unzureichend vorhanden (Laban et al. 2004, 2005, 007, 2008). Obwohl zahlreiche Studien zur Inzidenz iner PTBS unter geflüchteten Menschen existieren, cheinen diese in den entsprechenden Einrichtungen icht hinreichend bekannt zu sein. So hatte z. B. Gier-chs (2003) eine Rate der PTBS mit 20 Prozent ange-eben, während von Lersner et al. (2008) publizierten, ass bei Einreise in die Bundesrepublik unter den lüchtlingen aus Bürgerkriegsregionen die Traumati-ierungsrate bei etwa 40 Prozent liege. Dagegen wur-en in einem systematischen Review und einer Meta-nalyse von Steel et al. (2009) Raten zwischen 13 und 5 Prozent für eine PTBS weltweit dokumentiert. udem gaben sie in der gleichen Publikation an, die)epressionsrate liege bei geflüchteten Menschen wischen 8 und 25 Prozent.

3.3 Epidemiologie

Jach ICD-10 lautet die Definition eines traumatischen reignisses, dass es sich um ein belastendes Ereignis der eine Situation außergewöhnlicher Bedrohung der katastrophenartigen Ausmaßes (kurz- oder lang-nhaltend) handelt, die bei fast jedem eine tiefe Ver-weiflung hervorrufen würde. Allerdings entwickelt icht jeder, der ein extrem traumatisches Ereignis ent-prechend der Definition im ICD-10 erlebt hat, auch ine PTBS. Eine posttraumatische Belastungsstörung ach dem Muster des akuten Disstresses infolge eines raumatisierenden Ereignisses entwickelt sich (McFar-ane und Yehuda 2000), wenn bestimmte objektive, ubjektive und individuelle Risikofaktoren vorliegen Maercker 2003; Ozer et al. 2003; Brewin et al. 2000; hlers 1999; Ehlers et al. 1998). Objektive Risikofakto-en sind z. B. die Art, Intensität, Dauer des traumati-chen Ereignisses, das Ausmaß der physischen Verlet-ung, durch Menschen verursachte Traumatisierung nd ständiges Erinnertwerden an das Geschehen Triggerung). Subjektive Risikofaktoren dagegen ilden das unerwartete Eintreten des traumatischen reignisses, ein geringer Grad eigener Kontrolle über

das Geschehen und Schulderleben sowie das Ausblei-ben fremder Hilfe. Jugendliches oder hohes Alter, Zu-gehörigkeit zu einer sozialen Randgruppe, niedriger sozioökonomischer Status, mangelnde soziale Unter-stützung und familiäre Vorbelastung mit traumati-schen Erfahrungen werden hingegen zu den individu-ellen Risikofaktoren gerechnet. Bei der Prävalenz der posttraumatischen Belastungsstörung spielen zudem die Häufigkeit traumatischer Ereignisse und die Art des Traumas eine Rolle. So gaben Flatten et al. (2001) und Kessler et al. (1995) die Prävalenzraten nach Folter mit ca. 80 Prozent, bei politischen Flüchtlingen mit ca. 50 bis 70 Prozent, nach Vergewaltigung mit ca 55 Pro-zent, bei Menschen, die selbst in kriegerische Ausein-andersetzung verwickelt waren, mit ca 20 bis 39 Pro-zent, nach anderen Gewaltverbrechen mit ca. 25 Pro-zent, bei Verkehrsunfällen mit ca. 15 Prozent, bei Zeu-gen von schweren Unfällen mit ca. 7 Prozent und nach Naturkatastrophen mit ca. 4 Prozent an. Bei sogenann-ten *man-made disasters*, also von Menschenhand ver-ursachten Traumatisierungen, werden die schwersten Folgestörungen verzeichnet. Bezüglich der Lebenszeit-prävalenz für eine PTBS wird für beide Geschlechter weltweit von etwa 7,8 Prozent ausgegangen. Denn Untersuchungen von Breslau (2009), Brewin et al. (2000) sowie Keane et al. (2006) zeigten, dass ein gro-ßer Teil der Bevölkerung potenziell traumatisierenden Ereignissen ausgesetzt war. Dabei waren Frauen mit 10,4 Prozent vertreten, der Wert für Männer dagegen wurde mit 5,0 Prozent deutlich niedriger angegeben. Dagegen fanden Kessler et al. (2005) einen durch-schnittlichen Wert für eine PTBS von über 6,8 Prozent.

Wie bereits aufgeführt, können geflüchtete Men-schen vor, während und nach der Flucht traumati-schen Prozessen und Ereignissen ausgesetzt sein, die im Zusammenhang mit Krieg, Obdachlosigkeit, Hun-ger, Durst, Flucht, Vertreibung, Übergriffen und sexu-alisierter Gewalt erlebt werden können (Heeren et al. 2012; Gierlichs 2003; von Lersner et al. 2008). Einen wesentlichen Einfluss auf die psychische Befindlich-keit der Betroffenen scheinen insbesondere die Bedin-gungen und Ereignisse zu haben, die sie nach der Flucht im Aufnahmeland vorfinden (Gilgen et al. 2005). So berichteten in einer Untersuchung 50 Pro-zent der befragten türkischen/kurdischen Migranten Phasen extremer Verzweiflung und Suizidgedanken (Gilgen et al. 2005). Im Vergleich dazu hatten lediglich 12 Prozent der Migranten vor der Migration Erlebnis-se dieser Art. In einer schwedischen Studie wurden drei Migrantengruppen (Araber, Iraner und Türken) mit schwedischen Staatsbürgern verglichen (Al-Saffar et al. 2001). Überraschend war bei dieser Studie, dass 89 Prozent aller Befragten angaben, mindestens ein

Trauma erlebt zu haben. Dabei unterschied sich die PTSD-Prävalenz in Abhängigkeit von der Gruppenzugehörigkeit. So gab es bei 69 Prozent der iranischen Migranten, 59 Prozent der Araber und 53 Prozent der Türken den Verdacht auf eine PTBS, während dieser bei den Schweden selbst lediglich bei 29 Prozent lag (Al-Saffar et al. 2001). Offenbar scheint die Zugehörigkeit zu einer ethnischen Minderheit auch einen Risikofaktor darzustellen, sodass nicht nur mehrfache traumatische Erlebnisse die Wahrscheinlichkeit einer PTSD erhöhen. Zudem wurde in einer Studie aus Deutschland festgestellt, dass in der primärärztlichen Versorgung die Erkennungsrate für eine PTBS schlecht ist, während komorbide Störungen einer PTBS gut diagnostiziert werden (Tagay et al. 2008). Die Rate von psychischen Störungen bei geflüchteten Menschen im Vergleich zu der von Migranten, die aus ökonomischen Gründen zugewandert waren, haben Lindert et al. (2009) untersucht. Sie fanden heraus, dass die Inzidenz von psychischen Störungen bei geflüchteten Menschen deutlich höher war als bei der angegebenen Vergleichsgruppe (40 vs. 21 Prozent). Diese Daten weisen darauf hin, dass die Belastungsrate bei geflüchteten Menschen und Menschen mit Migrationshintergrund sehr hoch ist.

23.4   Resilienz- und Ressourcenstärkung

Auch wenn geflüchtete Menschen eine traumainduzierte Störung ausbilden, benötigt nicht jeder gleich eine spezifische traumazentrierte Psychotherapie. Oftmals reichen nicht-spezifische Interventionen aus, um die Selbstheilungskräfte anzukurbeln, Ressourcen und Resilienzfaktoren zu stärken. Insbesondere wirken sich Maßnahmen, die eine gewisse Normalität wiederherstellen, sehr positiv auf den Genesungsprozess aus. Dabei haben sich in der Praxis strukturierende, insbesondere sinnstiftende Tätigkeiten wie Arbeit, Schule oder ehrenamtliche Aufgaben bewährt. Oftmals zeigt sich dabei ein wertschätzender, respektvoller und anerkennender Umgang als sehr hilfreich. In diesem Zusammenhang wirkt sich soziale Unterstützung und Vernetzung ebenfalls als sehr förderlich auf den Gesundungsprozess aus (Laban 2015). Für Helfer, die häufig die ersten Ansprechpartner sind, gilt es zunächst, einfache und mitmenschlich unterstützende Haltungen und Grundsätze in der Beziehungsgestaltung einzunehmen. Schwere Traumatisierungen stellen existenzielle Grenzerfahrungen dar, die die Betroffenen massiv irritieren können. Daher sind menschliche Anteilnahme, Sicherheit vermittelnder Beistand und Trost heilsam und deshalb unverzichtbar. Aktives Zuhören, den Betroffenen berichten lassen und Nachfragen sind erforderlich. Kritische, misstrauische Fragen oder abwertende, den Betroffenen nicht ernst nehmende Bemerkungen sollten unterlassen werden (Frommberger et al. 2014). Gerade im Kontakt sollte eine zu sehr vertiefende Exploration vermieden werden, da Auslösereize sehr belastend sein können. Dies sollte auch mit den Betroffenen besprochen werden, insbesondere wenn ein intensives Mitteilungsbedürfnis besteht. Mögliche Symptome als Folgen des Erlebten zu benennen, einzuordnen und als »normale Reaktionen auf das unnormale Ereignis« zu bewerten, kann das Verstehen der Reaktionen erleichtern und Ängste vermindern. Nach Frommberger et al. (2014) ist es dabei wichtig, die Reaktionen einerseits nicht zu pathologisieren, andererseits die verunsichernden psychischen Symptome auf das Ereignis zu beziehen und mit einem neutralen diagnostischen Begriff, zum Beispiel »akute psychische Belastungsreaktion«, zu benennen oder bildlich zu umschreiben (»aus der Mitte geworfen sein«).

In diesem Zusammenhang sollte die Resilienz genauer betrachtet werden. Der Begriff Resilienz stammt ursprünglich von dem Wort »resiliere« (lat., übersetzt »abprallen«) ab. In der Psychologie wird darunter die Fähigkeit von Menschen verstanden, erfolgreich auf belastende Lebensumstände zu reagieren (Wikipedia). Demnach sind resiliente Menschen stabiler und gleichzeitig kognitiv flexibler und beweglicher. Resilienz zählt daher zum Ressourcenmodell, während Krankheit, Pathogenese, Risikofaktoren und Vulnerabilität zum Defizitmodell gehören. In diesem Zusammenhang wird Resilienz als die Fähigkeit verstanden, durch Rückgriffe auf persönliche und sozial vermittelte Ressourcen Konflikte und Problem zu lösen und als Anlass für Entwicklungen zu nutzen (Hermann 2011). Einflussfaktoren wie Akzeptanz, Lösungsorientierung, Selbstwirksamkeit, soziale Unterstützung und Bindung, eine gute Problemlösefähigkeit, ein positives Selbstwertgefühl wie das Erleben von Sinn, Religiosität, Werten und Struktur können die Resilienz fördern. Diese Einflussfaktoren stellen Ressourcen dar, die für die Verarbeitung und Überwindung von z. B. traumatisierenden Erlebnissen vor, während und nach der Flucht sowie belastende Situationen von großer Bedeutung sind. Agaibi und Wilson (2005) beschrieben in einem Review-Artikel, dass resilientes Coping ein multifaktorelles Phänomen sei, bei dem die Interaktion zwischen den Variablen Persönlichkeit, Affektregulation, Coping und Widerstände und der Einsatz sowie die Mobilisierung von protektiven und resilienzstärkenden Faktoren bedeutsam seien.

Bei geflüchteten Menschen ist die Ressource *Health Literacy* oder Gesundheitskompetenz ebenfalls von großer Bedeutung, also die Fähigkeit, Gesundheitsinformationen zu finden, zu verstehen, zu beurteilen und anzuwenden, um im Alltag angemessene Entscheidungen zur Gesundheit treffen zu können. Denn Gesundheitskompetenz bedeutet Wissen, Motivation und insbesondere Handlungskompetenz; das heißt, eine gute Gesundheitskompetenz kann die Lebensqualität während des ganzen Lebens erhalten oder verbessern. Dabei verfügt jeder Mensch über Resilienz und es ist mittlerweile umfangreich bewiesen, dass die resilienzrelevanten Eigenschaften maßgeblich zur Stabilität von Personen und sozialen Systemen beitragen. Diese können zur Bewältigung von Krisen eingesetzt werden. Resilienz beruht z. B. auf der Entwicklung bestimmter Einstellungen und einer Ansammlung ausgewählter sozialer Skills, die im Laufe des Lebens erlernt werden können. Damit wird hervorgehoben, dass Resilienz trainiert werden kann. Genau darauf kommt es bei geflüchteten Menschen an, die über Resilienzpotenziale verfügen. Mit Hilfe dieser konnten sie oft eine sehr beschwerliche und häufig lebensgefährliche Flucht durchstehen, ohne eine traumainduzierte Störung auszubilden (Wright et al. 2016). Viele entwickeln trotz traumatisierender Erlebnisse keine psychische Störung. So konnte in einer Untersuchung festgestellt werden, dass Personen mit hoher Resilienz in Geiselhaft weniger Störungen entwickeln als Personen mit niedriger Resilienz (Wright et al. 2016). Arnetz et al. (2013) fanden heraus, dass Resilienz einhergeht mit geringerem posttraumatischem Stress und damit einer geringeren Ausbildung von PTSD. Aus diesen Gründen erscheint es von großer Bedeutung, die Resilienzfaktoren von geflüchteten Menschen herauszufinden und zu stärken. Dies ist mit einem resilienzorientierten Vorgehen möglich, wie auch von Laban (2015) vorgeschlagen wird. In dem von ihm beschriebenen »Resilience-oriented therapy and strategies«-Modell (ROTS) werden traumafokussierte bzw. traumazentrierte Therapie und multimodale Interventionen kombiniert. Darin ist in das resilienz-fokussierte Behandlungsprogramm bei Bedarf die traumazentrierte Psychotherapie integriert. Das ROTS-Modell hat gerade bei traumatisierten geflüchteten Menschen seine Effektivität unter Beweis gestellt. An dieser Stelle soll noch einmal hervorgehoben werden, dass nicht alle Geflüchteten, die traumatisierende Erlebnisse überwunden haben, eine psychische Folgestörung entwickelt haben. Gerade auch für diese Gruppe kann das resilienzorientierte Vorgehen protektiv die Ausbildung einer psychischen Folgestörung vorbeugen. Denn nach Laban et al. (2004, 2005, 2007, 2008)

nehmen mit der Dauer des Asylverfahrens die Raten von psychischen Folgestörungen wie Depression und Angststörung signifikant sowie der PTBS deutlich zu. Im Prozess des resilienzorientierten Vorgehens werden die Selbstheilungsprozesse der Betroffenen gestärkt und bei der Entwicklung von prospektiven, stützenden und belastbarkeitsstärkenden Faktoren unterstützt (Laban 2015). Dazu gehören z. B. Wertschätzung, respektvoller und akzeptierender Umgang, planbare Zukunftsperspektiven, Übernahme von Verantwortung, Anerkennung als Mitarbeiter und Kollege sowie Vernetzung mit Kollegen.

Des Weiteren sollten Geflüchtete beim Erwerb neuer Skills unterstützt und gefördert werden, damit sie sich, ausgestattet mit den erforderlichen Skills und Ressourcen, in der neuen Sozialwelt und Arbeitswelt zurechtfinden können (Bäärnhielm 2016). Zu diesen zählen u. a. das Erlernen der Sprache, eines Berufs, der Abschluss einer Schule, die soziale Vernetzung, die Förderung der Gesundheitskompetenz und der Fähigkeit zur Orientierung in der neuen Sozial- und Arbeitswelt. Voraussetzung für die Resilienz- und Ressourcenstärkung ist, dass die Geflüchteten keine starke psychische Störung wie eine PTBS haben. Bei Verdacht sollte eine fachärztliche Diagnostik erfolgen und die Betroffenen sollten einer entsprechenden Behandlung zugewiesen werden.

23.5 Diagnostik der Posttraumatischen Belastungsstörung

Das gesamte Spektrum der traumainduzierten Störungen wird durch die in ICD-10 und DSM-5 formulierten Kriterien nicht abgedeckt. Nach Wöller et al. (2001) existiert noch eine größere Anzahl von Störungsbildern, die im Zusammenhang mit traumatischen Einwirkungen entstehen können (Wöller et al. 2001). Mithilfe der diagnostischen Kategorie kann eine Fülle von Symptomen, die sonst als komorbide Störungsbilder zu klassifizieren wären, auf ein einheitliches ätiologisches Modell zurückgeführt werden. Ein wesentlicher Bestandteil der Diagnostik bildet daher die ergänzende Exploration durch einen erfahrenen Kliniker. Zur Unterstützung der Diagnostik der psychischen Reaktionen auf extreme Belastungen stehen inzwischen eine Reihe von bewährten Fragebögen und strukturierten Interviews zur Verfügung. Zu diesen gehören z. B. die Impact of Event Scale-Revised (IES-R), das Structured Clinical Interview for DSM-PTSD (SCID-PTSD), der Fragebogen für dissoziative Störungen (FDS) (Hofmann et al. 2001), der Harvard Trauma Questionnaire (HTQ) (Maercker und Bromberger

2005) oder die Posttraumatic Diagnostic Scale (PDS) (Foa et al. 1997).

Doch diese Instrumente sind in der Praxis nach eigener Erfahrung für die Diagnostik bei Menschen aus anderen Kulturen nur eingeschränkt anwendbar. So liegen die Übersetzungen häufig in den entsprechenden Kulturkreisen in der validierten Form nicht vor. Insbesondere wurden diese in der Regel im Hinblick auf Begriffe wie Krankheit, Krankheitssymptome, Krankheitskonzepte, Mentalität spezifisch für den westlichen kulturellen Kontext entwickelt, sodass sie sich nur bedingt auf andere kulturelle Kontexte übertragen lassen. An dieser Stelle sollte auf das Dilemma der Testdiagnostik im Bereich der interkulturellen Psychiatrie und Psychotherapie hingewiesen werden: Nicht alle der hier eingesetzten Instrumente sind auf die einzelnen Gruppen mit unterschiedlichen soziokulturellen Hintergründen adaptiert und validiert. Eine bloße Übersetzung ist nicht ausreichend. Darüber hinaus ist zu unterstreichen, dass diese Verfahren bei unzureichenden Sprachkenntnissen nur eingeschränkt Einsatz finden können.

23.6 Spezielle Aspekte im interkulturellen Behandlungsprozess

In einer Untersuchung von Koch et al. (2008) gaben multiprofessionelle Mitarbeiter in stationären Settings – Ärzte, Psychologen, Pflegemitarbeiter, Soziarbeiter – an, dass sie bei mehr als einem Viertel der Patienten mit Migrationshintergrund sprachgebundene, bei knapp 40 Prozent kulturgebundene und bei fast jedem zweiten Migranten sprach- und kulturgebundene Missverständnisse beziehungsweise Verständigungsprobleme erlebten. In einem Re-Assessment von Patienten mit Migrationshintergrund durch einen Cultural Consultation Service konnte bei 49 Prozent der mit einer Psychose diagnostizierten Patienten eine nicht-psychotische Erkrankung, häufig eine PTBS, diagnostiziert werden (Adeponle et al. 2012). Offenbar bestehen im kulturellen Kontext bei der Auswertung nicht vertrauter Symptombeschreibungen und der Zuordnung von unterschiedlichem Ausdruck seelischen Leids erhebliche Probleme. Diese Studie zeigt auf, dass erst durch die interkulturelle Kommunikation ein verwertbares Gesamtbild des körperlichen und seelischen Zustandes bei geflüchteten Menschen erhoben werden kann. Wenn die Sprachkompetenz der betroffenen geflüchteten Menschen nicht ausreichend ist, gelingt dies durch die Hinzuziehung eines professionell ausgebildeten, qualifizierten Dolmetschers als Sprach- und Kulturvermittler

(Schouler-Ocak et al. 2015; Bhugra et al. 2014). Denn die Sprache ist das Hauptarbeitsinstrument der Psychiatrie und Psychotherapie, sodass erst die interkulturelle Kommunikation die Erhebung der Anamnese, die Diagnostik und die Therapie möglich macht.

Die Sprache ist nicht nur Träger von frühen und vorsprachlichen Erinnerungen, sondern mit dem Spracherwerb werden mit jedem Wort zusätzlich zu dessen lexikalischer Bedeutung auch frühe Sinnes- und Objekt-Wahrnehmungen im Gedächtnis abgespeichert (Lorenzer 2006). Hier ist es sehr wichtig, dass Therapeut und Patient mit Fluchthintergrund eine gemeinsame Sprachlichkeit finden: Je mehr »Szenen« in der Erzählung des Patienten erfasst und je mehr Symbole, Sprichwörter etc. in der ersterlernten Sprache verwendet werden, desto mehr frühe Erinnerungen werden aktiviert (Leszczynska-Koenen 2016). Damit zeigt sich, dass die Aktivierung und Aktualisierung von emotional besetzten Erinnerungen und Assoziationen an die Muttersprache geknüpft sind. Daher kann es bedeutsam sein, ob eine Psychotherapie in der Muttersprache oder in der Zweitsprache erfolgt. Die Zweitsprache kann etwa auch im Sinne einer stabilisierenden Intervention eingesetzt werden. So kann es hilfreich sein, mit der Zweitsprache zu arbeiten, da dadurch z. B. eine emotionale Distanz erwirkt werden und bei der Bearbeitung von traumatischen Ereignissen die emotionale und psychophysiologische Erregung besser kontrolliert werden kann, denn die affektive Beteiligung ist in der Fremdsprache weniger ausgeprägt als beim Gebrauch der Muttersprache (Pavlenko 2005). Gerade in der Behandlung von traumatisierten geflüchteten Menschen kann die Distanzierung von traumatischen Inhalten offenbar durch die Verwendung einer Fremdsprache leichter gelingen, denn in der Muttersprache werden möglicherweise mehr Affekte und Einfälle getriggert.

Eine muttersprachliche Behandlung, bei der Therapeut und Patient den gleichen kulturellen Hintergrund haben, stellt trotzdem die bestmögliche Voraussetzung dar. In diesem Zusammenhang vertritt Tantam (2007) die These, dass ein Behandler gegenüber einem Patienten mit dem gleichen ethnischen Hintergrund eine bessere oder promptere Empathie entwickeln kann. Relevante Argumente für muttersprachliche oder »ethnisch passende« Psychotherapie (*ethnic matching*) führen zu einer höheren Inanspruchnahme der Institutionen durch Migranten sowie einer besseren Therapiemotivation und Compliance der Migranten. Nach Gün (2009) leisten die Institutionen durch den Einsatz von muttersprachlichen Fachkräften einen wichtigen Beitrag zum Abbau von Zugangsbarrieren und zur interkulturellen Öffnung.

In der Realität steht allerdings nur eine begrenzte Zahl an muttersprachlichen Therapeuten zur Verfügung, sodass die interkulturelle Behandlung die Regel darstellt. Dies hat zur Folge, dass viele Menschen, die nicht die Sprache des Aufnahmelandes beherrschen, davon nicht profitieren können. Nach einer Expertise von Meyer (2008) lag der Anteil von Migranten in Deutschland mit schlechten Deutschkenntnissen bei rund 18 Prozent (Meyer 2008). Unter Berücksichtigung der neu zugewanderten geflüchteten Menschen dürfte der Anteil von Migranten mit erheblichen Einschränkungen durch mangelhafte bis überhaupt nicht vorhandene Deutschkenntnisse deutlich höher liegen. Ohne qualifizierte Dolmetscher ist der Zugang für diese Bevölkerungsgruppe somit nicht möglich. In einer Untersuchung von Langer et al. (2013) berichteten 75 Prozent der antwortenden Ärzte auf einem Kongress, sprachliche Verständigungsprobleme zu kennen. Um diese zu überwinden, zog eine große Mehrheit als Hilfsstrategie Mitarbeiter mit Fremdsprachenkenntnissen oder Familienangehörige hinzu. Als wichtige Hürden bei der Nutzung professioneller Dolmetscherdienste wurden ein hoher organisatorischer Aufwand und eine unklare Finanzierung hervorgehoben. 91 Prozent der befragten Kongressteilnehmer gaben an, dass der Zeitaufwand für die Organisation eines qualifizierten Dolmetschers hoch ist. Pette et al. (2004) fanden in einer Untersuchung heraus, dass geringe Deutschkenntnisse von Frauen mit türkischem Migrationshintergrund mit einer schlechten Informiertheit bezüglich Diagnose und Behandlung sowie mit einem Informationsverlust während eines stationären Aufenthaltes und bei den damit einhergehenden therapeutischen Aufklärungsprozessen korrelierten. Nach Yeo (2004) können Verständigungsprobleme im therapeutischen Kontext auch der Grund dafür sein, dass Migranten seltener Ärzte konsultieren, ein geringeres Verständnis ärztlicher Erläuterungen und häufigere Laboruntersuchungen aufweisen und vermehrt Rettungsstellen in Anspruch nehmen (Yeo 2004). Nach Karliner et al. (2007) sind Anzahl und Dauer von stationären Aufenthalten bei Patienten mit Sprachbarrieren höher als bei Patienten mit ausreichenden Sprachkenntnissen. Penka et al. (2008, 2012) betonen, dass sprachliche Verständigung und die Berücksichtigung unterschiedlicher Erklärungsmodelle hinsichtlich Ursache, Verlauf und Heilung bestimmter gesundheitlicher Probleme dazu beitragen können, dass Fehldiagnosen, Fehlbehandlungen und Frustrationen reduziert bzw. vermieden werden. In diesem Zusammenhang konnten Bermejo et al. (2012) eruieren, dass Migranten mit spanischem und italienischem Hintergrund häufiger Unterstützung in der Familie und im sozialen Umfeld suchen, während Personen mit russischem Hintergrund mehr auf selbst umzusetzende Maßnahmen (Hausmittel) zurückgriffen. Personen mit russischem und türkischem Hintergrund beschrieben sprachliche Probleme als wichtiges Hindernis für eine gezielte Inanspruchnahme einer Behandlung (Bermejo et al. 2012). Darüber hinaus beschrieben Türkei-stämmige Personen, dass Fachkräfte zu wenig über die türkische Kultur wüssten und sie sich daher nicht verstanden fühlten. Offenbar haben die subjektive Einschätzung der Deutschkenntnisse und das subjektive Wohlbefinden in Deutschland einen Einfluss auf die Ausprägung der erlebten Barrieren (Bermejo et al., 2012). Betroffene und Angehörige können demnach während einer Krankheitsepisode jeweils spezifische Vorstellungen in Bezug auf Ursache, Symptome, Entstehungsmechanismen, Krankheitsverlauf und potenzielle Behandlungsoptionen mitbringen (Penka et al. 2008, 2012). Vardar et al. (2012) betonen, dass Erklärungsansätze einerseits zwischen unterschiedlichen kulturellen Kontexten differieren, andererseits aber zum Beispiel auch schicht-, alters- oder geschlechtsspezifisch sein können (Vardar et al. 2012). Heinz und Kluge (2011) unterstreichen, dass sich diese Vorstellungen in einem dynamischen Prozess befinden und gegenseitig beeinflussen, sodass Erfahrungen sich auch verändern können.

Genau hier könnte das Cultural Formulation Interview (CFI) eingesetzt werden, ein Fragebogen, der als Leitfaden bei der Anamneseerhebung dienen könnte. Denn es kann dazu beitragen, genau die Erklärungsansätze, die Behandlungserwartungen und den kulturellen Kontext des Einzelnen zu erfassen und zu verstehen (Schouler-Ocak und Aichberger 2015). Das CFI stellt demnach ein hilfreiches Instrument dar, das bei Schwierigkeiten in der diagnostischen Einschätzung bei Migranten aufgrund von unterschiedlichen kulturellen, religiösen oder sozioökonomischen Einflussfaktoren zu einer besseren kulturgebundenen Verständigung zwischen Behandlern und Patienten beitragen kann (Falkai und Wittchen 2015). Das CFI ist in vier Bereiche eingeteilt: die kulturelle Definition des Problems; die Wahrnehmung der Ursachen, des Kontextes und der Unterstützung; kulturelle Einflussfaktoren auf Selbstbewältigung und das frühere Hilfesuchverhalten sowie kulturelle Einflussfaktoren auf das aktuelle Hilfesuchverhalten.

23.7 Arbeit mit Dolmetschern (Sprach- und Kulturvermittlern)

Psychotherapie mit geflüchteten Menschen stellt einen spezifischen Bereich der interkulturellen

Psychotherapie dar (Miller et al. 2005), in dem nicht nur der jeweilige politische, kulturelle und religiöse Hintergrund, sondern auch die Häufung oft schwerer traumatisierender Erfahrungen zu beachten sind (Kizilhan 2015).

Storck et al. (2016) benennen in der dolmetschergestützten Psychotherapie zu dritt mit Patienten mit Fluchthintergrund besondere Problemlagen. Die Autoren unterstreichen, dass sich als wichtigstes Behandlungsproblem in der Psychotherapie mit Dolmetschern die Gefahr der Rollenkonfusion zeigt. Es erscheint dabei nachvollziehbar, dass angesichts der dreifachen Aufgabe, zu übersetzen, kulturvermittelnd tätig zu sein und eine Therapie-unterstützende Funktion auszuüben, auch der Dolmetscher eine bestimmte professionelle Haltung einnehmen sollte, die über die rein sprachliche Übersetzung weit hinausreicht (Storck et al. 2016). Zudem wird hervorgehoben, dass eine zweite Schwierigkeit in der Ausweitung des therapeutischen Settings auf drei Personen eine grundlegende Veränderung im szenischen Aufbau ist, die eine Reflexion ungleich komplexer, vielschichtiger und womöglich wechselhafter ausfallen lässt.

In diesem Setting ist demnach der Dolmetscher nicht als rein mechanischer Sprach- und Kulturvermittler anzusehen (Qureshi et al. 2008), da auch er in der Therapie zu dritt in die Übertragungsreaktionen und Gegenübertragungsphänomene eingebunden wird. Darüber hinaus sollten die Möglichkeit und Gefahr einer stellvertretenden Traumatisierung der Dolmetscher beachtet werden (Pross 2009). Zudem kann ein komplexes Gefüge aus emotionalen, kognitiven und Interaktionsebenen ein solches Setting schwer überschaubar erscheinen lassen (Qureshi et al. 2008). Dabei können polarisierende Gefühle, Gedanken, Phantasien und Wertungen auftreten, die Empathie und Verständnis traumatisierten geflüchteten Menschen gegenüber erschweren oder sogar unmöglich machen, wodurch die therapeutische Beziehung erschüttert würde (Wilson und Lindy 1994). Dies kann unreflektiert sogar den Abbruch der Therapie bedeuten.

In diesem Zusammenhang ist die Supervision ein sehr wertvolles Instrument. Auch die professionellen Sprach- und Kulturvermittler sollten regelmäßig eine Supervision erhalten, nicht nur um sich emotional zu entlasten, sondern auch, um der Gefahr der sekundären bzw. stellvertretenden Traumatisierung entgegenzuwirken (Haans et al. 2011).

An dieser Stelle sollte hervorgehoben werden, dass durch den Einsatz von professionell qualifizierten Dolmetschern traumatisierte Geflüchtete behandelt werden und dadurch Chronifizierungen verhindert bzw. vorgebeugt werden können. In diesem Zuge können nicht nur Folgekosten, sondern auch das Leid der Betroffenen und ihrer Angehörigen reduziert werden. Des Weiteren sind Traumafolgestörungen vielfach die Ursache für Arbeitsunfähigkeit und reduzierte Belastbarkeit geflüchteter Menschen, die dadurch dem Arbeitsmarkt nicht zur Verfügung stehen. Durch die hier beschriebene Behandlung wird der Zugang zur Arbeitswelt ermöglicht bzw. wiedererlangt.

23.8   Interkulturelle Kompetenz

Nach Qureshi et al. (2008) setzt sich die interkulturelle Kompetenz aus interkultureller Sensibilität, Empathie und kulturellem Wissen zusammen. Kulturelles Wissen, Skills und eine angemessene Haltung sind die Voraussetzungen für interkulturelle Kompetenz (Kirmayer 2012a, 2012b). Unter interkulturellem Wissen werden z. B. Wissen um unterschiedliche kulturelle Werte, Krankheitsmodelle oder Behandlungsansätze, Migrationsstatus, Einfluss psychosozialer Faktoren sowie Psychopathologie subsumiert. Interkulturelle Skills sind Techniken, die für die Umsetzung der interkulturellen Kompetenz erforderlich sind. Dazu zählt z. B. die Fertigkeit in der interkulturellen Kommunikation (Bhugra et al. 2014; Schouler-Ocak 2015; Schouler-Ocak et al. 2015; Schouler-Ocak und Kastrup 2015; Qureshi et al. 2008). Die interkulturelle Kompetenz ist trainierbar, sodass ein interkulturell kompetenter Therapeut erlernen kann, seine eigene Perspektive auf die »Realität" zu hinterfragen, sich seiner eigenen Identität, Vorurteile und Bias bewusst zu werden (Schouler-Ocak et al. 2016a; Schouler-Ocak et al. 2016b). Die interkulturelle Kompetenz geht mit der Fähigkeit einher, mit Sprach- und Kulturvermittlern zu arbeiten, *idioms of distress* (kulturspezifische Ausdrucksmuster) zu erkennen, das Krankheitsverständnis und die Behandlungserwartungen der Geflüchteten zu beachten sowie kulturell passende Erklärungen und Behandlungsangebote auszuarbeiten. Bhugra et al. (2014) und Schouler-Ocak et al. (2015) betonen, dass die interkulturelle Kompetenz daher ein unverzichtbarer Bestandteil der Aus-, Fort- und Weiterbildungen aller im Gesundheitssystem Tätigen sein sollte.

23.9   Fazit und Perspektiven

Das Gesundheitssystem muss sich im Rahmen der Globalisierung und angesichts der weltweit zunehmenden Krisen und Konflikte auf eine große Zahl von geflüchteten Menschen mit verschiedensten traumatisierenden Erlebnissen vorbereiten. Dabei ist die

Überwindung von sprach- und kulturgebundenen Barrieren zur interkulturellen Verständigung unumgänglich. Bei der Erfassung der jeweiligen sozialen Lebensumstände der Betroffenen sollten die Ereignisse vor, während und nach der Flucht berücksichtigt werden. Individuelle Erklärungsansätze hinsichtlich Gesundheit und Krankheit sollten ebenfalls erfasst werden, damit die Betroffenen in angemessener Weise behandelt werden können. In diesem Kontext sollte die interkulturelle Kompetenz als unverrückbarer Bestandteil der Aus-, Fort- und Weiterqualifizierung aller Berufsgruppen des Gesundheitssystems etabliert werden. Zugleich sollte das Cultural Formulation Interview (CFI) regelhaft zur Erfassung der unterschiedlichen Gesundheits- und Krankheitskonzepte sowie Behandlungserwartungen von geflüchteten Menschen eingesetzt werden, um sie besser verstehen und behandeln zu können (Falkai und Wittchen 2015). Darüber hinaus erscheinen in diesem Kontext Psychotraumatologie-Kenntnisse unverzichtbar. Dabei ist zu berücksichtigen, dass – auch wenn geflüchtete Menschen eine traumainduzierte Störung entwickelt haben sollten – nicht bei jedem Betroffenen gleich eine spezifische traumazentrierte Psychotherapie indiziert ist. Oftmals erweisen sich nicht-spezifische Interventionen als ebenfalls sehr heilsam. Zu diesen zählen u. a. die Förderung der Gesundheitskompetenz und der Fähigkeit zur Orientierung in der neuen Sozial- und Arbeitswelt. In der Praxis zeigen sich strukturierende, insbesondere sinnstiftende Tätigkeiten wie Arbeit, Schule oder ehrenamtliche Aufgaben als sehr hilfreich. Ein wertschätzender, respektvoller und anerkennender Umgang sowie soziale Unterstützung können den Gesundungsprozess maßgeblich fördern und zu einer gelingenden Integration beitragen.

Literatur

Adeponle AB, Thombs BD, Groleau D et al (2012) Using the cultural formulation to resolve uncertainty in diagnoses of psychosis among ethnoculturally diverse patients. Psychiatr Serv 63:147–153

Agaibi CE, Wilson JP (2005) Trauma, PTSD, and resilience: a review of the literature. Trauma Violence Abuse 6 (3): 195–216

Al-Saffar S, Borga P, Edman G, Hallstrom T (2001) The aetiology of posttraumatic stress disorder in four ethnic groups in outpatient psychiatry. Soc Psychiatry Psychiatr Epidemiol 38 (8):456–462

Arnetz J, Rofa Y, Arnetz B, Ventimiglia M, Jamil H (2013) Resilience as a protective factor against the development of psychopathology among refugees. J Nerv Ment Dis 201 (3):167-172

Bäärnhielm S (2016) Refugees' mental health – a call for a public health approach with focus on resilience and cultural sensitivity. Eur J Public Health 26 (3):375–376

BAMF (2016a) Anzahl der Asylanträge (insgesamt) in Deutschland von 1995 bis 2017. http://de.statista.com/statistik/daten/studie/76095/umfrage/asylantraege-insgesamt-in-deutschland-seit-1995/. Gesehen 10 Dez 2016

BAMF (2016b) 476.649 Asylanträge im Jahr 2015. https://www.bamf.de/SharedDocs/Meldungen/DE/2016/201610106-asylgeschaeftsstatistik-dezember.html. Gesehen 10 Dez 2016

BAMF (2016c) Asylgeschäftsstatistik für den Monat November 2016. http://www.bamf.de/SharedDocs/Anlagen/DE/Downloads/Infothek/Statistik/Asyl/201611-statistik-anlage-asyl-geschaeftsbericht.pdf?__blob=publicationFile. Gesehen 10 Dez 2016

BBC (2016) Migrant crisis: Migration to Europe explained in seven charts. 18 Februar

Bermejo I, Hölzel LP, Kriston L, Härter M (2012) Subjektiv erlebte Barrieren von Personen mit Migrationshintergrund bei der Inanspruchnahme von Gesundheitsmaßnahmen. Bundesgesundheitsblatt Gesundheitsforschung Gesundheitsschutz 55 (8):944–953

Bhugra D (2004) Migration and mental health. Acta Psychiatr Scand 109 (4):243–258

Bhugra D, Gupta S, Bhui K, Craig T, Dogra N, Ingleby JD et al (2011) WPA guidance on mental health and mental health care in migrants. World Psychiatry 10 (1):2–10

Bhugra D, Gupta S, Schouler-Ocak M, Graeff-Calliess I, Deakin NA, Qureshi A, Dales J, Moussaoui D, Kastrup M, Tarricone I, Till A, Bassi M, Carta M (2014) EPA Guidance mental health care of migrants. Eur Psychiatry 29 (2):107–115

Bhui K, Stansfeld S, McKenzie K, Karlsen S, Nazroo J, Weich S (2005) Racial/ethnic discrimination and common mental disorders among workers: findings from the EMPIRIC Study of Ethnic Minority Groups in the United Kingdom. Am J Public Health 95 (3):496–501

Breslau N (2009) The epidemiology of trauma, PTSD, and other posttrauma disorders. Trauma Violence Abuse 10 (3):198–210

Brewin CR, Andrews B, Valentine JD (2000) Meta-analysis of risk factors for posttraumatic stress disorder in trauma-exposed adults. J Consult Clin Psychol 68 (5):748–766

Butler M, Warfa N, Khatib Y, Bhui K (2015) Migration and common mental disorder: an improvement in mental health over time? Int Rev Psychiatry 27 (1):51–63

Ehlers A (1999) Posttraumatische Belastungsstörung. Hogrefe, Göttingen

Ehlers A, Mayou RA, Bryant B (1998) Psychological predictors of chronic posttraumatic stress disorder after motor vehicle accidents. Journal of Abnormal Psychology 107:508–519

Falkai P, Wittchen HU (2015) American Psychiatric Association. Diagnostisches und Statistisches Manual Psychischer Störungen DSM-5. Deutsche Ausgabe. Hogrefe, Göttingen

Fenta H, Hyman I, Noh S (2007) Health service utilization by Ethiopian immigrants and refugees in Toronto. J Immigr Minor Health 9 (4):349–357

Flatten G, Hofmann A, Liebermann P, Wöller W, Siol T, Petzhold E (2001) Posttraumatische Belastungsstörung. Schattauer, Stuttgart

Foa EB, Cashman L, Jaycox L, Perry K (1997) The validation of a self-report measure of posttraumatic stress disorder: The Posttraumatic Diagnostic Scale. Psychological Assessment 9:445–451

Frisch J (2015) Zwischen Humanität und Bürokratie. Die schwierige medizinische Versorgung von Flüchtlingen und Migranten ohne Krankenversicherung. Berliner Ärzteblatt 6:14–20

Frommberger U, Angenendt J, Berger M (2014) Post-traumatic stress disorder – a diagnostic and therapeutic challenge. Dtsch Arztebl Int 111 (5):59–65

Gerritsen AAM, Bramsen I, Devillé W, Van Willigen LHM, Hovens JE, Van der Ploeg HM (2006) Use of health care services by Afghan, Iranian, and Somali refugees and asylum seekers living in The Netherlands. European Journal of Public Health 16 (4):394–399

Gierlichs HW (2003) Begutachtung psychotraumatisierter Flüchtlinge. Deutsches Ärzteblatt 100 (34–35):1098

Gilgen D, Maeusezahl D, Gross et al (2005) Impact of migration on illness experience and help-seeking strategies of patients from Turkey and Bosnia in primary health care in Basel. Health Place 11 (3):261–273

Gün A (2009) Interkulturelle Öffnung in den Institutionen der Gesundheitsdienste. In: Erim Y (Hrsg) Klinische Interkulturelle Psychotherapie. Ein Lehr- und Praxisbuch. Kohlhammer, Stuttgart, S 118–137

Haans T, Lansen J, Balke N, Pross C (2011) Supervision in unterschiedlichen Kulturen. In: Machleidt W, Heinz A (Hrsg) Praxis der interkulturellen Psychiatrie und Psychotherapie: Migration und psychische Gesundheit. Elsevier, München, S 427–433

Heeren M, Mueller J, Ehlert U, Schnyder U, Copiery N, Maier T (2012) Mental health of asylum seekers: a cross-sectional study of psychiatric disorders. BMC Psychiatry 17 (12): 114

Heinz A, Kluge U (2011) Ethnologische Ansätze in der transkulturellen Psychiatrie. In: Machleidt W, Heinz A (Hrsg) Praxis der interkulturellen Psychiatrie und Psychotherapie: Migration und psychische Gesundheit. Elsevier, München, S 27–32

Hermann CA (2011) Resilienz – Gedeihen trotz widriger Umstände. http://www.systemagazin.de/berichte/hermann_resilienzkongress.php. Gesehen 30 Nov 2016

Hofmann A, Liebermann P, Flatten G (2001) Diagnostik der Posttraumatischen Belastungsstörung. In: Flatten G, Hofmann A, Liebermann P, Wöller W, Siol T, Petzhold E (Hrsg) Posttraumatische Belastungsstörung. Schattauer, Stuttgart

Karliner LS, Karliner EA, Chen AH, Mutha S (2007) Do Professional Interpreters Improve Clinical Care for Patients with Limited English Proficiency? A Systematic Review of the Literature. Health Serv Res 42 (2):727–754

Keane TM, Marshall AD, Taft CT (2006) Posttraumatic stress disorder: etiology, epidemiology, and treatment outcome. Annu Rev Clin Psychol 2:161–197

Kessler RC, Sonnega A, Bromet E, Hughes M, Nelson CB (1995) Posttraumatic stress disorder in the National Comorbidity Survey. Arch Gen Psychiatry 52 (12):1048–1060

Kessler RC, Berglund P, Demler O, Jin R, Merikangas KR, Walters EE (2005) Lifetime prevalence and age-of-onset distributions of DSM-IV disorders in the National Comorbidity Survey Replication. Arch Gen Psychiatry 62 (6): 593–602

Kirmayer LJ (2012a) Cultural competence and evidence-based practice in mental health: epistemic communities and the politics of pluralism. Soc Sci Med 75 (2):249–256

Kirmayer LJ (2012b) Rethinking cultural competence. Transcult Psychiatry 49 (2):149–164

Kizilhan JI (2015) Religion, Kultur und Psychotherapie bei muslimischen Migranten. Psychotherapeut 60:426–432

Koch E, Hartkamp N, Siefen RG, Schouler-Ocak M (2008) Patienten mit Migrationshintergrund in stationär-psychiatrischen Einrichtungen – Pilotstudie der Arbeitsgruppe »Psychiatrie und Migration« der Bundesdirektorenkonferenz. Nervenarzt 79 (3):328–339

Laban CJ (2015) Good news for the traumatized and their helpers. Incorporating resilience in the treatment of asylum seekers and refugees. Practical Papers. MT Bulletin of NVTG 2015. June 02: 9–11

Laban CJ, Gernaat HBPE, Komproe IH, Schreuders GA, De Jong JTVM (2004) Impact of a long asylum procedure on the prevalence of psychiatric disorders in Iraqi asylum seekers in the Netherlands. J Nerv Ment Dis 192:843–852

Laban CJ, Gernaat HBPE, Komproe IH, Van Tweel I, De Jong JTVM (2005) Post migration living problems and common psychiatric disorders in Iraqi asylum seekers in the Netherlands. J Nerv Ment Dis 193:825–832

Laban CJ, Komproe IH, Gernaat HB, de Jong JT (2007) The impact of a long asylum procedure on quality of life, disability and physical health in Iraqi asylum seekers in the Netherlands. Soc Psychiatry Psychiatr Epidemiol 43 (7):507–515

Langer T, Schaper K, Gupta S, Porst R, Ostermann T (2013) Sprachbarrieren in der Betreuung von Patienten mit Migrationshintergrund – Ergebnisse einer Pilotstudie zu den Erfahrungen von Kinder- und Jugendärzten. Klin Padiatr 225 (2):96–103

Lersner von U, Wiens U, Elbert T, Neuner F (2008) Mental health of returnees: refugees in Germany prior to their state-sponsored repatriation. BMC Int Health Hum Rights 12 (8):8

Leszczynska-Koenen A (2016) Das geheime Leben der Worte. Über das Finden der Sprache in der Psychoanalyse. Psych Z Psychoanal 70:905–922

Lindert J, Ehrenstein OS, Priebe S, Mielck A, Brähler E (2009) Depression and anxiety in labour migrants and refugees. Soc Sci Med 69:246–257

Lorenzer A (2006) Szenisches Verstehen. Zur Erkenntnis des Unbewussten. Tectum, Marburg

Maercker A (2003) Postraumatische Belastungsstörungen: Grundlagen und Therapiemethoden. In: Maercker A (Hrsg) Therapie der posttraumatischen Belastungsstörungen. Springer, Berlin, S 4–51

Maercker A, Bromberger F (2005) Checklisten und Fragebogen zur Erfassung traumatischer Ereignisse in deutscher Sprache. Trierer Psychologische Berichte 32 (2)

Mazur VM, Chahraoui K, Bissler L (2015) Psychopathology of asylum seekers in Europe, trauma and defensive functioning. [Article in French] Encephale 41 (3):221–228

McFarlane AC, Yehuda R (2000) Widerstandskraft, Vulnerabilität und der Verlauf posttraumatischer Reaktionen. In: Van der Kolk B, McFarlane C, Weisaeth L (Hrsg) Traumatic Stress. Junferman, Paderborn, S 141–168

Meyer B (2008) Nutzung der Mehrsprachigkeit von Menschen mit Migrationshintergrund. Berufsfelder mit besonderem Potenzial. Expertise für das Bundesamt für Migration und Flüchtlinge. Universität Hamburg

Miller KE, Martell ZL, Pazdirek L, Caruth M, Lopez D (2005) The Role of Interpreters in Psychotherapy With Refugees: An Exploratory Study. American Journal of Orthopsychiatry 75 (1):27–39

Momartin S, Steel Z, Coello M, Aroche J, Silove DM, Brooks R (2006) A comparison of the mental health of refugees with temporary versus permanent protection visas. Med J Aust 185 (7):357–361

Münchner Merkur Online (2016) Bericht: 1,1 Millionen Flüchtlinge in Deutschland registriert. 4. Januar. Gesehen 23 Okt 2016

Neuner F, Kurreck S, Ruf M, Odenwald M, Elbert T, Schauer M (2009) Can Asylum-Seekers with Posttraumatic Stress Disorder Be Successfully Treated? A Randomized Controlled Pilot Study. Cognitive Behaviour 38 (4):1–11

Ozer EJ, Best SR et al (2003) Predictors of Posttraumatic Stress Disorder and Symptoms in Adults: A Meta-Analysis, Psychological Bulletin 129 (1):52–73

Pavlenko A (2005) Emotions and multilingualism. Cambridge University Press, Cambridge, UK

Penka S, Heimann H, Heinz A, Schouler-Ocak M (2008) Explanatory Models of Addictive Behaviour Among Native German, Russian-German, and Turkish Youth. Eur Psychiatry 23, Suppl 1:36–42

Penka S, Schouler-Ocak M, Heinz A, Kluge U (2012) Interkulturelle Aspekte der Interaktion und Kommunikation im psychiatrisch/psychotherapeutischen Behandlungssetting – Mögliche Barrieren und Handlungsempfehlungen. Bundesgesundheitsblatt 55:1168–1175

Pette M, Pachaly J, David M (2004) Turkish and German patients' recall of diagnosis and therapy before and following informed consent. Ethn Health 9 (2):213–223

Porter M, Haslam N (2005) Predisplacement and postdisplacement factors associated with mental health of refugees and internally displaced persons: a meta-analysis. Jama 294 (5):602–612

Priebe S, Matanov A, Barros H, Canavan R, Gabor E, Greacen T, Holcnerová P, Kluge U, Nicaise P, Moskalewicz J, Díaz-Olalla JM, Strassmayr C, Schene AH, Soares JJ, Tulloch S, Gaddini A (2013) Mental health-care provision for marginalized groups across Europe: findings from the PROMO study. Eur J Public Health 23 (1):97–103

Pross C (2009) Verletzte Helfer – Umgang mit dem Trauma: Risiken und Möglichkeiten sich zu schützen. Klett-Cotta, Stuttgart

Qureshi A, Collazos F, Ramos M, Casas M (2008) Cultural competency training in psychiatry. Eur Psychiatry 23 (1):49–58

Rasmussen A, Nguyen L, Wilkinson J, Raghavan S, Vundla S, Miller KE et al (2010) Rates and impact of trauma and current stressors among Darfuri refugees in eastern Chad. Am J Orthopsychiatry 80 (2):227–236

Roberts B, Browne J (2011) A systematic review of factors influencing the psychological health of conflict-affected populations in low- and middle-income countries. Glob Public Health 6 (8):814–829

Schouler-Ocak M (2015) Psychiatrische Versorgung von Menschen mit Migrationshintergrund in Deutschland. Nervenarzt 86:1320–1325

Schouler-Ocak M, Aichberger MC (2015) Versorgung von Migranten. Psychother Psychosom Med Psychol 65 (12):476–485

Schouler-Ocak M, Kastrup MC (2015) Refugees and asylum seekers in Europe. Die Psychiatrie 12:241–246

Schouler-Ocak M, Graef-Calliess IT, Tarriconel I, Qureshi A, Kastrup M, Bhugra D (2015) EPA Guidance on Cultural Competence Training. Eur Psychiatry 30 (3):431–440

Schouler-Ocak M, Wintrob R, Moussaoui D, Villasenor Bayardo S, Zhao X-D, Kastrup C (2016a) Background Paper on the Needs of Migrant, Refugee and Asylum Seeker Patients Around the Globe. International Journal of Culture and Mental Health 9 (3):216–232

Schouler-Ocak M, Wintrob R, Moussaoui D, Villasenor Bayardo S, Zhao X-D, Kastrup C (2016b) Part of the World Psychiatric Association action plan for the triennium 2014–2017. International Journal of Culture and Mental Health 9 (3):209–215

Silove D, Sinnerbrink I, Field A, Manicavasagar V, Steel Z (1997) Anxiety, depression and PTSD in asylum-seekers: associations with pre-migration trauma and post-migration stressors. British Journal of Psychiatry 170:351–357

Steel Z, Chey T, Silove D, Marnane C, Bryant RA, van Ommeren M (2009) Association of torture and other potentially traumatic events with mental health outcomes among populations exposed to mass conflict and displacement: a systematic review and meta-analysis. JAMA 302 (5):537–549

Storck T, Schouler-Ocak M, Brakemeier EL (2016) »Words don't come easy« Einige Herausforderungen in der dolmetschergestützten Psychotherapie mit Geflüchteten. Psychotherapeut 61:524–529

Tagay S, Zararsiz R, Erim Y, Düllmann S, Schlegl S, Brähler E, Senf W (2008) Traumatische Ereignisse und Posttraumatische Belastungsstörung bei türkischsprachigen Patienten in der Primärversorgung. Psychother Psychosom Med Psychol 58 (3–4):155–161

Tantam D (2007) Therapist-patient interactions and expectations. In: Bhugra D, Bhui K (eds) Textbook of Cultural Psychiatry. Cambridge University Press, Cambridge, UK, pp 379–387

UN (2016) 244 million international migrants living abroad worldwide, new UN statistics reveal. http://www.un.org/sustainabledevelopment/blog/2016/01/244-million-international-migrants-living-abroad-worldwide-new-un-statistics-reveal/. Gesehen 22 Dez 2016

UNHCR (2014) Global Trends. Forced Displacement in 2014. http://www.unhcr.org/statistics/country/556725e69/unhcr-global-trends-2014.html. Gesehen 01 Nov 2016

UNHCR (2015) UNHCR 2014 Global Trends Report. http://www.unhcr.org/statistics/country/556725e69/unhcr-global-trends-2014.html. Gesehen 01 Nov 2016

UNHCR (2016) Zahlen und Statistiken. http://www.unhcr.de/service/zahlen-und-statistiken.html. Gesehen 20 Dez 2016

Vardar A, Kluge U, Penka S (2012) How to Express Mental Health Problems – Turkish immigrants in Berlin compared to native Germans in Berlin and Turks in Istanbul. Eur Psychiatry 27 Suppl 2:S50–56

Wikipedia. https://de.wikipedia.org/wiki/Resilienz_(Psychologie). Gesehen 22. Okt 2016

Wilson JP, Lindy JD (1994) Counter transference in the Treatment of PTSD. The Guilford Press, New York

Wirtgen W (2009) Traumatisierte Flüchtlinge: Psychische Probleme bleiben meist unerkannt. Dtsch Arztebl 106 (49): A-2463/B-2115/C-2055

Wöller W, Siol T, Liebermann P (2001) Traumaassoziierte Störungsbilder neben der PTSD. In: Flatten G, Hofmann A, Liebermann P, Wöller W, Siol T, Petzhold E (Hrsg) Posttraumatische Belastungsstörung. Schattauer, Stuttgart

Wright AM, Talia YR, Aldhalimi A, Broadbridge CL, Jamil H, Lumley MA, Pole N, Arnetz BB, Arnetz JE (2016) Kidnapping and Mental Health in Iraqi Refugees: The Role of Resilience. J Immigr Minor Health Jan 19 [Epub ahead of print]

Yeo S (2004) Language barriers and access to care. Ann Rev Nurs Res 22:59–73

Praxisbeispiele

Beobachtungen zu Fehlzeiten von Geflüchteten – Eindrücke aus der betrieblichen Ausbildungspraxis bei Bayer

E. Witzgall

B. Badura et al. (Hrsg.) *Fehlzeiten-Report 2017*,
DOI 10.1007/978-3-662-54632-1_24, © Springer-Verlag GmbH Deutschland 2017

Zusammenfassung *Die Bayer AG baute im Jahr 2016 ein betriebliches Einstiegsqualifizierungsprogramm für junge Geflüchtete auf. Die Erfahrungen der mehrfachen Durchführung zeigen, dass es messbare Verhaltensunterschiede zu deutschen Auszubildenden im Ausbildungsalltag auch in Bezug auf Fehlzeiten gibt. Neben den vergleichbar niedrigen krankheitsbedingten Fehlzeiten gibt es zusätzliche, die sich zum einen aus den widrigen Lebensumständen der Geflüchteten und deren kulturellen Hintergründen sowie zum anderen durch behördliche Notwendigkeiten ergeben. Die deutsche kulturelle Besonderheit im Umgang mit Zeit, Pünktlichkeit und Zuverlässigkeit findet ihre gesetzliche Verankerung in der Meldepflicht als Ausbildungspflicht. Sie kann zu einer erheblichen Gefahr für ein Ausbildungsverhältnis werden, wenn Fehlzeiten auftreten. Durch gezielte Maßnahmen und eine kulturelle Eingewöhnung können entschuldigte wie unentschuldigte Fehlzeiten in der betrieblichen Praxis über alle Fehlzeitenarten hinweg deutlich reduziert und die Integration erleichtert werden. Der Aufbau eines überschaubaren regionalen Netzwerks zur direkten Kooperation zwischen Betrieben, staatlichen Institutionen und Anbietern von Sprachkursen hat sich in Berlin in der Praxis bewährt.*

24.1 Einleitung

Im Sommer 2016 sprach mich das Herausgeberteam des Fehlzeiten-Reports an, ob ich vor dem Hintergrund der bei Bayer gestarteten Qualifizierungsprogramme für Geflüchtete einen Beitrag für den Fehlzeiten-Report schreiben wolle. Ich sagte spontan zu, denn schon kurz nach dem Start der ersten kaufmännischen Flüchtlingsklasse« bei Bayer am Standort Berlin im April 2016 wurde sichtbar, dass wir uns auf etwas ganz Neuartiges und Besonderes eingelassen hatten. In diesem praxisorientierten Beitrag werde ich von unseren Beobachtungen insbesondere über das Fehlzeitengeschehen und über die kulturellen Herausforderungen sowie die Erfahrungen, die wir mit jungen Geflüchteten gemacht haben, berichten. Es wird das Fehlzeitengeschehen der Geflüchteten im Vergleich zu Auszubildenden betrachtet, obwohl diese Gruppen nicht vergleichbare biografische Hintergründe haben. Es wird deutlich werden, wo unseres Erachtens die größten Herausforderungen bei der kulturellen Annäherung sowohl für die Geflüchteten als auch für die Arbeitgeber liegen. Gleichzeitig soll jenseits der Statistiken gezeigt

werden, wie sinnvoll, lohnenswert und bereichernd Qualifizierungsprogramme für die Integration junger Geflüchteter in unsere Gesellschaft und Arbeitswelt sind. Ebenfalls dargestellt werden die Maßnahmen, die sich im Projekt insbesondere im Bereich der Gesundheitsförderung als hilfreich erwiesen haben, um den verschiedenen Fehlzeitenarten entgegenzuwirken. Ziel des Artikels ist es, anderen Betrieben einen praxisorientierten Einblick zu ermöglichen und erprobte handlungsorientierte Ansätze im Umgang mit Widrigkeiten aufzuzeigen. Er stellt realitätsnah die Integrationsarbeit dar und zeigt die Bereiche auf, in denen Betriebe im Rahmen der Ausbildungsarbeit durch dieses Engagement profitieren können.

24.2 Das Qualifizierungsprogramm Integration^now

Der Bayer-Konzern engagiert sich im Rahmen seiner Corporate-Social-Responsibility-Aktivitäten mit vielen Initiativen für Geflüchtete und rief im Frühjahr 2016 das Projekt **Integration**^now am Standort Berlin ins Leben (Klusik 2016). Es leistet einen Beitrag zur Integration junger Geflüchteter in den Ausbildungs-bildungsmarkt. In dem insgesamt sechsmonatigen Einstiegsqualifizierungsprogramm (EQ), das von der Bayer-Ausbildung und den kooperierenden Berufs-schulen gemeinsam ausgerichtet wird, erhalten jeweils zwölf Geflüchtete pro Kurs sowohl intensiven fach-spezifischen Deutschunterricht als auch mehrwöchige Schulungen zu ausgewählten fachspezifischen The-mengebieten sowie erste Arbeitspraxis im Rahmen eines betriebsinternen Praktikums. Das Programm hat eine naturwissenschaftliche sowie eine kaufmännische Ausrichtung. Es wird zweimal jährlich durchgeführt und ermöglicht somit pro Jahr 48 jungen Geflüchteten eine spezifische Vorbereitung auf eine Berufsausbil-dung. Die Maßnahme wurde zusätzlich zur regulären Berufsausbildung bei Bayer eingeführt, um einer Ver-drängung von Ausbildungsplätzen zu Lasten deutscher Jugendlicher von vornherein entgegenzuwirken.

Es richtet sich bewusst an jene Geflüchtete, die auf-grund ihrer Bildungsbiografie gute Chancen auf einen baldigen Eintritt in den deutschen Ausbildungsmarkt haben (Brücker et al. 2016).

36 Geflüchtete haben das Programm bereits kom-plett absolviert, zwölf befinden sich noch im zweiten naturwissenschaftlichen Kurs, und zwölf begannen am 1. März 2017 den dritten kaufmännischen Kurs. Damit wurden bis zum Ende des 1. Quartals 2017 über die bisherige Laufzeit insgesamt 60 Geflüchtete eingestellt (78 Prozent Männer, 22 Prozent Frauen).

Die soziodemografischen Eckdaten unserer bishe-rigen Teilnehmer spiegeln den Durchschnitt der seit Herbst 2015 nach Berlin gekommenen Flüchtlinge wider. Das Durchschnittsalter liegt bei 23 Jahren, die jüngste Teilnehmerin war 16 Jahre alt, der Älteste 32. Von den Teilnehmern kamen 60 Prozent aus Syrien, weitere 30 Prozent aus den Ländern Afghanistan, Iran und Irak und 10 Prozent aus verschiedenen afrikani-schen Staaten. Circa ein Drittel aller Teilnehmer hatte im Heimatland ein Studium beendet, ein Drittel muss-te das Studium abbrechen und ein Drittel hatte einen Beruf erlernt oder gerade die Schule beendet. Alle hat-ten in verschiedenster Form bereits Berufserfahrung gesammelt (Brücker et al. 2016).

Knapp 90 Prozent der Teilnehmer hatten zu Be-ginn eine Aufenthaltsgestattung oder -erlaubnis. Nur fünf Personen starteten mit einer Duldung und Ausbil-dungserlaubnis mit hoher Bleibewahrscheinlichkeit. 75 Prozent der Teilnehmer kamen im letzten Quartal 2015 nach Deutschland, fast 65 Prozent wohnten zu Programmbeginn noch in Flüchtlings- oder Massen-unterkünften. Von ihnen haben zwölf Personen im Laufe der Maßnahme eine Wohnung gefunden. Acht

mussten innerhalb der Ausbildungszeit von einer Flüchtlingsunterkunft in die nächste ziehen. Etwa ein Drittel hatte bereits zu Beginn eine Wohnung oder Wohngemeinschaft gefunden und damit stabilere Lebensverhältnisse erreicht.

Insgesamt gab es 29 gravierende Veränderungen der Lebensrahmenbedingungen von Teilnehmern durch eine Aufenthaltsstatus- oder Wohnveränderung; in sechs Fällen fand beides statt, was für diese Personen zu besonders hohen Fehlzeiten führte.

Der Anstieg der deutschen Sprachkompetenz über das Jahr war messbar. Anfang 2016 lag das durchschnitt-liche Sprachniveau der Bewerber auf dem Niveau von A1 (GER für Sprachen 2001), im Herbst war eine Stei-gerung auf A2 messbar und zu Beginn 2017 erreichte dieser Wert bereits B1. Die durchschnittliche Sprachni-veauverbesserung im Laufe der Bayer-internen Sprach-kurse lag bei anderthalb Stufen (Brücker et al. 2016).

Neben den bereits skizzierten Faktoren wirken sich die unterschiedlichen Bildungssysteme der Heimatländer zusätzlich auf die ungewöhnlich hohe Heterogenität der Gruppen im Vergleich zu üblichen Ausbildungsgruppen aus.

24.3 Unterschiedliche Ursachen für Fehlzeiten Geflüchteter

Geflüchtete haben existenzbedrohende Erlebnisse aus der Zeit in ihren Heimatländern sowie auch aus der Zeit ihrer Flucht zu verarbeiten. Sie haben Situationen durchlebt, die von Diskriminierung, Ungewissheit, Angst, Verfolgung, Kontrollverlust, Trauer und Ent-täuschungen geprägt waren (Brücker et al. 2016). So erwarteten wir besonders im Frühjahr 2016 eine insta-bile gesundheitliche Verfassung bei den Teilnehmern, was sich bestätigen sollte. Unsere ersten Gespräche mit Bewerbern und Teilnehmern zur Wahrnehmung der eigenen gesundheitlichen Lage, auch im Vergleich zu der selbst wahrgenommenen Verfassung im Heimat-land, ergaben Unterschiede je nach Herkunftsregion. Die syrischen Teilnehmer sahen ihre psychische Ver-fassung besonders in der dunklen Jahreszeit ohne ein wirkliches Zuhause als belastet an. Fast alle hatten und haben starkes Heimweh. Ihr empfundener Verlust an Lebensqualität ist hoch. Dazu fehlt ihnen ein soziales Netz aus Eltern und »echten« Freunden in einem neuen Umfeld, das sehr fremd ist und nicht den idea-lisierten Vorstellungen vor der Flucht entspricht. Es fehlten Orientierung und Kenntnis über Unterstüt-zungsangebote für Geflüchtete.

Ein Großteil der Teilnehmer gab an, die ursprüng-liche Resilienz noch nicht wieder erreicht zu haben.

Gründe dafür sahen sie hauptsächlich in der schwierigen Lebenssituation mit Massenunterkünften ohne Privatsphäre, dem fluchtbedingten Statusverlust, einer instabilen Jobsituation und nicht zuletzt in der Krisensituation ihrer Heimatländer. Treten unerwartet belastende Ereignisse auf, kommt es öfter zu Schlafstörungen, Kopfschmerzen oder vorübergehenden emotionalen Verstimmungen. Der Winter mit den kurzen, kalten, nass-grauen Tagen ist zudem für viele der Geflüchteten schwer zu ertragen.

Vor dem Hintergrund dieser ersten Eindrücke erwarteten wir wahrnehmbare Unterschiede zwischen den Integration[now]-Teilnehmern und regulären Bayer-Auszubildenden in Bezug auf das Fehlzeitengeschehen. Fehlzeiten, insbesondere unentschuldigte Fehlzeiten, sind Indikatoren für Probleme und können ein Ausbildungsverhältnis in seiner Existenz bedrohen. Sie sind ein erfolgskritischer Faktor für die Integration in den Ausbildungs- und Arbeitsmarkt (Statistisches Bundesamt 2016). In Deutschland werden fast ein Viertel aller Ausbildungsverhältnisse frühzeitig aus unterschiedlichen Gründen gelöst (Vollmar 2013; Jasper et al. 2009), was kritisch zu bewerten ist. Mit Hilfe eines EQ-Programms wie Integration[now] kann von vornherein präventiv gearbeitet werden (Menker 2010; Köttendorf et al. 2008), um Teilnehmende besser auf ein Ausbildungs- oder Arbeitsverhältnis vorzubereiten und so einem Scheitern eines späteren Vertragsverhältnisses und dem damit verbundenen Frust aller Beteiligten vorzubeugen.

24.3.1 Besondere Fehlzeitenarten Geflüchteter

Über das Jahr hinweg bestätigte sich, dass die Fehlzeiten der Geflüchteten sich anders darstellen als die der Auszubildenden. Unserer Beobachtung nach lassen sich drei Kategorien bilden:

Neben den *krankheitsbedingten Fehlzeiten*, die sich von der Art her mit denen von Auszubildenden vergleichen lassen, entstehen Fehlzeiten, die die Geflüchteten selbst nicht zu verantworten haben und deren Hintergrund existenzsichernd ist. Diese Fehlzeiten sind daher unausweichlich. Wir bezeichnen sie als *behördlich bedingte Fehlzeiten*, die in ▶ Abschn. 24.3.2 näher dargestellt werden.

Darüber hinaus lassen sich Fehlzeiten feststellen, die keiner der beiden genannten Kategorien zuzuordnen waren. Sie resultieren unseres Erachtens aus einem kulturbedingt anderen Umgang mit Zeit sowie persönlich empfundenen Notlagen im weiteren familiären Umfeld. Diese Fehlzeiten bezeichnen wir als *kulturell*

bedingte Fehlzeiten. Sie werden in ▶ Abschn. 24.3.3 dargestellt.

Grundsätzlich wirkt sich aus unserer Beobachtung die mediale globale Vernetzung zusätzlich negativ auf die gesundheitliche Verfassung der Geflüchteten aus. Sie ist nicht mit der Situation von hiesigen Auszubildenden zu vergleichen, deren Medienkonsum ebenfalls gesundheitsschädigend sein kann, was aber durch ein anderes Nutzungsverhalten ausgelöst wird (Betz et al. 2015). Über die sozialen Netzwerke halten Geflüchtete Kontakt zu Eltern, Freunden und anderen Familienangehörigen. Dadurch bleibt die kulturelle »Klammer« und der Einfluss der patriarchalen Strukturen bestehen, die zwar identitätsstiftend sind, gleichzeitig aber auch dazu führen, dass die Selbstständigkeit, wie wir sie von deutschen jungen Erwachsenen kennen, nicht erreicht wird. Auch bleibt die Nähe zu Kriegszuständen erhalten – ein »Schrecken ohne Ende«. Das Erleben der Krisen- oder Kriegssituation wird dadurch emotional nicht beendet, sondern bleibt latent Teil des Alltags und kann die psychische Gesundheit weiter gefährden. Zu diesen Aspekten wäre eine weitergehende Forschung hilfreich und interessant. Eine exemplarische numerische Auswertung der Fehlzeiten findet sich am Beispiel des zweiten kaufmännischen Kurses in ▶ Abschn. 24.3.4.

24.3.2 Behördlich bedingte Fehlzeiten

Diese Kategorie, bestehend aus behördlichen Pflichtterminen, verursacht bei allen Beteiligten in der Regel großen emotionalen Stress. Es besteht ein hoher Abhängigkeitsgrad bei sehr hoher Wichtigkeit ohne Zeitsouveränität. Die Erfahrungen in den ersten drei Quartalen des Jahres 2016, die in Berlin stundenlanges vergebliches Warten in sehr unangenehmer Atmosphäre bedeuteten, wurden als erniedrigend und frustrierend empfunden (Kneist 2016). Es entstanden in dieser Zeit oft mehrfach ganztägige Abwesenheiten von Einzelnen, die weder im Verhältnis zum Anlass noch zur Länge des Termins standen. Erfreulicherweise hat sich die Situation in Berlin in den vergangenen Monaten kontinuierlich verbessert.

Wenn Teilnehmer noch in den Verantwortungsbereich des Landesamt für Gesundheit und Soziales (LAGeSo) gehören und über den Asylantrag noch nicht entschieden ist, sind die durch Behördengänge bedingten Abwesenheiten immer dann spürbar, wenn sich die Situation der Person verändert. Beispielsweise durch die im Programm erhaltenen Geldleistungen, eine Veränderung bei der Krankenversicherung, Hochzeit oder ähnliches. Darüber hinaus ist die Zeit rund um den Anhörungstermin zum Asylverfahren bei komplizierten Fällen durch längere Abwesenheiten geprägt.

Nach entschiedenem Asylantrag und Wechsel zum Jobcenter entstehen weiterhin behördlich bedingte Fehlzeiten, nun allerdings in Form von individualisierten Terminen, sodass »nur noch« stundenweise Fehlzeiten entstehen, da sie meist tagsüber liegen und eine Verschiebung auf den späten Nachmittag nicht immer möglich ist. Im Bereich der Leistungsberechnung führt jede Veränderung der Rahmenbedingungen (z. B. Krankenkasse, Wohnsituation) zu neuen Terminen und/oder neuen Formalitäten. Hierzu zählen auch Termine beim Bürgeramt. Über das Jobcenter entstehen zudem Termine für die Arbeitsvermittlung, was gerade zum Ende unseres Programms zu vermehrten Abwesenheiten führt.

Der angespannte Wohnungsmarkt in Berlin verursacht ebenfalls Stress sowie einen erhöhten Zeitaufwand für Wohnungsbesichtigungen und behördliche Genehmigungsverfahren (Brücker et al. 2016). Da diese Situation durch die öffentliche Hand organisiert wird, rechnen wir sie den behördlichen Abwesenheiten zu.

Diese Art von Fehlzeiten wird auftreten, solange sich Geflüchtete nicht aus eigener Kraft finanzieren können.

24.3.3 Kulturell bedingte Fehlzeiten

Über die ersten Monate des Programms hinweg entstanden immer wieder zum Teil erhebliche Fehlzeiten, die unentschuldigt und weder krankheitsbedingt noch durch Behördengänge verursacht waren. Unentschuldigtes Fehlen stellt einen gravierenden Verstoß gegen die Ausbildungs- und Arbeitspflichten eines Auszubildenden nach § 13, Absatz 1 und 3 Berufsbildungsgesetz (BBiG) dar. Mehrfach unentschuldigtes Fehlen führt auch bei Auszubildenden, deren Ausbildungsvertrag besonders geschützt ist, ab einem gewissen Umfang und nicht erkennbarer Verhaltensänderung zur Kündigung. Diese Art von Fehlzeit hat daher existenzbedrohenden Charakter für ein Ausbildungsverhältnis. Für Arbeitgeber stellen sie bei der Einstellung von Geflüchteten ein erhöhtes finanzielles Risiko dar. Die Einstellung von Geflüchteten erfordert oft zusätzliche Investitionen, zum Beispiel in Form von Sprach- oder Fachschulungen. Wenn derartige Investitionen durch unentschuldigtes Fehlen zu Fehlinvestitionen werden, wird die Bereitschaft, Geflüchtete einzustellen, schnell sinken. Vor diesem Hintergrund haben wir diese Fehlzeitenkategorie genauer untersucht und sind auf strukturelle Muster gestoßen.

Ein Teil der Fehlzeiten beruht vermutlich auf einem anders gelebten Arbeitsverständnis in den Heimatländern. Dieser kulturell bedingte Fehlzeitenanteil nahm in den ersten zwei bis drei Monaten Programmlaufzeit durch gezielte Maßnahmen unsererseits deutlich ab. Anders verhielt es sich mit immer wieder ähnlich motivierten unentschuldigten Abwesenheiten, die akut und in der Regel ungeplant auftraten und offenbar nicht verschoben werden konnten. Diese Kategorie trat nur bei Personen auf, die sehr wenige Verwandte in Deutschland hatten. Für Hilfsleistungen, zu denen sie auch von Familienmitgliedern im Ausland gedrängt wurden, stand niemand anders zur Verfügung, sie mussten daher spontan übernommen werden. Aufgrund des kulturellen Hintergrunds schätzen die Geflüchteten die dabei empfundene Verpflichtung gegenüber den bedürftigen Familienmitgliedern in Notlage als wichtiger ein als das dadurch belastete Verhältnis zum Arbeitgeber. Durch ein fehlendes alternatives Netzwerk sind diese Termine für sie unausweichlich.

Beispiele für diese Kategorie sind:

- Begleitung von Kindern eines alleinerziehenden entfernten Familienmitglieds zur Bildungseinrichtung bei Krankheit des Elternteils
- Begleitung eines Familienmitglieds zu Behörden- oder Arztterminen
- Organisation der Ankunft von Familienmitgliedern rund um den regulären Familiennachzug
- Krisentelefonate mit Familienmitgliedern im Heimatland rund um Kriegshandlungen

Um bei dieser Fehlzeitenkategorie zuerst das Meldeverhalten zu verbessern und in einem weiteren Schritt die Fehlzeiten zu reduzieren, haben wir verschiedene Maßnahmen ausprobiert. Es wurde klar, dass die Geflüchteten den üblichen Ermahnungsgesprächen mit einer verschriftlichten Disziplinarmaßnahme (z. B. Abmahnung) im Wiederholungsfall im Gegensatz zu Auszubildenden weder eine emotionale noch eine formale Bedeutung zuwiesen. Sie änderten dadurch auch nicht ihr Verhalten. Die empfundene Wirkung konnte allerdings über die Zeit im Rahmen einer kulturellen Eingewöhnungsphase, in der auch arbeitsrechtliche Unterrichtseinheiten abgehalten wurden, erhöht werden. Folgendes Vorgehen hat sich bewährt, um unentschuldigten Fehlzeiten zu reduzieren:

- Transparente, konsequente Erfassung der Fehlzeiten und Verspätungen in rotierender Eigenverantwortung der Gruppe mit regelmäßiger Kontrolle durch Ausbilder
- Hinterfragen der Fehlzeit und Signalisieren von Verständnis für die geschilderten Gründe

- Darstellung der kulturellen Verhaltensdimension, die nicht in die deutsche Arbeitskultur passt
- Erläuterung der durch die Kollegenschaft empfundenen Respektlosigkeit
- Darstellung der Folgen durch verpasste Lerninhalte sowie der finanziellen Auswirkungen für den Betrieb
- Erläuterung der rechtlichen Auswirkungen für das Arbeitsverhältnis und der damit verbundenen Konsequenzen
- Aufnahme des Verhaltens in die regelmäßig wiederkehrenden Schulungen zum Meldeverhalten mit Beispielen aus dem Alltag
- Ankündigung der zur Verfügung stehenden disziplinarischen Eskalationsschritte (mündliche und schriftliche Ermahnung, Abmahnungen und Gehaltskürzungen bis zur Kündigung)
- Disziplinarische Verfolgung der Meldeverletzungen und Verspätungen mit Umsetzung der angekündigten Gehaltskürzung
- Angebot, das Programm bei Nichtgefallen verlassen zu können

Mit diesen Maßnahmen ließen sich die Fehlzeiten deutlich reduzieren. Kulturell bedingte Fehlzeiten aufgrund einer familiären Notlage blieben jedoch konstant hoch, allerdings wurden sie bald korrekt gemeldet und konnten über Urlaub sowie Vor- und Nacharbeit ausgeglichen werden. Sie erhöhen jedoch für Betriebe das Planungsrisiko im Personaleinsatz. Mittelfristig wird sich die Situation zu dieser Kategorie unseres Erachtens verbessern, sobald die Geflüchteten stabilere Lebensverhältnisse aufweisen.

24.3.4 Fehlzeitenanalyse am Beispiel eines Integration^now-Kurses

Exemplarisch für eine genauere Fehlzeitenanalyse wird der zweite kaufmännische Kurs herangezogen, da die Daten für die komplette Laufzeit von sechs Monaten

mit zwölf Personen vorliegen. Außerdem wurden bereits Erfahrungen aus dem ersten durchgeführten Kurs konzeptionell umgesetzt, sodass diese Zahlen als gute Orientierung auch für künftige Gruppen dienen können (◘ Tab. 24.1).

Zahlen und Hintergründe

Die Fehlzeitenquote lag insgesamt bei 10,6 Prozent. Die durch Behördengänge verursachten Abwesenheiten betrugen 3,9 Prozent. Diese Zahl hatten wir höher erwartet, vermutlich weil diese Fehlzeiten von allen durch das unverständliche Formularwesen als besonders unangenehm empfunden werden. Das Ausfüllen bindet Kapazitäten aller Beteiligten. Grundsätzlich besteht das Risiko, die Formulare falsch auszufüllen, was dann zu weiteren Beördenterminen und noch mehr Formularaufwand führt. Im Einzelfall kann das zu einer Vervielfachung der Termine und einer deutlichen Beeinträchtigung des Lernfortschritts durch Unterrichtsausfall führen.

Die kulturell bedingten Fehlzeiten lagen bei 2,7 Prozent, die krankheitsbedingte Fehlzeitenquote bei 4,0 Prozent. Die Krankheitsquote unserer regulären Auszubildenden bei Bayer liegt mit 2,6 Prozent vergleichsweise niedrig, die von Auszubildenden in Deutschland sonst bei knapp über 3 Prozent (Betz et al. 2015).

Die Anzahl der meldepflichtigen Ereignisse ist mit 10,6 Prozent viermal höher als bei Auszubildenden mit 2,6 Prozent. Diese Zahl stellt eine deutlich höhere Anforderung dar und würde vermutlich auch bei Auszubildenden zu mehr Meldepflichtsverletzungen führen. 50 Prozent der Teilnehmer hatten während der Programmlaufzeit ihren Anhörungstermin im Asylverfahren. Besonders viele Fehltage traten bei syrischen Teilnehmern in der 48. und 49. Kalenderwoche rund um die letzten Kriegshandlungen in Aleppo auf. Um diese zwei Wochen bereinigt, sinkt die Fehlzeitenquote um rund 32 Prozent von 10,6 Prozent auf 7,3 Prozent. Krankheitsbedingte Fehlzeiten liegen dann mit 2,1 Prozent knapp unter denen der Auszubildenden,

◘ Tab. 24.1 Fehlzeiten des 2. kaufmännischen Kurses Integration^now, 1.9.2016 bis 28.2.2017

	Gesamt	Ohne Aleppo KW 48/49
Krankheitsbedingte Fehlzeit	4,0	2,1
Fehlzeit aufgrund von Behördengängen	3,9	3,2
Kulturell bedingte Fehlzeit	2,7	2,0
Fehlzeitenquote insgesamt	10,6	7,3
Anwesenheitsquote	89,4	92,7

Angaben in Prozent

Fehlzeiten-Report 2017

wobei sie sich hinsichtlich der Lage, Dauer und Häufigkeit der Ereignisse nicht von denen der Auszubildenden unterscheiden (Brücker et al. 2016).

In den Fehlzeiten nicht enthalten sind unentschuldigte Verspätungen sowie verpasste unentschuldigte Berufsschulblöcke. Sie reduzieren sich nach einer kulturellen Eingewöhnung, wenn die Geflüchteten Meldepflichten sowie Zeitverständnis nachvollzogen und verinnerlicht haben. In Gesprächen mit den Gruppen zu diesen Fehlzeiten ließen sich folgende Ursachen identifizieren:

- Fehlende Nachtruhe und Privatsphäre in Massenunterkünften
- Zeitverständnis: Ankunftszeiten werden als Vorschläge, individuell und verhandelbar angesehen
- Andere Bildungssystemhintergründe; fehlende Schulpflicht ab 10. Klasse im Heimatland
- Unverstandene Dualität der Lernorte
- Unverstandene Bedeutung von Berufsschulzeugnissen
- Anreisezeiten von durchschnittlich mehr als 60 Minuten aus Stadtrandlagen im Winter
- Funktionsunfähiges oder verlorenes Smartphone

Rolle der Ausbilder

Die Begleitung von Geflüchteten in einer EQ-Maßnahme ist sehr anspruchsvoll und zeitintensiv. Die Heterogenität der Gruppe sowie die kulturellen Besonderheiten (Bahl 2009) fordern ein erhöhtes Maß an reflektiver und emotionaler Kompetenz (Arnold und Gómez Tutor 2007) und gehen über die üblichen Anforderungen an Ausbilder hinaus (Brünner 2012). Zudem ist die Erwartung an die Rolle aus Sicht der Geflüchteten anders als die der Auszubildenden. Ursächlich dafür erscheinen vor allem folgende Gründe: In den Herkunftsländern ist die Einstellungspolitik – auch vor dem Hintergrund einer anderen Arbeitsrechtslage – beziehungs- und nicht eignungsorientiert, sodass offenbar eine stärkere Vermischung von Privatem und Beruflichem und damit schnell eine persönliche Nähe entsteht. Trotzdem stellen Ausbilder eine hohe Autorität dar, deren Arbeitsanweisungen auch dann nicht hinterfragt werden, wenn sie nicht verstanden wurden. Ausbilder haben es also mit einer kulturell anders definierten Arbeitnehmer-Arbeitgeber-Beziehung zu tun.

Vor dem Hintergrund der skizzierten Lebensumstände haben Ausbilder zusätzliche Aufgaben als Informationslieferant, Netzwerkvermittler, Vorbild und bei manchen auch als Familienersatz auf Zeit. Den Ausbildern fällt damit eine größere Bedeutung zu als bei Auszubildenden. Durch das Vertrauensverhältnis wird eine Weitervermittlung an professionelle

Unterstützungsmöglichkeiten möglich, auch im medizinischen und psychologischen Bereich. Psychologische Therapiemaßnahmen scheinen in den Herkunftsländern sehr unüblich zu sein und sind oft mit Vorurteilen besetzt. Durch Gespräche zu diesen Themen haben jedoch mindestens zwei Teilnehmer eine psychologische Beratung in Anspruch genommen und als äußerst hilfreich eingestuft. Die dargestellten Besonderheiten fordern zudem von den Ausbildern deutlich mehr Flexibilität und Geduld als die übliche Ausbildungsarbeit.

24.3.5 Vorschläge zur gesundheitlichen Stabilisierung von Geflüchteten

Maßnahmen im Rahmen des Programms Integration[now]

Viele Geflüchtete in Berlin durchleben noch mehrere Monate nach Ankunft in der Stadt schwierige Situationen und damit persönliche Krisen, die ihre Gesundheit beeinträchtigen können. Daher haben wir vermehrt gesundheitsstabilisierende Maßnahmen in unser Programm aufgenommen. Hierzu gehören:

- Nutzung des betriebsärztlichen Angebots durch einen Check-up zu Programmbeginn sowie erste Hilfestellung bei auftretenden Krankheitssymptomen
- Gesprächsangebote zur Orientierung und Begleitung in eine neue Lebensphase; Ausrichtung auf die Zukunft, Eröffnung von Perspektiven
- Ergometrische Übungen/Aktive Pause (Hey et al. 2012)
- Wöchentlich stattfindende Sportinitiative mit den betrieblichen Auszubildenden und Aktivitäten wie Volleyball, 5 × 5 Teamstaffel und Ähnlichem (German Road Races e. V. und Milde o. J.)
- Projektarbeiten und Events zusammen mit kaufmännischen Auszubildenden wie zum Beispiel ein Unternehmensplanspiel, Vokabel-Lernpatenschaften
- Mittägliche Essenstermine mit Azubis und Kollegen, gemeinsames Kochen oder Kinobesuche
- Tageslichtnutzung durch Außenaktivitäten und helle Ausleuchtung des Klassenraums an grauen Tagen während der dunklen Jahreszeit
- Förderung der Selbstwirksamkeit durch Gestaltungsmöglichkeiten etwa hinsichtlich der IT-Kursinhalte oder der Klassenraumgestaltung

Ideen der Geflüchteten

Wir baten die Gruppe ebenfalls Ideen zu entwickeln, um die Fehlzeiten weiter zu reduzieren. Die Vorschläge werden derzeit auf ihre Machbarkeit hin überprüft. Nachfolgend sind diese aufgeführt:

■ **Krankheitsbedingte Fehlzeiten**

Bayer sollte die Bedeutung von Ärzten für Krankmeldungen noch realistischer darstellen und Kontakte zu Ärzten (nicht unbedingt mit Migrationshintergrund) regional nah am Wohnort vermitteln. Am wichtigsten sind:

a. Allgemeinmedizinische Betreuung für Krankmeldungen und Therapie im Akutfall

b. Psychiatrische Beratungsangebote für Geflüchtete wie das der Charité (Charité o. J.). Bedarfe werden für folgende Themen gesehen:
 ▬ Umgang mit Heimweh
 ▬ Leben ohne soziales Netzwerk, das heißt ohne echte Freunde oder Familie
 ▬ Aufbau von Selbstbewusstsein und Selbstständigkeit

c. Hilfestellung bei der Identifizierung von ärztlichen Fachgebieten und entsprechenden Praxen bei spezifischen medizinischen Problemen

■ **Behördlich bedingte Fehlzeiten**

▬ Öfter längere abendliche Öffnungszeiten der Ämter für berufstätige Geflüchtete

▬ Aufbau eines Beraternetzes durch Bayer zur systematischen Adressenvermittlung bei Bedarf. Gedacht wurde an Anwälte mit Erfahrung in Asylverfahren, die behördenseitig finanziert werden; Experten im Ausfüllen von Formularen (Brücker et al. 2016)

▬ Nutzerfreundliche, leicht verständliche Behördenformulare

▬ Personen, die arbeitgeberfreundliche Termine mit Institutionen vereinbaren können

■ **Kulturell bedingte Fehlzeiten**

▬ Noch zielgruppenspezifischere Informationen zur Verbesserung des Erwartungsmanagements für das Programm. Vertiefte Darstellung der Modulinhalte mit Zeitangaben, Zielsetzungen und inhaltliche Bedeutung sowie der Rolle der Berufsschule; idealerweise in einer arabischen Version.

▬ Das Ausbildungshandbuch mit offiziellen Regelungen und Pflichten sollte durch die Gruppe an die Darstellungsformen des arabischen Kulturkreises anpasst werden, damit Dringlichkeit und Wichtigkeit der Eigenschaften Pünktlichkeit und Zuverlässigkeit besser transportiert werden.

▬ Schnelleres Durchlaufen des Teambildungsprozesses zum Aufbau eines Freundeskreises in möglichst kurzer Zeit. Dazu wurde das Kennenlernen der kulturellen Angebote der Stadt vorgeschlagen, z. B. Besuch des Charlottenburger Schlosses oder des Zoos, durchaus auch außerhalb der Arbeitszeit.

▬ Es gibt viel Ablenkung durch die Widrigkeiten des Alltags und nicht immer wird der Sinn von deutschen Regelungen in seiner Tiefe und Konsequenz gleich erfasst. Die jüngeren männlichen Teilnehmer vermissen an dieser Stelle die Mutter als steuernde, autoritäre und organisierende Vertrauensperson. In den Schulen der Heimatländer wurde ein autoritärer Vermittlungsstil gepflegt, daher wird aufgrund des großen kulturellen Unterschiedes auf diesem Gebiet ein hartes, autoritäres und kompromissloses Vorgehen der Ausbilder als notwendig erachtet. Als Voraussetzung für mehr Druck und Kontrolle zur konsequenten Einhaltung der Ausbildungspflichten wurde ein starkes Vertrauensverhältnis zu den Ausbildern angesehen.

▬ Erschließung von Freizeitmöglichkeiten für Frauen, sodass einer Vereinsamung entgegengewirkt werden kann.

24.4 Fazit

Die Daten zeigen, dass die Fehlzeiten der Teilnehmer bei **Integration**[now] nicht motivationsbedingt sind. Auch viele Monate nach ihrer Ankunft sind Geflüchtete noch schwierigen Lebensbedingungen ausgesetzt, die sich mit denen anderer Auszubildender nicht vergleichen lassen. Trotzdem wollen sie möglichst schnell ihre bildungsbiografische Lücke schließen und wirtschaftlich eine langfristige Autonomie erreichen (z. B. Frankfurter Allgemeine Zeitung 2016). Für Betriebe sind diese aus den schwierigen Lebensbedingungen resultierenden Fehlzeiten belastend, da sie eine verlässliche Personalplanung einschränken und zu Fehlinvestitionen führen können. Mit EQ-Programmen wie **Integration**[now] können die skizzierten Startschwierigkeiten besser kompensiert werden. Im Gegensatz zu individualisierten Ausbildungsverhältnissen können durch die Gruppenbildung (auch über verschiedene Arbeitgeber hinweg) Kosten geteilt sowie Fehlinvestitionen für kleine und mittelständische Betriebe vermieden werden. Betrachtet man den Verbleib der Teilnehmer nach Ende des Programms, so zeigt sich, dass eine deutsche Sprachkompetenz von mindestens B2 für alle anschließenden individuellen Zielsetzungen einer Ausbildung erforderlich ist (Brücker et al. 2016). Es bedarf zudem stets eines umfangreichen fachspezifischen Wortschatzes, den klassische Sprachkurse nach dem Integrationskurs nicht vermitteln können. In EQ-Maßnahmen kann auch diese Kompetenz mit begleitendem fachspezifischem Sprachunterricht in kleinen Gruppen bei begleitender realer Arbeitserfahrung ausgebaut werden. Wir sehen, dass die Vermittlungschancen der Teilnehmer in Ausbildungsverhältnisse dadurch deutlich steigen, gleichzeitig wird Ausbildungs- und Vertragsabbrüchen aufgrund eines unvorbereiteten Ausbildungsstarts vorgebeugt. Ein weiterer positiver Effekt ist die gesellschaftliche Integration durch die Kontakte zu Deutschen in Arbeits- und Ausbildungsverhältnissen (Brücker et al. 2016).

Auch für Geflüchtete im Alter von über 23 Jahren ist die richtige Berufswahl für den weiteren Karriereweg von zentraler Bedeutung. Durch die ersten praktischen Erfahrungen in einer EQ-Maßnahme werden Anforderungskriterien und Eignungsdiagnostik als zentrale Punkte bei anstehenden Karriereentscheidungen für sie erlebbar und dadurch wertvoll (ebd.).

Über 50 Prozent unserer Teilnehmer haben im Anschluss an Integration[now] einen Ausbildungsplatz erhalten. Weitere 25 Prozent absolvieren einen gezielten universitären C1-Sprachkurs zur Vorbereitung auf ein geplantes Studium oder nehmen an dem verpflichtenden staatlichen Integrationskurs vor der Aufnahme einer Ausbildung teil. Nur eine Handvoll hat das Programm frühzeitig oder ohne konkrete Vorstellungen verlassen. Diese Zahlen sprechen am Ende für sich. Bayer hat sich vor diesem Hintergrund und aufgrund der Erfahrungen eines anderen Projekts für Geflüchtete in Leverkusen entschlossen, die Social-Responsibility-Aktivitäten für Geflüchtete auch an anderen deutschen Standorten auszubauen und so einen kontinuierlichen Beitrag zum Gelingen der Integration zu leisten (Koldehoff 2017).

Anmerkung zum Schluss: Es gibt wenig Gelegenheit, im betrieblichen Alltag mit anderen Betrieben offen zu kooperieren, da sie durch den intensiven Wettbewerb um junge Talente angesichts des demografischen Wandels schnell zu Konkurrenten werden. Die »Flüchtlingskrise« bot die Chance, auch auf diesem Gebiet unkonventionell neue Wege zu gehen und mit Ausbildern anderer Betriebe in enger Form wechselseitig Konzepte zu diskutieren und zur Nachahmung freizugeben. Die Krise ermöglichte uns neue Perspektiven auf unsere Arbeit, vor allem auf kulturelle Lernfelder, von denen wir, viele Auszubildende sowie Kolleginnen und Kollegen bei Bayer, schon jetzt profitieren.

Literatur

Arnold R, Gómez Tutor C (2007) Grundlinien einer Ermöglichungsdidaktik. Bildung ermöglichen – Vielfalt gestalten. Augsburg

Bahl A, Diettrich A (2009) bwp@ Spezial 4 – Hochschultage Berufliche Bildung 2008. Die vielzitierte ›neue Rolle‹ des Ausbildungspersonals – Diskussionslinien, Befunde und Desiderate. http://www.bwpat.de/ht2008/ws25/bahl_diettrich_ws25-ht2008_spezial4.shtml. Gesehen 02 Mär 2017

Betz M, Haun D, Böttcher M (2015) Zielgruppenspezifische Gesundheitsförderung bei Auszubildenden. In: Badura B, Ducki A, Schröder H, Klose J, Meyer M (Hrsg) Fehlzeiten-Report 2015. Springer, Berlin Heidelberg

Brücker H, Babka von Gostomski C, Böhm A, Fendel T, Friedrich M, Giesselman M et al (2016) IAB-BAMF-SOEP-Befragung von Geflüchteten: Überblick und erste Ergebnisse. In: Brücker H, Rother N, Schupp J (Hrsg) IAB Forschungsbericht 14/2016. Institut für Arbeitsmarkt- und Berufsforschung – Die Forschungseinrichtung der Bundesagentur für Arbeit

Brünner K (2012) Arbeitsgemeinschaft Berufsbildungsforschungsnetz. Der Beitrag der »Ausbildung der Ausbilder« zur Professionalität des betrieblichen Ausbildungspersonals – eine Evaluationsstudie der angebotenen Qualifizierungsmaßnahmen in Hessen und Thüringen. www.agbfn.de/dokumente/pdf/a12_voevz_agbfn_11_bruenner.pdf. Gesehen 02 Feb 2017

Charité (o. J.) Klinik für Psychiatrie und Psychotherapie. Zentrum für Interkulturelle Psychiatrie & Psychotherapie (ZIPP). https://psychiatrie-psychotherapie.charite.de/fuer_patienten/ambulanzen/zentrum_fuer_interkulturelle_psychiatrie_psychotherapie_zipp/. Gesehen 09 Apr 2017

Frankfurter Allgemeine Zeitung (2016) Warum Flüchtlinge nach Deutschland kommen – und was sie können. 04. August 2016. www.faz.net/aktuell/wirtschaft/warum-fluechtlinge-nach-deutschland-kommen-und-was-sie-koennen-14367873-p2.html. Gesehen 02 Mär 2017

GER für Sprachen, Kuntz T, Pankok T, Churchus P (2001) GER – Gemeinsamer Europäischer Referenzrahmen für Sprachen. Deutsch Zertifikate und das Deutsche Sprachdiplom. http://www.europaeischer-referenzrahmen.de/deutsch-sprachzertifikate.php. Gesehen 01 Jan 2017

German Road Races e. V., Milde H (o. J.) 17. Berliner 5 x 5 km TEAM-Staffel: 27.500 Teilnehmer bei der größten Staffel-Veranstaltung Deutschlands. https://www.germanroadraces.de/24-0-46498-17-berliner-5x5-km-teamstaffel-27500-teilnehmer.html. Gesehen 27 Mar 2017

Hey S, Löffler S, Walter K, Grund A, König N, Bös K (2012) Kurzzeitige aktive und passive Regenerationspausen. Akute Effekte auf Arbeitsgedächtnis, Aufmerksamkeit und Befindlichkeit. Präv Gesundheitsf 7:120–126. https://www.hoc.kit.edu/downloads/Praevention_und_Gesundheitfoerderung.pdf. Gesehen 20 April 2017

Jasper G, Richter U, Haber I, Vogel H (2009) Ausbildungsabbrüche vermeiden – neue Ansätze und Lösungsstrategien. Bundesministerium für Bildung und Forschung, Bonn, Berlin. https://www.bibb.de/dokumente/pdf/band_sechs_berufsbildungsforschung.pdf. Gesehen 02 Mar 2017

Klusik H (2016) Integrations-Initiativen der deutschen Wirtschaft. Berufliche Perspektiven schaffen, ehrenamtliches Engagement fördern. http://www.wir-zusammen.de/patenschaften/bayerag. Gesehen 04 Mar 2017

Kneist S (2016) Flüchtlinge klagen Leistungen beim Sozialgericht ein. Tagesspiegel, 15 Jan 2016. http://www.tagesspiegel.de/berlin/wegen-chaos-am-lageso-in-berlin-fluechtlinge-klagen-leistungen-beim-sozialgericht-ein/12838006.html. Gesehen 02 Mar 2017

Koldehoff J (2017) »Integration bayFuture« in Wuppertal: Bayer-Programm für junge Flüchtlinge. Wuppertaler Rundschau, 01 Mar 2017. http://www.wuppertaler-rundschau.de/lokales/bayer-programm-fuer-junge-fluechtlinge-aid-1.6646459. Gesehen 02 Mar 2017

Köttendorf N, Ivankovic P, Netzwerk Münsterland e. V. (2008) Gesprächsleitfaden zur Früherkennung von Ausbildungsabbrüchen. http://www.netzwerk-westmuensterland.de/uploads/media/Gespraechsleitfaden_fuer_Ausbilder.pdf. Gesehen 10 Jan 2017

Menker C (2010) Netzwerk Westmünsterland e. V. Elternratgeber Ausbildung und Ausbildungsabbrüche. http://www.netzwerk-westmuensterland.de/uploads/media/ElternratgeberAufl2.pdf. Gesehen 03 Mär 2017

Statistisches Bundesamt (2016) Bildung und Kultur – Berufliche Bildung 2015. Fachserie 11 Reihe 3. Wiesbaden https://www.destatis.de/DE/Publikationen/Thematisch/BildungForschungKultur/BeruflicheBildung/BeruflicheBildung2110300157004.pdf?__blob=publicationFile. Gesehen 03 Mar 2017

Vollmar M (2013) Berufsbildung auf einen Blick. Statistisches Bundesamt, Wiesbaden. https://www.destatis.de/DE/Publikationen/Thematisch/BildungForschungKultur/BeruflicheBildung/BerufsbildungBlick0110019129004.pdf?__blob=publicationFile. Gesehen 28 Apr 2017

Die Betreuung von Lokführern nach traumatisierenden Ereignissen bei der Deutschen Bahn AG

C. Gravert

B. Badura et al. (Hrsg.) *Fehlzeiten-Report 2017*,
DOI 10.1007/978-3-662-54632-1_25, © Springer-Verlag GmbH Deutschland 2017

Zusammenfassung *Statistisch gesehen erleben Lokführer alle 20 Jahre einen Schienensuizid. Die Deutsche Bahn hat dafür ein umfassendes Betreuungsprogramm zur Vermeidung posttraumatischer Belastungsstörungen (PTBS). Es entspricht dem aktuellen Stand der Traumapsychologie und wird konzernweit angewendet. Betroffene Mitarbeiter erfahren umfassende Hilfe durch ein Team von vielen in psychischer Erster Hilfe geschulter Kollegen. Schon während der Ausbildung werden Mitarbeiter über die Angebote informiert und setzen sich emotional mit der Belastung auseinander (Primärprävention). In der akuten Belastungssituation erfolgen die Ablösung aus der Tätigkeit und eine psychische Erste Hilfe (Sekundärprävention). Jederzeit können die betroffenen Mitarbeiter weitergehende Beratungs- und Hilfsangebote in Anspruch nehmen. Bei der Entwicklung einer posttraumatischen Belastungsreaktion (PTBS) gibt es spezielle ambulante und stationäre Therapieangebote. Solche Überfahrungen gelten stets als Arbeitsunfall, die betroffenen Lokführer unterliegen einem umfassenden Beschäftigungsschutz.*

25.1 Einleitung

Die meisten Mitarbeiter der Deutschen Bahn arbeiten unter für ihre Tätigkeit typischen psychischen Belastungen. Neben Schichtarbeit, Nacht- und Wochenenddiensten, Störungen in den Betriebsabläufen und körperlichen Übergriffen stellen Überfahrungen von Personen im Gleis eine besonders spezifische Belastung dar. Mehr als 700 Mal im Jahr[1] ereignen sich Suizide auf den Gleisen der Deutschen Bahn. Dadurch arbeiten unsere 20.000 Lokführer, aber auch das weitere Zugpersonal unter dem statistischen Risiko, ein- bis zweimal in ihrem Berufsleben mit einem solchen Ereignis persönlich konfrontiert zu werden. Überfahrungen sind der häufigste Arbeitsunfall bei Lokführern, sie machen mehr als die Hälfte aller Arbeitsunfälle dieser Berufsgruppe aus.

Die DB nimmt ihre Verantwortung gegenüber Mitarbeitern, die während ihrer Tätigkeit traumatischen Ereignissen ausgesetzt sein können, sehr ernst. Im Rahmen der Gefährdungsbeurteilung psychischer Belastungen dieser Arbeitsplätze stellt das Betreuungsprogramm zu traumatisierenden Ereignissen die zentrale Maßnahme zum Umgang mit diesen Belastungen dar. Das Betreuungsprogramm hat sich seit seiner Einführung Mitte der 90er Jahre gut bewährt, es wird stetig weiterentwickelt und entspricht dem aktuellen wissenschaftlichen Stand der Traumapsychologie.

Das Programm besteht aus mehreren Modulen bzw. Phasen: Prävention durch vorbeugende Maßnahmen, Umgang mit der Akutsituation, Betreuung in der Nachsorge und Unterstützung bei einer ggf. notwendigen Behandlung sowie bei der Wiedereingliederung am Arbeitsplatz. Als unternehmensweite Richtlinie gilt es nicht nur für Lokführer, die in diesem Beitrag thematisch im Vordergrund stehen, sondern in unterschiedlicher Ausprägung für alle Mitarbeiter der Deutschen Bahn in Deutschland, die Opfer von beruflich bedingter Traumatisierung werden können.

25.2 Suizide im Schienennetz der Deutschen Bahn

Traumata am Arbeitsplatz sind nicht selten. In der neusten Version des Klassifikationssystems DSM

---

[1] Erfolgreiche Suizide sind bei Männern doppelt so häufig wie bei Frauen, wobei das Verhältnis dasselbe ist wie in der Suizidstatistik insgesamt (Mishara und Bardon 2016).

(DSM-5, American Psychiatric Association [APA] 2013) wurden in der Trauma-Definition außergewöhnlich belastende Erfahrungen am Arbeitsplatz aus etlichen Berufsgruppen einbezogen. Je nach Branche sind Mitarbeiter mit ganz unterschiedlichen potenziell traumatischen Situationen konfrontiert. Lokführer erleben neben etwa 700 Suiziden pro Jahr auf Deutschlands Schienen auch Unfälle durch Unachtsamkeit, wie z. B. an Bahnübergängen, oder durch Leichtsinn, wie z. B. beim S-Bahn-Surfen oder Graffiti-Sprayen im Gleis.

Etwa 8 Prozent der Menschen, die jährlich in Deutschland einen Suizid begehen, sterben durch einen Sprung oder indem sie sich vor einen Zug legen. Zwei Drittel von ihnen begehen den Suizid auf offener Strecke, ein Drittel in Bahnhöfen an der Bahnsteigkante. Über das Leid hinaus, das ein Suizid bei Angehörigen und Freunden auslöst, bringt der Eisenbahnsuizid besondere psychische und materielle Belastungen für Dritte mit sich, da er die Lokführer, aber auch weitere Bahnmitarbeiter und Umstehende traumatisiert. Darüber hinaus löst jeder Eisenbahnsuizid eine längere Unterbrechung der Fahrstrecke aus, was zu erheblichen Verspätungen durch Umleitungen bei den Folgezügen mit einer Beeinträchtigung von Hunderten von Reisenden führt. Durchschnittlich führt jedes Suizidereignis zu einer kumulierten Zugverspätung von zwölf Stunden, da Folgezüge auf der Strecke umgeleitet werden müssen, bis die Unfalluntersuchungen von Polizei und Staatsanwaltschaft abgeschlossen sind.

Die Presse wird regelmäßig über die nachteiligen Folgen einer Berichterstattung über Suizide informiert. Die öffentliche Berichterstattung zu Suiziden hat eine ansteckende Wirkung, den sogenannte Werther-Effekt. Als der Nationaltorwart Robert Enke im November 2009 die Bahn für seinen Suizid wählte, kam es zu einer beispiellosen Berichterstattung in die Medien. Der Suizid wurde ausführlich und heroisierend in all seinen Details beschrieben. Sofort mit Beginn der Berichterstattung stiegen die Zahlen der Eisenbahnsuizide in Deutschland erheblich an und lagen in den beiden Folgejahren im Vergleich zu den Vorjahren um je 150 Suizide höher (Hegerl et al. 2013). Als Unternehmen beteiligen wir uns daher generell nicht an Berichten, die das Thema Suizid oder das Leid der Lokführer durch Suizide emotional aufbereiten. Über das Nationale Suizidpräventionsprogramm ist die Deutsche Bahn an verschiedenen nationalen und internationalen Forschungsprojekten zur Prävention von Suiziden beteiligt. Gemeinsam mit den Kirchen setzt sich die Deutsche Bahn dafür ein, die regionalen TelefonSeelsorge-Stellen in ihrer Seelsorge- und Beratungsarbeit zu unterstützen und zu stärken. Hier steht zum Beispiel eine Verbesserung der Reaktionsgenauigkeit der regionalen TelefonSeelsorge-Stellen durch eine Anpassung im Telekommunikationsgesetz im Vordergrund.

Den weitaus meisten Fällen von Schienensuizid liegt eine psychische Erkrankung zugrunde, in mehr als der Hälfte der Fälle eine unzureichend behandelte Depression. Eine bessere Versorgung depressiv erkrankter Menschen in Deutschland und damit verbunden eine deutliche Senkung der Suizidrate in Deutschland wäre vermutlich der stärkste Wirkfaktor in der Primärprävention. Trotz allem Engagement wird es aber nicht möglich sein, Suizide auf den Bahngleisen vollständig zu verhindern. Dazu ist das menschliche Erleben zu vielfältig.

25.3 Die Traumareaktion: eine normale Reaktion auf ein existenziell bedrohliches Erlebnis

Wenn ein Mensch absichtlich oder durch Unachtsamkeit im Gleis steht, fühlt sich der Lokführer aktiv dafür verantwortlich, einen Unfall zu vermeiden, hat aber keine Chance dazu. Trotz sofortiger Gefahrenbremsung kann ein Überrollen meist nicht verhindert werden. Das System Bahn mit Rad und Schiene aus Eisen hat sehr lange Bremswege, ein Bremsen auf Sichtweite ist bei höheren Geschwindigkeiten nicht möglich. Aus Sicht des Lokführers geraten die Rolle des Täters und des Opfers durcheinander. Die (scheinbare) Verdrehung des Täter-Opfer-Verhältnisses löst häufig Selbstvorwürfe und Schuldgefühle aus. Nach dem Unfall kommt es nicht selten zur wiederholten Konfrontation durch entsprechende Berichterstattung in den Medien oder die Beteiligung des Lokführers als Zeuge oder Beschuldigter im Rahmen der staatsanwaltlichen Aufklärung der Tötung.

Im Einzelnen werden in der Traumareaktion drei Phasen unterschieden: Schockphase, Einwirkungsphase und Reaktionsphase. ◘ Abb. 25.1 zeigt die typischen Reaktionen infolge eines traumatischen Ereignisses nach Koll-Krüsmann (2014). Diese vereinfachte Darstellung des komplexen Reaktionsverlaufs hat sich in der Praxis bewährt.

25.3.1 Schockphase

Die erste Reaktion des betroffenen Mitarbeiters in der Situation selbst ist gekennzeichnet durch Schock, Unglauben oder Entsetzen. Für den Lokführer stellt sich der Suizid eines anderen Menschen durch den Sprung vor den Zug als ein überraschendes und für ihn völlig

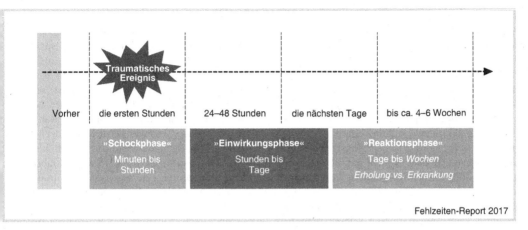

□ **Abb. 25.1** Verlauf der posttraumatischen Symptomatik nach Koll-Krüsmann 2014

unkontrollierbares Ereignis dar. Er erlebt die aktive Beteiligung am Tod eines anderen Menschen mit massiven Hilflosigkeitsgefühlen. Auf geraden Strecken kann die Zeitspanne zwischen dem Erkennen einer Person im Gleis und dem Zusammenprall bis zu 30 Sekunden betragen, in denen mehr als ein Kilometer zurückgelegt wird, ohne dass der Bremsvorgang rechtzeitig zum Abschluss kommt. In der Erinnerung ist diese Zeit oft noch weiter gedehnt, sodass sich der Lokführer selbst Vorwürfe macht, warum er nicht doch rechtzeitig bremsen konnte. Der Zusammenprall mit dem Körper oder das Überrollen sind für den Lokführer meistens deutlich spürbar.

Gleichzeitig handelt der betroffene Mitarbeiter jedoch automatisch in adäquater Weise. Vom Lokführer wird erwartet – und er wird dies auch immer leisten – den Zug sicher zum Halten zu bringen und die notwendigen Hilfs- und Sicherungsmaßnahmen (Alarmierung des Rettungsdienstes, Sperrung der Strecke) zu veranlassen. Nicht selten wird aber eine irritierende innerliche Distanz zum Geschehen und zur eigenen emotionalen Reaktion erlebt, der Betroffene fühlt sich »wie betäubt« (peritraumatische Dissoziationen). Angst und Verzweiflung sind ebenso möglich wie aggressive Reaktionen.

25.3.2 Einwirkungsphase

Nach dem Erlebnis können Emotionen wie Angst (es könnte noch einmal passieren), Wut (dass es ausgerechnet ihm passiert ist) oder Scham (dass er nicht genug getan hat) sowie Müdigkeit und depressive Stimmungen folgen. Zittern, Kopfschmerzen oder Übelkeit treten eventuell als körperliche Begleiterscheinungen auf. Auf kognitiver Ebene sind bspw. Konzentrationsprobleme, Vergesslichkeit und Probleme, mit anderen zu kommunizieren, zu beobachten. Übererregung, unkontrollierbare Erinnerungen an das Ereignis und Vermeidung von Reizen, die an das Erlebte erinnern, sind besonders charakteristische psychologische Prozesse nach einem traumatischen Ereignis.

Häufig folgt der Ablauf der Reaktionen auf eine Überfahrung dem folgenden Schema, wobei nicht alle Phasen vorkommen müssen und auch nicht alle Beschwerden bei allen Personen gleichermaßen auftreten: Zunächst tritt ein psychischer Schock ein, der Minuten bis Stunden andauert. Der psychische Schock stellt eine Schutzreaktion dar und geht auf die angeborenen Verhaltensmuster »Kampf/Flucht« bzw. »Tot stellen« zurück. Die Beschwerden sind unangenehm, lassen aber in der Regel von selbst wieder nach. Anzeichen eines Schocks sind zum Beispiel körperliche Reaktionen wie Schwitzen, Herzklopfen und Zittern sowie psychische Reaktionen wie teilweiser Gedächtnisverlust und das Gefühl der emotionalen Betäubung.

In dieser Schockphase ist der Lokführer unabhängig von der subjektiven Intensität der Symptome grundsätzlich nicht geeignet, den Zug weiter zu bewegen. Er wird daher immer durch einen anderen Lokführer abgelöst, der den Zug weiterfährt, nachdem die Unfallstelle geräumt ist.

25.3.3 Reaktionsphase

Die Stärke und Art der Belastungsreaktion wird von unseren Lokführern sehr unterschiedlich intensiv erlebt und hängt auch von individuellen Merkmalen ab: der Persönlichkeit selbst, ihrer seelischen Verwundbarkeit und den verfügbaren Bewältigungsstrategien. Als normale Reaktion auf ein traumatisches Erlebnis ist die Belastungsreaktion zunächst nicht behandlungsbedürftig. Eine zu frühzeitige oder übertriebene Behandlung scheint den physiologischen Verlauf sogar eher zu beeinträchtigen als zu unterstützen. Es kann jedoch zweckmäßig sein, stark störende Symptome wie Schlaflosigkeit oder Angstgefühle kurzzeitig zu behandeln, da dies nicht nur als Entlastung und Zuwendung erlebt wird, sondern vielleicht auch die Entwicklung von unangenehmen Empfindungen (Flashbacks), die mit der Erinnerung verbunden sind, abmildern kann. Auch müssen selbstverständlich eventuelle körperliche Verletzungen, die sich der Lokführer beim Ereignis zugezogen haben kann, versorgt werden. Aus versicherungsrechtlichen Gründen ist die Vorstellung beim Durchgangsarzt erforderlich, da Überfahrungen bei uns stets als Arbeitsunfall gewertet werden. Durchgangsärzte beschränken sich aber als Chirurgen oder Orthopäden regelmäßig darauf, das Ereignis und die Arbeitsunfähigkeit zu dokumentieren, sie greifen nicht therapeutisch ein.

Neben den körperlichen Zeichen der Schockreaktion mit häufigen Magen- und Verdauungsbeschwerden, Schlafstörungen, Herzrasen und anderen vegetativen Symptomen ist besonders auch das intensive Ohnmachtsgefühl hervorzuheben, das mit derlei Erlebnissen typischerweise einhergeht. Nachhaltig erschüttert werden implizite Vorstellungen von der eigenen Sicherheit und Unverletzbarkeit sowie grundlegende Glaubenssätze und Annahmen der betroffenen Person. Das Befremden über die eigene körperliche und seelische Reaktion, gepaart evtl. mit einem Unverständnis des sozialen Umfeldes für diese Verhaltensveränderung stellt die vorherige Unbekümmertheit und Sorglosigkeit gegenüber der eigenen Person und dem menschlichen Leben ernsthaft auf Probe.

Gelingt es, das Gefühl von Sicherheit und Kontrolle nach und nach zurückzugewinnen und findet dann eine emotionale und kognitive Auseinandersetzung mit dem Erlebten im richtigen Setting statt, gepaart mit Abstand und Ablenkung andererseits, stehen die Chancen einer Erholung sehr gut (Gengenbach und Koll-Krüsmann 2012). Manifestiert sich dagegen der Wechsel zwischen Vermeidung und unkontrollierbarer Konfrontation mit dem Erlebten, kann es längerfristig zur Beeinträchtigung der Arbeitsleistung und des Privatlebens kommen. Am Arbeitsplatz wird dies in Leistungsrückgang, Konflikten, Burnout, Absentismus, häufigen Rehabilitations- und Kurmaßnahmen, frühen Berentungen und darüber hinaus in einer reduzierten Lebenserwartung sichtbar.

Von erfolgreicher Bewältigung kann gesprochen werden, wenn die beschriebenen Symptome innerhalb einiger Wochen in Häufigkeit und Intensität deutlich abnehmen und es schließlich möglich ist, an das schwerwiegende Erlebnis als Teil des eigenen Lebens zu denken, ohne dabei von Emotionen überwältigt zu werden oder diese Gedanken vermeiden zu wollen.

Klingen die Symptome jedoch nicht ab, können u. a. affektive Störungen, Angststörungen, Substanzmissbrauch und/oder eine sogenannte posttraumatische Belastungsstörung (PTBS) die Folge sein. Von einer PTBS sollte erst dann gesprochen werden, wenn diese Symptome länger als vier Wochen nach dem Ereignis andauern.

25.4 Belegte Schutz- und Risikofaktoren

Um ungünstige gesundheitliche Entwicklungen solcher Traumatisierungen nach Möglichkeit abzuwenden, stellt sich die Frage nach Schutz- und Risikofaktoren. Nur ein Teil der Betroffenen entwickelt eine posttraumatische Belastungsstörung. Wichtige Risikofaktoren sind z. B. frühere Traumata, Persönlichkeit, jüngeres Alter oder geringere Intelligenz. Sie sind kaum durch Mitarbeiter-Programme zu beeinflussen. Eine Eignungsselektion, die solche Faktoren berücksichtigen würde, ist angesichts der relativen Seltenheit dieser Ereignisse im Leben des einzelnen Lokführers und der sonstigen psychologischen und medizinischen Anforderungen an Lokführer am Arbeitsmarkt nicht durchsetzbar. Die einschlägige Metaanalyse von Brewin et al. (2000) zeigt jedoch, dass prätraumatische Faktoren deutlich weniger Einfluss auf die spätere Chronifizierung haben als peri- und posttraumatische Einflussfaktoren. Sie liefert damit gute Argumente für Mitarbeiterprogramme, die an Ereignis- und Aufrechterhaltungsfaktoren ansetzen. Koll-Krüsmann (2014) konnte zudem einen positiven Effekt von prätraumatisch vorhandenem psychotraumatologischem Wissen der Betroffenen auf die Verarbeitung zeigen: Je mehr Betroffene wissen, desto weniger sind sie belastet. Solches Wissen kann in Präventionstrainings aufgebaut werden.

Während des Erlebnisses wirken Art (menschlich verursacht vs. zufällig), Schadensausmaß (Verletzungen, Tote) und Dauer bzw. Wiederholung des Traumas als peritraumatische Ereignisfaktoren. Entsprechend sind z. B. bei Schienensuiziden höhere PTBS-Inzidenzraten zu erwarten als bei einer Entgleisung mit

Verletzten aufgrund umgestürzter Bäume. Erlebt ein Lokführer wiederholt einen Schienensuizid, kann mit einer höheren Belastung gerechnet werden als wenn ihm dies nur einmal widerfährt.

25.5 Das Betreuungsprogramm der Bahn

Da die Lokführer bei einer Überfahrung in der Regel körperlich unverletzt bleiben, führte die scheinbare Unversehrtheit in früheren Jahren dazu, dass eine mögliche psychische Beeinträchtigung unbeachtet blieb oder als schicksalhaft in Kauf genommen wurde. Dies endete häufiger in schweren psychischen Folgeerkrankungen und letztlich in Berufsunfähigkeit. Sofern heute in der Presse über bedauernswerte Schicksale von Lokführern berichtet wird, die ihren Beruf nach einer oder mehreren Überfahrungen aufgeben mussten, beziehen sich diese meistens auf Ereignisse vor Einführung unseres Betreuungsprogramms oder auf Beschäftigte anderer Bahnunternehmen ohne ein vergleichbares Programm.

Ein erstes Pilotprojekt bei der DB, mit dem die Folgen für die durch einen Suizid betroffenen Lokführer verringert werden sollten, war ab 1999 das »Duisburger Modell«. Es nahm einige der später konzernweit eingeführten Betreuungsmaßnahmen vorweg und brachte eine deutliche Reduzierung der Ausfalltage. Der Anteil der Mitarbeiter, die länger als 28 Tage erkrankt waren und damit vermutlich eine posttraumatische Belastungsstörung entwickelt hatten, sank bereits im Pilotprogramm von 30 Prozent auf 10 Prozent. Zu den Erkenntnissen des Duisburger Pilotversuches kamen Erfahrungen von Feuerwehren, Polizei und sonstigen Rettungskräften bei Unfällen mit Schienenfahrzeugen hinzu. Damit wurde das Deutsche-Bahn-Programm zur Betreuung von Mitarbeitern nach traumatischen Erlebnissen entwickelt.

Das Betreuungsprogramm ist modular aufgebaut und setzt die Erkenntnisse der Psychotraumatologie in betriebliche Regeln und Prozesse um. Arbeitgeber, betriebliche Interessenvertretungen, der Bildungsdienstleister und der betriebsärztliche Dienst mit seinen Psychologen und Gesundheitsberatern arbeiten in der Betreuung eng zusammen. Die Vorgehensweise ist seit 2002 in einer Konzernrichtlinie der Deutschen Bahn geregelt. Das Programm besteht aus den Säulen
1. Prävention, d. h. sich auf Vorfälle organisatorisch und gedanklich vorzubereiten. Hinzu kommt als echte Primärprävention die Suche nach Wegen, um die Zahl der Suizide zu reduzieren;
2. Umgang mit der Akutreaktion auf Ereignisse und

3. Begleitung von Mitarbeitern bei der Verarbeitung des Erlebnisses, einer ggf. notwendigen Behandlung und der beruflichen Wiedereingliederung.

25.6 Prävention – die Mitarbeiter gedanklich auf Suizidereignisse vorbereiten

Der Anblick von schweren Verletzungen und Tod ist für die meisten Menschen sehr belastend. Schon in ihrer Ausbildung erhalten Lokführer daher eine gedankliche Vorbereitung auf solche Ereignisse. In einer ein- bis zweitägigen Schulung meist im dritten Lehrjahr setzen sie sich gedanklich intensiv mit dem Schienensuizid und anderen tragischen Unfallsituationen auseinander. Sie sollen verstehen, wie ihre Psyche auf eine solche ungewöhnliche Situation reagieren wird: Das Gehirn verarbeitet die Eindrücke sehr intensiv, begleitet von körperlichen Symptomen, doch die psychische Verletzung heilt in den meisten Fällen von allein aus. Durchgeführt wird das »Stress-Impfungs-Training« von psychotraumatologisch qualifizierten Psychologen.

Ziel ist die Sensibilisierung für das Thema, die Auseinandersetzung mit der »normalen Reaktion auf ein unnormales Ereignis« und die Vermittlung günstiger Verarbeitungsstrategien (Balance von Auseinandersetzung und Ablenkung). Die Lokführer lernen die professionellen Hilfestrukturen kennen und erfahren, wie und wo sie im Betreuungsfall niedrigschwellige und professionelle Hilfe in Anspruch nehmen können. Damit wird eine gute Basis geschaffen, auf der sie das Gefühl der Kontrollierbarkeit der Situation zurückerlangen können.

Um bei der Zielgruppe der Auszubildenden eine wirksame Auseinandersetzung mit dem oftmals fernen Thema Stress und Unfälle zu erreichen, sind anschauliche und alltagsnahe Methoden vonnöten. Unser Bildungsdienstleister DB Training arbeitet neuerdings auch mit sogenannten filmischen Lernbegleitern. Dabei handelt es sich um erfahrene Lokführer-Kollegen, die in Videoclips berichten, wie sie Unfälle erlebt und verarbeitet haben und so ein Lernen am Modell ermöglichen.

Zur Auffrischung der Kenntnisse und für Lokführer, die bereits vor 2003 ihre Ausbildung abgeschlossen haben, gibt es eine spezielle Handlungshilfe der Bahn: »Psychisch belastende Ereignisse bewältigen«, in der die Mitarbeiter ebenfalls auf Belastungssituationen anschaulich vorbereitet und Hilfsangebote aufgezeigt werden. Die Broschüre ist offen zugänglich und kann als PDF oder in gedruckter Form beim Verfasser angefordert werden. Weitergehende mentale

Vorbereitungen, zum Beispiel Trainingskurse, wie sie Rettungskräfte erhalten, wurden verschiedentlich auf ihre Zweckmäßigkeit für Lokführer geprüft. Dazu kommen allerdings Überfahrungen zu selten vor, denn der einzelne Lokführer wird statistisch nur alle 20 Jahre eine Überfahrung erleben. Solche Trainings verstören die Lokführer eher und behindern sie in ihrer täglichen Arbeitszufriedenheit.

Für die Führungskräfte der Lokführer, für sogenannte Ersthelfer vor Ort, Mitarbeiter der Unfallleitstelle und Disponenten, die über Funk Kontakt zum Lokführer haben und Vertrauensleute, die in der Nachbetreuung aktiv werden, werden ebenfalls ein- bis zweitägige Schulungen und für erfahrene Helfer Supervisionen angeboten, die die Mitarbeiter konkret auf die jeweilige Rolle als Unterstützer vorbereiten, aber auch zum Umgang mit der eigenen Belastung (Psychohygiene) schulen.

25.7 Betreuung in der Akutphase – automatisch das Richtige tun

Sofort nach dem Ereignis informiert der Lokführer seine Leitstelle, die die Strecke sperrt und die notwendige Hilfe vom Rettungsdienst bis zum DB-eigenen Notfallmanager für das technische Unfallmanagement alarmiert. Die Kollegen in der Leitstelle sind entsprechend geschult, um auch auf die Situation des Lokführers einzugehen.

Nach einem solchen Ereignis ist es aus psychotherapeutischer Sicht wichtig, die Betroffenen erst einmal zur Ruhe kommen zu lassen und sie dazu anzuleiten, sich selbst zu beruhigen. Als Frühintervention melden sich der zuständige, mit psychologischer Erster Hilfe vertraute unmittelbare Vorgesetzte des betroffenen Mitarbeiters oder speziell in psychologischer Erster Hilfe ausgebildete Kollegen kurz nach dem Ereignis persönlich oder telefonisch bei dem Betroffenen und bieten ihm das Gespräch und Unterstützung an. Die Betroffenen werden immer aus ihrer Tätigkeit herausgelöst und nach Hause gebracht, eine Weiterfahrt ist nicht zulässig. Selbst wenn der Mitarbeiter sich selbst weiterhin für einsatzfähig hält, könnte dies eine Fehleinschätzung im Rahmen des Unfallschocks sein. Die Ablösung kann im Fern- und Güterverkehr am anderen Ende von Deutschland geschehen, aber gemessen an den Gesamtschäden, die jede Überfahrung für die betroffenen Mitarbeiter, den Bahnbetrieb sowie die Kunden bedeuten, ist auch eine Taxifahrt quer durch Deutschland eine gute Investition in die Gesundheit des Mitarbeiters.

Als besonders wirksam zur Prävention ungünstiger Verläufe zählen die posttraumatischen Einflussfaktoren.

Die Unterstützung durch Kollegen, Familienangehörige und Freunde hat einen positiven Einfluss auf den Bewältigungsprozess (Brewin et al. 2000). Hierbei spielen Gespräche über das Erlebte eine wichtige Rolle. In Befragungen von Mitarbeitern der Deutschen Bahn wird die soziale Unterstützung durch Vorgesetzte und Kollegen als wichtigster Schutzfaktor für die Entwicklung einer posttraumatischen Belastungsstörung identifiziert (Schneider 2010). Als die Top 3 der Mitarbeiterwünsche nach einem belastenden Ereignis werden eine Vertrauensperson, Wertschätzung und Unterstützung durch den Vorgesetzen genannt. Diese Erkenntnisse sind bei der Gestaltung der Nachsorge in einem Mitarbeiterprogramm zu berücksichtigen.

Wenn die akuten Schocksymptome abklingen, erleben viele Betroffene eine Krise. Diese entsteht aus der Tendenz, wichtige Erfahrungen zu bewerten, bevor sie als etwas in der Vergangenheit Liegendes abgespeichert werden. Typische Merkmale der Einwirkungsphase sind Schwierigkeiten beim Ein- und Durchschlafen, erhöhte Reizbarkeit oder bedrückte Stimmung. In der starken gedanklichen Beschäftigung mit dem Erlebten tauchen Bilder und andere Sinneseindrücke vom Ereignis unvermittelt auf. Diese Phänomene sind einerseits belastend, zeigen aber andererseits, dass die Psyche dabei ist, das Geschehen zu begreifen und einzuordnen. Für die Betroffenen ist die plötzliche Erfahrung der Hilflosigkeit und der körperlichen und seelischen Veränderungen nach einem Unfallereignis oder Überfall häufig sehr belastend, wenn sie nicht darauf vorbereitet sind oder ihre Umgebung nicht adäquat auf das Erlebte reagiert.

25.8 Behandlung und Wiedereingliederung

Ein für den Betroffenen verpflichtendes Betreuungs- und Behandlungsschema nach dem Ereignis besteht nicht. Es ist gut, sich in dieser Zeit mit Tätigkeiten zu beschäftigen, die keine erhöhte geistige Konzentration erfordern, wie zum Beispiel Gartenarbeit, Sport, Spazierengehen, Aufräumen. Insbesondere in den USA wurde seit 1980 versucht, durch ein psychologisches Debriefing unmittelbar nach traumatisierenden Vorfällen die Belastung zu verringern. Eine zu frühe oder verpflichtende weitergehende Intervention ist jedoch nicht optimal (Krüsmann 2011). Besser ist es, Angebote zwar bereitzuhalten, sie aber nicht aufzudrängen. Insbesondere gilt es, eine voreilige Externalisierung der Versorgung oder gar therapeutische Intervention in der Frühphase zu vermeiden, um den Selbstheilungskräften Raum zu lassen. Dem steht natürlich nicht entgegen, alle geeigneten Maßnahmen zu ergreifen, wenn es den Betroffenen schlecht geht. Dazu können sogar Schlafmittel oder auch Beruhigungsmittel gehören, wenn diese akut indiziert sind. Arbeitsunfähigkeit von mehr als drei Tagen erfordert aus versicherungstechnischen Gründen die Vorstellung beim Durchgangsarzt (D-Arzt). Diese Ärzte sind aber überwiegend Orthopäden und Chirurgen und greifen nur selten fachlich aktiv in das pychosoziale Betreuungsprogramm der Bahn ein.

Der betriebsärztliche und psychologische Dienst, den die ias AG (die ias-Gruppe ist ein großer Anbieter betrieblicher Gesundheitsdienstleistungen) für die DB bereitstellt, steht den Mitarbeitern für Fragen und Beratungsgespräche zur Verfügung, drängt sich aber nicht aktiv auf. Um Spätfolgen vorzubeugen, beraten die Ärzte und Psychologen Betroffene, bei Therapiebedürftigkeit geeignete externe Psychotherapeuten zu finden und gesundheitsfördernde Strategien zu festigen.

Der Kontakt zum Betroffenen wird während der Arbeitsunfähigkeit über Vertrauensleute, Teamleiter und/oder Betriebsräte gehalten. Wichtig ist ein klares Signal, dass die vorübergehende Freistellung vom Dienst/Arbeitsunfähigkeit in Ordnung ist. Weiterhin wird Orientierung gegeben, wie es nun weitergeht und Unterstützung bei Formalitäten wie Erstellung des Unfallberichts gegeben.

Das Besondere an der kollegialen Vertrauensperson ist ihre absolute Vertraulichkeit. Ihre Rolle ist es vor allem, zu signalisieren »Ich bin für dich da«, nichts zu erwarten, niemals zu drängen und lediglich den Raum zu geben, über das Erlebte sprechen zu können. Berichtete Symptome werden gemeinsam als normale Reaktion auf ein unnormales Ereignis eingeordnet und zur beruhigenden Erkenntnis geführt, dass es fast jedem so geht. Vorhandene Ressourcen wie Unterstützung durch Freunde, Familie oder nähere Kollegen werden präsent gemacht, aber auch Aktivitäten zur Entspannung wie Hobbies, Sport oder Entspannungsmethoden erkundet und deren Aktivierung in den nächsten Stunden und Tagen geplant. Schließlich wird ein erneuter Kontakt vereinbart.

Auch in diesem Kontext wird über die weiterführende Möglichkeit informiert, ein kostenloses psychologisches Beratungsgespräch bei den sogenannten »Bahnpsychologen« in Anspruch zu nehmen. Für eine intensivere Nachbetreuung betroffener Mitarbeiter stehen Ärzte und Psychologen der ias-Gruppe zur Verfügung. Die Fachkräfte haben umfassende Erfahrung mit der Betreuung von traumatisierten Bahnmitarbeitern und können auch Spezialisten am Wohnort des Mitarbeiters benennen.

Fehlzeiten-Report 2017

◘ Abb. 25.2 Mitarbeiter-Unterstützungsteam (MUT)-Programm der DB

Falls die Mitarbeiter einen niedrigschwelligeren Beratungsbedarf haben, können sie – auf Wunsch auch anonym – das Mitarbeiter-Unterstützungsteam (MUT) der Bahn anrufen. MUT ist ein Angebot der DB an ihre Mitarbeiter und Führungskräfte zur anonymen Unterstützung bei beruflichen, sozialen, familiären, gesundheitlichen und anderen persönlichen Fragestellungen (◘ Abb. 25.2). Dieses Mitarbeiter-Beratungsprogramm (Employee Assistance Program, EAP) wurde speziell an die Anforderungen der DB angepasst und bietet einen zentralen Zugang zu allen weiteren Hilfsangeboten im DB Konzern (z. B. zur kostenlosen psychologischen Beratung oder auch zu Angeboten des Bahnsozialwerks).

Die Mitarbeiter bleiben solange außer Dienst, bis die Belastungsreaktionen bei ihnen abgeklungen sind und sie sich wieder fit für die Wiederaufnahme ihrer Tätigkeit fühlen. Dies wird je nach individueller Disposition und den konkreten Umständen des Ereignisses von wenigen Tagen bis zu mehreren Wochen dauern, meist sind es 10 bis 14 Tage. Eine längere Pause ist nur bei einer geringen Zahl von Betroffenen medizinisch notwendig. Meistens gehen in der Erholungsphase die Symptome rasch zurück und die Betroffenen sind wieder in der Lage, sich ihrem Alltag und Beruf zuzuwenden.

Dann erfolgt ein stufenweiser Wiedereinstieg. Bei den ersten Fahrten nach Wiedereintritt in den Dienst hat der Lokführer die Möglichkeit, sich von einem Gruppenführer, einer Vertrauensperson oder einem Psychologen begleiten zu lassen. Hierzu gehört auch das begleitete Vorbeifahren an der Unfallstelle.

Wenn sich eine posttraumatische Belastungsstörung entwickelt, zeigen sich spezifische Symptome, die länger als vier Wochen nach dem traumatischen Ereignis anhalten. Das traumatische Ereignis wird in Gedanken, Bildern und in Alpträumen ständig wiedererlebt. Die Gefühle und Reaktionen des Körpers entsprechen denen zum Zeitpunkt der traumatischen Erfahrung. Sie werden begleitet durch körperliche Reaktionen wie Zittern und Schwitzen. Die Lokführer vermeiden es wegen dieser unangenehmen Erscheinungen (Flashbacks), sich mit dem Ereignis gedanklich auseinanderzusetzen. Das seelische Gleichgewicht und die Affektregulation sind gestört, Schuld- und Schamgefühle treten auf, vielfältige somatische Beschwerden kommen hinzu. Die Betroffenen wirken inaktiv und zeigen eine psychische Verflachung. Aktivitäten oder Interessen, die früher für die Person von Bedeutung waren, finden kaum noch Beachtung. Es herrscht das Gefühl einer eingeschränkten Zukunft vor.

Die Flashbacks werden als sehr deutliche, einem Film ähnliche Abläufe beschrieben; sie sind von Emotionen, aber auch Gerüchen, Geräuschen begleitet. Der Leidensdruck bei den betroffenen Personen ist erheblich, eine Behandlung bzw. Therapie wird meistens als erleichternd erlebt. Die Heilungschancen sind gut. Da das Ereignis als Arbeitsunfall anerkannt wird, übernimmt die gesetzliche Unfallversicherung (Berufsgenossenschaft) die Kosten der Behandlung. Sie orientiert sich am Bestmöglichen, nicht nur am Notwendigen wie eine gesetzliche Krankenversicherung. Auf die Details der spezialisierten psychotraumatologischen Behandlung soll hier nicht näher eingegangen werden. Es wird das gesamte Spektrum anerkannter Methoden von der Gesprächstherapie bis zur EMDR, einer speziellen Therapie der posttraumatischen Belastungsstörungen mittels Stimulation von Augenbewegungen, angewendet.

Therapeutische Maßnahmen werden immer durch externe Therapeuten durchgeführt, die DB beschäftigt keine eigenen Traumatherapeuten oder Psychiater. Allerdings berät der bahnpsychologische Dienst die Mitarbeiter bei der Auswahl geeigneter Therapeuten, mit denen bereits gute Erfahrungen gemacht wurden, da sie über spezifische Kenntnisse zum Eisenbahnverkehr und zu den Bedürfnissen der Mitarbeiter verfügen. Manchen Therapeuten fehlt dieses Verständnis für die bahnspezifischen Besonderheiten und das Interesse an einer symptomorientierten Behandlung. So berichteten Betroffene wiederholt, dass der gewählte Psychotherapeut in den ersten Sitzungen zunächst eine gründliche Analyse der Kindheit vornahm, ohne sich mit den Symptomen des Leidens näher zu befassen.

Dies wurde von den Betroffenen nicht als hilfreich erlebt und die Betreuung wurde von ihnen in allen Fällen abgebrochen.

Wenn die ambulante Therapie keinen Erfolg zeigt, bleibt ein stationärer Aufenthalt in einer Fachklinik zur Behandlung posttraumatischer Belastungsstörungen. In den Vital-Kliniken der BAHN-Betriebskrankenkasse (www.vital-kliniken.de), mit denen die Deutsche Bahn eng zusammenarbeitet, erhalten Betroffene eine Betreuung durch geschultes Fachpersonal. Die Vital-Klinik Buchenholm in Bad Malente steht unter Leitung eines ärztlichen Psychotherapeuten und ist auf posttraumatische Belastungsstörungen spezialisiert. Sie behandelt neben Lokführern auch sehr viele Betroffene außerhalb der DB. Die stationäre Behandlung ist die letzte Stufe der Bemühungen, um den betroffenen Lokführern die Rückkehr in ihren Beruf zu ermöglichen. Insgesamt ist bei etwa 15 Prozent der Betroffenen eine ambulante Psychotherapie erforderlich, bei weniger als 3 Prozent eine stationäre Behandlung (◘ Abb. 25.3).

Unabhängig vom Behandlungsbedarf erfolgt eine telefonische Nachbefragung ein Vierteljahr nach dem Unfallereignis, um eventuell auftretenden Restbeschwerden und einer bis dahin möglicherweise nicht erkannten chronischen Fehlentwicklung entgegenwirken zu können. Dies berücksichtigt, dass eine PTBS auch erst nach einem beschwerdearmen Intervall auftreten kann.

Bei ausbleibendem Erfolg der Therapie wird in Zusammenarbeit mit Unfall- und Rentenversicherung bzw. dem Dienstherrn bei Beamten, Therapeuten und Betriebsarzt über eine dauerhafte Fahrüntauglichkeit oder gar eine Berufsunfähigkeit zu entscheiden sein. Mitarbeitern, die ihre Tätigkeit aus gesundheitlichen Gründen auf Dauer nicht mehr ausüben können, wird nicht gekündigt, sondern sie werden in eine andere, für sie geeignete Tätigkeit im Konzern vermittelt. Die Deutsche Bahn bietet in solchen Fällen den Lokführern andere Beschäftigungsmöglichkeiten im Konzern ohne Fahrtätigkeit an, zum Beispiel als Fahrdienstleiter im Stellwerk oder als Elektriker in der Gebäudetechnik. Diese Beschäftigungssicherung bei der Deutschen Bahn ist unternehmensintern mit den Interessenvertretungen und tarifvertraglich mit den beiden Gewerkschaften EVG und GDL vereinbart. Der Kündigungsschutz bei solchen gesundheitlichen Störungen gilt unbefristet. Aktuell werden pro Jahr rund 30 Lokführer aus psychischen Gründen dauerhaft für ihre bisherige Tätigkeit untauglich geschrieben. In den meisten Fällen dürfte allerdings keine PTBS, sondern eine andere schicksalhaft auftretende psychische Erkrankung die Hauptursache für die Berufsunfähigkeit darstellen,

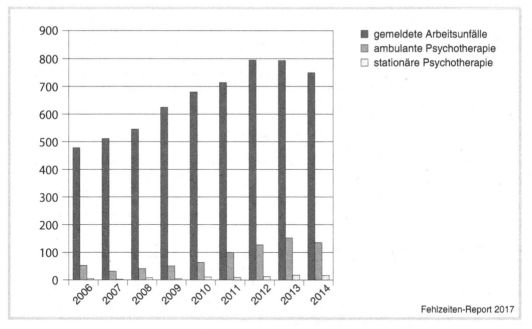

25.9 Gemeldete Arbeitsunfälle durch Überfahrungen und notwendige ambulante und stationäre Psychotherapien (ohne beamtete Lokführer) (mit freundlicher Genehmigung der Unfallversicherung Bund und Bahn)

auch wenn subjektiv aus Sicht der Betroffenen eine oder mehrere erlebte Überfahrungen im Sinne einer Attribution meist als Ursache für die psychische Erkrankung gesehen werden. Nur in wenigen Einzelfällen wird vom Unfallversicherungsträger eine Kausalität zwischen Überfahrungen und späterer Erwerbsunfähigkeit anerkannt und eine entsprechende Erwerbsunfähigkeits-Rente gezahlt.

25.9 Ausweitung des Betreuungsprogramms auf andere Berufsgruppen und Ereignisse

Das Betreuungsprogramm wurde seit seiner Einführung kontinuierlich weiterentwickelt. Es zeigte sich zum Beispiel, dass neben Lokführern auch andere Beschäftigte wie Zugbegleiter, Notfallmanager und Mitarbeiter, die verunfallte Züge säubern, im Falle eines psychisch belastenden Ereignisses Unterstützung benötigen. Auf der Basis der guten Erfahrungen mit der Betreuung für Lokführer wurde das Konzept der umfassenden psychosozialen Betreuung im Frühjahr 2012 auf alle Mitarbeiter und ihre Angehörigen ausgedehnt. Sie können sich bei allen Sorgen, Ängsten und Überlastungen kostenfrei an das Mitarbeiter-Unterstützungsteam (MUT) der Deutschen

Bahn wenden. Es baut auf der klassischen Sozialberatung auf und integriert die Angebote eines Employee Assistance Programs (EAP), des psychologischen Betreuungskonzepts, der arbeitsmedizinischen Beratung und eines präventiven Gesundheitscoachings. Der englische Begriff des EAP wurde sinngemäß in Mitarbeiter-Unterstützungsteam (MUT) übersetzt. Mit MUT bündelt die Deutsche Bahn ihr gesamtes betriebliches Gesundheits- und Beratungsangebot aus psychologisch geschulten Beratern und unterstützt bei beruflichen, familiären, gesundheitlichen sowie sozialen Belangen. Der Zugang zu MUT kann telefonisch, persönlich oder per E-Mail erfolgen. Auf Wunsch können die Mitarbeiter dabei völlig anonym bleiben. Kann ein MUT-Berater nicht direkt weiterhelfen, vermittelt er dem Anrufer den richtigen Ansprechpartner interner oder externer Kooperationspartner und Fachexperten.

Häufig zeigt sich, dass auch nicht unmittelbar von einem Ereignis betroffene Mitarbeiter einen erhöhten Beratungsbedarf haben, z. B. die Augenzeugen am Bahnsteig im Bahnhof oder das Personal im Bordbistro bei einem Schienensuizid. Hinter MUT stehen 56 qualifizierte Psychologen und Sozialberater der ias-Gruppe. Anruf und Beratung sind kostenfrei. Die Experten sind montags bis samstags von 8 bis 20 Uhr telefonisch oder per E-Mail erreichbar. Die Deutsche

Bahn bietet ihren Mitarbeitern und deren Angehörigen damit deutschlandweit ein zusätzliches Beratungsangebot – nicht nur für berufliche Fragen, sondern auch für persönliche, familiäre, gesundheitliche wie soziale Belange.

Bei größeren Unglücken, die auch Reisende betreffen, kümmert sich der Betreuungsdienst CareNet der Deutschen Bahn noch am Ereignisort um Fahrgäste, die verunglückt, aber unverletzt geblieben sind. Die Care-Net-Teams sind nach dem Eschede-Unfall entstanden, umfassen bundesweit rund 1.300 freiwillige und ehrenamtlich eingebundene Bahnmitarbeiter sowie Psychologen und werden auch von Unternehmen außerhalb der Bahn bei größeren Unglücken angefordert.

25.10 Zusammenfassendes Fazit

Die Diagnose und Therapie von Traumafolgestörungen hat in den letzten Jahrzehnten geradezu einen Boom erfahren. Unumstritten ist, dass traumatische Ereignisse für die Betroffenen zu erheblichen subjektiven Leiden und folgenschweren Einschränkungen im Sozial- und Berufsleben führen können. Die Debriefing-Debatte hat gezeigt, dass ein schnelles Eingreifen in den Trauma-Verarbeitungsprozess für Betroffene nicht generell der beste Weg ist. Soziale Unterstützung am Arbeitsplatz und im Freundeskreis mit dem Angebot, über das Erlebte sprechen zu dürfen, wurde hingegen als der wichtigste posttraumatische Schutzfaktor im Hinblick auf die Verarbeitung des Geschehenen bestätigt. Die Berufsgruppe der Lokführer gehört zu den Hochrisikogruppen, die einem potenziell traumatischen Ereignis am Arbeitsplatz ausgesetzt sind. Im Betreuungskonzept der Deutschen Bahn werden wissenschaftliche Erkenntnisse mit praktischen Erfahrungen verbunden zu einem niederschwelligen Angebot für belastete Mitarbeiter.

Das Betreuungskonzept für Lokführer setzt auf kollegiale Unterstützung und versucht über psychoedukative Ansätze auf belastende Situationen vorzubereiten, vorhandene Ressourcen zu stärken und die Kraft der Selbstheilung zu fördern. Eine entsprechende ambulante oder stationäre Therapie wird vermittelt, wenn sich die Symptome manifestieren.

Psychische Gesundheit und Stabilität in den sozialen Beziehungen stellen wichtige Grundlagen dar, um im modernen Arbeitsleben zu bestehen und sich fachlich und persönlich entwickeln zu können. Themen wie die Vereinbarkeit von Familie oder Pflege und Beruf und der Umgang mit psychischen Belastungen werden zunehmend wichtiger. Das Betreuungsprogramm der Deutschen Bahn zeigt, wie selbst schweren

psychischen Belastungen mit geeigneten Angeboten gut begegnet werden kann. Für die Deutsche Bahn, die auf gesunde und leistungsbereite Mitarbeiter auch in Zukunft angewiesen ist, wird die psychische Gesundheit auf Basis dieser Erfahrungen weiterhin einen hohen Stellenwert in der Unternehmenskultur haben.

Literatur

Brewin CR, Andrews B, Valentine JD (2000) Meta-analysis of risk factors for posttraumatic stress disorder in trauma-exposed adults. J Consult Clin Psychol 68 (5):748–766

Denis D (2004) Die Angst fährt immer mit… Wie Lokführer traumatisierende Schienenunfälle bewältigen. Asanger Verlag, Kröning

Deutsche Bahn AG (2013) Psychisch belastende Ereignisse bewältigen. Eine Handlungshilfe für MitarbeiterInnen im Bahnbetrieb. Berlin

Erazo N (2006) Zur Epidemiologie des Bahnsuizids unter besonderer Berücksichtigung des Geschlechtseffekts auf Zeit, Ort und Ausgang des Geschehens. Dissertation, München

Gengenbach O, Koll-Krüsmann M (2012) Aktuelle Forschungsergebnisse und Empfehlungen für Einsatznachsorgeteams. Präsentation SbE-Jahrestagung 2012

Hegerl U, Koburger N, Rummel-Kluge C, Gravert C, Walden M, Mergl R (2013) One followed by many? – Long-term effects of a celebrity suicide on the number of suicidal acts on the German railway net. J Affect Disord 146:39–44

Koll-Krüsmann M (2014) Zur Prävention von Traumafolgestörungen. Vortrag, gehalten auf der 8. Nationalen Tagung der Suizidprävention 2014. Luxemburg

Krüsmann M (2011) Psychosoziale Prävention für Einsatzkräfte. Vortrag, gehalten in Greifswald, 17.09.2011

Ladwig KH, Kunrath S, Lukaschek K, Baumert J (2011) The railway suicide death of a famous German football player: Impact on the subsequent frequency of railway suicide acts in Germany. J Affect Disord 136:194–198

Lange A (2007) Mitarbeiterbetreuung nach traumatischen Erlebnissen – Evaluation eines Betreuungsprogrammes für Lokführer nach Personenunfällen. Diplomarbeit, Berlin

Mishara BL, Bardon C (2016) Systematic review of research on railway and urban transit system suicides. Journal of Affective Disorders 193: 215–226

Schneider V (2010) Traumata am Arbeitsplatz. Diplomarbeit, Berlin

Wiemann G, Middendorf V (2008) Arbeitsbedingte psychische Belastung: Ein Präventionsprogramm für Mitarbeiter der Deutschen Bahn AG. Psychische Gesundheit am Arbeitsplatz, Jahresbericht des Bund Deutscher Psychologen

Daten und Analysen

Krankheitsbedingte Fehlzeiten in der deutschen Wirtschaft im Jahr 2016

M. Meyer, K. Wehner, P. Cichon

B. Badura et al. (Hrsg.) *Fehlzeiten-Report 2017*,
DOI 10.1007/978-3-662-54632-1_26, © Springer-Verlag GmbH Deutschland 2017

Zusammenfassung *Der folgende Beitrag liefert umfassende und differenzierte Daten zu den krankheitsbedingten Fehlzeiten in der deutschen Wirtschaft im Jahr 2016. Datenbasis sind die Arbeitsunfähigkeitsmeldungen der knapp 12,5 Millionen erwerbstätigen AOK-Mitglieder in Deutschland. Ein einführendes Kapitel gibt zunächst einen Überblick über die allgemeine Krankenstandsentwicklung und wichtige Determinanten des Arbeitsunfähigkeitsgeschehens. Im Einzelnen werden u. a. die Verteilung der Arbeitsunfähigkeit, die Bedeutung von Kurz- und Langzeiterkrankungen und Arbeitsunfällen, regionale Unterschiede in den einzelnen Bundesländern sowie die Abhängigkeit des Krankenstandes von Faktoren wie Betriebsgröße und Beschäftigtenstruktur dargestellt. In zwölf separaten Kapiteln wird dann detailliert die Krankenstandsentwicklung in den unterschiedlichen Wirtschaftszweigen beleuchtet.*

26.1 Überblick über die krankheitsbedingten Fehlzeiten im Jahr 2016

■ **Allgemeine Krankenstandsentwicklung**

Der Krankenstand im Jahr 2016 blieb im Vergleich zum Vorjahr unverändert und liegt bei 5,3 %. In Westdeutschland lag der Krankenstand mit 5,3 % um 0,3 Prozentpunkte niedriger als in Ostdeutschland (5,6 %). Bei den Bundesländern verzeichneten das Saarland mit 6,1 % sowie Sachsen-Anhalt und Brandenburg mit jeweils 5,9 % den höchsten Krankenstand. In Bayern (4,6 %) und Hamburg (4,7 %) lag der Krankenstand am niedrigsten. Im Schnitt waren die AOK-versicherten Arbeitnehmer 19,4 Kalendertage arbeitsunfähig. Für etwas mehr als die Hälfte aller AOK-Mitglieder (54,4 %) wurde mindestens einmal im Jahr eine Arbeitsunfähigkeitsbescheinigung ausgestellt.

Das Fehlzeitengeschehen wird hauptsächlich von sechs Krankheitsarten dominiert. Im Jahr 2016 gingen mehr als ein Fünftel der Fehlzeiten auf Muskel- und Skelett-Erkrankungen (22,9 %) zurück. Danach folgten Atemwegserkrankungen (12,4 %), Verletzungen (11,0 %) und psychische Erkrankungen (11,0 %) sowie Erkrankungen des Kreislaufsystems und der Verdauungsorgane (5,7 bzw. 5,1 %). Der Anteil der Atemwegserkrankungen an den Fehlzeiten ist im Vergleich zum Vorjahr um 0,6 Prozentpunkte am deutlichsten

gesunken, gesunken ist auch der Anteil der Herz-Kreislauf-Erkrankungen um 0,4 Prozentpunkte und der der Verdauungserkrankungen um 0,1 Prozentpunkte, während der Anteil an psychischen Erkrankungen im Vergleich zum Vorjahr um 0,5 Prozentpunkte und der der Verletzungen um 0,2 Prozentpunkte gestiegen ist. Einen deutlichen Anstieg verzeichneten die Muskel- und Skelett-Erkrankungen mit 1,1 Prozentpunkten. Im Vergleich zu den anderen Krankheitsarten kommt den psychischen Erkrankungen eine besondere Bedeutung zu: Seit 2005 haben die Krankheitstage aufgrund psychischer Erkrankungen um 79,3 % zugenommen. Im Jahr 2016 wurden erneut mehr Fälle aufgrund psychischer Erkrankungen (5,1 %) als aufgrund von Herz- und Kreislauf-Erkrankungen (3,8 %) registriert. Die durchschnittliche Falldauer psychischer Erkrankungen ist mit 25,7 Tagen je Fall mehr als doppelt so lang wie der Durchschnitt mit 11,7 Tagen je Fall im Jahr 2016.

Neben den psychischen Erkrankungen verursachten insbesondere Verletzungen (17,9 Tage je Fall), Herz- und Kreislauf-Erkrankungen (17,7 Tage je Fall) sowie Muskel- und Skelett-Erkrankungen (17,0 Tage je Fall) lange Ausfallzeiten. Auf diese vier Erkrankungsarten gingen 2016 bereits 60 % der durch Langzeitfälle (> 6 Wochen) verursachten Fehlzeiten zurück.

Langzeiterkrankungen mit einer Dauer von mehr als sechs Wochen verursachten weit mehr als ein Drittel der Ausfalltage (42,1 % der AU-Tage). Ihr Anteil an den Arbeitsunfähigkeitsfällen betrug jedoch nur 4,3 %.

Bei Kurzzeiterkrankungen mit einer Dauer von ein bis drei Tagen verhielt es sich genau umgekehrt: Ihr Anteil an den Arbeitsunfähigkeitsfällen lag bei 36,0 %, doch nur 6,2 % der Arbeitsunfähigkeitstage gingen auf sie zurück.

Schätzungen der Bundesanstalt für Arbeitsschutz und Arbeitsmedizin zufolge verursachten im Jahr 2015 587,4 Mio. AU-Tage[1] volkswirtschaftliche Produktionsausfälle von 64 Mrd. bzw. 113 Mrd. Euro Ausfall an Produktion und Bruttowertschöpfung (Bundesministerium für Arbeit und Soziales/Bundesanstalt für Arbeitsschutz und Arbeitsmedizin 2016).

Die Ausgaben für Krankengeld sind im Jahr 2016 erneut gestiegen. Für das 1. bis 4. Quartal 2016 betrug das Ausgabenvolumen für Krankengeld rund 11,6 Milliarden Euro. Gegenüber dem Vorjahr bedeutet das einen Anstieg von 2,7% (Bundesministerium für Gesundheit 2016).

- **Fehlzeitengeschehen nach Branchen**

Im Jahr 2016 wurde in den meisten Branchen keine Veränderung des Krankenstandes im Vergleich zum Vorjahr verzeichnet. In der Branche Energie, Wasser, Entsorgung und Bergbau lag der Krankenstand mit 6,5 % am höchsten. Ebenfalls hohe Krankenstände verzeichneten die Branchen Öffentliche Verwaltung und Sozialversicherung (6,3 %), Verkehr und Transport (6,0 %) sowie das verarbeitende Gewerbe (6,0 %). Der niedrigste Krankenstand war mit 3,8 % in der Branche Banken und Versicherungen zu finden. Im Vergleich zum Vorjahr hat sich der Krankenstand lediglich in den Branchen Land- und Forstwirtschaft (von 4,3 auf 4,4 % gestiegen), Banken und Versicherungen (von 3,7 auf 3,8 % gestiegen), Dienstleistungen (von 4,5 auf 4,4 % gesunken) und Metallindustrie (von 5,9 auf 5,8 % gesunken) leicht verändert.

Bei den Branchen Land- und Forstwirtschaft, Baugewerbe sowie Verkehr und Transport handelt es sich um Bereiche mit hohen körperlichen Arbeitsbelastungen und überdurchschnittlich vielen Arbeitsunfällen. Im Baugewerbe gingen 6,3 % der Arbeitsunfähigkeitsfälle auf Arbeitsunfälle zurück. In der Land- und Forstwirtschaft waren es sogar 7,9 %, im Bereich Verkehr und Transport 4,3 %.

In den Branchen Baugewerbe, Metallindustrie sowie Energie, Wasser, Entsorgung und Bergbau sind viele Arbeitsunfähigkeitsfälle durch Verletzungen zu verzeichnen, in der Regel durch Arbeitsunfälle bedingt. Der Bereich Land- und Forstwirtschaft verzeichnet mit 21,1 Tagen je Fall die höchste Falldauer vor der Branche Verkehr und Transport mit 21,0 Tagen je Fall.

Im Jahr 2016 ist der Anteil der Muskel- und Skelett-Erkrankungen mit 23 % an der Gesamtheit der Erkrankungen in allen Branchen wie im Vorjahr am höchsten. Einzig in den Branchen Banken und Versicherungen sowie im Bereich Erziehung und Unterricht nehmen die Atemwegserkrankungen mit jeweils 17 % einen größeren Anteil als die Muskel- und Skelett-Erkrankungen ein. Zudem weisen diese beiden Branchen den insgesamt höchsten Wert für die Atemwegserkrankungen auf.

Psychische Erkrankungen sind v. a. in der Branche Gesundheits-und Sozialwesen zu verzeichnen. Der Anteil der Arbeitsunfähigkeitsfälle ist hier mit 15,3 Arbeitsunfähigkeitsfällen je 100 AOK-Mitglieder fast dreimal so hoch wie in der Land- und Forstwirtschaft (5,6 AU-Fälle je 100 AOK-Mitglieder). Nach der Branche Gesundheits- und Sozialwesen steht der Bereich Öffentliche Verwaltung und Sozialversicherung mit 14,1 AU-Fällen pro 100 AOK-Mitglieder an zweiter Stelle, gefolgt von der Branche Erziehung und Unterricht mit 13,9 AU-Fällen pro 100 AOK-Mitglieder.

- **Fehlzeitengeschehen nach Altersgruppen**

Zwar nimmt mit zunehmendem Alter die Zahl der Krankmeldungen ab, die Dauer der Arbeitsunfähigkeitsfälle dagegen steigt kontinuierlich an. Ältere Mitarbeiter sind also seltener krank, fallen aber in der Regel länger aus als ihre jüngeren Kollegen. Dies liegt zum einen daran, dass Ältere häufiger von mehreren Erkrankungen gleichzeitig betroffen sind (Multimorbidität), aber auch daran, dass sich das Krankheitsspektrum verändert.

Bei den jüngeren Arbeitnehmern zwischen 15 und 19 Jahren dominieren v. a. Atemwegserkrankungen und Verletzungen: 23,3 % der Ausfalltage gingen in dieser Altersgruppe auf Atemwegserkrankungen zurück, der Anteil der Verletzungen liegt bei 18,9 % (zum Vergleich: 60- bis 64-Jährige: 8,1 % bzw. 8,3 %). Ältere Arbeitnehmer leiden dagegen zunehmend an Muskel- und Skelett- oder Herz- und Kreislauf-Erkrankungen. Diese Krankheitsarten sind häufig mit langen Ausfallzeiten verbunden. Im Schnitt fehlt ein Arbeitnehmer aufgrund einer Atemwegserkrankung lediglich 6,4 Tage, bei einer Muskel- und Skeletterkrankung fehlt er hingegen 17,0 Tage. So gehen in der Gruppe der 60- bis 64-Jährigen über ein Viertel der Ausfalltage (26,7 %) auf Muskel- und Skelett-Erkrankungen und 9,8 % auf Herz- und Kreislauf-Erkrankungen zurück. Bei den 15- bis 19-Jährigen hingegen sind es lediglich 8,9 bzw. 1,4 %.

---

1   Dieser Wert ergibt sich durch die Multiplikation von rund 38,7 Millionen Arbeitnehmern mit durchschnittlich 15,2 AU-Tagen.

Die meisten Fehltage aufgrund psychischer Erkrankungen entfallen auf die 35- bis 39-Jährigen (13,1 %) sowie auf die 30- bis 34-Jährigen (13,0 %), die wenigsten auf die Altersgruppe der 15- bis 19-Jährigen (6,6 %).

■ **Fehlzeitengeschehen nach Geschlecht**

Im Fehlzeitengeschehen zeigen sich keine Unterschiede zwischen den Geschlechtern. Der Krankenstand liegt bei den Frauen wie bei den Männern bei 5,3 %. Frauen sind mit einer AU-Quote von 56,5 % etwas häufiger krank als Männer (52,7 %), dafür aber etwas kürzer (Frauen: 11,6 Tage je Fall; Männer: 11,7 Tage je Fall).

Unterschiede zeigen sich jedoch im Krankheitsspektrum. Betrachtet man die Fehltage, führen bei Männern insbesondere Muskel- und Skelett-Erkrankungen und Verletzungen häufiger zu Fehlzeiten als bei Frauen (24,2 % bzw. 13,4 % an allen Fehltagen). Dies dürfte damit zusammenhängen, dass· Männer nach wie vor in größerem Umfang körperlich beanspruchenden und unfallträchtigen Tätigkeiten nachgehen. Bei Frauen hingegen liegen neben Muskel- und Skelett-Erkrankungen (21,2 % an allen Fehltagen) vermehrt psychische Erkrankungen (14,1 %) und Atemwegserkrankungen (13,1 %) vor. Der Großteil der männlichen AOK-Versicherten arbeitet im Dienstleistungsbereich (31,6 %) und im verarbeitenden Gewerbe (26,2 %), beispielsweise in Berufen der Lagerwirtschaft, der Gastronomie, der Reinigung oder Metallbearbeitung. Der überwiegende Teil der Frauen ist ebenfalls im Dienstleistungsbereich beschäftigt (52,9 %), gefolgt von der Branche Handel (16,6 %), Frauen sind außerdem verstärkt in Reinigungsberufen, in der Gesundheits-, Alten- und Krankenpflege sowie in der Gastronomie tätig.

Unterschiede zwischen den Geschlechtern finden sich bei genauerer Betrachtung der einzelnen Krankheitsarten: Im Bereich der Herz- und Kreislauf-Erkrankungen leiden Männer vermehrt an ischämischen Herzkrankheiten wie beispielsweise dem Myokardinfarkt. Ein Fünftel aller Fehltage innerhalb dieser Krankheitsart entfallen bei den Männern auf diese Erkrankung, bei den Frauen sind es lediglich 9,2 %.

Auch bei den psychischen Erkrankungen ergeben sich Unterschiede. 14,1 % aller Arbeitsunfähigkeitstage gehen bei den Frauen auf psychische Erkrankungen wie affektive Störungen oder neurotische, Belastungs- und somatoforme Störungen zurück, bei den Männern sind es dagegen nur 8,5 % der Fehltage.

26.1.1 Datenbasis und Methodik

Die folgenden Ausführungen zu den krankheitsbedingten Fehlzeiten in der deutschen Wirtschaft basieren auf einer Analyse der Arbeitsunfähigkeitsmeldungen aller erwerbstätigen AOK-Mitglieder. Die AOK ist nach wie vor die Krankenkasse mit dem größten Marktanteil in Deutschland. Sie verfügt daher über die umfangreichste Datenbasis zum Arbeitsunfähigkeitsgeschehen. Ausgewertet wurden die Daten des Jahres 2016 – in diesem Jahr waren insgesamt 12,5 Millionen Arbeitnehmer bei der AOK versichert. Dies ist im Vergleich zum Vorjahr ein Plus von 5,2 %.

Datenbasis der Auswertungen sind sämtliche Arbeitsunfähigkeitsfälle, die der AOK im Jahr 2016 gemeldet wurden. Es werden sowohl Pflichtmitglieder als auch freiwillig Versicherte berücksichtigt, Arbeitslosengeld-I-Empfänger dagegen nicht. Unberücksichtigt bleiben auch Schwangerschafts- und Kinderkrankenfälle. Arbeitsunfälle gehen mit in die Statistik ein, soweit sie der AOK gemeldet werden. Kuren werden in den Daten berücksichtigt. Allerdings werden Kurzzeiterkrankungen bis zu drei Tagen von den Krankenkassen nur erfasst, soweit eine ärztliche Krankschreibung vorliegt. Der Anteil der Kurzzeiterkrankungen liegt daher höher, als dies in den Krankenkassendaten zum Ausdruck kommt. Hierdurch verringern sich die Fallzahlen und die rechnerische Falldauer erhöht sich entsprechend. Langzeitfälle mit einer Dauer von mehr als 42 Tagen wurden in die Auswertungen einbezogen, weil sie von entscheidender Bedeutung für das Arbeitsunfähigkeitsgeschehen in den Betrieben sind.

Die Arbeitsunfähigkeitszeiten werden von den Krankenkassen so erfasst, wie sie auf den Krankmeldungen angegeben sind. Auch Wochenenden und Feiertage gehen in die Berechnung mit ein, soweit sie in den Zeitraum der Krankschreibung fallen. Die Ergebnisse sind daher mit betriebsinternen Statistiken, bei denen lediglich die Arbeitstage berücksichtigt werden, nur begrenzt vergleichbar. Bei jahresübergreifenden Arbeitsunfähigkeitsfällen wurden ausschließlich Fehlzeiten in die Auswertungen einbezogen, die im Auswertungsjahr anfielen.

◨ Tab. 26.1.1 gibt einen Überblick über die wichtigsten Kennzahlen und Begriffe, die in diesem Beitrag zur Beschreibung des Arbeitsunfähigkeitsgeschehens verwendet werden. Die Kennzahlen werden auf der Basis der Versicherungszeiten berechnet, d. h. es wird berücksichtigt, ob ein Mitglied ganzjährig oder nur einen Teil des Jahres bei der AOK versichert war bzw. als in einer bestimmten Branche oder Berufsgruppe beschäftigt geführt wurde.

Aufgrund der speziellen Versichertenstruktur der AOK sind die Daten nur bedingt repräsentativ für die Gesamtbevölkerung in der Bundesrepublik Deutschland bzw. die Beschäftigten in den einzelnen Wirtschaftszweigen. Infolge ihrer historischen Funktion als

◻ Tab. 26.1.1 Kennzahlen und Begriffe zur Beschreibung des Arbeitsunfähigkeitsgeschehens

Kennzahl	Definition	Einheit, Ausprägung	Erläuterungen
AU-Fälle	Anzahl der Fälle von Arbeitsunfähigkeit	je AOK-Mitglied bzw. je 100 AOK-Mitglieder* in % aller AU-Fälle	Jede Arbeitsunfähigkeitsmeldung, die nicht nur die Verlängerung einer vorangegangenen Meldung ist, wird als ein Fall gezählt. Ein AOK-Mitglied kann im Auswertungszeitraum mehrere AU-Fälle aufweisen.
AU-Tage	Anzahl der AU-Tage, die im Auswertungsjahr anfielen	je AOK-Mitglied bzw. je 100 AOK-Mitglieder* in % aller AU-Tage	Da arbeitsfreie Zeiten wie Wochenenden und Feiertage, die in den Krankschreibungszeitraum fallen, mit in die Berechnung eingehen, können sich Abweichungen zu betriebsinternen Fehlzeitenstatistiken ergeben, die bezogen auf die Arbeitszeiten berechnet wurden. Bei jahresübergreifenden Fällen werden nur die AU-Tage gezählt, die im Auswertungsjahr anfielen.
AU-Tage je Fall	mittlere Dauer eines AU-Falls	Kalendertage	Indikator für die Schwere einer Erkrankung
Krankenstand	Anteil der im Auswertungszeitraum angefallenen Arbeitsunfähigkeitstage am Kalenderjahr	in %	War ein Versicherter nicht ganzjährig bei der AOK versichert, wird dies bei der Berechnung des Krankenstandes entsprechend berücksichtigt.
Krankenstand, standardisiert	nach Alter und Geschlecht standardisierter Krankenstand	in %	Um Effekte der Alters- und Geschlechtsstruktur bereinigter Wert.
AU-Quote	Anteil der AOK-Mitglieder mit einem oder mehreren Arbeitsunfähigkeitsfällen im Auswertungsjahr	in %	Diese Kennzahl gibt Auskunft darüber, wie groß der von Arbeitsunfähigkeit betroffene Personenkreis ist.
Kurzzeiterkrankungen	Arbeitsunfähigkeitsfälle mit einer Dauer von 1–3 Tagen	in % aller Fälle/Tage	Erfasst werden nur Kurzzeitfälle, bei denen eine Arbeitsunfähigkeitsbescheinigung bei der AOK eingereicht wurde.
Langzeiterkrankungen	Arbeitsunfähigkeitsfälle mit einer Dauer von mehr als 6 Wochen	in % aller Fälle/Tage	Mit Ablauf der 6. Woche endet in der Regel die Lohnfortzahlung durch den Arbeitgeber, ab der 7. Woche wird durch die Krankenkasse Krankengeld gezahlt.
Arbeitsunfälle	durch Arbeitsunfälle bedingte Arbeitsunfähigkeitsfälle	je 100 AOK-Mitglieder* in % aller AU-Fälle/-Tage	Arbeitsunfähigkeitsfälle, bei denen auf der Krankmeldung als Krankheitsursache »Arbeitsunfall« angegeben wurde; nicht enthalten sind Wegeunfälle
AU-Fälle/-Tage nach Krankheitsarten	Arbeitsunfähigkeitsfälle/-tage mit einer bestimmten Diagnose	je 100 AOK-Mitglieder* in % aller AU-Fälle bzw. –Tage	Ausgewertet werden alle auf den Arbeitsunfähigkeitsbescheinigungen angegebenen ärztlichen Diagnosen, verschlüsselt werden diese nach der Internationalen Klassifikation der Krankheitsarten (ICD-10).

* umgerechnet in ganzjährig Versicherte

Fehlzeiten-Report 2017

Basiskasse weist die AOK einen überdurchschnittlich hohen Anteil an Versicherten aus dem gewerblichen Bereich auf. Angestellte sind dagegen in der Versichertenklientel der AOK unterrepräsentiert.

Im Jahr 2008 fand eine Revision der Klassifikation der Wirtschaftszweige statt. Die Klassifikation der Wirtschaftszweige Ausgabe 2008 wird vom Statistischen Bundesamt veröffentlicht (▶ Anhang 2). Aufgrund der Revision kam es zu Verschiebungen zwischen den Branchen, eine Vergleichbarkeit mit den Daten vor 2008 ist daher nur bedingt gegeben. Daher werden bei Jahresvergleichen Kennzahlen für das Jahr 2008 sowohl für die Klassifikationsversion 2003 als auch für die Version 2008 ausgewiesen.

Tab. 26.1.2 AOK-Mitglieder nach Wirtschaftsabschnitten im Jahr 2016 nach der Klassifikation der Wirtschaftszweigschlüssel, Ausgabe 2008

Wirtschaftsabschnitte	Pflichtmitglieder		Freiwillige Mitglieder
	Absolut	Anteil an der Branche in %	Absolut
Banken und Versicherungen	133.235	13,5	17.654
Baugewerbe	868.628	49,7	10.030
Dienstleistungen	3.546.760	46,0	77.746
Energie, Wasser, Entsorgung und Bergbau	162.884	30,5	12.854
Erziehung und Unterricht	321.206	26,7	15.427
Gesundheits- und Sozialwesen	1.403.386	31,0	27.728
Handel	1.725.945	40,1	33.175
Land- und Forstwirtschaft	183.385	74,5	615
Metallindustrie	1.221.625	31,1	104.272
Öffentliche Verwaltung	517.196	29,6	15.627
Verarbeitendes Gewerbe	1.149.545	41,3	36.439
Verkehr und Transport	800.189	48,3	9.164
Sonstige	1.261.688		2.183
Insgesamt	**12.160.672**	**38,8**	**362.914**

Fehlzeiten-Report 2017

Die Klassifikation der Wirtschaftszweigschlüssel in der Ausgabe 2008 enthält insgesamt fünf Differenzierungsebenen, von denen allerdings bei den vorliegenden Analysen nur die ersten drei berücksichtigt wurden. Es wird zwischen Wirtschaftsabschnitten, -abteilungen und -gruppen unterschieden. Ein Abschnitt ist beispielsweise die Branche »Energie, Wasser, Entsorgung und Bergbau«. Diese untergliedert sich in die Wirtschaftsabteilungen »Bergbau und Gewinnung von Steinen und Erden«, »Energieversorgung« und »Wasserversorgung, Abwasser- und Abfallentsorgung und Beseitigung von Umweltverschmutzungen«. Die Wirtschaftsabteilung »Bergbau und Gewinnung von Steinen und Erden« umfasst wiederum die Wirtschaftsgruppen »Kohlenbergbau«, »Erzbergbau« etc. Im vorliegenden Unterkapitel werden die Daten zunächst ausschließlich auf der Ebene der Wirtschaftsabschnitte analysiert (► Anhang 2). In den folgenden Kapiteln wird dann auch nach Wirtschaftsabteilungen und teilweise auch nach Wirtschaftsgruppen differenziert. Die Metallindustrie, die nach der Systematik der Wirtschaftszweige der Bundesanstalt für Arbeit zum verarbeitenden Gewerbe gehört, wird, da sie die größte Branche des Landes darstellt, in einem eigenen Kapitel behandelt (► Abschn. 26.10). Auch dem Bereich »Erziehung und Unterricht« wird angesichts der zunehmenden Bedeutung des Bildungsbereichs für die Produktivität der Volkswirtschaft ein eigenes Kapitel gewidmet (► Abschn. 26.6). Aus ◘ Tab. 26.1.2 ist die Anzahl der AOK-Mitglieder in den einzelnen Wirt-

schaftsabschnitten sowie deren Anteil an den sozialversicherungspflichtig Beschäftigten insgesamt[2] ersichtlich.

Da sich die Morbiditätsstruktur in Ost- und Westdeutschland nach wie vor unterscheidet, werden neben den Gesamtergebnissen für die Bundesrepublik Deutschland die Ergebnisse für Ost und West separat ausgewiesen.

Die Verschlüsselung der Diagnosen erfolgt nach der 10. Revision der ICD (International Classification of Diseases).[3] Teilweise weisen die Arbeitsunfähigkeitsbescheinigungen mehrere Diagnosen auf. Um einen Informationsverlust zu vermeiden, werden bei den diagnosebezogenen Auswertungen im Unterschied zu anderen Statistiken[4], die nur eine (Haupt-)Diagnose berücksichtigen, auch Mehrfachdiagnosen[5] in die Auswertungen einbezogen.

---

2 Errechnet auf der Basis der Beschäftigtenstatistik der Bundesagentur für Arbeit, Stichtag: 30. Juni 2016 (Bundesagentur für Arbeit 2016).

3 International übliches Klassifikationssystem der Weltgesundheitsorganisation (WHO).

4 Beispielsweise die von den Krankenkassen im Bereich der gesetzlichen Krankenversicherung herausgegebene Krankheitsartenstatistik.

5 Leidet ein Arbeitnehmer an unterschiedlichen Krankheitsbildern (Multimorbidität), kann eine Arbeitsunfähigkeitsbescheinigung mehrere Diagnosen aufweisen. Insbesondere bei älteren Beschäftigten kommt dies häufiger vor.

26.1.2 Allgemeine Krankenstandsentwicklung

Die krankheitsbedingten Fehlzeiten sind im Jahr 2016 im Vergleich zum Vorjahr nahezu unverändert. Bei den 12,52 Millionen erwerbstätigen AOK-Mitgliedern betrug der Krankenstand 5,3 % (◘ Tab. 26.1.3). 54,4 % der AOK-Mitglieder meldeten sich mindestens einmal krank. Die Versicherten waren im Jahresdurchschnitt 11,7 Kalendertage krankgeschrieben.[6] 5,9 % der Arbeitsunfähigkeitstage waren durch Arbeitsunfälle bedingt.

Die Zahl der krankheitsbedingten Ausfalltage nahm im Vergleich zum Vorjahr um 0,4 % ab. Im Osten nahmen die Ausfalltage um 1,2 % zu, im Westen dagegen um 0,7 % ab. Die Zahl der Arbeitsunfähigkeitsfälle ist im Vergleich zum Vorjahr im Osten ebenfalls um 1,3 % gestiegen; im Westen hingegen um 0,9 % gesun-

6   Wochenenden und Feiertage eingeschlossen.

ken. Diese Entwicklung schlägt sich mit einem Anstieg um 0,1 Prozentpunkte des Krankenstandes im Osten auf 5,6 % nieder, im Westen bleibt er unverändert bei 5,3 %. Die durchschnittliche Dauer der Krankmeldungen blieb hingegen in Ostdeutschland unverändert, in Westdeutschland stieg sie um 0,2 %. Die Zahl der von Arbeitsunfähigkeit betroffenen AOK-Mitglieder (AU-Quote: Anteil der AOK-Mitglieder mit mindestens einem AU-Fall) fiel im Jahr 2016 um 0,5 Prozentpunkte auf 54,4 %.

Im Jahresverlauf wurde der höchste Krankenstand mit 6,3 % im Februar erreicht, während der niedrigste Wert (4,5 %) im August zu verzeichnen war. Der Krankenstand lag insbesondere in den ersten Monaten des Jahres 2016 von Januar bis März zum Teil deutlich unter dem Wert des Vorjahres, in dem es eine stärkere Erkältungswelle gegeben hatte (◘ Abb. 26.1.1).

◘ Abb. 26.1.2 zeigt die längerfristige Entwicklung des Krankenstandes in den Jahren 1997 bis 2016. Seit Ende der 1990er Jahre konnte ein Rückgang der Kran-

◘ **Tab. 26.1.3** Krankenstandskennzahlen 2016 im Vergleich zum Vorjahr

	Kranken-stand in %	Arbeitsunfähigkeit je 100 AOK-Mitglieder				Tage je Fall	Veränd. z. Vorj. in %	AU-Quote in %
		AU-Fälle	Veränd. z. Vorj. in %	AU-Tage	Veränd. z. Vorj. in %			
West	5,3	167,8	−0,9	1.922,0	-0,7	11,5	0,2	54,0
Ost	5,6	160,1	1,3	2.045,8	1,2	12,8	0,0	56,3
Bund	5,3	166,6	−0,6	1.943,2	-0,4	11,7	0,3	54,4

Fehlzeiten-Report 2017

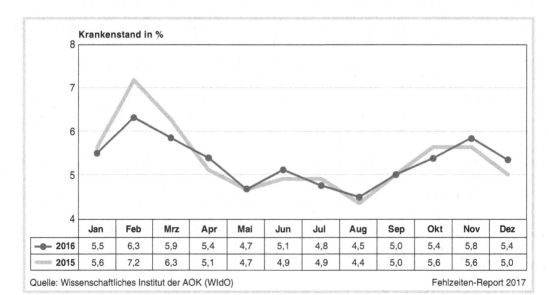

Quelle: Wissenschaftliches Institut der AOK (WIdO)   Fehlzeiten-Report 2017

◘ **Abb. 26.1.1** Krankenstand im Jahr 2016 im saisonalen Verlauf im Vergleich zum Vorjahr, AOK-Mitglieder

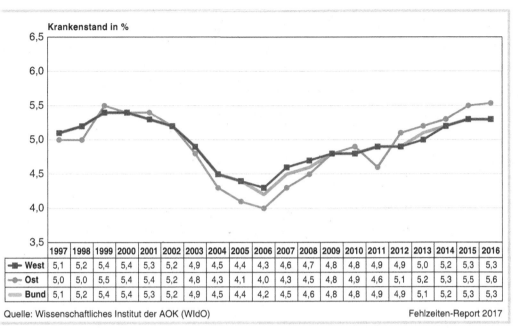

Abb. 26.1.2 Entwicklung des Krankenstandes in den Jahren 1997–2016, AOK-Mitglieder

...enstände bis zum Jahr 2006 verzeichnet werden. Da-
...ach stieg der Krankenstand sukzessive an und lag im
...ahr 2016 im Bundesdurchschnitt mit 5,3 % wieder
...berhalb des Standes von 1997 (5,1 %).

Bis zum Jahr 1998 war der Krankenstand in Ost-
...eutschland stets niedriger als in Westdeutschland.
...n den Jahren 1999 bis 2002 waren dann jedoch in den
...eeuen Ländern etwas höhere Werte als in den alten
...ändern zu verzeichnen. Diese Entwicklung führte das
...nstitut für Arbeitsmarkt- und Berufsforschung auf Ver-
...chiebungen in der Altersstruktur der erwerbstätigen
...evölkerung zurück (Kohler 2002). Diese war nach der
...Vende zunächst in den neuen Ländern günstiger, weil
...iele Arbeitnehmer vom Altersübergangsgeld Gebrauch
...nachten. Dies habe sich aufgrund altersspezifischer
...Krankenstandsquoten in den durchschnittlichen Kran-
...enständen niedergeschlagen. Inzwischen sind diese
...ffekte jedoch ausgelaufen. Nachdem der Krankenstand
...n den Jahren 2003 bis 2008 durchgehend in Ostdeutsch-
...and unter dem Westdeutschlands lag, ist seither mit
...Ausnahme der Jahre 2009 und 2011 in Ostdeutschland
...vieder ein höherer Krankenstand zu konstatieren. Im
...ahr 2016 lag der Krankenstand im Osten Deutschlands
...ei 5,6 %, im Westen Deutschlands bei 5,3 %.

26.1.3 Verteilung der Arbeitsunfähigkeit

Den Anteil der Arbeitnehmer, die in einem Jahr mindestens einmal krankgeschrieben wurden, wird als
Arbeitsunfähigkeitsquote bezeichnet. Diese lag 2016
bei 54,4 % (◘ Abb. 26.1.3). Der Anteil der AOK-Mitglieder, die das ganze Jahr überhaupt nicht krankgeschrieben waren, lag somit bei 45,6 %.

◘ Abb. 26.1.4 zeigt die Verteilung der kumulierten
Arbeitsunfähigkeitstage auf die AOK-Mitglieder in
Form einer Lorenzkurve. Daraus ist ersichtlich, dass
sich die überwiegende Anzahl der Tage auf einen relativ kleinen Teil der AOK-Mitglieder konzentriert. Die
folgenden Zahlen machen dies deutlich:

- Rund ein Viertel der Arbeitsunfähigkeitstage
  entfällt auf nur 1,5 % der Mitglieder.
- Nahezu die Hälfte der Tage wird von lediglich
  5,5 % der Mitglieder verursacht.
- 80 % der Arbeitsunfähigkeitstage gehen auf nur
  18,2 % der AOK-Mitglieder zurück.

Quelle: Wissenschaftliches
Institut der AOK (WIdO)   Fehlzeiten-Report 2017

❏ Abb. 26.1.3 Arbeitsunfähigkeitsquote der AOK-Mitglieder im Jahr 2016

Quelle: Wissenschaftliches
Institut der AOK (WIdO)   Fehlzeiten-Report 2017

❏ Abb. 26.1.4 Lorenzkurve zur Verteilung der Arbeitsunfähigkeitstage der AOK-Mitglieder im Jahr 2016

26.1.4 Kurz- und Langzeiterkrankungen

Die Höhe des Krankenstandes wird entscheidend durch länger dauernde Arbeitsunfähigkeitsfälle bestimmt. Die Zahl dieser Erkrankungsfälle ist zwar relativ gering, aber für eine große Zahl von Ausfalltagen verantwortlich (❏ Abb. 26.1.5). 2016 waren knapp die Hälfte aller Arbeitsunfähigkeitstage (50,7 %) auf lediglich 7,2 % der Arbeitsunfähigkeitsfälle zurückzuführen. Dabei handelt es sich um Fälle mit einer Dauer von mehr als vier Wochen. Besonders zu Buche schlagen Langzeitfälle, die sich über mehr als sechs Wochen erstrecken. Obwohl ihr Anteil an den Arbeitsunfähigkeitsfällen im Jahr 2016 nur 4,3 % betrug, verursachten

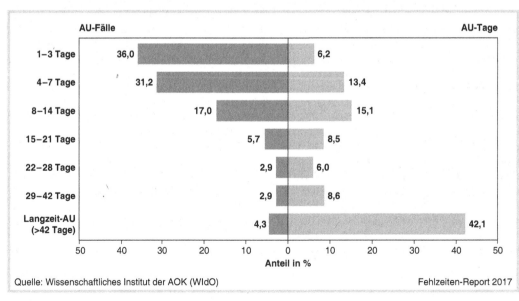

Quelle: Wissenschaftliches Institut der AOK (WIdO)   Fehlzeiten-Report 2017

❏ Abb. 26.1.5 Arbeitsunfähigkeitstage und -fälle der AOK-Mitglieder im Jahr 2016 nach Dauer

26.1 · Überblick über die krankheitsbedingten Fehlzeiten im Jahr 2016

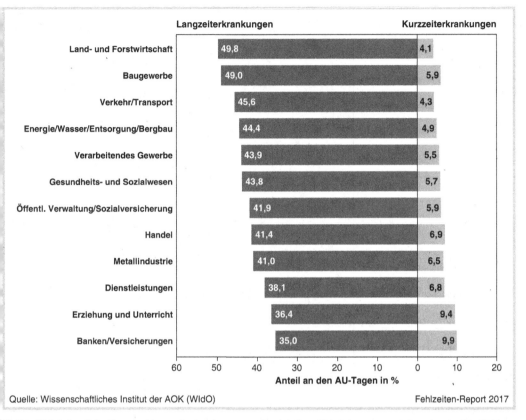

Abb. 26.1.6 Anteil der Kurz- und Langzeiterkrankungen an den Arbeitsunfähigkeitstagen nach Branchen im Jahr 2016, AOK-Mitglieder

sie 42,1 % des gesamten AU-Volumens. Langzeitfälle sind häufig auf chronische Erkrankungen zurückzuführen. Der Anteil der Langzeitfälle nimmt mit steigendem Alter deutlich zu.

Kurzzeiterkrankungen wirken sich zwar oft sehr störend auf den Betriebsablauf aus, spielen aber – anders als häufig angenommen – für den Krankenstand nur eine untergeordnete Rolle. Auf Arbeitsunfähigkeitsfälle mit einer Dauer von 1 bis 3 Tagen gingen 2016 lediglich 6,2 % der Fehltage zurück, obwohl ihr Anteil an den Arbeitsunfähigkeitsfällen 36,0 % betrug. Insgesamt haben sich die Kurzzeiterkrankungen im Vergleich zum Vorjahr bezogen auf die Arbeitsunfähigkeitstage nicht verändert. Die Arbeitsunfähigkeits-

fälle haben um 0,2 Prozentpunkte zugenommen. Da viele Arbeitgeber in den ersten drei Tagen einer Erkrankung keine ärztliche Arbeitsunfähigkeitsbescheinigung verlangen, liegt der Anteil der Kurzzeiterkrankungen allerdings in der Praxis höher, als dies in den Daten der Krankenkassen zum Ausdruck kommt.

2016 war der Anteil der Langzeiterkrankungen mit 49,8 % in der Land- und Forstwirtschaft sowie im Baugewerbe (49,0 %) am höchsten und in der Branche Banken und Versicherungen mit 35,0 % am niedrigsten. Der Anteil der Kurzzeiterkrankungen schwankte in den einzelnen Wirtschaftszweigen zwischen 9,9 % im Bereich Banken und Versicherungen und 4,1 % im Bereich Land- und Forstwirtschaft (■ Abb. 26.1.6).

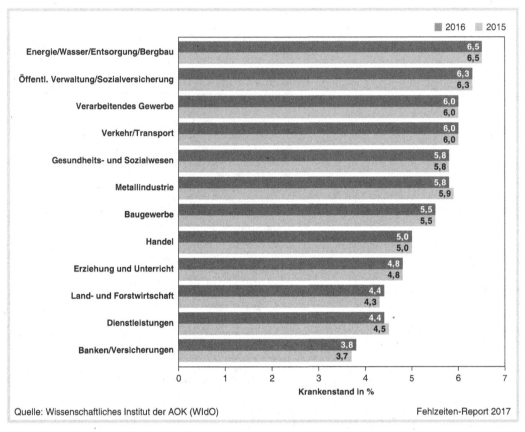

□ Abb. 26.1.7 Krankenstand der AOK-Mitglieder nach Branchen im Jahr 2016 im Vergleich zum Vorjahr

26.1.5 Krankenstandsentwicklung in den einzelnen Branchen

Im Jahr 2016 wies die Branche Energie, Wasser, Entsorgung und Bergbau mit 6,5 % den höchsten Krankenstand auf, während die Banken und Versicherungen mit 3,8 % den niedrigsten Krankenstand hatten (□ Abb. 26.1.7). Bei dem hohen Krankenstand in der öffentlichen Verwaltung (6,3 %) muss allerdings berücksichtigt werden, dass ein großer Teil der in diesem Sektor beschäftigten AOK-Mitglieder keine Bürotätigkeiten ausübt, sondern in gewerblichen Bereichen mit teilweise sehr hohen Arbeitsbelastungen tätig ist, wie z. B. im Straßenbau, in der Straßenreinigung und Abfallentsorgung, in Gärtnereien etc. Insofern sind die Daten, die der AOK für diesen Bereich vorliegen, nicht repräsentativ für die gesamte öffentliche Verwaltung. Hinzu kommt, dass die in den öffentlichen Verwaltungen beschäftigten AOK-Mitglieder eine im Vergleich zur freien Wirtschaft ungünstige Altersstruktur aufweisen, die zum Teil für die erhöhten Krankenstände

mitverantwortlich ist. Schließlich spielt auch die Tatsache, dass die öffentlichen Verwaltungen ihrer Verpflichtung zur Beschäftigung Schwerbehinderter stärker nachkommen als andere Branchen, eine erhebliche Rolle. Mit einem Anteil von einem Fünftel aller schwerbehinderten Beschäftigten stellt der öffentliche Dienst einen bedeutsamen Arbeitgeber für schwerbehinderte Menschen dar (Bundesagentur für Arbeit 2015). Es kann vermutet werden, dass die höhere Zahl von Arbeitsunfähigkeitsfällen im öffentlichen Dienst auf die hohe Anzahl an schwerbehinderten Beschäftigten zurückzuführen ist (vgl. Benz 2010).[7]

---

7   Vgl. dazu den Beitrag von Gerd Marstedt et al. in: Badura B, Litsch M, Vetter C (Hrsg) (2001) Fehlzeiten-Report 2001. Springer, Berlin (u. a.). Weitere Ausführungen zu den Bestimmungsfaktoren des Krankenstandes in der öffentlichen Verwaltung finden sich im Beitrag von Alfred Oppolzer in: Badura B, Litsch M, Vetter C (Hrsg) (2000) Fehlzeiten-Report 1999. Springer, Berlin (u. a.).

26.1 · Überblick über die krankheitsbedingten Fehlzeiten im Jahr 2016

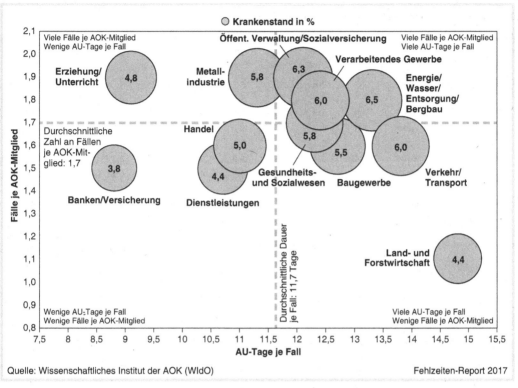

◻ **Abb. 26.1.8** Krankenstand der AOK-Mitglieder nach Branchen im Jahr 2016 nach Bestimmungsfaktoren

Die Höhe des Krankenstandes resultiert aus der Zahl der Krankmeldungen und deren Dauer. Im Jahr 2016 lagen bei der Branche Energie, Wasser, Entsorgung und Bergbau, der öffentlichen Verwaltung/Sozialversicherung sowie im verarbeitenden Gewerbe sowohl die Zahl der Krankmeldungen als auch die mittlere Dauer der Krankheitsfälle über dem Durchschnitt (◻ Abb. 26.1.8). Der überdurchschnittlich hohe Krankenstand in der Branche Verkehr und Transport war dagegen ausschließlich auf die lange Dauer (13,9 Tage je Fall) der Arbeitsunfähigkeitsfälle zurückzuführen. Auf den hohen Anteil der Langzeitfälle in diesen Branchen wurde bereits in ▸ Abschn. 26.1.4 hingewiesen.

◻ Tab. 26.1.4 zeigt die Krankenstandsentwicklung in den einzelnen Branchen in den Jahren 1997 bis 2016, differenziert nach West- und Ostdeutschland. Im Vergleich zum Vorjahr blieb der Krankenstand im Jahr 2016 in den meisten Branchen unverändert.

◻ Tab. 26.1.4 Entwicklung des Krankenstandes der AOK-Mitglieder in den Jahren 1997–2016

Wirtschafts-abschnitt		Krankenstand in %								
		1997	1998	1999	2000	2001	2002	2003	2004	2005
Banken und Versicherungen	West	3,4	3,5	3,6	3,6	3,5	3,5	3,3	3,1	3,1
	Ost	3,6	3,6	4,0	4,1	4,1	4,1	3,5	3,2	3,3
	Bund	3,4	3,5	3,7	3,6	3,6	3,5	3,3	3,1	3,1
Baugewerbe	West	5,8	6,0	6,0	6,1	6,0	5,8	5,4	5,0	4,8
	Ost	5,1	5,2	5,5	5,4	5,5	5,2	4,6	4,1	4,0
	Bund	5,6	5,8	5,9	5,9	5,9	5,7	5,3	4,8	4,7
Dienstleistungen	West	–	–	–	4,6	4,6	4,5	4,3	3,9	3,8
	Ost	–	–	–	5,6	5,4	5,2	4,7	4,1	3,9
	Bund	–	–	–	4,8	4,7	4,6	4,3	4,0	3,8
Energie, Wasser, Entsorgung und Bergbau	West	5,5	5,7	5,9	5,8	5,7	5,5	5,2	4,9	4,8
	Ost	4,2	4,0	4,4	4,4	4,4	4,5	4,1	3,7	3,7
	Bund	5,2	5,3	5,6	5,5	5,4	5,3	5,0	4,6	4,6
Erziehung und Unterricht	West	5,8	5,9	6,1	6,3	6,1	5,6	5,3	5,1	4,6
	Ost	8,9	8,4	9,3	9,2	8,9	8,6	7,7	7,0	6,6
	Bund	7,0	6,9	7,3	7,3	7,1	6,6	6,1	5,9	5,4
Gesundheits- und Sozialwesen	West	–	–	–	5,7	5,5	5,4	5,1	4,8	4,6
	Ost	–	–	–	5,4	5,3	5,2	4,7	4,2	4,1
	Bund	–	–	–	5,7	5,5	5,4	5,1	4,7	4,6
Handel	West	4,5	4,6	4,6	4,6	4,6	4,5	4,2	3,9	3,8
	Ost	3,8	3,9	4,2	4,2	4,2	4,1	3,7	3,4	3,3
	Bund	4,4	4,5	4,5	4,6	4,5	4,5	4,2	3,8	3,7
Land- und Forstwirtschaft	West	4,6	4,8	4,6	4,6	4,6	4,5	4,2	3,8	3,5
	Ost	5,0	4,9	6,0	5,5	5,4	5,2	4,9	4,3	4,3
	Bund	4,8	4,8	5,3	5,0	5,0	4,8	4,5	4,0	3,9
Metallindustrie	West	5,3	5,3	5,6	5,6	5,5	5,5	5,2	4,8	4,8
	Ost	4,5	4,6	5,0	5,0	5,1	5,0	4,6	4,2	4,1
	Bund	5,2	5,2	5,6	5,5	5,5	5,5	5,1	4,8	4,7
Öffentliche Verwaltung	West	6,2	6,3	6,6	6,4	6,1	6,0	5,7	5,3	5,3
	Ost	5,8	5,7	6,2	5,9	5,9	5,7	5,3	5,0	4,5
	Bund	6,1	6,2	6,5	6,3	6,1	5,9	5,6	5,2	5,1
Verarbeitendes Gewerbe	West	5,2	5,3	5,6	5,6	5,6	5,5	5,2	4,8	4,8
	Ost	4,5	4,6	5,2	5,1	5,2	5,1	4,7	4,3	4,2
	Bund	5,1	5,2	5,6	5,6	5,5	5,5	5,1	4,7	4,7
Verkehr und Transport	West	5,3	5,4	5,6	5,6	5,6	5,6	5,3	4,9	4,8
	Ost	4,4	4,5	4,8	4,8	4,9	4,9	4,5	4,2	4,2
	Bund	5,2	5,3	5,5	5,5	5,5	5,5	5,2	4,8	4,7

*Aufgrund der Revision der Wirtschaftszweigklassifikation in 2008 ist eine Vergleichbarkeit mit den Vorjahren nur bedingt mög

2006	2007	2008 (WZ03)	2008 (WZ08)*	2009	2010	2011	2012	2013	2014	2015	2016
2,7	3,1	3,1	3,1	3,2	3,2	3,3	3,2	3,2	3,4	3,6	3,7
3,2	3,4	3,6	3,6	3,9	4,0	3,9	4,1	4,1	4,2	4,4	4,5
2,8	3,1	3,2	3,2	3,3	3,3	3,3	3,4	3,4	3,5	3,7	3,8
4,6	4,9	5,1	5,0	5,1	5,1	5,2	5,3	5,4	5,5	5,5	5,5
3,8	4,2	4,5	4,4	4,7	4,7	4,4	5,1	5,2	5,4	5,6	5,5
4,4	4,8	4,9	4,9	5,1	5,1	5,1	5,3	5,3	5,5	5,5	5,5
3,7	4,0	4,2	4,1	4,2	4,2	4,3	4,3	4,3	4,3	4,4	4,3
3,8	4,1	4,3	4,2	4,5	4,6	4,4	4,7	4,7	4,8	4,9	5,0
3,8	4,1	4,2	4,1	4,2	4,2	4,3	4,4	4,4	4,4	4,5	4,4
4,4	4,8	4,9	5,6	5,8	6,0	6,1	6,0	6,4	6,5	6,7	6,7
3,6	3,7	3,9	4,9	5,3	5,5	4,9	5,4	5,7	5,7	5,9	5,9
4,3	4,6	4,7	5,4	5,7	5,9	5,8	5,9	6,2	6,3	6,5	6,5
4,4	4,7	5,0	5,0	5,2	5,1	4,6	4,8	4,4	4,6	4,8	4,8
6,1	6,1	6,2	6,2	6,5	5,7	5,1	5,8	4,9	4,9	5,0	5,0
5,1	5,3	5,4	5,4	5,6	5,3	4,7	5,0	4,5	4,6	4,8	4,8
4,5	4,8	4,9	4,9	5,1	5,2	5,3	5,3	5,5	5,7	5,9	5,8
3,9	4,2	4,5	4,5	4,9	5,1	4,8	5,2	5,4	5,5	5,7	5,9
4,4	4,7	4,8	4,8	5,0	5,2	5,2	5,3	5,5	5,6	5,8	5,8
3,7	3,9	4,1	4,1	4,2	4,3	4,4	4,4	4,7	4,8	5,0	5,0
3,3	3,6	3,8	3,7	4,1	4,1	3,9	4,4	4,6	4,7	4,9	5,1
3,6	3,9	4,0	4,0	4,2	4,3	4,3	4,4	4,7	4,8	5,0	5,0
3,3	3,6	3,7	3,1	3,0	3,3	3,4	3,2	3,3	3,4	3,4	3,5
4,1	4,4	4,6	4,6	5,0	5,1	4,9	5,4	5,5	5,5	5,7	5,9
3,7	3,9	4,1	3,9	4,0	4,2	4,0	4,1	4,2	4,2	4,3	4,4
4,5	4,8	5,0	5,0	4,9	5,1	5,2	5,3	5,5	5,6	5,9	5,8
4,0	4,3	4,5	4,5	4,7	4,9	4,8	5,3	5,6	5,6	5,8	6,0
4,5	4,8	4,9	5,0	4,9	5,1	5,2	5,3	5,5	5,6	5,9	5,8
5,1	5,3	5,3	5,3	5,5	5,5	5,6	5,5	5,6	5,9	6,2	6,2
4,7	4,8	4,9	4,9	5,3	5,7	5,5	5,5	5,9	6,1	6,5	6,6
5,0	5,2	5,2	5,2	5,4	5,5	5,6	5,5	5,7	5,9	6,3	6,3
4,6	4,9	5,0	5,0	5,0	5,2	5,4	5,5	5,7	5,8	6,0	6,0
4,1	4,9	4,6	4,6	4,9	5,1	5,0	5,6	5,8	6,0	6,2	6,2
4,5	4,8	5,0	5,0	5,0	5,2	5,3	5,5	5,7	5,8	6,0	6,0
4,7	4,9	5,1	5,1	5,3	5,5	5,5	5,6	5,7	5,8	6,0	5,9
4,1	4,3	4,5	4,5	5,0	5,2	4,8	5,4	5,8	5,9	6,0	6,1
4,6	4,8	4,9	5,0	5,3	5,5	5,4	5,5	5,7	5,8	6,0	6,0

Fehlzeiten-Report 2017

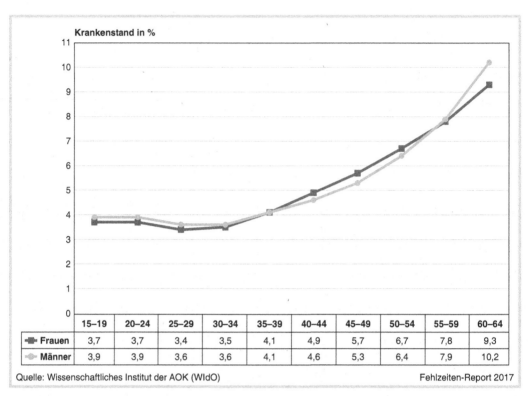

	15–19	20–24	25–29	30–34	35–39	40–44	45–49	50–54	55–59	60–64
Frauen	3,7	3,7	3,4	3,5	4,1	4,9	5,7	6,7	7,8	9,3
Männer	3,9	3,9	3,6	3,6	4,1	4,6	5,3	6,4	7,9	10,2

Quelle: Wissenschaftliches Institut der AOK (WIdO)   Fehlzeiten-Report 2017

☐ **Abb. 26.1.9** Krankenstand der AOK-Mitglieder im Jahr 2016 nach Alter und Geschlecht

26.1.6 Einfluss der Alters- und Geschlechtsstruktur

Die Höhe des Krankenstandes hängt entscheidend vom Alter der Beschäftigten ab. Die krankheitsbedingten Fehlzeiten nehmen mit steigendem Alter deutlich zu. Die Höhe des Krankenstandes variiert in Abhängigkeit vom Geschlecht nur leicht (☐ Abb. 26.1.9).

Zwar geht die Zahl der Krankmeldungen mit zunehmendem Alter zurück, die durchschnittliche Dauer der Arbeitsunfähigkeitsfälle steigt jedoch kontinuierlich an (☐ Abb. 26.1.10). Ältere Mitarbeiter sind also nicht unbedingt häufiger krank als ihre jüngeren Kollegen, fallen aber bei einer Erkrankung in der Regel wesentlich länger aus. Der starke Anstieg der Falldauer hat zur Folge, dass der Krankenstand mit zunehmendem Alter deutlich ansteigt, obwohl die Anzahl der Krankmeldungen nur minimal zunimmt. Hinzu kommt, dass ältere Arbeitnehmer im Unterschied zu ihren jüngeren Kollegen häufiger von mehreren Erkrankungen gleichzeitig betroffen sind (Multimorbidität). Auch dies kann längere Ausfallzeiten mit sich bringen.

Da die Krankenstände in Abhängigkeit vom Alter und Geschlecht sehr stark variieren, ist es sinnvoll, beim Vergleich der Krankenstände unterschiedlicher Branchen oder Regionen die Alters- und Geschlechtsstruktur zu berücksichtigen. Mithilfe von Standardisierungsverfahren lässt sich berechnen, wie der Krankenstand in den unterschiedlichen Bereichen ausfiele, wenn man eine durchschnittliche Alters- und Geschlechtsstruktur zugrunde legen würde. ☐ Abb. 26.1.11 zeigt die standardisierten Werte für die einzelnen Wirtschaftszweige im Vergleich zu den nicht standardisierten Krankenständen.[8]

In den meisten Branchen fallen die standardisierten Werte niedriger aus als die nicht standardisierten. Insbesondere in der Branche Energie, Wasser, Entsorgung und Bergbau (0,8 Prozentpunkte), im

---

8 Berechnet nach der Methode der direkten Standardisierung – zugrunde gelegt wurde die Alters- und Geschlechtsstruktur der erwerbstätigen Mitglieder der gesetzlichen Krankenversicherung insgesamt im Jahr 2015 (Mitglieder mit Krankengeldanspruch). Quelle: GKV-Spitzenverband (2017), Satzart 111 (interne Statistik).

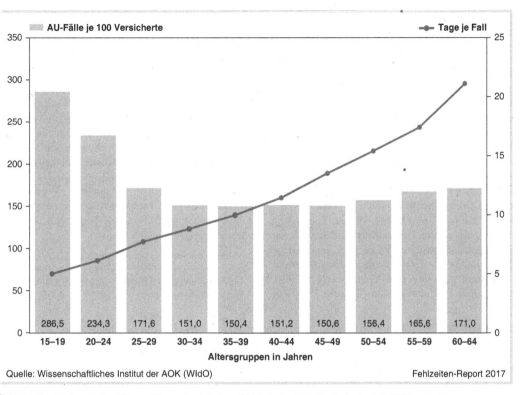

Abb. 26.1.10 Anzahl der Fälle und Dauer der Arbeitsunfähigkeit der AOK-Mitglieder im Jahr 2016 nach Alter

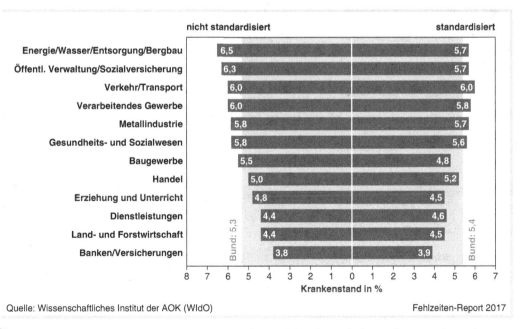

Abb. 26.1.11 Alters- und geschlechtsstandardisierter Krankenstand der AOK-Mitglieder im Jahr 2016 nach Branchen

Baugewerbe (0,7 Prozentpunkte) und in der öffentlichen Verwaltung (0,6 Prozentpunkte) ist der überdurchschnittlich hohe Krankenstand zu einem erheblichen Teil auf die Altersstruktur in diesen Bereichen zurückzuführen. In den Branchen Banken und Versicherungen, Land- und Forstwirtschaft sowie Dienstleistungen und Handel ist es hingegen genau umgekehrt. Dort wäre bei einer durchschnittlichen Altersstruktur ein etwas höherer Krankenstand zu erwarten (0,1 bzw. 0,2 Prozentpunkte).

◘ Abb. 26.1.12 zeigt die Abweichungen der standardisierten Krankenstände vom Bundesdurchschnitt. In den Bereichen Verkehr und Transport, Verarbeitendes Gewerbe, Öffentliche Verwaltung und Sozialversicherung, Metallindustrie, Energie, Wasser, Entsorgung und Bergbau sowie im Gesundheits- und Sozialwesen liegen die standardisierten Werte über dem Durchschnitt. Hingegen ist der standardisierte Krankenstand in der Branche Banken und Versicherung um über 27,3 % geringer als im Bundesdurchschnitt. Dies ist in erster Linie auf den hohen Angestelltenanteil in dieser Branche zurückzuführen.

26.1.7 Fehlzeiten nach Bundesländern

Im Jahr 2016 lag der Krankenstand in Ostdeutschland um 0,3 Prozentpunkte höher als im Westen Deutschlands (◘ Tab. 26.1.3). Zwischen den einzelnen Bundesländern[9] zeigen sich jedoch erhebliche Unterschiede (◘ Abb. 26.1.13): Die höchsten Krankenstände waren 2016 im Saarland, in Brandenburg und in Sachsen-Anhalt mit 6,1 % bzw. jeweils 5,9 % zu verzeichnen. Die niedrigsten Krankenstände wiesen Bayern (4,6 %), Hamburg (4,7 %) sowie Berlin und Baden-Württemberg (jeweils 5,0 %) auf.

---

9   Die Zuordnung zu den Bundesländern erfolgt über die Postleitzahlen der Betriebe.

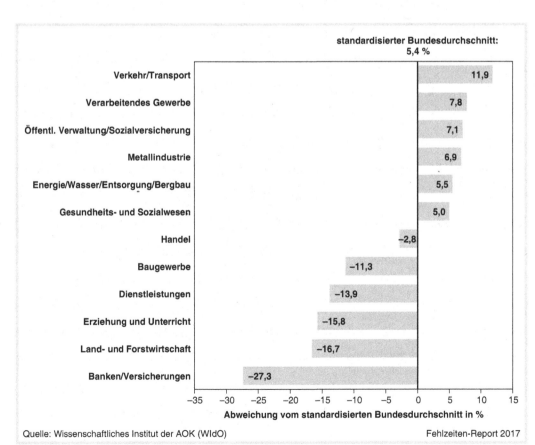

Quelle: Wissenschaftliches Institut der AOK (WIdO)   Fehlzeiten-Report 2017

◘ **Abb. 26.1.12** Abweichungen der alters- und geschlechtsstandardisierten Krankenstände vom Bundesdurchschnitt im Jahr 2016 nach Branchen, AOK-Mitglieder

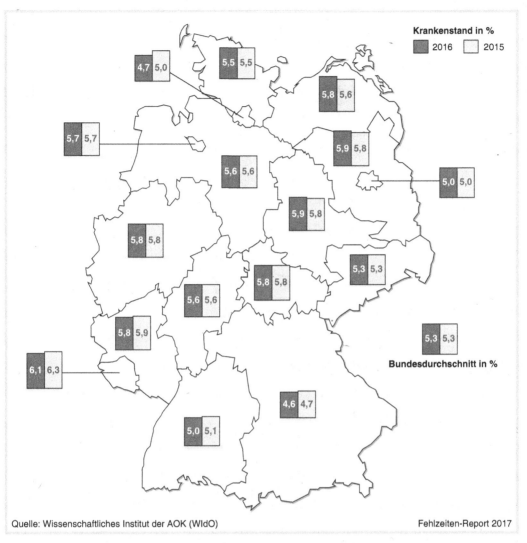

○ **Abb. 26.1.13** Krankenstand der AOK-Mitglieder nach Bundesländern im Jahr 2016 im Vergleich zum Vorjahr

Die hohen Krankenstände kommen auf unterschiedliche Weise zustande. In Mecklenburg-Vorpommern, Sachsen-Anhalt, Brandenburg und im Saarland lag vor allem die durchschnittliche Dauer pro Arbeitsunfähigkeitsfall über dem Bundesdurchschnitt (○ Abb. 26.1.14). In Rheinland-Pfalz ist der hohe Krankenstand (5,8 %) dagegen auf die hohe Zahl der Arbeitsunfähigkeitsfälle zurückzuführen.

Inwieweit sind die regionalen Unterschiede im Krankenstand auf unterschiedliche Alters- und Geschlechtsstrukturen zurückzuführen? ○ Abb. 26.1.15 zeigt die nach Alter und Geschlecht standardisierten Werte für die einzelnen Bundesländer im Vergleich

zu den nicht standardisierten Krankenständen.[10] Durch die Berücksichtigung der Alters- und Geschlechtsstruktur relativieren sich die beschriebenen regionalen Unterschiede im Krankenstand etwas. Das Bundesland Saarland hat auch nach der Standardisie-

---

10 Berechnet nach der Methode der direkten Standardisierung – zugrunde gelegt wurde die Alters- und Geschlechtsstruktur der erwerbstätigen Mitglieder der gesetzlichen Krankenversicherung insgesamt im Jahr 2015 (Mitglieder mit Krankengeldanspruch). Quelle: GKV-Spitzenverband (2017), Satzart 111 (interne Statistik).

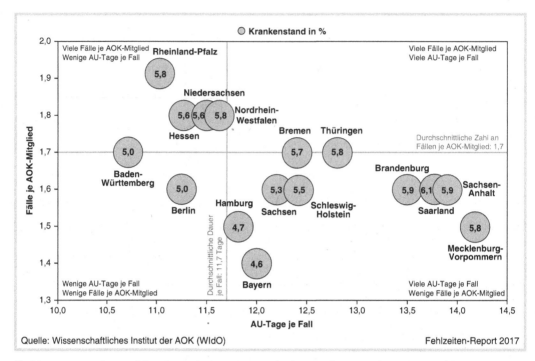

■ **Abb. 26.1.14** Krankenstand der AOK-Mitglieder nach Bundesländern im Jahr 2016 nach Bestimmungsfaktoren

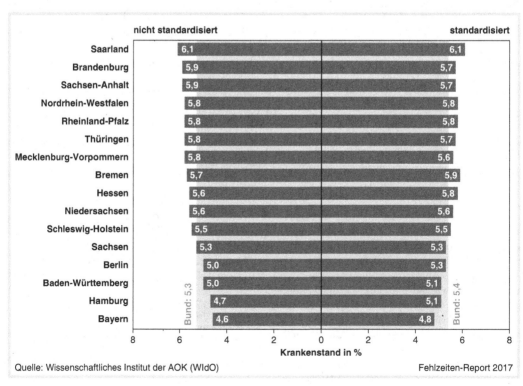

■ **Abb. 26.1.15** Alters- und geschlechtsstandardisierter Krankenstand der AOK-Mitglieder im Jahr 2016 nach Bundesländern

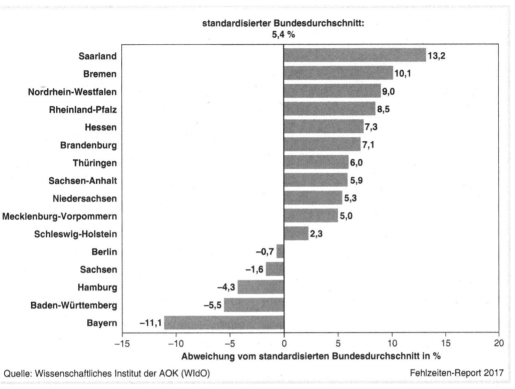

□ Abb. 26.1.16 Abweichungen der alters- und geschlechtsstandardisierten Krankenstände vom Bundesdurchschnitt im ahr 2016 nach Bundesländern, AOK-Mitglieder

□ Tab. 26.1.5 Krankenstandskennzahlen nach Regionen, 2016 im Vergleich zum Vorjahr

	Arbeitsunfähigkeiten je 100 AOK-Mitglieder				Tage je Fall	Veränd. z. Vorj. in %
	Fälle	Veränd. z. Vorj. in %	Tage	Veränd. z. Vorj. in %		
Baden-Württemberg	172,9	−1,2	1.844,8	−1,4	10,7	−0,1
Bayern	141,9	−1,8	1.698,4	−0,7	12,0	1,1
Berlin	163,1	1,2	1.835,2	0,1	11,3	−1,0
Brandenburg	159,8	2,0	2.161,3	2,4	13,5	0,4
Bremen	170,9	−1,2	2.087,9	0,4	12,2	1,6
Hamburg	145,4	−13,8	1.713,4	−7,0	11,8	7,8
Hessen	181,0	−0,7	2.044,5	−0,8	11,3	−0,1
Mecklenburg-Vorpommern	149,6	0,9	2.115,3	2,7	14,1	1,7
Niedersachsen	178,4	1,2	2.044,7	0,4	11,5	−0,8
Nordrhein-Westfalen	181,0	−0,2	2.104,9	−0,4	11,6	−0,2
Rheinland-Pfalz	189,5	−0,1	2.130,7	−0,4	11,2	−0,3
Saarland	163,1	−0,8	2.250,7	−1,6	13,8	−0,8
Sachsen	159,7	1,3	1.953,4	1,4	12,2	0,1
Sachsen-Anhalt	155,1	1,2	2.158,9	1,3	13,9	0,1
Schleswig-Holstein	161,4	−1,3	2.000,7	−0,4	12,4	0,9
Thüringen	168,0	0,7	2.121,3	−0,2	12,6	−0,9
Bund	**166,6**	**−0,6**	**1.943,2**	**−0,4**	**11,7**	**0,3**

Fehlzeiten-Report 2017

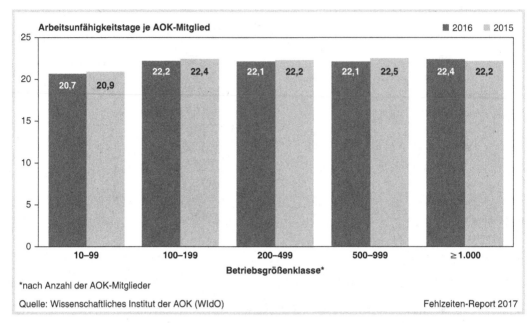

◘ Abb. 26.1.17 Tage der Arbeitsunfähigkeit je AOK-Mitglied nach Betriebsgröße im Jahr 2016 im Vergleich zum Vorjahr

rung mit 6,1 unverändert den höchsten, Bremen nun den zweithöchsten Krankenstand. In Hamburg zeigt sich eine Zunahme um 0,4 Prozentpunkte, in Berlin um 0,3 Prozentpunkte, d. h. in diesen Städten liegt eine vergleichsweise günstige Alters- und Geschlechtsstruktur vor, die sich positiv auf den Krankenstand auswirkt. Bayern zeigt auch nach der Standardisierung noch immer den günstigsten Wert. Brandenburg und Sachsen-Anhalt verbessern sich um 0,2 Prozentpunkte und liegen damit gleichauf mit Thüringen.

◘ Abb. 26.1.16 zeigt die Abweichungen der standardisierten Krankenstände vom Bundesdurchschnitt. Die höchsten Werte weisen das Saarland und Bremen auf. Dort liegen die standardisierten Werte mit 13,2 bzw. 10,1 % deutlich über dem Durchschnitt. In Bayern ist der standardisierte Krankenstand mit 11,1 % Abweichung wesentlich niedriger als im Bundesdurchschnitt.

Im Vergleich zum Vorjahr haben im Jahr 2016 die Arbeitsunfähigkeitsfälle in den Bundesländern insgesamt um 0,6 % und die Arbeitsunfähigkeitstage

um 0,4 % abgenommen (◘ Tab. 26.1.5). Die Falldauer ist mit 13,8 Tagen im Saarland am höchsten und in Baden-Württemberg mit 10,7 Tagen am geringsten.

26.1.8 Fehlzeiten nach Betriebsgröße

Mit zunehmender Betriebsgröße steigt die Anzahl der krankheitsbedingten Fehltage. Während die Mitarbeiter von Betrieben mit 10–99 AOK-Mitgliedern im Jahr 2016 durchschnittlich 20,7 Tage fehlten, fielen in Betrieben mit 1.000 und mehr AOK-Mitgliedern pro Mitarbeiter 22,4 Fehltage an (◘ Abb. 26.1.17).[11]

---

11 Als Maß für die Betriebsgröße wird hier die Anzahl der AOK-Mitglieder in den Betrieben zugrunde gelegt, die allerdings in der Regel nur einen Teil der gesamten Belegschaft ausmachen.

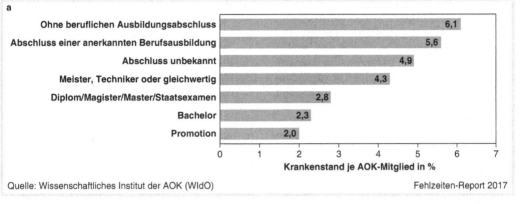

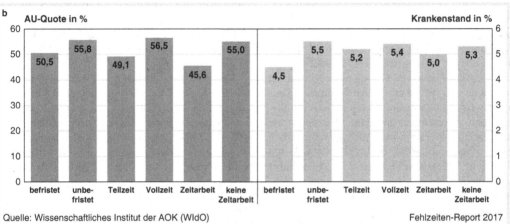

Abb. 26.1.18 a) Krankenstand nach Ausbildungsabschluss im Jahr 2016, AOK-Mitglieder; **b)** Krankenstand und AU-Quote nach Vertragsart im Jahr 2016, AOK-Mitglieder

26.1.9 Fehlzeiten nach Ausbildungsabschluss und Vertragsart

Die Bundesagentur für Arbeit definiert und liefert die für die Unternehmen relevanten Tätigkeitsschlüssel. Die Unternehmen sind verpflichtet, ihren Beschäftigten den jeweils für die Art der Beschäftigung gültigen Tätigkeitsschlüssel zuzuweisen und diesen zu dokumentieren. Diese Schlüssel sind in den Meldungen zur Sozialversicherung enthalten und werden neben weiteren Angaben zur Person den Einzugsstellen, in der Regel den Krankenkassen der Arbeitnehmer, übermittelt. Auf Grundlage der Meldungen führt die Krankenkasse ihr Versichertenverzeichnis und übermittelt die Daten dem Rentenversicherungsträger (vgl. Damm et al. 2012). Grundlage der Tätigkeitseinstufung war bis zum Jahr 2012 die »Klassifikation der Berufe« aus dem Jahr 1988 (KldB 1988).

In den letzten Jahren haben sich jedoch sowohl die Berufs- und Beschäftigungslandschaft als auch die Ausbildungsstrukturen stark verändert. So sind nicht nur neue Ausbildungsabschlüsse entstanden, auch die Trennung zwischen Arbeitern und Angestellten ist bereits seit dem Jahr 2006 rentenrechtlich bedeutungslos. Aus diesem Grund wurde die veraltete Klassifikation der Berufe von der Bundesagentur für Arbeit durch eine überarbeitete Version (KldB 2010) ersetzt. Diese weist zugleich eine hohe Kompatibilität mit der internationalen Berufsklassifikation ISCO-08 (International Standard Classification of Occupations 2008) auf. Die neue Version gilt seit dem 01.12.2011. Infolge der Umstellung wird die Stellung im Beruf (wie die Trennung nach Arbeiter oder Angestellter) nicht mehr ausgewiesen.

Die krankheitsbedingten Fehlzeiten variieren deutlich in Abhängigkeit vom Ausbildungsabschluss (vgl. ⬛ Abb. 26.1.18). Dabei zeigt sich, dass der Krankenstand mit steigendem Ausbildungsniveau sinkt.

Den höchsten Krankenstand weisen mit 6,1 % Beschäftigte ohne beruflichen Abschluss auf. Beschäftigte mit einem Diplom, Magister, Master und Staatsexamen oder einem Bachelorabschluss liegen deutlich darunter (2,8 bzw. 2,3 %). Den geringsten Krankenstand weisen mit 2,0 % Beschäftigte mit Promotion auf.

Diese Ergebnisse können zu der Annahme führen, dass die Differenzen im Krankenstand u. a. auf den Faktor Bildung zurückzuführen sind. Diese Annahme wird auch in empirischen Studien bestätigt, bei denen Bildung als eine wesentliche Variabel für die Erklärung von gesundheitlichen Differenzen erkannt wurde.

Die Gründe sind u. a. darin zu suchen, dass sich beispielsweise Akademiker gesundheitsgerechter verhalten, was Ernährung, Bewegung und das Rauchverhalten angeht. Ihnen steht ein besserer Zugang zu Gesundheitsleistungen offen. In der Regel werden ihnen auch bei ihrer beruflichen Tätigkeit größere Handlungsspielräume und Gestaltungsmöglichkeiten eingeräumt und für die erbrachten beruflichen Leistungen werden adäquate Gratifikationen wie ein höheres Gehalt, Anerkennung und Wertschätzung sowie Aufstiegsmöglichkeiten und Arbeitsplatzsicherheit gewährt (vgl. u. a. Mielck et al. 2012; Karasek und Theorell 1990; Siegrist 1999; Marmot 2005). Dies führt dazu, dass Beschäftigte in höheren Positionen motivierter sind und sich stärker mit ihrer beruflichen Tätigkeit identifizieren. Aufgrund dieser Tatsache ist in der Regel der Anteil motivationsbedingter Fehlzeiten bei höherem beruflichem Status geringer.

Umgekehrt haben Studien gezeigt, dass bei einkommensschwachen Gruppen verhaltensbedingte gesundheitliche Risikofaktoren wie Rauchen, Bewegungsarmut und Übergewicht stärker ausgeprägt sind als bei Gruppen mit höheren Einkommen (Mielck 2000). Die theoretische Grundlage liefern hier kulturell determinierte Lebensstilunterschiede.

Hinzu kommt, dass sich die Tätigkeiten von gering qualifizierten Arbeitnehmern im Vergleich zu denen von höher qualifizierten Beschäftigten in der Regel durch ein größeres Maß an physiologisch-ergonomischen Belastungen, eine höhere Unfallgefährdung und damit durch erhöhte Gesundheitskrisen auszeichnen. Nicht zuletzt müssen Umweltfaktoren sowie Infra- und Versorgungsstrukturen berücksichtigt werden. Ein niedrigeres Einkommensniveau wirkt sich bei Geringqualifizierten auch ungünstig auf die außerberuflichen Lebensverhältnisse wie die Wohnsituation und die Erholungsmöglichkeiten aus.

Die AU-Quote weist den Anteil der AOK-Mitglieder mit mindestens einem Arbeitsunfähigkeitsfall im Auswertungsjahr aus. Betrachtet man die AU-Quoten nach der Vertragsart, zeigt sich, dass die unbefristet und Vollzeit-Beschäftigten mit 55,8 bzw. 56,5 % öfter von einer Krankschreibung betroffen sind als befristet bzw. Teilzeit-Beschäftigte (50,5 bzw. 49,1 %). Dies spiegelt sich zugleich im Krankenstand wider: Der Krankenstand bei den unbefristet Beschäftigten liegt im Vergleich zu den befristet Beschäftigten um 1,0 Prozentpunkte und der der Vollzeit-Beschäftigten um 0,2 Prozentpunkte über dem der Teilzeit-Beschäftigten. Hier kann vermutet werden, dass befristet Beschäftigte eher bereit sind, auch einmal krank zur Arbeit zu gehen, da die permanente Gefahr besteht, dass der Arbeitgeber den befristeten Arbeitsvertrag nicht verlängert. Der niedrigere Krankenstand bei den Teilzeitbeschäftigten gegenüber den Vollzeitbeschäftigten kann u. a. damit zusammenhängen, dass für Teilzeitbeschäftigte oft die Herausforderung besteht, ein anspruchsvolles Arbeitspensum in weniger Arbeitszeit schaffen zu müssen.

Betrachtet man die Fehlzeiten von Zeitarbeitern, so stellt sich die Frage: Welchen gesundheitlichen Belastungen sind Zeitarbeiter ausgesetzt? Es sind weniger Zeitarbeitsbeschäftigte krankgeschrieben als Beschäftigte ohne Zeitarbeitsverhältnis (45,6 vs. 55,0 %), auch die Anzahl der Fehltage pro Fall ist bei Zeitarbeitern kürzer (Zeitarbeiter: 8,9 Tage vs. Nicht-Zeitarbeiter 11,8 Tage). Eine mögliche Erklärung für dieses Phänomen könnte sein, dass Zeitarbeiter eher bereit sind, krank zur Arbeit zu gehen, um die Chancen einer Weiterbeschäftigung nicht zu gefährden.

26.1.10 Fehlzeiten nach Berufsgruppen

Auch bei den einzelnen Berufsgruppen[12] gibt es große Unterschiede hinsichtlich der krankheitsbedingten Fehlzeiten (◘ Abb. 26.1.19). Die Art der ausgeübten Tätigkeit hat erheblichen Einfluss auf das Ausmaß der Fehlzeiten. Die meisten Arbeitsunfähigkeitstage weisen Berufsgruppen aus dem gewerblichen Bereich auf, wie beispielsweise Berufe in der Ver- und Entsorgung. Dabei handelt es sich häufig um Berufe mit hohen körperlichen Arbeitsbelastungen und überdurchschnittlich vielen Arbeitsunfällen (► Abschn. 26.1.12). Einige der Berufsgruppen mit hohen Krankenständen, wie Altenpfleger, sind auch in besonders hohem Maße psychischen Arbeitsbelastungen ausgesetzt. Die niedrigsten Krankenstände sind bei akademischen

12 Die Klassifikation der Berufe wurde zum 01.12.2011 überarbeitet und aktualisiert (► Abschn. 26.1.9). Daher finden sich ab dem Jahr 2012 zum Teil andere Berufsbezeichnungen als in den Fehlzeiten-Reporten der Vorjahre.

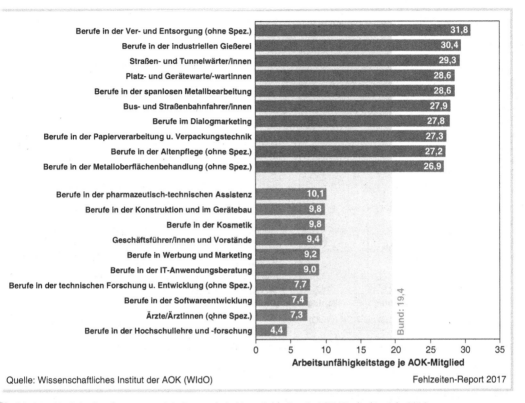

Quelle: Wissenschaftliches Institut der AOK (WIdO)   Fehlzeiten-Report 2017

Abb. 26.1.19 Zehn Berufsgruppen mit hohen und niedrigen Fehlzeiten je AOK-Mitglied im Jahr 2016

Berufsgruppen wie z. B. Berufen in der Hochschulleh-re und -forschung, der Softwareentwicklung oder bei Ärzten zu verzeichnen. Während Hochschullehrer im Jahr 2016 im Durchschnitt nur 4,4 Tage krankge-schrieben waren, waren es bei den Berufen in der Ver-und Entsorgung 31,8 Tage, also etwas mehr als das Siebenfache.

26.1.11 Fehlzeiten nach Wochentagen

Die meisten Krankschreibungen sind am Wochenan-fang zu verzeichnen (◘ Abb. 26.1.20). Zum Wochenende hin nimmt die Zahl der Arbeitsunfähigkeitsmeldun-gen tendenziell ab. 2016 entfiel mehr als ein Drittel (32,8%) der wöchentlichen Krankmeldungen auf den Montag.

Bei der Bewertung der gehäuften Krankmeldun-gen am Montag muss allerdings berücksichtigt wer-den, dass der Arzt am Wochenende in der Regel nur in Notfällen aufgesucht wird, da die meisten Praxen ge-schlossen sind. Deshalb erfolgt die Krankschreibung für Erkrankungen, die bereits am Wochenende begon-nen haben, in den meisten Fällen erst am Wochenan-fang. Insofern sind in den Krankmeldungen vom Mon-tag auch die Krankheitsfälle vom Wochenende enthal-ten. Die Verteilung der Krankmeldungen auf die Wo-chentage ist also in erster Linie durch die ärztlichen Sprechstundenzeiten bedingt. Dies wird häufig in der Diskussion um den »blauen Montag« nicht bedacht.

Geht man davon aus, dass die Wahrscheinlichkeit zu erkranken an allen Wochentagen gleich hoch ist und verteilt die Arbeitsunfähigkeitsmeldungen vom Sams-tag, Sonntag und Montag gleichmäßig auf diese drei Tage, beginnen am Montag – »wochenendbereinigt« – nur noch 11,9 % der Krankheitsfälle. Danach ist der Montag nach dem Freitag (12,2 %) der Wochentag mit der geringsten Zahl an Krankmeldungen. Eine finnische Studie zu diesem Thema bestätigt ebenfalls die geringe Bedeutung des Montags bei krankheitsbedingten Fehl-zeiten (Vahtera et al. 2001). Die Mehrheit der Ärzte be-vorzugt als Ende der Krankschreibung das Ende der Arbeitswoche (◘ Abb. 26.1.21). 2016 endeten 44,5 % der Arbeitsunfähigkeitsfälle am Freitag. Nach dem Freitag ist der Mittwoch der Wochentag, an dem die meisten Krankmeldungen (13,5 %) abgeschlossen sind.

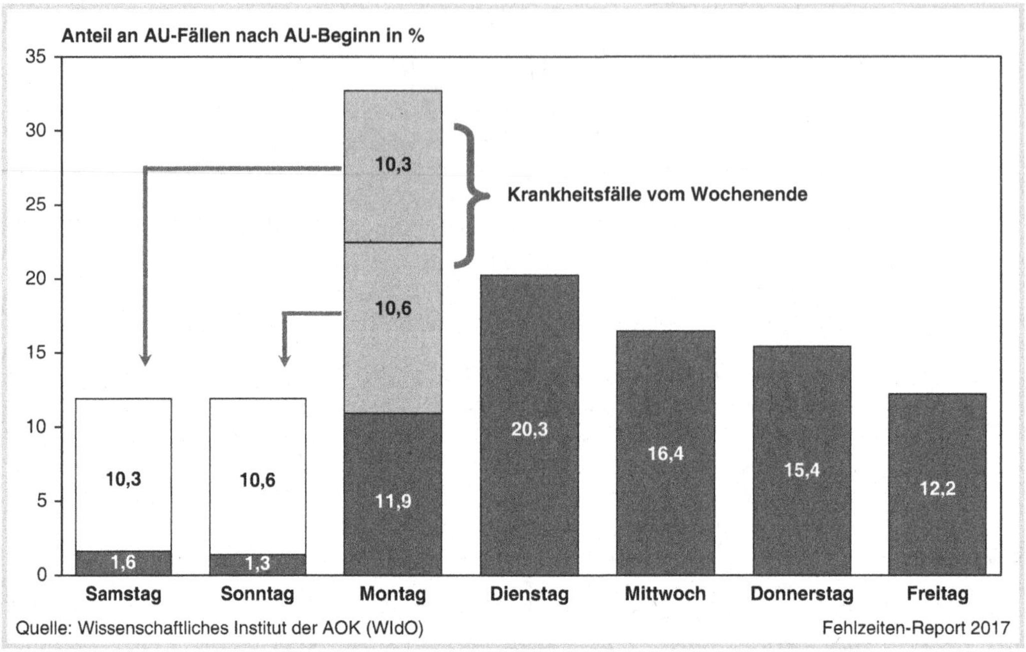

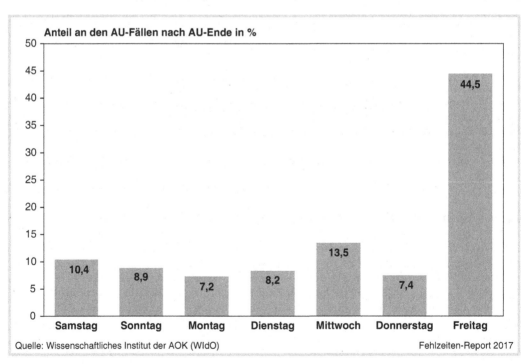

Anteil an AU-Fällen nach AU-Beginn in %

Quelle: Wissenschaftliches Institut der AOK (WIdO)   Fehlzeiten-Report 2017

�» **Abb. 26.1.20** Verteilung der Arbeitsunfähigkeitsfälle der AOK-Mitglieder nach AU-Beginn im Jahr 2016

Anteil an den AU-Fällen nach AU-Ende in %

Quelle: Wissenschaftliches Institut der AOK (WIdO)   Fehlzeiten-Report 2017

�» **Abb. 26.1.21** Verteilung der Arbeitsunfähigkeitsfälle der AOK-Mitglieder nach AU-Ende im Jahr 2016

Da meist bis Freitag krankgeschrieben wird, nimmt der Krankenstand gegen Ende der Woche hin zu. Daraus abzuleiten, dass am Freitag besonders gerne »krankgefeiert« wird, um das Wochenende auf Kosten des Arbeitgebers zu verlängern, erscheint wenig plausibel, insbesondere wenn man bedenkt, dass der Freitag der Werktag mit den wenigsten Krankmeldungen ist.

26.1.12 Arbeitsunfälle

Im Jahr 2016 waren 3,1 % der Arbeitsunfähigkeitsfälle auf Arbeitsunfälle[13] zurückzuführen. Diese waren für 5,9 % der Arbeitsunfähigkeitstage verantwortlich. In kleineren Betrieben kommt es wesentlich häufiger zu Arbeitsunfällen als in größeren Unternehmen (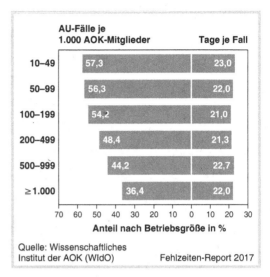 Abb. 26.1.22).[14] Die Unfallquote in Betrieben mit 10–49 AOK-Mitgliedern war im Jahr 2016 circa 1,6-mal so hoch wie in Betrieben mit 1.000 und mehr AOK-Mitgliedern. Auch die durchschnittliche Dauer einer unfallbedingten Arbeitsunfähigkeit ist in klei-

Quelle: Wissenschaftliches Institut der AOK (WIdO)   Fehlzeiten-Report 2017

◻ **Abb. 26.1.22** Fehlzeiten der AOK-Mitglieder aufgrund von Arbeitsunfällen nach Betriebsgröße im Jahr 2016

---

13 Zur Definition der Arbeitsunfälle ◻ Tab. 26.1.1

14 Als Maß für die Betriebsgröße wird hier die Anzahl der AOK-Mitglieder in den Betrieben zugrunde gelegt, die allerdings in der Regel nur einen Teil der gesamten Belegschaft ausmachen (▶ Abschn. 26.1.8).

neren Betrieben höher als in größeren Betrieben, was darauf hindeutet, dass dort häufiger schwere Unfälle passieren. Während ein Arbeitsunfall in einem Betrieb mit 10–49 AOK-Mitgliedern durchschnittlich 23,0 Tage dauerte, waren es in Betrieben mit 100–199 AOK-Mitgliedern 21,0 Tage.

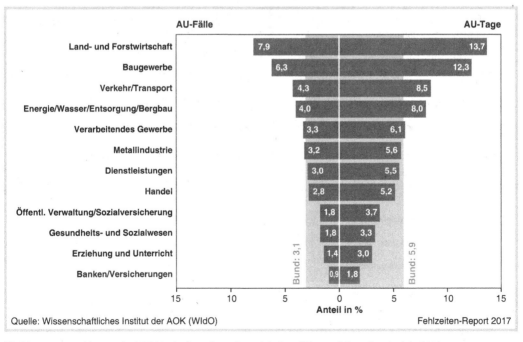

Quelle: Wissenschaftliches Institut der AOK (WIdO)   Fehlzeiten-Report 2017

◻ **Abb. 26.1.23** Fehlzeiten der AOK-Mitglieder aufgrund von Arbeitsunfällen nach Branchen im Jahr 2016

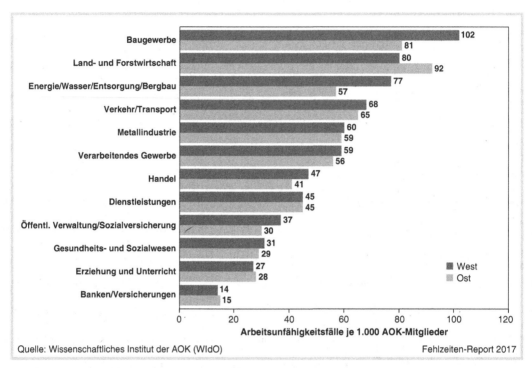

Quelle: Wissenschaftliches Institut der AOK (WIdO)   Fehlzeiten-Report 2017

◨ **Abb. 26.1.24** Fälle der Arbeitsunfähigkeit der AOK-Mitglieder aufgrund von Arbeitsunfällen nach Branchen in West- und Ostdeutschland im Jahr 2016

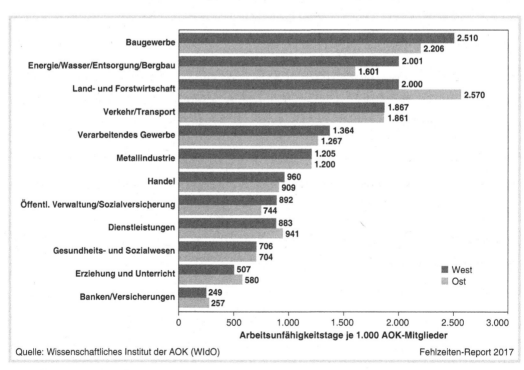

Quelle: Wissenschaftliches Institut der AOK (WIdO)   Fehlzeiten-Report 2017

◨ **Abb. 26.1.25** Tage der Arbeitsunfähigkeit durch Arbeitsunfälle nach Branchen in West- und Ostdeutschland im Jahr 2016

In den einzelnen Wirtschaftszweigen variiert die Zahl der Arbeitsunfälle erheblich. So waren die meisten Fälle in der Land- und Forstwirtschaft und im Baugewerbe zu verzeichnen (◘ Abb. 26.1.23). 2016 gingen beispielsweise 7,9 % der AU-Fälle und 13,7 % der AU-Tage in der Land- und Forstwirtschaft auf Arbeitsunfälle zurück. Neben dem Baugewerbe (6,3 %) und der Land- und Forstwirtschaft gab es auch im Bereich Verkehr und Transport (4,3 %) und in der Branche Energie, Wasser, Entsorgung und Bergbau (4,0 %) überdurchschnittlich viele Arbeitsunfälle. Den geringsten Anteil an Arbeitsunfällen verzeichneten die Banken und Versicherungen mit 0,9 %.

Die Zahl der Arbeitsunfälle lag in Westdeutschland höher als in Ostdeutschland: Während im Westen durchschnittlich 51,9 Fälle auf 1.000 AOK-Mitglieder entfielen, waren es im Osten 48,8 Fälle je 1.000 Mitglieder (◘ Abb. 26.1.24).

Insbesondere war die Zahl der auf Arbeitsunfälle zurückgehenden Arbeitsunfähigkeitstage in den Branchen Baugewerbe, Energie/Wasser/Entsorgung/Bergbau, verarbeitendes Gewerbe, Handel und im Bereich Öffentliche Verwaltung und Sozialversicherung höher als in Ostdeutschland. In der Land- und Forstwirtschaft sowie in den Branchen Dienstleistungen, Erziehung und Unterricht sowie Banken und Versicherungen dagegen war die Zahl der auf Arbeitsunfälle zurückgehenden Arbeitsunfähigkeitstage in Ostdeutschland höher (◘ Abb. 26.1.25).

◘ Tab. 26.1.6 zeigt die Berufsgruppen, die in besonderem Maße von arbeitsbedingten Unfällen betroffen sind. Spitzenreiter waren im Jahr 2016 Berufe in der Zimmerei (4.540 AU-Tage je 1.000 AOK-Mitglieder), Berufe in der Dachdeckerei (3.982 AU-Tage je 1.000 AOK-Mitglieder) sowie Berufe im Maurerhandwerk (3.724 AU-Tage je 1.000 AOK-Mitglieder).

◘ Tab. 26.1.6 Tage der Arbeitsunfähigkeit durch Arbeitsunfälle nach Berufsgruppen im Jahr 2016, AOK-Mitglieder

Berufsgruppe	AU-Tage je 1.000 AOK-Mitglieder
Berufe in der Zimmerei	4.540
Berufe in der Dachdeckerei	3.982
Berufe im Maurerhandwerk	3.724
Berufe im Beton- u. Stahlbetonbau	3.722
Berufe im Hochbau (ohne Spez.)	3.055
Berufe im Tiefbau (ohne Spez.)	2.966
Berufe im Straßen- u. Asphaltbau	2.836
Berufskraftfahrer/innen (Güterverkehr/LKW)	2.785
Berufe in der Land- u. Baumaschinentechnik	2.783
Führer/innen von Erdbewegungs- u. verwandten Maschinen	2.615
Berufe in der Ver- u. Entsorgung (ohne Spez.)	2.599
Berufe im Metallbau	2.573
Berufe in der Holzbe- u. -verarbeitung (ohne Spez.)	2.535
Berufe im Aus- u. Trockenbau (ohne Spez.)	2.444
Platz- u. Gerätewarte/-wartinnen	2.370
Berufe im Holz-, Möbel- u. Innenausbau	2.367
Berufe im Garten-, Landschafts- u. Sportplatzbau	2.312
Berufe in der Sanitär-, Heizungs- u. Klimatechnik	2.304
Berufe in der Schweiß- u. Verbindungstechnik	2.187
Berufe für Post- u. Zustelldienste	2.179
Kranführer/innen, Aufzugsmaschinisten, Bedienung verwandter Hebeeinrichtungen	2.169
Berufe in der Fleischverarbeitung	2.137
Berufe für Maler- u. Lackiererarbeiten	1.880
Berufe im Gartenbau (ohne Spez.)	1.880
Berufe in der Landwirtschaft (ohne Spez.)	1.867

Fehlzeiten-Report 2017

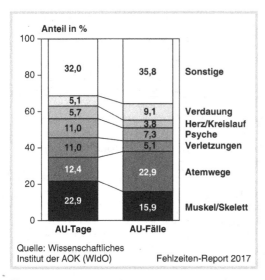

☑ Abb. 26.1.26 Arbeitsunfähigkeit der AOK-Mitglieder nach Krankheitsarten im Jahr 2016

☑ Abb. 26.1.27 Tage der Arbeitsunfähigkeit der AOK-Mitglieder nach Krankheitsarten im Jahr 2016 im Vergleich zum Vorjahr

26.1.13   Krankheitsarten im Überblick

Das Krankheitsgeschehen wird im Wesentlichen von sechs großen Krankheitsgruppen (nach ICD-10) bestimmt: Muskel- und Skelett-Erkrankungen, Atemwegserkrankungen, Verletzungen, psychische und Verhaltensstörungen, Herz- und Kreislauf-Erkrankungen sowie Erkrankungen der Verdauungsorgane. (☑ Abb. 26.1.26). 64,1 % der Arbeitsunfähigkeitsfälle und 68,1 % der Arbeitsunfähigkeitstage gingen 2016 auf das Konto dieser sechs Krankheitsarten. Der Rest verteilte sich auf sonstige Krankheitsgruppen.

Der häufigste Anlass für die Ausstellung von Arbeitsunfähigkeitsbescheinigungen waren Atemwegserkrankungen. Im Jahr 2016 waren diese für fast ein Viertel der Arbeitsunfähigkeitsfälle (22,9 %) verantwortlich. Aufgrund einer relativ geringen durchschnittlichen Erkrankungsdauer betrug der Anteil der Atemwegserkrankungen am Krankenstand allerdings nur 12,4 %. Die meisten Arbeitsunfähigkeitstage wurden durch Muskel- und Skelett-Erkrankungen verursacht, die häufig mit langen Ausfallzeiten verbunden sind. Allein auf diese Krankheitsart waren 2016 22,9 % der Arbeitsunfähigkeitstage zurückzuführen, obwohl sie nur für 15,9 % der Arbeitsunfähigkeitsfälle verantwortlich war.

☑ Abb. 26.1.27 zeigt die Anteile der Krankheitsarten an den krankheitsbedingten Fehlzeiten im Jahr 2016 im Vergleich zum Vorjahr. Während die Anteile der Muskel- und Skelett-Erkrankungen um 1,1, der psychischen Erkrankungen um 0,5 und der Verletzungen um

0,2 Prozentpunkte anstiegen, sanken die Anteile von Atemwegserkrankungen um 0,6, von Herz-Kreislauf-Erkrankungen um 0,4 sowie von Erkrankungen des Verdauungsapparats um 0,1 Prozentpunkte.

Die ☑ Abb. 26.1.28 und ☑ Abb. 26.1.29 zeigen die Entwicklung der häufigsten Krankheitsarten in den Jahren 2006 bis 2016 in Form einer Indexdarstellung. Ausgangsbasis ist dabei der Wert des Jahres 2005. Dieser wurde auf 100 normiert. Wie in den Abbildungen erkennbar ist, haben die psychischen Erkrankungen in den letzten Jahren deutlich zugenommen. Über die Gründe für diesen Anstieg wird gesellschaftlich kontrovers diskutiert. Neben der Zunahme belastender Arbeitsbedingungen in der modernen Arbeitswelt wird ein wichtiger Grund auch darin gesehen, dass die Ärzte zunehmend bezüglich psychischer Probleme sensibilisiert sind und psychische Krankheiten aufgrund der gestiegenen gesellschaftlichen Akzeptanz eher dokumentieren. Dazu kommt die zunehmende Bereitschaft der Patienten, psychische Probleme auch offener anzusprechen als früher. Als weiterer Grund wird die Verlagerung in Richtung psychischer Störungen als Diagnose diskutiert, d. h. bei Beschäftigten, die früher mit somatischen Diagnosen wie beispielsweise Muskel-Skelett-Erkrankungen krankgeschrieben waren, wird heute öfter eine psychische Erkrankung diagnostiziert. Die »reale Prävalenz« sei aber insgesamt unverändert geblieben (Jacobi 2009). Der Anteil psychischer und psychosomatischer Erkrankungen an der Frühinvalidität hat in den letzten Jahren ebenfalls erheblich zugenommen.

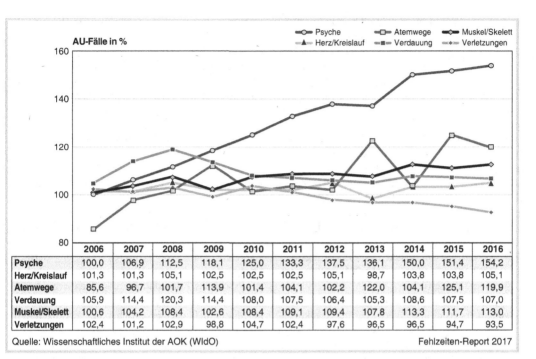

Abb. 26.1.28 Fälle der Arbeitsunfähigkeit der AOK-Mitglieder nach Krankheitsarten in den Jahren 2006–2016, Index-darstellung (2005 = 100 %)

	2006	2007	2008	2009	2010	2011	2012	2013	2014	2015	2016
Psyche	100,0	106,9	112,5	118,1	125,0	133,3	137,5	136,1	150,0	151,4	154,2
Herz/Kreislauf	101,3	101,3	105,1	102,5	102,5	102,5	105,1	98,7	103,8	103,8	105,1
Atemwege	85,6	96,7	101,7	113,9	101,4	104,1	102,2	122,0	104,1	125,1	119,9
Verdauung	105,9	114,4	120,3	114,4	108,0	107,5	106,4	105,3	108,6	107,5	107,0
Muskel/Skelett	100,6	104,2	108,4	102,6	108,4	109,1	109,4	107,8	113,3	111,7	113,0
Verletzungen	102,4	101,2	102,9	98,8	104,7	102,4	97,6	96,5	96,5	94,7	93,5

Quelle: Wissenschaftliches Institut der AOK (WIdO)   Fehlzeiten-Report 2017

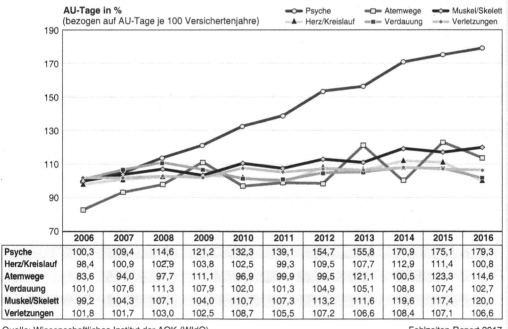

Abb. 26.1.29 Tage der Arbeitsunfähigkeit der AOK-Mitglieder nach Krankheitsarten in den Jahren 2006–2016 Index-darstellung (2005 = 100 %)

	2006	2007	2008	2009	2010	2011	2012	2013	2014	2015	2016
Psyche	100,3	109,4	114,6	121,2	132,3	139,1	154,7	155,8	170,9	175,1	179,3
Herz/Kreislauf	98,4	100,9	102,9	103,8	102,5	99,3	109,5	107,7	112,9	111,4	100,8
Atemwege	83,6	94,0	97,7	111,1	96,9	99,9	99,5	121,1	100,5	123,3	114,6
Verdauung	101,0	107,6	111,3	107,9	102,0	101,3	104,9	105,1	108,8	107,4	102,7
Muskel/Skelett	99,2	104,3	107,1	104,0	110,7	107,3	113,2	111,6	119,6	117,4	120,0
Verletzungen	101,8	101,7	103,0	102,5	108,7	105,5	107,2	106,6	108,4	107,1	106,6

Quelle: Wissenschaftliches Institut der AOK (WIdO)   Fehlzeiten-Report 2017

Inzwischen geht fast jede zweite Frühberentung (43 %) auf eine psychisch bedingte Erwerbsminderung zurück (Deutsche Rentenversicherung Bund 2016). Nach Prognosen der Weltgesundheitsorganisation (WHO) ist mit einem weiteren Anstieg der psychischen Erkrankungen zu rechnen (WHO 2011). Der Prävention dieser Erkrankungen wird daher weiterhin eine große Bedeutung zukommen.

Die Anzahl der Arbeitsunfähigkeitsfälle ist im Vergleich zum Jahr 2005 bei allen Krankheitsarten – bis auf Verletzungen – angestiegen. Arbeitsunfähigkeitsfälle, die auf Verletzungen zurückgingen, reduzierten sich um 6,5 Prozentpunkte. Die durch Atemwegserkrankungen bedingten Fehlzeiten unterliegen aufgrund der von Jahr zu Jahr unterschiedlich stark auftretenden Erkältungswellen teilweise erheblichen Schwankungen. Im Jahr 2015 war die Fallzahl wegen einer Erkältungswelle besonders hoch und ging im Jahr 2016 spürbar um 5,2 Prozentpunkte zurück.

Zwischen West- und Ostdeutschland sind nach wie vor Unterschiede in der Verteilung der Krankheitsarten festzustellen (◘ Abb. 26.1.30). In den westlichen Bundesländern verursachten Muskel- und Skelett-Erkrankungen (0,7 Prozentpunkte) und psychische Erkrankungen (0,6 Prozentpunkte) mehr Fehltage als in den neuen Bundesländern. In den östlichen Bundesländern entstanden vor allem durch Herz- und Kreis-

lauf-Erkrankungen mehr Fehltage als im Westen (0,9 Prozentpunkte).

Auch in Abhängigkeit vom Geschlecht ergeben sich deutliche Unterschiede in der Morbiditätsstruktur (◘ Abb. 26.1.31). Insbesondere Verletzungen und muskuloskelettale Erkrankungen führen bei Männern häufiger zur Arbeitsunfähigkeit als bei Frauen. Dies dürfte damit zusammenhängen, dass Männer nach wie vor in größerem Umfang körperlich beanspruchende und unfallträchtige Tätigkeiten ausüben als Frauen. Auch der Anteil der Erkrankungen des Verdauungssystems und der Herz- und Kreislauf-Erkrankungen an den Arbeitsunfähigkeitsfällen und -tagen ist bei Männern höher als bei Frauen. Bei den Herz- und Kreislauf-Erkrankungen ist insbesondere der Anteil an den AU-Tagen bei Männern höher als bei Frauen, da sie in stärkerem Maße von schweren und langwierigen Erkrankungen wie einem Herzinfarkt betroffen sind.

Psychische Erkrankungen und Atemwegserkrankungen kommen dagegen bei Frauen häufiger vor als bei Männern. Bei den psychischen Erkrankungen sind die Unterschiede besonders groß. Während sie bei den Männern in der Rangfolge nach AU-Tagen erst an vierter Stelle stehen, nehmen sie bei den Frauen den zweiten Rang ein.

◘ Abb. 26.1.32 zeigt die Bedeutung der Krankheitsarten für die Fehlzeiten in den unterschiedlichen

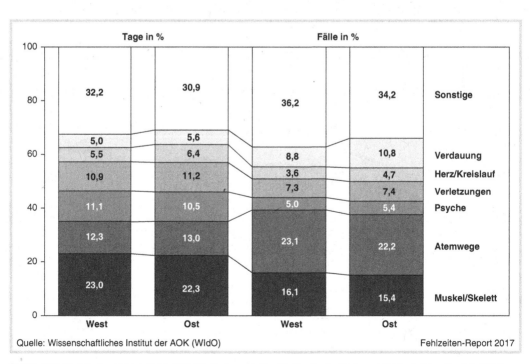

Quelle: Wissenschaftliches Institut der AOK (WIdO)   Fehlzeiten-Report 2017

◘ **Abb. 26.1.30** Arbeitsunfähigkeit der AOK-Mitglieder nach Krankheitsarten in West- und Ostdeutschland im Jahr 2016

26.1 · Überblick über die krankheitsbedingten Fehlzeiten im Jahr 2016

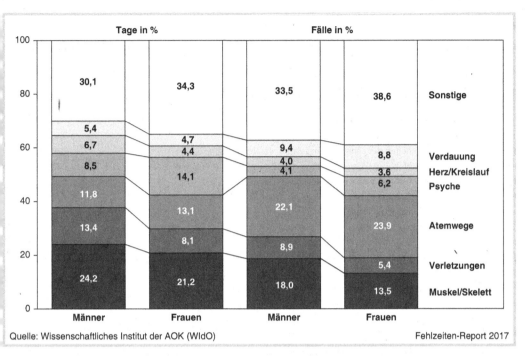

Quelle: Wissenschaftliches Institut der AOK (WIdO)   Fehlzeiten-Report 2017

▣ **Abb. 26.1.31** Arbeitsunfähigkeit der AOK-Mitglieder nach Krankheitsarten und Geschlecht im Jahr 2016

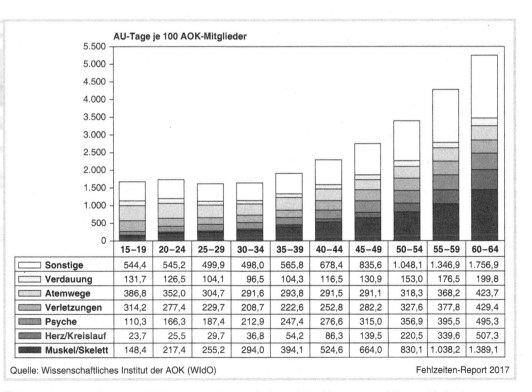

	15–19	20–24	25–29	30–34	35–39	40–44	45–49	50–54	55–59	60–64
▢ Sonstige	544,4	545,2	499,9	498,0	565,8	678,4	835,6	1.048,1	1.346,9	1.756,9
▢ Verdauung	131,7	126,5	104,1	96,5	104,3	116,5	130,9	153,0	176,5	199,8
▢ Atemwege	386,8	352,0	304,7	291,6	293,8	291,5	291,1	318,3	368,2	423,7
▢ Verletzungen	314,2	277,4	229,7	208,7	222,6	252,8	282,2	327,6	377,8	429,4
▣ Psyche	110,3	166,3	187,4	212,9	247,4	276,6	315,0	356,9	395,5	495,3
▣ Herz/Kreislauf	23,7	25,5	29,7	36,8	54,2	86,3	139,5	220,5	339,6	507,3
▣ Muskel/Skelett	148,4	217,4	255,2	294,0	394,1	524,6	664,0	830,1	1.038,2	1.389,1

Quelle: Wissenschaftliches Institut der AOK (WIdO)   Fehlzeiten-Report 2017

▣ **Abb. 26.1.32** Tage der Arbeitsunfähigkeit je 100 AOK-Mitglieder nach Krankheitsarten und Alter im Jahr 2016

◻ Tab. 26.1.7 Anteile der 40 häufigsten Einzeldiagnosen an den AU-Fällen und AU-Tagen im Jahr 2016

ICD-10	Bezeichnung	AU-Fälle in %	AU-Tage in %
J06	Akute Infektionen an mehreren oder nicht näher bezeichneten Lokalisationen der oberen Atemwege	9,0	4,2
M54	Rückenschmerzen	6,1	6,2
A09	Sonstige und nicht näher bezeichnete Gastroenteritis und Kolitis infektiösen und nicht näher bezeichneten Ursprungs	4,3	1,5
J20	Akute Bronchitis	2,1	1,2
K08	Sonstige Krankheiten der Zähne und des Zahnhalteapparates	1,9	0,4
K52	Sonstige nichtinfektiöse Gastroenteritis und Kolitis	1,8	0,7
B34	Viruskrankheit nicht näher bezeichneter Lokalisation	1,7	0,8
R10	Bauch- und Beckenschmerzen	1,7	0,8
I10	Essentielle (primäre) Hypertonie	1,6	1,7
J40	Bronchitis, nicht als akut oder chronisch bezeichnet	1,6	0,9
K29	Gastritis und Duodenitis	1,3	0,6
F32	Depressive Episode	1,2	3,3
F43	Reaktionen auf schwere Belastungen und Anpassungsstörungen	1,2	2,1
T14	Verletzung an einer nicht näher bezeichneten Körperregion	1,1	1,1
J02	Akute Pharyngitis	1,1	0,5
J03	Akute Tonsillitis	1,1	0,5
R51	Kopfschmerz	1,1	0,5
M25	Sonstige Gelenkkrankheiten, anderenorts nicht klassifiziert	1,0	1,2
J01	Akute Sinusitis	1,0	0,5
J32	Chronische Sinusitis	1,0	0,5
M99	Biomechanische Funktionsstörungen, anderenorts nicht klassifiziert	0,9	0,7
J00	Akute Rhinopharyngitis [Erkältungsschnupfen]	0,9	0,4
R11	Übelkeit und Erbrechen	0,9	0,4
M51	Sonstige Bandscheibenschäden	0,8	2,0
M79	Sonstige Krankheiten des Weichteilgewebes, anderenorts nicht klassifiziert	0,8	0,7
M75	Schulterläsionen	0,7	1,7
M77	Sonstige Enthesopathien	0,7	0,9
M53	Sonstige Krankheiten der Wirbelsäule und des Rückens, anderenorts nicht klassifiziert	0,7	0,8
R42	Schwindel und Taumel	0,7	0,5
G43	Migräne	0,7	0,3
A08	Virusbedingte und sonstige näher bezeichnete Darminfektionen	0,7	0,2
F45	Somatoforme Störungen	0,6	1,2
M23	Binnenschädigung des Kniegelenkes [internal derangement]	0,6	1,2
F48	Andere neurotische Störungen	0,6	1,0
S93	Luxation, Verstauchung und Zerrung der Gelenke und Bänder in Höhe des oberen Sprunggelenkes und des Fußes	0,6	0,7
R53	Unwohlsein und Ermüdung	0,6	0,6
B99	Sonstige und nicht näher bezeichnete Infektionskrankheiten	0,6	0,3
J98	Sonstige Krankheiten der Atemwege	0,6	0,3
M47	Spondylose	0,5	0,7
M65	Synovitis und Tenosynovitis	0,5	0,6
	Summe hier	**56,6**	**44,4**
	Restliche	43,4	55,6
	Gesamtsumme	**100,0**	**100,0**

Fehlzeiten-Report 2017

Altersgruppen. Aus der Abbildung ist deutlich zu ersehen, dass die Zunahme der krankheitsbedingten Ausfalltage mit dem Alter v. a. auf den starken Anstieg der Muskel- und Skelett-Erkrankungen und der Herz- und Kreislauf-Erkrankungen zurückzuführen ist. Während diese beiden Krankheitsarten bei den jüngeren Altersgruppen noch eine untergeordnete Bedeutung haben, verursachen sie in den höheren Altersgruppen die meisten Arbeitsunfähigkeitstage. Bei den 60- bis 64-Jährigen gehen etwas mehr als ein Viertel (26,7 %) der Ausfalltage auf das Konto der muskuloskelettalen Erkrankungen. Muskel- und Skelett-Erkrankungen und Herz- und Kreislauf-Erkrankungen zusammen sind bei dieser Altersgruppe für mehr als ein Drittel des Krankenstandes (36,5 %) verantwortlich. Neben diesen beiden Krankheitsarten nehmen auch die Fehlzeiten aufgrund psychischer und Verhaltensstörungen in den höheren Altersgruppen zu, allerdings in geringerem Ausmaß.

26.1.14 Die häufigsten Einzeldiagnosen

In ◨ Tab. 26.1.7 sind die 40 häufigsten Einzeldiagnosen nach Anzahl der Arbeitsunfähigkeitsfälle aufgelistet. Im Jahr 2016 waren auf diese Diagnosen 56,6 % aller AU-Fälle und 44,4 % aller AU-Tage zurückzuführen.

Die häufigste Einzeldiagnose, die im Jahr 2016 zu Arbeitsunfähigkeit führte, war die akute Infektion der oberen Atemwege mit 9,0 % der AU-Fälle und 4,2 % der AU-Tage. Die zweithäufigste Diagnose, die zu Krankmeldungen führte, sind Rückenschmerzen mit 6,1 % der AU-Fälle und 6,2 % der AU-Tage. Unter den häufigsten Diagnosen sind auch weitere Krankheitsbilder aus dem Bereich der Muskel- und Skelett-Erkrankungen besonders zahlreich vertreten.

26.1.15 Krankheitsarten nach Branchen

Bei der Verteilung der Krankheitsarten bestehen erhebliche Unterschiede zwischen den Branchen, die im Folgenden für die wichtigsten Krankheitsgruppen aufgezeigt werden.

■ Muskel- und Skelett-Erkrankungen

Die Muskel- und Skelett-Erkrankungen verursachen in fast allen Branchen die meisten Fehltage (◨ Abb. 26.1.33). Ihr Anteil an den Arbeitsunfähigkeitstagen bewegte sich im Jahr 2016 in den einzelnen Branchen zwischen 15 % bei Banken und Versicherungen und 27 % im Baugewerbe. In Wirtschaftszweigen mit überdurchschnittlich hohen Krankenständen sind häufig die muskuloskelettalen Erkrankungen besonders ausgeprägt und tragen wesentlich zu den erhöhten Fehlzeiten bei.

◨ Abb. 26.1.34 zeigt die Anzahl und durchschnittliche Dauer der Krankmeldungen aufgrund von

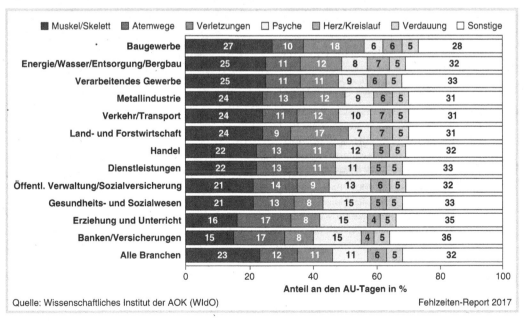

◨ **Abb. 26.1.33** Arbeitsunfähigkeitstage der AOK-Mitglieder nach Krankheitsarten und Branche im Jahr 2016

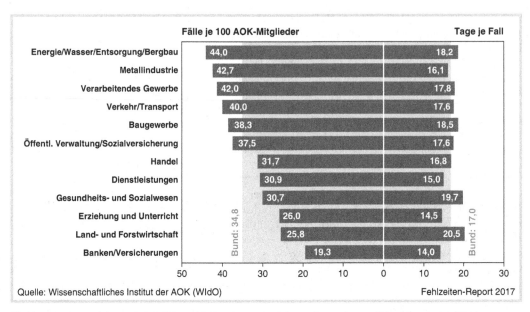

◨ **Abb. 26.1.34** Krankheiten des Muskel- und Skelettsystems und des Bindegewebes nach Branchen im Jahr 2016, AOK-Mitglieder

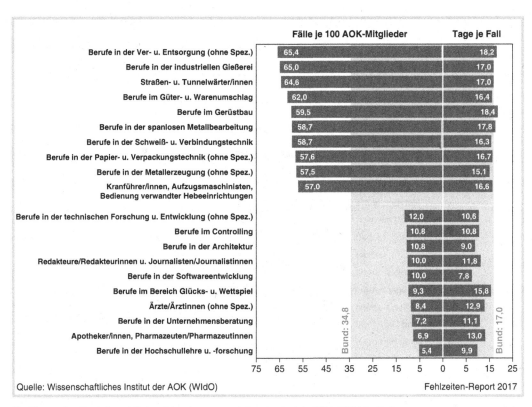

◨ **Abb. 26.1.35** Muskel- und Skelett-Erkrankungen nach Berufen im Jahr 2016, AOK-Mitglieder

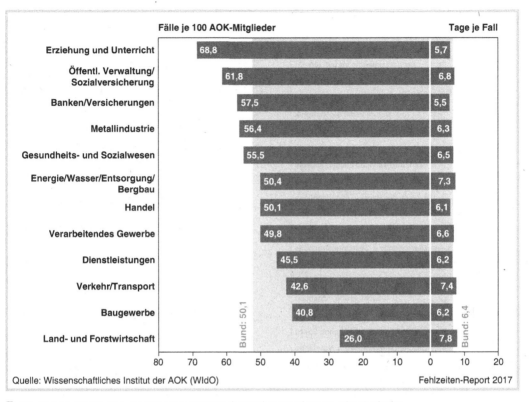

Fälle je 100 AOK-Mitglieder   Tage je Fall

Branche	Fälle je 100 AOK-Mitglieder	Tage je Fall
Erziehung und Unterricht	68,8	5,7
Öffentl. Verwaltung/Sozialversicherung	61,8	6,8
Banken/Versicherungen	57,5	5,5
Metallindustrie	56,4	6,3
Gesundheits- und Sozialwesen	55,5	6,5
Energie/Wasser/Entsorgung/Bergbau	50,4	7,3
Handel	50,1	6,1
Verarbeitendes Gewerbe	49,8	6,6
Dienstleistungen	45,5	6,2
Verkehr/Transport	42,6	7,4
Baugewerbe	40,8	6,2
Land- und Forstwirtschaft	26,0	7,8

Bund: 50,1   Bund: 6,4

Quelle: Wissenschaftliches Institut der AOK (WIdO)   Fehlzeiten-Report 2017

Abb. 26.1.36 Krankheiten des Atmungssystems nach Branchen im Jahr 2016, AOK-Mitglieder

Muskel- und Skelett-Erkrankungen in den einzelnen Branchen. Die meisten Arbeitsunfähigkeitsfälle waren im Bereich Energie, Wasser, Entsorgung und Bergbau zu verzeichnen, mehr als doppelt so viele wie bei den Banken und Versicherungen.

Die muskuloskelettalen Erkrankungen sind häufig mit langen Ausfallzeiten verbunden. Die mittlere Dauer der Krankmeldungen schwankte im Jahr 2016 in den einzelnen Branchen zwischen 14,0 Tagen bei Banken und Versicherungen und 20,5 Tagen in der Land- und Forstwirtschaft. Im Branchendurchschnitt lag sie bei 17,0 Tagen.

Abb. 26.1.35 zeigt die zehn Berufsgruppen mit hohen und niedrigen Fehlzeiten aufgrund von Muskel- und Skelett-Erkrankungen. Die meisten Arbeitsunfähigkeitsfälle sind bei den Berufen in der Ver- und Entsorgung zu verzeichnen, während Berufe in der Hochschullehre und -forschung vergleichsweise geringe Fallzahlen aufgrund von Muskel- und Skelett-Erkrankungen aufweisen.

▪ Atemwegserkrankungen

Die meisten Erkrankungsfälle aufgrund von Atemwegserkrankungen waren im Jahr 2016 im Bereich Erziehung und Unterricht zu verzeichnen (Abb. 26.1.36). Überdurchschnittlich viele Fälle fielen unter anderem auch in der öffentlichen Verwaltung, bei den Banken und Versicherungen sowie in der Metallindustrie und dem Gesundheits- und Sozialwesen an.

Aufgrund einer großen Anzahl an Bagatellfällen ist die durchschnittliche Erkrankungsdauer bei dieser Krankheitsart relativ gering. Im Branchendurchschnitt liegt sie bei 6,4 Tagen. In den einzelnen Branchen bewegte sie sich im Jahr 2016 zwischen 5,5 Tagen bei Banken und Versicherungen und 7,8 Tagen im Bereich Land- und Forstwirtschaft.

Der Anteil der Atemwegserkrankungen an den Arbeitsunfähigkeitstagen (Abb. 26.1.33) ist bei den Banken und Versicherungen sowie in der Erziehung und im Unterricht (17 %) am höchsten, in der Land- und Forstwirtschaft sowie im Baugewerbe (9 bzw. 10 %) am niedrigsten.

In Abb. 26.1.37 sind die hohen und niedrigen Fehlzeiten aufgrund von Atemwegserkrankungen von zehn Berufsgruppen dargestellt. Spitzenreiter sind die Berufe im Dialogmarketing mit 106,6 Arbeitsunfähigkeitsfällen je 100 AOK-Mitglieder und einer vergleichsweise geringen Falldauer von 6,6 Tagen je Fall,

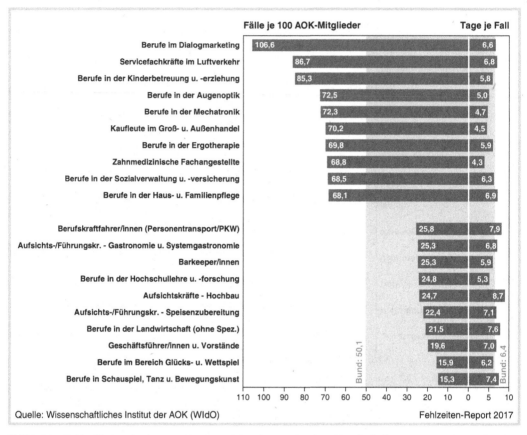

Abb. 26.1.37 Krankheiten des Atmungssystems nach Berufen im Jahr 2016, AOK-Mitglieder

während Aufsichtsräte im Hochbau im Vergleich zwar deutlich seltener an Atemwegserkrankungen leiden (24,7 Fälle je 100 AOK-Mitglieder), jedoch eine überdurchschnittliche Falldauer von 8,7 Tagen aufweisen.

■ **Verletzungen**

Der Anteil der Verletzungen an den Arbeitsunfähigkeitstagen variiert sehr stark zwischen den einzelnen Branchen (■ Abb. 26.1.33). Am höchsten ist er in Branchen mit vielen Arbeitsunfällen. Im Jahr 2016 bewegte er sich zwischen 8 % bei den Banken und Versicherungen, im Gesundheits- und Sozialwesen sowie bei Erziehung und Unterricht und 18 % im Baugewerbe. Im Baugewerbe war die Zahl der Fälle mehr als doppelt so hoch wie bei Banken und Versicherungen (■ Abb. 26.1.38). Die Dauer der verletzungsbedingten Krankmeldungen schwankte in den einzelnen Branchen zwischen 14,3 Tagen bei Banken und Versicherungen und 21,1 Tagen im Bereich der Land- und Forstwirtschaft. Die Unterschiede zeigen sich auch bei den Berufsgruppen (■ Abb. 26.1.39).

Ein erheblicher Teil der Verletzungen ist auf Arbeitsunfälle zurückzuführen. In der Land- und Forstwirtschaft gehen 52 % der Arbeitsunfähigkeitstage auf Arbeitsunfälle durch Verletzungen zurück. Im Baugewerbe, im Bereich Verkehr und Transport, Energie, Wasser, Entsorgung und Bergbau und dem verarbeitenden Gewerbe gehen bei den Verletzungen immerhin mehr als ein Drittel der Fehltage auf Arbeitsunfälle zurück (■ Abb. 26.1.40). Am niedrigsten ist der Anteil der Arbeitsunfälle bei den Banken und Versicherungen. Dort beträgt er lediglich 14 %.

■ **Erkrankungen der Verdauungsorgane**

Auf Erkrankungen der Verdauungsorgane gingen im Jahr 2016 unabhängig von der Branche 5 % der Arbeitsunfähigkeitstage zurück (■ Abb. 26.1.33). Die Unterschiede zwischen den Wirtschaftszweigen hinsichtlich der Zahl der Arbeitsunfähigkeitsfälle sind relativ gering. Die Branche Öffentliche Verwaltung und Sozialversicherung verzeichnet mit

26.1 · Überblick über die krankheitsbedingten Fehlzeiten im Jahr 2016

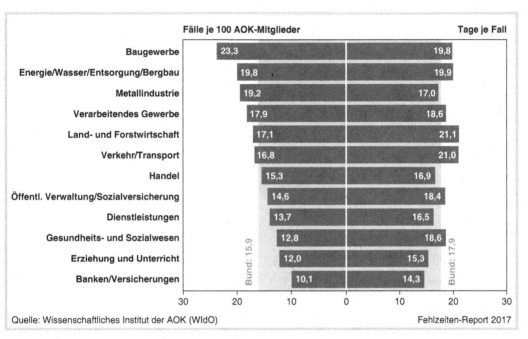

■ **Abb. 26.1.38** Verletzungen, Vergiftungen und bestimmte andere Folgen äußerer Ursachen nach Branchen im Jahr 2016, AOK-Mitglieder

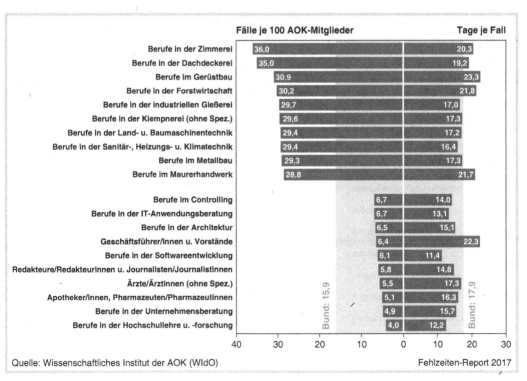

■ **Abb. 26.1.39** Verletzungen, Vergiftungen und bestimmte andere Folgen äußerer Ursachen nach Berufen im Jahr 2016, AOK-Mitglieder

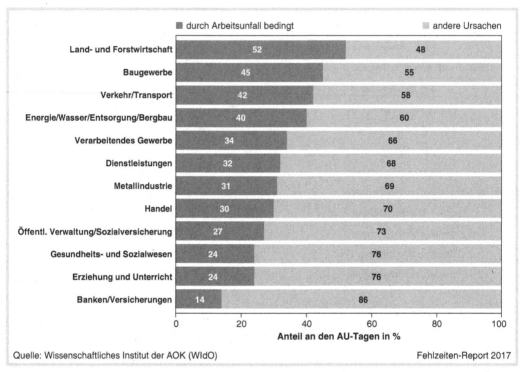

Abb. 26.1.40 Anteil der Arbeitsunfälle an den Verletzungen nach Branchen im Jahr 2016, AOK-Mitglieder

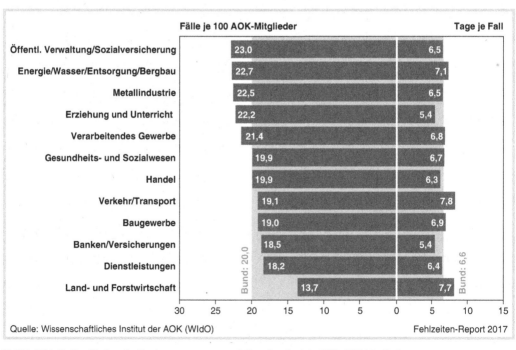

Abb. 26.1.41 Krankheiten des Verdauungssystems nach Branchen im Jahr 2016, AOK-Mitglieder

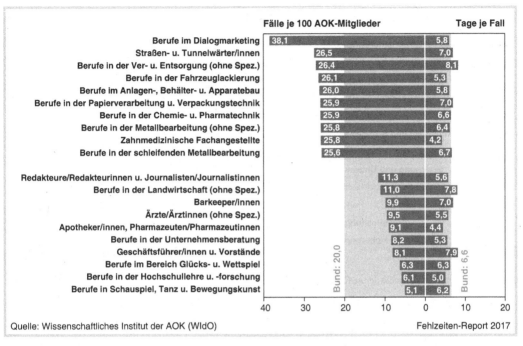

Fälle je 100 AOK-Mitglieder   **Tage je Fall**

Quelle: Wissenschaftliches Institut der AOK (WIdO)

Fehlzeiten-Report 2017

◨ **Abb. 26.1.42** Krankheiten des Verdauungssystems nach Berufen im Jahr 2016, AOK-Mitglieder

23,0 Fällen je 100 AOK-Mitglieder eine vergleichsweise hohe Anzahl an Arbeitsunfähigkeitsfällen. Am niedrigsten war die Zahl der Arbeitsunfähigkeitsfälle im Bereich Land- und Forstwirtschaft mit 13,7 Fällen je 100 AOK-Mitglieder. Die Dauer der Fälle betrug im Branchendurchschnitt 6,6 Tage. In den einzelnen Branchen bewegte sie sich zwischen 5,4 und 7,8 Tagen (◨ Abb. 26.1.41).

Die Berufe mit den meisten Arbeitsunfähigkeitsfällen aufgrund von Erkrankungen des Verdauungssystems waren im Jahr 2016 Berufe im Dialogmarketing, die Gruppe mit den wenigsten Fällen waren Berufe im Bereich Schauspiel, Tanz und Bewegungskunst (◨ Abb. 26.1.42).

■ **Herz- und Kreislauf-Erkrankungen**

Der Anteil der Herz- und Kreislauf-Erkrankungen an den Arbeitsunfähigkeitstagen lag im Jahr 2016 in den einzelnen Branchen zwischen 4 und 7 % (◨ Abb. 26.1.33). Die meisten Erkrankungsfälle waren im Bereich Energie, Wasser, Entsorgung und Bergbau sowie im Bereich Verkehr und Transport und der Land- und Forstwirtschaft zu verzeichnen. Die niedrigsten Werte waren bei den Beschäftigten im Bereich Banken und Versicherungen und Erziehung und Unterricht zu finden. Herz- und Kreislauf-Erkrankungen bringen oft lange Ausfallzeiten mit sich. Die Dauer

eines Erkrankungsfalls bewegte sich in den einzelnen Wirtschaftsbereichen zwischen 12,2 Tagen bei den Banken und Versicherungen und 22,2 Tagen in der Branche Verkehr und Transport (◨ Abb. 26.1.43).

◨ Abb. 26.1.44 stellt die hohen und niedrigen Fehlzeiten aufgrund von Erkrankungen des Kreislaufsystems nach Berufen im Jahr 2016 dar. Die Berufsgruppe mit den meisten Arbeitsunfähigkeitsfällen sind Platz- und Gerätewarte/-wartinnen. Die wenigsten AU-Fälle sind in der Berufsgruppe der Hochschullehre und -forschung zu verzeichnen. Mit 25,0 Tagen je Fall fallen Führer von Erdbewegungs- und verwandten Maschinen überdurchschnittlich lang aufgrund von Herz- und Kreislauferkrankungen aus.

■ **Psychische und Verhaltensstörungen**

Der Anteil der psychischen und Verhaltensstörungen an den krankheitsbedingten Fehlzeiten schwankte in den einzelnen Branchen erheblich. Die meisten Erkrankungsfälle sind im tertiären Sektor zu verzeichnen. Während im Baugewerbe nur 6 % und in der Land- und Forstwirtschaft 7 % der Arbeitsunfähigkeitsfälle auf psychische und Verhaltensstörungen zurückgingen, ist bei Banken und Versicherungen, in der Branche Erziehung und Unterricht sowie im Gesundheits- und Sozialwesen mit jeweils 15 % der höchste Anteil an den AU-Fällen zu verzeichnen

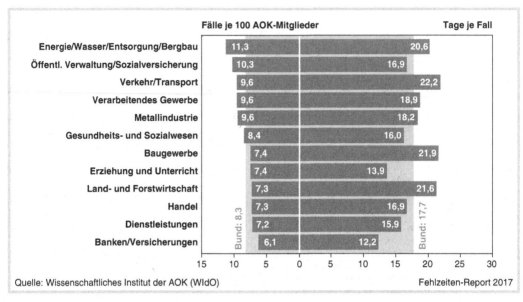

Abb. 26.1.43 Krankheiten des Kreislaufsystems nach Branchen im Jahr 2016, AOK-Mitglieder

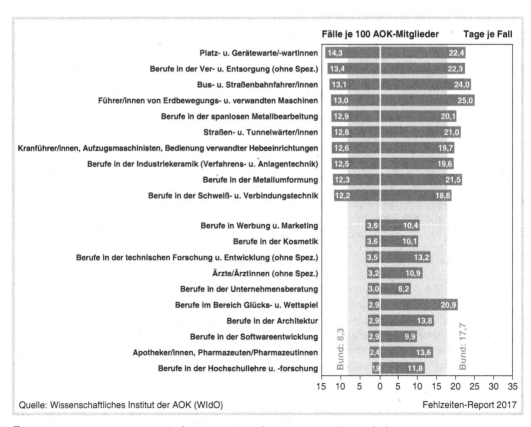

Abb. 26.1.44 Krankheiten des Kreislaufsystems nach Berufen im Jahr 2016, AOK-Mitglieder

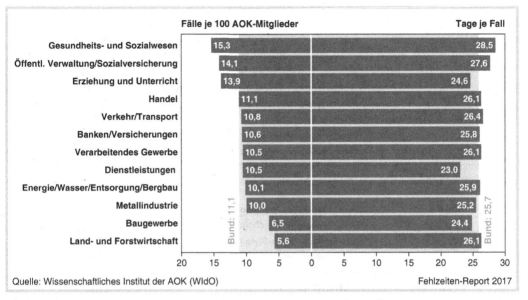

Fälle je 100 AOK-Mitglieder   **Tage je Fall**

Branche	Fälle je 100 AOK-Mitglieder	Tage je Fall
Gesundheits- und Sozialwesen	15,3	28,5
Öffentl. Verwaltung/Sozialversicherung	14,1	27,6
Erziehung und Unterricht	13,9	24,6
Handel	11,1	26,1
Verkehr/Transport	10,8	26,4
Banken/Versicherungen	10,6	25,8
Verarbeitendes Gewerbe	10,5	26,1
Dienstleistungen	10,5	23,0
Energie/Wasser/Entsorgung/Bergbau	10,1	25,9
Metallindustrie	10,0	25,2
Baugewerbe	6,5	24,4
Land- und Forstwirtschaft	5,6	26,1

Bund: 11,1   Bund: 25,7

Quelle: Wissenschaftliches Institut der AOK (WIdO)   Fehlzeiten-Report 2017

Abb. 26.1.45 Psychische und Verhaltensstörungen nach Branchen im Jahr 2016, AOK-Mitglieder

(▣ Abb. 26.1.33). Die durchschnittliche Dauer der Arbeitsunfähigkeitsfälle bewegte sich in den einzelnen Branchen zwischen 23,0 und 28,5 Tagen (▣ Abb. 26.1.45).

Gerade im Dienstleistungsbereich tätige Personen, wie Beschäftigte im Dialogmarketing und in der Altenpflege, sind verstärkt von psychischen Erkrankungen betroffen. Psychische Erkrankungen sind oftmals mit langen Ausfallzeiten verbunden: Im Schnitt fehlt ein Arbeitnehmer 25,7 Tage (▣ Abb. 26.1.46).

26.1.16 Langzeitfälle nach Krankheitsarten

Langzeit-Arbeitsunfähigkeit mit einer Dauer von mehr als sechs Wochen stellt sowohl für die Betroffenen als auch für die Unternehmen und Krankenkassen eine besondere Belastung dar. Daher kommt der Prävention derjenigen Erkrankungen, die zu langen Ausfallzeiten führen, eine spezielle Bedeutung zu (▣ Abb. 26.1.47).

Ebenso wie im Arbeitsunfähigkeitsgeschehen insgesamt spielen auch bei den Langzeitfällen die Muskel- und Skelett-Erkrankungen und die psychischen und Verhaltensstörungen eine entscheidende Rolle. Auf diese beiden Krankheitsarten gingen 2016 bereits 40 % der durch Langzeitfälle verursachten Fehlzeiten zurück. An dritter Stelle stehen Verletzungen mit einem Anteil von 12 % an den durch Langzeitfälle bedingten Fehlzeiten.

Auch in den einzelnen Wirtschaftsabteilungen geht die Mehrzahl der durch Langzeitfälle bedingten Arbeitsunfähigkeitstage auf die o. g. Krankheitsarten zurück (▣ Abb. 26.1.48). Der Anteil der muskuloskelettalen Erkrankungen ist im Baugewerbe (29 %) am höchsten. Bei den Verletzungen werden die höchsten Werte ebenfalls im Baugewerbe (19 %) sowie in der Land- und Forstwirtschaft erreicht (17 %). Die psychischen und Verhaltensstörungen verursachen – bezogen auf die Langzeiterkrankungen – die meisten Ausfalltage bei Banken und Versicherungen (25 %). Der Anteil der Herz- und Kreislauf-Erkrankungen ist am ausgeprägtesten im Bereich Energie, Wasser, Entsorgung und Bergbau und Verkehr und Transport (10 %).

26.1.17 Krankheitsarten nach Diagnoseuntergruppen

In ▸ Abschn. 26.1.15 wurde die Bedeutung der branchenspezifischen Tätigkeitsschwerpunkte und -belastungen für die Krankheitsarten aufgezeigt. Doch auch innerhalb der Krankheitsarten zeigen sich Differenzen aufgrund der unterschiedlichen arbeitsbedingten Belastungen. In ▣ Abb. 26.1.49, ▣ Abb. 26.1.50, ▣ Abb. 26.1.51, ▣ Abb. 26.1.52, ▣ Abb. 26.1.53 und ▣ Abb. 26.1.54 wird die Verteilung der wichtigsten Krankheitsarten nach Diagnoseuntergruppen (nach ICD-10) und Branchen dargestellt.

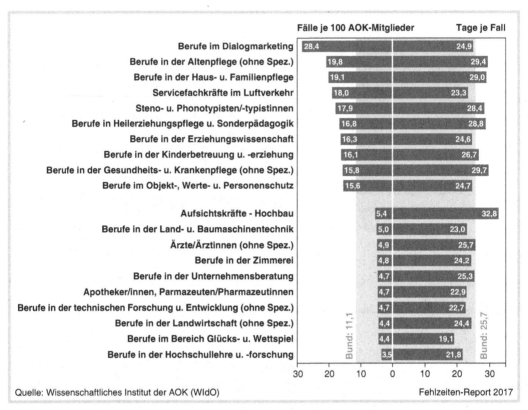

Abb. 26.1.46 Psychische und Verhaltensstörungen nach Berufen im Jahr 2016, AOK-Mitglieder

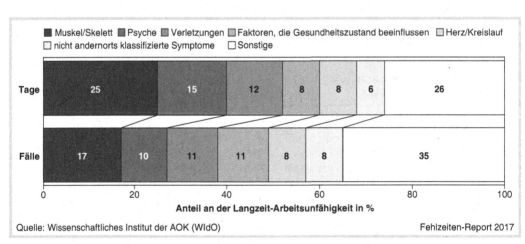

Abb. 26.1.47 Langzeit-Arbeitsunfähigkeit (> 6 Wochen) der AOK-Mitglieder nach Krankheitsarten im Jahr 2016

26.1 · Überblick über die krankheitsbedingten Fehlzeiten im Jahr 2016

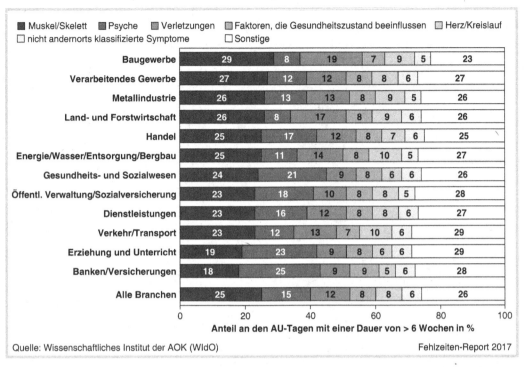

Abb. 26.1.48 Langzeit-Arbeitsunfähigkeit (> 6 Wochen) der AOK-Mitglieder nach Krankheitsarten und Branchen im Jahr 2016

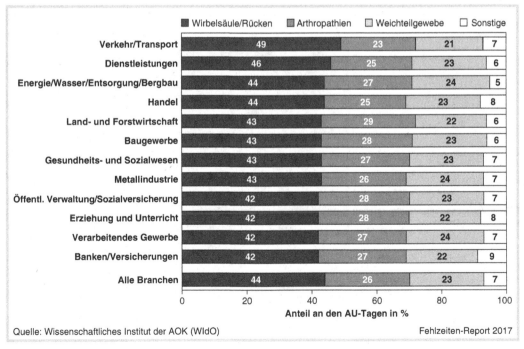

Abb. 26.1.49 Krankheiten des Muskel- und Skelettsystems und Bindegewebserkrankungen nach Diagnoseuntergruppen und Branchen im Jahr 2016, AOK-Mitglieder

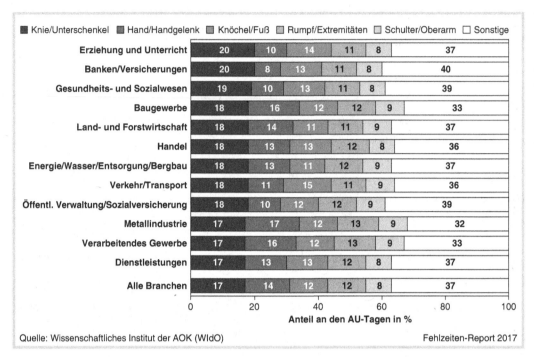

Quelle: Wissenschaftliches Institut der AOK (WIdO)   Fehlzeiten-Report 2017

◩ Abb. 26.1.50 Verletzungen, Vergiftungen und bestimmte andere Folgen äußerer Ursachen nach Diagnoseuntergruppen und Branchen im Jahr 2016, AOK-Mitglieder

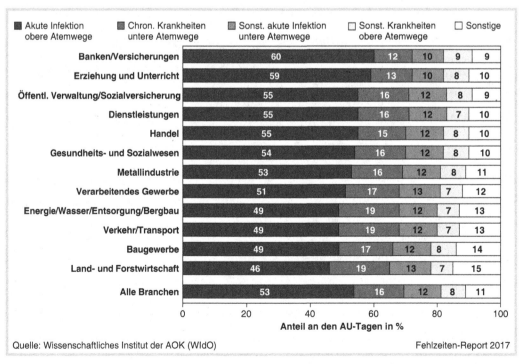

Quelle: Wissenschaftliches Institut der AOK (WIdO)   Fehlzeiten-Report 2017

◩ Abb. 26.1.51 Krankheiten des Atmungssystems nach Diagnoseuntergruppen und Branchen im Jahr 2016, AOK-Mitglieder

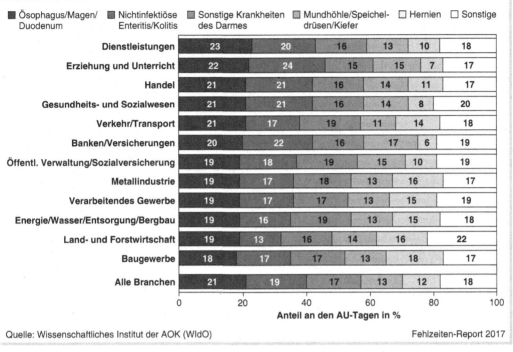

Abb. 26.1.52 Krankheiten des Verdauungssystems nach Diagnoseuntergruppen und Branchen im Jahr 2016, AOK-Mitglieder

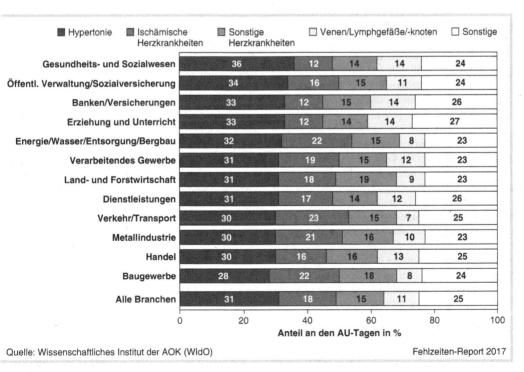

Abb. 26.1.53 Krankheiten des Kreislaufsystems nach Diagnoseuntergruppen und Branchen im Jahr 2016, AOK-Mitglieder

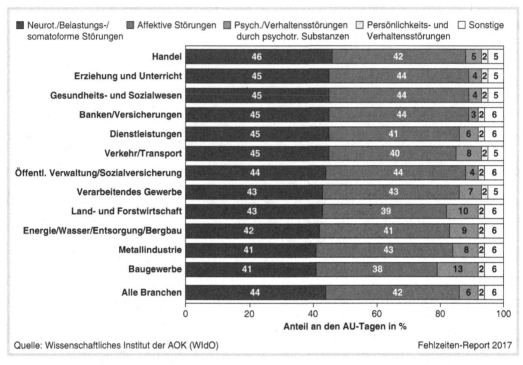

■ Abb. 26.1.54 Psychische und Verhaltensstörungen nach Diagnoseuntergruppen und Branchen im Jahr 2016, AOK-Mitglieder

26.1.18   Burnout-bedingte Fehlzeiten

Im Zusammenhang mit psychischen Erkrankungen ist in der öffentlichen Wahrnehmung und Diskussion in den letzten Jahren zunehmend die Diagnose Burnout in den Vordergrund getreten und auch weiterhin von großer Bedeutung.

Unter Burnout wird ein Zustand physischer und psychischer Erschöpfung verstanden, der in der ICD-10-Klassifikation unter der Diagnosegruppe Z73 »Probleme mit Bezug auf Schwierigkeiten bei der Lebensbewältigung« in der Hauptdiagnosegruppe Z00–Z99 »Faktoren, die den Gesundheitszustand beeinflussen und zur Inanspruchnahme des Gesundheitswesens führen« eingeordnet ist. Burnout ist daher von den Ärzten nicht als eigenständige Arbeitsunfähigkeit auslösende psychische Erkrankung in der ICD-Gruppe der psychischen und Verhaltensstörungen zu kodieren. Es ist jedoch möglich, diese als Zusatzinformation anzugeben.

Zwischen 2007 und 2016 haben sich die Arbeitsunfähigkeitstage aufgrund der Diagnosegruppe Z73 je 1.000 AOK-Mitglieder von 28,9 auf 109,9 Tage fast um das Vierfache erhöht (■ Abb. 26.1.55). Im Jahr 2016 stiegen die Arbeitsunfähigkeitstage im Vergleich zum Vorjahr um 8,3 Tage an. Alters- und geschlechts-

bereinigt hochgerechnet auf die mehr als 36 Millionen gesetzlich krankenversicherten Beschäftigten bedeutet dies, dass ca. 159.000 Menschen mit insgesamt 3,4 Millionen Fehltagen im Jahr 2016 wegen eines Burnouts krankgeschrieben wurden.

Zwischen den Geschlechtern zeigen sich deutliche Unterschiede: Frauen sind aufgrund eines Burnouts mehr als doppelt so lange krankgeschrieben. Im Jahr 2016 entfielen auf Frauen 143,5 Ausfalltage je 1.000 AOK-Mitglieder, auf Männer hingegen nur 83,2 Tage. Sowohl Frauen als auch Männer sind am häufigsten zwischen dem 60. und 64. Lebensjahr von einem Burnout betroffen. Weiterhin zeigt sich, dass mit zunehmendem Alter das Risiko einer Krankmeldung infolge eines Burnouts zunimmt (■ Abb. 26.1.56).

Bei den Auswertungen nach Tätigkeiten zeigt sich, dass vor allem Angehörige kundenorientierter und erzieherischer Berufe, bei denen ständig eine helfende oder beratende Haltung gegenüber anderen Menschen gefordert ist, von einem Burnout betroffen sind. ■ Abb. 26.1.57 zeigt diejenigen Berufe, in denen am häufigsten die Diagnose Z73 gestellt wurde. So führt die Berufsgruppe Dialogmarketing mit 366,4 Arbeitsunfähigkeitstagen je 1.000 AOK-Mitglieder die Liste an. Dies entspricht 23,4 Arbeitsunfähigkeits-

26.1 · Überblick über die krankheitsbedingten Fehlzeiten im Jahr 2016

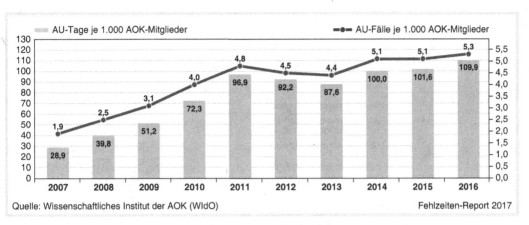

D Abb. 26.1.55 AU-Tage und -Fälle der Diagnosegruppe Z73 in den Jahren 2007–2016 je 1.000 AOK-Mitglieder

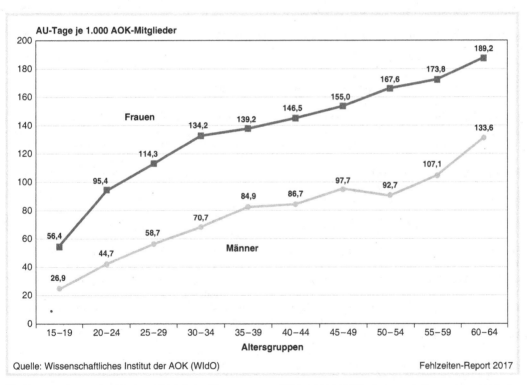

D Abb. 26.1.56 Tage der Arbeitsunfähigkeit der Diagnosegruppe Z73 je 1.000 AOK-Mitglieder nach Alter und Geschlecht im Jahr 2016

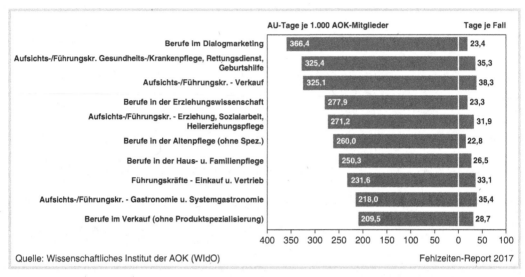

◼ Abb. 26.1.57 AU-Tage und AU-Tage je Fall der Diagnosegruppe Z73 nach Berufen im Jahr 2016, AOK-Mitglieder

tagen pro Fall. An zweiter Stelle stehen Aufsichts- und Führungskräfte in der Gesundheits-/Krankenpflege, Rettungspflege und Geburtshilfe mit 325,4 Arbeitsunfähigkeitstagen je 1.000 AOK-Mitglieder.

26.1.19 Arbeitsunfähigkeiten nach Städten 2016

Analysiert man die 50 einwohnerstärksten Städte in Deutschland nach Dauer der Arbeitsunfähigkeitstage, ergeben sich deutliche Unterschiede. Danach sind die Arbeitnehmer aus Herne durchschnittlich 24,8 Tage im Jahr krankgeschrieben und liegen damit an der Spitze aller deutschen Großstädte. Im Vergleich sind damit die Fehltage von erwerbstätigen AOK-Mitgliedern, die in Herne wohnen, im Durchschnitt 5,4 Tage höher als im Bund (19,4 Tage). Die wenigsten Fehltage weisen Münchner Beschäftigte aus: Diese sind 2016 im durchschnittlich elf Tage weniger krankheitsbedingt am Arbeitsplatz ausgefallen (13,8 Fehltage) als Erwerbstätige aus Herne (◼ Abb. 26.1.58).

Die Anzahl der Fehltage ist abhängig von einer Vielzahl von Faktoren. Nicht nur die Art der Krankheit, sondern auch das Alter, das Geschlecht, die Branchenzugehörigkeit und vor allem die ausgeübte Tätigkeit der Beschäftigten haben einen entsprechenden Einfluss auf die Krankheitshäufigkeit und -dauer. So weisen beispielsweise Berufe mit hohen körperlichen Arbeitsbelastungen wie Berufe in der Ver- und Entsorgung, in der industriellen Gießerei, aber auch Bus- und Straßen-

bahnfahrer oder Altenpfleger deutlich höhere Ausfallzeiten auf. Setzt sich die Belegschaft aus mehr Akademikern zusammen, die dann auch noch insbesondere in den Branchen Banken und Versicherungen, Handel oder Dienstleistungen tätig sind, werden im Schnitt deutlich geringere Ausfallzeiten erreicht. In diesem Zusammenhang ist zu sehen, dass klassische Industriestädte mit geringerem Akademikeranteil wie Herne und Gelsenkirchen deutlich mehr Fehlzeiten aufweisen als Städte mit einem höheren Akademikeranteil. So liegen beispielsweise Bewohner der Stadt Freiburg mit durchschnittlich 15,2 Fehltagen im Jahr 2016 9,6 Tage unterhalb der durchschnittlichen Fehltage der in Herne Beschäftigten. Dies liegt u. a. daran, dass Freiburg als Wissenschaftsstandort eine günstigere Tätigkeitsstruktur aufweist, insbesondere was die körperlichen Belastungen betrifft. Von den 50 einwohnerstärksten Städten in Deutschland arbeiten hier die meisten Hochschullehrer und Dozenten und dies ist die Berufsgruppe mit den geringsten Arbeitsunfähigkeitstagen überhaupt (◼ Abb. 26.1.19). Auch arbeiten in Freiburg vergleichsweise weniger Beschäftigte im verarbeitenden und Baugewerbe als beispielsweise in Gelsenkirchen. Dies sind Branchen, in denen Beschäftigte körperlich stärker beansprucht werden und damit auch eher krankheitsbedingt ausfallen. Ähnlich sieht es in München, der Stadt mit den geringsten Fehlzeiten, aus. Dort arbeiten beispielsweise fast dreimal so viele Beschäftigte in der Branche Banken und Versicherungen und deutlich weniger im Baugewerbe oder im verarbeitenden Gewerbe als in Herne. Auch ist der Akademikeranteil der Beschäftigten

26.1 · Überblick über die krankheitsbedingten Fehlzeiten im Jahr 2016

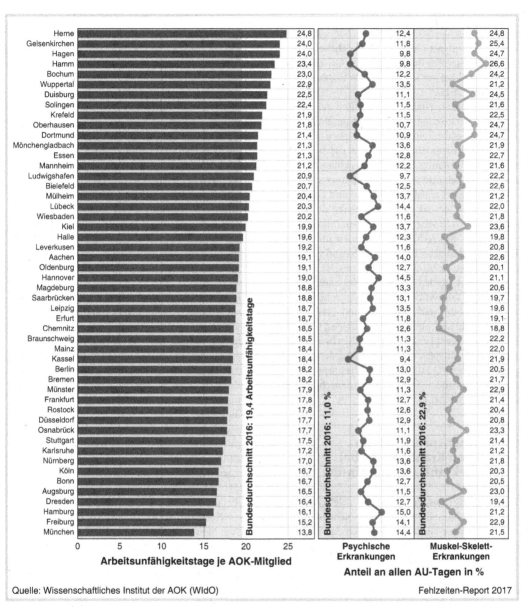

Quelle: Wissenschaftliches Institut der AOK (WIdO)

Fehlzeiten-Report 2017

◻ **Abb. 26.1.58** Arbeitsunfähigkeitstage je AOK-Mitglied im Jahr 2016 in den 50 einwohnerstärksten deutschen Städten

in München besonders hoch: Von den einwohnerstärksten deutschen Städten hat München mit 28,5 %,
gefolgt von Stuttgart (26,9 %), den höchsten Akademikeranteil unter den Beschäftigten. In Gelsenkirchen
liegt der Anteil bei nur 9,3 % (vgl. HWWI/Berenberg-
Städteranking 2015).

Unterschiede zwischen den Städten zeigen sich
auch bei den Gründen einer Arbeitsunfähigkeit. In
Herne, dem Spitzenreiter nach Fehlzeiten, entfallen
12,4 % der Arbeitsunfähigkeitstage auf psychische Erkrankungen. Ein häufiger Grund für Fehltage sind dort
vor allem Muskel- und Skelett-Erkrankungen; auf diese Erkrankungsart entfallen in Herne rund ein Viertel
aller Fehltage (24,8 %) und damit genau doppelt so
viele wie auf psychische Erkrankungen. Insbesondere
die Städte im Ruhrgebiet weisen einen überdurch-
schnittlichen Anteil an Fehltagen aufgrund von Mus-
kel- und Skelett-Erkrankungen aus, was als ein Hinweis betrachtet werden kann, dass hier mehr Berufe
mit schwerer körperlicher Arbeit ausgeübt werden.
Obwohl Hamburg nach München und Freiburg die
geringsten Fehlzeiten im Ranking aufweist, wird hier
jedoch der Spitzenplatz bei den psychischen Erkrankungen belegt: Knapp jeder siebte Fehltag der Beschäftigten in Hamburg (15,0 %) wird durch eine psychische
Krankheit begründet. Der Bundesdurchschnitt liegt
hier im Vergleich bei 11,0 %.

26.1.20 Inanspruchnahme von Krankengeld bei Erkrankung des Kindes

Die Erkrankung eines Kindes stellt für viele berufstätige
Eltern und insbesondere für Alleinerziehende häufig
einen belastenden Versorgungsengpass dar. Kann die
Betreuung des kranken Kindes nicht durch Angehörige
oder Betreuungspersonal sichergestellt werden, bleibt
oft nur die Inanspruchnahme der gesetzlichen Freistellung von der Arbeit. In Deutschland bietet der gesetzliche Anspruch auf Freistellung den erwerbstätigen
Eltern die Möglichkeit, ihr erkranktes Kind zu Hause
zu versorgen, ohne finanzielle Verluste zu erleiden. Die
Basis für die Freistellungsmöglichkeit eines Elternteils
bei der Erkrankung eines Kindes bildet § 45 des SGB V
(Krankengeld bei Erkrankung des Kindes). Soweit das
Kind das 12. Lebensjahr noch nicht vollendet hat oder
behindert und auf Hilfe angewiesen ist, keine andere
pflegende Person im Haushalt bereitsteht und sowohl
das Kind als auch der Elternteil gesetzlich krankenver-
sichert sind, besteht seitens des Versicherten der Anspruch auf Zahlung von Kinderpflegekrankengeld
(KKG). Als weitere Voraussetzung muss ein ärztliches

Attest zur notwendigen Pflege des Kindes vorliegen.
Für die Auszahlung durch die Krankenkasse muss zudem ein Formular ausgefüllt werden.

Der gesetzliche Anspruch auf die Befreiung von
zehn Arbeitstagen kann für jedes Kind geltend
gemacht werden – maximal bis zu 25 Arbeitstage je
Elternteil und Kalenderjahr. Alleinerziehende Eltern
haben einen Anspruch von 20 Arbeitstagen pro Kind,
wobei 50 Arbeitstage nicht überschritten werden dürfen. Für schwerstkranke Kinder, die nach ärztlichem
Zeugnis nur noch eine Lebenserwartung von Wochen
oder wenigen Monaten haben, ist das KKG zeitlich un-
begrenzt. Das KKG wird laut § 45 SGB V nach dem
während der Freistellung ausgefallenen Nettoarbeits-
entgelt berechnet (ähnlich wie die Entgeltfortzahlung
im Krankheitsfall). Das Brutto-Krankengeld beträgt 90
Prozent des Nettoarbeitsentgelts; es darf 70 Prozent der
Beitragsbemessungsgrenze nach § 223 Absatz 3 nicht
überschreiten.

Im Jahr 2016 nahmen 2,8 % aller AOK-Mitglieder
KKG in Anspruch. Somit haben von den 12,5 Millionen erwerbstätigen AOK-Mitgliedern mehr als 340.000
mindestens einmal KKG in Anspruch genommen.
Der Anteil der KKG-Fälle an allen Arbeitsunfähigkeitsfällen betrug 4,1 %. Durchschnittlich fehlte jedes
erwerbstätige AOK-Mitglied, das KKG in Anspruch
genommen hat, wegen der Betreuung seines erkrankten Kindes pro Fall 2,3 Kalendertage. Insofern werden
die gesetzlich zustehenden Freistellungstage von den
erwerbstätigen Eltern bei Weitem nicht ausgeschöpft.

Männer nehmen weniger häufig KKG in Anspruch
als Frauen: 1,4 % aller männlichen AOK-Mitglieder haben 2016 mindestens einmal KKG in Anspruch genommen, bei den Frauen waren es mit 4,5 % mehr als dreimal so viele (◘ Tab. 26.1.8). Nach wie vor sind es zwar vor
allem die Mütter, die ihr krankes Kind pflegen, jedoch
steigt der Anteil der Männer an allen AOK-Mitgliedern,
die KKG beanspruchen, seit 2012 kontinuierlich an: Von
25 auf fast 29 Prozent im Jahr 2016. Der Anteil bei beiden Geschlechtern mit Inanspruchnahme von KKG ist
im Vergleich der letzten fünf Jahre deutlich angestiegen:
bei Männern von 0,8 auf 1,4 %, bei Frauen von 3,3 auf
4,5 % (◘ Abb. 26.1.59).

Betrachtet man die Inanspruchnahme des KKG
nach Alter, zeigt sich, dass die meisten KKG-Fälle in
die Altersgruppe der 30- bis 39-Jährigen fallen, wobei
Frauen deutlich mehr KKG in Anspruch nehmen als
Männer. In der Altersgruppe der 35- bis 39-Jährigen
weisen sowohl Frauen mit 37,3 Fällen je 100 Versicher-
tenjahre als auch Männer mit 9,2 Fällen je 100 Versi-
chertenjahre die meisten KKG-Fälle auf. Die Länge der
Fehlzeiten unterscheidet sich kaum zwischen den Geschlechtern (◘ Abb. 26.1.60).

◘ Tab. 26.1.8 Krankenstandskennzahlen der AOK-Mitglieder zum Kinderpflegekrankengeld im Jahr 2016

Geschlecht	AOK-Mitglieder mit mind. 1 KKG-Fall	Anteil an allen AOK-Mitgliedern	Anteil der KKG-Fälle an allen AU-Fällen	Anteil der KKG-Tage an allen AU-Tagen	KKG-Fälle: Tage je Fall	AU-Fälle je 100 Mitglieder*	AU-Tage je 100 Mitglieder*
Männer	98.969	1,4	1,9	0,4	2,3	3,2	7,3
Frauen	245.924	4,5	6,7	1,4	2,4	12,4	29,3
Gesamt	344.893	2,8	4,1	0,9	2,3	7,3	17,0
* ganzjährig versichert							

Fehlzeiten-Report 2017

Quelle: Wissenschaftliches Institut der AOK (WIdO)   Fehlzeiten-Report 2017

◘ Abb. 26.1.59 Anteile der AOK-Mitglieder mit mindestens einem Kinderpflegekrankengeldfall an allen AOK-Mitgliedern in den Jahren 2012 bis 2016 nach Geschlecht

Eine Differenzierung der KKG-Fälle nach Falldauerklassen zeigt, dass die Mehrheit der Fälle nur ein (37,9 %) oder zwei (27,2 %) Tage andauerten. Lediglich 2,7 % aller KKG-Fälle erstreckten sich über mehr als fünf Tage (◘ Abb. 26.1.61).

Unter Berücksichtigung des Bildungsstandes haben im Jahr 2016 am häufigsten AOK-Mitglieder mit einem Hochschulabschluss (Diplom/Magister/Master/Staatsexamen) mindestens einmal KKG in Anspruch genommen (5,6 % aller AOK-Mitglieder innerhalb dieses Bildungsstandes). Am wenigsten haben Beschäftigte ohne berufliche Ausbildung das KKG in Anspruch genommen (1,2 %). Es zeigt sich, dass mit der Höhe des Ausbildungsabschlusses die Inanspruchnahme des KKG steigt (◘ Abb. 26.1.62).

Wird der Anteil der Mitglieder mit Inanspruchnahme von KKG in Bezug zur gesamten AOK-Mitglied-

schaft des jeweiligen Landes in Bezug gesetzt, zeigt sich, dass besonders Versicherte aus Ostdeutschland die Möglichkeit zur Betreuung des kranken Kindes in Anspruch nehmen. Die Werte für die KKG-Inanspruchnahme lagen mit 8,8 % in Sachsen und mit 7,9 % in Thüringen besonders hoch und deutlich über dem Bundesdurchschnitt und den Anteilswerten in Westdeutschland (◘ Abb. 26.1.63). Dies könnte unter anderem damit zusammenhängen, dass Mütter in den neuen Bundesländern früher in den Beruf zurückkehren als in den alten Bundesländern und auch insgesamt häufiger erwerbstätig sind als Mütter in Westdeutschland, bei denen der Berufseinstieg in mehreren längeren Phasen erfolgt. Damit steigt auch die Wahrscheinlichkeit für Mütter in Ostdeutschland, Kinderpflegekrankengeld in Anspruch nehmen zu müssen. So liegt die Vollzeitquote von erwerbstätigen Müttern im Westen bei insgesamt nur 25 %, im Osten ist sie dagegen mit 50,7 % doppelt so hoch (Statistisches Bundesamt 2015). Eltern, die Vollzeit arbeiten, müssen vermutlich eher zu Hause bleiben, um ihr krankes Kind zu versorgen, als Eltern, die Teilzeit arbeiten und so eine nur kurzzeitige alternative Betreuung organisieren müssen.

Analysiert man die 50 einwohnerstärksten Städte in Deutschland nach der Inanspruchnahme von Kinderpflegekrankengeld, so ergeben sich auch hier deutliche Unterschiede zwischen den alten und neuen Bundesländern (◘ Abb. 26.1.64). In den acht einwohnerstärksten Städten Ostdeutschlands nahmen im Schnitt 6,9 % aller Beschäftigten mindestens einmal im Jahr Kinderpflegekrankengeld in Anspruch, in den westlichen großen Städten waren es hingegen im Durchschnitt nur 1,6 % der Beschäftigten. An der Spitze lag Dresden mit 10,2 % der AOK-Mitglieder, Schlusslichter waren Duisburg und Gelsenkirchen (1,1 bzw. 1,0 % aller Mitglieder). Für dieses Phänomen dürfte ebenso die Erwerbstätigenquote eine wichtige Rolle spielen, die bei Müttern in allen Familienphasen in Ostdeutschland höher ist als in Westdeutschland.

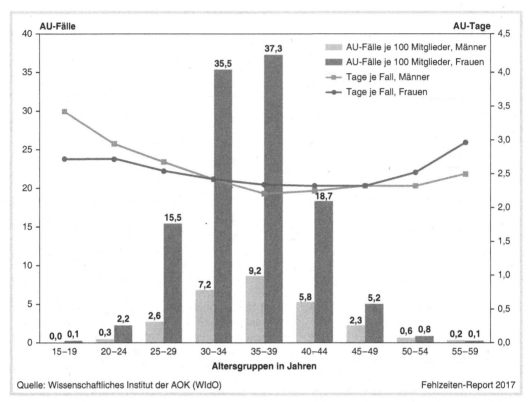

◨ Abb. 26.1.60 Kinderpflegekrankengeldfälle nach Anzahl und Dauer der Arbeitsunfähigkeit, AOK-Mitglieder im Jahr 2016 nach Altersgruppen

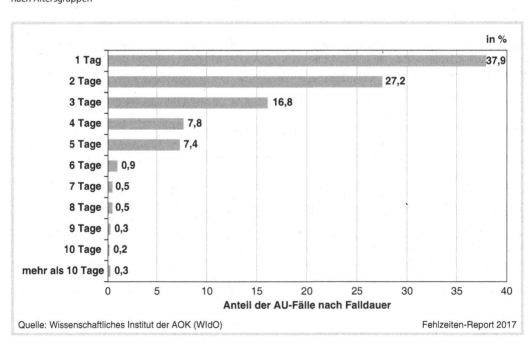

◨ Abb. 26.1.61 Kinderpflegekrankengeldfälle nach Dauer, AOK-Mitglieder im Jahr 2016

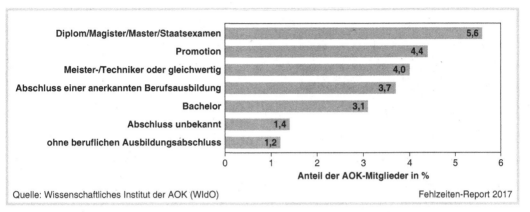

Abb. 26.1.62 Anteile der AOK-Mitglieder mit mind. einem Kinderpflegekrankengeldfall an allen AOK-Mitgliedern in der jeweiligen Personengruppe nach Bildungsstand im Jahr 2016

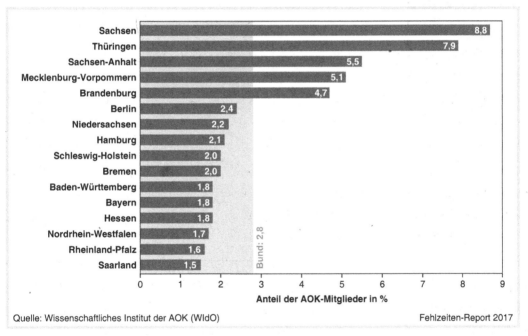

Abb. 26.1.63 Anteil der Mitglieder mit mind. einem Kinderpflegekrankengeldfall an allen AOK-Mitgliedern nach Bundesländern im Jahr 2016

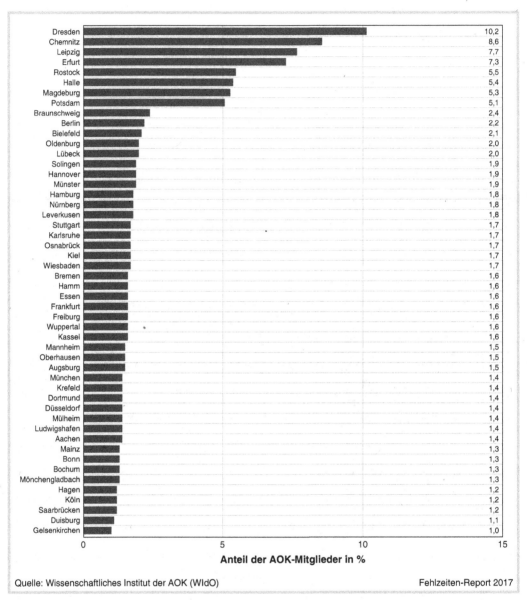

Dresden	10,2
Chemnitz	8,6
Leipzig	7,7
Erfurt	7,3
Rostock	5,5
Halle	5,4
Magdeburg	5,3
Potsdam	5,1
Braunschweig	2,4
Berlin	2,2
Bielefeld	2,1
Oldenburg	2,0
Lübeck	2,0
Solingen	1,9
Hannover	1,9
Münster	1,9
Hamburg	1,8
Nürnberg	1,8
Leverkusen	1,8
Stuttgart	1,7
Karlsruhe	1,7
Osnabrück	1,7
Kiel	1,7
Wiesbaden	1,7
Bremen	1,6
Hamm	1,6
Essen	1,6
Frankfurt	1,6
Freiburg	1,6
Wuppertal	1,6
Kassel	1,6
Mannheim	1,5
Oberhausen	1,5
Augsburg	1,5
München	1,4
Krefeld	1,4
Dortmund	1,4
Düsseldorf	1,4
Mülheim	1,4
Ludwigshafen	1,4
Aachen	1,4
Mainz	1,3
Bonn	1,3
Bochum	1,3
Mönchengladbach	1,3
Hagen	1,2
Köln	1,2
Saarbrücken	1,2
Duisburg	1,1
Gelsenkirchen	1,0

Anteil der AOK-Mitglieder in %

Quelle: Wissenschaftliches Institut der AOK (WIdO)   Fehlzeiten-Report 2017

◘ **Abb. 26.1.64** Anteil der AOK-Mitglieder, die Kinderpflegekrankengeld in Anspruch genommen haben, an allen AOK-Mitgliedern in den 50 einwohnerstärksten Städten im Jahr 2016

Literatur

Benz, A (2010) Einflussgrößen auf krankheitsbedingte Fehlzeiten – dargestellt am Beispiel des Regierungspräsidiums Stuttgart. Diplomarbeit Hochschule für öffentliche Verwaltung und Finanzen Ludwigsburg. https://opus-hslb.bsz-bw.de/files/139/Benz_Annika.pdf. Gesehen 15 Mar 2017

Bundesagentur für Arbeit (2016) Beschäftigtenstatistik nach Wirtschaftszweigen. Nürnberg Stand: 30. Juni 2016. http://statistik.arbeitsagentur.de/nn_31966/SiteGlobals/Forms/Rubrikensuche/Rubrikensuche_Form.html?view=processForm&pageLocale=de&topicId=746698. Gesehen 01 Mar 2017

Bundesagentur für Arbeit (2015) Der Arbeitsmarkt in Deutschland – Die Arbeitsmarktsituation von schwerbehinderten Menschen. Nürnberg

Bundesagentur für Arbeit (2014) Arbeitsmarkt in Zahlen – Beschäftigungsstatistik. Sozialversicherungspflichtig Beschäftigte nach Wirtschaftszweigen (WZ 2008) in Deutschland. Stand: 30. November 2014. Nürnberg

Bundesinstitut für Berufsbildung (2015) Datenreport zum Berufsbildungsbericht 2015 – Informationen und Analysen zur Entwicklung der beruflichen Bildung. Bonn

Bundesministerium für Arbeit und Soziales/Bundesanstalt für Arbeitsschutz und Arbeitsmedizin (2016) Sicherheit und Gesundheit bei der Arbeit 2015. www.baua.de/suga. Gesehen 15 Mar 2017

Bundesministerium für Familie, Senioren, Frauen und Jugend (2014) Ausgeübte Erwerbstätigkeit von Müttern. Erwerbstätigkeit, Erwerbsumfang und Erwerbsvolumen 2012. Stand: März 2014 2. Aktualisierte und überarbeitete Auflage. Berlin

Bundesministerium für Gesundheit (2015) Gesetzliche Krankenversicherung. Vorläufige Rechnungsergebnisse 1.–4. Quartal 2016. Stand 13. März 2017

Damm K, Lange A, Zeidler J, Braun S, Graf von der Schulenburg JM (2012) Einführung des neuen Tätigkeitsschlüssels und seine Anwendung in GKV-Routinedatenauswertungen. Bundesgesundheitsbl 55:238–244

Deutsche Rentenversicherung Bund (2016) Rentenversicherung in Zahlen 2016. Berlin

HWWI/Berenberg-Städteranking 2015. Die 30 größten Städte Deutschlands im Vergleich. Stand Mai 2015

Jacobi F (2009) Nehmen psychische Störungen zu? Report Psychologie 34 (1):16–28

Karasek R, Theorell T (1990) Healthy work: stress, productivity, and the reconstruction of working life. Basic Books, New York

Kohler H (2002) Krankenstand – Ein beachtlicher Kostenfaktor mit fallender Tendenz. IAB-Werkstattbericht, Diskussionsbeiträge des Instituts für Arbeitsmarkt- und Berufsforschung der Bundesanstalt für Arbeit. Ausgabe 1/30.01.2002

Marmot M (2005) Status Syndrome: How Your Social Standing Directly Affects Your Health. Bloomsbury Publishing, London

Marstedt G, Müller R (1998) Ein kranker Stand? Fehlzeiten und Integration älterer Arbeitnehmer im Vergleich Öffentlicher Dienst – Privatwirtschaft. Forschung aus der Hans-Böckler-Stiftung, Bd 9. Edition Sigma, Berlin

Mielck A (2000) Soziale Ungleichheit und Gesundheit. Huber, Bern

Mielck A, Lüngen M, Siegel M, Korber K (2012) Folgen unzureichender Bildung für die Gesundheit. Bertelsmann Stiftung

Schnabel C (1997) Betriebliche Fehlzeiten, Ausmaß, Bestimmungsgründe und Reduzierungsmöglichkeiten. Institut der deutschen Wirtschaft, Köln

Siegrist J (1999) Psychosoziale Arbeitsbelastungen und Herz-Kreislauf-Risiken: internationale Erkenntnisse zu neuen Stressmodellen. In: Badura B, Litsch M, Vetter C (1999) Fehlzeiten-Report 1999. Psychische Belastung am Arbeitsplatz. Zahlen, Daten, Fakten aus allen Branchen der Wirtschaft. Springer, Berlin Heidelberg New York Barcelona Hongkong London Mailand Paris Singapur Tokio

Statistisches Bundesamt (2015) Vereinbarkeit von Familie und Beruf: Ergebnisse des Mikrozensus 2013. Wirtschaft und Statistik, Dezember 2014

Vahtera J, Kivimäki M, Pentti J (2001) The role of extended weekends in sickness absenteeism. Occup Environ Med 58:818–822

WHO (2011) Global burden of mental disorders and the need for a comprehensive, coordinated response for health and social sectors at the country level. Executive Board 130/9

Überblick über die krankheitsbedingten Fehlzeiten nach Branchen im Jahr 2016

26.2 Banken und Versicherungen

◻ Tab. 26.2.1 Entwicklung des Krankenstands der AOK-Mitglieder in der Branche Banken und Versicherungen in den Jahren 1994 bis 2016

Jahr	Krankenstand in %			AU-Fälle je 100 AOK-Mitglieder			Tage je Fall		
	West	Ost	Bund	West	Ost	Bund	West	Ost	Bund
1994	4,4	3,0	4,0	114,7	71,8	103,4	12,8	14,1	13,0
1995	3,9	4,0	3,9	119,3	111,2	117,9	11,9	13,8	12,2
1996	3,5	3,6	3,5	108,0	109,3	108,1	12,2	12,5	12,2
1997	3,4	3,6	3,4	108,4	110,0	108,5	11,5	11,9	11,5
1998	3,5	3,6	3,5	110,6	112,2	110,7	11,4	11,7	11,4
1999	3,6	4,0	3,7	119,6	113,3	119,1	10,8	11,6	10,9
2000	3,6	4,1	3,6	125,6	148,8	127,1	10,5	10,2	10,5
2001	3,5	4,1	3,6	122,2	137,5	123,1	10,6	10,8	10,6
2002	3,5	4,1	3,5	125,0	141,3	126,1	10,1	10,6	10,2
2003	3,3	3,5	3,3	126,0	137,1	127,0	9,5	9,4	9,5
2004	3,1	3,2	3,1	117,6	127,7	118,8	9,7	9,3	9,6
2005	3,1	3,3	3,1	122,6	132,0	123,8	9,2	9,0	9,1
2006	2,7	3,2	2,8	108,1	126,7	110,7	9,2	9,1	9,2
2007	3,1	3,4	3,1	121,0	133,6	122,8	9,2	9,3	9,2
2008 (WZ03)	3,1	3,6	3,2	127,0	136,6	128,4	9,0	9,6	9,1
2008 (WZ08)*	3,1	3,6	3,2	126,9	135,9	128,3	9,0	9,6	9,1
2009	3,2	3,9	3,3	136,8	150,9	138,8	8,6	9,5	8,8
2010	3,2	4,0	3,3	134,3	177,7	140,2	8,8	8,3	8,7
2011	3,3	3,9	3,3	139,7	181,2	145,3	8,5	7,9	8,4
2012	3,2	4,1	3,4	134,5	153,7	137,0	8,8	9,8	9,0
2013	3,2	4,1	3,4	143,8	158,6	145,7	8,2	9,4	8,4
2014	3,4	4,2	3,5	142,6	157,2	144,5	8,7	9,8	8,9
2015	3,6	4,4	3,7	152,9	170,1	155,3	8,7	9,4	8,8
2016	3,7	4,5	3,8	150,6	175,0	154,3	8,9	9,5	9,0

*aufgrund der Revision der Wirtschaftszweigklassifikation in 2008 ist eine Vergleichbarkeit mit den Vorjahren nur bedingt möglich

Fehlzeiten-Report 2017

◻ **Tab. 26.2.2** Arbeitsunfähigkeit der AOK-Mitglieder in der Branche Banken und Versicherungen nach Bundesländern im Jahr 2016 im Vergleich zum Vorjahr

Bundesland	Kranken- stand in %	Arbeitsunfähigkeit je 100 AOK-Mitglieder				Tage je Fall	Veränd. z. Vorj. in %	AU- Quote in %
		AU- Fälle	Veränd. z. Vorj. in %	AU-Tage	Veränd. z. Vorj. in %			
Baden-Württemberg	3,7	153,7	0,1	1.340,8	4,5	8,7	4,3	58,5
Bayern	3,3	124,2	−2,3	1.213,0	0,8	9,8	3,1	49,2
Berlin	3,9	169,4	−5,1	1.432,9	−6,1	8,5	−1,0	49,9
Brandenburg	5,1	182,1	−3,8	1.869,5	0,2	10,3	4,2	62,6
Bremen	4,4	172,2	−3,8	1.605,2	5,4	9,3	9,7	59,8
Hamburg	3,6	128,2	−13,2	1.328,3	−6,9	10,4	7,4	45,0
Hessen	3,6	161,9	−0,6	1.318,7	−1,7	8,1	−1,0	54,6
Mecklenburg- Vorpommern	4,3	164,8	−0,1	1.555,6	−15,9	9,4	−15,8	53,0
Niedersachsen	3,7	160,5	−1,7	1.368,7	3,5	8,5	5,2	58,6
Nordrhein-Westfalen	4,0	171,8	−2,1	1.466,5	−3,9	8,5	−1,9	58,0
Rheinland-Pfalz	4,1	177,8	2,6	1.515,9	8,1	8,5	5,3	62,2
Saarland	4,6	159,4	−3,6	1.684,8	11,9	10,6	16,1	61,9
Sachsen	4,5	172,8	0,8	1.636,4	2,0	9,5	1,1	62,3
Sachsen-Anhalt	5,3	191,1	−3,4	1.921,8	2,0	10,1	5,7	58,3
Schleswig-Holstein	3,6	148,5	−4,6	1.329,9	3,2	9,0	8,2	53,5
Thüringen	4,3	173,2	−1,3	1.575,7	−5,7	9,1	−4,5	61,8
West	**3,7**	**150,6**	**−1,3**	**1.337,2**	**1,1**	**8,9**	**2,5**	**55,2**
Ost	**4,5**	**175,0**	**−0,1**	**1.661,4**	**0,0**	**9,5**	**0,1**	**61,5**
Bund	**3,8**	**154,3**	**−0,7**	**1.386,0**	**1,6**	**9,0**	**2,2**	**56,1**

Fehlzeiten-Report 2017

◻ **Tab. 26.2.3** Arbeitsunfähigkeit der AOK-Mitglieder in der Branche Banken und Versicherungen nach Wirtschafts- abteilungen im Jahr 2016

Wirtschaftsabteilung	Krankenstand in %		Arbeitsunfähigkeiten je 100 AOK-Mitglieder		Tage je Fall	AU-Quote in %
	2016	2016 stand.*	Fälle	Tage		
Erbringung von Finanzdienstleistungen	3,8	3,9	156,5	1.388,9	8,9	58,1
Mit Finanz- und Versicherungsdienst- leistungen verbundene Tätigkeiten	3,6	3,8	142,6	1.315,3	9,2	49,0
Versicherungen, Rückversicherungen und Pensionskassen (ohne Sozialversicherung)	4,0	4,2	157,3	1.470,9	9,4	55,2
Branche insgesamt	**3,8**	**3,9**	**154,3**	**1.386,0**	**9,0**	**56,1**
Alle Branchen	**5,3**	**5,4**	**166,6**	**1.943,2**	**11,7**	**54,4**

*Krankenstand alters- und geschlechtsstandardisiert

Fehlzeiten-Report 2017

◘ Tab. 26.2.4 Kennzahlen der Arbeitsunfähigkeit der AOK-Mitglieder nach ausgewählten Berufsgruppen in der Branche Banken und Versicherungen im Jahr 2016

Tätigkeit	Kranken-stand in %	Arbeitsunfähigkeiten je 100 AOK-Mitglieder		Tage je Fall	AU-Quote in %	Anteil der Berufs-gruppe an der Branche in %*
		Fälle	Tage			
Anlageberater/innen u. sonstige Finanzdienstleistungsberufe	2,8	122,7	1.016,6	8,3	50,3	1,5
Bankkaufleute	3,6	158,4	1.329,8	8,4	59,5	52,0
Berufe im Vertrieb (außer Informations-u. Kommunikationstechnologien)	3,7	132,9	1.367,8	10,3	48,6	2,2
Berufe in der Buchhaltung	3,6	139,4	1.318,8	9,5	51,8	1,1
Berufe in der Reinigung (ohne Spez.)	7,1	151,2	2.580,8	17,1	59,0	1,5
Büro- u. Sekretariatskräfte (ohne Spez.)	3,8	142,0	1.401,2	9,9	48,9	8,4
Kaufmännische u. technische Betriebs-wirtschaft (ohne Spez.)	3,8	154,2	1.385,8	9,0	54,5	3,4
Versicherungskaufleute	3,9	166,7	1.430,3	8,6	55,9	13,8
Branche insgesamt	**3,8**	**154,3**	**1.386,0**	**9,0**	**56,1**	**1,2****

* Anteil der AOK-Mitglieder in der Berufsgruppe an den in der Branche beschäftigten AOK-Mitgliedern insgesamt
**Anteil der AOK-Mitglieder in der Branche an allen AOK-Mitgliedern

Fehlzeiten-Report 2017

◘ Tab. 26.2.5 Dauer der Arbeitsunfähigkeit der AOK-Mitglieder in der Branche Banken und Versicherungen im Jahr 2016

Fallklasse	Branche hier		alle Branchen	
	Anteil Fälle in %	Anteil Tage in %	Anteil Fälle in %	Anteil Tage in %
1–3 Tage	43,4	9,9	36,0	6,2
4–7 Tage	30,8	16,7	31,2	13,4
8–14 Tage	14,5	16,3	17,0	15,1
15–21 Tage	4,2	8,1	5,7	8,5
22–28 Tage	2,2	6,0	2,9	6,0
29–42 Tage	2,1	8,0	2,9	8,6
Langzeit-AU (> 42 Tage)	2,8	35,0	4,3	42,1

Fehlzeiten-Report 2017

◘ Tab. 26.2.6 Tage der Arbeitsunfähigkeit je AOK-Mitglied nach Wirtschaftsabteilung und Betriebsgröße in der Branche Banken und Versicherungen im Jahr 2016

Wirtschaftsabteilungen	Betriebsgröße (Anzahl der AOK-Mitglieder)					
	10–49	50–99	100–199	200–499	500–999	≥ 1.000
Erbringung von Finanzdienstleistungen	13,3	13,8	14,4	15,6	17,5	16,0
Mit Finanz- und Versicherungsdienst-leistungen verbundene Tätigkeiten	14,9	14,7	21,4	15,2	–	–
Versicherungen, Rückversicherungen und Pensionskassen (ohne Sozialversicherung)	15,8	15,3	13,5	13,2	–	–
Branche insgesamt	**13,7**	**14,1**	**14,3**	**15,1**	**17,5**	**16,0**
Alle Branchen	**20,2**	**22,1**	**22,2**	**22,1**	**22,1**	**22,4**

Fehlzeiten-Report 2017

◘ Tab. 26.2.7 Krankenstand in Prozent nach Ausbildungsabschluss in der Branche Banken und Versicherungen im Jahr 2016, AOK-Mitglieder

Wirtschaftsabteilung	Ausbildung						
	ohne Aus-bildungs-abschluss	mit Aus-bildungs-abschluss	Meister/ Techniker	Bachelor	Diplom/Magis-ter/Master/ Staatsexamen	Promo-tion	unbe-kannt
Erbringung von Finanz-dienstleistungen	3,8	4,1	3,2	2,0	2,7	1,5	5,1
Mit Finanz- und Ver-sicherungsdienst-leistungen verbundene Tätigkeiten	3,8	3,9	3,9	1,8	2,5	3,1	3,5
Versicherungen, Rück-versicherungen und Pensionskassen (ohne Sozialversicherung)	4,3	4,6	3,1	2,2	2,4	1,5	3,5
Branche insgesamt	3,8	4,1	3,2	2,0	2,6	1,8	4,3
Alle Branchen	6,1	5,6	4,3	2,3	2,8	2,0	4,9

Fehlzeiten-Report 2017

◘ Tab. 26.2.8 Tage der Arbeitsunfähigkeit je AOK-Mitglied nach Ausbildung in der Branche Banken und Versicherungen im Jahr 2016

Wirtschaftsabteilung	Ausbildung						
	ohne Aus-bildungs-abschluss	mit Aus-bildungs-abschluss	Meister/ Techniker	Bachelor	Diplom/Magis-ter/Master/ Staatsexamen	Promo-tion	unbe-kannt
Erbringung von Finanzdienstleistungen	13,8	14,9	11,8	7,3	9,8	5,6	18,7
Mit Finanz- und Versicherungsdienst-leistungen verbundene Tätigkeiten	13,8	14,1	14,1	6,4	9,2	11,3	12,6
Versicherungen, Rück-versicherungen und Pensionskassen (ohne Sozialversicherung)	15,8	16,8	11,3	8,2	8,9	5,4	12,9
Branche insgesamt	14,1	15,0	11,9	7,3	9,6	6,6	15,7
Alle Branchen	22,3	20,6	15,8	8,3	10,2	7,4	17,9

Fehlzeiten-Report 2017

◘ Tab. 26.2.9 Anteil der Arbeitsunfälle an den AU-Fällen und -Tagen in Prozent nach Wirtschaftsabteilungen in der Branche Banken und Versicherungen im Jahr 2016, AOK-Mitglieder

Wirtschaftsabteilung	AU-Fälle in %	AU-Tage in %
Erbringung von Finanzdienstleistungen	0,9	1,9
Mit Finanz- und Versicherungsdienstleistungen verbundene Tätigkeiten	0,9	1,6
Versicherungen, Rückversicherungen und Pensionskassen (ohne Sozialversicherung)	0,8	1,5
Branche insgesamt	0,9	1,8
Alle Branchen	3,1	5,9

Fehlzeiten-Report 2017

◘ **Tab. 26.2.10** Tage und Fälle der Arbeitsunfähigkeit durch Arbeitsunfälle nach Berufsgruppen in der Branche Banken und Versicherungen im Jahr 2016, AOK-Mitglieder

Tätigkeit	Arbeitsunfähigkeit je 1.000 AOK-Mitglieder	
	AU-Tage	AU-Fälle
Berufe in der Reinigung (ohne Spez.)	758,6	22,1
Berufe im Vertrieb (außer Informations- u. Kommunikationstechnologien)	359,1	13,9
Bankkaufleute	212,6	12,2
Versicherungskaufleute	209,4	13,5
Kaufmännische u. technische Betriebswirtschaft (ohne Spez.)	203,7	11,0
Büro- u. Sekretariatskräfte (ohne Spez.)	162,3	11,4
Berufe in der Buchhaltung	104,0	9,5
Anlageberater/innen - u. sonstige Finanzdienstleistungsberufe	91,8	8,5
Branche insgesamt	**250,4**	**14,0**
Alle Branchen	**1.146,7**	**51,3**

Fehlzeiten-Report 2017

◘ **Tab. 26.2.11** Tage und Fälle der Arbeitsunfähigkeit je 100 AOK-Mitglieder nach Krankheitsarten in der Branche Banken und Versicherungen in den Jahren 1995 bis 2016

Jahr	Arbeitsunfähigkeiten je 100 AOK-Mitglieder											
	Psyche		Herz/Kreislauf		Atemwege		Verdauung		Muskel/Skelett		Verletzungen	
	Tage	Fälle	Tage	Fälle	Tage	Fälle	Tage	Fälle	Tage	Fälle	Tage	Fälle
1995	102,9	4,1	154,9	8,2	327,6	43,8	140,1	19,1	371,0	20,0	179,5	10,7
1996	107,8	3,8	129,5	6,6	286,2	39,8	119,4	17,9	339,3	17,2	166,9	9,9
1997	104,8	4,1	120,6	6,8	258,1	39,8	112,5	17,8	298,0	16,9	161,1	9,8
1998	109,3	4,5	112,8	6,9	252,3	40,4	109,3	18,1	313,9	18,0	152,2	9,7
1999	113,7	4,8	107,6	6,9	291,2	46,4	108,7	19,0	308,3	18,6	151,0	10,3
2000	138,4	5,8	92,5	6,3	281,4	45,3	99,1	16,6	331,4	19,9	145,3	10,0
2001	144,6	6,6	99,8	7,1	264,1	44,4	98,8	17,3	334,9	20,5	147,6	10,3
2002	144,6	6,8	96,7	7,1	254,7	44,0	105,1	19,0	322,6	20,6	147,3	10,5
2003	133,9	6,9	88,6	7,1	261,1	46,5	99,0	18,7	288,0	19,5	138,2	10,3
2004	150,2	7,1	92,8	6,5	228,5	40,6	103,7	19,0	273,1	18,4	136,5	9,8
2005	147,5	7,0	85,1	6,5	270,1	47,7	100,1	17,9	248,8	18,1	132,1	9,7
2006	147,2	7,0	79,8	6,2	224,6	40,8	98,8	18,3	243,0	17,4	134,0	9,6
2007	167,2	7,5	87,7	6,3	243,9	44,4	103,0	19,6	256,9	18,1	125,2	9,1
2008 (WZ03)	172,7	7,7	86,7	6,5	258,1	46,8	106,2	20,0	254,0	18,0	134,6	9,5
2008 (WZ08)*	182,3	7,8	85,3	6,5	256,9	46,7	107,1	20,0	254,0	18,0	134,6	9,5
2009	182,3	8,2	80,6	6,2	303,2	54,6	105,4	20,2	242,2	17,7	134,2	9,6
2010	205,3	8,8	80,0	6,1	260,2	49,2	97,4	18,7	248,6	18,6	142,6	10,4
2011	209,2	8,9	73,8	5,7	268,8	49,4	90,7	17,9	228,7	17,6	132,3	9,8
2012	233,0	9,1	80,1	5,7	266,3	49,1	97,5	18,1	243,8	18,1	135,9	9,7
2013	230,1	9,0	70,7	5,4	321,0	58,3	94,4	17,9	219,7	17,3	128,9	9,8
2014	258,4	10,0	81,6	5,7	272,3	51,3	98,8	18,7	248,7	18,8	139,0	10,0
2015	256,7	10,1	81,6	5,9	340,5	60,5	99,9	18,6	249,0	18,4	144,9	10,0
2016	274,0	10,6	74,5	6,1	317,9	57,5	99,5	18,5	269,5	19,3	145,1	10,1

*aufgrund der Revision der Wirtschaftszweigklassifikation in 2008 ist eine Vergleichbarkeit mit den Vorjahren nur bedingt möglich

Fehlzeiten-Report 2017

◘ **Tab. 26.2.12** Verteilung der Arbeitsunfähigkeitstage nach Krankheitsarten in Prozent in der Branche Banken und Versicherungen im Jahr 2016, AOK-Mitglieder

Wirtschaftsabteilung	AU-Tage in %						
	Psyche	Herz/ Kreislauf	Atem- wege	Ver- dauung	Muskel/ Skelett	Verlet- zungen	Sonstige
Erbringung von Finanzdienstleistungen	14,3	4,0	17,7	5,4	15,0	8,1	35,4
Mit Finanz- und Versicherungsdienst- leistungen verbundene Tätigkeiten	16,9	4,4	15,8	5,9	13,4	7,8	35,8
Versicherungen, Rückversicherungen und Pensionskassen (ohne Sozialver- sicherung)	17,1	3,9	17,7	5,3	15,2	7,1	33,7
Branche insgesamt	**15,0**	**4,1**	**17,4**	**5,5**	**14,8**	**8,0**	**35,3**
Alle Branchen	**11,0**	**5,7**	**12,4**	**5,1**	**22,9**	**11,0**	**32,0**

Fehlzeiten-Report 2017

◘ **Tab. 26.2.13** Verteilung der Arbeitsunfähigkeitsfälle nach Krankheitsarten in Prozent in der Branche Banken und Versicherungen im Jahr 2016, AOK-Mitglieder

Wirtschaftsabteilung	AU-Fälle in %						
	Psyche	Herz/ Kreislauf	Atem- wege	Ver- dauung	Muskel/ Skelett	Verlet- zungen	Sonstige
Erbringung von Finanzdienstleistungen	5,2	3,1	29,5	9,4	9,8	5,2	37,9
Mit Finanz- und Versicherungsdienst- leistungen verbundene Tätigkeiten	5,9	3,2	27,7	9,9	9,3	5,0	39,1
Versicherungen, Rückversicherungen und Pensionskassen (ohne Sozialver- sicherung)	5,9	3,1	29,0	9,0	10,3	5,0	37,7
Branche insgesamt	**5,4**	**3,1**	**29,2**	**9,4**	**9,8**	**5,1**	**38,1**
Alle Branchen	**5,1**	**3,8**	**22,9**	**9,1**	**15,9**	**7,3**	**35,8**

Fehlzeiten-Report 2017

◘ Tab. 26.2.14 Verteilung der Arbeitsunfähigkeitstage nach Krankheitsarten und ausgewählten Berufsgruppen in der Branche Banken und Versicherungen im Jahr 2016, AOK-Mitglieder

Tätigkeit	AU-Tage in %						
	Psyche	Herz/ Kreislauf	Atem- wege	Ver- dauung	Muskel/ Skelett	Verlet- zungen	Sonstige
Anlageberater/innen u. sonstige Finanzdienstleistungsberufe	20,0	3,0	18,0	6,3	11,1	5,0	36,7
Bankkaufleute	14,1	3,8	18,8	5,5	13,5	8,2	36,1
Berufe im Vertrieb (außer Informations- u. Kommunikationstechnologien)	19,9	4,3	15,3	5,1	12,2	9,1	34,2
Berufe in der Buchhaltung	22,2	2,3	14,4	4,7	13,7	6,6	36,1
Berufe in der Reinigung (ohne Spez.)	9,5	5,4	8,8	3,8	30,1	9,8	32,5
Büro- u. Sekretariatskräfte (ohne Spez.)	15,9	4,2	15,3	5,7	15,2	7,2	36,5
Kaufmännische u. technische Betriebs- wirtschaft (ohne Spez.)	18,0	4,1	18,0	5,3	11,7	7,7	35,2
Versicherungskaufleute	17,7	3,7	18,2	5,8	13,6	7,3	33,7
Branche gesamt	**15,0**	**4,1**	**17,4**	**5,5**	**14,8**	**8,0**	**35,3**
Alle Branchen	**11,0**	**5,7**	**12,4**	**5,1**	**22,9**	**11,0**	**32,0**

Fehlzeiten-Report 2017

◘ Tab. 26.2.15 Verteilung der Arbeitsunfähigkeitsfälle nach Krankheitsarten und ausgewählten Berufsgruppen in der Branche Banken und Versicherungen im Jahr 2016, AOK-Mitglieder

Tätigkeit	AU-Fälle in %						
	Psyche	Herz/ Kreislauf	Atem- wege	Ver- dauung	Muskel/ Skelett	Verlet- zungen	Sonstige
Anlageberater/innen u. sonstige Finanzdienstleistungsberufe	5,3	2,8	29,2	10,2	9,0	4,3	39,1
Bankkaufleute	5,1	2,9	30,4	9,5	8,9	5,2	38,1
Berufe im Vertrieb (außer Informations- u. Kommunikationstechnologien)	6,4	3,3	27,3	9,0	9,5	5,5	38,9
Berufe in der Buchhaltung	6,5	2,1	26,2	10,0	11,2	4,4	39,6
Berufe in der Reinigung (ohne Spez.)	5,7	5,7	17,8	7,5	20,4	7,1	35,8
Büro- u. Sekretariatskräfte (ohne Spez.)	6,2	3,5	26,7	9,4	10,5	4,5	39,2
Kaufmännische u. technische Betriebs- wirtschaft (ohne Spez.)	6,2	3,0	30,2	8,9	9,3	4,5	37,9
Versicherungskaufleute	5,7	2,8	29,5	9,7	9,1	5,1	38,1
Branche gesamt	**5,4**	**3,1**	**29,2**	**9,4**	**9,8**	**5,1**	**38,1**
Alle Branchen	**5,1**	**3,8**	**22,9**	**9,1**	**15,9**	**7,3**	**35,8**

Fehlzeiten-Report 2017

◻ Tab. 26.2.16 Anteile der 40 häufigsten Einzeldiagnosen an den AU-Fällen und AU-Tagen in der Branche Banken und Versicherungen im Jahr 2016, AOK-Mitglieder

ICD–10	Bezeichnung	AU-Fälle in %	AU-Tage in %
J06	Akute Infektionen an mehreren oder nicht näher bezeichneten Lokalisationen der oberen Atemwege	12,2	6,5
A09	Sonstige und nicht näher bezeichnete Gastroenteritis und Kolitis infektiösen und nicht näher bezeichneten Ursprungs	4,4	1,8
M54	Rückenschmerzen	3,5	3,7
B34	Viruskrankheit nicht näher bezeichneter Lokalisation	2,4	1,2
J20	Akute Bronchitis	2,3	1,5
K08	Sonstige Krankheiten der Zähne und des Zahnhalteapparates	2,1	0,6
R10	Bauch- und Beckenschmerzen	1,9	1,0
J40	Bronchitis, nicht als akut oder chronisch bezeichnet	1,8	1,1
K52	Sonstige nichtinfektiöse Gastroenteritis und Kolitis	1,8	0,8
J01	Akute Sinusitis	1,6	0,9
J02	Akute Pharyngitis	1,6	0,8
F43	Reaktionen auf schwere Belastungen und Anpassungsstörungen	1,5	3,0
J32	Chronische Sinusitis	1,5	0,9
J03	Akute Tonsillitis	1,4	0,8
K29	Gastritis und Duodenitis	1,4	0,7
R51	Kopfschmerz	1,3	0,7
F32	Depressive Episode	1,2	4,7
I10	Essentielle (primäre) Hypertonie	1,1	1,2
J00	Akute Rhinopharyngitis [Erkältungsschnupfen]	1,1	0,6
G43	Migräne	1,1	0,5
R11	Übelkeit und Erbrechen	1,0	0,5
J04	Akute Laryngitis und Tracheitis	0,8	0,5
N39	Sonstige Krankheiten des Harnsystems	0,8	0,4
J98	Sonstige Krankheiten der Atemwege	0,8	0,4
F45	Somatoforme Störungen	0,7	1,5
F48	Andere neurotische Störungen	0,7	1,4
R53	Unwohlsein und Ermüdung	0,7	0,8
T14	Verletzung an einer nicht näher bezeichneten Körperregion	0,7	0,7
B99	Sonstige und nicht näher bezeichnete Infektionskrankheiten	0,7	0,4
A08	Virusbedingte und sonstige näher bezeichnete Darminfektionen	0,7	0,3
M79	Sonstige Krankheiten des Weichteilgewebes, anderenorts nicht klassifiziert	0,6	0,6
M99	Biomechanische Funktionsstörungen, anderenorts nicht klassifiziert	0,6	0,5
R42	Schwindel und Taumel	0,6	0,5
J11	Grippe, Viren nicht nachgewiesen	0,6	0,4
M51	Sonstige Bandscheibenschäden	0,5	1,4
M25	Sonstige Gelenkkrankheiten, anderenorts nicht klassifiziert	0,5	0,7
M53	Sonstige Krankheiten der Wirbelsäule und des Rückens, anderenorts nicht klassifiziert	0,5	0,6
S93	Luxation, Verstauchung und Zerrung der Gelenke und Bänder in Höhe des oberen Sprunggelenkes und des Fußes	0,5	0,6
R05	Husten	0,5	0,3
R50	Fieber sonstiger und unbekannter Ursache	0,5	0,3
	Summe hier	**60,2**	**45,8**
	Restliche	39,8	54,2
	Gesamtsumme	**100,0**	**100,0**

◨ **Tab. 26.2.17** Anteile der 40 häufigsten Diagnoseuntergruppen an den AU-Fällen und AU-Tagen in der Branche Banken und Versicherungen im Jahr 2016, AOK-Mitglieder

ICD-10	Bezeichnung	AU-Fälle in %	AU-Tage in %
J00–J06	Akute Infektionen der oberen Atemwege	18,8	10,0
A00–A09	Infektiöse Darmkrankheiten	5,4	2,3
M50–M54	Sonstige Krankheiten der Wirbelsäule und des Rückens	4,3	5,2
R50–R69	Allgemeinsymptome	3,5	2,9
F40–F48	Neurotische, Belastungs- und somatoforme Störungen	3,3	7,3
R10–R19	Symptome, die das Verdauungssystem und das Abdomen betreffen	3,1	1,8
J40–J47	Chronische Krankheiten der unteren Atemwege	2,8	2,0
J20–J22	Sonstige akute Infektionen der unteren Atemwege	2,7	1,7
B25–B34	Sonstige Viruskrankheiten	2,6	1,4
K00–K14	Krankheiten der Mundhöhle, der Speicheldrüsen und der Kiefer	2,6	0,9
J30–J39	Sonstige Krankheiten der oberen Atemwege	2,2	1,4
K50–K52	Nichtinfektiöse Enteritis und Kolitis	2,2	1,1
G40–G47	Episodische und paroxysmale Krankheiten des Nervensystems	2,0	1,6
K20–K31	Krankheiten des Ösophagus, des Magens und des Duodenums	1,9	1,0
F30–F39	Affektive Störungen	1,7	7,1
M70–M79	Sonstige Krankheiten des Weichteilgewebes	1,5	2,3
Z80–Z99	Personen mit potentiellen Gesundheitsrisiken aufgrund der Familien- oder Eigenanamnese und bestimmte Zustände, die den Gesundheitszustand beeinflussen	1,3	2,4
R00–R09	Symptome, die das Kreislaufsystem und das Atmungssystem betreffen	1,3	0,9
N30–N39	Sonstige Krankheiten des Harnsystems	1,3	0,6
I10–I15	Hypertonie [Hochdruckkrankheit]	1,2	1,4
M20–M25	Sonstige Gelenkkrankheiten	1,1	2,0
K55–K64	Sonstige Krankheiten des Darmes	1,1	0,8
J09–J18	Grippe und Pneumonie	0,9	0,7
J95–J99	Sonstige Krankheiten des Atmungssystems	0,9	0,6
S90–S99	Verletzungen der Knöchelregion und des Fußes	0,8	1,0
T08–T14	Verletzungen nicht näher bezeichneter Teile des Rumpfes, der Extremitäten oder anderer Körperregionen	0,8	0,9
R40–R46	Symptome, die das Erkennungs- und Wahrnehmungsvermögen, die Stimmung und das Verhalten betreffen	0,8	0,8
N80–N98	Nichtentzündliche Krankheiten des weiblichen Genitaltraktes	0,8	0,7
S80–S89	Verletzungen des Knies und des Unterschenkels	0,7	1,6
O20–O29	Sonstige Krankheiten der Mutter, die vorwiegend mit der Schwangerschaft verbunden sind	0,7	0,7
E70–E90	Stoffwechselstörungen	0,7	0,7
D10–D36	Gutartige Neubildungen	0,7	0,7
M95–M99	Sonstige Krankheiten des Muskel-Skelett-Systems und des Bindegewebes	0,7	0,6
I95–I99	Sonstige und nicht näher bezeichnete Krankheiten des Kreislaufsystems	0,7	0,4
B99–B99	Sonstige Infektionskrankheiten	0,7	0,4
E00–E07	Krankheiten der Schilddrüse	0,6	0,7
Z00–Z13	Personen, die das Gesundheitswesen zur Untersuchung und Abklärung in Anspruch nehmen	0,6	0,4
H65–H75	Krankheiten des Mittelohres und des Warzenfortsatzes	0,6	0,4
C00–C75	Bösartige Neubildungen an genau bezeichneten Lokalisationen, als primär festgestellt oder vermutet, ausgenommen lymphatisches, blutbildendes und verwandtes Gewebe	0,5	2,5
Z40–Z54	Personen, die das Gesundheitswesen zum Zwecke spezifischer Maßnahmen und zur medizinischen Betreuung in Anspruch nehmen	0,5	1,0
	Summe hier	**80,6**	**72,9**
	Restliche	19,4	27,1
	Gesamtsumme	**100,0**	**100,0**

26.3 **Baugewerbe**

Tab. 26.3.1 Entwicklung des Krankenstands der AOK-Mitglieder in der Branche Baugewerbe in den Jahren 1994 bis 2016

Jahr	Krankenstand in %			AU-Fälle je 100 AOK-Mitglieder			Tage je Fall		
	West	Ost	Bund	West	Ost	Bund	West	Ost	Bund
1994	7,0	5,5	6,5	155,3	137,3	150,2	14,9	13,5	14,6
1995	6,5	5,5	6,2	161,7	146,9	157,6	14,7	13,7	14,5
1996	6,1	5,3	5,9	145,0	134,8	142,2	15,5	14,0	15,1
1997	5,8	5,1	5,6	140,1	128,3	137,1	14,6	14,0	14,5
1998	6,0	5,2	5,8	143,8	133,8	141,4	14,7	14,0	14,5
1999	6,0	5,5	5,9	153,0	146,3	151,5	14,2	13,9	14,1
2000	6,1	5,4	5,9	157,3	143,2	154,5	14,1	13,8	14,1
2001	6,0	5,5	5,9	156,3	141,5	153,6	14,0	14,1	14,0
2002	5,8	5,2	5,7	154,3	136,0	151,2	13,8	14,0	13,8
2003	5,4	4,6	5,3	148,8	123,0	144,3	13,3	13,7	13,3
2004	5,0	4,1	4,8	136,6	110,8	131,9	13,4	13,7	13,4
2005	4,8	4,0	4,7	136,0	107,1	130,8	13,0	13,7	13,1
2006	4,6	3,8	4,4	131,6	101,9	126,2	12,7	13,7	12,8
2007	4,9	4,2	4,8	141,4	110,3	135,7	12,7	14,0	12,9
2008 (WZ03)	5,1	4,5	4,9	147,8	114,9	141,8	12,5	14,2	12,8
2008 (WZ08)*	5,0	4,4	4,9	147,3	114,3	141,2	12,5	14,2	12,8
2009	5,1	4,7	5,1	151,8	120,8	146,2	12,4	14,2	12,6
2010	5,1	4,7	5,1	147,8	123,2	143,4	12,7	14,0	12,9
2011	5,2	4,4	5,1	154,0	128,0	149,3	12,4	12,7	12,5
2012	5,3	5,1	5,3	152,3	124,6	147,3	12,8	14,9	13,1
2013	5,4	5,2	5,3	158,9	130,1	153,8	12,3	14,5	12,6
2014	5,5	5,4	5,5	156,3	130,9	151,8	12,8	14,9	13,1
2015	5,5	5,6	5,5	162,4	139,6	158,4	12,4	14,5	12,7
2016	5,5	5,5	5,5	160,2	141,5	157,1	12,5	14,1	12,7

*aufgrund der Revision der Wirtschaftszweigklassifikation in 2008 ist eine Vergleichbarkeit mit den Vorjahren nur bedingt möglich

Fehlzeiten-Report 2017

◼ **Tab. 26.3.2** Arbeitsunfähigkeit der AOK-Mitglieder in der Branche Baugewerbe nach Bundesländern im Jahr 2016 im Vergleich zum Vorjahr

Bundesland	Kranken-stand in %	Arbeitsunfähigkeit je 100 AOK-Mitglieder				Tage je Fall	Veränd. z. Vorj. in %	AU-Quote in %
		AU-Fälle	Veränd. z. Vorj. in %	AU-Tage	Veränd. z. Vorj. in %			
Baden-Württemberg	5,3	169,4	−1,7	1.950,3	−2,6	11,5	−0,9	54,4
Bayern	5,0	133,9	−1,1	1.814,4	0,4	13,5	1,5	50,3
Berlin	4,8	125,9	2,0	1.749,0	5,4	13,9	3,3	35,7
Brandenburg	5,6	148,9	1,1	2.051,6	−1,9	13,8	−3,0	53,8
Bremen	5,5	160,9	−1,2	2.003,8	−4,8	12,5	−3,7	49,0
Hamburg	5,0	131,4	−16,4	1.823,8	−8,3	13,9	9,7	43,4
Hessen	5,6	156,3	−1,7	2.033,0	−1,8	13,0	−0,1	45,6
Mecklenburg-Vorpommern	5,8	144,6	−0,7	2.116,0	−0,3	14,6	0,4	53,0
Niedersachsen	5,9	178,6	1,2	2.174,5	0,4	12,2	−0,8	59,4
Nordrhein-Westfalen	5,8	176,0	−1,6	2.124,4	−1,9	12,1	−0,4	54,5
Rheinland-Pfalz	6,2	192,6	−0,4	2.281,3	−0,5	11,8	−0,1	58,3
Saarland	6,6	171,8	−3,4	2.413,4	−4,9	14,1	−1,6	58,0
Sachsen	5,2	137,4	1,6	1.912,9	0,9	13,9	−0,7	53,8
Sachsen-Anhalt	5,9	139,9	0,0	2.148,1	1,6	15,4	1,6	51,5
Schleswig-Holstein	5,8	171,0	−0,6	2.110,2	−1,6	12,3	−1,0	55,6
Thüringen	5,6	146,6	1,4	2.040,2	−0,1	13,9	−1,4	54,9
West	**5,5**	**160,2**	**−1,1**	**1.999,2**	**−1,0**	**12,5**	**0,1**	**52,7**
Ost	**5,5**	**141,5**	**1,1**	**2.000,7**	**0,3**	**14,1**	**−0,8**	**53,7**
Bund	**5,5**	**157,1**	**−0,9**	**1.999,8**	**−0,8**	**12,7**	**0,1**	**52,8**

Fehlzeiten-Report 2017

◼ **Tab. 26.3.3** Arbeitsunfähigkeit der AOK-Mitglieder in der Branche Baugewerbe nach Wirtschaftsabteilungen im Jahr 2016

Wirtschaftsabteilung	Krankenstand in %		Arbeitsunfähigkeiten je 100 AOK-Mitglieder		Tage je Fall	AU-Quote in %
	2016	2016 stand.*	Fälle	Tage		
Hochbau	5,9	4,5	143,7	2.155,8	15,0	51,4
Tiefbau	6,4	4,9	158,1	2.339,4	14,8	57,5
Vorbereitende Baustellenarbeiten, Bauinstallation und sonstiges Ausbaugewerbe	5,2	4,8	161,1	1.906,6	11,8	52,7
Branche insgesamt	**5,5**	**4,8**	**157,1**	**1.999,8**	**12,7**	**52,8**
Alle Branchen	**5,3**	**5,4**	**166,6**	**1.943,2**	**11,7**	**54,4**

*Krankenstand alters- und geschlechtsstandardisiert

Fehlzeiten-Report 2017

◻ **Tab. 26.3.4** Kennzahlen der Arbeitsunfähigkeit der AOK-Mitglieder nach ausgewählten Berufsgruppen in der Branche Baugewerbe im Jahr 2016

Tätigkeit	Kranken-stand in %	Arbeitsunfähigkeiten je 100 AOK-Mitglieder		Tage je Fall	AU-Quote in %	Anteil der Berufsgruppe an der Branche in %*
		Fälle	Tage			
Berufe für Maler- u. Lackiererarbeiten	5,4	182,8	1.976,2	10,8	57,9	6,4
Berufe im Aus- u. Trockenbau (ohne Spez.)	4,8	129,1	1.765,4	13,7	39,8	3,0
Berufe im Beton- u. Stahlbetonbau	6,2	147,2	2.262,8	15,4	43,3	2,0
Berufe im Hochbau (ohne Spez.)	5,4	133,0	1.979,2	14,9	39,5	16,2
Berufe im Holz-, Möbel- u. Innenausbau	5,2	169,8	1.909,6	11,2	60,7	1,9
Berufe im Maurerhandwerk	6,6	164,8	2.420,6	14,7	60,4	5,5
Berufe im Straßen- u. Asphaltbau	6,6	187,4	2.419,0	12,9	65,2	1,7
Berufe im Tiefbau (ohne Spez.)	7,0	161,4	2.545,8	15,8	59,7	3,2
Berufe in der Bauelektrik	5,1	193,8	1.849,3	9,5	61,4	5,5
Berufe in der Dachdeckerei	6,6	192,6	2.403,4	12,5	65,1	2,4
Berufe in der Elektrotechnik (ohne Spez.)	4,9	169,5	1.798,2	10,6	50,9	1,5
Berufe in der Fliesen-, Platten- u. Mosaikverlegung	5,5	161,7	2.010,4	12,4	56,3	1,4
Berufe in der Maschinenbau- u. Betriebstechnik (ohne Spez.)	5,6	152,8	2.032,7	13,3	48,8	1,3
Berufe in der Sanitär-, Heizungs- u. Klimatechnik	5,7	204,7	2.069,1	10,1	66,0	6,8
Berufe in der Zimmerei	5,8	163,1	2.116,6	13,0	62,0	2,3
Berufskraftfahrer/innen (Güterverkehr/LKW)	5,9	126,5	2.176,8	17,2	52,0	1,3
Büro- u. Sekretariatskräfte (ohne Spez.)	3,2	106,8	1.183,0	11,1	42,9	5,4
Führer/innen von Erdbewegungs- u. -verwandten Maschinen	6,6	138,1	2.421,3	17,5	58,1	2,1
kaufmännische u. technische Betriebswirtschaft (ohne Spez.)	3,2	123,8	1.163,8	9,4	49,4	1,3
Maschinen- u. Gerätezusammensetzer/innen	5,6	146,2	2.060,9	14,1	48,3	1,4
Branche insgesamt	**5,5**	**157,1**	**1.999,8**	**12,7**	**52,8**	**7,1****

* Anteil der AOK-Mitglieder in der Berufsgruppe an den in der Branche beschäftigten AOK-Mitgliedern insgesamt
**Anteil der AOK-Mitglieder in der Branche an allen AOK-Mitgliedern

Fehlzeiten-Report 2017

◻ **Tab. 26.3.5** Dauer der Arbeitsunfähigkeit der AOK-Mitglieder in der Branche Baugewerbe im Jahr 2016

Fallklasse	Branche hier		alle Branchen	
	Anteil Fälle in %	Anteil Tage in %	Anteil Fälle in %	Anteil Tage in %
1–3 Tage	38,4	5,9	36,0	6,2
4–7 Tage	29,1	11,3	31,2	13,4
8–14 Tage	15,9	12,9	17,0	15,1
15–21 Tage	5,6	7,6	5,7	8,5
22–28 Tage	2,8	5,3	2,9	6,0
29–42 Tage	2,9	8,0	2,9	8,6
Langzeit-AU (> 42 Tage)	5,3	49,0	4,3	42,1

Fehlzeiten-Report 2017

◻ Tab. 26.3.6 Tage der Arbeitsunfähigkeit je AOK-Mitglied nach Wirtschaftsabteilung und Betriebsgröße in der Branche Baugewerbe im Jahr 2016

Wirtschaftsabteilungen	Betriebsgröße (Anzahl der AOK-Mitglieder)					
	10–49	50–99	100–199	200–499	500–999	≥ 1.000
Hochbau	22,7	21,6	20,9	18,4	21,0	–
Tiefbau	24,1	24,1	21,7	22,7	27,2	–
Vorbereitende Baustellenarbeiten, Bauinstallation und sonstiges Ausbaugewerbe	19,8	19,4	17,4	20,7	16,7	–
Branche insgesamt	21,0	21,0	19,8	20,1	20,4	–
Alle Branchen	20,2	22,1	22,2	22,1	22,1	22,4

Fehlzeiten-Report 2017

◻ Tab. 26.3.7 Krankenstand in Prozent nach Ausbildungsabschluss in der Branche Baugewerbe im Jahr 2016, AOK-Mitglieder

Wirtschaftsabteilung	Ausbildung						
	ohne Ausbildungsabschluss	mit Ausbildungsabschluss	Meister/Techniker	Bachelor	Diplom/Magister/Master/Staatsexamen	Promotion	unbekannt
Hochbau	6,5	6,4	4,8	1,9	2,1	5,5	5,1
Tiefbau	6,9	6,6	4,7	1,5	2,4	2,3	6,1
Vorbereitende Baustellenarbeiten, Bauinstallation und sonstiges Ausbaugewerbe	5,4	5,5	4,5	2,1	3,1	3,7	4,7
Branche insgesamt	5,7	5,8	4,6	1,9	2,7	4,0	4,9
Alle Branchen	6,1	5,6	4,3	2,3	2,8	2,0	4,9

Fehlzeiten-Report 2017

◻ Tab. 26.3.8 Tage der Arbeitsunfähigkeit je AOK-Mitglied nach Ausbildung in der Branche Baugewerbe im Jahr 2016

Wirtschaftsabteilung	Ausbildung						
	ohne Ausbildungsabschluss	mit Ausbildungsabschluss	Meister/Techniker	Bachelor	Diplom/Magister/Master/Staatsexamen	Promotion	unbekannt
Hochbau	23,7	23,3	17,6	6,8	7,6	20,3	18,7
Tiefbau	25,2	24,2	17,1	5,4	8,7	8,6	22,5
Vorbereitende Baustellenarbeiten, Bauinstallation und sonstiges Ausbaugewerbe	19,7	20,2	16,6	7,6	11,5	13,5	17,2
Branche insgesamt	21,0	21,3	16,9	7,1	9,7	14,6	17,9
Alle Branchen	22,3	20,6	15,8	8,3	10,2	7,4	17,9

Fehlzeiten-Report 2017

▣ Tab. 26.3.9 Anteil der Arbeitsunfälle an den AU-Fällen und -Tagen in Prozent nach Wirtschaftsabteilungen in der Branche Baugewerbe im Jahr 2016, AOK-Mitglieder

Wirtschaftsabteilung	AU-Fälle in %	AU-Tage in %
Hochbau	7,5	14,5
Tiefbau	6,0	11,3
Vorbereitende Baustellenarbeiten, Bauinstallation und sonstiges Ausbaugewerbe	6,0	11,6
Branche insgesamt	**6,3**	**12,3**
Alle Branchen	**3,1**	**5,9**

Fehlzeiten-Report 2017

▣ Tab. 26.3.10 Tage und Fälle der Arbeitsunfähigkeit durch Arbeitsunfälle nach Berufsgruppen in der Branche Baugewerbe im Jahr 2016, AOK-Mitglieder

Tätigkeit	Arbeitsunfähigkeit je 1.000 AOK-Mitglieder	
	AU-Tage	AU-Fälle
Berufe in der Zimmerei	4.647,4	187,4
Berufe in der Dachdeckerei	3.964,2	173,6
Berufe im Beton- u. Stahlbetonbau	3.919,5	127,6
Berufe im Maurerhandwerk	3.809,3	136,1
Berufskraftfahrer/innen (Güterverkehr/LKW)	3.262,3	100,3
Berufe im Hochbau (ohne Spez.)	3.208,7	113,4
Berufe im Tiefbau (ohne Spez.)	3.150,1	114,7
Berufe im Straßen- u. Asphaltbau	3.035,3	117,9
Berufe im Holz-, Möbel- u. Innenausbau	2.566,7	123,5
Berufe im Aus- u. Trockenbau (ohne Spez.)	2.534,0	102,4
Führer/innen von Erdbewegungs- u. verwandten Maschinen	2.493,7	79,0
Maschinen- u. Gerätezusammensetzer/innen	2.493,1	101,0
Berufe in der Sanitär-, Heizungs- u. Klimatechnik	2.347,9	126,7
Berufe in der Maschinenbau- u. Betriebstechnik (ohne Spez.)	2.275,6	100,2
Berufe in der Bauelektrik	1.963,2	95,5
Berufe für Maler- u. Lackiererarbeiten	1.910,1	88,4
Berufe in der Elektrotechnik (ohne Spez.)	1.881,4	87,2
Berufe in der Fliesen-, Platten- u. Mosaikverlegung	1.821,4	85,4
Kaufmännische u. technische Betriebswirtschaft (ohne Spez.)	303,7	13,2
Büro- u. Sekretariatskräfte (ohne Spez.)	276,6	10,0
Branche insgesamt	**2.454,3**	**98,5**
Alle Branchen	**1.146,7**	**51,3**

Fehlzeiten-Report 2017

◻ Tab. 26.3.11 Tage und Fälle der Arbeitsunfähigkeit je 100 AOK-Mitglieder nach Krankheitsarten in der Branche Baugewerbe in den Jahren 1995 bis 2016

Jahr	Arbeitsunfähigkeiten je 100 AOK-Mitglieder											
	Psyche		Herz/Kreislauf		Atemwege		Verdauung		Muskel/Skelett		Verletzungen	
	Tage	Fälle	Tage	Fälle	Tage	Fälle	Tage	Fälle	Tage	Fälle	Tage	Fälle
1995	69,1	2,6	208,2	8,0	355,9	43,5	205,2	23,6	780,6	38,5	602,6	34,4
1996	70,5	2,5	198,8	7,0	308,8	37,3	181,0	21,3	753,9	35,0	564,8	31,7
1997	65,3	2,7	180,0	7,0	270,4	35,5	162,5	20,5	677,9	34,4	553,6	31,9
1998	69,2	2,9	179,1	7,3	273,9	37,1	160,7	20,9	715,7	37,0	548,9	31,7
1999	72,2	3,1	180,3	7,5	302,6	41,7	160,6	22,4	756,0	39,5	547,9	32,2
2000	80,8	3,6	159,7	6,9	275,1	39,2	144,2	19,3	780,1	41,2	528,8	31,2
2001	89,0	4,2	163,6	7,3	262,0	39,0	145,0	19,7	799,9	42,3	508,4	30,3
2002	90,7	4,4	159,7	7,3	240,8	36,7	141,0	20,2	787,2	41,8	502,0	29,7
2003	84,7	4,3	150,0	7,1	233,3	36,7	130,8	19,1	699,3	38,2	469,0	28,6
2004	102,0	4,4	158,3	6,6	200,2	30,6	132,1	18,6	647,6	36,0	446,6	26,8
2005	101,1	4,2	155,2	6,5	227,0	34,7	122,8	17,0	610,4	34,2	435,3	25,7
2006	91,9	4,1	146,4	6,4	184,3	29,1	119,4	17,8	570,6	33,8	442,6	26,4
2007	105,1	4,4	148,5	6,6	211,9	33,5	128,7	19,3	619,3	35,6	453,9	26,0
2008 (WZ03)	108,2	4,6	157,3	6,9	218,5	34,9	132,8	20,4	646,1	37,0	459,8	26,5
2008 (WZ08)*	107,3	4,6	156,4	6,9	217,0	34,7	131,4	20,2	642,3	36,9	459,2	26,5
2009	112,3	4,9	163,5	7,1	254,8	40,1	132,5	19,8	629,8	35,7	458,7	26,0
2010	121,0	5,0	160,5	6,9	216,2	34,1	127,0	18,4	654,5	36,6	473,1	26,5
2011	124,5	5,5	154,9	7,1	224,1	35,9	124,9	18,8	631,6	37,4	464,5	26,4
2012	143,6	5,7	178,5	7,4	223,4	35,0	133,8	18,7	679,8	37,5	475,6	25,0
2013	146,2	5,8	177,4	6,9	271,3	42,0	136,2	18,9	666,4	36,9	462,7	24,5
2014	157,4	6,4	183,4	7,3	227,2	35,6	139,0	19,3	716,4	38,9	475,9	24,6
2015	161,3	6,5	179,6	7,3	272,6	42,5	138,2	19,2	694,8	38,0	463,5	23,8
2016	159,3	6,5	162,8	7,4	254,0	40,8	130,8	19,0	708,1	38,3	459,7	23,3

*aufgrund der Revision der Wirtschaftszweigklassifikation in 2008 ist eine Vergleichbarkeit mit den Vorjahren nur bedingt möglich

Fehlzeiten-Report 2017

◻ Tab. 26.3.12 Verteilung der Arbeitsunfähigkeitstage nach Krankheitsarten in Prozent in der Branche Baugewerbe im Jahr 2016, AOK-Mitglieder

Wirtschaftsabteilung	AU-Tage in %						
	Psyche	Herz/Kreislauf	Atemwege	Verdauung	Muskel/Skelett	Verletzungen	Sonstige
Hochbau	5,3	7,1	8,2	4,7	28,5	18,2	27,9
Tiefbau	6,0	7,4	8,8	5,1	28,7	15,3	28,7
Vorbereitende Baustellenarbeiten, Bauinstallation und sonstiges Ausbaugewerbe	6,4	5,7	10,4	5,1	26,3	17,7	28,4
Branche insgesamt	6,1	6,2	9,7	5,0	27,1	17,6	28,3
Alle Branchen	11,0	5,7	12,4	5,1	22,9	11,0	32,0

Fehlzeiten-Report 2017

◘ **Tab. 26.3.13** Verteilung der Arbeitsunfähigkeitsfälle nach Krankheitsarten in Prozent in der Branche Baugewerbe im Jahr 2016, AOK-Mitglieder

Wirtschaftsabteilung	AU-Fälle in %						
	Psyche	Herz/ Kreislauf	Atem- wege	Ver- dauung	Muskel/ Skelett	Verlet- zungen	Sonstige
Hochbau	3,1	4,4	18,1	9,3	20,3	12,3	32,6
Tiefbau	3,3	4,9	18,0	9,7	20,6	10,6	33,0
Vorbereitende Baustellenarbeiten, Bauinstallation und sonstiges Ausbau- gewerbe	3,3	3,3	21,1	9,5	18,5	11,5	32,9
Branche insgesamt	**3,2**	**3,7**	**20,2**	**9,5**	**19,0**	**11,5.**	**32,8**
Alle Branchen	**5,1**	**3,8**	**22,9**	**9,1**	**15,9**	**7,3**	**35,8**

Fehlzeiten-Report 2017

◘ **Tab. 26.3.14** Verteilung der Arbeitsunfähigkeitstage nach Krankheitsarten und ausgewählten Berufsgruppen in der Branche Baugewerbe im Jahr 2016, AOK-Mitglieder

Tätigkeit	AU-Tage in %						
	Psyche	Herz/ Kreislauf	Atem- wege	Ver- dauung	Muskel/ Skelett	Verlet- zungen	Sonstige
Berufe für Maler- u. Lackiererarbeiten	5,6	5,5	10,9	5,2	27,6	17,2	27,9
Berufe im Aus- u. Trockenbau (ohne Spez.)	4,9	6,3	8,9	4,5	28,7	19,9	26,9
Berufe im Beton- u. Stahlbetonbau	5,4	6,3	7,8	4,2	29,9	20,3	26,1
Berufe im Hochbau (ohne Spez.)	4,9	6,4	8,1	4,8	29,4	20,4	26,0
Berufe im Holz-, Möbel- u. Innenausbau	7,0	5,2	9,9	5,4	26,9	19,1	26,4
Berufe im Maurerhandwerk	4,5	6,5	7,9	4,5	30,0	20,2	26,4
Berufe im Straßen- u. Asphaltbau	5,4	6,1	9,5	5,5	29,2	17,3	27,0
Berufe im Tiefbau (ohne Spez.)	4,7	7,7	8,2	5,1	29,4	15,6	29,2
Berufe in der Bauelektrik	6,1	5,3	13,0	5,6	22,5	18,0	29,5
Berufe in der Dachdeckerei	5,0	4,3	9,0	4,9	29,8	22,3	24,6
Berufe in der Elektrotechnik (ohne Spez.)	6,6	5,0	12,4	5,5	24,5	17,2	28,9
Berufe in der Fliesen-, Platten- u. Mosaikverlegung	5,7	6,0	8,9	4,9	32,3	15,0	27,1
Berufe in der Maschinenbau- u. Betriebstechnik (ohne Spez.)	7,0	5,4	9,7	5,5	27,8	17,7	27,0
Berufe in der Sanitär-, Heizungs- u. Klimatechnik	5,6	5,3	11,8	5,4	25,7	18,8	27,4
Berufe in der Zimmerei	3,9	4,8	8,3	3,9	26,5	28,4	24,2
Berufskraftfahrer/innen (Güterverkehr/LKW)	5,8	9,0	7,6	4,4	25,4	16,4	31,4
Büro- u. Sekretariatskräfte (ohne Spez.)	12,4	5,0	12,1	5,2	18,5	8,9	37,8
Führer/innen von Erdbewegungs- u. verwandten Maschinen	6,0	9,9	7,2	5,0	27,4	13,6	31,0
Kaufmännische u. technische Betriebswirtschaft (ohne Spez.)	14,0	4,2	14,4	6,2	16,0	9,2	36,0
Maschinen- u. Gerätezusammensetzer/innen	7,0	6,7	9,5	5,1	26,6	17,5	27,6
Branche gesamt	**6,1**	**6,2**	**9,7**	**5,0**	**27,1**	**17,6**	**28,3**
Alle Branchen	**11,0**	**5,7**	**12,4**	**5,1**	**22,9**	**11,0**	**32,0**

Fehlzeiten-Report 2017

■ **Tab. 26.3.15** Verteilung der Arbeitsunfähigkeitsfälle nach Krankheitsarten und ausgewählten Berufsgruppen in der Branche Baugewerbe im Jahr 2016, AOK-Mitglieder

Tätigkeit	AU-Fälle in %						
	Psyche	Herz/ Kreislauf	Atem- wege	Ver- dauung	Muskel/ Skelett	Verlet- zungen	Sonstige
Berufe für Maler- u. Lackiererarbeiten	3,1	2,9	21,8	10,0	18,3	10,9	33,0
Berufe im Aus- u. Trockenbau (ohne Spez.)	3,3	3,5	18,7	8,7	23,1	13,0	29,7
Berufe im Beton- u. Stahlbetonbau	3,2	4,0	17,2	8,9	22,7	13,2	30,8
Berufe im Hochbau (ohne Spez.)	3,1	3,8	17,3	8,8	23,1	13,5	30,4
Berufe im Holz-, Möbel- u. Innenausbau	3,0	3,0	20,9	9,7	18,7	13,0	31,6
Berufe im Maurerhandwerk	2,7	4,0	17,9	9,2	20,9	13,7	31,5
Berufe im Straßen- u. Asphaltbau	2,9	3,9	19,3	9,7	19,5	11,6	33,0
Berufe im Tiefbau (ohne Spez.)	3,1	4,9	16,8	9,8	21,9	11,4	32,2
Berufe in der Bauelektrik	2,7	2,8	24,6	9,8	15,2	11,1	33,8
Berufe in der Dachdeckerei	2,7	2,7	20,0	9,7	19,5	14,8	30,5
Berufe in der Elektrotechnik (ohne Spez.)	3,6	3,2	22,8	10,2	17,3	10,4	32,5
Berufe in der Fliesen-, Platten- u. Mosaikverlegung	3,1	3,3	20,5	9,5	21,1	10,9	31,6
Berufe in der Maschinenbau- u. Betriebstechnik (ohne Spez.)	3,7	3,8	19,5	9,3	20,4	12,2	31,2
Berufe in der Sanitär-, Heizungs- u. Klimatechnik	2,7	2,8	22,8	9,6	16,8	12,3	33,0
Berufe in der Zimmerei	2,2	2,7	19,7	8,5	18,5	18,5	29,9
Berufskraftfahrer/innen (Güterverkehr/LKW)	3,4	6,4	14,4	9,7	19,7	11,0	35,5
Büro- u. Sekretariatskräfte (ohne Spez.)	5,4	3,6	23,5	9,7	11,3	5,4	41,0
Führer/innen von Erdbewegungs- u. verwandten Maschinen	3,3	6,6	14,7	10,2	20,8	9,8	34,6
kaufmännische u. technische Betriebswirtschaft (ohne Spez.)	5,1	3,4	26,2	10,0	10,2	5,8	39,3
Maschinen- u. Gerätezusammensetzer/innen	4,0	4,3	18,7	8,7	21,5	11,8	31,2
Branche gesamt	**3,2**	**3,7**	**20,2**	**9,5**	**19,0**	**11,5**	**32,8**
Alle Branchen	**5,1**	**3,8**	**22,9**	**9,1**	**15,9**	**7,3**	**35,8**

Fehlzeiten-Report 2017

◻ **Tab. 26.3.16** Anteile der 40 häufigsten Einzeldiagnosen an den AU-Fällen und AU-Tagen in der Branche Baugewerbe im Jahr 2016, AOK-Mitglieder

ICD–10	Bezeichnung	AU-Fälle in %	AU-Tage in %
J06	Akute Infektionen an mehreren oder nicht näher bezeichneten Lokalisationen der oberen Atemwege	7,8	3,0
M54	Rückenschmerzen	7,1	7,0
A09	Sonstige und nicht näher bezeichnete Gastroenteritis und Kolitis infektiösen und nicht näher bezeichneten Ursprungs	4,3	1,3
K08	Sonstige Krankheiten der Zähne und des Zahnhalteapparates	2,2	0,4
J20	Akute Bronchitis	2,0	1,0
T14	Verletzung an einer nicht näher bezeichneten Körperregion	1,9	1,8
K52	Sonstige nichtinfektiöse Gastroenteritis und Kolitis	1,9	0,6
I10	Essentielle (primäre) Hypertonie	1,6	1,6
J40	Bronchitis, nicht als akut oder chronisch bezeichnet	1,5	0,7
B34	Viruskrankheit nicht näher bezeichneter Lokalisation	1,5	0,6
M25	Sonstige Gelenkkrankheiten, anderenorts nicht klassifiziert	1,3	1,6
R10	Bauch- und Beckenschmerzen	1,3	0,6
K29	Gastritis und Duodenitis	1,2	0,5
M99	Biomechanische Funktionsstörungen, anderenorts nicht klassifiziert	1,1	0,9
R51	Kopfschmerz	1,1	0,4
M51	Sonstige Bandscheibenschäden	1,0	2,8
J03	Akute Tonsillitis	1,0	0,4
M75	Schulterläsionen	0,9	2,2
S93	Luxation, Verstauchung und Zerrung der Gelenke und Bänder in Höhe des oberen Sprunggelenkes und des Fußes	0,9	1,1
M77	Sonstige Enthesopathien	0,9	1,0
J02	Akute Pharyngitis	0,9	0,3
M23	Binnenschädigung des Kniegelenkes [internal derangement]	0,8	1,9
M79	Sonstige Krankheiten des Weichteilgewebes, anderenorts nicht klassifiziert	0,8	0,7
J32	Chronische Sinusitis	0,8	0,4
R11	Übelkeit und Erbrechen	0,8	0,3
J01	Akute Sinusitis	0,8	0,3
F43	Reaktionen auf schwere Belastungen und Anpassungsstörungen	0,7	1,0
M53	Sonstige Krankheiten der Wirbelsäule und des Rückens, anderenorts nicht klassifiziert	0,7	0,8
J00	Akute Rhinopharyngitis [Erkältungsschnupfen]	0,7	0,3
A08	Virusbedingte und sonstige näher bezeichnete Darminfektionen	0,7	0,2
F32	Depressive Episode	0,6	1,7
S83	Luxation, Verstauchung und Zerrung des Kniegelenkes und von Bändern des Kniegelenkes	0,6	1,4
S61	Offene Wunde des Handgelenkes und der Hand	0,6	0,6
B99	Sonstige und nicht näher bezeichnete Infektionskrankheiten	0,6	0,2
M17	Gonarthrose [Arthrose des Kniegelenkes]	0,5	1,4
M47	Spondylose	0,5	0,9
R42	Schwindel und Taumel	0,5	0,4
R07	Hals- und Brustschmerzen	0,5	0,3
J98	Sonstige Krankheiten der Atemwege	0,5	0,2
J11	Grippe, Viren nicht nachgewiesen	0,5	0,2
	Summe hier	**55,6**	**43,0**
	Restliche	44,4	57,0
	Gesamtsumme	**100,0**	**100,0**

◻ Tab. 26.3.17 Anteile der 40 häufigsten Diagnoseuntergruppen an den AU-Fällen und AU-Tagen in der Branche Baugewerbe im Jahr 2016, AOK-Mitglieder

ICD-10	Bezeichnung	AU-Fälle in %	AU-Tage in %
J00–J06	Akute Infektionen der oberen Atemwege	11,9	4,7
M50–M54	Sonstige Krankheiten der Wirbelsäule und des Rückens	8,4	9,7
A00–A09	Infektiöse Darmkrankheiten	5,5	1,6
M70–M79	Sonstige Krankheiten des Weichteilgewebes	3,3	4,8
R50–R69	Allgemeinsymptome	3,1	2,3
K00–K14	Krankheiten der Mundhöhle, der Speicheldrüsen und der Kiefer	2,7	0,6
J40–J47	Chronische Krankheiten der unteren Atemwege	2,5	1,6
J20–J22	Sonstige akute Infektionen der unteren Atemwege	2,4	1,1
R10–R19	Symptome, die das Verdauungssystem und das Abdomen betreffen	2,4	1,1
M20–M25	Sonstige Gelenkkrankheiten	2,2	3,6
T08–T14	Verletzungen nicht näher bezeichneter Teile des Rumpfes, der Extremitäten oder anderer Körperregionen	2,2	2,2
K50–K52	Nichtinfektiöse Enteritis und Kolitis	2,2	0,8
S60–S69	Verletzungen des Handgelenkes und der Hand	2,0	2,9
I10–I15	Hypertonie [Hochdruckkrankheit]	1,8	1,9
K20–K31	Krankheiten des Ösophagus, des Magens und des Duodenums	1,8	0,8
B25–B34	Sonstige Viruskrankheiten	1,7	0,7
F40–F48	Neurotische, Belastungs- und somatoforme Störungen	1,6	2,6
S90–S99	Verletzungen der Knöchelregion und des Fußes	1,5	2,2
S80–S89	Verletzungen des Knies und des Unterschenkels	1,4	3,2
Z80–Z99	Personen mit potentiellen Gesundheitsrisiken aufgrund der Familien- oder Eigenanamnese und bestimmte Zustände, die den Gesundheitszustand beeinflussen	1,4	2,8
R00–R09	Symptome, die das Kreislaufsystem und das Atmungssystem betreffen	1,4	0,9
J30–J39	Sonstige Krankheiten der oberen Atemwege	1,3	0,7
M95–M99	Sonstige Krankheiten des Muskel-Skelett-Systems und des Bindegewebes	1,2	1,0
G40–G47	Episodische und paroxysmale Krankheiten des Nervensystems	1,1	0,9
M15–M19	Arthrose	1,0	3,0
K55–K64	Sonstige Krankheiten des Darmes	1,0	0,8
E70–E90	Stoffwechselstörungen	0,9	0,8
J09–J18	Grippe und Pneumonie	0,9	0,6
F30–F39	Affektive Störungen	0,8	2,5
S00–S09	Verletzungen des Kopfes	0,8	0,8
G50–G59	Krankheiten von Nerven, Nervenwurzeln und Nervenplexus	0,7	1,3
M05–M14	Entzündliche Polyarthropathien	0,7	0,8
F10–F19	Psychische und Verhaltensstörungen durch psychotrope Substanzen	0,7	0,8
L00–L08	Infektionen der Haut und der Unterhaut	0,7	0,7
R40–R46	Symptome, die das Erkennungs- und Wahrnehmungsvermögen, die Stimmung und das Verhalten betreffen	0,7	0,6
J95–J99	Sonstige Krankheiten des Atmungssystems	0,7	0,4
Z00–Z13	Personen, die das Gesundheitswesen zur Untersuchung und Abklärung in Anspruch nehmen	0,7	0,4
S40–S49	Verletzungen der Schulter und des Oberarmes	0,6	1,6
S20–S29	Verletzungen des Thorax	0,6	1,0
M65–M68	Krankheiten der Synovialis und der Sehnen	0,6	0,9
	Summe hier	**79,1**	**71,7**
	Restliche	20,9	28,3
	Gesamtsumme	**100,0**	**100,0**

Fehlzeiten-Report 2017

26.4   Dienstleistungen

■ **Tab. 26.4.1** Entwicklung des Krankenstands der AOK-Mitglieder in der Branche Dienstleistungen in den Jahren 2000 bis 2016

Jahr	Krankenstand in %			AU-Fälle je 100 AOK-Mitglieder			Tage je Fall		
	West	Ost	Bund	West	Ost	Bund	West	Ost	Bund
2000	4,6	5,6	4,8	148,6	164,9	150,9	11,4	12,3	11,5
2001	4,6	5,4	4,7	146,9	156,2	148,2	11,4	12,7	11,6
2002	4,5	5,2	4,6	145,2	151,7	146,1	11,3	12,4	11,5
2003	4,3	4,7	4,3	141,5	142,9	141,7	11,0	11,9	11,2
2004	3,9	4,1	4,0	126,9	126,1	126,8	11,3	12,0	11,4
2005	3,8	3,9	3,8	126,6	120,6	125,6	11,0	11,8	11,2
2006	3,7	3,8	3,8	127,3	118,9	125,9	10,7	11,6	10,9
2007	4,0	4,1	4,1	140,5	129,9	138,7	10,5	11,5	10,7
2008 (WZ03)	4,2	4,3	4,2	149,0	134,6	146,5	10,4	11,6	10,6
2008 (WZ08)*	4,1	4,2	4,1	147,0	135,3	145,0	10,3	11,4	10,4
2009	4,2	4,5	4,2	146,3	140,1	145,2	10,4	11,6	10,6
2010	4,2	4,6	4,2	146,7	146,7	146,7	10,4	11,3	10,5
2011	4,3	4,4	4,3	152,5	148,8	151,9	10,2	10,7	10,3
2012	4,3	4,7	4,4	148,4	136,4	146,4	10,6	12,5	10,9
2013	4,3	4,7	4,4	151,5	141,0	149,7	10,3	12,3	10,6
2014	4,3	4,8	4,4	148,4	138,9	146,8	10,6	12,6	10,9
2015	4,4	4,9	4,5	153,9	146,5	152,7	10,4	12,1	10,7
2016	4,3	5,0	4,4	151,3	148,5	150,8	10,4	12,3	10,7

*aufgrund der Revision der Wirtschaftszweigklassifikation in 2008 ist eine Vergleichbarkeit mit den Vorjahren nur bedingt möglich

Fehlzeiten-Report 2017

◻ Tab. 26.4.2 Arbeitsunfähigkeit der AOK-Mitglieder in der Branche Dienstleistungen nach Bundesländern im Jahr 2016 im Vergleich zum Vorjahr

Bundesland	Kranken-stand in %	Arbeitsunfähigkeit je 100 AOK-Mitglieder				Tage je Fall	Veränd. z. Vorj. in %	AU-Quote in %
		AU-Fälle	Veränd. z. Vorj. in %	AU-Tage	Veränd. z. Vorj. in %			
Baden-Württemberg	4,0	153,1	−1,5	1.477,0	−2,7	9,6	−1,2	46,5
Bayern	3,6	124,5	−1,6	1.334,8	−1,4	10,7	0,2	39,6
Berlin	4,5	149,9	2,5	1.635,8	0,5	10,9	−2,0	41,8
Brandenburg	5,3	145,8	0,6	1.928,4	4,2	13,2	3,6	45,8
Bremen	4,7	158,0	−2,7	1.733,8	−1,3	11,0	1,4	45,0
Hamburg	4,1	130,4	−15,7	1.493,3	−7,8	11,5	9,3	37,9
Hessen	4,6	163,0	−2,1	1.695,5	−1,7	10,4	0,4	46,2
Mecklenburg-Vorpommern	5,1	133,8	−1,3	1.867,7	0,9	14,0	2,2	43,7
Niedersachsen	4,7	165,6	0,5	1.735,8	−0,2	10,5	−0,8	48,9
Nordrhein-Westfalen	4,7	166,5	−0,8	1.734,0	−0,8	10,4	0,1	47,4
Rheinland-Pfalz	4,8	170,4	−0,6	1.742,7	0,3	10,2	0,9	47,5
Saarland	4,8	144,1	−2,6	1.739,8	−3,5	12,1	−0,9	44,6
Sachsen	4,8	149,7	0,3	1.749,5	1,3	11,7	0,9	51,3
Sachsen-Anhalt	5,3	144,2	1,1	1.925,0	2,1	13,4	1,0	46,5
Schleswig-Holstein	4,8	146,9	−1,7	1.741,1	0,8	11,9	2,6	44,4
Thüringen	5,2	157,0	−0,6	1.908,3	0,1	12,2	0,7	49,3
West	4,3	151,3	−1,4	1.579,0	−1,4	10,4	0,1	44,8
Ost	5,0	148,5	0,2	1.830,3	1,5	12,3	1,2	49,0
Bund	4,4	150,8	−1,2	1.618,5	−0,8	10,7	0,4	45,4

Fehlzeiten-Report 2017

◻ **Tab. 26.4.3** Arbeitsunfähigkeit der AOK-Mitglieder in der Branche Dienstleistungen nach Wirtschaftsabteilungen im Jahr 2016

Wirtschaftsabteilung	Krankenstand in %		Arbeitsunfähigkeiten je 100 AOK-Mitglieder		Tage je Fall	AU-Quote in %
	2016	2016 stand.*	Fälle	Tage		
Erbringung von freiberuflichen, wissenschaftlichen und technischen Dienstleistungen	3,5	3,9	143,5	1.268,8	8,8	50,0
Erbringung von sonstigen Dienstleistungen	4,6	4,6	158,2	1.697,2	10,7	53,6
Erbringung von sonstigen wirtschaftlichen Dienstleistungen	5,3	5,4	180,9	1.926,0	10,6	46,9
Gastgewerbe	3,8	4,0	110,1	1.381,8	12,5	36,5
Grundstücks- und Wohnungswesen	4,6	4,4	138,7	1.685,1	12,2	49,6
Information und Kommunikation	3,6	4,1	140,3	1.305,4	9,3	46,2
Kunst, Unterhaltung und Erholung	4,5	4,6	128,5	1.646,3	12,8	42,7
Private Haushalte mit Hauspersonal, Herstellung von Waren und Erbringung von Dienstleistungen durch private Haushalte für den Eigenbedarf	2,7	2,7	74,0	991,1	13,4	29,5
Branche insgesamt	**4,4**	**4,6**	**150,8**	**1.618,5**	**10,7**	**45,4**
Alle Branchen	**5,3**	**5,4**	**166,6**	**1.943,2**	**11,7**	**54,4**

*Krankenstand alters- und geschlechtsstandardisiert

Fehlzeiten-Report 2017

◘ **Tab. 26.4.4** Kennzahlen der Arbeitsunfähigkeit der AOK-Mitglieder nach ausgewählten Berufsgruppen in der Branche Dienstleistungen im Jahr 2016

Tätigkeit	Kranken-stand in %	Arbeitsunfähigkeiten je 100 AOK-Mitglieder		Tage je Fall	AU-Quote in %	Anteil der Berufs-gruppe an der Branche in %*
		Fälle	Tage			
Berufe im Dialogmarketing	8,0	312,7	2.913,1	9,3	61,9	1,3
Berufe im Friseurgewerbe	3,6	169,3	1.304,2	7,7	54,6	2,0
Berufe im Gartenbau (ohne Spez.)	5,5	167,3	2.004,6	12,0	51,3	1,1
Berufe im Gastronomieservice (ohne Spez.)	3,5	105,8	1.276,6	12,1	34,0	7,8
Berufe im Hotelservice	4,1	144,2	1.511,7	10,5	44,4	2,5
Berufe im Objekt-, Werte- u. Personenschutz	5,5	149,4	2.009,4	13,4	45,7	3,3
Berufe im Verkauf (ohne Spez.)	3,9	136,0	1.432,2	10,5	36,9	1,0
Berufe in der Gebäudereinigung	6,0	158,5	2.182,4	13,8	50,0	1,9
Berufe in der Gebäudetechnik (ohne Spez.)	5,0	121,0	1.812,5	15,0	45,9	1,6
Berufe in der Hauswirtschaft	4,8	125,6	1.772,4	14,1	44,6	1,1
Berufe in der Kunststoff- u. Kautschuk-herstellung (ohne Spez.)	4,9	221,5	1.807,9	8,2	48,5	1,2
Berufe in der Lagerwirtschaft	5,2	212,4	1.910,4	9,0	44,3	9,2
Berufe in der Maschinenbau- u. Betriebstechnik (ohne Spez.)	4,7	184,6	1.734,1	9,4	49,4	1,1
Berufe in der Metallbearbeitung (ohne Spez.)	4,9	219,1	1.788,1	8,2	49,0	3,2
Berufe in der Reinigung (ohne Spez.)	5,7	152,9	2.098,6	13,7	48,4	10,1
Berufe in der Steuerberatung	2,8	154,6	1.010,6	6,5	56,0	1,2
Büro- u. Sekretariatskräfte (ohne Spez.)	3,6	145,7	1.307,3	9,0	48,5	4,5
Kaufmännische u. technische Betriebs-wirtschaft (ohne Spez.)	3,6	155,3	1.320,7	8,5	51,5	1,5
Köche/Köchinnen (ohne Spez.)	4,0	111,5	1.453,8	13,0	36,7	7,9
Branche insgesamt	**4,4**	**150,8**	**1.618,5**	**10,7**	**45,4**	**29,2****

* Anteil der AOK-Mitglieder in der Berufsgruppe an den in der Branche beschäftigten AOK-Mitgliedern insgesamt
**Anteil der AOK-Mitglieder in der Branche an allen AOK-Mitgliedern

Fehlzeiten-Report 2017

◘ **Tab. 26.4.5** Dauer der Arbeitsunfähigkeit der AOK-Mitglieder in der Branche Dienstleistungen im Jahr 2016

Fallklasse	Branche hier		alle Branchen	
	Anteil Fälle in %	Anteil Tage in %	Anteil Fälle in %	Anteil Tage in %
1–3 Tage	36,0	6,8	36,0	6,2
4–7 Tage	32,4	15,2	31,2	13,4
8–14 Tage	17,2	16,5	17,0	15,1
15–21 Tage	5,6	9,1	5,7	8,5
22–28 Tage	2,6	6,0	2,9	6,0
29–42 Tage	2,6	8,3	2,9	8,6
Langzeit-AU (> 42 Tage)	3,7	38,1	4,3	42,1

Fehlzeiten-Report 2017

◻ Tab. 26.4.6 Tage der Arbeitsunfähigkeit je AOK-Mitglied nach Wirtschaftsabteilung und Betriebsgröße in der Branche Dienstleistungen im Jahr 2016

Wirtschaftsabteilungen	Betriebsgröße (Anzahl der AOK-Mitglieder)					
	10–49	50–99	100–199	200–499	500–999	≥ 1.000
Erbringung von freiberuflichen, wissenschaftlichen und technischen Dienstleistungen	13,8	16,5	16,8	18,5	17,2	15,6
Erbringung von sonstigen Dienstleistungen	19,6	21,8	24,1	20,2	20,8	14,4
Erbringung von sonstigen wirtschaftlichen Dienstleistungen	19,9	20,4	20,1	19,5	19,3	16,5
Gastgewerbe	15,0	17,8	20,9	21,8	24,0	41,2
Grundstücks- und Wohnungswesen	19,5	23,3	27,7	20,4	–	–
Information und Kommunikation	13,7	15,9	18,1	20,1	11,8	16,5
Kunst, Unterhaltung und Erholung	18,1	21,0	20,7	21,5	19,8	14,5
Private Haushalte mit Hauspersonal, Herstellung von Waren und Erbringung von Dienstleistungen durch private Haushalte für den Eigenbedarf	4,8	–	–	–	–	–
Branche insgesamt	**17,0**	**19,6**	**20,2**	**19,6**	**19,4**	**17,2**
Alle Branchen	**20,2**	**22,1**	**22,2**	**22,1**	**22,1**	**22,4**

Fehlzeiten-Report 2017

◻ Tab. 26.4.7 Krankenstand in Prozent nach Ausbildungsabschluss in der Branche Dienstleistungen im Jahr 2016, AOK-Mitglieder

Wirtschaftsabteilung	Ausbildung						
	ohne Aus-bildungs-abschluss	mit Aus-bildungs-abschluss	Meister/Techniker	Bachelor	Diplom/Magis-ter/Master/Staatsexamen	Promo-tion	unbe-kannt
Erbringung von frei-beruflichen, wissen-schaftlichen und technischen Dienst-leistungen	4,3	3,9	3,3	1,9	2,0	1,5	3,7
Erbringung von sons-tigen Dienstleistungen	5,8	4,8	4,4	2,6	2,9	1,8	4,4
Erbringung von sons-tigen wirtschaftlichen Dienstleistungen	5,4	5,6	4,5	2,4	3,1	3,7	5,1
Gastgewerbe	4,4	4,4	3,7	2,3	3,0	2,7	3,2
Grundstücks- und Wohnungswesen	5,1	5,0	4,0	2,1	2,8	2,6	4,3
Information und Kommunikation	4,2	4,3	3,4	1,7	2,0	1,8	3,7
Kunst, Unterhaltung und Erholung	5,0	5,2	4,6	2,8	3,1	2,0	3,9
Private Haushalte mit Hauspersonal, Her-stellung von Waren und Erbringung von Dienstleistungen durch private Haushalte für den Eigenbedarf	2,9	3,1	2,2	1,5	3,0	2,2	2,5
Branche insgesamt	5,0	4,8	3,9	2,1	2,3	1,9	4,2
Alle Branchen	6,1	5,6	4,3	2,3	2,8	2,0	4,9

Fehlzeiten-Report 2017

◘ Tab. 26.4.8 Tage der Arbeitsunfähigkeit je AOK-Mitglied nach Ausbildung in der Branche Dienstleistungen im Jahr 2016

Wirtschaftsabteilung	Ausbildung						
	ohne Ausbildungsabschluss	mit Ausbildungsabschluss	Meister/ Techniker	Bachelor	Diplom/Magister/Master/ Staatsexamen	Promotion	unbekannt
Erbringung von freiberuflichen, wissenschaftlichen und technischen Dienstleistungen	15,8	14,4	12,3	7,1	7,1	5,4	13,5
Erbringung von sonstigen Dienstleistungen	21,4	17,5	16,0	9,7	10,7	6,4	15,9
Erbringung von sonstigen wirtschaftlichen Dienstleistungen	19,6	20,7	16,4	8,8	11,4	13,7	18,5
Gastgewerbe	16,2	15,9	13,4	8,5	11,2	9,7	11,8
Grundstücks- und Wohnungswesen	18,8	18,2	14,8	7,7	10,3	9,6	15,8
Information und Kommunikation	15,5	15,6	12,3	6,4	7,2	6,6	13,7
Kunst, Unterhaltung und Erholung	18,4	18,9	16,8	10,3	11,2	7,4	14,4
Private Haushalte mit Hauspersonal, Herstellung von Waren und Erbringung von Dienstleistungen durch private Haushalte für den Eigenbedarf	10,4	11,3	8,1	5,4	11,0	8,1	9,0
Branche insgesamt	**18,4**	**17,6**	**14,3**	**7,6**	**8,5**	**6,9**	**15,5**
Alle Branchen	**22,3**	**20,6**	**15,8**	**8,3**	**10,2**	**7,4**	**17,9**

Fehlzeiten-Report 2017

◘ Tab. 26.4.9 Anteil der Arbeitsunfälle an den AU-Fällen und -Tagen in Prozent nach Wirtschaftsabteilungen in der Branche Dienstleistungen im Jahr 2016, AOK-Mitglieder

Wirtschaftsabteilung	AU-Fälle in %	AU-Tage in %
Erbringung von freiberuflichen, wissenschaftlichen und technischen Dienstleistungen	1,6	3,6
Erbringung von sonstigen Dienstleistungen	1,9	3,8
Erbringung von sonstigen wirtschaftlichen Dienstleistungen	3,6	6,6
Gastgewerbe	3,5	5,2
Grundstücks- und Wohnungswesen	2,5	5,2
Information und Kommunikation	1,5	3,2
Kunst, Unterhaltung und Erholung	4,0	8,7
Private Haushalte mit Hauspersonal, Herstellung von Waren und Erbringung von Dienstleistungen durch private Haushalte für den Eigenbedarf	2,1	3,3
Branche insgesamt	**3,0**	**5,5**
Alle Branchen	**3,1**	**5,9**

Fehlzeiten-Report 2017

Tab. 26.4.10 Tage und Fälle der Arbeitsunfähigkeit durch Arbeitsunfälle nach Berufsgruppen in der Branche Dienstleistungen im Jahr 2016, AOK-Mitglieder

Tätigkeit	Arbeitsunfähigkeit je 1.000 AOK-Mitglieder	
	AU-Tage	AU-Fälle
Berufe im Gartenbau (ohne Spez.)	2.084,1	93,1
Berufe in der Lagerwirtschaft	1.507,6	90,0
Berufe in der Maschinenbau- u. Betriebstechnik (ohne Spez.)	1.457,8	84,3
Berufe in der Gebäudetechnik (ohne Spez.)	1.432,5	52,4
Berufe in der Metallbearbeitung (ohne Spez.)	1.390,6	96,9
Berufe in der Kunststoff- u. Kautschukherstellung (ohne Spez.)	1.308,8	88,2
Berufe in der Gebäudereinigung	1.102,1	44,3
Berufe im Objekt-, Werte- u. Personenschutz	1.072,8	41,7
Berufe in der Reinigung (ohne Spez.)	915,6	38,2
Köche/Köchinnen (ohne Spez.)	844,7	48,2
Berufe in der Hauswirtschaft	636,2	26,2
Berufe im Hotelservice	622,9	33,9
Berufe im Verkauf (ohne Spez.)	583,5	30,1
Berufe im Gastronomieservice (ohne Spez.)	574,2	32,0
Berufe im Dialogmarketing	434,8	23,1
Berufe im Friseurgewerbe	264,0	18,9
Kaufmännische u. technische Betriebswirtschaft (ohne Spez.)	246,9	13,3
Büro- u. Sekretariatskräfte (ohne Spez.)	233,3	12,9
Berufe in der Steuerberatung	156,0	10,3
Branche insgesamt	**892,9**	**44,7**
Alle Branchen	**1.146,7**	**51,3**

Fehlzeiten-Report 2017

◖ **Tab. 26.4.11** Tage und Fälle der Arbeitsunfähigkeit je 100 AOK-Mitglieder nach Krankheitsarten in der Branche Dienstleistungen in den Jahren 1995 bis 2016

Jahr	Arbeitsunfähigkeiten je 100 AOK-Mitglieder											
	Psyche		Herz/Kreislauf		Atemwege		Verdauung		Muskel/Skelett		Verletzungen	
	Tage	Fälle	Tage	Fälle	Tage	Fälle	Tage	Fälle	Tage	Fälle	Tage	Fälle
2000	136,7	7,0	127,0	8,2	307,0	44,0	141,7	20,3	508,6	33,5	260,6	18,2
2001	146,4	7,8	131,4	8,8	292,2	43,4	142,1	20,8	521,6	34,6	256,4	18,1
2002	151,6	8,1	128,1	8,8	277,1	41,7	141,6	21,3	511,8	34,2	247,1	17,4
2003	146,8	8,0	122,1	8,6	275,7	42,5	132,9	20,5	464,0	31,5	235,5	16,5
2004	158,8	7,9	125,2	7,6	233,4	35,2	129,7	19,4	435,6	28,8	223,9	15,3
2005	150,9	7,4	118,9	7,2	259,5	39,2	119,8	17,8	404,7	27,1	216,7	14,7
2006	152,0	7,6	117,2	7,4	223,5	35,0	123,8	19,3	409,4	28,3	226,9	15,8
2007	167,4	8,3	120,3	7,5	254,8	40,1	133,9	21,5	433,8	30,2	232,0	16,1
2008 (WZ03)	177,0	8,7	124,0	7,8	267,3	42,3	140,4	22,7	455,9	31,9	237,7	16,5
2008 (WZ08)*	174,8	8,7	119,2	7,6	263,3	42,1	137,3	22,5	441,1	31,2	232,7	16,3
2009	185,8	9,0	119,6	7,4	298,3	46,6	132,1	21,0	427,9	29,0	224,2	14,9
2010	196,5	9,4	116,5	7,4	259,2	41,6	121,2	19,6	448,4	30,8	241,3	16,3
2011	202,9	9,9	112,1	7,3	265,7	42,5	121,5	19,7	437,6	31,5	237,7	16,1
2012	228,4	10,2	125,1	7,4	262,6	41,2	124,2	19,1	460,1	30,9	236,0	14,8
2013	220,0	9,8	121,0	6,9	306,3	47,5	120,6	18,5	445,0	30,1	230,5	14,4
2014	238,5	10,6	125,3	7,2	255,5	40,6	123,9	18,9	471,5	31,4	233,6	14,4
2015	239,8	10,5	122,7	7,2	303,2	47,5	119,9	18,4	456,9	30,6	228,3	14,0
2016	242,5	10,5	114,0	7,2	283,9	45,5	115,7	18,2	464,1	30,9	226,2	13,7

*aufgrund der Revision der Wirtschaftszweigklassifikation in 2008 ist eine Vergleichbarkeit mit den Vorjahren nur bedingt möglich

Fehlzeiten-Report 2017

◻ Tab. 26.4.12 Verteilung der Arbeitsunfähigkeitstage nach Krankheitsarten in Prozent in der Branche Dienstleistungen im Jahr 2016, AOK-Mitglieder

Wirtschaftsabteilung	AU-Tage in %						
	Psyche	Herz/ Kreislauf	Atem- wege	Ver- dauung	Muskel/ Skelett	Verlet- zungen	Sonstige
Erbringung von freiberuflichen, wissenschaftlichen und technischen Dienstleistungen	13,0	4,6	16,3	5,6	16,5	9,3	34,7
Erbringung von sonstigen Dienstleistungen	13,0	5,1	13,5	5,1	20,2	9,0	34,1
Erbringung von sonstigen wirtschaftlichen Dienstleistungen	9,8	5,4	12,9	5,4	23,6	11,3	31,5
Gastgewerbe	11,7	5,4	11,0	5,3	22,1	10,6	34,0
Grundstücks- und Wohnungswesen	10,9	6,4	12,3	5,0	21,7	10,1	33,5
Information und Kommunikation	13,6	4,8	17,0	5,6	17,2	8,6	33,3
Kunst, Unterhaltung und Erholung	13,4	5,2	12,7	4,9	19,8	12,4	31,6
Private Haushalte mit Hauspersonal, Herstellung von Waren und Erbringung von Dienstleistungen durch private Haushalte für den Eigenbedarf	10,9	6,5	9,6	5,2	20,6	9,7	37,6
Branche insgesamt	**11,3**	**5,3**	**13,2**	**5,4**	**21,6**	**10,5**	**32,8**
Alle Branchen	**11,0**	**5,7**	**12,4**	**5,1**	**22,9**	**11,0**	**32,0**

Fehlzeiten-Report 2017

◻ Tab. 26.4.13 Verteilung der Arbeitsunfähigkeitsfälle nach Krankheitsarten in Prozent in der Branche Dienstleistungen im Jahr 2016, AOK-Mitglieder

Wirtschaftsabteilung	AU-Fälle in %						
	Psyche	Herz/ Kreislauf	Atem- wege	Ver- dauung	Muskel/ Skelett	Verlet- zungen	Sonstige
Erbringung von freiberuflichen, wissenschaftlichen und technischen Dienstleistungen	5,0	3,0	27,8	9,5	11,0	5,6	38,1
Erbringung von sonstigen Dienstleistungen	5,8	3,7	23,9	9,1	13,5	5,8	38,2
Erbringung von sonstigen wirtschaftlichen Dienstleistungen	5,0	3,7	21,5	9,2	18,0	7,5	35,1
Gastgewerbe	5,8	3,9	20,1	8,9	15,7	7,6	38,0
Grundstücks- und Wohnungswesen	5,3	4,5	22,5	9,5	15,3	6,7	36,3
Information und Kommunikation	5,3	3,2	28,9	9,2	11,7	5,3	36,4
Kunst, Unterhaltung und Erholung	6,4	3,9	23,0	8,5	13,9	7,9	36,4
Private Haushalte mit Hauspersonal, Herstellung von Waren und Erbringung von Dienstleistungen durch private Haushalte für den Eigenbedarf	5,8	5,6	19,1	8,1	14,4	6,7	40,1
Branche insgesamt	**5,3**	**3,6**	**22,9**	**9,2**	**15,6**	**6,9**	**36,5**
Alle Branchen	**5,1**	**3,8**	**22,9**	**9,1**	**15,9**	**7,3**	**35,8**

Fehlzeiten-Report 2017

◻ Tab. 26.4.14 Verteilung der Arbeitsunfähigkeitstage nach Krankheitsarten und ausgewählten Berufsgruppen in der Branche Dienstleistungen im Jahr 2016, AOK-Mitglieder

Tätigkeit	AU-Tage in %						
	Psyche	Herz/ Kreislauf	Atem- wege	Ver- dauung	Muskel/ Skelett	Verlet- zungen	Sonstige
Berufe im Dialogmarketing	19,5	3,8	19,2	6,2	13,0	4,8	33,4
Berufe im Friseurgewerbe	12,9	3,2	15,4	6,1	16,2	8,9	37,4
Berufe im Gartenbau (ohne Spez.)	6,5	6,1	10,7	5,4	27,2	15,2	28,8
Berufe im Gastronomieservice (ohne Spez.)	11,9	5,0	11,5	5,5	21,4	10,7	34,1
Berufe im Hotelservice	12,0	4,1	12,7	5,2	21,9	9,5	34,5
Berufe im Objekt-, Werte- u. Personenschutz	13,2	7,2	12,3	5,3	19,2	9,3	33,5
Berufe im Verkauf (ohne Spez.)	12,4	4,6	12,9	5,4	20,7	9,8	34,3
Berufe in der Gebäudereinigung	10,2	5,5	11,1	4,6	27,2	9,8	31,6
Berufe in der Gebäudetechnik (ohne Spez.)	9,0	7,9	9,4	5,1	24,3	12,1	32,2
Berufe in der Hauswirtschaft	12,2	5,5	10,3	4,8	24,3	8,5	34,4
Berufe in der Kunststoff- u. Kautschuk- herstellung (ohne Spez.)	7,1	4,6	14,4	6,1	23,9	12,8	31,1
Berufe in der Lagerwirtschaft	7,6	5,1	13,7	6,0	24,8	12,6	30,2
Berufe in der Maschinenbau- u. Betriebstechnik (ohne Spez.)	7,6	5,4	14,1	5,7	22,7	14,1	30,5
Berufe in der Metallbearbeitung (ohne Spez.)	6,8	4,9	15,0	6,4	23,8	13,5	29,6
Berufe in der Reinigung (ohne Spez.)	10,6	5,5	10,8	4,5	26,6	9,0	33,1
Berufe in der Steuerberatung	13,3	3,5	20,0	6,7	11,0	7,1	38,5
Büro- u. Sekretariatskräfte (ohne Spez.)	15,6	4,3	16,3	5,5	14,5	7,2	36,6
Kaufmännische u. technische Betriebswirtschaft (ohne Spez.)	15,3	4,5	17,6	5,8	13,7	7,0	36,1
Köche/Köchinnen (ohne Spez.)	11,0	5,7	10,5	5,4	22,6	11,0	33,8
Branche gesamt	11,3	5,3	13,2	5,4	21,6	10,5	32,8
Alle Branchen	11,0	5,7	12,4	5,1	22,9	11,0	32,0

Fehlzeiten-Report 2017

◘ Tab. 26.4.15 Verteilung der Arbeitsunfähigkeitsfälle nach Krankheitsarten und ausgewählten Berufsgruppen in der Branche Dienstleistungen im Jahr 2016, AOK-Mitglieder

Tätigkeit	AU-Fälle in %						
	Psyche	Herz/ Kreislauf	Atem- wege	Ver- dauung	Muskel/ Skelett	Verlet- zungen	Sonstige
Berufe im Dialogmarketing	7,6	2,8	27,8	10,1	9,5	3,3	39,0
Berufe im Friseurgewerbe	5,6	2,7	24,7	9,4	10,3	5,3	42,0
Berufe im Gartenbau (ohne Spez.)	3,8	3,9	19,1	9,3	21,5	10,6	31,8
Berufe im Gastronomieservice (ohne Spez.)	6,1	3,5	20,8	8,9	15,2	7,5	38,0
Berufe im Hotelservice	5,7	3,0	22,2	8,7	15,1	6,4	38,9
Berufe im Objekt-, Werte- u. Personenschutz	7,3	4,9	20,7	8,6	14,8	6,3	37,4
Berufe im Verkauf (ohne Spez.)	5,9	3,5	22,4	9,4	14,0	6,3	38,5
Berufe in der Gebäudereinigung	5,4	4,4	19,4	8,6	20,8	6,7	34,8
Berufe in der Gebäudetechnik (ohne Spez.)	4,8	5,7	18,2	9,3	19,0	8,6	34,4
Berufe in der Hauswirtschaft	6,1	4,8	19,6	8,6	16,5	6,1	38,3
Berufe in der Kunststoff- u. Kautschuk- herstellung (ohne Spez.)	4,0	2,9	21,4	10,0	18,5	8,1	35,1
Berufe in der Lagerwirtschaft	4,1	3,2	21,3	9,6	19,9	8,2	33,7
Berufe in der Maschinenbau- u. Betriebstechnik (ohne Spez.)	4,1	3,3	23,2	9,3	17,5	9,0	33,6
Berufe in der Metallbearbeitung (ohne Spez.)	3,9	3,0	22,1	9,9	18,4	8,7	34,0
Berufe in der Reinigung (ohne Spez.)	5,6	4,6	19,0	8,3	20,3	6,2	36,1
Berufe in der Steuerberatung	4,5	2,6	29,7	10,3	7,8	4,2	40,9
Büro- u. Sekretariatskräfte (ohne Spez.)	6,1	3,1	27,0	9,5	9,8	4,5	40,0
Kaufmännische u. technische Betriebswirtschaft (ohne Spez.)	5,8	3,1	28,3	9,6	9,5	4,5	39,1
Köche/Köchinnen (ohne Spez.)	5,6	4,3	19,0	9,1	16,3	8,1	37,6
Branche gesamt	**5,3**	**3,6**	**22,9**	**9,2**	**15,6**	**6,9**	**36,5**
Alle Branchen	**5,1**	**3,8**	**22,9**	**9,1**	**15,9**	**7,3**	**35,8**

Fehlzeiten-Report 2017

◨ Tab. 26.4.16 Anteile der 40 häufigsten Einzeldiagnosen an den AU-Fällen und AU-Tagen in der Branche Dienstleistungen im Jahr 2016, AOK-Mitglieder

ICD–10	Bezeichnung	AU-Fälle in %	AU-Tage in %
J06	Akute Infektionen an mehreren oder nicht näher bezeichneten Lokalisationen der oberen Atemwege	9,1	4,5
M54	Rückenschmerzen	6,3	6,4
A09	Sonstige und nicht näher bezeichnete Gastroenteritis und Kolitis infektiösen und nicht näher bezeichneten Ursprungs	4,4	1,7
J20	Akute Bronchitis	2,1	1,3
K52	Sonstige nichtinfektiöse Gastroenteritis und Kolitis	1,9	0,8
R10	Bauch- und Beckenschmerzen	1,8	1,0
K08	Sonstige Krankheiten der Zähne und des Zahnhalteapparates	1,8	0,4
B34	Viruskrankheit nicht näher bezeichneter Lokalisation	1,7	0,8
J40	Bronchitis, nicht als akut oder chronisch bezeichnet	1,6	1,0
I10	Essentielle (primäre) Hypertonie	1,5	1,5
K29	Gastritis und Duodenitis	1,5	0,8
F43	Reaktionen auf schwere Belastungen und Anpassungsstörungen	1,3	2,2
R51	Kopfschmerz	1,3	0,6
F32	Depressive Episode	1,2	3,4
J03	Akute Tonsillitis	1,1	0,6
J02	Akute Pharyngitis	1,1	0,5
M25	Sonstige Gelenkkrankheiten, anderenorts nicht klassifiziert	1,0	1,2
T14	Verletzung an einer nicht näher bezeichneten Körperregion	1,0	1,0
R11	Übelkeit und Erbrechen	1,0	0,5
J01	Akute Sinusitis	1,0	0,5
J32	Chronische Sinusitis	0,9	0,5
J00	Akute Rhinopharyngitis [Erkältungsschnupfen]	0,9	0,4
M79	Sonstige Krankheiten des Weichteilgewebes, anderenorts nicht klassifiziert	0,8	0,8
M99	Biomechanische Funktionsstörungen, anderenorts nicht klassifiziert	0,8	0,7
M51	Sonstige Bandscheibenschäden	0,7	1,8
F45	Somatoforme Störungen	0,7	1,2
F48	Andere neurotische Störungen	0,7	1,0
M77	Sonstige Enthesopathien	0,7	0,9
M53	Sonstige Krankheiten der Wirbelsäule und des Rückens, anderenorts nicht klassifiziert	0,7	0,8
R53	Unwohlsein und Ermüdung	0,7	0,7
R42	Schwindel und Taumel	0,7	0,5
J98	Sonstige Krankheiten der Atemwege	0,7	0,4
G43	Migräne	0,7	0,3
A08	Virusbedingte und sonstige näher bezeichnete Darminfektionen	0,7	0,3
M75	Schulterläsionen	0,6	1,4
B99	Sonstige und nicht näher bezeichnete Infektionskrankheiten	0,6	0,3
N39	Sonstige Krankheiten des Harnsystems	0,6	0,3
S93	Luxation, Verstauchung und Zerrung der Gelenke und Bänder in Höhe des oberen Sprunggelenkes und des Fußes	0,5	0,7
R07	Hals- und Brustschmerzen	0,5	0,3
J04	Akute Laryngitis und Tracheitis	0,5	0,3
	Summe hier	**57,4**	**44,3**
	Restliche	42,6	55,7
	Gesamtsumme	**100,0**	**100,0**

Fehlzeiten-Report 2017

☐ Tab. 26.4.17 Anteile der 40 häufigsten Diagnoseuntergruppen an den AU-Fällen und AU-Tagen in der Branche Dienstleistungen im Jahr 2016, AOK-Mitglieder

ICD-10	Bezeichnung	AU-Fälle in %	AU-Tage in %
J00–J06	Akute Infektionen der oberen Atemwege	13,9	7,0
M50–M54	Sonstige Krankheiten der Wirbelsäule und des Rückens	7,5	8,5
A00–A09	Infektiöse Darmkrankheiten	5,5	2,2
R50–R69	Allgemeinsymptome	3,7	3,0
R10–R19	Symptome, die das Verdauungssystem und das Abdomen betreffen	3,1	1,7
F40–F48	Neurotische, Belastungs- und somatoforme Störungen	2,9	5,4
J40–J47	Chronische Krankheiten der unteren Atemwege	2,7	2,0
J20–J22	Sonstige akute Infektionen der unteren Atemwege	2,5	1,5
M70–M79	Sonstige Krankheiten des Weichteilgewebes	2,4	3,5
K50–K52	Nichtinfektiöse Enteritis und Kolitis	2,2	1,0
K00–K14	Krankheiten der Mundhöhle, der Speicheldrüsen und der Kiefer	2,2	0,7
K20–K31	Krankheiten des Ösophagus, des Magens und des Duodenums	2,1	1,2
B25–B34	Sonstige Viruskrankheiten	1,9	0,9
F30–F39	Affektive Störungen	1,6	5,0
M20–M25	Sonstige Gelenkkrankheiten	1,6	2,7
I10–I15	Hypertonie [Hochdruckkrankheit]	1,6	1,8
G40–G47	Episodische und paroxysmale Krankheiten des Nervensystems	1,6	1,3
J30–J39	Sonstige Krankheiten der oberen Atemwege	1,5	0,9
R00–R09	Symptome, die das Kreislaufsystem und das Atmungssystem betreffen	1,4	0,9
Z80–Z99	Personen mit potentiellen Gesundheitsrisiken aufgrund der Familien- oder Eigenanamnese und bestimmte Zustände, die den Gesundheitszustand beeinflussen	1,3	2,3
T08–T14	Verletzungen nicht näher bezeichneter Teile des Rumpfes, der Extremitäten oder anderer Körperregionen	1,3	1,3
S60–S69	Verletzungen des Handgelenkes und der Hand	1,0	1,4
S90–S99	Verletzungen der Knöchelregion und des Fußes	0,9	1,3
M95–M99	Sonstige Krankheiten des Muskel-Skelett-Systems und des Bindegewebes	0,9	0,9
R40–R46	Symptome, die das Erkennungs- und Wahrnehmungsvermögen, die Stimmung und das Verhalten betreffen	0,9	0,8
K55–K64	Sonstige Krankheiten des Darmes	0,9	0,8
J09–J18	Grippe und Pneumonie	0,9	0,7
N30–N39	Sonstige Krankheiten des Harnsystems	0,9	0,5
S80–S89	Verletzungen des Knies und des Unterschenkels	0,8	1,8
E70–E90	Stoffwechselstörungen	0,8	0,7
J95–J99	Sonstige Krankheiten des Atmungssystems	0,8	0,5
M15–M19	Arthrose	0,7	1,9
Z00–Z13	Personen, die das Gesundheitswesen zur Untersuchung und Abklärung in Anspruch nehmen	0,7	0,4
B99–B99	Sonstige Infektionskrankheiten	0,7	0,3
G50–G59	Krankheiten von Nerven, Nervenwurzeln und Nervenplexus	0,6	1,1
M65–M68	Krankheiten der Synovialis und der Sehnen	0,6	1,0
F10–F19	Psychische und Verhaltensstörungen durch psychotrope Substanzen	0,6	0,7
L00–L08	Infektionen der Haut und der Unterhaut	0,6	0,6
N80–N98	Nichtentzündliche Krankheiten des weiblichen Genitaltraktes	0,6	0,5
I95–I99	Sonstige und nicht näher bezeichnete Krankheiten des Kreislaufsystems	0,6	0,3
	Summe hier	**79,0**	**71,0**
	Restliche	21,0	29,0
	Gesamtsumme	**100,0**	**100,0**

Fehlzeiten-Report 2017

26.5 Energie, Wasser, Entsorgung und Bergbau

◻ Tab. 26.5.1 Entwicklung des Krankenstands der AOK-Mitglieder in der Branche Energie, Wasser, Entsorgung und Bergbau in den Jahren 1994 bis 2016

Jahr	Krankenstand in %			AU-Fälle je 100 AOK-Mitglieder			Tage je Fall		
	West	Ost	Bund	West	Ost	Bund	West	Ost	Bund
1994	6,4	5,2	6,0	143,8	117,4	136,7	16,1	14,0	15,6
1995	6,2	5,0	5,8	149,0	126,4	143,3	15,6	13,9	15,2
1996	5,7	4,1	5,3	139,1	112,4	132,3	15,7	13,8	15,3
1997	5,5	4,2	5,2	135,8	107,1	129,1	14,8	13,8	14,6
1998	5,7	4,0	5,3	140,4	108,1	133,4	14,8	13,6	14,6
1999	5,9	4,4	5,6	149,7	118,8	143,4	14,4	13,5	14,2
2000	5,8	4,4	5,5	148,8	122,3	143,7	14,3	13,1	14,1
2001	5,7	4,4	5,4	145,0	120,3	140,4	14,3	13,5	14,2
2002	5,5	4,5	5,3	144,9	122,0	140,7	13,9	13,4	13,8
2003	5,2	4,1	5,0	144,2	121,6	139,9	13,2	12,4	13,0
2004	4,9	3,7	4,6	135,2	114,8	131,1	13,1	11,9	12,9
2005	4,8	3,7	4,6	139,1	115,5	134,3	12,7	11,7	12,5
2006	4,4	3,6	4,3	127,1	112,8	124,2	12,7	11,7	12,5
2007	4,8	3,7	4,6	138,7	117,0	134,3	12,7	11,6	12,5
2008 (WZ03)	4,9	3,9	4,7	142,6	121,6	138,2	12,6	11,8	12,4
2008 (WZ08)*	5,6	4,9	5,4	157,8	132,3	152,1	13,0	13,5	13,1
2009	5,8	5,3	5,7	162,4	142,8	158,1	13,0	13,5	13,1
2010	6,0	5,5	5,9	165,7	148,9	162,0	13,3	13,4	13,3
2011	6,0	4,9	5,8	166,2	148,3	162,3	13,3	12,2	13,0
2012	6,0	5,4	5,9	163,5	145,8	159,6	13,4	13,7	13,4
2013	6,4	5,7	6,2	175,2	154,5	170,8	13,2	13,4	13,3
2014	6,5	5,7	6,3	171,9	150,3	167,3	13,7	13,8	13,7
2015	6,7	5,9	6,5	183,1	163,8	178,9	13,3	13,0	13,3
2016	6,7	5,9	6,5	184,0	168,3	180,5	13,4	12,9	13,3

*aufgrund der Revision der Wirtschaftszweigklassifikation in 2008 ist eine Vergleichbarkeit mit den Vorjahren nur bedingt möglich

Fehlzeiten-Report 2017

Tab. 26.5.2 Arbeitsunfähigkeit der AOK-Mitglieder in der Branche Energie, Wasser, Entsorgung und Bergbau nach Bundesländern im Jahr 2016 im Vergleich zum Vorjahr

Bundesland	Kranken- stand in %	Arbeitsunfähigkeit je 100 AOK-Mitglieder				Tage je Fall	Veränd. z. Vorj. in %	AU- Quote in %
		AU- Fälle	Veränd. z. Vorj. in %	AU-Tage	Veränd. z. Vorj. in %			
Baden-Württemberg	5,9	175,1	0,4	2.153,0	–0,2	12,3	–0,6	62,1
Bayern	6,0	156,5	–1,3	2.198,1	1,4	14,0	2,8	58,3
Berlin	7,0	191,2	3,8	2.556,9	7,6	13,4	3,6	53,9
Brandenburg	5,9	164,6	4,5	2.155,9	4,9	13,1	0,4	59,9
Bremen	7,7	209,5	0,6	2.810,8	–1,2	13,4	–1,8	65,4
Hamburg	5,9	173,1	–9,4	2.147,4	–1,6	12,4	8,6	53,3
Hessen	7,8	208,4	2,0	2.847,4	3,1	13,7	1,0	68,2
Mecklenburg- Vorpommern	6,6	175,2	1,5	2.411,0	2,6	13,8	1,1	62,7
Niedersachsen	6,8	194,6	2,3	2.475,1	2,8	12,7	0,5	64,1
Nordrhein-Westfalen	7,4	198,3	1,6	2.723,8	1,4	13,7	–0,2	66,9
Rheinland-Pfalz	7,8	212,9	2,5	2.872,7	–3,4	13,5	–5,7	67,7
Saarland	8,4	190,9	7,2	3.081,3	9,6	16,1	2,2	66,1
Sachsen	5,8	169,9	1,8	2.139,4	0,1	12,6	–1,6	64,2
Sachsen-Anhalt	6,0	158,4	2,7	2.208,0	0,0	13,9	–2,6	59,0
Schleswig-Holstein	6,2	177,0	2,2	2.273,3	1,3	12,8	–0,9	61,8
Thüringen	5,9	172,3	0,8	2.159,2	0,1	12,5	–0,7	62,6
West	**6,7**	**184,0**	**0,8**	**2.459,2**	**1,2**	**13,4**	**0,4**	**63,1**
Ost	**5,9**	**168,3**	**2,0**	**2.175,8**	**0,8**	**12,9**	**–1,1**	**62,4**
Bund	**6,5**	**180,5**	**0,9**	**2.395,4**	**0,9**	**13,3**	**0,0**	**62,9**

Fehlzeiten-Report 2017

Tab. 26.5.3 Arbeitsunfähigkeit der AOK-Mitglieder in der Branche Energie, Wasser, Entsorgung und Bergbau nach Wirtschaftsabteilungen im Jahr 2016

Wirtschaftsabteilung	Krankenstand in %		Arbeitsunfähigkeiten je 100 AOK-Mitglieder		Tage je Fall	AU-Quote in %
	2016	2016 stand.*	Fälle	Tage		
Abwasserentsorgung	6,5	5,8	185,7	2.394,6	12,9	64,1
Bergbau und Gewinnung von Steinen und Erden	5,9	4,7	152,4	2.144,0	14,1	58,8
Beseitigung von Umweltverschmutzungen und sonstige Entsorgung	7,3	6,1	171,2	2.660,4	15,5	58,8
Energieversorgung	5,0	4,8	161,7	1.823,6	11,3	60,1
Sammlung, Behandlung und Beseitigung von Abfällen, Rückgewinnung	7,8	6,4	199,7	2.855,2	14,3	65,1
Wasserversorgung	6,2	5,5	182,9	2.281,9	12,5	67,5
Branche insgesamt	**6,5**	**5,7**	**180,5**	**2.395,4**	**13,3**	**62,9**
Alle Branchen	**5,3**	**5,4**	**166,6**	**1.943,2**	**11,7**	**54,4**

*Krankenstand alters- und geschlechtsstandardisiert

Fehlzeiten-Report 2017

Tab. 26.5.4 Kennzahlen der Arbeitsunfähigkeit der AOK-Mitglieder nach ausgewählten Berufsgruppen in der Branche Energie, Wasser, Entsorgung und Bergbau im Jahr 2016

Tätigkeit	Kranken-stand in %	Arbeitsunfähigkeiten je 100 AOK-Mitglieder		Tage je Fall	AU-Quote in %	Anteil der Berufsgruppe an der Bran-che in %*
		Fälle	Tage			
Aufsichts-/Führungskräfte – Unternehmensorganisation u. -strategie	3,0	104,4	1.092,8	10,5	47,7	1,1
Berufe im Gartenbau (ohne Spez.)	9,8	243,9	3.574,2	14,7	70,7	1,0
Berufe im Metallbau	7,9	186,4	2.890,5	15,5	66,1	1,0
Berufe im Rohrleitungsbau	7,7	198,8	2.833,5	14,3	74,0	1,0
Berufe in der Abfallwirtschaft	7,6	206,4	2.770,6	13,4	66,1	1,5
Berufe in der Bauelektrik	5,7	168,5	2.092,2	12,4	64,9	2,9
Berufe in der elektrischen Betriebstechnik	4,4	183,8	1.598,0	8,7	61,6	2,0
Berufe in der Energie- u. Kraftwerkstechnik	4,9	142,7	1.798,4	12,6	59,5	2,2
Berufe in der Kraftfahrzeugtechnik	6,7	212,6	2.454,6	11,5	71,0	1,2
Berufe in der Lagerwirtschaft	6,9	185,0	2.510,2	13,6	58,7	5,1
Berufe in der Maschinenbau- u. Betriebstechnik (ohne Spez.)	5,8	193,4	2.111,6	10,9	65,3	2,4
Berufe in der Naturstein- u. Mineralaufbereitung	6,7	180,1	2.467,0	13,7	66,8	1,3
Berufe in der Reinigung (ohne Spez.)	7,9	172,7	2.907,9	16,8	60,0	1,5
Berufe in der Ver- u. Entsorgung (ohne Spez.)	9,4	240,5	3.456,0	14,4	70,6	10,1
Berufe in der Wasserversorgungs- u. Abwassertechnik	6,7	190,9	2.454,1	12,9	67,3	4,0
Berufskraftfahrer/innen (Güterverkehr/LKW)	8,3	190,1	3.039,5	16,0	65,9	14,7
Büro- u. Sekretariatskräfte (ohne Spez.)	3,9	157,7	1.429,0	9,1	56,8	5,1
Führer/innen von Erdbewegungs- u. verwandten Maschinen	6,8	154,5	2.480,1	16,1	60,9	2,2
Kaufmännische u. technische Betriebswirtschaft (ohne Spez.)	3,8	158,8	1.406,6	8,9	59,6	5,5
Maschinen- u. Anlagenführer/innen	6,3	161,0	2.288,5	14,2	62,4	2,1
Branche insgesamt	**6,5**	**180,5**	**2.395,4**	**13,3**	**62,9**	**1,4****

* Anteil der AOK-Mitglieder in der Berufsgruppe an den in der Branche beschäftigten AOK-Mitgliedern insgesamt
**Anteil der AOK-Mitglieder in der Branche an allen AOK-Mitgliedern

Fehlzeiten-Report 2017

Tab. 26.5.5 Dauer der Arbeitsunfähigkeit der AOK-Mitglieder in der Branche Energie, Wasser, Entsorgung und Bergbau im Jahr 2016

Fallklasse	Branche hier		alle Branchen	
	Anteil Fälle in %	Anteil Tage in %	Anteil Fälle in %	Anteil Tage in %
1–3 Tage	33,3	4,9	36,0	6,2
4–7 Tage	28,7	10,8	31,2	13,4
8–14 Tage	18,6	14,6	17,0	15,1
15–21 Tage	7,1	9,3	5,7	8,5
22–28 Tage	3,5	6,5	2,9	6,0
29–42 Tage	3,6	9,5	2,9	8,6
Langzeit-AU (> 42 Tage)	5,1	44,4	4,3	42,1

Fehlzeiten-Report 2017

◻ Tab. 26.5.6 Tage der Arbeitsunfähigkeit je AOK-Mitglied nach Wirtschaftsabteilung und Betriebsgröße in der Branche Energie, Wasser, Entsorgung und Bergbau im Jahr 2016

Wirtschaftsabteilungen	Betriebsgröße (Anzahl der AOK-Mitglieder)					
	10–49	50–99	100–199	200–499	500–999	≥ 1.000
Abwasserentsorgung	25,0	30,8	33,5	22,4	–	–
Bergbau und Gewinnung von Steinen und Erden	21,8	20,7	19,4	28,1	–	–
Beseitigung von Umweltverschmutzungen und sonstige Entsorgung	24,4	38,9	–	–	–	–
Energieversorgung	17,5	19,1	21,0	20,0	22,8	–
Sammlung, Behandlung und Beseitigung von Abfällen, Rückgewinnung	26,5	29,3	33,9	33,9	42,2	37,1
Wasserversorgung	21,9	24,1	25,1	21,6	–	–
Branche insgesamt	23,1	25,1	27,2	25,5	36,3	37,1
Alle Branchen	20,2	22,1	22,2	22,1	22,1	22,4

Fehlzeiten-Report 2017

◻ Tab. 26.5.7 Krankenstand in Prozent nach Ausbildungsabschluss in der Branche Energie, Wasser, Entsorgung und Bergbau im Jahr 2016, AOK-Mitglieder

Wirtschaftsabteilung	Ausbildung						
	ohne Ausbildungsabschluss	mit Ausbildungsabschluss	Meister/Techniker	Bachelor	Diplom/Magister/Master/Staatsexamen	Promotion	unbekannt
Abwasserentsorgung	7,7	6,7	4,3	3,3	3,8	–	6,9
Bergbau und Gewinnung von Steinen und Erden	6,6	5,9	4,8	2,3	2,9	2,0	5,8
Beseitigung von Umweltverschmutzungen und sonstige Entsorgung	8,9	7,4	5,6	11,9	3,0	–	7,0
Energieversorgung	5,3	5,5	3,9	1,9	2,7	2,1	4,8
Sammlung, Behandlung und Beseitigung von Abfällen, Rückgewinnung	9,5	7,7	5,4	2,3	3,1	2,3	7,0
Wasserversorgung	7,3	6,6	4,3	2,5	3,6	1,5	6,5
Branche insgesamt	8,2	6,6	4,3	2,2	2,9	2,1	6,5
Alle Branchen	6,1	5,6	4,3	2,3	2,8	2,0	4,9

Fehlzeiten-Report 2017

▢ Tab. 26.5.8 Tage der Arbeitsunfähigkeit je AOK-Mitglied nach Ausbildung in der Branche Energie, Wasser, Entsorgung und Bergbau im Jahr 2016

Wirtschaftsabteilung	Ausbildung						
	ohne Aus-bildungs-abschluss	mit Aus-bildungs-abschluss	Meister/Techniker	Bachelor	Diplom/Magis-ter/Master/Staatsexamen	Promo-tion	unbe-kannt
Abwasserentsorgung	28,1	24,5	15,8	12,0	13,9	–	25,3
Bergbau und Gewinnung von Steinen und Erden	24,1	21,7	17,6	8,3	10,5	7,2	21,2
Beseitigung von Umwelt-verschmutzungen und sonstige Entsorgung	32,7	27,0	20,7	43,5	11,0	–	25,5
Energieversorgung	19,5	20,1	14,2	7,1	9,9	7,5	17,6
Sammlung, Behandlung und Beseitigung von Abfällen, Rückgewinnung	34,8	28,3	19,6	8,5	11,3	8,4	25,6
Wasserversorgung	26,7	24,0	15,8	9,1	13,2	5,4	23,9
Branche insgesamt	**30,1**	**24,3**	**15,8**	**8,2**	**10,6**	**7,7**	**23,9**
Alle Branchen	**22,3**	**20,6**	**15,8**	**8,3**	**10,2**	**7,4**	**17,9**

Fehlzeiten-Report 2017

▢ Tab. 26.5.9 Anteil der Arbeitsunfälle an den AU-Fällen und -Tagen in Prozent nach Wirtschaftsabteilungen in der Branche Energie, Wasser, Entsorgung und Bergbau im Jahr 2016, AOK-Mitglieder

Wirtschaftsabteilung	AU-Fälle in %	AU-Tage in %
Abwasserentsorgung	3,8	7,0
Bergbau und Gewinnung von Steinen und Erden	4,8	9,8
Beseitigung von Umweltverschmutzungen und sonstige Entsorgung	4,2	7,5
Energieversorgung	2,3	5,1
Sammlung, Behandlung und Beseitigung von Abfällen, Rückgewinnung	5,0	9,2
Wasserversorgung	2,9	5,5
Branche insgesamt	**4,0**	**8,0**
Alle Branchen	**3,1**	**5,9**

Fehlzeiten-Report 2017

◘ **Tab. 26.5.10** Tage und Fälle der Arbeitsunfähigkeit durch Arbeitsunfälle nach Berufsgruppen in der Branche Energie, Wasser, Entsorgung und Bergbau im Jahr 2016, AOK-Mitglieder

Tätigkeit	Arbeitsunfähigkeit je 1.000 AOK-Mitglieder	
	AU-Tage	AU-Fälle
Berufskraftfahrer/innen (Güterverkehr/LKW)	3.180,3	108,6
Berufe in der Naturstein- u. Mineralaufbereitung	3.044,8	114,1
Berufe im Metallbau	3.038,6	131,6
Berufe in der Ver- u. Entsorgung (ohne Spez.)	2.966,2	119,3
Führer/innen von Erdbewegungs- u. verwandten Maschinen	2.866,3	89,4
Berufe im Gartenbau (ohne Spez.)	2.534,0	91,0
Berufe in der Lagerwirtschaft	2.492,0	98,2
Berufe in der Abfallwirtschaft	2.171,7	114,8
Berufe in der Kraftfahrzeugtechnik	2.092,4	127,9
Berufe in der Maschinenbau- u. Betriebstechnik (ohne Spez.)	1.996,5	87,3
Maschinen- u. Anlagenführer/innen	1.951,8	72,3
Berufe in der Wasserversorgungs- u. Abwassertechnik	1.923,2	84,5
Berufe im Rohrleitungsbau	1.873,6	59,2
Berufe in der Bauelektrik	1.340,9	54,3
Berufe in der Reinigung (ohne Spez.)	1.291,6	36,0
Berufe in der Energie- u. Kraftwerkstechnik	863,8	27,7
Berufe in der elektrischen Betriebstechnik	716,5	46,9
Kaufmännische u. technische Betriebswirtschaft (ohne Spez.)	352,7	14,1
Büro- u. Sekretariatskräfte (ohne Spez.)	330,3	13,9
Aufsichts-/Führungskr. – Unternehmensorganisation u. -strategie	243,2	14,8
Branche insgesamt	**1.907,1**	**72,7**
Alle Branchen	**1.146,7**	**51,3**

Fehlzeiten-Report 2017

◖ Tab. 26.5.11 Tage und Fälle der Arbeitsunfähigkeit je 100 AOK-Mitglieder nach Krankheitsarten in der Branche Energie, Wasser, Entsorgung und Bergbau in den Jahren 1995 bis 2016

Jahr	Arbeitsunfähigkeiten je 100 AOK-Mitglieder											
	Psyche		Herz/Kreislauf		Atemwege		Verdauung		Muskel/Skelett		Verletzungen	
	Tage	Fälle	Tage	Fälle	Tage	Fälle	Tage	Fälle	Tage	Fälle	Tage	Fälle
1995	97,5	3,5	225,6	9,4	388,0	45,0	190,5	22,7	713,0	35,2	381,6	22,1
1996	95,0	3,4	208,2	8,5	345,8	40,8	168,6	21,0	664,2	32,2	339,2	19,3
1997	96,1	3,6	202,5	8,6	312,8	39,5	159,4	20,8	591,7	31,8	326,9	19,4
1998	100,6	3,9	199,5	8,9	314,8	40,6	156,4	20,8	637,4	34,3	315,3	19,4
1999	109,0	4,2	191,8	9,1	358,0	46,6	159,4	22,2	639,7	35,5	333,0	19,9
2000	117,1	4,7	185,3	8,4	305,5	40,2	140,8	18,6	681,8	37,5	354,0	20,5
2001	128,8	5,1	179,0	9,1	275,2	37,6	145,3	19,2	693,3	38,0	354,0	20,4
2002	123,5	▴ 5,5	176,2	9,2	262,8	36,7	144,0	20,2	678,0	38,3	343,6	19,6
2003	125,3	5,8	167,0	9,5	276,9	39,4	134,4	20,1	606,6	35,5	320,6	19,0
2004	136,6	5,7	179,8	8,9	241,9	33,9	143,2	20,2	583,5	34,5	301,5	17,7
2005	134,4	5,5	177,8	8,9	289,5	40,4	134,6	18,7	547,0	33,2	299,8	17,5
2006	131,5	5,6	180,1	8,9	232,2	33,7	131,8	19,3	540,1	32,9	294,5	17,7
2007	142,8	6,1	187,1	9,2	255,4	36,4	141,0	20,7	556,8	33,5	293,1	16,9
2008 (WZ03)	152,0	6,1	186,1	9,4	264,6	38,1	140,7	21,1	563,9	34,0	295,0	16,9
2008 (WZ08)*	161,5	6,7	212,6	10,5	293,0	39,4	167,2	23,3	674,7	40,3	361,8	20,4
2009	179,1	7,2	223,8	10,3	340,2	45,1	166,5	23,0	677,2	39,4	362,9	19,9
2010	186,4	7,7	216,5	10,5	303,4	40,9	156,5	21,5	735,2	42,5	406,8	21,8
2011	195,3	8,2	210,1	10,5	306,0	41,1	153,3	21,2	701,6	41,4	369,4	20,4
2012	218,5	8,4	230,6	10,5	300,0	40,6	162,7	21,4	723,8	40,9	378,3	19,6
2013	235,4	8,6	245,2	10,4	390,8	50,5	167,8	21,7	741,5	41,6	389,0	20,1
2014	244,4	9,5	251,2	10,9	312,8	41,9	170,7	22,5	792,9	43,3	394,5	19,8
2015	260,4	9,8	254,4	11,0	396,2	52,3	171,0	22,6	777,1	42,8	380,4	19,4
2016	262,3	10,1	232,4	11,3	368,5	50,4	161,0	22,7	801,2	44,0	393,4	19,8

*aufgrund der Revision der Wirtschaftszweigklassifikation in 2008 ist eine Vergleichbarkeit mit den Vorjahren nur bedingt möglich

Fehlzeiten-Report 2017

◼ **Tab. 26.5.12** Verteilung der Arbeitsunfähigkeitstage nach Krankheitsarten in Prozent in der Branche Energie, Wasser, Entsorgung und Bergbau im Jahr 2016, AOK-Mitglieder

Wirtschaftsabteilung	AU-Tage in %						
	Psyche	Herz/ Kreislauf	Atem- wege	Ver- dauung	Muskel/ Skelett	Verlet- zungen	Sonstige
Abwasserentsorgung	8,3	7,3	11,2	5,5	24,7	12,1	30,9
Bergbau und Gewinnung von Steinen und Erden	6,2	8,4	10,4	4,8	24,9	13,4	31,9
Beseitigung von Umweltverschmut- zungen und sonstige Entsorgung	4,7	6,5	9,3	5,9	29,2	11,9	32,5
Energieversorgung	9,9	6,5	13,9	5,3	21,3	11,0	32,1
Sammlung, Behandlung und Beseiti- gung von Abfällen, Rückgewinnung	7,9	7,4	10,7	4,9	26,7	12,7	29,8
Wasserversorgung	8,5	6,6	12,2	5,0	23,7	11,4	32,6
Branche insgesamt	**8,2**	**7,2**	**11,5**	**5,0**	**25,0**	**12,3**	**30,8**
Alle Branchen	**11,0**	**5,7**	**12,4**	**5,1**	**22,9**	**11,0**	**32,0**

Fehlzeiten-Report 2017

◼ **Tab. 26.5.13** Verteilung der Arbeitsunfähigkeitsfälle nach Krankheitsarten in Prozent in der Branche Energie, Wasser, Entsorgung und Bergbau im Jahr 2016, AOK-Mitglieder

Wirtschaftsabteilung	AU-Fälle in %						
	Psyche	Herz/ Kreislauf	Atem- wege	Ver- dauung	Muskel/ Skelett	Verlet- zungen	Sonstige
Abwasserentsorgung	4,2	4,7	20,7	9,9	17,3	8,2	35,0
Bergbau und Gewinnung von Steinen und Erden	3,4	5,3	19,6	9,6	18,5	9,1	34,4
Beseitigung von Umweltverschmut- zungen und sonstige Entsorgung	3,7	6,0	18,3	9,2	19,4	8,9	34,6
Energieversorgung	4,3	4,3	24,7	9,7	15,0	7,1	35,0
Sammlung, Behandlung und Beseiti- gung von Abfällen, Rückgewinnung	4,4	4,9	19,5	9,2	20,5	8,8	32,7
Wasserversorgung	4,3	4,5	22,1	10,3	16,9	7,6	34,2
Branche insgesamt	**4,2**	**4,7**	**21,1**	**9,5**	**18,4**	**8,3**	**33,7**
Alle Branchen	**5,1**	**3,8**	**22,9**	**9,1**	**15,9**	**7,3**	**35,8**

Fehlzeiten-Report 2017

Tab. 26.5.14 Verteilung der Arbeitsunfähigkeitstage nach Krankheitsarten und ausgewählten Berufsgruppen in der Branche Energie, Wasser, Entsorgung und Bergbau im Jahr 2016, AOK-Mitglieder

Tätigkeit	AU-Tage in %						
	Psyche	Herz/ Kreislauf	Atem- wege	Ver- dauung	Muskel/ Skelett	Verlet- zungen	Sonstige
Aufsichts-/Führungskräfte – Unternehmensorganisation u. -strategie	9,7	9,0	16,6	6,6	17,0	7,7	33,4
Berufe im Gartenbau (ohne Spez.)	10,7	4,8	10,6	5,4	28,2	11,6	28,7
Berufe im Metallbau	6,2	7,3	10,1	4,0	28,0	13,9	30,6
Berufe im Rohrleitungsbau	8,2	8,2	10,3	4,6	26,5	10,6	31,6
Berufe in der Abfallwirtschaft	5,6	8,4	10,1	5,9	24,9	12,7	32,3
Berufe in der Bauelektrik	6,5	8,2	11,9	5,4	24,4	13,0	30,6
Berufe in der elektrischen Betriebstechnik	8,6	4,4	15,0	6,0	18,8	13,3	33,9
Berufe in der Energie- u. Kraftwerkstechnik	7,2	7,5	12,9	6,0	22,0	11,3	33,2
Berufe in der Kraftfahrzeugtechnik	7,7	7,0	12,7	5,8	24,4	12,3	30,1
Berufe in der Lagerwirtschaft	7,9	6,6	10,5	4,8	26,2	13,4	30,6
Berufe in der Maschinenbau- u. Betriebstechnik (ohne Spez.)	6,1	6,8	12,9	5,4	22,1	15,6	31,1
Berufe in der Naturstein- u. Mineralaufbereitung	4,5	10,3	9,4	4,4	27,9	15,7	27,8
Berufe in der Reinigung (ohne Spez.)	9,6	6,4	10,2	3,9	27,0	8,7	34,2
Berufe in der Ver- u. Entsorgung (ohne Spez.)	8,0	6,8	11,7	4,9	29,0	12,3	27,3
Berufe in der Wasserversorgungs- u. Abwassertechnik	7,4	6,7	10,9	5,2	25,0	13,8	31,0
Berufskraftfahrer/innen (Güterverkehr/LKW)	7,0	8,5	9,1	4,7	27,0	12,8	30,9
Büro- u. Sekretariatskräfte (ohne Spez.)	14,8	4,3	17,0	5,3	13,9	7,9	36,7
Führer/innen von Erdbewegungs- u. verwandten Maschinen	6,4	8,6	9,0	5,4	26,7	13,7	30,1
Kaufmännische u. technische Betriebswirtschaft (ohne Spez.)	12,6	4,9	18,2	5,9	15,6	7,3	35,5
Maschinen- u. Anlagenführer/innen	7,6	8,7	11,3	4,5	22,8	11,5	33,6
Branche gesamt	**8,2**	**7,2**	**11,5**	**5,0**	**25,0**	**12,3**	**30,8**
Alle Branchen	**11,0**	**5,7**	**12,4**	**5,1**	**22,9**	**11,0**	**32,0**

Fehlzeiten-Report 2017

Tab. 26.5.15 Verteilung der Arbeitsunfähigkeitsfälle nach Krankheitsarten und ausgewählten Berufsgruppen in der Branche Energie, Wasser, Entsorgung und Bergbau im Jahr 2016, AOK-Mitglieder

Tätigkeit	AU-Fälle in %						
	Psyche	Herz/ Kreislauf	Atem- wege	Ver- dauung	Muskel/ Skelett	Verlet- zungen	Sonstige
Aufsichts-/Führungskräfte – Unternehmensorganisation u. -strategie	4,8	4,9	26,6	11,1	12,4	4,9	35,3
Berufe im Gartenbau (ohne Spez.)	4,7	4,3	19,6	9,9	22,0	8,4	31,1
Berufe im Metallbau	3,4	4,9	19,4	8,4	20,9	10,6	32,4
Berufe im Rohrleitungsbau	3,6	5,9	20,0	9,8	21,1	7,5	32,1
Berufe in der Abfallwirtschaft	3,7	4,5	20,4	9,8	19,3	9,4	32,9
Berufe in der Bauelektrik	3,2	4,6	22,6	10,0	17,8	8,5	33,3
Berufe in der elektrischen Betriebstechnik	3,3	2,8	28,2	9,7	12,7	8,7	34,7
Berufe in der Energie- u. Kraftwerkstechnik	4,2	5,7	21,1	9,9	17,2	7,0	34,9
Berufe in der Kraftfahrzeugtechnik	4,1	3,8	22,2	9,1	17,6	10,5	32,7
Berufe in der Lagerwirtschaft	4,4	4,7	18,6	9,2	21,2	9,5	32,5
Berufe in der Maschinenbau- u. Betriebstechnik (ohne Spez.)	3,7	3,8	22,7	9,5	16,8	10,0	33,5
Berufe in der Naturstein- u. Mineralaufbereitung	2,9	5,3	18,0	9,3	21,5	11,1	31,8
Berufe in der Reinigung (ohne Spez.)	5,5	5,2	19,2	8,2	19,3	6,4	36,3
Berufe in der Ver- u. Entsorgung (ohne Spez.)	4,5	4,4	19,9	8,9	22,3	8,8	31,3
Berufe in der Wasserversorgungs- u. Abwassertechnik	3,7	4,3	20,6	10,3	17,6	9,3	34,2
Berufskraftfahrer/innen (Güterverkehr/LKW)	4,1	5,7	17,4	9,2	21,1	9,1	33,4
Büro- u. Sekretariatskräfte (ohne Spez.)	5,5	3,4	26,9	9,7	9,6	4,7	40,2
Führer/innen von Erdbewegungs- u. verwandten Maschinen	3,3	6,3	16,9	10,5	20,1	9,1	33,9
Kaufmännische u. technische Betriebswirtschaft (ohne Spez.)	4,5	3,3	28,5	10,3	10,2	5,1	37,9
Maschinen- u. Anlagenführer/innen	4,2	6,0	20,0	9,1	20,0	8,2	32,6
Branche gesamt	**4,2**	**4,7**	**21,1**	**9,5**	**18,4**	**8,3**	**33,7**
Alle Branchen	**5,1**	**3,8**	**22,9**	**9,1**	**15,9**	**7,3**	**35,8**

Fehlzeiten-Report 2017

◘ **Tab. 26.5.16** Anteile der 40 häufigsten Einzeldiagnosen an den AU-Fällen und AU-Tagen in der Branche Energie, Wasser, Entsorgung und Bergbau im Jahr 2016, AOK-Mitglieder

ICD–10	Bezeichnung	AU-Fälle in %	AU-Tage in %
J06	Akute Infektionen an mehreren oder nicht näher bezeichneten Lokalisationen der oberen Atemwege	8,1	3,7
M54	Rückenschmerzen	6,8	6,8
A09	Sonstige und nicht näher bezeichnete Gastroenteritis und Kolitis infektiösen und nicht näher bezeichneten Ursprungs	3,6	1,2
K08	Sonstige Krankheiten der Zähne und des Zahnhalteapparates	2,3	0,4
I10	Essentielle (primäre) Hypertonie	2,2	2,2
J20	Akute Bronchitis	2,1	1,2
J40	Bronchitis, nicht als akut oder chronisch bezeichnet	1,6	0,9
K52	Sonstige nichtinfektiöse Gastroenteritis und Kolitis	1,6	0,5
B34	Viruskrankheit nicht näher bezeichneter Lokalisation	1,5	0,7
R10	Bauch- und Beckenschmerzen	1,3	0,6
M25	Sonstige Gelenkkrankheiten, anderenorts nicht klassifiziert	1,2	1,3
T14	Verletzung an einer nicht näher bezeichneten Körperregion	1,2	1,2
K29	Gastritis und Duodenitis	1,1	0,6
M75	Schulterläsionen	1,0	2,2
M51	Sonstige Bandscheibenschäden	1,0	2,2
F32	Depressive Episode	0,9	2,4
F43	Reaktionen auf schwere Belastungen und Anpassungsstörungen	0,9	1,5
M99	Biomechanische Funktionsstörungen, anderenorts nicht klassifiziert	0,9	0,7
J02	Akute Pharyngitis	0,9	0,4
J01	Akute Sinusitis	0,9	0,4
R51	Kopfschmerz	0,9	0,4
M77	Sonstige Enthesopathien	0,8	1,0
M79	Sonstige Krankheiten des Weichteilgewebes, anderenorts nicht klassifiziert	0,8	0,7
J32	Chronische Sinusitis	0,8	0,4
J03	Akute Tonsillitis	0,8	0,4
M23	Binnenschädigung des Kniegelenkes [internal derangement]	0,7	1,3
M53	Sonstige Krankheiten der Wirbelsäule und des Rückens, anderenorts nicht klassifiziert	0,7	0,8
J00	Akute Rhinopharyngitis [Erkältungsschnupfen]	0,7	0,3
I25	Chronische ischämische Herzkrankheit	0,6	1,2
S93	Luxation, Verstauchung und Zerrung der Gelenke und Bänder in Höhe des oberen Sprunggelenkes und des Fußes	0,6	0,8
M47	Spondylose	0,6	0,8
E11	Diabetes mellitus, Typ 2	0,6	0,7
J98	Sonstige Krankheiten der Atemwege	0,6	0,3
R11	Übelkeit und Erbrechen	0,6	0,3
A08	Virusbedingte und sonstige näher bezeichnete Darminfektionen	0,6	0,2
R42	Schwindel und Taumel	0,5	0,5
R53	Unwohlsein und Ermüdung	0,5	0,5
E78	Störungen des Lipoproteinstoffwechsels und sonstige Lipidämien	0,5	0,5
E66	Adipositas	0,5	0,5
G47	Schlafstörungen	0,5	0,5
	Summe hier	**54,0**	**43,2**
	Restliche	46,0	56,8
	Gesamtsumme	**100,0**	**100,0**

Tab. 26.5.17 Anteile der 40 häufigsten Diagnoseuntergruppen an den AU-Fällen und AU-Tagen in der Branche Energie, Wasser, Entsorgung und Bergbau im Jahr 2016, AOK-Mitglieder

ICD-10	Bezeichnung	AU-Fälle in %	AU-Tage in %
J00–J06	Akute Infektionen der oberen Atemwege	12,1	5,5
M50–M54	Sonstige Krankheiten der Wirbelsäule und des Rückens	8,2	9,2
A00–A09	Infektiöse Darmkrankheiten	4,5	1,5
M70–M79	Sonstige Krankheiten des Weichteilgewebes	3,1	4,6
R50–R69	Allgemeinsymptome	3,0	2,3
K00–K14	Krankheiten der Mundhöhle, der Speicheldrüsen und der Kiefer	2,9	0,6
J40–J47	Chronische Krankheiten der unteren Atemwege	2,8	2,1
I10–I15	Hypertonie [Hochdruckkrankheit]	2,5	2,5
J20–J22	Sonstige akute Infektionen der unteren Atemwege	2,5	1,4
F40–F48	Neurotische, Belastungs- und somatoforme Störungen	2,2	3,6
R10–R19	Symptome, die das Verdauungssystem und das Abdomen betreffen	2,2	1,1
M20–M25	Sonstige Gelenkkrankheiten	1,9	2,8
K50–K52	Nichtinfektiöse Enteritis und Kolitis	1,9	0,8
Z80–Z99	Personen mit potentiellen Gesundheitsrisiken aufgrund der Familien- oder Eigenanamnese und bestimmte Zustände, die den Gesundheitszustand beeinflussen	1,7	3,0
K20–K31	Krankheiten des Ösophagus, des Magens und des Duodenums	1,7	0,9
B25–B34	Sonstige Viruskrankheiten	1,7	0,8
T08–T14	Verletzungen nicht näher bezeichneter Teile des Rumpfes, der Extremitäten oder anderer Körperregionen	1,5	1,5
R00–R09	Symptome, die das Kreislaufsystem und das Atmungssystem betreffen	1,4	1,0
J30–J39	Sonstige Krankheiten der oberen Atemwege	1,4	0,8
G40–G47	Episodische und paroxysmale Krankheiten des Nervensystems	1,3	1,1
F30–F39	Affektive Störungen	1,2	3,5
M15–M19	Arthrose	1,2	2,9
K55–K64	Sonstige Krankheiten des Darmes	1,2	0,9
S80–S89	Verletzungen des Knies und des Unterschenkels	1,1	2,3
S60–S69	Verletzungen des Handgelenkes und der Hand	1,1	1,6
S90–S99	Verletzungen der Knöchelregion und des Fußes	1,1	1,4
E70–E90	Stoffwechselstörungen	1,1	0,9
M95–M99	Sonstige Krankheiten des Muskel-Skelett-Systems und des Bindegewebes	1,0	0,9
J09–J18	Grippe und Pneumonie	0,9	0,7
I20–I25	Ischämische Herzkrankheiten	0,8	1,7
E10–E14	Diabetes mellitus	0,8	0,9
M05–M14	Entzündliche Polyarthropathien	0,8	0,8
J95–J99	Sonstige Krankheiten des Atmungssystems	0,8	0,5
I30–I52	Sonstige Formen der Herzkrankheit	0,7	1,2
R40–R46	Symptome, die das Erkennungs- und Wahrnehmungsvermögen, die Stimmung und das Verhalten betreffen	0,7	0,7
Z00–Z13	Personen, die das Gesundheitswesen zur Untersuchung und Abklärung in Anspruch nehmen	0,7	0,4
G50–G59	Krankheiten von Nerven, Nervenwurzeln und Nervenplexus	0,6	1,1
M45–M49	Spondylopathien	0,6	1,1
Z40–Z54	Personen, die das Gesundheitswesen zum Zwecke spezifischer ›Maßnahmen und zur medizinischen Betreuung in Anspruch nehmen	0,6	1,0
F10–F19	Psychische und Verhaltensstörungen durch psychotrope Substanzen	0,6	0,8
	Summe hier	**78,1**	**72,4**
	Restliche	21,9	27,6
	Gesamtsumme	**100,0**	**100,0**

Fehlzeiten-Report 2017

26.6 Erziehung und Unterricht

◘ Tab. 26.6.1 Entwicklung des Krankenstands der AOK-Mitglieder in der Branche Erziehung und Unterricht in den Jahren 1994 bis 2016

Jahr	Krankenstand in %			AU-Fälle je 100 AOK-Mitglieder			Tage je Fall		
	West	Ost	Bund	West	Ost	Bund	West	Ost	Bund
1994	6,0	8,3	6,8	180,5	302,8	226,3	12,0	10,1	11,0
1995	6,1	9,8	7,5	193,8	352,2	253,3	11,5	10,2	10,8
1996	6,0	9,5	7,5	220,6	364,8	280,3	10,0	9,5	9,7
1997	5,8	8,9	7,0	226,2	373,6	280,6	9,4	8,7	9,0
1998	5,9	8,4	6,9	237,2	376,1	289,1	9,1	8,2	8,7
1999	6,1	9,3	7,3	265,2	434,8	326,8	8,4	7,8	8,1
2000	6,3	9,2	7,3	288,2	497,8	358,3	8,0	6,8	7,5
2001	6,1	8,9	7,1	281,6	495,1	352,8	7,9	6,6	7,3
2002	5,6	8,6	6,6	267,2	507,0	345,5	7,7	6,2	7,0
2003	5,3	7,7	6,1	259,4	477,4	332,4	7,4	5,9	6,7
2004	5,1	7,0	5,9	247,5	393,6	304,7	7,6	6,5	7,0
2005	4,6	6,6	5,4	227,8	387,2	292,1	7,4	6,2	6,8
2006	4,4	6,1	5,1	223,0	357,5	277,6	7,2	6,2	6,7
2007	4,7	6,1	5,3	251,4	357,2	291,0	6,9	6,2	6,6
2008 (WZ03)	5,0	6,2	5,4	278,0	349,8	303,4	6,6	6,4	6,6
2008 (WZ08)*	5,0	6,2	5,4	272,1	348,5	297,4	6,7	6,5	6,6
2009	5,2	6,5	5,6	278,2	345,3	297,9	6,8	6,9	6,9
2010	5,1	5,7	5,3	262,4	278,0	267,6	7,1	7,5	7,3
2011	4,6	5,1	4,7	212,9	247,4	220,9	7,8	7,5	7,8
2012	4,8	5,8	5,0	238,6	256,0	242,4	7,4	8,3	7,6
2013	4,4	4,9	4,5	192,8	184,5	191,2	8,3	9,7	8,5
2014	4,6	4,9	4,6	188,1	179,2	186,4	8,9	9,9	9,1
2015	4,8	5,0	4,8	195,2	184,6	193,1	8,9	9,8	9,1
2016	4,8	5,0	4,8	193,1	182,3	190,2	9,1	10,0	9,3

*aufgrund der Revision der Wirtschaftszweigklassifikation in 2008 ist eine Vergleichbarkeit mit den Vorjahren nur bedingt möglich

Fehlzeiten-Report 2017

◻ Tab. 26.6.2 Arbeitsunfähigkeit der AOK-Mitglieder in der Branche Erziehung und Unterricht nach Bundesländern im Jahr 2016 im Vergleich zum Vorjahr

Bundesland	Kranken-stand in %	Arbeitsunfähigkeit je 100 AOK-Mitglieder				Tage je Fall	Veränd. z. Vorj. in %	AU-Quote in %
		AU-Fälle	Veränd. z. Vorj. in %	AU-Tage	Veränd. z. Vorj. in %			
Baden-Württemberg	4,3	175,1	0,0	1.576,1	0,7	9,0	0,7	56,5
Bayern	4,1	152,7	−1,3	1.490,4	−0,5	9,8	0,8	51,4
Berlin	5,5	248,6	−9,4	2.022,3	−2,5	8,1	7,6	58,3
Brandenburg	5,1	177,2	−5,2	1.875,4	−3,6	10,6	1,6	54,3
Bremen	5,8	193,3	0,3	2.139,0	5,1	11,1	4,8	53,5
Hamburg	4,6	190,6	−28,5	1.699,2	−15,9	8,9	17,6	50,1
Hessen	5,5	231,9	0,5	2.011,1	0,2	8,7	−0,3	60,0
Mecklenburg-Vorpommern	5,4	214,5	−3,2	1.962,5	−3,1	9,1	0,1	56,6
Niedersachsen	5,3	212,8	0,0	1.947,1	0,9	9,1	0,9	60,7
Nordrhein-Westfalen	5,0	213,9	−0,7	1.847,4	1,0	8,6	1,7	58,0
Rheinland-Pfalz	5,6	230,1	1,8	2.060,1	2,0	9,0	0,2	63,4
Saarland	5,9	223,8	0,5	2.170,3	2,2	9,7	1,7	60,0
Sachsen	4,8	179,4	0,1	1.761,7	0,9	9,8	0,7	61,5
Sachsen-Anhalt	5,2	176,0	−4,8	1.894,1	−5,6	10,8	−0,8	54,2
Schleswig-Holstein	5,4	200,4	−5,9	1.962,5	0,4	9,8	6,7	54,6
Thüringen	5,2	189,0	0,5	1.903,1	−1,2	10,1	−1,7	60,1
West	**4,8**	**193,1**	**−1,5**	**1.751,2**	**0,3**	**9,1**	**1,8**	**56,5**
Ost	**5,0**	**182,3**	**−1,0**	**1.817,0**	**−0,7**	**10,0**	**0,2**	**59,7**
Bund	**4,8**	**190,2**	**−1,5**	**1.759,6**	**0,2**	**9,3**	**1,7**	**57,1**

Fehlzeiten-Report 2017

◻ Tab. 26.6.3 Arbeitsunfähigkeit der AOK-Mitglieder in der Branche Erziehung und Unterricht nach Wirtschafts-abteilungen im Jahr 2016

Wirtschaftsabteilung	Krankenstand in %		Arbeitsunfähigkeiten je 100 AOK-Mitglieder		Tage je Fall	AU-Quote in %
	2016	2016 stand.*	Fälle	Tage		
Erbringung von Dienstleistungen für den Unterricht	2,6	1,9	130,6	934,5	7,2	45,8
Grundschulen	5,0	4,3	154,2	1.836,2	11,9	55,7
Kindergärten und Vorschulen	5,5	5,5	221,4	2.028,0	9,2	68,3
Sonstiger Unterricht	5,0	4,7	231,4	1.812,9	7,8	54,8
Tertiärer und post-sekundärer, nicht tertiärer Unterricht	3,3	3,9	120,8	1.200,3	9,9	41,7
Weiterführende Schulen	4,8	4,2	171,4	1.745,7	10,2	55,0
Branche insgesamt	**4,8**	**4,5**	**190,2**	**1.759,6**	**9,3**	**57,1**
Alle Branchen	**5,3**	**5,4**	**166,6**	**1.943,2**	**11,7**	**54,4**

*Krankenstand alters- und geschlechtsstandardisiert

Fehlzeiten-Report 2017

◻ **Tab. 26.6.4** Kennzahlen der Arbeitsunfähigkeit der AOK-Mitglieder nach ausgewählten Berufsgruppen in der Branche Erziehung und Unterricht im Jahr 2016

Tätigkeit	Kranken-stand in %	Arbeitsunfähigkeiten je 100 AOK-Mitglieder		Tage je Fall	AU-Quote in %	Anteil der Berufs-gruppe an der Branche in %*
		Fälle	Tage			
Aufsichts-/Führungskräfte – Erziehung, Sozialarbeit, Heilerziehungspflege	5,0	157,2	1.822,3	11,6	63,1	1,0
Berufe im Verkauf (ohne Spez.)	7,7	554,1	2.835,3	5,1	68,5	1,8
Berufe in der betrieblichen Ausbildung u. Betriebspädagogik	5,0	156,7	1.833,5	11,7	58,7	1,1
Berufe in der Erwachsenenbildung (ohne Spez.)	3,6	134,2	1.301,9	9,7	45,5	1,3
Berufe in der Erziehungswissenschaft	4,6	177,2	1.681,2	9,5	55,6	1,4
Berufe in der Gebäudetechnik (ohne Spez.)	5,8	137,3	2.113,4	15,4	55,9	1,6
Berufe in der Gesundheits- u. Krankenpflege (ohne Spez.)	4,6	207,9	1.685,6	8,1	61,1	1,1
Berufe in der Hauswirtschaft	7,1	234,5	2.599,7	11,1	68,0	1,8
Berufe in der Hochschullehre u. -forschung	1,1	53,1	415,0	7,8	23,9	8,2
Berufe in der Kinderbetreuung u. -erziehung	5,3	226,9	1.931,3	8,5	68,6	29,2
Berufe in der öffentlichen Verwaltung (ohne Spez.)	3,9	150,6	1.432,0	9,5	52,8	1,9
Berufe in der Reinigung (ohne Spez.)	7,7	184,2	2.806,7	15,2	65,6	5,5
Berufe in der Sozialarbeit u. Sozialpädagogik	4,4	172,4	1.609,6	9,3	57,4	1,9
Berufe in Heilerziehungspflege u. Sonderpädagogik	5,3	203,4	1.924,4	9,5	62,8	1,2
Büro- u. Sekretariatskräfte (ohne Spez.)	4,2	178,8	1.530,4	8,6	54,0	5,4
Fahrlehrer/innen	3,3	91,4	1.212,3	13,3	39,8	1,1
Köche/Köchinnen (ohne Spez.)	7,4	210,8	2.715,2	12,9	65,2	2,0
Lehrkräfte für berufsbildende Fächer	3,7	127,5	1.370,2	10,7	48,0	2,5
Lehrkräfte in der Primarstufe	3,5	134,9	1.265,6	9,4	45,0	1,9
Lehrkräfte in der Sekundarstufe	3,8	134,7	1.398,5	10,4	51,2	7,9
Branche insgesamt	4,8	190,2	1.759,6	9,3	57,1	2,7**

* Anteil der AOK-Mitglieder in der Berufsgruppe an den in der Branche beschäftigten AOK-Mitgliedern insgesamt

**Anteil der AOK-Mitglieder in der Branche an allen AOK-Mitgliedern

Fehlzeiten-Report 2017

◘ **Tab. 26.6.5** Dauer der Arbeitsunfähigkeit der AOK-Mitglieder in der Branche Erziehung und Unterricht im Jahr 2016

Fallklasse	Branche hier		alle Branchen	
	Anteil Fälle in %	Anteil Tage in %	Anteil Fälle in %	Anteil Tage in %
1–3 Tage	43,0	9,4	36,0	6,2
4–7 Tage	30,6	16,2	31,2	13,4
8–14 Tage	14,8	16,2	17,0	15,1
15–21 Tage	4,3	8,0	5,7	8,5
22–28 Tage	2,2	5,8	2,9	6,0
29–42 Tage	2,1	7,9	2,9	8,6
Langzeit-AU (> 42 Tage)	2,9	36,4	4,3	42,1

Fehlzeiten-Report 2017

◘ **Tab. 26.6.6** Tage der Arbeitsunfähigkeit je AOK-Mitglied nach Wirtschaftsabteilung und Betriebsgröße in der Branche Erziehung und Unterricht im Jahr 2016

Wirtschaftsabteilungen	Betriebsgröße (Anzahl der AOK-Mitglieder)					
	10–49	50–99	100–199	200–499	500–999	≥ 1.000
Erbringung von Dienstleistungen für den Unterricht	11,8	–	–	–	–	–
Grundschulen	18,9	21,8	18,3	22,3	23,1	–
Kindergärten und Vorschulen	19,8	22,4	23,4	25,9	29,4	28,0
Sonstiger Unterricht	19,2	22,7	23,4	27,8	–	–
Tertiärer und post-sekundärer, nicht tertiärer Unterricht	11,9	14,0	12,5	11,9	11,9	13,0
Weiterführende Schulen	17,4	20,5	20,1	22,2	20,6	–
Branche insgesamt	**18,2**	**20,6**	**20,0**	**16,4**	**16,8**	**16,2**
Alle Branchen	**20,2**	**22,1**	**22,2**	**22,1**	**22,1**	**22,4**

Fehlzeiten-Report 2017

◘ **Tab. 26.6.7** Krankenstand in Prozent nach Ausbildungsabschluss in der Branche Erziehung und Unterricht im Jahr 2016, AOK-Mitglieder

Wirtschaftsabteilung	Ausbildung						
	ohne Ausbildungsabschluss	mit Ausbildungsabschluss	Meister/Techniker	Bachelor	Diplom/Magister/Master/Staatsexamen	Promotion	unbekannt
Erbringung von Dienstleistungen für den Unterricht	–	3,9	–	1,8	2,6	–	0,9
Grundschulen	6,1	6,0	6,0	3,9	3,8	7,5	5,0
Kindergärten und Vorschulen	6,5	5,5	5,6	3,9	4,8	5,7	5,9
Sonstiger Unterricht	6,8	4,7	4,7	3,0	3,2	1,9	4,8
Tertiärer und post-sekundärer, nicht tertiärer Unterricht	5,5	5,7	4,2	1,5	1,5	1,0	3,5
Weiterführende Schulen	6,9	5,4	5,0	2,6	3,7	2,6	5,1
Branche insgesamt	**6,5**	**5,4**	**5,2**	**2,6**	**2,9**	**1,3**	**5,1**
Alle Branchen	**6,1**	**5,6**	**4,3**	**2,3**	**2,8**	**2,0**	**4,9**

Fehlzeiten-Report 2017

◘ **Tab. 26.6.8** Tage der Arbeitsunfähigkeit je AOK-Mitglied nach Ausbildung in der Branche Erziehung und Unterricht im Jahr 2016

Wirtschaftsabteilung	Ausbildung						
	ohne Aus-bildungs-abschluss	mit Aus-bildungs-abschluss	Meister/ Techniker	Bachelor	Diplom/Magis-ter/Master/ Staatsexamen	Promo-tion	unbe-kannt
Erbringung von Dienstleistungen für den Unterricht	–	14,4	–	6,5	9,5	–	3,5
Grundschulen	22,5	22,0	22,1	14,4	13,9	27,3	18,4
Kindergärten und Vorschulen	23,9	19,9	20,4	14,3	17,4	21,0	21,6
Sonstiger Unterricht	24,8	17,1	17,3	11,1	11,8	6,9	17,7
Tertiärer und post-sekundärer, nicht tertiärer Unterricht	20,3	21,0	15,5	5,6	5,6	3,8	12,9
Weiterführende Schulen	25,4	19,9	18,1	9,3	13,7	9,4	18,5
Branche insgesamt	23,9	19,7	19,2	9,5	10,7	4,7	18,7
Alle Branchen	22,3	20,6	15,8	8,3	10,2	7,4	17,9

Fehlzeiten-Report 2017

◘ **Tab. 26.6.9** Anteil der Arbeitsunfälle an den AU-Fällen und -Tagen in Prozent nach Wirtschaftsabteilungen in der Branche Erziehung und Unterricht im Jahr 2016, AOK-Mitglieder

Wirtschaftsabteilung	AU-Fälle in %	AU-Tage in %
Erbringung von Dienstleistungen für den Unterricht	1,3	1,1
Grundschulen	1,6	3,4
Kindergärten und Vorschulen	1,2	2,5
Sonstiger Unterricht	1,8	3,9
Tertiärer und post-sekundärer, nicht tertiärer Unterricht	1,4	2,8
Weiterführende Schulen	1,5	3,1
Branche insgesamt	1,4	3,0
Alle Branchen	3,1	5,9

Fehlzeiten-Report 2017

◻ Tab. 26.6.10 Tage und Fälle der Arbeitsunfähigkeit durch Arbeitsunfälle nach Berufsgruppen in der Branche Erziehung und Unterricht im Jahr 2016, AOK-Mitglieder

Tätigkeit	Arbeitsunfähigkeit je 1.000 AOK-Mitglieder	
	AU-Tage	AU-Fälle
Berufe in der Gebäudetechnik (ohne Spez.)	1.282,4	48,3
Berufe im Verkauf (ohne Spez.)	872,1	75,7
Köche/Köchinnen (ohne Spez.)	782,4	44,2
Berufe in der Hauswirtschaft	777,4	37,5
Berufe in der betrieblichen Ausbildung u. Betriebspädagogik	722,6	28,6
Berufe in der Reinigung (ohne Spez.)	700,0	26,6
Berufe in Heilerziehungspflege u. Sonderpädagogik	677,5	32,0
Fahrlehrer/innen	671,4	34,2
Berufe in der Gesundheits- u. Krankenpflege (ohne Spez.)	530,3	34,9
Berufe in der Sozialarbeit u. Sozialpädagogik	506,5	23,2
Berufe in der Kinderbetreuung u. -erziehung	506,0	26,2
Lehrkräfte für berufsbildende Fächer	397,1	16,3
Berufe in der Erwachsenenbildung (ohne Spez.)	392,9	15,8
Aufsichts-/Führungskr. – Erziehung, Sozialarbeit, Heilerziehungspflege	373,2	23,6
Lehrkräfte in der Primarstufe	365,4	16,2
Berufe in der öffentlichen Verwaltung (ohne Spez.)	355,3	14,2
Lehrkräfte in der Sekundarstufe	354,2	16,3
Büro- u. Sekretariatskräfte (ohne Spez.)	295,4	16,6
Berufe in der Erziehungswissenschaft	254,4	20,3
Berufe in der Hochschullehre u. -forschung	89,6	5,7
Branche insgesamt	**523,6**	**26,9**
Alle Branchen	**1.146,7**	**51,3**

Fehlzeiten-Report 2017

◻ **Tab. 26.6.11** Tage und Fälle der Arbeitsunfähigkeit je 100 AOK-Mitglieder nach Krankheitsarten in der Branche Erziehung und Unterricht in den Jahren 2000 bis 2016

Jahr	Arbeitsunfähigkeiten je 100 AOK-Mitglieder											
	Psyche		Herz/Kreislauf		Atemwege		Verdauung		Muskel/Skelett		Verletzungen	
	Tage	Fälle	Tage	Fälle	Tage	Fälle	Tage	Fälle	Tage	Fälle	Tage	Fälle
2000	200,3	13,3	145,3	16,1	691,6	122,5	268,8	55,4	596,0	56,0	357,1	33,8
2001	199,2	13,9	140,8	16,1	681,8	125,5	265,8	55,8	591,4	56,8	342,0	32,9
2002	199,6	14,2	128,7	15,3	623,5	118,9	257,3	57,3	538,7	54,4	327,0	32,0
2003	185,4	13,5	120,7	14,8	596,5	116,7	239,2	55,5	470,6	48,9	296,4	30,0
2004	192,8	14,0	121,5	12,7	544,1	101,0	245,2	53,0	463,3	46,9	302,8	29,1
2005	179,7	12,5	102,4	11,0	557,4	104,0	216,9	49,3	388,1	40,2	281,7	27,7
2006	174,6	12,0	99,8	11,2	481,8	92,8	215,6	50,0	365,9	38,0	282,7	27,7
2007	191,0	12,9	97,1	10,5	503,6	97,6	229,8	52,9	366,9	38,5	278,0	27,1
2008 (WZ03)	201,0	13,5	96,2	10,5	506,8	99,1	237,3	55,8	387,0	40,8	282,0	27,9
2008 (WZ08)*	199,5	13,3	97,6	10,4	498,4	97,3	232,6	54,5	387,1	40,3	279,3	27,2
2009	226,5	14,7	102,7	9,9	557,5	103,5	223,7	50,2	382,8	39,2	265,2	24,7
2010	261,4	14,9	98,1	9,3	460,6	86,6	176,9	39,0	387,7	36,3	253,5	21,9
2011	263,0	13,7	99,1	8,0	394,8	72,3	146,3	30,0	351,0	30,0	205,5	16,1
2012	297,7	15,6	104,0	8,6	408,6	76,8	161,1	33,7	373,9	33,2	233,8	18,4
2013	278,6	12,4	102,4	7,0	403,4	70,5	123,3	23,6	346,7	26,2	178,9	12,8
2014	316,3	13,6	111,8	7,5	349,4	62,8	127,5	23,5	374,8	26,9	186,8	12,8
2015	326,3	13,6	112,8	7,4	410,7	70,7	125,3	22,8	370,6	26,0	180,5	12,2
2016	342,1	13,9	102,8	7,4	395,1	68,8	119,3	22,2	376,9	26,0	183,1	12,0

*aufgrund der Revision der Wirtschaftszweigklassifikation in 2008 ist eine Vergleichbarkeit mit den Vorjahren nur bedingt möglich

Fehlzeiten-Report 2017

☒ Tab. 26.6.12 Verteilung der Arbeitsunfähigkeitstage nach Krankheitsarten in Prozent in der Branche Erziehung und Unterricht im Jahr 2016, AOK-Mitglieder

Wirtschaftsabteilung	AU-Tage in %						
	Psyche	Herz/ Kreislauf	Atem- wege	Ver- dauung	Muskel/ Skelett	Verlet- zungen	Sonstige
Erbringung von Dienstleistungen für den Unterricht	21,2	4,0	25,1	6,5	15,9	10,2	17,1
Grundschulen	16,3	5,2	15,1	4,5	15,2	8,1	35,6
Kindergärten und Vorschulen	15,6	3,6	18,4	4,9	16,1	7,0	34,4
Sonstiger Unterricht	13,6	4,7	16,7	6,1	15,7	9,3	34,0
Tertiärer und post-sekundärer, nicht tertiärer Unterricht	14,0	5,2	16,5	4,9	16,2	8,4	34,8
Weiterführende Schulen	14,1	5,2	15,3	5,1	17,4	8,1	34,7
Branche insgesamt	**14,7**	**4,4**	**17,0**	**5,1**	**16,2**	**7,9**	**34,5**
Alle Branchen	**11,0**	**5,7**	**12,4**	**5,1**	**22,9**	**11,0**	**32,0**

Fehlzeiten-Report 2017

☒ Tab. 26.6.13 Verteilung der Arbeitsunfähigkeitsfälle nach Krankheitsarten in Prozent in der Branche Erziehung und Unterricht im Jahr 2016, AOK-Mitglieder

Wirtschaftsabteilung	AU-Fälle in %						
	Psyche	Herz/ Kreislauf	Atem- wege	Ver- dauung	Muskel/ Skelett	Verlet- zungen	Sonstige
Erbringung von Dienstleistungen für den Unterricht	12,5	5,2	30,2	11,5	13,5	5,2	21,9
Grundschulen	6,7	4,0	28,2	8,2	11,1	4,9	36,9
Kindergärten und Vorschulen	5,4	2,6	30,7	8,7	9,9	4,3	38,3
Sonstiger Unterricht	5,6	3,0	25,7	10,0	10,8	5,6	39,3
Tertiärer und post-sekundärer, nicht tertiärer Unterricht	5,7	3,4	28,0	8,9	11,6	5,6	36,8
Weiterführende Schulen	6,3	3,7	26,5	9,4	11,7	5,2	37,2
Branche insgesamt	**5,7**	**3,1**	**28,4**	**9,1**	**10,7**	**4,9**	**38,1**
Alle Branchen	**5,1**	**3,8**	**22,9**	**9,1**	**15,9**	**7,3**	**35,8**

Fehlzeiten-Report 2017

🔲 **Tab. 26.6.14** Verteilung der Arbeitsunfähigkeitstage nach Krankheitsarten und ausgewählten Berufsgruppen in der Branche Erziehung und Unterricht im Jahr 2016, AOK-Mitglieder

Tätigkeit	AU-Tage in %						
	Psyche	Herz/ Kreislauf	Atem- wege	Ver- dauung	Muskel/ Skelett	Verlet- zungen	Sonstige
Aufsichts-/Führungskräfte Erziehung, Sozialarbeit, Heilerziehungspflege	19,5	4,0	15,0	4,3	11,3	7,9	38,0
Berufe im Verkauf (ohne Spez.)	13,5	2,0	21,1	9,4	11,2	8,4	34,5
Berufe in der betrieblichen Ausbildung u. Betriebspädagogik	15,1	6,3	12,9	6,0	16,5	9,0	34,2
Berufe in der Erwachsenenbildung (ohne Spez.)	19,5	5,0	16,3	5,1	11,4	6,7	36,0
Berufe in der Erziehungswissenschaft	17,9	4,1	17,5	5,1	13,5	7,1	34,8
Berufe in der Gebäudetechnik (ohne Spez.)	8,8	8,2	9,9	4,1	25,1	10,6	33,3
Berufe in der Gesundheits- u. Krankenpflege (ohne Spez.)	17,2	2,6	16,6	5,7	16,1	7,3	34,4
Berufe in der Hauswirtschaft	12,8	4,1	13,8	4,3	21,3	8,0	35,6
Berufe in der Hochschullehre u. -forschung	13,5	3,9	23,3	5,6	9,1	8,9	35,6
Berufe in der Kinderbetreuung u. -erziehung	16,6	3,3	20,2	5,0	13,6	7,0	34,3
Berufe in der öffentlichen Verwaltung (ohne Spez.)	15,7	4,3	16,9	5,2	13,7	6,6	37,6
Berufe in der Reinigung (ohne Spez.)	10,8	5,8	10,8	4,1	27,5	7,2	33,8
Berufe in der Sozialarbeit u. Sozialpädagogik	19,5	4,1	19,1	4,5	12,7	7,2	32,8
Berufe in Heilerziehungspflege u. Sonderpädagogik	16,1	3,4	18,6	4,7	15,1	8,3	33,8
Büro- u. Sekretariatskräfte (ohne Spez.)	16,3	4,4	16,6	5,6	13,2	7,3	36,6
Fahrlehrer/innen	11,9	9,5	8,7	5,1	15,2	10,2	39,3
Köche/Köchinnen (ohne Spez.)	13,0	4,8	12,1	4,6	23,9	8,6	33,0
Lehrkräfte für berufsbildende Fächer	16,8	5,5	15,8	4,7	13,2	7,6	36,4
Lehrkräfte in der Primarstufe	18,1	4,2	21,6	5,1	10,6	5,7	34,8
Lehrkräfte in der Sekundarstufe	15,9	5,3	16,5	5,2	12,7	7,6	36,7
Branche gesamt	14,7	4,4	17,0	5,1	16,2	7,9	34,5
Alle Branchen	11,0	5,7	12,4	5,1	22,9	11,0	32,0

Fehlzeiten-Report 2017

◻ **Tab. 26.6.15** Verteilung der Arbeitsunfähigkeitsfälle nach Krankheitsarten und ausgewählten Berufsgruppen in der Branche Erziehung und Unterricht im Jahr 2016, AOK-Mitglieder

Tätigkeit	AU-Fälle in %						
	Psyche	Herz/ Kreislauf	Atem- wege	Verdau- ung	Muskel/ Skelett	Verlet- zungen	Sonstige
Aufsichts-/Führungskräfte – Erziehung, Sozialarbeit, Heilerziehungspflege	6,9	3,8	28,5	8,5	9,9	5,1	37,2
Berufe im Verkauf (ohne Spez.)	5,4	1,8	24,8	11,7	8,5	4,9	42,9
Berufe in der betrieblichen Ausbildung u. Betriebspädagogik	6,4	5,1	22,9	10,8	13,8	5,3	35,8
Berufe in der Erwachsenenbildung (ohne Spez.)	8,3	3,8	28,8	8,4	9,4	4,3	37,0
Berufe in der Erziehungswissenschaft	7,3	3,1	29,2	9,3	9,5	4,1	37,5
Berufe in der Gebäudetechnik (ohne Spez.)	5,0	6,7	19,2	8,6	18,6	7,2	34,7
Berufe in der Gesundheits- u. Krankenpflege (ohne Spez.)	6,0	2,4	26,1	9,9	9,4	5,2	40,9
Berufe in der Hauswirtschaft	5,9	3,6	23,5	8,6	14,8	5,0	38,5
Berufe in der Hochschullehre u. -forschung	4,9	2,6	34,0	8,3	7,5	5,5	37,3
Berufe in der Kinderbetreuung u. -erziehung	5,5	2,3	32,2	8,7	8,6	4,2	38,6
Berufe in der öffentlichen Verwaltung (ohne Spez.)	6,4	3,4	28,9	8,6	11,0	4,5	37,3
Berufe in der Reinigung (ohne Spez.)	5,8	4,9	20,7	8,6	19,2	5,2	35,6
Berufe in der Sozialarbeit u. Sozialpädagogik	7,2	3,1	31,1	8,2	9,2	4,4	36,9
Berufe in Heilerziehungspflege u. Sonderpädagogik	6,3	2,9	30,0	8,7	10,9	5,1	36,2
Büro- u. Sekretariatskräfte (ohne Spez.)	6,2	3,2	27,2	9,7	9,5	4,4	39,8
Fahrlehrer/innen	5,3	5,6	19,1	10,5	11,0	7,6	40,9
Köche/Köchinnen (ohne Spez.)	5,8	4,0	21,8	9,7	15,6	5,7	37,2
Lehrkräfte für berufsbildende Fächer	7,1	4,7	26,6	8,8	10,6	4,6	37,5
Lehrkräfte in der Primarstufe	6,4	3,3	35,0	7,2	8,0	4,1	35,8
Lehrkräfte in der Sekundarstufe	7,0	4,0	29,3	8,9	9,9	4,7	36,1
Branche gesamt	**5,7**	**3,1**	**28,4**	**9,1**	**10,7**	**4,9**	**38,1**
Alle Branchen	**5,1**	**3,8**	**22,9**	**9,1**	**15,9**	**7,3**	**35,8**

Fehlzeiten-Report 2017

Tab. 26.6.16 Anteile der 40 häufigsten Einzeldiagnosen an den AU-Fällen und AU-Tagen in der Branche Erziehung und Unterricht im Jahr 2016, AOK-Mitglieder

ICD–10	Bezeichnung	AU-Fälle in %	AU-Tage in %
J06	Akute Infektionen an mehreren oder nicht näher bezeichneten Lokalisationen der oberen Atemwege	11,4	6,0
A09	Sonstige und nicht näher bezeichnete Gastroenteritis und Kolitis infektiösen und nicht näher bezeichneten Ursprungs	5,1	2,0
M54	Rückenschmerzen	4,0	4,2
J20	Akute Bronchitis	2,2	1,4
B34	Viruskrankheit nicht näher bezeichneter Lokalisation	2,2	1,1
K52	Sonstige nichtinfektiöse Gastroenteritis und Kolitis	2,2	0,9
R10	Bauch- und Beckenschmerzen	1,9	1,0
J40	Bronchitis, nicht als akut oder chronisch bezeichnet	1,8	1,1
K08	Sonstige Krankheiten der Zähne und des Zahnhalteapparates	1,8	0,5
F43	Reaktionen auf schwere Belastungen und Anpassungsstörungen	1,6	3,0
J03	Akute Tonsillitis	1,6	0,9
J01	Akute Sinusitis	1,6	0,9
J32	Chronische Sinusitis	1,5	0,9
J02	Akute Pharyngitis	1,5	0,8
K29	Gastritis und Duodenitis	1,5	0,7
R51	Kopfschmerz	1,5	0,6
F32	Depressive Episode	1,4	4,6
I10	Essentielle (primäre) Hypertonie	1,2	1,3
R11	Übelkeit und Erbrechen	1,1	0,5
J00	Akute Rhinopharyngitis [Erkältungsschnupfen]	1,1	0,5
J04	Akute Laryngitis und Tracheitis	1,0	0,6
G43	Migräne	1,0	0,4
F45	Somatoforme Störungen	0,8	1,5
F48	Andere neurotische Störungen	0,8	1,4
J98	Sonstige Krankheiten der Atemwege	0,8	0,4
A08	Virusbedingte und sonstige näher bezeichnete Darminfektionen	0,8	0,3
M25	Sonstige Gelenkkrankheiten, anderenorts nicht klassifiziert	0,7	0,9
R53	Unwohlsein und Ermüdung	0,7	0,8
T14	Verletzung an einer nicht näher bezeichneten Körperregion	0,7	0,7
M99	Biomechanische Funktionsstörungen, anderenorts nicht klassifiziert	0,7	0,5
R42	Schwindel und Taumel	0,7	0,5
B99	Sonstige und nicht näher bezeichnete Infektionskrankheiten	0,7	0,4
N39	Sonstige Krankheiten des Harnsystems	0,7	0,4
M53	Sonstige Krankheiten der Wirbelsäule und des Rückens, anderenorts nicht klassifiziert	0,6	0,6
M79	Sonstige Krankheiten des Weichteilgewebes, anderenorts nicht klassifiziert	0,6	0,6
J11	Grippe, Viren nicht nachgewiesen	0,6	0,3
M51	Sonstige Bandscheibenschäden	0,5	1,3
R05	Husten	0,5	0,3
R50	Fieber sonstiger und unbekannter Ursache	0,5	0,3
H10	Konjunktivitis	0,5	0,2
	Summe hier	**62,1**	**45,3**
	Restliche	37,9	54,7
	Gesamtsumme	**100,0**	**100,0**

◘ Tab. 26.6.17 Anteile der 40 häufigsten Diagnoseuntergruppen an den AU-Fällen und AU-Tagen in der Branche Erziehung und Unterricht im Jahr 2016, AOK-Mitglieder

ICD-10	Bezeichnung	AU-Fälle in %	AU-Tage in %
J00–J06	Akute Infektionen der oberen Atemwege	18,2	9,7
A00–A09	Infektiöse Darmkrankheiten	6,3	2,5
M50–M54	Sonstige Krankheiten der Wirbelsäule und des Rückens	4,9	5,7
R50–R69	Allgemeinsymptome	3,7	2,9
F40–F48	Neurotische, Belastungs- und somatoforme Störungen	3,5	7,2
R10–R19	Symptome, die das Verdauungssystem und das Abdomen betreffen	3,3	1,8
J40–J47	Chronische Krankheiten der unteren Atemwege	2,9	2,2
J20–J22	Sonstige akute Infektionen der unteren Atemwege	2,7	1,7
K50–K52	Nichtinfektiöse Enteritis und Kolitis	2,5	1,1
B25–B34	Sonstige Viruskrankheiten	2,4	1,3
K00–K14	Krankheiten der Mundhöhle, der Speicheldrüsen und der Kiefer	2,2	0,7
J30–J39	Sonstige Krankheiten der oberen Atemwege	2,1	1,4
K20–K31	Krankheiten des Ösophagus, des Magens und des Duodenums	2,0	1,0
F30–F39	Affektive Störungen	1,9	7,1
G40–G47	Episodische und paroxysmale Krankheiten des Nervensystems	1,9	1,3
M70–M79	Sonstige Krankheiten des Weichteilgewebes	1,6	2,6
I10–I15	Hypertonie [Hochdruckkrankheit]	1,3	1,5
R00–R09	Symptome, die das Kreislaufsystem und das Atmungssystem betreffen	1,3	0,9
Z80–Z99	Personen mit potentiellen Gesundheitsrisiken aufgrund der Familien- oder Eigenanamnese und bestimmte Zustände, die den Gesundheitszustand beeinflussen	1,2	2,4
M20–M25	Sonstige Gelenkkrankheiten	1,1	2,2
N30–N39	Sonstige Krankheiten des Harnsystems	1,1	0,6
J09–J18	Grippe und Pneumonie	0,9	0,7
K55–K64	Sonstige Krankheiten des Darmes	0,9	0,7
R40–R46	Symptome, die das Erkennungs- und Wahrnehmungsvermögen, die Stimmung und das Verhalten betreffen	0,9	0,7
J95–J99	Sonstige Krankheiten des Atmungssystems	0,9	0,6
S90–S99	Verletzungen der Knöchelregion und des Fußes	0,8	1,1
T08–T14	Verletzungen nicht näher bezeichneter Teile des Rumpfes, der Extremitäten oder anderer Körperregionen	0,8	0,8
N80–N98	Nichtentzündliche Krankheiten des weiblichen Genitaltraktes	0,8	0,7
B99–B99	Sonstige Infektionskrankheiten	0,8	0,4
M95–M99	Sonstige Krankheiten des Muskel-Skelett-Systems und des Bindegewebes	0,7	0,6
M15–M19	Arthrose	0,6	1,8
S80–S89	Verletzungen des Knies und des Unterschenkels	0,6	1,6
E70–E90	Stoffwechselstörungen	0,6	0,6
E00–E07	Krankheiten der Schilddrüse	0,6	0,6
I95–I99	Sonstige und nicht näher bezeichnete Krankheiten des Kreislaufsystems	0,6	0,4
H65–H75	Krankheiten des Mittelohres und des Warzenfortsatzes	0,6	0,4
H10–H13	Affektionen der Konjunktiva	0,6	0,2
S60–S69	Verletzungen des Handgelenkes und der Hand	0,5	0,8
D10–D36	Gutartige Neubildungen	0,5	0,6
Z00–Z13	Personen, die das Gesundheitswesen zur Untersuchung und Abklärung in Anspruch nehmen	0,5	0,3
	Summe hier	**81,3**	**71,4**
	Restliche	18,7	28,6
	Gesamtsumme	**100,0**	**100,0**

Fehlzeiten-Report 2017

26.7 Gesundheits- und Sozialwesen

◘ Tab. 26.7.1 Entwicklung des Krankenstands der AOK-Mitglieder in der Branche Gesundheits- und Sozialwesen in den Jahren 2000 bis 2016

Jahr	Krankenstand in %			AU-Fälle je 100 AOK-Mitglieder			Tage je Fall		
	West	Ost	Bund	West	Ost	Bund	West	Ost	Bund
2000	5,7	5,4	5,7	162,4	165,2	162,8	12,8	12,0	12,7
2001	5,5	5,3	5,5	157,5	152,4	156,9	12,8	12,8	12,8
2002	5,4	5,2	5,4	159,5	154,7	159,0	12,4	12,4	12,4
2003	5,1	4,7	5,1	156,8	142,9	154,9	12,0	12,0	12,0
2004	4,8	4,2	4,7	144,9	129,8	142,7	12,2	11,9	12,1
2005	4,6	4,1	4,6	142,5	123,9	139,6	11,9	12,0	11,9
2006	4,5	3,9	4,4	136,6	116,9	133,4	12,1	12,3	12,1
2007	4,8	4,2	4,7	145,2	125,8	141,9	12,2	12,2	12,2
2008 (WZ03)	4,9	4,5	4,8	151,3	129,9	147,7	11,9	12,6	12,0
2008 (WZ08)*	4,9	4,5	4,8	151,5	130,8	147,9	11,9	12,6	12,0
2009	5,1	4,9	5,0	159,6	143,2	156,8	11,6	12,5	11,7
2010	5,2	5,1	5,2	158,8	155,3	158,2	11,9	11,9	11,9
2011	5,3	4,8	5,2	162,2	157,7	161,4	12,0	11,2	11,8
2012	5,3	5,2	5,3	158,2	140,5	155,2	12,3	13,5	12,5
2013	5,5	5,4	5,5	166,9	147,2	163,5	12,0	13,3	12,2
2014	5,7	5,5	5,6	165,4	145,9	162,0	12,5	13,7	12,7
2015	5,9	5,7	5,8	176,6	158,2	173,2	12,1	13,3	12,3
2016	5,8	5,9	5,8	175,8	162,0	173,1	12,1	13,3	12,3

*aufgrund der Revision der Wirtschaftszweigklassifikation in 2008 ist eine Vergleichbarkeit mit den Vorjahren nur bedingt möglich

Fehlzeiten-Report 2017

◻ **Tab. 26.7.2** Arbeitsunfähigkeit der AOK-Mitglieder in der Branche Gesundheits- und Sozialwesen nach Bundesländern im Jahr 2016 im Vergleich zum Vorjahr

Bundesland	Kranken-stand in %	Arbeitsunfähigkeit je 100 AOK-Mitglieder				Tage je Fall	Veränd. z. Vorj. in %	AU-Quote in %
		AU-Fälle	Veränd. z. Vorj. in %	AU-Tage	Veränd. z. Vorj. in %			
Baden-Württemberg	5,4	174,5	−1,2	1.994,0	−0,7	11,4	0,5	60,8
Bayern	5,2	146,6	−1,2	1.900,8	0,3	13,0	1,5	55,0
Berlin	6,4	199,7	2,6	2.333,4	−1,9	11,7	−4,4	60,2
Brandenburg	6,4	170,3	3,0	2.359,7	3,3	13,9	0,3	60,9
Bremen	6,6	170,7	−0,5	2.409,5	5,2	14,1	5,7	57,8
Hamburg	5,6	160,3	−15,6	2.065,7	−7,0	12,9	10,1	52,3
Hessen	6,1	193,8	−0,5	2.249,7	−0,5	11,6	0,0	62,5
Mecklenburg-Vorpommern	6,2	160,9	4,0	2.270,6	3,2	14,1	−0,7	58,1
Niedersachsen	6,3	189,0	1,1	2.317,7	−0,7	12,3	−1,8	64,0
Nordrhein-Westfalen	6,2	188,3	0,9	2.262,2	−0,2	12,0	−1,1	63,4
Rheinland-Pfalz	6,2	203,2	0,1	2.275,8	0,0	11,2	−0,1	65,1
Saarland	6,8	179,7	−0,8	2.480,5	−2,8	13,8	−2,1	61,6
Sachsen	5,6	160,8	2,2	2.055,3	1,3	12,8	−0,9	60,8
Sachsen-Anhalt	6,1	151,3	0,3	2.224,2	1,4	14,7	1,1	56,8
Schleswig-Holstein	6,3	175,6	−0,7	2.323,0	−1,4	13,2	−0,7	60,4
Thüringen	6,0	167,6	1,2	2.213,2	1,8	13,2	0,6	61,0
West	**5,8**	**175,8**	**−0,3**	**2.129,9**	**−0,4**	**12,1**	**−0,1**	**60,5**
Ost	**5,9**	**162,0**	**2,0**	**2.152,5**	**1,7**	**13,3**	**−0,2**	**60,1**
Bund	**5,8**	**173,1**	**−0,1**	**2.133,8**	**0,0**	**12,3**	**0,1**	**60,4**

Fehlzeiten-Report 2017

◻ **Tab. 26.7.3** Arbeitsunfähigkeit der AOK-Mitglieder in der Branche Gesundheits- und Sozialwesen nach Wirtschafts-abteilungen im Jahr 2016

Wirtschaftsabteilung	Krankenstand in %		Arbeitsunfähigkeiten je 100 AOK-Mitglieder		Tage je Fall	AU-Quote in %
	2016	2016 stand.*	Fälle	Tage		
Altenheime, Alten- und Behinderten-wohnheime	7,2	6,5	184,8	2.652,1	14,4	64,5
Arzt- und Zahnarztpraxen	3,1	2,9	165,0	1.124,0	6,8	55,2
Gesundheitswesen a. n. g.	4,9	5,2	155,4	1.804,9	11,6	56,3
Krankenhäuser	5,8	5,6	167,8	2.137,9	12,7	61,1
Pflegeheime	7,2	6,4	184,9	2.647,7	14,3	64,9
Sonstige Heime (ohne Erholungs- und Ferienheime)	5,4	5,3	167,5	1.959,7	11,7	58,5
Sonstiges Sozialwesen (ohne Heime)	5,6	5,4	190,6	2.064,9	10,8	61,2
Soziale Betreuung älterer Menschen und Behinderter	6,4	5,7	160,3	2.344,7	14,6	56,2
Stationäre Einrichtungen zur psychosozialen Betreuung, Suchtbekämpfung u. Ä.	6,1	5,7	177,1	2.249,0	12,7	61,2
Branche insgesamt	**5,8**	**5,6**	**173,1**	**2.133,8**	**12,3**	**60,4**
Alle Branchen	**5,3**	**5,4**	**166,6**	**1.943,2**	**11,7**	**54,4**

*Krankenstand alters- und geschlechtsstandardisiert

Fehlzeiten-Report 2017

◼ **Tab. 26.7.4** Kennzahlen der Arbeitsunfähigkeit der AOK-Mitglieder nach ausgewählten Berufsgruppen in der Branche Gesundheits- und Sozialwesen im Jahr 2016

Tätigkeit	Kranken-stand in %	Arbeitsunfähigkeiten je 100 AOK-Mitglieder		Tage je Fall	AU-Quote in %	Anteil der Berufs-gruppe an der Branche in %*
		Fälle	Tage			
Ärzte/Ärztinnen (ohne Spez.)	2,0	83,7	726,9	8,7	34,5	1,6
Berufe in der Altenpflege (ohne Spez.)	7,5	190,9	2.732,3	14,3	63,9	18,7
Berufe in der Fachkrankenpflege	5,9	154,7	2.151,7	13,9	61,2	1,2
Berufe in der Gebäudetechnik (ohne Spez.)	6,1	146,6	2.234,2	15,2	56,9	1,0
Berufe in der Gesundheits- u. Krankenpflege (ohne Spez.)	6,3	170,6	2.296,4	13,5	61,9	18,6
Berufe in der Haus- u. Familienpflege	7,3	197,2	2.684,1	13,6	64,6	1,1
Berufe in der Hauswirtschaft	7,4	175,7	2.724,0	15,5	63,2	4,5
Berufe in der Kinderbetreuung u. -erziehung	5,7	200,3	2.068,9	10,3	63,9	5,8
Berufe in der Physiotherapie	4,1	159,4	1.512,9	9,5	58,8	2,1
Berufe in der Reinigung (ohne Spez.)	8,1	186,1	2.979,7	16,0	65,2	3,2
Berufe in der Sozialarbeit u. Sozialpädagogik	5,1	156,8	1.879,3	12,0	58,8	3,3
Berufe in Heilerziehungspflege u. Sonderpädagogik	5,7	181,8	2.100,8	11,6	63,5	3,5
Büro- u. Sekretariatskräfte (ohne Spez.)	4,4	148,0	1.616,8	10,9	54,5	2,2
Köche/Köchinnen (ohne Spez.)	8,0	174,5	2.924,1	16,8	64,7	3,0
Medizinische Fachangestellte (ohne Spez.)	3,2	164,9	1.169,4	7,1	56,3	8,2
Verwaltende Berufe im Sozial- u. Gesundheitswesen	4,4	154,4	1.602,0	10,4	57,1	1,1
Zahnmedizinische Fachangestellte	3,2	200,2	1.177,1	5,9	60,8	4,7
Branche insgesamt	**5,8**	**173,1**	**2.133,8**	**12,3**	**60,4**	**11,5****

* Anteil der AOK-Mitglieder in der Berufsgruppe an den in der Branche beschäftigten AOK-Mitgliedern insgesamt
**Anteil der AOK-Mitglieder in der Branche an allen AOK-Mitgliedern

Fehlzeiten-Report 2017

◼ **Tab. 26.7.5** Dauer der Arbeitsunfähigkeit der AOK-Mitglieder in der Branche Gesundheits- und Sozialwesen im Jahr 2016

Fallklasse	Branche hier		alle Branchen	
	Anteil Fälle in %	Anteil Tage in %	Anteil Fälle in %	Anteil Tage in %
1–3 Tage	34,6	5,7	36,0	6,2
4–7 Tage	32,0	13,4	31,2	13,4
8–14 Tage	17,1	14,3	17,0	15,1
15–21 Tage	5,8	8,2	5,7	8,5
22–28 Tage	3,0	6,0	2,9	6,0
29–42 Tage	3,1	8,6	2,9	8,6
Langzeit-AU (> 42 Tage)	4,5	43,8	4,3	42,1

Fehlzeiten-Report 2017

◘ **Tab. 26.7.6** Tage der Arbeitsunfähigkeit je AOK-Mitglied nach Wirtschaftsabteilung und Betriebsgröße in der Branche Gesundheits- und Sozialwesen im Jahr 2016

Wirtschaftsabteilungen	Betriebsgröße (Anzahl der AOK-Mitglieder)					
	10–49	50–99	100–199	200–499	500–999	≥ 1.000
Altenheime, Alten- und Behinderten-wohnheime	27,0	27,2	26,9	24,5	24,6	–
Arzt- und Zahnarztpraxen	14,2	16,2	17,7	–	–	–
Gesundheitswesen a. n. g.	21,6	22,7	23,4	26,6	–	–
Krankenhäuser	20,9	22,4	21,8	21,9	21,8	21,5
Pflegeheime	27,4	26,5	25,1	25,6	26,3	18,6
Sonstige Heime (ohne Erholungs- und Ferienheime)	20,1	18,9	20,8	18,2	19,6	–
Sonstiges Sozialwesen (ohne Heime)	20,4	22,7	23,0	23,7	27,3	–
Soziale Betreuung älterer Menschen und Behinderter	24,2	24,2	22,6	22,3	–	–
Stationäre Einrichtungen zur psychosozia-len Betreuung, Suchtbekämpfung u. Ä.	19,7	26,1	–	26,9	–	–
Branche insgesamt	**24,0**	**24,7**	**23,1**	**22,7**	**22,4**	**21,4**
Alle Branchen	**20,2**	**22,1**	**22,2**	**22,1**	**22,1**	**22,4**

Fehlzeiten-Report 2017

◘ **Tab. 26.7.7** Krankenstand in Prozent nach Ausbildungsabschluss in der Branche Gesundheits- und Sozialwesen im Jahr 2016, AOK-Mitglieder

Wirtschaftsabteilung	Ausbildung						
	ohne Aus-bildungs-abschluss	mit Aus-bildungs-abschluss	Meister/ Techniker	Bachelor	Diplom/Magis-ter/Master/ Staatsexamen	Promo-tion	unbe-kannt
Altenheime, Alten- und Behindertenwohn-heime	7,5	7,3	6,1	3,4	5,3	3,1	7,3
Arzt- und Zahnarzt-praxen	3,6	3,0	3,6	2,8	2,1	1,6	3,2
Gesundheitswesen a. n. g.	5,6	5,1	4,7	2,8	3,6	3,0	4,9
Krankenhäuser	7,1	6,1	6,0	2,6	2,6	2,2	7,0
Pflegeheime	7,6	7,3	6,2	3,5	5,1	3,4	7,2
Sonstige Heime (ohne Erholungs- und Ferien-heime)	6,8	5,6	5,5	3,0	3,6	3,6	5,8
Sonstiges Sozialwesen (ohne Heime)	6,7	6,0	6,0	3,1	3,8	2,0	5,5
Soziale Betreuung älterer Menschen und Behinderter	6,5	6,6	6,1	3,7	4,5	2,9	6,2
Stationäre Einrichtun-gen zur psychosozialen Betreuung, Sucht-bekämpfung u. Ä.	6,5	6,5	7,9	3,0	4,3	–	7,0
Branche insgesamt	**6,7**	**6,0**	**5,7**	**3,0**	**3,3**	**2,1**	**5,7**
Alle Branchen	**6,1**	**5,6**	**4,3**	**2,3**	**2,8**	**2,0**	**4,9**

Fehlzeiten-Report 2017

◻ Tab. 26.7.8 Tage der Arbeitsunfähigkeit je AOK-Mitglied nach Ausbildung in der Branche Gesundheits- und Sozialwesen im Jahr 2016

Wirtschaftsabteilung	Ausbildung						
	ohne Aus-bildungs-abschluss	mit Aus-bildungs-abschluss	Meister/Techniker	Bachelor	Diplom/Magis-ter/Master/Staatsexamen	Promo-tion	unbe-kannt
Altenheime, Alten- und Behindertenwohn-heime	27,6	26,7	22,2	12,4	19,6	11,3	26,7
Arzt- und Zahnarzt-praxen	13,2	10,9	13,1	10,2	7,7	5,7	11,5
Gesundheitswesen a. n. g.	20,5	18,5	17,1	10,3	13,1	10,8	17,8
Krankenhäuser	26,0	22,2	22,0	9,4	9,3	7,9	25,6
Pflegeheime	27,9	26,7	22,7	12,7	18,6	12,4	26,2
Sonstige Heime (ohne Erholungs- und Ferien-heime)	25,0	20,3	20,2	10,8	13,3	13,4	21,3
Sonstiges Sozialwesen (ohne Heime)	24,5	22,0	21,9	11,2	13,8	7,5	20,2
Soziale Betreuung älterer Menschen und Behinderter	23,9	24,1	22,2	13,6	16,4	10,5	22,6
Stationäre Einrichtun-gen zur psychosozialen Betreuung, Sucht-bekämpfung u. Ä.	23,7	23,9	28,8	11,1	15,6	–	25,7
Branche insgesamt	**24,4**	**21,9**	**21,0**	**11,1**	**12,1**	**7,7**	**21,0**
Alle Branchen	**22,3**	**20,6**	**15,8**	**8,3**	**10,2**	**7,4**	**17,9**

Fehlzeiten-Report 2017

◻ Tab. 26.7.9 Anteil der Arbeitsunfälle an den AU-Fällen und -Tagen in Prozent nach Wirtschaftsabteilungen in der Branche Gesundheits- und Sozialwesen im Jahr 2016, AOK-Mitglieder

Wirtschaftsabteilung	AU-Fälle in %	AU-Tage in %
Altenheime, Alten- und Behindertenwohnheime	1,9	3,3
Arzt- und Zahnarztpraxen	0,9	2,0
Gesundheitswesen a. n. g.	2,1	4,2
Krankenhäuser	1,8	3,2
Pflegeheime	1,9	3,4
Sonstige Heime (ohne Erholungs- und Ferienheime)	2,1	3,8
Sonstiges Sozialwesen (ohne Heime)	1,7	3,4
Soziale Betreuung älterer Menschen und Behinderter	2,4	3,9
Stationäre Einrichtungen zur psychosozialen Betreuung, Suchtbekämpfung u. Ä.	1,4	3,1
Branche insgesamt	**1,8**	**3,3**
Alle Branchen	**3,1**	**5,9**

Fehlzeiten-Report 2017

◻ **Tab. 26.7.10** Tage und Fälle der Arbeitsunfähigkeit durch Arbeitsunfälle nach Berufsgruppen in der Branche Gesundheits- und Sozialwesen im Jahr 2016, AOK-Mitglieder

Tätigkeit	Arbeitsunfähigkeit je 1.000 AOK-Mitglieder	
	AU-Tage	AU-Fälle
Berufe in der Gebäudetechnik (ohne Spez.)	1.349,5	53,3
Köche/Köchinnen (ohne Spez.)	1.159,8	52,0
Berufe in der Hauswirtschaft	986,0	38,6
Berufe in der Reinigung (ohne Spez.)	948,3	34,4
Berufe in der Altenpflege (ohne Spez.)	918,6	37,8
Berufe in der Haus- u. Familienpflege	905,4	37,6
Berufe in der Fachkrankenpflege	890,9	30,5
Berufe in Heilerziehungspflege u. Sonderpädagogik	794,3	37,5
Berufe in der Gesundheits- u. Krankenpflege (ohne Spez.)	755,1	31,8
Berufe in der Kinderbetreuung u. -erziehung	697,4	33,0
Berufe in der Sozialarbeit u. Sozialpädagogik	523,7	25,8
Berufe in der Physiotherapie	518,3	22,6
Büro- u. Sekretariatskräfte (ohne Spez.)	290,3	12,3
Verwaltende Berufe im Sozial- u. Gesundheitswesen	259,4	15,7
Ärzte/Ärztinnen (ohne Spez.)	255,3	12,7
Medizinische Fachangestellte (ohne Spez.)	232,0	14,4
Zahnmedizinische Fachangestellte	204,2	18,1
Branche insgesamt	**705,3**	**30,9**
Alle Branchen	**1.146,7**	**51,3**

Fehlzeiten-Report 2017

◻ **Tab. 26.7.11** Tage und Fälle der Arbeitsunfähigkeit je 100 AOK-Mitglieder nach Krankheitsarten in der Branche Gesundheits- und Sozialwesen in den Jahren 2000 bis 2016

Jahr	Arbeitsunfähigkeiten je 100 AOK-Mitglieder											
	Psyche		Herz/Kreislauf		Atemwege		Verdauung		Muskel/Skelett		Verletzungen	
	Tage	Fälle	Tage	Fälle	Tage	Fälle	Tage	Fälle	Tage	Fälle	Tage	Fälle
2000	229,0	9,5	142,7	8,8	357,9	50,2	145,4	20,8	627,8	33,3	221,5	14,7
2001	244,0	10,4	145,7	9,5	329,2	48,4	146,1	21,3	634,1	34,3	220,4	15,0
2002	246,6	10,8	139,1	9,5	316,8	47,7	149,1	23,1	613,5	33,9	220,7	15,0
2003	235,3	10,6	131,7	9,4	318,3	49,2	138,3	21,9	550,9	31,6	205,8	14,2
2004	245,7	10,7	141,1	8,5	275,2	41,9	140,7	21,4	522,5	29,9	201,9	13,3
2005	238,7	9,9	132,5	7,9	307,6	46,7	126,0	19,0	482,6	27,6	192,8	12,4
2006	244,3	10,1	134,4	8,0	257,8	39,6	130,2	20,2	489,9	27,4	198,7	12,5
2007	273,4	10,7	138,9	7,9	284,9	43,8	140,0	21,7	519,7	28,2	194,8	12,2
2008 (WZ03)	284,7	11,2	141,7	8,2	294,7	45,8	143,6	22,5	522,7	29,0	199,5	12,6
2008 (WZ08)*	285,0	11,2	141,9	8,2	295,3	45,8	144,1	22,5	524,2	29,1	199,2	12,6
2009	294,1	11,8	139,3	8,1	347,1	53,1	141,5	22,1	507,2	28,2	207,0	12,8
2010	331,8	12,8	138,9	8,0	301,4	47,1	133,5	20,6	545,8	29,6	224,3	13,7
2011	354,7	13,5	140,4	8,1	313,0	48,4	131,5	20,0	531,2	29,4	218,9	13,0
2012	383,9	13,7	150,3	8,2	307,8	46,7	133,8	19,5	556,3	29,3	223,4	12,6
2013	384,9	13,6	147,9	7,9	377,3	55,6	133,6	19,2	552,8	28,9	226,9	12,5
2014	422,9	15,0	157,7	8,5	312,9	47,7	140,4	19,9	599,4	30,5	233,7	12,7
2015	428,7	15,0	153,0	8,4	389,4	57,9	137,3	19,7	585,8	30,0	235,5	12,7
2016	437,8	15,3	135,0	8,4	361,8	55,5	132,2	19,9	604,7	30,7	238,4	12,8

*aufgrund der Revision der Wirtschaftszweigklassifikation in 2008 ist eine Vergleichbarkeit mit den Vorjahren nur bedingt möglich

Fehlzeiten-Report 2017

Tab. 26.7.12 Verteilung der Arbeitsunfähigkeitstage nach Krankheitsarten in Prozent in der Branche Gesundheits- und Sozialwesen im Jahr 2016, AOK-Mitglieder

Wirtschaftsabteilung	AU-Tage in %						
	Psyche	Herz/ Kreislauf	Atem- wege	Ver- dauung	Muskel/ Skelett	Verlet- zungen	Sonstige
Altenheime, Alten- und Behinderten- wohnheime	16,0	4,9	11,1	4,4	23,1	7,9	32,6
Arzt- und Zahnarztpraxen	14,2	3,5	17,1	6,4	12,8	7,4	38,6
Gesundheitswesen a. n. g.	13,9	4,7	13,3	4,8	20,0	9,7	33,7
Krankenhäuser	14,8	4,7	12,8	4,5	21,4	8,7	33,2
Pflegeheime	15,3	5,0	11,2	4,3	23,1	8,0	33,1
Sonstige Heime (ohne Erholungs- und Ferienheime)	17,8	4,8	13,4	4,6	17,3	8,7	33,6
Sonstiges Sozialwesen (ohne Heime)	15,7	4,6	15,3	4,8	18,7	8,0	32,8
Soziale Betreuung älterer Menschen und Behinderter	15,9	4,7	11,2	4,4	22,2	8,6	33,1
Stationäre Einrichtungen zur psychosozialen Betreuung, Suchtbekämpfung u. Ä.	16,2	5,1	12,7	5,0	18,7	9,1	33,3
Branche insgesamt	**15,2**	**4,7**	**12,6**	**4,6**	**21,1**	**8,3**	**33,5**
Alle Branchen	**11,0**	**5,7**	**12,4**	**5,1**	**22,9**	**11,0**	**32,0**

Fehlzeiten-Report 2017

Tab. 26.7.13 Verteilung der Arbeitsunfähigkeitsfälle nach Krankheitsarten in Prozent in der Branche Gesundheits- und Sozialwesen im Jahr 2016, AOK-Mitglieder

Wirtschaftsabteilung	AU-Fälle in %						
	Psyche	Herz/ Kreislauf	Atem- wege	Ver- dauung	Muskel/ Skelett	Verlet- zungen	Sonstige
Altenheime, Alten- und Behinderten- wohnheime	7,4	4,0	21,7	8,2	15,6	5,7	37,4
Arzt- und Zahnarztpraxen	5,2	2,6	27,0	10,2	7,3	4,3	43,4
Gesundheitswesen a. n. g.	6,0	3,5	25,2	8,8	12,4	6,0	38,0
Krankenhäuser	6,4	3,7	24,5	8,3	13,7	5,8	37,5
Pflegeheime	7,2	4,0	21,8	8,2	15,6	5,7	37,5
Sonstige Heime (ohne Erholungs- und Ferienheime)	7,2	3,5	24,8	8,6	11,9	5,9	38,1
Sonstiges Sozialwesen (ohne Heime)	6,4	3,4	26,6	8,8	12,2	5,2	37,4
Soziale Betreuung älterer Menschen und Behinderter	7,6	3,9	22,2	8,1	14,6	6,1	37,6
Stationäre Einrichtungen zur psychosozialen Betreuung, Suchtbekämpfung u. Ä.	7,6	3,9	23,7	9,0	13,2	5,6	37,0
Branche insgesamt	**6,6**	**3,6**	**24,0**	**8,6**	**13,3**	**5,6**	**38,3**
Alle Branchen	**5,1**	**3,8**	**22,9**	**9,1**	**15,9**	**7,3**	**35,8**

Fehlzeiten-Report 2017

◻ Tab. 26.7.14 Verteilung der Arbeitsunfähigkeitstage nach Krankheitsarten und ausgewählten Berufsgruppen in der Branche Gesundheits- und Sozialwesen im Jahr 2016, AOK-Mitglieder

Tätigkeit	AU-Tage in %						
	Psyche	Herz/ Kreislauf	Atem- wege	Ver- dauung	Muskel/ Skelett	Verlet- zungen	Sonstige
Ärzte/Ärztinnen (ohne Spez.)	12,9	3,5	19,3	5,2	11,1	9,8	38,2
Berufe in der Altenpflege (ohne Spez.)	15,9	4,6	11,1	4,4	23,9	7,9	32,2
Berufe in der Fachkrankenpflege	15,5	4,4	13,2	4,1	20,7	10,1	32,0
Berufe in der Gebäudetechnik (ohne Spez.)	10,1	8,3	9,7	4,9	24,4	10,3	32,2
Berufe in der Gesundheits- u. Krankenpflege (ohne Spez.)	15,3	4,4	12,1	4,4	22,2	8,7	32,9
Berufe in der Haus- u. Familienpflege	16,5	4,5	12,7	4,7	20,1	7,8	33,8
Berufe in der Hauswirtschaft	13,5	5,4	10,5	4,1	24,6	8,4	33,6
Berufe in der Kinderbetreuung u. -erziehung	17,4	3,8	16,8	5,1	15,5	7,9	33,5
Berufe in der Physiotherapie	11,9	3,6	16,7	4,7	16,9	11,5	34,7
Berufe in der Reinigung (ohne Spez.)	12,5	5,6	9,9	4,0	27,0	7,9	33,2
Berufe in der Sozialarbeit u. Sozialpädagogik	18,1	4,5	14,3	4,3	17,6	8,0	33,1
Berufe in Heilerziehungspflege u. Sonderpädagogik	17,9	4,3	14,6	4,7	17,5	8,8	32,2
Büro- u. Sekretariatskräfte (ohne Spez.)	18,1	4,8	13,3	4,8	14,8	7,1	37,1
Köche/Köchinnen (ohne Spez.)	12,8	6,1	9,3	4,0	26,1	8,6	33,1
Medizinische Fachangestellte (ohne Spez.)	15,2	3,6	16,7	6,3	12,7	7,1	38,5
Verwaltende Berufe im Sozial- u. Gesundheitswesen	15,7	4,6	13,8	4,7	16,6	6,9	37,7
Zahnmedizinische Fachangestellte	13,8	2,4	19,5	7,1	11,0	7,3	38,9
Branche gesamt	15,2	4,7	12,6	4,6	21,1	8,3	33,5
Alle Branchen	11,0	5,7	12,4	5,1	22,9	11,0	32,0
							Fehlzeiten-Report 2017

▫ Tab. 26.7.15 Verteilung der Arbeitsunfähigkeitsfälle nach Krankheitsarten und ausgewählten Berufsgruppen in der Branche Gesundheits- und Sozialwesen im Jahr 2016, AOK-Mitglieder

Tätigkeit	AU-Fälle in %						
	Psyche	Herz/ Kreislauf	Atem- wege	Ver- dauung	Muskel/ Skelett	Verlet- zungen	Sonstige
Ärzte/Ärztinnen (ohne Spez.)	4,4	2,9	32,6	8,6	7,8	5,1	38,7
Berufe in der Altenpflege (ohne Spez.)	7,6	3,7	21,3	8,0	15,9	5,7	37,7
Berufe in der Fachkrankenpflege	7,1	3,9	25,2	7,6	14,2	6,4	35,5
Berufe in der Gebäudetechnik (ohne Spez.)	4,7	6,0	19,3	9,3	17,9	7,8	35,0
Berufe in der Gesundheits- u. Krankenpflege (ohne Spez.)	6,9	3,6	23,8	8,0	14,3	5,9	37,5
Berufe in der Haus- u. Familienpflege	7,2	3,9	23,7	8,6	13,4	5,3	37,8
Berufe in der Hauswirtschaft	6,6	4,7	20,4	8,3	16,4	5,9	37,7
Berufe in der Kinderbetreuung u. -erziehung	6,7	3,0	28,4	8,9	10,1	4,9	37,9
Berufe in der Physiotherapie	4,9	2,8	29,0	8,9	10,4	5,9	38,2
Berufe in der Reinigung (ohne Spez.)	6,3	5,0	19,5	8,2	19,1	5,6	36,3
Berufe in der Sozialarbeit u. Sozialpädagogik	7,4	3,4	27,6	8,0	11,4	5,3	36,9
Berufe in Heilerziehungspflege u. Sonderpädagogik	7,2	3,1	26,9	8,5	12,2	6,0	36,2
Büro- u. Sekretariatskräfte (ohne Spez.)	6,8	3,9	24,8	9,3	10,2	4,6	40,5
Köche/Köchinnen (ohne Spez.)	6,4	5,0	18,9	8,2	17,7	6,6	37,2
Medizinische Fachangestellte (ohne Spez.)	5,4	2,7	27,0	10,3	7,1	4,2	43,4
Verwaltende Berufe im Sozial- u. Gesundheitswesen	6,4	3,5	25,2	9,4	10,1	4,6	40,8
Zahnmedizinische Fachangestellte	5,0	2,2	27,3	10,2	7,0	4,4	43,9
Branche gesamt	**6,6**	**3,6**	**24,0**	**8,6**	**13,3**	**5,6**	**38,3**
Alle Branchen	**5,1**	**3,8**	**22,9**	**9,1**	**15,9**	**7,3**	**35,8**

Fehlzeiten-Report 2017

◘ Tab. 26.7.16 Anteile der 40 häufigsten Einzeldiagnosen an den AU-Fällen und AU-Tagen in der Branche Gesundheits- und Sozialwesen im Jahr 2016, AOK-Mitglieder

ICD–10	Bezeichnung	AU-Fälle in %	AU-Tage in %
J06	Akute Infektionen an mehreren oder nicht näher bezeichneten Lokalisationen der oberen Atemwege	9,2	4,2
M54	Rückenschmerzen	5,0	5,4
A09	Sonstige und nicht näher bezeichnete Gastroenteritis und Kolitis infektiösen und nicht näher bezeichneten Ursprungs	4,5	1,5
J20	Akute Bronchitis	2,2	1,2
R10	Bauch- und Beckenschmerzen	1,9	1,0
K52	Sonstige nichtinfektiöse Gastroenteritis und Kolitis	1,9	0,7
F43	Reaktionen auf schwere Belastungen und Anpassungsstörungen	1,8	3,1
J40	Bronchitis, nicht als akut oder chronisch bezeichnet	1,7	1,0
B34	Viruskrankheit nicht näher bezeichneter Lokalisation	1,7	0,8
F32	Depressive Episode	1,6	4,8
K08	Sonstige Krankheiten der Zähne und des Zahnhalteapparates	1,6	0,4
I10	Essentielle (primäre) Hypertonie	1,5	1,5
K29	Gastritis und Duodenitis	1,3	0,6
J01	Akute Sinusitis	1,2	0,6
J03	Akute Tonsillitis	1,2	0,6
J32	Chronische Sinusitis	1,1	0,6
J02	Akute Pharyngitis	1,1	0,5
R11	Übelkeit und Erbrechen	1,1	0,5
R51	Kopfschmerz	1,1	0,5
G43	Migräne	1,0	0,4
F48	Andere neurotische Störungen	0,9	1,5
J00	Akute Rhinopharyngitis [Erkältungsschnupfen]	0,9	0,4
F45	Somatoforme Störungen	0,8	1,6
M25	Sonstige Gelenkkrankheiten, anderenorts nicht klassifiziert	0,8	1,1
R53	Unwohlsein und Ermüdung	0,8	0,8
M99	Biomechanische Funktionsstörungen, anderenorts nicht klassifiziert	0,8	0,7
T14	Verletzung an einer nicht näher bezeichneten Körperregion	0,8	0,7
M51	Sonstige Bandscheibenschäden	0,7	2,0
M79	Sonstige Krankheiten des Weichteilgewebes, anderenorts nicht klassifiziert	0,7	0,8
M53	Sonstige Krankheiten der Wirbelsäule und des Rückens, anderenorts nicht klassifiziert	0,7	0,8
R42	Schwindel und Taumel	0,7	0,5
N39	Sonstige Krankheiten des Harnsystems	0,7	0,4
J04	Akute Laryngitis und Tracheitis	0,7	0,3
A08	Virusbedingte und sonstige näher bezeichnete Darminfektionen	0,7	0,2
M75	Schulterläsionen	0,6	1,5
J98	Sonstige Krankheiten der Atemwege	0,6	0,3
B99	Sonstige und nicht näher bezeichnete Infektionskrankheiten	0,6	0,3
F33	Rezidivierende depressive Störung	0,5	1,9
M77	Sonstige Enthesopathien	0,5	0,8
J11	Grippe, Viren nicht nachgewiesen	0,5	0,3
	Summe hier	**57,7**	**46,8**
	Restliche	42,3	53,2
	Gesamtsumme	**100,0**	**100,0**

◘ Tab. 26.7.17 Anteile der 40 häufigsten Diagnoseuntergruppen an den AU-Fällen und AU-Tagen in der Branche Gesundheits- und Sozialwesen im Jahr 2016, AOK-Mitglieder

ICD-10	Bezeichnung	AU-Fälle in %	AU-Tage in %
J00–J06	Akute Infektionen der oberen Atemwege	14,3	6,6
M50–M54	Sonstige Krankheiten der Wirbelsäule und des Rückens	6,0	7,6
A00–A09	Infektiöse Darmkrankheiten	5,6	1,9
F40–F48	Neurotische, Belastungs- und somatoforme Störungen	3,9	7,4
R50–R69	Allgemeinsymptome	3,5	2,9
R10–R19	Symptome, die das Verdauungssystem und das Abdomen betreffen	3,2	1,7
J40–J47	Chronische Krankheiten der unteren Atemwege	2,9	2,0
J20–J22	Sonstige akute Infektionen der unteren Atemwege	2,6	1,5
F30–F39	Affektive Störungen	2,2	7,3
K50–K52	Nichtinfektiöse Enteritis und Kolitis	2,2	0,9
M70–M79	Sonstige Krankheiten des Weichteilgewebes	2,1	3,5
K00–K14	Krankheiten der Mundhöhle, der Speicheldrüsen und der Kiefer	2,0	0,6
B25–B34	Sonstige Viruskrankheiten	1,9	0,9
G40–G47	Episodische und paroxysmale Krankheiten des Nervensystems	1,8	1,3
K20–K31	Krankheiten des Ösophagus, des Magens und des Duodenums	1,8	0,9
I10–I15	Hypertonie [Hochdruckkrankheit]	1,7	1,7
J30–J39	Sonstige Krankheiten der oberen Atemwege	1,7	1,0
Z80–Z99	Personen mit potentiellen Gesundheitsrisiken aufgrund der Familien- oder Eigenanamnese und bestimmte Zustände, die den Gesundheitszustand beeinflussen	1,5	2,7
M20–M25	Sonstige Gelenkkrankheiten	1,3	2,6
R00–R09	Symptome, die das Kreislaufsystem und das Atmungssystem betreffen	1,3	0,8
N30–N39	Sonstige Krankheiten des Harnsystems	1,1	0,6
N80–N98	Nichtentzündliche Krankheiten des weiblichen Genitaltraktes	1,0	0,8
T08–T14	Verletzungen nicht näher bezeichneter Teile des Rumpfes, der Extremitäten oder anderer Körperregionen	0,9	0,9
M95–M99	Sonstige Krankheiten des Muskel-Skelett-Systems und des Bindegewebes	0,9	0,8
R40–R46	Symptome, die das Erkennungs- und Wahrnehmungsvermögen, die Stimmung und das Verhalten betreffen	0,9	0,7
K55–K64	Sonstige Krankheiten des Darmes	0,9	0,7
J09–J18	Grippe und Pneumonie	0,9	0,6
M15–M19	Arthrose	0,8	2,4
S90–S99	Verletzungen der Knöchelregion und des Fußes	0,8	1,1
J95–J99	Sonstige Krankheiten des Atmungssystems	0,8	0,4
S80–S89	Verletzungen des Knies und des Unterschenkels	0,7	1,6
E00–E07	Krankheiten der Schilddrüse	0,7	0,7
E70–E90	Stoffwechselstörungen	0,7	0,6
Z00–Z13	Personen, die das Gesundheitswesen zur Untersuchung und Abklärung in Anspruch nehmen	0,7	0,4
B99–B99	Sonstige Infektionskrankheiten	0,7	0,3
G50–G59	Krankheiten von Nerven, Nervenwurzeln und Nervenplexus	0,6	1,2
S60–S69	Verletzungen des Handgelenkes und der Hand	0,6	0,8
D10–D36	Gutartige Neubildungen	0,6	0,6
O20–O29	Sonstige Krankheiten der Mutter, die vorwiegend mit der Schwangerschaft verbunden sind	0,6	0,5
I95–I99	Sonstige und nicht näher bezeichnete Krankheiten des Kreislaufsystems	0,6	0,3
	Summe hier	**79,0**	**71,8**
	Restliche	21,0	28,2
	Gesamtsumme	**100,0**	**100,0**

26.8 Handel

◻ Tab. 26.8.1 Entwicklung des Krankenstands der AOK-Mitglieder in der Branche Handel in den Jahren 1994 bis 2016

Jahr	Krankenstand in %			AU-Fälle je 100 AOK-Mitglieder			Tage je Fall		
	West	Ost	Bund	West	Ost	Bund	West	Ost	Bund
1994	5,6	4,6	5,5	144,1	105,9	138,3	13,1	14,1	13,3
1995	5,2	4,4	5,1	149,7	116,2	144,7	12,8	14,1	13,0
1996	4,6	4,0	4,5	134,3	106,2	129,9	12,9	14,4	13,1
1997	4,5	3,8	4,4	131,3	100,7	126,9	12,3	13,9	12,5
1998	4,6	3,9	4,5	134,1	102,0	129,6	12,3	13,8	12,5
1999	4,6	4,2	4,5	142,7	113,4	138,9	11,9	13,6	12,1
2000	4,6	4,2	4,6	146,5	117,9	143,1	11,6	13,0	11,7
2001	4,6	4,2	4,5	145,4	113,2	141,8	11,5	13,5	11,7
2002	4,5	4,1	4,5	145,5	114,4	142,0	11,4	13,0	11,5
2003	4,2	3,7	4,2	140,5	110,7	136,8	11,0	12,4	11,2
2004	3,9	3,4	3,8	127,0	100,9	123,4	11,2	12,2	11,3
2005	3,8	3,3	3,7	127,9	100,7	123,9	10,9	12,1	11,0
2006	3,7	3,3	3,6	122,7	97,0	118,9	11,0	12,3	11,2
2007	3,9	3,6	3,9	132,4	106,6	128,6	10,9	12,2	11,0
2008 (WZ03)	4,1	3,8	4,0	140,4	112,0	136,2	10,6	12,3	10,8
2008 (WZ08)*	4,1	3,7	4,0	139,9	111,7	135,7	10,6	12,2	10,8
2009	4,2	4,1	4,2	146,4	122,1	142,8	10,5	12,2	10,7
2010	4,3	4,1	4,3	143,7	126,8	141,2	10,9	11,9	11,0
2011	4,4	3,9	4,3	149,1	131,0	146,5	10,8	11,0	10,8
2012	4,4	4,4	4,4	149,7	125,8	146,2	10,8	12,9	11,1
2013	4,7	4,6	4,7	161,2	136,3	157,7	10,6	12,4	10,8
2014	4,8	4,7	4,8	159,1	133,4	155,4	11,0	13,0	11,3
2015	5,0	4,9	5,0	168,2	143,7	164,6	10,8	12,6	11,0
2016	5,0	5,1	5,0	166,6	146,9	163,9	10,9	12,6	11,1

*aufgrund der Revision der Wirtschaftszweigklassifikation in 2008 ist eine Vergleichbarkeit mit den Vorjahren nur bedingt möglich

Fehlzeiten-Report 2017

Tab. 26.8.2 Arbeitsunfähigkeit der AOK-Mitglieder in der Branche Handel nach Bundesländern im Jahr 2016 im Vergleich zum Vorjahr

Bundesland	Kranken-stand in %	Arbeitsunfähigkeit je 100 AOK-Mitglieder				Tage je Fall	Veränd. z. Vorj. in %	AU-Quote in %
		AU-Fälle	Veränd. z. Vorj. in %	AU-Tage	Veränd. z. Vorj. in %			
Baden-Württemberg	4,9	175,5	−0,8	1.791,0	−0,8	10,2	0,0	58,3
Bayern	4,5	144,7	−1,3	1.635,0	0,6	11,3	1,8	52,0
Berlin	4,5	157,3	1,3	1.665,1	2,7	10,6	1,4	46,7
Brandenburg	5,3	149,6	3,0	1.944,8	1,5	13,0	−1,5	53,4
Bremen	4,9	162,6	1,6	1.807,0	2,9	11,1	1,3	53,7
Hamburg	4,5	154,1	−10,6	1.657,1	−5,8	10,8	5,3	47,5
Hessen	5,3	182,6	−0,9	1.931,9	−1,3	10,6	−0,5	57,0
Mecklenburg-Vorpommern	5,3	136,8	2,6	1.929,4	6,4	14,1	3,7	50,7
Niedersachsen	5,2	173,0	1,6	1.894,1	1,0	10,9	−0,6	58,6
Nordrhein-Westfalen	5,3	172,5	−0,4	1.927,4	0,0	11,2	0,5	57,7
Rheinland-Pfalz	5,5	191,9	0,3	2.026,5	0,1	10,6	−0,2	60,9
Saarland	5,6	159,8	−0,5	2.066,3	−1,0	12,9	−0,4	55,0
Sachsen	4,8	146,3	2,4	1.768,2	2,0	12,1	−0,3	56,0
Sachsen-Anhalt	5,4	143,7	2,2	1.993,9	2,5	13,9	0,3	53,3
Schleswig-Holstein	5,1	160,0	−1,6	1.876,2	0,4	11,7	2,0	54,4
Thüringen	5,2	152,5	1,4	1.914,6	1,1	12,6	−0,3	56,0
West	**5,0**	**166,6**	**−0,6**	**1.815,3**	**−0,1**	**10,9**	**0,6**	**55,9**
Ost	**5,1**	**146,9**	**2,3**	**1.854,4**	**2,2**	**12,6**	**−0,1**	**55,0**
Bund	**5,0**	**163,9**	**−0,4**	**1.821,5**	**0,2**	**11,1**	**0,7**	**55,8**

Fehlzeiten-Report 2017

Tab. 26.8.3 Arbeitsunfähigkeit der AOK-Mitglieder in der Branche Handel nach Wirtschaftsabteilungen im Jahr 2016

Wirtschaftsabteilung	Krankenstand in %		Arbeitsunfähigkeiten je 100 AOK-Mitglieder		Tage je Fall	AU-Quote in %
	2016	2016 stand.*	Fälle	Tage		
Einzelhandel (ohne Handel mit Kraftfahrzeugen)	5,0	5,2	160,6	1.835,6	11,4	54,5
Großhandel (ohne Handel mit Kraftfahrzeugen)	5,1	5,0	164,6	1.871,6	11,4	57,4
Handel mit Kraftfahrzeugen, Instandhaltung und Reparatur von Kraftfahrzeugen	4,6	4,6	175,4	1.668,7	9,5	58,0
Branche insgesamt	**5,0**	**5,2**	**163,9**	**1.821,5**	**11,1**	**55,8**
Alle Branchen	**5,3**	**5,4**	**166,6**	**1.943,2**	**11,7**	**54,4**

*Krankenstand alters- und geschlechtsstandardisiert

Fehlzeiten-Report 2017

▣ Tab. 26.8.4 Kennzahlen der Arbeitsunfähigkeit der AOK-Mitglieder nach ausgewählten Berufsgruppen in der Branche Handel im Jahr 2016

Tätigkeit	Kranken-stand in %	Arbeitsunfähigkeiten je 100 AOK-Mitglieder		Tage je Fall	AU-Quote in %	Anteil der Berufs-gruppe an der Branche in %*
		Fälle	Tage			
Aufsichts-/Führungskräfte Verkauf	4,2	109,0	1.547,0	14,2	48,5	1,2
Berufe im Verkauf (ohne Spez.)	5,2	158,0	1.905,9	12,1	54,8	23,1
Berufe im Verkauf von Back- u. Konditoreiwaren	5,5	156,9	2.016,7	12,9	54,0	1,9
Berufe im Verkauf von Bekleidung, Sportartikeln, Lederwaren u. Schuhen	4,7	184,5	1.712,5	9,3	55,1	3,6
Berufe im Verkauf von drogerie- u. apothekenüblichen Waren	4,4	173,1	1.597,5	9,2	59,9	1,8
Berufe im Verkauf von Garten-, Heimwerker-, Haustier- u. Zoobedarf	5,4	178,7	1.984,6	11,1	63,3	1,2
Berufe im Verkauf von Kraftfahrzeugen, Zweirädern u. Zubehör	3,3	157,2	1.197,0	7,6	53,9	1,4
Berufe im Verkauf von Lebensmitteln (ohne Spez.)	5,1	157,5	1.849,1	11,7	55,2	1,8
Berufe im Vertrieb (außer Informations- u. Kommunikationstechnologien)	3,5	129,6	1.270,2	9,8	51,4	2,1
Berufe in der Kraftfahrzeugtechnik	5,0	207,2	1.813,4	8,8	64,8	5,3
Berufe in der Lagerwirtschaft	6,8	212,0	2.479,3	11,7	62,1	12,0
Berufe in der pharmazeutisch-technischen Assistenz	2,6	131,5	950,5	7,2	52,2	1,1
Berufskraftfahrer/innen (Güterverkehr/LKW)	6,9	147,3	2.537,9	17,2	57,7	2,7
Büro- u. Sekretariatskräfte (ohne Spez.)	3,3	132,7	1.199,1	9,0	49,8	4,7
Kassierer/innen u. Kartenverkäufer/innen	5,9	163,2	2.169,9	13,3	57,1	2,2
Kaufleute im Groß- u. Außenhandel	3,3	193,5	1.218,7	6,3	62,4	1,9
Kaufmännische u. technische Betriebs-wirtschaft (ohne Spez.)	3,6	145,4	1.306,0	9,0	54,9	2,5
Branche insgesamt	**5,0**	**163,9**	**1.821,5**	**11,1**	**55,8**	**14,2****

* Anteil der AOK-Mitglieder in der Berufsgruppe an den in der Branche beschäftigten AOK-Mitgliedern insgesamt

**Anteil der AOK-Mitglieder in der Branche an allen AOK-Mitgliedern

Fehlzeiten-Report 2017

▣ Tab. 26.8.5 Dauer der Arbeitsunfähigkeit der AOK-Mitglieder in der Branche Handel im Jahr 2016

Fallklasse	Branche hier		alle Branchen	
	Anteil Fälle in %	Anteil Tage in %	Anteil Fälle in %	Anteil Tage in %
1–3 Tage	37,9	6,9	36,0	6,2
4–7 Tage	31,7	14,4	31,2	13,4
8–14 Tage	15,8	14,8	17,0	15,1
15–21 Tage	5,3	8,3	5,7	8,5
22–28 Tage	2,7	5,9	2,9	6,0
29–42 Tage	2,7	8,4	2,9	8,6
Langzeit-AU (> 42 Tage)	4,0	41,4	4,3	42,1

Fehlzeiten-Report 2017

■ **Tab. 26.8.6** Tage der Arbeitsunfähigkeit je AOK-Mitglied nach Wirtschaftsabteilung und Betriebsgröße in der Branche Handel im Jahr 2016

Wirtschaftsabteilungen	Betriebsgröße (Anzahl der AOK-Mitglieder)					
	10–49	50–99	100–199	200–499	500–999	≥ 1.000
Einzelhandel (ohne Handel mit Kraftfahrzeugen)	19,4	21,7	22,0	21,8	22,8	33,8
Großhandel (ohne Handel mit Kraftfahrzeugen)	19,7	21,9	22,5	22,6	21,2	6,6
Handel mit Kraftfahrzeugen, Instandhaltung und Reparatur von Kraftfahrzeugen	17,4	17,7	19,9	22,9	18,3	–
Branche insgesamt	**19,2**	**21,3**	**22,0**	**22,2**	**22,2**	**32,3**
Alle Branchen	**20,2**	**22,1**	**22,2**	**22,1**	**22,1**	**22,4**

Fehlzeiten-Report 2017

■ **Tab. 26.8.7** Krankenstand in Prozent nach Ausbildungsabschluss in der Branche Handel im Jahr 2016, AOK-Mitglieder

Wirtschaftsabteilung	Ausbildung						
	ohne Ausbildungsabschluss	mit Ausbildungsabschluss	Meister/ Techniker	Bachelor	Diplom/Magister/Master/ Staatsexamen	Promotion	unbekannt
Einzelhandel (ohne Handel mit Kraftfahrzeugen)	5,4	5,1	4,2	2,3	2,7	3,1	4,8
Großhandel (ohne Handel mit Kraftfahrzeugen)	6,2	5,2	3,9	1,9	2,4	2,3	5,0
Handel mit Kraftfahrzeugen, Instandhaltung und Reparatur von Kraftfahrzeugen	4,9	4,6	4,2	2,2	2,6	2,0	4,2
Branche insgesamt	**5,5**	**5,1**	**4,1**	**2,1**	**2,5**	**2,6**	**4,7**
Alle Branchen	**6,1**	**5,6**	**4,3**	**2,3**	**2,8**	**2,0**	**4,9**

Fehlzeiten-Report 2017

■ **Tab. 26.8.8** Tage der Arbeitsunfähigkeit je AOK-Mitglied nach Ausbildung in der Branche Handel im Jahr 2016

Wirtschaftsabteilung	Ausbildung						
	ohne Ausbildungsabschluss	mit Ausbildungsabschluss	Meister/ Techniker	Bachelor	Diplom/Magister/Master/ Staatsexamen	Promotion	unbekannt
Einzelhandel (ohne Handel mit Kraftfahrzeugen)	19,8	18,8	15,3	8,4	9,8	11,4	17,4
Großhandel (ohne Handel mit Kraftfahrzeugen)	22,7	19,1	14,1	6,8	8,9	8,3	18,1
Handel mit Kraftfahrzeugen, Instandhaltung und Reparatur von Kraftfahrzeugen	18,1	17,0	15,4	7,9	9,5	7,4	15,4
Branche insgesamt	**20,3**	**18,6**	**14,9**	**7,6**	**9,3**	**9,5**	**17,4**
Alle Branchen	**22,3**	**20,6**	**15,8**	**8,3**	**10,2**	**7,4**	**17,9**

Fehlzeiten-Report 2017

□ Tab. 26.8.9 Anteil der Arbeitsunfälle an den AU-Fällen und -Tagen in Prozent nach Wirtschaftsabteilungen in der Branche Handel im Jahr 2016, AOK-Mitglieder

Wirtschaftsabteilung	AU-Fälle in %	AU-Tage in %
Einzelhandel (ohne Handel mit Kraftfahrzeugen)	2,4	4,3
Großhandel (ohne Handel mit Kraftfahrzeugen)	3,1	6,5
Handel mit Kraftfahrzeugen, Instandhaltung und Reparatur von Kraftfahrzeugen	3,5	6,4
Branche insgesamt	**2,8**	**5,2**
Alle Branchen	**3,1**	**5,9**

Fehlzeiten-Report 2017

□ Tab. 26.8.10 Tage und Fälle der Arbeitsunfähigkeit durch Arbeitsunfälle nach Berufsgruppen in der Branche Handel im Jahr 2016, AOK-Mitglieder

Tätigkeit	Arbeitsunfähigkeit je 1.000 AOK-Mitglieder	
	AU-Tage	AU-Fälle
Berufskraftfahrer/innen (Güterverkehr/LKW)	3.002,7	95,9
Berufe in der Kraftfahrzeugtechnik	1.438,7	98,1
Berufe in der Lagerwirtschaft	1.417,9	64,3
Berufe im Verkauf von Back- u. Konditoreiwaren	930,4	46,2
Berufe im Verkauf von Garten-, Heimwerker-, Haustier- u. Zoobedarf	919,3	57,3
Berufe im Verkauf von Lebensmitteln (ohne Spez.)	784,8	47,5
Berufe im Verkauf (ohne Spez.)	753,5	39,0
Aufsichts-/Führungskr.-Verkauf	660,5	27,9
Kassierer/innen u. Kartenverkäufer/innen	563,5	25,7
Berufe im Verkauf von Bekleidung, Sportartikeln, Lederwaren u. Schuhen	406,5	23,4
Berufe im Vertrieb (außer Informations- u. Kommunikationstechnologien)	400,2	18,3
Berufe im Verkauf von Kraftfahrzeugen, Zweirädern u. Zubehör	368,0	21,6
Kaufleute im Groß- u. Außenhandel	354,1	23,9
Berufe im Verkauf von drogerie- u. apothekenüblichen Waren	338,9	21,0
Kaufmännische u. technische Betriebswirtschaft (ohne Spez.)	273,0	14,9
Büro- u. Sekretariatskräfte (ohne Spez.)	261,8	12,8
Berufe in der pharmazeutisch-technischen Assistenz	154,6	12,1
Branche insgesamt	**951,7**	**46,1**
Alle Branchen	**1.146,7**	**51,3**

Fehlzeiten-Report 2017

◻ **Tab. 26.8.11** Tage und Fälle der Arbeitsunfähigkeit je 100 AOK-Mitglieder nach Krankheitsarten in der Branche Handel in den Jahren 1995 bis 2016

Jahr	Arbeitsunfähigkeiten je 100 AOK-Mitglieder											
	Psyche		Herz/Kreislauf		Atemwege		Verdauung		Muskel/Skelett		Verletzungen	
	Tage	Fälle	Tage	Fälle	Tage	Fälle	Tage	Fälle	Tage	Fälle	Tage	Fälle
1995	101,3	4,1	175,6	8,5	347,2	43,8	183,5	22,6	592,8	31,9	345,0	21,1
1996	92,4	3,8	152,5	7,1	300,8	38,8	153,0	20,3	524,4	27,6	308,0	18,8
1997	89,6	4,0	142,2	7,4	268,9	37,5	143,7	20,2	463,5	26,9	293,2	18,4
1998	95,7	4,3	142,2	7,6	266,0	38,5	140,9	20,4	480,4	28,3	284,6	18,3
1999	100,4	4,7	139,6	7,8	301,5	44,0	142,3	21,7	499,5	30,0	280,8	18,5
2000	113,7	5,5	119,8	7,0	281,4	42,5	128,1	19,1	510,3	31,3	278,0	18,8
2001	126,1	6,3	124,0	7,6	266,0	41,9	128,9	19,8	523,9	32,5	270,3	18,7
2002	131,0	6,7	122,5	7,7	254,9	41,0	129,6	20,8	512,6	32,0	265,8	18,4
2003	127,0	6,6	114,6	7,6	252,1	41,5	121,3	19,8	459,2	29,4	250,8	17,4
2004	136,9	6,4	120,4	6,8	215,6	34,6	120,4	19,0	424,2	27,1	237,7	16,0
2005	135,8	6,2	118,1	6,6	245,8	39,4	113,5	17,6	399,1	25,9	230,5	15,5
2006	137,2	6,3	117,7	6,7	202,9	33,5	115,7	18,4	400,5	26,0	234,8	15,7
2007	151,2	6,8	120,3	6,8	231,0	37,9	122,6	20,0	426,0	27,1	234,3	15,4
2008 (WZ03)	159,5	7,1	124,1	7,0	244,6	40,6	127,6	21,3	439,2	28,2	238,9	15,8
2008 (WZ08)*	158,2	7,1	123,2	7,0	243,2	40,4	127,3	21,2	435,9	28,0	238,8	15,8
2009	168,3	7,6	122,3	6,9	284,1	46,6	126,0	20,8	428,8	27,4	241,8	15,7
2010	190,3	8,1	124,2	6,9	240,7	40,4	118,2	19,2	463,3	28,5	256,3	16,4
2011	209,1	9,0	119,3	6,9	253,8	42,0	119,2	19,3	451,2	28,8	248,1	16,0
2012	231,9	9,3	130,4	7,1	254,5	41,9	124,0	19,5	478,2	29,5	252,0	15,5
2013	243,8	9,7	129,6	6,9	317,6	50,9	127,4	19,7	482,5	29,9	254,6	15,6
2014	273,9	10,7	137,2	7,2	265,7	43,7	133,5	20,3	523,9	31,5	257,2	15,7
2015	282,1	10,9	135,5	7,2	323,7	51,9	131,8	20,1	518,5	31,2	256,3	15,5
2016	290,7	11,1	124,1	7,3	305,6	50,1	125,9	19,9	533,1	31,7	258,6	15,3

*aufgrund der Revision der Wirtschaftszweigklassifikation in 2008 ist eine Vergleichbarkeit mit den Vorjahren nur bedingt möglich

Fehlzeiten-Report 2017

◻ **Tab. 26.8.12** Verteilung der Arbeitsunfähigkeitstage nach Krankheitsarten in Prozent in der Branche Handel im Jahr 2016, AOK-Mitglieder

Wirtschaftsabteilung	AU-Tage in %						
	Psyche	Herz/ Kreislauf	Atem- wege	Ver- dauung	Muskel/ Skelett	Verlet- zungen	Sonstige
Einzelhandel (ohne Handel mit Kraftfahrzeugen)	13,7	4,5	12,5	5,1	21,4	9,5	33,2
Großhandel (ohne Handel mit Kraftfahrzeugen)	10,1	6,2	12,2	5,1	23,1	11,4	31,9
Handel mit Kraftfahrzeugen, Instandhaltung und Reparatur von Kraftfahrzeugen	8,7	5,1	13,8	5,7	21,9	14,1	30,7
Branche insgesamt	**12,0**	**5,1**	**12,6**	**5,2**	**22,0**	**10,7**	**32,5**
Alle Branchen	**11,0**	**5,7**	**12,4**	**5,1**	**22,9**	**11,0**	**32,0**

Fehlzeiten-Report 2017

◘ Tab. 26.8.13 Verteilung der Arbeitsunfähigkeitsfälle nach Krankheitsarten in Prozent in der Branche Handel im Jahr 2016, AOK-Mitglieder

Wirtschaftsabteilung	AU-Fälle in %						
	Psyche	Herz/ Kreislauf	Atem- wege	Ver- dauung	Muskel/ Skelett	Verlet- zungen	Sonstige
Einzelhandel (ohne Handel mit Kraftfahrzeugen)	5,9	3,3	23,3	9,1	13,9	6,5	38,0
Großhandel (ohne Handel mit Kraftfahrzeugen)	4,5	3,9	23,1	9,4	16,4	7,3	35,5
Handel mit Kraftfahrzeugen, Instandhal- tung und Reparatur von Kraftfahrzeugen	3,8	2,9	24,7	9,7	15,1	9,1	34,8
Branche insgesamt	**5,2**	**3,4**	**23,4**	**9,3**	**14,8**	**7,1**	**36,7**
Alle Branchen	**5,1**	**3,8**	**22,9**	**9,1**	**15,9**	**7,3**	**35,8**

Fehlzeiten-Report 2017

◘ Tab. 26.8.14 Verteilung der Arbeitsunfähigkeitstage nach Krankheitsarten und ausgewählten Berufsgruppen in der Branche Handel im Jahr 2016, AOK-Mitglieder

Tätigkeit	AU-Tage in %						
	Psyche	Herz/ Kreislauf	Atem- wege	Ver- dauung	Muskel/ Skelett	Verlet- zungen	Sonstige
Aufsichts-/Führungskräfte Verkauf	20,0	5,0	10,3	5,1	18,8	8,2	32,6
Berufe im Verkauf (ohne Spez.)	14,6	4,1	12,0	4,9	21,7	9,1	33,5
Berufe im Verkauf von Back- u. Konditoreiwaren	14,9	4,3	11,5	4,9	20,4	9,2	34,7
Berufe im Verkauf von Bekleidung, Sportartikeln, Lederwaren u. Schuhen	15,0	3,4	15,4	5,4	18,2	7,9	34,7
Berufe im Verkauf von drogerie- u. apothekenüblichen Waren	16,2	3,5	15,4	5,4	17,5	6,8	35,2
Berufe im Verkauf von Garten-, Heimwerker-, Haustier- u. Zoobedarf	13,3	5,1	13,0	5,2	21,0	10,7	31,7
Berufe im Verkauf von Kraftfahrzeugen, Zweirädern u. Zubehör	11,8	5,0	17,1	6,7	15,1	10,4	33,9
Berufe im Verkauf von Lebensmitteln (ohne Spez.)	13,7	4,7	11,6	5,4	21,1	9,6	33,9
Berufe im Vertrieb (außer Informations- u. Kommunikationstechnologien)	13,9	6,1	14,6	5,2	16,1	9,4	34,6
Berufe in der Kraftfahrzeugtechnik	6,5	4,4	14,4	5,6	23,0	17,2	28,8
Berufe in der Lagerwirtschaft	9,4	5,7	12,0	5,3	26,6	10,9	30,1
Berufe in der pharmazeutisch- technischen Assistenz	13,3	3,4	20,1	6,4	11,4	6,7	38,8
Berufskraftfahrer/innen (Güterverkehr/ LKW)	7,1	9,1	7,9	4,7	26,7	14,4	30,2
Büro- u. Sekretariatskräfte (ohne Spez.)	14,5	4,3	15,5	5,5	14,9	8,3	36,9
Kassierer/innen u. Kartenverkäufer/innen	15,4	4,8	11,6	4,8	21,2	8,2	34,1
Kaufleute im Groß- u. Außenhandel	11,3	3,2	20,8	6,6	12,4	10,6	35,0
Kaufmännische u. technische Betriebs- wirtschaft (ohne Spez.)	14,5	4,7	16,2	5,7	14,9	8,1	35,9
Branche gesamt	**12,0**	**5,1**	**12,6**	**5,2**	**22,0**	**10,7**	**32,5**
Alle Branchen	**11,0**	**5,7**	**12,4**	**5,1**	**22,9**	**11,0**	**32,0**

Fehlzeiten-Report 2017

◨ **Tab. 26.8.15** Verteilung der Arbeitsunfähigkeitsfälle nach Krankheitsarten und ausgewählten Berufsgruppen in der Branche Handel im Jahr 2016, AOK-Mitglieder

Tätigkeit	AU-Fälle in %						
	Psyche	Herz/ Kreislauf	Atem- wege	Ver- dauung	Muskel/ Skelett	Verlet- zungen	Sonstige
Aufsichts-/Führungskräfte Verkauf	7,8	3,9	21,7	9,0	13,5	6,1	38,1
Berufe im Verkauf (ohne Spez.)	6,3	3,2	22,8	8,9	13,6	6,5	38,6
Berufe im Verkauf von Back- u. Konditoreiwaren	7,3	3,4	20,8	9,0	12,9	6,7	39,9
Berufe im Verkauf von Bekleidung, Sportartikeln, Lederwaren u. Schuhen	6,2	2,9	25,5	9,1	11,6	5,1	39,6
Berufe im Verkauf von drogerie- u. apothekenüblichen Waren	6,1	2,7	26,1	9,5	10,5	4,8	40,4
Berufe im Verkauf von Garten-, Heimwerker-, Haustier- u. Zoobedarf	5,3	3,4	23,9	9,4	14,3	7,6	36,2
Berufe im Verkauf von Kraftfahrzeugen, Zweirädern u. Zubehör	4,5	2,8	28,1	10,6	9,2	6,2	38,6
Berufe im Verkauf von Lebensmitteln (ohne Spez.)	5,7	3,6	22,1	9,3	12,7	7,4	39,1
Berufe im Vertrieb (außer Informations- u. Kommunikationstechnologien)	5,4	3,7	26,7	9,4	11,7	5,8	37,3
Berufe in der Kraftfahrzeugtechnik	2,9	2,4	25,2	9,4	15,7	11,2	33,2
Berufe in der Lagerwirtschaft	4,6	3,8	21,6	9,1	20,2	7,3	33,5
Berufe in der pharmazeutisch-technischen Assistenz	4,9	2,7	29,5	9,3	7,4	4,2	42,0
Berufskraftfahrer/innen (Güterverkehr/ LKW)	4,0	5,9	16,3	9,4	20,8	10,0	33,6
Büro- u. Sekretariatskräfte (ohne Spez.)	5,4	3,3	26,2	9,7	9,8	5,1	40,5
Kassierer/innen u. Kartenverkäufer/innen	7,0	3,9	22,3	9,0	13,5	5,7	38,7
Kaufleute im Groß- u. Außenhandel	3,7	2,2	30,6	9,9	8,1	6,2	39,3
Kaufmännische u. technische Betriebswirtschaft (ohne Spez.)	5,4	3,1	27,9	9,7	10,1	5,0	38,9
Branche gesamt	**5,2**	**3,4**	**23,4**	**9,3**	**14,8**	**7,1**	**36,7**
Alle Branchen	**5,1**	**3,8**	**22,9**	**9,1**	**15,9**	**7,3**	**35,8**

Fehlzeiten-Report 2017

▣ Tab. 26.8.16 Anteile der 40 häufigsten Einzeldiagnosen an den AU-Fällen und AU-Tagen in der Branche Handel im Jahr 2016, AOK-Mitglieder

ICD–10	Bezeichnung	AU-Fälle in %	AU-Tage in %
J06	Akute Infektionen an mehreren oder nicht näher bezeichneten Lokalisationen der oberen Atemwege	9,3	4,3
M54	Rückenschmerzen	5,7	5,9
A09	Sonstige und nicht näher bezeichnete Gastroenteritis und Kolitis infektiösen und nicht näher bezeichneten Ursprungs	4,8	1,7
J20	Akute Bronchitis	2,1	1,2
K52	Sonstige nichtinfektiöse Gastroenteritis und Kolitis	2,0	0,7
K08	Sonstige Krankheiten der Zähne und des Zahnhalteapparates	1,9	0,5
R10	Bauch- und Beckenschmerzen	1,8	1,0
B34	Viruskrankheit nicht näher bezeichneter Lokalisation	1,8	0,8
J40	Bronchitis, nicht als akut oder chronisch bezeichnet	1,6	0,9
K29	Gastritis und Duodenitis	1,4	0,7
F43	Reaktionen auf schwere Belastungen und Anpassungsstörungen	1,3	2,5
I10	Essentielle (primäre) Hypertonie	1,3	1,4
F32	Depressive Episode	1,2	3,7
J03	Akute Tonsillitis	1,2	0,6
R51	Kopfschmerz	1,2	0,5
T14	Verletzung an einer nicht näher bezeichneten Körperregion	1,1	1,1
J32	Chronische Sinusitis	1,1	0,6
J01	Akute Sinusitis	1,1	0,5
R11	Übelkeit und Erbrechen	1,1	0,5
J02	Akute Pharyngitis	1,1	0,5
M25	Sonstige Gelenkkrankheiten, anderenorts nicht klassifiziert	0,9	1,2
M99	Biomechanische Funktionsstörungen, anderenorts nicht klassifiziert	0,9	0,7
J00	Akute Rhinopharyngitis [Erkältungsschnupfen]	0,9	0,4
G43	Migräne	0,8	0,3
M51	Sonstige Bandscheibenschäden	0,7	2,1
M75	Schulterläsionen	0,7	1,6
F45	Somatoforme Störungen	0,7	1,3
F48	Andere neurotische Störungen	0,7	1,1
M77	Sonstige Enthesopathien	0,7	0,9
M53	Sonstige Krankheiten der Wirbelsäule und des Rückens, anderenorts nicht klassifiziert	0,7	0,8
M79	Sonstige Krankheiten des Weichteilgewebes, anderenorts nicht klassifiziert	0,7	0,7
R42	Schwindel und Taumel	0,7	0,5
A08	Virusbedingte und sonstige näher bezeichnete Darminfektionen	0,7	0,3
J98	Sonstige Krankheiten der Atemwege	0,7	0,3
S93	Luxation, Verstauchung und Zerrung der Gelenke und Bänder in Höhe des oberen Sprunggelenkes und des Fußes	0,6	0,7
R53	Unwohlsein und Ermüdung	0,6	0,6
J04	Akute Laryngitis und Tracheitis	0,6	0,3
N39	Sonstige Krankheiten des Harnsystems	0,6	0,3
B99	Sonstige und nicht näher bezeichnete Infektionskrankheiten	0,6	0,3
J11	Grippe, Viren nicht nachgewiesen	0,5	0,3
	Summe hier	**58,1**	**44,3**
	Restliche	41,9	55,7
	Gesamtsumme	**100,0**	**100,0**

◻ Tab. 26.8.17 Anteile der 40 häufigsten Diagnoseuntergruppen an den AU-Fällen und AU-Tagen in der Branche Handel im Jahr 2016, AOK-Mitglieder

ICD-10	Bezeichnung	AU-Fälle in %	AU-Tage in %
J00–J06	Akute Infektionen der oberen Atemwege	14,3	6,7
M50–M54	Sonstige Krankheiten der Wirbelsäule und des Rückens	6,8	8,1
A00–A09	Infektiöse Darmkrankheiten	6,0	2,2
R50–R69	Allgemeinsymptome	3,5	2,7
R10–R19	Symptome, die das Verdauungssystem und das Abdomen betreffen	3,2	1,7
F40–F48	Neurotische, Belastungs- und somatoforme Störungen	3,0	5,9
J40–J47	Chronische Krankheiten der unteren Atemwege	2,7	1,8
J20–J22	Sonstige akute Infektionen der unteren Atemwege	2,5	1,4
M70–M79	Sonstige Krankheiten des Weichteilgewebes	2,4	3,8
K50–K52	Nichtinfektiöse Enteritis und Kolitis	2,4	1,0
K00–K14	Krankheiten der Mundhöhle, der Speicheldrüsen und der Kiefer	2,3	0,7
K20–K31	Krankheiten des Ösophagus, des Magens und des Duodenums	2,0	1,0
B25–B34	Sonstige Viruskrankheiten	2,0	0,9
J30–J39	Sonstige Krankheiten der oberen Atemwege	1,7	1,0
F30–F39	Affektive Störungen	1,6	5,4
M20–M25	Sonstige Gelenkkrankheiten	1,6	2,8
G40–G47	Episodische und paroxysmale Krankheiten des Nervensystems	1,6	1,2
I10–I15	Hypertonie [Hochdruckkrankheit]	1,5	1,6
Z80–Z99	Personen mit potentiellen Gesundheitsrisiken aufgrund der Familien- oder Eigenanamnese und bestimmte Zustände, die den Gesundheitszustand beeinflussen	1,4	2,6
R00–R09	Symptome, die das Kreislaufsystem und das Atmungssystem betreffen	1,4	0,9
T08–T14	Verletzungen nicht näher bezeichneter Teile des Rumpfes, der Extremitäten oder anderer Körperregionen	1,3	1,3
S60–S69	Verletzungen des Handgelenkes und der Hand	1,0	1,4
S90–S99	Verletzungen der Knöchelregion und des Fußes	1,0	1,4
M95–M99	Sonstige Krankheiten des Muskel-Skelett-Systems und des Bindegewebes	1,0	0,9
K55–K64	Sonstige Krankheiten des Darmes	1,0	0,8
R40–R46	Symptome, die das Erkennungs- und Wahrnehmungsvermögen, die Stimmung und das Verhalten betreffen	0,9	0,8
J09–J18	Grippe und Pneumonie	0,9	0,6
N30–N39	Sonstige Krankheiten des Harnsystems	0,9	0,5
S80–S89	Verletzungen des Knies und des Unterschenkels	0,8	1,9
J95–J99	Sonstige Krankheiten des Atmungssystems	0,8	0,5
M15–M19	Arthrose	0,7	2,1
E70–E90	Stoffwechselstörungen	0,7	0,7
Z00–Z13	Personen, die das Gesundheitswesen zur Untersuchung und Abklärung in Anspruch nehmen	0,7	0,4
B99–B99	Sonstige Infektionskrankheiten	0,7	0,3
G50–G59	Krankheiten von Nerven, Nervenwurzeln und Nervenplexus	0,6	1,2
M65–M68	Krankheiten der Synovialis und der Sehnen	0,6	1,0
N80–N98	Nichtentzündliche Krankheiten des weiblichen Genitaltraktes	0,6	0,5
I95–I99	Sonstige und nicht näher bezeichnete Krankheiten des Kreislaufsystems	0,6	0,3
Z40–Z54	Personen, die das Gesundheitswesen zum Zwecke spezifischer Maßnahmen und zur medizinischen Betreuung in Anspruch nehmen	0,5	1,0
L00–L08	Infektionen der Haut und der Unterhaut	0,5	0,6
	Summe hier	**79,7**	**71,6**
	Restliche	20,3	28,4
	Gesamtsumme	**100,0**	**100,0**

26.9 Land- und Forstwirtschaft

Tab. 26.9.1 Entwicklung des Krankenstands der AOK-Mitglieder in der Branche Land- und Forstwirtschaft in den Jahren 1994 bis 2016

Jahr	Krankenstand in %			AU-Fälle je 100 AOK-Mitglieder			Tage je Fall		
	West	Ost	Bund	West	Ost	Bund	West	Ost	Bund
1994	5,7	5,5	5,6	132,0	114,0	122,7	15,7	15,4	15,5
1995	5,4	5,7	5,6	140,6	137,3	139,2	14,7	15,1	14,9
1996	4,6	5,5	5,1	137,3	125,0	132,3	12,9	16,3	14,2
1997	4,6	5,0	4,8	137,4	117,7	129,7	12,3	15,4	13,4
1998	4,8	4,9	4,8	143,1	121,4	135,1	12,1	14,9	13,0
1999	4,6	6,0	5,3	149,6	142,6	147,6	11,6	14,2	12,3
2000	4,6	5,5	5,0	145,7	139,7	142,7	11,6	14,3	12,9
2001	4,6	5,4	5,0	144,3	130,2	137,6	11,7	15,1	13,2
2002	4,5	5,2	4,8	142,4	126,5	135,0	11,4	15,1	13,0
2003	4,2	4,9	4,5	135,5	120,5	128,5	11,2	14,8	12,8
2004	3,8	4,3	4,0	121,5	109,1	115,6	11,4	14,6	12,8
2005	3,5	4,3	3,9	113,7	102,1	108,4	11,3	15,3	13,0
2006	3,3	4,1	3,7	110,2	96,5	104,3	11,0	15,4	12,8
2007	3,6	4,4	3,9	117,1	102,2	110,8	11,1	15,7	12,9
2008 (WZ03)	3,7	4,6	4,1	121,1	107,6	115,4	11,1	15,7	12,9
2008 (WZ08)*	3,1	4,6	3,9	101,5	101,6	101,6	11,3	16,5	13,9
2009	3,0	5,0	4,0	101,0	108,9	104,8	11,0	16,8	13,9
2010	3,3	5,1	4,2	99,6	112,5	105,6	12,2	16,7	14,4
2011	3,4	4,9	4,0	99,7	114,0	105,8	12,4	15,7	13,9
2012	3,2	5,4	4,1	91,0	110,2	99,2	12,9	17,8	15,2
2013	3,3	5,5	4,2	98,3	116,4	105,7	12,4	17,3	14,6
2014	3,4	5,5	4,2	92,5	112,2	100,3	13,2	17,9	15,3
2015	3,4	5,7	4,3	97,2	121,4	106,6	12,9	17,2·	14,8
2016	3,5	5,9	4,4	97,8	123,2	107,8	13,1	17,5	15,0

*aufgrund der Revision der Wirtschaftszweigklassifikation in 2008 ist eine Vergleichbarkeit mit den Vorjahren nur bedingt möglich

Fehlzeiten-Report 2017

◻ **Tab. 26.9.2** Arbeitsunfähigkeit der AOK-Mitglieder in der Branche Land- und Forstwirtschaft nach Bundesländern im Jahr 2016 im Vergleich zum Vorjahr

Bundesland	Kranken-stand in %	Arbeitsunfähigkeit je 100 AOK-Mitglieder				Tage je Fall	Veränd. z. Vorj. in %	AU-Quote in %
		AU-Fälle	Veränd. z. Vorj. in %	AU-Tage	Veränd. z. Vorj. in %			
Baden-Württemberg	3,1	88,9	2,6	1.140,4	2,6	12,8	0,0	27,1
Bayern	3,3	86,3	−0,5	1.200,9	3,2	13,9	3,7	28,3
Berlin	4,8	158,3	−5,3	1.753,8	4,0	11,1	9,9	49,4
Brandenburg	6,0	121,2	3,2	2.196,3	4,4	18,1	1,1	44,9
Bremen	4,6	104,8	−20,8	1.678,3	4,1	16,0	31,6	39,5
Hamburg	2,7	70,6	−13,3	982,4	12,9	13,9	30,1	22,3
Hessen	4,3	118,4	1,2	1.578,2	5,3	13,3	4,1	35,9
Mecklenburg-Vorpommern	5,9	116,2	4,8	2.150,5	6,8	18,5	1,9	46,5
Niedersachsen	4,0	111,5	0,9	1.459,6	2,1	13,1	1,2	36,0
Nordrhein-Westfalen	3,3	98,6	2,5	1.224,9	−0,2	12,4	−2,6	28,5
Rheinland-Pfalz	3,0	85,4	−0,7	1.105,6	3,5	12,9	4,1	21,4
Saarland	4,5	133,8	3,4	1.664,1	1,8	12,4	−1,6	41,7
Sachsen	5,7	126,3	0,8	2.076,3	2,8	16,4	1,9	52,9
Sachsen-Anhalt	6,0	118,2	0,8	2.199,7	0,9	18,6	0,1	48,0
Schleswig-Holstein	3,5	93,6	−0,4	1.275,8	0,6	13,6	1,1	29,6
Thüringen	6,1	129,2	−1,4	2.222,8	2,7	17,2	4,2	51,1
West	**3,5**	**97,8**	**1,0**	**1.283,0**	**2,2**	**13,1**	**1,2**	**30,0**
Ost	**5,9**	**123,2**	**1,5**	**2.157,2**	**3,4**	**17,5**	**1,9**	**49,2**
Bund	**4,4**	**107,8**	**1,1**	**1.617,5**	**2,6**	**15,0**	**1,4**	**36,2**

Fehlzeiten-Report 2017

◻ **Tab. 26.9.3** Arbeitsunfähigkeit der AOK-Mitglieder in der Branche Land- und Forstwirtschaft nach Wirtschaftsabteilungen im Jahr 2016

Wirtschaftsabteilung	Krankenstand in %		Arbeitsunfähigkeiten je 100 AOK-Mitglieder		Tage je Fall	AU-Quote in %
	2016	2016 stand.*	Fälle	Tage		
Fischerei und Aquakultur	4,6	4,7	104,8	1.669,4	15,9	39,4
Forstwirtschaft und Holzeinschlag	5,7	4,9	142,6	2.081,4	14,6	45,4
Landwirtschaft, Jagd und damit verbundene Tätigkeiten	4,3	4,4	104,6	1.574,5	15,1	35,4
Branche insgesamt	**4,4**	**4,5**	**107,8**	**1.617,5**	**15,0**	**36,2**
Alle Branchen	**5,3**	**5,4**	**166,6**	**1.943,2**	**11,7**	**54,4**

*Krankenstand alters- und geschlechtsstandardisiert

Fehlzeiten-Report 2017

◻ **Tab. 26.9.4** Kennzahlen der Arbeitsunfähigkeit der AOK-Mitglieder nach ausgewählten Berufsgruppen in der Branche Land- und Forstwirtschaft im Jahr 2016

Tätigkeit	Kranken-stand in %	Arbeitsunfähigkeiten je 100 AOK-Mitglieder		Tage je Fall	AU-Quote in %	Anteil der Berufs-gruppe an der Branche in %*
		Fälle	Tage			
Berufe im Garten-, Landschafts- u. Sportplatzbau	4,9	154,1	1.798,6	11,7	53,9	1,1
Berufe im Gartenbau (ohne Spez.)	3,5	115,7	1.278,3	11,1	33,2	10,1
Berufe in Baumschule, Staudengärtnerei u. Zierpflanzenbau	4,4	169,0	1.625,4	9,6	55,9	1,9
Berufe in der Floristik	3,4	115,5	1.255,0	10,9	50,5	1,3
Berufe in der Forstwirtschaft	6,3	153,8	2.305,0	15,0	46,2	5,0
Berufe in der Lagerwirtschaft	5,9	153,7	2.159,6	14,0	50,0	1,4
Berufe in der Landwirtschaft (ohne Spez.)	3,2	81,9	1.184,7	14,5	25,5	46,8
Berufe in der Nutztierhaltung (außer Geflügelhaltung)	7,6	129,0	2.787,7	21,6	54,4	6,4
Berufe in der Pferdewirtschaft (ohne Spez.)	4,0	103,5	1.465,8	14,2	37,3	1,8
Berufe in der Tierpflege (ohne Spez.)	6,7	115,0	2.435,2	21,2	48,0	2,2
Berufskraftfahrer/innen (Güterverkehr/ LKW)	6,0	121,6	2.186,9	18,0	49,1	1,2
Büro- u. Sekretariatskräfte (ohne Spez.)	3,4	97,1	1.250,3	12,9	42,7	1,7
Führer/innen von land- u. forstwirtschaftlichen Maschinen	5,0	111,9	1.840,1	16,4	49,5	2,8
Branche insgesamt	4,4	107,8	1.617,5	15,0	36,2	1,5**

* Anteil der AOK-Mitglieder in der Berufsgruppe an den in der Branche beschäftigten AOK-Mitgliedern insgesamt
**Anteil der AOK-Mitglieder in der Branche an allen AOK-Mitgliedern

Fehlzeiten-Report 2017

◻ **Tab. 26.9.5** Dauer der Arbeitsunfähigkeit der AOK-Mitglieder in der Branche Land- und Forstwirtschaft im Jahr 2016

Fallklasse	Branche hier		alle Branchen	
	Anteil Fälle in %	Anteil Tage in %	Anteil Fälle in %	Anteil Tage in %
1–3 Tage	31,5	4,1	36,0	6,2
4–7 Tage	28,6	9,8	31,2	13,4
8–14 Tage	18,5	12,8	17,0	15,1
15–21 Tage	7,2	8,4	5,7	8,5
22–28 Tage	3,7	6,1	2,9	6,0
29–42 Tage	3,9	9,0	2,9	8,6
Langzeit-AU (> 42 Tage)	6,6	49,8	4,3	42,1

Fehlzeiten-Report 2017

▣ Tab. 26.9.6 Tage der Arbeitsunfähigkeit je AOK-Mitglied nach Wirtschaftsabteilung und Betriebsgröße in der Branche Land- und Forstwirtschaft im Jahr 2016

Wirtschaftsabteilungen	Betriebsgröße (Anzahl der AOK-Mitglieder)					
	10–49	50–99	100–199	200–499	500–999	≥ 1.000
Fischerei und Aquakultur	18,7	22,2	–	–	–	–
Forstwirtschaft und Holzeinschlag	24,1	23,6	4,6	–	–	–
Landwirtschaft, Jagd und damit verbundene Tätigkeiten	18,1	17,9	14,8	11,7	6,8	–
Branche insgesamt	18,7	18,3	14,3	11,7	6,8	–
Alle Branchen	20,2	22,1	22,2	22,1	22,1	22,4

Fehlzeiten-Report 2017

▣ Tab. 26.9.7 Krankenstand in Prozent nach Ausbildungsabschluss in der Branche Land- und Forstwirtschaft im Jahr 2016, AOK-Mitglieder

Wirtschaftsabteilung	Ausbildung						
	ohne Ausbildungsabschluss	mit Ausbildungsabschluss	Meister/ Techniker	Bachelor	Diplom/Magister/Master/ Staatsexamen	Promotion	unbekannt
Fischerei und Aquakultur	5,6	4,3	5,1	–	1,8	–	4,7
Forstwirtschaft und Holzeinschlag	5,5	7,0	3,9	3,9	2,9	–	3,5
Landwirtschaft, Jagd und damit verbundene Tätigkeiten	4,3	5,4	4,4	2,2	3,4	2,9	3,0
Branche insgesamt	4,4	5,6	4,4	2,4	3,3	3,1	3,0
Alle Branchen	6,1	5,6	4,3	2,3	2,8	2,0	4,9

Fehlzeiten-Report 2017

▣ Tab. 26.9.8 Tage der Arbeitsunfähigkeit je AOK-Mitglied nach Ausbildung in der Branche Land- und Forstwirtschaft im Jahr 2016

Wirtschaftsabteilung	Ausbildung						
	ohne Ausbildungsabschluss	mit Ausbildungsabschluss	Meister/ Techniker	Bachelor	Diplom/Magister/Master/ Staatsexamen	Promotion	unbekannt
Fischerei und Aquakultur	20,5	15,6	18,8	–	6,6	–	17,4
Forstwirtschaft und Holzeinschlag	20,1	25,7	14,4	14,1	10,5	–	12,9
Landwirtschaft, Jagd und damit verbundene Tätigkeiten	15,7	19,8	16,2	8,2	12,3	10,5	10,9
Branche insgesamt	16,0	20,4	16,1	8,8	12,1	11,4	11,0
Alle Branchen	22,3	20,6	15,8	8,3	10,2	7,4	17,9

Fehlzeiten-Report 2017

◘ Tab. 26.9.9 Anteil der Arbeitsunfälle an den AU-Fällen und -Tagen in Prozent nach Wirtschaftsabteilungen in der Branche Land- und Forstwirtschaft im Jahr 2016, AOK-Mitglieder

Wirtschaftsabteilung	AU-Fälle in %	AU-Tage in %
Fischerei und Aquakultur	6,2	9,9
Forstwirtschaft und Holzeinschlag	8,5	17,5
Landwirtschaft, Jagd und damit verbundene Tätigkeiten	7,8	13,3
Branche insgesamt	7,9	13,7
Alle Branchen	3,1	5,9

Fehlzeiten-Report 2017

◘ Tab. 26.9.10 Tage und Fälle der Arbeitsunfähigkeit durch Arbeitsunfälle nach Berufsgruppen in der Branche Land- und Forstwirtschaft im Jahr 2016, AOK-Mitglieder

Tätigkeit	Arbeitsunfähigkeit je 1.000 AOK-Mitglieder	
	AU-Tage	AU-Fälle
Berufe in der Forstwirtschaft	4.648,0	145,3
Berufe in der Tierpflege (ohne Spez.)	4.009,7	127,2
Berufe in der Nutztierhaltung (außer Geflügelhaltung)	3.683,0	129,0
Berufe in der Pferdewirtschaft (ohne Spez.)	3.546,0	159,0
Berufskraftfahrer/innen (Güterverkehr/LKW)	2.745,6	89,3
Berufe im Garten-, Landschafts- u. Sportplatzbau	2.745,3	125,2
Führer/innen von land- u. forstwirtschaftlichen Maschinen	2.499,5	84,5
Berufe in der Lagerwirtschaft	2.441,8	82,7
Berufe in der Landwirtschaft (ohne Spez.)	1.858,3	78,8
Berufe im Gartenbau (ohne Spez.)	1.187,0	55,1
Berufe in Baumschule, Staudengärtnerei u. Zierpflanzenbau	835,7	57,7
Büro- u. Sekretariatskräfte (ohne Spez.)	687,3	15,5
Berufe in der Floristik	669,2	29,5
Branche insgesamt	2.218,3	84,7
Alle Branchen	1.146,7	51,3

Fehlzeiten-Report 2017

◻ Tab. 26.9.11 Tage und Fälle der Arbeitsunfähigkeit je 100 AOK-Mitglieder nach Krankheitsarten in der Branche Land- und Forstwirtschaft in den Jahren 1995 bis 2016

Jahr	Arbeitsunfähigkeiten je 100 AOK-Mitglieder											
	Psyche		Herz/Kreislauf		Atemwege		Verdauung		Muskel/Skelett		Verletzungen	
	Tage	Fälle	Tage	Fälle	Tage	Fälle	Tage	Fälle	Tage	Fälle	Tage	Fälle
1995	126,9	4,2	219,6	9,1	368,7	39,5	205,3	20,5	627,2	30,8	415,2	22,9
1996	80,7	3,3	172,3	7,4	306,7	35,5	163,8	19,4	561,5	29,8	409,5	23,9
1997	75,0	3,4	150,6	7,4	270,0	34,3	150,6	19,3	511,1	29,7	390,3	23,9
1998	79,5	3,9	155,0	7,8	279,3	36,9	147,4	19,8	510,9	31,5	376,8	23,7
1999	89,4	4,5	150,6	8,2	309,1	42,0	152,1	21,7	537,3	34,0	366,8	23,7
2000	80,9	4,2	140,7	7,6	278,6	35,9	136,3	18,4	574,4	35,5	397,9	24,0
2001	85,2	4,7	149,4	8,2	262,5	35,1	136,2	18,7	587,8	36,4	390,1	23,6
2002	85,0	4,6	155,5	8,3	237,6	33,0	134,4	19,0	575,3	35,7	376,6	23,5
2003	82,8	4,6	143,9	8,0	233,8	33,1	123,7	17,8	512,0	32,5	368,5	22,5
2004	92,8	4,5	145,0	7,2	195,8	27,0	123,5	17,3	469,8	29,9	344,0	20,9
2005	90,1	4,1	142,3	6,7	208,7	28,6	111,3	14,7	429,7	26,8	336,2	19,7
2006	84,3	4,0	130,5	6,5	164,4	23,4	105,6	15,0	415,1	26,9	341,5	20,3
2007	90,2	4,1	143,8	6,6	187,2	26,9	112,5	16,2	451,4	28,1	347,5	20,0
2008 (WZ03)	94,9	4,5	153,2	7,0	195,6	27,8	119,6	17,3	472,0	29,2	350,9	19,9
2008 (WZ08)*	88,2	4,0	160,5	6,8	176,9	23,8	112,4	15,5	436,4	24,8	336,1	18,3
2009	95,9	4,2	155,5	6,9	207,5	27,5	107,1	15,0	427,5	24,1	337,9	18,2
2010	105,3	4,4	153,8	6,7	181,5	23,5	106,4	14,0	481,0	25,7	368,9	19,1
2011	112,7	4,7	154,0	6,7	174,8	23,5	106,5	13,9	461,2	25,5	353,2	18,9
2012	123,7	4,8	168,7	6,9	169,5	21,8	108,8	13,2	482,2	24,7	357,5	17,1
2013	127,7	4,9	170,9	6,5	216,6	27,5	111,1	13,5	481,5	24,9	361,8	17,4
2014	133,3	5,2	165,5	7,1	169,2	21,6	110,1	13,2	493,6	25,1	364,2	17,3
2015	139,2	5,3	171,2	7,1	207,6	26,8	108,1	13,4	499,1	25,0	358,6	17,1
2016	147,3	5,6	157,6	7,3	201,7	26,0	105,4	13,7	528,7	25,8	359,5	17,1

*aufgrund der Revision der Wirtschaftszweigklassifikation in 2008 ist eine Vergleichbarkeit mit den Vorjahren nur bedingt möglich

◻ Tab. 26.9.12 Verteilung der Arbeitsunfähigkeitstage nach Krankheitsarten in Prozent in der Branche Land- und Forstwirtschaft im Jahr 2016, AOK-Mitglieder

Wirtschaftsabteilung	AU-Tage in %						
	Psyche	Herz/ Kreislauf	Atem- wege	Ver- dauung	Muskel/ Skelett	Verlet- zungen	Sonstige
Fischerei und Aquakultur	6,8	7,1	8,3	5,1	26,6	12,6	33,4
Forstwirtschaft und Holzeinschlag	5,1	6,7	9,0	4,5	25,7	19,8	29,3
Landwirtschaft, Jagd und damit verbundene Tätigkeiten	7,0	7,3	9,3	4,9	24,2	16,2	31,0
Branche insgesamt	6,8	7,3	9,3	4,9	24,4	16,6	30,9
Alle Branchen	11,0	5,7	12,4	5,1	22,9	11,0	32,0

⬛ Tab. 26.9.13 Verteilung der Arbeitsunfähigkeitsfälle nach Krankheitsarten in Prozent in der Branche Land- und Forstwirtschaft im Jahr 2016, AOK-Mitglieder

Wirtschaftsabteilung	AU-Fälle in %						
	Psyche	Herz/ Kreislauf	Atem- wege	Ver- dauung	Muskel/ Skelett	Verlet- zungen	Sonstige
Fischerei und Aquakultur	4,1	4,9	18,1	9,9	14,2	11,1	37,7
Forstwirtschaft und Holzeinschlag	3,2	4,8	17,5	8,9	20,8	13,1	31,7
Landwirtschaft, Jagd und damit verbundene Tätigkeiten	4,0	5,0	17,9	9,5	17,4	11,6	34,5
Branche insgesamt	3,9	5,0	17,9	9,4	17,8	11,8	34,2
Alle Branchen	5,1	3,8	22,9	9,1	15,9	7,3	35,8

Fehlzeiten-Report 2017

⬛ Tab. 26.9.14 Verteilung der Arbeitsunfähigkeitstage nach Krankheitsarten und ausgewählten Berufsgruppen in der Branche Land- und Forstwirtschaft im Jahr 2016, AOK-Mitglieder

Tätigkeit	AU-Tage in %						
	Psyche	Herz/ Kreislauf	Atem- wege	Ver- dauung	Muskel/ Skelett	Verlet- zungen	Sonstige
Berufe im Garten-, Landschafts- u. Sportplatzbau	6,4	8,1	10,6	5,2	25,5	19,2	25,0
Berufe im Gartenbau (ohne Spez.)	6,9	6,1	10,5	4,6	25,7	13,6	32,5
Berufe in Baumschule, Staudengärt- nerei u. Zierpflanzenbau	9,8	4,7	13,0	6,1	24,7	11,1	30,6
Berufe in der Floristik	11,3	4,0	11,8	6,0	19,5	13,2	34,3
Berufe in der Forstwirtschaft	3,7	7,2	8,6	4,3	26,7	21,2	28,3
Berufe in der Lagerwirtschaft	8,2	4,8	9,6	5,0	25,1	15,8	31,5
Berufe in der Landwirtschaft (ohne Spez.)	5,8	7,4	9,5	5,4	22,0	18,6	31,3
Berufe in der Nutztierhaltung (außer Geflügelhaltung)	7,6	7,5	8,9	4,1	28,0	16,1	27,9
Berufe in der Pferdewirtschaft (ohne Spez.)	6,9	4,7	8,2	4,1	22,5	26,1	27,6
Berufe in der Tierpflege (ohne Spez.)	7,1	8,8	7,4	5,1	26,8	17,8	27,0
Berufskraftfahrer/innen (Güterverkehr/LKW)	9,0	9,6	7,4	5,3	27,5	13,2	28,0
Büro- u. Sekretariatskräfte (ohne Spez.)	12,9	4,4	11,2	4,3	20,1	9,7	37,4
Führer/innen von land- u. forstwirtschaftlichen Maschinen	5,7	9,6	8,4	4,4	22,3	14,4	35,3
Branche gesamt	6,8	7,3	9,3	4,9	24,4	16,6	30,9
Alle Branchen	11,0	5,7	12,4	5,1	22,9	11,0	32,0

Fehlzeiten-Report 2017

◨ Tab. 26.9.15 Verteilung der Arbeitsunfähigkeitsfälle nach Krankheitsarten und ausgewählten Berufsgruppen in der Branche Land- und Forstwirtschaft im Jahr 2016, AOK-Mitglieder

Tätigkeit	AU-Fälle in %						
	Psyche	Herz/ Kreislauf	Atem- wege	Ver- dauung	Muskel/ Skelett	Verlet- zungen	Sonstige
Berufe im Garten-, Landschafts- u. Sportplatzbau	3,8	3,2	20,3	11,0	17,9	13,4	30,4
Berufe im Gartenbau (ohne Spez.)	3,7	3,8	19,2	9,0	19,3	9,4	35,6
Berufe in Baumschule, Staudengärtnerei u. Zierpflanzenbau	4,3	4,0	21,9	9,3	16,7	8,2	35,5
Berufe in der Floristik	5,4	3,9	22,1	10,2	12,5	7,8	38,1
Berufe in der Forstwirtschaft	2,8	4,5	17,0	8,7	22,6	14,2	30,2
Berufe in der Lagerwirtschaft	4,0	3,7	19,2	9,1	20,5	9,9	33,6
Berufe in der Landwirtschaft (ohne Spez.)	3,5	4,9	17,6	9,7	16,5	13,3	34,5
Berufe in der Nutztierhaltung (außer Geflügelhaltung)	4,6	6,1	16,0	8,4	19,4	13,2	32,3
Berufe in der Pferdewirtschaft (ohne Spez.)	4,3	3,2	17,3	8,1	16,6	17,5	33,0
Berufe in der Tierpflege (ohne Spez.)	5,3	5,6	15,2	9,0	19,2	13,7	32,0
Berufskraftfahrer/innen (Güterverkehr/LKW)	4,6	7,2	14,9	8,9	18,9	10,8	34,7
Büro- u. Sekretariatskräfte (ohne Spez.)	6,1	4,5	21,8	11,5	11,8	5,4	38,8
Führer/innen von land- u. forstwirtschaftlichen Maschinen	3,2	7,0	15,6	10,3	17,0	10,8	36,0
Branche gesamt	**3,9**	**5,0**	**17,9**	**9,4**	**17,8**	**11,8**	**34,2**
Alle Branchen	**5,1**	**3,8**	**22,9**	**9,1**	**15,9**	**7,3**	**35,8**

Fehlzeiten-Report 2017

◻ **Tab. 26.9.16** Anteile der 40 häufigsten Einzeldiagnosen an den AU-Fällen und AU-Tagen in der Branche Land- und Forstwirtschaft im Jahr 2016, AOK-Mitglieder

ICD–10	Bezeichnung	AU-Fälle in %	AU-Tage in %
M54	Rückenschmerzen	6,3	6,4
J06	Akute Infektionen an mehreren oder nicht näher bezeichneten Lokalisationen der oberen Atemwege	6,3	2,6
A09	Sonstige und nicht näher bezeichnete Gastroenteritis und Kolitis infektiösen und nicht näher bezeichneten Ursprungs	3,0	0,9
K08	Sonstige Krankheiten der Zähne und des Zahnhalteapparates	2,5	0,5
I10	Essentielle (primäre) Hypertonie	2,3	2,0
J20	Akute Bronchitis	1,9	1,0
T14	Verletzung an einer nicht näher bezeichneten Körperregion	1,7	1,5
R10	Bauch- und Beckenschmerzen	1,4	0,6
K52	Sonstige nichtinfektiöse Gastroenteritis und Kolitis	1,4	0,4
J40	Bronchitis, nicht als akut oder chronisch bezeichnet	1,3	0,7
B34	Viruskrankheit nicht näher bezeichneter Lokalisation	1,2	0,5
M25	Sonstige Gelenkkrankheiten, anderenorts nicht klassifiziert	1,1	1,3
K29	Gastritis und Duodenitis	1,1	0,5
J03	Akute Tonsillitis	1,0	0,4
M99	Biomechanische Funktionsstörungen, anderenorts nicht klassifiziert	0,9	0,7
M51	Sonstige Bandscheibenschäden	0,8	2,1
M75	Schulterläsionen	0,8	1,9
F32	Depressive Episode	0,8	1,9
F43	Reaktionen auf schwere Belastungen und Anpassungsstörungen	0,8	1,3
M77	Sonstige Enthesopathien	0,8	0,9
S93	Luxation, Verstauchung und Zerrung der Gelenke und Bänder in Höhe des oberen Sprunggelenkes und des Fußes	0,8	0,9
J02	Akute Pharyngitis	0,8	0,3
M53	Sonstige Krankheiten der Wirbelsäule und des Rückens, anderenorts nicht klassifiziert	0,7	0,9
M79	Sonstige Krankheiten des Weichteilgewebes, anderenorts nicht klassifiziert	0,7	0,7
R51	Kopfschmerz	0,7	0,3
J32	Chronische Sinusitis	0,7	0,3
J01	Akute Sinusitis	0,7	0,3
M23	Binnenschädigung des Kniegelenkes [internal derangement]	0,6	1,3
E66	Adipositas	0,6	0,4
R11	Übelkeit und Erbrechen	0,6	0,2
M17	Gonarthrose [Arthrose des Kniegelenkes]	0,5	1,3
S83	Luxation, Verstauchung und Zerrung des Kniegelenkes und von Bändern des Kniegelenkes	0,5	1,0
M65	Synovitis und Tenosynovitis	0,5	0,6
E11	Diabetes mellitus, Typ 2	0,5	0,6
R42	Schwindel und Taumel	0,5	0,5
S61	Offene Wunde des Handgelenkes und der Hand	0,5	0,5
E78	Störungen des Lipoproteinstoffwechsels und sonstige Lipidämien	0,5	0,4
S60	Oberflächliche Verletzung des Handgelenkes und der Hand	0,5	0,4
Z92	Medizinische Behandlung in der Eigenanamnese	0,5	0,4
J00	Akute Rhinopharyngitis [Erkältungsschnupfen]	0,5	0,2
	Summe hier	**49,3**	**39,6**
	Restliche	50,7	60,4
	Gesamtsumme	**100,0**	**100,0**

◘ Tab. 26.9.17 Anteile der 40 häufigsten Diagnoseuntergruppen an den AU-Fällen und AU-Tagen in der Branche Land- und Forstwirtschaft im Jahr 2016, AOK-Mitglieder

ICD-10	Bezeichnung	AU-Fälle in %	AU-Tage in %
J00–J06	Akute Infektionen der oberen Atemwege	10,0	4,2
M50–M54	Sonstige Krankheiten der Wirbelsäule und des Rückens	7,6	8,7
A00–A09	Infektiöse Darmkrankheiten	3,7	1,2
K00–K14	Krankheiten der Mundhöhle, der Speicheldrüsen und der Kiefer	3,1	0,7
M70–M79	Sonstige Krankheiten des Weichteilgewebes	2,9	4,1
I10–I15	Hypertonie [Hochdruckkrankheit]	2,7	2,5
R50–R69	Allgemeinsymptome	2,6	2,2
J40–J47	Chronische Krankheiten der unteren Atemwege	2,4	1,7
R10–R19	Symptome, die das Verdauungssystem und das Abdomen betreffen	2,3	1,2
J20–J22	Sonstige akute Infektionen der unteren Atemwege	2,2	1,2
T08–T14	Verletzungen nicht näher bezeichneter Teile des Rumpfes, der Extremitäten oder anderer Körperregionen	2,1	1,8
F40–F48	Neurotische, Belastungs- und somatoforme Störungen	1,9	3,1
Z80–Z99	Personen mit potentiellen Gesundheitsrisiken aufgrund der Familien- oder Eigenanamnese und bestimmte Zustände, die den Gesundheitszustand beeinflussen	1,8	3,1
M20–M25	Sonstige Gelenkkrankheiten	1,8	2,9
S60–S69	Verletzungen des Handgelenkes und der Hand	1,8	2,4
K50–K52	Nichtinfektiöse Enteritis und Kolitis	1,7	0,6
K20–K31	Krankheiten des Ösophagus, des Magens und des Duodenums	1,6	0,9
S80–S89	Verletzungen des Knies und des Unterschenkels	1,5	3,1
S90–S99	Verletzungen der Knöchelregion und des Fußes	1,4	1,8
R00–R09	Symptome, die das Kreislaufsystem und das Atmungssystem betreffen	1,4	0,9
B25–B34	Sonstige Viruskrankheiten	1,4	0,5
E70–E90	Stoffwechselstörungen	1,2	0,9
M15–M19	Arthrose	1,1	3,1
J30–J39	Sonstige Krankheiten der oberen Atemwege	1,1	0,6
F30–F39	Affektive Störungen	1,0	2,8
S00–S09	Verletzungen des Kopfes	1,0	0,9
G40–G47	Episodische und paroxysmale Krankheiten des Nervensystems	1,0	0,9
M95–M99	Sonstige Krankheiten des Muskel-Skelett-Systems und des Bindegewebes	1,0	0,8
K55–K64	Sonstige Krankheiten des Darmes	1,0	0,7
J09–J18	Grippe und Pneumonie	0,9	0,7
Z00–Z13	Personen, die das Gesundheitswesen zur Untersuchung und Abklärung in Anspruch nehmen	0,9	0,4
I30–I52	Sonstige Formen der Herzkrankheit	0,8	1,5
G50–G59	Krankheiten von Nerven, Nervenwurzeln und Nervenplexus	0,8	1,3
Z40–Z54	Personen, die das Gesundheitswesen zum Zwecke spezifischer Maßnahmen und zur medizinischen Betreuung in Anspruch nehmen	0,8	1,1
M05–M14	Entzündliche Polyarthropathien	0,8	0,8
S20–S29	Verletzungen des Thorax	0,7	1,1
L00–L08	Infektionen der Haut und der Unterhaut	0,7	0,8
F10–F19	Psychische und Verhaltensstörungen durch psychotrope Substanzen	0,7	0,7
R40–R46	Symptome, die das Erkennungs- und Wahrnehmungsvermögen, die Stimmung und das Verhalten betreffen	0,7	0,7
N30–N39	Sonstige Krankheiten des Harnsystems	0,7	0,4
	Summe hier	**74,8**	**69,0**
	Restliche	25,2	31,0
	Gesamtsumme	**100,0**	**100,0**

Fehlzeiten-Report 2017

26.10 Metallindustrie

◻ Tab. 26.10.1 Entwicklung des Krankenstands der AOK-Mitglieder in der Branche Metallindustrie in den Jahren 1994 bis 2016

Jahr	Krankenstand in %			AU-Fälle je 100 AOK-Mitglieder			Tage je Fall		
	West	Ost	Bund	West	Ost	Bund	West	Ost	Bund
1994	6,4	5,3	6,3	156,5	131,1	153,7	14,2	13,7	14,1
1995	6,0	5,1	5,9	165,7	141,1	163,1	13,6	13,7	13,6
1996	5,5	4,8	5,4	150,0	130,2	147,8	13,9	13,9	13,9
1997	5,3	4,5	5,2	146,7	123,7	144,4	13,1	13,4	13,2
1998	5,3	4,6	5,2	150,0	124,6	147,4	13,0	13,4	13,0
1999	5,6	5,0	5,6	160,5	137,8	158,3	12,8	13,4	12,8
2000	5,6	5,0	5,5	163,1	141,2	161,1	12,6	12,9	12,6
2001	5,5	5,1	5,5	162,6	140,1	160,6	12,4	13,2	12,5
2002	5,5	5,0	5,5	162,2	143,1	160,5	12,5	12,7	12,5
2003	5,2	4,6	5,1	157,1	138,6	155,2	12,0	12,2	12,0
2004	4,8	4,2	4,8	144,6	127,1	142,7	12,2	12,1	12,2
2005	4,8	4,1	4,7	148,0	127,8	145,6	11,9	11,8	11,9
2006	4,5	4,0	4,5	138,8	123,3	136,9	11,9	11,9	11,9
2007	4,8	4,3	4,8	151,2	134,0	149,0	11,7	11,7	11,7
2008 (WZ03)	5,0	4,5	4,9	159,9	142,2	157,5	11,4	11,5	11,4
2008 (WZ08)*	5,0	4,5	5,0	160,8	143,0	158,5	11,5	11,5	11,5
2009	4,9	4,7	4,9	151,1	142,1	149,9	11,9	12,2	11,9
2010	5,1	4,9	5,1	158,9	154,9	158,4	11,7	11,6	11,7
2011	5,2	4,8	5,2	167,8	164,9	167,4	11,4	10,6	11,3
2012	5,3	5,3	5,3	169,7	160,5	168,5	11,4	12,2	11,5
2013	5,5	5,6	5,5	179,7	170,5	178,5	11,2	12,0	11,3
2014	5,6	5,6	5,6	176,7	168,0	175,5	11,6	12,2	11,7
2015	5,9	5,8	5,9	190,8	182,2	189,6	11,2	11,7	11,3
2016	5,8	6,0	5,8	189,3	184,6	188,2	11,2	11,8	11,3

*aufgrund der Revision der Wirtschaftszweigklassifikation in 2008 ist eine Vergleichbarkeit mit den Vorjahren nur bedingt möglich

Fehlzeiten-Report 2017

Tab. 26.10.2 Arbeitsunfähigkeit der AOK-Mitglieder in der Branche Metallindustrie nach Bundesländern im Jahr 2016 im Vergleich zum Vorjahr

Bundesland	Kranken-stand in %	Arbeitsunfähigkeit je 100 AOK-Mitglieder				Tage je Fall	Veränd. z. Vorj. in %	AU-Quote in %
		AU-Fälle	Veränd. z. Vorj. in %	AU-Tage	Veränd. z. Vorj. in %			
Baden-Württemberg	5,5	192,2	−1,4	2.013,1	−1,0	10,5	0,4	65,3
Bayern	5,1	164,9	−2,7	1.873,0	−1,3	11,4	1,4	60,3
Berlin	6,4	185,6	0,9	2.349,2	1,8	12,7	1,0	59,9
Brandenburg	6,4	190,8	2,3	2.359,5	0,9	12,4	−1,4	64,5
Bremen	5,4	174,9	−3,0	1.966,4	−3,3	11,2	−0,4	55,8
Hamburg	5,0	164,3	−7,7	1.843,9	−4,5	11,2	3,5	55,3
Hessen	6,6	209,3	1,4	2.423,9	−0,1	11,6	−1,5	68,6
Mecklenburg-Vorpommern	6,4	190,1	−0,2	2.353,4	4,6	12,4	4,8	61,0
Niedersachsen	5,8	197,4	1,3	2.115,9	0,6	10,7	−0,7	66,4
Nordrhein-Westfalen	6,7	203,2	0,3	2.436,0	−0,2	12,0	−0,5	69,3
Rheinland-Pfalz	6,5	210,8	0,4	2.370,2	−0,6	11,2	−1,1	69,5
Saarland	7,1	163,1	0,5	2.612,6	1,5	16,0	1,0	63,8
Sachsen	5,7	179,8	−0,1	2.094,8	1,8	11,6	1,9	65,8
Sachsen-Anhalt	6,5	183,1	−0,5	2.392,5	2,7	13,1	3,2	63,5
Schleswig-Holstein	5,8	180,6	−1,7	2.122,4	−2,3	11,8	−0,7	62,8
Thüringen	6,1	193,8	−0,6	2.239,2	−0,7	11,6	0,0	66,8
West	5,8	189,3	−0,8	2.124,3	−0,7	11,2	0,1	65,2
Ost	6,0	184,6	−0,1	2.181,0	1,2	11,8	1,3	65,6
Bund	5,8	188,2	−0,7	2.132,9	−0,4	11,3	0,3	65,2

Fehlzeiten-Report 2017

Tab. 26.10.3 Arbeitsunfähigkeit der AOK-Mitglieder in der Branche Metallindustrie nach Wirtschaftsabteilungen im Jahr 2016

Wirtschaftsabteilung	Krankenstand in %		Arbeitsunfähigkeiten je 100 AOK-Mitglieder		Tage je Fall	AU-Quote in %
	2016	2016 stand.*	Fälle	Tage		
Herstellung von Datenver-arbeitungsgeräten, elektronischen und optischen Erzeugnissen	4,9	5,0	177,0	1.790,1	10,1	61,9
Herstellung von elektrischen Ausrüstungen	5,8	5,7	186,7	2.117,4	11,3	65,1
Herstellung von Kraftwagen und Kraftwagenteilen	6,2	6,3	186,1	2.254,6	12,1	64,7
Herstellung von Metallerzeugnissen	6,1	5,9	192,9	2.227,4	11,5	65,2
Maschinenbau	5,3	5,2	184,5	1.947,7	10,6	65,2
Metallerzeugung und -bearbeitung	7,0	6,4	200,7	2.556,6	12,7	69,7
Sonstiger Fahrzeugbau	5,6	5,7	187,6	2.054,1	10,9	63,6
Branche insgesamt	5,8	5,7	188,2	2.132,9	11,3	65,2
Alle Branchen	5,3	5,4	166,6	1.943,2	11,7	54,4

*Krankenstand alters- und geschlechtsstandardisiert

Fehlzeiten-Report 2017

◘ Tab. 26.10.4 Kennzahlen der Arbeitsunfähigkeit der AOK-Mitglieder nach ausgewählten Berufsgruppen in der Branche Metallindustrie im Jahr 2016

Tätigkeit	Kranken-stand in %	Arbeitsunfähigkeiten je 100 AOK-Mitglieder		Tage je Fall	AU-Quote in %	Anteil der Berufs-gruppe an der Branche in %*
		Fälle	Tage			
Berufe im Metallbau	6,6	209,1	2.407,1	11,5	68,3	6,6
Berufe im Vertrieb (außer Informations- u. Kommunikationstechnologien)	2,9	122,5	1.046,5	8,5	52,7	1,2
Berufe in der Elektrotechnik (ohne Spez.)	6,6	203,1	2.408,0	11,9	66,4	3,2
Berufe in der industriellen Gießerei	8,4	229,1	3.083,2	13,5	74,1	1,2
Berufe in der Kunststoff- u. Kautschukherstellung (ohne Spez.)	7,1	220,8	2.588,2	11,7	70,7	1,5
Berufe in der Lagerwirtschaft	6,9	200,3	2.519,4	12,6	68,9	5,6
Berufe in der Maschinenbau-. u. Betriebstechnik (ohne Spez.)	6,1	199,1	2.226,1	11,2	67,7	9,8
Berufe in der Metallbearbeitung (ohne Spez.)	7,2	213,7	2.625,3	12,3	70,0	9,8
Berufe in der Metalloberflächen-behandlung (ohne Spez.)	7,5	208,3	2.758,7	13,2	70,1	1,6
Berufe in der Schweiß- u. Verbindungstechnik	7,5	219,1	2.732,6	12,5	71,1	2,2
Berufe in der spanenden Metallbearbeitung	5,8	207,7	2.132,0	10,3	70,3	5,8
Berufe in der technischen Forschung u. Entwicklung (ohne Spez.)	2,0	102,4	741,3	7,2	46,2	1,2
Berufe in der technischen Produktionsplanung u. -steuerung	4,1	141,2	1.486,7	10,5	57,6	2,1
Berufe in der technischen Qualitätssicherung	6,0	181,1	2.186,2	12,1	66,6	2,3
Berufe in der Werkzeugtechnik	5,0	198,4	1.838,1	9,3	68,9	2,0
Büro- u. Sekretariatskräfte (ohne Spez.)	3,3	133,5	1.215,3	9,1	50,5	2,8
Kaufmännische u. technische Betriebswirtschaft (ohne Spez.)	3,0	151,2	1.108,5	7,3	55,1	3,0
Maschinen- u. Anlagenführer/innen	6,9	216,2	2.526,2	11,7	71,1	3,8
Maschinen- u. Gerätezusammensetzer/innen	7,3	209,2	2.688,5	12,8	70,1	3,6
Technische Servicekräfte in Wartung u. Instandhaltung	5,2	161,2	1.896,1	11,8	62,6	1,6
Branche insgesamt	**5,8**	**188,2**	**2.132,9**	**11,3**	**65,2**	**10,7****

* Anteil der AOK-Mitglieder in der Berufsgruppe an den in der Branche beschäftigten AOK-Mitgliedern insgesamt

**Anteil der AOK-Mitglieder in der Branche an allen AOK-Mitgliedern

Fehlzeiten-Report 2017

◨ **Tab. 26.10.5** Dauer der Arbeitsunfähigkeit der AOK-Mitglieder in der Branche Metallindustrie im Jahr 2016

Fallklasse	Branche hier		alle Branchen	
	Anteil Fälle in %	Anteil Tage in %	Anteil Fälle in %	Anteil Tage in %
1–3 Tage	36,7	6,5	36,0	6,2
4–7 Tage	30,9	13,4	31,2	13,4
8–14 Tage	17,0	15,5	17,0	15,1
15–21 Tage	5,6	8,5	5,7	8,5
22–28 Tage	2,8	6,1	2,9	6,0
29–42 Tage	2,9	8,9	2,9	8,6
Langzeit-AU (> 42 Tage)	4,1	41,0	4,3	42,1

Fehlzeiten-Report 2017

◨ **Tab. 26.10.6** Tage der Arbeitsunfähigkeit je AOK-Mitglied nach Wirtschaftsabteilung und Betriebsgröße in der Branche Metallindustrie im Jahr 2016

Wirtschaftsabteilungen	Betriebsgröße (Anzahl der AOK-Mitglieder)					
	10–49	50–99	100–199	200–499	500–999	≥ 1.000
Herstellung von Datenverarbeitungsgeräten, elektronischen und optischen Erzeugnissen	17,5	19,5	20,2	19,6	18,0	15,5
Herstellung von elektrischen Ausrüstungen	20,5	21,8	21,9	23,6	19,6	22,9
Herstellung von Kraftwagen und Kraftwagenteilen	20,1	22,6	23,7	24,1	23,3	22,1
Herstellung von Metallerzeugnissen	22,8	23,0	23,8	22,9	21,7	19,2
Maschinenbau	19,3	19,7	20,4	19,6	20,5	19,6
Metallerzeugung und -bearbeitung	25,7	25,2	26,8	25,3	24,9	29,2
Sonstiger Fahrzeugbau	21,2	20,0	21,2	22,3	22,1	17,3
Branche insgesamt	**21,1**	**21,7**	**22,7**	**22,2**	**21,6**	**21,8**
Alle Branchen	**20,2**	**22,1**	**22,2**	**22,1**	**22,1**	**22,4**

Fehlzeiten-Report 2017

◨ Tab. 26.10.7 Krankenstand in Prozent nach Ausbildungsabschluss in der Branche Metallindustrie im Jahr 2016, AOK-Mitglieder

Wirtschaftsabteilung	Ausbildung						
	ohne Aus-bildungs-abschluss	mit Aus-bildungs-abschluss	Meister/ Techniker	Bachelor	Diplom/Magis-ter/Master/ Staatsexamen	Promo-tion	unbe-kannt
Herstellung von Daten-verarbeitungsgeräten, elektronischen und optischen Erzeugnissen	6,4	5,1	3,3	1,8	2,2	1,4	5,2
Herstellung von elektri-schen Ausrüstungen	7,3	5,8	3,8	1,5	2,2	1,5	6,4
Herstellung von Kraftwagen und Kraft-wagenteilen	7,1	6,4	4,1	1,6	1,8	1,3	6,6
Herstellung von Metallerzeugnissen	7,1	6,1	4,0	1,9	3,0	3,1	5,9
Maschinenbau	6,1	5,6	3,4	1,8	2,3	2,2	5,7
Metallerzeugung und -bearbeitung	8,4	6,7	4,5	2,3	2,5	1,9	7,5
Sonstiger Fahrzeugbau	6,0	6,2	4,0	1,8	2,1	1,4	5,0
Branche insgesamt	**7,0**	**5,9**	**3,7**	**1,8**	**2,3**	**1,7**	**6,1**
Alle Branchen	**6,1**	**5,6**	**4,3**	**2,3**	**2,8**	**2,0**	**4,9**

Fehlzeiten-Report 2017

◨ Tab. 26.10.8 Tage der Arbeitsunfähigkeit je AOK-Mitglied nach Ausbildung in der Branche Metallindustrie im Jahr 2016

Wirtschaftsabteilung	Ausbildung						
	ohne Aus-bildungs-abschluss	mit Aus-bildungs-abschluss	Meister/ Techniker	Bachelor	Diplom/Magis-ter/Master/ Staatsexamen	Promo-tion	unbe-kannt
Herstellung von Daten-verarbeitungsgeräten, elektronischen und optischen Erzeugnissen	23,3	18,8	12,2	6,8	7,9	5,1	19,1
Herstellung von elektri-schen Ausrüstungen	26,6	21,2	13,9	5,4	8,0	5,7	23,4
Herstellung von Kraftwagen und Kraft-wagenteilen	25,8	23,5	15,1	5,8	6,7	4,7	24,2
Herstellung von Metallerzeugnissen	26,0	22,3	14,5	7,0	10,9	11,2	21,6
Maschinenbau	22,5	20,4	12,5	6,5	8,3	8,0	20,7
Metallerzeugung und -bearbeitung	30,6	24,5	16,5	8,5	9,0	7,1	27,4
Sonstiger Fahrzeugbau	22,0	22,6	14,6	6,5	7,7	5,0	18,3
Branche insgesamt	**25,5**	**21,8**	**13,7**	**6,4**	**8,3**	**6,3**	**22,2**
Alle Branchen	**22,3**	**20,6**	**15,8**	**8,3**	**10,2**	**7,4**	**17,9**

Fehlzeiten-Report 2017

◘ **Tab. 26.10.9** Anteil der Arbeitsunfälle an den AU-Fällen und -Tagen in Prozent nach Wirtschaftsabteilungen in der Branche Metallindustrie im Jahr 2016, AOK-Mitglieder

Wirtschaftsabteilung	AU-Fälle in %	AU-Tage in %
Herstellung von Datenverarbeitungsgeräten, elektronischen und optischen Erzeugnissen	1,6	3,0
Herstellung von elektrischen Ausrüstungen	2,1	4,0
Herstellung von Kraftwagen und Kraftwagenteilen	2,4	4,1
Herstellung von Metallerzeugnissen	4,1	7,2
Maschinenbau	3,2	5,8
Metallerzeugung und -bearbeitung	4,0	6,8
Sonstiger Fahrzeugbau	2,9	5,2
Branche insgesamt	**3,2**	**5,6**
Alle Branchen	**3,1**	**5,9**

Fehlzeiten-Report 2017

◘ **Tab. 26.10.10** Tage und Fälle der Arbeitsunfähigkeit durch Arbeitsunfälle nach Berufsgruppen in der Branche Metallindustrie im Jahr 2016, AOK-Mitglieder

Tätigkeit	Arbeitsunfähigkeit je 1.000 AOK-Mitglieder	
	AU-Tage	AU-Fälle
Berufe in der industriellen Gießerei	2.642,7	141,6
Berufe im Metallbau	2.549,7	131,5
Berufe in der Schweiß- u. Verbindungstechnik	2.104,2	111,4
Berufe in der Metalloberflächenbehandlung (ohne Spez.)	1.849,0	84,6
Berufe in der Metallbearbeitung (ohne Spez.)	1.446,4	71,4
Maschinen- u. Anlagenführer/innen	1.269,3	63,6
Berufe in der spanenden Metallbearbeitung	1.247,0	73,1
Berufe in der Lagerwirtschaft	1.227,5	53,5
Berufe in der Maschinenbau- u. Betriebstechnik (ohne Spez.)	1.221,4	64,2
Technische Servicekräfte in Wartung u. Instandhaltung	1.210,8	58,1
Berufe in der Werkzeugtechnik	1.146,0	73,7
Maschinen- u. Gerätezusammensetzer/innen	1.099,2	49,7
Berufe in der Kunststoff- u. Kautschukherstellung (ohne Spez.)	1.061,9	57,4
Berufe in der technischen Qualitätssicherung	678,9	29,8
Berufe in der Elektrotechnik (ohne Spez.)	638,5	31,2
Berufe in der technischen Produktionsplanung u. -steuerung	624,7	25,0
Kaufmännische u. technische Betriebswirtschaft (ohne Spez.)	264,1	13,3
Berufe in der technischen Forschung u. Entwicklung (ohne Spez.)	217,7	11,6
Büro- u. Sekretariatskräfte (ohne Spez.)	207,8	10,7
Berufe im Vertrieb (außer Informations- u. Kommunikationstechnologien)	172,0	10,6
Branche insgesamt	**1.203,9**	**59,9**
Alle Branchen	**1.146,7**	**51,3**

Fehlzeiten-Report 2017

�‌ Tab. 26.10.11 Tage und Fälle der Arbeitsunfähigkeit je 100 AOK-Mitglieder nach Krankheitsarten in der Branche Metallindustrie in den Jahren 2000 bis 2016

Jahr	Arbeitsunfähigkeiten je 100 AOK-Mitglieder											
	Psyche		Herz/Kreislauf		Atemwege		Verdauung		Muskel/Skelett		Verletzungen	
	Tage	Fälle	Tage	Fälle	Tage	Fälle	Tage	Fälle	Tage	Fälle	Tage	Fälle
2000	125,2	5,6	163,1	8,5	332,7	46,5	148,6	20,8	655,7	39,1	343,6	23,5
2001	134,9	6,4	165,4	9,1	310,6	45,6	149,9	21,6	672,0	40,8	338,9	23,4
2002	141,7	6,8	164,9	9,4	297,9	44,1	151,1	22,5	671,3	41,1	338,9	23,1
2003	134,5	6,7	156,5	9,3	296,8	45,1	142,2	21,5	601,3	37,9	314,5	21,7
2004	151,3	6,8	168,4	8,7	258,0	38,0	143,5	21,0	574,9	36,1	305,3	20,4
2005	150,7	6,6	166,7	8,7	300,6	44,4	136,0	19,6	553,4	35,3	301,1	19,9
2006	147,1	6,5	163,0	8,8	243,0	36,7	135,7	20,3	541,1	35,1	304,5	20,2
2007	154,4	6,9	164,0	8,8	275,3	42,1	142,2	21,8	560,3	36,0	303,9	20,2
2008 (WZ03)	162,9	7,1	168,5	9,2	287,2	44,6	148,4	23,3	580,4	37,9	308,6	20,7
2008 (WZ08)*	165,0	7,2	171,3	9,3	289,2	44,7	149,3	23,3	590,7	38,5	311,8	20,9
2009	170,6	7,2	173,4	8,7	303,3	46,3	137,9	19,0	558,2	34,1	307,9	19,0
2010	181,8	7,8	174,6	9,2	277,7	43,2	136,6	20,7	606,6	38,2	322,3	20,4
2011	187,5	8,2	168,1	9,2	291,4	45,4	136,8	21,1	595,5	38,9	317,8	20,5
2012	210,7	8,7	185,5	9,4	300,8	46,7	146,1	21,8	633,9	40,0	329,5	20,0
2013	217,5	8,7	184,2	9,0	374,9	56,7	149,7	21,8	630,9	39,8	329,6	19,9
2014	237,0	9,5	193,9	9,3	308,6	48,0	153,6	22,4	673,0	42,1	333,5	19,9
2015	243,7	9,8	193,5	9,5	391,0	59,5	154,3	22,7	669,1	41,9	331,7	19,6
2016	253,2	10,0	174,9	9,6	355,5	56,4	146,9	22,5	686,6	42,7	326,3	19,2

*aufgrund der Revision der Wirtschaftszweigklassifikation in 2008 ist eine Vergleichbarkeit mit den Vorjahren nur bedingt möglich

Fehlzeiten-Report 2017

◼ **Tab. 26.10.12** Verteilung der Arbeitsunfähigkeitstage nach Krankheitsarten in Prozent in der Branche Metallindustrie im Jahr 2016, AOK-Mitglieder

Wirtschaftsabteilung	AU-Tage in %						
	Psyche	Herz/ Kreislauf	Atem- wege	Ver- dauung	Muskel/ Skelett	Verlet- zungen	Sonstige
Herstellung von Datenverarbeitungs- geräten, elektronischen und optischen Erzeugnissen	11,2	5,4	14,8	5,2	21,3	9,3	32,7
Herstellung von elektrischen Ausrüstungen	10,1	6,2	12,9	5,0	24,4	9,7	31,8
Herstellung von Kraftwagen und Kraftwagenteilen	9,6	6,0	12,8	5,2	26,1	10,5	29,9
Herstellung von Metallerzeugnissen	8,5	6,3	11,9	5,2	24,9	12,6	30,6
Maschinenbau	8,6	6,3	13,1	5,4	23,2	12,4	31,0
Metallerzeugung und -bearbeitung	8,3	6,9	11,8	5,1	25,8	11,9	30,3
Sonstiger Fahrzeugbau	8,7	5,6	13,9	5,5	24,0	12,2	30,1
Branche insgesamt	**9,0**	**6,2**	**12,7**	**5,2**	**24,5**	**11,6**	**30,8**
Alle Branchen	**11,0**	**5,7**	**12,4**	**5,1**	**22,9**	**11,0**	**32,0**

Fehlzeiten-Report 2017

◼ **Tab. 26.10.13** Verteilung der Arbeitsunfähigkeitsfälle nach Krankheitsarten in Prozent in der Branche Metallindustrie im Jahr 2016, AOK-Mitglieder

Wirtschaftsabteilung	AU-Fälle in %						
	Psyche	Herz/ Kreislauf	Atem- wege	Ver- dauung	Muskel/ Skelett	Verlet- zungen	Sonstige
Herstellung von Datenverarbeitungs- geräten, elektronischen und optischen Erzeugnissen	4,9	3,7	25,7	9,4	14,6	6,1	35,6
Herstellung von elektrischen Ausrüstungen	4,6	4,0	23,6	9,3	17,2	6,6	34,6
Herstellung von Kraftwagen und Kraftwagenteilen	4,5	4,0	22,9	9,0	19,2	7,2	33,2
Herstellung von Metallerzeugnissen	3,9	4,0	22,3	9,3	18,0	8,8	33,8
Maschinenbau	3,8	3,9	24,1	9,4	16,7	8,3	34,0
Metallerzeugung und -bearbeitung	4,0	4,4	21,8	9,1	19,4	8,4	33,0
Sonstiger Fahrzeugbau	3,9	3,7	24,5	9,6	16,8	8,2	33,4
Branche insgesamt	**4,1**	**4,0**	**23,3**	**9,3**	**17,6**	**7,9**	**33,9**
Alle Branchen	**5,1**	**3,8**	**22,9**	**9,1**	**15,9**	**7,3**	**35,8**

Fehlzeiten-Report 2017

◘ Tab. 26.10.14 Verteilung der Arbeitsunfähigkeitstage nach Krankheitsarten und ausgewählten Berufsgruppen in der Branche Metallindustrie im Jahr 2016, AOK-Mitglieder

Tätigkeit	AU-Tage in %						
	Psyche	Herz/ Kreislauf	Atem- wege	Ver- dauung	Muskel/ Skelett	Verlet- zungen	Sonstige
Berufe im Metallbau	6,4	6,4	11,3	5,2	26,0	16,5	28,2
Berufe im Vertrieb (außer Informations- u. Kommunikationstechnologien)	13,1	5,1	17,1	6,0	14,6	8,1	36,1
Berufe in der Elektrotechnik (ohne Spez.)	11,5	5,3	12,5	4,8	25,3	8,0	32,6
Berufe in der industriellen Gießerei	7,2	6,5	11,8	4,7	28,4	12,8	28,7
Berufe in der Kunststoff- u. Kautschuk- herstellung (ohne Spez.)	9,3	5,7	12,4	5,1	27,6	9,6	30,3
Berufe in der Lagerwirtschaft	9,6	6,7	11,7	5,0	25,9	10,2	30,8
Berufe in der Maschinenbau- u. Betriebstechnik (ohne Spez.)	8,5	6,2	12,4	5,2	24,9	12,3	30,6
Berufe in der Metallbearbeitung (ohne Spez.)	9,0	6,6	11,7	5,1	26,8	10,5	30,3
Berufe in der Metalloberflächen- behandlung (ohne Spez.)	8,9	6,6	11,4	5,2	27,0	11,2	29,6
Berufe in der Schweiß- u. Verbindungstechnik	6,4	6,9	11,8	5,1	28,9	12,9	27,9
Berufe in der spanenden Metallbearbeitung	8,1	6,3	13,3	5,6	22,3	13,7	30,7
Berufe in der technischen Forschung u. Entwicklung (ohne Spez.)	9,0	5,0	21,8	6,9	12,8	11,3	33,1
Berufe in der technischen Produktionsplanung u. -steuerung	10,2	5,9	14,2	5,8	20,2	11,1	32,6
Berufe in der technischen Qualitätssicherung	11,1	6,6	12,8	4,8	22,8	8,6	33,3
Berufe in der Werkzeugtechnik	7,6	6,0	14,2	5,6	20,4	15,3	30,8
Büro- u. Sekretariatskräfte (ohne Spez.)	13,9	5,1	15,2	5,3	14,3	7,8	38,5
Kaufmännische u. technische Betriebswirtschaft (ohne Spez.)	13,0	4,3	18,9	5,7	13,9	8,7	35,5
Maschinen- u. Anlagenführer/innen	8,6	6,1	12,9	5,4	26,0	10,9	30,1
Maschinen- u. Gerätezusammensetzer/ innen	10,0	5,9	11,7	5,1	27,1	10,0	30,2
Technische Servicekräfte in Wartung u. Instandhaltung	8,4	6,3	12,7	5,3	23,8	12,9	30,5
Branche gesamt	**9,0**	**6,2**	**12,7**	**5,2**	**24,5**	**11,6**	**30,8**
Alle Branchen	**11,0**	**5,7**	**12,4**	**5,1**	**22,9**	**11,0**	**32,0**

Fehlzeiten-Report 2017

◻ **Tab. 26.10.15** Verteilung der Arbeitsunfähigkeitsfälle nach Krankheitsarten und ausgewählten Berufsgruppen in der Branche Metallindustrie im Jahr 2016, AOK-Mitglieder

Tätigkeit	AU-Fälle in %						
	Psyche	Herz/ Kreislauf	Atem- wege	Ver- dauung	Muskel/ Skelett	Verlet- zungen	Sonstige
Berufe im Metallbau	3,2	3,8	21,4	9,2	18,7	11,5	32,2
Berufe im Vertrieb (außer Informations- u. Kommunikationstechnologien)	4,8	3,4	29,1	9,7	9,9	5,1	38,1
Berufe in der Elektrotechnik (ohne Spez.)	5,4	4,1	22,6	9,2	17,7	5,6	35,3
Berufe in der industriellen Gießerei	3,6	4,1	20,4	8,5	22,3	10,1	31,1
Berufe in der Kunststoff- u. Kautschuk- herstellung (ohne Spez.)	4,5	3,9	22,3	9,0	19,9	7,0	33,5
Berufe in der Lagerwirtschaft	4,7	4,4	21,5	9,3	19,5	7,0	33,7
Berufe in der Maschinenbau- u. Betriebstechnik (ohne Spez.)	4,0	3,9	23,1	9,1	17,7	8,5	33,7
Berufe in der Metallbearbeitung (ohne Spez.)	4,3	4,3	21,5	9,0	20,2	7,6	33,1
Berufe in der Metalloberflächen- behandlung (ohne Spez.)	4,2	4,2	20,8	9,2	20,8	8,1	32,6
Berufe in der Schweiß- u. Verbindungstechnik	3,6	4,6	21,0	8,8	21,6	9,2	31,3
Berufe in der spanenden Metallbearbeitung	3,7	3,6	24,4	9,5	16,2	9,1	33,5
Berufe in der technischen Forschung u. Entwicklung (ohne Spez.)	3,1	2,9	34,2	9,5	9,5	6,0	34,8
Berufe in der technischen Produktionsplanung u. -steuerung	4,3	4,2	25,5	9,9	15,0	6,7	34,4
Berufe in der technischen Qualitätssicherung	5,1	4,4	23,3	9,4	16,7	6,0	35,1
Berufe in der Werkzeugtechnik	3,1	3,2	25,5	9,8	14,0	10,1	34,2
Büro- u. Sekretariatskräfte (ohne Spez.)	5,2	3,4	26,5	9,9	10,1	4,8	40,1
Kaufmännische u. technische Betriebswirtschaft (ohne Spez.)	4,3	2,6	29,6	9,8	8,7	5,3	39,7
Maschinen- u. Anlagenführer/innen	4,3	3,9	22,5	9,2	19,8	7,6	32,7
Maschinen- u. Gerätezusammensetzer/ innen	5,0	4,2	21,5	9,0	20,2	7,0	33,2
Technische Servicekräfte in Wartung u. Instandhaltung	3,9	4,1	23,8	9,5	17,5	8,7	32,6
Branche gesamt	4,1	4,0	23,3	9,3	17,6	7,9	33,9
Alle Branchen	5,1	3,8	22,9	9,1	15,9	7,3	35,8

Fehlzeiten-Report 2017

◘ **Tab. 26.10.16** Anteile der 40 häufigsten Einzeldiagnosen an den AU-Fällen und AU-Tagen in der Branche Metallindustrie im Jahr 2016, AOK-Mitglieder

ICD–10	Bezeichnung	AU-Fälle in %	AU-Tage in %
J06	Akute Infektionen an mehreren oder nicht näher bezeichneten Lokalisationen der oberen Atemwege	9,4	4,4
M54	Rückenschmerzen	6,6	6,6
A09	Sonstige und nicht näher bezeichnete Gastroenteritis und Kolitis infektiösen und nicht näher bezeichneten Ursprungs	4,1	1,4
J20	Akute Bronchitis	2,2	1,3
K08	Sonstige Krankheiten der Zähne und des Zahnhalteapparates	2,2	0,5
B34	Viruskrankheit nicht näher bezeichneter Lokalisation	1,8	0,8
I10	Essentielle (primäre) Hypertonie	1,7	1,8
J40	Bronchitis, nicht als akut oder chronisch bezeichnet	1,7	1,0
K52	Sonstige nichtinfektiöse Gastroenteritis und Kolitis	1,7	0,6
R10	Bauch- und Beckenschmerzen	1,4	0,7
T14	Verletzung an einer nicht näher bezeichneten Körperregion	1,3	1,2
K29	Gastritis und Duodenitis	1,2	0,6
M25	Sonstige Gelenkkrankheiten, anderenorts nicht klassifiziert	1,1	1,3
R51	Kopfschmerz	1,1	0,5
F32	Depressive Episode	1,0	2,8
J01	Akute Sinusitis	1,0	0,5
J02	Akute Pharyngitis	1,0	0,5
J03	Akute Tonsillitis	1,0	0,5
J32	Chronische Sinusitis	1,0	0,5
M75	Schulterläsionen	0,9	2,1
F43	Reaktionen auf schwere Belastungen und Anpassungsstörungen	0,9	1,5
M77	Sonstige Enthesopathien	0,9	1,1
M99	Biomechanische Funktionsstörungen, anderenorts nicht klassifiziert	0,9	0,8
M51	Sonstige Bandscheibenschäden	0,8	2,1
M53	Sonstige Krankheiten der Wirbelsäule und des Rückens, anderenorts nicht klassifiziert	0,8	0,9
M79	Sonstige Krankheiten des Weichteilgewebes, anderenorts nicht klassifiziert	0,8	0,7
J00	Akute Rhinopharyngitis [Erkältungsschnupfen]	0,8	0,4
R11	Übelkeit und Erbrechen	0,8	0,3
J98	Sonstige Krankheiten der Atemwege	0,7	0,3
A08	Virusbedingte und sonstige näher bezeichnete Darminfektionen	0,7	0,2
M23	Binnenschädigung des Kniegelenkes [internal derangement]	0,6	1,3
R42	Schwindel und Taumel	0,6	0,5
R53	Unwohlsein und Ermüdung	0,6	0,5
B99	Sonstige und nicht näher bezeichnete Infektionskrankheiten	0,6	0,3
J11	Grippe, Viren nicht nachgewiesen	0,6	0,3
F45	Somatoforme Störungen	0,5	0,9
M47	Spondylose	0,5	0,8
F48	Andere neurotische Störungen	0,5	0,7
S93	Luxation, Verstauchung und Zerrung der Gelenke und Bänder in Höhe des oberen Sprunggelenkes und des Fußes	0,5	0,6
G43	Migräne	0,5	0,2
	Summe hier	**57,0**	**44,0**
	Restliche	43,0	56,0
	Gesamtsumme	**100,0**	**100,0**

Fehlzeiten-Report 2017

◻ **Tab. 26.10.17** Anteile der 40 häufigsten Diagnoseuntergruppen an den AU-Fällen und AU-Tagen in der Branche Metallindustrie im Jahr 2016, AOK-Mitglieder

ICD-10	Bezeichnung	AU-Fälle in %	AU-Tage in %
J00–J06	Akute Infektionen der oberen Atemwege	13,9	6,5
M50–M54	Sonstige Krankheiten der Wirbelsäule und des Rückens	7,9	8,9
A00–A09	Infektiöse Darmkrankheiten	5,2	1,8
R50–R69	Allgemeinsymptome	3,2	2,5
M70–M79	Sonstige Krankheiten des Weichteilgewebes	3,0	4,5
J40–J47	Chronische Krankheiten der unteren Atemwege	2,9	2,0
J20–J22	Sonstige akute Infektionen der unteren Atemwege	2,7	1,5
K00–K14	Krankheiten der Mundhöhle, der Speicheldrüsen und der Kiefer	2,7	0,7
R10–R19	Symptome, die das Verdauungssystem und das Abdomen betreffen	2,4	1,2
F40–F48	Neurotische, Belastungs- und somatoforme Störungen	2,2	3,9
B25–B34	Sonstige Viruskrankheiten	2,0	0,9
K50–K52	Nichtinfektiöse Enteritis und Kolitis	2,0	0,8
I10–I15	Hypertonie [Hochdruckkrankheit]	1,9	2,0
M20–M25	Sonstige Gelenkkrankheiten	1,8	2,9
K20–K31	Krankheiten des Ösophagus, des Magens und des Duodenums	1,8	0,9
J30–J39	Sonstige Krankheiten der oberen Atemwege	1,6	0,9
T08–T14	Verletzungen nicht näher bezeichneter Teile des Rumpfes, der Extremitäten oder anderer Körperregionen	1,5	1,5
Z80–Z99	Personen mit potentiellen Gesundheitsrisiken aufgrund der Familien- oder Eigenanamnese und bestimmte Zustände, die den Gesundheitszustand beeinflussen	1,4	2,8
G40–G47	Episodische und paroxysmale Krankheiten des Nervensystems	1,4	1,1
R00–R09	Symptome, die das Kreislaufsystem und das Atmungssystem betreffen	1,4	0,9
F30–F39	Affektive Störungen	1,3	4,2
S60–S69	Verletzungen des Handgelenkes und der Hand	1,3	2,0
K55–K64	Sonstige Krankheiten des Darmes	1,1	0,9
M95–M99	Sonstige Krankheiten des Muskel-Skelett-Systems und des Bindegewebes	1,1	0,9
M15–M19	Arthrose	1,0	2,5
S90–S99	Verletzungen der Knöchelregion und des Fußes	1,0	1,4
J09–J18	Grippe und Pneumonie	1,0	0,7
S80–S89	Verletzungen des Knies und des Unterschenkels	0,9	1,9
E70–E90	Stoffwechselstörungen	0,9	0,8
R40–R46	Symptome, die das Erkennungs- und Wahrnehmungsvermögen, die Stimmung und das Verhalten betreffen	0,8	0,7
J95–J99	Sonstige Krankheiten des Atmungssystems	0,8	0,5
Z00–Z13	Personen, die das Gesundheitswesen zur Untersuchung und Abklärung in Anspruch nehmen	0,7	0,4
I20–I25	Ischämische Herzkrankheiten	0,6	1,4
G50–G59	Krankheiten von Nerven, Nervenwurzeln und Nervenplexus	0,6	1,2
I30–I52	Sonstige Formen der Herzkrankheit	0,6	1,1
M65–M68	Krankheiten der Synovialis und der Sehnen	0,6	1,0
M05–M14	Entzündliche Polyarthropathien	0,6	0,7
L00–L08	Infektionen der Haut und der Unterhaut	0,6	0,6
N30–N39	Sonstige Krankheiten des Harnsystems	0,6	0,4
B99–B99	Sonstige Infektionskrankheiten	0,6	0,3
	Summe hier	**79,6**	**71,8**
	Restliche	20,4	28,2
	Gesamtsumme	**100,0**	**100,0**

Fehlzeiten-Report 2017

26.11 Öffentliche Verwaltung

☐ **Tab. 26.11.1** Entwicklung des Krankenstands der AOK-Mitglieder in der Branche Öffentliche Verwaltung in den Jahren 1994 bis 2016

Jahr	Krankenstand in %			AU-Fälle je 100 AOK-Mitglieder			Tage je Fall		
	West	Ost	Bund	West	Ost	Bund	West	Ost	Bund
1994	7,3	5,9	6,9	161,2	129,1	152,0	16,2	14,9	15,9
1995	6,9	6,3	6,8	166,7	156,3	164,1	15,6	14,9	15,4
1996	6,4	6,0	6,3	156,9	155,6	156,6	15,4	14,7	15,2
1997	6,2	5,8	6,1	158,4	148,8	156,3	14,4	14,1	14,3
1998	6,3	5,7	6,2	162,6	150,3	160,0	14,2	13,8	14,1
1999	6,6	6,2	6,5	170,7	163,7	169,3	13,8	13,6	13,8
2000	6,4	5,9	6,3	172,0	174,1	172,5	13,6	12,3	13,3
2001	6,1	5,9	6,1	165,8	161,1	164,9	13,5	13,3	13,5
2002	6,0	5,7	5,9	167,0	161,9	166,0	13,0	12,9	13,0
2003	5,7	5,3	5,6	167,3	158,8	165,7	12,4	12,2	12,3
2004	5,3	5,0	5,2	154,8	152,2	154,3	12,5	12,0	12,4
2005**	5,3	4,5	5,1	154,1	134,3	150,0	12,6	12,2	12,5
2006	5,1	4,7	5,0	148,7	144,7	147,9	12,5	11,8	12,3
2007	5,3	4,8	5,2	155,5	151,1	154,6	12,4	11,7	12,3
2008 (WZ03)	5,3	4,9	5,2	159,8	152,1	158,3	12,2	11,8	12,1
2008 (WZ08)*	5,3	4,9	5,2	159,9	152,2	158,4	12,1	11,8	12,1
2009	5,5	5,3	5,4	167,9	164,9	167,3	11,9	11,7	11,8
2010	5,5	5,7	5,5	164,8	184,6	168,2	12,2	11,3	12,0
2011	5,6	5,5	5,6	172,5	189,1	175,6	11,9	10,6	11,7
2012	5,5	5,5	5,5	163,9	164,4	164,0	12,2	12,2	12,2
2013	5,6	5,9	5,7	174,8	176,3	175,1	11,7	12,2	11,8
2014	5,9	6,1	5,9	174,9	179,9	175,9	12,3	12,3	12,3
2015	6,2	6,5	6,3	187,8	195,6	189,3	12,1	12,1	12,1
2016	6,2	6,6	6,3	189,3	203,8	192,0	12,1	11,9	12,0

*aufgrund der Revision der Wirtschaftszweigklassifikation in 2008 ist eine Vergleichbarkeit mit den Vorjahren nur bedingt möglich

**ohne Sozialversicherung/Arbeitsförderung

Fehlzeiten-Report 2017

◘ Tab. 26.11.2 Arbeitsunfähigkeit der AOK-Mitglieder in der Branche Öffentliche Verwaltung nach Bundesländern im Jahr 2016 im Vergleich zum Vorjahr

Bundesland	Kranken-stand in %	Arbeitsunfähigkeit je 100 AOK-Mitglieder				Tage je Fall	Veränd. z. Vorj. in %	AU-Quote in %
		AU-Fälle	Veränd. z. Vorj. in %	AU-Tage	Veränd. z. Vorj. in %			
Baden-Württemberg	5,7	186,4	0,6	2.083,4	–0,5	11,2	–1,1	64,4
Bayern	5,4	158,3	0,1	1.976,8	0,5	12,5	0,3	58,8
Berlin	6,2	191,3	2,3	2.263,0	0,1	11,8	–2,2	59,2
Brandenburg	7,3	202,2	2,8	2.683,2	2,3	13,3	–0,5	67,6
Bremen	6,5	193,8	–4,7	2.394,5	–2,3	12,4	2,5	62,3
Hamburg	5,5	159,6	–10,4	2.028,4	–6,0	12,7	4,9	51,5
Hessen	7,1	221,0	1,5	2.603,2	4,0	11,8	2,5	69,1
Mecklenburg-Vorpommern	7,3	197,5	3,3	2.685,6	5,2	13,6	1,8	63,3
Niedersachsen	6,5	198,0	2,6	2.384,9	0,6	12,0	–2,0	66,5
Nordrhein-Westfalen	7,2	210,5	0,8	2.641,1	–0,2	12,5	–1,0	68,3
Rheinland-Pfalz	7,1	207,1	–0,6	2.596,9	0,8	12,5	1,4	67,8
Saarland	7,6	197,0	3,2	2.778,4	–3,8	14,1	–6,8	66,3
Sachsen	6,3	203,1	3,6	2.300,9	1,8	11,3	–1,8	68,9
Sachsen-Anhalt	7,1	203,7	4,6	2.587,1	3,2	12,7	–1,3	66,1
Schleswig-Holstein	6,4	190,6	1,0	2.359,6	–2,1	12,4	–3,0	63,2
Thüringen	6,6	208,8	3,5	2.409,4	0,6	11,5	–2,8	67,3
West	**6,2**	**189,3**	**0,7**	**2.283,7**	**0,1**	**12,1**	**–0,6**	**64,3**
Ost	**6,6**	**203,8**	**3,7**	**2.431,9**	**2,0**	**11,9**	**–1,6**	**67,7**
Bund	**6,3**	**192,0**	**1,4**	**2.308,2**	**0,5**	**12,0**	**–0,9**	**65,0**

Fehlzeiten-Report 2017

◘ Tab. 26.11.3 Arbeitsunfähigkeit der AOK-Mitglieder in der Branche Öffentliche Verwaltung nach Wirtschaftsabteilungen im Jahr 2016

Wirtschaftsabteilung	Krankenstand in %		Arbeitsunfähigkeiten je 100 AOK-Mitglieder		Tage je Fall	AU-Quote in %
	2016	2016 stand.*	Fälle	Tage		
Auswärtige Angelegenheiten, Verteidigung, Rechtspflege, öffentliche Sicherheit und Ordnung	6,9	6,1	194,3	2.529,9	13,0	61,2
Exterritoriale Organisationen und Körperschaften	8,3	6,6	221,4	3.053,4	13,8	68,0
Öffentliche Verwaltung	6,3	5,8	190,8	2.322,8	12,2	64,9
Sozialversicherung	5,7	5,2	193,4	2.085,8	10,8	67,1
Branche insgesamt	**6,3**	**5,7**	**192,0**	**2.308,2**	**12,0**	**65,0**
Alle Branchen	**5,3**	**5,4**	**166,6**	**1.943,2**	**11,7**	**54,4**

*Krankenstand alters- und geschlechtsstandardisiert

Fehlzeiten-Report 2017

◻ **Tab. 26.11.4** Kennzahlen der Arbeitsunfähigkeit der AOK-Mitglieder nach ausgewählten Berufsgruppen in der Branche Öffentliche Verwaltung im Jahr 2016

Tätigkeit	Kranken-stand in %	Arbeitsunfähigkeiten je 100 AOK-Mitglieder		Tage je Fall	AU-Quote in %	Anteil der Berufs-gruppe an der Branche in %*
		Fälle	Tage			
Berufe im Gartenbau (ohne Spez.)	9,5	261,4	3.465,7	13,3	74,3	2,0
Berufe im Objekt-, Werte- u. Personenschutz	8,0	185,1	2.912,1	15,7	62,4	1,1
Berufe in der Forstwirtschaft	9,0	232,8	3.298,7	14,2	72,8	1,1
Berufe in der Gebäudetechnik (ohne Spez.)	6,4	141,5	2.336,5	16,5	58,4	2,8
Berufe in der Kinderbetreuung u. -erziehung	5,5	227,9	2.006,9	8,8	70,0	9,4
Berufe in der öffentlichen Verwaltung (ohne Spez.)	5,0	175,5	1.819,7	10,4	61,7	14,8
Berufe in der Personaldienstleistung	5,1	175,7	1.862,2	10,6	63,1	1,5
Berufe in der Reinigung (ohne Spez.)	8,6	186,7	3.131,6	16,8	66,9	6,5
Berufe in der Sozialarbeit u. Sozialpädagogik	4,0	147,4	1.474,6	10,0	57,2	2,2
Berufe in der Sozialverwaltung u. -versicherung	5,6	195,9	2.040,1	10,4	68,3	10,8
Berufskraftfahrer/innen (Güterverkehr/LKW)	8,6	202,1	3.149,3	15,6	67,4	1,0
Büro- u. Sekretariatskräfte (ohne Spez.)	6,1	193,3	2.235,5	11,6	64,5	8,8
Kaufmännische u. technische Betriebswirtschaft (ohne Spez.)	5,8	199,0	2.120,7	10,7	65,9	1,8
Köche/Köchinnen (ohne Spez.)	8,9	217,7	3.261,5	15,0	68,7	1,4
Platz- u. Gerätewarte/-wartinnen	8,2	190,8	2.983,7	15,6	67,8	4,0
Straßen- u. Tunnelwärter/innen	8,1	227,1	2.951,8	13,0	74,2	2,2
Branche insgesamt	**6,3**	**192,0**	**2.308,2**	**12,0**	**65,0**	**4,3****

* Anteil der AOK-Mitglieder in der Berufsgruppe an den in der Branche beschäftigten AOK-Mitgliedern insgesamt

**Anteil der AOK-Mitglieder in der Branche an allen AOK-Mitgliedern

Fehlzeiten-Report 2017

◻ **Tab. 26.11.5** Dauer der Arbeitsunfähigkeit der AOK-Mitglieder in der Branche Öffentliche Verwaltung im Jahr 2016

Fallklasse	Branche hier		alle Branchen	
	Anteil Fälle in %	Anteil Tage in %	Anteil Fälle in %	Anteil Tage in %
1–3 Tage	35,9	5,9	36,0	6,2
4–7 Tage	29,1	11,9	31,2	13,4
8–14 Tage	18,0	15,4	17,0	15,1
15–21 Tage	6,1	8,9	5,7	8,5
22–28 Tage	3,3	6,6	2,9	6,0
29–42 Tage	3,3	9,4	2,9	8,6
Langzeit-AU (> 42 Tage)	4,4	41,9	4,3	42,1

Fehlzeiten-Report 2017

◼ **Tab. 26.11.6** Tage der Arbeitsunfähigkeit je AOK-Mitglied nach Wirtschaftsabteilung und Betriebsgröße in der Branche Öffentliche Verwaltung im Jahr 2016

Wirtschaftsabteilungen	Betriebsgröße (Anzahl der AOK-Mitglieder)					
	10–49	50–99	100–199	200–499	500–999	≥ 1.000
Auswärtige Angelegenheiten, Verteidigung, Rechtspflege, öffentliche Sicherheit und Ordnung	26,9	26,1	25,3	23,7	27,0	–
Exterritoriale Organisationen und Körperschaften	29,4	31,5	39,3	31,6	38,2	–
Öffentliche Verwaltung	22,7	22,9	23,1	24,4	26,6	26,5
Sozialversicherung	19,9	20,5	19,9	22,3	21,8	21,7
Branche insgesamt	**22,9**	**22,8**	**22,9**	**24,0**	**26,3**	**24,8**
Alle Branchen	**20,2**	**22,1**	**22,2**	**22,1**	**22,1**	**22,4**

Fehlzeiten-Report 2017

◼ **Tab. 26.11.7** Krankenstand in Prozent nach Ausbildungsabschluss in der Branche Öffentliche Verwaltung im Jahr 2016, AOK-Mitglieder

Wirtschaftsabteilung	Ausbildung						
	ohne Ausbildungsabschluss	mit Ausbildungsabschluss	Meister/Techniker	Bachelor	Diplom/Magister/Master/Staatsexamen	Promotion	unbekannt
Auswärtige Angelegenheiten, Verteidigung, Rechtspflege, öffentliche Sicherheit und Ordnung	8,0	7,2	5,8	3,7	2,4	2,6	5,7
Exterritoriale Organisationen und Körperschaften	5,1	4,7	6,5	1,8	2,2	–	8,8
Öffentliche Verwaltung	8,2	6,4	5,6	3,1	3,9	2,4	7,3
Sozialversicherung	5,2	5,9	5,6	2,7	4,4	3,1	7,8
Branche insgesamt	**7,8**	**6,4**	**5,6**	**3,1**	**3,9**	**2,7**	**7,6**
Alle Branchen	**6,1**	**5,6**	**4,3**	**2,3**	**2,8**	**2,0**	**4,9**

Fehlzeiten-Report 2017

◼ **Tab. 26.11.8** Tage der Arbeitsunfähigkeit je AOK-Mitglied nach Ausbildung in der Branche Öffentliche Verwaltung im Jahr 2016

Wirtschaftsabteilung	Ausbildung						
	ohne Ausbildungsabschluss	mit Ausbildungsabschluss	Meister/Techniker	Bachelor	Diplom/Magister/Master/Staatsexamen	Promotion	unbekannt
Auswärtige Angelegenheiten, Verteidigung, Rechtspflege, öffentliche Sicherheit und Ordnung	29,4	26,5	21,2	13,6	8,7	9,4	21,0
Exterritoriale Organisationen und Körperschaften	18,6	17,3	23,8	6,5	8,0	–	32,3
Öffentliche Verwaltung	29,9	23,3	20,5	11,5	14,3	8,9	26,8
Sozialversicherung	19,1	21,7	20,4	9,9	16,1	11,5	28,6
Branche insgesamt	**28,4**	**23,3**	**20,5**	**11,2**	**14,2**	**9,9**	**27,7**
Alle Branchen	**22,3**	**20,6**	**15,8**	**8,3**	**10,2**	**7,4**	**17,9**

Fehlzeiten-Report 2017

◨ **Tab. 26.11.9** Anteil der Arbeitsunfälle an den AU-Fällen und -Tagen in Prozent nach Wirtschaftsabteilungen in der Branche Öffentliche Verwaltung im Jahr 2016, AOK-Mitglieder

Wirtschaftsabteilung	AU-Fälle in %	AU-Tage in %
Auswärtige Angelegenheiten, Verteidigung, Rechtspflege, öffentliche Sicherheit und Ordnung	1,5	3,2
Exterritoriale Organisationen und Körperschaften	1,7	3,2
Öffentliche Verwaltung	2,2	4,3
Sozialversicherung	0,8	1,6
Branche insgesamt	**1,8**	**3,7**
Alle Branchen	**3,1**	**5,9**

Fehlzeiten-Report 2017

◨ **Tab. 26.11.10** Tage und Fälle der Arbeitsunfähigkeit durch Arbeitsunfälle nach Berufsgruppen in der Branche Öffentliche Verwaltung im Jahr 2016, AOK-Mitglieder

Tätigkeit	Arbeitsunfähigkeit je 1.000 AOK-Mitglieder	
	AU-Tage	AU-Fälle
Berufe in der Forstwirtschaft	4.382,0	153,4
Straßen- u. Tunnelwärter/innen	2.561,9	106,9
Platz- u. Gerätewarte/-wartinnen	2.415,0	95,1
Berufe im Gartenbau (ohne Spez.)	2.050,7	97,4
Berufskraftfahrer/innen (Güterverkehr/LKW)	1.591,4	57,0
Berufe im Objekt-, Werte- u. Personenschutz	1.415,6	49,5
Berufe in der Gebäudetechnik (ohne Spez.)	1.301,1	49,4
Köche/Köchinnen (ohne Spez.)	1.077,2	45,7
Berufe in der Reinigung (ohne Spez.)	884,7	29,5
Kaufmännische u. technische Betriebswirtschaft (ohne Spez.)	553,5	20,1
Berufe in der Kinderbetreuung u. -erziehung	461,9	25,8
Büro- u. Sekretariatskräfte (ohne Spez.)	394,6	16,0
Berufe in der öffentlichen Verwaltung (ohne Spez.)	380,3	16,3
Berufe in der Personaldienstleistung	311,0	14,3
Berufe in der Sozialverwaltung u. -versicherung	290,2	14,3
Berufe in der Sozialarbeit u. Sozialpädagogik	238,1	15,2
Branche insgesamt	**860,2**	**35,4**
Alle Branchen	**1.146,7**	**51,3**

Fehlzeiten-Report 2017

◘ Tab. 26.11.11 Tage und Fälle der Arbeitsunfähigkeit je 100 AOK-Mitglieder nach Krankheitsarten in der Branche Öffentliche Verwaltung in den Jahren 1995 bis 2016

Jahr	Arbeitsunfähigkeiten je 100 AOK-Mitglieder											
	Psyche		Herz/Kreislauf		Atemwege		Verdauung		Muskel/Skelett		Verletzungen	
	Tage	Fälle	Tage	Fälle	Tage	Fälle	Tage	Fälle	Tage	Fälle	Tage	Fälle
1995	168,1	4,2	272,1	9,1	472,7	39,5	226,4	20,5	847,3	30,8	327,6	22,9
1996	165,0	3,3	241,9	7,4	434,5	35,5	199,8	19,4	779,1	29,8	312,4	23,9
1997	156,7	3,4	225,2	7,4	395,1	34,3	184,0	19,3	711,5	29,7	299,8	23,9
1998	165,0	3,9	214,1	7,8	390,7	36,9	178,4	19,8	720,0	31,5	288,1	23,7
1999	176,0	4,5	207,0	8,2	427,8	42,0	179,1	21,7	733,3	34,0	290,5	23,7
2000	198,5	8,1	187,3	10,1	392,0	50,5	160,6	21,3	749,6	41,4	278,9	17,4
2001	208,7	8,9	188,4	10,8	362,4	48,7	157,4	21,7	745,4	41,8	272,9	17,1
2002	210,1	9,4	182,7	10,9	344,1	47,7	157,9	23,0	712,8	41,6	267,9	17,1
2003	203,2	9,4	170,5	11,1	355,1	50,5	151,5	22,8	644,3	39,3	257,9	16,5
2004	213,8	9,6	179,9	10,2	313,1	43,6	153,1	22,5	619,0	37,9	251,5	15,5
2005**	211,4	9,4	179,4	10,1	346,2	47,2	142,3	19,7	594,5	36,4	252,5	15,1
2006	217,8	9,4	175,5	10,2	297,4	42,0	142,8	21,3	585,5	35,9	248,5	15,0
2007	234,4	9,9	178,3	10,1	326,0	46,2	148,6	22,3	600,6	36,1	239,2	14,1
2008 (WZ03)	245,1	10,2	176,0	10,2	331,8	47,6	150,3	22,9	591,9	36,1	238,2	14,2
2008 (WZ08)*	245,2	10,3	175,9	10,2	332,0	47,7	150,4	22,9	591,5	36,2	238,0	14,2
2009	255,2	10,8	177,1	10,2	387,0	54,8	148,5	22,8	577,6	35,8	245,5	14,5
2010	278,4	11,3	177,0	10,1	337,6	49,3	142,8	21,4	618,1	37,5	261,2	15,3
2011	295,9	12,1	176,3	10,3	353,4	50,9	142,9	21,9	606,2	37,7	254,2	15,0
2012	315,8	11,9	177,2	9,6	337,8	48,5	139,1	20,5	587,4	35,0	243,6	13,6
2013	315,4	11,9	183,2	9,5	425,4	59,0	144,3	21,3	588,5	35,3	254,6	14,1
2014	354,3	13,2	194,5	10,1	356,8	51,6	151,9	22,5	643,6	37,5	263,9	14,5
2015	377,9	13,6	194,7	10,2	448,1	63,0	152,4	22,5	643,4	37,0	266,3	14,4
2016	389,5	14,1	174,7	10,3	423,3	61,8	149,9	23,0	660,9	37,5	268,5	14,6

*aufgrund der Revision der Wirtschaftszweigklassifikation in 2008 ist eine Vergleichbarkeit mit den Vorjahren nur bedingt möglich

**ohne Sozialversicherung/Arbeitsförderung

◘ Tab. 26.11.12 Verteilung der Arbeitsunfähigkeitstage nach Krankheitsarten in Prozent in der Branche Öffentliche Verwaltung im Jahr 2016, AOK-Mitglieder

Wirtschaftsabteilung	AU-Tage in %						
	Psyche	Herz/Kreislauf	Atemwege	Verdauung	Muskel/Skelett	Verletzungen	Sonstige
Auswärtige Angelegenheiten, Verteidigung, Rechtspflege, öffentliche Sicherheit und Ordnung	11,9	6,3	12,5	4,7	23,9	8,8	32,0
Exterritoriale Organisationen und Körperschaften	9,3	7,7	11,4	5,5	25,4	8,2	32,6
Öffentliche Verwaltung	11,8	5,8	13,4	4,8	22,2	9,2	32,8
Sozialversicherung	17,2	4,6	16,1	5,1	16,1	6,7	34,2
Branche insgesamt	12,6	5,7	13,7	4,9	21,4	8,7	33,0
Alle Branchen	11,0	5,7	12,4	5,1	22,9	11,0	32,0

◻ **Tab. 26.11.13** Verteilung der Arbeitsunfähigkeitsfälle nach Krankheitsarten in Prozent in der Branche Öffentliche Verwaltung im Jahr 2016, AOK-Mitglieder

Wirtschaftsabteilung	AU-Fälle in %						
	Psyche	Herz/ Kreislauf	Atem- wege	Ver- dauung	Muskel/ Skelett	Verlet- zungen	Sonstige
Auswärtige Angelegenheiten, Verteidigung, Rechtspflege, öffentliche Sicherheit und Ordnung	6,0	4,6	22,0	9,0	17,1	5,9	35,4
Exterritoriale Organisationen und Körperschaften	5,4	5,2	19,5	8,4	20,7	5,4	35,4
Öffentliche Verwaltung	5,3	4,1	24,2	9,0	15,3	6,1	35,9
Sozialversicherung	6,3	3,5	27,1	9,6	11,5	4,6	37,4
Branche insgesamt	**5,6**	**4,1**	**24,5**	**9,1**	**14,9**	**5,8**	**36,1**
Alle Branchen	**5,1**	**3,8**	**22,9**	**9,1**	**15,9**	**7,3**	**35,8**

Fehlzeiten-Report 2017

◻ **Tab. 26.11.14** Verteilung der Arbeitsunfähigkeitstage nach Krankheitsarten und ausgewählten Berufsgruppen in der Branche Öffentliche Verwaltung im Jahr 2016, AOK-Mitglieder

Tätigkeit	AU-Tage in %						
	Psyche	Herz/ Kreislauf	Atem- wege	Ver- dauung	Muskel/ Skelett	Verlet- zungen	Sonstige
Berufe im Gartenbau (ohne Spez.)	9,0	5,8	12,2	4,7	28,8	10,9	28,5
Berufe im Objekt-, Werte- u. Personenschutz	11,4	7,2	10,6	5,4	24,3	9,0	32,2
Berufe in der Forstwirtschaft	5,5	6,2	9,8	4,6	29,7	17,2	27,0
Berufe in der Gebäudetechnik (ohne Spez.)	9,2	9,4	9,6	4,8	23,3	10,5	33,3
Berufe in der Kinderbetreuung u. -erziehung	15,9	3,2	20,1	4,9	14,8	6,8	34,3
Berufe in der öffentlichen Verwaltung (ohne Spez.)	16,1	5,1	15,9	5,2	15,3	7,4	35,0
Berufe in der Personaldienstleistung	19,7	4,6	17,2	4,8	14,2	5,9	33,6
Berufe in der Reinigung (ohne Spez.)	11,0	5,5	10,0	3,8	29,3	7,8	32,5
Berufe in der Sozialarbeit u. Sozialpädagogik	19,7	4,0	17,8	4,7	12,8	6,6	34,3
Berufe in der Sozialverwaltung u. -versicherung	17,1	4,4	16,5	5,2	15,7	6,9	34,2
Berufskraftfahrer/innen (Güterverkehr/ LKW)	7,7	8,0	10,2	4,9	28,5	9,7	30,8
Büro- u. Sekretariatskräfte (ohne Spez.)	15,1	5,3	14,7	5,2	17,1	6,9	35,6
Kaufmännische u. technische Betriebswirtschaft (ohne Spez.)	15,0	5,7	16,2	5,2	17,2	7,8	32,9
Köche/Köchinnen (ohne Spez.)	12,4	6,3	11,2	4,3	26,3	8,0	31,5
Platz- u. Gerätewarte/-wartinnen	6,2	8,0	9,2	5,0	28,2	12,2	31,2
Straßen- u. Tunnelwärter/innen	6,1	6,9	11,1	4,9	28,7	12,8	29,6
Branche gesamt	**12,6**	**5,7**	**13,7**	**4,9**	**21,4**	**8,7**	**33,0**
Alle Branchen	**11,0**	**5,7**	**12,4**	**5,1**	**22,9**	**11,0**	**32,0**

Fehlzeiten-Report 2017

◻ **Tab. 26.11.15** Verteilung der Arbeitsunfähigkeitsfälle nach Krankheitsarten und ausgewählten Berufsgruppen in der Branche Öffentliche Verwaltung im Jahr 2016, AOK-Mitglieder

Tätigkeit	AU-Fälle in %						
	Psyche	Herz/ Kreislauf	Atem- wege	Ver- dauung	Muskel/ Skelett	Verlet- zungen	Sonstige
Berufe im Gartenbau (ohne Spez.)	4,5	4,4	20,0	8,7	22,3	8,1	31,8
Berufe im Objekt-, Werte- u. Personenschutz	6,7	5,6	19,0	8,6	18,8	6,5	34,8
Berufe in der Forstwirtschaft	3,3	4,6	18,5	7,8	24,3	11,4	30,1
Berufe in der Gebäudetechnik (ohne Spez.)	5,1	6,7	18,4	9,1	18,4	7,4	34,8
Berufe in der Kinderbetreuung u. -erziehung	5,3	2,4	32,2	8,6	9,0	4,1	38,4
Berufe in der öffentlichen Verwaltung (ohne Spez.)	6,2	3,7	26,7	9,4	11,2	4,9	37,9
Berufe in der Personaldienstleistung	7,6	3,2	29,4	9,0	9,8	4,2	36,8
Berufe in der Reinigung (ohne Spez.)	6,0	5,2	19,0	8,3	20,3	5,4	35,8
Berufe in der Sozialarbeit u. Sozialpädagogik	7,0	3,0	30,3	8,3	9,2	4,7	37,5
Berufe in der Sozialverwaltung u. -versicherung	6,1	3,3	27,5	9,7	11,0	4,6	37,7
Berufskraftfahrer/innen (Güterverkehr/LKW)	4,4	5,5	18,6	9,4	22,7	6,8	32,5
Büro- u. Sekretariatskräfte (ohne Spez.)	6,6	4,1	24,9	9,6	12,8	4,6	37,4
Kaufmännische u. technische Betriebswirtschaft (ohne Spez.)	6,6	4,1	25,8	10,1	12,4	4,8	36,2
Köche/Köchinnen (ohne Spez.)	6,2	4,9	20,6	8,7	18,5	5,7	35,5
Platz- u. Gerätewarte/-wartinnen	3,4	5,7	17,4	9,1	22,1	9,3	33,0
Straßen- u. Tunnelwärter/innen	3,2	4,4	19,7	9,1	22,2	9,3	32,1
Branche gesamt	**5,6**	**4,1**	**24,5**	**9,1**	**14,9**	**5,8**	**36,1**
Alle Branchen	**5,1**	**3,8**	**22,9**	**9,1**	**15,9**	**7,3**	**35,8**

Fehlzeiten-Report 2017

◻ **Tab. 26.11.16** Anteile der 40 häufigsten Einzeldiagnosen an den AU-Fällen und AU-Tagen in der Branche Öffentliche Verwaltung im Jahr 2016, AOK-Mitglieder

ICD–10	Bezeichnung	AU-Fälle in %	AU-Tage in %
J06	Akute Infektionen an mehreren oder nicht näher bezeichneten Lokalisationen der oberen Atemwege	9,6	4,7
M54	Rückenschmerzen	5,3	5,4
A09	Sonstige und nicht näher bezeichnete Gastroenteritis und Kolitis infektiösen und nicht näher bezeichneten Ursprungs	3,4	1,3
K08	Sonstige Krankheiten der Zähne und des Zahnhalteapparates	2,4	0,5
J20	Akute Bronchitis	2,2	1,3
I10	Essentielle (primäre) Hypertonie	1,8	1,8
B34	Viruskrankheit nicht näher bezeichneter Lokalisation	1,8	0,9
J40	Bronchitis, nicht als akut oder chronisch bezeichnet	1,7	1,0
R10	Bauch- und Beckenschmerzen	1,5	0,7
F43	Reaktionen auf schwere Belastungen und Anpassungsstörungen	1,4	2,4
K52	Sonstige nichtinfektiöse Gastroenteritis und Kolitis	1,4	0,6
F32	Depressive Episode	1,3	3,7
J01	Akute Sinusitis	1,3	0,7
J32	Chronische Sinusitis	1,2	0,6
K29	Gastritis und Duodenitis	1,1	0,6
J02	Akute Pharyngitis	1,1	0,5
J03	Akute Tonsillitis	1,0	0,5
M25	Sonstige Gelenkkrankheiten, anderenorts nicht klassifiziert	0,9	1,1
R51	Kopfschmerz	0,9	0,4
J00	Akute Rhinopharyngitis [Erkältungsschnupfen]	0,9	0,4
M51	Sonstige Bandscheibenschäden	0,8	1,8
T14	Verletzung an einer nicht näher bezeichneten Körperregion	0,8	0,8
M99	Biomechanische Funktionsstörungen, anderenorts nicht klassifiziert	0,8	0,7
G43	Migräne	0,8	0,3
M75	Schulterläsionen	0,7	1,6
F45	Somatoforme Störungen	0,7	1,4
F48	Andere neurotische Störungen	0,7	1,1
M77	Sonstige Enthesopathien	0,7	0,8
M53	Sonstige Krankheiten der Wirbelsäule und des Rückens, anderenorts nicht klassifiziert	0,7	0,8
M79	Sonstige Krankheiten des Weichteilgewebes, anderenorts nicht klassifiziert	0,7	0,7
R53	Unwohlsein und Ermüdung	0,7	0,6
J04	Akute Laryngitis und Tracheitis	0,7	0,4
N39	Sonstige Krankheiten des Harnsystems	0,7	0,3
R11	Übelkeit und Erbrechen	0,7	0,3
J98	Sonstige Krankheiten der Atemwege	0,7	0,3
R42	Schwindel und Taumel	0,6	0,5
B99	Sonstige und nicht näher bezeichnete Infektionskrankheiten	0,6	0,3
M23	Binnenschädigung des Kniegelenkes [internal derangement]	0,5	1,1
J11	Grippe, Viren nicht nachgewiesen	0,5	0,3
A08	Virusbedingte und sonstige näher bezeichnete Darminfektionen	0,5	0,2
	Summe hier	**55,8**	**43,4**
	Restliche	44,2	56,6
	Gesamtsumme	**100,0**	**100,0**

Fehlzeiten-Report 2017

◻ Tab. 26.11.17 Anteile der 40 häufigsten Diagnoseuntergruppen an den AU-Fällen und AU-Tagen der Branche Öffentliche Verwaltung im Jahr 2016, AOK-Mitglieder

ICD-10	Bezeichnung	AU-Fälle in %	AU-Tage in %
J00–J06	Akute Infektionen der oberen Atemwege	14,8	7,2
M50–M54	Sonstige Krankheiten der Wirbelsäule und des Rückens	6,4	7,5
A00–A09	Infektiöse Darmkrankheiten	4,4	1,6
F40–F48	Neurotische, Belastungs- und somatoforme Störungen	3,2	6,0
R50–R69	Allgemeinsymptome	3,1	2,6
J40–J47	Chronische Krankheiten der unteren Atemwege	2,9	2,1
K00–K14	Krankheiten der Mundhöhle, der Speicheldrüsen und der Kiefer	2,9	0,7
J20–J22	Sonstige akute Infektionen der unteren Atemwege	2,6	1,6
M70–M79	Sonstige Krankheiten des Weichteilgewebes	2,5	3,7
R10–R19	Symptome, die das Verdauungssystem und das Abdomen betreffen	2,5	1,3
I10–I15	Hypertonie [Hochdruckkrankheit]	2,0	2,1
B25–B34	Sonstige Viruskrankheiten	2,0	1,0
F30–F39	Affektive Störungen	1,8	6,0
J30–J39	Sonstige Krankheiten der oberen Atemwege	1,8	1,0
K50–K52	Nichtinfektiöse Enteritis und Kolitis	1,8	0,8
G40–G47	Episodische und paroxysmale Krankheiten des Nervensystems	1,7	1,3
K20–K31	Krankheiten des Ösophagus, des Magens und des Duodenums	1,7	0,9
Z80–Z99	Personen mit potentiellen Gesundheitsrisiken aufgrund der Familien- oder Eigenanamnese und bestimmte Zustände, die den Gesundheitszustand beeinflussen	1,6	3,0
M20–M25	Sonstige Gelenkkrankheiten	1,5	2,6
R00–R09	Symptome, die das Kreislaufsystem und das Atmungssystem betreffen	1,3	0,9
K55–K64	Sonstige Krankheiten des Darmes	1,1	0,9
N30–N39	Sonstige Krankheiten des Harnsystems	1,1	0,5
M15–M19	Arthrose	1,0	2,6
T08–T14	Verletzungen nicht näher bezeichneter Teile des Rumpfes, der Extremitäten oder anderer Körperregionen	1,0	1,0
M95–M99	Sonstige Krankheiten des Muskel-Skelett-Systems und des Bindegewebes	0,9	0,8
E70–E90	Stoffwechselstörungen	0,9	0,8
J09–J18	Grippe und Pneumonie	0,9	0,7
S80–S89	Verletzungen des Knies und des Unterschenkels	0,8	1,6
S90–S99	Verletzungen der Knöchelregion und des Fußes	0,8	1,0
R40–R46	Symptome, die das Erkennungs- und Wahrnehmungsvermögen, die Stimmung und das Verhalten betreffen	0,8	0,7
J95–J99	Sonstige Krankheiten des Atmungssystems	0,8	0,5
D10–D36	Gutartige Neubildungen	0,7	0,5
Z00–Z13	Personen, die das Gesundheitswesen zur Untersuchung und Abklärung in Anspruch nehmen	0,7	0,4
C00–C75	Bösartige Neubildungen an genau bezeichneten Lokalisationen, als primär festgestellt oder vermutet, ausgenommen lymphatisches, blu	0,6	2,4
G50–G59	Krankheiten von Nerven, Nervenwurzeln und Nervenplexus	0,6	1,0
Z40–Z54	Personen, die das Gesundheitswesen zum Zwecke spezifischer Maßnahmen und zur medizinischen Betreuung in Anspruch nehmen	0,6	1,0
S60–S69	Verletzungen des Handgelenkes und der Hand	0,6	0,8
E00–E07	Krankheiten der Schilddrüse	0,6	0,6
N80–N98	Nichtentzündliche Krankheiten des weiblichen Genitaltraktes	0,6	0,5
B99–B99	Sonstige Infektionskrankheiten	0,6	0,3
	Summe hier	**78,2**	**72,5**
	Restliche	21,8	27,5
	Gesamtsumme	**100,0**	**100,0**

26.12 Verarbeitendes Gewerbe

◘ Tab. 26.12.1 Entwicklung des Krankenstands der AOK-Mitglieder in der Branche Verarbeitendes Gewerbe in den Jahren 1994 bis 2016

Jahr	Krankenstand in %			AU-Fälle je 100 AOK-Mitglieder			Tage je Fall		
	West	Ost	Bund	West	Ost	Bund	West	Ost	Bund
1994	6,3	5,5	6,2	151,4	123,7	148,0	14,9	15,3	14,9
1995	6,0	5,3	5,9	157,5	133,0	154,6	14,6	15,2	14,7
1996	5,4	5,9	5,3	141,8	122,4	139,5	14,7	15,2	14,8
1997	5,1	4,5	5,1	139,0	114,1	136,1	13,8	14,5	13,8
1998	5,3	4,6	5,2	142,9	118,8	140,1	13,7	14,5	13,8
1999	5,6	5,2	5,6	152,7	133,3	150,5	13,5	14,4	13,6
2000	5,7	5,2	5,6	157,6	140,6	155,7	13,2	13,6	13,3
2001	5,6	5,3	5,6	155,6	135,9	153,5	13,2	14,2	13,3
2002	5,5	5,2	5,5	154,7	136,9	152,7	13,0	13,8	13,1
2003	5,1	4,8	5,1	149,4	132,8	147,4	12,5	13,2	12,6
2004	4,8	4,4	4,7	136,5	120,2	134,4	12,8	13,3	12,8
2005	4,8	4,3	4,7	138,6	119,4	136,0	12,5	13,2	12,6
2006	4,6	4,2	4,5	132,9	115,4	130,5	12,6	13,1	12,7
2007	4,9	4,5	4,8	143,1	124,7	140,5	12,5	13,1	12,6
2008 (WZ03)	5,1	4,8	5,0	150,9	132,8	148,3	12,3	13,3	12,4
2008 (WZ08)*	5,0	4,8	5,0	151,7	132,9	148,9	12,2	13,1	12,3
2009	5,1	5,0	5,0	153,0	138,6	150,8	12,2	13,2	12,4
2010	5,3	5,2	5,2	153,7	149,0	153,0	12,5	12,7	12,6
2011	5,4	5,0	5,3	159,6	154,4	158,8	12,4	11,8	12,3
2012	5,5	5,6	5,5	159,4	149,6	157,9	12,5	13,8	12,7
2013	5,7	5,8	5,7	168,7	159,4	167,3	12,2	13,4	12,4
2014	5,8	6,0	5,8	166,5	157,4	165,1	12,6	13,8	12,8
2015	6,0	6,2	6,0	178,6	169,7	177,2	12,3	13,3	12,4
2016	6,0	6,2	6,0	177,0	171,5	176,2	12,3	13,3	12,5

*aufgrund der Revision der Wirtschaftszweigklassifikation in 2008 ist eine Vergleichbarkeit mit den Vorjahren nur bedingt möglich

Tab. 26.12.2 Arbeitsunfähigkeit der AOK-Mitglieder in der Branche Verarbeitendes Gewerbe nach Bundesländern im Jahr 2016 im Vergleich zum Vorjahr

Bundesland	Kranken-stand in %	Arbeitsunfähigkeit je 100 AOK-Mitglieder				Tage je Fall	Veränd. z. Vorj. in %	AU-Quote in %
		AU-Fälle	Veränd. z. Vorj. in %	AU-Tage	Veränd. z. Vorj. in %			
Baden-Württemberg	5,7	183,7	−1,6	2.079,8	−1,5	11,3	0,1	62,4
Bayern	5,3	152,0	−2,4	1.954,1	−0,9	12,9	1,5	57,0
Berlin	5,6	165,6	2,1	2.046,1	−0,8	12,4	−2,8	53,0
Brandenburg	6,5	171,2	0,5	2.390,4	1,8	14,0	1,3	62,1
Bremen	7,5	181,0	−0,6	2.743,6	1,3	15,2	1,9	59,7
Hamburg	5,7	169,3	−5,3	2.101,1	−4,6	12,4	0,8	56,3
Hessen	6,5	187,4	0,3	2.391,5	−0,5	12,8	−0,8	64,2
Mecklenburg-Vorpommern	6,8	174,6	0,0	2.505,4	2,1	14,4	2,2	60,7
Niedersachsen	6,3	189,1	1,0	2.318,7	0,5	12,3	−0,5	64,0
Nordrhein-Westfalen	6,6	190,8	1,0	2.409,6	0,8	12,6	−0,2	65,0
Rheinland-Pfalz	6,4	194,7	0,1	2.336,2	−1,1	12,0	−1,1	65,4
Saarland	6,9	169,7	−2,8	2.512,5	−3,6	14,8	−0,8	58,6
Sachsen	5,8	167,0	0,4	2.131,8	0,1	12,8	−0,4	62,6
Sachsen-Anhalt	6,4	172,2	0,1	2.359,3	−2,6	13,7	−2,7	60,9
Schleswig-Holstein	6,3	177,6	−0,7	2.301,8	1,5	13,0	2,2	60,4
Thüringen	6,6	179,3	0,3	2.419,1	−1,3	13,5	−1,6	64,2
West	6,0	177,0	−0,6	2.184,6	−0,4	12,3	0,2	61,6
Ost	6,2	171,5	0,4	2.277,2	−0,3	13,3	−0,7	62,6
Bund	6,0	176,2	−0,5	2.197,7	−0,3	12,5	0,2	61,8

Fehlzeiten-Report 2017

◻ Tab. 26.12.3 Arbeitsunfähigkeit der AOK-Mitglieder in der Branche Verarbeitendes Gewerbe nach Wirtschaftsabteilungen im Jahr 2016

Wirtschaftsabteilung	Krankenstand in %		Arbeitsunfähigkeiten je 100 AOK-Mitglieder		Tage je Fall	AU-Quote in %
	2016	2016 stand.*	Fälle	Tage		
Getränkeherstellung	6,3	5,3	166,8	2.320,8	13,9	62,2
Herstellung von Bekleidung	4,9	4,5	163,6	1.799,9	11,0	58,8
Herstellung von chemischen Erzeugnissen	5,9	5,7	190,4	2.170,6	11,4	65,6
Herstellung von Druckerzeugnissen, Vervielfältigung von bespielten Ton-, Bild- und Datenträgern	5,6	5,3	168,5	2.067,2	12,3	60,8
Herstellung von Glas und Glaswaren, Keramik, Verarbeitung von Steinen und Erden	6,5	5,9	175,3	2.388,4	13,6	64,2
Herstellung von Gummi- und Kunststoffwaren	6,4	6,2	192,7	2.345,4	12,2	66,8
Herstellung von Holz-, Flecht-, Korb- und Korkwaren (ohne Möbel)	6,0	5,5	171,4	2.195,5	12,8	62,1
Herstellung von Leder, Lederwaren und Schuhen	6,2	5,8	178,2	2.257,6	12,7	63,8
Herstellung von Möbeln	5,9	5,6	175,2	2.142,9	12,2	63,4
Herstellung von Nahrungs- und Futtermitteln	5,9	5,9	160,4	2.169,5	13,5	56,0
Herstellung von Papier, Pappe und Waren daraus	6,6	6,3	189,5	2.433,4	12,8	67,1
Herstellung von pharmazeutischen Erzeugnissen	5,5	5,7	200,4	2.018,0	10,1	64,3
Herstellung von sonstigen Waren	5,3	5,2	183,4	1.938,2	10,6	63,0
Herstellung von Textilien	6,2	5,7	177,3	2.281,4	12,9	64,4
Kokerei und Mineralölverarbeitung	4,7	4,5	158,5	1.704,8	10,8	60,6
Reparatur und Installation von Maschinen und Ausrüstungen	5,2	5,1	170,7	1.900,6	11,1	58,1
Tabakverarbeitung	6,9	6,5	184,0	2.512,9	13,7	63,1
Branche insgesamt	**6,0**	**5,8**	**176,2**	**2.197,7**	**12,5**	**61,8**
Alle Branchen	**5,3**	**5,4**	**166,6**	**1.943,2**	**11,7**	**54,4**

*Krankenstand alters- und geschlechtsstandardisiert

Fehlzeiten-Report 2017

◻ **Tab. 26.12.4** Kennzahlen der Arbeitsunfähigkeit der AOK-Mitglieder nach ausgewählten Berufsgruppen in der Branche Verarbeitendes Gewerbe im Jahr 2016

Tätigkeit	Kranken-stand in %	Arbeitsunfähigkeiten je 100 AOK-Mitglieder		Tage je Fall	AU-Quote in %	Anteil der Berufs-gruppe an der Branche in %*
		Fälle	Tage			
Berufe im Holz-, Möbel- u. Innenausbau	5,6	179,2	2.052,1	11,5	65,1	2,4
Berufe im Verkauf (ohne Spez.)	4,8	136,3	1.747,2	12,8	51,7	1,2
Berufe im Verkauf von Back- u. Konditoreiwaren	5,2	151,6	1.912,5	12,6	55,5	4,4
Berufe im Verkauf von Fleischwaren	4,8	118,4	1.770,4	15,0	51,5	1,6
Berufe im Vertrieb (außer Informations- u. Kommunikationstechnologien)	3,3	120,9	1.219,1	10,1	52,1	1,2
Berufe in der Back- u. Konditorei-warenherstellung	5,0	143,8	1.820,6	12,7	54,2	2,1
Berufe in der Chemie- u. Pharmatechnik	6,9	218,8	2.529,9	11,6	70,3	3,8
Berufe in der Drucktechnik	6,7	189,6	2.468,1	13,0	66,0	2,4
Berufe in der Fleischverarbeitung	5,7	145,4	2.082,2	14,3	47,4	2,5
Berufe in der Holzbe- u. -verarbeitung (ohne Spez.)	6,8	185,5	2.474,4	13,3	65,1	1,9
Berufe in der Kunststoff- u. Kautschuk-herstellung (ohne Spez.)	7,3	212,3	2.660,0	12,5	69,7	7,8
Berufe in der Lagerwirtschaft	7,1	197,4	2.586,5	13,1	64,3	8,6
Berufe in der Lebensmittelherstellung (ohne Spez.)	7,3	193,4	2.657,3	13,7	61,1	5,2
Berufe in der Maschinenbau- u. Betriebstechnik (ohne Spez.)	6,4	194,5	2.329,1	12,0	66,8	2,9
Berufe in der Metallbearbeitung (ohne Spez.)	7,0	209,4	2.559,8	12,2	68,7	1,3
Berufe in der Papierverarbeitung u. Verpackungstechnik	7,5	212,0	2.737,1	12,9	72,0	1,3
Berufskraftfahrer/innen (Güterverkehr/LKW)	6,8	143,0	2.496,3	17,5	58,8	1,5
Büro- u. Sekretariatskräfte (ohne Spez.)	3,4	129,2	1.239,8	9,6	50,5	2,7
Kaufmännische u. technische Betriebs-wirtschaft (ohne Spez.)	3,0	144,9	1.083,4	7,5	54,7	2,9
Maschinen- u. Anlagenführer/innen	7,7	215,4	2.804,4	13,0	71,3	2,8
Branche insgesamt	**6,0**	**176,2**	**2.197,7**	**12,5**	**61,8**	**9,6****

* Anteil der AOK-Mitglieder in der Berufsgruppe an den in der Branche beschäftigten AOK-Mitgliedern insgesamt

** Anteil der AOK-Mitglieder in der Branche an allen AOK-Mitgliedern

Fehlzeiten-Report 2017

◘ Tab. 26.12.5 Dauer der Arbeitsunfähigkeit der AOK-Mitglieder in der Branche Verarbeitendes Gewerbe im Jahr 2016

Fallklasse	Branche hier		alle Branchen	
	Anteil Fälle in %	Anteil Tage in %	Anteil Fälle in %	Anteil Tage in %
1–3 Tage	34,3	5,5	36,0	6,2
4–7 Tage	30,9	12,4	31,2	13,4
8–14 Tage	17,6	14,7	17,0	15,1
15–21 Tage	6,1	8,5	5,7	8,5
22–28 Tage	3,1	6,1	2,9	6,0
29–42 Tage	3,2	8,9	2,9	8,6
Langzeit-AU (> 42 Tage)	4,8	43,9	4,3	42,1

Fehlzeiten-Report 2017

◘ Tab. 26.12.6 Tage der Arbeitsunfähigkeit je AOK-Mitglied nach Wirtschaftsabteilung und Betriebsgröße in der Branche Verarbeitendes Gewerbe im Jahr 2016

Wirtschaftsabteilungen	Betriebsgröße (Anzahl der AOK-Mitglieder)					
	10–49	50–99	100–199	200–499	500–999	≥ 1.000
Getränkeherstellung	22,6	24,3	27,2	24,4	–	–
Herstellung von Bekleidung	17,3	17,6	23,6	26,0	–	12,7
Herstellung von chemischen Erzeugnissen	22,5	23,5	23,1	22,3	19,1	19,2
Herstellung von Druckerzeugnissen, Vervielfältigung von bespielten Ton-, Bild- und Datenträgern	21,1	23,6	23,6	23,6	27,8	–
Herstellung von Glas und Glaswaren, Keramik, Verarbeitung von Steinen und Erden	24,5	25,9	23,8	25,2	20,5	–
Herstellung von Gummi- und Kunststoffwaren	23,8	24,6	24,0	23,2	22,9	23,0
Herstellung von Holz-, Flecht-, Korb- und Korkwaren (ohne Möbel)	22,1	24,7	24,4	22,8	25,9	–
Herstellung von Leder, Lederwaren und Schuhen	22,3	24,4	22,0	26,8	–	–
Herstellung von Möbeln	20,6	24,4	25,7	23,5	18,9	–
Herstellung von Nahrungs- und Futtermitteln	20,1	24,4	24,7	25,2	21,4	19,2
Herstellung von Papier, Pappe und Waren daraus	24,9	25,6	24,6	23,7	20,9	–
Herstellung von pharmazeutischen Erzeugnissen	21,1	23,1	20,0	22,0	18,8	18,5
Herstellung von sonstigen Waren	19,6	20,3	22,6	23,2	26,8	18,7
Herstellung von Textilien	23,5	24,4	24,0	20,4	–	–
Kokerei und Mineralölverarbeitung	17,3	21,9	18,4	11,1	–	–
Reparatur und Installation von Maschinen und Ausrüstungen	19,4	20,9	21,0	20,2	24,6	–
Tabakverarbeitung	21,0	34,6	29,4	22,3	23,6	–
Branche insgesamt	**21,8**	**24,2**	**24,0**	**23,8**	**22,2**	**19,4**
Alle Branchen	**20,2**	**22,1**	**22,2**	**22,1**	**22,1**	**22,4**

Fehlzeiten-Report 2017

◻ **Tab. 26.12.7** Krankenstand in Prozent nach Ausbildungsabschluss in der Branche Verarbeitendes Gewerbe im Jahr 2016, AOK-Mitglieder

Wirtschaftsabteilung	Ausbildung						
	ohne Aus-bildungs-abschluss	mit Aus-bildungs-abschluss	Meister/ Techniker	Bachelor	Diplom/Magis-ter/Master/ Staatsexamen	Promo-tion	unbe-kannt
Getränkeherstellung	7,0	6,3	4,5	1,7	2,2	0,8	6,9
Herstellung von Bekleidung	6,2	4,6	3,7	1,2	2,9	–	5,4
Herstellung von chemi-schen Erzeugnissen	7,1	5,9	4,0	1,9	2,4	1,3	6,7
Herstellung von Druck-erzeugnissen, Vervielfäl-tigung von bespielten Ton-, Bild- und Daten-trägern	6,9	5,6	4,0	2,0	2,7	2,3	5,5
Herstellung von Glas und Glaswaren, Keramik, Verarbeitung von Steinen und Erden	7,6	6,5	4,6	2,4	2,9	3,7	6,6
Herstellung von Gummi- und Kunststoffwaren	7,3	6,2	4,1	2,2	2,8	3,6	7,0
Herstellung von Holz-, Flecht-, Korb- und Kork-waren (ohne Möbel)	6,9	6,0	3,9	2,5	2,9	3,4	5,9
Herstellung von Leder, Lederwaren und Schuhen	7,5	5,8	4,7	3,8	2,5	–	6,1
Herstellung von Möbeln	6,9	5,9	3,9	2,4	3,1	6,7	5,8
Herstellung von Nah-rungs- und Futtermitteln	6,9	5,9	4,6	2,6	3,5	2,4	5,6
Herstellung von Papier, Pappe und Waren daraus	8,0	6,4	4,4	2,2	2,8	3,1	7,1
Herstellung von pharmazeutischen Erzeugnissen	7,0	5,8	4,5	2,0	2,4	1,6	6,3
Herstellung von sonstigen Waren	6,6	5,3	3,7	2,0	2,4	2,3	5,0
Herstellung von Textilien	7,2	6,2	4,8	2,0	3,2	2,9	6,1
Kokerei und Mineralöl-verarbeitung	5,0	5,0	4,5	1,1	1,7	1,8	4,7
Reparatur und Installa-tion von Maschinen und Ausrüstungen	5,5	5,5	3,8	2,0	2,7	2,4	5,2
Tabakverarbeitung	8,8	7,0	5,6	1,8	1,7	–	6,8
Branche insgesamt	7,1	6,0	4,2	2,2	2,7	2,0	6,0
Alle Branchen	6,1	5,6	4,3	2,3	2,8	2,0	4,9

Fehlzeiten-Report 2017

◘ Tab. 26.12.8 Tage der Arbeitsunfähigkeit je AOK-Mitglied nach Ausbildung in der Branche Verarbeitendes Gewerbe im Jahr 2016

Wirtschaftsabteilung	Ausbildung						
	ohne Aus-bildungs-abschluss	mit Aus-bildungs-abschluss	Meister/ Techniker	Bachelor	Diplom/Magis-ter/Master/ Staatsexamen	Promo-tion	unbe-kannt
Getränkeherstellung	25,7	23,2	16,4	6,4	8,1	2,9	25,2
Herstellung von Bekleidung	22,7	16,9	13,5	4,6	10,4	–	19,8
Herstellung von chemi-schen Erzeugnissen	25,9	21,7	14,5	6,8	8,8	4,9	24,4
Herstellung von Druck-erzeugnissen, Vervielfäl-tigung von bespielten Ton-, Bild- und Daten-trägern	25,2	20,5	14,7	7,3	9,8	8,5	20,3
Herstellung von Glas und Glaswaren, Keramik, Verarbeitung von Steinen und Erden	27,7	23,8	16,9	8,8	10,6	13,6	24,0
Herstellung von Gummi- und Kunststoffwaren	26,7	22,7	15,0	8,2	10,1	13,1	25,7
Herstellung von Holz-, Flecht-, Korb- und Kork-waren (ohne Möbel)	25,3	22,0	14,3	9,2	10,7	12,6	21,6
Herstellung von Leder, Lederwaren und Schuhen	27,6	21,1	17,2	14,0	9,3	–	22,4
Herstellung von Möbeln	25,3	21,5	14,4	8,7	11,3	24,6	21,1
Herstellung von Nah-rungs- und Futtermitteln	25,3	21,7	16,8	9,5	12,7	8,9	20,3
Herstellung von Papier, Pappe und Waren daraus	29,3	23,3	16,1	8,1	10,2	11,2	25,9
Herstellung von pharmazeutischen Erzeugnissen	25,5	21,2	16,6	7,2	9,0	6,0	23,1
Herstellung von sonstigen Waren	24,0	19,5	13,4	7,3	8,8	8,3	18,4
Herstellung von Textilien	26,4	22,6	17,5	7,1	11,8	10,8	22,4
Kokerei und Mineralöl-verarbeitung	18,4	18,3	16,3	3,9	6,3	6,4	17,1
Reparatur und Installa-tion von Maschinen und Ausrüstungen	20,0	20,0	13,8	7,2	9,8	8,8	18,9
Tabakverarbeitung	32,1	25,4	20,6	6,4	6,2	–	25,0
Branche insgesamt	**25,9**	**21,8**	**15,4**	**7,9**	**10,0**	**7,3**	**21,9**
Alle Branchen	**22,3**	**20,6**	**15,8**	**8,3**	**10,2**	**7,4**	**17,9**

Fehlzeiten-Report 2017

⬛ **Tab. 26.12.9** Anteil der Arbeitsunfälle an den AU-Fällen und -Tagen in Prozent nach Wirtschaftsabteilungen in der Branche Verarbeitendes Gewerbe im Jahr 2016, AOK-Mitglieder

Wirtschaftsabteilung	AU-Fälle in %	AU-Tage in %
Getränkeherstellung	4,0	7,9
Herstellung von Bekleidung	1,4	3,0
Herstellung von chemischen Erzeugnissen	2,0	3,9
Herstellung von Druckerzeugnissen, Vervielfältigung von bespielten Ton-, Bild- und Datenträgern	2,5	4,7
Herstellung von Glas und Glaswaren, Keramik, Verarbeitung von Steinen und Erden	4,3	8,5
Herstellung von Gummi- und Kunststoffwaren	3,0	5,4
Herstellung von Holz-, Flecht-, Korb- und Korkwaren (ohne Möbel)	5,8	11,2
Herstellung von Leder, Lederwaren und Schuhen	2,4	3,6
Herstellung von Möbeln	4,3	7,2
Herstellung von Nahrungs- und Futtermitteln	3,9	6,4
Herstellung von Papier, Pappe und Waren daraus	3,0	5,9
Herstellung von pharmazeutischen Erzeugnissen	1,4	2,8
Herstellung von sonstigen Waren	1,9	3,6
Herstellung von Textilien	2,9	4,9
Kokerei und Mineralölverarbeitung	2,0	3,7
Reparatur und Installation von Maschinen und Ausrüstungen	4,5	8,4
Tabakverarbeitung	1,8	3,4
Branche insgesamt	**3,3**	**6,1**
Alle Branchen	**3,1**	**5,9**

Fehlzeiten-Report 2017

▫ Tab. 26.12.10 Tage und Fälle der Arbeitsunfähigkeit durch Arbeitsunfälle nach Berufsgruppen in der Branche Verarbeitendes Gewerbe im Jahr 2016, AOK-Mitglieder

Tätigkeit	Arbeitsunfähigkeit je 1.000 AOK-Mitglieder	
	AU-Tage	AU-Fälle
Berufskraftfahrer/innen (Güterverkehr/LKW)	3.054,9	91,1
Berufe in der Holzbe- u. -verarbeitung (ohne Spez.)	2.534,3	104,3
Berufe in der Fleischverarbeitung	2.203,8	96,8
Berufe im Holz-, Möbel- u. Innenausbau	2.181,8	106,8
Maschinen- u. Anlagenführer/innen	1.835,8	73,8
Berufe in der Lebensmittelherstellung (ohne Spez.)	1.770,2	78,4
Berufe in der Metallbearbeitung (ohne Spez.)	1.638,1	67,3
Berufe in der Papierverarbeitung u. Verpackungstechnik	1.636,7	66,4
Berufe in der Maschinenbau- u. Betriebstechnik (ohne Spez.)	1.506,6	71,5
Berufe in der Kunststoff- u. Kautschukherstellung (ohne Spez.)	1.426,8	63,7
Berufe in der Lagerwirtschaft	1.392,2	60,1
Berufe in der Drucktechnik	1.232,7	55,6
Berufe in der Back- u. Konditoreiwarenherstellung	1.190,4	58,4
Berufe im Verkauf von Fleischwaren	1.133,9	54,5
Berufe in der Chemie- u. Pharmatechnik	958,4	42,7
Berufe im Verkauf von Back- u. Konditoreiwaren	778,8	39,8
Berufe im Verkauf (ohne Spez.)	748,8	35,4
Berufe im Vertrieb (außer Informations- u. Kommunikationstechnologien)	278,0	14,3
Büro- u. Sekretariatskräfte (ohne Spez.)	260,1	11,3
Kaufmännische u. technische Betriebswirtschaft (ohne Spez.)	242,5	12,7
Branche insgesamt	**1.347,9**	**58,8**
Alle Branchen	**1.146,7**	**51,3**

Fehlzeiten-Report 2017

◼ **Tab. 26.12.11** Tage und Fälle der Arbeitsunfähigkeit je 100 AOK-Mitglieder nach Krankheitsarten in der Branche Verarbeitendes Gewerbe in den Jahren 1995 bis 2016

Jahr	Arbeitsunfähigkeiten je 100 AOK-Mitglieder											
	Psyche		Herz/Kreislauf		Atemwege		Verdauung		Muskel/Skelett		Verletzungen	
	Tage	Fälle	Tage	Fälle	Tage	Fälle	Tage	Fälle	Tage	Fälle	Tage	Fälle
1995	109,4	4,1	211,3	9,5	385,7	47,1	206,4	24,9	740,0	38,1	411,3	25,9
1996	102,2	3,8	189,6	8,1	342,8	42,4	177,6	22,5	658,4	33,2	375,3	23,3
1997	97,3	3,9	174,3	8,2	303,1	40,9	161,3	21,9	579,3	32,4	362,7	23,2
1998	101,2	4,3	171,4	8,5	300,9	42,0	158,4	22,2	593,0	34,3	353,8	23,2
1999	108,4	4,7	175,3	8,8	345,4	48,2	160,7	23,5	633,3	36,9	355,8	23,5
2000	130,6	5,8	161,8	8,4	314,5	43,1	148,5	20,0	695,1	39,6	340,4	21,3
2001	141,4	6,6	165,9	9,1	293,7	41,7	147,8	20,6	710,6	41,2	334,6	21,2
2002	144,0	7,0	162,7	9,2	278,0	40,2	147,5	21,4	696,1	40,8	329,1	20,8
2003	137,8	6,9	152,8	9,1	275,8	41,1	138,0	20,4	621,1	37,6	307,2	19,6
2004	154,2	6,9	164,5	8,4	236,7	34,1	138,9	19,8	587,9	35,5	297,7	18,3
2005	153,7	6,7	164,1	8,3	274,8	39,6	132,3	18,4	562,2	34,5	291,1	17,8
2006	153,0	6,7	162,3	8,5	226,0	33,1	133,6	19,3	561,3	34,7	298,5	18,2
2007	165,8	7,0	170,5	8,6	257,2	37,7	143,5	20,9	598,6	36,1	298,2	17,9
2008 (WZ03)	172,3	7,4	175,7	9,0	270,3	40,0	147,1	22,0	623,6	37,8	301,7	18,3
2008 (WZ08)*	170,6	7,3	173,9	9,0	270,0	40,3	146,9	22,2	619,5	37,7	300,4	18,4
2009	178,8	7,7	176,5	8,9	304,0	45,0	141,7	21,1	601,5	35,7	302,9	17,9
2010	198,5	8,1	179,8	9,0	265,0	39,7	139,0	20,4	655,5	38,3	324,5	19,0
2011	209,8	8,7	174,3	9,1	278,3	41,3	139,1	20,4	644,7	38,8	318,2	18,7
2012	235,1	9,1	194,6	9,4	281,1	41,3	145,5	20,6	687,0	39,3	327,4	18,2
2013	241,0	9,2	190,4	8,9	350,4	50,5	147,2	20,7	683,4	39,2	330,7	18,1
2014	260,4	10,0	201,6	9,4	285,8	42,3	153,3	21,4	732,5	41,4	337,7	18,3
2015	269,1	10,3	202,1	9,5	363,5	52,7	154,4	21,4	729,9	41,3	335,2	18,2
2016	274,3	10,5	181,0	9,6	330,6	49,8	145,6	21,4	746,4	42,0	333,2	17,9

*aufgrund der Revision der Wirtschaftszweigklassifikation in 2008 ist eine Vergleichbarkeit mit den Vorjahren nur bedingt möglich

Fehlzeiten-Report 2017

◻ Tab. 26.12.12 Verteilung der Arbeitsunfähigkeitstage nach Krankheitsarten in Prozent in der Branche Verarbeitendes Gewerbe im Jahr 2016, AOK-Mitglieder

Wirtschaftsabteilung	AU-Tage in %						
	Psyche	Herz/ Kreislauf	Atem- wege	Ver- dauung	Muskel/ Skelett	Verlet- zungen	Sonstige
Getränkeherstellung	7,6	7,2	9,9	4,5	26,9	13,1	30,8
Herstellung von Bekleidung	12,4	5,3	12,5	4,4	23,0	8,4	34,0
Herstellung von chemischen Erzeugnissen	9,4	6,2	13,2	5,2	24,7	10,3	31,1
Herstellung von Druckerzeugnissen, Vervielfältigung von bespielten Ton-, Bild- und Datenträgern	10,9	6,3	11,5	4,9	24,1	10,2	32,2
Herstellung von Glas und Glaswaren, Keramik, Verarbeitung von Steinen und Erden	7,6	6,8	10,1	5,0	27,2	12,8	30,4
Herstellung von Gummi- und Kunststoffwaren	9,2	6,4	11,5	5,0	26,3	10,8	30,8
Herstellung von Holz-, Flecht-, Korb- und Korkwaren (ohne Möbel)	7,2	6,5	10,1	4,8	26,4	16,1	28,9
Herstellung von Leder, Lederwaren und Schuhen	10,6	5,6	11,2	5,0	26,1	9,3	32,3
Herstellung von Möbeln	7,8	6,0	10,5	5,2	27,2	13,6	29,6
Herstellung von Nahrungs- und Futtermitteln	10,0	5,9	10,6	4,9	25,6	11,1	32,0
Herstellung von Papier, Pappe und Waren daraus	9,0	6,6	11,1	4,9	26,1	11,1	31,2
Herstellung von pharmazeutischen Erzeugnissen	12,7	4,3	15,5	5,0	22,2	8,2	32,1
Herstellung von sonstigen Waren	11,3	5,5	13,5	5,1	21,5	9,5	33,7
Herstellung von Textilien	9,2	6,5	11,1	4,9	25,9	10,3	32,1
Kokerei und Mineralölverarbeitung	9,4	7,5	13,8	6,5	20,0	10,3	32,6
Reparatur und Installation von Maschinen und Ausrüstungen	8,0	6,2	12,0	5,1	23,1	14,3	31,3
Tabakverarbeitung	10,4	6,6	12,2	4,8	26,5	10,2	29,3
Branche insgesamt	**9,4**	**6,2**	**11,3**	**5,0**	**25,5**	**11,4**	**31,3**
Alle Branchen	**11,0**	**5,7**	**12,4**	**5,1**	**22,9**	**11,0**	**32,0**

Fehlzeiten-Report 2017

◨ **Tab. 26.12.13** Verteilung der Arbeitsunfähigkeitsfälle nach Krankheitsarten in Prozent in der Branche Verarbeitendes Gewerbe im Jahr 2016, AOK-Mitglieder

Wirtschaftsabteilung	AU-Fälle in %						
	Psyche	Herz/ Kreislauf	Atem- wege	Ver- dauung	Muskel/ Skelett	Verlet- zungen	Sonstige
Getränkeherstellung	4,1	4,7	19,9	8,9	19,5	8,7	34,1
Herstellung von Bekleidung	5,7	4,0	23,3	9,6	15,0	5,3	36,9
Herstellung von chemischen Erzeugnissen	4,3	3,9	23,6	9,3	18,0	6,8	34,0
Herstellung von Druckerzeugnissen, Vervielfältigung von bespielten Ton-, Bild- und Datenträgern	5,1	4,2	22,4	9,4	17,1	6,9	35,0
Herstellung von Glas und Glaswaren, Keramik, Verarbeitung von Steinen und Erden	4,0	4,6	19,8	9,5	19,9	8,8	33,4
Herstellung von Gummi- und Kunststoffwaren	4,4	4,1	21,6	9,1	19,2	7,4	34,1
Herstellung von Holz-, Flecht-, Korb- und Korkwaren (ohne Möbel)	3,6	4,1	20,4	9,1	19,5	10,5	32,9
Herstellung von Leder, Lederwaren und Schuhen	4,8	4,6	20,5	9,5	18,1	7,0	35,6
Herstellung von Möbeln	3,9	4,0	20,9	9,6	19,1	9,2	33,2
Herstellung von Nahrungs- und Futtermitteln	4,9	4,2	20,2	9,1	17,7	7,9	36,0
Herstellung von Papier, Pappe und Waren daraus	4,5	4,3	21,3	9,3	19,2	7,5	33,9
Herstellung von pharmazeutischen Erzeugnissen	5,3	3,2	26,2	9,0	14,9	5,5	35,9
Herstellung von sonstigen Waren	5,0	3,8	24,2	9,4	15,0	6,2	36,5
Herstellung von Textilien	4,8	4,4	20,9	9,6	18,1	7,2	34,9
Kokerei und Mineralölverarbeitung	4,5	4,2	24,6	9,4	15,8	6,9	34,5
Reparatur und Installation von Maschinen und Ausrüstungen	3,7	3,9	22,7	9,3	17,1	9,4	33,9
Tabakverarbeitung	6,3	4,4	22,6	9,0	18,7	6,0	33,1
Branche insgesamt	4,5	4,1	21,5	9,2	18,1	7,7	34,7
Alle Branchen	5,1	3,8	22,9	9,1	15,9	7,3	35,8

Fehlzeiten-Report 2017

◘ **Tab. 2612.14** Verteilung der Arbeitsunfähigkeitstage nach Krankheitsarten und ausgewählten Berufsgruppen in der Branche Verarbeitendes Gewerbe im Jahr 2016, AOK-Mitglieder

Tätigkeit	AU-Tage in %						
	Psyche	Herz/ Kreislauf	Atem- wege	Ver- dauung	Muskel/ Skelett	Verlet- zungen	Sonstige
Berufe im Holz-, Möbel- u. Innenausbau	6,5	5,2	10,5	5,1	26,8	18,0	28,0
Berufe im Verkauf (ohne Spez.)	11,4	5,0	11,2	4,8	22,0	10,6	35,1
Berufe im Verkauf von Back- u. Konditoreiwaren	13,7	4,6	11,6	4,9	20,4	9,1	35,7
Berufe im Verkauf von Fleischwaren	11,2	5,6	8,8	4,8	22,4	10,7	36,6
Berufe im Vertrieb (außer Informations- u. Kommunikationstechnologien)	15,5	6,2	14,3	5,8	14,6	8,4	35,2
Berufe in der Back- u. Konditorei- warenherstellung	10,6	5,5	11,1	5,6	21,7	12,9	32,5
Berufe in der Chemie- u. Pharma- technik	10,0	5,8	13,1	5,2	25,5	10,0	30,4
Berufe in der Drucktechnik	10,0	6,5	10,9	4,6	26,5	10,8	30,7
Berufe in der Fleischverarbeitung	6,3	6,3	8,7	5,1	28,4	15,1	30,3
Berufe in der Holzbe- u. -verarbeitung (ohne Spez.)	7,3	6,9	9,8	4,8	27,6	14,6	29,1
Berufe in der Kunststoff- u. Kautschuk- herstellung (ohne Spez.)	9,0	6,3	11,2	4,8	27,9	10,5	30,3
Berufe in der Lagerwirtschaft	9,1	6,6	10,8	4,9	27,1	10,4	31,1
Berufe in der Lebensmittelherstellung (ohne Spez.)	9,2	5,8	10,6	4,6	28,9	10,9	30,0
Berufe in der Maschinenbau- u. Betriebstechnik (ohne Spez.)	7,6	6,5	11,6	5,0	26,3	12,6	30,5
Berufe in der Metallbearbeitung (ohne Spez.)	8,9	6,4	11,4	4,9	27,1	11,0	30,4
Berufe in der Papierverarbeitung u. Verpackungstechnik	8,0	7,0	10,9	5,0	28,0	11,4	29,8
Berufskraftfahrer/innen (Güterverkehr/LKW)	6,0	9,5	7,9	4,8	27,8	14,0	30,0
Büro- u. Sekretariatskräfte (ohne Spez.)	14,8	5,0	14,5	5,2	15,3	8,1	37,0
Kaufmännische u. technische Betriebswirtschaft (ohne Spez.)	12,7	3,9	17,9	6,0	13,3	9,0	37,2
Maschinen- u. Anlagenführer/innen	9,0	5,8	11,8	4,9	27,3	11,1	30,1
Branche gesamt	**9,4**	**6,2**	**11,3**	**5,0**	**25,5**	**11,4**	**31,3**
Alle Branchen	**11,0**	**5,7**	**12,4**	**5,1**	**22,9**	**11,0**	**32,0**

Fehlzeiten-Report 2017

◨ **Tab. 26.12.15** Verteilung der Arbeitsunfähigkeitsfälle nach Krankheitsarten und ausgewählten Berufsgruppen in der Branche Verarbeitendes Gewerbe im Jahr 2016, AOK-Mitglieder

Tätigkeit	AU-Fälle in %						
	Psyche	Herz/ Kreislauf	Atem- wege	Ver- dauung	Muskel/ Skelett	Verlet- zungen	Sonstige
Berufe im Holz-, Möbel- u. Innenausbau	3,2	3,3	21,8	9,3	18,5	11,8	32,2
Berufe im Verkauf (ohne Spez.)	5,8	4,2	21,8	9,1	14,1	7,0	38,2
Berufe im Verkauf von Back- u. Konditoreiwaren	6,5	3,6	21,7	9,1	12,1	6,6	40,3
Berufe im Verkauf von Fleischwaren	6,1	4,4	18,7	8,9	13,3	8,6	40,0
Berufe im Vertrieb (außer Informations- u. Kommunikationstechnologien)	5,5	4,0	26,7	10,3	10,6	5,6	37,3
Berufe in der Back- u. Konditorei- warenherstellung	4,9	3,5	20,3	9,4	14,5	9,5	37,9
Berufe in der Chemie- u. Pharma- technik	4,6	3,8	23,3	9,2	19,1	6,6	33,4
Berufe in der Drucktechnik	5,0	4,2	21,3	9,2	19,4	7,4	33,5
Berufe in der Fleischverarbeitung	3,6	4,3	17,2	8,9	21,2	11,1	33,7
Berufe in der Holzbe- u. -verarbeitung (ohne Spez.)	3,7	4,5	19,2	9,1	21,3	10,0	32,1
Berufe in der Kunststoff- u. Kautschuk- herstellung (ohne Spez.)	4,5	4,2	20,8	8,9	20,8	7,3	33,6
Berufe in der Lagerwirtschaft	4,6	4,5	20,3	9,2	20,0	7,1	34,3
Berufe in der Lebensmittelherstellung (ohne Spez.)	4,4	4,1	20,0	8,7	21,4	7,8	33,5
Berufe in der Maschinenbau- u. Betriebstechnik (ohne Spez.)	3,8	4,1	22,2	9,2	18,4	8,5	33,7
Berufe in der Metallbearbeitung (ohne Spez.)	4,3	4,2	21,6	9,2	19,4	7,5	33,7
Berufe in der Papierverarbeitung u. Verpackungstechnik	4,4	4,1	21,1	9,3	20,5	7,7	32,8
Berufskraftfahrer/innen (Güterverkehr/LKW)	3,9	6,2	15,9	9,5	21,0	9,7	33,9
Büro- u. Sekretariatskräfte (ohne Spez.)	5,4	3,5	25,8	9,9	10,0	5,0	40,4
Kaufmännische u. technische Betriebswirtschaft (ohne Spez.)	4,4	2,9	29,0	9,8	8,8	5,3	39,8
Maschinen- u. Anlagenführer/innen	4,6	4,2	21,2	9,0	20,4	7,6	33,1
Branche gesamt	4,5	4,1	21,5	9,2	18,1	7,7	34,7
Alle Branchen	5,1	3,8	22,9	9,1	15,9	7,3	35,8

Fehlzeiten-Report 2017

◘ Tab. 26.12.16 Anteile der 40 häufigsten Einzeldiagnosen an den AU-Fällen und AU-Tagen in der Branche Verarbeitendes Gewerbe im Jahr 2016, AOK-Mitglieder

ICD–10	Bezeichnung	AU-Fälle in %	AU-Tage in %
J06	Akute Infektionen an mehreren oder nicht näher bezeichneten Lokalisationen der oberen Atemwege	8,4	3,7
M54	Rückenschmerzen	6,7	6,7
A09	Sonstige und nicht näher bezeichnete Gastroenteritis und Kolitis infektiösen und nicht näher bezeichneten Ursprungs	4,0	1,3
J20	Akute Bronchitis	2,1	1,2
K08	Sonstige Krankheiten der Zähne und des Zahnhalteapparates	2,1	0,4
I10	Essentielle (primäre) Hypertonie	1,8	1,8
K52	Sonstige nichtinfektiöse Gastroenteritis und Kolitis	1,7	0,6
J40	Bronchitis, nicht als akut oder chronisch bezeichnet	1,6	0,9
B34	Viruskrankheit nicht näher bezeichneter Lokalisation	1,6	0,7
R10	Bauch- und Beckenschmerzen	1,5	0,7
K29	Gastritis und Duodenitis	1,3	0,6
M25	Sonstige Gelenkkrankheiten, anderenorts nicht klassifiziert	1,2	1,4
T14	Verletzung an einer nicht näher bezeichneten Körperregion	1,2	1,2
F32	Depressive Episode	1,1	2,9
F43	Reaktionen auf schwere Belastungen und Anpassungsstörungen	1,1	1,7
M99	Biomechanische Funktionsstörungen, anderenorts nicht klassifiziert	1,0	0,8
R51	Kopfschmerz	1,0	0,5
J02	Akute Pharyngitis	1,0	0,4
M51	Sonstige Bandscheibenschäden	0,9	2,2
M75	Schulterläsionen	0,9	2,2
M77	Sonstige Enthesopathien	0,9	1,1
J32	Chronische Sinusitis	0,9	0,5
J01	Akute Sinusitis	0,9	0,4
J03	Akute Tonsillitis	0,9	0,4
M53	Sonstige Krankheiten der Wirbelsäule und des Rückens, anderenorts nicht klassifiziert	0,8	0,9
M79	Sonstige Krankheiten des Weichteilgewebes, anderenorts nicht klassifiziert	0,8	0,8
R11	Übelkeit und Erbrechen	0,8	0,4
J00	Akute Rhinopharyngitis [Erkältungsschnupfen]	0,8	0,3
R42	Schwindel und Taumel	0,7	0,5
M23	Binnenschädigung des Kniegelenkes [internal derangement]	0,6	1,4
F45	Somatoforme Störungen	0,6	1,0
R53	Unwohlsein und Ermüdung	0,6	0,5
J98	Sonstige Krankheiten der Atemwege	0,6	0,3
A08	Virusbedingte und sonstige näher bezeichnete Darminfektionen	0,6	0,2
M47	Spondylose	0,5	0,8
F48	Andere neurotische Störungen	0,5	0,8
S93	Luxation, Verstauchung und Zerrung der Gelenke und Bänder in Höhe des oberen Sprunggelenkes und des Fußes	0,5	0,6
J11	Grippe, Viren nicht nachgewiesen	0,5	0,3
B99	Sonstige und nicht näher bezeichnete Infektionskrankheiten	0,5	0,3
G43	Migräne	0,5	0,2
	Summe hier	**55,7**	**43,6**
	Restliche	44,3	56,4
	Gesamtsumme	**100,0**	**100,0**

◨ **Tab. 26.12.17** Anteile der 40 häufigsten Diagnoseuntergruppen an den AU-Fällen und AU-Tagen in der Branche Verarbeitendes Gewerbe im Jahr 2016, AOK-Mitglieder

ICD-10	Bezeichnung	AU-Fälle in %	AU-Tage in %
J00–J06	Akute Infektionen der oberen Atemwege	12,6	5,7
M50–M54	Sonstige Krankheiten der Wirbelsäule und des Rückens	8,1	9,1
A00–A09	Infektiöse Darmkrankheiten	5,0	1,7
R50–R69	Allgemeinsymptome	3,2	2,6
M70–M79	Sonstige Krankheiten des Weichteilgewebes	3,1	4,8
J40–J47	Chronische Krankheiten der unteren Atemwege	2,7	1,9
J20–J22	Sonstige akute Infektionen der unteren Atemwege	2,6	1,4
R10–R19	Symptome, die das Verdauungssystem und das Abdomen betreffen	2,6	1,3
K00–K14	Krankheiten der Mundhöhle, der Speicheldrüsen und der Kiefer	2,6	0,6
F40–F48	Neurotische, Belastungs- und somatoforme Störungen	2,5	4,3
I10–I15	Hypertonie [Hochdruckkrankheit]	2,0	2,0
K50–K52	Nichtinfektiöse Enteritis und Kolitis	2,0	0,8
M20–M25	Sonstige Gelenkkrankheiten	1,9	3,1
K20–K31	Krankheiten des Ösophagus, des Magens und des Duodenums	1,8	0,9
B25–B34	Sonstige Viruskrankheiten	1,8	0,8
Z80–Z99	Personen mit potentiellen Gesundheitsrisiken aufgrund der Familien- oder Eigenanamnese und bestimmte Zustände, die den Gesundheitszustand beeinflussen	1,5	3,0
T08–T14	Verletzungen nicht näher bezeichneter Teile des Rumpfes, der Extremitäten oder anderer Körperregionen	1,5	1,5
F30–F39	Affektive Störungen	1,4	4,3
G40–G47	Episodische und paroxysmale Krankheiten des Nervensystems	1,4	1,1
R00–R09	Symptome, die das Kreislaufsystem und das Atmungssystem betreffen	1,4	0,9
J30–J39	Sonstige Krankheiten der oberen Atemwege	1,4	0,8
S60–S69	Verletzungen des Handgelenkes und der Hand	1,3	1,8
M15–M19	Arthrose	1,1	2,9
M95–M99	Sonstige Krankheiten des Muskel-Skelett-Systems und des Bindegewebes	1,1	0,9
S90–S99	Verletzungen der Knöchelregion und des Fußes	1,0	1,3
K55–K64	Sonstige Krankheiten des Darmes	1,0	0,8
S80–S89	Verletzungen des Knies und des Unterschenkels	0,9	1,9
E70–E90	Stoffwechselstörungen	0,9	0,8
J09–J18	Grippe und Pneumonie	0,9	0,7
R40–R46	Symptome, die das Erkennungs- und Wahrnehmungsvermögen, die Stimmung und das Verhalten betreffen	0,9	0,7
G50–G59	Krankheiten von Nerven, Nervenwurzeln und Nervenplexus	0,7	1,3
M65–M68	Krankheiten der Synovialis und der Sehnen	0,7	1,1
J95–J99	Sonstige Krankheiten des Atmungssystems	0,7	0,4
Z00–Z13	Personen, die das Gesundheitswesen zur Untersuchung und Abklärung in Anspruch nehmen	0,7	0,4
N30–N39	Sonstige Krankheiten des Harnsystems	0,7	0,4
M45–M49	Spondylopathien	0,6	1,1
Z40–Z54	Personen, die das Gesundheitswesen zum Zwecke spezifischer Maßnahmen und zur medizinischen Betreuung in Anspruch nehmen	0,6	1,0
I30–I52	Sonstige Formen der Herzkrankheit	0,6	1,0
M05–M14	Entzündliche Polyarthropathien	0,6	0,8
B99–B99	Sonstige Infektionskrankheiten	0,6	0,3
	Summe hier	**78,7**	**72,2**
	Restliche	21,3	27,8
	Gesamtsumme	**100,0**	**100,0**

Fehlzeiten-Report 2017

26.13 Verkehr und Transport

◻ **Tab. 26.13.1** Entwicklung des Krankenstands der AOK-Mitglieder in der Branche Verkehr und Transport in den Jahren 1994 bis 2016

Jahr	Krankenstand in %			AU-Fälle je 100 AOK-Mitglieder			Tage je Fall		
	West	Ost	Bund	West	Ost	Bund	West	Ost	Bund
1994	6,8	4,8	6,4	139,9	101,5	132,6	16,6	16,1	16,5
1995	4,7	4,7	5,9	144,2	109,3	137,6	16,1	16,1	16,1
1996	5,7	4,6	5,5	132,4	101,5	126,5	16,2	16,8	16,3
1997	5,3	4,4	5,2	128,3	96,4	122,5	15,1	16,6	15,3
1998	5,4	4,5	5,3	131,5	98,6	125,7	15,0	16,6	15,3
1999	5,6	4,8	5,5	139,4	107,4	134,1	14,6	16,4	14,8
2000	5,6	4,8	5,5	143,2	109,8	138,3	14,3	16,0	14,5
2001	5,6	4,9	5,5	144,1	108,7	139,3	14,2	16,5	14,4
2002	5,6	4,9	5,5	143,3	110,6	138,8	14,2	16,2	14,4
2003	5,3	4,5	5,2	138,7	105,8	133,8	14,0	15,4	14,1
2004	4,9	4,2	4,8	125,0	97,6	120,6	14,3	15,6	14,4
2005	4,8	4,2	4,7	126,3	99,0	121,8	14,0	15,4	14,2
2006	4,7	4,1	4,6	121,8	94,7	117,2	14,2	15,8	14,4
2007	4,9	4,3	4,8	128,8	101,5	124,1	14,0	15,5	14,2
2008 (WZ03)	5,1	4,5	4,9	135,4	106,7	130,5	13,6	15,3	13,9
2008 (WZ08)*	5,1	4,5	5,0	135,7	105,1	130,5	13,8	15,7	14,1
2009	5,3	5,0	5,3	139,7	114,2	135,4	13,9	16,0	14,2
2010	5,5	5,2	5,5	141,8	120,5	138,1	14,2	15,7	14,4
2011	5,5	4,8	5,4	145,0	121,9	141,1	13,9	14,4	13,9
2012	5,6	5,4	5,5	143,8	121,7	140,1	14,1	16,4	14,5
2013	5,7	5,8	5,7	154,1	130,1	150,1	13,5	16,2	13,9
2014	5,8	5,9	5,8	152,2	131,2	148,8	13,9	16,4	14,3
2015	6,0	6,0	6,0	161,1	140,5	157,7	13,5	15,6	13,8
2016	5,9	6,1	6,0	159,4	145,3	157,4	13,6	15,4	13,9

*aufgrund der Revision der Wirtschaftszweigklassifikation in 2008 ist eine Vergleichbarkeit mit den Vorjahren nur bedingt möglich

Fehlzeiten-Report 2017

◻ **Tab. 26.13.2** Arbeitsunfähigkeit der AOK-Mitglieder in der Branche Verkehr und Transport nach Bundesländern im Jahr 2016 im Vergleich zum Vorjahr

Bundesland	Kranken-stand in %	Arbeitsunfähigkeit je 100 AOK-Mitglieder				Tage je Fall	Veränd. z. Vorj. in %	AU-Quote in %
		AU-Fälle	Veränd. z. Vorj. in %	AU-Tage	Veränd. z. Vorj. in %			
Baden-Württemberg	5,7	161,3	–0,3	2.100,7	–0,5	13,0	–0,3	51,4
Bayern	5,1	130,6	–1,6	1.848,8	–1,8	14,2	–0,2	44,8
Berlin	5,7	156,7	2,6	2.088,8	2,4	13,3	–0,2	45,9
Brandenburg	6,3	164,9	5,9	2.291,8	4,8	13,9	–1,1	49,6
Bremen	7,5	196,5	0,5	2.747,5	2,9	14,0	2,4	58,4
Hamburg	5,6	150,6	–9,7	2.046,0	–4,3	13,6	6,0	45,8
Hessen	6,3	186,5	0,6	2.319,0	1,0	12,4	0,4	53,6
Mecklenburg-Vorpommern	5,7	122,8	0,5	2.093,0	4,1	17,0	3,6	46,7
Niedersachsen	6,1	163,4	2,7	2.229,7	2,1	13,6	–0,5	53,2
Nordrhein-Westfalen	6,5	170,7	0,1	2.372,5	0,1	13,9	0,1	53,4
Rheinland-Pfalz	6,3	168,6	0,1	2.304,6	–0,2	13,7	–0,2	52,6
Saarland	7,3	155,2	3,3	2.672,2	4,5	17,2	1,1	52,4
Sachsen	6,0	145,1	2,2	2.203,6	3,9	15,2	1,7	54,3
Sachsen-Anhalt	6,3	136,7	4,1	2.321,4	3,7	17,0	–0,4	49,6
Schleswig-Holstein	5,8	131,7	–1,6	2.129,1	–0,4	16,2	1,3	46,5
Thüringen	6,1	146,8	0,8	2.242,4	–1,9	15,3	–2,7	53,5
West	**5,9**	**159,4**	**–0,3**	**2.172,2**	**–0,1**	**13,6**	**0,1**	**50,6**
Ost	**6,1**	**145,3**	**2,7**	**2.233,0**	**3,1**	**15,4**	**0,4**	**52,1**
Bund	**6,0**	**157,4**	**–0,2**	**2.182,8**	**0,2**	**13,9**	**0,4**	**50,9**

Fehlzeiten-Report 2017

◻ **Tab. 26.13.3** Arbeitsunfähigkeit der AOK-Mitglieder in der Branche Verkehr und Transport nach Wirtschaftsabteilungen im Jahr 2016

Wirtschaftsabteilung	Krankenstand in %		Arbeitsunfähigkeiten je 100 AOK-Mitglieder		Tage je Fall	AU-Quote in %
	2016	2016 stand.*	Fälle	Tage		
Lagerei sowie Erbringung von sonstigen Dienstleistungen für den Verkehr	6,2	6,1	176,2	2.280,7	12,9	55,8
Landverkehr und Transport in Rohrfern-leitungen	5,7	5,6	133,7	2.068,9	15,5	46,7
Luftfahrt	5,9	6,1	194,5	2.160,7	11,1	57,7
Post-, Kurier- und Expressdienste	6,1	6,4	163,4	2.224,3	13,6	47,9
Schifffahrt	4,4	4,1	117,5	1.607,6	13,7	41,3
Branche insgesamt	**6,0**	**6,0**	**157,4**	**2.182,8**	**13,9**	**50,9**
Alle Branchen	**5,3**	**5,4**	**166,6**	**1.943,2**	**11,7**	**54,4**
*Krankenstand alters- und geschlechtsstandardisiert						

Fehlzeiten-Report 2017

◘ **Tab. 26.13.4** Kennzahlen der Arbeitsunfähigkeit der AOK-Mitglieder nach ausgewählten Berufsgruppen in der Branche Verkehr und Transport im Jahr 2016

Tätigkeit	Kranken-stand in %	Arbeitsunfähigkeiten je 100 AOK-Mitglieder		Tage je Fall	AU-Quote in %	Anteil der Berufs-gruppe an der Branche in %*
		Fälle	Tage			
Berufe für Post- u. Zustelldienste	6,6	166,4	2.432,8	14,6	50,8	9,8
Berufe in der Lagerwirtschaft	7,0	222,8	2.550,8	11,4	59,8	18,8
Berufskraftfahrer/innen (Güterverkehr/LKW)	5,8	115,4	2.136,3	18,5	44,8	29,4
Berufskraftfahrer/innen (Personentransport/PKW)	3,6	84,1	1.314,3	15,6	33,2	5,1
Büro- u. Sekretariatskräfte (ohne Spez.)	3,8	129,2	1.397,4	10,8	47,5	2,9
Bus- u. Straßenbahnfahrer/innen	7,8	168,6	2.866,7	17,0	58,7	6,9
Fahrzeugführer/innen im Straßen-verkehr (sonstige spezifische Tätigkeits-angabe)	4,3	109,5	1.575,1	14,4	35,2	5,1
Kaufmännische u. technische Betriebswirtschaft (ohne Spez.)	4,2	155,5	1.530,9	9,8	55,6	1,5
Kranführer/innen, Aufzugs-maschinisten, Bedienung verwandter Hebeeinrichtungen	7,9	211,7	2.892,8	13,7	65,1	1,1
Speditions- u. Logistikkaufleute	3,8	171,6	1.378,2	8,0	56,4	3,2
Branche insgesamt	**6,0**	**157,4**	**2.182,8**	**13,9**	**50,9**	**6,5****

* Anteil der AOK-Mitglieder in der Berufsgruppe an den in der Branche beschäftigten AOK-Mitgliedern insgesamt
**Anteil der AOK-Mitglieder in der Branche an allen AOK-Mitgliedern

Fehlzeiten-Report 2017

◘ **Tab. 26.13.5** Dauer der Arbeitsunfähigkeit der AOK-Mitglieder in der Branche Verkehr und Transport im Jahr 2016

Fallklasse	Branche hier		alle Branchen	
	Anteil Fälle in %	Anteil Tage in %	Anteil Fälle in %	Anteil Tage in %
1–3 Tage	29,9	4,3	36,0	6,2
4–7 Tage	31,2	11,5	31,2	13,4
8–14 Tage	19,3	14,6	17,0	15,1
15–21 Tage	7,0	8,8	5,7	8,5
22–28 Tage	3,4	6,1	2,9	6,0
29–42 Tage	3,7	9,1	2,9	8,6
Langzeit-AU (> 42 Tage)	5,4	45,6	4,3	42,1

Fehlzeiten-Report 2017

◘ Tab. 26.13.6 Tage der Arbeitsunfähigkeit je AOK-Mitglied nach Wirtschaftsabteilung und Betriebsgröße in der Branche Verkehr und Transport im Jahr 2016

Wirtschaftsabteilungen	Betriebsgröße (Anzahl der AOK-Mitglieder)					
	10–49	50–99	100–199	200–499	500–999	≥ 1.000
Lagerei sowie Erbringung von sonstigen Dienstleistungen für den Verkehr	22,3	22,6	24,4	24,8	29,8	31,0
Landverkehr und Transport in Rohrfernleitungen	20,4	24,3	24,9	28,1	32,3	32,0
Luftfahrt	17,9	18,7	22,2	25,9	30,3	25,7
Post-, Kurier- und Expressdienste	22,2	22,7	23,8	24,3	24,3	28,2
Schifffahrt	17,2	30,1	26,0	–	–	–
Branche insgesamt	**21,4**	**23,2**	**24,4**	**25,5**	**29,2**	**30,6**
Alle Branchen	20,2	22,1	22,2	22,1	22,1	22,4

Fehlzeiten-Report 2017

◘ Tab. 26.13.7 Krankenstand in Prozent nach Ausbildungsabschluss in der Branche Verkehr und Transport im Jahr 2016, AOK-Mitglieder

Wirtschaftsabteilung	Ausbildung						
	ohne Ausbildungsabschluss	mit Ausbildungsabschluss	Meister/ Techniker	Bachelor	Diplom/Magister/Master/ Staatsexamen	Promotion	unbekannt
Lagerei sowie Erbringung von sonstigen Dienstleistungen für den Verkehr	7,0	6,4	5,2	2,8	3,4	6,7	5,9
Landverkehr und Transport in Rohrfernleitungen	6,3	6,5	4,6	2,6	3,4	5,9	4,6
Luftfahrt	7,4	6,1	4,3	2,8	3,6	–	5,8
Post-, Kurier- und Expressdienste	5,2	5,8	4,3	3,3	3,8	1,9	6,4
Schifffahrt	5,1	4,9	2,8	2,1	3,0	–	3,6
Branche insgesamt	**6,5**	**6,4**	**4,8**	**2,8**	**3,4**	**5,6**	**5,5**
Alle Branchen	6,1	5,6	4,3	2,3	2,8	2,0	4,9

Fehlzeiten-Report 2017

⬛ **Tab. 26.13.8** Tage der Arbeitsunfähigkeit je AOK-Mitglied nach Ausbildung in der Branche Verkehr und Transport im Jahr 2016

Wirtschaftsabteilung	Ausbildung						
	ohne Aus-bildungs-abschluss	mit Aus-bildungs-abschluss	Meister/ Techniker	Bachelor	Diplom/Magis-ter/Master/ Staatsexamen	Promo-tion	unbe-kannt
Lagerei sowie Erbringung von sonstigen Dienstleis-tungen für den Verkehr	25,5	23,2	18,9	10,3	12,3	24,7	21,6
Landverkehr und Trans-port in Rohrfernleitungen	23,2	23,9	16,8	9,5	12,3	21,5	16,7
Luftfahrt	27,1	22,4	15,9	10,2	13,1	–	21,1
Post-, Kurier- und Expressdienste	19,1	21,3	15,7	12,0	14,0	7,0	23,2
Schifffahrt	18,8	17,9	10,3	7,6	11,1	–	13,0
Branche insgesamt	**24,0**	**23,3**	**17,5**	**10,2**	**12,4**	**20,4**	**20,0**
Alle Branchen	**22,3**	**20,6**	**15,8**	**8,3**	**10,2**	**7,4**	**17,9**

Fehlzeiten-Report 2017

⬛ **Tab. 26.13.9** Anteil der Arbeitsunfälle an den AU-Fällen und -Tagen in Prozent nach Wirtschaftsabteilungen in der Branche Verkehr und Transport im Jahr 2016, AOK-Mitglieder

Wirtschaftsabteilung	AU-Fälle in %	AU-Tage in %
Lagerei sowie Erbringung von sonstigen Dienstleistungen für den Verkehr	4,0	8,5
Landverkehr und Transport in Rohrfernleitungen	4,4	8,7
Luftfahrt	1,5	2,9
Post-, Kurier- und Expressdienste	5,2	8,8
Schifffahrt	5,0	10,1
Branche insgesamt	**4,3**	**8,5**
Alle Branchen	**3,1**	**5,9**

Fehlzeiten-Report 2017

⬛ **Tab. 26.13.10** Tage und Fälle der Arbeitsunfähigkeit durch Arbeitsunfälle nach Berufsgruppen in der Branche Transport und Verkehr im Jahr 2016, AOK-Mitglieder

Tätigkeit	Arbeitsunfähigkeit je 1.000 AOK-Mitglieder	
	AU-Tage	AU-Fälle
Berufskraftfahrer/innen (Güterverkehr/LKW)	2.731,1	77,5
Berufe für Post- u. Zustelldienste	2.342,2	99,4
Kranführer/innen, Aufzugsmaschinisten, Bedienung verwandter Hebeeinrichtungen	2.077,9	72,9
Berufe in der Lagerwirtschaft	1.808,7	81,7
Fahrzeugführer/innen im Straßenverkehr (sonstige spezifische Tätigkeitsangabe)	1.617,9	69,1
Bus- u. Straßenbahnfahrer/innen	1.517,6	41,1
Berufskraftfahrer/innen (Personentransport/PKW)	703,3	28,4
Speditions- u. Logistikkaufleute	361,0	23,5
Kaufmännische u. technische Betriebswirtschaft (ohne Spez.)	343,7	17,0
Büro- u. Sekretariatskräfte (ohne Spez.)	333,8	12,2
Branche insgesamt	**1.865,7**	**67,4**
Alle Branchen	**1.146,7**	**51,3**

Fehlzeiten-Report 2017

◘ **Tab. 26.13.11** Tage und Fälle der Arbeitsunfähigkeit je 100 AOK-Mitglieder nach Krankheitsarten in der Branche Verkehr und Transport in den Jahren 1995 bis 2016

Jahr	Arbeitsunfähigkeiten je 100 AOK-Mitglieder											
	Psyche		Herz/Kreislauf		Atemwege		Verdauung		Muskel/Skelett		Verletzungen	
	Tage	Fälle	Tage	Fälle	Tage	Fälle	Tage	Fälle	Tage	Fälle	Tage	Fälle
1995	94,1	3,5	233,0	9,0	359,1	33,4	205,9	21,0	741,6	35,7	452,7	24,0
1996	88,2	3,7	213,7	8,8	321,5	38,5	181,2	21,0	666,8	36,0	425,0	23,9
1997	83,9	3,4	195,5	7,7	281,8	34,8	163,6	19,4	574,0	32,1	411,4	22,0
1998	89,1	3,6	195,2	7,9	283,4	33,1	161,9	19,0	591,5	30,7	397,9	21,9
1999	95,3	3,8	192,9	8,1	311,9	34,5	160,8	19,2	621,2	32,5	396,8	21,7
2000	114,7	5,2	181,9	8,0	295,1	37,1	149,4	18,0	654,9	36,6	383,3	21,3
2001	124,3	6,1	183,1	8,6	282,2	36,8	152,3	18,9	680,6	38,6	372,8	21,0
2002	135,9	6,6	184,2	8,9	273,1	36,1	152,1	19,5	675,7	38,3	362,4	20,4
2003	136,0	6,7	182,0	9,1	271,5	36,4	144,2	18,7	615,9	35,6	345,2	19,3
2004	154,3	6,8	195,6	8,4	234,4	30,1	143,5	17,7	572,5	32,8	329,6	17,6
2005	159,5	6,7	193,5	8,4	268,8	34,7	136,2	16,6	546,3	31,8	327,1	17,3
2006	156,8	6,7	192,9	8,5	225,9	29,0	135,7	17,1	551,7	31,9	334,7	17,6
2007	166,1	7,0	204,2	8,7	249,9	32,6	143,6	18,4	575,2	32,8	331,1	17,0
2008 (WZ03)	172,5	7,3	205,5	9,1	260,0	34,6	149,0	19,2	584,3	34,3	332,0	17,1
2008 (WZ08)*	171,8	7,2	210,2	9,2	259,5	34,0	150,6	18,7	597,5	34,3	339,8	17,2
2009	190,8	7,8	223,2	9,3	297,4	38,1	149,0	18,7	607,7	34,3	341,0	17,2
2010	205,3	8,4	218,6	9,5	268,0	34,3	143,7	17,8	659,8	36,9	373,2	19,0
2011	215,5	8,9	209,0	9,4	272,0	35,7	141,8	17,9	625,3	36,6	350,1	18,1
2012	243,2	9,3	233,9	9,6	275,0	35,2	149,8	18,0	654,4	36,7	354,5	17,3
2013	246,7	9,4	228,9	9,1	334,0	43,1	150,4	18,5	656,9	37,4	356,3	17,4
2014	269,3	10,4	236,8	9,5	278,3	36,8	155,9	19,1	698,3	39,3	355,6	17,3
2015	277,4	10,5	232,5	9,4	338,6	44,5	154,5	19,1	686,4	39,2	355,5	17,2
2016	285,1	10,8	213,7	9,6	315,2	42,6	148,6	19,1	706,0	40,0	354,0	16,8

*aufgrund der Revision der Wirtschaftszweigklassifikation in 2008 ist eine Vergleichbarkeit mit den Vorjahren nur bedingt möglich

Fehlzeiten-Report 2017

◘ **Tab. 26.13.12** Verteilung der Arbeitsunfähigkeitstage nach Krankheitsarten in Prozent in der Branche Verkehr und Transport im Jahr 2016, AOK-Mitglieder

Wirtschaftsabteilung	AU-Tage in %						
	Psyche	Herz/Kreislauf	Atemwege	Verdauung	Muskel/Skelett	Verletzungen	Sonstige
Lagerei sowie Erbringung von sonstigen Dienstleistungen für den Verkehr	9,2	7,1	11,0	5,1	24,2	12,0	31,3
Landverkehr und Transport in Rohrfernleitungen	9,9	8,3	9,9	5,1	22,7	11,5	32,5
Luftfahrt	15,4	3,3	19,5	4,4	17,8	7,9	31,7
Post-, Kurier- und Expressdienste	10,0	5,1	11,0	4,7	27,2	13,7	28,2
Schifffahrt	9,5	7,1	11,9	4,8	19,7	13,9	33,0
Branche insgesamt	**9,7**	**7,3**	**10,7**	**5,0**	**24,0**	**12,0**	**31,4**
Alle Branchen	**11,0**	**5,7**	**12,4**	**5,1**	**22,9**	**11,0**	**32,0**

Fehlzeiten-Report 2017

◨ **Tab. 26.13.13** Verteilung der Arbeitsunfähigkeitsfälle nach Krankheitsarten in Prozent in der Branche Verkehr und Transport im Jahr 2016, AOK-Mitglieder

Wirtschaftsabteilung	AU-Fälle in %						
	Psyche	Herz/ Kreislauf	Atem- wege	Ver- dauung	Muskel/ Skelett	Verlet- zungen	Sonstige
Lagerei sowie Erbringung von sonstigen Dienstleistungen für den Verkehr	4,8	4,3	20,7	9,1	19,2	7,7	34,3
Landverkehr und Transport in Rohrfernleitungen	5,4	5,4	18,7	9,2	18,0	7,8	35,5
Luftfahrt	6,3	2,4	30,8	7,1	12,3	5,2	36,0
Post-, Kurier- und Expressdienste	5,2	3,6	20,4	8,4	20,6	9,4	32,4
Schifffahrt	4,9	4,2	22,0	8,4	15,8	9,2	35,5
Branche insgesamt	5,1	4,5	20,1	9,0	18,9	7,9	34,5
Alle Branchen	5,1	3,8	22,9	9,1	15,9	7,3	35,8

Fehlzeiten-Report 2017

◨ **Tab. 26.13.14** Verteilung der Arbeitsunfähigkeitstage nach Krankheitsarten und ausgewählten Berufsgruppen in der Branche Verkehr und Transport im Jahr 2016, AOK-Mitglieder

Tätigkeit	AU-Tage in %						
	Psyche	Herz/ Kreislauf	Atem- wege	Ver- dauung	Muskel/ Skelett	Verlet- zungen	Sonstige
Berufe für Post- u. Zustelldienste	10,1	4,6	10,4	4,4	28,0	14,6	27,9
Berufe in der Lagerwirtschaft	9,1	5,5	12,4	5,1	27,3	11,7	29,0
Berufskraftfahrer/innen (Güterverkehr/LKW)	7,0	10,0	7,6	5,0	23,3	14,0	33,1
Berufskraftfahrer/innen (Personentransport/PKW)	10,5	9,6	10,1	5,0	18,8	9,1	37,0
Büro- u. Sekretariatskräfte (ohne Spez.)	15,6	5,3	13,6	5,2	16,7	8,1	35,5
Bus- u. Straßenbahnfahrer/innen	12,7	8,1	10,5	5,1	22,7	7,9	33,1
Fahrzeugführer/innen im Straßenverkehr (sonstige spezifische Tätigkeitsangabe)	8,0	7,4	9,2	5,5	25,6	14,1	30,2
Kaufmännische u. technische Betriebswirtschaft (ohne Spez.)	15,7	5,1	15,3	5,2	15,2	8,0	35,4
Kranführer/innen, Aufzugsmaschinisten, Bedienung verwandter Hebeeinrichtungen	9,6	6,9	11,4	4,7	27,0	11,3	29,0
Speditions- u. Logistikkaufleute	14,0	4,9	17,1	6,1	15,4	8,7	33,9
Branche gesamt	9,7	7,3	10,7	5,0	24,0	12,0	31,4
Alle Branchen	11,0	5,7	12,4	5,1	22,9	11,0	32,0

Fehlzeiten-Report 2017

◘ **Tab. 26.13.15** Verteilung der Arbeitsunfähigkeitsfälle nach Krankheitsarten und ausgewählten Berufsgruppen in der Branche Verkehr und Transport im Jahr 2016, AOK-Mitglieder

Tätigkeit	AU-Fälle in %						
	Psyche	Herz/ Kreislauf	Atem- wege	Ver- dauung	Muskel/ Skelett	Verlet- zungen	Sonstige
Berufe für Post- u. Zustelldienste	5,4	3,5	19,9	8,0	20,7	10,2	32,3
Berufe in der Lagerwirtschaft	4,5	3,5	21,4	8,9	21,7	7,6	32,3
Berufskraftfahrer/innen (Güterverkehr/LKW)	4,6	6,4	15,0	9,2	19,8	9,5	35,6
Berufskraftfahrer/innen (Personentransport/PKW)	5,3	6,7	18,8	8,6	14,7	6,4	39,5
Büro- u. Sekretariatskräfte (ohne Spez.)	6,0	3,8	24,6	9,8	11,3	4,9	39,6
Bus- u. Straßenbahnfahrer/innen	6,6	5,6	19,2	9,3	18,1	5,6	35,5
Fahrzeugführer/innen im Straßen- verkehr (sonstige spezifische Tätigkeits- angabe)	5,0	4,6	16,9	9,0	21,1	10,2	33,2
Kaufmännische u. technische Betriebswirtschaft (ohne Spez.)	6,3	3,3	26,3	9,5	10,9	5,0	38,8
Kranführer/innen, Aufzugs- maschinisten, Bedienung verwandter Hebeeinrichtungen	4,7	4,4	20,3	8,7	21,4	7,5	32,9
Speditions- u. Logistikkaufleute	4,9	2,6	28,1	9,9	10,6	5,6	38,3
Branche gesamt	**5,1**	**4,5**	**20,1**	**9,0**	**18,9**	**7,9**	**34,5**
Alle Branchen	**5,1**	**3,8**	**22,9**	**9,1**	**15,9**	**7,3**	**35,8**

Fehlzeiten-Report 2017

◻ **Tab. 26.13.16** Anteile der 40 häufigsten Einzeldiagnosen an den AU-Fällen und AU-Tagen in der Branche Verkehr und Transport im Jahr 2016, AOK-Mitglieder

ICD–10	Bezeichnung	AU-Fälle in %	AU-Tage in %
M54	Rückenschmerzen	7,7	7,3
J06	Akute Infektionen an mehreren oder nicht näher bezeichneten Lokalisationen der oberen Atemwege	7,6	3,3
A09	Sonstige und nicht näher bezeichnete Gastroenteritis und Kolitis infektiösen und nicht näher bezeichneten Ursprungs	3,6	1,2
I10	Essentielle (primäre) Hypertonie	2,0	2,1
J20	Akute Bronchitis	2,0	1,1
K08	Sonstige Krankheiten der Zähne und des Zahnhalteapparates	1,8	0,4
K52	Sonstige nichtinfektiöse Gastroenteritis und Kolitis	1,6	0,6
J40	Bronchitis, nicht als akut oder chronisch bezeichnet	1,5	0,8
R10	Bauch- und Beckenschmerzen	1,4	0,7
B34	Viruskrankheit nicht näher bezeichneter Lokalisation	1,4	0,6
K29	Gastritis und Duodenitis	1,3	0,6
F43	Reaktionen auf schwere Belastungen und Anpassungsstörungen	1,2	1,9
M25	Sonstige Gelenkkrankheiten, anderenorts nicht klassifiziert	1,2	1,3
F32	Depressive Episode	1,1	2,8
T14	Verletzung an einer nicht näher bezeichneten Körperregion	1,1	1,1
M51	Sonstige Bandscheibenschäden	1,0	2,3
R51	Kopfschmerz	1,0	0,5
M75	Schulterläsionen	0,9	1,8
M99	Biomechanische Funktionsstörungen, anderenorts nicht klassifiziert	0,9	0,8
M53	Sonstige Krankheiten der Wirbelsäule und des Rückens, anderenorts nicht klassifiziert	0,8	0,9
M79	Sonstige Krankheiten des Weichteilgewebes, anderenorts nicht klassifiziert	0,8	0,7
J02	Akute Pharyngitis	0,8	0,4
J03	Akute Tonsillitis	0,8	0,4
J32	Chronische Sinusitis	0,8	0,4
J01	Akute Sinusitis	0,8	0,4
J00	Akute Rhinopharyngitis [Erkältungsschnupfen]	0,8	0,3
M77	Sonstige Enthesopathien	0,7	0,9
S93	Luxation, Verstauchung und Zerrung der Gelenke und Bänder in Höhe des oberen Sprunggelenkes und des Fußes	0,7	0,9
R53	Unwohlsein und Ermüdung	0,7	0,6
R42	Schwindel und Taumel	0,7	0,6
R11	Übelkeit und Erbrechen	0,7	0,3
I25	Chronische ischämische Herzkrankheit	0,6	1,3
M23	Binnenschädigung des Kniegelenkes [internal derangement]	0,6	1,2
F45	Somatoforme Störungen	0,6	1,0
E11	Diabetes mellitus, Typ 2	0,6	0,8
F48	Andere neurotische Störungen	0,6	0,8
G47	Schlafstörungen	0,6	0,7
E66	Adipositas	0,6	0,5
M47	Spondylose	0,5	0,8
J98	Sonstige Krankheiten der Atemwege	0,5	0,3
	Summe hier	**54,6**	**45,4**
	Restliche	45,4	54,6
	Gesamtsumme	**100,0**	**100,0**

Fehlzeiten-Report 2017

◘ Tab. 26.13.17 Anteile der 40 häufigsten Diagnoseuntergruppen an den AU-Fällen und AU-Tagen in der Branche Verkehr und Transport im Jahr 2016, AOK-Mitglieder

ICD-10	Bezeichnung	AU-Fälle in %	AU-Tage in %
J00–J06	Akute Infektionen der oberen Atemwege	11,5	5,1
M50–M54	Sonstige Krankheiten der Wirbelsäule und des Rückens	9,3	9,9
A00–A09	Infektiöse Darmkrankheiten	4,6	1,6
R50–R69	Allgemeinsymptome	3,4	2,8
F40–F48	Neurotische, Belastungs- und somatoforme Störungen	2,8	4,6
M70–M79	Sonstige Krankheiten des Weichteilgewebes	2,8	3,9
J40–J47	Chronische Krankheiten der unteren Atemwege	2,7	1,9
R10–R19	Symptome, die das Verdauungssystem und das Abdomen betreffen	2,4	1,2
I10–I15	Hypertonie [Hochdruckkrankheit]	2,3	2,4
J20–J22	Sonstige akute Infektionen der unteren Atemwege	2,3	1,3
K00–K14	Krankheiten der Mundhöhle, der Speicheldrüsen und der Kiefer	2,3	0,5
K20–K31	Krankheiten des Ösophagus, des Magens und des Duodenums	1,9	1,0
K50–K52	Nichtinfektiöse Enteritis und Kolitis	1,9	0,8
M20–M25	Sonstige Gelenkkrankheiten	1,8	2,7
Z80–Z99	Personen mit potentiellen Gesundheitsrisiken aufgrund der Familien- oder Eigenanamnese und bestimmte Zustände, die den Gesundheitszustand beeinflussen	1,6	2,6
B25–B34	Sonstige Viruskrankheiten	1,6	0,7
G40–G47	Episodische und paroxysmale Krankheiten des Nervensystems	1,5	1,4
F30–F39	Affektive Störungen	1,4	4,1
T08–T14	Verletzungen nicht näher bezeichneter Teile des Rumpfes, der Extremitäten oder anderer Körperregionen	1,4	1,4
R00–R09	Symptome, die das Kreislaufsystem und das Atmungssystem betreffen	1,4	1,0
S90–S99	Verletzungen der Knöchelregion und des Fußes	1,3	1,8
J30–J39	Sonstige Krankheiten der oberen Atemwege	1,3	0,8
S80–S89	Verletzungen des Knies und des Unterschenkels	1,1	2,2
K55–K64	Sonstige Krankheiten des Darmes	1,1	0,9
E70–E90	Stoffwechselstörungen	1,0	0,9
M95–M99	Sonstige Krankheiten des Muskel-Skelett-Systems und des Bindegewebes	1,0	0,9
M15–M19	Arthrose	0,9	2,1
S60–S69	Verletzungen des Handgelenkes und der Hand	0,9	1,4
R40–R46	Symptome, die das Erkennungs- und Wahrnehmungsvermögen, die Stimmung und das Verhalten betreffen	0,9	0,8
J09–J18	Grippe und Pneumonie	0,9	0,6
I20–I25	Ischämische Herzkrankheiten	0,8	1,8
E10–E14	Diabetes mellitus	0,8	1,1
Z00–Z13	Personen, die das Gesundheitswesen zur Untersuchung und Abklärung in Anspruch nehmen	0,8	0,4
I30–I52	Sonstige Formen der Herzkrankheit	0,7	1,2
F10–F19	Psychische und Verhaltensstörungen durch psychotrope Substanzen	0,7	0,8
E65–E68	Adipositas und sonstige Überernährung	0,7	0,6
J95–J99	Sonstige Krankheiten des Atmungssystems	0,7	0,5
G50–G59	Krankheiten von Nerven, Nervenwurzeln und Nervenplexus	0,6	1,1
L00–L08	Infektionen der Haut und der Unterhaut	0,6	0,6
N30–N39	Sonstige Krankheiten des Harnsystems	0,6	0,4
	Summe hier	**78,3**	**71,8**
	Restliche	21,7	28,2
	Gesamtsumme	**100,0**	**100,0**

Die Arbeitsunfähigkeit in der Statistik der GKV

K. Busch

B. Badura et al. (Hrsg.) *Fehlzeiten-Report 2017*,
DOI 10.1007/978-3-662-54632-1_27, © Springer-Verlag GmbH Deutschland 2017

Zusammenfassung *Der vorliegende Beitrag gibt anhand der Statistiken des Bundesministeriums für Gesundheit (BMG) einen Überblick über die Arbeitsunfähigkeitsdaten der Gesetzlichen Krankenkassen (GKV). Zunächst werden die Arbeitsunfähigkeitsstatistiken der Krankenkassen und die Erfassung der Arbeitsunfähigkeit erläutert. Anschließend wird die Entwicklung der Fehlzeiten auf GKV-Ebene geschildert und Bezug auf die Unterschiede bei den Fehlzeiten zwischen den verschiedenen Kassen genommen. Zum Schluss sind Daten der Krankheitsartenstatistik 2015 enthalten.*

27.1 Arbeitsunfähigkeitsstatistiken der Krankenkassen

Die Krankenkassen sind nach § 79 SGB IV verpflichtet, Übersichten über ihre Rechnungs- und Geschäftsergebnisse sowie sonstige Statistiken zu erstellen und über den GKV-Spitzenverband an das Bundesministerium für Gesundheit zu liefern. Bis zur Gründung des GKV-Spitzenverbandes war dies Aufgabe der Bundesverbände der einzelnen Kassenarten. Näheres hierzu wird in der Allgemeinen Verwaltungsvorschrift über die Statistik in der Gesetzlichen Krankenversicherung (KSVwV) geregelt. Bezüglich der Arbeitsunfähigkeitsfälle finden sich Regelungen zu drei Statistiken:

- Krankenstand: Bestandteil der monatlichen Mitgliederstatistik KM 1
- Arbeitsunfähigkeitsfälle und -tage: Bestandteil der Jahresstatistik KG 2
- Arbeitsunfähigkeitsfälle und -tage nach Krankheitsarten: Jahresstatistik KG 8

Am häufigsten wird in der allgemeinen Diskussion mit dem Krankenstand argumentiert, wobei dieser Begriff unterschiedlich definiert wird. Der Krankenstand in der amtlichen Statistik wird über eine Stichtagserhebung gewonnen, die zu jedem Ersten eines Monats durchgeführt wird. Die Krankenkasse ermittelt im Rahmen ihrer Mitgliederstatistik die zu diesem Zeitpunkt arbeitsunfähig kranken Pflicht- und freiwilligen Mitglieder mit einem Krankengeldanspruch. Vor dem Jahr 2007 bezog sich der Krankenstand auf die Pflichtmitglieder. Dabei wurden Rentner, Studenten, Jugendliche und Behinderte, Künstler, Wehr-, Zivil- sowie Dienstleistende bei der Bundespolizei, landwirtschaftliche Unternehmer und Vorruhestandsgeldempfänger nicht berücksichtigt, da für diese Gruppen in der Regel keine Arbeitsunfähigkeitsbescheinigungen von einem Arzt ausgestellt wurden. Seit dem Jahr 2005 bleiben auch die Arbeitslosengeld-II-Empfänger unberücksichtigt, da sie im Gegensatz zu den früheren Arbeitslosenhilfeempfängern keinen Anspruch auf Krankengeld haben und somit für diesen Mitgliederkreis nicht unbedingt AU-Bescheinigungen ausgestellt und den Krankenkassen übermittelt werden.

Die AU-Bescheinigungen werden vom behandelnden Arzt ausgestellt und unmittelbar an die Krankenkasse gesandt, die sie zur Ermittlung des Krankenstandes auszählt. Die Erhebung des Krankenstandes erfolgt monatlich im Rahmen der Mitgliederstatistik KM 1, die auch monatlich vom BMG im Internet veröffentlicht wird.[1] Aus den zwölf Stichtagswerten eines Jahres wird als arithmetisches Mittel ein jahresdurchschnittlicher Krankenstand errechnet. Dabei werden auch Korrekturen berücksichtigt, die z. B. wegen verspäteter Meldungen notwendig werden.

Eine Totalauszählung der Arbeitsunfähigkeitsfälle und -tage erfolgt in der Jahresstatistik KG 2. Da in dieser Statistik nicht nur das AU-Geschehen an einem Stichtag erfasst, sondern jeder einzelne AU-Fall mit seinen dazugehörigen Tagen im Zeitraum eines Kalenderjahres berücksichtigt wird, ist die Aussagekraft höher. Allerdings können die Auswertungen der einzelnen Krankenkassen auch erst nach Abschluss des Berichtsjahres

---

1 http://www.bmg.bund.de/themen/krankenversicherung/
zahlen-und-fakten-zur-krankenversicherung/mitglieder-
und-versicherte.html

beginnen und die Ergebnisse daher nur mit einer zeitlichen Verzögerung von mehr als einem halben Jahr vorgelegt werden. Auch die Ergebnisse dieser Statistik werden vom BMG im Internet veröffentlicht.[2]

Zur weiteren Qualifizierung der Arbeitsunfähigkeitsfälle dient die Statistik KG 8, die sogenannte Krankheitsartenstatistik. Im Rahmen dieser Statistik werden Einzeldatensätze mit Diagnosemerkmalen, Altersgruppenzugehörigkeit des Mitglieds, der Falldauer etc. gemeldet. Aufgrund der großen Datenmenge und des aufwendigen Auswertungsverfahrens liegt die Krankheitsartenstatistik erst am Ende des Folgejahres vor.

27.2   Erfassung von Arbeitsunfähigkeit

Informationsquelle für eine bestehende Arbeitsunfähigkeit der pflichtversicherten Arbeitnehmer bildet die Arbeitsunfähigkeitsbescheinigung des behandelnden Arztes. Nach § 5 EFZG bzw. § 3 LFZG ist der Arzt verpflichtet, dem Träger der gesetzlichen Krankenversicherung unverzüglich eine Bescheinigung über die Arbeitsunfähigkeit mit Angaben über den Befund und die voraussichtliche Dauer zuzuleiten; nach Ablauf der vermuteten Erkrankungsdauer stellt der Arzt bei Weiterbestehen der Arbeitsunfähigkeit eine Fortsetzungsbescheinigung aus. Das Vorliegen einer Krankheit allein ist für die statistische Erhebung nicht hinreichend – entscheidend ist die Feststellung des Arztes, dass der Arbeitnehmer aufgrund des konkret vorliegenden Krankheitsbildes daran gehindert ist, seine Arbeitsleistung zu erbringen (§ 3 EFZG). Der arbeitsunfähig schreibende Arzt einerseits und der ausgeübte Beruf andererseits spielen daher für Menge und Art der AU-Fälle eine nicht unbedeutende Rolle.

Voraussetzung für die statistische Erfassung eines AU-Falles ist somit im Normalfall, dass eine AU-Bescheinigung vorliegt. Zu berücksichtigen sind jedoch auch Fälle von Arbeitsunfähigkeit, die der Krankenkasse auf andere Weise als über die AU-Bescheinigung bekannt werden – beispielsweise Meldungen von Krankenhäusern über eine stationäre Behandlung oder die Auszahlung von Krankengeld nach Ablauf der Entgeltfortzahlungszeit. Nicht berücksichtigt werden solche AU-Fälle, für die die Krankenkasse nicht Kostenträger ist, aber auch Fälle mit einem Arbeitsunfall oder einer Berufskrankheit, für die der Träger der Unfallversicherung das Heilverfahren nicht übernommen hat. Ebenfalls nicht erfasst werden Fälle, bei denen eine andere

Stelle wie z. B. die Rentenversicherung ein Heilverfahren ohne Kostenbeteiligung der Krankenkasse durchführt. Die Entgeltfortzahlung durch den Arbeitgeber wird allerdings nicht als Fall mit anderem Kostenträger gewertet, sodass AU-Fälle sowohl den Zeitraum der Entgeltfortzahlung als auch den Zeitraum umfassen, in dem der betroffene Arbeitnehmer Krankengeld bezogen hat.

Ein Fehlen am Arbeitsplatz während der Mutterschutzfristen ist kein Arbeitsunfähigkeitsfall im Sinne der Statistik, da Mutterschaft keine Krankheit ist. AU-Zeiten, die aus Komplikationen während einer Schwangerschaft oder bei der Geburt entstehen, werden jedoch berücksichtigt, soweit sich dadurch die Freistellungsphase um den Geburtstermin herum verlängert.

Der als »arbeitsunfähig« erfassbare Personenkreis ist begrenzt: In der Statistik werden nur die AU-Fälle von Pflicht- und freiwilligen Mitgliedern mit einem Krankengeldanspruch berücksichtigt. Mitversicherte Familienangehörige und Rentner sind definitionsgemäß nicht versicherungspflichtig beschäftigt, sie können somit im Sinne des Krankenversicherungsrechts nicht arbeitsunfähig krank sein.

Da die statistische Erfassung der Arbeitsunfähigkeit primär auf die AU-Bescheinigung des behandelnden Arztes abgestellt ist, können insbesondere bei den Kurzzeitarbeitsunfähigkeiten Untererfassungen auftreten. Falls während der ersten drei Tage eines Fernbleibens von der Arbeitsstelle wegen Krankheit dem Arbeitgeber (aufgrund gesetzlicher oder tarifvertraglicher Regelungen) keine AU-Bescheinigung vorgelegt werden muss, erhält die Krankenkasse nur in Ausnahmefällen Kenntnis von der Arbeitsunfähigkeit. Andererseits bescheinigt der Arzt nur die voraussichtliche Dauer der Arbeitsunfähigkeit; tritt jedoch vorher Arbeitsfähigkeit ein, erhält die Krankenkasse auch in diesen Fällen nur selten eine Meldung, dass das Mitglied die Arbeit wieder aufgenommen hat. Gehen AU-Bescheinigungen bei den Krankenkassen nicht zeitgerecht ein, kann die statistische Auswertung und Meldung schon erfolgt sein; der betreffende Fall wird dann zwar bei der Berechnung des monatlichen Krankenstandes nicht berücksichtigt, fließt aber in die Ermittlung des Jahresdurchschnitts mit ein und wird in der Statistik KG 2 – also der Totalauszählung der AU-Fälle und Tage – berücksichtigt. Der Krankenstand wird in der Regel eine Woche nach dem Stichtag ermittelt.

Der AU-Fall wird zeitlich in gleicher Weise abgegrenzt wie der Versicherungsfall im rechtlichen Sinn. Demnach sind mehrere mit Arbeitsunfähigkeit verbundene Erkrankungen, die als ein Versicherungsfall gelten, auch als ein AU-Fall zu zählen. Der Fall wird abgeschlossen, wenn ein anderer Kostenträger (z. B. die Rentenversicherung) ein Heilverfahren

2 http://www.bmg.bund.de/themen/krankenversicherung/zahlen-und-fakten-zur-krankenversicherung/geschaeftsergebnisse.html

durchführt; besteht anschließend weiter Arbeitsunfähigkeit, wird ein neuer Leistungsfall gezählt. Der AU-Fall wird statistisch in dem Jahr berücksichtigt, in dem er abgeschlossen wird, sodass diesem Jahr alle Tage des Falles zugeordnet werden, auch wenn sie kalendermäßig teilweise im Vorjahr lagen.

27.3 Entwicklung des Krankenstandes

Auch wenn der Krankenstand in den letzten drei Jahren angestiegen ist, liegt er heute gegenüber den 1970er und 1980er Jahren immer noch deutlich niedriger. Er befindet sich derzeit auf einem Niveau, das sich seit Einführung der Lohnfortzahlung für Arbeiter im Jahr 1970 um fast ein Drittel reduziert hat. Zeiten vor 1970 sind nur bedingt vergleichbar, da durch eine andere Rechtsgrundlage bezüglich der Lohnfortzahlung (z. B. Karenztage) und des Bezugs von Krankengeld auch andere Meldewege und Erfassungsmethoden angewandt wurden. Da der Krankenstand in Form der Stichtagsbetrachtung erhoben wird, kann er nur bedingt ein zutreffendes Ergebnis zur absoluten Höhe der Ausfallzeiten wegen Krankheit liefern. Die zwölf Monatsstichtage betrachten nur jeden 30. Kalendertag, sodass z. B. eine Grippewelle möglicherweise nur deswegen nicht erfasst wird, weil ihr Höhepunkt zufällig in den Zeitraum zwischen zwei Stichtagen fällt.

Saisonale Schwankungen ergeben sich nicht nur aus den Jahreszeiten heraus. Es ist auch zu berücksichtigen, dass Stichtage auf Sonn- und Feiertage fallen können, sodass eine beginnende Arbeitsunfähigkeit erst später, also zu Beginn des nächsten Arbeitstages, festgestellt werden würde (◘ Abb. 27.1).

Die Krankenstände der einzelnen Kassenarten unterscheiden sich zum Teil erheblich. Die Ursachen dafür dürften in den unterschiedlichen Mitgliederkreisen bzw. deren Berufs- und Alters- sowie Geschlechtsstrukturen liegen. Ein anderes Berufsspektrum bei den Mitgliedern einer anderen Kassenart führt somit auch automatisch zu einem abweichenden Krankenstandniveau bei gleichem individuellem, berufsbedingtem Krankheitsgeschehen der Mitglieder (◘ Abb. 27.2). Der Beitrag von Meyer et al. geht für die Mitglieder der AOKs ausführlich auf die unterschiedlichen Fehlzeitenniveaus der einzelnen Berufsgruppen und Branchen ein (vgl. Meyer et al. in diesem Band).

Durch Fusionen bei den Krankenkassen reduziert sich auch die Zahl der Verbände. So haben sich zuletzt die Verbände der Arbeiterersatzkassen und der Angestellten-Krankenkassen zum Verband der Ersatzkassen e. V. (VdEK) zusammengeschlossen. Fusionen finden auch über Kassenartengrenzen hinweg statt, wodurch sich das Berufsspektrum der Mitglieder verschiebt und sich auch der Krankenstand einer Kassenart verändert.

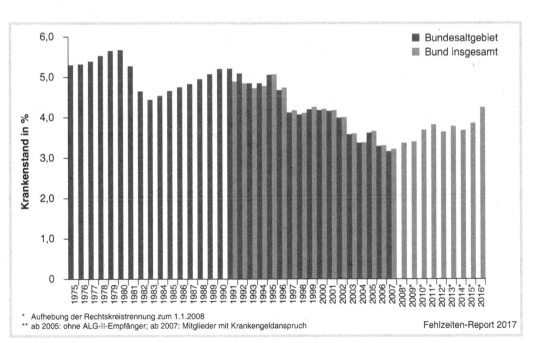

* Aufhebung der Rechtskreistrennung zum 1.1.2008
** ab 2005: ohne ALG-II-Empfänger; ab 2007: Mitglieder mit Krankengeldanspruch

Fehlzeiten-Report 2017

◘ **Abb. 27.1** Entwicklung des Krankenstandes** (Jahresdurchschnitte)

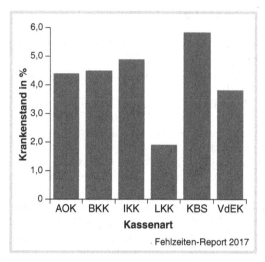

☑ **Abb. 27.2** Krankenstand nach Kassenarten 2016 (Jahresdurchschnitt)

27.4   Entwicklung der Arbeitsunfähigkeitsfälle

Durch die Totalauszählungen der Arbeitsunfähigkeitsfälle im Rahmen der GKV-Statistik KG 2 werden die o. a. Mängel einer Stichtagserhebung vermieden.

Allerdings kann eine Totalauszählung erst nach Abschluss des Beobachtungszeitraums, d. h. nach dem Jahresende vorgenommen werden. Die Meldewege und die Nachrangigkeit der statistischen Erhebung gegenüber dem Jahresrechnungsabschluss bringen es mit sich, dass der GKV-Spitzenverband die Ergebnisse der GKV-Statistik KG 2 erst im August zu einem Bundesergebnis zusammenführen und dem Bundesministerium für Gesundheit übermitteln kann.

Ein Vergleich der Entwicklung von Krankenstand und Arbeitsunfähigkeitstagen je 100 Pflichtmitglieder zeigt, dass sich das Krankenstandniveau und das Niveau der AU-Tage je 100 Pflichtmitglieder gleichgerichtet entwickeln, es jedoch eine leichte Unterzeichnung beim Krankenstand gegenüber den AU-Tagen gibt (☑ Abb. 27.3). Hieraus lässt sich schließen, dass der Krankenstand als Frühindikator für die Entwicklung des AU-Geschehens genutzt werden kann. Zeitreihen für das gesamte Bundesgebiet liegen erst für den Zeitraum ab dem Jahr 1991 vor, da zu diesem Zeitpunkt auch in den neuen Bundesländern das Krankenversicherungsrecht aus den alten Bundesländern eingeführt wurde. Seit 1995 wird Berlin insgesamt den alten Bundesländern zugeordnet, zuvor gehörte der Ostteil Berlins zum Rechtskreis der neuen Bundesländer.

Der Vergleich der Entwicklung der Arbeitsunfähigkeitstage je 100 Pflichtmitglieder nach Kassenarten

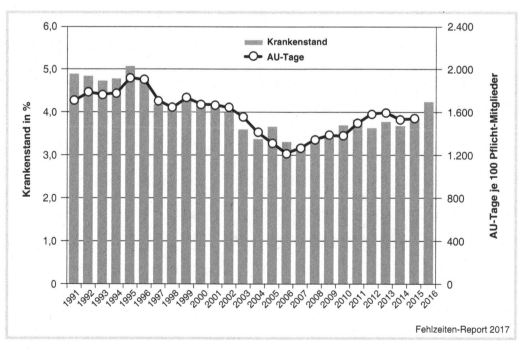

☑ **Abb. 27.3** Entwicklung von Krankenstand und AU-Tagen je 100 Pflichtmitglieder, 1991 bis 2016

zeigt, dass es bei den einzelnen Kassenarten recht unterschiedliche Entwicklungen gegeben hat. Am deutlichsten wird der Rückgang des Krankenstandes bei den Betriebskrankenkassen, die durch die Wahlfreiheit zwischen den Kassen und die Öffnung der meisten Betriebskrankenkassen auch für betriebsfremde Personen einen Zugang an Mitgliedern mit einer günstigeren Risikostruktur zu verzeichnen hatten. Die günstigere Risikostruktur dürfte insbesondere damit zusammenhängen, dass mobile, wechselbereite und gut verdienende jüngere Personen Mitglieder wurden, aber auch daran, dass andere, weniger gesundheitlich gefährdete Berufsgruppen jetzt die Möglichkeit haben, sich bei Betriebskrankenkassen mit einem günstigen Beitragssatz zu versichern. Durch die Einführung des Gesundheitsfonds mit einem einheitlichen Beitragssatz für die GKV ist der Anreiz zum Kassenwechsel reduziert worden. Kassen, die aufgrund ihrer wirtschaftlichen Situation gezwungen waren, einen Zusatzbeitrag zu erheben, hatten jedoch einen enormen Mitgliederschwund zu verzeichnen. Dies führte bei mehreren Kassen sogar zu einer Schließung.

Auch bei der IKK ging der Krankenstand zurück: Eine Innungskrankenkasse hatte aufgrund ihres günstigen Beitragssatzes in den Jahren von 2003 bis Ende 2008 einen Zuwachs von über 600.000 Mitgliedern zu verzeichnen, davon allein fast 511.000 Pflichtmitglieder mit

einem Entgeltfortzahlungsanspruch von sechs Wochen. Diese Kasse wies im Zeitraum von 2004 bis 2008 stets einen jahresdurchschnittlichen Krankenstand von unter 2 Prozent aus. Da sie Ende 2008 in ihrer Kassenart über 17 Prozent der Pflichtmitglieder mit einem Entgeltfortzahlungsanspruch von sechs Wochen versicherte, reduzierte sich in diesem Zeitraum der Krankenstand der Innungskrankenkassen insgesamt deutlich. 2009 fusionierte diese Kasse in den Ersatzkassenbereich und der Krankenstand der Innungskrankenkassen nahm in der Folge wieder überproportional zu.

Am ungünstigsten verlief die Entwicklung bei den Angestellten-Ersatzkassen (EKAng), die jetzt nach der Fusion mit den Arbeiterersatzkassen den VdEK bilden. Nach einer Zwischenphase mit höheren AU-Tagen je 100 Pflichtmitglieder in den Jahren 2001 und 2002 reduzierte sich die Zahl der AU-Tage bis 2006, stieg dann aber wieder bis 2012 über das Niveau von 2002 hinaus; dieser Trend setzte sich in den Jahren 2013 und 2015 allerdings nicht fort (◘ Abb. 27.4), sodass der VdEK seit 2012 wieder die Kassenart mit den geringsten Zahlen bei den Arbeitsunfähigkeitstagen je 100 Pflichtmitglieder ist.

Insgesamt hat sich die Bandbreite der gemeldeten AU-Tage je 100 Pflichtmitglieder zwischen den verschiedenen Kassenarten deutlich reduziert. Im Jahr 1991 wiesen die Betriebskrankenkassen noch 2.275

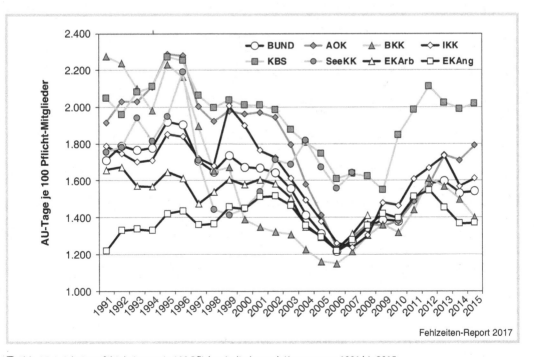

Fehlzeiten-Report 2017

◘ **Abb. 27.4** Arbeitsunfähigkeitstage je 100 Pflichtmitglieder nach Kassenarten, 1991 bis 2015

AU-Tage je 100 Pflichtmitglieder aus, während die Angestelltenersatzkassen nur 1.217 AU-Tage je 100 Pflichtmitglieder meldeten – dies ist eine Differenz von fast 1.100 AU-Tage je 100 Pflichtmitglieder. Im Jahr 2015 hat sich diese Differenz zwischen der ungünstigsten und der günstigsten Kassenart auf rund 648 AU-Tage je 100 Pflichtmitglieder reduziert. Lässt man das Sondersystem KBS (Knappschaft-Bahn-See) unberücksichtigt, so reduziert sich die Differenz im Jahr 2015 zwischen den Ersatzkassen mit 1.370 AU-Tagen je 100 Pflichtmitglieder und den Allgemeinen Ortskrankenkassen mit 1.790 AU-Tagen je 100 Pflichtmitglieder auf gerade 420 AU-Tage je 100 Pflichtmitglieder und damit auf rund 38 Prozent des Wertes von 1991.

27.5 Dauer der Arbeitsunfähigkeit

In der Statistik KG 8 (Krankheitsartenstatistik) wird auch die Dauer der einzelnen Arbeitsunfähigkeitsfälle

☐ **Tab. 27.1** Arbeitsunfähigkeitsfälle und -tage der Pflichtmitglieder (ohne Rentner) nach Falldauer 2015

Dauer der Arbeitsunfähigkeit in Tagen	Fälle absolut	in %	Tage absolut	in %	
1 bis 7	26.420.966	67,36%	90.568.432	18,45%	
8 bis 14	6.844.035	17,45%	70.606.401	14,38%	
15 bis 21	2.237.482	5,70%	38.858.278	7,91%	
22 bis 28	1.071.298	2,73%	26.239.284	5,34%	
29 bis 35	627.632	1,60%	19.828.378	4,04%	
36 bis 42	469.264	1,20%	18.328.578	3,73%	
1 bis 42	37.670.677	96,04%	264.429.351	53,85%	Ende Lohnfortzahlung
43 bis 49	227.769	0,58%	10.357.119	2,11%	
50 bis 56	137.579	0,35%	7.282.220	1,48%	
57 bis 63	114.054	0,29%	6.830.407	1,39%	
64 bis 70	89.555	0,23%	5.998.702	1,22%	
71 bis 77	77.654	0,20%	5.743.577	1,17%	
78 bis 84	65.929	0,17%	5.341.196	1,09%	
1 bis 84	38.383.217	97,86%	305.982.572	62,32%	12 Wochen
85 bis 91	61.375	0,16%	5.403.611	1,10%	
92 bis 98	52.659	0,13%	5.002.431	1,02%	
99 bis 105	46.088	0,12%	4.702.759	0,96%	
106 bis 112	41.314	0,11%	4.504.716	0,92%	
113 bis 119	37.601	0,10%	4.362.771	0,89%	
120 bis 126	35.024	0,09%	4.305.894	0,88%	
1 bis 126	38.657.278	98,56%	334.264.754	68,08%	18 Wochen
127 bis 133	30.722	0,08%	3.994.486	0,81%	
134 bis 140	27.946	0,07%	3.829.089	0,78%	
141 bis 147	25.881	0,07%	3.727.773	0,76%	
148 bis 154	24.428	0,06%	3.689.557	0,75%	
155 bis 161	21.432	0,05%	3.387.102	0,69%	
162 bis 168	20.113	0,05%	3.319.069	0,68%	
1 bis 168	38.807.800	98,94%	356.211.830	72,55%	24 Wochen
1 bis 210	38.905.466	99,19%	374.599.133	76,29%	30 Wochen
1 bis 252	38.971.976	99,36%	389.911.559	79,41%	36 Wochen
1 bis 294	39.021.263	99,48%	403.349.777	82,15%	42 Wochen
1 bis 336	39.061.170	99,59%	415.913.981	84,71%	48 Wochen
1 bis 364	39.083.389	99,64%	423.698.244	86,29%	52 Wochen (1 Jahr)
Insgesamt	39.223.579	100,00%	491.012.206	100,00%	78 Wochen

Fehlzeiten-Report 2017

erfasst. Damit lässt sich aufzeigen, wie viele Arbeitsunfähigkeitsfälle und -tage im Lohnfortzahlungszeitraum der ersten sechs Wochen abgeschlossen werden. Das Ergebnis des Jahres 2015 wird in ◘ Tab. 27.1 dargestellt. 96,04 Prozent aller Arbeitsunfähigkeitsfälle sind innerhalb von sechs Wochen abgeschlossen, kommen also nicht in den Zeitraum, für den die Krankenkassen Krankengeld zahlen. Wie schwer das Gewicht der Langzeitfälle jedoch ist, wird dadurch deutlich, dass die Arbeitsunfähigkeitsfälle mit einer Dauer von sechs Wochen und weniger lediglich 53,85 Prozent der Arbeitsunfähigkeitstage insgesamt bilden. Gegenüber dem Jahr 2014

hat damit der Anteil der Fälle und der Tage dieser Fälle abgenommen (2014: 96,53 Prozent bzw. 57,82 Prozent).

27.6 Altersabhängigkeit der Arbeitsunfähigkeit

Die Dauer der einzelnen Arbeitsunfähigkeitsfälle nach Altersgruppen wird ebenfalls erfasst. Damit lässt sich aufzeigen, wie viele Arbeitsunfähigkeitstage jede Altersgruppe jahresdurchschnittlich in Anspruch nimmt. Das Ergebnis wird in ◘ Tab. 27.2 dargestellt. Die

◘ Tab. 27.2 Arbeitsunfähigkeitsfälle und -tage je 10.000 Pflichtmitglieder o.R. nach Altersgruppen 2015

	Altersgruppen	Frauen			Männer			Frauen und Männer zusammen		
		Fälle	Tage	Tage je Fall	Fälle	Tage	Tage je Fall	Fälle	Tage	Tage je Fall
		je 10.000 Pflichtmitglieder o. R. der Altersgruppe			je 10.000 Pflichtmitglieder o. R. der Altersgruppe			je 10.000 Pflichtmitglieder o. R. der Altersgruppe		
GKV insgesamt	bis unter 15	285	1.021	3,58	290	1.106	3,81	288	1.069	3,71
	15 bis unter 20	34.548	168.176	4,87	30.094	149.924	4,98	31.902	157.335	4,93
	20 bis unter 25	18.153	118.331	6,52	16.778	112.470	6,70	17.420	115.208	6,61
	25 bis unter 30	11.740	99.186	8,45	10.492	88.274	8,41	11.093	93.533	8,43
	30 bis unter 35	11.663	115.169	9,87	10.837	102.650	9,47	11.232	108.639	9,67
	35 bis unter 40	11.877	131.496	11,07	11.191	120.365	10,76	11.527	125.831	10,92
	40 bis unter 45	12.430	155.991	12,55	11.615	143.601	12,36	12.023	149.813	12,46
	45 bis unter 50	12.702	178.027	14,02	11.600	163.700	14,11	12.169	171.093	14,06
	50 bis unter 55	13.191	206.626	15,66	11.837	190.401	16,09	12.537	198.794	15,86
	55 bis unter 60	13.555	234.774	17,32	12.519	233.950	18,69	13.052	234.374	17,96
	60 bis unter 65	11.574	253.383	21,89	10.912	266.552	24,43	11.242	259.990	23,13
	65 bis unter 70	4.517	119.167	26,38	3.605	109.105	30,27	3.975	113.190	28,47
	70 bis unter 75	1.119	16.662	14,89	986	14.324	14,52	1.030	15.088	14,65
	75 bis unter 80	858	10.995	12,81	876	12.187	13,91	871	11.798	13,55
	80 und älter	513	6.949	13,55	1.134	13.221	11,66	863	10.480	12,15
	Insgesamt	**13.098**	**164.013**	**12,52**	**12.119**	**151.665**	**12,51**	**12.603**	**157.774**	**12,52**
AOK Bund	bis unter 15	340	1.283	3,78	377	1.477	3,92	349	1.317	3,77
	15 bis unter 20	41.667	194.792	4,67	37.438	177.771	4,75	39.210	184.902	4,72
	20 bis unter 25	20.811	130.103	6,25	20.088	126.078	6,28	20.423	127.942	6,26
	25 bis unter 30	12.800	103.660	8,10	12.858	100.410	7,81	12.831	101.910	7,94
	30 bis unter 35	11.876	112.848	9,50	12.379	109.684	8,86	12.157	111.085	9,14
	35 bis unter 40	11.992	128.672	10,73	12.010	122.610	10,21	12.002	125.269	10,44
	40 bis unter 45	13.029	160.981	12,36	12.193	145.381	11,92	12.562	152.265	12,12
	45 bis unter 50	13.128	185.758	14,15	11.859	163.306	13,77	12.429	173.388	13,95
	50 bis unter 55	13.180	211.331	16,03	11.786	189.126	16,05	12.410	199.073	16,04
	55 bis unter 60	12.948	229.581	17,73	12.089	228.914	18,94	12.476	229.214	18,37
	60 bis unter 65	10.493	236.726	22,56	10.499	262.252	24,98	10.496	250.811	23,89
	65 bis unter 70	2.103	75.856	36,07	2.027	84.163	41,52	2.056	81.041	39,43
	70 bis unter 75	164	1.948	11,89	110	1.111	10,14	124	1.338	10,83
	75 bis unter 80	143	1.451	10,14	75	897	11,90	97	1.078	11,15
	80 und älter	65	618	9,45	309	3.210	10,39	197	2.021	10,24
	Insgesamt	**13.742**	**164.253**	**11,95**	**13.112**	**156.548**	**11,94**	**13.394**	**159.998**	**11,95**

☐ Tab. 27.2 (Fortsetzung)

	Altersgruppen	Frauen			Männer			Frauen und Männer zusammen		
		Fälle	Tage	Tage je Fall	Fälle	Tage	Tage je Fall	Fälle	Tage	Tage je Fall
		je 10.000 Pflichtmitglieder o. R. der Altersgruppe			je 10.000 Pflichtmitglieder o. R. der Altersgruppe			je 10.000 Pflichtmitglieder o. R. der Altersgruppe		
BKK Bund	bis unter 15	0	0	0,00	36	143	4,00	18	74	4,00
	15 bis unter 20	29.827	142.803	4,79	25.319	124.341	4,91	27.071	131.515	4,86
	20 bis unter 25	17.134	110.485	6,45	15.116	103.083	6,82	16.031	106.441	6,64
	25 bis unter 30	11.743	97.255	8,28	9.849	84.102	8,54	10.756	90.404	8,40
	30 bis unter 35	11.615	112.116	9,65	10.370	97.720	9,42	10.987	104.856	9,54
	35 bis unter 40	11.836	124.069	10,48	11.223	119.152	10,62	11.544	121.723	10,54
	40 bis unter 45	12.222	144.924	11,86	12.060	144.360	11,97	12.143	144.650	11,91
	45 bis unter 50	12.832	170.226	13,27	12.447	169.170	13,59	12.643	169.706	13,42
	50 bis unter 55	13.766	203.727	14,80	13.243	203.755	15,39	13.503	203.741	15,09
	55 bis unter 60	14.587	236.625	16,22	14.630	253.507	17,33	14.609	245.372	16,80
	60 bis unter 65	12.689	260.317	20,52	11.957	264.730	22,14	12.287	262.741	21,38
	65 bis unter 70	5.927	165.325	27,89	5.131	155.790	30,36	5.453	159.648	29,28
	70 bis unter 75	336	4.023	11,98	263	3.125	11,88	285	3.391	11,91
	75 bis unter 80	209	2.144	10,27	272	3.158	11,63	251	2.831	11,27
	80 und älter	71	745	10,50	72	2.158	30,00	71	1.446	20,25
	Insgesamt	**13.195**	**157.500**	**11,94**	**12.475**	**155.039**	**12,43**	**12.828**	**156.247**	**12,18**
IKK Bund	bis unter 15	63	126	2,00	62	248	4,00	63	188	3,00
	15 bis unter 20	35.160	173.050	4,92	30.233	148.203	4,90	32.060	157.415	4,91
	20 bis unter 25	20.675	134.853	6,52	19.711	131.982	6,70	20.136	133.247	6,62
	25 bis unter 30	13.370	115.957	8,67	12.526	108.153	8,63	12.917	111.771	8,65
	30 bis unter 35	12.612	125.382	9,94	12.402	120.000	9,68	12.496	122.405	9,80
	35 bis unter 40	12.573	140.159	11,15	12.351	136.753	11,07	12.443	138.156	11,10
	40 bis unter 45	12.760	163.302	12,80	12.205	153.989	12,62	12.432	157.792	12,69
	45 bis unter 50	12.997	184.267	14,18	11.985	172.151	14,36	12.416	177.309	14,28
	50 bis unter 55	13.403	215.073	16,05	12.055	198.790	16,49	12.642	205.886	16,29
	55 bis unter 60	13.522	237.006	17,53	12.741	247.078	19,39	13.081	242.692	18,55
	60 bis unter 65	11.938	273.012	22,87	12.753	343.529	26,94	12.395	312.600	25,22
	65 bis unter 70	6.047	162.611	26,89	6.064	199.400	32,88	6.057	185.620	30,64
	70 bis unter 75	1.908	21.651	11,35	1.350	16.792	12,44	1.515	18.228	12,03
	75 bis unter 80	1.359	15.126	11,13	1.535	20.394	13,28	1.485	18.874	12,71
	80 und älter	1.021	11.830	11,58	943	10.592	11,23	970	11.013	11,36
	Insgesamt	**13.752**	**171.265**	**12,45**	**13.077**	**169.471**	**12,96**	**13.369**	**170.246**	**12,73**
LKK	bis unter 15	0	0	0,00	0	0	0,00	0	0	0,00
	15 bis unter 20	4.048	30.357	7,50	2.394	20.338	8,49	2.711	22.255	8,21
	20 bis unter 25	1.822	18.137	9,95	1.136	16.221	14,27	1.239	16.508	13,32
	25 bis unter 30	1.199	19.145	15,96	796	13.305	16,72	880	14.525	16,51
	30 bis unter 35	1.946	26.354	13,55	748	8.846	11,83	922	11.392	12,35
	35 bis unter 40	1.618	23.147	14,31	749	6.930	9,25	880	9.368	10,65
	40 bis unter 45	1.288	18.885	14,66	825	6.351	7,69	893	8.168	9,15
	45 bis unter 50	1.439	28.575	19,86	919	8.073	8,78	990	10.863	10,98
	50 bis unter 55	1.840	30.454	16,55	1.165	10.144	8,71	1.249	12.657	10,14
	55 bis unter 60	1.641	41.488	25,29	1.615	13.692	8,48	1.618	17.137	10,59
	60 bis unter 65	1.848	37.868	20,49	1.990	17.773	8,93	1.974	20.020	10,14
	65 bis unter 70	2.368	32.908	13,90	2.296	22.774	9,92	2.304	23.926	10,38
	70 bis unter 75	3.115	23.049	7,40	3.794	34.218	9,02	3.681	32.365	8,79
	75 bis unter 80	4.483	44.414	9,91	4.115	39.688	9,64	4.193	40.681	9,70
	80 und älter	4.929	46.730	9,48	6.380	59.180	9,28	5.949	55.485	9,33
	Insgesamt	**1.729**	**29.709**	**17,18**	**1.346**	**12.541**	**9,31**	**1.399**	**14.879**	**10,64**

◘ Tab. 27.2 (Fortsetzung)

	Altersgruppen	Frauen			Männer			Frauen und Männer zusammen		
		Fälle	Tage	Tage je Fall	Fälle	Tage	Tage je Fall	Fälle	Tage	Tage je Fall
		je 10.000 Pflichtmitglieder o. R. der Altersgruppe			je 10.000 Pflichtmitglieder o. R. der Altersgruppe			je 10.000 Pflichtmitglieder o. R. der Altersgruppe		
KBS	bis unter 15	0	0	0,00	0	0	0,00	0	0	0,00
	15 bis unter 20	32.453	168.351	5,19	28.990	147.989	5,10	30.350	155.988	5,14
	20 bis unter 25	19.571	136.889	6,99	19.007	133.450	7,02	19.273	135.077	7,01
	25 bis unter 30	13.269	123.575	9,31	11.595	109.478	9,44	12.394	116.206	9,38
	30 bis unter 35	13.267	146.019	11,01	11.677	122.714	10,51	12.408	133.425	10,75
	35 bis unter 40	13.578	166.601	12,27	12.177	146.076	12,00	12.817	155.452	12,13
	40 bis unter 45	13.442	199.852	14,87	12.300	185.784	15,10	12.790	191.823	15,00
	45 bis unter 50	13.454	225.566	16,77	11.767	207.182	17,61	12.464	214.781	17,23
	50 bis unter 55	13.909	257.324	18,50	12.387	228.605	18,46	13.039	240.912	18,48
	55 bis unter 60	14.323	299.035	20,88	13.632	293.940	21,56	13.934	296.163	21,26
	60 bis unter 65	12.917	337.377	26,12	12.596	332.817	26,42	12.735	334.786	26,29
	65 bis unter 70	7.175	200.681	27,97	6.674	180.260	27,01	6.841	187.097	27,35
	70 bis unter 75	4.028	47.222	11,72	3.840	51.280	13,35	3.874	50.539	13,04
	75 bis unter 80	2.821	37.445	13,28	2.890	34.603	11,97	2.605	33.652	12,92
	80 und älter	1.467	10.267	7,00	2.443	25.573	10,47	2.087	20.000	9,58
	Insgesamt	**14.220**	**209.741**	**14,75**	**12.897**	**197.634**	**15,32**	**13.481**	**202.976**	**15,06**
VdEK	bis unter 15	482	1.574	3,27	571	2.295	4,02	506	1.873	3,70
	15 bis unter 20	29.041	150.524	5,18	24.986	135.020	5,40	26.649	141.378	5,31
	20 bis unter 25	15.297	105.593	6,90	13.186	96.953	7,35	14.211	101.145	7,12
	25 bis unter 30	10.483	92.047	8,78	7.931	72.863	9,19	9.228	82.617	8,95
	30 bis unter 35	11.284	115.135	10,20	9.159	93.326	10,19	10.249	104.510	10,20
	35 bis unter 40	11.638	134.279	11,54	9.990	113.310	11,34	10.895	124.823	11,46
	40 bis unter 45	12.042	155.366	12,90	10.640	138.470	13,01	11.461	148.363	12,95
	45 bis unter 50	12.330	174.090	14,12	10.976	160.652	14,64	11.811	168.943	14,30
	50 bis unter 55	12.974	202.164	15,58	11.441	186.934	16,34	12.398	196.442	15,84
	55 bis unter 60	13.662	235.875	17,26	12.302	232.312	18,88	13.148	234.529	17,84
	60 bis unter 65	11.976	258.273	21,57	10.896	264.278	24,25	11.538	260.707	22,60
	65 bis unter 70	5.864	135.639	23,13	4.519	114.458	25,33	5.164	124.613	24,13
	70 bis unter 75	1.592	26.258	16,49	1.427	24.835	17,40	1.493	25.404	17,01
	75 bis unter 80	1.210	17.226	14,24	1.048	19.113	18,24	1.110	18.391	16,57
	80 und älter	513	10.788	21,03	934	15.383	16,47	740	13.244	17,89
	Insgesamt	**12.460**	**163.995**	**13,16**	**10.732**	**140.093**	**13,05**	**11.707**	**153.582**	**13,12**

Fehlzeiten-Report 2017

wenigsten Arbeitsunfähigkeitstage je 10 Tsd. Pflichtmitglieder hat neben den unter 15-Jährigen die Altersgruppe der 25- bis unter 30-Jährigen, nämlich gut 93,5 Tsd. AU-Tage im Jahr 2015. Die höchsten Werte sind bei den Altersgruppe 60 bis unter 65 Jahre zu beobachten, nämlich fast 260 Tsd. AU-Tage im Jahr 2015.

Auch wird in der Tabelle dargestellt, dass die Falldauer sukzessive mit dem Alter zunimmt. Den geringsten Wert weist hier die Altersgruppe bis unter 15 aus (3,71 Tage je Fall). Die Altersgruppe 65 bis unter 70 Jahre kommt hier auf 28,47 Tage je Fall, also auf fast den achtfachen Wert. Die Altersgruppe 15 bis unter 20 Jahre verursacht trotz der geringen Dauer der AU-Fälle mehr AU-Tage je Pflichtmitglied als die Altersgruppe der 25- bis unter 30-Jährigen. Dies hängt damit zusammen, dass die unter 20-Jährigen zwar nicht so lange krank sind, dafür aber wesentlich häufiger.

Mit den Daten zur Altersabhängigkeit der Arbeitsunfähigkeit lässt sich modellhaft überprüfen, ob der kontinuierliche Anstieg des Krankenstandes seit dem Jahr 2007 seine Ursache in der demografischen Entwicklung hat. Durch die demografische Entwicklung einerseits und die Anhebung des Renteneintrittsalters andererseits werden die Altersgruppen 60 bis unter 65 Jahre und 65 bis unter 70 Jahre in Zukunft vermehrt erwerbstätig sein. Dies allein wird schon wegen der altersspezifischen Häufigkeit der Arbeitsunfähigkeitstage in diesen Gruppen den Krankenstand steigen lassen.

27.7   Arbeitsunfähigkeit nach Krankheitsarten

Abschließend soll noch ein Blick auf die Verteilung der Arbeitsunfähigkeitsfälle nach Krankheitsarten geworfen werden. Die Rasterung erfolgt zwar nur grob nach Krankheitsartengruppen, aber auch hier wird deutlich, dass die psychischen und Verhaltensstörungen durch ihre lange Dauer von mehr als 38 Tagen je Fall ein Arbeitsunfähigkeitsvolumen von mehr als 27 Tsd. Arbeitsunfähigkeitstagen je 10.000 Pflichtmitglieder bilden. Sie liegen damit zwar noch deutlich hinter den Krankheiten des Muskel-Skelett-Systems und des Bindegewebes mit über 40 Tsd. Tagen, aber schon über den Krankheiten des Atmungssystems mit fast 25 Tsd. Tagen. Die Zahlen sind ◘ Tab. 27.3 zu entnehmen.

Frauen fehlten 2015 häufiger durch psychische und Verhaltensstörungen (34.440 AU-Tage je 10.000 Pflichtmitglieder) als Männer (20.093 AU-Tage je 10.000 Pflichtmitglieder). Umgekehrt war es bei den Krankheiten des Muskel-Skelett-Systems und des Bindegewebes: Hier verursachten 2015 Männer 44.274 AU-Tage je 10.000 Pflichtmitglieder, während für Frauen »nur« 37.432 AU-Tage je 10.000 Pflichtmitglieder ausgewiesen wurden.

◘ **Tab. 27.3** Arbeitsunfähigkeitsfälle und -tage der Pflichtmitglieder o. R. nach Krankheitsartengruppen 2015

Krankheitsartengruppe	Frauen			Männer			Zusammen		
	Fälle	Tage	Tage je Fall	Fälle	Tage	Tage je Fall	Fälle	Tage	Tage je Fall
	je 10.000 Pflichtmitgl. o. R.			je 10.000 Pflichtmitgl. o. R.			je 10.000 Pflichtmitgl. o. R.		
I. Bestimmte infektiöse und parasitäre Krankheiten	1.321	7.289	5,52	1.328	7.103	5,35	1.325	7.195	5,43
II. Neubildungen	203	8.153	40,20	146	5.030	34,44	174	6.575	37,76
III. Krankheiten des Blutes und der blutbildenden Organe sowie bestimmte Störungen mit Beteiligung des Immunsystems	19	335	17,56	11	256	22,59	15	295	19,46
IV. Endokrine, Ernährungs- und Stoffwechselkrankheiten	73	1.295	17,72	65	1.245	19,06	69	1.270	18,36
V. Psychische und Verhaltensstörungen	882	34.440	39,07	528	20.093	38,07	703	27.190	38,69
VI. Krankheiten des Nervensystems	373	4.821	12,92	242	3.932	16,22	307	4.372	14,24
VII. Krankheiten des Auges und der Augenanhangsgebilde	151	1.117	7,41	148	1.171	7,91	149	1.145	7,66
VIII. Krankheiten des Ohres und des Warzenfortsatzes	163	1.503	9,20	133	1.241	9,35	148	1.371	9,27
IX. Krankheiten des Kreislaufsystems	317	5.268	16,62	341	8.796	25,80	329	7.051	21,42
X. Krankheiten des Atmungssystems	4.067	26.815	6,59	3.476	22.617	6,51	3.768	24.694	6,55

◻ Tab. 27.3 (Fortsetzung)

Krankheitsartengruppe	Frauen			Männer			Zusammen		
	Fälle	Tage	Tage je Fall	Fälle	Tage	Tage je Fall	Fälle	Tage	Tage je Fall
	je 10.000 Pflichtmitgl. o. R.			je 10.000 Pflichtmitgl. o. R.			je 10.000 Pflichtmitgl. o. R.		
XI. Krankheiten des Verdauungssystems	1.301	7.675	5,90	1.342	9.001	6,71	1.322	8.345	6,31
XII. Krankheiten der Haut und der Unterhaut	156	1.772	11,32	198	2.668	13,48	177	2.225	12,54
XIII. Krankheiten des Muskel-Skelett-Systems und des Bindegewebes	1.811	37.432	20,67	2.388	44.274	18,54	2.103	40.889	19,45
XIV. Krankheiten des Urogenitalsystems	446	3.761	8,43	146	1.734	11,87	295	2.737	9,29
XV. Schwangerschaft, Geburt und Wochenbett	247	2.736	11,10	0	0	0,00	122	1.354	11,10
XVI. Bestimmte Zustände, die ihren Ursprung in der Perinatalperiode haben	1	14	11,43	1	4	8,67	1	9	10,62
XVII. Angeborene Fehlbildungen, Deformitäten und Chromosomenanomalien	17	385	23,04	14	273	19,77	15	329	21,54
XVIII. Symptome und abnorme klinische und Laborbefunde, die anderenorts nicht klassifiziert sind	960	8.087	8,43	742	6.333	8,54	850	7.201	8,48
XIX. Verletzungen, Vergiftungen und bestimmte andere Folgen äußerer Ursachen	591	11.115	18,80	869	15.892	18,28	732	13.528	18,49
Insgesamt (I. bis XIX. zus.)	**13.098**	**164.013**	**12,52**	**12.119**	**151.665**	**12,51**	**12.603**	**157.774**	**12,52**

Fehlzeiten-Report 2017

Betriebliches Gesundheitsmanagement und krankheitsbedingte Fehlzeiten in der Bundesverwaltung

A. Schlipphak

B. Badura et al. (Hrsg.) *Fehlzeiten-Report 2017*,
DOI 10.1007/978-3-662-54632-1_28, © Springer-Verlag GmbH Deutschland 2017

Zusammenfassung *Auf der Grundlage eines Kabinettsbeschlusses werden seit 1997 die krankheitsbedingten Abwesenheitszeiten in der Bundesverwaltung erhoben und veröffentlicht. Der nachfolgende Beitrag umfasst den Erhebungszeitraum 2015 und basiert auf dem im November 2016 veröffentlichten Gesundheitsförderungsbericht 2015. Als Schwerpunktthema des Berichts wurde die Umsetzung von Maßnahmen im Betrieblichen Gesundheitsmanagement (BGM) gewählt. Damit wird die praxisorientierte Vertiefung des 2013 verabschiedeten Eckpunktepapiers zum Betrieblichen Gesundheitsmanagement weitergeführt. Ziel ist es, die Gesundheit der Beschäftigten des Bundes für einen leistungsfähigen öffentlichen Dienst langfristig zu erhalten und zu fördern. Ausgehend von einer systematischen Analyse werden typische Handlungsschwerpunkte und beispielhafte Maßnahmen vorgestellt. Darüber hinaus werden die krankheitsbedingten Abwesenheitszeiten in der Bundesverwaltung dargestellt und analysiert.*

28.1 Grundlagen des Betrieblichen Gesundheitsmanagements in der öffentlichen Verwaltung des Bundes

Das Durchschnittsalter der Beschäftigten der unmittelbaren Bundesverwaltung ist in den letzten Jahren kontinuierlich gestiegen und 2015 erstmals annähernd stabil geblieben. Ältere Beschäftigte sind bei vergleichbaren Krankheitsanlässen durchschnittlich länger krank, damit steigen bei älteren Beschäftigten die Fehlzeiten. Um langfristig die Gesundheit der Beschäftigten des Bundes für einen leistungsfähigen öffentlichen Dienst zu erhalten, setzt der Bund auf ein systematisches Gesundheitsmanagement. Der diesjährige Schwerpunkt liegt auf den Prozessschritten Maßnahmen und Handlungsfelder.

28.2 Von der Analyse zur Umsetzung: Maßnahmen und Handlungsschwerpunkte im BGM

28.2.1 Handlungsschwerpunkte identifizieren, festlegen und beschreiben

Was sind Handlungsschwerpunkte?

Die Handlungsschwerpunkte bilden das inhaltliche Gerüst im BGM. Damit wird festgelegt, welche Themen im Betrieb tiefergehend bearbeitet werden sollen. Sie orientieren sich an Zielen für das BGM und leiten sich aus den Ergebnissen der Analysephase ab.

Handlungsschwerpunkte können untereinander thematische Überschneidungen haben oder sie liegen »quer« zu klassischen Aufgabenfeldern und Zuständigkeiten. Beispiele hierfür sind Führungskräfteentwicklung oder Vereinbarkeit von Familie, Pflege, Privatleben und Beruf (Schwerpunkt »Beruf und Familie/Pflege«).

- **Typische Handlungsschwerpunkte**

Die Wahl der Handlungsschwerpunkte ist eng mit den Zielen des Betriebes verknüpft. Daher sollten diese aus den Ergebnissen der Analyse und aus den jeweiligen

Zielen des Gesundheitsmanagements abgeleitet werden. Wurden noch keine betriebsspezifischen Ziele vereinbart und mit Handlungsschwerpunkten hinterlegt, kann zu Beginn auch auf die drei klassischen Handlungsschwerpunkte im BGM zurückgegriffen werden:

- Arbeits- und Gesundheitsschutz
- Betriebliches Eingliederungsmanagement (BEM)
- Betriebliche Gesundheitsförderung

Somit sollte es im BGM auch darum gehen, Einflussmöglichkeiten auf gelebte Werte und Haltungen zu nutzen mit dem Ziel, eine gesundheitsförderliche Organisationskultur zu etablieren. Daher werden die oben genannten klassischen Handlungsschwerpunkte zunehmend ergänzt, u. a. durch gesundheitsförderliches Führungsverhalten, Zusammenarbeit im Team, Arbeitsorganisation, Personalentwicklung und Qualifizierung sowie individuelle Unterstützungsprozesse. Dies zeigt, dass ein erfolgreiches und ganzheitliches BGM als Querschnittsthema in unterschiedlichsten betrieblichen Prozessen berücksichtigt werden sollte.

Handlungsschwerpunkte identifizieren und festlegen

Gemeinsam mit den zuständigen Arbeitsbereichen und unter Berücksichtigung der Ziele des Betriebes und der Analyseergebnisse werden durch das zuständige Steuerungsgremium Schwerpunkte identifiziert, festgelegt, beschrieben und adäquate Ziele entwickelt. Auf dieser Basis werden bereits vorhandene Handlungsschwerpunkte konkretisiert oder neue geschaffen. Festgelegt wird hierbei, welche Schwerpunkte für den gesamten Betrieb gültig und vordringlich sind und welche sich ggf. auf bestimmte Beschäftigtengruppen (z. B. Tätigkeiten, Arbeitsbereiche, Altersgruppen, Führungsverantwortung) beziehen. Als Instrument empfiehlt sich im Anschluss an die Analysephase ein Workshop, in dem die Handlungsschwerpunkte festgelegt und umfassend beschrieben werden.

Zu diesem Zeitpunkt sollten die Handlungsspielräume unter Berücksichtigung der verfügbaren Ressourcen und der notwendigen Aufgabenwahrnehmung geklärt werden. Ebenfalls sollte geprüft werden, ob der Ist-Zustand ausreichend geklärt ist, um geeignete Maßnahmen abzuleiten. Ist dies nicht der Fall, empfiehlt sich eine vertiefende Analyse.

28.2.2 Maßnahmen planen und durchführen

Sind die Rahmenbedingungen innerhalb eines Handlungsschwerpunktes geklärt und der Handlungsbedarf festgelegt, kann darüber entschieden werden, welches die geeignete Maßnahme ist, um die für den Handlungsschwerpunkt definierten Feinziele zu erreichen.

Welche Maßnahmen gibt es?

- **Verhältnis- und verhaltenspräventiver Ansatz**

Unterschieden werden verhältnis- und verhaltenspräventive Maßnahmen. Ansätze der Verhältnisprävention fokussieren auf Maßnahmen, die durch den Arbeitgeber gesteuert werden können: die Schaffung gesundheitlich optimaler Rahmenbedingungen in den Bereichen Arbeitsorganisation, Arbeitsaufgabe, Arbeitsplatz und -umfeld, Führung und Zusammenarbeit oder weitere strukturelle Voraussetzungen. Die Maßnahmen auf der Ebene der Verhaltensprävention liegen in der Verantwortung der Beschäftigten. Diese werden im Sinne eines gesundheitsförderlichen Verhaltens informiert, motiviert, unterstützt und weitergebildet. Vielfach werden in einem Handlungsschwerpunkt sowohl verhältnis- als auch verhaltenspräventive Maßnahmen ergriffen und verzahnt.

- **Ressourcen- oder belastungsorientierter Ansatz**

Nach dem ressourcenorientierten Belastungs-Beanspruchungsmodell sind bei der Entwicklung von Maßnahmen folgende Dimensionen zu betrachten:

Belastung
Objektiv, von außen auf den Menschen einwirkende Faktoren wie z. B. Lärm, Zeitdruck oder widersprüchliche Erwartungen. Hieraus können individuelle Beanspruchungsfolgen, also subjektive Folgen der Belastung, erwachsen. Unterschieden werden physische und psychische Beanspruchungsfolgen.

Ressourcen
»Hilfsmittel«, die dazu beitragen, mit Belastung besser umzugehen. Unterschieden wird zwischen persönlichen Ressourcen (z. B. Wissen, Kompetenzen) und externen Ressourcen (z. B. Arbeitszeitsouveränität, Handlungsspielräume).

- **Generelle oder spezielle Zielgruppenorientierung**

Eine weitere Unterscheidung kann hinsichtlich der Zielgruppe der jeweiligen Maßnahme getroffen werden. In aller Regel wird es im BGM sowohl Maßnahmen geben, die Auswirkung auf alle Beschäftigten haben (z. B. Arbeitszeitmodelle) bzw. an denen alle Beschäftigten teilnehmen können (z. B. Gesundheitsförderungskurse), als auch zielgruppenspezifische

Maßnahmen (z. B. Konzepte zur Führungskräfteentwicklung, tätigkeitsbezogene Rückenschulen).

■ **Freiwillig oder verpflichtend**

Insbesondere bei verhaltenspräventiven Maßnahmen sollte festgelegt werden, ob diese verpflichtend oder freiwillig ·sind. Eine Orientierungshilfe bietet die folgende Faustformel: Je wichtiger die in der Maßnahme vermittelten Fertigkeiten und Fähigkeiten für den Erhalt der Beschäftigungsfähigkeit sind, das heißt, je mehr sie eine Voraussetzung für die erfolgreiche Bewältigung der Arbeit darstellen, desto eher sollte die Maßnahme verpflichtend sein und daher innerhalb der Arbeitszeit angeboten werden. In der Praxis gilt dies vor allem für auf bestimmte Zielgruppen zugeschnittene Maßnahmen (z. B. Führungskräfteschulungen, tätigkeitsbezogene Ergonomie-Programme). Außerhalb der Arbeitszeit heißt dabei nicht zwingend nach Feierabend der Vollzeitkräfte. Gerade für die Teilnahme von z. B. halbtags Teilzeitbeschäftigten sollte der Betrieb geeignete Lösungen finden.

Grundvoraussetzungen für das Gelingen von Maßnahmen und die positive Beeinflussung von Handlungsschwerpunkten

Hinweise, worauf bei der Umsetzung von erfolgreichen verhaltens- und verhältnisorientierten Maßnahmen zu achten ist, finden sich u. a. im iga-Report 28. Insgesamt gilt, dass eine solche Maßnahme nur dann wirksam werden kann, wenn sie in die Organisation eingebettet wird. Von Beginn an sollten eine kontinuierliche Weiterführung und Erfolgskontrolle im Sinne eines Managementprozesses damit verknüpft werden.

Die Entwicklung der Maßnahmen sollte sich am Bedarf der Betriebe orientieren. Fremde Handlungs- oder Maßnahmenpläne ungeprüft im eigenen Betrieb zu übernehmen, ist vielfach nicht hilfreich. Vielmehr können und sollen diese als Anregung für die eigene Arbeit genutzt werden.

28.2.3 Maßnahmen festlegen

Zuständig für das Festlegen von Handlungsschwerpunkten und die Entwicklung von Maßnahmen ist das Steuergremium. Es ist empfehlenswert, die geplante Maßnahme konkret schriftlich darzustellen, wobei zumindest folgende Punkte enthalten sein sollten: Kurzbeschreibung der Maßnahme; welche Belastung soll reduziert bzw. welche gesundheitsförderliche Ressource gestärkt werden? Welche Zielgruppe soll angesprochen werden? Freiwillig oder verpflichtend, innerhalb oder außerhalb der Arbeitszeit? Woran wird der

Erfolg der Maßnahme gemessen? Beteiligte, erforderliche Personal- und Sachmittel oder organisatorischen Maßnahmen.

Wurden die vorgeschlagenen Maßnahmenpakete gebilligt und beauftragt, begleitet das Steuergremium die weitere Umsetzung.

28.2.4 Beteiligung regeln

Interessenvertretungen und die Gleichstellungsbeauftragte sind grundsätzlich an der Steuerungsgruppe und dadurch auch immer an der Entwicklung von Maßnahmen beteiligt. Auch besteht nach der Rechtsprechung des Bundesverwaltungsgerichts das Mitbestimmungsrecht des Personalrats für die Maßnahmenumsetzung ungeachtet der Frage, ob eine Maßnahme Teil des gesetzlichen Pflichtenkatalogs des Arbeits- und Gesundheitsschutzes oder des Betrieblichen Eingliederungsmanagements ist oder aber ob sie zum gesetzlich für den Arbeitgeber nicht vorgeschriebenen BGM zählt. Daher muss die formelle Zustimmung der Personalvertretungsgremien eingeholt werden.

28.3 Überblick über die krankheitsbedingten Abwesenheitszeiten im Jahr 2015

28.3.1 Methodik der Datenerfassung

Die krankheitsbedingten Abwesenheitszeiten der Beschäftigten in der unmittelbaren Bundesverwaltung werden seit 1997 auf der Grundlage eines Kabinettbeschlusses vom Bundesministerium des Innern erhoben und veröffentlicht. In der Abwesenheitszeitenstatistik der unmittelbaren Bundesverwaltung werden sämtliche Tage erfasst, an denen die Beschäftigten des Bundes (Beamte einschließlich Richter, Anwärter sowie Tarifbeschäftigte einschließlich Auszubildende mit Dienstsitz in Deutschland) im Laufe eines Jahres aufgrund einer Erkrankung, eines Unfalls oder einer Rehabilitationsmaßnahme arbeitsunfähig waren. Krankheitstage, die auf Wochenenden oder Feiertage fallen, sowie Abwesenheiten durch Elternzeit, Fortbildungen oder Urlaub werden nicht berücksichtigt. Die Anzahl der Krankheitsfälle wird nicht erhoben. Ebenso können keine Aussagen über Krankheitsursachen gemacht werden, da die Diagnosen auf den Arbeitsunfähigkeitsbescheinigungen nur den Krankenkassen, nicht aber dem Arbeitgeber bzw. Dienstherrn zugänglich sind. Die Datensätze wurden nach den Merkmalen

Dauer der Erkrankung (Kurzzeiterkrankungen bis zu drei Arbeitstagen, längere Erkrankungen von vier bis zu 30 Tagen, Langzeiterkrankungen über 30 Tage und Rehabilitationsmaßnahmen), Laufbahn-, Status- und Behördengruppen sowie Geschlecht und Alter systematisch aufbereitet.

28.3.2 Allgemeine Entwicklung der Abwesenheitszeiten

Im Jahr 2015 wurden die krankheitsbedingten Abwesenheitszeiten von insgesamt 245.046 Beschäftigten der unmittelbaren Bundesverwaltung gemeldet. Davon arbeiteten 10 Prozent in den 22 obersten Bundesbehörden und 90 Prozent in den Geschäftsbereichsbehörden. Der Krankenstand ist gegenüber 2014 in allen Bereichen angestiegen. Durchschnittlich fehlten die Beschäftigten an 20,25 Arbeitstagen. Gegenüber 2014 (19,25) sind die krankheitsbedingten Abwesenheitstage um einen Arbeitstag angestiegen. ◘ Abb. 28.1 stellt die Entwicklung der Abwesenheitstage je Beschäftigten in der unmittelbaren Bundesverwaltung von 1998 bis 2015 dar. In diesem Zeitraum bewegt sich die Zahl der krankheitsbedingten Abwesenheitstage zwischen 16,93 und 20,25 Tagen. Von 1999

bis 2004 ging die Anzahl der krankheitsbedingten Abwesenheitstage kontinuierlich zurück. Nach einem leichten Anstieg im Jahr 2005 erreichte der Krankenstand 2006 seinen Tiefststand. Seitdem stiegen die Abwesenheitstage je Beschäftigten bis 2013 stetig an. Gleichzeitig stieg seit 1994 das Durchschnittsalter der Beschäftigten der Bundesverwaltung um 3,69 Jahre. Die Beschäftigten der Bundesverwaltung waren 2015 im Durchschnitt 45,8 Jahre alt und damit geringfügig jünger als 2014.

28.3.3 Dauer der Erkrankung

Der Anteil der Langzeiterkrankungen an den Abwesenheiten ist 2015 um 1,8 Tage zurückgegangen. Sie haben einen Anteil von 34,6 Prozent an den gesamten krankheitsbedingten Abwesenheitszeiten. Längere Erkrankungen haben einen Anteil von 46,1 Prozent und sind im Vergleich zum Vorjahr um 1,8 Tage angestiegen. Den geringsten Anteil an den Abwesenheitszeiten haben Kurzzeiterkrankungen mit 17,2 Prozent sowie Rehabilitationsmaßnahmen (Kuren) mit 2,1 Prozent aller Abwesenheitstage im Jahr 2015. Wie ◘ Abb. 28.2 zeigt, hat sich das Verhältnis zwischen Kurzzeiterkrankungen, längeren Erkrankungen,

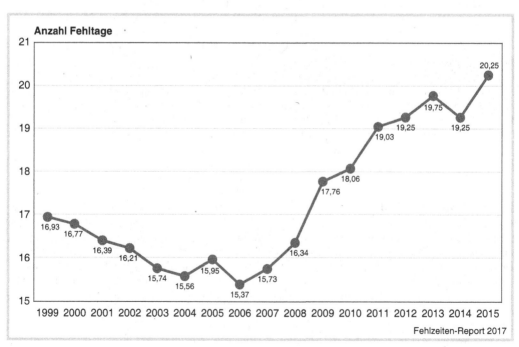

Fehlzeiten-Report 2017

◘ **Abb. 28.1** Entwicklung der krankheitsbedingten Abwesenheitstage je Beschäftigten in der unmittelbaren Bundesverwaltung von 1999 bis 2015

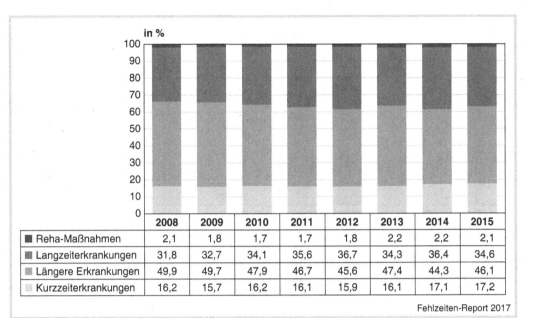

	2008	2009	2010	2011	2012	2013	2014	2015
■ Reha-Maßnahmen	2,1	1,8	1,7	1,7	1,8	2,2	2,2	2,1
■ Langzeiterkrankungen	31,8	32,7	34,1	35,6	36,7	34,3	36,4	34,6
■ Längere Erkrankungen	49,9	49,7	47,9	46,7	45,6	47,4	44,3	46,1
■ Kurzzeiterkrankungen	16,2	15,7	16,2	16,1	15,9	16,1	17,1	17,2

Fehlzeiten-Report 2017

◘ Abb. 28.2 Entwicklung der Krankheitsdauer von 2008 bis 2015

Langzeiterkrankungen und Rehabilitationsmaßnahmen im Zeitverlauf nicht wesentlich verändert.

28.3.4 Abwesenheitstage nach Laufbahngruppen

Bezogen auf die verschiedenen Laufbahngruppen waren im Jahr 2015 8,9 Prozent aller Beschäftigten im einfachen Dienst, 44,2 Prozent im mittleren Dienst, 25,9 Prozent im gehobenen Dienst und 11,8 Prozent im höheren Dienst tätig. Die Tarifbeschäftigten wurden hierbei den ihren Entgeltgruppen vergleichbaren Besoldungsgruppen und den entsprechenden Laufbahngruppen zugeordnet. Wie schon in den vergangenen Jahren sinkt die Anzahl der krankheitsbedingten Abwesenheitstage mit zunehmender beruflicher Qualifikation der Beschäftigten. Je höher die Laufbahngruppe, desto niedriger sind die Abwesenheitszeiten. Zwischen den einzelnen Laufbahngruppen bestehen dabei erhebliche Unterschiede. Durchschnittlich fehlten die Beschäftigten der Bundesverwaltung im einfachen Dienst an 29,24, im mittleren Dienst an 23,98, im gehobenen Dienst an 17,50 und im höheren Dienst an 10,07 Arbeitstagen. Diese Entwicklung ist sowohl in den obersten Bundesbehörden als auch in den Geschäftsbereichsbehörden zu beobachten (◘ Abb. 28.3).

28.3.5 Abwesenheitstage nach Statusgruppen

In der Statistik wurden 245.046 (2014: 249.587) Beschäftigte erfasst. Das Personal der Bundesverwaltung unterteilt sich statusrechtlich in 123.539 Beamte, 106.364 Tarifbeschäftigte sowie 15.143 Auszubildende und Anwärter. Bei den Beamten der Bundesverwaltung ist der mittlere Dienst mit 45,1 Prozent am stärksten vertreten. Im einfachen Dienst sind 1,3 Prozent, im gehobenen Dienst 37,9 Prozent und im höheren Dienst 15,6 Prozent der Beamten tätig. Die größte Gruppe der Tarifbeschäftigten der Bundesverwaltung ist mit 56,3 Prozent ebenfalls im mittleren Dienst tätig. Im einfachen Dienst waren 19,0 Prozent, im gehobenen Dienst 15,6 Prozent und im höheren Dienst 9,1 Prozent der Tarifbeschäftigten beschäftigt. Mit Blick auf die Statusgruppen sind die Abwesenheitstage der Beamten mit 19,95 Tagen geringer als die der Tarifbeschäftigten mit 22,09 Tagen. In den obersten Bundesbehörden haben Beamte sowie Tarifbeschäftigte durchschnittlich weniger Abwesenheitstage als in den Geschäftsbereichsbehörden. In letzteren sind die Tarifbeschäftigten im Durchschnitt 1,94 Tage und in den obersten Bundesbehörden 3,32 Tage länger krank als Beamte (◘ Abb. 28.4).

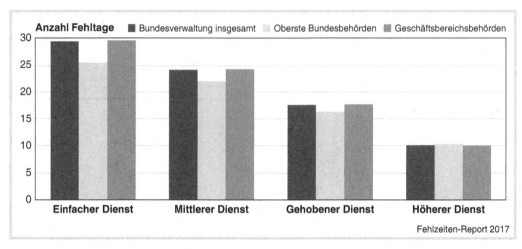

Abb. 28.3 Abwesenheitstage je Beschäftigten nach Laufbahngruppen im Jahr 2015

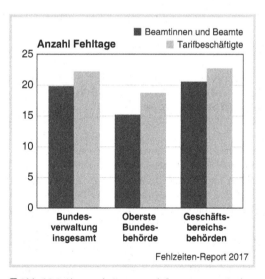

Abb. 28.4 Abwesenheitstage nach Statusgruppen in der Bundesverwaltung 2015

28.3.6 Abwesenheitstage nach Behördengruppen

Seit Beginn der Erhebung der Abwesenheitszeitenstatistik in der unmittelbaren Bundesverwaltung ist die Zahl der durchschnittlichen Abwesenheitstage der Beschäftigten in den Geschäftsbereichsbehörden höher als in den obersten Bundesbehörden. Im Jahr 2015 ist diese Differenz erneut gestiegen. Die durchschnittliche Anzahl der krankheitsbedingten Abwesenheitstage je Beschäftigten liegt in den obersten

Bundesbehörden bei 16,24 (2014: 15,23) und in den Geschäftsbereichsbehörden bei 20,67 (2014: 19,65) Tagen (**Abb. 28.5**). Damit waren im Jahr 2015 die Beschäftigten in den Geschäftsbereichsbehörden 4,43 Tage länger arbeitsunfähig krankgeschrieben als die Beschäftigten der obersten Bundesbehörden.

28.3.7 Abwesenheitstage nach Geschlecht

62,7 Prozent aller Beschäftigten waren Männer, 37,3 Prozent Frauen. Die krankheitsbedingten Abwesenheitszeiten von Beschäftigten der Bundesverwaltung waren im Jahr 2015 bei den Frauen mit durchschnittlich 21,27 Abwesenheitstagen um 1,65 Tage höher als bei den Männern mit 19,62 Abwesenheitstagen. Männer wie Frauen fehlen im Krankheitsfall überwiegend zwischen vier und 30 Tagen. **Abb. 28.6** zeigt 2015 erstmals einen stärkeren Anstieg der krankheitsbedingten Abwesenheitszeiten bei den Männern.

28.3.8 Abwesenheitstage nach Alter

Die Beschäftigten der Bundesverwaltung waren im Jahr 2015 im Durchschnitt 45,8 (2014: 45,9) Jahre alt. Das durchschnittliche Alter lag bei den Beamten bei 45,2 (2014: 45,1) Jahren und bei den Tarifbeschäftigten bei 46,5 (2014: 46,7) Jahren. Wie **Abb. 28.7** zeigt, ist das Durchschnittsalter der Beschäftigten im Bundesdienst seit 1994 um 3,59 Jahre gestiegen.

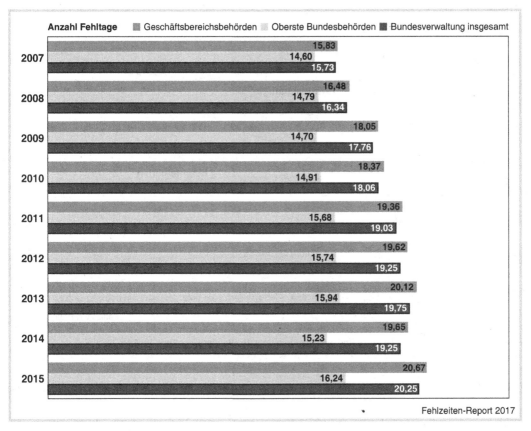

Abb. 28.5 Abwesenheitstage je Beschäftigten nach Behördengruppen

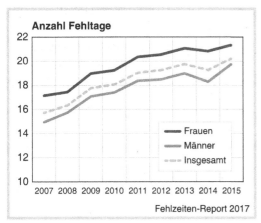

Abb. 28.6 Entwicklung der Abwesenheitszeiten nach Geschlecht von 2007 bis 2015

Die Zahl der krankheitsbedingten Abwesenheitstage der Beschäftigten der unmittelbaren Bundesverwaltung steigt mit zunehmendem Alter an. Der Anstieg ist bei Frauen und Männern in etwa gleich. Die Statistik zeigt, dass ältere Beschäftigte bei einer Erkrankung im Schnitt länger ausfallen als ihre jüngeren Kolleginnen und Kollegen. Die zunehmende Krankheitsdauer hat zur Folge, dass der Krankenstand trotz der Abnahme der Krankmeldungen mit zunehmendem Alter deutlich ansteigt. Dieser Effekt wird dadurch verstärkt, dass ältere Beschäftigte häufiger von mehreren Erkrankungen gleichzeitig betroffen sind. Dieser Trend kehrt sich erst in der Altersgruppe der über 60-Jährigen um. Dieser Effekt wird in der Literatur als Healthy-Worker-Effekt beschrieben. Er besagt, dass gesundheitlich stark beeinträchtigte ältere Beschäftigte vorzeitig aus der analysierten Gruppe ausscheiden. Für die Bundesverwaltung sind dabei zusätzlich die besonderen Altersgrenzen beim Eintritt in den Ruhestand, z. B. bei der Bundespolizei, zu berücksichtigen. Im Jahr 2015 fehlten über 60-jährige Beschäftigte der unmittelbaren Bundesverwaltung durchschnittlich an 28,58 Tagen. Damit liegt der Wert gegenüber den unter 25-jährigen Beschäftigten (10,68 Tage) um das 2,7-fache höher. Die

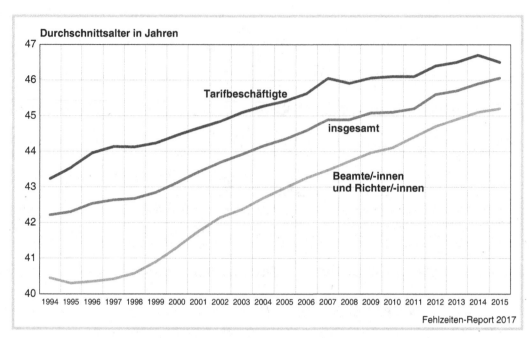

◘ **Abb. 28.7** Durchschnittsalter der Beschäftigten in der unmittelbaren Bundesverwaltung 1994 bis 2015

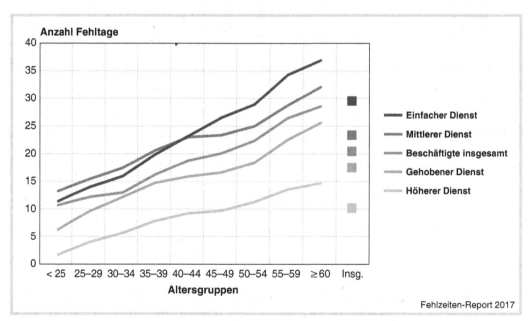

◘ **Abb. 28.8** Krankenstand in der Bundesverwaltung nach Laufbahngruppen im Altersverlauf 2015, ohne Geschäftsbereich BMVg

krankheitsbedingten Abwesenheiten steigen in fast allen Laufbahngruppen mit zunehmendem Alter kontinuierlich an (■ Abb. 28.8). Der größte Unterschied zwischen den einzelnen Laufbahngruppen besteht bei den über 60-Jährigen: In dieser Altersgruppe weisen die Beschäftigten im höheren Dienst durchschnittlich 14,69 Abwesenheitstage und die Beschäftigten des einfachen Dienstes 36,90 Abwesenheitstage auf. Dies ergibt eine Differenz von 22,21 Tagen.

28.3.9 Gegenüberstellung mit den Abwesenheitszeiten der AOK-Statistik

Für eine Gegenüberstellung der krankheitsbedingten Abwesenheiten der unmittelbaren Bundesverwaltung mit dem Fehlzeiten-Report der AOK werden die Fehlzeiten der AOK gesamt und des AOK-Bereichs »Öffentliche Verwaltung« herangezogen. Vergleichswerte sind die Abwesenheitszeiten von 11,9 Millionen erwerbstätigen AOK-Versicherten (Meyer und Meschede 2016). Die krankheitsbedingten Abwesenheitszeiten der unmittelbaren Bundesverwaltung wurden ansatzweise bereinigt und standardisiert. ■ Abb. 28.9 zeigt die Entwicklung der bereinigten und standardisierten Abwesenheitszeitenquote der unmittelbaren Bundesverwaltung und des Krankenstands der erwerbstätigen AOK-Versicherten.

Bei einem Vergleich der Abwesenheitszeiten der Bundesverwaltung mit denen der Wirtschaft ist immer zu berücksichtigen, dass sich die Standards der Abwesenheitszeitenerhebungen systembedingt ganz erheblich voneinander unterscheiden. Die Krankenstandserhebungen unterliegen keinen einheitlichen Standards für die Ermittlung von Abwesenheitszeiten, deren Erfassungsmethodik sowie deren Auswertung. Ein weiterer erheblicher Unterschied liegt in den Strukturen der Beschäftigtengruppen, wodurch bekannte Einflussgrößen wie Alter, Geschlecht und Tätigkeit sich unterschiedlich auswirken und zu Verzerrungen führen. So ist der Anteil älterer Beschäftigter in der unmittelbaren Bundesverwaltung deutlich höher als in der gesamten Erwerbsbevölkerung. Im Jahr 2015 waren 61,3 Prozent der Beschäftigten der unmittelbaren Bundesverwaltung 45 Jahre und älter. In der übrigen Erwerbsbevölkerung in Deutschland liegt demgegenüber der Anteil der über 45-Jährigen bei 48,5 Prozent. Damit ist die Altersgruppe der über 45-Jährigen im Bundesdienst um fast ein Viertel häufiger vertreten als in der Erwerbsbevölkerung. Die 25- bis 44-Jährigen, die in der gesamten Erwerbsbevölkerung mit 41,7 Prozent die stärkste Altersgruppe bilden, machen im Bundesdienst nur 32,0 Prozent aus (Statistisches Bundesamt; Mikrozensus 2015).

Literatur

Meyer M, Meschede M (2016) Krankheitsbedingte Fehlzeiten in der deutschen Wirtschaft. In: Badura B, Ducki A, Schröder H, Klose J, Meyer M (Hrsg) (2016) Fehlzeiten-Report 2016. Unternehmenskultur und Gesundheit – Herausforderungen und Chancen. Springer, Berlin
Statistisches Bundesamt (2015) Fachserie 14 Reihe 6, Finanzen und Steuern, Personal des öffentlichen Dienstes. Wiesbaden
Quelle für die demografischen Angaben zur Gesamtbevölkerung und zu den Beschäftigten des Bundes: Statistisches Bundesamt

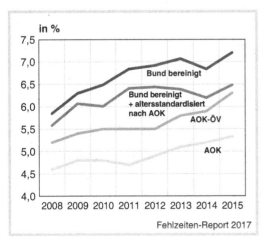

in %

Bund bereinigt

Bund bereinigt + altersstandardisiert nach AOK

AOK-ÖV

AOK

2008 2009 2010 2011 2012 2013 2014 2015

Fehlzeiten-Report 2017

■ **Abb. 28.9** Entwicklung der Abwesenheitszeitenquote der Beschäftigten der Bundesverwaltung und der erwerbstätigen AOK-Versicherten (inkl. Bereich der öffentlichen Verwaltung/Sozialversicherung) von 2008 bis 2015

Anhang

B. Badura et al. (Hrsg.) *Fehlzeiten-Report 2017*,
DOI 10.1007/978-3-662-54632-1, © Springer-Verlag GmbH Deutschland 2017

Anhang 1

Internationale statistische Klassifikation der Krankheiten und verwandter Gesundheitsprobleme (10. Revision, Version 2016, German Modification)

I.	Bestimmte infektiöse und parasitäre Krankheiten (A00-B99)
A00-A09	Infektiöse Darmkrankheiten
A15-A19	Tuberkulose
A20-A28	Bestimmte bakterielle Zoonosen
A30-A49	Sonstige bakterielle Krankheiten
A50-A64	Infektionen, die vorwiegend durch Geschlechtsverkehr übertragen werden
A65-A69	Sonstige Spirochätenkrankheiten
A70-A74	Sonstige Krankheiten durch Chlamydien
A75-A79	Rickettsiosen
A80-A89	Virusinfektionen des Zentralnervensystems
A92-A99	Durch Arthropoden übertragene Viruskrankheiten und virale hämorrhagische Fieber
B00-B09	Virusinfektionen, die durch Haut- und Schleimhautläsionen gekennzeichnet sind
B15-B19	Virushepatitis
B20-B24	HIV-Krankheit [Humane Immundefizienz-Viruskrankheit]
B25-B34	Sonstige Viruskrankheiten
B35-B49	Mykosen
B50-B64	Protozoenkrankheiten
B65-B83	Helminthosen
B85-B89	Pedikulose [Läusebefall], Akarinose [Milbenbefall] und sonstiger Parasitenbefall der Haut
B90-B94	Folgezustände von infektiösen und parasitären Krankheiten
B95-B98	Bakterien, Viren und sonstige Infektionserreger als Ursache von Krankheiten, die in anderen Kapiteln klassifiziert sind
B99	Sonstige Infektionskrankheiten

II.	Neubildungen (C00-D48)
C00-C97	Bösartige Neubildungen
D00-D09	In-situ-Neubildungen
D10-D36	Gutartige Neubildungen
D37-D48	Neubildungen unsicheren oder unbekannten Verhaltens

III.   Krankheiten des Blutes und der blutbildenden Organe sowie bestimmte Störungen mit Beteiligung des Immunsystems (D50-D90)

D50-D53	Alimentäre Anämien
D55-D59	Hämolytische Anämien
D60-D64	Aplastische und sonstige Anämien
D65-D69	Koagulopathien, Purpura und sonstige hämorrhagische Diathesen
D70-D77	Sonstige Krankheiten des Blutes und der blutbildenden Organe
D80-D90	Bestimmte Störungen mit Beteiligung des Immunsystems

IV.   Endokrine, Ernährungs- und Stoffwechselkrankheiten (E00-E90)

E00-E07	Krankheiten der Schilddrüse
E10-E14	Diabetes mellitus
E15-E16	Sonstige Störungen der Blutglukose-Regulation und der inneren Sekretion des Pankreas
E20-E35	Krankheiten sonstiger endokriner Drüsen
E40-E46	Mangelernährung
E50-E64	Sonstige alimentäre Mangelzustände
E65-E68	Adipositas und sonstige Überernährung
E70-E90	Stoffwechselstörungen

V.   Psychische und Verhaltensstörungen (F00-F99)

F00-F09	Organische, einschließlich symptomatischer psychischer Störungen
F10-F19	Psychische und Verhaltensstörungen durch psychotrope Substanzen
F20-F29	Schizophrenie, schizotype und wahnhafte Störungen
F30-F39	Affektive Störungen
F40-F48	Neurotische, Belastungs- und somatoforme Störungen
F50-F59	Verhaltensauffälligkeiten mit körperlichen Störungen und Faktoren
F60-F69	Persönlichkeits- und Verhaltensstörungen
F70-F79	Intelligenzstörung
F80-F89	Entwicklungsstörungen
F90-F98	Verhaltens- und emotionale Störungen mit Beginn in der Kindheit und Jugend
F99	Nicht näher bezeichnete psychische Störungen

VI.   Krankheiten des Nervensystems (G00-G99)

G00-G09	Entzündliche Krankheiten des Zentralnervensystems
G10-G14	Systematrophien, die vorwiegend das Zentralnervensystem betreffen
G20-G26	Extrapyramidale Krankheiten und Bewegungsstörungen
G30-G32	Sonstige degenerative Krankheiten des Nervensystems
G35-G37	Demyelinisierende Krankheiten des Zentralnervensystems
G40-G47	Episodische und paroxysmale Krankheiten des Nervensystems
G50-G59	Krankheiten von Nerven, Nervenwurzeln und Nervenplexus
G60-G64	Polyneuroapathien und sonstige Krankheiten des peripheren Nervensystems
G70-G73	Krankheiten im Bereich der neuromuskulären Synapse und des Muskels
G80-G83	Zerebrale Lähmung und sonstige Lähmungssyndrome
G90-G99	Sonstige Krankheiten des Nervensystems

VII.   Krankheiten des Auges und der Augenanhangsgebilde (H00-H59)

H00-H06	Affektionen des Augenlides, des Tränenapparates und der Orbita
H10-H13	Affektionen der Konjunktiva
H15-H22	Affektionen der Sklera, der Hornhaut, der Iris und des Ziliarkörpers
H25-H28	Affektionen der Linse
H30-H36	Affektionen der Aderhaut und der Netzhaut
H40-H42	Glaukom
H43-H45	Affektionen des Glaskörpers und des Augapfels
H46-H48	Affektionen des N. opticus und der Sehbahn
H49-H52	Affektionen der Augenmuskeln, Störungen der Blickbewegungen sowie Akkommodationsstörungen und Refraktionsfehler
H53-H54	Sehstörungen und Blindheit
H55-H59	Sonstige Affektionen des Auges und Augenanhangsgebilde

VIII.   Krankheiten des Ohres und des Warzenfortsatzes (H60-H95)

H60-H62	Krankheiten des äußeren Ohres
H65-H75	Krankheiten des Mittelohres und des Warzenfortsatzes
H80-H83	Krankheiten des Innenohres
H90-H95	Sonstige Krankheiten des Ohres

IX.   Krankheiten des Kreislaufsystems (I00-I99)

I00-I02	Akutes rheumatisches Fieber
I05-I09	Chronische rheumatische Herzkrankheiten
I10-I15	Hypertonie [Hochdruckkrankheit]
I20-I25	Ischämische Herzkrankheiten
I26-I28	Pulmonale Herzkrankheit und Krankheiten des Lungenkreislaufs
I30-I52	Sonstige Formen der Herzkrankheit
I60-I69	Zerebrovaskuläre Krankheiten
I70-I79	Krankheiten der Arterien, Arteriolen, und Kapillaren
I80-I89	Krankheiten der Venen, der Lymphgefäße und de Lymphknoten, anderenorts nicht klassifiziert
I95-I99	Sonstige und nicht näher bezeichnete Krankheiten des Kreislaufsystems

X.   Krankheiten des Atmungssystems (J00-J99)

J00-J06	Akute Infektionen der oberen Atemwege
J09-J18	Grippe und Pneumonie
J20-J22	Sonstige akute Infektionen der unteren Atemwege
J30-J39	Sonstige Krankheiten der oberen Atemwege
J40-J47	Chronische Krankheiten oder unteren Atemwege
J60-J70	Lungenkrankheiten durch exogene Substanzen
J80-J84	Sonstige Krankheiten der Atmungsorgane, die hauptsächlich das Interstitium betreffen
J85-J86	Purulente und nekrotisierende Krankheitszustände der unteren Atemwege
J90-J94	Sonstige Krankheiten der Pleura
J95-J99	Sonstige Krankheiten des Atmungssystems

XI. Krankheiten des Verdauungssystems (K00-K93)

K00-K14	Krankheiten der Mundhöhle, der Speicheldrüsen und der Kiefer
K20-K31	Krankheiten des Ösophagus, des Magens und des Duodenums
K35-K38	Krankheiten des Appendix
K40-K46	Hernien
K50-K52	Nichtinfektiöse Enteritis und Kolitis
K55-K64	Sonstige Krankheiten des Darms
K65-K67	Krankheiten des Peritoneums
K70-K77	Krankheiten der Leber
K80-K87	Krankheiten der Gallenblase, der Gallenwege und des Pankreas
K90-K93	Sonstige Krankheiten des Verdauungssystems

XII. Krankheiten der Haut und der Unterhaut (L00-L99)

L00-L08	Infektionen der Haut und der Unterhaut
L10-L14	Bullöse Dermatosen
L20-L30	Dermatitis und Ekzem
L40-L45	Papulosquamöse Hautkrankheiten
L50-L54	Urtikaria und Erythem
L55-L59	Krankheiten der Haut und der Unterhaut durch Strahleneinwirkung
L60-L75	Krankheiten der Hautanhangsgebilde
L80-L99	Sonstige Krankheiten der Haut und der Unterhaut

XIII. Krankheiten des Muskel-Skelett-Systems und des Bindegewebes (M00-M99)

M00-M25	Arthropathien
M30-M36	Systemkrankheiten des Bindegewebes
M40-M54	Krankheiten der Wirbelsäule und des Rückens
M60-M79	Krankheiten der Weichteilgewebe
M80-M94	Osteopathien und Chondropathien
M95-M99	Sonstige Krankheiten des Muskel-Skelett-Systems und des Bindegewebes

XIV. Krankheiten des Urogenitalsystems (N00-N99)

N00-N08	Glomeruläre Krankheiten
N10-N16	Tubulointerstitielle Nierenkrankheiten
N17-N19	Niereninsuffizienz
N20-N23	Urolithiasis
N25-N29	Sonstige Krankheiten der Niere und des Ureters
N30-N39	Sonstige Krankheiten des Harnsystems
N40-N51	Krankheiten der männlichen Genitalorgane
N60-N64	Krankheiten der Mamma [Brustdrüse]
N70-N77	Entzündliche Krankheiten der weiblichen Beckenorgane
N80-N98	Nichtentzündliche Krankheiten des weiblichen Genitaltraktes
N99	Sonstige Krankheiten des Urogenitalsystems

XV. Schwangerschaft, Geburt und Wochenbett (O00-O99)

O00-O08	Schwangerschaft mit abortivem Ausgang
O09	Schwangerschaftsdauer
O10-O16	Ödeme, Proteinurie und Hypertonie während der Schwangerschaft, der Geburt und des Wochenbettes
O20-O29	Sonstige Krankheiten der Mutter, die vorwiegend mit der Schwangerschaft verbunden sind
O30-O48	Betreuung der Mutter im Hinblick auf den Fetus und die Amnionhöhle sowie mögliche Entbindungskomplikationen
O60-O75	Komplikation bei Wehentätigkeit und Entbindung
O80-O82	Entbindung
O85-O92	Komplikationen, die vorwiegend im Wochenbett auftreten
O94-O99	Sonstige Krankheitszustände während der Gestationsperiode, die anderenorts nicht klassifiziert sind

XVI. Bestimmte Zustände, die ihren Ursprung in der Perinatalperiode haben (P00-P96)

P00-P04	Schädigung des Fetus und Neugeborenen durch mütterliche Faktoren und durch Komplikationen bei Schwangerschaft, Wehentätigkeit und Entbindung
P05-P08	Störungen im Zusammenhang mit der Schwangerschaftsdauer und dem fetalen Wachstum
P10-P15	Geburtstrauma
P20-P29	Krankheiten des Atmungs- und Herz-Kreislaufsystems, die für die Perinatalperiode spezifisch sind
P35-P39	Infektionen, die für die Perinatalperiode spezifisch sind
P50-P61	Hämorrhagische und hämatologische Krankheiten beim Fetus und Neugeborenen
P70-P74	Transitorische endokrine und Stoffwechselstörungen, die für den Fetus und das Neugeborene spezifisch sind
P75-P78	Krankheiten des Verdauungssystems beim Fetus und Neugeborenen
P80-P83	Krankheitszustände mit Beteiligung der Haut und der Temperaturregulation beim Fetus und Neugeborenen
P90-P96	Sonstige Störungen, die ihren Ursprung in der Perinatalperiode haben

XVII. Angeborene Fehlbildungen, Deformitäten und Chromosomenanomalien (Q00-Q99)

Q00-Q07	Angeborene Fehlbildungen des Nervensystems
Q10-Q18	Angeborene Fehlbildungen des Auges, des Ohres, des Gesichts und des Halses
Q20-Q28	Angeborene Fehlbildungen des Kreislaufsystems
Q30-Q34	Angeborene Fehlbildungen des Atmungssystems
Q35-Q37	Lippen-, Kiefer- und Gaumenspalte
Q38-Q45	Sonstige angeborene Fehlbildungen des Verdauungssystems
Q50-Q56	Angeborene Fehlbildungen der Genitalorgane
Q60-Q64	Angeborene Fehlbildungen des Harnsystems
Q65-Q79	Angeborene Fehlbildungen und Deformitäten des Muskel-Skelett-Systems
Q80-Q89	Sonstige angeborene Fehlbildungen
Q90-Q99	Chromosomenanomalien, anderenorts nicht klassifiziert

XVIII. Symptome und abnorme klinische und Laborbefunde, die anderenorts nicht klassifiziert sind (R00-R99)

R00-R09	Symptome, die das Kreislaufsystem und Atmungssystem betreffen
R10-R19	Symptome, die das Verdauungssystem und das Abdomen betreffen
R20-R23	Symptome, die die Haut und das Unterhautgewebe betreffen
R25-R29	Symptome, die das Nervensystem und Muskel-Skelett-System betreffen
R30-R39	Symptome, die das Harnsystem betreffen
R40-R46	Symptome, die das Erkennungs- und Wahrnehmungsvermögen, die Stimmung und das Verhalten betreffen
R47-R49	Symptome, die die Sprache und die Stimme betreffen
R50-R69	Allgemeinsymptome

XVIII.	Symptome und abnorme klinische und Laborbefunde, die anderenorts nicht klassifiziert sind (R00-R99)
R70-R79	Abnorme Blutuntersuchungsbefunde ohne Vorliegen einer Diagnose
R80-R82	Abnorme Urinuntersuchungsbefunde ohne Vorliegen einer Diagnose
R83-R89	Abnorme Befunde ohne Vorliegen einer Diagnose bei der Untersuchung anderer Körperflüssigkeiten, Substanzen und Gewebe
R90-R94	Abnorme Befunde ohne Vorliegen einer Diagnose bei bildgebender Diagnostik und Funktionsprüfungen
R95-R99	Ungenau bezeichnete und unbekannte Todesursachen

XIX.	Verletzungen, Vergiftungen und bestimmte andere Folgen äußerer Ursachen (S00-T98)
S00-S09	Verletzungen des Kopfes
S10-S19	Verletzungen des Halses
S20-S29	Verletzungen des Thorax
S30-S39	Verletzungen des Abdomens, der Lumbosakralgegend, der Lendenwirbelsäule und des Beckens
S40-S49	Verletzungen der Schulter und des Oberarms
S50-S59	Verletzungen des Ellenbogens und des Unterarms
S60-S69	Verletzungen des Handgelenks und der Hand
S70-S79	Verletzungen der Hüfte und des Oberschenkels
S80-S89	Verletzungen des Knies und des Unterschenkels
S90-S99	Verletzungen der Knöchelregion und des Fußes
T00-T07	Verletzung mit Beteiligung mehrerer Körperregionen
T08-T14	Verletzungen nicht näher bezeichneter Teile des Rumpfes, der Extremitäten oder anderer Körperregionen
T15-T19	Folgen des Eindringens eines Fremdkörpers durch eine natürliche Körperöffnung
T20-T32	Verbrennungen oder Verätzungen
T33-T35	Erfrierungen
T36-T50	Vergiftungen durch Arzneimittel, Drogen und biologisch aktive Substanzen
T51-T65	Toxische Wirkungen von vorwiegend nicht medizinisch verwendeten Substanzen
T66-T78	Sonstige nicht näher bezeichnete Schäden durch äußere Ursachen
T79	Bestimmte Frühkomplikationen eines Traumas
T80-T88	Komplikationen bei chirurgischen Eingriffen und medizinischer Behandlung, anderenorts nicht klassifiziert
T89	Sonstige Komplikationen eines Traumas, anderenorts nicht klassifiziert
T90-T98	Folgen von Verletzung, Vergiftungen und sonstigen Auswirkungen äußerer Ursachen

XX.	Äußere Ursachen von Morbidität und Mortalität (V01-Y84)
V01-X59	Unfälle
X60-X84	Vorsätzliche Selbstbeschädigung
X85-Y09	Tätlicher Angriff
Y10-Y34	Ereignis, dessen nähere Umstände unbestimmt sind
Y35-Y36	Gesetzliche Maßnahmen und Kriegshandlungen
Y40-Y84	Komplikationen bei der medizinischen und chirurgischen Behandlung

XXI.	Faktoren, die den Gesundheitszustand beeinflussen und zur Inanspruchnahme des Gesundheitswesen führen (Z00-Z99)
Z00-Z13	Personen, die das Gesundheitswesen zur Untersuchung und Abklärung in Anspruch nehmen
Z20-Z29	Personen mit potentiellen Gesundheitsrisiken hinsichtlich übertragbarer Krankheiten
Z30-Z39	Personen, die das Gesundheitswesen im Zusammenhang mit Problemen der Reproduktion in Anspruch nehmen
Z40-Z54	Personen, die das Gesundheitswesen zum Zwecke spezifischer Maßnahmen und zur medizinischen Betreuung in Anspruch nehmen

XXI.	Faktoren, die den Gesundheitszustand beeinflussen und zur Inanspruchnahme des Gesundheitswesen führen (Z00-Z99)
Z55-Z65	Personen mit potenziellen Gesundheitsrisiken aufgrund sozioökonomischer oder psychosozialer Umstände
Z70-Z76	Personen, die das Gesundheitswesen aus sonstigen Gründen in Anspruch nehmen
Z80-Z99	Personen mit potentiellen Gesundheitsrisiken aufgrund der Familien- oder Eigenanamnese und bestimmte Zustände, die den Gesundheitszustand beeinflussen

XXII.	Schlüssel für besondere Zwecke (U00-U99)
U00-U49	Vorläufige Zuordnungen für Krankheiten mit unklarer Ätiologie und nicht belegte Schlüsselnummern
U50-U52	Funktionseinschränkung
U55	Erfolgte Registrierung zur Organtransplantation
U60-U61	Stadieneinteilung der HIV-Infektion
U69	Sonstige sekundäre Schlüsselnummern für besondere Zwecke
U80-U85	Infektionserreger mit Resistenzen gegen bestimmte Antibiotika oder Chemotherapeutika
U99	Nicht belegte Schlüsselnummern

Anhang 2

Branchen in der deutschen Wirtschaft basierend auf der Klassifikation der Wirtschaftszweige (Ausgabe 2008/NACE)

Banken und Versicherungen

K	**Erbringung von Finanz- und Versicherungsdienstleistungen**
64	Erbringung von Finanzdienstleistungen
65	Versicherungen, Rückversicherungen und Pensionskassen (ohne Sozialversicherung)
66	Mit Finanz- und Versicherungsdienstleistungen verbundene Tätigkeiten

Baugewerbe

F	**Baugewerbe**
41	Hochbau
42	Tiefbau
43	Vorbereitende Baustellenarbeiten, Bauinstallation und sonstiges Ausbaugewerbe

Dienstleistungen

I	**Gastgewerbe**
55	Beherbergung
56	Gastronomie
J	**Information und Kommunikation**
58	Verlagswesen
59	Herstellung, Verleih und Vertrieb von Filmen und Fernsehprogrammen; Kinos; Tonstudios und Verlegen von Musik
60	Rundfunkveranstalter
61	Telekommunikation
62	Erbringung von Dienstleistungen der Informationstechnologie
63	Informationsdienstleistungen
L	**Grundstücks- und Wohnungswesen**
68	Grundstücks- und Wohnungswesen
M	**Erbringung von freiberuflichen, wissenschaftlichen und technischen Dienstleistungen**
69	Rechts- und Steuerberatung, Wirtschaftsprüfung
70	Verwaltung und Führung von Unternehmen und Betrieben; Unternehmensberatung
71	Architektur- und Ingenieurbüros; technische, physikalische und chemische Untersuchung
72	Forschung und Entwicklung
73	Werbung und Marktforschung
74	Sonstige freiberufliche, wissenschaftliche und technische Tätigkeiten
75	Veterinärwesen
N	**Erbringung von sonstigen wirtschaftlichen Dienstleistungen**
77	Vermietung von beweglichen Sachen
78	Vermittlung und Überlassung von Arbeitskräften
79	Reisebüros, Reiseveranstalter und Erbringung sonstiger Reservierungsdienstleistungen
80	Wach- und Sicherheitsdienste sowie Detekteien
81	Gebäudebetreuung; Garten- und Landschaftsbau
82	Erbringung von wirtschaftlichen Dienstleistungen für Unternehmen und Privatpersonen a. n. g.

Q	**Gesundheits- und Sozialwesen**
86	Gesundheitswesen
87	Heime (ohne Erholungs- und Ferienheime)
88	Sozialwesen (ohne Heime)
R	**Kunst, Unterhaltung und Erholung**
90	Kreative, künstlerische und unterhaltende Tätigkeiten
91	Bibliotheken, Archive, Museen, botanische und zoologische Gärten
92	Spiel-, Wett- und Lotteriewesen
93	Erbringung von Dienstleistungen des Sports, der Unterhaltung und der Erholung
S	**Erbringung von sonstigen Dienstleistungen**
94	Interessenvertretungen sowie kirchliche und sonstige religiöse Vereinigungen (ohne Sozialwesen und Sport)
95	Reparatur von Datenverarbeitungsgeräten und Gebrauchsgütern
96	Erbringung von sonstigen überwiegend persönlichen Dienstleistungen
T	**Private Haushalte mit Hauspersonal; Herstellung von Waren und Erbringung von Dienstleistungen durch private Haushalte für den Eigenbedarf**
97	Private Haushalte mit Hauspersonal
98	Herstellung von Waren und Erbringung von Dienstleistungen durch private Haushalte für den Eigenbedarf ohne ausgeprägten Schwerpunkt

Energie, Wasser, Entsorgung und Bergbau

B	**Bergbau und Gewinnung von Steinen und Erden**
5	Kohlenbergbau
6	Gewinnung von Erdöl und Erdgas
7	Erzbergbau
8	Gewinnung von Steinen und Erden, sonstiger Bergbau
9	Erbringung von Dienstleistungen für den Bergbau und für die Gewinnung von Steinen und Erden
D	**Energieversorgung**
35	Energieversorgung
E	**Wasserversorgung; Abwasser- und Abfallentsorgung und Beseitigung von Umweltverschmutzungen**
36	Wasserversorgung
37	Abwasserentsorgung
38	Sammlung, Behandlung und Beseitigung von Abfällen; Rückgewinnung
39	Beseitigung von Umweltverschmutzungen und sonstige Entsorgung

Erziehung und Unterricht

P	**Erziehung und Unterricht**
85	Erziehung und Unterricht

Handel

G	**Handel; Instandhaltung und Reparatur von Kraftfahrzeugen**
45	Handel mit Kraftfahrzeugen; Instandhaltung und Reparatur von Kraftfahrzeugen
46	Großhandel (ohne Handel mit Kraftfahrzeugen)
47	Einzelhandel (ohne Handel mit Kraftfahrzeugen)

Land- und Forstwirtschaft

A	**Land- und Forstwirtschaft, Fischerei**
1	Landwirtschaft, Jagd und damit verbundene Tätigkeiten
2	Forstwirtschaft und Holzeinschlag
3	Fischerei und Aquakultur

Metallindustrie		
C	**Verarbeitendes Gewerbe**	
	24	Metallerzeugung und -bearbeitung
	25	Herstellung von Metallerzeugnissen
	26	Herstellung von Datenverarbeitungsgeräten, elektronischen und optischen Erzeugnissen
	27	Herstellung von elektrischen Ausrüstungen
	28	Maschinenbau
	29	Herstellung von Kraftwagen und Kraftwagenteilen
	30	Sonstiger Fahrzeugbau
Öffentliche Verwaltung		
O	**Öffentliche Verwaltung, Verteidigung; Sozialversicherung**	
	84	Öffentliche Verwaltung, Verteidigung; Sozialversicherung
U	**Exterritoriale Organisationen und Körperschaften**	
	99	Exterritoriale Organisationen und Körperschaften
Verarbeitendes Gewerbe		
C	**Verarbeitendes Gewerbe**	
	10	Herstellung von Nahrungs- und Futtermitteln
	11	Getränkeherstellung
	12	Tabakverarbeitung
	13	Herstellung von Textilien
	14	Herstellung von Bekleidung
	15	Herstellung von Leder, Lederwaren und Schuhen
	16	Herstellung von Holz-, Flecht-, Korb- und Korkwaren (ohne Möbel)
	17	Herstellung von Papier, Pappe und Waren daraus
	18	Herstellung von Druckerzeugnissen; Vervielfältigung von bespielten Ton-, Bild- und Datenträgern
	19	Kokerei und Mineralölverarbeitung
	20	Herstellung von chemischen Erzeugnissen
	21	Herstellung von pharmazeutischen Erzeugnissen
	22	Herstellung von Gummi- und Kunststoffwaren
	23	Herstellung von Glas und Glaswaren, Keramik, Verarbeitung von Steinen und Erden
	31	Herstellung von Möbeln
	32	Herstellung von sonstigen Waren
	33	Reparatur und Installation von Maschinen und Ausrüstungen
Verkehr und Transport		
H	**Verkehr und Lagerei**	
	49	Landverkehr und Transport in Rohrfernleitungen
	50	Schifffahrt
	51	Luftfahrt
	52	Lagerei sowie Erbringung von sonstigen Dienstleistungen für den Verkehr
	53	Post-, Kurier- und Expressdienste

Die Autorinnen und Autoren

PD Dr. Viktoria Arling

RWTH Aachen
Institut für Psychologie
Lehr- und Forschungsgebiet Berufliche Rehabilitation
Jägerstraße 17–19
52066 Aachen

PD Dr. phil. Viktoria Arling ist seit 2001 wissenschaftliche Angestellte am Institut für Psychologie der RWTH Aachen, Lehr- und Forschungsgebiet Berufliche Rehabilitation. Ihre Arbeitsschwerpunkte liegen in der beruflichen Rehabilitationsforschung (Reintegrationsfaktoren, Rehabilitationsdiagnostik) und in der Evaluationsforschung und Qualitätssicherung von Maßnahmen bzw. Ausbildungsformen und Konzepten in der beruflichen Rehabilitation.

Dr. Eva-Maria Backé

Bundesanstalt für Arbeitsschutz
und Arbeitsmedizin (BAuA)
Nöldnerstraße 40–42
10317 Berlin

Dr. Eva-Maria Backé ist Biologin und Gesundheitswissenschaftlerin (MPH). Sie ist wissenschaftliche Mitarbeiterin in der Bundesanstalt für Arbeitsschutz und Arbeitsmedizin im Fachbereich 3 »Arbeit und Gesundheit«. In der Gruppe 3.1 (Prävention arbeitsbedingter Erkrankungen) sind ihre Schwerpunkte arbeitsbedingte Risikofaktoren für Herz-Kreislauf-Erkrankungen (systematische Reviews, Evidenzbewertung, Leitlinien), Prävention arbeitsbedingter Herz-Kreislauf-Erkrankungen.

Prof. Dr. Bernhard Badura

Universität Bielefeld
Fakultät für Gesundheitswissenschaften
Postfach 10 01 31
33501 Bielefeld

Dr. rer. soc., Studium der Soziologie, Philosophie und Politikwissenschaften in Tübingen, Freiburg, Konstanz und Harvard/Mass. Seit März 2008 Emeritus der Fakultät für Gesundheitswissenschaften der Universität Bielefeld.

Clara Beck

Team HF – Human Factors Forschung Beratung Training
Hofinger Künzer & Mähler PartG
Marstall M4
71634 Ludwigsburg

Clara Beck B. Sc. absolviert ihr Masterstudium in Psychologie an der Goethe-Universität in Frankfurt mit dem Schwerpunkt Arbeits- und Organisationspsychologie sowie Kognitionspsychologie. Im Fokus ihres Interesses stehen Forschungsfelder rund um das Thema uman Factors, Mensch-Maschine-Interaktion und Big Data.

Dr. Daniela Blickhan

Inntal Institut
Asternweg 10a
83109 Großkarolinenfeld

Studium der Psychologie in Würzburg, Studium der Positiven Psychologie in London, Promotion im Bereich Positive Psychologie an der Freien Universität Berlin. 1991 Gründerin und seitdem Leiterin des Inntal Instituts, einer bundesweiten Fortbildungseinrichtung für Training und Coaching. Lehrtrainerin für Positive Psychologie DACH-PP, Lehrcoach und SeniorCoach DCV, Lehrtrainerin und Lehrcoach DVNLP. Arbeitsschwerpunkte: Zertifizierte Ausbildungen in Angewandter Positiver Psychologie, Coaching- und Trainerausbildung, Positive Leadership, Betriebliche Gesundheitsförderung. Autorin des Übersichtswerks »Positive Psychologie – Handbuch für die Praxis« (Junfermann 2015).

Prof. Dr. Martin Bohus

Institut für Psychiatrische und Psychosomatische Psychotherapie
Zentralinstitut für seelische Gesundheit
J5
68159 Mannheim

Prof. Dr. Martin Bohus ist Lehrstuhlinhaber für Psychosomatische Medizin und Psychotherapie an der Universität Heidelberg, Wissenschaftlicher Direktor des Instituts für Psychiatrische und Psychosomatische Psychotherapie am Zentralinstitut für Seelische Gesundheit Mannheim (ZI) und Gastprofessor an der Universität Antwerpen. Sein Forschungsschwerpunkt ist die Aufklärung von Mechanismen und Pathomechanismen der Emotionsregulation sowie die Entwicklung und Evaluation von modularer Psychotherapie und Präventionsprogrammen. Prof. Bohus ist Autor von über 300 wissenschaftlichen Publikationen und Fachbüchern und Herausgeber des Journals Borderline Personality Disorder and Emotion Dysregulation. Er ist Gründer des Deutschen Dachverbandes DBT, Past-Board-Member der DGPPN und Präsident der Europäischen Gesellschaft zur Erforschung von Persönlichkeitsstörungen (ESSPD).

Dr. Martina Brandt

Beuth Hochschule für Technik Berlin
Fachbereich I, Projekt Digi-Exist
Luxemburger Straße 10
13353 Berlin

Diplom-Wirtschaftswissenschaftlerin mit langjährigen Erfahrungen in der Innovationsforschung. Promotion 1984 zur algorithmischen Modellierung von Produktionsabläufen. Seit 1992 in verschiedenen Forschungsprojekten am Institut für Regionale Innovationsforschung e. V. Berlin, an der Technischen Universität Berlin, der Technischen Hochschule Wildau sowie der Beuth Hochschule für Technik Berlin tätig. Arbeitsschwerpunkte: Zusammenhang von Innovation und Regionalentwicklung, Innovationsmanagement für KMU, Trends in Forschung und Technologie, Innovations-und Fachkräftebedarfsanalysen, Nachhaltigkeit und Netzwerke. Erfahrungen aus der wissenschaftlichen Evaluation zahlreicher Programme und Projekte sowie Lehrtätigkeit an verschiedenen Berliner und Brandenburger Hochschulen.

Klaus Busch

Lohestraße 5
53359 Rheinbach

Studium der Elektrotechnik/Nachrichtentechnik an der FH Lippe, Abschluss: Diplom-Ingenieur. Studium der Volkswirtschaftslehre mit dem Schwerpunkt Sozialpolitik an der Universität Hamburg, Abschluss: Diplom-Volkswirt. Referent in der Grundsatz- und Planungsabteilung des Bundesministeriums für Arbeit und Sozialordnung (BMA) für das Rechnungswesen und die Statistik in der Sozialversicherung. Referent in der Abteilung »Krankenversicherung« des Bundesministeriums für Gesundheit (BMG) für ökonomische Fragen der zahnmedizinischen Versorgung und für Heil- und Hilfsmittel. Danach Referent in der Abteilung »Grundsatzfragen der Gesundheitspolitik, Pflegesicherung, Prävention« des BMG im Referat »Grundsatzfragen der Gesundheitspolitik, Gesamtwirtschaftliche und steuerliche Fragen, Statistik des Gesundheitswesens«. Vertreter des BMG im Statistischen Beirat des Statistischen Bundesamtes. Seit Mai 2014 im Ruhestand.

Patrick Cichon

Wissenschaftliches Institut der AOK (WIdO)
Rosenthaler Straße 31
10178 Berlin

Patrick Cichon studiert im Bachelorstudiengang Informatik an der Freien Universität Berlin und ist seit 2016 studentische Hilfskraft im Wissenschaftlichen Institut der AOK (WIdO) im Forschungsbereich Betriebliche Gesundheitsförderung, Heilmittel und ambulante Bedarfsplanung.

Prof. Dr. Antje Ducki

Beuth Hochschule für Technik Berlin
Fachbereich I: Wirtschafts-
und Gesellschaftswissenschaften
Luxemburger Straße 10
13353 Berlin

Nach Abschluss des Studiums der Psychologie an der Freien Universität Berlin als wissenschaftliche Mitarbeiterin an der TU Berlin tätig. Betriebliche Gesundheitsförderung für die AOK Berlin über die Gesellschaft für Betriebliche Gesundheitsförderung, Mitarbeiterin am Bremer Institut für Präventionsforschung und Sozialmedizin, Hochschulassistentin an der Universität Hamburg. 1998 Promotion in Leipzig. Seit 2002 Professorin für Arbeits- und Organisationspsychologie an der Beuth Hochschule für Technik Berlin. Arbeitsschwerpunkte: Arbeit und Gesundheit, Gender und Gesundheit, Mobilität und Gesundheit, Stressmanagement, Betriebliche Gesundheitsförderung, digitale Gesundheitsförderung und Prävention.

Dr. Cona Ehresmann

FH Münster
Fachbereich Oecotrophologie – Facility Management
Corrensstraße 25
48149 Münster

Studium der Gesundheitswissenschaften (M. Sc.) an der Universität Bielefeld (2011–2013). Wissenschaftliche Tätigkeit bei Prof. Dr. Bernhard Badura an der Fakultät für Gesundheitswissenschaften der Universität Bielefeld. Arbeitsschwerpunkt: Betriebliches Gesundheitsmanagement, insbesondere Organisationsdiagnostik (2012–2016). Seit 2013 Promotion zum Doctor of Public Health zum Thema Burnout. Seit 2016 Nachwuchsprofessorin für Betriebliches Gesundheitsmanagement an der FH Münster.

Silke Eilers

Institut für Beschäftigung und Employability IBE
Ernst-Boehe-Straße 4
67059 Ludwigshafen

Silke Eilers ist Wissenschaftliche Mitarbeiterin und Projektleiterin am Institut für Beschäftigung und Employability IBE. Ihre Arbeitsschwerpunkte liegen in der demografischen Entwicklung, der Generationendiversität, dem Trendscanning sowie in Employability und lebensphasenorientierter Personalpolitik.

Anne Gehrke

Institut für Arbeit und Gesundheit der Deutschen Gesetzlichen Unfallversicherung (IAG)
Königsbrücker Landstraße 2
01109 Dresden

Anne Gehrke studierte Psychologie mit den Schwerpunkten Arbeits- und Klinische Psychologie an der Technischen Universität Dresden. Sie ist seit 2004 als Referentin in der Abteilung Forschung und Beratung des IAG – Institut für Arbeit und Gesundheit der DGUV in Dresden tätig. Ihre Arbeitsschwerpunkte sind die Notfallpsychologie, speziell die psychologische Erstbetreuung, sowie die Prävention von Gewalt am Arbeitsplatz.

Dr. Christian Gravert

Deutsche Bahn AG
Potsdamer Platz 2
10785 Berlin

Arzt für Allgemein- und Arbeitsmedizin, Leiter des Gesundheitsmanagement der Deutschen Bahn. Dies umfasst die Gesundheitspolitik des Unternehmens, die arbeitsmedizinische Vorsorge für die 200.000 Beschäftigten in Deutschland, die Betriebliche Gesundheitsförderung sowie die Eignungsfeststellung der Bahnmitarbeiter und die Lebensmittel- und Trinkwasserhygiene. Im Schwerpunkt der Betrieblichen Gesundheitsförderung bei der DB stehen der demografische Wandel und die psychische Gesundheit in der Arbeitswelt, zunehmend mit Blick auf die Arbeitswelten 4.0. Vor seiner Tätigkeit bei der DB war Dr. Gravert in der Geschäftsleitung eines medizinischen Fortbildungssenders und von 1996 bis 2000 in Washington, D. C. in der medizinischen Forschungskoordination tätig.

Dr. Markus Hänsel

Scheffelstraße 10
68526 Ladenburg

Studium der Erziehungswissenschaften, Psychologie sowie Musiktherapie, danach vier Jahre wissenschaftliche Arbeit und Promotion an der Universität Heidelberg, Institut für medizinische Psychologie und Assistenz am Institut für systemische Beratung Wiesloch. Seit 2002 ist Dr. Markus Hänsel selbstständig tätig, begleitet Menschen im Coaching bei beruflichen und persönlichen Veränderungen und unterstützt Teams und Organisationen bei Veränderungsprozessen, Maßnahmen zur Organisationsent-wicklung und in der Durchführung von Weiterbildungs- und Qualifizierungsangeboten. Im Vordergrund stehen dabei die Anwendung partizipativer und systemischer Ansätze in Organisationen, die Etablierung effektiver Feedbackstrukturen sowie die Entwicklung gesunder Führung.

Oliver Hasselmann

Institut für Betriebliche Gesundheitsförderung
BGF GmbH
Neumarkt 35–37
50667 Köln

Oliver Hasselmann studierte Diplom-Geographie in Köln und absolvierte 2015 berufsbegleitend den Master of Health Administration (MHA) an der Fakultät für Gesundheitswissenschaften der Universität Bielefeld. Seit 2008 ist er im Team Forschung & Entwicklung im Institut für Betriebliche Gesundheitsförderung tätig. Er beschäftigt sich neben dem BGM und der BGF mit Fragestellungen zum demografischen Wandel, der Arbeits- und Beschäftigungsfähigkeit in KMU. Seit 2016 leitet er das Teilvorhaben »Prävention 4.0 – Gesundheit in der Arbeitswelt 4.0«.

Gabriele Held

RKW Kompetenzzentrum
Düsseldorfer Straße 40 A
65760 Eschborn

Studium der Gesundheitswissenschaften in Bremen und Bielefeld. Seit 2010 als Referentin beim RKW Kompetenzzentrum im Schwerpunkt betrieblicher Arbeits- und Gesundheitsschutz tätig. Arbeitsschwerpunkte sind die Themen Arbeitszeitgestaltung in kleinen und mittleren Unternehmen, Arbeitsgestaltung sowie betriebliches Gesundheitsmanagement. Zentrale Aufgabe des RKW Kompetenzzentrums ist es, betriebsbezogene Konzepte und Handlungshilfen – insbesondere für die Führungskräfte und Mitarbeiter von kleinen und mittleren Unternehmen – zu entwickeln und ihre Umsetzung zu fördern.

Dr. Gesine Hofinger

Team HF – Human Factors Forschung Beratung Training
Hofinger Künzer & Mähler PartG
Marstall M4
71634 Ludwigsburg

Dr. Gesine Hofinger, Diplom-Psychologin, ist Partnerin von Team HF – Human Factors Forschung Beratung Training (Remseck) sowie Mitglied der Forschungsstelle interkulturell und komplexe Arbeitswelten (FinkA) an der Friedrich-Schiller-Universität Jena. Arbeitsbereiche sind u. a. Mensch und Sicherheit, Stabsarbeit, Evakuierungen, Gestaltung von Warnungen und Durchsagen, Besuchersicherheit bei Großveranstaltungen. Publikationstätigkeit sowie Lehraufträge und Dozententätigkeit an verschiedenen Hochschulen und Lehrinstituten. Weitere Informationen: www.team-hf.de.

Miriam-Maleika Höltgen

Wissenschaftliches Institut der AOK (WIdO)
Rosenthaler Straße 31
10178 Berlin

Studium der Germanistik, Geschichte und Politikwissenschaften an der Friedrich-Schiller-Universität Jena; hier bis 2001 wissenschaftliche Mitarbeiterin am Institut für Literaturwissenschaft. 2001–2005 freiberuflich und angestellt tätig in den Bereichen Redaktion, Lektorat, Layout und Herstellung. Seit 2005 im AOK-Bundesverband; Mitarbeiterin des Wissenschaftlichen Instituts der AOK (WIdO) im Forschungsbereich Betriebliche Gesundheitsförderung, Heilmittel und ambulante Bedarfsplanung.

Adrienne Hünecke

Technische Universität Berlin
Lehrgebiet Strategisches Controlling
Straße des 17. Juni 135
10623 Berlin

Nach Abschluss eines sprach- und kommunikationswissenschaftlichen Bachelorstudiums an der Technischen Universität Berlin (Fakultät I – Bildungs- und Geisteswissenschaften) absolvierte Adrienne Hünecke den Masterstudiengang Medienwissenschaft mit Fokus auf Unternehmens- und Krisenkommunikation. Studienbegleitend konnte sie praktische Erfahrungen in den Bereichen Marketing, PR und Öffentlichkeitsarbeit, Veranstaltungsorganisation und internationale Austauschaktivitäten sammeln. Seit

2015 ist sie Mitarbeiterin am Lehrgebiet Strategisches Controlling von Prof. Dr. Ulrich Krystek.

Dr. Dennis John

AOK Bayern – Die Gesundheitskasse
Bereich Gesundheitsförderung
Stromerstraße 5
90330 Nürnberg

Diplom-Psychologe. Nach dem Studium der Psychologie und Gerontologie wissenschaftlicher Mitarbeiter an der Universität Erlangen-Nürnberg. 2014 Promotion mit einer Dissertation zum Thema Zeiterleben und Zeitmanagement. Seit 2014 Referent für allgemeine Gesundheitsförderung (Fachgebiet psychosoziale Angebote) bei der AOK Bayern. Arbeitsschwerpunkte: Entwicklung und Evaluation von Präsenz- und Onlineangeboten im Bereich multimodales Stressmanagement, Positive Psychologie und kognitive Leistungsfähigkeit.

Stephanie Junk

AOK Baden-Württemberg
Fachbereich Gesundheitsförderung/Betriebliches Gesundheitsmanagement
Presselstraße 19
70191 Stuttgart

Studium der Soziologie mit Schwerpunkt Personal und Organisation und berufsbegleitende Coachingausbildung an der Universität Trier. Danach in verschiedenen Funktionen bei der AOK Rheinland-Pfalz sowie AOK Baden-Württemberg, u. a. strategische Marktplanung und Begleitung von Veränderungsprozessen. Seit

2013 Referentin für Betriebliches Gesundheitsmanagement bei der AOK Baden-Württemberg. Arbeitsschwerpunkte: Betriebliches Gesundheitsmanagement, psychische Gesundheit, gesunde Führung.

Prof. Dr. Simone Kauffeld

Technische Universität Braunschweig
Lehrstuhl für Arbeits-, Organisations-
und Sozialpsychologie
Spielmannstraße 19
38106 Braunschweig

Dipl.-Psychologin. Seit 2007 Inhaberin des Lehrstuhls für Arbeits-, Organisations- und Sozialpsychologie der TU Braunschweig. Seit 2012 Vizepräsidentin an der TU Braunschweig. Ihre Forschungsschwerpunkte umfassen die Themen Kompetenz, Team, Beratung und Führung. Um ihre Konzepte der Praxis zugänglich zu machen, gründete sie 2008 unter Beteiligung der TU Braunschweig die 4A-SIDE GmbH.

Dr. Nikolaus Kleindienst

Zentralinstitut für Seelische Gesundheit
Institut für Psychiatrische Psychosomatische
Psychotherapie
Arbeitsgruppe Experimentelle Psychotherapie
J5
68159 Mannheim

Studium der Statistik und Promotion zum Dr. rer. hum. biol. an der Ludwig-Maximilians-Universität (LMU) München. Nach dem Studium Forschungstätigkeit in den Bereichen theoretische Statistik (Institut für Statistik, LMU), Psychiatrie (LMU) und Psychosomatische Psychotherapie (Zentralinstitut für

Seelische Gesundheit, Mannheim). Studienleiter und/oder Biometriker in einer Reihe multizentrischer klinischer Studien zur Phänomenologie und Therapie psychiatrischer Erkrankungen.

Joachim Klose

Wissenschaftliches Institut der AOK (WIdO)
Rosenthaler Straße 31
10178 Berlin

Diplom-Soziologe. Nach Abschluss des Studiums der Soziologie an der Universität Bamberg (Schwerpunkt Sozialpolitik und Sozialplanung) wissenschaftlicher Mitarbeiter im Rahmen der Berufsbildungsforschung an der Universität Duisburg. Seit 1993 wissenschaftlicher Mitarbeiter im Wissenschaftlichen Institut der AOK (WIdO) im AOK-Bundesverband; Leiter des Forschungsbereichs Betriebliche Gesundheitsförderung, Heilmittel und ambulante Bedarfsplanung.

Katharina Klug

Bremen International Graduate School
of Social Sciences
Universität Bremen
Mary-Somerville-Straße 9
28359 Bremen

Studium der Psychologie an der Universität Hamburg und Seoul National University. Seit 2013 Stipendiatin an der Bremen International Graduate School of Social Sciences, Promotion zu Arbeitsplatzunsicherheit und Gesundheit junger Beschäftigter. 2016 Gastdoktorandin an der Stockholms Universitet, Institut für Arbeits- und Organisationspsychologie. Darüber hinaus Lehrtätigkeiten an den Universitäten Hamburg und Bremen zu Arbeits- und Organisationspsychologie und Work-Life-Balance sowie als Teaching Assistant in Sozialwissenschaften an der Jacobs University.

Prof. Dr. Volker Köllner

Rehazentrum Seehof der
Deutsche Rentenversicherung
Lichterfelder Allee 55
14513 Teltow

Facharzt für Psychosomatische Medizin und Psychotherapie, Verhaltenstherapeut und systemischer Familientherapeut. Seit 2005 Professor für Psychosomatische Medizin und Psychotherapie an der medizinischen Fakultät der Universität des Saarlandes. Seit 2015 Chefarzt der Abteilung Verhaltenstherapie und Psychosomatik und ärztlicher Direktor am Rehazentrum Seehof der DRV in Teltow bei Berlin. Seit 2016 Lehrbeauftragter der Universitätsmedizin Charité, Berlin, und Mitglied der Forschungsgruppe Psychosomatische Rehabilitation der Charité. Klinische und wissenschaftliche Schwerpunkte: Psychokardiologie, chronischer Schmerz, Traumafolgestörungen, psychische und psychosomatische Störungen im Zusammenhang mit der Arbeitswelt.

Dr. Lars Eric Kroll

Robert Koch-Institut
Fachgebiet Soziale Determinanten der Gesundheit
General-Pape-Straße 62
12101 Berlin

Studium der Soziologie, Psychologie und Statistik an der Freien Universität Berlin. Promotion in Soziologie an der Humboldt-Universität zu Berlin. Seit 2006 wissenschaftlicher Mitarbeiter am Robert Koch-Institut. Seit 2015 stellvertretender Leiter des Fachgebiets Soziale Determinanten der Gesundheit. Arbeitsschwerpunkte: Soziale und gesundheitliche Ungleichheit, arbeitsweltbezogene Einflüsse auf die Gesundheit, Arbeitslosigkeit und Gesundheit, Regionale Unterschiede in der Gesundheit.

Prof. Dr. Ulrich Krystek

Technische Universität Berlin
Lehrgebiet Strategisches Controlling
Straße des 17. Juni 135
10623 Berlin

Nach kaufmännischer Lehre studierte er in Gießen Wirtschaftswissenschaften und wurde Assistent bei Prof. Dr. Dr. h. c. mult. Dietger Hahn am Institut für Unternehmungsplanung (IUP). Nach der Promotion übernahm er die Leitung der Zentralabteilung »Beteiligung Inland« eines internationalen Industriekonzerns. 1984 wurde er an die Fachhochschule Worms berufen (Fachbereich V – Internationale Betriebswirtschaft). Im Oktober 2000 wurde er an der Technischen Universität Berlin, Fakultät VII – Wirtschaft und Management, zum Honorarprofessor ernannt und leitet dort seither das Lehrgebiet Strategisches Controlling. Forschungsgebiete: Früherkennung/Frühaufklärung, Unternehmenskrisen und Krisenmanagement sowie Vertrauen als Basis erfolgreicher Unternehmensführung. Daneben war er beratend in Fragen der Restrukturierung und Sanierung von Unternehmen tätig.

Daniela Kunze

Beuth Hochschule für Technik Berlin
Fachbereich I, Projekt Digi-Exist
Luxemburger Straße 10
13353 Berlin

Diplom-Psychologin mit dem Schwerpunkt auf Arbeits- und Organisationspsychologie. Seit 2002 in unterschiedlichen Forschungsprojekten der Universität Potsdam, bei komega e. V. sowie an der Beuth Hochschule für Technik in Berlin tätig. Arbeitsschwerpunkte: Arbeitsbelastung, Arbeitsbeanspruchung, Beanspruchungsfolgen, Betriebliches Gesundheitsmanagement, Training und Interventionen sowie Personalentwicklung. Begleitend zur Forschungstätigkeit Arbeit als Beraterin und Verhaltenstrainerin im Bereich Kommunikation, Konfliktmanagement, Führungskräftecoaching sowie Gastlehraufträge an der Humboldt-Universität zu Berlin.

PD Dr. Thomas Lampert

Robert Koch-Institut
Fachgebiet Soziale Determinanten der Gesundheit
General-Pape-Straße 62
12101 Berlin

Studium der Soziologie, Psychologie und Statistik an der Freien Universität Berlin. Promotion an der Technischen Universität Berlin. Habilitation am Universitätsklinikum Leipzig. Wissenschaftlicher Mitarbeiter am Max-Planck-Institut für Bildungsforschung und an der Technischen Universität Berlin. Seit 2002 wissenschaftlicher Mitarbeiter am Robert Koch-Institut. Seit 2015 Leiter des Fachgebiets Soziale Determinanten der Gesundheit. Außerdem Sprecher der Fachgesellschaften übergreifenden Arbeitsgemeinschaft Sozialepidemiologie und Mitglied des Wissenschaftlichen Gutachterkreises der Armut- und Reichtumsberichterstattung. Arbeitsschwerpunkte: Soziale und gesundheitliche Ungleichheit, Epidemiologische Lebensverlaufsforschung, Lebensstil und Gesundheitsverhalten, Sozial- und Gesundheitsberichterstattung.

Prof. Dr. Frank Lasogga

TU Dortmund
Fakultät 12, Institut für Psychologie
Emil-Figge-Straße 50
44221 Dortmund

Prof. Dr. Frank Lasogga studierte Psychologie an der Universität Hamburg. Seit 1975 lehrt und forscht er an der Universität Dortmund. Hauptarbeitsgebiet: Klinische Psychologie mit dem Schwerpunkt Notfallpsychologie (Psychische Erste Hilfe, Psychosoziale Notfallhilfe; Hilfen für Helfer etc.). Seit 1988 zahlreiche Bücher und Artikel zur Notfallpsychologie.

Lisa Lyssenko

Institut für Psychiatrische und Psychosomatische Psychotherapie
Zentralinstitut für seelische Gesundheit
J5
68159 Mannheim

Studium der Psychologie an der Albert-Ludwigs-Universität Freiburg. Seit 2010 Wissenschaftliche Mitarbeiterin; fortgeschrittene Promotion zum Thema »Entwicklung eines Programms zur Förderung der psychischen Gesundheit«. Arbeitsschwerpunkte: Resilienz, Schutzfaktoren für die psychische Gesundheit, Prävention, Interventionsentwicklung (u. a. des Seminarprogramms »Lebe Balance«).

Markus Meyer

Wissenschaftliches Institut der AOK (WIdO)
Rosenthaler Straße 31
10178 Berlin

Diplom-Sozialwissenschaftler. Nach dem Studium an der Universität Duisburg-Essen Mitarbeiter im Bereich Betriebliche Gesundheitsförderung beim Team Gesundheit der Gesellschaft für Gesundheitsmanagement mbH in Essen. 2001–2010 Tätigkeiten beim BKK Bundesverband und der spectrum|K GmbH in den Bereichen Datenanalyse, Datenmanagement und -organisation. Seit 2010 wissenschaftlicher Mitarbeiter im Wissenschaftlichen Institut der AOK (WIdO) im AOK-Bundesverband, Forschungsbereich Betriebliche Gesundheitsförderung, Heilmittel und ambulante Bedarfsplanung. Arbeitsschwerpunkte: Fehlzeitenanalysen, betriebliche und branchenbezogene Gesundheitsberichterstattung.

Dr. Alice Müller-Leonhardt

Technische Universität Darmstadt
Institut für Psychologie
Forschungsgruppe Arbeits-
und Ingenieurpsychologie (FAI)
Alexanderstraße 10
64283 Darmstadt

Dr. Alice Müller-Leonhardt promovierte 2016 an der Technischen Universität Darmstadt zum Thema Critical Incident Stress Management (CISM) in komplexen sozio-technischen Organisationen. 2009–2015 war sie Wissenschaftliche Mitarbeiterin am Institut für Psychologie der TU Darmstadt und Mitglied der Forschungsgruppe Arbeits- und Ingenieurpsychologie (FAI) um Prof. Vogt. In diesem Rahmen forschte sie zu weichen Faktoren, die zur Resilienz von Risikobranchen beitragen. 2012–2015 war sie Mitglied im europäische Forschungsprojekt »Weak Signals in ANSP's Safety Performance«, das einen innovativen Ansatz zur Sicherheitsforschung in Flugsicherungen verfolgte.

Dr. Gerhard Müller

AOK Baden-Württemberg
Bezirksdirektion Mittlerer Oberrhein
Bahnhofstraße 12–14
76646 Bruchsal

Studium zum Diplom-Sportlehrer an der Universität Mainz. Diplom 1995, Promotion 2004 am Karlsruher Institut für Technologie. Fernstudium zum Betriebswirt (IWW) 2008. Lehrauftrag am Institut für Sport und Sportwissenschaften (KIT) seit 2005. Arbeitsschwerpunkt: Evaluationen von Präventionsmaßnahmen in der Versorgung.

Stephan Müters

Robert Koch-Institut
Fachgebiet Soziale Determinanten der Gesundheit
General-Pape-Straße 62
12101 Berlin

Studium der Sozialwissenschaften an der Humboldt-Universität zu Berlin. 2003–2006 wissenschaftlicher Mitarbeiter am Institut für Gesundheitswissenschaften der Technischen Universität Berlin. Seit 2006 als wissenschaftlicher Mitarbeiter am Robert Koch-Institut mit inhaltlichen Schwerpunkten auf der Empirischen Sozialforschung, der Surveymethodik und Public Health in der Konzeption, Organisation und Berichterstellung der GEDA-Studie im Fachgebiet Gesundheitsmonitoring tätig. Seit 2015 im Fachgebiet Soziale Determinanten der Gesundheit zum Thema Arbeitswelt sowie Arbeitslosigkeit und Gesundheit sowie zur Messung und Konzeption soziodemografischer Indikatoren in den Gesundheitssurveys des RKI tätig.

Dr. Manuela Pfinder

Universitätsklinikum Heidelberg
Abteilung Allgemeinmedizin
und Versorgungsforschung
Marsilius-Arkaden, Turm West
Im Neuenheimer Feld 130.3
69120 Heidelberg

2004–2007 Studium der Soziologie und British and American Studies (B. A.) an der Universität Konstanz. Nach Abschluss des Masterstudiums der Soziologie (M. A.) mit Auszeichnung an der Universität Konstanz im Jahr 2009 Promotion an der Bielefeld Graduate School of History and Sociology (BGHS), Universität Bielefeld, zur Dr. phil. (PhD) im Jahr 2014. Nach Tätigkeit als PostDoc am Leibniz Institut für Präventionsforschung und Epidemiologie in Bremen (2014–2016). Seit 2016 Mitarbeiterin bei der AOK Baden-Württemberg im Bereich Gesundheitsförderung und parallel Durchführung des Habilitationsvorhabens an der Universität Heidelberg in der Abteilung Allgemeinmedizin und Versorgungsforschung.

Dr. Jutta Rump

Institut für Beschäftigung und Employability IBE
Ernst-Boehe-Straße 4
67059 Ludwigshafen

Dr. Jutta Rump ist Professorin für Allgemeine Betriebswirtschaftslehre, insbesondere Internationales Personalmanagement und Organisationsentwicklung an der Hochschule Ludwigshafen. Daneben leitet sie das Institut für Beschäftigung und Employability (www.ibe-ludwigshafen.de), das den Schwerpunkt seiner Forschungsarbeit auf personalwirtschaftliche, arbeitsmarktpolitische und beschäftigungsrelevante Fragestellungen legt. Sie hat darüber hinaus zahlreiche Mandate auf regionaler und nationaler Ebene inne.

Dr. Birgit Schauerte

Institut für Betriebliche Gesundheitsförderung
BGF GmbH
Neumarkt 35–37
50667 Köln

Dr. Birgit Schauerte studierte Sportwissenschaften mit dem Schwerpunkt Rehabilitation und Prävention an der Deutschen Sporthochschule (DSHS) und schloss 2014 ihre berufsbegleitende Promotion »Entwicklung und Evaluation eines Interventionskonzeptes zur Prävention kardiovaskulärer Erkrankungen bei Beschäftigten in KMU« ab. Seit 2011 leitet sie das Team Forschung und Entwicklung im Institut für Betriebliche Gesundheitsförderung der AOK Rheinland/Hamburg in Köln und setzt mit ihrem Team schwerpunktmäßig drittmittelgeförderte anwendungsorientierte Forschungsprojekte im Bereich der betrieblichen Prävention um.

Dr. Annette Scheder

AOK Bayern – Die Gesundheitskasse
Bereich Gesundheitsförderung
Stromerstraße 5
90330 Nürnberg

Diplom-Gesundheitswissenschaftlerin und Diplom-Oecotrophologin (FH). Für die AOK Bayern war Dr. Annette Scheder einige Jahre als Leiterin des Dienstleistungszentrums Versorgungsmanagement tätig. Seit 2012 ist sie Leiterin des Bereichs Gesundheitsförderung und für die bayernweite Steuerung und Entwicklung der Gesundheitsangebote für Versicherte und Arbeitgeber verantwortlich.

Annette Schlipphak

Bundesministerium des Innern
Alt-Moabit 140
10557 Berlin

Studium der Psychologie in Frankfurt am Main. Erfahrungen im Bereich Unterricht, Training und Beratung, Personalentwicklung und -auswahl. Seit 2001 Referentin im Bundesministerium des Innern, heute tätig im Ärztlichen und Sozialen Dienst der obersten Bundesbehörden, Gesundheitsmanagement. Zuständig u. a. für die Koordination der Umsetzung des Betrieblichen Gesundheitsmanagements in der unmittelbaren Bundesverwaltung sowie die Erstellung des Gesundheitsförderungsberichts.

PD Dr. Meryam Schouler-Ocak

Psychiatrische Universitätsklinik der Charité
im St. Hedwig-Krankenhaus
Große Hamburger Straße 5–11
10115 Berlin

PD Dr. med. Meryam Schouler-Ocak ist Fachärztin für Psychiatrie und Psychotherapie und Neurologie, hat eine Qualifizierung in der traumazentrierten Psychotherapie, ist zertifizierte EMDR-Therapeutin und erwarb die Zusatzbezeichnung Sozialmedizin. Sie leitet an der Charité – Universitätsmedizin Berlin den Forschungsbereich Interkulturelle Migrations- und Versorgungspsychiatrie, Sozialpsychiatrie. Co-Leiterin des Alexianer Instituts für Psychotraumatologie. Vorsitzende der Deutsch-Türkischen Psychiatriegesellschaft (DTGPP e. V.), Referatsleiterin für Interkulturelle Psychiatrie und Psychotherapie, Migration der DGPPN, Chair of Cultural Psychiatry der EPA und Co-Chair der WPA-TPS. Forschungsschwerpunkte: Migrations- und Versorgungsforschung, Migration und Trauma, Migration und Suizidalität sowie Begutachtungen.

Helmut Schröder

Wissenschaftliches Institut der AOK (WIdO)
Rosenthaler Straße 31
10178 Berlin

Nach dem Abschluss als Diplom-Soziologe an der Universität Mannheim als wissenschaftlicher Mitarbeiter im Wissenschaftszentrum Berlin für Sozialforschung (WZB), im Zentrum für Umfragen, Methoden und Analysen e. V. (ZUMA) in Mannheim sowie im Institut für Sozialforschung der Universität Stuttgart tätig. Seit 1996 wissenschaftlicher Mitarbeiter im Wissenschaftlichen Institut der AOK (WIdO) im AOK-Bundesverband und dort insbesondere in den Bereichen Arzneimittel, Heilmittel, Betriebliche Gesundheitsförderung sowie Evaluation tätig; stellvertretender Geschäftsführer des WIdO.

Dr. Julia Schröder

Institut für Betriebliche Gesundheitsförderung
BGF GmbH
Neumarkt 35–37
50667 Köln

Dr. Julia Schröder ist diplomierte Wirtschaftswissenschaftlerin, arbeitete ab 2004 bei der AOK Rheinland/Hamburg im Bereich der grenzüberschreitenden Gesundheitsversorgungsprojekte der AOK im deutsch-niederländisch-belgischen Grenzgebiet und wechselte im Jahr 2008 zur Europavertretung der Deutschen Sozialversicherung nach Brüssel, wo sie die Bundesverbände der gesetzlichen Krankenversicherungen vertrat und den Gesundheitsausschuss des Europäischen Sozialversicherungsverbandes ESIP leitete. Ihre Promotion zum Dr. rer. medic. schloss sie im Jahr 2010 ab. Seit 2011 ist sie Geschäftsführerin des Instituts für Betriebliche Gesundheitsförderung der AOK Rheinland/Hamburg in Köln.

Dr. Eva-Maria Schulte

Technische Universität Braunschweig
Lehrstuhl für Arbeits-, Organisations-
und Sozialpsychologie
Spielmannstraße 19
38106 Braunschweig

Dipl.-Psychologin. Seit 2009 wissenschaftliche Mitarbeiterin am Lehrstuhl für Arbeits-, Organisations- und Sozialpsychologie der TU Braunschweig. Seit 2016 Senior-Consultant für die 4A-Side GmbH. Ihre Forschungsschwerpunkte umfassen Meetings, Führung in Teams, Mitarbeiter-Gesundheit und Coaching. Zudem ist sie regelmäßig als Trainerin (Schwerpunkt: Gesund Führen) und Karriere-Coach tätig.

Maria Schumann

Robert Koch-Institut
Fachgebiet Soziale Determinanten der Gesundheit
General-Pape-Straße 62
12101 Berlin

Public-Health-Studium (M. Sc.) an der Freien Universität Berlin und Studium der Health Communication in Bielefeld (B. Sc.). Tätigkeit als wissenschaftliche Mitarbeiterin an der Alice-Salomon-Hochschule im STEGE-Projekt zur Strukturqualität und Erzieherinnengesundheit in Kindertageseinrichtungen. Leiterin des Standorts Berlin der Firma insa Gesundheitsmanagement. Seit 2015 wissenschaftliche Mitarbeiterin am Robert Koch-Institut im Fachgebiet Soziale Determinanten der Gesundheit. Arbeitsschwerpunkte: Arbeitsweltbezogene Einflüsse auf die Gesundheit, Betriebliches Gesundheitsmanagement, Regionale Unterschiede in der Gesundheit, Migration und Gesundheit.

Johannes Seitz

Zur schönen Gelegenheit 2
93047 Regensburg

Abschluss des Bachelor-studiums in Gesundheitsmanagement. Derzeit Leiter eines BMW-betriebseigenen Fitness- und Gesundheitscenters im Werk Regensburg. Seit 2013 als dualer Student bei FITCOMPANY GmbH für verschiedene Projekte im Bereich der betrieblichen Gesundheitsförderung tätig.

Susanne Sollmann

Wissenschaftliches Institut der AOK (WIdO)
Rosenthaler Straße 31
10178 Berlin

Studium der Anglistik und Kunsterziehung an der Rheinischen Friedrich-Wilhelms-Universität Bonn und am Goldsmiths College, University of London. 1986–1988 wissenschaftliche Hilfskraft am Institut für Informatik der Universität Bonn. Seit 1989 Mitarbeiterin im Wissenschaftlichen Institut der AOK (WIdO) im AOK-Bundesverband, u. a im Projekt Krankenhausbetriebsvergleich und im Forschungsbereich Krankenhaus. Verantwortlich für das Lektorat des Fehlzeiten-Reports.

Andrea Waltersbacher

Wissenschaftliches Institut der AOK (WIdO)
Rosenthaler Straße 31
10178 Berlin

Andrea Waltersbacher, Diplom-Soziologin, ist seit 2001 wissenschaftliche Mitarbeiterin im Wissenschaftlichen Institut der AOK (WIdO). Seit 2002 ist sie Projektleiterin des AOK-Heilmittel-Informations-Systems (AOK-HIS) im Forschungsbereich Betriebliche Gesundheitsförderung, Heilmittel und ambulante Bedarfsplanung.

Dr. Uta Wegewitz

Bundesanstalt für Arbeitsschutz und Arbeitsmedizin (BAuA)
Nöldnerstraße 40–42
10317 Berlin

Uta Wegewitz ist promovierte Ernährungswissenschaftlerin und Gesundheitswissenschaftlerin (MPH). Seit 2013 leitet sie die Gruppe Evidenzbasierte Arbeitsmedizin, Betriebliches Gesundheitsmanagement an der Bundesanstalt für Arbeitsschutz und Arbeitsmedizin in Berlin. Ihre Forschungsschwerpunkte liegen u. a. in den Bereichen Return-to-Work-Forschung und Methoden der Evidenzbasierten Medizin.

Kristin Wehner

Wissenschaftliches Institut der AOK (WIdO)
Rosenthaler Straße 31
10178 Berlin

Studium der Integrativen Gesundheitsförderung an der Hochschule Coburg (B.Sc.) mit den Schwerpunkten Arbeit und Gesundheit sowie Kuration, Rehabilitation und Gesundheit. Tätigkeit als studentische Hilfskraft am Institut für angewandte Gesundheitswissenschaften in Coburg. Seit Januar 2017 Praktikantin im Wissenschaftlichen Institut der AOK (WIdO) im Forschungsbereich Betriebliche Gesundheitsförderung, Heilmittel und ambulante Bedarfsplanung.

Werner Winter

AOK Bayern – Die Gesundheitskasse
Bereich Gesundheitsförderung
Stromerstraße 5
90330 Nürnberg

Studium der Sozialpädagogik und Betriebswirtschaft. Change Manager und Organisationsentwickler. Seit 1982 in unterschiedlichen Feldern der Gesundheitsförderung, insbesondere der Betrieblichen Gesundheitsförderung tätig. Seit 1989 Mitarbeiter der AOK Bayern. Leiter des Fachbereichs Betriebliches Gesundheitsmanagement. Arbeitsschwerpunkte: Organisationsentwicklung, Qualitätsmanagement, psychosoziale Belastungen, Sucht und Führung.

Eva Witzgall

Bayer AG
Ausbildung Berlin
Müllerstraße 178
13342 Berlin

Mit dem Doppelabschluss der Industrie- und Diplomkauffrau arbeitete Eva Witzgall in verschiedenen Personalfunktionen des Banken- und Handelssektors. Sie ist in bildungspolitischen Gremien wie dem Arbeitskreis Kaufmännische Berufsausbildung des Bundesarbeitgeberverbandes Chemie e. V. und der Dualen Kommission der Hochschule für Wirtschaft und Recht Berlin aktiv. Als Leiterin der kaufmännischen Ausbildung der Bayer AG in Berlin baute sie für den Standort Qualifizierungsprogramme für Geflüchtete auf.

Klaus Zok

Wissenschaftliches Institut der AOK (WIdO)
Rosenthaler Straße 31
10178 Berlin

Diplom-Sozialwissenschaftler. Seit 1992 wissenschaftlicher Mitarbeiter im Wissenschaftlichen Institut der AOK (WIdO) im AOK-Bundesverband. Arbeitsschwerpunkt Sozialforschung: Erstellung von Transparenz-Studien in einzelnen Teilmärkten des Gesundheitssystems (z. B. Zahnersatz, Hörgeräte, IGeL). Arbeit an strategischen und unternehmensbezogenen Erhebungen und Analysen im GKV-Markt anhand von Versicherten- und Patientenbefragungen.

Stichwortverzeichnis